U0916183

中国安全生产年鉴

CHINA’ S WORK SAFETY YEARBOOK

(2009)

煤 炭 工 业 出 版 社

·北 京·

编辑委员会成员

编辑部成员

（以姓氏笔画为序）

王　玉　王捷帆　田　园　向仁军　孙士英　张晓学
张素红　杨乃莲　廖永平

特约撰稿人名单

（以姓氏笔画为序）

丁仕华　牛金杰　牛俊生　王　甲　王万生　王天祥
王政新　王清华　冉绍春　包培忠　宁新康　田乐群
白雪松　边卫华　刘红宁　刘建红　刘建清　刘洪波
刘晓延　刘新军　刘新河　华　钢　孙　愉　曲毓良
朱江雄　朱宝颖　毕湘薇　许　文　贠　文　邢国显
张　刚　张　源　张　煜　张志斌　张宝文　李　华
李　萍　李　翔　李广渊　李戈扬　李正远　李永红
李传新　李宣庆　李炳荣　李谟渊　杜红岩　杨乃发
杨宁东　杨永耀　杨琳琳　肖　斌　陈　鸣　陈　博
陈春杰　陈斐莹　卓腾飞　周　华　周建昀　旺　堆
郑行周　郑若飞　郑晓辉　弯效杰　洪叶生　胡力军
荆大勤　贺建生　赵　坤　赵龙生　赵学江　赵春健
赵歌今　倪克祥　唐　亮　唐　陶　徐克生　耿凤翔
聂咸俊　袁　杨　贾　光　郭喜林　商　宜　常　虹
曹宗理　梁涵之　章本初　黄　昊　黄经攀　黄爱兴
黄捷芬　傅　翔　强少辉　彭广胜　程柏松　谢云凯
韩晓鹏　韩维力　褚冠全　鲍常科　谭德明　樊　伟
薛芳跃　戴文鹏

2009年7月5日，中共中央政治局常委、国务院总理温家宝下到井下慰问煤矿工人并与他们共进午餐

2009 年 1 月 15 日，全国安全生产电视电话会议在北京召开

2009 年 9 月 8 日，中共中央政治局委员、国务院副总理张德江在现场指导救援工作

2009年11月19日，国务院安委会副主任、国家安全监管总局局长骆琳在煤矿井下查看安全生产工作

2009年2月18日，全国非煤矿山安全生产工作会议在北京召开

2009年4月27日，“世界安全生产与健康日”系列活动在山东省菏泽市举行

2009年9月2日，国家安全监管总局、卫生部、人力资源社会保障部、全国总工会、国家煤矿安监局五部门在北京联合召开全国粉尘与高毒物品危害治理专项行动动员部署电视电话会议

2009 年 8 月 26 日，“安全伴我行”全国演讲比赛总决赛在北京举行

2009年3月26日，全国职业安全健康监督管理工作现场会在辽宁省大连市召开

日照钢铁有限公司

RIZHAO STEEL CO.,LTD.

日照钢铁控股集团有限公司坐落在山东省日照市临港工业园区，始建于2003年。目前已发展成为集烧结、炼铁、炼钢、轧材、发电为一体并配套齐全的特大型钢铁联合企业，主要产品有热轧带肋钢筋、热轧H型钢、热轧工字钢、热轧带钢、高速线材。2006年公司通过了ISO 9001质量认证、ISO 14000环境管理体系认证和OSHA18000职业健康安全环管理体系认证。

公司自成立以来，在各级政府和部门的领导下，认真贯彻落实国家各项安全生产方针、政策、法律法规和规章制度，在安全上逐步形成了具有自己特色的管理思路和方法。公司牢固树立安全、稳定、和谐发展的理念，坚持“不安全，不生产，保安全，保生产”的安全生产方针，自上而下健全公司、厂、车间、班组四级安全管理网络，不断加强企业创新管理，以“安全生产年”为契机，大力推行以班组安全建设、安全生产过程控制、重大危险源监控、突发紧急事件应急处置为重点的“3+1”安全管理，实施全员安全意识培训和重点岗位员工安全技能培训相结合的安全教育方式，狠抓员工“三熟”（即熟悉作业环境，熟记安全规程，熟知预知预防），提高员工“三种能力”（即危险源辨识能力，自我防护能力，突发事件处理能力）。通过全体员工的努力，实现了建厂以来较大及以上安全生产事故为零，保障了公司整体安全生产形势的持续稳定。

冀中能源集团有限责任公司

董事长、党委书记、总经理
王社平

副董事长、副总经理
刘建功

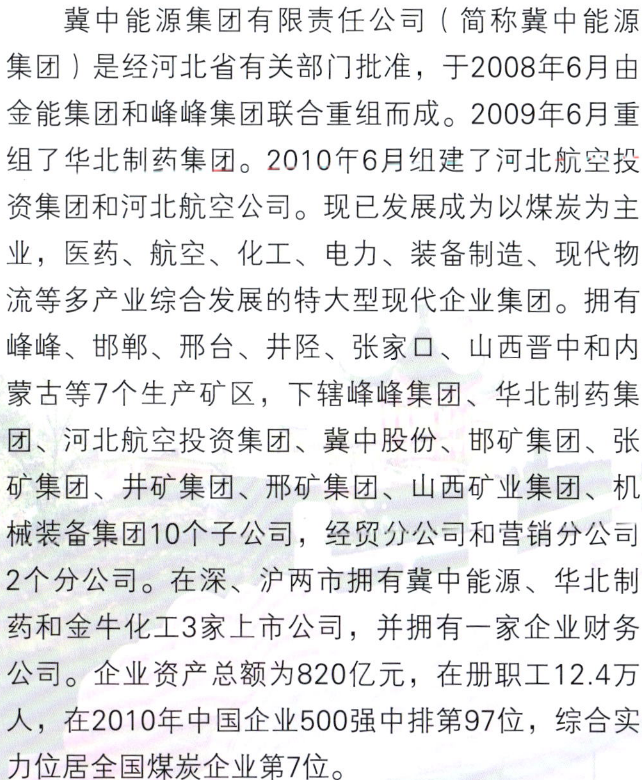

冀中能源集团有限责任公司（简称冀中能源集团）是经河北省有关部门批准，于2008年6月由金能集团和峰峰集团联合重组而成。2009年6月重组了华北制药集团。2010年6月组建了河北航空投资集团和河北航空公司。现已发展成为以煤炭为主业，医药、航空、化工、电力、装备制造、现代物流等多产业综合发展的特大型现代企业集团。拥有峰峰、邯郸、邢台、井陉、张家口、山西晋中和内蒙古等7个生产矿区，下辖峰峰集团、华北制药集团、河北航空投资集团、冀中股份、邯矿集团、张矿集团、井矿集团、邢矿集团、山西矿业集团、机械装备集团10个子公司，经贸分公司和营销分公司2个分公司。在深、沪两市拥有冀中能源、华北制药和金牛化工3家上市公司，并拥有一家企业财务公司。企业资产总额为820亿元，在册职工12.4万人，在2010年中国企业500强中排第97位，综合实力位居全国煤炭企业第7位。

集团组建两年多来，坚持解放思想，创新思路，建立了有利于激发企业内在活力的管理体制，确立了集中、统一、灵活、高效的集团管理模式，形成了全方位推动企业健康发展的目标体系，构建了多元支撑协调发展的现代产业框架，实现了企业发展和体制转轨的稳步推进。通过整合要素资源，打造整体优势，产业规模持续扩大，管理水平不断提升，集团优势逐步显现，综合实力明显增强。2010年，集团抓住新一轮经济增长的战略机遇期，突破惯性思维，打破传统观念，在原计划实现“双五”（产量5000万吨，销售收入500亿元）的基础上，结合内外部发展形势，主动调高指标，拓展发展空间，明确提出“煤炭产量6000万吨，销售收入提前5年超千亿，利税超百亿”的新目标。从目前发展态势看，完全有望实现这一新目标。

“十二五”期间，集团将抓住国家实施煤炭大基地、大集团战略，培育新兴产业的重大机遇，按照河北省国企改革发展的整体部署，担负起“做大做强煤炭产业、振兴发展制药产业、培育壮大航空产业”三大历史任务，坚持循环发展、安全发展、资源节约、环境友好，推进科技创新、品牌带动、资本运营、文化引领，着力转变发展方式，提升质量效益，形成多元化、规模化、集约化、开放式产业发展格局。到“十二五”末，煤炭产量、销售收入实现再翻番，把冀中能源集团建设成为具有国际竞争力的紧密型、高效能、可持续发展的特大型现代企业集团，进入中国煤炭企业前茅，成为世界500强企业。

云南省安全生产监督管理局

云南省安全生产监督管理局是2002年根据《云南省人民政府关于成立云南省安全生产监督管理局的通知》（云政发［2002］113号）设立的正厅级单位，是省政府的直属机构，同时是云南省安全生产委员会的办事机构。根据《云南省机构编制委员会办公室关于省安全生产监督管理局成立安全生产应急救援机构的批复》（云编办［2006］246号）和《云南省人民政府办公厅关于印发云南省安全生产监督管理局主要职责内设机构和人员编制规定的通知》（云政办发［2009］135号），加挂云南省安全生产应急救援指挥中心和云南省煤矿安全生产监督管理局牌子。

其主要职责：承担安全生产综合监督管理责任，依法行使综合监督管理职权；负责非煤矿山、危险化学品、烟花爆竹和非药品类易制毒化学品安全生产监督管理工作；承担工矿商贸作业场所（煤矿作业场所除外）职业卫生监督检查责任；依法查处不具备安全生产条件的工矿商贸生产经营单位；负责组织安全生产大检查和专项督查，牵头组织重大事故调查处理和办理结案工作；组织指挥和协调安全生产应急救援工作，综合管理安全生产伤亡事故和安全生产行政执法统计分析工作；监督检查职责范围内新建、改建、扩建工程项目“三同时”；指导和监督煤矿安全生产工作；监督检查工矿商贸生产经营单位安全生产和职业安全培训工作；指导协调安全生产检测检验工作；组织拟订安全生产科技规划；承办云南省有关部门交办的其他事项。

云南省安全监管局机关内设15个处室（含机关党委、监察室），行政编制99名。其中：局长1名、副局长4名、纪检组长1名，副巡视员1名。

夯实安全生产基础 保障转型跨越发展

——山西煤炭运销集团有限公司

山西煤炭运销集团有限公司是经山西省有关部门批准，由山西省国资部门和11个市的国资部门出资，在原山西省煤炭运销总公司的基础上重组改制、组建的以煤炭生产、煤炭物流服务为主业，以煤炭加工转化、煤化工和非煤多元产业为一体的现代大型煤炭产业集团。于2007年7月20日正式挂牌成立。重组改制后的山西煤销集团，面对山西煤炭产业结构调整和管理收费体制的改革，全力推进由原来半行政职能的收费管理型企业向市场化的经营效益型企业转型。新组建的山西煤销集团注册资本101.56亿元人民币，集团公司下设11个市级子公司，98个县级子公司，25个全资控股企业，有员工8万多名。

2009年以来，山西煤销集团新的领导班子审时度势，开拓进取，面对国际金融危机和省内煤源不足的严峻形势，在省各部门的正确领导和大力支持下，深入践行科学发展观，认真贯彻落实山西省"三个发展"战略思路，以转型发展为主线，全面发展"三大支柱产业"，立足做实做强，奋力攻坚克难，抓班子、定战略、带队伍，强化管理、狠抓落实，在资源整合和安全生产工作方面取得了显著成效，企业呈现出了由下滑到增长的良好发展态势。作为全省煤矿兼并重组主体之一，在全省兼并重组煤矿425座，整合后矿井共163座，煤炭保有储量106亿吨，产能1.3亿吨/年。2009年生产煤炭1287.2万吨，煤炭总运量达1.99亿吨，煤炭总经销量达1.38亿吨，实现销售收入702亿元、利润达33.2亿元。集团资产总额达662亿元。在中国企业500强中排名第85位，入选世界500强。

董事长、党委副书记刘建中在泰安煤业施工现场

着眼企业转型跨越发展，集团制定了"12345"发展思路，以全面提升大集团管控能力为主线，以加快发展"三大支柱"产业为重心，着力强化安全保障、制度保障、人力资金保障和思想作风纪律保障，抢抓机遇，创新发展，全力开创集团公司转型跨越发展新局面。

"12345"发展思路：

"1"就是立足地方经济这个"切入点"，即依托地方经济优势，依靠地方政府支持，融入地方经济发展体系，反哺、发展和服务地方经济。

"2"就是走资源整合与资本运作双轮驱动、协调发展的路子。

"3"就是坚定不移地发展现代化的煤炭生产业、专业化的物流经销业和多元化的非煤经营业"三大支柱"产业。

董事长、党委副书记刘建中
在集团公司煤矿井下现场指导工作

"4"就是推进体制机制、主体业务、产业结构、管理体系"四个转型"。加快推动企业由松散型管理向精细化管理，由粗放式经营向集约化经营，由单一的煤炭生产向以煤为基础的循环工业园区，由高耗、高碳经济向绿色、低碳经济"四个转变"。

"5"就是到2015年，在2010年预计1000亿元的基础上，实现销售收入翻一番，达到2000亿元；在2010年50亿元的基础上，实现利润翻两番，达到200亿元；职工人均收入10万元；煤炭产量突破1亿吨，达到1.2亿吨，跻身亿吨级煤炭大集团之列；煤炭贸易量1.5亿～1.8亿吨。将集团公司建设成为现代化亿吨级大型煤炭企业集团，跨入全球500强。

从代替政府行政收费转变到建设现代化亿吨级煤炭大集团，为确保企业在转型和跨越中实现稳步前进和做强做大，山西煤销集团将"安全发展"作为煤炭生产的立足点和出发点。紧紧围绕"牢固安全发展理念、完善安全监管机制、建设标准高效矿井、精细现场生产管理、坚决彻底整治隐患、以煤矿为重心促集团大安全"的安全工作思路，扎实工作，实现煤矿接管和复工复产工作的顺利推进。截至2010年6月底，集团公司共接管矿井163座，复工复产52座，生产原煤1212万吨，没有发生人身伤亡事故，实现了安全生产。为集团公司的跨越式发展奠定了基础。

现代化的煤炭采掘装备

神华宁夏煤业集团公司

董事长　王俭

党委书记　陆维平

总经理　严永胜

神华宁夏煤业集团公司是神华集团的控股子公司，也是宁夏回族自治区优势骨干企业。2002年12月，宁夏自治区将亘元、太西、灵州三大煤业集团和原宁煤集团公司深度重组成立了宁夏煤业集团有限责任公司。2006年1月，自治区又与神华集团合资合作，通过增资扩股方式组建了神华宁夏煤业集团有限责任公司。注册资本101亿元人民币，其中神华集团占51%。截至2009年底，资产总额已超过600亿元。

神华宁煤集团公司共有二级生产经营单位44个，其中煤炭生产单位15个，洗煤厂3个，矿井建设筹建单位7个，其他单位19个。现有从业人员5万余人。经营范围涉及煤炭开采及洗选、煤炭深加工、煤化工、电力、房地产开发等。目前煤炭生产能力达到6000万吨/年，生产在建规模超过了1亿吨。

宁东能源化工基地是宁夏的“一号工程”，神华宁煤集团是宁东能源化工基地建设的主力军，承担着建设宁东能源化工基地和宁夏实现小康社会目标的重任。为了实现这个光荣而神圣的使命，按照产业关联度强、生产集约度高、资源节约、环境友好的原则，以打造煤炭、煤化工、煤炭深加工及综合利用、铁路为四大支柱产业的现代化、可持续发展的大型能源企业集团为目标，确定了建设符合科学发展观要求的国际先进的能源化工基地和建成亿吨煤炭基地的战略目标。到2020年，全面建成国家亿吨煤炭基地、世界现代化煤化工基地、国家碳基材料研发基地和宁东、太西循环经济示范园区，实现工业生产总值突破1000亿元。

经过8年多的大规模开发建设，一大批煤矿、煤化工、电力、铁路、煤炭深加工等项目相继开工建设并投产，原煤产销每年以两位数的速度增长，安全管理水平稳步提高，百万吨死亡率逐年下降，煤炭、煤化工、煤炭深加工及综合利用、铁路四大产业齐头并进，一个管理体制先进、主营业务突出、经营实力强、技术开发力强、投融资功能强、核心竞争力强、技术装备先进的现代化、国际化能源企业集团初具规模。企业先后荣获“中国矿业十佳企业”、“全国煤炭优秀企业”、“西部开发优秀创业奖”、“全国五一劳动奖状”等多项荣誉。

集团安全生产指挥中心

NINGXIA
MEIYE

数字化综采工作面

园林化矿区新貌

洗煤厂厂区外景

铁路煤炭外运

科学发展观活动动员大会

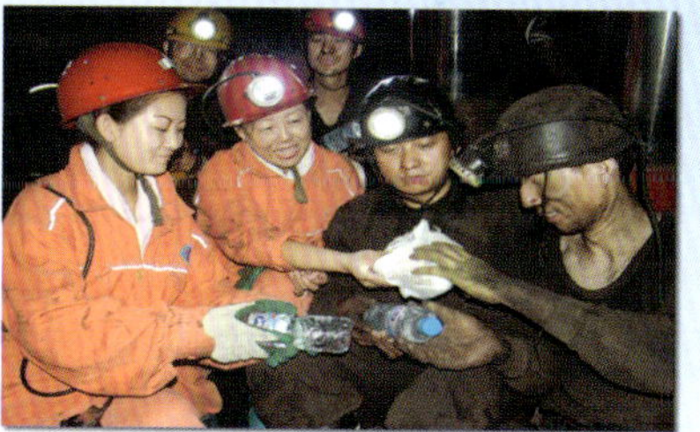
百米井下送温暖

青年安全广场文化活动

廉政歌咏比赛晚会

篮球运动会比赛场景

宁东煤化工基地鸟瞰

齐心协力　同祝世博

——上海华篷用行动祝贺世博

举世瞩目的上海世博会于 2010 年 5 月 1 日正式开幕了，“平安办世博、保障世博安全顺利的召开是世博会获得成功的重要保障。”为了呈现给世界一届精彩绝伦的盛会，上海市从各方面都做好了最为充分的准备，世博保障工作成为世博会顺利召开的坚强后盾。针对安全保障问题，2009 年上海市有关部门印发了《上海市关于进一步加强本市危险化学品安全生产工作的指导意见》，要求进一步采取有效措施，加强安全保障工作，对世博会场馆周边 300 米以内和中心城区 120 座重点加油（气）站实施防爆技术改造。上海有关部门将这项重要的任务交给上海华篷防爆科技有限公司，这无疑是对上海华篷的高度信任和对 HAN 阻隔防爆技术产品的充分肯定；而作为上海的本土民营企业，上海华篷也将尽最大的努力为办好世博做好服务。

作为上海世博会全球合作伙伴及油品供应商，中国石油承担了世博会车辆用油的重任。上海销售公司获批在世博园区内建设两座橇装式加油站，为世博园区 500 余辆物流车辆提供加油服务，并同时提供水上加油服务为渡轮、游艇提供燃料供应。鉴于显著的防爆性能和突出的应用效果，经过多方比较销售公司选择了上海华篷防爆科技有限公司为橇装加油设备的供应商，采用了具有自主知识产权的 HAN 阻隔防爆橇装式加油装置。

4 月下旬，位于世博园区的中国石油世博 HAN 阻隔防爆橇装式加油装置经过两天多的安装调试已平稳进入正式运营。在今后的 5 个多月时间里，世博园区内物流车辆“足不出户”就可以加到油，不仅获得了持续平稳的油品保障，而且也免去了车辆进出园区的频繁安检。

2010 年 5 月 18 日，上海世博会物流中心给华篷发来感谢信：“2010 年上海世博会开幕前夕，经过贵公司卓有成效的努力，使得具备我国自主知识产权的橇装式加油装置，在极短的时间里安全成功地落户于世博园区物流 2 号库区，此项工作为世博园区内物流操作车辆的加油需求提供了有力保障，为世博会物流运行工作的顺利开展奠定了坚实的基础，在此，我中心对贵公司给予上海世博会的人力支持深表敬意”。

地址：上海市淮海中路1720号中联别墅（200031）　电话：86-21-64743885/64743880　传真：86-21-64745559
联系人：方先生　E-mail:chinahan@126.com　网址：www.chinahan.com.cn

坚持科学发展 提升本安水平

为全面推进四化五型大神东建设保驾护航

2009年，神东煤炭集团公司认真学习贯彻科学发展观，全面落实国家“安全生产年”和神华集团公司“本质安全管理体系实施年”各项工作部署，深入开展安全生产“三项行动”和“三项建设”活动，全面强化安全现场管理，狠抓隐患排查和专项整治，促进了安全基础管理水平的不断提升。特别是5月20日四公司整合以后，公司针对生产战线延长、安全管理难度加大的特点，坚持严抓细管，狠抓各项工作落实，推进了安全形势稳定发展，全年完成原煤产量1.78亿吨，百万吨死亡率为0.0168，杜绝了较大以上非人身责任事故。

突出安全工作主题 明确了目标和措施

2009年1月1日，公司召开了安全生产工作会，明确了以“本质安全管理体系实施年”活动为主题，以“十推进”、“十提升”为工作目标，对全年各项安全工作进行了全面部署，制定了生产单位本安管理达标规划，狠抓了体系保安、制度保安、素质保安、科技保安等十项工作措施的贯彻落实。各业务部门按照“各负其责、各尽其能、各把其关”的原则，落实了业务保安责任。特别是四公司整合后，全公司认真贯彻执行《神东煤炭集团整合过渡期间安全管理的特别规定》，恪尽职守，狠抓落实，全面强化现场管理，保证了安全生产稳定发展。各单位以零死亡为奋斗目标，将安全压力层层传递，工作细化到每一个环节，为公司安全稳定发展奠定了良好基础。

创新体制机制 强化了安全责任落实

结合公司整合后的管理实际，于2009年7月上旬完成了安全管理体制并轨工作。各生产单位安全管理部门由过去的安监局垂直管理变为各矿（厂、处）直接管理，成立了安全管理办公室，落实了安全副矿长和安全管理办公室安全责任，由过去单一的安全监督变为安全监督与管理并重，增强了安全管理人员的主动性和责任感；随着公司整合，同步成立了新的安全生产管理委员会，进一步明确了工作职责；成立了总工办，理顺了通风处管理体制，进一步强化了安全技术管理。公司安监局成立了安全调度室，每日对各基层生产单位和安监局各处室查出的安全隐患和问题进行跟踪督办，保证了稳定的安全生产秩序；重新修改建立了公司43项安全管理制度，进一步推动了安全生产工作的制度化和规范化。

公司上下层层签订了责任状，明确了安全主体责任；实施了“安全生产一票否决”制度，将安全指标完成情况与干部提拔、评先树优、风险年薪和绩效工资紧密挂钩；推行了安全风险年薪制度，加大了管理人员安全工作压力，形成了工作动力；对公司业务保安部门实行了安全风险抵押制度，落实了业务保安责任；将工资总额的30%作为安全绩效工资，坚持按月考核兑现。上湾煤矿将工资总额的50%作为安全绩效工资进行考核，有效地保障了安全生产；公司建立了安全生产问责制度，严肃追究了事故单位和事故责任人的责任；开展了年度安全先进集体、先进个人评比表彰、安康杯竞赛、安全生产月、百日安全等活动，有效激发了全员抓安全、促安全、保安全的积极性。

突出预控管理 全面开展了隐患排查和专项整治活动

公司整合后，组织有关部门专业人员对17个煤矿进行了隐患排查，全面掌握了安全管控重点。先后召开了3次安委会扩大会议，研究解决了低瓦斯矿井高瓦斯区域管理、综合防灭火、房采采空区大面积悬顶、韩家村洗煤厂低温干燥车间试运行等影响安全生产的20多个重大问题，按“五定原则”进行了落实整改，并对45项与规程、标准不符合的共性和个性问题，制定了有针对性的管控措施。关闭了天隆开采的大柳塔煤矿三不拉采区，合理处置了杨湾煤矿，解决了边缘矿井的安全监管难题。

2009年公司领导、各业务部门经常深入一线动态检查。公司安监局和其他业务保安部门坚持开展小分队夜查和每日下现场检查活动。特别强化了节假日期间的安全管理，加大了跟

班、值班和动态检查力度，各安全管理办公室坚持每日上报隐患排查整改情况。截至12月底，共查出安全隐患和问题2362条，督办整改2345条，未整改的隐患都制定了保证安全生产的措施。榆家梁煤矿严格落实管理干部现场跟班、带班制度和安监人员跟班巡查制度，每旬分7个检查小组，由分管领导带队，对井上下进行全面检查，最大限度地消除隐患和死角。

公司组织安监局、生产管理部、机电管理部、后勤保障部、设备管理中心、通风处、地测公司等有关部门和单位先后开展了“一通三防”、安全监测监控、顶板、辅助运输、火工品、基建工程、夏季和冬季“三防”、外委施工安全管理、机房硐室和机道达标、食品安全管理、消防安全、水文地质资料、地面防排水和规程执行16个专项整治活动，共查出问题1689条，按照对各矿井班组建设工作进行了前期调研、摸底，按照《神华集团公司班组建设实施方案》及时制定下发了《神东煤炭集团公司班组建设实施方案》。结合阶段性目标的具体要求，对公司所属矿井班组建设“三项考核”工作开展情况进行了专项检查，并重点对班前会召开质量和各项制度及内业资料建立情况进行了检查，对检查存在的问题制定了整改落实措施。建立了以安全绩效为核心的科队、班组建设工作机制和科队、班组正职抓安全、副职抓生产的管理模式。规范了班前会和调度会程序，全面推广了“四个一”活动和岗前风险辨识活动。积极组织开展了“本质安全型、优质高效型、成本节约型、学习创新型、团结和谐型”五型班组建设活动，进一步夯实了安全管理基础。榆家梁煤矿创造性地开展了以风险预控为核心内容的“五型班组”建设，并建立了综采、连采、辅助和外委四个系统达标标准。生产服务中心从安全管理、业务学习、规范作业、现场管理、团队意识等五个方面加强班组建设考核工作，开展了“五好班组”、优秀班组长、星级员工评选工作，增强了员工的荣誉感和自豪感，提高了员工的安全意识，规范了员工岗位操作行为。各级工会采取群安员、家属协管员、安监员联合打击“三违”的措施，实现了群防群治。五是以专题讨论的方式，组织员工讨论学习了平煤集团“白国周班组建设管理经验”，提升了班组管理水平。上湾煤矿将白国周班组管理经验的主要内容制作成学习卡片，下发给各班组学习，收到了良好的效果。

加强了安监队伍和应急救援基地建设

按照公司打造标准化、规范化、专业化安监和救援队伍的要求，健全了安监和救护机构，补充了专业工作人员。公司安监局根据工作性质和管理区域，成立了3个安全监察处和本安管理体系办公室、安全调度室，强化了监管和服务职能。

救护消防大队按照建立全国先进应急救援基地的要求，成立了5个救护中队，补充了救护队员，新建了保德、锦界及东胜3个救护中队，健全了辅助救护队伍，初步形成了覆盖神东矿区的应急救援体系。制定了大队办公、训练场馆基础设施改造方案，开展了前期准备工作。全面强化基础管理工作，矿山救护质量标准化保持了神华特级水平。狠抓队伍建设和准军事化管理，强化岗位练兵和岗位技能培训，有针对性地开展了矿井应急救援演练，提高了指战员的技战术水平。在山西省地区救护技术比武中取得了优异成绩。10月17日凌晨1时，神木县永兴高庄煤矿发生大面积冒顶事故后，公司立即派出救援队伍，经过8天8夜的英勇奋战，3名被困矿工成功获救，得到了地方政府和人民群众的广泛赞誉，树立了神东人的良好形象。

深入开展了安全生产主题活动 促进了企业安全文化建设

为贯彻落实“以人为本”和安全发展的指导思想，根据国家和神华集团公司要求，全面开展了以“安全生产月”和“百日安全”活动为主题的安全文化活动。第四季度，公司又组织开展了“奋战80天，打好安全生产攻坚战”活动，制定了严格的奖罚措施，保证了安全生产。新闻中心配合全年安全生产工作，在三大媒体分别开设了《迎国庆保安全》、《80天攻坚》等安全宣传栏目，大力宣传推广基层安全先进典型，营造了浓厚的安全舆论氛围。生产、机电、工程管理、设备管理中心等业务保安部门认真落实业务保安责任，全面强化业务保安工作，坚持动态检查和及时通报，起到了明显促进作用。总调度室、党委工作部、工会、团委、纪委根据自己的工作职责，组织基层生产单位广泛开展了干部跟班、安全制度执行督察、本安知识竞赛、安康杯竞赛、应急救援演习和巾帼话安全演讲、安全漫画等活动。唐公沟煤矿、马家塔露天矿、乌兰木伦煤矿等基层单位结合实际，组织开展了“安全零事故”、“我为本安建设献一计”、本安知识接力赛、无“三违”人员抽奖等活动，为安全生产营造了浓厚的文化氛围，提供了强大的精神动力和智力支持。

阜新矿业(集团)有限责任公司

董事长兼总经理　刘福祥

党委书记　李　军

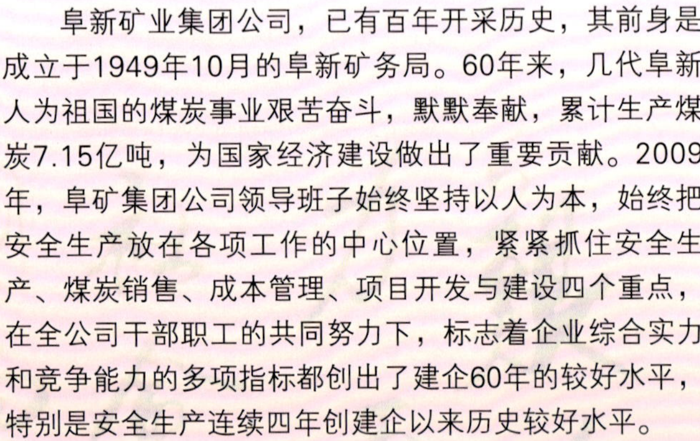

阜新矿业集团公司，已有百年开采历史，其前身是成立于1949年10月的阜新矿务局。60年来，几代阜新人为祖国的煤炭事业艰苦奋斗，默默奉献，累计生产煤炭7.15亿吨，为国家经济建设做出了重要贡献。2009年，阜矿集团公司领导班子始终坚持以人为本，始终把安全生产放在各项工作的中心位置，紧紧抓住安全生产、煤炭销售、成本管理、项目开发与建设四个重点，在全公司干部职工的共同努力下，标志着企业综合实力和竞争能力的多项指标都创出了建企60年的较好水平，特别是安全生产连续四年创建企以来历史较好水平。

在安全生产上,以科学发展、安全发展为统领，坚持以安全为中心的指导思想不动摇，贯彻注重大系统，解决大问题，处理大隐患，从源头杜绝大事故的思路，强化重大隐患治理。积极组织开展以安全生产治理为重点的“三项行动”。持续加大安全投入，增强系统运行的安全可靠性，提高了矿井抵御灾害的能力；坚持瓦斯治理优先的原则，不断加大瓦斯抽采的工作力度；采取综合治理手段防止工作面自然发生火灾；坚持常态防控，治理矿井水害；下大力量整治重大隐患；重大问题决策以安全为先导，以防冲、防突和瓦斯治理为首要重点，以安全为前提优化生产布局，坚持优先开采保护层、科学划定防冲区域、落实综合防冲措施、突出矿井设计,生产全过程中严格贯彻19号令，防突、防冲工作取得重要进展。

根据阜矿集团公司几年来的工作实践，系统总结制定了《阜矿集团公司安全管理规范》，严格考核执行，以此推进建立安全生产正常秩序工作扎实开展。安全监察工作坚持改进创新，结合井下现场的实际，在已有监察方法的基础上实行了“重点采掘区域24小时原班写实监察”、“重要时期化整为零，小分队驻矿原班全过程滚动式监察”主要侧重加强夜班监察检查，严格重奖重罚，对重大隐患盯住不放，直至整改消除，隐患治理效果显著。全年杜绝了3人及以上死亡事故。

按科学发展的要求，结合阜矿集团的实际，提出了“安全为天，以人为本，优化结构，内展外延，发展三大产业，形成四大经济板块，建设平安、富裕、持续、和谐的新型矿区”的总体发展战略和目标。着力打造煤炭、新材料、新资源三大支柱产业，优化现有非煤产业，形成四大经济板块的发展格局，预计到2012年达到煤炭产能5000万吨、实现企业总收入150亿元以上，建成跨区域、跨行业、多元化发展的大公司、大集团。

中煤平朔煤业有限责任公司

ChinaCoal Pingshuo Coal Co.,Ltd.

落实集团“1458”工作思路和“22255”发展目标，全面加快亿吨级煤炭基地建设

中煤平朔煤业有限责任公司前身平朔煤炭工业公司创建于1982年，1997年6月并入中国中煤能源集团公司，成为集团旗下核心生产企业。2006年原平朔煤炭工业公司优良资产纳入中煤能源股份公司（上市公司），2008年8月注册成立中煤平朔煤业有限责任公司。

公司目前拥有国家批复的煤炭资源总量90.86亿吨，职工10544余人，资产总额345亿元。近五年来，公司原煤产量以每年千万吨的速度递增。从1982年到2009年底，已累计生产原煤6.47亿吨，外运商品煤4.95亿吨，原煤生产百万吨死亡率为0.035；累计实现工业总产值（现价）达1114亿元，上缴各类税费175亿元，出口创汇48.3亿美元。

经过20年的发展建设，公司现拥有安太堡、安家岭两座特大型露天矿，井工一矿、井工二矿、井工三矿3座大型现代化井工矿，5座配套洗煤厂和两条铁路专用线,是我国大型的现代化露井联采煤炭企业。4个生产矿均被命名为特级高产高效矿井。平朔矿区已成为中国重要的出口动力煤生产基地，已被国家正式列为全国十三个煤炭大基地之一。在建的东露天煤矿项目包括露天矿、选煤厂和铁路专用线三个单项工程，其中露天矿设计年原煤生产能力2000万吨。在建项目建成后，公司年生产规模将超过亿吨。

平朔矿区采用先进的露井联合开采方式生产原煤，极大地提高了资源回收率。露天生产采用“单斗电铲—卡车—半固定破碎站—带式输送机”半连续开采工艺，机械化程度达100%，露天矿资源回收率达到96.2%。井工生产采用综采放顶煤回采工艺，工作面回收率达到85%。矿区原煤全部入洗，配套洗煤厂采用全重介洗选工艺，全闭路循环，自动化生产。生产洗精煤、洗混煤、平混煤3大系列十多个品种，质量稳定可靠、发热量均衡、品种多样，远销台湾、日本、韩国等地和五大电力公司及浙电、粤电等地方大型电力企业，在国内和国际市场上享有较高声誉。

公司把职工利益、环境保护和企业的经济效益、社会效益有机地结合起来，实施了“三标一体化”管理体系。此外，公司还先后获得了全国企业管理“金马奖”、“金石奖”、“全国思想政治工作优秀企业”、“全国百家文明社区示范点”、“全国设备管理优秀单位”、“全国煤炭工业科技进步十佳企业”、“全国厂务公开工作先进单位”、“全国依法生产先进煤矿”、“全国五一劳动奖状”、“全国国有企业创造四好领导班子先进集体”、“中国能源绿色企业50佳”、“国际信用企业”、“2007世界市场中国（煤炭）年度品牌”、“煤炭行业AAA级信用企业”等多项荣誉。

公司今后5年的发展目标是“11456”，即：到2014年，建成平朔亿吨级煤炭生产基地，原煤产量达到1.3亿吨；建设一个集煤炭、电力、化工、建材、生态为一体的、具有示范意义的高标准循环经济工业区；开疆拓土，新增煤炭资源40亿吨；优化产业结构，非煤产业年销售收入达到50亿元；坚持煤电一体化，新增600万千瓦的装机能力。

为确保上述目标的顺利实现，公司适时提出了“5448”的工作要求，即树立危机、责任、全局、团队、执行“五种意识”，推进体制、机制、管理、技术“四个创新”，落实煤炭做精、非煤做强、生态做好、服务做优“四个实现”，努力达到本质安全、生产技术、专业化管理、管控能力、人力资源、产业结构、企业形象、职工生活质量“八个提升”。

公司认真落实科学发展观，坚持“资源开采精细化、废物充分利用、减少环境污染”的生产原则，以建设本质安全型、资源节约型、环境友好型企业为目标，大力发展循环经济，建设绿色生态矿山，模范履行中央企业的社会责任，早日建成亿吨级煤炭生产基地，为中煤集团公司、中煤能源股份公司做大做强、又好又快发展做出应有的贡献。

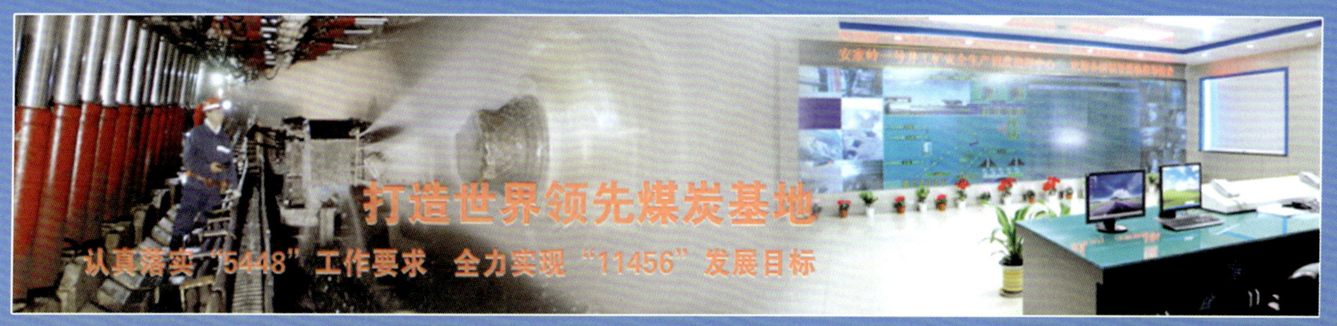

准能公司矸石发电公司

神华集团准格尔能源有限责任公司

神华集团准格尔能源有限责任公司（以下简称准能公司）是神华集团所属的控股子公司，位于内蒙古自治区鄂尔多斯市准格尔旗，拥有黑岱沟和哈尔乌素两个年生产能力各2000万吨的大型露天煤矿及配套的选煤厂；装机容量2×100兆瓦的坑口发电厂和装机容量2×150兆瓦、2×330兆瓦的煤矸石发电厂；正线全长264公里的大（同）-准（格尔）电气化铁路；配套的供电、供水、污水处理、通讯、计算机网络等生产辅助设施，是集煤炭开采、坑口发电、铁路运输为一体的大型综合能源企业。

2009年，准能公司在神华集团的正确领导下，党政工团齐抓共管，攻坚克难，以本质安全管理体系建设为主线，积极开展全员、全方位、全过程的危险源辨识和评估工作，大力强化危险源预防预控和过程管理；以落实安全生产责任制为核心，逐级强化执行力和基础管理；以实施科技兴安、增强自主创新能力为手段，加大安全投入，及时消除安全隐患，提高科技保安全能力。全年生产原煤3874.76万吨（其中黑岱沟露天煤矿2322.27万吨，哈尔乌素露天煤矿1552.49万吨）；发电21.5亿千瓦时；铁路发运货物6550.31万吨；营业收入达129.19亿元、利润达34.53亿元；顺利实现全年生产、经营目标，公司全年杜绝了重伤及以上伤亡事故和一般及以上非伤亡事故，安全生产创历史同期较好水平。

准能公司董事长马军（与公司总经理张维世）签订安全生产责任状

准能公司安全监察局、机械动力部、生产调度部联合检查设备维修中心安全生产工作

准能公司大准铁路点岱沟站车务段、车辆段、机务段工作人员联合标准化作业，确保运煤列车安全运行

准能公司黑岱沟露天煤矿引进先进的吊斗铲设备，更新了采矿工艺，大幅度提高了工作效率和安全系数

准能公司总经理张维世在公司《安全文化手册》发行仪式暨“一封安全家书”交流会上讲话

打造特色安全文化　建设本质安全型矿井

——同煤大唐塔山煤矿安全文化建设工作纪实

塔山煤矿是同煤集团发展循环经济的龙头企业，担当着为同煤集团探索石炭二叠纪煤层开采的“探路先锋”。矿井设计年产量达1500万吨，服务年限为140年，是目前国内的大型井工矿井，由大同煤业股份有限公司、大唐国际发电股份有限公司、大同煤矿集团有限责任公司三方股东共同投资建设。2008年12月正式投产，人均每工效率为109.8吨，年人均效率为3.3万吨。先后创出了同煤集团发展史上建井速度快、综采年产量高、人均效率高、吨煤生产能耗低等 “八项领先”、“十五项纪录”。塔山煤矿改变煤炭行业传统发展模式，倡导“黑色煤炭、绿色开采”，推行循环经济发展，是中矿联评出的十大“国家级绿色矿山”中的煤炭企业。2007—2009年企业四个文明建设协调快速发展，2007—2009年连续三年被评为国家特级安全高效矿井，先后被评为全煤系统文明煤矿、全国煤炭工业特级安全高效矿井、全国企业文化优秀单位、国家绿色矿山等多项殊荣。2010年，被国家安监部门评为2009年度国家安全质量标准化煤矿。

鸟瞰塔山

技术比武

人人都是通风员学习

工会慰问出入井员工

安全文化走廊

员工入井考试系统

义马煤业集团股份有限公司

公司简介

义马煤业集团股份有限公司（简称义煤集团），原为义马矿务局，始建于1958年，1997年12月改制为有限责任公司，2008年12月改制为股份有限公司，是国有特大型煤炭企业，名列中国企业五百强，曾先后被评为河南省具有影响力企业、河南省思想政治工作先进企业，荣获全国五一劳动奖状。

义煤集团总部位于义马市，东连九朝古都洛阳，西接黄河明珠三门峡，北依连霍高速公路，南临陇海铁路和310国道，交通便利，区位优势明显。现有生产矿井17对，职工5万余人，年生产能力在3000万吨以上。矿区跨越河南、青海、新疆、山西、内蒙等五省（区），产品广销国内20多个省区。

近几年来，义马煤业集团股份有限公司以邓小平理论和“三个代表”重要思想为指导，认真落实科学发展观，以“和谐友好科学发展，两大跨越又好又快；大型集团行业聚集，外向拓展相关多元；煤化基础结构升级，运转高效现代制度；企业增效职工富裕，本质安全平安义煤”为总体战略思想，大力弘扬“团结、务实、创新、奋进”的

企业新风尚，立足矿区资源优势，着力打造煤、煤化工、铝三大主业，全力推进强势起步、强势跨越、强势腾飞“三步走”战略实施，不断深化企业改革、优化经营机制，加快资源整合和企业重组，企业呈现出蓬勃发展的良好态势。目前，青海、新疆、山西、内蒙古四个千万吨级的煤炭基地已经初具规模，日产1000万标方煤气的煤化工项目已经奠基动工，年产60万吨的氧化铝技改工程已经完成，三大主业板块已经形成。内部改革取得重大进展，辅业分离、机构改组、流程再造已告一个段落。随着产业结构更加合理，法人治理结构更加完善，企业管理更加规范，企业盈利能力进一步提高。2008年，义煤集团原煤产销量分别突破2186万吨和2178万吨，销售收入达到119亿元，实现利税18.76亿元，职工收入超过33000元，多项经济技术指标创历史新高。

大风起兮，云飞扬。在新一轮的经济发展中，义煤将以新的姿态、新的形象，乘着改革开放和“中原崛起”的东风，扬帆起航，破浪前行，与社会各界朋友一道，共同打造美好的未来！携手铸就新的辉煌！

大同煤业集团四台煤矿

四台煤矿矿长　剧通达　　　　党委书记　李福仁

四台煤矿办公楼

四台煤矿办公环境

员工军事化训练

同煤集团四台煤矿是国家“七五”期间重点建设项目，筹建于1984年，投产于1991年12月，设计和核定生产能力为500万吨/年，是当时全国大型的井工型开采矿井之一。矿井井田面积为65平方公里，地质储量为5.3亿吨，可采储量达3.1亿吨。矿井于2005年达产，连续四年完成500万吨。全矿现有员工6456人，大专以上毕业生756人，有专业技术职称的522人，35岁以下职工占总数的48.5%，全矿职工队伍总体上呈年轻化、知识化、专业化特点。目前，全矿共有5个综采队，10个机掘队，7个普掘队。自建矿以来，先后获得了全煤系统“双十佳”矿井、行业级“双高”矿井、安全质量标准化国标一级矿井、全国文明煤矿、全煤系统企业文化建设示范矿、山西省文明和谐单位标兵、山西省模范单位等荣誉。

浇灌安全文化绿洲　筑牢安全发展长堤

- 渗透理念　铸魂塑人
- 系统培训　全面覆盖
- 创新管理　提升水平
- 依靠科技　夯实基础

Dräger

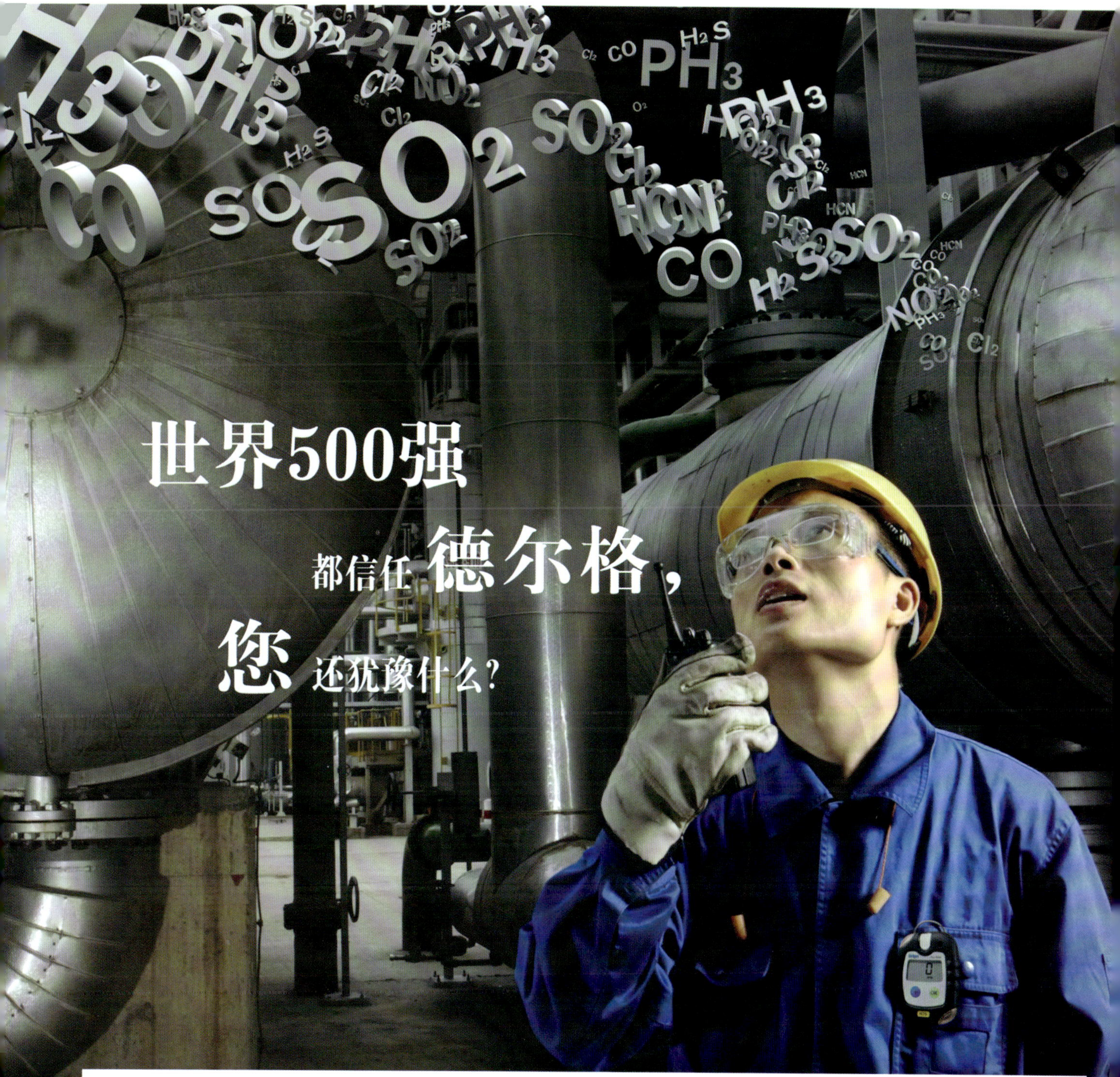

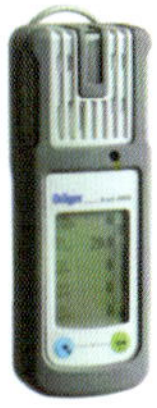

Draeger X-am 5600
便携式多种气体检测仪

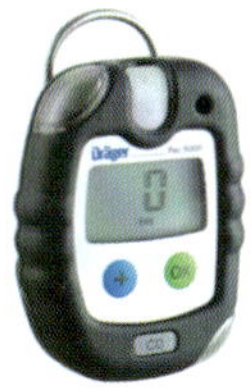

Draeger Pac 5500
便携式单一气体检测仪

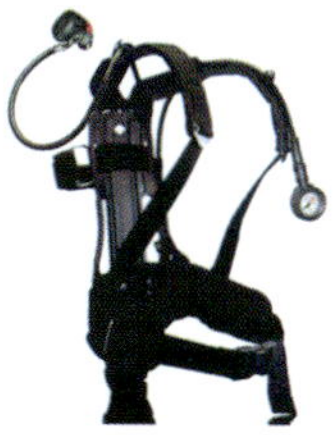

Draeger PA94 plus
正压式空气呼吸器

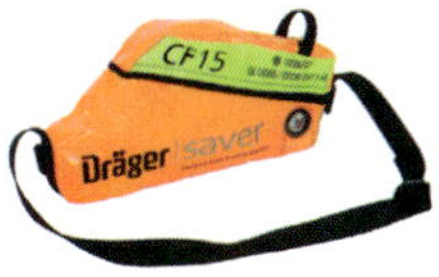

Draeger Saver CF 15
紧急逃生呼吸器

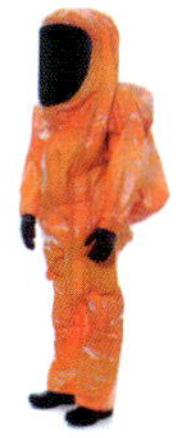

Draeger CPS 5900
气密型化学防护服

德尔格集团是一家在安全领域拥有超过120年专业经验的全球集团，是个人防护设备与气体检测技术的世界供应商之一，同时还提供端对端危险管理的系统解决方案。德尔格集团秉承技术造福生命的理念，每年将销售额的7%用于开展研发。德尔格遍及全球超过100个国家的子公司和服务网络，将为您随时随地提供满意的产品和服务。

德尔格·生命的技术

www.draeger.cn

详情请洽：德尔格安全中国　电话：010 8049 8000　上海分公司　电话：021 5298 9668

坚持安全第一方针 促进郑煤安全发展

郑煤集团

郑煤集团始建于1958年，初名新密矿务局，1989年1月更名为郑州矿务局，1996年1月经国家煤炭管理部门批准改制为国有独资公司，1998年7月下放为省管企业，2002年9月经债转股与中国信达、中国华融组建新公司，实现了股权多元化。2005年9月，建设银行河南省分行因终止与中国信达的股权委托管理协议，直接持有郑煤股权成为公司股东。1997年11月，发起组建“郑州煤电股份有限公司”，1998年1月“郑州煤电”在上交所成功上市（600121）。

郑煤集团现有职工5.4万人，目前资产总额达238亿元，比年初增加22亿元。所辖企业分布河南郑州、平顶山、漯河、商丘以及山西平陆等地，拥有煤炭采选、电力、铝、建材、化工、物流、铁路运输、机械制造、建筑施工、餐饮等产业，形成了“以煤为主，相关多元”的发展格局。是中国500强企业，改革开放三十年河南省功勋企业，全国规划的亿吨级豫西大型煤炭基地的重要组成部分。

郑煤集团所属矿区煤炭储量丰富，可采储量为10.02亿吨，目前煤炭生产能力达2700万吨，其中直管生产矿井14对，生产能力为1541万吨/年；上一轮整合矿井设计生产能力为1086万吨/年；基建矿井2对，设计能力为285万吨/年。主要煤种为贫煤、贫瘦煤和无烟煤，是发电、建材、冶金、化工、特种型煤和城乡居民生活的优质燃料和原料，主要销往豫、湘、赣、鄂、华东等地区。

近年来，郑煤集团按照河南省有关部门总体部署，深入贯彻落实科学发展观，积极实施“以煤为主，相关多元”发展战略，坚持发展是硬道理、稳定是硬任务、资源是硬前提、安全是硬指标，加快经济发展方式转变和产业结构调整，推进项目建设和煤炭企业兼并重组，着力保障和改善民生，保持了良好的发展势头。未来3年内，通过新井建设、老井改造和兼并重组，企业煤炭产能将达到5000万吨以上，销售收入突破500亿元，利税达到50亿元，建成主业突出、实力雄厚、核心竞争力强、具有较大影响力的综合发展的现代能源集团。

山西焦煤集团有限责任公司

山西焦煤集团有限责任公司成立于2001年，是国家规划的全国13个大型煤炭基地之一，也是全国规模大、煤种全的炼焦煤生产企业，公司总部设在山西省省会太原市。公司下设西山煤电、汾西矿业、霍州煤电、华晋焦煤、山西焦化、煤炭销售、国际发展、国际贸易、投资公司、财务公司、煤钢联能源等11个主要子分公司，旗下有西山煤电和山西焦化两个A股上市公司。

公司是以煤炭开采洗选、发电、焦炭化工、物流贸易为主业，兼营建筑建材、机电修造、民爆化工等产业的多元化大型企业集团。目前拥有35对矿井，产能达8821万吨/ 年；24座洗煤厂，入洗量达6825万吨/ 年；4座焦化厂，焦炭产能达625万吨/ 年；5座坑口综合利用电厂，总装机为99.36万千瓦，分布在山西省7个地市的26个县。主要产品有焦煤、肥煤、1/3焦煤、气肥煤、瘦煤等，其中强粘焦煤和肥煤均为世界稀缺资源，具有低灰、低硫、低磷、黏结性强、结焦性好、焦炭热强度高等特性，市场涵盖全国20多个省市并出口日本、韩国、德国、巴西等国家。

2009 年，山西焦煤完成煤炭产量为8079万吨，精煤产量为3476万吨，焦炭产量为254 万吨，发电量为59.5亿千瓦时，销售收入为756.5 亿元，实现利润40亿元，在岗职工人均工资5.4 万元。截至2009年底，企业职工总数17万人，资产总额达900亿元。在中国企业500强中位列第75位，在全国纳税200强企业中位列第64位，在全国50强煤企中位列第3 位。

面对新的形势和机遇，山西焦煤坚持走安全发展、转型发展、和谐发展相协调相统一的科学发展道路，大力实施本质安全型支撑战略、规模品质领先战略、循环经济主导战略、新产业跟进推动战略、经济多元化促进战略、和谐创新文化引领战略“六大发展战略”，致力将山西焦煤建设成为亿吨级、现代型、国际化的能源大集团。到2010年末，山西焦煤的煤炭产量将达到1亿吨，销售收入突破1000亿元，实现“亿吨焦煤、千亿焦煤”阶段性发展目标。

山西焦煤始终秉承“以人为本，依法治企”的核心价值观、“团结、奉献、求实、进取”的企业精神和“诚信法治、合作共赢”的经营理念，愿与国内外朋友、合作伙伴同舟共济，共创美好明天。

新汶矿业集团公司

2009年，新矿集团积极响应上级号召，全力开展责任落实年"春夏秋冬战役"活动，全集团原煤产量完成2703万吨，同比增产692万吨，销售收入183亿元，利润完成21.5亿元，原煤百万吨死亡率为零，集团公司所属16对生产矿井杜绝了重大事故的发生，煤炭生产创出历史较好水平。

一、安全管控日益科学。一是大力开展安全评价，解决了生产矿井大量的系统性、技术性难题，实现了总部职能的成功转型，形成了符合大集团安全管控的新机制。二是加大安全奖惩。安全基金的提取由原来的吨煤2元提高到10元，井下职工的安全收入占到了全部收入的60%以上，强化了管理人员和广大职工的安全责任意识、风险意识。

二、矿井灾害有效治理。组织实施了柴汶河二期治理工程，长期以来沿河煤矿地表水危害正在逐步根治；成立了以瓦斯研究所、瓦斯治理及安全检测专业化队伍，成功实施沿空留巷Y形通风技术，建设瓦斯发电站，高瓦斯矿井的安全状况明显改善。矿井水、火、瓦斯、冲击地压、煤尘、高温热害和深部地压等重大灾害得到有效治理。

三、全员培训体现以人为本。同日本安全培训机构合作，开展了管理人员的安全培训，取得明显成效；开展全员参与的"手指口述"安全培训，促进了广大职工的行为养成，安全意识和职业技能得到质的提高，习惯性违章现象明显减少。

四、生产方式实现根本转变。开展了三年的"快速掘进"活动，硬岩综掘单进创出新水平，奥钢联AHM105硬岩掘进机平均月进达到130米；煤巷掘锚一体化工艺取得成功，奥钢联MB670型掘锚机，掘进16.5立方米煤巷最高日进达到15米；综掘机新型液压临时支护研制成功，率先自主完成了国内煤矿湿喷系统。

五、矸石充填开采工艺进步。全年集团公司完成矸石换煤产量224.66万吨，超计划40万吨。目前全集团已有12个矿16个充填工作面，停运了11座地面矸石山。矸石换煤形成了"分离—输送—充填"一整套成熟技术，为矸石换煤专业化发展进行了有益的尝试。

六、运输改造初见成效。部分矿井实现了煤矸分储、分时、分运系统改造，提高了主运皮带的利用率，减少了岗位和安全隐患，降低了成本，更新了传统的矿井和采区设计理念，取得了显著的经济效益和社会效益。辅助运输方式实现了单轨吊运输网络化，大力开展"快速行人通道"建设，减少员工无用功时间，提高了劳动效率。

七、专业化公司加快发展。20支专业化队伍，从业人员达到10000多人，涉及6个专业，注册资本金达到83244万元，2009年产值为35亿元，增幅为68.4%；利润达2.18亿元，增幅为137.5%。

编辑说明

《中国安全生产年鉴》（2009）是由国家安全生产监督管理总局政策法规司组织编写的。它全面反映了2009年全国安全生产工作情况，是一本资料性工具书。

本年鉴共分十七部分，即全国安全生产工作综述，安全生产法律、行政法规和国务院重要文件，党和国家领导人关于安全生产工作的讲话，国家安全生产监督管理总局负责人关于安全生产工作的讲话，安全生产综合监督管理，煤矿安全监察，安全生产应急管理，工会劳动保护，相关行业领域安全生产工作，各省、自治区、直辖市及计划单列市安全生产工作，主要产煤省（自治区、直辖市）煤矿安全生产工作，重点中央企业安全生产工作，安全生产协会、学会工作，重特大事故案例，国务院办公厅和国务院安委会文件、有关部门和地方性规章及文件，安全生产大事记，全国事故与职业病统计资料。

努力促进我国安全生产状况的根本好转

（代序言）

安全生产关系人民生命财产安全和经济发展、社会和谐稳定大局，历来受到党中央、国务院的高度重视。党的十六届五中全会《中共中央关于制定国民经济和社会发展第十一个五年规划的建议》提出并确立了“安全发展”的科学理念和指导原则。十七大强调要坚持安全发展。十七届五中全会通过的《中共中央关于制定国民经济和社会发展第十二个五年规划的建议》，把安全生产作为坚持扩大内需战略、发展现代产业体系、加快建设创新型国家等所必须遵循一项重要原则和基本要求，强调要加大公共安全投入，加强安全生产，健全应对事故灾难等方面的预防预警和应急处置体系，切实保障人民生命财产安全。

在党中央、国务院的坚强正确领导下，依靠全党全社会的共同努力，安全生产工作不断得到加强和改进。“十一五”时期，全国事故总量大幅度下降。各类事故起数和死亡人数，由“十五”期末2005年的71.79万起、127089人，减少到2009年的37.9万起、83200人，分别下降47.2%和35.2%。重特大事故大幅度下降。一次死亡10人以上重特大事故由2005年的134起、死亡3049人，减少到2009年的67起、1127人，分别下降50%和63%。重点行业（领域）事故大幅度下降。与2005年相比，2009年重点行业领域事故起数和死亡人数，煤矿分别下降51.1%和55.69%，金属与非金属矿山分别下降56.7%和34.2%，危险化学品分别下降41.5%和34.9%，烟花爆竹分别下降25.4%和15.3%，工商贸其他（冶金机械建材等）分别下降21.7%和5.8%。建筑施工、道路交通、水上交通、铁路交通、火灾、渔业船舶和农业机械等行业领域，事故起数和死亡人数均有较大幅度下降。反映安全生产水平的4项相对指标明显好转。与2005年相比，2009年亿元GDP事故死亡率由0.697人降到0.248人，降幅64.4%；煤矿百万吨死亡率由2.811降到0.892，降幅68.3%；工矿商贸就业人员10万人事故死亡率由3.85降到2.4，降幅37.7%；道路交通万车死亡率由7.6降到3.6，降幅52.6%。提前完成了国家安全生产“十一五”规划确定的各项目标。

2010年以来，我们按照继续深入开展“安全生产年”活动的总体要求，突出预防为主、加强监管和落实责任，全面深化安全生产执法、治理、宣教

"三项行动"，切实加强安全生产法制体制机制、安全保障能力、安监队伍"三项建设"，使安全生产工作取得了新的进展。前三个季度，事故起数和死亡人数同比分别下降5.8%和9.9%，其中工矿商贸分别下降18.3%和10.2%。大部分行业（领域）事故下降，大部分地区安全生产状况比较稳定。

在看到成绩的同时，更要清醒地认识到存在的问题和差距。我国目前仍处在社会主义初级阶段，由于受经济发展方式比较粗放，采掘业、重化工、建筑业、制造业在产业结构中所占比例过大，生产力发展水平不均衡，众多小企业技术装备和管理手段落后，应急救援等社会公共安全生产基础薄弱，以及一些基层干部安全责任意识淡漠、作风不实、工作不力等因素的影响，造成目前我国的事故总量仍然较大，亿元GDP事故死亡率等指标落后于先进工业化国家，重特大事故尚未得到有效遏制，安全生产领域非法违法、违规违章等问题还相当严重，安全生产形势依然十分严峻，安全发展任重而道远。

针对安全生产领域存在的种种问题，国务院下发了《关于进一步加强企业安全生产工作的通知》（以下简称《通知》），从总体要求和企业管理、政府监管、行业安全准入、政策引导、技术保障、应急救援、考核和责任追究、经济发展方式转变等方面，提出了全面系统、具体明确的要求，强调要深入贯彻落实科学发展观，坚持以人为本，牢固树立安全发展理念，把经济发展建立在安全生产有可靠保障的基础上；要坚持依法依规生产经营和加强监管，实行更加严格的安全生产责任制、更加规范的企业安全管理、更加强有力的政府安全监管和政策引导、更高标准的安全准入、更加严格的绩效考核和事故查处、更加严肃的责任追究，同时建立更加坚实的技术体系和更加高效的应急救援体系，促进我国安全生产形势实现根本好转。

当前和今后一个时期，我们要以全面贯彻执行国务院《通知》的各项要求和政策措施为中心内容，以强化和落实企业安全生产主体责任为主线，以有效防范坚决遏制重特大事故、继续降低事故总量为目标，以煤矿等高危行业为重点，坚持抓基层打基础，进一步突出预防为主、加强监管、落实责任，深入开展安全生产执法、治理和宣教"三项行动"，不断加强安全生产法制体制机制、安全保障能力和安监队伍"三项建设"，努力推动、加快实现全国安全生产状况的根本好转，切实维护人民群众生命财产安全，为推动科学发展、加快经济发展方式转变和社会和谐，提供安全生产工作的有力支持和稳定良好的安全生产环境。

——切实加大安全生产执法力度，着力建立良好规范的安全生产法治秩序。非法违法、违规违章是导致事故发生的主要原因，也是落实预防为主、推动安全发展现阶段必须切实解决的突出问题之一。要以安全生产法律法规为武器，以煤矿、非煤矿山、交通运输、建筑施工、危险化学品、烟花爆竹、民爆器材、冶金等行业领域为重点，依法严厉打击无证或证照不全组织生产经营和建设、关闭取缔后非法擅自恢复生产、瞒报事故等共性的非法违法行为，严厉打击以资源整合为名组织生产、超层越界开采等具有行业领域特点的非法违法行为。坚持综合治理、标本兼治，探索建立集中打击与依法监管相结合的长效机制，把安全生产执法和“打非”工作逐步纳入制度化、规范化和经常化轨道。

——持续深化安全生产治理整治，着力防范遏制各类事故尤其重特大事故的发生。落实预防为主，必须坚持关口前移、超前防范，及时发现和认真治理各类安全隐患，把事故消灭在发生之前，切实做到防患于未然。要建立健全重大隐患治理挂牌督办、受理举报和公告制度，对重大隐患治理实施跟踪监管，建立以专业人员为主导的隐患整改效果评价制度，督促地方和企业切实做到整改治理措施、责任、资金、时限和预案“五到位”。要深化重点行业领域安全专项整治，加快治理煤矿瓦斯灾害和水患，规范矿井、矿山整合技改程序和监管，加强对危、险、病尾矿库的安全监控和隐患治理，关停搬迁安全防护距离不符合标准的化工企业，全面排查治理城市地下管线安全隐患，坚决整治烟花爆竹安全隐患，有效治理道路和水上交通运输事故多发路段和水域，深入排查治理人员密集场所火灾隐患。认真开展危险源普查、辨识和登记，加强对重大危险源的监控，严防重特大事故发生。

——认真做好安全生产宣传教育工作，着力营造有利于加强安全生产、促进安全发展的良好氛围。要通过广泛深入的宣传教育活动，把安全发展理念和安全生产方针，实实在在地扎根于各级领导干部和企业员工的思想中，真真切切地落实到安全生产工作的各个方面和环节。切实加强安全培训工作，认真组织开展以农民工、班组长为重点的企业安全生产全员培训，把安全生产各项措施和规定真正落实到所有企业和每一位员工，提高安全技能和事故防范能力。深入开展“安康杯”竞赛和争创优秀安全班组、优秀班组长和优秀群监员活动，加强专业技术技能人才的培养，把安全生产建立在职工群众广泛参与和共同监督的可靠基础上。深入推进安全文化建设，更加广泛深入地开展城乡安全社区创建活动。

——全面加强安全生产法制体制机制、安全保障能力和安监队伍建设，着力提升安全生产水平和履行监管监察职责能力。进一步健全完善安全生产法律法规和安全标准体系，严格高危行业安全准入。加强以岗位达标、专业达标和企业达标为主要内容的安全生产标准化建设，规范企业安全生产行为。严格实施安全生产指标控制和目标考核，建立强有力的激励约束机制。厉行事故查处挂牌督办，严肃事故查处和责任追究。加快推进安全生产科技进步，积极发展安全产业，加快高危行业安全技术装备的推广应用，在煤矿和非煤矿山强制推行监测监控、井下人员定位、紧急避险、压风、供水、通讯联络等避灾防险“六大系统”。抓紧建设装备先进、机动性强的国家矿山救援队，积极推进危险化学品、公路、铁路、航空、水上搜救等行业国家级应急救援基地和队伍建设。加强各级安监机构与国土资源、气象、地震等部门的协作联动，继续做好防控自然灾害引发生产安全事故的预警预防工作。进一步加强安监队伍自身建设，深入开展“争做安全发展忠诚卫士和创建为民务实清廉安监机构”为主题的创先争优活动，提升全系统各级领导班子和广大干部职工思想素质与业务能力，更好地履行职责、承担使命。

新形势下的安全生产工作挑战与机遇共有，困难与希望同在，持续稳定好转的发展趋势与依然严峻的现状并存，总的看机遇大于挑战，希望多于困难，趋势胜于现状，安全发展道路曲折前景光明。我们要增强责任感、使命感和紧迫感，进一步坚定信心和决心，解放思想、开拓创新，抓住机遇、迎接挑战，奋发努力、扎实工作，有效防范和坚决遏制重特大事故，加快推进和实现全国安全生产状况的根本好转，更好地维护人民群众生命财产安全，为经济长期平稳较快发展和社会和谐稳定，不断做出我们新的应有的贡献。

骆　琳

2010 年 11 月 3 日

目　次

第五部分　安全生产综合监督管理

第六部分　煤 矿 安 全 监 察

第七部分　安 全 生 产 应 急 管 理

第八部分　工 会 劳 动 保 护

第九部分　相关行业或领域安全生产工作

第十部分　各省、自治区、直辖市及计划单列市安全生产工作

第十一部分　主要产煤省（自治区、直辖市）煤矿安全监察工作

第十二部分　重点中央企业安全生产工作

第十三部分　安全生产协会、学会工作

第十四部分　重 特 大 事 故 案 例

第十五部分　国务院办公厅和国务院安委会文件、有关部门和地方性规章及文件

第十六部分　安全生产大事记

第十七部分　全国事故与职业病统计资料

第一部分

全国安全生产工作综述

2009 年全国安全生产工作综述

2009 年的安全生产工作，在党中央、国务院的坚强正确领导下，坚持以科学发展观为指导，正确处理安全与发展的关系，把“安全发展”理念贯彻始终；坚持充分依靠地方各级党委政府、各部门密切配合、企业全面负责、群众广泛参与；坚持“安全第一、预防为主、综合治理”的方针，充分认识安全生产领域的矛盾和问题，求真务实、真抓实干，依法依规、强化约束，采取有效的政策措施，以开展“三项行动”、加强“三项建设”为重点，深入开展“安全生产年”活动，在各地区、各部门、各单位和全系统共同努力下，安全生产形势稳定好转。

一、2009 年安全生产工作取得了积极进展和明显成效

2009 年是新世纪以来我国经济发展最为困难的一年，是我国有效应对国际金融危机并取得重大成就的一年，也是安全生产工作不断加强、持续改进的一年。党中央、国务院历来高度重视安全生产工作。胡锦涛总书记在十七届三中全会上，把能否实现安全发展，提高到是对我们党执政能力的一个重大考验的新高度。在 2008 年底以来召开的中央经济工作会议、中纪委第三次全会、国务院廉政工作会议上和 2009 年度《政府工作报告》中，以及在深入基层调查研究、视察工作等场合，胡锦涛总书记、温家宝总理等中央领导同志都反复强调要加强安全生产工作，牢固树立安全发展理念，坚决贯彻“安全第一、预防为主、综合治理”方针，确保人民群众生命财产安全；正确处理保增长与安全生产的关系，任何时候安全生产都是第一位的。张德江副总理年初主持召开国务院安委会全体会议和全国安全生产电视电话会议，对深入开展“安全生产年”活动做出全面部署，明确提出了突出抓好安全生产执法、治理和宣教“三项行动”，切实加强安全生产法制体制机制、安全保障能力和安监队伍“三项建设”，进一步降低事故总量，降低伤亡人数，坚决遏制重特大事故，切实促进安全生产形势稳定好转，为全国经济平稳较快发展提供安全保障的工作思路、重点和奋斗目标；6 月 1 日，在全年安全生产工作的关键时期，又一次在全国安全生产电视电话会议上发表重要讲话，要求进一步加大工作力度，狠抓“安全生产年”各项措施落实；9 月 3 日，在江西南昌召开的全国煤矿瓦斯防治工作会议上，又对煤矿瓦斯治理和安全生产提出了明确要求。去年以来，张德江副总理先后 7 次带领有关部门负责同志，深入有关地区基层、煤矿井下和工矿商贸企业等，对安全生产进行专题调研和视察、现场指挥特别重大事故抢险救援，对安全生产工作作出一系列及时明确的重要指示，为切实做好安全生产工作进一步指明了方向，实施了坚强有力的领导。国务院办公厅、国务院安委会就安全生产“三项行动”和“三项建设”、加强应急救援体系建设、隐患排查治理、安全生产检查督查、节日安全防范等，先后下发 8 个重要文件，有力推动了安全生产工作。安委会各成员单位各司其职、齐抓共管，全力支持并做好安全生产工作，进一步形成合力，为做好安全生产工作创造了良好条件。

在党中央、国务院的坚强正确领导下，经过国务院安委会各成员单位和各地区、各方面的共同努力，2009年安全生产工作取得新的进展和明显成效，呈现事故总量、较大事故和重特大事故“三个同比下降”，煤矿等重点行业（领域）、大部分地区安全生产状况“两个持续改善”，全国安全生产控制指标“一个实施进展情况较好”的特点，比较圆满地完成了全年工作奋斗目标，为应对国际金融危机、促进经济平稳较快发展，为庆祝建国60周年和维护社会和谐稳定，创造和提供了较好的安全生产环境。

（一）事故总量、较大事故、重特大事故下降

据国家安全监管总局调度统计快报，2009年全国各类事故起数和死亡人数同比分别下降9.2%和10.5%。其中一次死亡3～9人的较大事故起数下降3%；一次死亡10～29人的重大事故62起、死亡835人，同比减少24期、471人，分别下降27.9%和36.1%；一次死亡30人以上以及经济损失亿元以上的特大事故5起、死亡293人，同比减少5起、379人，分别下降50%和56.4%。

（二）工矿商贸企业安全生产状况持续改善

2009年在煤炭产量持续增长、全国产煤超过28亿吨的情况下，煤矿事故总量和死亡人数同比分别下降19.7%和18.5%，煤矿发生重大事故16起，同比减少17起，下降51.5%；发生特别重大事故4起，同比减少1起，下降20%；百万吨死亡率0.926，首次下降到1以下，同比下降21.7%（2008年为1.182）。金属与非金属矿山事故死亡人数同比下降29.5%，危险化学品事故死亡人数同比下降22.9%。建筑施工事故死亡人数同比下降13.7%。

（三）交通运输、消防等重点行业（领域）安全工作成效明显

道路交通事故死亡人数同比下降10%，其中生产经营性事故的死亡人数同比减少2490人、下降10%；道路交通万车死亡率4，同比下降7%（2008年为4.3）。水上交通事故死亡人数同比下降10.8%，铁路交通事故死亡人数同比下降19.4%，渔业船舶事故死亡人数同比下降16.8%，农机事故死亡人数同比下降23.6%。火灾事故死亡人数同比下降12.3%。民航飞行继续保持了安全记录。

（四）煤矿瓦斯治理和整顿关闭工作取得明显进展

一是煤矿瓦斯事故下降。全国煤矿瓦斯事故同比下降13.7%和3.0%。其中较大瓦斯事故同比分别下降9.5%和10.3%；重大瓦斯事故分别下降58.8%和74.0%。二是乡镇煤矿事故大幅度下降。全国乡镇煤矿各类事故同比分别下降22.7%和25.6%。其中，较大事故分别下降10.1%和10.9%；重大事故分别下降50.0%和48.7%。三是煤矿瓦斯抽采量和瓦斯利用量进一步提高。全国煤矿累计抽采瓦斯61.7亿立方米，累计利用瓦斯17.7亿立方米，瓦斯利用率28.6%。国有重点煤矿瓦斯抽采量、利用量同比分别增长16.1%和13.3%。

（五）安全生产执法行动取得成效

各地区、各部门按照国务院的统一部署，认真开展安全生产执法行动，严厉打击安全生产领域非法违法建设、生产、经营活动。2009年全国查处各类非法违法行为849万余起，依法关闭取缔各类非法建设、生产、经营、运输等单位和项目2.26万余个。因非法违法造成的重特大事故比例由以往的80%以上降至50%左右。

（六）大部分地区安全生产状况好于以往

全国31个省（区市）和新疆生产建设兵团，2009年事故起数和死亡人数均比上年有所下降，16个省份的工矿商贸企业没有发生重特大事故。上海、内蒙古、湖北、海南、陕西、青海、新疆等省份没有发生重特大事故。

（七）安全生产控制指标实施进展情况较好

2009年全国安全生产控制指标实施进度为90.2%，低于预计进度9.8个百分点。工矿商贸、道路交通、水上交通、铁路交通、农业机械、渔业船舶、消防等行业领域事故死亡人数，均低于控制指标10%以上。全国32个省级考核单位中，有31个单位事故死亡人数控制在考核指标之内，有15个单位低于控制指标10%以上。

二、2009年安全生产主要工作

一年来，各地区、各部门、各单位坚定认真地贯彻落实党中央、国务院关于加强安全生产工作的决策部署和重要指示精神，以深入学习实践科学发

展观为动力，紧紧围绕中央提出的保增长、保民生、保稳定的中心任务，全面加强安全生产工作，正确处理经济增长与安全生产的关系，以深入开展“安全生产年”活动为主线，以防范遏制重特大事故为目标，以扎实推进安全生产执法、治理和宣教“三项行动”，切实加强安全生产法制体制机制、安全保障能力和监管监察队伍“三项建设”为抓手和载体，推动安全生产工作进一步规范、有序、高效开展，较好地完成了国务院安委会确定的目标任务。在党中央、国务院正确领导下，经过各地区、各部门、各单位和全系统的共同努力，安全生产工作取得了明显成效，促进了全国安全生产形势的进一步好转。主要表现在：生产安全事故总量、较大事故、重特大事故和伤亡人数同比较大幅度下降，“三个压下来”奋斗目标得以实现；工矿商贸企业安全生产状况持续改善；交通运输、消防等重点行业（领域）安全工作成效明显；绝大多数地区安全生产形势稳定好转；全国安全生产控制考核指标落实情况较好；安全生产总体水平明显提高。

突出抓了以下6个方面的重点工作：

（一）扎实推进安全生产执法行动，依法严厉打击各类非法违法行为

在地方政府的统一领导下，各级安全监管监察机构会同相关部门，查处煤矿滥采乱挖、越层超界开采等非法违法行为3.76万余起，取缔无证非法采煤窝点和“死灰复燃”矿井3112处，整顿关闭小煤矿1088处；查处非煤矿山无证生产、一证多井、违规排放等非法违法行为4.7万余起，关闭取缔非法和不具备安全生产条件的小型非煤矿山2291座；查处危险化学品无证非法生产、经营、销售和使用等5.78万余起，注销了1755个危化品企业的安全生产许可证，关闭取缔小化工940个；加大对烟花爆竹非法生产经营行为的打击力度，依法取缔了1744个烟花爆竹非法生产窝点。密切配合公安、交通、建设等部门，严肃查处道路交通酒后驾驶、超速超载、客车超员，水上交通无证运营、非客船载客、冒险航行，建筑施工证照不全、无证上岗、不执行建设项目安全生产“三同时”规定，人员密集场所不执行消防安全法规等非法违法行为。全国共查处各类非法违法行为849万多起，依法关闭取缔各类非法生产、经营、建设、运输等单位2.26万余个。

（二）扎实推进安全生产治理行动，深化各重点行业领域安全生产专项整治

工矿商贸领域安全治理行动成效明显。一是推动煤矿瓦斯治理向纵深进展。积极推进瓦斯治理“双百示范工程”建设，已建成示范矿井287个、示范县30个；全国煤矿瓦斯抽采率和利用率同比分别提高16.4%和10.6%，瓦斯事故起数下降13.7%。二是开展了地下矿山机械通风、小型采石场开采工艺、石油企业防井喷失控等专项整治；经国务院同意，国家五部委局联合下发了尾矿库隐患治理方案，地方政府和企业投入隐患治理资金85.6亿元，全国危、险、病库由年初的4910座减少到年底的2100座。三是深化危险化学品和烟花爆竹安全整治。各地结合制定落实化工产业安全发展规划，推进化工生产企业进园区，经营企业进市场；排查出危化品生产企业工艺不合理、监控措施不落实、安全防护距离不足等安全隐患3074项，已治理2801项，落实整改资金8.37亿元。继续开展了危化品道路运输专项整治和烟花爆竹违规使用氯酸钾专项整治。四是部署开展了作业场所有毒物质及粉尘专项治理工作。冶金、机械等行业结合安全生产标准化建设，认真整顿治理不符合安全生产要求的工艺、环节和行为。

各级安监机构配合公安、交通、建设等部门，积极推进相关行业（领域）的安全专项治理。深入排查治理公路、城市道路存在的安全隐患，对道路交通重大隐患实行了省市县三级政府督办；继续开展危险品运输、渡口渡船等安全专项整治；深入排查治理房屋与市政工程、隧道、桥梁、地铁等重点建设项目的安全隐患；开展了公众聚集场所易燃可燃装修材料、高层和地下建筑等消防安全专项整治。为做好新中国成立60周年庆典活动的安全保障工作，在全国集中开展了隐患排查治理和督促检查活动。在企业自查、地方政府检查的基础上，国务院安委会组织了16个督查组，分别深入到30个省（区、市）的89个市地、19个县区、309个生产经营和建设单位进行了督查。对查出的187项严重隐患和重大问题，实行跟踪督办。总局会同北京市安监局承担了首都大型庆祝活动中烟花爆竹燃放安全，以及阅兵、游行、观礼等所需临时建筑设施和彩车的安全监管任务，做到了万无一失，为国庆盛典做出了贡献。

（三）扎实推进安全生产宣传教育行动，强化安全意识，提高安全技能

各级安全监管监察机构会同宣传、公安、广电部门和工会、共青团组织，以“关爱生命、安全发展”为主题，组织开展了“安全生产月”、“安全生产万里行”活动。首都和各地举办了安全发展与安全法制论坛、“安全伴我行”演讲比赛、职工安全文艺汇演、安全知识竞赛、“安全文化到基层”等主题鲜明、形式多样的宣传教育活动。大力推动企业安全文化、安全诚信和安全社区建设，28个省（区、市）的约10万个企业和城乡社区开展了创建试点工作。加强企业负责人、安全管理人员、特种作业人员“三项岗位人员”和农民工安全技能培训，组织了煤矿“万名班组长安全培训工程”；启动了为期4年的全国市、县、乡政府分管负责人安全培训计划，举办了两期市地分管领导干部安全生产工作专题研讨班。

（四）切实加强安全生产法制体制机制建设，促进安全生产工作进一步规范、有序、高效开展

一是推动安全生产立法工作。安全生产行政法规、部门规章和标准规程的制定修订工作进一步加快。国家安全监管总局在防治煤与瓦斯突出、海洋石油安全管理、应急预案管理、作业场所职业危害申报等方面，制定实施了12个部门规章，制定修订了53部安全生产标准和煤炭行业标准。二是健全完善安全监管监察工作体制。结合新一轮政府机构改革，全国各省级安全监管局均成为政府直属机构，18个省（区、市）建立了专门的安全生产执法监察机构和队伍；所有的市地级政府和97%的县级政府成立了安监机构，75%的乡镇（街道）设立了专职或兼职安全生产工作机构。在中央编办大力支持下，煤矿安全监察系统增设了5个监察分局，核定了111个事业单位共1720名事业编制，为安全监管监察工作提供了保证。三是建立健全激励约束机制。国家安全监管总局进一步完善了安全生产控制考核指标体系，建立健全了周调度、月通报、季发布、年考核制度，定期向地方党委政府主要负责同志通报有关情况。各地普遍建立了安全生产“一岗双责”、重特大事故“一票否决”等制度，把指标和责任分解落实到基层政府和重点企业，严格考核奖惩，推动了企业安全生产主体责任和地方政府安全监管责任的落实。四是依法依规做好事故查处和责任追究工作。2009年全国安全生产事故责任追究处理29880人，其中给予党纪政纪处分7145人，移送司法机关追究刑事责任2102人。2008年发生的由国务院调查组负责查处的10起特大事故，已全部结案并及时向社会公布，共有549人受到刑事责任追究和党纪政纪处理，其中县处级以上干部129人。严肃查处了有关瞒报事故和一些事故背后的官商勾结、权钱交易等腐败行为，维护了安全生产法纪的严肃性。2009年发生的5起特别重大事故，前3起已完成调查工作，即将报请国务院批复。安全生产举报专线电话已在部分地区开通，进一步畅通了人民群众表达安全诉求、反映安全生产问题的渠道。

（五）切实加强安全保障能力建设，推进“科技兴安”和基层基础工作，提高应急救援能力

国家安全监管总局、国家煤矿安监局就加强安全生产综合监管和专业管理，健全完善安全生产工作责任制，规范企业安全管理，推动安全生产科技进步等，下发了70多个指导性、规范性文件；会同全国总工会联合总结推广了河南中平能化集团公司“白国周班组管理法”；总结推广了部分省市“企业分级安全监管”、“1+3安全监控体系”等经验；在煤矿、金属与非金属矿山、危险化学品、烟花爆竹、冶金、机械等行业广泛开展安全生产标准化建设活动。积极实施科技兴安战略，对1674家化工企业进行了自动化控制技术改造，对2000多家烟花爆竹企业进行了改造提升。9个省（区、市）进行了运输车辆安装GPS、道路交通动态监管试点工作并取得实效。

国家安全监管总局与环保部、气象局、地震局等部门签订了应急联动协议。各省（区、市）和193个市地建立了应急管理和救援指挥机构。地方安全生产应急平台建设已规划投入3.4亿元。各类救援队伍技术装备得到改善，应急救援能力进一步提高。2009年全国矿山救护队伍出动救援4526次，抢救遇险人员12409人；危化救援队伍出动救援8480次，抢救疏散31466人。消防、水上、海上等专业救护队伍，成功组织实施了火灾、海难等事故的抢险救援。

在积极会商、多方争取和有关部门的大力支持下，国家安排了20亿元的煤矿整顿关闭“以奖代补”专项资金和40亿元的尾矿库隐患专项治理资

金，继续运用年度30亿元的国债资金扶持煤矿安全技术改造，继续执行煤矿等高危行业安全费用税前列支制度，把煤矿维简费也纳入了税前列支范围。一些省市也设立了安全生产基金或重大隐患治理专项资金，实实在在地解决安全生产问题，提升了安全保障能力。

（六）切实加强安监队伍建设，为履行好安全生产工作职责提供组织保证

按照中央的部署和要求，圆满完成了国家安全监管总局、国家煤矿安监局机关深入学习实践科学发展观活动各项任务。在全系统深入开展创先争优活动，进一步激发了广大安监人员干事创业热情，巩固和发展了学习实践活动成果。深化干部人事制度改革，对国家安全监管总局、国家煤矿安监局机关空缺职位实行了公开选拔、竞争上岗和差额选任，对新任省级煤监局局长和纪检组长实行了异地交流任职。加强反腐倡廉惩防体系建设和行业作风建设，广泛开展正反两方面典型的示范和警示教育。坚持和完善监管监察工作目标责任制，严格监督考核，推进廉洁执法、公正执法、严格执法。加强业务培训，全年共有4.5万名安监人员分别参加了国家、省、市三级脱产培训，坚持每月举行一次安全生产业务专题视频讲座，使广大安监人员的依法监管能力和执法水平得到进一步的提高。

三、存在的主要问题和差距

2009年安全生产工作虽然取得了阶段性进展和一定成绩，但与党中央、国务院的要求和广大人民群众的期望相比还存在很大差距，事故总量依然较大，重特大事故尚未得到有效遏制，全国安全生产形势依然十分严峻。相继发生了中央电视台新址工地“2·9”火灾、黑龙江龙煤集团新兴煤矿“11·21”瓦斯爆炸等5起涉难30人以上或经济损失上亿元的特别重大事故，给人民群众生命财产造成惨重损失。暴露出目前安全生产工作存在的薄弱环节和突出问题：

一是安全意识不强，安全责任不落实。一些地方对扩内需、保增长过程中的安全生产重视不够，政府安全监管责任和企业安全生产主体责任没有真正落到实处。

二是隐患排查治理不认真，防范措施不严密。一些地方和单位对重大危险源和重大隐患监控不力、疏于防范，导致重特大事故发生。

三是安全基础不牢固，应急机制不健全。煤矿等高危行业防范抵御事故灾害的能力仍然低下。健全完善的安全生产应急救援体系和机制尚未形成，应对处置紧急情况和突发事件的能力不足。

四是打击非法违法工作进展不平衡。安全生产执法行动虽然取得了较大成效，但工作进展不平衡，一些地方对非法建设、生产、经营活动监管不严，打击力度不够。从安全监管工作看，也确实存在着不严、不细、不实等问题。

所有这些，都要在下一步的工作中加以解决。

第二部分

安全生产法律、行政法规和国务院重要文件

中华人民共和国国务院令

第 563 号

《农业机械安全监督管理条例》已经 2009 年 9 月 7 日国务院第 80 次常务会议通过，现予公布，自 2009 年 11 月 1 日起施行。

总理 温家宝

二〇〇九年九月十七日

农业机械安全监督管理条例

第一章 总 则

第一条 为了加强农业机械安全监督管理，预防和减少农业机械事故，保障人民生命和财产安全，制定本条例。

第二条 在中华人民共和国境内从事农业机械的生产、销售、维修、使用操作以及安全监督管理等活动，应当遵守本条例。

本条例所称农业机械，是指用于农业生产及其产品初加工等相关农事活动的机械、设备。

第三条 农业机械安全监督管理应当遵循以人为本、预防事故、保障安全、促进发展的原则。

第四条 县级以上人民政府应当加强对农业机械安全监督管理工作的领导，完善农业机械安全监督管理体系，增加对农民购买农业机械的补贴，保障农业机械安全的财政投入，建立健全农业机械安全生产责任制。

第五条 国务院有关部门和地方各级人民政府、有关部门应当加强农业机械安全法律、法规、标准和知识的宣传教育。

农业生产经营组织、农业机械所有人应当对农业机械操作人员及相关人员进行农业机械安全使用教育，提高其安全意识。

第六条 国家鼓励和支持开发、生产、推广、应用先进适用、安全可靠、节能环保的农业机械，建立健全农业机械安全技术标准和安全操作规程。

第七条 国家鼓励农业机械操作人员、维修技术人员参加职业技能培训和依法成立安全互助组织，提高农业机械安全操作水平。

第八条 国家建立落后农业机械淘汰制度和危及人身财产安全的农业机械报废制度，并对淘汰和

报废的农业机械依法实行回收。

第九条 国务院农业机械化主管部门、工业主管部门、质量监督部门和工商行政管理部门等有关部门依照本条例和国务院规定的职责，负责农业机械安全监督管理工作。

县级以上地方人民政府农业机械化主管部门、工业主管部门和县级以上地方质量监督部门、工商行政管理部门等有关部门按照各自职责，负责本行政区域的农业机械安全监督管理工作。

第二章 生产、销售和维修

第十条 国务院工业主管部门负责制定并组织实施农业机械工业产业政策和有关规划。

国务院标准化主管部门负责制定发布农业机械安全技术国家标准，并根据实际情况及时修订。农业机械安全技术标准是强制执行的标准。

第十一条 农业机械生产者应当依据农业机械工业产业政策和有关规划，按照农业机械安全技术标准组织生产，并建立健全质量保障控制体系。

对依法实行工业产品生产许可证管理的农业机械，其生产者应当取得相应资质，并按照许可的范围和条件组织生产。

第十二条 农业机械生产者应当按照农业机械安全技术标准对生产的农业机械进行检验；农业机械经检验合格并附具详尽的安全操作说明书和标注安全警示标志后，方可出厂销售；依法必须进行认证的农业机械，在出厂前应当标注认证标志。

上道路行驶的拖拉机，依法必须经过认证的，在出厂前应当标注认证标志，并符合机动车国家安全技术标准。

农业机械生产者应当建立产品出厂记录制度，如实记录农业机械的名称、规格、数量、生产日期、生产批号、检验合格证号、购货者名称及联系方式、销售日期等内容。出厂记录保存期限不得少于3年。

第十三条 进口的农业机械应当符合我国农业机械安全技术标准，并依法由出入境检验检疫机构检验合格。依法必须进行认证的农业机械，还应当由出入境检验检疫机构进行入境验证。

第十四条 农业机械销售者对购进的农业机械应当查验产品合格证明。对依法实行工业产品生产许可证管理、依法必须进行认证的农业机械，还应当验明相应的证明文件或者标志。

农业机械销售者应当建立销售记录制度，如实记录农业机械的名称、规格、生产批号、供货者名称及联系方式、销售流向等内容。销售记录保存期限不得少于3年。

农业机械销售者应当向购买者说明农业机械操作方法和安全注意事项，并依法开具销售发票。

第十五条 农业机械生产者、销售者应当建立健全农业机械销售服务体系，依法承担产品质量责任。

第十六条 农业机械生产者、销售者发现其生产、销售的农业机械存在设计、制造等缺陷，可能对人身财产安全造成损害的，应当立即停止生产、销售，及时报告当地质量监督部门、工商行政管理部门，通知农业机械使用者停止使用。农业机械生产者应当及时召回存在设计、制造等缺陷的农业机械。

农业机械生产者、销售者不履行本条第一款义务的，质量监督部门、工商行政管理部门可以责令生产者召回农业机械，责令销售者停止销售农业机械。

第十七条 禁止生产、销售下列农业机械：

（一）不符合农业机械安全技术标准的；

（二）依法实行工业产品生产许可证管理而未取得许可证的；

（三）依法必须进行认证而未经认证的；

（四）利用残次零配件或者报废农业机械的发动机、方向机、变速器、车架等部件拼装的；

（五）国家明令淘汰的。

第十八条 从事农业机械维修经营，应当有必要的维修场地，有必要的维修设施、设备和检测仪器，有相应的维修技术人员，有安全防护和环境保护措施，取得相应的维修技术合格证书，并依法办理工商登记手续。

申请农业机械维修技术合格证书，应当向当地县级人民政府农业机械化主管部门提交下列材料：

（一）农业机械维修业务申请表；

（二）申请人身份证明、企业名称预先核准通知书；

（三）维修场所使用证明；

（四）主要维修设施、设备和检测仪器清单；

（五）主要维修技术人员的国家职业资格证书。

农业机械化主管部门应当自收到申请之日起20个工作日内，对符合条件的，核发维修技术合格证书；对不符合条件的，书面通知申请人并说明理由。

维修技术合格证书有效期为3年；有效期满需要继续从事农业机械维修的，应当在有效期满前申请续展。

第十九条 农业机械维修经营者应当遵守国家有关维修质量安全技术规范和维修质量保证期的规定，确保维修质量。

从事农业机械维修不得有下列行为：

（一）使用不符合农业机械安全技术标准的零配件；

（二）拼装、改装农业机械整机；

（三）承揽维修已经达到报废条件的农业机械；

（四）法律、法规和国务院农业机械化主管部门规定的其他禁止性行为。

第三章 使用操作

第二十条 农业机械操作人员可以参加农业机械操作人员的技能培训，可以向有关农业机械化主管部门、人力资源和社会保障部门申请职业技能鉴定，获取相应等级的国家职业资格证书。

第二十一条 拖拉机、联合收割机投入使用前，其所有人应当按照国务院农业机械化主管部门的规定，持本人身份证明和机具来源证明，向所在地县级人民政府农业机械化主管部门申请登记。拖拉机、联合收割机经安全检验合格的，农业机械化主管部门应当在2个工作日内予以登记并核发相应的证书和牌照。

拖拉机、联合收割机使用期间登记事项发生变更的，其所有人应当按照国务院农业机械化主管部门的规定申请变更登记。

第二十二条 拖拉机、联合收割机操作人员经过培训后，应当按照国务院农业机械化主管部门的规定，参加县级人民政府农业机械化主管部门组织的考试。考试合格的，农业机械化主管部门应当在2个工作日内核发相应的操作证件。

拖拉机、联合收割机操作证件有效期为6年；有效期满，拖拉机、联合收割机操作人员可以向原发证机关申请续展。未满18周岁不得操作拖拉机、联合收割机。操作人员年满70周岁的，县级人民政府农业机械化主管部门应当注销其操作证件。

第二十三条 拖拉机、联合收割机应当悬挂牌照。拖拉机上道路行驶，联合收割机因转场作业、维修、安全检验等需要转移的，其操作人员应当携带操作证件。

拖拉机、联合收割机操作人员不得有下列行为：

（一）操作与本人操作证件规定不相符的拖拉机、联合收割机；

（二）操作未按照规定登记、检验或者检验不合格、安全设施不全、机件失效的拖拉机、联合收割机；

（三）使用国家管制的精神药品、麻醉品后操作拖拉机、联合收割机；

（四）患有妨碍安全操作的疾病操作拖拉机、联合收割机；

（五）国务院农业机械化主管部门规定的其他禁止行为。

禁止使用拖拉机、联合收割机违反规定载人。

第二十四条 农业机械操作人员作业前，应当对农业机械进行安全查验；作业时，应当遵守国务院农业机械化主管部门和省、自治区、直辖市人民政府农业机械化主管部门制定的安全操作规程。

第四章 事故处理

第二十五条 县级以上地方人民政府农业机械化主管部门负责农业机械事故责任的认定和调解处理。

本条例所称农业机械事故，是指农业机械在作业或者转移等过程中造成人身伤亡、财产损失的事件。

农业机械在道路上发生的交通事故，由公安机关交通管理部门依照道路交通安全法律、法规处理；拖拉机在道路以外通行时发生的事故，公安机关交通管理部门接到报案的，参照道路交通安全法律、法规处理。农业机械事故造成公路及其附属设施损坏的，由交通主管部门依照公路法律、法规处理。

第二十六条 在道路以外发生的农业机械事故，操作人员和现场其他人员应当立即停止作业或者停止农业机械的转移，保护现场，造成人员伤害的，应当向事故发生地农业机械化主管部门报告；造成人员死亡的，还应当向事故发生地公安机关报告。造成人身伤害的，应当立即采取措施，抢救受伤人员。因抢救受伤人员变动现场的，应当标明位置。

接到报告的农业机械化主管部门和公安机关应当立即派人赶赴现场进行勘验、检查，收集证据，组织抢救受伤人员，尽快恢复正常的生产秩序。

第二十七条 对经过现场勘验、检查的农业机械事故，农业机械化主管部门应当在10个工作日内制作完成农业机械事故认定书；需要进行农业机械鉴定的，应当自收到农业机械鉴定机构出具的鉴定结论之日起5个工作日内制作农业机械事故认定书。

农业机械事故认定书应当载明农业机械事故的基本事实、成因和当事人的责任，并在制作完成农业机械事故认定书之日起3个工作日内送达当事人。

第二十八条 当事人对农业机械事故损害赔偿有争议，请求调解的，应当自收到事故认定书之日起10个工作日内向农业机械化主管部门书面提出调解申请。

调解达成协议的，农业机械化主管部门应当制作调解书送交各方当事人。调解书经各方当事人共同签字后生效。调解不能达成协议或者当事人向人民法院提起诉讼的，农业机械化主管部门应当终止调解并书面通知当事人。调解达成协议后当事人反悔的，可以向人民法院提起诉讼。

第二十九条 农业机械化主管部门应当为当事人处理农业机械事故损害赔偿等后续事宜提供帮助和便利。因农业机械产品质量原因导致事故的，农业机械化主管部门应当依法出具有关证明材料。

农业机械化主管部门应当定期将农业机械事故统计情况及说明材料报送上级农业机械化主管部门并抄送同级安全生产监督管理部门。

农业机械事故构成生产安全事故的，应当依照相关法律、行政法规的规定调查处理并追究责任。

第五章 服务与监督

第三十条 县级以上地方人民政府农业机械化主管部门应当定期对危及人身财产安全的农业机械进行免费实地安全检验。但是道路交通安全法律对拖拉机的安全检验另有规定的，从其规定。

拖拉机、联合收割机的安全检验为每年1次。

实施安全技术检验的机构应当对检验结果承担法律责任。

第三十一条 农业机械化主管部门在安全检验中发现农业机械存在事故隐患的，应当告知其所有人停止使用并及时排除隐患。

实施安全检验的农业机械化主管部门应当对安全检验情况进行汇总，建立农业机械安全监督管理档案。

第三十二条 联合收割机跨行政区域作业前，当地县级人民政府农业机械化主管部门应当会同有关部门，对跨行政区域作业的联合收割机进行必要的安全检查，并对操作人员进行安全教育。

第三十三条 国务院农业机械化主管部门应当定期对农业机械安全使用状况进行分析评估，发布相关信息。

第三十四条 国务院工业主管部门应当定期对农业机械生产行业运行态势进行监测和分析，并按照先进适用、安全可靠、节能环保的要求，会同国务院农业机械化主管部门、质量监督部门等有关部门制定、公布国家明令淘汰的农业机械产品目录。

第三十五条 危及人身财产安全的农业机械达到报废条件的，应当停止使用，予以报废。农业机械的报废条件由国务院农业机械化主管部门会同国务院质量监督部门、工业主管部门规定。

县级人民政府农业机械化主管部门对达到报废条件的危及人身财产安全的农业机械，应当书面告知其所有人。

第三十六条 国家对达到报废条件或者正在使用的国家已经明令淘汰的农业机械实行回收。农业机械回收办法由国务院农业机械化主管部门会同国务院财政部门、商务主管部门制定。

第三十七条 回收的农业机械由县级人民政府农业机械化主管部门监督回收单位进行解体或者销毁。

第三十八条 使用操作过程中发现农业机械存在产品质量、维修质量问题的，当事人可以向县级以上地方人民政府农业机械化主管部门或者县级以上地方质量监督部门、工商行政管理部门投诉。接到投诉的部门对属于职责范围内的事项，应当依法及时处理；对不属于职责范围内的事项，应当及时移交有权处理的部门，有权处理的部门应当立即处理，不得推诿。

县级以上地方人民政府农业机械化主管部门和县级以上地方质量监督部门、工商行政管理部门应当定期汇总农业机械产品质量、维修质量投诉情况并逐级上报。

第三十九条 国务院农业机械化主管部门和省、自治区、直辖市人民政府农业机械化主管部门应当根据投诉情况和农业安全生产需要，组织开展在用的特定种类农业机械的安全鉴定和重点检查，并公布结果。

第四十条 农业机械安全监督管理执法人员在农田、场院等场所进行农业机械安全监督检查时，可以采取下列措施：

（一）向有关单位和个人了解情况，查阅、复制有关资料；

（二）查验拖拉机、联合收割机证书、牌照及有关操作证件；

（三）检查危及人身财产安全的农业机械的安全状况，对存在重大事故隐患的农业机械，责令当事人立即停止作业或者停止农业机械的转移，并进行维修；

（四）责令农业机械操作人员改正违规操作行为。

第四十一条 发生农业机械事故后企图逃逸的、拒不停止存在重大事故隐患农业机械的作业或者转移的，县级以上地方人民政府农业机械化主管部门可以扣押有关农业机械及证书、牌照、操作证件。案件处理完毕或者农业机械事故肇事方提供担保的，县级以上地方人民政府农业机械化主管部门应当及时退还被扣押的农业机械及证书、牌照、操作证件。存在重大事故隐患的农业机械，其所有人或者使用人排除隐患前不得继续使用。

第四十二条 农业机械安全监督管理执法人员进行安全监督检查时，应当佩戴统一标志，出示行政执法证件。农业机械安全监督检查、事故勘察车辆应当在车身喷涂统一标识。

第四十三条 农业机械化主管部门不得为农业机械指定维修经营者。

第四十四条 农业机械化主管部门应当定期向同级公安机关交通管理部门通报拖拉机登记、检验以及有关证书、牌照、操作证件发放情况。公安机关交通管理部门应当定期向同级农业机械化主管部门通报农业机械在道路上发生的交通事故及处理情况。

第六章 法律责任

第四十五条 县级以上地方人民政府农业机械化主管部门、工业主管部门、质量监督部门和工商行政管理部门及其工作人员有下列行为之一的，对直接负责的主管人员和其他直接责任人员，依法给予处分，构成犯罪的，依法追究刑事责任：

（一）不依法对拖拉机、联合收割机实施安全检验、登记，或者不依法核发拖拉机、联合收割机证书、牌照的；

（二）对未经考试合格者核发拖拉机、联合收割机操作证件，或者对经考试合格者拒不核发拖拉机、联合收割机操作证件的；

（三）对不符合条件者核发农业机械维修技术合格证书，或者对符合条件者拒不核发农业机械维修技术合格证书的；

（四）不依法处理农业机械事故，或者不依法出具农业机械事故认定书和其他证明材料的；

（五）在农业机械生产、销售等过程中不依法履行监督管理职责的；

（六）其他未依照本条例的规定履行职责的行为。

第四十六条 生产、销售利用残次零配件或者报废农业机械的发动机、方向机、变速器、车架等部件拼装的农业机械的，由县级以上质量监督部门、工商行政管理部门按照职责权限责令停止生产、销售，没收违法所得和违法生产、销售的农业机械，并处违法产品货值金额1倍以上3倍以下罚款；情节严重的，吊销营业执照。

农业机械生产者、销售者违反工业产品生产许可证管理、认证认可管理、安全技术标准管理以及产品质量管理的，依照有关法律、行政法规处罚。

第四十七条 农业机械销售者未依照本条例的规定建立、保存销售记录的，由县级以上工商行政管理部门责令改正，给予警告；拒不改正的，处1000元以上1万元以下罚款，并责令停业整顿；情节严重的，吊销营业执照。

第四十八条 未取得维修技术合格证书或者使用伪造、变造、过期的维修技术合格证书从事维修经营的，由县级以上地方人民政府农业机械化主管部门收缴伪造、变造、过期的维修技术合格证书，限期补办有关手续，没收违法所得，并处违法经营额1倍以上2倍以下罚款；逾期不补办的，处违法经营额2倍以上5倍以下罚款，并通知工商行政管理部门依法处理。

第四十九条 农业机械维修经营者使用不符合农业机械安全技术标准的配件维修农业机械，或者拼装、改装农业机械整机，或者承揽维修已经达到报废条件的农业机械的，由县级以上地方人民政府农业机械化主管部门责令改正，没收违法所得，并处违法经营额1倍以上2倍以下罚款；拒不改正的，处违法经营额2倍以上5倍以下罚款；情节严重的，吊销维修技术合格证。

第五十条 未按照规定办理登记手续并取得相应的证书和牌照，擅自将拖拉机、联合收割机投入使用，或者未按照规定办理变更登记手续的，由县级以上地方人民政府农业机械化主管部门责令限期补办相关手续；逾期不补办的，责令停止使用；拒不停止使用的，扣押拖拉机、联合收割机，并处200元以上2000元以下罚款。

当事人补办相关手续的，应当及时退还扣押的拖拉机、联合收割机。

第五十一条 伪造、变造或者使用伪造、变造的拖拉机、联合收割机证书和牌照的，或者使用其他拖拉机、联合收割机的证书和牌照的，由县级以上地方人民政府农业机械化主管部门收缴伪造、变造或者使用的证书和牌照，对违法行为人予以批评教育，并处200元以上2000元以下罚款。

第五十二条 未取得拖拉机、联合收割机操作证件而操作拖拉机、联合收割机的，由县级以上地方人民政府农业机械化主管部门责令改正，处100元以上500元以下罚款。

第五十三条 拖拉机、联合收割机操作人员操作与本人操作证件规定不相符的拖拉机、联合收割机，或者操作未按照规定登记、检验或者检验不合格、安全设施不全、机件失效的拖拉机、联合收割机，或者使用国家管制的精神药品、麻醉品后操作拖拉机、联合收割机，或者患有妨碍安全操作的疾病操作拖拉机、联合收割机的，由县级以上地方人民政府农业机械化主管部门对违法行为人予以批评教育，责令改正；拒不改正的，处100元以上500元以下罚款；情节严重的，吊销有关人员的操作证件。

第五十四条 使用拖拉机、联合收割机违反规定载人的，由县级以上地方人民政府农业机械化主管部门对违法行为人予以批评教育，责令改正；拒不改正的，扣押拖拉机、联合收割机的证书、牌照；情节严重的，吊销有关人员的操作证件。非法从事经营性道路旅客运输的，由交通主管部门依照道路运输管理法律、行政法规处罚。

当事人改正违法行为的，应当及时退还扣押的拖拉机、联合收割机的证书、牌照。

第五十五条 经检验、检查发现农业机械存在事故隐患，经农业机械化主管部门告知拒不排除并继续使用的，由县级以上地方人民政府农业机械化主管部门对违法行为人予以批评教育，责令改正；拒不改正的，责令停止使用；拒不停止使用的，扣押存在事故隐患的农业机械。

事故隐患排除后，应当及时退还扣押的农业机械。

第五十六条 违反本条例规定，造成他人人身伤亡或者财产损失的，依法承担民事责任；构成违反治安管理行为的，依法给予治安管理处罚；构成犯罪的，依法追究刑事责任。

第七章　附　　则

第五十七条 本条例所称危及人身财产安全的农业机械，是指对人身财产安全可能造成损害的农业机械，包括拖拉机、联合收割机、机动植保机械、机动脱粒机、饲料粉碎机、插秧机、铡草机等。

第五十八条 本条例规定的农业机械证书、牌照、操作证件和维修技术合格证，由国务院农业机械化主管部门会同国务院有关部门统一规定式样，由国务院农业机械化主管部门监制。

第五十九条 拖拉机操作证件考试收费、安全技术检验收费和牌证的工本费，应当严格执行国务院价格主管部门核定的收费标准。

第六十条 本条例自 2009 年 11 月 1 日起施行。

第三部分

党和国家领导人关于安全生产工作的讲话

张德江副总理在全国安全生产电视电话会议上的讲话（摘要）

（2009年6月1日）

这次全国安全生产电视电话会议的主要任务是，深入贯彻落实科学发展观，认真回顾总结今年以来的安全生产工作，深入分析当前面临的严峻形势，全面贯彻落实中央关于“质量和安全年”的工作部署，大力推进安全生产“三项行动”（执法、治理和宣传教育行动）和“三项建设”（法制体制机制、保障能力和监管监察队伍建设），明确任务，强化责任，狠抓落实，加强防范，坚决遏制重特大事故发生，努力实现全国安全生产形势持续稳定好转，全力维护人民群众生命财产安全，促进经济平稳较快发展。

刚才，骆琳同志通报了今年以来全国安全生产工作进展情况和需要进一步突出抓好的几项重点工作，刘金国同志通报了全国消防和道路交通安全工作情况及下一步安排，我都赞同。河南、陕西省政府的负责同志分别介绍了加强安全生产工作的做法和经验，各地要认真学习借鉴。

下面，我讲三点意见：

一、今年以来安全生产工作取得了新的进展

今年以来，各地区、各部门和广大企业，全面贯彻落实中央关于加强安全生产工作的决策部署，深入开展“安全生产年”活动，大力推进安全生产“三项行动”，切实加强“三项建设”，做了大量艰苦细致的工作，取得了明显成效。

（一）对非法违法生产行为的打击力度进一步加大。各地区、各有关部门进一步加强对非法煤矿的整顿关闭工作。15个省（区、市）组织开展了打击非法制贩爆炸物品违法犯罪专项行动。一些地区成立专项领导小组，重点解决烟花爆竹非法违法生产经营问题。一些地方进一步强化了县、乡政府安全生产责任，依法查处非法违法生产经营和建设行为。截至5月底，地方各级政府和有关部门组织现场执法检查156万多次，实施行政处罚2.2万多次，责令停产整顿生产经营单位5390个，责令关闭非法生产经营厂点1226个。

（二）隐患治理和专项整治工作继续深化。各产煤地区组织以防范瓦斯、煤尘事故为重点的煤矿安全专项检查，督促煤矿企业强化安全基础工作。深化非煤矿山集中整治，推进尾矿库资源、环境和安全综合治理。经国务院批准，安全监管总局、发展改革委等5部门联合印发了尾矿库隐患综合治理方案，明确了治理目标、资金、责任、措施和重点项目。同时，有关部门组织开展了水上交通、危险化学品、道路交通、消防等行业领域隐患排查治理工作，及时消除了一批事故隐患。

（三）安全生产目标管理考核和责任追究工作

更加严格。进一步完善了安全生产考核指标通报制度，各地区和有关部门把全年安全生产目标纳入党政领导干部的考核体系和内容。同时，充分发挥事故协调查处机制的作用，对重特大事故进行了依法处理。最近，经国务院批准，公布了对5起特别重大事故的查处决定，169名事故责任人分别受到党纪政纪处分，131名涉嫌犯罪的责任人被移送司法机关依法追究刑事责任，起到了警示作用。

（四）安全生产宣传教育和培训工作得到加强。各地区、各部门大力宣传安全生产法制、安全生产知识和安全生产先进典型，着力增强全社会的安全法制观念，普及安全生产知识，营造良好的安全生产舆论氛围。安全监管总局等有关部门召开了加强煤矿班组安全基础建设座谈会，启动了煤矿万名班组长安全培训工程，开展了市、县、乡三级人民政府分管负责人安全生产培训工作。一些地方积极采取各种方式，加强对政府部门、企业、学校、社区有关人员的安全培训。这些活动使有关人员增强了安全生产意识，丰富了安全生产知识，提高了安全生产技能。

（五）安全生产法规建设和监管工作积极推进。积极开展有关安全生产法规、规章的修订工作，制定印发了重点行业领域安全生产技术标准和管理规范。严格执行重大建设项目安全设施“三同时”（安全设施与主体工程同时设计、同时施工、同时投入生产和使用）规定，严把安全质量关。加强安全监管队伍建设，推动安全监管方式转变，提高执法能力和服务水平。

经过各地区、各部门的共同努力，今年1—5月，全国安全生产继续保持了总体稳定、趋于好转的发展态势，全国事故起数和死亡人数，同比分别下降14.2%和11.1%，在控制考核指标进度目标之内。全国一次死亡10人以上的重特大事故起数和死亡人数，同比分别下降21.6%和19.6%，道路交通、铁路交通、水上交通、渔业船舶、消防等行业领域，重特大事故均有所下降；非煤矿山、危险化学品、农业机械等行业领域和13个省（区、市）和新疆生产建设兵团，没有发生重特大事故。

二、当前安全生产形势仍然十分严峻

在充分肯定成绩的同时，必须清醒地看到，当前全国安全生产形势仍然十分严峻，安全生产工作还存在一定差距和薄弱环节。

一是重特大事故尚未得到有效遏制。1—5月全国发生重大事故27起，特别重大事故2起。2月22日，山西西山煤电集团屯兰矿发生特别重大瓦斯爆炸事故，造成78人死亡。5月30日，重庆松藻煤电公司同华煤矿在建设施工中发生特别重大煤与瓦斯突出事故，造成30人死亡。特别是今年5月份，重特大事故抬头，态势严重，其中发生重大事故7起、死亡81人，环比增加40%和11%，同比增加75%和20.9%。

二是部分行业领域和地区事故上升。1—5月，全国烟花爆竹事故起数和死亡人数同比分别增加7%和43.8%；建筑施工重大事故同比分别增加50%和45.8%，道路交通较大事故分别增加9.4%和6.4%；还有7个省（区、市）的重特大事故起数和死亡人数同比有所增加。

三是非法违法生产事故仍然较多。今年以来发生的煤矿和非煤矿山事故、烟花爆竹事故、火灾及建筑施工坍塌坠落等事故，大多数依然是由非法违法生产引发的。1—5月，由非法违法生产造成的重大事故起数和死亡人数，分别占重大事故总量的64.3%和59.9%。一些地区小煤矿由于非法违法生产，造成多起较大、重大事故。山东两起重大烟花爆竹爆炸事故，均发生在非法生产窝点；广东汕头市“5·21”重大火灾事故，发生在一家违法违规生产的“三合一”家庭作坊。

四是安全隐患依然十分严重。目前，安全监管机构已经查出但尚未治理的重大隐患还有1.3万多项。全国仅病、险、危尾矿库就有4910座。各地区、各行业都有一大批严重危及安全的重大隐患。这些隐患如不及时加以治理，随时都有可能导致事故发生。

分析安全生产问题产生的原因，仍然是安全生产工作领域存在的“五个不到位”，即思想认识和组织领导不到位、责任和措施落实不到位、管理和监督不到位、安全投入和保障不到位、安全教育和培训不到位，这些问题没有得到很好的解决。突出地表现在以下三个方面：

第一，“安全发展”的思想理念不牢固。一些领导干部对坚持以人为本、促进科学发展认识不深刻，重视安全生产仍然停留在口头上、文件中，满足于一般号召，并没有真正摆在“第一”的位置，不能正确处理安全与生产、安全生产与经济发展的关系，工作不到位，措施不落实。有的甚至把安全生产与保增长、扩内需对立起来，降低安全标准，放松安全监管，导致本地区、本单位安全生产工作被动，安全生产状况出现反复。今年的两起特别重大事故，都发生在国有大矿，充分暴露出煤矿企业的安全生产意识薄弱、管理松懈、工作不扎实。血的教训一再提醒我们，安全生产，人命关天。安全生产一刻也不能放松，一刻也不能马虎。

第二，安全监管责任不落实。一些地方政府特别是一些县、乡政府不能很好地履行安全生产监管职责，贯彻执行安全生产法律法规、方针政策的态度不坚决，打击非法违法生产经营行为的措施不得力，联合执法机制不健全。有的对非法开采、超层越界、以掘代采、非法生产等行为熟视无睹，查处不力；有的随意放宽安全准入条件，审批把关不严；有的对隐患排查不认真，整改不及时，安全生产隐患长期得不到治理。

第三，安全措施不到位。一些地方和生产经营单位安全投入不足，规章制度不健全，安全管理不严格，违章指挥、违章作业、违反劳动纪律的现象仍然相当严重。这也是事故多发的一个重要原因，必须深刻吸取事故教训，切实把各项安全管理制度、责任和措施落到实处。

我们要全面分析和认识当前安全生产形势，保持清醒头脑，增强忧患意识，把安全生产工作摆在更加突出的位置，切实抓紧抓好。

三、扎实推进全国安全生产形势持续稳定好转

对今年的安全生产工作，胡锦涛总书记、温家宝总理分别做出过重要指示，中央经济工作会议和《政府工作报告》都提出了明确要求，国务院安委会也做出了总体安排。各地区、各部门和企业要全面贯彻落实中央的决策部署，认真查找工作差距和薄弱环节，结合自身存在的突出问题，采取有针对性的措施，进一步加大安全生产“三项行动”、“三项建设”等重点工作力度，坚决遏制重特大事故发生，为全国经济平稳较快发展创造良好的安全生产环境。

（一）提高思想认识，增强责任感和紧迫感。安全生产事关人民群众生命财产安全，事关改革发展稳定大局。做好当前的安全生产工作，创造良好的安全生产环境，对于应对国际金融危机冲击、保持经济平稳较快发展，确保全国各族人民欢庆新中国成立60周年，具有特殊意义。这不仅是一项重要的经济工作，也是一项重要的政治任务。党中央、国务院历来高度重视安全生产工作。胡锦涛总书记在党的十七届三中全会上深刻指出，“能不能实现安全发展，是对我们党执政能力的一个重大考验”。温家宝总理多次强调，各级领导干部要树立“抓经济发展是政绩，抓安全生产也是政绩”的思想观念。我们一定要深刻领会胡锦涛总书记、温家宝总理的重要讲话和指示精神，从立党为公、执政为民的高度，从党和国家工作大局的高度，充分认识做好安全生产工作的极端重要性，以对党和人民高度负责的精神，警钟长鸣，常抓不懈，进一步加强安全生产工作，切实维护人民群众生命财产安全。

（二）加强组织领导，进一步落实安全生产责任。最近，中央政治局审议通过的《关于实行党政领导干部问责的暂行规定》（以下简称《暂行规定》），对包括安全生产领域在内的领导干部责任做了明确要求。各地区、各部门要结合安全生产工作，抓好贯彻落实。一要强化安全生产责任意识。认真学习把握《暂行规定》的精神实质，牢固树立科学发展、安全发展的理念，增强大局意识、宗旨意识和责任意识，把推进安全发展作为各级党委政府履行社会管理职能的重要内容，高度重视，加强领导。二要完善安全生产责任制。省、市、县、乡各级政府主要负责人，是本地区安全生产工作的第一责任人。各级政府主要领导和分管领导，都要切实负起责任，正确处理安全生产与经济发展、安全生产与扩内需保增长、安全生产与产业结构调整的关系，确保安全生产与经济社会发展同步规划、同步部署、同步推进，不能顾此失彼。要落实企业安全生产主体责任，强化企业法定代表人负责制，把安全生产的各项任务措施落实到企业的每个环节、每个岗位和每个员工。三要严格安全目标责任考核。要把安全生产纳入地方各级领导班子和领导干部政绩考核内容，完善安全生产考核奖惩制度，推行“一岗双责”、“一票否决”，加强制度约束；把安全生产工作的成效，作为评价地方政府领导班子和干部提拔使用的重要标准之一，调动各级干部抓好安全生产工作的积极性。

（三）抓住主要矛盾，突出做好重点工作。一是要坚决打击非法违法生产经营活动。针对煤矿、非煤矿山、道路交通、烟花爆竹、建筑施工、民爆物品、消防等重点行业领域存在的非法违法行为，加大联合执法力度，毫不手软地打击各类非法违法生产、经营、建设行为；对触犯刑律的要追究刑事责任，对涉及非法生产的黑恶势力，政法机关要严厉打击。二是要强化治理整顿。对隐患严重、安全保障能力低、不具备安全生产条件的企业单位，要采取切实措施，坚决予以整治，该停的坚决停，该关的坚决关。对已查出但尚未整改的重大隐患，要限期整改。要进一步强化尾矿库、道路交通、危险化学品、建筑施工等行业领域，以及“多合一”生产经营单位和人员密集作业场所的安全隐患排查治理。同时，要督促冶金、有色、石油、建材等工矿商贸企业从实际出发，制定和落实安全防范措施，确保安全生产。三是要抓好煤矿安全生产。始终把煤矿安全放在重中之重的位置，深化煤矿瓦斯治理，加快瓦斯综合治理示范工程建设，加强煤矿安全生产规范化管理；严格落实煤炭产业政策，抓紧实施煤炭资源整合，加大小煤矿关闭力度，落实今年再关闭整合1000处小煤矿的工作任务。四是要加强重点督查。10月1日之前，国务院安委会和各省级安委会，要对安全生产“三项行动”等重点工作进展情况组织开展大检查。对非法违法生产行为打击不力、隐患整改不到位的单位，要在一定范围内予以通报批评，对因工作不力导致重特大事故发生的，要严肃追究责任。

（四）加强基础建设，提高安全生产保障能力。一要进一步完善和落实安全生产经济政策。对中央支持的煤矿安全技改、尾矿库隐患治理重点项目，需要地方配套的资金，要尽快落实到位。进一步加大安全投入，加快淘汰落后技术装备，推广安全可靠、先进适用的新技术、新工艺，提高安全生产科技水平。二要严格执行建设项目安全设施“三同时”制度。列入国家和地方投资建设的重要民生工程和基础设施建设项目，都必须严格执行国家安全质量标准，不符合安全标准的，一律不准开工建设；已开工建设的，必须配套补齐安全设施。项目审批机构和安全监管机构要严格把关，从源头上消除事故隐患。三要抓紧建立健全安全生产应急救援体系。要按照规划要求，加强应急救援基地建设，加大资源整合力度，进一步提高应急救援队伍、装备、科技保障能力；完善事故处置应急预案，健全应急响应机制，提高应对处置重特大事故的能力。四要加强安全宣传教育。今年6月是全国第8个“安全生产月”，各地区、各部门要精心组织，密切配合，集中开展安全生产法律法规、方针政策和措施的宣传，鼓励广大群众积极参与安全生产隐患排查，举报非法违法生产行为和重大安全隐患。同时，要根据不同岗位要求，进一步强化农民工、企业特殊岗位作业人员、基层管理人员的安全培训，提高从业人员安全素质。

（五）认真履行职责，加强安全监管工作。各级安全监管部门和负有安全监管职责的行业主管部门，要针对安全生产中的薄弱环节和突出问题，不断探索和改进工作方式方法，完善工作机制，提高执法效能和监管水平，切实履行好安全监督管理责任。一要加强对重点行业和地区安全生产工作的督促指导。要及时分析、跟踪了解不同行业和地区的安全生产状况，深入基层，深入现场，对事故多发、工作进展迟缓和隐患治理难度较大的地区和单位，要切实加强工作指导，督促有关地方和单位，严格按照有关规定要求，采取措施，抓紧整改。二要切实加强企业安全监管。抓紧制定修订安全生产标准规程，推动企业安全生产标准化建设。同时，要进一步加大安全执法力度，加强对现场安全管理、技术管理和安全培训等方面的监督，坚决纠正违章指挥、违章作业和违反劳动纪律现象，规范企业安全生产行为。三要严格安全生产许可制度。各有关部门要从严把握安全生产准入条件，对违反规程标准，存有重大隐患的企业和单位，暂扣或吊销安全生产许可证，责令停产整顿或关闭。四要加强安监队伍建设。各级党委、政府和各个主管部门要把从严要求和关心爱护结合起来，加强安全监管人员的培训教育，强化责任意识，不断提高依法监管能力和执法水平；同时要切实解决他们的实际问题，支持他们的工作。各级安全监管人员要进一步增强廉洁自律意识，严格遵守党风廉政建设的各项规定，不断提高拒腐防变的能力，做到廉洁执法、公正执法、严格执法。

（六）严格事故责任追究，认真吸取事故教训。对各类生产安全事故尤其是重特大事故，都要按照“四不放过”（事故原因未查清不放过、责任人员未处理不放过、整改措施未落实不放过、有关人员未受到教育不放过）原则和“依法依规、实事求是、注重实效”的要求，抓紧进行调查处理，既要依法严惩事故的直接责任者，也要依法追究相关领导的责任，严肃查处事故背后的失职渎职和腐败问题；对事故调查中发现的权钱交易、徇私枉法、包庇纵容等问题，要一查到底，严惩不贷。事故查处结果要向社会通报。各地区和有关部门要建立完善重特大事故现场会制度、事故分析通报制度，既要对本地区、本单位的事故进行剖析，也要吸取其他地区和单位的事故教训，举一反三，堵塞漏洞，切实防范同类事故重复发生，使安全生产工作切实得到有效的加强和改进。

除了做好上述各项工作，还要高度重视汛期安全生产工作。南方已进入雨季，北方地区也将进入汛期。各地区、各部门和各单位要根据季节特点，提前做好防范应对准备，防止发生煤矿透水淹井、尾矿库垮坝、建设施工倒塌、海上作业和水上船舶遇险、道路塌陷等引发的生产安全事故。

当前安全生产工作任务仍然艰巨繁重。我们要在以胡锦涛同志为总书记的党中央领导下，深入贯彻落实科学发展观，进一步提高认识，落实责任，强化措施，扎实做好各项安全生产工作，为经济平稳较快发展创造良好环境，以优异的成绩迎接新中国成立60周年！

张德江副总理在第24期《求是》杂志上撰文：大力推进煤矿瓦斯抽采利用（摘要）

（2009年12月16日）

加快煤矿瓦斯抽采利用，是贯彻落实科学发展观，推进煤矿安全发展、清洁发展、节约发展的必然要求，是一项大有可为的事业。党中央、国务院高度重视，成立专门工作机构，安排专项资金，制定了防治结合、标本兼治的重要决策和一系列政策措施，大力推进煤矿瓦斯抽采利用。近年来，通过各地区、各部门的共同努力，煤矿瓦斯治理利用取得了明显成效，但仍需进一步加大工作力度，努力实现煤矿瓦斯抽采产业化利用、规模化发展，促进煤矿安全生产形势稳定好转，推动经济发展，增加能源供给，减少环境污染。

一、煤矿瓦斯抽采利用意义重大

煤矿瓦斯又称煤层气，是赋存在煤层中的烃类气体，和天然气一样，主要成分是甲烷。瓦斯对煤矿安全生产是重大威胁，但加以利用又是优质清洁能源。搞好煤矿瓦斯抽采利用，就可以化害为利、变废为宝，意义十分重大。

第一，搞好煤矿瓦斯抽采利用是煤矿安全生产的治本之策。瓦斯易燃易爆，当空气中瓦斯浓度在5%～16%时，遇到火源就会爆炸，瞬间形成高温高压冲击波，并产生大量一氧化碳。煤矿一旦发生瓦斯爆炸或煤与瓦斯突出事故，就会造成人员大量伤亡。我国煤层赋存条件复杂，高瓦斯和煤与瓦斯突出矿井约占1/3，防治煤矿瓦斯事故始终是安全生产的重中之重。新中国成立以来，全国共发生23起一次死亡百人以上的煤矿事故，其中21起是瓦斯事故。近四年来，煤矿重特大事故死亡人数近70%都是瓦斯事故造成的。搞好煤矿瓦斯抽采利用，可以实现煤炭在低瓦斯状态下开采，有效杜绝瓦斯事故发生，是保障煤矿安全生产的根本措施和关键环节。

第二，搞好煤矿瓦斯抽采利用是增加能源供给的有效措施。煤矿瓦斯中甲烷含量大于90%，1立方米瓦斯发热量大于8000千卡，是与天然气相当的优质清洁能源，可广泛用于发电、工业窑炉、民用、汽车等方面燃料或生产化工产品。煤炭是我国的主体能源，多年来在一次能源生产量和消费量中一直占70%左右，而石油天然气资源十分短缺，需要大量进口。搞好煤矿瓦斯抽采利用，可以增加优质清洁能源供给，改善能源供给结构。同时，可以逐步减少对进口天然气的依赖，有利于保障国家能源安全。

第三，搞好煤矿瓦斯抽采利用是减少环境污染的重要举措。煤矿瓦斯的温室效应是二氧化碳的21倍。据计算，每利用1亿立方米甲烷，相当于减排150万吨二氧化碳。2008年，我国利用煤矿瓦斯16亿立方米，共减少排放二氧化碳2400万吨，但煤层中绝大部分瓦斯还是直接排空了，既浪费资源，又污染环境。搞好瓦斯综合利用，最大限度地控制瓦斯直接向大气中排放，有利于减少空气污染，保护生态环境。

第四，煤矿瓦斯抽采利用是一个新的经济增长点。中央提出，应对当前国际金融危机、促进经济长期持续发展的一个重要措施，是加快培育新的经济增长点。实现煤矿瓦斯抽采规模化利用、产业化发展，需要大量投资建设抽采利用工程和配套管网、生产抽采利用设备，可以有效带动钢铁、建筑施工、装备制造、运输及相关服务业发展，促进投资需求扩大和就业增加。比如，2009年全国瓦斯抽采利用直接投资超过66亿元，带动国内生产总值增加约120亿元，提供就业岗位约12万个。我国埋深2000米以浅的煤层气地质资源量有36.8万亿立方米，各产煤省逐步增加煤矿瓦斯抽采利用量，将会形成一个从生产到服务的大产业，成为新的经济增长点。各地和煤矿企业要看到煤矿瓦斯利用的巨大潜力，把煤矿瓦斯这一丰富的资源尽快充分利用起来。

二、煤矿瓦斯抽采利用大有可为

国家十分重视煤矿瓦斯抽采利用，近年来研究采取了一系列促进煤矿瓦斯抽采利用的重大政策措施，各地区、各部门和煤矿企业按照国家的要求，加大了煤矿瓦斯抽采利用工作力度，煤矿瓦斯抽采利用取得了重要进展。2008年，我国瓦斯抽采量达到58亿立方米，比2005年增加150%；瓦斯利用量比2005年增长160%。2009年1—10月，累计抽采量达50.2亿立方米，利用量15.1亿立方米，同比分别增长9.8%、10.2%。目前，我国民用瓦斯用户约90万户，瓦斯发电装机容量达92万千瓦。随着煤矿瓦斯抽采利用量的大幅增加，瓦斯事故和死亡人数将会大幅下降，瓦斯排放污染也将会大幅减少。2008年，全国煤矿发生瓦斯事故起数和死亡人数分别比2005年下降56%和64%。2009年1—10月，全国煤矿发生瓦斯事故127起，死亡551人，同比分别下降21.1%和22.0%，共减少排放二氧化碳2100万吨。

但是也要看到，当前我国煤矿瓦斯抽采利用还处在起步阶段，存在较大差距。主要表现在煤矿瓦斯抽采总量还不大，利用水平还比较低，发展很不平衡。我国矿井瓦斯平均抽采率仅有23%，而美国、澳大利亚等主要产煤国家的抽采率均在50%以上；目前我国抽采瓦斯总体利用率平均只有30%，特别是地面抽采只有5亿立方米，仅占“十一五”规划地面抽采目标的25%，大量的井下抽采瓦斯没有得到有效利用。全国煤矿瓦斯抽采和利用量的85%集中在山西、辽宁、黑龙江、安徽、河南、贵州、重庆等7省（市），其中山西就占到50%，地区差异突出。瓦斯灾害仍然是我国煤矿安全生产的最大危害，是威胁矿工生命的“第一杀手”。2009年1—10月，全国煤矿发生重大以上瓦斯事故起数和死亡人数，分别占煤矿重大以上事故的42.9%和64.7%。山西屯兰煤矿“2·22”、重庆同华煤矿“5·30”、河南平顶山新华四矿“9·8”特别重大事故都是瓦斯事故，给人民群众生命财产造成巨大损失，教训十分惨痛。

我国煤矿瓦斯抽采利用发展相对滞后，一方面说明我们的工作还有差距，另一方面也说明我国煤矿瓦斯抽采利用有着巨大的潜力。目前，煤矿瓦斯抽采利用的技术已经成熟，一些地方特别是煤矿瓦斯抽采利用示范煤矿已经探索了一些成功的经验，国家支持煤矿瓦斯抽采利用的政策体系已经形成，并且支持力度不断加大，各地和企业的积极性空前高涨，煤矿瓦斯抽采利用的政策环境、社会环境十分有利。只要我们高度重视，把国家的政策落实好，把工作做扎实，煤矿瓦斯抽采利用前景十分广阔。

三、切实加大煤矿瓦斯抽采利用工作力度

做好煤矿瓦斯抽采利用工作，必须深入贯彻落实科学发展观，进一步贯彻落实中央关于煤矿瓦斯防治的决策部署，提高认识，加强领导，科学规划，抓紧理顺体制机制，加大投入和技术研发推广力度，落实完善支持煤矿瓦斯抽采利用的各项政策，尽快把煤矿瓦斯抽采利用提高到新的水平。

（一）认真编制和落实煤矿瓦斯抽采利用规划。促进煤矿瓦斯抽采利用，必须坚持科学规划，有序开发，防止乱采乱抽、浪费资源。现在到2010年还有一年多时间，完成“十一五”规划煤矿瓦斯抽采利用目标，任务十分艰巨，时间十分紧迫。从今年起，要通过两年左右的努力，争取全国瓦斯抽采量翻一番，利用量翻两番，减排指标同步达到规定标准要求，重特大瓦斯事故切实得到有效遏制。有关部门要研究采取措施，加强工作协调，严格督促考核，促进有关地区和企业完成既定目标。各地区和企业要加强瓦斯抽采利用生产组织协调，确保完成本地区、本企业目标任务。要抓紧启动“十二五”期间煤矿瓦斯抽采利用规划编制工作，明确目标、任务、标准、重点项目、资金投入、保障措施，推进煤矿瓦斯有序有效开发。

（二）抓紧理顺瓦斯抽采利用的体制机制。要坚持深化改革，消除制约煤矿瓦斯抽采利用的体制机制性障碍。一是积极解决矿业权重叠问题。国家有关部门和地方主管部门要按照采煤采气一体化原则，加强沟通和政策协调，实行煤、气开发主体的统一。二是创新企业组织经营形式。鼓励成立瓦斯抽采利用专业公司，瓦斯抽采利用企业一定要实行独立核算，实行规模化利用，产业化开发。鼓励组建股份制公司，促进煤炭企业和瓦斯抽采企业的合作。三是加强对煤层气探矿权的监管。对不能完成年最低勘查投入和抽采量的，要依法核减煤层气探矿权面积，直至注销探矿权。决不能允许一面有气不让别的企业采，一面向大气排放或导致瓦斯事故不断发生。四是完善瓦斯防治和抽采利用考核激励机制。要把瓦斯抽采利用作为考核地方和企业安全生产、节能减排、工作绩效的重要指标，定期通报抽采利用情况并形成制度。要通过对项目核准、技术改造、装备投入、建设用地等实行差别性政策，完善瓦斯抽采利用激励机制，充分调动地方和企业的积极性，加快煤层气抽采利用产业化、规模化发展。五是积极引入煤层气抽采合作竞争机制。支持大型煤炭企业参与煤层气勘探开采，鼓励外商和民营企业利用先进技术和资金投资煤层气开发，提高瓦斯抽采技术和管理水平。

（三）进一步落实完善瓦斯抽采利用政策。目前，影响煤矿瓦斯抽采利用的重要原因之一，是国家鼓励支持抽采利用的政策没有得到很好落实，有些政策还需要进一步完善。促进煤矿瓦斯抽采利用，关键是要落实政策、完善政策。一是落实瓦斯抽采利用税费优惠政策。要严格落实瓦斯抽采企业增值税先征后返、进口设备税收优惠、设备加速折旧、免征企业所得税、抵扣纳税额，以及提取生产安全费用用于瓦斯抽采等政策规定，确保政策到位，不打折扣，提高瓦斯抽采企业的积极性。认真落实瓦斯开采企业探矿权和采矿权使用费减免政策，促进扩大煤层气资源勘探量，加快煤矿瓦斯前期开发利用。二是落实瓦斯抽采利用财政补贴政策。按照瓦斯发电自发自用、多余上网的原则，认真落实瓦斯上网电价比照可再生能源电价政策。目前，瓦斯上网电价标准偏低，瓦斯发电企业没有积极性。国家将适度提高财政补贴标准，鼓励瓦斯发电并网。电网企业要千方百计克服困难，积极创造条件，保证瓦斯发电优先上网。三是落实城乡居民使用煤层气的政策。有关地区和部门要积极推进煤层气输送管网建设，或与天然气并网输送，扩大民用地域范围。要落实国家有关价格政策，实行煤层气与天然气同质同价或适度低价销售，扩大民用和汽车燃料市场，扩大瓦斯利用规模。四是完善瓦斯抽采利用标准。要借鉴国际标准，加强研究，加强沟通，努力使瓦斯防治的安全生产标准、抽采利用标准、减少排放标准协调起来，既确保煤矿安全生产，又促进煤矿瓦斯资源的有效利用。五是研究制定参与“利用清洁发展机制”国际合作的相关政策。有关部门要进一步修订符合国际合作交易的标准和办法，消除交易政策性壁垒，扩大项目合作，加快瓦斯利用。

（四）增强瓦斯抽采利用科技保障能力。搞好瓦斯抽采利用，必须立足科技创新和技术进步。要进一步加大以煤矿瓦斯抽采和利用为重点的安全技改国债支持力度，地方和企业也要增加配套资金。要大力推进煤层气开发国家科技重大专项的实施，加强瓦斯抽采利用重大问题的科技攻关，加大煤矿瓦斯抽采和煤层气开发利用关键技术、重点装备研发和推广应用力度，当前要重点推广煤矿瓦斯治理和利用先进适用技术100项成果。同时，要推进煤层气产业化基地建设，在技术创新和利用中起到示范带动作用。

第四部分

国家安全生产监督管理总局负责人关于安全生产工作的讲话

国家安全生产监督管理总局局长骆琳在全国安全生产工作会议上的讲话（摘要）

（2009年1月16日）

这次全国安全生产工作会议的主要任务是：深入学习贯彻党的十七大、十七届三中全会和中央经济工作会议精神，全面贯彻落实张德江副总理在国务院安委会全体会议和全国安全生产电视电话会议上的重要讲话精神，回顾2008年工作，部署2009年任务，动员全国安全监管监察系统和安全生产工作战线的同志，深入落实科学发展观，进一步振奋精神、坚定信心，忠于职守、真抓实干，全力投入到“安全生产年”活动中来，扎实做好各项工作，有效防范和坚决遏制重特大事故，努力促进安全生产形势持续稳定好转，切实保障人民群众生命财产安全，为改革发展稳定大局做出新的更大的贡献。

根据总局党组研究的意见，讲以下三个问题。关于煤矿安全监察的有关工作，请赵铁锤同志进行专项总结和部署。

一、2008年安全生产工作持续加强，取得了新的进展和成效

刚刚过去的2008年，是我们党和国家发展进程中很不寻常、很不平凡的一年，也是安全生产工作攻坚克难、继续发展前进的一年。一年来，我们深入学习胡锦涛总书记、温家宝总理关于安全发展和安全生产工作的一系列重要论述和指示精神，认真贯彻落实张德江副总理在安监总局干部大会、煤矿安全座谈会、瓦斯治理现场会、全国安全生产电视电话等会议上的一系列重要讲话精神，坚决执行党中央、国务院关于加强安全生产工作的各项决策部署，上下同心、各方协力，迎接了南方部分地区低温雨雪冰冻灾害、四川汶川特大地震对安全生产带来的挑战，经受了北京奥运会、残奥会对安全生产的严峻考验，克服了安全监管体制机制不健全、执法力量不足、高危行业安全基础薄弱等困难，强力攻坚、深化整治，治理隐患、打击非法，加强监督、改进管理，推动安全生产“隐患治理年”各项工作取得了新的积极的进展，继续保持了全国安全生产状况总体稳定、趋向好转的发展态势。

——事故总量和伤亡人数进一步下降。全年共发生各类事故413752起，死亡91177人，比2007年减少92456起、10303人，分别下降18.3%和10.2%。年度事故死亡人数1995年以来首次降到10万人以下。

——安全生产总体水平进一步提高。与上年相比，亿元GDP事故死亡率由0.413降到0.312，降幅24.5%；工矿商贸十万就业人员事故死亡率由3.05降到2.82，降幅7.5%；道路交通万车死亡率由5.1降到4.3，降幅15.7%；煤矿百万吨死亡率由1.485降到1.182，降幅20.4%。

——安全生产控制考核指标实施情况较好。全国各类事故死亡总数控制在全年指标的91%。全国32个省级统计单位中，30个单位没有突破年度事故死亡总数控制指标，27个单位没有突破工矿商贸事故人数控制指标。28个产煤省份中，23个省份没有突破煤矿事故死亡控制指标。

——大部分地区安全生产形势比较稳定。19个省区市和新疆生产建设兵团较大以上事故下降，其中北京、天津、湖北、海南、甘肃5省市和新疆兵团没有发生重特大事故。

——煤矿等重点行业领域安全生产状况持续改善。与2007年相比，2008年各重点行业领域事故起数和死亡人数：煤矿分别下降19.3%和15.1%。金属非金属矿山分别下降24.9%和5.8%，危险化学品分别下降5.2%和2.5%，烟花爆竹分别下降13.5%和20.7%。道路交通分别下降19%和10%，水上交通分别下降18.6%和5.6%，铁路分别下降41.1%和27.7%，建筑施工分别下降0.5%和0.7%，火灾同比分别下降16.2%和2.9%。农机、渔业船舶事故，以及“工矿商贸其他”项下的冶金、轻工、建材、有色等事故，均有所下降。民航继续保持了飞行安全记录。

在党中央、国务院的正确领导和各地区、各部门和各单位的共同努力下，2008年我们突出抓了以下工作。

（一）深入学习广泛宣传，推动安全生产工作的进一步加强和改进。运用多种方法途径，加大对“安全发展”理念、安全生产方针政策和法律法规的宣传力度。以“安全发展、关系民生”为主题，举办了第四届国际安全生产论坛。第七个全国“安全生产月”活动期间，各级安全监管监察机构会同宣传、文化、广电部门和工会、共青团组织，以“治理隐患、防范事故”为主题，举办了论坛、讲座、知识竞赛、文艺汇演等多种活动；各地配合全国“安全生产万里行”，组织开展了安全生产“齐鲁行”、“八闽行”、“南粤行”“渝州行”等集中宣传报道活动。继续举办市县领导干部专题培训班。山东等省市安监机构积极推动建立“党委领导、政府监管、部门协同、企业负责、社会监督”的安全生产工作格局，探索加强党委、政府对安全生产工作领导的有效途径。各地普遍实行安全生产“一岗双责”、“一票否决”，建立健全考核奖惩、激励约束机制。天津市253个街道全部建立了安全生产监管机构，确保政府安全监管责任落到实处。

（二）落实“隐患治理年”措施，开展“百日安全督查”专项行动。国务院安委会做出关于开展安全生产“隐患治理年”的部署之后，安监总局制定下发了工矿商贸企业隐患排查治理的实施意见；国家有关部门分别就道路交通、水上交通、民航、建筑施工、通讯和民爆、电力、水利、农机等行业领域的排查治理，做出了具体安排。各省（区、市）及时召开会议，建立“隐患治理年”工作机构，明确职责分工，制定实施方案，认真抓好落实。内蒙古自治区安监局建立了隐患排查治理信息网，及时发布全区重大隐患的排查、监控和治理情况。四川省各级安全监管监察机构深入地震灾区，认真排查治理地震灾害对矿井、油气输送管线、工业厂房等造成的安全隐患，严防次生灾害和生产安全事故。各地围绕着隐患排查、分级监控治理、重大隐患政府挂牌督办等，研究制定了一批地方性法规规章。福建安监局探索实行企业安全生产分级评定、分类管理，对隐患严重的D级企业，从项目审批、银行贷款等方面予以限制。国家电网公司针对电力安全生产特点，开展了安全隐患“百问百查”活动。各民航企业抓住事故征候和典型不安全事件，深入剖析，认真整改治理。

从4月下旬到7月底，国务院部署在全国范围内组织开展了“百日安全督查”专项行动。安监总局抽调260多名干部和专业人员，组成15个组，对17个省（区、市）进行了监督检查，查出各类隐患1.5万余项，其中重大隐患1600余项。国务院安委办和安监总局分别向有关地方和单位下发了重点隐患整改通知，并实行跟踪督办。在各地党委、政府统一领导下，各级安全监管监察机构与煤炭、国土资源、公安、交通、建设、环保、质检、电力、消防等主管部门密切协作，“百日安全督查”工作取得了显著成效。

四季度，各地按照国务院安委办和安监总局的部署，先后组织开展了国庆节安全防范工作重点检查、尾矿库安全隐患全面排查、化工企业安全生产大检查、重点建设工程安全生产检查、全国范围的安全生产综合督查等，及时发现和解决了一大批严重影响安全生产的隐患问题，推动了“隐患治理年”各项工作措施的落实。

（三）开展打击非法违法专项行动，加强安全生产执法工作。为扭转奥运会后一些地方非法违法反弹、重特大事故多发的情况，国务院安委会办公室及时部署开展了打击安全生产领域非法违法行为专项行动。各省区市安委办组织协调相关部门，开展联合执法，严厉打击煤矿盗采、金属非金属矿山乱采滥挖、烟花爆竹私自生产销售、车辆非法运营等行为。北京市安监局会同各行业主管部门制定了具体实施方案，强化区县、乡镇政府“打非”工作责任，依法查处非法违法生产经营单位，实现了关闭一批、取缔一批、停业一批、整改一批的“打非”工作阶段性目标。浙江省安监局以“打非”为契机，加强安全生产行政执法工作，规范执法程序和职责，对一批企业实施了行政处罚和停产停业整顿。截至12月底，全国已打击无证无照或证照不全非法生产经营行为186470起，取缔死灰复燃的已关闭小煤矿等5821处，查处超层越界开采等严重违法行为640起，查处瞒报事故168起，打击抗拒安全监管监察执法行为3051起。

（四）认真贯彻煤矿安全生产座谈会和瓦斯治理现场会精神，深化煤矿安全两个攻坚战。一是加大瓦斯治理力度。组织实施了煤矿瓦斯治理和安全生产“双百示范工程”（100个示范县、100个示范矿井）、“千人培训工程”。各级煤矿安全监察机构就建立“通风可靠、抽采达标、监控有效、管理到位”的十六字工作体系开展了专项督查。2008年全国煤矿瓦斯事故起数和死亡人数，比上年分别下降33.1%和28.2%，取得了显著成果。二是深化整顿关闭。各地认真实施国家四部委局下达的“十一五”后三年小煤矿整顿关闭计划。全国2008年关闭取缔小煤矿1054处。攻坚战以来，累计关闭不具备安全生产条件和破坏资源环境、不符合产业政策的小煤矿12155处，淘汰落后能力约3亿吨。三是继续实施“管理强矿”战略，深入开展了创建本质安全型煤矿试点和安全质量标准化工作。

（五）认真做好其他各个重点行业领域的安全生产工作。各级安全监管机构与相关部门密切配合，针对薄弱环节和突出问题，采取措施加强监管、深化整治。各地开展了整顿规范矿产资源开发秩序“回头看”行动，深化对湖南郴州等6个重点矿区的安全整治，积极推行矿山企业安全生产标准化。山西襄汾“9·8”尾矿库垮坝事故后，各地对尾矿库进行了全面排查，搞清了全国12655座病、险、危库的现状。在尾矿库隐患治理上，河南已落实省财政资金3亿元，带动市县政府和企业累计投入治理资金18亿元。各地认真贯彻国务院安委办的《关于加强危险化学品安全生产工作的指导意见》，着手编制化工行业安全发展规划，深化危化品安全专项整治，开展化工企业安全达标工作。江苏省两年来关闭小化工企业4000余家。天津、浙江、山东等省积极进行化工企业自动化控制系统改造。对12个省（区、市）的193家化工企业进行了重点检查。各地继续淘汰不具备安全生产条件的小作坊，开展烟花爆竹企业整顿提升改造工作，深入治理“三超一改”。

各地深入开展创建“平安畅通县区”、“平安农机”等活动，以高速公路、农村道路为重点，认真治理超速、超载超限、拖拉机载人等道路交通违法违规行为。2008年国家和地方共投资26.5亿元，治理危险路段6.8万处、2.7万公里。深化渡口渡船安全管理专项整治，全国共取缔非法渡口1040个、非法渡船1531艘。开展了防船舶碰撞、防泄漏专项整治“回头看”活动。各地以预防起重机械事故、脚手架倒塌事故为重点，组织开展了一系列检查督查。杭州“11·15”地铁施工坍塌事故发生后，各地对在建的重点建设项目开展了安全检查。实施了以奥运消防安全为主要内容的消防安全整治行动，加大对涉奥场所和易燃易爆单位、人员密集场所，以及“三合一”、“多合一”生产经营单位火灾隐患的排查整治力度。突击检查重点场所30多万处，查出火灾隐患约45万项，已督促整改41万项。铁路、民航、民爆和通讯、电力、水利、农机、特种设备、体育、旅游、中央企业、学校等方面的安全工作，也都取得了新的进展。

（六）加强应急管理，做好应急救援工作。目前全国已有27个省（区、市）、151个市地建立了应急管理和应急救援指挥机构。黑龙江、重庆所属各市地都建立了安全生产应急管理机构。各级安监机构与相关部门之间，建立了应急救援工作协同机制和自然灾害预警预防衔接协调机制。应急救援基地和队伍建设取得新的进展。汶川大地震后，44支矿山和危化救援队伍发挥专业优势，从废墟中抢救生还1113人。总局调派的14支医疗救护队伍，救治伤病员1.36万人。国家安全生产应急救援指挥中心和北京等省市应急机构积极参加了“奥运安保反恐”工作。2008年，全国矿山救护队伍共处置事故2359起，抢救遇险人员2627人，其中生还1016人；危化救援队伍参与事故救援2074起，抢救遇险人员1085人。公安消防部队、海上搜救中心和渔政部门、人民解放军和武警部队，在火灾、海难、矿难等事故灾难和各类自然灾害的抢险救援中，做出了突出贡献。

（七）依法查处事故，用事故教训推动安全生产工作。按照“四不放过”原则和“实事求是、依法依规、注重实效”三条基本要求，对一个时期来发生的事故以及瞒报行为，认真进行了调查处理。据不完全统计，2008年全国事故责任追究处理3488人，其中给予党纪政纪处分3063人，移送司法机关追究刑事责任425人。其中追究县处级以上干部87人。建立健全了重特大事故约谈制度、现场会制度和通报制度，相继在山西、内蒙、广西、河南、广东等地召开了现场会，现场分析事故原因，深刻吸取事故教训，把事故调查处理进展情况和查处结果及时向社会公布，接受社会监督。

在日益繁重艰巨的工作中，安全监管监察系统以及全国安全生产工作战线上的同志们，以贯彻落实党和国家安全生产方针政策、维护人民群众的生命财产安全为己任，忠于职守、履行职责，脚踏实地、埋头苦干，为推动我国经济社会的安全发展，付出了艰辛努力，做出了重大贡献。特别是四川地震灾区等受灾地区各级安全监管监察机构，一手抓抗灾救灾，一手抓安全生产；一些同志在亲人遇难、家庭成员下落不明的情况下，舍小家顾大家，投入抢险救灾和安全生产工作。北京等省市区以及周边省市各级安全监管监察机构的干部职工，在成功举办北京奥运会、残奥会期间，夜以继日、连续作战，紧盯死守、严密监管，有力地保障了安全生产。在此，我谨代表国务院安委会办公室和国家安监总局，向大家表示衷心的感谢，致以亲切的慰问和崇高的敬意！

二、正确认识和把握新形势新任务，进一步增强用科学发展观统领安全生产工作的责任感和使命感

在充分肯定成绩的同时，我们还要清醒地看到，当前和今后一个时期，全国安全生产形势依然十分严峻。从去年情况看，突出表现在：一是重特大事故仍呈多发势头。全年发生重特大事故98起，死亡2010人，同比上升15.3%和35.1%。其中特别重大事故11起、死亡667人，比2007年增加5起、365人。特别是胶济铁路“4·28”旅客列车脱轨相撞，山西襄汾“9·8”尾矿库溃坝等特别重大事故，以及一些煤矿、建筑施工、道路交通、火灾等重特大事故，使人民群众生命财产蒙受严重损失，造成恶劣的社会影响。二是全年走势不稳，各阶段起伏波动较大。前两个季度重特大事故较少；第三季度特别是奥运会后出现严重反弹，9月份，短短20多天里接连发生了5起特别重大事故，死亡439人；9月24日全国安全生产电视电话会议后，经多方努力，重特大事故多发的情况得到扭转。三是工作进展不平衡。地区、单位之间差距较大。2个省区事故死亡人数上升，没有完成年度控制考核指标。11个省区重特大事故上升。有的省先后发生了3起特别重大事故。一些地方和单位的隐患排查治理、“打非”、专项整治等工作不扎实，甚至流于形式、走过场。还有一些重大隐患和问题尚未得到治理和解决，非法违法现象在一些地方还相当严重。

从今年面临的新形势看，安全生产工作仍然面临严峻挑战。一方面，安全生产领域原有的深层次矛盾问题尚未从根本上解决，影响安全发展的诸多体制性、结构性因素仍然存在。基层尤其是乡镇安全监管机构还不够健全，应急救援、安全科技等支撑体系还不完善，安全生产综合监管与专业监管等关系还需进一步理顺。采掘业、制造业等传统和基础产业中，落后生产能力所占比重还比较大；煤矿等高危行业的安全生产安全基础还比较薄弱，安全风险高、事故总量高、重特大事故发生频率高，技术装备水平低、从业人员素质低的“三高两低”问题仍然十分严重，防范抵御事故灾害的能力总体上需要较大提高。从安全生产整体工作看，还存在着思想认识和组织领导不到位，责任和措施落实不到位，管理和监督不到位，安全投入和保障不到位，安全教育和培训不到位的问题，目标责任、激励约束、联合执法等工作机制还不够健全完善。另一方面，受国际金融危机严重影响和冲击，我国经济发展面临着多年没有过的严峻形势，经济发展速度相对放缓，又给安全生产带来了一些新情况、新课题和新挑战。由于企业效益下滑，一些单位可能减少安全投入，推迟安全技术改造和隐患治理；各级政府加大投入拉动内需，基本建设规模扩大，在安全准入把关不严的情况下，有可能造成新的安全隐患；各地鼓励返乡农民工自主创业，小型生产经营厂点增多，也加大了安全监管的难度。同时在当前形势下，如果安全生产形势出现大的波动，重特大事故多发，必将给我国经济发展、社会稳定以至国际形象带来严重影响。对当前安全生产形势的严峻性，潜在的反复性，以及安全生产工作的长期性、艰巨性和复杂性，必须有足够的认识，始终保持清醒头脑。

2009 年是我国深入贯彻落实科学发展观，战胜国际金融危机所带来的严重冲击，推动经济社会继续又好又快发展的重要一年；也是按照《国务院关于进一步加强安全生产工作的决定》所确定的目标任务，推动全国安全生产状况向着 2010 年明显好转目标迈进的关键一年。针对一个时期来食品安全和生产安全重大事故多发的严峻形势，中央经济工作会议确定把 2009 年作为全国“质量和安全年”。在国务院安委会全体会议和全国安全生产电视电话会议上，张德江副总理充分肯定了去年安全生产工作所取得的新进展和新成效，深刻分析了当前安全生产面临的严峻形势、存在的突出问题及其主要原因，强调要进一步增强责任感和紧迫感，以深入开展“三项行动”，全面加强“三项建设”为主要内容，在全国范围扎实深入开展“安全生产年”活动，努力实现进一步降低事故总量、降低伤亡人数、坚决遏制重特大事故的目标，切实促进安全生产形势稳定好转，为实现经济平稳较快发展提供安全保障。我们要认真学习、深刻领会、坚决贯彻党中央、国务院的重大部署和中央领导同志的重要指示精神，把思想统一到中央对形势的科学判断和对安全生产工作的明确要求上来，不断强化政治意识、宗旨意识、责任意识、忧患意识和大局意识，以进一步加强安全生产工作的实际行动，为党中央、国务院分忧，为人民群众解难，为我国战胜国际金融危机所带来的严重冲击、保持经济平稳较快增长和经济社会又好又快发展，创造和提供稳定良好的安全生产环境。

新的一年安全生产工作挑战与机遇同在，既有这样那样的困难和问题，更有着多个方面的有利因素和条件：

第一，党中央、国务院的坚强正确领导，为做好新形势下的安全生产工作提供了根本保证。党和国家历来高度重视安全生产。十七大报告强调要“坚持安全发展，强化安全生产管理和监督，有效遏制重特大事故”。胡锦涛总书记、温家宝总理在全党深入学习实践科学发展观动员大会暨省部级主要领导干部专题研究班、十七届三中全会、中央经济工作会议和最近召开的中纪委第三次全体会议上，多次深刻阐述了安全生产的重要性，把能否加强安全生产、实现安全发展，提高到对我们党执政能力的一个重大考验的新高度；强调抓安全生产也是政绩，把安全生产作为人民群众最关心、最直接、最现实的利益问题，人民群众反映强烈的突出问题和领导干部作风不正的严重问题，加以反复强调；把惩治安全生产领域的腐败现象，作为加强党风廉政建设的一项重要任务。这些重要论述和要求，都为我们抓好安全生产工作提供了根本保证。

第二，全党深入开展学习实践科学发展观活动，为加强安全生产工作提供了强大动力。科学发展观的科学内涵、精神实质和根本要求，对促进、统领和推动安全生产工作，具有十分重要的指导作用。科学发展观的第一要义是发展，要实现安全发展，就要通过加强安全生产，努力减少各类事故尤其重特大事故对经济社会发展的消极影响，为发展提供稳固的安全基础和可靠的安全保障。科学发展观的核心是以人为本，就要坚持人民的利益高于一切，珍视人的生命价值，维护劳动者的生命安全和健康权益；重视安全生产中人的因素，做好人的工作，调动和依靠人民群众的积极性。科学发展观的基本要求是全面协调可持续发展，就要把安全生产纳入经济社会发展规划布局，推动安全生产与各方面工作同步协调发展；增加安全投入，加快安全技术改造，增强各个行业企业安全发展和可持续发展能力。科学发展观的根本方法是统筹兼顾，就要坚持安全发展、和谐发展，统筹考虑安全生产工作的近期和长远，既解决当前存在的突出问题，又要抓紧解决体制机制等长远性问题，建立长效机制；统筹运用安全生产工作力量，协调处理好各方面关系，调动中央和地方、政府和企业、综合监管和专业监管等两个方面的积极性；统筹实施安全生产标本兼治政策措施，综合采取法律、经济、行政等手段进行治理整顿。贯彻落实科学发展观必须以改革创新精神加强和改进党的建设，就要坚持立党为公、执政为民，切实保障人民群众生命财产安全；对安监系统来说，就要坚持抓班子、带队伍，进一步加强安全监管监察系统各级领导班子建设和干部队伍建设。坚持以科学发展观武装头脑、指导实践、推动工作，必将为加强安全生产工作提供强大动力，同时也必将引领我们更好地把握安全生产的规律特点，进一步掌握工作的主动权。

第三，近年来安全生产工作丰富的实践探索和积累的宝贵经验，为做好当前和今后的安全生产工作奠定了坚实基础。“安全发展”科学理念和指导原则的提出与确立，为加强安全生产提供了充分的理论依据和强有力的思想支持。安全生产监管监察体系、法律法规体系、政策措施体系、应急救援体系、宣传教育和培训体系等的基本形成，为安全生产工作提供了支撑保障。连续三年组织开展的煤矿瓦斯治理和整顿关闭两个攻坚战，为深化整顿治理积累了经验。去年四季度以来三个多月的“打非”工作，为下一步打击非法违法生产经营行为探索了路子。更重要的是，经过这些年来的努力，我们已经初步建立了一支颇具规模、素质优良、能打硬仗的安全生产工作队伍。目前全国县级以上安全监管机构和执法队伍共有6.48万人，煤矿安全监察人员2800人；各个行业主管部门、各类企业安全生产工作专职兼职人员，更是一支不容忽视的力量。这是安全生产工作和事业发展的重要基础和力量。有了这样一支队伍，我们就一定能够克服前进道路上的一切困难，把安全生产工作不断推向前进。

我们还要看到，地方各级党委政府的高度重视，使安全生产工作有了强有力的组织领导；各部门、各单位和社会各界的大力支持，形成了安全生产工作齐抓共管的强大合力；市场供求关系的变化，经济发展方式的加快转变，经济结构的调整优化，也将有助于继续整顿关闭不具备安全生产条件的小矿小厂，加快推进安全生产源头治本，等等。总之，我们一定要认清形势、增强信心，继续保持昂扬向上、开拓进取的精神状态和求真务实、真抓实干的良好作风，继续紧紧依靠地方党委政府和相关部门的共同努力，紧紧依靠广大人民群众的支持监督，抓住机遇，迎接挑战，全力做好2009年的安全生产工作。

经国家安监总局党组研究、国务院安委会全体会议审议同意，2009年全国安全生产工作的总体思路和要求是：认真学习领会和全面贯彻落实党中央、国务院关于加强安全生产工作的一系列指示精神和决策部署，以学习实践科学发展观活动为动力，坚持以人为本，坚持安全发展，坚持“安全第一、预防为主、综合治理”的方针，坚持近期与长远、治标与治本、预防与查处相结合，以深入开展“安全生产年”活动为主线，以有效防范、坚决遏制重特大事故为目标，扎实开展安全生产宣传教育、安全生产执法、安全生产治理“三项行动”，切实加强安全生产法制体制机制、安全生产能力、安全生产监管队伍“三项建设”，推动安全生产状况的持续稳定好转，为实现到2010年全国安全生产状况明显好转的目标奠定坚实基础。

2009年安全生产工作的奋斗目标，概括起来，就是要实现“三个压下来”：坚决把重特大事故压下来，下决心扭转2008年重特大事故多发的状况（重大事故大约每周2起，特别重大事故接近每月1起），重大、特别重大事故的起数要下降6%以上，较大事故下降3%以上；坚决把事故总量压下来，事故总量要在上年的基础上下降1.4%以上，其中煤矿要下降2%以上；坚决把伤残人数压下来，通过加强安全生产和全面开展职业安全健康工作，减少事故伤残和职业危害。

2009年全国安全生产控制考核指标（包括4大类、31项具体指标），已经国务院安委会全体会议研究确定，即将以国务院安委会文件下达。各省（区、市）要尽快把指标分解下去，落实到市、县、乡镇政府和重点企业，并建立与之相配套的责任制度、监督检查制度、进度公告制度和考核奖惩制度，确保贯彻实施。国务院安委会办公室在继续通过《人民日报》等媒体公告各省（区、市）季度控制考核指标实施情况的同时，还将按月向省（区、市）党委政府和国家有关部门、单位，通报安全生产相关指标的实施情况，特别是重特大事故控制方面的情况，并提出加强改进安全生产工作的建议。

三、全力做好各项重点工作，努力夺取2009年全国安全生产的新进展和新成效

（一）以“关爱生命、安全发展”为主题，广泛开展安全生产宣传教育行动，着力增强全社会安全发展意识。一是依托各级党委政府宣传文化工作系统，发挥主流媒体和安全生产系统报刊网络的主阵地作用，运用多种方法途径，大力宣传党中央、国务院关于加强安全生产工作的决策部署，宣传安全发展科学理念、安全生产方针政策和法律法规，宣传开展“安全生产年”活动的意义、要求和各类先进典型。二是组织开展好六月份（也即全国第8个“安全生产月”）的集中宣传教育活动和“安全生产万里行”集中采访报道活动，进一步营造有利于加强安全生产、促进安全发展的社会氛围。三是加强安全文化建设，鼓励制作生产更多更好的影视、剧作等安全文化产品；推广北京、上海和青岛等地经验，本着“政府引导、公众参与”，推动城市安全社区建设。四是建立规范的安全生产信息发布制度，加快形成新闻媒体、社会公众广泛参与的安全生产舆论监督网络，坚持正确的舆论导向，维护人民群众安全生产知情权、参与权和监督权。五是整合优化安全培训资源，加大培训工作力度。加强对市、县、乡镇领导干部的安全培训，加强企业负责人、安全管理人员和特殊岗位人员安全培训，加强农民工安全技能培训。强化安全责任意识，提高安全监督、安全管理和安全操作水平。

（二）以严厉打击非法违法生产经营行为为主要内容，组织开展安全生产执法行动，着力建立规范的安全生产法治秩序。国务院安委会将就此做出总体部署。一是抓住重点对象，依法严厉打击。除了已明确的5类严重非法违法行为之外（即无证无照和证照不全的；依法关闭取缔之后又死灰复燃的；存在超层越界、尾矿库违规排放等严重违法行为的；瞒报事故的；拒不执行安全监管监察指令、抗拒安全执法的），根据当前实际，还要把非法违法建设问题列入其中，严肃查处违背《安全生产法》关于建设项目安全生产“三同时”规定的行为，严防一些地方和行业在增加投入、扩大建设规模的同时，造成新的安全隐患。二是要落实地方政府责任。根据国务院安委会全体会议精神，打击非法违法安全生产执法行动，由省级地方人民政府负责组织实施。各省（区、市）要做出具体安排，提出本地区依法打击的重点、执法行动的方法步骤；建立必要的工作机构，明确各部门职责分工，发挥各级安委会及其办公室的作用，切实加强安全监管和煤矿安全监察、国土资源、工业和信息化、公安、交通、建设、工商等部门的配合协作；对市、县、乡镇政府提出明确要求，逐级落实安全生产执法和“打非”工作责任。同时，支持各部门从实际出发，针对本行业领域的严重非法违法行为，采取措施予以打击和治理。三是注意做到“四个结合”。要与严格实行安全生产行政许可制度结合起来。对非法违法生产经营单位，要依法取消其安全生产资质，吊销其安全生产许可证等证照。通过开展执法行动，再关闭淘汰一批不具备安全生产条件的小煤矿、小矿山、小化工企业和烟花爆竹小作坊。要与推动企业安全生产诚信建设结合起来，继续执行并完善企业安全生产“黑名单”制度，对安全诚信缺失、非法违法和发生重特大责任事故的企业，要继续在媒体上公布；同时从安全生产行政许可审查批准、安全资格证书和相关证照发放，以及项目审批、信贷等多个方面予以制裁和限制。要与治理违规违章结合起来。在各类企业特别是高危行业企业，深入开展群众性“查‘三违’（违章指挥、违章作业和违反劳动纪律）、防事故”活动。要与加强改进安全生产行政执法工作结合起来。以开展执法行动为契机，建立健全党委政府统一领导、各方面共同参与的联合执法机制，完善执法程序，规范执法行为，严格执法监督，提高安全生产执法工作的效率效能。四是要加强监督检查，在“两会”、纪念新中国成立六十周年等重要时段，组织开展综合督查；根据工作进度和实际需要，及时组织各类重点督查和专项督查，扎实推动打击非法违法安全生产执法行动。

（三）以煤矿等行业领域隐患排查治理为重点，深入开展安全生产治理行动，着力解决薄弱环节和突出问题。一要深入贯彻落实太原座谈会和辽宁现场会精神，进一步深化煤矿瓦斯治理和整顿关闭两个攻坚战。继续贯彻落实瓦斯治理“十二字方针”和“十六字工作体系”，加快实施“双百示范工程”，建立完善集中监控、井下人员定位等系统，落实“防突”措施；推进资源整合，完善大矿兼并代管等政策措施，深化整顿关闭，力争今年再压减小煤矿1000处以上，到2010年把全国小煤矿压减控制到1万处以内。在全国安全生产工作的总体布局中，煤矿安全历来处在重中之重的位置上。煤矿稳全局稳，煤矿事故多发则全局被动。我们一定要高度重视、继续抓紧抓好煤矿安全生产工作，带动全国安全生产状况的持续稳定好转。二要进一步加大矿产资源开发利用秩序整顿力度，防止非法采矿反弹；加强对重点矿区的安全监管，继续推行矿井机械通风、采石场中深孔爆破等安全适用技术，落实地下矿山防水、防火、防坍塌事故措施，有针对性地开展地上矿山安全整治。吸取事故沉痛教训，做好尾矿库专项整治工作，加大地方政府和企业资金投入，抓紧治理现有的613座危库、1265座险库和3032座病库。三要按照国务院安委办的《指导意见》，制定落实化工行业安全发展规划，深化危化品安全专项整治，推动化工生产企业进园区，经营企业进市场，加强对储存企业的监控，扩大危化品运输区域联控。加快安全防护距离不符合安全标准的化工企业的关停转产和搬迁。继续治理烟花爆竹"三超一改"，推动烟花爆竹工厂化、机械化、标准化、集约化和规模化生产。四要深化道路交通安全整治，继续实施以排查治理危险路段为主要内容的"安保工程"，推进汽车行驶记录仪和省市两级 GPS 监控平台建设。依法严厉打击非法运营、违法载人，查处治理客运超载、机动车超速和疲劳驾驶等行为。以创建"平安畅通县区"、"平安农机"等活动为载体，加强城乡道路交通安全监管。对道路运输企业进行安全评估。五要继续抓好渡口渡船等安全整治，进一步加强对砂石运输船舶、施工船舶、客渡船舶和危险品运输船舶的安全监管，深入排查治理航运企业、港口企业、水运施工企业和水运船舶的安全隐患。六要继续排查治理重点建设项目安全隐患，严格施工现场管理，严密防范脚手架和起重机械倒塌、工地坍塌、模板支撑垮落、人员坠落等事故。加强对建筑施工企业的安全监管，防止层层转包、以包代管。七要认真宣传贯彻新修订的《消防法》。深入治理"三合一"、"多合一"生产经营单位火灾隐患，加大政府挂牌督办的重大火灾隐患的整改治理力度。冶金、有色、机械、建材、轻工、纺织、商贸等行业，要以近年来发生的钢水包倾覆、铝水泄漏爆炸等典型事故为戒，完善行业标准规范，整顿企业安全生产基础管理工作。铁路、民航、电力、民爆和通讯行业、渔业、农机、水利、特种设备、旅游、学校等行业领域，要从各自实际出发，有针对地组织开展安全专项整治。

（四）以全面落实安全生产责任制为核心，加强法制体制机制建设，着力推动责任落实和长效监管。一要进一步建立健全安全生产目标责任制度。坚持和完善控制考核指标体系，建立考核奖惩制度，做到月通报、季发布、年考核，有奖有罚，奖优罚劣、奖勤罚懒，维护安全生产控制考核指标的严肃性，发挥控制考核指标应有的激励约束作用，调动和保护各级政府、各类企业、各级干部安全生产工作积极性。总结推广各地成功经验和有效做法，探索加强和改进党委政府对安全生产工作领导的有效途径，努力形成领导有力、职责分明的安全生产工作格局和责权利相对应的责任体系，推动各方面履行职责到位。二要进一步完善安全生产法律法规和政策措施。抓紧修订《安全生产法》、《矿山安全法》、《煤炭法》、《煤矿安全监察条例》和《危险化学品安全管理条例》，着手制定《安全生产应急管理条例》、《建设项目安全生产"三同时"管理条例》等。加快地方安全立法工作。加快安全标准的制定修订工作，尽快建立健全煤矿、金属非金属矿山、化工、烟花爆竹等行业的安全生产标准体系。强化安全标准在市场准入方面的规范约束作用。发挥经济政策的导向作用，在产业规划布局、资源开发利用、市场准入、税费征收、财政补贴、政府投资等方面，采取更多、更加有利于安全生产的政策措施，加快安全生产政策治本、源头治本。三要加强职业安全健康监管工作。结合机构改革，各级安全监管机构都要逐步设立职业安全健康工作机构，或配备专职工作人员。在职业危害严重的企业设立职业安全健康监督员，建立职业卫生安全许可、职业危害申报和作业场所职业危害监督检查制度，督促指导企业改善作业环境，防范和减少职业危害事故。

（五）以重点骨干企业为主体，加强安全生产保障能力建设，着力强化安全生产基础。一要总结推广近年来煤矿、建筑施工、金属非金属矿山、化工等行业安全质量达标工作经验，在工矿商贸企业全面开展安全质量标准化活动。分行业制定发布指导意见，指导督促企业加强质量管理，规范安全行为，保障安全生产。加强企业安全投入、安全管理和安全培训三项基础性工作，解决目前部分企业技术装备落后、安全责任不落实、从业人员素质不高等问题。二要加强安全生产应急救援能力建设。建立完善对各类事故的预报、预警、预防和应急救援机制。省、市、县各级都要依法建立安全生产应急管理机构，加强规章制度建设；加快国家级救援基地、专业救援队伍和地方骨干救援队伍建设；加强应急培训、演练和宣教，提高预案质量；进一步加强各级应急机构队伍的配合协调，增强各级应急救援指挥机构的指挥协调能力。三要加快推动安全生产科技进步。抓紧建立国家、地方和企业三级安全科技网络，加快组织实施国家安全生产科技规划，加大“煤矿瓦斯高效抽放技术与装备”等重点科技成果的推广转化力度，提升煤矿等重点行业领域安全技术水平，把安全生产建立在依靠科技进步的基础上。

（六）以开展深入学习实践科学发展观活动为契机，加强安全生产监管队伍建设，着力提高安全监管监察工作的执行力和公信力。要通过深入开展学习实践活动，切实提高安监系统广大干部职工践行科学发展观和推动安全发展的自觉性，引导全系统广大干部，弘扬先进、学习英模，内强素质、外树形象，努力建设一支政治强、思想好、作风正、能力强，能够担当重任的高素质的安监干部队伍。进一步加强思想政治建设，用科学发展观武装头脑，坚定理想信念，自觉做维护人民群众生命财产安全和促进安全发展的忠诚卫士。加强作风建设，弘扬求真务实、真抓实干的好作风，不折不扣地贯彻执行党和国家安全生产决策部署，把工作抓实抓细。加强能力建设，加大对安监干部的教育培训力度，改善知识结构，拓宽工作视野，大力提高安全监管能力、行政执法能力和事故调查处理能力，加大责任事故的调查处理力度，依法严肃追究事故责任。加强党风廉政建设，认真学习贯彻中纪委三次全会精神，采取更加切实有效的措施，进一步加强思想教育、制度规范和监督制约，加强干部的交流、轮岗，严格执行各项制度，不断完善内部监督制约机制，坚决防范以权谋私、权钱交易、官商勾结等腐败问题的发生。在严格要求的同时，要从政治上、工作上、生活上关心爱护干部，为其开展工作、健康成长创造良好的环境和条件。

在2009年和今后工作中，我们要继续扩大安全生产领域的对外开放和国际合作，利用“中国国际安全生产论坛”、应急救援论坛，以及各种年会、展览会等平台，扩大与国际组织、外国政府和科研机构等的合作交流，大力宣传我国安全生产方针政策和安全生产工作取得的进展，积极引进借鉴国外安全生产先进技术和安全管理经验，提高我国安全生产水平。要继续认真做好安全规划工作，搞好安全生产“十一五规划”执行情况的检查评估，并启动“十二五”规划前期工作。要继续加强对协会等社团机构和中介组织的管理，更好地发挥其行业指导、咨询服务、参与安全生产监督检查等方面的作用。加强事业单位的建设和管理，搞好资源整合，充分发挥功能效益。继续做好信息工作、后勤服务工作。全面加强老干部工作等。充分调动各方面的积极性、主动性和创造性，共同推动安全生产事业的发展进步。

目前正值年初岁末，历来是各类事故的易发高发阶段。必须高度警觉，切实加强安全防范。一是要认真贯彻落实“两办”通知，切实做好春节安全防范工作。各级安监机构要主动配合公安、交通部门，加强“春运”交通运输安全工作；落实烟花爆竹有关管理规定，落实商场、旅游景点等人员密集场所安全责任制，严防火灾、踩踏等群死群伤事故；加强节日停产放假和检修企业的安全监管，严把恢复生产的安全验收关。二是要吸取事故教训，加大隐患治理力度。安监总局和相关部门，已就近期发生的一系列煤矿、道路交通、建筑施工等重大事故发出了通报，针对事故暴露出的问题，提出了整改和防范要求。从12月中旬开始，国务院安委会组织了12个组，对部分省区进行了综合督查。对督查中发现的重大隐患和问题，下发了整改意见通知书。各地要举一反三，查找漏洞，落实整改措施，尽快消除隐患。三是要落实责任，加强监管。各地要把安全防范责任，分解落实到基层，落实到企业。各级安全监管监察机构要关口前移、重心下移，严防死守、盯紧盯牢；要加强值班职守，保持信息渠道的畅通无阻，及时应对处置各类紧急情况。通过扎实工作，确保全国安全生产形势的基本稳定，力争使2009年的工作有一个良好的开局。

扎实做好“安全生产年”的各项工作，推动我国安全生产状况的持续稳定好转，责任重大，使命光荣。我们要认真贯彻落实党中央、国务院关于加强安全生产工作的重要指示和决策部署，在以往工作的坚实基础上，与时俱进、开拓创新，忠于职守、真抓实干，同心协力、扎实工作，进一步开创安全生产监管监察工作的新局面，为国民经济又好又快发展和加快构建社会主义和谐社会，做出新的更大的贡献！

国家安全生产监督管理总局局长骆琳在全国煤矿瓦斯防治工作会议上的讲话（摘要）

（2009年9月3日）

这次会议是继去年全国煤矿安全生产（太原）座谈会、全国煤矿瓦斯治理（沈阳）现场会之后，又一次专题研究部署煤矿瓦斯防治和安全生产工作的重要会议。德江副总理莅临会议并将发表重要讲话，充分体现了党中央、国务院对煤矿安全生产和煤炭工业安全发展问题的高度重视，我们一定要认真学习领会，坚决贯彻落实。

煤矿瓦斯防治和安全生产事关重大，历来受到党和政府的高度重视。近年来，党中央、国务院相继采取一系列举措：明确了煤矿瓦斯治理7项措施和安全生产12项治本之策，在全国范围组织开展了煤矿瓦斯治理和整顿关闭两个攻坚战，出台了发展煤层气产业和煤矿瓦斯抽采利用的配套政策，连续多年运用国债资金扶持煤矿进行安全技术改造，加大事故查处和责任追究力度，严惩事故背后的腐败现象和失职渎职行为。本届政府组成以来，张德江副总理多次深入基层、深入煤矿、深入事故现场进行调查研究，指挥抢险救援，解剖典型、发现问题，明晰思路对策，及时作出重要批示指示，有力地指导和推动了工作。在党中央、国务院的正确领导和煤矿瓦斯防治部际协调领导小组的督促指导下，各地区、各有关部门和单位进一步强化责任、落实措施，全力攻坚、深化整治，做了大量艰苦细致、富有成效的工作，促使煤矿瓦斯事故逐年下降，安全状况渐趋好转。与组织开展煤矿瓦斯治理攻坚战的第一年（2005年）相比，2008年全国煤矿瓦斯事故起数和死亡人数，分别下降56%和64.2%；其中一次死亡10人以上重特大瓦斯事故起数和死亡人数，分别下降56.1%和73.4%。今年1—7月，全国煤矿瓦斯事故起数和死亡人数，与2008年同期相比分别减少17起、48人，下降16.0%和11.9%；其中一次死亡10人以上重特大瓦斯事故起数和死亡人数，分别减少6起、28人，下降66.7%和19.2%。为全国安全生产状况的持续稳定好转做出了贡献。

煤矿瓦斯防治和安全生产工作虽然取得了新的成效和进展，但与党中央、国务院关于煤炭工业安全发展和安全生产的要求相比，与广大煤矿职工和全社会广大人民群众的期望相比，仍然存在较大差距。煤矿瓦斯事故仍然多发频发（今年1—7月，在全国煤矿各类一次死亡3～9人的较大事故中，瓦斯事故起数和死亡人数居第一位，分别占58.5%和58.4%），重特大瓦斯爆炸、煤与瓦斯突出事故尚未得到有效遏制（今年1—7月，全国煤矿发生2起特别重大事故、死亡108人，均为瓦斯爆炸、煤与瓦斯突出事故），瓦斯治理利用的一些关键技术尚待突破，国家和地方政府鼓励发展煤层气产业与煤矿瓦斯抽采利用的一些经济政策尚未落实到位，煤矿安全基础管理特别是现场管理还比较薄弱。今年后4个月，随着经济企稳回升速度加快、煤炭市场需求增加，煤矿安全生产的压力也在加大。

对煤矿安全生产形势的严峻性和瓦斯防治工作的艰巨性，我们应当有足够的清醒的认识。要遵照德江副总理的一系列重要指示和在这次会议上的重要讲话精神，在煤矿瓦斯防治部际协调领导小组的协调指导下，坚持用科学发展观统领煤矿安全和全国安全生产工作的全局，坚持安全发展，坚持以人为本，坚持综合治理，以有效防范遏制重特大瓦斯事故、推动实现全国煤矿安全状况的明显好转为目标，以大力推进瓦斯防治工作体系建设为重点，以深入开展煤矿安全领域安全生产执法、治理、宣教"三项行动"为抓手，以加快科技进步、落实各项经济政策为支撑和保障，进一步坚定信心、加大力度，健全体系、完善机制，深化整治、强化管理，提高保障能力、夯实工作基础，紧紧依靠地方各级党委政府，紧紧依靠煤矿企业，把煤矿瓦斯防治和安全生产工作提高到一个新的水平。

一、着力构建科学有效的煤矿瓦斯治理工作体系

我国煤矿瓦斯灾害严重，瓦斯事故多发频发。在同瓦斯灾害做斗争的长期实践中，我们逐步探索和形成了“先抽后采、监测监控、以风定产”12字方针和“通风可靠、抽采达标、监控有效、管理到位”16字工作体系。对这些用鲜血和生命换来的实践经验的概括总结，应当倍加珍惜、自觉坚持和不断完善。

沈阳现场会以来，各地区、各有关部门和单位围绕构建煤矿瓦斯治理工作体系，增强煤矿防范抵御瓦斯事故灾害的能力，从多个方面做出了努力。下一步，要按照国务院安委会办公室《关于进一步加强煤矿瓦斯治理工作的指导意见》（安委办［2007］17号）的要求，指导督促包括国有重点煤矿在内的各类煤矿，切实完善矿井通风系统，加强通风管理，严格以风定产，坚决杜绝无风微风作业。在当前煤炭市场需求日趋旺盛、煤矿企业高产超产的冲动比较强烈的情况下，尤其要严防超能力、超强度、超定员组织生产；要坚持先抽后采、不抽不采，继续大力提高煤矿瓦斯抽采率，实现抽采达标；要规范完善矿井安全监测监控系统和区域联网，建立区域维护服务中心，确保正常运行、发挥作用；要进一步加强和改进煤矿企业安全管理、政府安全监管和国家煤矿安全监察，切实做到管理到位、监督有力。按照已经做出的部署，继续认真组织实施瓦斯治理100个示范矿井和100个示范县建设工程（简称“双百工程”），发挥典型的示范引路作用。

二、结合深入开展安全生产执法、治理行动，扎实开展煤矿瓦斯专项整治

煤矿瓦斯专项整治，是煤矿瓦斯治理攻坚战的深入和继续，也是安全生产执法、治理行动的重要内容。国家安全监管总局、国家煤矿安监局会同国家发展改革委、国家能源局，已就大中型煤矿和小煤矿的瓦斯专项整治工作，分别做出了安排部署。各地按照要求，结合实际，制定了专项整治方案，组织开展了自查自改、集中“会诊”和整改工作。下一步的专项整治工作，一是要狠抓整改措施的落实。对所有的瓦斯隐患，必须制定整改计划，明确整改责任、整改时限和整改标准，落实整改资金和整改措施。重大隐患要实行挂牌督办，确保在规定时限内整改到位。二是要严厉惩处非法违法和违规违章行为。非法违法生产、经营、建设和违章指挥、违规作业、违反劳动纪律行为，是导致煤矿瓦斯事故和其他事故发生的主要原因。为此，在煤矿瓦斯专项整治和安全生产执法、治理行动中，必须加大“打非治违”力度，严惩“三非”、“三违”和“三超”等行为。三是要把煤矿瓦斯专项整治与深入开展整顿关闭工作结合起来。8月份全国发生较大以上煤矿瓦斯事故7起，全部发生在30万吨/年以下的小煤矿，其中5起发生在整合技改和改扩建矿井。为此，必须继续抓好小煤矿整顿关闭工作，将那些瓦斯灾害严重和整顿无效、达标无望的小煤矿，纳入关闭取缔对象。抓紧煤炭资源整合，确保完成今年再关闭、减少1000处小煤矿的计划任务。加强对整合技改矿井的监管，严防在资源重组和改扩建过程中发生事故。加强对已关闭小煤矿的监管，严防死灰复燃。四是要把瓦斯防治作为煤矿安全生产“三同时”监管的重要内容。凡存在重大瓦斯隐患，或者瓦斯治理措施不配套的煤矿建设项目，一律不予审批核准；应抽采矿井没有编制瓦斯抽采方案的，不予通过安全设施设计审查；达不到瓦斯抽采规定标准的，不予通过验收。通过严格安全生产准入，从源头防范和减少瓦斯事故。

三、落实企业主体责任，大力提升煤矿瓦斯防治水平和安全保障能力

经过持续不懈的努力，目前我们在煤矿瓦斯治理和事故防范方面，已经建立了包括法律规定、技术规程、操作细则、监测监控要求、抽采抽放标准、矿井定员定产、监督监察办法等在内的一系列制度规范，初步形成了与煤矿安全生产相适应的规程标准体系。最近国家安全监管总局又公布实施了《防治煤与瓦斯突出规定》，并积极着手和推动《煤矿安全规程》、《煤矿安全监察条例》的修订工作。可以说，目前煤矿从生产流程到通风布局，从技术装备到劳动组织，从源头管理到现场管理，从事故防范到责任追究，以及煤矿干部下井带班等，都有明确的规范性要求。只要企业切实履行安全生产主体责任，严格遵守法律法规和规程标准，重特大瓦斯事故是可以避免的。淮南、阳泉等煤矿企业连续多年的安全生产实践，也已经证明了这一点。所以，下一步必须在落实企业责任、提升煤矿安全保障能力上，继续狠下功夫。一是要强化制度规范的约束作用。煤矿企业必须严肃对待、严格执行目前已经建立的煤矿安全生产各项制度和规范，坚持有法必依、有章必循、违法违章必究；坚持“瓦斯超限就是事故”、“只认规程不认人”，在企业内部营造依法依规加强瓦斯防治、搞好安全生产的浓厚氛围，把“依法治安”方略落实到企业。二是要确保安全投入。这是企业必须履行的职责。在相关部门的支持下，煤矿等高危行业企业继续执行安全生产费用税前提取的政策。煤矿企业应当从瓦斯防治和安全生产等实际需要出发，足额提取、专款专用，加快安全技术改造，加快技术装备更新换代，努力提升煤矿本质安全水平。三是要致力于建立长效治理机制。煤矿企业要建立健全瓦斯防治以及矿井地质、水文等基础资料库，建立健全区队、矿井、集团公司对瓦斯等安全隐患的分级管理和整改治理制度，实施动态监控，形成长效治理机制。在集中开展“攻坚战”和专项整治的基础上，把瓦斯防治和安全生产逐步纳入制度化、经常化的轨道。四是要进一步加强安全生产基础管理。认真贯彻落实德江副总理作出的相关重要批示，总结推广河南省平顶山煤业集团“白国周班组管理法”，动员和组织职工群众参与安全管理，解决一些煤矿安全生产现场管理薄弱，以及层层转包、违规违章严重问题，夯实筑牢煤矿安全生产第一道防线。大型国有煤矿企业的负责同志参加了这次会议。希望大家强化责任意识和表率意识，继续发挥国有大矿在安全生产方面的示范引路作用，率先贯彻落实好国务院领导的重要指示精神，率先履行好企业安全生产主体责任，率先做好瓦斯防治和安全生产工作，带动各类煤矿，推动煤炭工业的安全发展。

四、继续大力推动煤矿安全生产技术进步，进一步落实各项经济政策

科学技术是第一生产力，也是煤矿瓦斯防治和安全生产强有力的支撑保障。在各级科技管理部门、相关科研机构的高度重视和积极努力下，煤矿瓦斯防治科研攻关工作不断取得新的进展，“十一五”国家科技计划重点支持的一些关键技术研究项目，已开始发挥作用。遵照德江副总理在参观第二届中国国际应急救援技术与装备展览时的重要指示精神，下一步要加大科研成果转化和推广应用工作力度，对那些成熟适用的瓦斯防治技术和装备，要结合安全生产许可等必要的行政手段，在各类煤矿强制推行；要继续发挥企业科技创新的主体作用，鼓励大型煤矿企业与科研机构、高等院校合作，围绕煤与瓦斯突出预测、区域防突措施、低透气性煤层抽采抽放等技术难题，联合开展科研攻关；要进一步加强对煤矿从业人员的安全技术培训，提高安全素质和岗位技能，把煤矿安全生产建立在依靠科技进步和提高劳动者素质的坚实基础上。

在国家发展改革委、国家能源局等部门的指导和努力下，近年来煤矿瓦斯治理利用政策取得了突破性进展。继《国务院办公厅关于加快煤层气（煤矿瓦斯）抽采利用的若干意见》（国办发［2006］47号）之后，相关部门相继制定出台一系列文件，就煤矿瓦斯抽采利用项目建设用地、发电并网、管网输送、财税扶持、民用价格、设备折旧等，做出了具体规定。这些政策得到了煤矿和煤层气开发利用企业的赞同和拥护。但在具体执行中还存在着一些问题，一些地方和单位还没有落实到位。下一步要加大国家相关政策措施的贯彻实施力度；地方政府和大型煤矿企业也应从本地区和本单位实际出发，制定出台鼓励瓦斯开发利用的地方性政策和企业内部政策，充分发挥政策的导向作用，推动煤矿瓦斯防治和安全生产工作。

五、加大煤矿安全监管监察工作力度

各级安全监管和煤矿安全监察机构要自觉从政治和大局的高度，充分认识做好煤矿瓦斯防治和安全生产工作的极端重要性，进一步增强抓好这方面工作的责任感、使命感和紧迫感。要按照这次会议的部署，在地方党委政府的统一领导下，进一步加强与地方瓦斯防治工作牵头部门和相关部门的配合协作，更加认真负责、扎实有效地履行好各项职责。一是加大宣传教育力度。要宣传好、贯彻好这次会议精神，把安全监管监察系统的思想统一到国务院领导同志的重要指示精神上来；宣传好、贯彻好煤矿安全生产各项法律法规和规程标准，加强对各类煤矿贯彻落实情况的监督检查；宣传好、贯彻好刚刚公布实施的《防治煤与瓦斯突出规定》，促使煤矿企业更新防突理念，落实防突措施，强化防突工作。二是加大监管监察执法力度。突出重点地区、重点煤矿和重点环节，结合深入开展安全生产执法、治理行动，有针对地组织开展重点检查、专项督查。紧紧盯住那些高瓦斯矿井、煤与瓦斯突出矿井、整合技改矿井和安全生产基础薄弱的矿井，实施重点监管、跟踪监察。对那些系统不完善、监控不正常、抽采不达标、管理不到位的煤矿，要限期整改；情节恶劣、后果严重的，要依法采取行政处罚、停产整顿等执法措施。三是加大事故查处和责任追究力度。按照“四不放过”原则和“依法依规、实事求是、注重实效”的要求，严肃查处一个时期来发生的煤矿瓦斯事故和其他事故，严肃追究相关人员的责任。坚持安全生产约谈和警示通报制度，凡发生特别重大事故，或者一段时间内连续发生重大事故、较大事故的，要约请相关地方、部门和单位的负责同志进行诫勉谈话，或发出警示通报，共同查找原因，研究加强和改进煤矿安全工作的对策措施；继续做好事故分析工作，组织专家和富有现场管理经验的同志，从技术和管理层面，对重特大事故、典型事故认真进行剖析，搞清楚引发事故的原因，用科学态度总结事故教训，用事故教训推动工作，更好地把握瓦斯事故的规律特点和瓦斯防治工作的主动权。

六、加强督促检查，推动工作落实

为推动安全生产执法、治理和宣教行动向纵深开展，为国庆60周年创造良好的安全生产环境，国务院安委会决定从8月下旬到9月底，在全国范围内组织开展一次广泛深入的安全生产大检查活动。根据国务院领导同志的重要指示和国务院安委会通知精神，国务院安委会办公室近日召开了全国安全生产大检查动员部署视频会议，做出了安排部署。目前各地正在抓紧组织实施。行动比较迅速的地方，已经向市地、县区政府做出了安排部署，企业自查已经开始。

这次安全生产大检查，是贯彻落实党中央、国务院一系列重要指示精神，从全局上进一步加强安全生产工作的重要举措；是国庆60周年安全保障工作的重要内容和关键环节。煤矿安全生产特别是瓦斯防治工作，是这次全国安全生产大检查的重要内容。希望各地区、各有关部门和单位一定要高度重视，切实加强领导、明确责任，认真组织实施；一定要抓实抓好企业自查，推动落实企业安全生产主体责任，建立自我完善、持续改进的企业安全生产长效机制；一定要认真负责、从严从细，在排查治理隐患、解决实际问题上狠下功夫；一定要在有效防范、遏制重特大事故上见到切实成效，安全生产大检查和国庆节期间，全国要力争杜绝特别重大事故，省（区、市）要力争杜绝重大事故；一定要深刻吸取去年奥运会之后煤矿、非煤矿山等特别重大事故接连发生的沉痛教训，提前谋划、及早动手，采取得力措施，严把小煤矿国庆节后恢复生产的安全关，严防事故反弹。

在全国安全生产总体工作中，煤矿安全历来处于重中之重的位置；在煤矿安全工作中，瓦斯防治又是最重要、最关键的环节。认真做好瓦斯防治工作，对于进一步改善我国煤矿安全生产面貌、实现全国安全生产状况的持续稳定好转和明显好转，具有决定性的意义和作用。我们决心在党中央、国务院的坚强正确领导下，遵循德江副总理重要讲话和一系列重要指示精神，按照部际协调会议的部署和要求，进一步加强和改进煤矿安全监管监察工作，加强配合协调，调动和依靠方方面面的积极因素，同心同德、再接再厉，尽职尽责、扎扎实实抓好工作，全力治理煤矿安全隐患，有效防范和遏制重特大煤矿事故，努力夺取煤矿安全和全国安全生产工作的新成效，为经济平稳较快发展和社会和谐稳定，做出我们应有的贡献。

国家安全生产监督管理总局局长骆琳在全国安全生产（专题）视频会议上的讲话（摘要）

（2009年11月30日）

这次专题视频会议，主要是认真学习贯彻中央领导同志近期关于安全生产工作的重要指示精神，通报黑龙江省龙煤集团鹤岗分公司新兴煤矿“11·21”特别重大瓦斯爆炸事故（以下简称龙煤集团新兴煤矿“11·21”事故）情况，分析当前形势，安排部署近期重点工作任务，再次动员全系统各级领导和广大安全监管监察人员，进一步振奋精神、坚定信心，按照《国务院安委会关于深刻吸取黑龙江省龙煤集闭鹤岗分公司新兴煤矿“11·21”特别重大瓦斯爆炸事故教训切实加强安全生产工作的通知》（安委明电［2009］3号）要求，吸取教训、举一反三，落实责任、强化监管，更加认真负责、扎实抓好年底和冬季安全生产工作，有效防范和坚决遏制重特大事故发生，确保岁末年初全国安全生产形势的基本稳定。

铁锤同志通报了龙煤集团新兴煤矿“11·21”事故情况，并针对事故暴露出来的薄弱环节和突出问题，对当前煤矿安全生产工作做出了部署，提出了6项具体要求。这些部署和要求，是分别经安全监管总局和国家煤矿安监局局长办公会集体研究审议的。希望各地区、各单位紧密结合实际，认真贯彻落实。

根据国务院安委会通知精神和安全监管总局局长办公会集体研究的意见，讲以下三个方面的问题。

一、认真学习和深刻领会中央领导同志的重要指示精神，统一思想认识，认清严峻形势，进一步增强抓好当前工作的责任感和紧迫感

党中央、国务院历来高度重视安全生产工作。龙煤集团新兴煤矿“11·21”事故发生后，胡锦涛总书记、温家宝总理和张德江副总理等中央领导同志当即作出重要批示，要求采取一切措施，千方百计抢救被困人员，同时要防止发生次生事故；高度重视搜救工作、善后工作和处理工作，尽最大努力组织搜救，减少伤亡；认真查明事故原因，依法依规严肃处理。张德江副总理亲赴事故现场，指导事故的抢险救援、伤员救治和善后工作，亲切看望受伤矿工和遇难人员的家属，并主持召开会议，发表重要讲话，就全力以赴搜救被困人员，千方百计救治受伤人员，认真细致做好善后工作，尽快查明事故原因，严肃追究事故责任，以及深刻吸取事故教训，进一步加强煤矿等重点行业（领域）的安全生产，严防瓦斯事故和其他事故，及早动手做好“两节”安全防范工作等，提出了明确要求。11月22日，温家宝总理作出重要批示，强调指出：这起特别重大瓦斯事故再一次提醒我们，要高度重视煤矿的瓦斯治理，下决心推进“先抽后采”的技术方法，冬季用煤高峰要特别注意煤矿安全；张德江副总理批示要求，有关方面进一步加大“先抽后采”工作措施和工作力度，进一步加强瓦斯治理各项工作，要求安全监管总局督促各地切实加强冬季安全生产。24日，经国务院领导同志亲自审定，以国务院安委会名义下发明电，就深刻吸取龙煤集团新兴煤矿“11·21”事故教训，切实做好当前安全生产工作，提出了要求。27日，胡锦涛总书记主持召开中央政治局会议，分析研究2010年经济工作，强调要切实加强安全生产工作。同日，张德江副总理在安全监管总局上报的关于吉林通化梅河口市中和煤矿发生透水事故（16人被困）和贵州黔西南州兴仁县振兴煤矿瓦斯突出事故（死亡10人）的《值班信息》上，再次作出重要批示，指出：近期连续发生数起煤矿生产安全事故，造成重大人员伤亡和财产损失，其中重要的原因就是安全生产责任制不落实，安全生产监管不到位；要求安全监管总局、国家煤矿安监局督促各地和相关单位，认真落实国务院安委会11月24日通知要求，切实加强安全生产工作，防止各类生产安全事故发生。

27日下午，安全监管总局党组和国家煤矿安监局领导班子成员，进一步认真传达学习了中央领导同志的重要指示。一致认为，龙煤集团新兴煤矿“11·21”事故后，中央领导同志的一系列重要批示和重要讲话，始终贯穿着以人为本的科学发展观和立党为公、执政为民的崇高执政理念，充分体现了党中央、国务院对人民群众生命财产安全和安全生产工作的高度重视；既对事故抢险救援、调查处理、责任追究等工作提出了要求，同时强调煤矿安全生产必须紧紧抓住瓦斯治理和先抽后采这个要害，必须把安全生产责任制和安全防范措施真正落到实处，必须进一步加大安全生产监督管理力度，再次明确了安全生产工作的努力方向，以及现阶段必须切实抓好的重点任务。中央领导同志的重要指示，不仅对于煤矿，而且对于全国各个行业（领域）的安全生产工作，都具有很强的针对性和重要的指导意义。我们一定要认真学习、深刻领会，采取切实有效措施，坚决贯彻落实。

今年以来，我们认真贯彻落实党中央、国务院关于加强安全生产工作的决策部署和重要指示精神，以科学发展观统领全局，坚持以人为本，坚持安全发展，坚持标本兼治、惩防并举，以深入开展“安全生产年”活动为主线，扎实推进安全生产执法、治理和宣教“三项行动”，切实加强安全生产法制体制机制、安全保障能力和安监队伍“三项建设”，不断加大监管监察工作力度，促使全国安全生产继续保持了总体稳定、趋向好转的发展态势。1—10月份，全国各类生产安全事故起数和死亡人数同比分别下降11.5%和12.3%，其中：较大事故分别下降4.2%和5.0%，重大事故分别下降30.1%和36.8%，特别重大事故分别下降63.6%和72.5%；煤矿事故起数和死亡人数同比分别下降20.8%和26.1%，重大事故分别下降63.3%和68.4%，特别重大事故起数下降40.0%、死亡人数上升5.7%。在党中央、国务院的正确领导下，紧紧依靠各地区、各部门、各单位的共同努力，依靠全系统广大干部职工的不懈奋斗，年初确定的坚决把重特大事故压下来、把事故总量压下来、把伤残人数压下来的奋斗目标，是能够实现的。对此，我们应坚定信心。

在肯定成绩、增强信心的同时，更要清醒地看到存在的差距和问题，认清面临的严峻形势。必须看到，全国安全生产特别是执法、治理等重点工作进展还很不平衡，一些地方和单位抓工作的力度不大，成效不明显。进入四季度以来，一些地区事故反弹，重特大事故时有发生，出现局部性、阶段性被动，呈现出重特大事故频发、涉及领域多、事发地区相对集中的严重态势。10月份，先后发生了湖南省祁阳县超载大客车坠沟、贵州省咸宁县非法采煤窝点窒息、湖南省冷水江市锑矿罐笼坠落、辽宁省阜新市海州区煤矿火灾、宁夏回族自治区神华宁煤集团大峰矿采区爆炸、贵州省仁怀县粮库垮塌、浙江省江山市中巴车翻入山底、甘肃省徽县大客车相撞、山西阳泉市郊区大客车翻入路沟等9起重大事故。11月份，更是发生了震惊全国的遇难人数超过百人的龙煤集团新兴煤矿“11·21”特别重大瓦斯爆炸事故，先后发生了湖南怀化辰溪县郭家湾煤矿瓦斯爆炸（死亡15人）、贵州黔西南州兴仁县振兴煤矿重大瓦斯突出和吉林通化梅河口市中和煤矿重大透水事故，以及河北滦县、山东威海、黑龙江肇源县、广东和平县重大道路交通事故等，造成人民群众生命财产的重大损失和严重的社会影响。10月1日至11月29日，全国共发生各类较大事故223起、死亡880人，同比增加37起、150人，分别上升19.9%和20.5%；发生重大事故16起、死亡218人，同比增加4起、33人，分别上升33.0%和17.8%，分别占今年以来重大事故的27.6%和28.0%；去年同期没有发生特别重大事故，全年没有发生百人以上煤矿事故。应当说国庆节后生产安全事故明显反弹。剖析10月份以来一系列重特大事故，有的非法违法，有的违规违章，充分暴露出一些地方和单位安全生产责任不落实，防范措施不严密，隐患排查不认真、治理不彻底，企业安全基础不牢固，政府和部门执法不严格、监管不到位，必须引起我们的高度重视和警觉。

目前正值年底岁末，安全生产面临着来自方方面面的严峻挑战。从以下四个方面分析：

一是从宏观经济形势看：随着国民经济进一步企稳回升，对安全生产工作提出了新的更高的要求。三季度全国 GDP 增长幅度高达 8.9%。10 月份固定资产投资增长 33.1%，工业增加值同比增长 16.1%，社会消费品零售总额增长 16.2%，都创下了一年多来的新高。在市场需求拉动下，煤、电、油、气、建材、水等资源性产品价格持续走高。加之今年冬季较早出现大范围降雪、气候比较寒冷，南方许多城市民用燃气、电力、煤炭供应紧张。在 12 月份以及明年初的一段时间里，这种情况有可能延续甚至加剧，势必刺激煤矿等企业增加生产，加大了安全生产监管监察的压力。在重视不够、监管不严的情况下，有可能出现忽视安全生产的错误倾向；一些工矿企业超能力、超强度、超定员组织生产，交通运输企业超速、超限、超负荷运转的情况可能更趋严重；一些已经关闭取缔的小矿小厂有可能借机死灰复燃，对安全生产构成严重威胁。

二是从政治和社会稳定大局看：龙煤集团新兴煤矿“11·21”事故后，国内外舆论反映强烈，各类媒体密集报道安全生产问题。一年一度的中央经济工作会议即将召开。中央对安全生产工作的新要求，以及我们如何贯彻落实中央的决策部署和指示精神，如何吸取事故教训、加强和改进安全生产工作，都会成为全社会广泛关注的热点。2010 年元旦和春节“双节”临近，广大人民群众迫切需要有一个安全祥和的节日氛围。明年一季度各地和全国召开“两会”，更需要有一个稳定好转的安全生产环境。在这样一个时期，安全生产工作只能加强不能放松，只能保障不能添乱，尤其要严防重特大事故的发生，努力为经济平稳较快发展和社会和谐稳定创造良好的安全环境。

三是从时段和季节等客观因素看：年底和冬季历来是生产安全事故的多发、易发期。进入四季度后，为完成或超额完成年度生产经营计划，工矿企业往往开足马力进行生产；交通运输企业往往多拉快跑，满负荷甚至超负荷运行；建设项目往往赶工期、抢进度、提前投产试车。所有这些，都加大了事故的发生几率。越是接近年底，“三超”、“三违”、“三抢”等现象越严重，越容易发生事故。从季节性因素看，入冬之后气候干燥、天气寒冷，加上今年降雪时间早、范围大，又容易引发矿山燃烧爆炸事故、化工等管道冻裂泄漏事故、火灾事故、道路交通事故等。岁末年初又是烟花爆竹的生产、销售、储运和燃放的高峰期，非法生产经营行为可能回潮。

需要指出的是，季节性因素虽然是客观存在，但绝非安全生产的决定性因素，更不能成为发生事故的理由和借口。许多地方和单位的实践表明，只要严格安全监管，把安全生产责任和措施真正落到实处，所有的季节性因素都是可以克服的，年底以及冬季的安全生产工作是可以搞好的。

四是从思想认识、精神状态等主观因素看：由于一个阶段来安全生产状况持续稳定好转，全国以及多数地区事故总量和重特大事故下降，安全生产控制考核指标实施进展情况比较好，一些地区、部门和单位的领导同志因此滋长了盲目乐观、麻痹松懈等不健康情绪，抓工作的力度有所减弱，这是非常危险的。同时还要指出的是，在发生重特大事故、出现局部性的工作被动之后，要注意防止和纠正事故难免论、安全生产规律不可知论等错误认识，以及在困难和问题面前束手无策、无所作为的消极态度。要看到安全生产不断加强的客观现实，认清我国经济社会安全发展的必然趋势，进一步坚定做好安全生产工作的信心和决心，始终保持旺盛的精神状态。

严峻的现实再次警示我们，在任何情况下，安全生产工作都不能有丝毫放松，必须警钟长鸣、常抓不懈，必须清醒地认识到当前安全生产所面临的十分严峻的形势，以对党对人民高度负责的态度，切实增强做好安全生产工作的责任感、紧迫感和使命感；必须认真学习领会、坚决贯彻落实中央领导同志的重要指示精神，进一步增强政治意识、宗旨意识、大局意识、责任意识和忧患意识，坚决防止和纠正盲目乐观、麻痹松懈等不健康情绪，进一步振奋精神、坚定信心，倍加警觉、倍加努力，扎实做好年底和冬季安全生产工作。

二、落实责任、强化监管，坚决防范和遏制重特大事故的发生

遵照中央领导同志的重要指示精神，岁末年初这段时间，我们要以有效防范遏制重特大事故、确保全国安全生产形势的基本稳定为目标，深刻吸取龙煤集团新兴煤矿“11·21”等事故的教训，举一反三，着眼于全面落实安全生产责任制，进一步加强改进煤矿和其他各重点行业（领域）的安全监管工作，切实抓好影响和制约安全生产的关键环节和重点工作。主要有以下五个方面：

（一）继续下大力气抓好煤矿安全这个重中之重。今年以来全国发生的5起特别重大事故，其中4起为煤矿事故。1—10月份工矿商贸24起重大事故中，有11起发生在煤矿。龙煤集团新兴煤矿“11·21”事故，发生在一个有着近百年开采历史的国有重点煤矿，再次表明了煤矿安全生产的长期性、艰巨性和复杂性。为此，必须认清煤矿安全生产基础薄弱的现状，始终保持清醒头脑；必须把煤矿安全始终摆在重中之重的位置上，集中精力、持续不懈，加大力度、抓紧抓好；必须珍惜用鲜血和生命所换来的教训，真正地而不是表面地，深刻地而不是肤浅地吸取事故教训，用事故教训推动煤矿安全生产工作。各地区、各单位要认真贯彻落实张德江副总理在全国煤矿瓦斯防治工作会议上的重要讲话精神，按照铁锤同志讲的六条具体要求，逐条抓好落实。要高度重视煤矿瓦斯治理，下决心推进“先抽后采”技术方法，落实“先抽后采”工作措施，大幅度提高瓦斯抽采抽放和利用率，尽快根治煤矿瓦斯灾害；要紧紧盯住国有重点煤矿，抓大矿，治大隐患，防大事故；要毫不松懈地加强对小煤矿的安全监管。1—10月份小煤矿事故起数和死亡人数，均占全国煤矿事故的70%。要继续以打击非法违法生产为重点，加大煤矿安全生产执法力度，深化整顿关闭，坚决完成今年全国再关闭减少1000处小煤矿的预定任务。同时，要以提高技术准备水平为重点，提高安全生产科技保障能力；以加强班组建设为重点，狠抓煤矿安全基础管理；以落实安全生产责任制为重点，进一步完善煤矿安全监管机制，严格行业准入和安全许可，不断促进煤矿安全生产水平的提高。

（二）进一步加强非煤矿山、危险化学品和烟花爆竹等重点行业（领域）的安全监管。今年以来全国非煤矿山安全生产形势相对稳定，事故总量下降，没有发生特别重大事故。但重大事故上升，安全隐患仍然严重。当前和今后一个阶段，一是要积极配合有关方面，推动矿产资源整合，依法关闭取缔无证无照、不具备安全生产条件的金属与非金属小矿山；二是要加快治理各级政府今年以来督办的2231项重大隐患，抓紧危、险、病尾矿库的治理；三是要继续依法严厉打击无证开采、一证多井、超层越界、违规排放尾矿等非法违法行为；四是要加强监督检查，督促矿山企业落实防透水、防中毒窒息、防片帮冒顶、防火，以及防尾矿库垮坝、防排土场坍塌、防含硫化氢油气田井喷失控等事故的措施。

危化品安全工作方面，一是各地安全监管部门要会同相关部门，年底之前对辖区内危化品单位开展一次安全检查，重点检查化工企业及其危险工艺装置、储罐设施、运输管道的安全状况，发现隐患及时整改；二是要指导督促化工企业做好生产装置设施的保温和安全防范工作，确保寒冷气候下的正常生产，不发生冻裂泄漏事故；三是要进一步加强危化品道路运输安全监管，配合相关部门，严肃查处无证运输剧毒化学品、超速超载等违法违规行为，严防运输途中发生翻车和泄漏、污染事故。

一个时期来烟花爆竹事故多发。目前已进入烟花爆竹生产经营旺季，一是要以反“三违”、反“三超一改”为重点，加强对烟花爆竹生产企业的监督检查，严防企业突击生产、违规经营；二是要加大“打非”力度，督促落实县乡政府监管责任，及时发现、依法取缔烟花爆竹非法生产经营窝点；三是深入开展氯酸钾专项治理，做好烟花爆竹药物安全抽查工作；四是没有烟花爆竹生产企业的地区，要加强对烟花爆竹运输、储存、销售等非生产环节的安全监管。

要切实加强对冶金、有色、建材、机械等工商贸企业的安全监管，落实企业安全生产主体责任，落实冬季安全防范措施。

（三）更加认真负责地履行综合监管职责，严防其他各类事故。各级安全监管部门要加强与主管部门的配合协作，结合年底和季节特点，继续认真做好相关行业（领域）的安全生产工作。建筑施工：要以防止年底突击施工，防范建筑工地坍塌、机械倒塌、人员高空坠落等事故为重点，深化建筑施工安全整治。按照安全监管总局《关于开展工程建设领域安全生产突出问题排查工作的通知》要求，开展隐患排查治理工作。道路交通：认真贯彻落实张德江副总理的重要指示，深刻吸取10月份以来发生的一系列重大道路交通事故教训，以防范雨雪寒冷天气、道路结冰打滑情况下发生翻车、撞车、追尾、坠崖坠海等事故为重点，加强对运输企业的安全监管和对驾驶人员的安全教育，严格车辆运行状况的安全检查，加强危险路段、重点路段、事故多发路段的安全巡查，加大对超速超限、客车超员、疲劳驾驶、酒后驾驶等违法行为的查处。加大道路交通动态监管试点工作力度，充分运用现代信息技术对车辆运输实行安全管理。人员密集场所安全：要以防范火灾、拥挤踩踏等群死群伤事故为重点，认真排查治理“三合一”、“多合一”单位重大火灾隐患，建立健全、严格落实人员密集场所安全责任制、消防安全责任制。

要支持配合交通、铁路、民航、电监、农业、工业和信息化（国防科工）等部门，继续认真做好水上交通、铁路交通、航空运输、电力、农业机械、渔业船舶、民爆器材等方面的安全生产工作，严防各类事故。

（四）切实加强安全生产应急管理，提高应对处置紧急情况和重特大事故的能力。深刻吸取龙煤集团新兴煤矿“11·21”事故以及一个时期来各类事故应急处置、抢险救援工作中的经验教训，一是要进一步健全完善应急预案，尤其要完善预案与安全生产规程标准、企业安全生产规章制度等的衔接，增强预案的可操作性；二是要建立快速响应机制，提高反应灵敏度。所有事故都具有突发性，必须尽可能地减少中间环节，缩短决策过程，迅速应对，果断采取措施，做到早断电、早撤人、早处置，与事故抢时间、抢速度、抢生命；三是要建立协调联动机制，加强专业队伍与社会化应急力量的配合协调，提高抢险救灾工作效率；四是要加强对专业救援人员的培训，对企业员工进行应急救援常识的普及教育，改善救援救护技术装备，提高科学施救能力，坚决避免因施救不当而造成事故损失的扩大；五是各地要抓住目前时机，进一步健全完善省级安全生产应急救援工作机构，推动建立市、县两级机构，加快矿山、化工等应急救援基地和队伍建设，提高安全保障能力。

（五）狠抓安全生产责任落实。责任是安全生产的灵魂。做好安全生产工作，必须强化责任心，建立责任制，明确责任人；必须严格责任约束，狠抓责任落实，厉行责任追究。深刻吸取龙煤集团新兴煤矿“11·21”事故教训，某种意义上讲，就是要紧紧抓住“责任”这个要害，下决心进一步严格责任、落实责任。一是要严格落实企业安全生产主体责任。这既是安全生产的关键环节，又是目前的薄弱环节。所有企业都必须为本单位的安全生产负责，任何情况下都要坚持安全第一，都要遵守国家安全生产法律法令，依法加强安全管理，治理安全隐患，保障安全生产。企业安全生产关键在于董事长、总经理。安全监管监察机构要主动工作，寓监管于服务之中，督促企业全面推行安全生产标准化管理和安全生产诚信体系建设，促使企业主体责任的落实。二是严格落实地方各级政府安全监管责任。地方各级政府特别是市、县、乡镇政府，必须正确处理安全生产与地方经济发展的关系，切实加强对管辖范围内各类企业特别是高危企业的安全监管。上级安全监管部门要加强指导，按照党委政府要求和职责范围，督促下级政府落实行政首长安全生产负责制，履行好政府安全监管责任。尤其要严格按照《国务院关于进一步加强安全生产工作的决定》要求，坚持每季度安全生产例会制度，及时解决安全生产工作中的突出问题。三是严格落实安全监管监察工作责任制。各级安全监管监察机构已经建立了相对比较健全完善的工作责任制，目前的主要问题是执行制度不够严格，一些工作还没有做实、做到位。下一步，要在强化责任、落实责任上狠下功夫。对责任范围的企业特别是高危企业，一定要做到严格监管、深入检查，把工作做实做细；对已经发现的隐患问题，一定要盯住不放，督促相关地方和单位抓紧治理整改；对无视安全生产法律法规、抗拒安全生产执法的行为，一定要坚持原则、一管到底，绝不姑息纵容。通过我们扎实有效的工作，把事故防范和各项工作真正落到实处。

三、统筹兼顾、通盘安排，确保“安全生产年”各项工作的有效落实和明年工作的高起点开局

今年的工作还剩下一个月的时间。各级安全监管监察机构要切实抓好“安全生产年”各项工作的落实。一是要对年度各项工作的落实情况进行对照检查和“回头看”。各单位要对今年以来已经安排部署的工作，特别是安全生产“三项行动”和“三项建设”相关工作，包括打击非法生产经营和建设行为、煤矿瓦斯专项整治和“双百示范工程”建设、煤炭资源整合和整顿关闭、非煤矿山安全生产基础建设示范工程、化工行业自动化技术改造、烟花爆竹产业提升改造、冶金机械等行业安全生产标准化建设、作业场所职业危害专项治理等，进行一次对照检查和“回头看”。存在差距、进度滞后的要采取措施抓紧赶上。年度范围的工作要争取圆满落实，长期性、基础性工作要力争取得阶段性成效。二是要抓紧各类事故的查处结案。一些事故的查处工作进展缓慢，迟迟不能结案，相关责任人长期得不到应有的惩处，社会影响很不好，甚至削弱政府安全生产工作的公信力、执行力。要进一步加强与监察机关等相关部门的沟通协调和配合，最大限度地加快事故查处和责任追究进度；要实施跟踪督办，逐级督促。截至目前，2008 年全国发生的 11 起特别重大事故，总局已基本完成查处工作，并分别上报国务院审批予以结案，经审批后及时向社会公布；2009 年以来发生的特别重大事故正在抓紧审核之中。各地 2008 年发生的各类较大以上事故，2009 年底之前都必须结案，不能再拖到明年。按规定由地方各级政府负责查处的事故，结案之后要按程序，及时向上级安全监管部门乃至安全监管总局报备。安全监管总局将紧密配合监察部，对 2008 年以来发生的重特大事故、瞒报事故的责任追究情况，开展督查。三是要搞好年度工作总结。总结的意义既在于对一年来安全监管监察工作实践进行回顾，又在于进一步提高思想认识、提升工作水平，更好地认识和把握安全生产工作的规律特点，明晰下一步的努力方向。各级安全监管监察机构，都应当对 2009 年的工作做出全面认真的回顾总结。尤其要认真总结安全生产“三项行动”、加强安全生产“三项建设”的成功经验和有效做法，以及工作中涌现出的好典型、好事例。各省级安全监管监察机构的总结，要上报安全监管总局党组，以利于我们掌握情况，发现和推广先进经验，指导和推动面上工作。四是要做好绩效考核和争先创优工作。各地区、各单位要全面做好安全生产目标责任制的考核评价工作，同时按照安全监管总局下发的通知要求，认真做好评先选优工作。通过考核评比和评先选优，表彰先进、激励后进，弘扬正气、提振队伍士气，形成强有力的激励约束机制，推动开展“争当安全发展和人民生命财产安全忠诚卫士”的活动，推动安监队伍建设。

各地区、各部门、各单位要在做好年底各项工作的同时，本着远近结合的原则，坚持围绕中心、服务大局，深入思考谋划好下一步工作。一是研究提出 2010 年工作思路。按照《国务院关于进一步加强安全生产工作的决定》所确定的目标，2010 年要实现全国安全生产状况明显好转。在前一时期深入调研的基础上，安全监管总局党组对 2010 年安全生产工作思路的初步设想是：认真贯彻落实党的十七大和十七届三中、四中全会精神，坚持以科学发展观和安全发展科学理念统领安全生产工作全局，以加强安全生产基层和基础“双基”工作为主线，继续深入开展安全生产“三项行动”，全面切实加强安全生产“三项建设”，着力构建安全生产长效机制，在继续降低事故总量的同时，有效防范、坚决遏制重特大事故，努力实现全国安全生产状况的明显好转，为全国经济平稳较快发展和社会和谐稳定提供强有力的安全生产保障。希望各级安全监管监察机构的同志对这个初步思路，以及 2010 年全国安全生产工作的重点任务、政策措施、有效载体和抓手等，提出意见建议；并从各自实际出发，研究提出本地区、本单位明年安全生产工作的思路措施，共同推进安全生产工作的进一步规范、有序、高效开展。二是要积极做好“十二五”安全生产规划编制的前期工作。2010 年是“十一五”计划的最后一年。根据国务院和国家发展改革委的要求，安全监管总局已研究提出安全生产“十二五”规划编制的初步意见。各地安全监管部门也要重视做好这方面工作，要积极向同级政府和相关部门沟通汇报、反映呼吁，主动提出本省（区、市）“十二五”安全生产规划内容，进一步把安全生产纳入地方经济社会发展总体部署和战略规划，把社会公共安全基础建设、重大隐患治理、应急救援体系建设等纳入地方财政预算，争取更多、更有力的政策和资金支持。要进一步健全完善安全生产控制考核指标体系，健全完善安全生产工作机制，形成科学体系、正确导向和强有力激励约束机制。三是及早着手抓好“双节”安全防范和相关工作。各地区、各单位要总结借鉴往年“双节”安全防范工作的经验教训，针对节日安全的薄弱环节、重点单位和关键部位，特别是人员密集场所安全、交通运输安全、工矿商贸企业安全等，及早研究部署，适时开展检查督查。各级领导干部要坚持深入基层、深入安全监管监察工作第一线，看望慰问基层干部职工。要把严格要求与关心爱护结合起来，充分体谅基层干部职工的苦衷，认真倾听他们的呼声，在政策允许和力所能及的范围内，尽最大可能为他们多办一些实事、好事，妥善解决好他们在工作和生活中遇到的实际问题，进一步增强我们这支队伍的吸引力、凝聚力和战斗力。

年底工作任务十分繁重，要做的事情很多。全系统各级领导班子尤其是主要负责同志，一定要善于突出重点、统筹兼顾，忙而不乱、有序推进各项工作；一定要保持清醒头脑，把防范遏制重特大事故作为最重要、最迫切的工作任务，始终咬住不放，切实抓紧抓好；一定要发扬求真务实、真抓实干的好作风，减少应酬往来，不做表面文章，在抓落实上继续狠下功夫，把各项工作真正落到实处、见到实效。要认真贯彻落实党的十七届四中全会精神和党中央、国务院关于加强安全生产工作的一系列重要指示精神，努力做到为党分忧、为国尽责、为民奉献，确保年底年初全国安全生产形势的基本稳定，坚决完成"安全生产年"各项目标任务并取得更大实效，为2010年实现全国安全生产状况的明显好转，奠定扎实基础。

国家安全生产监督管理总局副局长杨元元在全国安全生产规划科技工作会议上的讲话(摘要)

（2009年4月14日）

这次会议是总局党组批准召开的一次重要会议。会议的主要任务是：深入学习贯彻全国安全生产工作会议精神，总结一年来的规划科技工作，表彰奖励第四届安全生产科技成果，分析当前形势，研究部署今年规划科技工作。

一、2008年规划科技工作回顾

2008年是我国发展进程中极不寻常、极不平凡的一年，全国安全监管监察系统的同志们，面对南方部分地区低温雨雪冰冻灾害、四川汶川特大地震、北京奥运会、残奥会对安全生产的挑战和严峻考验，攻坚克难，深化整治，打击非法，加强监管，推动安全生产"隐患治理年"各项工作取得了新的进展，继续保持了全国安全生产形势总体稳定、趋向好转的发展态势。全国事故总量和死亡人数持续下降，反映安全生产水平的四项相对指标明显好转，为全国经济社会平稳较快发展提供了安全保障。

这些成绩的取得，是党中央、国务院高度重视、正确领导的结果，是全系统安全监管监察人员恪尽职守、扎实工作的结果，也是规划科技战线全体同志共同努力、务实进取的结果。规划科技战线上的同志们在推动规划实施、科技支撑体系建设、完善和发挥中介技术服务等方面付出了艰辛努力，倾注了大量心血和汗水。在此，我代表总局党组向大家表示衷心的感谢和诚挚的慰问！

回顾总结一年来的规划科技工作，主要归纳为以下三个方面：

（一）以实施规划重点工程项目为重点，着力推进"十一五"规划的落实

随着规划对安全生产工作的指导作用日益显现，规划是谋求安全发展的前导，必须认真抓好规划的落实，已成为大家的共识。

一是2008年继续将"亿元GDP事故死亡率"和"工矿商贸十万就业人员事故死亡率"两项指标纳入《2008年度国民经济和社会发展计划》。作为综合评价各级政府年度绩效和政绩的考核内容，2008年继续将"亿元GDP事故死亡率"和"工矿商贸十万就业人员事故死亡率"两项指标，纳入《2008年度国民经济和社会发展计划》，并逐级分解落实，严格目标责任考核。经过全国上下各方面的共同努力，上述两项指标全部控制在2008年国家下达的计划指标范围之内，为全面实现安全生产规划目标奠定扎实的基础。

二是按照国家有关要求，组织开展了"十一五"规划实施情况中期总结和评估。总局完成了对《安全生产"十一五"规划》和《国民经济和

社会发展第十一个五年规划纲要》中涉及安全生产相关内容的中期总结评估工作，并得到了国务院办公厅和国家发展改革委的充分肯定。各省局在总局组织、指导和推动下，按照地方政府的要求，也积极开展了相关工作，对本省安全生产“十一五”专项规划确定的目标、任务、政策措施和重点工程落实情况进行了总结，评估了规划实施以来取得的成效，分析了存在的问题及其原因，提出了进一步实施规划的对策建议。全国共有27个省级单位完成了规划中期评估，并将规划中期总结评估结果向总局报告。重庆市政府办公厅下发了安全生产规划实施指导意见，制定了“发挥规划导向调控作用、统筹协调分类实施、明确规划实施责任主体、立足自力更生争取国家支持、突出重大项目建设”五项实施原则，明确落实规划提出的安全生产指标、重大工程和重点保障措施的责任主体，将目标任务分解落实到40个区县政府和20多个市级有关部门。在规划的引导下，重庆市不断夯实安全生产保障基础，2008年市政府在安全生产专项资金中投入3886万元，对15个安全生产项目进行补贴，拉动1.2亿元资金投入；推进安全生产专项资金、企业安全费用提取、企业安全生产风险抵押金和安全与保险互动等经济政策的实施，有效保障了企业安全隐患治理资金的投入。上海、福建、湖北、辽宁、广东、新疆等省市区安监局也积极出台配套措施，推进规划实施。通过规划中期总结评估我们看到，经过三年的努力，大部分规划目标提前实现，主要规划任务进展良好。

三是加快推进规划重点工程建设，带动“十一五”规划全面落实。重点工程是规划的重要载体，是完成规划目标的重要保证。2008年总局着力推动规划重点工程实施：①完成了煤矿安全监察机构业务用车的补充更新工作；②全面启动了安全生产技术支撑体系专业中心项目建设，2008年底国家第一批建设资金到位后，各省级中心实验室的建设工作正在稳步推进；③完成了“金安”工程一期大部分建设内容。目前“金安”一期工程建设的网络系统已实现了总局到省级局利用国家电子政务外网的传输通道的开通；实现了总局到45个省级局、71个煤矿监察分局的视频会议系统功能；实现了分部IP电话功能，远程培训功能，开发完成相关应用系统，并完成了部分省级局的应用系统部署；④利用中央预算内基本建设资金，为10个省级煤监局改造了基础设施、完善了办公条件。

截至2008年底，总局先后争取国家安排中央政府专项投资10.4亿元，支持安全监管监察、矿山应急救援等基础建设，为安全监管监察系统创造了良好的工作条件。目前，全国煤监分局人均业务用房面积达到规定标准，每个分局平均配备监察业务用车达到了9辆。总局还积极为各级安全监管系统争取中央政府投资支持，目前安全生产技术支撑专业中心和安全生产信息体系建设两个项目已争取中央政府投资1.1亿元，有力地支持了地方安全生产支撑体系建设。

各省局也积极开展工作，推动地方政府加大投入，实施规划重点工程建设。安徽省各级党委政府高度重视安全生产规划实施工作，加快推进规划重点工程的实施，目前已经完成和正在实施的规划项目106个，占统计项目数的82.81%，完成投资15.93亿元，占总投资的81.50%。特别是省财政安排的安全生产专项资金逐年增加，2007年1500万元、2008年1800万元。所辖的一些市、县也参照省财政做法，由当地财政安排了安全生产专项资金，有效地调动了企业加大安全投入和整治隐患的积极性。2006年至2008年利用省财政专项资金3216万元，带动企业投入21.1亿元，列入规划的多数科研和建设工程项目得到顺利实施。2007年和2008年利用省财政专项资金560万元，带动地方财政提供配套资金，为部分市级和每个县级安监机构统一购置了安全监管用车。青海省为推动“十一五”专项规划重点工程的顺利实施，省政府从2007年起设立了安全生产专项资金。2007、2008年省财政厅分别安排1000万元、1500万元，重点用于规划确定的安全生产监管机构装备、安全生产技术支撑体系专业中心、安全生产信息系统、安全生产科技成果的推广应用等，总投资已达5723万元，为全省安全生产工作提供了必要的技术支持和保障。贵州省财政每年安排安全生产专项资金3000万元，规划实施以来已累计投入资金8700万元，主要用于改善办公条件、增设办公设备和车辆装备、人员教育培训等。为实施好规划重点工程项目，贵州省安监局按照省政府要求，在规划中期评估中，对规划重点工程项目做了局部调整，并具体提出逐年的投资计划。在加大安全投入、加强安全监管能力建设方面，取得明显成效。辽宁省安监局在安全生产技术支撑体系建设过程中，积极与地方政府有关部门沟通衔接，在省政府和省发改委大力支持下，投资2200万元购置省安全生产技术支撑中心业务用房，并申请了915万元用于房屋整体装修改造，满足中心工作需要。北京、江西、山东、黑龙江等省市安监局也在“十一五”规划的指导下，推动地方政府不断加大安全生产投入，逐步改善安全生产监管手段，加强各级安全生产监管机构能力建设。

（二）以建立安全生产科学技术支撑体系为目标，组织实施重点科技项目攻关和成果推广转化

一是积极推进安全生产科学技术支撑体系建立。为建立完善科技支撑体系，总局围绕“坚持安全发展，构建安全生产长效机制”主题，在北京、天津、江苏、山西、河南等地开展了专题调研，听取有关省安全生产监管监察部门、企业和科研机构的意见和建议，分析研究科技支撑体系建设现状和存在问题，研究了新形势下推进安全科技工作的新思路、新方法，提出了科技支撑体系建设方案。各地在推动科技支撑体系建设，加大科技投入，加快科技成果推广方面也采取了积极有效的措施。北京市安监局将安全生产科技体系建设纳入《北京市“十一五”时期安全生产规划》，与市科委、城市系统工程中心联合对北京安全生产发展科技需求进行调研，完成了《北京市安全生产科技专项需求分析与技术选择报告》，并将安全生产科技需求内容纳入《北京市中长期科学技术纲要》，同时制定了《北京市安全生产科技项目管理办法》、《北京市安全生产科技成果奖评审奖励办法》和《北京市安全生产科研档案管理办法》等一系列规章制度，初步建立科技项目征集、表彰、管理和推广的制度体系，完善了激励机制。天津市科技发展“十一五”规划中明确提出“以建立全市公共安全保障体系为目标，在生产安全等重点领域开展科技攻关”，并在全市科技计划项目中将安全生产科技项目列专项给予支持，“十一五”以来，已经累计投入了430万元。四川省安监局煤监局和省有关部门联合，制定了《四川省科技服务民生工程专项行动实施纲要（2008—2020年）》。上海市、辽宁、江苏、河南、湖北、山东等地安全监管部门，也制定了有利于安全生产科技支撑的政策措施，不断完善安全生产科技支撑管理体制，并多方拓宽安全科技项目的立项渠道，努力争取财政专项资金的扶持。

经过引导推动，提高了企业和科研院所安全科技投入和优秀安全科技成果转化推广的积极性，进一步发挥了企业的主体作用。天津港石油化工码头有限公司独创了以五日滚动互动计划为核心的安全生产管控模式。生产过程以船舶动态计划为核心，关联了质量保障计划、工艺计划、资源保障计划、输运计划、安措计划、外部协调计划六大保障计划。实施了“看板管理”，将涉及操作和安全防护的相关信息通过看板进行信息传递，保证了信息的及时准确和易于获取，有效地提升了过程管理质量，使操作过程精准有效，减少了人为失误造成的安全事故。公司自1992年成立至今16年未发生安全生产责任事故。北京市劳动保护科学研究所作为国内从事劳保、环保科研工作时间最长的科学研究所，近五年来，加大了科研攻关力度，每年科研投入超过了1000万元，购买了先进的科研装备，提高了科技手段，强化了其在防静电、电磁污染控制、防火防爆、防毒防尘、防振动防噪音等方面的优势，承担了多项国家级项目，同时成立了北京市重点实验室——北京城市有毒有害易燃易爆危险源控制技术研究中心、北京危险化学品应急技术中心、北京市环境噪声与振动控制技术中心、北京人居室内环境检测中心等，通过与清华大学、中国科学院、美国哈佛大学、香港理工大学等国内外多所著名大学、科研机构开展了长期紧密的合作和技术交流，广开思路，有效利用市场手段，为安全生产提供了强有力的科技支撑。

二是积极落实“十一五”国家科技计划项目。“十一五”期间，由总局负责组织列入国家重点科技计划的项目共11个项目53个课题，科研经费总规模达到3.7亿元，其中国拨经费约2.4亿元。主要包括国家科技支撑计划、国家重大基础研究“973”计划项目等。2008年，总局组织开展了煤矿重大灾害防治、非煤矿山典型灾害预测控制、危险化学品事故监控与应急救援、职业危害预防等第一批“十一五”国家科技计划和“预防煤矿瓦斯动力灾害的基础研究”等五个国家重大基础研究，进行了“973”计划项目（课题）年度总结和中期检查；启动实施了矿井灾害应急救援、水害防治和

检测检验关键技术等“十一五”第二批国家科技计划项目研究；积极组织第三批国家科技支撑计划申报，在分析总结“12·23”重庆开县特大井喷事故、“3·26”新疆吐鲁番销毁烟花爆竹特大安全事故教训的基础上，总局组织有关方面提出“三高气田钻完井安全技术体系研究与应用”项目和“烟花爆竹事故预防控制关键技术研究与示范工程”项目，并已通过了科技部可行性论证。北京、天津、四川、江苏、河南、辽宁等省市安全监管监察部门，也积极推进地方政府加大了省级财政支持力度，落实了一批安全科技项目，取得了较好效果。

三是推进科技成果在重点行业领域的推广转化。为表彰先进科技成果，推进优秀科技成果转化，组织开展了第四届安全生产科技成果奖评审工作。经过专家组评审和评审委员会评审，共评选出优秀科技成果196项（一等奖17项、二等奖48项、三等奖131项），优秀推广项目80项。研究确定了煤矿瓦斯高效抽放技术与装备、煤矿安全网络化综合监测监控系统、矿井提升安全保护技术与装备、矿山井下人员位置监测技术与装备、非煤露天矿中深孔爆破开采技术、危险品和长途客运车辆行驶监控技术、高安全性烟花爆竹药剂与生产储运技术、重大危险源监控与应急救援辅助决策系统、生产过程高可靠性安全管理体系等9个重点技术成果推广应用方向；“煤矿安全数字化监测监控网络”、“危险品道路运输车辆运行安全监控管理应用系统”等项目已列入国家重点推广计划；煤矿安全监控系统、重大危险源辨识评价和监控、HAN隔阻防爆等技术在各地得到应用，取得明显效果。“奥运”期间，北京市强制推广危险化学品运输车辆安装使用GPS监控系统；对涉奥场所周边300米内加油站和奥运定点加油站，全部安装了视频监控系统、加装了HAN阻隔防爆装置，完成了油气回收改造；对涉奥场馆周边200米范围内的6008家生产经营单位进行全面排查，将其安全生产相关信息在地理信息平台上进行了标注，为奥运安全保障提供了有效的技术支撑。山西阳煤集团应用“高瓦斯易燃煤层高产高效综放工作面瓦斯综合治理技术”，基本解决了综放工作面瓦斯问题和自燃发火问题，在阳泉矿区高瓦斯条件下，综放工作面具备了日产万吨以上、年产400万吨的水平，使综放开采工艺在高瓦斯易自燃煤层的高产高效成为现实。

积极开展安全生产科普和素质教育工作。在北京市、黑龙江鹤岗煤业集团和河北金能集团同时启动和开展了以“推进科技创新，治理事故隐患”为主题的全国安全科技周活动，通过组织专家讲座、技术答疑、发放科普资料等多种形式，进一步推动安全科技进企业、进基层、进矿区，提高了广大人民群众的防患意识和安全意识。

四是做好国家安全生产专家组服务工作。分别组织煤矿、非煤矿山、机电等专业组安全生产专家召开了技术研讨会议，就前沿安全技术理论等进行研讨，针对急需解决的攻关项目提出建议，研究科研成果的推广思路等。另外，组织专家参加了百日督查专项行动和甘肃陇南抗震救灾、灾后复产等工作，为抗震救灾、专项督查提供了有力的技术支持。同时，通过媒体宣传、网络咨询、专家信息平台，充分发挥专家在安全生产工作重大决策方面的参谋作用。各地也非常重视安全生产专家队伍建设。天津市建立了较为完善的安全生产专家制度，为安全生产专家发挥作用创造条件，积极落实政府资金渠道，解决了专家工作补贴及活动经费。南京市溧水县安监局建立了化工企业安全专家检查制度，既充分发挥了专家在日常安全检查、安全审查、预案制订、应急演练及事故救援等方面的技术支撑作用，又有效保证政府安全监管和企业安全管理的科学性。

（三）开展中介机构收费和服务专项治理，着力规范中介机构发展

截至目前，全国共有甲级资质安全评价机构166家，乙级资质机构580家；甲级资质检测检验机构40家、乙级资质机构108家，业务范围覆盖各个重点行业领域。通过多年来的工作实践，安全生产中介技术服务已经成为安全生产工作中重要且不可缺的环节，成为提升企业安全保障程度和政府监督执法的重要技术手段，安全中介机构逐步成为了联系政府部门与生产经营单位的桥梁与纽带，安全中介技术服务队伍成为安全生产工作中的一支重要技术力量。

一是加强中介机构监管法制建设和监督管理。组织修订《安全评价机构管理规定》和矿用产品安全标志申办程序等9个管理文件，开展了专项调研和专题工作座谈会，广泛听取意见。加强安全中介行政许可与监督管理，组织实施了专项检查、年度考核和资质评审。通过对163家甲级资质、580多家乙级资质安全评价机构的年度考核和抽查，暂停和取销了一批达不到要求的乙级资质评价机构。根据国家法律法规的要求，推动了安全评价人员依法从业。按照国家职业资格制度规定，原有安全评价从业人员14158人平稳过渡到安全评价师国家职业资格。

组织专家对30家甲、乙级资质检测检验机构进行了定期监督评审，对照评审准则共查找出机构管理各类需要改进的不符合项141项，以实验室建设为内容的技术支撑体系初具规模。矿用产品安全标志工作进一步加强。组织研究拟定了300余种产品的《安全标志技术审查准则》、244种产品的《安全标志现场评审准则》、390多个产品类别的《安全标志检验规范》，基本上做到了每种产品都有相应的准则和规范可遵循。通过强化安全标志持证后的监督管理，促进生产单位持续保证矿用产品的安全性能。对煤矿爆破器材、发爆器、防坠器、信号装置、防爆电器等产品进行了集中监督检查，撤销了不合格的10家企业34个产品安全标志。受理申诉和投诉案件131件，撤销或暂停了投诉属实的67家企业的产品安全标志，对未按规定进行年审的550家企业暂停安全标志，维护了安全标志的权威性。推进安全标志认证信息化，实现了网上申办、网上传输、网上查询等全过程网上操作，提高了工作效率，提升了审查认证工作的公开透明度。加强特种劳动防护用品安全标志发证后的监管，截至2008年底共受理特种劳动防护用品安全标志申请企业千余家，共发安标证书943个，撤销136个，注销22个，暂停3个。

二是积极推动安全评价诚信建设，发挥中介机构技术服务功能。积极推动安全评价机构加强行业自律和诚信建设。在汶川特大地震抗震救灾过程中，安全评价甲级资质机构中国水电工程顾问集团公司，发挥自身信息优势和技术优势，在第一时间组建了灾区第一支水电技术专家队伍奔赴现场开展工作，在第一时间提出了第一份岷江上游水电站安全评估报告和除险方案，在第一时间空降第一个专业技术人员到唐家山堰塞湖堰塞体，并及时提出了第一份唐家山堰塞湖除险技术方案报告；承担了大量的水电工程和堰塞湖的除险、灾后水电工程震损调查、恢复重建规划等关键工作，为抗震救灾和灾后恢复重建做出了贡献，受到国家有关部门和地方政府的表彰和赞扬。

三是组织开展规范中介组织服务和收费行为专项治理工作。为规范中介机构服务和收费，按照国家发改委等九部门下发的通知要求，开展了规范中介组织服务和收费行为专项治理工作。总局专门研究制定了专项治理工作的实施方案，落实了责任分工和治理进度。并组织召开了四次专题工作会，对10个省市区安全监管部门和煤矿安全监察机构开展专项治理情况进行抽查。目前已按照要求完成了第一、二阶段的专项治理工作。

一年来的规划科技工作，特别是“十一五”规划实施三年来，在总局党组的领导下，在相关部门的大力支持下，依靠规划科技战线全体同志的共同努力，取得了很大的成绩：规划的前导作用不断增强，国家对安全生产的投入持续增加；安全生产科技支撑保障能力不断加强，一大批安全生产科技成果在生产实践中逐步得到推广应用；安全评价、检测检验机构考核管理方式得到改进，中介组织服务行为逐步规范；规划科技工作在安全监管监察工作中发挥着越来越重要的作用。总结近年来做好规划科技工作经验，我们有以下几点体会：

第一，始终把服务于安全生产大局作为工作的根本职责，为推动安全发展提供强大支持。规划科技工作在安全生产全局中占有重要地位，承担着为安全生产监管监察提供技术支撑和保障的职责，具有战略性、前瞻性和全局性的特点，做好规划科技工作要按照“围绕中心、服务大局、突出重点”的总体要求，要把思想和行动统一到党中央、国务院关于加强安全生产工作的决策部署上来，增强贯彻落实总局党组工作指示的紧迫感和执行力，树立科学发展理念，以宽广的眼界、辩证的观点推动规划科技工作发展，增强规划科技工作的预见性和前瞻性。

第二，始终把提高技术支撑保障能力放在突出位置，加强技术支撑体系建设。多年来的工作经验表明，科技保障体系建设是提高安全监管监察效能，建立安全生产长效机制的重要环节。要根据经济社会发展的新形势和新要求，适应安全生产规划科技工作的新规律和新特点，从决策分析、监督管理、执法监察、网络监控、隐患排查、检测检验、信息调度等方面，推进重点工程建设，提高安全监管监察手段的技术含量，推进安全监管监察整体水平的跃升。

第三，始终把自主创新作为安全科技工作的永恒主题，发挥科技的支撑引领作用。科学技术是先进生产力的集中体现，是推进经济社会发展的根本动力，对引领科技进步和安全发展具有重要作用。坚决遏制和有效防范重特大事故，必须以科学理论为指导，以先进技术为保障，以适用装备设备为支撑。近几年安全生产形势的持续稳定好转，得益于各地、各部门和各单位加大资金投入，加快安全科技创新和先进适用技术成果推广应用，大大增强了安全生产的持续保障能力。

第四，始终注重中介机构规范发展，使之成为安全生产的推进力量。安全生产涉及领域广泛，专业性、技术性强，需要各行各业相关中介机构的积极参与。加强中介机构建设，引导和发挥中介机构技术支持作用，是转变政府部门职能、转变工作方式的需要，也是企业安全生产的需要。建立符合市场规律的中介技术服务与监管机制，鼓励和支持安全评价和检测检验机构充分发挥自身的技术优势，拓展技术服务领域，为各类生产经营单位提供安全生产技术咨询与服务。

第五，始终把加强自身建设作为工作的重要基础，增强责任意识、提高服务水平。队伍建设是规划科技工作自身建设的核心，是规划科技工作发展的基础和保障。做好安全生产规划科技工作，需要我们既要有全局性的战略视野，又要有系统性的专业思维，要不断强化政治业务理论学习，提高知识水平、综合素质和责任意识，深刻认识经济社会安全发展趋势、了解安全科技发展前沿动态，增强规划科技工作的原则性、系统性、预见性、创造性，不断提高规划科技工作能力和水平。

在肯定成绩的同时，也要清醒地看到，我们的工作还面临着一些的困难和问题。一是在规划的落实上还存在不少问题。一方面在制定规划时与实际情况联系不紧密，前瞻性考虑不足，另一方面在推动规划实施的体制、机制以及制度上还有缺陷。二是在安全生产科技创新上有差距。在如何进一步广开眼界，选准项目，加强自主创新与引进消化吸收再创新的结合方面，还有不少问题。三是对已有的科技成果转化方面还有不少差距。一方面有些科研成果本身与实际有距离，转化困难。另一方面我们还缺乏相关制度、政策和法律推动产业更新换代，提高安全水平的体制、机制亟待完善。四是安全生产中介组织的发展有待进一步规范，对中介机构的管理水平有待进一步提高，诚信与自律机制建设有待进一步加强。

二、深刻认识当前安全生产形势，进一步提高对规划科技工作的认识

（一）准确把握当前安全生产形势

2008 年全国各类事故起数和死亡人数同比分别下降了 18.3% 和 10.2%，年度事故死亡人数自 1995 年以来首次降到 10 万人以下；亿元 GDP 事故死亡率下降 24.5%，工矿商贸 10 万就业人员事故死亡率下降 7.2%，道路交通万车死亡率下降 15.7%，煤矿百万吨死亡率下降 20.4%。2009 年一季度（统计调度数）全国事故起数和死亡人数同比分别下降 10.0% 和 6.0%，重特大事故起数和死亡人数同比分别下降 36% 和 22%。继续保持了稳定好转的发展趋势。

但形势依然严峻。2008 年全国重特大事故上升。2009 年一季度重特大事故时有发生，部分行业领域事故量上升，一些地方非法违法生产现象抬头回潮，安全生产工作任务繁重。

当前国际金融危机波及广泛，各国实体经济大幅下滑。受国际金融危机的严重影响和冲击，我国经济发展也面临着多年没有过的严峻形势，经济下行压力加大。这些影响和冲击，也给安全生产带来了一些新情况、新课题和新挑战。由于外部需求下降导致了部分企业经营困难，经济效益下滑，一些单位可能减少安全投入、推迟安全技术改造和隐患治理、安全培训不到位、安全管理滑坡；各级政府加大投入拉动内需，基本建设规模扩大，在安全准入把关不严的情况下，有可能造成新的安全隐患；各地鼓励返乡农民工自主创业，小型生产经营厂点增多，也加大了安全监管的难度。

与此同时，我们也要看到，经过改革开放 30 年的持续快速发展，我国积累了雄厚物质基础，经济实力、综合国力、抵御风险能力显著增强。虽然目前的形势比较严峻和复杂，但我国经济发展的基本态势没有改变，我国仍处于发展的重要战略机遇期。为此，作为安全生产规划科技战线上的同志们，一定要全面准确地把握面临的形势、挑战和机遇，增强做好规划科技工作的使命感和责任感，积极创新工作思路，细化工作措施，切实抓好落实，努力使规划科技工作更好地为安全生产大局服务。

（二）全面贯彻国家安全生产总体部署

全国十一届人大二次会议对当前形势做出了全面分析和准确判断，对新形势下安全生产工作提出了新的更高的要求。会议明确了要把经济平稳较快发展作为经济工作的首要工作，把安全生产纳入转变发展方式、推进经济结构战略性调整的重要内容，提出要全面提高安全生产水平，进一步强化重点行业安全生产监管，坚决遏制重特大安全事故。

2009 年全国安全生产工作会议对今年的安全生产工作做出了全面部署。在中央经济工作会议确定把 2009 年作为全国“质量和安全年”的基础上，国务院安委会确立今年为“安全生产年”。全国各类生产安全事故死亡总人数控制在 89900 人以内，下降 1.4%，其中工矿商贸事故死亡人数控制在 12610 人以内，下降 2.0%；全国较大、重大事故起数分别下降 3.0%、7.0%，特别重大事故实行零控制；亿元 GDP 事故死亡率、工矿商贸就业人员 10 万人事故死亡率、道路交通万车死亡率、煤矿百万吨死亡率分别下降 12.2%、3.9%、2.3%、5.5%。为确保安全生产年工作目标的实现，总局党组提出以深入开展安全生产宣传教育、安全生产执法、煤矿等重点行业和领域安全生产治理“三项行动”，全面加强安全生产法制体制机制、安全生产保障能力、安全生产监管队伍“三项建设”为主要内容，在全国范围扎实深入开展“安全生产年”活动，努力实现重特大事故、事故总量、伤残人数“三个压下来”的奋斗目标。切实促进安全生产形势稳定好转，为实现经济平稳较快发展提供安全保障。

我们要紧密围绕党中央和国务院对安全生产工作的总体要求，把思想统一到总局党组确定的 2009 年安全生产工作的主要任务、重点工作和工作目标上来，统一到学习实践科学发展观的要求上来，既看到严峻的国际国内经济形势给安全生产工作带来的压力，也要看到党中央国务院采取的一系列扩大内需的举措为经济增长和安全生产带来的机遇，深刻认识安全生产的长期性和反复性，深刻认识规划科技工作的重要性和艰巨性，增强全局意识、危机意识和责任意识，坚定信心、扎实工作，认真履职、奋发作为，为实现“三个压下来”的目标做出积极贡献。

（三）前瞻性地谋划规划科技工作

国务院提出的安全生产目标是到 2010 年达到明显好转，2020 年实现根本好转，要实现这个目标，规划科技工作必须发挥更大的作用。我国的安全生产形势 2002 年开始好转，经过持续努力，已从每年发生超过 100 万起事故，死亡近 14 万人，下降到 2008 年事故起数 41 万，死亡人数 9 万 1 千人。特别是 2006 年之后保持着 10% 以上的年下降率。同时，我们还要看到安全生产领域的深层次矛盾问题尚未从根本上解决，影响安全生产的诸多体制性、结构性因素仍然存在，如采掘业、制造业等传统和基础产业中，落后的生产能力所占比重还比较大，煤矿等高危行业的安全生产基础还比较薄弱。

发达国家从事故多发期到根本好转用了 70 年左右的时间。以美国的煤矿为例：1900—1930 年美国煤矿每年事故死亡平均 2000 人，最严重的是 1907 年，死亡 3242 人。1970 年降到 260 人，1980 年 133 人，1990 年 66 人。我国煤矿如保持 2006—2008 年死亡人数年平均下降 18.5% 左右的幅度，到 2020 年将下降至 200 人左右。我们要用 20 年的时间，达到别人用 70 年时间做到的事情，挑战是巨大的。这其中规划和科技工作的重要性不言而喻。

如何发挥规划工作的前导性，充分用好社会主义能够集中力量办大事的优势，使规划工作在通过重大项目实施解决安全生产领域体制、机制，淘汰落后产能方面发挥更大的作用，是我们要认真研究的问题。如何在事故多发领域和环节，加强科技攻关，学习国际、国内的先进技术，推动自主创新与引进消化吸收再创新，以科学的态度和先进的技术，解决安全生产领域的难题，是安全生产实现根本好转的基础工作，是根本之举。在实现安全生产形势根本好转的征途上，规划科技工作责任重大，任重道远。

三、2009 年规划科技主要任务和重点工作

根据总局党组 2009 年总体工作部署，结合规划科技工作实际，2009 年规划科技工作思路是：深入学习实践科学发展观，全面贯彻落实全国安全生产工作会议精神，紧密围绕安全生产“三项行动”和“三项建设”总体工作部署，以科学发展观为指导，以提升安全监管监察支撑保障能力为目标，以完善法律法规和业务规范为重点，努力推进思想观念、工作作风和工作方式“三个转变”，坚持管理、规范、水平“三个着重”，完善规划重点项目、安全科技重点项目、中介机构“三个监管”，强化法律法规和标准、技术装备保障能力、科技支撑体系、中介机构诚信和规范“四个建设”，实现工作理念、安全投入、中介机构服务和收费治理、公益行业科技投资支持“四个新突破”，全面加强规划科技工作制度化、规范化建设，推进规划科技工作的创新发展。

（一）加快“十一五”规划实施，扎实推进安全生产支撑保障能力建设

一是继续抓好“十一五”规划的落实。总局准备下半年组织召开一个落实和实施“十一五”规划经验交流和现场会。就各省市区如何落实“十一五”规划目标、主要任务和保障措施，切实推动规划重点工程建设，进行经验交流，相互借鉴，有效推进“十一五”规划的全面实施。各省局也要通过规划中期评估，采取相应措施，围绕本省“十一五”规划提出的目标、任务以及重点工程，借鉴和吸取重庆市、安徽省等省市的成功经验和有益做法，积极拓宽工作思路，主动与地方政府相关部门汇报沟通，推动地方政府落实安全生产和安全投入的责任，逐步建立地方政府安全投入机制，有效推动本省“十一五”规划的落实和重点工程项目的建设实施。抓住国家加大投入、扩大内需的政策机遇，争取各级政府进一步加大对安全生产的投入，发挥重点工程的带动作用。

二是加快推动规划重点工程项目建设。按照“分类指导、重点推进”的原则，总局对于前期工作基本落实的项目，积极推进项目的评审与审批，争取及早启动项目建设；对于前期工作已有一定基础的项目，要抓紧进行项目建设内容的沟通、调整和论证，尽快完善和编制项目建议书、可行性研究报告与申报材料，按照项目管理职责和权限，正式行文上报相关部门；对于尚未与相关部门达成共识的项目，要继续开展深入调研，积极主动配合有关方面，制定具体实施方案，细化项目与资金计划，争取得到相关部门支持，在中央预算内投资计划和国债资金安排中加大对相关项目的投入。通过分类推进、重点突破，加快重点工程项目建设。

各省级局要按照总局的安排：

（1）全面组织实施好安全生产技术支撑体系专业中心项目省级中心的建设。尽快制定完善设备采购实施方案，落实项目建设责任，严格程序，规范招标，开展设备采购和实验室建设；积极主动与地方政府衔接，保证地方政府配套资金和依托单位自筹资金及时到位；完善项目建设监督制约机制，邀请财务审计、纪检监察等部门对项目建设进行全过程监督检查；2009 年全面完成省级中心实验室建设，并认真组织竣工验收，严把质量验收关。

（2）加快以“金安”工程为主的安全生产信息化建设。加大工作力度，尽快做好设备采购、节点局域网 IP 地址割接、应用系统部署、系统初始化、应用系统培训等工作，实现全网试运行，2009 年完成“金安”工程一期项目建设。同时，进一步完成信息安全风险评估、初步验收、竣工验收等工作，积极做好二期项目的报批和准备工作。总局拟下发一个指导意见，采取典型引路的办法，推动其余未建设地级、县级节点的 22 个省级局，积极争取地方政府的支持，推进二期“金安”工程建设。并在总结“金安”工程一、二期实施情况的基础上，着手开展广泛的需求调研，做好编制“十二五”安全生产信息化专项规划的准备。

（3）继续积极推动各级安全生产监管机构监管装备建设。总局目前正就研究制定《安全生产监管机构装备配置指导意见》，以规范各级监管机构装备配备标准。在此基础上，各级安全生产监管部门要进一步推动地方政府落实对安全生产监管装备的投入，加强安全监管装备建设。

（二）做好“十二五”规划前瞻性研究，谋划安全生产长远发展战略

今年，按照国家发展改革委的总体部署，我们将开展“十二五”规划的前期研究工作。结合当前复杂多变的国内外形势，根据安全生产工作面临的新形势、新任务和新挑战，围绕提高安全生产和安全发展的综合能力，提前开展“十二五”安全生产规划的战略研究，谋划“十二五”规划的总体目标、主要任务、重点工程和保障措施。

各省局也要围绕本省区“十二五”安全生产工作需求，及时启动“十二五”专项规划前期工

作，提前开展规划目标、工作重点、主要行动与政策措施的研究，选准课题，落实课题承担单位，组织开展好研究工作，为编制“十二五”规划奠定基础。同时还要与地方政府相关部门尽快沟通与衔接，就将安全生产主要指标和相关内容纳入地方政府“十二五”规划纲要提前做好准备，并积极争取将安全生产“十二五”规划纳入地方政府专项规划序列。

（三）做好中央政府投资项目计划申报和监管工作

为了建立与完善中央政府投资项目储备与滚动实施工作机制，总局印发了《关于进一步加强政府投资项目前期工作　完善项目储备与滚动发展长效机制的通知》（安监总厅规划［2009］25号，以下简称《通知》），准备通过建立健全安全生产监管监察基建项目储备库，逐步实现“一批好的项目完成建设、一批好的项目开工建设、一批好的项目储备报批”的滚动实施机制。同时，按照国家发展改革委的要求，要强化中央预算内投资项目管理，加强现场调查研究和监督检查，提前组织做好2010年中央预算内投资项目申报前的准备工作。

各省级煤监局要严格按照总局下发的《通知》要求，高度重视中央政府投资项目的计划申报工作，从项目申报、编制项目建议书、可行性研究报告等关键环节入手，认真开展项目前期咨询调研和评估论证，提高项目和项目储备前期工作水平，确保提出的项目具有针对性、可行性，符合国家相关政策和规划；精心组织项目的储备，通过深入开展调查研究，培育、挖掘和筛选出一批事关安全监管监察工作全局、能够解决制约安全监管监察工作发展或影响重大的骨干工程项目，全面提高安全生产监管监察工作保障能力。同时，安排有中央预算内基本建设投资项目的省局，要严格按照国家下达的2009年投资计划和总局《政府投资项目管理暂行办法》（安监总规划［2007］128号）的要求，进一步完善项目建设程序，落实各项建设条件，切实执行项目法人负责制度、设计与施工单位招标制度、项目建设监理制度，确保项目按照投资计划和施工组织设计实施工程建设，确保安全、质量和工期。

（四）加快安全生产科学技术支撑体系建设，提高安全保障能力

各级安全监管监察部门要继续深入开展国家、地方和企业三级安全生产科学技术支撑体系调研活动，提出安全生产科技支撑体系建设基本思路和实施方案，推动安全生产科技支撑体系建设。通过政府引导推动、政策激励等途径，努力探索、建立和创新科技攻关机制；加强国际交流，积极学习和借鉴国际先进技术并推广应用；围绕制定科技政策、建设科技研发机构和队伍、科研资金投入、成果推广示范、淘汰落后生产技术装备等方面深入开展工作。加强专家队伍建设，继续完善专家队伍工作机制，建立专家队伍发挥作用的主渠道，为专家发挥专业智慧提供平台，发挥他们在重大决策、事故调查理论研究和技术创新等方面的作用。整合社会安全科技资源，在矿山、危险化学品、职业危害等领域建设一批具有先进水平的安全生产重点实验室。在总结《安全生产“十一五”科技发展规划》基础上，启动《安全生产“十二五”科技发展规划》编制的前期工作。

（五）认真组织实施国家科技计划和科技推广，提升重点行业领域安全科技水平

着力提高安全科技自主创新能力，加强安全科学研究和技术开发，是当前和今后一个时期安全科技的主要任务。国家安全监管总局今年将认真做好煤矿重大灾害防治、非煤矿山典型灾害预测控制、危险化学品事故监控与应急救援、职业危害预防、国家应急平台体系关键技术等“十一五”国家科技支撑计划重点项目的考核和验收；加强对正在实施的矿井灾害应急救援、水害防治和检测检验关键技术项目和预防煤矿瓦斯动力灾害“973”国家基础科学研究重点项目的管理，落实项目责任制，做好项目的年度总结、中期考核等工作；对最近科技部批复的“‘三高’气田钻完井安全技术体系研究与应用”和“烟花爆竹事故预防控制关键技术研究与示范工程”项目，要在细化任务书考核内容、考核目标的基础上，抓紧启动实施。

要加大科研成果推广转化力度，积极做好煤矿瓦斯高效抽放技术与装备、非煤露天矿中深孔爆破开采技术、危险品和长途客运车辆行驶监控技术、生产过程高可靠性安全管理体系等9个重点科技成果推广，充分利用第四届国家安全生产科技成果奖评选活动和“十一五”国家科技支撑计划项目研究成果，评选出一批典型的优秀推广项目，建立集

成与示范工程，加快煤矿瓦斯抽放、危险化学品安全控制技术、烟花爆竹安全技术、重大危险源监控与应急救援技术等安全生产科技重点技术成果推广，努力提升重点行业领域安全技术水平。

各级安全监管监察部门要加大与地方政府有关部门的协调力度，积极拓宽安全科技投入渠道，加大安全生产保障能力建设资金投入，组织引导各类企业，尤其是高危行业企业深入剖析本企业安全科技需求，针对其中存在的关键技术问题，备选科技项目，以科技项目为平台联合科研院所、高等院校进行科技攻关，研究并提出防范生产事故发生的技术装备和对策措施，从根本上提高企业安全水平。同时，积极推广先进适用的技术成果。引导企业要发挥安全生产科技成果转化、推广和应用的主体作用，主动自觉采用新技术、新工艺、新材料，积极开展先进、适用、成熟的安全生产技术应用与示范，推动有能力的企业要带动相关企业进行技术推广；加强安全生产先进技术示范与推广应用，采取市场化方式，加大安全生产保障能力建设的投入。

（六）进一步加强中介机构监管，建立中介机构规范发展的长效机制

一是落实各项制度，规范中介机构发展。按照“着重于管理、着重于规范、着重于水平”的监管要求，严格按照《安全评价机构管理规定》和《检测检验机构管理规定》明确的准入条件和程序，各省级安全监管、监察机构要严把中介机构资质准入关，对达不到新的规定要求的中介机构，坚决予以淘汰；要加强对安全中介机构的日常监管工作，继续深入开展中介机构服务和收费行为专项治理工作，从加强自律机制建设，推进政府与中介组织分开，健全政策制度和法规体系等入手，进一步规范和提高安全中介机构技术服务水平。

二是加强资质审批后的监督管理，发现问题及时查处。积极发挥国家安全监管总局和国家煤监局各专业司局、各省级局、评审专家作用，进一步加强对中介机构监督管理。加大对机构抽查、检查力度，严格规范机构年度考核制度。积极协助、配合业务主管部门在安全生产许可证颁发、延期工作中，加强对安全中介技术服务质量的监督与抽查，发现中介机构弄虚作假、反映安全事项与事实不符的，依法及时进行处罚，坚决淘汰弄虚作假违法机构，共同加强对安全中介机构的监管工作。

三是推动中介机构行业自律和诚信建设。行业自律是中介机构自我约束、自我发展的有效途径。加强诚信建设，通过引导中介机构加入《自律公约》、制定安全中介行业收费指导价格、实施技术仲裁管理办法等方式，积极发挥行业协会组织的监督和行业自律作用。引导从业人员不断提高专业技能，实现通过行业组织自律管理和中介机构自我约束的可持续发展道路。

四是继续推进制度建设和监督管理工作。安全评价、检测检验、安全标志工作要紧紧围绕安全生产年活动，发挥更大的作用。要进一步创新工作思路，修订《矿用产品安全标志管理规定》、《安全评价机构管理规定》，推动中介机构建立以责任追究制为核心、精细化管理为基础的监督考核体系；改进和完善安全中介资质管理、安全标志认证工作程序，修订、颁布《矿用产品安全标志申办程序》等九个管理文件，优化程序，提高效率，强化技术培训，提高中介机构技术队伍综合素质，全面建设适应监管监察工作需要、相对独立的安全中介服务机制，为企业安全生产和政府监管监察提供更有力的支撑服务。

（七）切实加强队伍建设，努力造就一支廉洁高效、务实进取的规划科技队伍

高素质的规划科技队伍是促进规划科技事业持续健康发展的组织保障。加强规划科技队伍建设，廉洁勤政是前提，强化业务素质是基础，改进作风是保障。加强规划科技队伍建设，应注重以下几点：

一是要加强思想建设。以坚定理想信念为重点加强思想建设，把坚定的理想信念与加强党性修养和自身工作结合起来，把学习实践科学发展观贯彻落实到规划科技工作每个环节，始终保持昂扬奋进的精神状态，增强做好安全生产规划科技工作的政治责任感和使命感。

二是要加强能力建设。以加强履职能力建设为重点，全面加强规划科技队伍理论学习和素质教育，认真研究当前经济形势下规划科技工作的新特点，准确判断和掌握安全生产的突出矛盾，在实践中认识和把握规划科技工作的规律。从解决规划科技发展存在的突出问题入手，通过解放思想，开拓思路，不断提高分析和解决问题的能力，提高我们依法履职的能力。

三是要加强廉政建设。惩治和预防腐败，制度建设是根本。要以制度建设及其落实为主线，贯穿规划科技工作各个环节，用制度建设推动工作，靠制度创新解决问题，以制度落实加强管理，努力形成用制度管事、管人的体制机制。抓住党风廉政建设责任分解、责任考核、责任追究三个关键环节，强化关键环节和重点岗位的监督。深化政务公开，依法规范运作，努力形成决策科学民主、执行权责分明、监督严格要求的规划科技工作体制和运行机制。

四是要加强作风建设。继续坚持科学态度和求实精神，经常深入基层和企业开展调查研究，做到掌握情况、听取意见、发现问题、改进工作，依靠专家、依靠省局、依靠专业司局，兢兢业业地做好工作，在实践中不断加强和改进规划科技工作。

国家安全生产监督管理总局副局长赵铁锤在全国安全生产工作会议上的讲话(摘要)

（2009 年 1 月 16 日）

刚才，骆琳同志发表了重要讲话，代表总局党组，全面总结了 2008 年的安全生产工作，深刻分析了面临的形势，部署了 2009 年“安全生产年”各项任务。煤矿安全是全国安全生产工作的重中之重。煤矿安全生产战线的同志，对骆琳同志的重要讲话，要认真学习，坚决贯彻落实。下面，按照总局党组的安排，我就煤矿安全生产工作讲三个方面意见。

一、2008 年煤矿安全生产工作取得了新的进展

刚刚过去的 2008 年，面对南方部分地区严重低温雨雪冰冻、四川汶川特大地震等自然灾害和一个时期煤电油气运紧张给煤矿安全工作带来的严峻挑战，按照“平安奥运”和全国“两会”等重要活动对安全工作提出的新要求，驻各地煤矿安全监察机构和地方各级煤矿安全监管、煤炭行业管理部门及广大煤矿企业，认真贯彻落实党中央、国务院关于安全生产的一系列重要指示，按照总局党组和地方党委、政府的部署，认真开展“隐患治理年”活动，不断创新工作思路、工作方法，积极推动煤矿瓦斯治理、整顿关闭攻坚战向纵深发展，进一步强化煤矿安全基础管理，使全国煤矿安全生产继续保持了总体稳定、趋向好转的发展态势。

第一，“隐患治理年”活动取得成效。按照国务院关于安全生产“隐患治理年”的统一部署，我们在全国煤矿深入开展了隐患治理工作。在“百日安全督查”专项行动中，总局、国家煤矿安监局赴山西、黑龙江、湖南、四川、重庆、贵州和云南 7 个产煤省份的督查组，共查出隐患和问题 3989 条，其中重大隐患 640 条；责令 236 处煤矿（或采掘工作面）停产整顿。在抗击雨雪冰冻灾害中，各地周密部署，广大煤矿企业顾全大局，各级煤矿安全监察、监管和行业管理部门积极做好工作，实现了“保安全、保供应、保民生”的要求；在汶川大地震面前，坚持一手抓抗震救灾、一手抓煤矿安全生产；在北京奥运会、残奥会期间，积极落实各项防范措施，有力保障了煤矿安全生产。

第二，瓦斯治理工作进一步深化。按照张德江副总理在辽宁现场会上的重要讲话精神，各地区、各单位坚持“先抽后采、监测监控、以风定产”的瓦斯治理方针，积极构建“通风可靠、抽采达标、监控有效、管理到位”的工作体系；实施瓦斯治理示范县、示范矿井“双百工程”建设和“千人培训工程”。组织编制并实施“十一五”后三年煤矿瓦斯治理规划，普遍加大了高瓦斯、煤与瓦斯突出矿井的瓦斯抽采力度，强化了区域性防突措施；严格执行安全监测监控系统装备、联网和维护的规定，积极推动重点产煤县（市）区域技术服务中心建设。贵州省政府下发了煤矿瓦斯治理利用规划及实施意见，明确了考核管理办法。通过不断深化瓦斯治理，煤矿抵御瓦斯灾害的能力进一步增强，2008年矿井瓦斯（煤层气）抽采量达到55亿m^3，淮南、阳泉、水城、松藻、宁煤等10个重点煤矿企业瓦斯抽采量均超过1亿m^3；全国煤矿瓦斯事故起数和死亡人数同比分别下降33.1%和28.2%，其中重特大瓦斯事故同比减少4起、少死亡125人，分别下降18.2%和26.2%。

第三，整顿关闭工作深入推进。根据太原座谈会要求，我们继续实施解决小煤矿问题的“三步走”战略，在总结各地经验的基础上探索提出“提高门槛、严格准入，打击非法、淘汰落后，资源整合、提升档次，大矿托管、提高水平，明确责任、严格监管”的工作思路，推动煤矿整顿关闭工作，从减少矿井数量向提高办矿标准，从关闭不符合安全标准矿井向淘汰落后生产能力、政策关闭、资源整合、大矿托管等多种形式转变。按照到2010年把全国小煤矿数量控制在1万处之内的目标要求，总局、国家煤矿安监局与发展改革委、国家能源局联合下达了“十一五”后三年小煤矿关闭计划，明确了各地的目标和任务。四川、福建等地简化资源整合矿井审批程序，多部门集中办公，加快资源整合项目审批进度；内蒙古、山东、湖北等地出台各具特色的政策措施，加大整顿关闭工作力度；一些省区鼓励实施“以大管小”，推进大集团兼并、收购、控股各类小煤矿，提高生产规模和技术装备、安全管理水平。2008年全国计划关闭小煤矿864处、实际关闭1054处；小煤矿整顿关闭成效进一步显现，去年小煤矿事故起数、死亡人数同比减少300起、540人，分别下降17%和18.6%。

第四，安全基础管理工作不断强化。各地、各企业认真贯彻落实总局、国家煤矿安监局等七部门联合下发的关于加强安全基础管理的“两个指导意见”，制定实施办法，加强安全基础管理，加快安全质量标准化建设，从源头上提高安全生产保障能力。各国有大型煤矿企业集团加大安全投入，加强现场管理，探索建立煤矿本质安全管理体系，安全生产创出新水平。徐州矿务集团、晋城煤业集团等企业积极创建安全诚信企业，强化安全生产社会责任意识。截至2008年底，全国实现安全生产1000天以上的煤矿有近千处，建成安全质量标准化达标矿井近3000处。强化教育培训，严格煤矿“三项岗位人员”培训考核和全员安全教育培训，提高了从业人员安全技术素质。据不完全统计，去年共培训煤矿企业主要负责人1.6万人、安全生产管理人员10.6万人、特殊工种作业人员71万人、农民工143万余人次。

第五，事故查处力度进一步加大。各级煤矿安全监察机构依法组织并会同监察、工会、公安和检察等部门，按照“四不放过”原则和“实事求是、依法依规、注重实效”的三项基本要求，严肃查处煤矿事故。建立了事故现场分析、事故后约谈和事故通报“三项制度”，深刻吸取事故教训、落实防范措施，推动地方政府落实煤矿安全责任。辽宁、河南等省针对一度接连发生的煤矿重特大事故，作出了加大事故责任追究力度等决定。2008年各级煤矿安全监察机构共组织查处煤矿事故1901起，按期结案率达到94.9%；已结案的19起重特大事故，共查处相关责任人315人，其中依法移送司法机关追究刑事责任132人，给予党政纪处分162人。

第六，安全监察执法工作更加严格。各级煤矿安全监察机构严格执行执法计划，认真搞好重点监察、专项监察和定期监察；严格煤矿建设项目“三同时”要求、安全核准和煤矿安全生产许可证颁发管理；积极创新监察执法方法。江西局加强对地方政府煤矿安全监管工作的监督检查，开展示范式监察，对地方政府煤矿安全监管工作进行量化评分和考核；安徽局注重加强对煤矿企业决策层、管理层、技术层的监察执法，强力推进落实各级负责人的安全生产责任，每年提前介入省属各煤矿集团公司生产计划、采掘接替的审查，实施预防性监察，收到了很好的效果。2008年驻各地煤矿安全监察机构共监察矿井1.5万处、3.8万矿次，责令停产整顿矿井1616处、提请关闭260处，实施行政处罚9410次、经济处罚5.6亿元。

通过各方共同努力，2008年煤矿安全生产工作取得了明显成效，在全国原煤产量达到27.2亿吨、同比增长7.5%，煤矿事故总量连续两年下降幅度超过20%的基础上，又实现了“三个明显下降”。一是事故总量明显下降。全国煤矿事故同比减少467起、少死亡571人，分别下降19.3%和

15.1%。26个产煤省（区、市）中，事故死亡人数下降的有20个、占76.9%。二是较大事故明显下降。全国煤矿较大事故同比减少61起、280人，分别下降34.1%和34.4%。有6个省区和单位没有发生较大事故（北京、内蒙古、江苏、福建、山东和新疆生产建设兵团）、14个省区没有发生重特大事故。三是百万吨死亡率明显下降。全国煤矿百万吨死亡率由2007年的1.485下降到1.182、同比下降20.4%。煤矿安全形势的持续稳定好转，对国民经济又好又快发展起到了重要保障作用。

这些成绩的取得，是党中央、国务院正确领导的结果，是各级地方党委政府高度重视、各部门和各单位通力协作的结果，是全国煤矿安全监察监管、行业管理和广大煤矿企业不懈努力的结果。借此机会，向多年来一直关心、重视和支持煤矿安全生产工作的有关方面表示衷心的感谢！向为推进煤矿安全生产持续稳定好转付出辛勤劳动的所有同志们表示衷心感谢！

二、进一步认清形势，增强搞好煤矿安全生产工作的责任感、使命感

当前，受国际金融危机的影响，我国经济增长速度明显回落，市场需求不足，企业经济效益普遍下滑，部分企业生产经营困难。煤炭经济运行走势多变，特别是去年9月份以后，受经济增长速度放慢影响，煤炭需求大幅下降，煤炭库存快速上升，产能过剩压力逐渐加大，煤炭价格大幅回落（秦皇岛港发热量5500大卡优质动力煤价格与7月中旬相比每吨下降350元左右），不少煤矿生产不正常，安全投入压力和安全管理难度加大，煤矿安全生产工作面临新的挑战。

党中央、国务院站在全局和战略的高度，深刻分析和准确判断当前国际国内形势，果断实施了一系列重大举措，对安全生产也提出了更加明确的要求。胡锦涛总书记指出："生产安全事关人民群众生命、事关社会稳定、事关国家声誉，必须高度重视并切实抓好。""要严厉打击各种违法违规生产经营行为，完善和强化行政问责，有效防范和坚决遏制重特大安全事故，确保人民群众生命财产安全。"温家宝总理强调："我们必须充分认识加强安全工作的极端重要性。要牢固树立安全发展理念，把人的生命安全放在至高无上的地位。""要深入贯彻'安全第一、预防为主、综合治理'方针，从管理、投入、制度建设等方面多管齐下，努力促进安全生产形势稳定好转。"张德江副总理也多次强调：保护人民生命财产安全是我们的重大政治责任，是构建社会主义和谐社会的重要组成部分。骆琳同志在刚才的工作报告中，再次强调了煤矿安全的重中之重地位，对煤矿安全生产工作提出了期望和要求。煤矿安全监察监管、行业管理部门和煤矿企业，有责任、有义务为实现全国"保增长、调结构、扩内需、保民生"目标，为实现国家安全监管总局党组提出的2009年全国安全生产目标任务而努力工作。新的形势任务，要求我们必须强化责任感、使命感和紧迫感，进一步振奋精神、坚定信心，更加发奋努力抓好工作，坚决遏制重特大事故，努力保持全国煤矿安全状况的持续稳定好转，为经济社会发展提供可靠的安全保障。

按照新形势、新任务的要求，深入分析煤矿安全生产现状，我们感觉到仍然存在较大距离。主要表现在三个"多发"、三个"有差距"和两个"不平衡"。

一是煤矿重特大事故多发、非法违法生产事故多发、瞒报事故多发。去年全国煤矿共发生重特大事故38起、死亡707人，同比起数增加10起、上升35.7%，死亡人数增加134人、上升23.4%；其中23起重特大事故是由煤矿非法违法生产造成的，占全部重特大事故的60.5%；黑龙江、河北、山西等地相继发生多起煤矿瞒报事故（鸡西麻山区"2·28"煤矿透水和鹤岗兴安区"3·5"煤矿火灾，张家口蔚县"7·14"炸药燃烧，晋城沁水县"4·24"顶板事故和大同南郊区"7·5"瓦斯爆炸），性质十分恶劣。

二是思想认识有差距，责任落实有差距，隐患治理有差距。一些地方和企业片面强调经济发展和经济效益，抓煤矿安全生产工作的态度不坚决、力度不够。一些地方煤矿安全监管机构不健全，力量不足，对煤矿安全工作底数不清，不能及时有效地采取措施打击非法违法生产行为，对违法违规以罚代管、"高举轻放"；在规范监察执法行为、完善执法监督等方面还存在着一些需要加强和改进的地方。有些煤矿企业缺少履行安全生产法定义务、落实安全责任的自觉性，投入不足、管理不严，对违规违章行为未能及时制止和纠正。一些地方和企业对重大隐患排查治理重形式、走过场，挂牌督办和治理计划、资金、任务、人员、期限“五定”的措施没有得到全面落实，大量的隐患和问题长期得不到解决。

三是煤矿生产力水平发展不平衡，安全基础管理工作不平衡。我国虽然有7个年产量亿吨以上的省区、11个年产量3000万吨以上的煤矿企业、17个产能在1000万吨以上的煤矿，拥有神华等具备世界一流开采技术和装备的大型现代化企业集团，但小煤矿数量仍占矿井总数的近80%，总体看，这些小煤矿安全生产基础条件差、安全保障和防灾抗灾能力低下；2008年小煤矿产量仅占全国总产量的35%，而事故死亡人数高达73%；小煤矿共发生26起重特大事故，占全国煤矿重特大事故总起数的68%。小煤矿数量少的安徽（0.044）、内蒙古（0.055）、山东（0.09）等省区百万吨死亡率降到了0.1以下，达到或接近世界发达国家水平，而小煤矿数量多的地区百万吨死亡率仍然高达5~8。企业安全基础管理差异也较大，一些煤矿企业积极推行自主管理，实现安全基础管理精细化，并向本质安全型矿井建设迈进，但多数小煤矿仍存在安全管理机制不健全、投入不到位、系统不合理、设施不完善、从业人员岗位培训不到位和基础管理松弛的问题。

昨天下午，张德江副总理在全国安全生产电视电话会议上再次强调：我国经济发展面临着多年来没有过的严峻形势，对安全生产工作带来了新挑战，提出了新要求。在这种情况下，如果安全生产形势出现大的波动，必将给我国经济发展和社会稳定带来严重的影响。我们感到责任更重、压力更大。为此，我们要充分认识做好煤矿安全生产工作的极端重要性，认真学习和深刻领会张德江副总理的重要讲话精神，坚决把思想统一到党中央、国务院对安全生产工作的决策部署上来、统一到总局党组的总体安排和明确要求上来，进一步坚定信心，增强政治意识、大局意识、责任意识和忧患意识，切实做好煤矿安全生产工作。

三、扎实深入地做好2009年煤矿安全生产工作

根据“安全生产年”的总体要求和总局党组明确提出的全国安全生产工作思路、目标和重点，针对煤矿安全生产面临的新形势、新任务，2009年全国煤矿安全生产工作要紧紧围绕着“三项行动”、“三项建设”，突出抓好“七个落实”：

（一）落实国家监察和地方监管职责，强化煤矿安全行政执法

驻各地煤矿安全监察机构，要按照国办发［2008］101号文件印发的国家煤矿安全监察机构“三定”规定，依法履行国家监察法定职责。一要积极创新煤矿安全监察方式。结合各地煤矿安全工作实际，有针对性地推广集中监察、解剖监察、示范监察、异地监察等行之有效的监察执法方式，加大执法力度，提高执法效率和效果。二要严格煤矿重大建设项目安全核准、建设项目安全设施“三同时”和安全生产许可证延期审查，对煤矿建设项目，凡是未经安全核准的，一律不得立项；安全设施设计未经审查合格的一律不得开工，未经验收合格的一律不得投产；未取得安全生产许可证的，一律不准生产。三要加强对地方政府煤矿安全生产监督管理工作的监督检查，进一步健全完善工作机制、加强协调配合，推动地方煤矿安全监管责任的落实。

地方各级煤矿安全监管部门，一要依法履行煤矿安全日常监管职责，完善监管执法机制、规范监管执法程序，提高监管执法水平，落实煤矿安全监管责任。二要健全完善煤矿重大隐患分级管理制度，实行挂牌督办，监督落实隐患整改措施，真正做到整治到位。三要结合本地实际，认真分析煤矿瓦斯、水害、顶板等事故的特点和原因，组织开展有针对性的煤矿安全整治行动，依法严厉打击煤矿非法开采、违法生产行为。

（二）落实小煤矿关闭计划和各项政策措施，继续推进整顿关闭工作

各地要进一步巩固发展煤矿整顿关闭成果，通过淘汰关闭一批、资源整合技改扩能一批、“以大管小”改造一批，确保到2010年保留小煤矿数量目标的实现。一是落实国家四部委局联合印发的《“十一五”后三年小煤矿关闭计划》，继续推进小煤矿整顿关闭工作，合理提升产能，淘汰落后；积极研究制定鼓励小煤矿关闭的经济政策，尽快建立健全小煤矿正常退出机制。二是学习借鉴四川、福建等地的经验，采取多部门联合办公、限时办结等措施，加快资源整合项目审批进度，推进项目尽快开工建设。同时，要严格把关。三是鼓励和支持大型煤矿企业集团以收购、兼并、托管等多种方式整合改造小煤矿，提高规模和水平。

（三）落实“双百工程”和体系建设，进一步深化煤矿瓦斯治理

各有关部门和各煤矿企业要建立责任明确、制度完善、执行有力、监督严格的管理机制，深化煤矿瓦斯治理，有效防范遏制重特大瓦斯事故的发生。一要坚持执行“先抽后采、监测监控、以风定产”的方针，紧紧抓住采掘布局、通风系统、瓦斯抽采、安全监控、现场管理五个重点环节，健全完善“通风可靠、抽采达标、监控有效、管理到位”的工作体系。二要把推进“双百工程”建设作为今年的一项重点工作，抓紧研究制定本地区示范矿井、示范县建设的基本条件、实施步骤、达标时限、评估标准和办法，实现用两年左右时间在全国建设100个瓦斯治理示范矿井和100个示范县的目标。三要开展小煤矿瓦斯专项整治，针对小煤矿瓦斯治理方面的突出问题和重大隐患，研究制定小煤矿瓦斯专项整治工作方案，明确整治范围、重点、步骤和措施，并认真组织实施。四要加快煤矿安全技术改造项目工程进度。各地煤矿安全监管、煤炭行业管理部门和驻地煤矿安全监察机构，要会同投资主管部门对国债资金支持的安全技术改造项目实施情况进行检查，落实地方和企业配套资金，促使安全技术改造工程加快进度、尽快发挥作用。

（四）落实企业安全生产主体责任和社会责任，全面加强煤矿安全基础工作

各煤矿企业要切实加强安全基础管理，努力实现“系统可靠，装备先进，管理到位，素质提高”的目标要求。一是探索建立安全诚信机制，积极倡导、培育煤矿安全诚信意识，引导煤矿企业和干部职工自觉履行安全生产法定义务。二是制定规划、分类指导，深入开展煤矿安全质量标准化活动，大力推进安全高效矿井建设，积极创建本质安全型矿井，提高煤矿安全保障能力。三是严格执行煤矿“三项岗位人员”持证上岗制度，加强全员安全教育培训，全面提升从业人员安全技术素质。四是严格按《禁止井工煤矿使用的设备和工艺目录》，限期淘汰落后的技术装备与工艺，积极推广应用先进适用技术，完善井下人员定位等系统，提高煤矿安全技术整体水平。五是要健全完善隐患排查、治理和报告制度，加大安全投入，有效治理重大隐患，做到隐患排查治理制度化、规范化、经常化。

（五）落实煤矿事故调查处理和责任追究，坚持用事故教训推动工作

严格执行《生产安全事故报告和调查处理条例》以及《煤矿生产安全事故报告和调查处理规定》，坚持“三项基本要求”，依照“四不放过”原则，严格煤矿事故查处。一是驻各地煤矿安全监察机构要依法组织煤矿事故调查，会同相关部门严肃追究煤矿事故的责任。对瞒报事故的煤矿企业，要从严从重查处，必要时要提高组织事故调查的规格；对瞒报事故多发的地区，要向地方提出行政问责的建议。二是不断完善事故现场分析会、事故后约谈、事故通报制度，严格煤矿安全生产责任追究，促进事故防范措施和责任追究的落实。通过加强事故分析，归纳特点、探寻规律，分析原因、查找漏洞，针对隐患、提出措施；通过约谈和通报，认真吸取教训，加强和改进防范工作。三是积极探索建立煤矿事故责任追究的监督机制，推进事故责任追究落实到位。四是建立健全煤矿安全生产公告制度，及时公示存在非法违法生产行为、存在重大安全生产隐患的煤矿企业和重特大事故责任单位。

（六）落实煤矿安全宣传和教育，充分发挥先进典型的引领作用

要进一步增强煤矿安全生产宣传教育的针对性和主动性，采取多种有效形式，向全社会普及煤矿安全法律法规和安全知识，大力宣传煤矿安全先进典型。一要认真贯彻落实张德江副总理重要批示精神，适时在山东召开现场会，推广该省全面抓好煤矿安全生产综合管理的典型经验。二要深入总结和宣传内蒙古自治区加强煤矿安全质量标准化建设，徐州矿务集团推行自主管理、创建安全诚信企业，神华股份公司加大投入、科学管理等先进典型，推动煤矿安全基础管理工作上台阶。三要根据新中国成立60周年安全生产宣传工作总体要求，组织开展“新中国成立60周年暨煤矿安全国家监察体制建立10周年系列宣传活动”，全面回顾60年来煤矿安全工作取得的辉煌成就，充分展示煤矿安全国家监察所做出的重要贡献，积极营造全社会关注煤矿安全生产、支持煤矿安全监察监管工作的舆论氛围。

（七）落实执法责任和监督制度，切实加强煤矿安全监察监管队伍自身建设

要按照国务院关于落实行政执法责任的有关规

定，不断健全完善煤矿监察监管执法制度、落实执法责任，加强队伍自身建设。一是要加强执法监督，不定期组织煤矿安全监察执法情况检查；建立监察执法业务述职制度，定期听取下级煤矿安全监察机构业务述职；坚持执行执法分析制度，全面掌握执法动态，评估执法效果，研究和改进监察执法方法，确保执法严格规范。二是要落实《煤矿安全监察行政处罚自由裁量实施办法》，规范执法行为，真正做到严格执法、公正执法、文明执法、廉洁执法。三是要落实地方煤矿安全监管责任，完善地方煤矿安全监管执法机制。四是要定期组织煤矿安全监察监管人员开展煤矿安全执法工作新理论、新知识的培训，不断提高执法能力。

国家安全生产监督管理总局副局长王德学在安全生产应急管理工作会议上的讲话(摘要)

（2009 年 4 月 10 日）

这次全国安全生产应急管理工作会议的主要任务是，深入贯彻落实全国安全生产电视电话会议和全国安全生产工作会议精神，总结交流安全生产应急管理方面的经验，安排部署“安全生产年”的应急管理工作任务，动员各地区、各有关部门和单位进一步加大工作力度、完善应急体系、强化应急管理，推动安全生产应急管理工作上台阶、上水平，全面提高防范和应对事故灾难的能力。

今天会上，国务院安委会副主任、国家安全监管总局局长骆琳同志将作重要讲话，对下一步安全生产应急管理工作作出指示、提出要求，希望各地区、各有关部门和单位认真学习、深刻领会，结合实际、贯彻落实。

下面，我先讲几点意见。

一、肯定成绩，总结经验，以利再战

近年来，在党中央、国务院的正确领导下，各地区、各有关部门和单位认真贯彻落实党中央、国务院关于加强安全生产应急管理工作的决策部署，全面推进安全生产应急管理工作，取得了重要进展。特别是在极不寻常、极不平凡的 2008 年，安全生产应急救援队伍在抗击南方部分地区低温雨雪冰冻灾害、四川汶川特大地震抗震救灾及北京奥运会、残奥会安保工作中发挥了很大作用，做出了突出贡献。

（一）应急预案体系进一步完善，应急演练广泛开展

1. 国家层面：专项预案和部门预案进一步健全。2007 年，国务院有关部门按照国家突发公共事件总体应急预案的要求，结合实际，制定、修订了一批事故灾难类预案。铁道部编制了《战时铁路应急保障预案》、《青藏铁路应急救援预案》。原交通部进一步完善了《国家专业救助打捞力量应对水上事故行动方案》和《救助专业预案》，编制了《长江干线水路交通突发公共事件应急预案》、《交通部救助打捞队伍响应长江三峡库区重特大事故抢险打捞应急预案》。原建设部编制了《国家处置城市地铁事故灾难应急预案（简明操作手册）》。原信息产业部完成了通信保障应急预案的编制工作。原民航总局制定了《雷雨季节空管安全运行保障方案》、《民航空管系统冬季安全运行保障方案》。安全监管总局编制了《尾矿库事故灾难应急预案》和《安全监管总局参与核事故应急预案》。旅游局编制了《国家旅游局突发公共事件应急预案》。2008 年，国务院有关部门针对新变化、新情况、新问题，补充制定和修订了一批事故灾难类应急预案。工信部组织对《国家通信保障应急预案》进行了修订。住房城乡建设部制定印发了《事故灾难应对工作规程》，并根据汶川地震应急工作实际情况，修订了《建设系统破坏性地震应急预案》。交通运输部修改了《水上搜救应急预案》。

质检总局组织完成了30种特种设备专项预案指南的起草工作。安全监管总局制定了《应对恐怖事件应急预案》和《防范和应对自然灾害引发事故应急预案》。电监会组织编制了《电力应急预案编制规范》和《电力突发安全事故应急演练规范》。旅游局对《旅游突发公共事件应急预案》和《中国公民出境旅游突发事件应急预案》进行了修订。气象局、海洋局也组织开展了相关灾种预案的制、修订工作。目前，事故灾难类专项预案共9个，部门预案已达42个。

2. 地方层面：安全生产应急预案进一步向基层延伸。县级以上政府及部门安全生产应急预案编制工作基本完成。到2007年底，全国各级安全生产监管部门全部制定了相关安全生产应急预案，预案总数达7640多个。许多地方的乡镇（街道）、社区等基层单位也制定了应急预案。四川、甘肃、陕西等地针对地震灾害引发的事故灾难对相关预案进行了修订。湖北省对省《安全生产事故灾难应急预案》和矿山、危险化学品等7个部门预案进行了修订，完成了市（州）、县（市、区）政府及部门和重点企业应急预案的制、修订工作。

3. 企业层面：138家中央企业总部及其所属单位全部完成了预案编制工作，预案总数达5000多个。全国高危行业生产经营单位的预案覆盖率达到100%，其他各类生产经营单位预案编制工作也都有所加强。2007年底，全国32个省级统计单位上报生产经营单位预案总数为6274522个。

与此同时，各地区、各有关部门和单位在建立健全应急预案体系的基础上，结合实际，积极组织开展了各类应急演练。近两年，全国共组织开展各级各类安全生产应急演练达31.9万次，参加演练的人数达430万人次。江苏省全省共组织各类安全生产事故应急救援演练3518次，20多万人次参加了演练。新疆自治区共组织矿山、危险化学品、建筑施工、电力等行业（领域）应急演练1713次，参加人数达8万多人次。云南全省共组织各类应急演练4107次，参加人数达12.58万人次。交通运输部先后成功举办了2008年中国（山东）海上搜救及中韩海上溢油应急联合演习、柳州水上突发险情应急反应演习、厦金航线海上搜救演习和交通运输部农业部2008年救援大规模受困渔船渔民桌面演习。南方电网2008年共举行各种演练1480次，参演人数达53698人次。国家电网公司、中煤集团、武钢集团等企业也都加强了应急演练工作。

（二）安全生产应急管理体制机制逐步建立健全

1. 安全生产应急管理体系建设正在推进。各地区、各有关部门和单位按照“十一五”规划纲要要求，加快了安全生产应急管理机构建设步伐。目前，已有27个省（区、市）、151个市（地）和部分直辖市所属区（县）成立了安全生产应急管理机构。有的地方县（市、区）也建立应急管理机构。黑龙江省全省13个市（地）和省农垦、省森工总局全部成立了安全生产应急管理机构。重庆市全市41个区县全都建立了安全生产应急管理机构。贵州省全省9个市、88个县全部成立了安全生产应急管理机构。吉林省全省9个市（州）中有8个建立了安全生产应急管理机构。负有安全监管职责的国务院有关部门和中央企业也都建立了应急管理机构。

2. 应急救援协调联动机制不断完善。在国务院安委会框架内建立的由有关部门、总参、武警部队参加的安全生产应急救援联络员机制日益完善。安全监管总局与气象、海洋、地震等部门建立了应对由自然灾害引发事故灾难的预警和应对机制。国家层面的海上搜救、核应急、气象等应急协调机制也不断完善。中国海上搜救中心与赴亚丁湾索马里海域执行护航任务的海军舰艇编队建立了护航联络机制，有力地配合军队实施了护航行动。与此同时，各省（区、市）安全监管部门大都与当地相关部门建立了工作机制，一些市（地）也根据省级有关部门的要求建立了相应的工作机制，提高了协同应对事故灾难的能力。

3. 矿山、危化区域应急协作机制进一步完善。目前，华北、东北、西北、西南、中南、华中六大区相继建立了矿山、危险化学品应急救援协作网工作机制，制定了活动规章，围绕救援队伍开展互检、技战术交流、救援协作等主题，积极开展工作，并不断拓展区域救援工作的活动内容，有力地促进了应急救援工作的开展。

（三）安全生产应急能力建设取得了新进展

1. 安全生产应急救援队伍力量不断壮大，体系基本形成。在各地区、各有关部门的积极推动下，我国专职安全生产应急救援队伍规模不断扩大，由2004年的25万人增加到目前的34万人，增长了36%。其中：矿山救援队伍从1.43万人增加到2.45万人，增长了71.3%；铁路救援队伍从0.43万人增加到2.1万人，增长了3.89倍；公安消防队伍从12万人增加到15万人，增长了25%；海上搜救、危险化学品、民航、电力等应急救援队伍也有较大规模的增加。目前，以各专业应急救援队伍体系为基础的整体应急救援队伍体系已基本形成。

2. 队伍自身建设不断加强，素质和战斗力得到提升。近两年，各地按照统一部署，组织开展了救援队伍资质认定和质量标准化建设。各级各类安全生产应急救援队伍严格按照要求，积极开展质量达标活动和准军事化建设工作，提高了基本素质。特别是各类救援队伍指战员通过参加理论学习、开展政治活动、组织创先争优、接受教育培训，加强专业训练、参与技术竞赛、投身救援实践，思想、作风得到了锤炼，技能得到了提高，战斗力明显增强。尤其是经过多年的培养、教育、训练和实际救援中血与火的考验，造就了一大批应急救援优秀指挥员和专家，他们既有丰富的实践经验，又有扎实的理论功底，是我们搞好应急管理工作的重要支撑力量。

3. 各类应急救援队伍的装备建设得到加强。一是各地普遍加大了投入，加强了建设。四川省从2006年始，省政府连续3年共计拨付专项资金8000万元，用于应急救援基地建设和应急装备的更新。北京市近两年累计投入资金6051.6万元，加强装备建设。广东省在投入巨资建立了应急指挥办公基地和应急平台的基础上，2008年又安排2000万元资金，购置、更新了一批应急救援装备和设施。江西省在建立应急指挥办公基地的基础上，从2004年开始，每年安排省级安全生产专项资金1000万元，重点用于应急救援装备建设，2008年又安排1200万元用于省安全生产应急指挥平台建设。吉林省近两年来投入4500多万元用于各类救援队伍的装备建设。贵州省近年来投入4000多万元，购置了煤矿水、火、顶板事故的应急物资，并建立了省煤矿应急物资储备基地。河北省连续多年每年拨付应急救援专项经费1000万元用于购置防护、通讯、检测等设备。山西省积极推动矿山救援基地和装备建设，已累计投入1.48亿元改善煤矿救护队的装备。辽宁、河南、安徽、浙江、广西、天津、湖南、青海、新疆建设兵团等地也都加大了安全生产应急投入，加强了装备建设。二是有关行业（领域）专业应急救援队伍加大了装备建设力度。铁道部加强了18个救援基地的建设，建立了危险货物运输施救网络体系，配备了13台起重质量大、行车速度快的德国进口列车吊机等先进救援装备，救援半径控制在150～250公里。交通运输部水上搜救体系建设“十一五”规划已经国家批准并实施，初步构筑了海空立体救援网络。尤其是通过引进大型救援直升机，使救援半径从110海里扩大到130海里，一次救援人数从6～8人增加到22人。此外，每个救援基地还配备1艘从英国皇家救生艇协会引进的适合于近海80海里海域全天候救援的高速救助艇。公安消防部队在装备常规消防设备的基础上，加强配备了消防船（艇）、消防机器人等先进装备和防护、搜救、堵漏等各类器材。三是各类企业尤其是高危行业（领域）的国有大中型企业，都能积极主动地加大投入，改善所属救援队伍技术装备。其中国家级救援基地依托企业，投入力度最大，装备水平明显提高。中石油投资8亿多元，集中采购了510辆救援车辆，并根据不同类型事故救援的需要，加强了专职消防队和危险化学品、油气长运管道、井喷失控、海上应急救援等5个救援基地（中心）建设。中石化投入了4.33亿元，有针对性地加强地处偏远落后地区的应急救援保障能力，先后建设了西部地区和川东北地区应急救援中心。山西汾西矿业集团公司自筹资金6000万元用于救援基地建设。神华集团投资4745.47万元正在加紧国家矿山救援宁煤基地一期工程建设。

（四）应急管理法制建设不断推进

1. 以《突发事件应对法》宣贯为重点，广泛开展了安全生产应急普法工作。我们制定了《突发事件应对法》实施方案，将《突发事件应对法》作为“五五”普法的重要内容，认真加以实施；组织系统内主要媒体开设专版、专栏，广泛开展了《突发事件应对法》的宣传；请国务院法制办、中国社科院有关法律专家围绕《突发事件应对法》立法背景和主要条款进行了讲授；组织制作了9集《安全在线》应急管理宣教电视节目，在相关电视台进行了播放；在“安全月”、“万里行”中加强了应急法制宣传；配合中央电视台等中央主流媒体开展了事故成功救援案例的宣传和报道；分专业组织摄制了预案视频教程，在总局政府网站播放；等等。与此同时，国务院其他有关部门和各地、各中央企业也加强了安全生产应急法制宣传和普法工作。质检总局利用“3·15”等时机，采用各种生动活泼的形式，普及特种设备安全法律法规知识和应急常识。旅游局通过制作宣传片和知识读物，广泛开展了旅游安全法制公益宣传普及活动。上海市组织开展了“认真贯彻《突发事件应对法》，切实做好应急管理工作”为主题的《突发事件应对法》宣传周活动。东风汽车公司组织所属各单位的高级管理人员分期分批地参加了《突发事件应对法》的学习培训班。葛洲坝集团公司编印了2.6万册《员工应急指南》，下发公司员工学习，普及应急法规和相关知识。

2. 应急管理法规标准建设工作有所加强。《突发公共事件应对法》为安全生产应急管理提供了法律基础。各地区、各有关部门以《突发事件应对法》为依据，加快了相关法规、规章、标准的制定工作。铁道部制定的《铁路交通事故应急救援和调查处理条例》已通过国务院审议并施行。交通运输部起草完成了《中华人民共和国海上搜救条例》。民航局制定了《中国民用航空应急管理规定》。电监会制定了《电力系统安全事故应急救援和调查处理条例（草案）》。国防科工局组织编制了《国防科技军用核设施应急管理规定》。安全监管总局组织起草的《安全生产应急管理条例》草案及《危险化学品安全管理条例》修订草案已报国务院法制部门审查，《生产安全事故应急预案管理办法》、《安全生产应急演练工作指南》等即将发布实施。重庆、福建、内蒙、湖南、海南、宁夏、西藏等地也都加强了地方法规、标准、制度建设。

3. 应急管理监督检查和执法工作逐步展开。在去年开展的全国安全生产百日督查专项行动中，将安全生产应急预案编制管理、应急演练开展、应急管理机构建设、救援队伍建设等主要方面作为重要内容进行了全面检查。同时，开展了应急管理方面的专项督查。针对一些地方、单位好的做法及时进行了总结宣传；针对存在的问题及时下达了整改通知。各地区、各有关部门在各类安全生产检查督查中也将应急管理列为重要内容。尤其是在“隐患治理年”中，许多地方把应急管理作为隐患排查的重点方面，认真排查治理。对存在一般问题的，提出要求，限期纠正；对问题严重的，责令停产并予以了处罚，促进了整改。

（五）应急管理基层基础工作进一步加强

1. 多数地方应急管理进基层的工作有了较大进展。在应急机构建设、预案工作、应急宣传等方面，许多地方正逐步向乡（镇）、村屯、社区进行延伸。一些高危企业集中区或工业园区建立了专职救援队伍；大多数中小企业建立了专（兼）职救援队伍并与专业队伍签订了救助协议。

2. 各级各类安全生产应急管理培训工作普遍展开。安全监管总局编辑出版了《安全生产应急管理》和矿山救护指挥员、危险化学品、冶金行业等安全生产应急管理培训教材。近两年共举办各级各类安全生产应急管理人员和矿山救护指挥人员培训班29期，共培训2838人。各地区、各有关部门和单位按照要求分级分批全面开展了安全生产应急管理培训工作，仅2008年全国参加各级各类安全生产应急管理培训人员就达33.68万人。

3. 安全生产应急管理数据库等已着手建设。安全监管总局已初步建立了安全生产应急救援案例库、应急救援专家库；组织部分省市开展了应急预案数据库建设试点工作，开发了预案数据库管理软件，并在部分省市开始试用。各地区、各有关部门也加紧了应急数据库的建设。江西省以办理企业安全生产许可证为契机，将非煤矿山、危险化学品、烟花爆竹等行业的2万多家企业的重特大危险源等基础信息的有关数据输入数据库，建立了企业应急救援的“活字典、活地图、活档案”。广东省建立完善了重大危险源数据库和管理系统及视频监控系统。山东省自2006年起就开始建设省、市、县和重点企业四级安全生产动态监管综合信息系统，构建了应急救援指挥平台。

4. 按照总体要求，各地区、各有关部门和中央企业都建立健全了应急管理和救援统计工作制度，大多数地区、部门、单位能够及时上报应急救援工作情况和有关统计报表。安全监管总局按照国务院办公厅的要求，对各地区、各有关部门的应急工作逐年进行了汇总、分析、评估。

5. 国家安全生产应急救援指挥中心和矿山救

援指挥中心组织开展了救援技术研讨和典型事故救援案例分析工作，及时总结交流了事故救援成功经验，吸取了相关教训，推动了应急救援水平的提高。

（六）安全生产应急救援队伍的作用越来越大

1. 在预防性安全检查和隐患排查治理中发挥了关键作用。各地认真学习借鉴河北沙河矿山救护队等单位开展预防性安全检查工作的经验，充分发挥救援队伍的专业技术优势，在保证应急救援工作的同时，组织救援队伍开展了预防性安全检查工作。特别是从2008年4月下旬到7月底，国务院部署在全国范围内组织开展了“百日安全督查”专项行动。安全监管总局按照“预防与应急并重，常态与非常态相结合”和“险时搞救援，平时搞防范”的工作要求，组织、指导矿山、危险化学品救援队伍发挥专长，进行安全检查和隐患排查治理，加强了事故预防工作。据统计，近两年全国各类应急救援队伍参与预防性检查和隐患排查187547队次，861677人次，查出隐患798285项，协助整改725531项。与此同时，各地区、各有关部门和单位积极组织应急救援队伍参与重大危险源的监控工作，并将其作为救援队伍日常工作的重要内容，收到了较好效果。

2. 在事故救援工作中发挥了主力军作用。近两年，全国矿山救护队伍处置矿山事故5413起，抢救生还2556人。危化救援队伍参与各类事故救援7844起，抢救遇险人员3293人，疏散28692人。公安消防部队处置火灾30.1万起，抢救人员100241人；处置危化品泄漏等事故11.3万起，抢救和疏散22.9万人。海上搜救中心组织、协调重大搜救行动3464次，成功救助遇险船舶8053艘、人员42092人。渔政部门组织渔业海难救助1387起，成功救助7012人。此外，解放军、武警部队出动了大批兵力、警力，参加了各类事故的抢险救援。

3. 在抗击低温雨雪冰冻灾害中发挥了骨干作用。2008年初，我国湖南、贵州、江西、广东和广西等南方省份发生了低温雨雪冰冻灾害，其持续时间长、影响范围广、危害程度深是历史所罕见的。灾害使运输中断、电网受损、矿井被淹、人民生活和工农业生产受到严重影响。按照统一部署，公安消防投入12.7万人次参加抢险救灾，抢救和疏散被困群众3.4万人。交通、铁路应急救援队伍冒着严寒，破除冰雪，打通道路，疏导车辆，恢复交通，为保生产、保民生当好了先行。电力应急救援队伍克服种种困难，不怕牺牲，不怕疲劳，连续作战，抢修电网管线，在短时间内使电力系统得到恢复。各级安全监管监察部门和矿山、危化应急救援队伍积极投入矿山、危化品、烟花爆竹等重点行业（领域）抢险救援工作，认真做好煤矿、非煤矿山井下排水、通风和企业复产检查、隐患排查治理等工作，有力防范了次生事故的发生。

4. 在抗震救灾中发挥了特殊作用。四川汶川地震发生后，各地区、各有关部门和单位在党中央、国务院的坚强领导下，按照抗震救灾总指挥部的部署和要求，积极组织救援队伍参加抗震救灾，发挥了特殊作用，做出了重大贡献。公安消防派出13434名消防官兵，赶赴地震灾区抢险救灾，从废墟中搜救被埋人员8100人（其中生还1701人），解救被困群众51730人，医疗救助13109人。安全监管总局共调派44支矿山和危险化学品救援队伍，共1057名指战员，在4市6县23个乡镇对279家企业和单位进行了搜救，累计救出生还人员1113人，搜寻到遇难人员567人，转移疏导被困人员1.49万人；调派14支医疗救护队伍、161名专家赶赴灾区开展医疗救治，累计诊治伤员、病人1.36万人。交通、铁路、民航部门抢险救援队伍日夜抢修道路、铁路和航空设施，努力保证救灾物资、人员、车辆及时运输到灾区。电力、通信部门救援队伍抢修受损电力、通信设施、管网管线等，努力加紧恢复电力和通信，为抗震救灾工作的开展创造了条件。其他有关部门的应急救援队伍也发挥了很大作用，做出了重要贡献。尤其解放军和武警部队官兵，为抗震救灾做出了巨大贡献。

5. 在“平安奥运”中发挥了重要作用。通信部门为确保奥运期间通信畅通，共编制了1700多个奥运通信保障应急预案，做到了“一风险一预案、一场馆一预案”。同时，组织开展了专项安全生产督查、网络安全检查和重要机房、通信光缆干线的巡查，有效地保证了奥运期间的通信安全。公安部门以北京、天津等6个涉奥赛区为重点，全力加强民用爆炸物品的安全管理，确保了奥运期间奥运赛区爆炸物品“不流失、不炸响”。质检部门完成了对16015台涉奥特种设备的检验检测、试验验证、隐患排查、应急预案和现场值守，确保了“核心区”无故障、“缓冲区”无事故。旅游部门的应急人员严抓旅游设施设备、旅游团队运行、旅游大型活动的安全防范，采取物防、技防、人防全套措施，确保了旅游行业的安全生产。电力部门启动了电力应急24小时警戒值守，密切监测涉奥地区、比赛场馆、重要用户和奥运重大活动的供电安全情况，建立起了快速高效的应急机制，确保了奥运供电万无一失。国防科工部门针对核与辐射恐怖事件提出了防范措施，成立了辐射防护和辐射监测专职应急队伍，加强了值班备勤，保证了安全。安全监管监察部门加强了奥运期间矿山、危险化学品事故隐患排查治理与监控，有针对性地组织开展了各类应急演练，加强了应急值守，还针对北京等六个涉奥城市组织开展了专项督查和“回头看、查盲区、找漏洞”活动，督促落实了奥运安保各项措施，保持了奥运期间的安全稳定。

总之，近两年，我国安全生产应急管理工作在党中央、国务院的正确领导下，在上下各方的共同努力下，取得了很大成绩。总结近年来的安全生产应急管理工作，我们有几点重要体会：一是必须加强领导、落实责任、大力推进；二是必须完善“三制”（法制体制机制）、整合资源、形成合力；三是必须加大投入、完善体系、提升能力；四是必须平战结合、立足防范、科学施救；五是必须着眼实战、提高素质、强基固本。

二、认清形势，坚定信心，明确方向

尽管安全生产应急管理工作取得了一些成绩和进展，但距党中央、国务院要求和人民群众的期盼仍有很大差距，我们必须保持清醒的头脑，进而增强危机感、紧迫感、责任感。同时，我们更要看到工作中的有利因素和重要机遇，从而增强信心，加大力度，推动工作。

（一）安全生产应急管理方面存在的差距需要我们抓紧改进解决

一是安全生产应急管理体制机制仍不健全，仍有5个省（区、市）未建立安全生产应急管理机构，50%的市（地）尚未建立安全生产应急管理机构，且协调机制有待进一步完善。

二是救援队伍体系建设步伐还不快。国家级矿山、危化救援基地建设尚未立项，少数救援基地所依托的企业投入不足，建设力度不大；整体救援装备能力特别是中小应急救援队伍装备水平低、信息化程度低、队伍素质低的问题仍很突出，甚至有少数企业自己没有专兼职救援队伍，也未与专职救援队伍签订救援服务协议。

三是安全生产应急管理基层基础工作仍很薄弱。部分县（市、区）和多数乡（镇）、村的安全生产应急管理机构、责任和任务不落实；应急信息工作手段落后，报送不全、不准、不及时甚至不报的问题仍然存在；少数地方、部门、单位应急统计分析和评估工作跟不上；预案质量有待进一步提高。

四是应急管理法规标准不配套，应急救援工作及稳定救援队伍的经济政策体系不健全、不落实。

五是安全生产应急管理宣传教育、培训工作亟待加强。宣传工作未形成体系，救援资料收集和宣传力度不够；地方尤其是基层应急培训力度不够，应急知识普及程度较低，从业人员尤其是社会公众应急意识和技能总体不高；由于救援不当导致事故扩大的情况时有发生。

（二）严峻的安全生产形势需要我们必须加强应急管理

我国正处在工业化加速发展阶段，社会生产活动和经济规模的迅速扩大与安全生产基础薄弱的矛盾突出，加之传统的、落后的、粗放的经济增长方式还没有根本转变，生产力水平仍然很低，影响安全生产的一些深层次矛盾和问题还没有解决，我国仍处于安全生产事故的“易发期”。事故频率较高且重特大事故时有发生，安全形势依然严峻，这就要求我们必须高度重视，从预防入手，全面加强安全生产应急管理；必须加大应急救援体系建设力度，提高预防和应对事故灾难的能力；必须齐抓共管，形成整体合力，不断地向前推进。

（三）随着国际金融危机的加深出现许多困难需要我们努力加以克服

我国经济发展将面临更为严峻的形势，势必给安全生产和应急管理带来新的挑战。一些企业由于效益下滑，可能会减少安全生产和应急管理的投入，一方面导致安全生产的不确定因素增大，另一方面应急能力建设将会受到影响。与此同时，各级政府着力拉大内需，扩大基建规模，鼓励返乡农民工自主创业，开办小型生产经营厂点，对安全生产带来新的压力，等等。我们必须创造性地工作，知难而上，共克时艰，在危中寻机，千方百计地推动安全生产应急管理和体系建设工作向前发展。

（四）有利因素和历史性机遇需要我们牢牢抓住和把握

一是党中央、国务院的高度重视，为我们做好安全生产应急管理工作提供了强大动力。党中央、国务院高度重视突发公共事件应急管理工作。在四大类突发公共事件应急工作中，事故灾难因其多发、频发、关系到人民群众生命、财产安全而备受关注和重视。胡锦涛总书记、温家宝总理多次发表重要讲话，对安全生产和应急管理工作提出要求。党的十六大以来，党中央、国务院审时度势，作出了全面加强应急管理工作的一系列重大决策，为我们抓好安全生产应急管理工作提供了强大的动力。

二是国家作出的一系列部署，是我们做好安全生产应急管理工作的重要保障。近年来，国务院出台了《关于全面加强应急管理工作的意见》，并召开了多次专门会议，对全国应急管理工作进行全面部署；《国民经济和社会发展第十一个五年规划纲要》和《“十一五”期间国家突发公共事件应急体系建设规划》，将“建设国家、省、市三级安全生产应急救援指挥中心和国家、区域、骨干应急救援体系”，列为公共服务重点工程；《突发事件应对法》的颁布实施，从法律层面进一步规范了各级政府、部门、企业和个人的责任和义务；等等。所有这些，都为我们提供了有力保障。

三是各地区、有关部门和单位近几年安全生产应急管理工作取得了重要进展，为我们打下了坚实的基础。前面已经讲到，近几年，各地区、各有关部门和单位采取有力措施，推进安全生产应急管理工作，取得了很大的成绩。尤其是现有的体系和法制体制机制逐步健全完善，应急能力有了较大提高，为下一步发展打下了较好的基础。

（五）新的形势需要我们进一步创新思路明确目标

在全国安全生产工作会议上，骆琳局长对今年的安全生产工作作出了全面部署，对加强安全生产应急管理提出了具体要求。根据总局的总体部署和当前的形势，2009 年安全生产应急管理的总体思路是：以科学发展观为统领，坚持安全发展指导原则和“安全第一、预防为主、综合治理”方针，围绕开展“三项行动”、加强“三项建设”、实现“三个压下来”的安全生产工作总体部署，服务于安全生产工作大局，以加强应急管理、完善应急体系、提高应急能力为主线，大力强化基层基础工作，大力健全法制体制机制，大力推进预案、平台、装备、队伍建设，大力加强综合监管，推动安全生产应急管理工作的创新发展，进一步提高预防和应对事故灾难的能力。

2009 年主要工作目标是：加快地方安全生产应急管理机构建设，实现 100% 的省（区、市）、70% 以上的市（地）以及重点县（市、区）建立安全生产应急管理机构；国家陆地搜寻与救护基地项目、国家安全生产应急救援指挥中心项目完成可行性研究和初步设计进入实施阶段，国家级矿山救援基地项目争取立项，危化品救援基地前期工作取得实质性进展；力争《安全生产应急管理条例》出台实施，安全生产应急管理规章、标准体系进一步完善；基层基础得到强化，整体应急能力明显提高。

三、突出重点，强化落实，做好工作

（一）进一步强化安全生产应急管理基层基础工作

一是要加快应急平台体系建设步伐。国家安全生产应急信息平台体系建设项目发展改革委已经同意立项，有关应急信息平台建设的指导意见已经印发。各地区、各有关部门和单位要按照有关标准和要求，抓紧建设并尽早形成本地区、本部门、本单位的安全生产应急信息平台体系，尽快实现国家、省、市以及中央企业和救援基地安全生产应急平台的互联互通，为加强对应急资源的掌控、重大危险源的监控和事故的应急救援决策指挥提供有力支撑。

二是继续推进应急管理进基层。各地区、各有关部门和单位要高度重视基层应急管理工作。要落实基层乡（镇）、村屯和中小企业的应急管理工作职责，确保有人管，会管理、管得好。要强化基层的应急管理和救援力量，积极建立群防群治、自救互救的城市社区、农村村屯等自救互救组织和志愿者组织，使厂矿、乡镇、社区、街道、学校等都有应急管理组织、都有应急预案、都有专兼职人员。要推动各地在重要工业园区或其他企业集中地区建立专兼职应急救援队伍。

三是要建立健全各类安全生产应急资源数据

库。各地区、各有关部门和单位要在抓好应急平台体系建设的同时，逐级掌握应急资源，抓紧建立健全应急预案、应急队伍、应急装备物资、应急专家等应急资源数据库和重大危险源数据库，尽快摸清底数，搞清资源现状，为实现资源共享、搞好应急管理奠定基础。

四是要进一步加强应急管理信息和统计工作。经过努力，我们已经初步建立起了较为完整的信息报送和统计分析体系。各地区、各有关部门和单位一定要按照有关要求和规定，进一步加强安全生产应急管理信息和统计分析工作，切实做到落实责任、强化统计、科学分析；及时上报、全面上报、准确上报；下情上报、上情下达、疏通渠道。从而为指导推动工作提供依据。

五是要加强安全生产应急管理档案建设和救援总结评估工作。各地区、各有关部门和单位要加强对安全生产应急管理影像资料、文字资料、图纸资料的收集和整理，建立安全生产应急管理档案。对每一起事故救援、每一次重要会议、每一项重大活动都要有文字、音像和图纸（片）记录；对基层上报来的经验材料、音像资料等要及时归档入库；对各类媒体发布的有关安全生产应急管理宣传介质和原始图文资料要及时进行收集、征集；等等。要充分发挥应急管理档案的作用，为搞好安全生产应急管理提供支持。要及时组织开展事故救援工作总结评估。在此基础上，搞好月度、季度、年度总结、分析、评估，以深入研究分析事故救援工作的趋势、特点和规律，为改进工作、正确决策，提高事故灾难预防和救援能力奠定基础。

六是要进一步加强标准化建设。各级负有安全监管监察职责的部门及其应急管理机构要组织开展矿山、危险化学品和其他救援队伍质量标准化建设，推进各类救护队伍资质认定工作，并不断完善救护队伍资质管理制度，促进各类救援队伍的规范化建设。各级各类应急救援队伍要严格按照标准要求，搞好对标达标工作。

（二）进一步完善安全生产应急管理体制机制

一是要大力推进应急管理机构建设。各地区、各有关部门和单位要将建立健全安全生产应急管理机构作为一项硬指标、硬任务来抓，还没有成立安全生产应急管理机构的省（区、市），今年一定要成立，并要明确安全生产应急管理机构“既负责应急救援，又负责应急管理”的职能，不搞重复建设。要加强对市（地）及重点县的安全生产应急管理机构建设的推动与指导，督促市（地）和重点县加快机构组建工作，力求今年组建率达到70%以上，2010年前把所有的市（地）全部建立起来。要推动重点县（市、区）也建立安全生产应急管理机构。各级有关部门和各类生产经营单位都要建立或明确负责应急管理的机构，落实应急管理责任，有效开展工作。

二是要进一步完善安全生产应急管理机制。要在完善国家安全生产应急救援指挥中心与各省级安全生产应急救援指挥中心、与国家级救援基地之间的工作机制的基础上，推动建立省、市（地）级安全生产应急管理机构、国家级救援基地、骨干救援队伍之间建立工作机制。同时，还要进一步完善六大区域的矿山、危化应急救援联动机制，建立完善与解放军、武警和环保部门的应急协调机制，从而增强合力，加强在各类事故灾难救援中的协同应对工作。

三是要建立防范应对由自然灾害引发事故灾难的应急协调机制，提高应对能力。一方面，要及时掌握自然灾害预警信息，更好地防范和应对自然灾害引发安全生产事故；另一方面，要发挥安全生产应急救援队伍的专业特长，在应对自然灾害中发挥作用。要在同级安委会框架内，进一步加强这方面机制的建立完善工作，以发挥更大的作用。

（三）进一步加强预案和应急管理法制建设，强化政策研究工作

一是要进一步完善预案体系，提高预案质量。首先，各地区、各有关部门要针对本地和本行业（领域）企业可能发生的各类事故进一步完善有关专项预案、部门预案。在此基础上，要加大力度督促指导各类生产经营单位编制应急预案，扩大应急预案覆盖面。各类生产经营单位都要针对危险源、针对可能发生的事故、针对重点岗位制定应急预案，形成本单位预案体系。其次，要进一步提高应急预案质量。各级安全监管监察机构和其他负有安全监管职责的部门在实施安全许可中要严格对预案工作进行审查，督促企业提高预案质量。要继续组织好应急预案管理示范项目，以点带面，引导各地区、各有关部门和各类生产经营单位做好预案管理工作。各地区、各有关部门和单位要努力提高应急

预案的针对性、科学性和可操作性，并做到简捷、明了、易分解落实。各级安全监管部门要按照有关规定，对生产经营单位应急预案实行备案管理，以确保预案质量以及与相关预案的衔接。第三，要积极组织开展各种形式的应急演练。各地区、各有关部门和单位要结合实际组织开展多种形式的、有针对性的应急演练，特别要组织开展多地区、多部门、多单位参与的综合性应急演练，以增强预案的衔接性和救援的协作性。要切实提高演练的针对性、实效性、整体性。所有预案都要经过演练，并要注意在演练中发现问题，及时对预案进行修改、完善。

二是要进一步加强应急管理法制建设。首先，要继续加强应急管理普法工作。要在各级各类安全生产应急管理培训班中增加《突发事件应对法》等安全生产应急管理方面的法律法规标准的内容。要将《突发事件应对法》等列为普法的重要内容，结合安全生产应急管理实际，大力加强宣传普及，以增强各级各类人员的法制观念，做到知法、懂法、守法和认真执法。其次，要推动《安全生产应急管理条例》尽快出台，研究制定相配套法规、规章、制度、标准，不断完善法规标准体系。各地区、各有关部门和单位要结合实际，针对救援队伍建设、应急平台建设、应急预案编制管理、救援协调指挥等方面制定相关的地方规章、标准、制度，规范安全生产应急管理各项工作，做到有法可依。第三，要加强应急管理执法工作。切实做到有法必依、执法必严、违法必究，依法推进应急管理工作的开展。

三是要研究制定和推进出台加强安全生产应急管理方面的政策措施。各地区、各有关部门要加强安全生产应急管理经济政策研究，会同有关部门，有针对性制定和颁布一些政策措施，支持安全生产应急管理工作的开展。当前最急需的是建立专职救援队伍面向社会服务和参加社会救援的有偿补偿政策、资金投入政策、工伤保险政策、指战员转岗安置政策，等等，以确保各类救援队伍面向社会服务、参加社会救援发生的支出和装备、物资损耗能够得到合理的补偿，确保各类应急救援队伍正常运行，确保各类应急救援队伍的稳定和生存发展。

（四）加大投入，加快应急救援体系建设步伐，推动技术进步

一是要加强国家级矿山、危化、油气田、排水救援基地建设。各地区、各有关部门和单位要认真落实国家安全生产“十一五”规划和国家“十一五”突发事件应急体系建设规划，按照企业自投为主、地方投入为辅、国家重点支持、坚持齐抓共建的思路，加大建设力度、加快建设步伐。要总结推广广东省和中石油集团公司、中石化集团公司、山西汾西矿业集团等一些单位加强救援基地建设的成功经验，引导救援基地的依托企业、所在地政府加大投入，提高救援队伍的装备水平，以满足本企业、本地区事故救援需要。在此基础上，国家投入配备处置重特大复杂事故的大型、特种装备以满足跨地区救援和应对特大复杂事故的需要。为落实加强安全生产保障能力建设的总体部署，安全监管总局已着手制定加强矿山、危化应急救援能力建设方案，正在加强与有关部门的协调，有关前期工作已经展开。希望基地所在地和依托企业积极配合，不等不靠、主动到位、加大投入、抓紧建设。

二是要加快行业部门专业应急队伍建设。各级安全监管部门要树立“大安全”、“大应急”意识，充分发挥综合监管部门的作用，积极配合和大力支持交通、消防、铁路、质检、电力等部门建设专业应急救援队伍，建立和完善区域专业联防体系。请各有关行业主管部门进一步推动本行业的应急体系建设。

三是要加强地方矿山、危化等行业骨干救援队伍建设。国家安全生产应急指挥中心将制定骨干救援队伍建设指导意见，各地要按照本地高危行业领域生产经营单位分布情况，搞好规划、加强协调、加大投入，依托大中型企业专业救援队伍，建立本地区的骨干救援队伍，尽快形成区域救援能力，以满足本地区重特大事故救援的需要。

四是要在各类生产经营单位中建立专兼职应急救援队伍。大中型高危行业企业特别是具有重大危险源的企业要按规定标准建立专职的应急救援队伍；其他小型企业尤其是高危行业企业没有专职队伍的要建立兼职的应急救援队伍，并与专职应急救援队伍签订救援服务协议。

五是要加强矿山医疗救护体系建设。要进一步完善矿山医疗救护三级救护网建设，将矿山医疗救护网络延伸到每一个矿山井口。国家矿山医疗中心要加强对全国矿山医疗救护工作的指导和协调，搞

好国家级矿山医疗救护基地和矿山救护骨干队伍的规划，加强对医疗救护骨干人员的培训，推动各地依托企业加强本地区矿山医疗救护体系建设，提高区域医疗救护能力。

六是要在整个安全生产应急救援体系建设和日常管理中，大力推进科技创新与进步，大力加强新技术装备的研发、推广、应用，大力引进高精尖技术装备，进一步提高应急管理和救援工作的科技含量，提高装备水平。

（五）进一步强化事故预防和救援工作

一是要大力推动应急救援队伍开展预防性安全检查和隐患排查治理工作。各地区、各有关部门要按照“险时搞救援，平时搞防范”的原则，建立健全救援队伍熟悉救援环境与发现整改事故隐患相结合的工作制度，进一步规范、完善救援队伍开展预防性安全检查的内容、标准、程序等，推动这方面工作的更好开展。各类应急救援队伍要根据服务范围内和被检查企业的生产特点，发挥自身优势，紧紧围绕重大事故隐患排查治理开展工作，务求实效。

二是要加强重大危险源监控管理工作。各级安全监管部门及其应急工作机构要认真履行职责，督促企业对重大危险源加强实时监控。要按照分级负责、分类管理、分档监控的要求，做好重大危险源普查、登记和建档工作，建立重大危险源数据库，掌握重大危险源的情况，为事故预防和应急处置提供依据。要加强对重大危险源监控工作的监督，促进应急管理工作从被动应对向源头管理转化。各级各类应急救援队伍要按照要求，在重大危险源监控管理方面认真履职、主动到位、发挥作用。

三是要强化应急值守和事故救援指导指挥工作。各级安全监管监察部门及其应急工作机构要做好安全生产事故和自然灾害信息接报和处置工作。要坚持做到有险必报、有难必救、科学施救、安全施救；反应灵敏、响应迅速、组织有力、救援有效；专群结合、协同作战、强化自救、搞好互救。要在政府的统一领导下，充分发挥专家和专业救援队伍的作用，加强对事故现场救援的决策、指导和实施工作，努力提高救援效果，防止次生事故发生。

（六）进一步加强安全生产应急宣传教育和培训工作

一是要面向社会公众尤其是从业人员，组织开展多种形式的安全生产应急管理宣传教育工作。要通过编制科普读物、宣教片、知识问答、典型案例分析和举办讲座、论坛、研讨会、知识竞赛等多种形式，大力宣传搞好安全生产应急管理工作的重要性，宣传安全生产应急管理的法律法规，宣传各种应急预案和其他安全生产应急工作方面的内容。

二是要充分利用广播、电视、报刊、网络、墙报、宣传栏、安全教育馆等多种媒体载体，利用“安全生产月”和“安全生产万里行”等各种机会，广泛宣传安全生产应急管理工作，努力营造良好氛围。

三是要大力推动安全生产应急管理进企业、进机关、进学校、进社区、进乡村、进家庭、进人心，切实加强应急教育，普及应急知识，提高人们的应急意识和能力。

四是要加大对典型救援案例的宣传力度，加大对为救援工作做出突出贡献的先进集体、个人事迹的宣传力度，树立广大安全监管和应急救援人员良好的社会形象。

五是要完善应急管理培训体系，加大培训工作力度。各地区、各有关部门和单位要在各类安全生产培训、考核中增加应急管理的内容，要分级分期分批分类组织对应急管理和救援人员进行专门培训。各类生产经营单位要对从业人员进行岗位应急知识培训。要充分发挥国家级救援基地的优势，组织开展各类培训和训练。要组织有条件的地方、部门和单位的业务骨干赴发达国家进行比较系统的应急理论、技术和业务培训。2009 年 7 月 1—3 日，安全监管总局将举办第二届中国国际安全生产应急管理论坛和应急救援技术装备展，希望各地区、各有关部门和单位积极参与、大力支持、抓住机遇、力有所获。

（七）加强安全生产应急队伍自身建设

一是要高度重视应急管理和救援队伍的思想、政治、作风、业务、廉政等方面的建设。各地区、各有关部门和救援队伍所在单位要按照中央和总局的有关要求，认真抓好安全生产应急管理和救援队伍的自身建设。要健全应急工作机构，选配好领导班子，严格按标准选拔配备人员。要严格要求，严格教育，严格管理，切实加强思想政治工作。要关心他们的工作与生活，解决他们的实际问题，为他们做好工作创造条件，保护和调动他们的积极性。

二是要大力开展“创先争优”活动。各地区、各有关部门和单位都要在应急救援队伍中大力开展“创先争优”活动，搞好“评比选树”，大力表彰奖励先进集体和个人，以弘扬正气，鼓舞士气。

三是要加强理论武装和业务建设。各级安全生产应急管理人员和救援队伍指战员要加强中国特色社会主义理论体系的学习，用以武装头脑、指导实践、推动工作。要树立正确的世界观、人生观、价值观、利益观，增强责任感、紧迫感、使命感，继承和发扬不畏艰险、乐于奉献的精神，当好人民生命财产安全的卫士。要加强技术业务学习，努力掌握应急管理和救援技术业务知识，特别是要在管理和实际救援战斗中学习、锻炼和提高，不断增强履职能力。

四是要强化训练、锤炼作风。各级各类安全生产应急救援队伍要做到平战结合、着眼实战，加强训练、提高本领。要总结剖析每起事故救援的经验教训，持之以恒地开展技战术研究，不断提高救援的科学性、实效性。

五是要加强安全生产应急队伍的综合救援能力建设。各地区、各有关部门要引导各级各类安全生产救援队伍努力拓展救援服务功能，开展地震、泥石流、山体滑坡、洪灾、建（构）筑物坍塌、隧道冒顶等灾害、事故的应急救援技能训练，扩充配备相应装备，拓展业务范围，实现一专多能，更好地服务于社会。

国家安全生产监督管理总局副局长孙华山在全国危险化学品安全监管和非药品类易制毒化学品监管工作座谈会上的讲话（摘要）

（2009 年 7 月 17 日）

危险化学品领域始终是全国安全生产工作的重点之一。党中央、国务院历来高度重视危险化学品安全生产工作，2006 年以来，中央领导同志对危险化学品安全生产工作做出的重要批示就达 90 多次。近年来，在党中央、国务院的正确领导下，各级政府强化措施，加强监管，特别是通过各级安全监管部门的艰苦努力和积极推动，危险化学品安全生产的法治秩序初步建立，加强危险化学品安全监管的效果开始显现。据国家安全监管总局调度司统计，2008 年与 2006 年相比，全国危险化学品事故起数减少 66 起，死亡人数减少 120 人，分别下降 41.8% 和 43.3%。今年上半年，各地按照国办通知的部署和要求，积极推进危险化学品领域安全生产“三项行动”，使这一良好的发展态势得到进一步的巩固和推进。据初步统计，今年 1—6 月份全国发生危险化学品事故 30 起、死亡 50 人，同比分别下降 40%、39%。全国危险化学品安全生产形势连续三年呈现稳定好转态势。这一成绩来之不易，是党中央、国务院正确领导的结果，是各级政府和有关部门共同努力的结果，其中更凝聚着广大安全监管人员的心血和汗水。

但是，我们还要清醒地看到，当前危险化学品安全生产工作法治秩序才初步建立，危险化学品安全监管工作的体制机制还不完善，工作措施还需进一步改进和加强，危险化学品安全生产工作的基础仍然薄弱，安全生产形势时常出现反复，事故容易反弹。

这次会议还专门研究了加强和改进非药品类易制毒化学品监管工作。非药品类易制毒化学品监管工作是全国禁毒工作的重要内容之一，是近年来各级安全监管部门新增的一项职责，任务艰巨，责任重大，使命光荣。当前，危险化学品安全监管和非药品类易制毒化学品监管都处在强化监管措施、提升监管水平的重要时期。把握好这一时期的工作特点，找准主要矛盾，盯住突出问题，创新监管思路，研究对策措施，积极推进工作，对尽快建立危险化学品安全生产法治秩序和长效机制，认真履行好非药品类易制毒化学品监管职责都具有重要的意义。

在这两天的会议上，大家畅所欲言，分析问题，交流经验，研讨对策。会议的成果不但可以推进当前正在开展的危险化学品领域安全生产“三项行动”、加强“三项建设”，确保全年危险化学品安全生产形势持续稳定好转，而且还能够有力地推动危险化学品安全生产法治秩序和长效机制的形成。借此机会，讲以下五个方面的意见：

一、严格安全许可，不断提高安全生产准入条件

对危险化学品的主要环节实行安全生产许可制度，是政府加强危险化学品安全监管的最有效的手段。近年来，通过对危险化学品生产、经营和建设项目实施安全许可，关闭淘汰了一大批不具备安全生产、经营条件的危险化学品生产、经营企业（三年来吊销安全生产许可证2722家、关闭企业1210家，总计3932家），制止了一批不符合产业政策、不能满足安全生产要求的危险化学品建设项目的建设，对推动危险化学品领域安全生产形势稳定好转起到了不可低估的作用。但从目前掌握的全国危险化学品安全监管的情况看，国家安全监管总局8号令在一些地区还没有得到严格执行，危险化学品建设项目“先上车、后买票”的问题还比较突出。危险化学品安全生产许可条件也急需进一步提高和细化。在昨天的会议上，浩水、万春同志已就有关许可工作存在的问题和下步改进措施讲了很好的意见，我完全赞同。下面，我就危险化学品安全生产许可工作应当把握好的问题着重强调两点意见。

（一）严格执行危险化学品建设项目安全许可制度。一是要加大工作力度，尽快解决国家安全监管总局8号令执行不到位的问题。危险化学品安全生产存在的一些突出问题，在一些地区长期得不到有效解决，重要的原因是失之于软。对危险化学品建设项目实行许可是危险化学品安全生产的治本之策，安监部门要充分利用好这一手段，履行好我们的职责。要主动向党委、政府主要领导和分管领导汇报危险化学品生产、储存建设项目安全许可中存在的问题，积极和有关部门沟通交流，取得理解和支持，采取有效措施，严格执行国家安全监管总局8号令，把住源头，防止新建项目存在安全隐患。把新建项目不严格执行“国家安全监管总局8号令”问题作为安全生产执法行动的重点，集中整治，取得实效。二是创新工作机制，把危险化学品生产、储存建设项目安全许可纳入建设项目审批程序。安全监管部门要争取同级人民政府的支持，取得同级有关部门的理解，把建设项目设立安全审查纳入建设项目立项审批程序，建立由投资管理部门牵头、安全监管等部门参加的建设项目会审制度。建设项目未经安全审查或者安全审查未通过的，不予审批、核准、备案。三是通过对危险化学品生产、储存建设项目实施安全许可工作，推动地方政府制定化工行业安全发展规划，建立化工园区或化工集中区，逐步解决危险化学品危险源分散的问题，减少危险化学品事故对公众安全的影响。今后新的化工生产装置必须在化工园区或化工集中区建设，现有的安全风险大的化工企业也要逐步搬入化工园区或化工集中区。四是要从严审批（核准、备案）涉及剧毒化学品、易燃易爆化学品和采用十五种危险化工工艺的建设项目，特别要严格限制涉及光气等吸入性剧毒气体的危险化学品建设项目。要高度重视新建危险化学品生产装置的本质安全问题，对于高温、高压、易燃、易爆和采用危险化工工艺的新建化工装置，要求设计装备集散控制系统；对于大型和高度危险的化工装置，要求设计装备紧急停车系统。新建项目试生产过程很容易发生事故，要学习山东省安监局的做法，通过规范建设项目试生产（使用）方案备案工作，加强对新建项目试生产阶段的安全监管。

（二）持续提高危险化学品安全生产、经营许可条件。由于第一次发证时没有经验和受经济发展水平所限，安全许可条件不高，并且可操作性差。随着党和国家对安全生产要求的不断提高、人民群众对危险化学品安全生产的关注和安全发展的要求，有关危险化学品企业的安全生产许可条件必须不断提高。要抓住目前正值危险化学品安全生产许可证、经营许可证延期换证高峰的时机，进一步提高和细化安全生产许可条件，提高准入门槛，推动危险化学品领域安全生产形势的稳定好转。一是要继续淘汰关闭安全生产条件差的危险化学品企业。对那些发生过安全事故、安全管理水平下降、不再具备安全生产条件的企业，一律不予换发许可证。要认真检查企业首次申请许可证时作出的有关安全生产的承诺是否兑现。没有兑现的，一律不予换发，并责令限期整改。整改不合格或在规定期限内未进行整改的，应当依法吊销许可证并提请企业所在地人民政府依法予以关闭。二是要通过本次延期换证工作，对每个许可证延期企业进一步改善安全生产条件、提高安全管理水平提出具体要求，下次延期换证时要核查企业是否达到了这些要求，督促企业不断提高安全生产水平。三是要通过危险化学品安全生产、经营许可延期换证工作，逐步把从业人员是否达到从业条件纳入危险化学品生产企业行政许可条件，督促有关企业在2010年底前完成硝化、氧化、磺化、氯化、氟化或重氮化反应等危险化工工艺的生产装置自动控制改造。要利用安全生产许可证换证的有利时机，坚决淘汰一批不符合安全生产条件的危险化学品生产企业，争取把在2009年需要延期换证的危险化学品生产企业减少10%。四是以建立集仓储、配送、物流、销售和商品展示为一体的危险化学品集中交易市场为工作目标，做好危险化学品经营许可证的换证工作。大、中城市要首先实现危险化学品集中交易、专区储存、专业配送。防止城市人口密集区域存放大量的危险化学品。防止个人携带危险化学品乘坐公共交通工具，给公共安全带来威胁。

二、着力推动危险化学品企业落实安全生产主体责任

危险化学品领域安全生产形势的根本好转，要靠危险化学品从业单位安全生产形势的根本好转来实现，要靠危险化学品从业单位安全生产主体责任落实到位来实现。目前，绝大部分企业还没有把安全生产作为企业的自觉行动，必须通过各级政府的强化监管督促企业落实安全生产主体责任，推动企业加强安全生产工作，提高安全管理水平。在现阶段，推动企业落实安全生产主体责任，始终是各级政府安全监管工作的出发点和落脚点。各级安监部门要认真研究推动企业落实安全生产责任的工作措施，千方百计推动企业落实安全生产主体责任，尤其要做好六个方面的工作。首先要督促和指导企业建立和完善安全生产责任制和安全管理工作制度。安全生产责任制是企业安全生产管理的灵魂，安全生产规章制度是企业安全生产管理的基础。要认真总结近年来危险化学品安全监管工作的经验教训，督促、指导企业全面加强安全管理基础工作。要求企业必须在建立和完善全员安全生产责任制的基础上，每个从业人员都严格履行安全生产责任制，尤其是要督促、指导危险化学品从业单位主要负责人要认真履行安全生产第一责任人的职责，领导企业完善全员安全生产责任制、安全生产管理制度和岗位操作规程并狠抓落实，健全安全生产管理机构，配备必要的安全管理人员，建立内部监督机制，保障安全投入，确保企业安全生产主体责任落实到位。二是要按照《国家安全监管总局关于进一步加强危险化学品企业安全生产标准化工作的指导意见》的要求，督促、指导企业开展安全生产标准化工作。主要是要求企业进一步完善安全生产条件，规范安全生产管理，将安全生产标准化工作与贯彻落实安全生产法律法规、深化安全生产专项整治相结合，纳入企业安全管理工作计划和目标考核，通过实施安全生产标准化工作，改进企业安全生产条件，强化企业“双基”工作，建立企业安全生产长效机制。三是按照深化安全生产专项整治的要求，督促、指导企业建立健全规范化的隐患排查治理制度。主要是要求企业建立健全定期隐患排查制度，把隐患排查治理纳入企业的日常安全管理，形成全面覆盖、全员参与的隐患排查治理工作机制，使隐患排查治理工作制度化和常态化。四是要督促企业加强安全教育和技能培训工作。危险化学品企业至少要从两个方面保障安全生产，一是工艺、装备要本质安全化，二是从业人员的素质要满足安全生产的要求。要按照国家有关规定，督促、指导企业加强安全生产教育和培训。通过安全教育，提高从业人员的安全意识；通过技能培训，提高从业人员的操作技能。要求企业健全并落实安全教育培训制度，建立安全教育培训档案，实行全员培训，严格持证上岗。要制定切实可行的安全教育培训计划，采取多种有效措施，分类别、分层次开展安全意识、法律法规、规章制度、操作规程、安全技能、事故案例、应急管理、职业危害与防护、遵章守纪、杜绝“三违”（违章指挥、违章操作、违反劳动纪律）等教育培训活动。要防止企业安全教育和技能培训“走过场”。五是督促企业加强重大危险源安全监控，防范重特大危险化学品事故。主要是要求企业定期开展危险源识别、检查、评估工作，建立重大危险源档案；建立重大危险源安全监控责任制，完善安全监控措施，加强对重大危险源的监控，六是紧紧抓住事故教训不放，用事故推动各项安全生产工作。主要是要督促企业认真吸取事故教训，举一反三，采取切实有效的防范措施，促进企业安全生产管理工作。要求企业要建立针对性、实用性强的应急预案体系并通过演练不断完善；装备必要的应急器材，提高生产事故的应急能力，增强突发事件的应对能力。

三、进一步加强危险化学品安全监管基础工作

这些年来，各级安全监管部门普遍重视和加强了安全监管基础工作，取得了明显成效。但从实际情况看，有些地区安全监管部门还存在着底数不完整、数字不准确、档案不健全、统计不全面等问题，不同程度地影响了各级政府对危险化学品安全生产形势的准确判断和科学决策。各省级安全监管局要结合本地区实际情况，在不断改进自身工作的同时，要指导和监督市、县安全监管局切实加强危险化学品安全监管基础工作，尤其要做好以下五项工作。

第一，要加强危险化学品安全生产法制建设。各省级安全监管局要认真总结近年来危险化学品安全监管工作的经验和教训，以新修订的《危险化学品安全管理条例》即将发布施行为契机，结合本地区实际，积极通过地方立法，制定和完善危险化学品安全生产地方性法规和规章，提高危险化学品领域安全生产准入条件，完善安全管理体制、机制，保障危险化学品安全生产有法可依。同时，要加快安全技术标准制定和修订工作，健全危险化学品安全生产标准体系。

第二，要加强安全监管队伍建设，提高执法水平。地方各级人民政府要加强安全监管机构和监管队伍建设，特别是要重视县级安全监管机构和监管队伍建设。重点地区要在安全监管部门设立危险化学品安全监管机构，专门负责危险化学品安全监督管理工作；要结合本地区危险化学品从业单位的数量和分布情况，为危险化学品安全监管机构配备相应的专业人员和技术装备；要加强对安全监管人员的业务培训，提高危险化学品安全监管人员依法行政能力和执法水平。

第三，要加强事故统计分析，及时通报典型事故。各级安全监管部门要认真做好危险化学品事故统计工作，按时逐级上报统计数据，同时收集没有造成人员伤亡的危险化学品事故、其他行业领域发生的危险化学品事故信息；定期分析本地区危险化学品事故的特点和规律，更好地指导安全监管工作。对典型危险化学品事故，安全监管部门要及时向相关企业和部门发出事故通报，吸取事故教训，举一反三，防止发生同类事故。

第四，要加强危险化学品登记工作，尽快建立起国家和省级危险化学品数据库。危险化学品登记是危险化学品安全管理的基础性工作。通过危险化学品登记，建立国家危险化学品数据库，为预防与控制化学品危害、应急救援提供重要的信息与技术支持。各省级安全监管局和化学品登记中心要认真总结第一阶段危险化学品登记工作情况，查找问题，改进工作，切实把危险化学品登记工作作为一项重要工作抓紧抓好。一是抓紧研究确定登记机构的地位，落实登记工作人员的收入来源，这是做好登记工作的基础。二是抓紧化学品危险性评估专家队伍建设，为危险化学品登记工作提供有效的技术支撑。三是抓紧组织已经登记的危险化学品危险性的评估，为确定下一阶段危险化学品登记的范围奠定基础。四是认真组织开展联合国全球化学品统一分类与标签制度（GHS）和欧盟化学品注册、评估、授权法规（REACH）的研究，抓紧编制《危险化学品目录》，开展危险特性尚未确定的化学品鉴别分类工作，为危险化学品安全管理提供科学依据。五是抓紧危险化学品事故应急响应系统建设，为国家和地区危险化学品安全生产监管提供服务，为化学事故的预防控制和应急救援提供信息和技术支持。

第五，创新监管方式，规范执法，严格执法。面对繁重的危险化学品安全监管任务，各级安全监管部门要与时俱进，开拓创新，积极探索当前形势下加强和改进危险化学品安全监管工作的方式方法。要借鉴发达国家和我国部分地区的好做法，通过开展安全生产标准化考评等方式，根据企业的安全生产状况，对企业实施分级监管，把监管的重心放在容易发生事故的企业上。要根据辖区内企业安全生产状况，制定年度监督检查计划，明确重点检查的企业名单、检查频次、检查程序。对企业的监督检查，安全监管部门要制定《检查表》，明确规定检查内容、检查标准、工作要求，避免检查的随意性。要加大对违法违规企业的处罚力度，通过严格执法，推动企业进一步落实安全生产的主体责任。

四、高度重视、认真做好非药品类易制毒化学品监管工作

加强易制毒化学品监管工作是禁毒工作的需要，是当前正在开展的禁毒人民战争的需要。非药品类易制毒化学品监管工作是全国禁毒工作的重要内容，是安全监管部门新增加的一项重要职责。从总体上看，几年来，各级安全监管部门在没有增加人员编制的情况下，以高度的政治责任感，克服人员少、任务重等困难，积极推进非药品类易制毒化学品监管工作，取得初步成效。但从各地情况来看，非药品类易制毒化学品监管工作还存在底数不清、监管力量不足、监管不到位等问题。今年2月18日，安徽省公安机关在六安市寿县查获一起私营小化工厂非法生产羟亚胺案件，缴获羟亚胺550公斤。羟亚胺是制造毒品K粉的主要原料。这个私营小化工厂成立于2005年，2008年出租给外地人，承租人添置部分设备后于当年12月开始暗中非法生产羟亚胺。仅仅2个月，就非法制造了近7吨的羟亚胺，每吨以100万～120万元出售。这是一起制毒贩毒的特大案件。案发前，当地有关部门没有对这家化工厂进行过监管检查，没能及时发现非法生产活动。

各省级安全监管局要尽快解决本地区非药品类易制毒化学品底数不清、没有专职监管人员、监管工作不到位等问题。对这个问题，我讲三点要求。一是要配备易制毒化学品监管专门力量。由于省级安全监管局要负责组织、指导本辖区易制毒化学品监管工作，还要承办第一类非药品类易制毒化学品生产、经营许可证颁发工作。因此，省级安全监管局、监管任务重的地市级安全监管局都要明确易制毒化学品管理机构，配备专职人员；县级安全监管部门要指定专人负责。二是要组织开展对易制毒化学品生产、经营颁证企业的监督检查，开展清查、打击非法生产、经营易制毒化学品行为，把这项工作纳入当前正在开展的安全生产“三项行动”当中。三是要组织开展安全监管部门易制毒化学品管理的培训，督促有关企业向从业人员提供易制毒化学品法律法规、规章和相关知识的培训教育。

五、积极推进危险化学品领域安全生产“三项行动”和“三项建设”

今年开展的安全生产宣传教育、安全生产执法、安全生产治理“三项行动”和安全生产法制体制机制、安全生产保障能力、安全生产监管队伍“三项建设”，是党中央、国务院加强安全生产工作的又一重要举措，是进一步深化隐患排查治理工作的重要措施，是推动各地区、各部门、各单位进一步贯彻落实党和国家安全生产方针政策、法律法规的重要手段。深入开展安全生产“三项行动”、“三项建设”是全年安全生产工作的主线。针对当前危险化学品安全生产实际，我强调四个方面问题。

第一，要进一步提高思想认识，加强危险化学品领域安全生产“三项行动”、“三项建设”工作。企业应当成为“三项行动”的主体。但从前一段督查调研的情况看，许多企业不了解国务院关于安全生产“三项行动”的工作部署，不知道国务院安委会关于安全生产“三项建设”的具体要求，总局、省级人民政府的工作安排和工作措施没有落实到企业、落实到基层。因此，要在第二个重点时段，继续开展舆论宣传和引导工作，使广大从业从员特别是企业法人充分认识开展安全生产“三项行动”的重要意义，把思想统一到国务院领导的重要指示和国办《通知》精神上来，统一到国务院安委会的工作部署上来，统一到地方党委政府紧密结合实际提出的明确要求上来。危险化学品安全生产与广大群众生产、生活密切相关，要鼓励广大群众积极参与危险化学品安全生产“三项行动”，主动检举揭发非法违法行为和重大危险化学品安全隐患。

第二，要扎实做好第二时段危险化学品安全生产“三项行动”、“三项建设”工作。在这个时段，危险化学品安全监管的重点工作是，督促地方政府落实安全监管责任，认真组织开展联合执法，严厉打击各类非法违法生产、经营、建设行为；进一步强化化工企业安全生产治理、危险化学品运输治理，切实防范和遏制重特大危险化学品事故；落实汛期防洪、防透水、防坍塌、防泥石流、防雷电等措施，严密防范自然灾害引发危险化学品事故；在

9月份组织开展安全生产大检查，督促危险化学品从业单位进一步落实事故防范措施，严防重特大危险化学品事故，为国庆60周年创造安全稳定环境。

第三，要认真梳理督查检查发现的重大事故隐患，监督危险化学品从业单位尽快落实整改措施。当前，国家安全监管总局组织的11个检查组，正在对22个地区安全生产“三项行动”、“三项建设”工作情况进行检查。各省、区、市人民政府也在组织形式多样的督查、检查活动。在这些督查检查工作中，危险化学品从业单位都是重点检查对象。各级安全监管部门要全面收集和梳理这些督查检查发现的问题和隐患，把每项隐患整改工作落实到企业、落实到部门，限时完成整改。对重大事故隐患，要向社会公告，发动群众监督整改工作。

第四，各级安全监管部门要充分发挥危险化学品监督管理综合职能，积极推动危险化学品安全生产“三项行动”、“三项建设”。危险化学品安全监督综合工作是《危险化学品安全管理条例》赋予安全监管工作部门的一项重要职责。为履行好危险化学品综合监管职责，国务院建立了危险化学品安全监管部际联席会议制度，部分省级人民政府建立了危险化学品安全监管部门联席会议制度。实践证明，联席会议是安全监管部门组织开展部门联合执法，强化危险化学品安全生产工作组织领导的重要平台。按照国务院的要求，安全生产“三项行动”由地方各级人民政府统一组织实施。各级安全监管部门要主动向同级政府汇报危险化学品安全生产“三项行动”、“三项建设”进展情况，争取支持，推动工作；要通过联席会议等平台，积极与相关部门沟通，开展危险化学品安全监管联合执法，抓好相关环节的安全治理工作。

在参加这次会议的同志中，有些同志还负责烟花爆竹安全监管工作。借此机会，我再强调一下当前烟花爆竹安全监管工作。今年以来，烟花爆竹事故起数和死亡人数大幅度上升，特别是非法生产经营活动引起的较大和重大烟花爆竹事故多发，全国烟花爆竹安全生产形势非常严峻。入夏以后，北方持续高温、干旱，南方一些地区雷电、暴雨天气多，这些天气现象都容易引发烟花爆竹事故，对烟花爆竹安全生产十分不利。当前和今后一段时期，特别是夏季至国庆期间的烟花爆竹安全监管任务十分繁重。为此，总局日前下发了《关于认真做好高温雷雨季节至国庆期间烟花爆竹安全生产工作的通知》，对这个重要时段的工作提出了具体要求。今天，我再强调三项重点工作。一是督促企业严格执行高温、雷雨天气停产规定，充分利用这个时机，结合安全生产许可证延期换证工作，全面开展隐患排查治理、安全生产基础设施改造和人员教育培训等工作。二是有关省级安全监管局要组织力量加强对承担国庆烟花生产、储存任务的企业安全监管工作，确保国庆烟花产品的生产安全和按时供应。三是继续保持打击非法生产经营烟花爆竹工作的高压态势，杜绝非法生产经营烟花爆竹行为。

国家安全生产监督管理总局副局长梁嘉琨在全国安全生产监管监察系统（季度）视频会议上的讲话（摘要）

（2009年7月10日）

关于进一步加强安全生产法制体制机制建设的实施意见，国务院安委会已下发各地。下面按照会议安排，就这项工作要点讲以下意见。

一、充分认识进一步加强安全生产法制体制机制建设的重要意义

近年来，在党中央、国务院的正确领导下，通过各地区、各部门和各单位的共同努力，安全生产形势总体稳定、趋于好转。但重特大事故时有发生，一些地区和行业的安全生产状况仍不容乐观。事故教训是多方面的，但究其深层次的原因，都与安全生产法制体制机制建设不健全不完善息息相关。当前，面对新时期安全发展的新要求和人民群众的新期待，强化安全生产的法律制度、完善监管监察体制、健全有效的运行机制，对于从根本上保障安全生产形势的持续稳定好转，尤为重要。

——安全生产法制体制机制建设具有全局性。安全生产是社会管理的重要内容。推进安全发展与经济社会同步发展，着力构建“政府统一领导、部门依法监管、企业全面负责、群众参与监督、全社会广泛支持”的工作格局，涉及各行业、各领域、各层次，其实质就是建立健全法制体制机制问题。各级政府、负有安全监管监察职能的相关部门、各生产经营单位、从业人员、中介服务机构等，要承担和履行好相应的安全生产工作，必须有法制体制机制的保障。因此，安全生产法制体制机制建设，是一个带有全局性的问题。

——安全生产法制体制机制建设具有长期性。发达工业化国家安全生产的发展历程说明，生产安全事故从事故多发、到趋于稳定和逐步下降的过程，是一个法制体制机制随着经济社会的发展逐步强化、健全和完善的过程。当前，我国正处于经济社会快速发展阶段，处于事故“易发期”，社会主义初级阶段的生产力发展水平，决定了我国安全生产法制体制机制建设必然是一项长期的战略任务。

——安全生产法制体制机制建设具有基础性。“预防为主”既是实现“安全第一”的根本途径，也是安全生产的内在规律。“预防为主”，就是要把安全生产的重点建立在预测、预警、预报、预防事故防范体系上。而事故防范体系只有建立在安全生产法制体制机制保障的基础上，才能得以有效。实践证明，加强安全生产法制体制机制建设，是进一步搞好安全生产工作的基础和治本之策。

由于安全生产法制体制机制建设具有全局性、长期性和基础性的特征，随着经济社会的发展，随着安全生产矛盾越来越突出，只有进一步加强安全生产法制体制机制建设，才能从根本上化解安全生产领域存在的深层次矛盾，才能适应新时期安全发展的需要。从当前形势看，这项工作显得更为迫切。

二、突出重点，大力推进安全生产法制体制机制建设

（一）关于安全生产法制建设。法制是指法律制度体系，其内涵是多层次的，不仅包括法律制度，而且包括法律实施和法律监督等一系列活动和过程，是立法、执法、普法、守法和执法监督等内容的有机统一体系。依法治安是建设社会主义法治国家的重要组成部分，是国家作为社会公共利益的维护者，为了保障人民群众的生命财产安全，运用国家权力，对安全生产实施有效监管的重要途径。

目前，我国安全生产法律制度框架基本建立，安全生产法律实施取得明显进展，安全生产法律知识的宣传教育培训不断普及，安全生产执法监督进一步加强，企业的安全生产守法意识和程度有所提高。但是，与新时期安全发展的新要求还不相适应，相关法律法规尚需进一步完善，法律实施有待于进一步加强。

一是立法工作。《安全生产法》是2002年颁布实施的一部综合性法律，具有丰富的法律内涵和规范作用。《安全生产法》实施以来，初步建立了以《安全生产法》为核心，涵盖法规、规章、标准和规程等在内的安全生产法律制度体系。进一步建立健全以《安全生产法》为核心的安全生产法律制度体系，是下一步法制建设的重点，其中包括负有安全生产管理职责的国务院有关部门和地方政府的立法。

今年，国家安全监管总局将开展《安全生产法》修订调研工作，同时，支持推动部门和地方政府加快安全生产相关立法进程。上半年，已审议《非煤矿山企业安全许可证实施办法》等10个部门规章；《危险化学品安全管理条例》、《安全生产应急管理条例》已进入审议程序；《煤矿安全监察条例》、《安全生产监督管理条例》等已进入修订和调研程序；与《安全生产法》配套的相关条例的出台，是近期立法工作的重点。下半年还将制定《冶金企业安全生产监督规定》等部门规章。安全生产标准的制修订已根据国家标准委的要求，按照轻重缓急制定了标准项目计划；围绕夯实企业安全基础工作，开展强制性标准和推荐性标准的研究制定，同时，加大标准宣贯、监督检查力度；严格市场准入，大力推进企业安全标准化建设，逐步建立健全标准修订全过程的管理和监督机制。

二是执法工作。安全生产法律的执行，是作为行政执法机构的安全生产监管系统、煤矿安全监察机构的重要职责。安全生产“三项行动”中的执法行动，就是安全生产法律执行的实践活动。“有法可依、有法必依、执法必严、违法必究”，是法制建设所要达到的目标。因此，一方面，要加强执法管理，制定执法计划，严格执法程序，加大执法力度；另一方面，要进一步规范执法行为，做好行政复议和行政应诉，全面提高执法的水平和效能。

三是守法工作。安全生产监管监察系统自身首先要依法行政，要严格规范自由裁量权，防止执法上的随意性；要注重强化服务与严格执法相结合、综合执法与分类监管相结合、现场执法与远程监控相结合、全面检查与重点监管相结合，不断提高依法行政的水平。同时，要通过执法和普法促进企业守法程度的提高，要把安全生产立法与安全生产宣传教育行动、“五五”普法、安全生产执法行动有机结合起来，提高全社会特别是企业及从业人员的安全生产法制意识和守法程度。

总之，法律制度体系的构建，不仅是静态意义的，也是动态意义的。要把立法、执法、守法和执法监督有机统一起来，不断加强研究、制定、修订、实施和完善。

（二）关于安全生产体制建设。体制是指国家、国家机关、企事业单位的组织制度。行政体制是指国家行政系统中的职能划分、组织机构、人员编制、运行机制等多种要素构成的有机整体。安全生产体制涵盖:安全生产监管、煤矿安全监察、应急救援、技术支撑、行业安全管理、企业内部安全管理体制等。

目前，新一届政府机构改革省级层面已基本完成，覆盖全国的安全监管体制基本形成，国家煤矿安全监察体制进一步完善，安全生产应急救援体制有明显进展，重点行业（领域）安全管理体系得到加强。但是基层安全生产监管机构仍然相当薄弱，一些地方执法队伍力量严重不足，相关部门监管职责尚不够明确，安全生产综合监管职能尚需进一步加强。

按照党的十七大报告提出的行政管理体制改革的总体思路，结合安全生产工作的实际，要以明确和落实地方各级政府和有关部门的安全生产职责为重点，理顺安全生产综合监管和专项监管、国家监察和地方监管的职责关系，大力推进安全生产执法队伍建设，加快安全生产应急救援体系和技术支撑体系建设，逐步形成权责一致、职能明确、决策科学、执行顺畅、监管监察有力、支撑保障到位的安全生产监管监察体制。

近期的几项重点工作：

一是要充分发挥各级政府安委会的议事协调作用，统筹组织、部署和推进地方安全生产有关工作；各级安委会办公室要履行好安委会各项决策的协调督办等职责，切实发挥综合协调、指导监督的作用。

二是要落实地方各级政府和有关部门安全生产管理职责，参照贵州、福建等地的做法，健全“一岗双责”责任体系，并以地方法规等形式予以明确。

三是结合地方机构改革，各级安全生产监管部门要进一步明确综合监管的职责，加大对有关部门和下一级政府的协调指导和监督检查。

四是加强煤矿安全监管是地方各级政府的重要职责，随着地方机构的调整，此项职能必须加以明确，并延伸到县、乡级政府，延伸到煤炭企业内部管理之中；国家煤矿安全驻各地监察机构要依法履行监督检查职责。

五要大力推进各级安全生产监管机构执法队伍建设。要借鉴山东、广东、吉林等地的做法，委托部分行政执法权，结合实际建立安全生产执法队伍；要高度重视基层体制建设，按照中编办关于深化乡镇机构改革的指导意见，借鉴重庆、四川、浙江等地的做法，在乡镇（街道）设专门机构。要大力推进应急救援体系建设，进一步推进地方各级政府和企业建立健全安全生产应急管理机构。

（三）关于安全生产机制建设。机制是指各构成要素之间相互联系和作用的关系及其功能，是在一定体制框架下的构成要素运行机理。机制的建立，一靠体制；二靠制度。安全生产工作的长期性、复杂性和艰巨性，决定了安全生产机制建设也是一项艰巨复杂的系统工程。安全生产机制渗透和体现在安全生产工作的各个方面，不同的层次、不同的侧面和不同的方式，必须在实践中不断探索、创新，才能逐步形成有效的运行机制。总体看，安全生产机制分三大类：一类是安全生产监管监察系统内的运行机制；二类是与相关部门的协调机制；三类是针对安全生产监管监察对象形成的监督机制。

下一步，安全生产机制建设要以形成安全生产监管监察工作的最大合力，以有效遏制重特大事故为着力点，健全完善安委会工作机制、部门协调机制，以及安全生产联合执法、事故信息管理、应急管理等上下贯通、左右协调的工作机制，进一步提升安全生产监管监察的效能。

企业是安全生产的责任主体。企业的安全守法程度，除了其自律外，主要取决于外部监督制约的力度。近期，要围绕落实企业主体责任重点研究、探索和完善建立健全监督制约机制。一是健全安全生产执法机制，完善安全生产行政执法法律制度，强化安全生产监管监察执法。二是健全安全生产行政许可制度，明确标准、规范程序、提高效率，加强建设项目“三同时”审查，确保新建项目不出现“先天不足”问题，严把高危行业企业安全标准和市场准入关。三是健全事故责任追究制度，严肃查处各类生产安全事故。四是建立安全生产责任保险机制，改善高危行业企业生产环境，保障职工生命安全和职业健康。五是健全社会舆论监督机制，建立新闻媒体有效的监督制度，积极引导和鼓励社会各界共同关心、参与和保障安全生产。六是建立事故伤亡赔偿机制，提高和规范生产安全事故的赔付标准，提高企业的风险成本。七是建立事故企业公告制度，促进企业强化自律。八是健全企业诚信机制，总结推广河北等地安全生产诚信企业经验，强化企业安全道德约束。九是健全企业经营者资格制度，落实企业安全生产第一责任者责任。十是建立从业人员强制性培训机制，强化从业人员素质建设。十一是建立企业安全费用提取使用监督机制，严格安全投入标准。十二是建立对企业安全生产工作的激励约束机制。

健全法律制度，依法明确职责、健全执法机构，完善运行机制有着紧密的内在联系。安全生产法制体制机制建设，三者之间既各自独立、各有侧重，又相辅相成、密不可分。法律制度是体制机制依法行政的依据，而体制是法律制度实施的重要载体，机制是法制体制充分发挥作用的有效途径。也就是说，完善法律制度，才能明确法定职责；健全体制，法制的实施才能有组织保障；健全完善有效的运行机制，体制功能才能体现，法律意志才能实现。

安全生产法制体制机制建设，是安全生产的强基固本工程。各级安全监管监察机构要以科学发展观为指导，要与安全生产保障能力建设、安全生产监管监察队伍建设，密切结合，总体部署，统筹协调，分步实施，为促进安全生产形势的稳定好转奠定基础。

国家安全生产监督管理总局纪检组组长周福启在全国安全监管监察系统纪检组长座谈会上的讲话（摘要）

（2009 年 8 月 7 日）

这次纪检组长座谈会，是经安全监管总局党组研究决定召开的一次很重要的会议。我们认真学习传达了中央纪委召开的全国纪委书记座谈会精神，认真听取了安全监管总局党组书记、局长骆琳同志的重要讲话，大家进行了认真热烈的讨论。普遍感到，受到了很大的教育和鼓舞。下面，主要围绕认真学习贯彻好全国纪委书记座谈会和骆琳同志讲话精神，进一步做好下一步的纪检监察工作，讲四个问题：

一、深刻学习领会中央反腐倡廉重要精神和安全监管总局党组有关工作部署，努力做好结合的文章

今年以来，党中央、国务院和中央纪委、监察部多次召开重要会议，对反腐倡廉工作进行部署，相继推出一系列重要举措，一环扣一环，抓得既紧又实。因此，我们必须深刻学习领会中央一系列重要指示精神和安全监管总局党组有关工作部署，认清形势，把握大局，开阔眼界，振奋精神，进一步保持清醒头脑，增强做好纪检监察工作的使命感和责任感。

——要深刻学习领会关于加强“两大建设”的要求。胡锦涛总书记在中央纪委三次全会上强调指出，要把反腐倡廉建设放在更加突出的位置，旗帜鲜明地反对腐败。同时，强调要把加强领导干部党性修养、树立和弘扬优良作风作为重大政治任务抓紧抓好。安全生产事关人民群众生命财产安全，事关改革发展稳定的大局，我们安全监管监察系统有一支很大的执法队伍，加强反腐倡廉建设和作风建设至关重要。最近何勇同志在我们上报的一份材料上批示：“安全监管总局担负着重要任务，纪检组要在党组领导下，切实抓好作风建设和反腐倡廉建设。”这既是对驻总局纪检组提出的要求，也是对全系统各级纪检监察部门的要求。我们应当充分认识，具体抓好这两大建设方面的工作，是我们的职责所系，责任重大，使命光荣。

——要深刻学习领会围绕“保增长、保民生、保稳定”开展反腐倡廉的要求。温家宝总理在国务院第二次廉政工作会议上指出，要紧紧围绕保增长、保民生、保稳定这条主线，进一步加大监督检查力度，着力解决损害群众利益的突出问题。张德江副总理在6月1日全国安全生产电视电话会议上的重要讲话中也指出，做好当前的安全生产工作，积极创造安全生产环境，对于应对国际金融危机冲击、保持经济平稳较快发展，具有特殊意义。一个时期来特别是今年以来，党中央、国务院领导同志对加强安全生产工作，作出了一系列重要批示，国家安全监管总局党组相继采取了一系列工作举措。安全监管监察系统各级纪检监察部门，必须紧紧围绕安全生产这个中心和大局开展工作，为实现“三个压下来”（坚决把重特大事故压下来，坚决把事故总量压下来，坚决把伤残人数压下来）的奋斗目标，保增长、保民生、保稳定、保安全生产稳定好转，作出积极贡献。

——要深刻学习领会加强安全生产领域反腐倡廉工作的要求。胡锦涛总书记、温家宝总理等中央领导同志在党中央、国务院召开的重要会议上，多次深刻阐述了做好安全生产工作的重要性。强调要把重特大事故多发，作为当前人民群众反映强烈的突出问题和领导干部作风不正的严重问题之一；把惩治安全生产领域的腐败现象，作为加强党风廉政建设的一项重要任务，强化责任追究，严肃党纪政纪，坚决维护人民群众的生命财产安全。中央领导同志的重要讲话要求，深刻揭示了当前安全生产领域的深层次矛盾和问题，抓住了关键和要害，为我们实践探索安全生产和反腐倡廉“双向延伸”的路子指明了方向。

——要深刻学习领会加强反腐倡廉法制体制机制建设的要求。党的十七大明确提山，要在坚决惩治腐败的同时，更加注重治本，更加注重预防，更加注重制度建设，拓展从源头上防治腐败的工作领域。胡锦涛总书记多次强调，要适应新形势新任务的要求，积极推进制度建设和创新，提高制度建设的质量和水平，健全有利于防范腐败的体制机制，做到用制度管权、用制度管事、用制度管人。最近中央集中颁布了《中国共产党巡视工作条例（试行）》等4个反腐倡廉法规和文件，充分体现了中央加强反腐倡廉法规制度建设、从源头上防治腐败的坚强决心。对我们安全监管监察系统反腐倡廉建设具有重大的指导意义，我们一定要紧密结合实际，抓好贯彻落实。

——要深刻学习领会反腐倡廉必须抓重点、抓落实的要求。贺国强同志在全国纪委书记座谈会上的讲话中，要求抓好反腐倡廉重点工作，切实以重点工作的成效带动全局工作的发展，以关键环节的突破带动惩治和预防腐败体系建设整体推进。与此同时，中央纪委专门制定下发了《关于推进惩治和预防腐败体系建设的检查办法（试行）》（以下简称《检查办法》），强调加强督促检查，推进工作落实。所有这些，都充分地揭示出反腐倡廉抓重点、抓落实的思想，它不仅是一个工作方法问题，更是一个思想方法和工作思路问题。我们一定要按照中央纪委要求，把握工作着重点，采取切实措施，确保反腐倡廉任务在安全监管监察系统得到落实。

——要深刻学习领会必须坚持惩治和预防两手抓、两手都要硬的要求。在全国纪委书记座谈会上，贺国强同志非常精辟地指出，惩治和预防是反腐倡廉工作相辅相成、互相促进的两个方面。只有坚决惩治才能为有效预防创造条件，只有有效预防才能不断巩固惩治成果，二者互为条件，不可偏废，必须始终坚持两手抓、两手都要硬。一方面，惩治这一手一定要硬；另一方面，预防这一手决不能软。我们一定要坚持惩防并举，切实从源头上铲除腐败滋生蔓延的土壤，最大限度地遏制和减少腐败现象。

——要深刻学习领会必须以改革创新精神开展纪检监察工作的要求。改革是深入开展反腐倡廉的动力源泉，也是我们做好纪检监察工作的根本途径。坚持以改革创新精神推进反腐倡廉建设，在解放思想、改革创新中，加大破解工作难题的力度。这是中央关于做好纪检监察工作的重要要求。我们一定要从安全监管监察系统的实际出发，进一步加深学习理解和实践，使纪检监察工作在实践中创新、在创新中提高，更好地为科学发展、安全发展服务。

——要深刻学习领会加强纪检监察队伍自身建设的要求。胡锦涛总书记在中央纪委三次全会上的重要讲话中指出："纪检监察机关肩负着反腐倡廉重任，肩负着党和人民重托，切实加强自身建设、不断提高纪检监察工作能力和水平十分重要。"贺国强同志在全国纪委书记座谈会上也强调："要充分认识加强纪检监察干部队伍建设的重要性和紧迫性，采取切实有效措施，认真解决纪检监察干部队伍中存在的突出问题，把纪检监察机关自身建设提高到一个新水平。"我们一定要按照中央要求，切实加强纪检监察队伍自身建设，对纪检监察干部既要严格要求，又要关心爱护，保护广大纪检监察干部做好纪检监察工作的积极性，真正当好党的忠诚卫士，做人民群众的贴心人，不辱神圣使命，不负组织重托。

二、今年以来反腐倡廉工作取得新成效

今年以来，各单位深入学习贯彻中央纪委三次全会和国务院第二次廉政工作会议精神，按照国家安全监管总局党组的部署和要求，认真贯彻惩防体系建设《工作规划》，全系统反腐倡廉工作取得了新的成效。

第一，"两项工作"得到深化。反腐倡廉教育进一步深化。各单位以开展深入学习实践科学发展观活动为契机，不断深化党性党风党纪教育。普遍做到了"三个结合"：一是经常性的教育与专题教育相结合。多数单位利用庆祝建党 88 周年之际，通过过党日、上党课、举办演讲会、组织书画展览、观看录像片等形式，对广大党员进行教育。安徽、新疆等煤矿安监局集中开展了"反腐倡廉教育月"活动，江西、陕西省安全监管局等单位集中开展了专题系列教育，内蒙古煤矿安监局在党员干部中广泛征集廉政格言，效果都比较好。二是普遍教育与个别谈话教育相结合。据不完全统计，各省级煤矿安监机构共开展个别谈话 1975 人次，其中对 71 人进行了诫勉谈话，增强了教育的针对性。三是正反面典型教育相结合。许多单位"七一"前夕对优秀共产党员和优秀党务工作者进行了表彰，树起了标竿。同时，对发生在本单位和系统内的一些典型案件进行剖析，以案论纪，以案明理，警钟长鸣。落实党风廉政建设责任制工作进一步深化。国家安全监管总局党组成员按照"一岗双责"的要求和业务分工范围，分别听取了机关 19 个司局和 15 个在京直属事业单位落实反腐倡廉任务情况的汇报，总的情况是好的。从各省局这方面的情况看，比往年也有所进步。一是细化任务分解。各单位按照上级要求，认真研究制定分工方案，将反腐倡廉工作任务逐项分解，落实到人头上，达到了定人、定事、定时限。二是加强督促检查。许多单位积极探索建立党风廉政建设指标考核体系，使责任考核进一步科学化、规范化、制度化。天津市、辽宁省安全监管局和陕西煤矿安监局等单位对上半年落实党风廉政建设责任制情况开展了检查，促进了各项工作的落实。三是严格责任追究。河北煤矿安监局等单位研究制定了党风廉政建设考核"一票否决"制度，逐步完善了责任追究机制。有的对上半年党风廉政建设工作检查不合格的单位进行了通报批评。

第二，"两项工作"取得新进展。人事制度改革取得突破性进展。国家安全监管总局党组高度重视干部队伍建设，总局机关带头改革。今年在深化干部人事制度改革方面，迈出了实质性步伐。坚持德才兼备、以德为先和民主、公开、竞争、择优原则，提高选人用人公信度和透明度。上半年安全监管总局党组决定，对两名省级煤矿安监局局长和 1 名纪检组长进行了异地交流任职。对国家安全监管总局和国家煤矿安监局机关 4 个司局级正职岗位的领导干部，实行差额推荐、差额考察、差额表决的方式选拔，创新了干部选拔任用方法，激发了干部队伍活力。一些省级煤矿安监局也实行了干部竞争上岗，加大了干部交流力度。这些举措，对防止和解决用人上的不正之风，推进从源头上预防和治理腐败工作，起到了重要作用。惩防体系建设工作取得新进展。6月初中央纪委召开贯彻落实《检查办法》电视电话会议后，国家安全监管总局党组专门召开会议，认真学习何勇同志的重要讲话和《检查办法》，结合实际研究了贯彻落实会议精神的具体措施。为完成好中央交给安全监管总局牵头的任务，国家安全监管总局与监察部、高法院、高检院、公安部、司法部、国家煤矿安监局、法制办、全国总工会协商成立了工作协调小组，6月下旬骆琳同志主持召开了第一次会议，就完善相关工作机制、建立联席会议制度、明确各家工作职责进行了研究，形成了《会议纪要》。同时，国家安全监管总局研究制定了贯彻落实《检查办法》的实施方案，惩防体系建设有了新的进展。

第三，"三项工作"进一步加强。注重制度建设，反腐倡廉基础工作进一步加强。多数单位立足当前，着眼长远，从源头抓起，建立完善了一批反腐倡廉制度。四川省安全监管局、四川煤矿安监局，甘肃煤矿安监局等单位推行了现场检查与处罚分离、交叉开展安全执法监察、事故调查异地进行；山东、辽宁等煤矿安监局把廉政检查与安全执法有机结合在一起，做到"前面有安全执法、后面有廉政检查"；黑龙江、贵州等煤矿安监局根据国家安全监管总局"九条纪律"等规定和要求，制定了本单位的纪律规定；吉林省安全监管局、福建煤矿安监局等单位积极推广电子政务，办好政务大厅，推进了政务公开工作。围绕规范权力运行，监督工作进一步加强。一是加强了对领导班子和领导干部的监督。江苏省安全监管局、江苏煤矿安监局等单位制定完善了执行民主集中制的程序，对"三重一大"（重大事项决策、重要干部任免、重要项目安排、大额度资金的使用）事项作了明确界定。吉林煤矿安监局成立了重大事项审理委员会，规定凡万元以上行政处罚，必须集体审理。河南煤矿安监局领导班子从本单位发生的案件中吸取教训，制定了对"一把手"监督的具体措施，在明确领导成员职责分工时，注意对权力的制约，防止权力过于集中。二是加强了对重点部位和关键环节的监督。主要是加强了对人财物管理部门和岗位及行政许可权、安全执法权、事故调查处理权、安全中介机构监管权、培训权等权力运行的监督。北京市安全监管局、北京煤矿安监分局紧密结合实际，实行廉政风险防范管理，认真排查分析薄弱环节，及时制定相关措施，防患于未然。许多单位加强财务审计，开展"小金库"专项治理，堵塞容易发生问题的漏洞。安全监管监察系统作风建设进一步加强。各级党组织按照中央纪委三次全会部署，把加强领导干部党性修养和作风建设作为今年的一项重要任务来抓。特别是国务院纠风办召开中央国家机关部门和行业作风建设经验交流会后，安全监管总局党组对纠风工作领导小组进行了调整和补充，建立完善了相关工作机制，并研究制定了《关于进一步加强安全监管监察系统作风建设的意见》，把全系统作风建设的任务细化成了5个大项、16个小项，每1项都落实到了总局党组成员，并且明确了责任单位。四川省安全监管局、四川煤矿安监局等单位按照安全监管总局党组要求，研究制定了加强自身作风建设的具体意见。山西煤矿安监局结合开展煤焦领域反腐败专项斗争，在进行专项清理的同时，组织开展作风整顿，刹歪风、树正气。

在肯定成绩的同时，我们也要清醒地看到工作中存在的问题和不足。主要是，有的单位特别是领导干部抓反腐倡廉建设的认识还有差距，缺乏责任感和紧迫感，主动抓落实的自觉性不高；有的党员干部尤其是领导干部，廉洁自律意识淡漠，发生了违纪违法问题。出现李九成、谢光祥、王国君等人的腐败问题，虽然是少数人，但在党内和社会上影响很坏。不久前，重庆煤矿安监局一名副局长又被地方纪委"双规"，再一次给我们敲响了警钟。有的单位预防腐败、源头治本的具体措施还不够有力。有的单位对队伍建设中出现的苗头性、倾向性问题分析不够，研究和采取措施不及时。甚至有个别纪检监察部门连续多年没核查过一封信件，没办过一个案子，当了"太平官"。有的地方出了问题，负责纪检监察工作的同志既不请示也不报告，工作不作为。对这些问题，我们要予以高度重视，并采取措施认真加以解决。

三、坚持以改革创新精神认真抓好今年后几个月的工作

今年的工作，时间紧迫、任务繁重。我们一定要继续深入贯彻党中央、国务院和中央纪委、监察部关于反腐倡廉的决策部署，以学习贯彻即将召开的党的十七届四中全会和中央纪委四次全会精神为主线，以庆祝新中国成立60周年为动力，按照安全监管总局党组要求，突出重点，扎实推进反腐倡廉建设和作风建设，一项一项地抓好工作落实。主要认真抓好以下6项工作：

第一，认真进行一次惩防体系建设工作检查。按照中央纪委部署，为推进安全监管监察系统惩防腐败体系建设工作进程，国家安全监管总局党组将组织开展对惩防体系建设工作的检查。在检查内容上，主要了解贯彻落实中央《建立健全惩治和预防腐败体系2008—2012年工作规划》和总局党组贯彻工作规划《实施意见》情况。包括落实责任、推进工作、采取措施和取得实效四个方面情况。重点检查执行安全生产法律法规，加大责任事故调查处理力度，坚决查处事故背后的失职渎职行为和腐败问题的情况，尤其是2008年以来重特大事故责任追究落实情况。在检查步骤上，大体分为三个阶段：一是普遍进行自查。安排两个月时间，即9—10月份。国家安全监管总局机关各司局、直属事业单位和各省级煤矿安监机构要认真制定方案，开展自查。自查结束后，要及时向国家安全监管总局党组写出报告。二是重点检查。时间安排在9—11月份，与自查压茬进行。总局党组派检查组重点检查10个单位，即6个省级煤矿安监机构、国家安全监管总局和国家煤矿安监局机关2个司局、2个直属事业单位。三是综合汇总分析。国家安全监管总局反腐倡廉工作领导小组办公室按照《惩治和预防腐败体系建设工作指标体系考核表》，对各单位自查和国家安全监管总局重点检查单位的情况进行量化评估和综合分析，形成检查情况报告，分别报国家安全监管总局党组和中央纪委监察部。在检查方法上，这次除了听取汇报、查阅资料、召开座谈会和个别谈话了解情况外，还要在一定范围内进行满意度测评，广泛听取群众评议意见。

开展对惩防体系建设工作的检查，要与开展巡视工作相结合，与贯彻中央《关于实行党政领导干部问责的暂行规定》相结合，最大限度地发挥好检查的指导、促进和保证作用。各单位要注重检查结果的运用。把检查结果作为对领导班子、领导干部综合考核评价的重要内容，作为评优评先、干部使用的重要依据，作为党政领导干部问责的重要方面。要防止流于形式、浮在表面。凡是在检查中被评为“不合格”的单位，当年不得评为先进集体，班子成员不能参加评优。各省级安全监管局惩防体系建设情况的检查，按照地方党委、纪委的部署进行，安全监管总局对相关情况进行了解。

第二，集中巡视一批单位。建立和完善巡视制度，是党的十六大作出的一项重大决策，是加强和改进党内监督的制度创新。党的十七大对进一步完善巡视制度提出明确要求，并将巡视制度写入党章。不久前，中央颁布了《中国共产党巡视工作条例（试行）》。我们要深入学习领会，进一步明确开展巡视工作的指导思想、基本原则和工作要求。一要从安全监管总局实际出发，建立完善巡视工作的领导体制和工作机制。国家安全监管总局党组将制定巡视工作试行办法。巡视工作在国家安全监管总局党组领导下，设立总局巡视工作办公室，办公室设在驻国家安全监管总局纪检组。驻国家安全监管总局纪检组监察局将和国家安全监管总局人事司等司局共同做好巡视工作。二要明确巡视的主要内容。要把执行政治纪律和贯彻落实科学发展观情况作为巡视监督的重要任务，促使领导干部始终不渝地坚持党的路线方针政策，促进科学发展、安全发展。同时，要把领导干部廉政勤政、贯彻执行党风廉政建设责任制、执行民主集中制和选拔任用干部以及维护群众切身利益等情况作为巡视检查的重点。三要依法依规开展巡视工作。座谈会后就要着手进行巡视的准备工作，组织巡视组。今年下半年至少巡视6个单位，明年要逐步扩大巡视单位的数量，加大巡视力度。要严格按照规定程序开展巡视，不断提高巡视工作质量和水平。

第三，深入开展一次正反典型教育活动。为进一步深化党风廉政教育，推进反腐倡廉工作，加强安全监管监察队伍建设，驻总局纪检组监察局根据安全监管总局党组要求，编印了《全国安全生产监管监察系统正反典型教育材料汇编》（以下简称《材料汇编》）。这是目前安全监管监察系统自己的最新的正反面教育材料。为此，安全监管总局党组专门印发了《关于深入开展榜样示范和案例警示教育的通知》，号召各级党组织在全系统深入开展教育活动。各单位要按照安全监管总局党组要求，大力学习宣传全国安全监管监察系统和本单位的先进典型，弘扬新风正气。广大党员干部要学习先模人物对党、对人民、对安全监管监察事业无限忠诚的思想境界，学习他们清醒坚定的信念、刻苦钻研的精神、扎实求实的作风、廉洁自律的品格。要深入剖析违法违纪典型案例，开展好警示教育。《材料汇编》中收入的反面典型案例材料，既有局级干部，又有处、科级干部；既有执法一线的煤监分局干部，也有省局机关干部。他们的共同之处，都栽在一个“贪”字上，都是利用手中的权力去捞钱。每一个案例都是一个警钟，发人深省。我们讲惩防结合、以防为主，抓好正反面典型教育就是很好的“防”，是事半功倍的工作。这样的教育抓得紧、抓得好，就会促使广大党员干部明是非、辨美丑、知荣辱，自觉遵纪守法。因此，各单位一定要紧密结合实际，丰富教育载体，创新教育形式，切实增强教育效果。各单位开展这次教育活动的情况，要及时报告国家安全监管总局党组。

第四，抓紧做好一批案件的剖析和事故背后腐败问题的调查处理工作。坚决依纪依法查办腐败分子，是党和人民赋予纪检监察机关的光荣职责。在这个问题上，大家一定要旗帜鲜明、立场坚定，要理直气壮、毫不动摇地抓好查办案件工作。各省级煤矿安监机构纪检监察部门对有关信访、案件情况要及时上报，对一些大案要案和疑难案件要及时通气，汇报请示。驻国家安全监管总局纪检组监察局及有关省局纪检监察部门当前要做好两件事：一是对近年来发生的违纪违法案件进行剖析，深刻分析发案的重点部位和环节，总结应汲取的教训及规律，进而研究加强队伍建设的对策和措施。二是对发生的生产安全事故要认真进行分析，深入查找事故背后的失职渎职行为和官商勾结、权钱交易等腐败问题。一旦发现这方面的问题，不管涉及谁，都要一查到底。凡是发生此类问题的煤矿安监人员，一经查实，一律清除出安全执法队伍，维护我们这支队伍的纯洁性和良好形象。

第五，举办一期新任纪检组长培训班。国家安全监管总局党组对纪检监察队伍建设高度重视。针对省级煤矿安监局纪检组长缺位较多的情况，党组书记、局长骆琳同志要求国家安全监管总局人事司集中时间和精力，抓好省级煤矿安监局纪检组长的选拔配备和交流工作。今年以来，已有6名同志被选任纪检组长的岗位。根据纪检监察干部新成分比较多的实际情况，驻国家安全监管总局纪检组监察局将会同总局人事司举办一期新任纪检组长培训班。时间大体安排在10月份党的十七届四中全会和中央纪委四次全会后举办，集中学习四中全会精神和纪检监察业务。驻国家安全监管总局纪检组监察局的同志也都要参加集中学习培训，努力提高政治和业务素质。

第六，坚持提供一个保障。纪检监察部门要始终把维护党的政治纪律放在首位，加强对政治纪律执行情况的监督检查，促使广大党员干部增强政治意识、大局意识、责任意识、忧患意识，始终在政治上、思想上、行动上同党中央保持高度一致。加强对党中央、国务院关于安全生产方针政策、安全生产法律法规、安全生产责任制和安全监管总局党组有关安全生产部署执行情况的监督检查。尤其是今年要加强对安全生产“三项行动”、“三项建设”部署落实情况的监督检查，确保“安全生产年”各项目标的实现。对执行上级决策部署不认真的，要追究责任；造成严重后果的，要按照有关规定严肃处理，保证政令畅通。以严明的纪律为实现科学发展、安全发展提供保障。

四、进一步加强纪检监察队伍自身建设

我们党历来十分重视加强自身建设。对一个执政党来讲，抓自身建设是党成熟的表现。不抓自身建设就没有战斗力、凝聚力，也就没有后劲。对我们这支队伍来讲，就不能去完成我们肩负的纪检监察工作繁重任务。从这个意义上来理解，在座的各位同志都应当真情实意地重视抓好个人和队伍的自身建设。经过日积月累，不断砥砺品质、提升素质、更新知识、积储能力，更好地适应新形势新任务的要求。骆琳同志在这次座谈会上的讲话，就纪检监察干部队伍建设，给我们提出了“三个过硬、一个到位”的要求，我们在工作中要认真践行。这里，我再强调三点：

第一，认真学习贯彻即将召开的党的十七届四中全会和中央纪委四次全会精神。今年9月份，中央将召开党的十七届四中全会，重点研究加强和改进新形势下党的建设问题。其间，中央纪委将召开第四次全会。党的四中全会结束后，学习贯彻党的十七届四中全会和中央纪委四次全会精神将作为今后一个时期的一项重大政治任务。全系统各级纪检监察部门要按照中央和安全监管总局党组与地方党委、纪委的统一部署，迅速行动，认真组织广大纪检监察干部学习全会精神，领会精神实质。特别要深刻学习领会中央关于加强党的作风建设和反腐倡廉建设的新要求。紧密结合安全监管监察系统实际，研究提出贯彻落实全会精神的具体措施，切实把全会要求和部署落实到纪检监察工作的各个方面。

第二，要切实发挥好作用。纪检监察干部在反腐倡廉工作中肩负着重要职责。我们一定要倍加珍惜党和人民的信任，进一步增强政治责任感和工作紧迫感，切实发挥应有的作用。一要发挥积极性。纪检监察工作难度大是一个方面，同时也有很大的弹性。一个单位纪检监察工作搞得好还是不好，与这个单位纪检监察干部的积极性高与不高有直接关系。纪检组长必须始终保持积极向上的精神状态，以良好的精神风貌影响周围同志，积极协助所在单位党组织抓好中央反腐倡廉重要决策和国家安全监管总局党组工作部署的贯彻落实。我们既然选择了纪检监察工作岗位，就要力争有所作为，不能不作为，摒弃乱作为。我们也要形成这样的机制，就是有作为的要重用，不作为的要“换位”，乱作为的要问责。二要增强主动性。干纪检监察工作，既要坚持党性原则，严格依法执纪办事，又要有创新精神、吃苦奉献精神、主动进取精神。纪检监察干部思考问题要有前瞻性，要深入调查研究，主动向党组请示汇报情况，经常交换看法，提出意见建议。我在国家安全监管总局党组召开的有关会议上汇报工作时讲过：“作为纪检监察部门，首先要明确为中心和大局服务的思想，决不添乱；但是对违纪违法行为和不正之风，要坚决斗争，决不含糊。”纪检组长是一个重要的工作岗位，大家要敢于讲真话、讲实话，对组织负责，对事业负责，对同志负责，做到尽职尽责。三要有协调配合性。协助党组（党委）抓反腐倡廉工作是纪检监察部门的重要职能之一。但本单位的党风廉政建设是具有全局性的工作，需要各方面的通力合作，齐抓共管、形成整体合力才能做好。这就要求我们有时是组织者唱主角，有时是协助者唱配角。因此，我们要在党组领导下，主动搞好部门之间的协调配合，共同做好反腐倡廉工作。

第三，要严格自律。纪检监察干部是履行监督职责的，监督者首先要被监督。对我们这个部门的干部，要有更高的要求、更严的约束。惟有这样，在廉洁自律方面做得最好，才有资格、有资本去监督别人。还是那些常讲的话，凡是要求别人做的，自己首先要带头做到；凡是要求别人不做的，自己就坚决不做。要做廉洁自律的表率。我们在监督别人时，很多人也在看着我们。现在诱惑很多，要经得住考验，管住自己，管好家人，管好身边人。当然，要同腐败现象和不正之风作斗争，保护党和广大干部群众的根本利益，工作中也难免会招致非议，甚至无中生有的东西。我们首先不惧怕，相信组织上、领导上和大多数干部群众会主持公道，重事实根据，不会轻信流言蜚语，不会失去对纪检监察干部的信任。但你做不到廉洁自律，就不要说组织上不信任你，你也就不适宜做纪检监察工作了。对有这样那样问题，不适合做纪检监察工作、群众不信任的，还是要坚决调离；对违纪违法的，要严肃查处，决不袒护，不姑息迁就。

第五部分

安全生产综合监督管理

安全生产宣传工作

国家安全生产监督管理总局政策法规司

近一年来，新闻宣传工作坚持服务总局、服务安全生产大局的理念，克服困难，奋力拼搏，认真贯彻落实国务院“安全生产年”的决策部署和总局“三项行动”、“三项建设”的工作目标，认真执行党和国家有关新闻宣传的制度规定，认真完成司领导交办的各项工作，较好地完成了全年工作任务。

今年是国务院确定的全国安全生产年，国家安全监管总局部署了“三项行动”、“三项建设”。宣传教育行动是“三项行动”之一，新闻处是这项行动的主要承担者。

1. 围绕“安全生产年”和“三项行动”、“三项建设”总体部署，积极推进宣传教育行动深入开展。一是制定下发了《关于深入开展安全生产宣传教育行动的工作方案》和《2009年宣传工作要点》，全面部署了安全生产宣传教育行动。二是组织召开了安全生产宣传工作座谈会，大力宣传了“安全生产年”活动的目的和意义，重点部署了“宣教行动”工作。三是联系中央电视台等有关媒体赴广西南宁、陕西榆林等地，配合总局执法行动组，开展执法行动，起到了很好的警示作用，促进了“三项行动”的深入开展。四是计划召开宣传教育活动经验交流会，总结经验，巩固和深化宣传教育取得的成果。

2. 积极开展安全生产形势宣传，强化正面引导。一是全国“两会”期间，为“两会”新闻发言人办公室和国办提供“两会”热点问题。二是根据外交部和国务院新闻办的要求，提供了我国安全生产对外、对内口径材料。新中国成立60周年前夕，起草了“我国安全生产工作60年”新闻通稿，交国家安全监管总局主管媒体和《文汇报》（香港）等媒体刊发，有效地宣传了我国安全生产形势。三是定期与主流媒体进行沟通，国家安全监管总局重要会议、重大活动，都邀请中央主流媒体参与宣传报道。通过专题报道、深度报道、跟踪报道等，强化了新闻宣传的正面引导作用。

3. 制定相关制度，加强新闻宣传管理。一是印发了《新闻稿件送审办法》，重点做好网站、报社新闻稿件的审核把关工作。二是研究制定了《国家安全监管总局主管报刊审读办法》，根据各单位推选，遴选出国家安全监管总局报刊审读员。为进一步规范新闻单位出版行为，提高新闻宣传质量，奠定基础。三是制定了《安全生产重大事故音像资料库管理办法》，规范了重大生产安全事故音像资料的收集程序、管理办法，不仅保存客观真实的第一手资料，还促进了用事故教训推动安全生产工作的进展。

4. 组织开展了“安全生产月”和“万里行”活动，集中开展了各种安全生产宣传教育活动。一是举办了第四届安全发展高层论坛。杨元元同志和赵铁锤同志出席在人民大会堂举办的主论坛并发表演讲，近400名代表参加论坛。铁道部、全国总工会、国务院法制办、监察部及部分中央企业负责人围绕主题作了精彩发言。论坛收到150多篇论文，经过专家审评，选出30多篇，20多万字，编辑出版了《第四届安全发展高层论坛论文汇编》。二是在北京天坛公园组织举办了安全生产咨询日活动。总局局长骆琳出席活动现场，并发表主题讲话。通过百米安全文化长廊、安全咨询服务台、安全文艺表演等形式面向广大市民宣传安全知识。三是组织中央主流媒体，开展了第十一次万里行采访活动。采访团深入到福建、江西、浙江三省十个市近百个工厂、矿山、社区、乡村、学校和人员密集场所，总结经验、宣传典型、鞭策和推动落后。其间，中央和省级媒体累计发稿400多篇。四是与最高人民检察院渎检厅联合举办了“安全发展与安全法制”论坛，150多人参会，25名代表发表演讲。

5. 加强了安全生产信息发布工作。一是在国家安全监管总局和国务院新闻办召开两次新闻发布会，分别通报了一季度和上半年全国安全生产情况。二是新闻发言人先后做客新华网、中国网、新浪网等门户网站，对“安全生产年”、“三项行动”和“三项建设”进行解读和引导。三是两次以新华社通稿的方式公布了8起特别重大事故处理结果。四是两次在人民日报分别公布了上半年和今年1—9月份全国安全生产控制指标进展情况。

6. 加强新闻队伍建设，促进安全生产舆论宣传。一是组织举办了第二届全国安全生产监管监察系统新闻发言人培训班，有39名学员参加培训。由国家安全监管总局新闻发言人黄毅，原外交部长李肇星，中央电视台主持人张小琴等领导、专家授课，取得了较为理想的效果。二是组织开展了第五届安全生产新闻评选活动，有70多家中央和地方媒体的100多件（篇）报（刊）、广播电视新闻入围。加强了与主流媒体的沟通联系，进一步激发了记者采写、发表有关安全生产的专题报道、深度报道的积极性和主动性。三是多次召开总局管理的报刊网络负责人会议，学习传达中办、新闻出版总署有关加强管理的文件精神，促进安全生产新闻宣传工作规范化。

7. 内树典型，外树形象，大力宣传安全监管监察一线典型人物和先进事迹。一是组织安全生产报，重点报道了青岛安监局李适的先进事迹。二是组织安全生产报、煤炭报深入报道了中平能化集团七星公司开拓四队班长白国周22年无事故的典型经验和“白国周班组管理法”。积极参与了国家煤监局组织召开的全国煤矿学习推广“白国周班组管理法”推进班组安全基础建设工作会议。

8. 按照《“十一五”安全文化建设纲要》的要求，积极推动安全文化建设。与团中央联合命名表彰第七届全国青年安全生产示范岗；与全国总工会联合开展安康杯安全知识竞赛；支持拍摄的《矿哥矿嫂的幸福生活》30集电视片已完成前期拍摄工作。在总结北京、上海、青岛等地安全社区建设经验的基础上，本着“政府引导、企业资助、公众参与、共建共享”的原则，印发了《关于深入开展安全社区建设工作的指导意见》，今年安全社区建设推广力度进一步加大，目前，已经有20个社区通过国际安全社区认证中心的认证，81个社区命名为全国安全社区。协助组织召开了亚洲安全社区大会。

9. 按照中办、国办要求，积极推动出版体制改革。根据中央办公厅、国务院办公厅《关于深化中央各部门各单位出版社体制改革的意见》精神和新闻出版总署《中央各部门各单位出版社转制工作基本规程》要求，遵照国家安全监管总局领导的重要批示精神，积极推动煤炭工业出版社改制工作。先后组织召开两次专题会议，研究讨论出版体制改革的有关事项，促进了信息研究院在制定出版转制方案，努力做到既维护职工基本权益，又积极稳妥地推进转制工作。

规划科技工作

国家安全生产监督管理总局规划科技司

2009年，在国家安全监管总局党组和分管局长的正确领导下，认真学习贯彻四中全会精神和党中央国务院领导的重要批示精神，紧紧围绕党组中心工作，以有效防范和坚决遏制重特大事故为目标，按照“三项行动”和“三项建设”工作部署，坚持围绕中心、服务大局，进一步加强和改进自身建设，提高政治业务素质和依法行政能力，全力增强规划科技队伍的创造力、凝聚力和执行力，积极推进“十一五”规划实施，努力发挥安全科技在重点行业领域的保安、促安、兴安作用，进一步探索并发挥中介机构在事故预防中的途径和办法，推进了规划科技工作规范有序开展。现将主要工作总结如下：

一、积极争取资金政策支持，加强工程项目建设与管理

为加强监管监察能力建设，按照增加自身基数、提高项目数量、多出投入政策的思路，积极与发改委沟通协调，得到了国家发改委的支持，一是完成了国家矿山应急救援基地项目项目建议书的编制和上报工作；二是会同应急指挥中心完成了国家陆地搜寻与救护平顶山基地项目初步设计的编制工作；三是落实了2010年部门自身建设项目建议计划，使国家安全监管总局2010年部门自身建设项目投资在2009年6000万元的基础上提高到10490万元。

加强国家安全监管总局2009年部门自身建设项目监督管理。严格督促各项目单位按照批复的初步设计，落实项目法人负责制、监理制和招投标制，严格控制项目的投资、质量、安全和工期。下发了《安全生产技术支撑体系专业中心项目建设实施的指导意见》，指导依托单位编制了各专业中心实验室建设方案，开展了项目建设中期检查。

二、强化规划的指导推动作用，开展“十二五”规划前期工作

根据国家发改委统一部署和要求，回顾总结了“十一五”规划执行情况，分析研究“十二五”期间安全生产所面临的形势和挑战，形成了安全生产“十二五”规划、科技规划和信息化规划编制工作方案、主要思路和重点研究课题。同时，指导各级安全监管部门规范开展“十二五”规划编制工作，推动各地区安全生产规划纳入本地专项规划领域。

在组织“十二五”规划过程中，积极向发改委沟通汇报，着力推进安全生产规划与年度国民经济和社会发展计划的衔接，强化规划的指导推动作用。经过积极努力，将安全生产相关指标继续纳入2010年度国民经济和社会发展计划，作为综合评价各级政府绩效和政绩的考核内容，推动安全目标责任落实。

三、将安全生产相关内容纳入相关产业经济规划，推进安全生产基础管理相关工作

积极协调发改委，将安全生产相关内容纳入了《国家汶川地震灾后恢复重建总体规划》（以下简称《规划》）。《规划》采纳了国家安全监管总局规划科技司关于恢复重建过程中坚持“安全第一”的基本原则和不再恢复重建安全条件差的煤矿的建议，在灾后恢复资金中安排了安全生产监管机构业务用房恢复重建和充实救援救助力量、提高装备水平专项资金。

四、加快科技创新步伐，推动国家科技计划项目实施

为有效防范煤矿、非煤矿山、危险化学品、烟花爆竹、职业危害及应急救援等重点行业领域事故，致力于重点基础研究和关键技术攻关，积极组织实施国家科技计划科研项目，一是启动实施了“烟花爆竹事故预防控制关键技术研究与示范工程”、“三高气田钻完井安全技术体系研究与应用”项目，争取了国拨经费4790万元。二是组织开展了对“矿井重大灾害应急救援关键技术研究”、

"矿井老空区探测与水害防治关键技术及装备"和"安全生产检测检验与物证分析关键技术和装备研究"等课题中期检查暨专家评审工作。三是组织完成了对"非煤矿山典型灾害预测控制关键技术研究与示范工程"、"危险化学品事故监控与应急救援关键技术研究与工程示范"和"职业危害预防关键技术及装备研究"等课题验收工作。

根据重特大事故规律和趋势，组织煤炭科学研究总院、中国矿业大学等单位申报了国家科技支撑计划"煤矿安全高可靠性监控系统关键技术研究"项目，已通过科技部的可行性论证。推荐中国矿业大学（北京）等8个单位申报了国家重点基础研究发展计划项目"煤炭深部开采中的动力灾害机理和防治基础研究"。向科技部申报了2010年度国家软科学研究计划项目。

五、开展安全科技成果奖励，提出加强安全生产科技成果推广工作的指导意见

为加强安全科技成果在煤矿等重点行业领域的推广应用，研究提出了《关于加强安全生产科技成果推广工作的指导意见》，根据事故尤其重特大事故多发的关键技术环节、管理环节，通过提高准入，提高标准等措施，强化政策引导，指导和依靠各级安全监管监察部门以及企业、科研单位、技术服务中介组织等开展安全生产科技成果推广工作，建立科技成果推广应用机制。开展了第四届国家安全生产成果表彰奖励工作，表彰奖励了196个获奖项目，提出了优秀推广项目80项。举办安全生产科技成就展览，展示了安全生产优秀科技成果。

六、建立进一步发挥专家组作用的工作机制，推动安全生产保障能力建设

为进一步发挥安全生产专家在防范和遏制重特大事故作用，需要建立一支以中青年技术专家为主，反应快速、应对高效、熟悉作业现场技术，生产一线管理经验丰富的安全生产技术支撑专家队伍。按照总局领导要求，在充分征求有关司局意见基础上，提出了国家安全监管总局安全生产技术支撑专家组组建工作方案和工作机制。同时，继续做好国家安全生产专家发挥作用综合协调服务工作，组织了专家座谈会、专题研讨、调研等工作。

牵头完成了《关于进一步加强安全生产保障能力建设的实施方案》，提出了加大安全保障资金和技术装备投入，提高安全科技水平和事故预防与应对能力的思路和对策。积极整合科技资源，组织安全生产重点实验室现场评审和认定工作。会同国家煤矿安监局组织专家，落实张德江副总理重要批示精神，通过实地考察和综合评审，批准命名了河南理工大学煤矿瓦斯地质与瓦斯灾害防治重点实验室为国家安全监管总局安全生产重点实验室。

七、完善信息化建设和应用工作机制，推进"金安"工程一期项目建设

按照金安工程实施计划，会同各建设单位积极推进金安工程一期建设，完成了国家安全监管总局到各级煤矿监察机构、省级安全监管局和71个分局信息网络基础建设，完成了应用系统和数据库的主体研发工作，基本建成了国家安全监管总局主机房、数据中心、培训中心核心基础建设，具备了保障全国性用户使用"金安"工程一期成果的条件。视频会议系统已全部投入应用，IP电话已开始在各级煤矿安监机构投入使用，应用系统和数据库已经具备了推广应用条件并开始试运行。根据金安工程进展情况，会同信息中心梳理总结了制约金安工程进度的关键因素，提出了改进项目实施工作机制措施，制定了加快推进项目实施工作方案。

八、创新中介机构监管机制，发挥中介机构在事故预防中的作用

完成了《安全评价机构管理规定》修订和宣贯工作。根据安全评价机构发展面临的形势和问题，组织有关单位和专家对《安全评价机构管理规定》（原国家安监局令第13号）进行了修订，并以国家安全监管总局令第22号发布了《安全评价机构管理规定》。历时一个半月，在华东、中南、西北、西南、东北、华北、新疆自治区及建设兵团等七个片区组织召开了宣贯会议，深度解读了22号令的出台背景、对比变化和换证要求。同时，开展了《安全评价机构管理规定》配套文件编制和修订工作，做好安全评价机构质复审换证准备工作。

加强技术标准和程序规范的研究制定，进一步规范检测检验资质管理和矿用产品安全标志认证工作。完成了《职业危害检测实验室业务范围和条件要求》和《关于规范煤与瓦斯突出危险性鉴定检测资质管理和鉴定工作等有关问题的通知》。制定了《煤矿井下电气设备安全技术要求》、《煤矿井下用机械设备安全要求》和《安全生产检测检验资质认定评审通用准则》等3个安全生产通用技术要求行业标准。完成了矿用产品安全标志申办程序等九个规范性文件的修改工作。

在中介机构资质管理中，我们创新工作机制，将乙级中介机构的资质行政许可授权给省局审批发放，甲级机构资质许可先由省局审核后，经充分征求专业司局和有关主管部门意见后，报总局审批。严格执行“九条纪律”、“双五条规定”，通过年度考核、专项检查、复审换证等方法，加强中介组织的监督管理，强化中介组织法律责任，依法完成了中介机构到期换证、监督评审和年度考核工作。按照发改委、监察部等九部委要求，开展了规范行业协会、市场中介组织服务和收费行为专项治理工作。

非煤矿山安全监督管理工作

国家安全生产监督管理总局安全监督管理一司

2009年，各级安全监管部门和广大非煤矿山企业认真贯彻党中央、国务院和国家安全监管总局党组关于安全生产工作的一系列部署、指示和要求，认真落实“安全生产年”的各项任务，大力推进非煤矿山安全生产“三项行动”、“三项建设”，着力推进整顿关闭、基层基础和安全标准化建设，促进了非煤矿山安全生产形势持续稳定好转。2009年全国非煤矿山共发生事故1230起、死亡1542人，同比减少186起、528人，分别下降13.1%和25.4%（其中较大事故起数、死亡人数同比分别下降28.6%和29.3%），没有发生特别重大事故。是2003年以来非煤矿山生产安全事故“双下降”幅度最大的一年，也是非煤矿山安全生产形势历史上最好的一年。回顾2009年，非煤矿山安全生产主要抓了以下5个方面工作：

一、着力推进打非治违、整顿关闭，非煤矿山安全生产执法行动取得新进展

一是国家安全监管总局党组高度重视非煤矿山打非治违、整顿关闭工作，采取有力措施，不断加以推进。以国务院安委办名义专门下发了《关于进一步做好金属非金属矿山整顿关闭工作的意见》，确定了8类重点整顿和6类取缔关闭对象，把关闭任务逐一分解到各地区；配合国土资源部等12个部门共同研究制定了《关于进一步推进矿产资源开发整合工作的通知》，为实现矿业开发可持续健康发展做出具体部署；召开了16个重点地区非煤矿山安全生产工作座谈会，交流打非治违和整顿关闭工作经验，剖析存在的突出问题，研究下一步的对策；加强了日常调度和督促检查，推动了工作的不断深入。二是各地按照国家安全监管总局部署，精心组织，认真开展工作。各地结合实际，制定方案、分解任务、完善机制，强化执法和目标考核，严格关闭程序和标准，不断向前推进，使打非治违、整顿关闭工作取得了明显成效。山西省安监、国土等部门组织开展为期8个月的三级联动执法，整治关闭小矿山1414座、尾矿库828座。江西省开展“打非集中行动”，出动执法人员9805人次，关闭取缔非法矿点370个，炸毁窿口111个，拆除工棚244个，遣散民工2679人。湖南省炸毁、封堵非法矿洞558处，打击非法开采行为1432矿次。重庆市为确保1000个“四小”企业关闭目标实现，安排奖励补助专项资金6亿元（其中1.63亿元用于关闭638个小非煤矿山）。截至2009年12月底，全国已关闭取缔金属非金属矿山8564座（露天矿山7765座、地下矿山799座）、尾矿库2035座，超额完成预定工作目标。三是以行政许可为抓手，狠抓建设项目“三同时”和许可证管理。2009年，各级安全监管部门按照有关规定要求，完成了12678个建设项目预评价报告的备案，12673个《安全专篇》的设计审查，8985个项目的安全设施竣工验收，促进了新、改、扩建项目的源头监管。与此同时，进一步强化了安全生产许可证监督检查，严格办证程序和条件。截至2009年底，各地发（换）金属非金属矿山安全生产许可证90729个（其中露天矿山74852个、地下矿山9715个、尾矿库5543个、砖瓦厂等480个）。四是加大了事故督导和查处力度，着力用事故教训推动工作。去年，我们完成了山西省襄汾县新塔矿业公司“9·8”特别重大尾矿库溃坝事故和山西省娄烦尖山铁矿“8·1”特别重大排土场垮塌事故结案工作。下发了4个事故通报，约谈了6个省市安全监管局和8家企业负责同志，对70余起事故进行了跟踪督导，对19起群众举报进行了认真核查。通过采取各种方式，用事故教训推动工作，从而促进了各地区、各单位认真吸取事故教训，较好地防范了同类事故发生。

二、着力推进隐患治理、安全整治，非煤矿山治理行动取得新成效

各地按照《关于切实做好非煤矿山安全生产“三项行动”有关工作的通知》要求，制定工作方案，明确治理的重点对象、主要内容，通过抓组织领导、抓责任落实、抓典型示范、抓现场执法等措施，隐患排查治理工作取得积极成效。截至2009年年底，各地区检查金属非金属矿山9.6万家，排查隐患34.1项、整改率94.2%；排查重大隐患2236项、整改率86.4%；政府挂牌督办4310项（其中省级挂牌273项，市级1028项，县级3009项）；重大危险源登记3452处，已落实监控措施3360处。一是金属非金属矿山方面：浙江省把隐患排查治理和矿山延期换证工作紧密结合，做到每矿必查，隐患必治，关闭了矿山布局和矿区划界不合理、隐患未按期治理的矿山142家。安徽省建立了专项整治联席会议制度，主管省长亲自部署非煤矿山整顿治理工作，关闭矿山557座、尾矿库46座，对最小开采规模以下的180座矿山实施了停产整顿。黑龙江省开展地下矿山提升系统专项检查，确定80项重点检查内容，对地下矿山逐一进行排查，查出各类隐患327项，并督促企业全部整改到位。二是尾矿库方面：国家安全监管总局组织召开了四部委协调小组工作会议，下发了深化尾矿库专项整治行动意见；报经国务院同意，以五部委名义向各省级人民政府下发了《尾矿库隐患综合治理方案》，对尾矿库隐患综合治理作出全面部署；向财政部、发展改革委争取尾矿库隐患治理专项资金约40亿元，年前已向湖南、安徽两省6个闭库安全治理工程项目下拨首批专项资金4.42亿元。各地区、各单位深入开展尾矿库专项整治，落实责任，强化挂牌督办、检查督导，取得明显成效。截至2009年底，危、险、病库由2008年底的4910座下降到2098座，下降幅度达57.3%。河南省政府投入3亿元，带动市、县政府和企业共计投入11.4亿元，对456座尾矿库隐患实施治理。河北省实行领导包库责任制，将危、险、病、非法和无主尾矿库，以省政府办公厅文件形式逐一分解到各市政府，并明确治理时限，全省1284座危、险、病库已全部治理完毕，230座非法库全部关闭到位。贵州、陕西、新疆等地对尾矿库隐患治理进行挂牌督办。云南省安监局在《云南日报》公告取缔关闭85个非法建设、运行的尾矿库和停止使用的25座危、险、病库名单，以及责令停止建设的9座尾矿库名单，以接受社会监督。三是石油天然气开采方面：下发了加强海洋石油天然气开采防台风工作的通知，对做好防范工作进行了全面部署；对15个石油开采作业单位和河南、辽宁、新疆等地开展了以防井喷失控、防硫化氢中毒、防台风、防风暴潮为重点的专项督查，发现和解决了一些问题；以安委办名义下发了《关于抓紧清理部际联席会议2009年挂牌督办的函》，督促各地各单位认真解决有关问题。各地区、各石油企业积极行动、主动配合，认真开展了油气管道占压清理工作。

三、着力推进法规完善、制度健全，非煤矿山法制建设得到加强

一是国家层面：开展了《矿山安全法》和《石油天然气管道保护法》制修订工作；出台了《非煤矿矿山企业安全生产许可证实施办法》、《海洋石油安全管理细则》等部门规章；完成了《地质勘探安全生产监督管理规定》送审稿和《尾矿库安全监督管理规定》、《小型露天采石场安全生产暂行规定》征求意见稿；发布了《石膏矿地下开采安全技术规范》等10个非煤矿山安全标准，完成了《尾矿库安全监测技术规范》等9个标准送审稿；制定下发了《海洋石油建设项目生产设施设计审查与安全竣工验收实施细则》等政策性文件。与此同时，进一步强化了制度建设，建立了“1245”联系点工作制度、隐患排查治理制度、督促检查制度、事故约谈等制度。二是地方层面：各地都加大了力度，陆续出台了一些地方性法规和规章制度，进一步强化了安全监管。湖南省委、省政府联合下发了《关于进一步加强安全生产工作的决定》，明确安全生产工作党政领导齐抓共管、责任共担。贵州省人民政府办公厅专门出台文件，明确各级人民政府及有关部门的安全监管主体责任和生产经营单位的安全生产主体责任，促进了安全生产责任的落实。山西省建立了《非煤矿山安全生产厅（局）际联席会议制度实施办法》、《非煤矿山安全生产厅（局）际联合执法制度实施办法》、《重点非煤矿山派驻安全生产监督员实施意见（试行）》、《领导干部巡查尾矿库制度》等规章制度，创新了监管机制。广东省制定了《金属非金属矿山建设项目安全预评价实施细则》、《非煤矿山开采初步设计（安全专篇）内容和深度的原则要求》、《非煤矿山竣工验收程序文件》，规范了建设项目“三同时”安全管理。湖北省制定了《非煤矿山监察执法计划》以及《安全检查表》，明确了监管负责人，做到了非煤矿山安全监管“年初执法有计划，监察之前有方案，监察过程有文书，监察结束有档案”。安徽省印发了《非煤矿山生产能力管理办法（暂行）》和《非煤矿山生产能力核定标准（暂行）》，促进了安全合理开发矿产资源。江苏、内蒙、广西、海南、甘肃等地还有很多好制度、好措施、好经验、好办法，不再一一列举。三是企业层面：安全责任制度、安全教育制度、安全培训制度、安全例会制度、安全奖惩制度、安全检查制度等逐步完善。许多企业按照现代企业管理体制特点，创新工作制度，完善工作机制。如中石油西南分公司重庆气矿在对承包商的安全管理上，将承包商纳入内部安全管理体系，实行与承包商同责管理，并将承包商的“三违”行为也纳入企业“三违”记分考核体系。

四、着力推进强基固本、夯实基础，非煤矿山安全生产水平明显提高

一是扎实推进金属非金属矿山安全标准化建设。国家安全监管总局下发了加强金属非金属矿山安全标准化建设的指导意见，指导各地建立了技术支撑、考评标准、教育培训、激励约束和信息交流五个体系，确定了300个示范单位，申报了110个考评机构。各地按照部署，加强领导、明确责任、积极推进，安全标准化建设工作取得明显成效。北京市、吉林省、四川省逐步将安全标准化最低评定等级作为金属非金属矿山取得安全生产许可证的基本条件，并将安全标准化工作列入政府年度目标责任制考核内容。重庆市采取对10家达标市级企业每家奖励7万元、对21家区县级样板企业给予直接换发安全许可证的鼓励政策，大大调动了非煤矿山企业安全标准化创建的积极性。山东省抓住重点市县，充分发挥示范作用，大力推动安全标准化工作的开展。截至2009年12月底，全国有5400多家矿山企业开展安全标准化试点工作，共有3750家企业达标取证（其中一级17家、二级58家、三级828家、四级951家、五级1896家）。二是切实加强了中小型矿山安全基础工作。国家安全监管总局印发了《关于进一步加强中小型金属非金属矿山（尾矿库）安全基础工作　改善安全生产条件的指导意见》以后，许多市县安全监管局将其作为工作指南，许多矿山企业将其作为安全生产教科书，辽宁、广西、青海、宁夏、西藏等地还把《指导意见》列入全省非煤矿山安全生产培训教材，认真加以学习、宣贯、实施。江西省按照要求，组织专家对全省金属非金属矿山逐一排查，分类建档，摸清了底数。福建省对全省地下矿山下井人数进行摸查，按下井人数实施分类指导。三是开展创建活动，树立榜样、以点带面、推动工作。国家安全监管总局下发了《关于开展非煤矿山强基固本“五个一百”示范单位创建活动的通知》，选择655个具有典型意义的矿山生产单位作为非煤矿山安全标准化、加强安全基础工作、深化HSE管理体系建设的先进典型，开展强基固本创建活动。各地对创建活动及时部署，积极培育，目前已进入考核验收阶段。四是国家安全监管总局在黑龙江省大庆市召开了现场会，总结推广了大庆油田和大庆市加强基层基础建设的经验。五是不断加强安全监管信息化科学化建设。开展了两次金属非金属矿山安全生产基本情况普查，摸清了底数，掌握了现状；开通了非煤矿山安全网，开展网上论坛，近3000名安全生产干部经常在网上交流、研讨；建立了非煤矿山安全监管信息平台，通过近25万条短信，及时把总局党组工作部署直接发送到省、市、县安全监管部门和非煤矿山企业。六是加强了业务培训工作。举办了11期非煤矿山安全监管干部培训班，对2145名省市县非煤矿山安全监管干部进行了为期3天的专题培训，各地普遍反映较好。各地、各企业通过多种途径加强安全培训。

2009年，共举办金属非金属矿山安全监管人员培训1855期，培训安全监管人员10.8万人（次）；举办企业主要负责人、安全管理人员培训3886期，参加培训人员达30.8万人（次）。

五、着力推进加大投入、改善条件，非煤矿山安全保障能力得到提升

一是加大了安全投入。据调度统计，2009年各地投入金属非金属矿山隐患治理资金58.3亿元（其中省级政府1.2亿元、市级政府1亿元、县级政府3.1亿元、企业投入53亿元）。投入尾矿库隐患治理资金48.1亿元（其中省级政府5.5亿元、市级政府4.2亿元、县级政府5.6亿元、企业投入32.8亿元）。安全投入的明显加大，为提高安全生产水平创造了条件。二是大力推行了先进适用技术和装备。国家安全监管总局出台了《关于在非煤矿山推广使用安全生产先进适用技术和装备的指导意见》，着力在地下矿山、露天矿山、尾矿库、石油天然气开采企业推广应用16项安全技术和装备。各企业积极推动安全新技术、新工艺、新装备的应用，大大降低了生产安全事故。据统计，2009年全国已有2万家采石场采用中深孔爆破技术，4万多座小型矿山采用机械铲装，1万多座采用液压锤二次破碎技术和非电引爆系统，8000多座地下矿山采用机械通风，150余座采用井下人员定位系统，1200多座采用小型挖掘机，1400座尾矿库推广应用在线监测、尾矿充填、干式堆排和综合利用技术。三是强化了非煤矿山安全监管支撑体系建设。国家安全监管总局印发了《关于加强非煤矿山监管支撑体系建设的意见》，确定了总体思路和工作目标，安排部署了相关工作。目前，各地已建立安全生产技术研究机构93个（其中省级18个、市级44个、县级31个），建立检测检验机构108个（其中省级37个、市级57个、县级14个），上报申请国家级安全生产技术支撑机构51个、安全专家184名，充实了监管力量。四是加强了非煤矿山应急救援体系建设。全国31个省（区、市）和新疆生产建设兵团全部成立了安全生产应急管理机构，20个省（区）建立了矿山应急救援指挥中心。大中型矿山普遍建立了专兼职救援队伍，小型矿山基本与专业救援队伍签订了救援协议。非煤矿山应急救援能力明显提高。

监管二司安全监督管理工作

国家安全监督管理总局监督管理二司

2009年以来，按照国家安全监管总局党组的决策部署，监督管理司紧紧围绕开展“三项行动”、加强“三项建设”这个中心，以遏制重特大事故为重点，以实现“三个下降”为目标，努力做好各项工作。

一、做好相关行业（领域）开展“三项行动”的统筹协调工作

对各相关部门开展“三项行动”情况进行月度跟踪，及时掌握各部门工作进展情况。及时召开国务院安委会联络员会议和有关部门负责人座谈会，推动“三项行动”的有序开展。

二、以打击非法违法行为为重点，深入开展安全生产执法行动

一是配合公安交管部门，以预防道路交通事故“五个一”为重点，大力整治道路交通违法行为，取得明显成效。1—11月，全国道路交通事故起数和死亡人数同比分别下降14.2%、10.4%，重大道路交通事故起数同比下降14.8%。二是配合公安消防部门严厉打击公众聚集场所、高层和地下建筑违反消防法律法规的行为。三是配合住房城乡建设部门，严厉查处工程项目未办理施工许可证和质量安全监督手续的违法行为。四是配合国家质检总局开展严厉打击违法生产使用施工起重机械等特种设备的违法行为。

三、以专项整治为载体，深入开展安全生产治理行动

一是配合公安部、交通运输部，按照“边排查、边治理”的原则，全面推进道路交通隐患排查治理工作。1—11月，各地共排查出公路危险路段3.2万处（其中列为省级督办1594处），目前已治理1.9万处。二是联合公安部、文化部、工商总局组织开展为期60天的公众聚集场所易燃可燃装修材料消防安全专项整治。共排查发现火灾隐患近45.9万处，已督促整改42.1万处。三是会同住房城乡建设部开展建筑施工安全专项整治，对施工现场安全隐患进行重点排查。1—11月，共排查一般隐患1104058项，其中已整改1077975项，整改率97.64%；排查重大隐患18181起，其中已整改17612起，整改率96.87%。四是会同交通运输部对水上交通安全专项整治进行了部署。五是配合农业部，分别开展了治理农机非法载人和渔业安全专项整治。六是配合水利部开展对“四无”小水电站建设清理整治工作。七是配合国防科工、铁道、民航、电力、旅游、质检等部门开展了相关行业领域的安全专项整治工作。

四、以增强全社会安全意识为目标，深入开展安全生产宣传教育行动

一是会同中宣部、公安部等五部局联合开展“保护生命、平安出行”宣传教育行动，加强对运输企业驾驶人、中小学生和农村群众等重点群体的宣传教育。二是配合公安部、教育部等九部门联合制定《社会消防安全教育培训规定》。三是与国家质检总局、教育部、中宣部、全国妇联等部门联合举办了“特种设备安全进校园”活动。

五、切实加强“三项建设”，不断夯实相关行业领域安全基础工作

一是启动并推进道路交通预警体系建设。选择9省（区、市）作为汽车行驶记录仪和GPS推广应用试点，并召开了现场会进行了推动，取得明显成效。1—11月，试点省区道路交通事故起数和死亡人数分别下降27.2%和37.6%，重大交通事故起数和死亡人数下降50%和57.5%。二是会同公安、交通、发展改革、建设、农业等6部门联合开展“创建平安畅通县区”活动，全面加强农村道路交通安全工作，并印发了《国务院安委会办公室关于加强农村道路交通安全工作的指导意见》。三是探索建立部门间信息沟通和加强协作的长效机制。与公安部消防局筹备建立了由公安部消防局、国家安全监管总局监管二司等九部门有关司局参加的消防安全监管司局级联席会议制度。四是印发了《国家安全监管总局关于进一步加强安全生产综合监管工作的指导意见》。

六、会同有关部门联合开展“三项行动”监督检查

会同交通运输部等9部门组织各类督查组24个，先后对山东、山西等省道路交通安全、民爆企业“四超”专项整治、湖北国家重点建设项目、南水北调建设项目、浙江水上交通安全、山东渔业安全和四川病险水库除险加固、建筑施工起重机械等特种设备安全治理行动等进行了督查。会同公安部组织15个部门，对全国6个大区的233个县区道路交通安全进行了督查检查，全国共有143个县（市）被评为平安畅通县区。配合办公厅筹备召开了国务院安委会部分成员单位联络员会议和全国安全生产大检查动员部署视频会议，积极参加国务院安委会督促检查，共派出6名同志参加了交通、建设、公安、铁路、电力等部门领导带队的检查组。

七、认真做好事故调查处理、跟踪督办和预防工作

一是协调、参与完成了“4·28”胶济铁路事故、四川巴中“9·13”特别重大交通事故、广东深圳“9·20”特别重大火灾事故的调查和结案工作，央视新址“2·9”事故的调查报告已经总局党组会议审议。二是做好重大、典型事故的现场跟踪、通报、约谈、发建议函等工作。对今年以来发生的78起事故进行了跟踪（其中对21起重大事故派员赴现场跟踪），向事故发生地省级人民政府发送建议函14件，商有关部门下发事故通报11件，会同有关部门约谈了发生事故的中央企业10次。三是通过重大事故结案通知的备案，强化对省级安全监管部门有关事故调查工作的指导和协调。四是定期对相关行业（领域）事故进行分析，分别完成了2008年和2009年上半年部分重点行业（领域）事故分析报告。

八、认真做好国家安全监管总局党组交办的各项工作

一是按照首都国庆活动安保领导小组要求，认真组织开展了临建设施及彩车安全监督工作，确保了相关国庆活动的安全成功举行。二是做好工程建设领域安全生产突出问题专项治理的牵头工作，制定了《加强工程建设安全生产监督管理工作指导意见》，已由中央专项治理领导小组印发。三是积极配合有关部门做好全国中小学校舍安全工程相关工作。

危险化学品与烟花爆竹安全监督管理工作

国家安全监督管理总局安全监督管理三司

危险化学品

一、危险化学品安全生产工作

（一）危险化学品安全生产形势

2009年各地认真贯彻落实党中央、国务院关于安全生产的一系列方针政策和决策部署，积极开展安全生产“三项行动”和“三项建设”，推进危险化学品领域安全生产工作。特别是《国务院安委办关于进一步加强危险化学品安全生产工作的指导意见》和《关于进一步加强危险化学品企业安全生产标准化工作的指导意见》出台以后，极大地推动了各级政府进一步加强对危险化学品安全生产工作的领导，加大安全投入，治理大隐患，防范大事故，有力地保障了全国危险化学品安全生产形势持续稳定好转的发展态势。

全国危险化学品伤亡事故继续呈下降趋势。据统计，2009年全国共发生危险化学品事故83起、死亡149人，同比减少9起、8人，分别下降9.8%和5.1%。其中，较大事故9起、死亡29人，同比起数持平，死亡人数减少13人，下降64.3%；重大事故1起、死亡18人，同比起数持平，死亡人数减少3人，下降20.0%。

（二）危险化学品安全监管工作综述

1. 认真开展“三项行动”、加强“三项建设”。2009年以来，按照国家安全监管总局党组要求，以深入开展“安全生产年”活动为主线，扎实推进安全生产执法、治理和宣教“三项行动”，切实加强安全生产法制体制机制、安全保障能力和安监队伍“三项建设”，研究提出了危险化学品专项治理行动的具体内容和工作要求，及时总结各地开展治理行动的好做法和好经验。组织开展了危险化学品治理行动专项安全督查，对重点地区危险化学品安全监管工作进行了重点专项督查。结合执法行动，对部分地区危险化学品建设项目安全许可工作违法违纪问题进行了专项检查。据统计，全国共排查危险化学品企业249583家，开展执法行动80658起（次），查出重大隐患2333项，落实整改资金198965.4万元，重大隐患整改率91.5%。

为推动危险化学品安全生产“三项行动”的深入开展，督促、指导危险化学品安全监管工作，加强非药品类易制毒化学品监管工作，推进全国危险化学品登记工作，组织召开了危险化学品安全监管和非药品类易制毒化学品监管工作座谈会，会议传达了国家安全监管总局领导有关安全生产“三项行动”、“三项建设”，以及非药品类易制毒化学品监管工作的重要批示；交流了开展危险化学品安全生产“三项行动”经验，研究进一步深化危险化学品安全生产“三项行动”、“三项建设”的措施。各地安全监管局认真贯彻落实国务院办公厅《关于进一步推进安全生产“三项行动”的通知》精神，落实国务院安委会办公室“三项行动”和“三项建设”实施方案要求，结合当地实际出台了相关配套文件，采取了多种措施，不断加大危险化学品安全监管工作力度，确保2009年全国危险化学品安全生产继续保持总体稳定、趋向好转的发展态势。

2. 继续推进法规建设和安全技术标准制定工作。配合国务院法制办完成了《危险化学品安全管理条例》（国务院令第344号）修订草案起草和修改工作，已由国务院法制办提请国务院常务会议审议。根据《危险化学品安全管理条例》修订工作进展情况，启动了《危险化学品经营许可证管理办法》（原国家经贸委令第36号）、《危险化学品生产企业安全生产许可证实施办法》（原国家安全监管局令第10号）、《危险化学品建设项目安全许可实施办法》（国家安全监管总局令第8号）、《危险化学品登记管理办法》（原国家经贸委令第35号）4个部门规章的修订工作，同时还启动了11个与上述部门规章配套的规范性文件修订工作，目前已完成了向省级安全监管局征求修改意见的工作。组织起草了《危险化学品重大危险源安全监督管理暂行规定》。

指导有关单位完成了《化工建设项目安全设计导则》、《化工企业工艺安全管理实施导则》、《硫酸生产企业安全标准化实施指南》、《危险化学品生产单位主要负责人安全生产培训大纲及考核标准》、《危险化学品生产单位安全生产管理人员安全生产培训大纲及考核标准》、《危险化学品经营单位主要负责人安全生产培训大纲及考核标准》、《危险化学品经营单位安全生产管理人员安全生产培训大纲及考核标准》等7项安全生产行业标准的制定和审查工作。《危险化学品重大危险源辨识》（GB 18218—2009）、《石油与石油设施雷电安全规范》（GB 15599—2009）、《液体石油产品静电安全规程》（GB 13348—2009）等3项国家标准已于2009年3月31日发布。

3. 严格危险化学品行政许可工作。国家安全监管总局进一步提高危险化学品生产经营活动安全许可准入门槛，对危险化学品安全生产许可证延期换证工作提出了明确要求。2009年，通过安全生产许可证延期换证，淘汰了一批安全生产条件差的危险化学品生产企业，全国共依法注销了2824个危险化学品安全生产许可证，5000个经营许可证，督促7959个危险化学品生产企业加强安全管理，改善安全生产条件，达到了许可证延期换证条件。

指导各地加强危险化学品新建项目安全管理，严把源头准入关。2009年全国共完成危险化学品建设项目设立安全审查4194个，安全设施设计安全审查3585个，建设项目试生产备案2395个，安全设施竣工验收3065个。

督促各地加快安全距离不足危险化学品企业搬迁工作。2009年，全国1877家危险化学品企业需要搬迁，已完成搬迁的942家，搬迁率为50.2%。

各地在危险化学品安全许可工作中也涌现出一些好的做法和经验。

（三）认真贯彻执行《国务院安委办关于进一步加强危险化学品安全生产工作的指导意见》（以下简称《指导意见》）

为指导各地贯彻执行《指导意见》，国家安全监管总局通过视频讲座、专题培训班、监管工作座谈会等多种形式，专题解读主要内容，指导各地落实《指导意见》有关要求。河南、湖北、山东、江苏、浙江等以省政府、省政府办公厅和省政府安委会办公室的名义转发或细化了《指导意见》，其他省、市、区也结合各自的特点，分别制定了符合自身发展要求的制度和措施，贯彻落实《指导意见》。

为落实《指导意见》有关要求，国家安全监管总局印发了《关于公布首批重点监管的危险化工工艺目录的通知》，指导各地加快危险化工工艺改造进程，此项举措，被《中国安全生产》杂志评为2009年安全生产十大新闻之一。2009年全国已有2198家涉及危险工艺的危险化学品企业完成自动化改造，完成率35.2%。

为落实《指导意见》有关要求，总结危险化学品安全生产标准化工作经验，国家安全监管总局印发了《关于进一步加强危险化学品企业安全生产标准化工作的指导意见》，组织起草了《危险化学品从业单位安全标准化咨询管理办法》等4个规范性文件。截至2009年底，全国已有19551家危化企业开展标准化活动，37家达到一级标准化企业，1850家达到二级标准化企业，3117家达到三级标准化企业。

为落实《指导意见》有关要求，国家安全监管总局积极推动各级安全监管部门建议同级政府编制本地区化工行业安全发展规划，确定化工集中区域或化工园区、危险化学品生产储存的专门区域。组织起草化工行业安全发展规划编制导则，规范安全发展规划的编制。大部分地区已经在开展或者已经完成化工行业安全发展规划的编制工作，已有8个省（区、市）发布了省级化工行业安全发展规划。

积极推进安全生产科技进步工作。国家安全监管总局开展了加油站阻隔防爆、地埋双层储罐技术应用现状调研，提出下步工作建议和措施；组织召开有关中央化工企业安全生产座谈会，指导中央化工企业，在重点危险生产装置开展危险与可操作性分析（HAZOP），采用国际先进、科学的管理方法提升中央化工企业安全生产水平。总局在四家中央企业进行 HAZOP 试点工作，中国石油、中国石化、中国海油、中国大唐、中粮和中国化工等多家中央化工企业在进行详细调研的基础上，也分别确定了一批所属企业开展 HAZOP 试点工作。

（四）进一步加强危险化学品安全监管基础工作

一是按照“整体规划、分步实施、注重实效、整合资源、持续改进”的要求，依托“金安工程”，建立危险化学品安全生产信息数据共享平台，全面掌握危险化学品安全生产现状，更好地支撑危险化学品安全监管工作。二是完成了《危险化学品安全监管》、《受限空间作业安全》视频讲座，国家安全监管总局和应急救援指挥中心及各省级安全监管局、部分市县安全监管部门负责人和相关人员听取了讲座。举办了 3 期危险化学品安全监管专题培训班。三是 2009 年 10 月 21 日到 22 日在广东省深圳市，组织召开了“构建危险化学品安全生产长效机制”国际研讨会。近 120 个单位派出 243 名代表参加了本次国际研讨会。与会代表围绕“探索社会各界共同构建危险化学品安全生产长效机制”的主题，从政府的危险化学品安全生产责任及其落实措施和做法、危险化学品从业单位安全生产责任及其落实措施和做法、危险化学品安全生产法律体系建设、危险化学品从业单位安全生产的社会责任等方面议题展开了研讨。

（五）创新监管思路，强化监管措施

一是按照危险化学品“生产企业入园区、经营企业进市场、储存企业上监控、运输环节推联动、使用单位抓重点”基本工作思路，重点抓好化工企业园区化、安全生产标准化、安全监管基础工作信息化建设和危险工艺的生产装置自动化改造工作。二是召开了危险化学品登记工作会议，督促指导各地和有关单位积极推动危险化学品登记工作，截至 2009 年 12 月 31 日，全国已有 30 个省（市、区）的 22283 家登记单位的电子版登记材料通过了审核，其中 20836 家登记单位获得了化学品登记中心颁发的危险化学品登记证（生产单位 16387 家），已登记化学品 68322 个，第一轮生产单位完成率 72.60%，组织召开了全国危险化学品登记工作座谈会，推动危险化学品登记工作体制机制的建设。三是组织召开了危险化学品安全生产监管部际联席会议第二次全体会议，分析危险化学品安全生产形势，研究了进一步加强危险化学品安全监管工作的措施，明确了有关重要议题落实的责任单位。四是指导中央化工企业以反“三违”和加强外来施工队伍管理为重点，进一步加强安全生产工作；要求新加入化工行业的有关中央企业制定和落实安全生产责任制和安全生产管理制度，全面加强安全管理工作，提高安全管理水平。五是完成了国家安全监管总局与陶氏化学为期三年的危险化学品安全管理示范合作项目计划。合作项目从 17 个重点地区选择了 50 家生产、储存、运输液氯、液氨等的中小企业进行试点，以危险化学品从业单位安全标准化工作为平台，学习借鉴陶氏化学安全管理先进经验和技术，指导帮助试点企业建立安全标准化管理体系，提高安全管理水平。六是积极参与国家履行斯德哥尔摩公约工作协调办公室组织召开的第 13 次联络员会议，按时向履约办报送国家安全监管总局 2008 年《关于履行斯德哥尔摩公约工作情况的函》、《2009 年履约重点任务的进展情况》、《关于履行斯德哥尔摩公约 2010 年重点工作计划的函》等。

（六）加强重点时段、重点地区重特大事故防范工作

2009 年，国家安全监管总局牵头，各地安全监管部门密切配合，圆满完成了新中国成立六十周年庆祝活动期间危险化学品安全监管工作。一是为危险化学品领域防范和应对恐怖袭击工作，会同公安部、工商总局下发了《国庆期间加强重点化学品安全管理的公告》，对加强国庆 60 周年期间危险化学品生产、经营、使用重点品种和单位管控提出要求；先后组织召开全国加强国庆期间危险化学品和烟花爆竹安全生产工作专题会议、重点中央化工企业加强国庆期间危险化学品安全生产工作专题会议，专门部署做好国庆期间危险化学品和烟花爆竹安全生产工作；组织专家制定了“国庆 60 周年庆祝活动期间重点时段危险化学品专家支持方案”，聘请 18 名危险化学品领域的专家组织完成了总局国庆 60 周年庆祝活动期间危险化学品应急值守工作。

（七）加大事故查处力度，认真吸取事故教训、利用事故推动工作

对发生的有较大社会影响的危险化学品事故，国家安全监管总局都及时派员赶赴事故现场，指导事故应急处置和事故调查工作。及时将典型事故通报全国，指导各地认真吸取事故教训，防止同类事故发生。

二、非药品类易制毒化学品监管工作

非药品类易制毒化学品监管工作取得明显进展。一是加强了非药品类易制毒化学品监管力量，国家安全监管总局在监管三司设立了以负责易制毒化学品监管为主要职责的管理处室。二是指导各地做好非药品类易制毒化学品许可和备案工作，印发了《关于做好非药品类易制毒化学品市场经营许可证或备案证明工作的通知》，修订了《非药品类易制毒化学品相关知识考核大纲》，指导各地解决许可工作遇到的突出问题。三是积极推动非药品类易制毒化学品管理信息系统建设。开展了信息系统一期项目的应用试点工作，启动了非药品类易制毒化学品管理信息系统一期项目实施，并对各省级和部分设区的市级安全监管部门有关人员进行了信息系统的使用培训工作。制定方案，全面部署了2010年该信息系统在各省、市（地）、县三级安全监管部门的实施工作。四是配合并参与有关部门组织开展非药品类易制毒化学品监管方面的工作，完成了国家禁毒委部署的有关工作，会同公安部等部门联合印发了《关于进一步加强易制毒化学品管制工作的指导意见》、《关于印发〈全国易制毒化学品集中宣传整治行动方案〉的通知。

三、烟花爆竹监管工作

（一）烟花爆竹安全生产形势

据统计，2009年全国共发生烟花爆竹事故94起、死亡188人，同比减少15起、4人，分别下降13.8%和2.1%。其中，一般事故74起、死亡91人，同比减少19起、24人，分别下降20.4%和20.9%；较大事故18起、死亡71人，同比增加3起、11人，分别上升20.0%和18.3%；重大事故2起、死亡26人，同比增加1起、9人，分别上升100.0%和52.9%。烟花爆竹事故死亡人数为全年控制指标190人的98.9%。烟花爆竹安全生产形势总体稳定，趋向好转。

（二）烟花爆竹安全监管工作综述

1. 进一步加强烟花爆竹安全生产法规建设和标准制定工作。完成审查《烟花爆竹安全生产术语及符号》、《烟花爆竹安全生产分类及标识》、《烟花爆竹药剂　爆发点测定》、《烟花爆竹药剂　静电火花感度测定》、《烟花爆竹药剂　氯酸盐测定》、《烟花爆竹　新配方烟火药认定规范》、《烟花爆竹防止静电通用导则》、《烟花爆竹燃爆性能火药力测定方案》、《烟火药燃爆性能猛度测定方法》、《烟花爆竹劳动安全技术规程》等10个标准送审稿；组织完成《烟花爆竹工程设计安全规范》（GB 50161—2009）的修订，自2010年7月1日起实施。

2. 通过实施烟花爆竹安全生产和经营许可推动烟花爆竹生产经营企业整顿提升。为了检查各地贯彻落实中国安全监管总局关于烟花爆竹安全生产许可证换证和经营许可工作有关要求的情况，交流各地制定和落实烟花爆竹产业安全发展规划、提高准入门槛、严把安全生产和经营许可关等工作的经验和做法，研究进一步提高行政许可工作质量的措施和方法，国家安全监管总局于2009年3月在广西钦州组织召开了烟花爆竹安全生产和经营许可工作座谈会。这次会议进一步明确了烟花爆竹安全生产和经营许可及相关工作具体要求，坚定了做好烟花爆竹安全监管工作的信心。

通过实施烟花爆竹安全生产和经营许可，结合安全生产“三项行动”和“三项建设”的开展，2009年，全国有占总数60%的烟花爆竹批发经营企业进行了仓储设施新建或改造，约占总数25%的烟花爆竹生产企业进行了大规模改造提升，还有占总数33%以上的烟花爆竹生产企业结合第二轮安全生产许可进行改造提升。

3. 持续强化打击非法生产经营烟花爆竹行为。一是将烟花爆竹“打非”工作纳入安全生产“执法行动”。国务院安委会办公室印发的《安全生产执法行动实施方案》对打击非法生产经营行为的有关执法工作提出了具体要求。二是组织召开重点地区烟花爆竹“打非”专题会议。2009年2月20日，召开8个重点省（区）政府及其相关部门负责人和公安部治安局参加的国务院安委会办公室烟花爆竹“打非”工作专题会议，通报了2008年四季度至2009年2月份全国非法生产经营烟花爆竹较大以上事故情况，分析了非法生产活动的特点和事故多发的主要原因，听取了与会各省（区）加强烟花爆竹“打非”工作具体措施和做法的汇报，对结合当时形势做好烟花爆竹“打非”工作提出了要求。三是约谈“打非”工作重点省政府负责人。2009年5月12日，国务院安委会办公室邀请山东省人民政府副省长郭兆信同志到京研究烟花爆竹“打非”工作，分析了山东省非法生产烟花爆竹频繁引发较大以上事故的原因，查找了“打非”工作中存在的主要问题，对山东省“打非”工作提出了针对性措施。四是向重点地区省政府印发国务院安委会建议函。1、2月份，先后向非法生产烟花爆竹问题突出的山东省和贵州省人民政府发出了《国务院安委会办公室关于打击非法生产经营烟花爆竹工作建议的函》（安委办明电［2009］4号、9号）；11月份，再次向山东省人民政府发出《国务院安委会办公室关于请进一步加强打击非法生产烟花爆竹工作的建议函》（安委办明电［2009］88号），建议落实责任、开展排查、加大“打非”工作力度。

4. 持续开展的氯酸钾专项治理工作取得新成效。指导各地贯彻落实《国家安全监管总局关于深入开展氯酸钾专项治理工作的通知》（安监总管三［2008］194号），深入开展氯酸钾专项治理工作；汇总和通报了2008年度烟花爆竹药物安全抽检结果（安监总厅管三［2009］28号），督促各地进一步核查抽检查出的问题，依法处罚相关违规企业，建立“黑名单”制度；组织开展了2009年度烟花爆竹药物安全抽检工作，以省级安全监管局组织抽检为主，2009年度有25个省（区、市）按时完成了烟花爆竹药物安全抽检工作，共对2013家烟花爆竹企业（其中生产企业922家、批发企业1091家）进行了抽检，省级安全监管局烟花爆竹药物安全抽检覆盖率分别为烟花爆竹生产企业约15%和批发企业约27%。国家安全监管总局组织对9个重点地区600家（其中生产企业291家、批发企业309家）烟花爆竹生产经营企业抽检，共抽检烟花爆竹成品、半成品2768个批次（其中：爆竹类产品1475个批次，烟花类产品1293个批次），查出违规使用氯酸钾生产烟花爆竹的企业占国家安全监管总局委托抽检生产企业总数的2.1%（与2008年相比下降了3.8个百分点）；查出违规经营含氯酸钾烟花爆竹的批发企业占总局委托抽检批发企业总数的13.9%（与2008年相比下降了7.4个百分点）。本次抽检还增加了对受检生产、经营企业的烟花爆竹产品流向登记情况的检查内容。

5. 圆满完成首都国庆焰火安全监督任务。国家安全监管总局牵头成立了首都国庆安保领导小组焰火安全监督组（以下简称焰火安全监督组）自6月起对首都国庆60周年联欢晚会烟花产品生产、储存、运输、质量及焰火燃放等进行了全过程安全监督，圆满完成了所承担的工作任务。

——综合协调组织。共组织召开5次焰火安全监督组全体会议，协调、部署各阶段工作。并先后形成了5期会议纪要、9期工作情况报告以及《首都国庆安保领导小组焰火安全监督组工作流程》、《关于国庆晚会焰火燃放方案有关情况的报告》、《关于首都国庆联欢晚会焰火燃放阵地踏查论证工作有关情况的报告》等文字材料，及时将各阶段工作情况报送首都国庆安保领导小组和向各地、各单位部署。该项工作结束后，向首都国庆安保领导小组和总局领导呈报了工作总结。

——生产和储存安全监督。督促指导北京市及河北、江西、湖南3个首都国庆联欢晚会主会场烟花产品产地省政府成立组织机构、制定方案、明确分工，落实了参与国庆烟花生产人员政审、驻厂监管企业安全生产和储存条件、加强国庆烟花储存仓库安全保卫等工作；共3次实地现场督查北京市对国庆烟花进京临时组装和存放场所安全工作；先后2轮次对承担国庆烟花生产和储存任务的河北、江西、湖南省进行督查，实地检查企业，并以书面形式向3省政府反馈了督查意见；针对国庆烟花使用单基发射药安全问题专门进行了协调。通过有关工作，克服了高温、潮湿等季节性不利因素，在时间紧、任务重、要求高的情况下，按时、优质、安全完成了国庆烟花的生产、储存任务。

——焰火燃放阵地检查及安全监督。参加了历次燃放试验和晚会预演的监督和多次现场检查燃放阵地；10月1日晚，提前进入国庆联欢晚会主会场现场安全检查，并全过程对焰火燃放活动进行了安全监督，确保了焰火燃放未出现任何安全问题。

6. 召开烟花爆竹生产机械化研讨会。为了大力推进烟花爆竹机械化生产，提高本质安全水平，促进烟花爆竹生产安全发展，2009年5月，国家安全监管总局在湖南浏阳组织召开了各省级安全监管局、长期从事烟花爆竹安全技术研究的专家、骨干烟花爆竹生产企业和机械设备制造企业参加的第二届全国烟花爆竹安全生产论坛（烟花爆竹生产机械化研讨会）。研讨会（论坛）以“推进机械化生产，提升本质安全水平”为主题，分析烟花爆竹行业安全生产状况和生产机械应用现状，交流各地烟花爆竹生产机械研发和应用情况，提出了烟花爆竹生产机械化的发展方向和途径。这次研讨会（论坛）在烟花爆竹生产机械化方面提出了一些很好的意见和建议，提高了认识、开拓了思路、拓宽了视野、增强了信心，对促进烟花爆竹产业安全发展产生了比较深远的影响。

7. 烟花爆竹安全监管人员培训。2009 年 10 月 23 日，国家安全监管总局第十期视频专题讲座讲授了《烟花爆竹安全生产技术与管理》，从烟花爆竹安全生产的特点、国外烟花爆竹安全技术及安全生产现状、案例分析、存在的主要问题、思考与对策五个方面讲授了烟花爆竹安全生产技术与管理。总局和应急救援指挥中心及各省级安全监管局、部分市县安全监管部门负责人和相关人员听取了讲座。2009 年 10 月 27—30 日，国家安全监管总局在湖南浏阳举办了 2009 年烟花爆竹安全监管人员培训，就烟花爆竹行业安全监管长效机制、烟花爆竹安全生产和经营许可工作实践、烟花爆竹安全生产行业标准、烟花爆竹工程设计安全规范、烟花爆竹生产工艺安全和药物安全、烟花爆竹企业各类人员安全培训教育工作实践等方面进行了培训，并组织参加培训人员进行了烟花爆竹企业安全管理和政府安全监管经验交流。各省（区、市）和重点市（地）安全监管局负责烟花爆竹监管工作的相关人员参加了培训。

监管四司安全监督管理工作

国家安全监督管理总局安全监督管理四司

在国家安全监管总局党组的高度重视和关心下，在相关司局的帮助和支持下，监管四司自 3 月份正式组建以来，围绕国家安全监管总局的各项重点工作部署，克服新组建的各种困难，遵循继承和创新的原则，立足当前，谋划长远，科学规划，理清思路，明确目标，边组建、边开展工作，工作逐步走上正轨，有效履行了“三定”规定赋予的各项职责，落实了武汉会议的各项部署和国家安全监管总局领导的讲话精神，有效开展了冶金、机械等安全监管的各项工作。

一、重点工作开展情况

一年来，监管四司紧紧围绕国家安全监管总局中心工作，按照国家安全监管总局党组的工作部署，结合“安全生产年”的各项要求，深入开展安全生产“三项行动”，扎实推进安全生产“三项建设”，全面贯彻全国安全生产电视电话会议和全国安全生产工作会议精神，着重基础建设，努力构建冶金、机械等安全生产监管长效机制，主要开展了以下几项工作：

（一）围绕大局，抓住重点，促进冶金、机械等安全监管

根据 2009 年国家安全监管总局的统一部署，认真贯彻落实张德江副总理在全国安全生产电视电话会议上的重要讲话以及全国安全生产工作会议的精神，结合监管工作涉及行业多、领域广、监管工作缺乏行政许可手段和措施的特点，为实现“三个压下来”的目标，深入开展安全生产“三项行动”，扎实推进安全生产“三项建设”，有效遏制重特大事故发生，把容易引发严重事故的冶金、有色企业作为治理重点，找依据、定规矩、压任务、促建设，积极研究工作措施，大胆探索监管方法。一是要求冶金、有色企业把隐患治理工作要具体落实到各重点单位、生产过程的重要环节、要害部位和关键岗位，要做到不留盲区、不留死角、不走过场。二是要求冶金、有色重点省必须突出工作重点，制定专门的措施，强化监管，督促企业加大隐患排查和整改力度，切实落实企业安全生产主体责任。三是专门安排工作组对河北、山西、江苏、山

东、河南、广东等冶金、有色重点地区进行督导调研，及时发现问题，解决安全监管工作中的问题，有效推动工作规范化、制度化建设。

（二）统一认识，明确方向，确定工作目标

为进一步推动冶金、机械等行业安全生产监管工作，力求与地方、企业统一思想，达成共识，形成合力。3月份印发了《关于加强冶金有色建材机械轻工纺织烟草商贸等行业安全生产工作的通知》（安监总管四［2009］52号），根据“三定规定”对冶金、机械等八个行业的安全监管工作做出统筹部署，提出具体要求，明确了监管什么、怎么监管；4月23—24日，在湖北省召开了全国冶金、机械等行业安全监管工作会议暨安全生产标准化现场会，孙华山同志出席并做重要讲话。会议全面总结回顾了近年来冶金、机械等行业的安全生产工作，总结交流了工作经验，明确了今后一个时期冶金、机械等安全监管工作的方向和任务，结合总局提出的安全生产“三项行动”、“三项建设”，确定了2009年主要工作任务，有力推动了各地安全监管工作的开展。各地结合会议的要求，认真进行了贯彻和落实，全力布置和安排了本地区的工作，使冶金、机械等安全监管工作得到了极大的推动。

（三）推动安全标准化，夯实安全工作基础

安全生产标准化是提高企业安全管理水平的基础性工作，也是安全监管工作的有力抓手，通过大力推进安全生产标准化创建工作，可有效提升企业本质安全化水平，得到了企业的广泛认可。为有效推进安全生产标准化工作，认真总结了以往冶金、机械等行业推行安全标准化工作的实践经验，提出了改进工作的措施。为严把安全标准化的条件，提高工作绩效，按国家安全监管总局领导的要求，组织召开了机械制造企业安全标准化工作专题座谈会，对各地开展安全标准化工作的情况进行了调研，进一步完善了安全标准化企业的核准公告程序，对省级安全监管部门报请总局核准的一级安全标准化机械制造企业，与中国安全生产协会、中国机械工业安全卫生协会共同开展评审工作，按照国家安全监管总局有关规定予以核准公告。2009年各地共计通过一级安全标准化机械企业27家、冶金企业5家，全部按程序进行报批。

目前，安全生产标准化的内涵、目标、意义等都发生了很大变化，需要在吸收国际现代安全管理方法、继承传统经验做法的基础上，在先进性、实用性、针对性上下功夫，体现时代要求，符合不同行业特点，强化风险管理，注重过程控制，做到持续改进。为进一步完善工作，今年，会同中国机械工业安全卫生协会着手起草《机械制造企业安全标准化规范》；组织开展了《冶金企业安全标准化轧钢单元考评标准》、《冶金企业安全标准化烧结球团单元考评标准》、《冶金企业安全标准化焦化单元考评标准》、《冶金企业安全标准化铁合金单元考评标准》的起草制定工作。同时为了体现并符合《安全生产标准化通用规范》（草稿）的内容和要求，对《冶金企业安全标准化管理单元考评标准》进行修改。

为推动有色行业安全标准化工作，启动了中国铝业河南分公司氧化铝、贵州分公司电解铝、中国建筑材料集团公司所属浙江尖峰登城水泥有限公司和鲁南水泥厂水泥生产安全标准化建设试点工作，及相关考评标准的起草工作。另外，协助起草了《安全生产标准化通用规范》（讨论稿），为下一步规范安全标准化工作打下了良好的基础。同时，就开展酿酒、家具、烟草等行业企业安全生产标准化工作，多次到地方、企业调研，获取了大量一手材料，奠定了立法基础。目前，会同有关单位起草完成了《家具生产企业安全生产标准化规范（草稿）》，已报全国安全生产标准化技术委员会秘书处。

（四）加大工作力度，切实推进法规标准建设

根据国家安全监管总局立法计划，对2009年3月20日局长办公会对《冶金企业安全生产监督管理规定》（以下简称《冶金规定》）（第一次送审稿）提出的修改意见和建议，组织对《冶金规定》进行了较大的修改，并在全国冶金、机械等行业安全监管会议暨安全生产标准化现场会上讨论，在总局网站征求全国各地的意见，召开了多个座谈会，收集了各地及有关企业的修改意见，完成了《冶金规定》（第二次送审稿）的修改工作，于8月24日局长办公会审议讨论通过，9月8日以国家安全监管总局令第26号公布，并随即制定了宣贯计划，及时组织召开宣贯会议，推动《冶金规定》的贯彻落实。

按照AQ标准编制计划，组织完成了《铁合金安全规程》（送审稿）、《烧结球团安全规程》（送

审稿）编写工作。针对冶金、建材较大以上事故发生的特点和规律，为规范煤气储罐、高温金属液体运输、水泥企业储存库清库安全管理和操作，组织开展了《冶金企业煤气储罐安全规程》、《高温金属液体运输安全规程》、《水泥企业储存库清库安全规程》等3个AQ标准起草工作。

（五）坚持监管方法创新，促进“三同时”制度落实

针对冶金、机械等行业没有安全许可，缺乏有效日常监管抓手的现状，为加强源头监管，严格安全准入，督促冶金、机械等行业的企业认真落实“三同时”制度，防止建设项目的先天不足，经过广泛调研，起草印发了《关于进一步做好冶金有色建材机械轻工纺织烟草商贸等行业建设项目安全设施“三同时”工作的通知》（安监总管四［2009］159号），对冶金、机械等行业新建、改建、扩建工程项目落实“三同时”制度提出了明确要求，建立了预评价报告、安全专篇和验收评价报告备案制度，通过抓住“三同时”这个关键环节，力求把住安全准入关，有效推进了冶金、机械等行业建设项目“三同时”工作，2009年共进行了一汽一大众汽车有限公司等8个建设项目“三同时”工作的审批或备案。

（六）加大事故跟踪督导，用事故教训推动工作

加强了对较大以上事故的跟踪督导，完成了所负责行业13起较大以上事故的跟踪督导工作，对发生在河北、山西、安徽、贵州等省的多起生产安全事故进行现场指导处置。加强了事故分析汇总工作，专门设计了冶金、机械等行业事故信息收集表格，对近几年发生的较大以上事故进行分类汇总，研究事故发生的特点和规律，确定了工作重点。

针对事故发生情况和暴露的问题，及时研究制定印发了《国家安全监管总局关于切实加强工商贸企业租赁厂房安全管理工作的通知》（安监总管四［2009］106号）、《国家安全监管总局办公厅关于进一步加强工商贸企业有限空间作业安全生产工作的通知》（安监总厅管四［2009］129号）、《国家安全监管总局办公厅关于加强冶金企业制氧安全生产管理的通知》（安监总厅管四［2009］134号）、《国家安全监管总局关于近期两起冶金企业煤气中毒事故的通报》（安监总管四［2009］182号）、《国家安全监管总局关于贵州省遵义市仁怀市“10·17”重大粮仓垮塌事故的通报》（安监总管四［2009］211号），举一反三，提出了安全监管对策，进一步明确了企业安全管理工作的重点，细化了防范同类事故发生的对策措施。

10月21—22日，在四川省成都市召开冶金、机械等行业典型事故分析会，对较大以上典型生产安全事故进行了案例交流，组织编写了《2009年冶金机械等行业较大以上典型事故案例汇编》（还在不断完善中），总结了事故调查处理工作经验，吸取了事故教训，有力促进了安全监管工作水平的提升。

（七）立足调查研究，致力于摸清监管底数

为全面掌握冶金、机械等行业安全生产管理现状，了解各地冶金、机械等行业安全监管工作情况，先后对湖北、辽宁、广东、江苏、上海等省（区、市）进行了调研，编写完成了《冶金、有色行业安全生产情况调研报告》；发函对全国各省（区、市）负责冶金、机械等行业安全监管的机构设置、人员配置，以及相关企业的基本情况进行调查。通过调查，一是初步掌握了各地冶金、机械等行业监管机构设置及人员配置情况；二是初步掌握了各地冶金、机械等行业企业的基本情况。

另外，根据年度工作安排，还有计划地对冶金、机械等八个行业进行了实地调研，对地方安监机构人员配备情况、安全监管工作、安全标准化、企业安全管理、从业人员状况、生产设备设施等工作有了直观的认识，掌握情况，分析问题，提出对策，并形成了多份调研报告，为今后工作积累了基础信息。

（八）从自身建设做起，努力提高监管能力

针对机构新成立、人员新调入的实际，我们把队伍建设作为当前和今后一段时期的重要任务，一方面建立健全了内部管理制度，制订了岗位责任、会议、学习、党风廉政建设等十二项制度，保证工作的制度化、规范化和有序进行；另一方面，加强了全司的政治理论学习和专业知识培训，配合人事司组织了“冶金煤气安全知识”专题讲座，提高监管人员的业务能力。

为提高各地冶金、机械等安全监管履职能力，加大有关法规贯彻力度，配合《冶金规定》的颁布，印发了《关于贯彻落实〈冶金企业安全生产

监督管理规定〉工作的通知》（安监总管四［2009］201号）；10月21—22日，在四川省成都市召开冶金、机械等行业典型事故分析会暨《冶金规定》宣贯工作座谈会，重点对《冶金规定》进行宣贯，各省安全生产监督管理局负责冶金、有色安全监管及部分企业参加。

针对新机构、新队伍、新业务、新法规，制定了具体的业务培训计划，2009年12月，会同人事司，委托总局培训中心专门举办了一期冶金、有色、建材安全监管人员业务培训班，全方位提高监管干部的能力和素质。

为提高安全生产监管工作的科学性，针对山东魏桥“8·19”爆炸事故的原因，会同并组织有关单位开展铝液爆炸机理的研究，已取得了阶段性成果。为提高企业安全生产管理水平，引入先进的管理方法和理念，组织司有关同志参加了《现代安全生产管理方法与实践研究》课题工作。为完整掌握冶金、机械等行业情况，了解行业基本信息、安全生产工作现状、存在的问题的原因，保证决策的科学性和政策的针对性，启动了《机械行业安全生产对策研究》和《建材行业安全现状调查和对策研究》两项研究课题，为安全生产长效机制建设奠定了基础。

（九）加强政治学习，筑牢思想防线

针对机构新成立、人员新调入的实际，把加强政治理论和政策学习作为工作的重中之重，一年来，组织全司干部认真学习和落实了有关会议精神，全司每周都能安排集中学习活动一次，及时学习有关文件，传达有关精神，强化政治素质，提高了思想认识。成立了四司党支部，有效开展了党支部的各项工作，完善了党支部的工作制度，明确了廉政建设工作责任，实现了各岗位的“一岗双责”，强调在抓好业务工作的同时，抓好党建和反腐工作，有效避免了腐败现象的发生。

针对工作现状，非常重视制度建设，注重一切从定规矩做起，实现用制度管人和管事。按照国家安全监管总局有关要求，结合工作实际，将完善内部管理制度作为重点工作之一，2009年已经制订党风廉政建设责任制度、学习和民主生活会制度等十二项制度，保障党务工作有效开展及党风廉政建设和反腐败工作开展，实现了组织工作、反腐倡廉工作的制度化、规范化和应有的持续性。同时在工作过程中，针对有关单位已发生的违法违纪案件暴露出的漏洞和缺陷，进一步建立健全了相关工作制度和工作程序，从制度上防范以权谋私等腐败现象的发生。根据工作实际，重申了总局党组制定的安全生产执法“九条纪律”和“六条禁令”，印发人手一份，重点防范腐败发生。

抓住有利时机，推动党建工作。今年是新中国成立60周年，对我们每一名干部来说，都是人生经历中的大事，国家举办了一系列的重大活动，通过活动使大家受到了教育，提高了对党的认识，信仰更加坚定。我司专门安排时间和人员积极参与到相关庆典活动中，组织干部参观了60周年成就展，还在人手紧的情况下，选出一名同志参加了国庆庆典的游行活动，并组织大家与参加庆典活动的同志进行心得交流，讲感受、讲体会、讲收获，一人参加，全体受益，有效地调动了工作的积极性。

按机关党委的统一要求，积极筹备司民主生活会召开事宜，确定了“强化自身建设，努力提高冶金、机械安全监管能力”的主题，有效地将党组织工作与业务工作结合起来，做到“两不误、两促进”。

二、其他工作开展情况

一年来，还注重与相关部门的相互协作，共同促进和推动安全监管工作的开展。对外，积极联系工业信息化部等有关部门，加强沟通和业务合作；对内，积极完成了办公厅、人事司、机关党委、纪委安排布置的各项工作，完成了各业务司局征求意见等业务工作，完成了其他部门、地方等文件的答复工作，组织完成了国家安全监管总局布置的植树、捐款等各项公益任务。总之，经过一年的努力，四司工作已全面有效展开，安全监管和内部建设都有序进行，有效推动了对冶金、机械等行业的安全监管。

三、存在问题

2009年，全国冶金、机械等行业安全生产继续保持了趋于好转的发展态势，有效遏制了特大事故的发生，保证了“三个压下来”全局目标的实现。但是，冶金、机械等行业安全监管仍然存在许多问题，仍有大量工作需要规范和完善，法规、标准滞后矛盾突出，安全监管任务量大，情况复杂，安全生产状况仍没有得到根本好转，仍然面临很多问题。一是地方安全监管机构不健全，只有四个省组建了对口监管处。二是人员数量、业务素质参差不齐。三是冶金、机械等八个行业被列为非高危行业,监管不被重视。四是工作制度有待于进一步完善。

同时，冶金、机械等行业安全生产形势依然严峻，事故量大，特点突出，重大事故时有发生。据统计1—10月份，全国冶金、机械等八个行业共发生各类事故1348起，死亡1403人，同比下降了15.5%和7.5%，事故总量仅次于煤矿和建筑施工，安全生产形势仍然十分严峻。截至2009年11月25日，全国冶金、机械等八个行业共发生较大以上事故23起，共死亡101人，重大事故2起，死亡20人；其中冶金行业11起，死亡44人，建材行业3起，死亡11人，机械行业1起，死亡3人，轻工行业4起，死亡23人，商贸行业4起，死亡20人。分析这些行业的事故特点和规律，一是较大事故多发生在私营企业；二是事故原因多为违章操作，并且同类事故重复发生；三是外委工程的事故突出；四是厂房租赁方面存在的问题严重；五是施救不当造成事故伤亡扩大；六是有限空间作业问题突出。

职业健康监督管理工作

国家安全监督管理总局职业安全健康监督管理司

2009年，在国家安全监管总局党组的领导下，围绕2009年全国安全生产工作总体要求，按照“打造两支队伍、建立三项制度、构筑四大体系”(两支队伍即：职业安全健康监管执法队伍、企业职业健康监督员队伍；三项制度即：职业危害申报制度、作业场所职业危害监督检查制度、职业卫生安全许可证管理制度；四大体系即：职业安全健康法规标准体系、技术服务与支撑体系、宣传培训体系、信息与装备保障体系）的总体目标，联系我司实际，突出工作重点，全面启动并加强了职业健康监管工作。

一、积极推动职业健康监管工作的启动

1. 2009年2月，起草下发了《国家安全监管总局关于加强职业安全健康监督管理工作的通知》(以下简称《通知》)，指导各地尽快启动职业安全健康监督管理工作。《通知》主要对生产经营单位加强职业安全健康监督管理制度建设、机构建设，加大职业安全健康投入，及时如实申报职业危害项目等方面提出要求；并就安全监管机构加强作业场所职业危害监督检查、查处职业危害事故、加强职业卫生安全许可证管理、加强职业安全健康培训教育和宣传、加强机构队伍建设等方面的工作提出指导性意见。

2. 于3月下旬在大连组织召开了全国职业安全健康监管现场会，会上杨元元同志对全面启动和开展职业健康监管工作做出部署、提出要求。会后，杨元元同志亲自给26个省（区、市）分管领导写信，建议各地在制定“三定方案”时对职业安全健康监管机构队伍建设给予支持，有力地推动了各地的机构建设。截至目前，31个省（区、市）和新疆生产建设兵团安全监管局中有30个单位已经成立或正在筹建职业健康监管机构。

3. 于6月中旬在新疆召开了重点省（区、市）安全监管局职业健康工作座谈会，听取了重点省（区、市）安全监管局关于贯彻落实大连职业健康现场会精神、加强职业健康工作情况的汇报，对推进职业健康监管机构建设、实施作业场所监督检查做出了部署和安排。同时，对山东、河北、江苏、辽宁、黑龙江、安徽、福建、江西、河南、云南、宁夏等地职业健康工作进行了调研，就加强职业健康监管工作进行了指导。

4. 会同卫生部起草了《国家职业病防治规划(2009—2015年)》，并由国务院办公厅正式印发，该规划对今后一段时期职业健康监管工作的奋斗目标、工作任务、保障措施等进行了明确。

5. 为认真贯彻落实《国务院办公厅关于印发国家职业病防治规划（2009—2015年）的通知》的精神，起草并印发了《国家安全监管总局关于认真贯彻落实国家职业病防治规划（2009—2015年）切实加强职业健康监管工作的通知》。

6. 研究制定了《作业场所职业健康监督检查装备配备指导目录》，9月份以国家安全监管总局办公厅名义印发，供各地在配备职业健康监督检查装备时参考。

二、抓紧起草制定法规标准，着力构建“三项制度”

1. 制定出台了《作业场所职业健康监督管理暂行规定》，并组织做好宣传贯彻工作。起草制定了《作业场所职业健康监督管理暂行规定》，广泛征求并吸纳了各地区及相关中央企业的意见建议，6月15日在国家安全监管总局局长办公会议上审议通过，并于7月1日以总局令（第23号）形式公布，9月1日正式施行。为做好宣传贯彻工作，于8月12日召开了《作业场所职业健康监督管理暂行规定》宣传贯彻视频会议，杨元元副局长出席会议并讲话。会上，北京市、河北省、辽宁省安全监管局和中国石油化工集团、中国建筑材料集团分别就贯彻落实《暂行规定》作了表态发言。国家安全监管总局和国家煤监局有关司局、应急指挥中心负责同志，国家安全生产监察专员，有关在京直属事业单位、社团组织负责同志，50余家在京中央企业分管负责同志及部门负责同志，共140余人在主会场参加了会议。

2. 制定出台了《作业场所职业危害申报管理办法》，并做好宣传贯彻和指导工作。起草制定了《作业场所职业危害申报管理办法》，于9月8日以国家安全监管总局局长令（第27号）公布，11月1日起正式施行。开发完善了“作业场所职业危害与备案管理系统”，为各地开展职业危害申报提供了技术支持。10月份，起草下发了《国家安全监管总局关于贯彻落实〈作业场所职业危害申报管理办法〉加强职业危害申报工作的通知》，就职业危害申报的意义、申报内容和申报程序、制定工作计划、做好宣传培训、加强申报管理等提出了明确要求。先后，对四川、重庆、山西、贵州等省开展作业场所职业危害申报工作进行了指导。

3. 做好《职业卫生安全许可证管理办法》起草等有关工作。根据大连会议上各地安全监管部门和中央企业提出的意见，修改完善了《使用有毒物品职业卫生安全许可证实施办法》，形成了送审稿提交政策法规司。组织起草了《职业卫生安全审计机构备案程序》、《职业卫生安全审计报告审查程序》、《职业卫生安全审计报告编写导则》等相关文件。设计了职业卫生安全许可证和申请书式样，制作了职业卫生安全行政许可申请受理的有关文书。6月份，召开了职业卫生安全许可制度建设研讨会，就《实施办法》和有关文件征求了部分省、市安监局、中央企业和科研单位的业务负责同志的修改意见和建议。

三、与卫生部、人力资源社会保障部、全国总工会联合组织开展粉尘与高毒物品危害治理专项行动

1. 起草了《关于开展粉尘与高毒物品危害治理专项行动的通知》，在会签卫生部、人力资源社会保障部、全国总工会后，于8月10日以四部门名义联合印发至各省、自治区、直辖市及新疆生产建设兵团安全生产监督管理局、卫生厅（局）、人力资源社会保障（劳动保障）厅（局）、总工会以及有关中央企业。此次专项行动用一年半的时间，分四个阶段对工矿商贸领域的生产经营单位，重点是矿山开采、石英砂加工、宝石加工、石材加工、冶炼等生产企业，尤其是产生粉尘与使用高毒物品的作业场所进行专项治理，消除和减少职业危害，保护从业人员的身体健康。

2. 9月2日，国家安全监管总局、卫生部、人力资源社会保障部，全国总工会、国家煤矿安监局五部门联合召开了全国粉尘与高毒物品危害治理专项行动动员部署电视电话会议。杨元元副局长、卫生部李熙纪检组长、人力资源社会保障部胡晓义副部长、全国总工会张鸣起副主席出席会议并讲话，国家煤矿安监局付建华副局长出席了会议。会上，吉林省安全监管局、四川省卫生厅、山西省人力资源社会保障厅、浙江省总工会、重庆煤矿安全监察局5家省级部门作了发言。五部门相关司局及相关单位的负责同志，部分媒体记者共130余人在国家安全监管总局主会场参加了会议。

3. 为全面掌握石英砂生产企业职业健康状况，进一步加强石英砂生产企业职业健康监管工作，起草下发了《关于加强石英砂生产企业职业健康工作的通知》，就调查摸底等工作提出了具体要求。

四、认真做好职业危害事故的调查处理工作

1. 调查广西马山县部分农民陆续被查出患有

硅肺病事件。根据杨元元副局长在《国内动态清样》的批示，2 月 10—20 日，对 20 世纪 80 年代开始，在海南省某些金矿打工的广西马山县部分农民工陆续被查出患有硅肺病一事进行了调查，实地走访了海南省（东方市、乐东市、昌江县）和广西壮族自治区（马山县的 2 个镇、4 个村），还对上述地区的职业健康工作情况进行了了解，并将调查和调研情况向杨元元副局长做了汇报。

2. 参与调查云南省水富县部分返乡农民工集体患病事件。

（1）3 月份，与卫生部、人力资源社会保障部、全国总工会联合组成调查组，赴安徽省凤阳县对云南省水富县部分返乡农民工集体患病事件进行了调查处理，并以四部门名义下发了《关于进一步做好云南省水富县部分农民工集体患病事件调查处理工作的通知》。

（2）按照国家安全监管总局领导指示，职业安全健康监督管理司组成调研组，于4 月 7—11 日赴安徽省凤阳县进行了调研，进一步了解安徽省凤阳县石英砂生产过程中导致硅肺病的问题，了解凤阳县石英砂生产企业职业健康管理工作情况，协助地方政府引导石英砂生产企业采用先进工艺，更新生产设备，加强劳动防护，提升职业危害防治水平。

（3）根据国家安全监管总局领导指示，认真做好云南生水富县农民工在安徽生凤阳县石英砂生产过程中导致硅肺病后续工作的督促落实，专题听取了凤阳县人民政府调整产业结构、改进工艺技术、消除职业危害的工作汇报，并提出了具体要求。

（4）6 月 15—17 日，与卫生部、人力资源社会保障部、全国总工会组成工作组，赴云南省就水富县返乡农民工集体患病事件的处置工作进行了督办调研。

（5）7 月 9—10 日，与卫生部、人力资源社会保障部、全国总工会组成调研督导组，赴安徽省就凤阳县农民工硅肺病事件处理情况进行了督查，督促安徽省做好石英砂加工企业整治、患病农民工的善后处理等工作。

（6）会同卫生部、人力资源社会保障部、全国总工会等部门在前期工作的基础上，以四部门名义向国务院报送了《关于安徽省凤阳县石英砂加工企业农民工患硅肺病事件调查处理情况的报告》。

3. 做好张海超尘肺病诊断事件有关工作。针对张海超尘肺病诊断事件及平顶山尘肺病有关情况，会同卫生部、人力资源社会保障部、全国总工会、煤矿安监局，以五部门办公厅名义印发了《关于进一步加强职业病防治工作积极妥善做好职业病事件调查处理工作的通知》，督促河南省相关部门切实做好事件调查处理及有关工作。

五、切实加强职业健康宣传教育培训工作

1. 组织编写了职业健康培训大纲、职业健康监管人员培训教材和职业健康科普知识读本。

2. 开展企业职业健康监督员试点工作。为在企业推广建立职业健康监督员岗位，推动企业职业健康管理队伍职业化，在北京市、吉林省、辽宁省开展企业职业健康监督员试点工作。5 月份，以国家安全监管总局办公厅名义下发了《关于开展企业职业健康监督员试点的工作方案》，对开展试点工作提出了具体要求和措施。目前，北京市、吉林省、辽宁省共计培训了 1200 名企业职业健康监管人员，考核合格率 100%。

3. 为加强职业健康宣传教育，提高全民职业健康意识，联合卫生部、全国总工会，组织开展了全国职业安全健康知识竞赛活动。据不完全统计，全国共有 10 万多家企业、近 4000 万人参加了此项活动，规模和人数均创历史新高，全国各地尤其在企业掀起了学习职业安全健康知识、开展控制职业危害和事故伤残活动的热潮，取得了良好的社会反响。竞赛组委会共收到全国 31 个省（区、市）2 万多家单位反馈的有效竞赛答题卡 440 余万份。与卫生部监督局、全国总工会劳动保护部联合对竞赛活动进行了评奖，评定中国石油天然气集团公司等 350 家单位荣获竞赛优秀奖，贺荣芳等 100 人获得竞赛优秀组织者奖，王文俊等 260 人获得竞赛个人奖。起草了发布获奖名单的通知，与卫生部、全国总工会联合发文公布。同时，会同卫生部、全国总工会于 11 月召开了全国职业安全健康知识竞赛总结颁奖会。

4. 4 月下旬，与卫生部联合开展职业病防治法宣传周活动，编印并发布了职业病防治法宣传周主题张贴画；与卫生部、人力资源社会保障部、全国总工会联合组织召开了保护农民工健康高层论坛，杨元元同志出席论坛并作了主题发言。邀请新华社、中央电视台等媒体做了宣传报道。

5. 7月上旬，与国际劳工组织联合在重庆市举办中小企业职业安全与健康研讨会，学习了解国际劳工组织187号公约以及其他国家加强中小企业职业安全健康工作的经验和做法，研讨加强我国中小企业职业安全健康工作的对策和措施。

6. 11月份，在厦门组织了第一期省级职业健康监管人员业务专题培训班，31个省级安全监管局（浙江除外）92名负责同志参加了培训。

六、认真做好中央企业职业健康监管工作

1. 分行业组织召开了三次部分中央企业职业健康工作座谈会，了解中央企业开展职业健康工作的基本情况，听取有关意见和建议，对中央企业落实职业健康危害防治主体责任，进一步加强职业健康管理，切实保障从业人员的健康权益提出了要求。

2. 对部分中央企业进行调研。5月份，对中国石油天然气集团公司、中国建筑材料集团公司进行了调研，了解了两公司的职业健康管理工作情况，并现场考察了中石油集团公司下属的安全环保技术研究院、职业卫生技术服务中心，以及中国建筑材料集团公司下属的中国建筑材料研究总院。

七、其他工作

1. 引导和督促企业积极推广有利于职业危害防护的新技术、新工艺、新材料和新产品。4月份召开了部分职业安全健康检测仪器、设备和防护用品等生产经营企业座谈会，就如何加快研究开发、推广应用新技术、新工艺和新材料进行了研究讨论。委托总局信息院就推广应用新技术、新工艺和新材料进行可行性研究，制定实施方案。

2. 按照国家安全监管总局领导在《人民日报情况汇编》（第661期）刊载的“广西接触职业病高危人群达600多万”一文上的批示精神，于6月份在国家安全监管总局召开了职业健康工作座谈会，与广西壮族自治区有关同志进行了座谈，进一步了解了广西职业健康工作的相关情况，推动广西加强职业健康监管工作。

3. 依托防尘毒标准化分技术委员会，大力组织开展防尘毒制修订工作，发布实施了《陶瓷生产防尘技术规程》等10项防尘防毒的国家标准（GB）、《矿山个体呼吸性粉尘测定方法》等5项防尘防毒的行业标准（AQ）。

4. 起草下发了《关于推荐职业安全健康专家的函》，请各地区安全监管部门及相关中央企业推荐专家人选，准备组建职业安全健康专家库，对职业安全健康监管执法工作提供技术支持。

5. 会同政法司，就国务院法制办转来的卫生部就《作业场所职业健康监督管理暂行规定》反映的问题进行了回复。

6. 对《卫生部办公厅关于征求〈职业病防治部际联席会议制度〉意见的函》进行了回复。

7. 赴广东参加了第四届国家环境与健康论坛，并就广东省职业健康工作开展情况进行了调研。

8. 参加了国务院安委会办公室组织的“两会”期间和5月份、7月份、9月份安全生产调研督查。

9. 办理了10件全国人大建议和全国政协提案的回复。

10. 参加了国务院安委会办公室组织的“两会”期间和5月份、7月份、9月份、11月份安全生产调研督查以及到四川、河北开展的“三项行动”调研督导工作。

11. 加强了国际交流合作，组织了赴北欧的职业健康考察交流活动。

安全培训教育工作

国家安全监督管理总局人事司

2009年，培训教育工作紧紧围绕“安全生产年”各项任务，以深入开展“三项行动”为契机，强化各项措施，大力推进安全生产教育培训工作，在地方领导干部和安全监管监察人员培训、农民工安全培训、安全培训法规标准建设以及煤矿人才培养等方面，取得了新的进展。

一、贯彻落实“安全生产年”活动任务要求，扎实、有序推动安全生产宣传教育行动

一是为全面贯彻落实“安全生产年”各项工作任务和要求，把党中央、国务院和总局领导深入开展“三项行动”的有关要求落到实处，与政法司积极配合，统筹考虑安全生产宣传、教育和培训工作，研究制定了《安全生产宣传教育行动工作方案》，明确了2009年安全教育培训工作的总体要求、工作目标和重点工作任务。二是按照国家安全监管总局“三项行动”工作总体部署，参加了宣传教育行动工作组，组织开展了宣传教育行动专项督导，及时掌握全国安全培训开展情况，有力推动宣教行动的深入开展。三是配合政法司在青岛召开了安全生产宣教行动专题汇报交流会，对全国安全生产宣传教育行动中教育培训工作成效进行了总结，交流了经验，查找了不足，归纳了建议，研究了下一步的对策与措施。

二、积极总结经验，组织召开了全国安全生产培训工作现场会

为深入贯彻落实党中央、国务院关于加强安全生产的一系列重要指示和2009年全国安全生产工作会议精神，2009年5月，组织召开了由各省级安全监管局和煤矿安全监察机构分管培训工作的负责人和培训处室负责人，有关煤炭行业管理部门培训负责人，部分中央企业分管培训工作负责人，部分一、二级培训机构负责人，国家安全监管总局和国家煤监局有关业务司局、应急指挥中心以及国家安全监管总局在京有关直属事业单位负责人等218人参加的全国安全培训工作现场会。总结了南宁会议以来的全国安全培训工作，交流了16家单位的培训教育先进经验，参观学习了江苏省和中石化金陵公司安全培训的有效做法，围绕“安全生产年”活动和“三项行动”、“三项建设”，研究部署了下一步安全培训工作。会分组讨论了《安全生产培训监督检查办法》（讨论稿）和《特种作业人员安全技术培训考核管理规定》（修改稿）。会议结束后，利用总局政府网站、中国安全生产报、中国安全生产杂志等媒体，对会上交流的16家先进单位经验以及全国安全培训工作的进展情况进行了广泛宣传报道，收到了较好的效果。

三、研究制定了安全培训班计划、大规模干部培训实施意见和教育培训“十二五”工作方案

一是在广泛听取国家安全监管总局机关各司局意见的基础上，制定印发了2009年安全培训班计划，提出了5类18个方面的培训班计划。为使培训更有针对性和实效性，孙华山副局长亲自主持召开了由国家安全监管总局和煤监局7个业务司局以及在京有关直属单位有关负责人参加的座谈会，听取对2009年计划的意见和建议，并就如何办好2009年培训班提出了5点要求。二是为深入贯彻落实党的十七大关于继续大规模培训干部的要求，建设一直高素质干部队伍，根据《干部教育培训工作条例（试行）》和中央组织部《关于2008—2012年大规模培训干部工作的实施意见》，结合安全生产工作实际，研究制定并印发了《国家安全监管总局关于2009—2012年大规模培训干部工作的实施意见》，明确了安全监管监察系统新一轮大规模培训干部工作的指导思想、总体目标和基本要求，提出了实施干部教育培训的4项重点工程以及12项保障措施，以确保大规模培训干部取得实效。三是按照国家安全监管总局领导要求，组织召开了在京直属事业单位负责人会议，制定了《安全生产教育培训“十二五”工作方案》，确定开展相关重大课题研究项目，对做好安全生产教育培训“十二五”规划工作做了整体部署与分工。

四、提高队伍素质和监管监察能力，扎实开展安全监管监察人员培训

为提高安全监管监察队伍的业务素质和执法水平，建设一支高素质的安全监管监察队伍建设，落实国家安全监管总局印发了《关于2009—2012年大规模培训干部工作的实施意见》，进一步加大了对基层安全监管监察人员的培训力度，举办市县安全监管局长培训班2期、煤矿安全监察分局负责人培训班2期，培训289人；举办安全监管监察人员执法资格培训班5期，培训315人。围绕提高监管监察执法能力和业务水平，与相关业务司局共同举办了金属非金属矿山、危险化学品、烟花爆竹、应急管理、职业安全健康、安全生产统计和档案管理等各类专题业务培训班32期，共培训3940人，是2008年的3.6倍。同时针对基层优秀年青干部，举办了为期1年的煤矿、化工专业班和为期3个月的矿山、化工专业培训班4期，培训146人；围绕安全生产工作中的重点、热点、难点问题，邀请有关专家学者，利用视频网络系统，坚持每月举办一次视频专题讲座，共举办12次，培训32866万余人次，既扩大了培训的覆盖面，又有效缓解了工学矛盾。

五、积极选派司局级以上领导干部到中央党校等院校学习等培训

一是根据中组部要求，研究提出了国家安全监管总局2009—2012年省部级领导干部学习培训计划，经总局党组同意，上报了中组部并得到批准。经国家安全监管总局领导同意，全年共计选派了国家安全监管总局和国家煤监局机关、在京直属事业单位以及各省级煤矿安全监察机构的23名司局级以上领导干部到上述院校学习培训。二是为进一步推动地方政府落实安全生产领导责任和监管责任，经中组部批准，分别于5月和10月在北京举办了2期全国市（地）领导干部安全生产专题研究班，共有26个省（自治区、直辖市）及新疆生产建设兵团的59名市（地）领导干部和20名省级安全生产监管局负责人参加了学习。三是为进一步增强企业安全责任意识，推动企业落实安全生产主体责任，开展了针对中央企业主要负责人和安全管理人员的安全资格培训，先后举办了1期安全资格复训班和1期安全资格初训班，分别培训79人和156人。

六、以提高安全素质和安全技能为出发点，进一步推进包括农民工在内的全员培训工作

一是按照国务院农民工工作联席会议办公室要求，会同国家安全监管总局政法司、协调司等有关司局，对2009年国家安全监管总局农民工工作进行了认真总结，围绕“三项行动”和“三项建设”，谋划了国家安全监管总局2010年农民工工作，向国务院农民工工作办公室报送了《安全监管总局农民工工作2009年总结及2010年工作思路》，明确了做好农民工安全生产工作的总体部署、工作重点和工作要求。二是按照《国务院办公厅关于切实做好当前农民工工作的通知》要求，结合工作实际，研究制定并印发了《进一步加强农民工安全生产工作的指导意见》，明确了农民工安全生产工作的指导思想、工作目标和主要任务，安排部署了涉及了农民工安全培训、作业场所职业安全健康、工伤保险和事故查处等4个方面的16项重点工作，并明确要求各地制定安排意见，分解落实任务。文件下发后，在全社会引起极大反响，京华时报、新浪网等媒体和网站都对此进行了宣传报道。三是按照国务院农民工工作联席会议办公室《关于开展第三次农民工工作督察的通知》要求，制定工作方案，会同民政部、商务部、国资委等有关部门于12月1—5日对黑龙江农民工工作进行了联合督察，形成了《黑龙江省农民工工作督察报告》，并向国务院农民工工作联席会议作了汇报。四是完成了全国安全培训特别是农民工安全培训信息统计工作。据统计，全国共计培训农民工966.5万人次；培训企业“三项岗位”人员453.4万人次，其中主要负责人52.5万人次，安全生产管理人员83.3万人次，特种作业人员317.6万人次；培训安全生产监管监察人员4.5万人次。与2008年相比，全国培训总量有了很大提高。

七、以加强基础工作为抓手，进一步规范对安全培训的管理

一是为进一步规范安全生产培训监督检查工作，起草了《安全生产培训监督检查办法》。二是为规范特种作业人员培训考核工作，组织开展了《特种作业人员安全技术培训考核管理规定》（以下简称《规定》）的制定和特种作业范围的调整确定工作，主要规范安全监管监察部门职责范围内的特种作业人员培训、考核及发证工作；同时，本着成熟一个确定一个的原则，先行明确工矿商贸生产经营单位特种作业类别、工种，形成《特种作业目录》，以《规定》附件发布。期间有百余名专家参与，召开研讨、论证会多次，在全国范围内征求意见3次，大的修改5次，最后形成了《规定》送审稿，并附有11个作业类别、47个工种的特种作业目录。三是按照国家安全监管总局安全标准制修订计划，组织完成了危险化学品、烟花爆竹生产经营单位主要负责人和安全生产管理人员安全培训大纲和考核标准（共8个标准）的修订工作。经危险化学品标准分委会组织的标准审查会审查，其中4个危险化学品安全培训大纲及考核标准获得了原则通过。四是组织开展安全培训机构复审检查和评估认定。对2008年资质到期的91家和新申请资质的19家一、二级安全培训机构进行了复审检查和评估认定，通过召开审定会、公示和公告等，对复审检查和评估认定合格的85家机构发放了资质证书；同时，取消了5家不符合标准要求的二级培训机构的资质，对17家存在问题的机构提出限期整改要求，经整改验收和复审检查，对其中16家符合要求的机构发放了资质证书。抽调了15名专家，组成5个专家组，对涉及26个省（市、区）的2009年资质到期的71家一、二级安全培训机构进行了复审检查，加强了对一、二级安全培训机构的监管。五是举办安全培训机构师资培训班。为提高安全培训教师教学能力和水平，组织开展了4期一、二级安全培训机构骨干教师专题培训班和1期安全培训机构负责人研修班，分别培训370人和85人，有力地促进了培训机构师资队伍建设。六是研究制定教材编写规划。为统筹教材编写，根据危险化学品生产经营单位主要负责人及安全管理人员安全培训大纲和考核标准，组织编写了危险化学品生产经营单位主要负责人及安全管理人员安全资格培训系列教材，编写目录已通过评审会议审定。同时，积极做好组建安全培训教材编审委员会的前期筹备工作，起草了《安全培训教材编审委员会章程》。七是继续加强安全培训信息化建设。首先，完成了危险化学品生产经营单位主要负责人和安全管理人员安全资格考试题库建设工作，并在辽宁、河南、宁夏等9省（区）进行了试点。题库共设置考试试题3715题，其中生产单位2266题，经营单位1449题。其次，为推行计算机考试，进一步推进教考分离，研究开发了与题库匹配的计算机考试软件，并在华北科技学院对考试系统的运行状况进行了现场测试，达到了计算机化考试的要求。就题库建设和考试软件开发的有关事项，专门向孙华山副局长作了汇报，得到了领导的认可。再次，启动了金属非金属矿山行业主要负责人和安全管理人员考试题库建设。组织人员赴天津、山东、河南、辽宁、吉林、山西、宁夏、黑龙江等省进行了前期调研，在北京召开了专题研讨会，完成了题库建设方案设计。

八、以煤矿人才培养为重点，进一步强化安全人才培养培训工作

1. 煤矿主体专业招生规模进一步扩大。4月底，与教育部、中国煤炭教育协会联合召开了全国煤炭行业对口单招招生工作会议，落实了2009年煤矿专业对口单招计划，招生院校由2008年的16所增加到今年的20所，计划招生人数由3090人增加到5780人，增长87.1%。积极协调各煤炭院校落实2009年煤矿主体专业招生计划，煤矿主体专业人才招生规模进一步扩大。据统计，12所原煤炭高校及另外9所对口单招职业院校2009年计划招收煤矿主体专业学生28368人，比2008年实际招收的27241人增加1127人，增长4.14%，比2005年实际招收的10264人增加18104人，增长176.4%。

2. 积极落实迎接毕业生就业有关政策。为进一步贯彻落实《高等学校毕业生学费和国家助学贷款代偿暂行办法》和《应征入伍服义务兵役高等学校毕业生学费补偿国家助学贷款代偿暂行办法》，引导和鼓励高效毕业生面向基层、面向煤炭企业就业，鼓励他们积极应征入伍。6月初，与华北科技学院一起参加了由教育部、财政部和全国学生资助管理中心联合召开的2009年中央部门所属高校学生资助工作会议和代偿工作专题培训，学习了其他部委的经验，为做好所属华北科技学院毕业生就业工作奠定了基础。

3. 做好安全工程学科建设和安全人才培养工作。一是研究制定了《安全工程学科专业规范》和《安全工程专业认证标准》。二是开展了安全工程学科国家精品课程的推荐工作，安徽理工大学的《通风安全学》和中南大学的《大学生安全文化》2门课程被教育部评为精品课程，安全工程专业精品课程实现零的突破。三是组织完成了对辽宁工程技术大学、东北大学和中国地质大学（北京）3所高校的安全工程教育试点认证工作，得到了教育部认证专家委员会的高度评价。四是完成了全国高校安全工程专业教育数据库的建设，目前正在北京理工大学等7所院校开展试点工作。五是以总局名义向国务院学位办上报了增设安全科学与工程一级学科建议书，目前正在由清华大学组织专家进行讨论论证。六是根据学科建设和专业认证工作的需要，启动了《安全工程教育认证与注册安全工程师考试制度接轨研究》和《国内外安全工程课程体系比较研究》2个课题研究工作。

九、切实做好华北科技学院相关工作

一是按照教育部、国家发展改革委员会有关要求，完成了华北科技学院2009年普通高等教育和成人高等教育招生计划执行情况，以及2008年度教育基本建设统计年报等的上报工作。二是按照教育部有关要求，分别向教育部科技司、高教司、财务司报送了2009年新世纪优秀人才支持资助推荐人选、增设第二学士专业申报材料和2009年家庭经济困难新生入学情况等材料。三是分别向教育部、国家发展改革委报送了2010年招生计划。2009年华北科技学院计划招生4200人，其中：本科3600人，高职（专科）600人。

十、积极做好其他工作

一是下发了《关于换发安全生产行政执法证的通知》，完成了国家安全监管总局、国家煤监局机关、应急指挥中心及30家省级安全监管部门和26家省级煤矿安全监察机构的安全监管监察人员执法资格证书到期的证书制作、换发工作，共计换发证书3328套。二是对总局政法司《职业技能培训和鉴定条例》（征求意见稿）提出了修改意见。三是对人力资源和社会保障部办公厅《关于请提供对全国人大劳动合同执法检查报告及审议意见处理意见的函》进行了回复。四是对政协十一届全国委员会第二次会议第4731号（人事福利类614号）、0782号（农林类080号）2个提案进行了答复。五是对山西省编办关于安全培训机构资质认定和监管问题进行了意见回复。

国际交流与合作

国家安全监督管理总局国际合作司

一、学习借鉴国外经验，推广应用考察成果

1. 落实温家宝总理和张德江副总理关于学习借鉴南非经验的重要批示，安排国家安全监管总局领导考察调研南非煤矿安全法律法规、监察体制机制、安全培训、技术装备和应急救援体系建设，用南非经验推动煤矿安全工作。

2. 安排国家安全监管总局领导，出席在捷克召开的第四届国际矿山救援大会，并对捷克共和国和乌克兰的矿山应急救援工作进行了考察交流，推动我与两国在矿山应急救援方面的合作。成功申办第五届国际矿山救援大会（计划于2011年9月在北京举办）。

3. 安排中国职业安全健康协会理事长张宝明访问美国和加拿大，专题考察矿井救生舱技术与应用。全面了解救生舱的设计、安全技术性能及开发应用情况，推动矿用救生舱技术与装备研发和应用。

4. 召开中日《加强中国安全生产能力计划》合作项目宁波现场交流会。华东地区六省一市化工安全监管负责人和危化企业负责人参加会议，交流和示范了宁波市化工园区示范日本“手指口述”、“风险预知”、“协助组机制”等先进管理模式，取得了阶段性成果。

5. 召开“中日煤矿安全技术培训项目成果经验交流会”，40多家煤监机构和企业介绍采用日本“零事故”管理法，强化企业安全管理的做法和经验。

6. 与欧盟驻华机构合作举办了“煤矿安全国际培训成果交流会”，在煤炭系统交流和推广了近年来煤矿安全国际培训取得的成果和经验。

7. 中澳煤矿安全合作项目本年度完成了风险评估数据信息收集和现场专业调研，并随后开展了二期整体安全风险评估和煤尘爆炸故障树模型分析工作；完成了本年度4期赴澳风险管理培训团的培训方案设计、培训人员选派及4期共计66人赴澳培训工作。

8. 中日煤矿安全技术培训项目圆满完成了本年度备忘录项下84人次的派出任务，邀请了46名日本专家分别到宁夏煤校、宁煤乌兰矿、新汶、龙煤、通化、皖北煤电和江西煤业集团公司7家企业开展培训，接收培训人员达5600人次，其中宁煤乌兰矿、新汶集团为现场和专题培训，超额完成年初制订的计划。由于结合企业实际，为企业排忧解难，受到了企业的欢迎。

9. 中芬安全生产与职业健康合作。落实总局与芬兰社会事务与卫生部签署的谅解备忘录，选派人员赴芬考察，加大人员交流和信息共享力度。2009 年 10 月 26—30 日，应芬兰社会事务与卫生部职业安全健康司的邀请，国家安全监管总局职业健康司司长任树奎率团赴赫尔辛基与芬方进行了访问。通过此访，对芬兰职业安全与健康监察体系、政府职业安全与健康综合管理部门政府相关管理部门、职业安全与健康服务和培训、职业安全与健康技术支撑、事故与职业病保险赔偿等诸方面情况有了更加深入的了解。按照 2006 年 4 月双方签署的合作谅解备忘录的精神，双方就合作谅解备忘录中的一些具体内容进行了探讨和协商，达成了细化的合作框架，待双方进一步协商后，从明年开始具体实施。

10. 拟定国家安全监管总局与挪威劳动和社会融合部关于在职业安全与健康领域开展合作的谅解备忘录文本。经与挪威劳动和社会融合部反复协商，国家安全监管总局拟与挪威签署《中华人民共和国国家安全生产监督管理总局与挪威劳动和社会融合部关于职业安全与健康领域开展合作的谅解备忘录》。7 月，挪威劳动和社会融合部代表来华访问，与国家安全监管总局就备忘录的总体框架和基本内容进行了探讨。8 月，国家安全监管总局对挪方起草的备忘录文本进行了修改和完善。9 月，国家安全监管总局派代表团对挪威职业安全与健康工作进行考察，与挪方就签署备忘录的具体形式进一步交换了意见。备忘录文本已经国家安全监管总局领导批准，并送外交部审定。目前正与挪方协商签署时间和地点。

11. 中美（陶氏化学公司）化学品安全管理合作。2006—2008 年，国家安全监管总局与美国陶氏化学公司共同开展了危险化学品安全管理一期示范合作项目。3 年来，项目在中国 17 个省（市、区）、50 家企业开展合作项目试点，推广陶氏化学公司的先进管理理念和经验，对于提高试点企业安全生产管理水平取得了明显的效果。2009 年 2—4 月，国家安全监管总局召开了危险化学品安全管理一期示范合作项目的验收和评估总结，项目圆满结束。目前正与陶氏化学公司就第二期合作事宜进行磋商。

12. 合作编译《劳动监察诚信准则》。与新加坡劳工部合作，编译国际劳动监察协会《劳动监察诚信准则》。此前，国际劳动监察协会已将该准则翻译成法、德、葡萄牙等多种文字，均由执行委员会各位主席和副主席所在国家和机构完成。此次，与新加坡合作将该准则翻译成中文，将有利于有关部门学习、借鉴和参考。

13. 完成第 155 号国际劳工公约的履约报告。于 2009 年 8 月如期向国际劳工组织提交了关于第 155 号国际劳工公约实施情况的首份报告。因该公约主要涉及国家安全监管总局主管业务，应人力资源和社会保障部的请求，会同政法司对有关履约情况进行了整理和研究分析，并完成了履约报告。

14. 加强与英国在化学品安全领域的交流与合作并派代表团赴英考察。经国家安全监管总局领导批准，安排国家安全监管总局监管三司司长王浩水、化学品登记中心主任张海峰和中国化学品安全协会秘书长樊晶光三人于 10 月 18—24 日赴英执行了上述考察。通过对英国政府有关部门和机构进行访问并与其主管人员进行交流，深入了解英国政府化学品安全监管体制及其运行机制，比较借鉴英方在化学品安全监管领域的成功经验和先进技术，进一步提高我国危险化学品安全监管水平。

15. 出席国际劳动监察协会执行委员会会议及 2009 国际劳动监察协会大会。派人出席于 2009 年 4 月中旬在葡萄牙召开的国际劳动监察协会执行委员会会议及 2009 国际劳动监察协会大会，并在大会上就我国危险化学品行业安全情况作专题发言。向与会代表介绍近年来我国政府在改善危险化学品安全生产状况方面的不懈努力。

16. 出席国际劳工组织 A + A 国际安全大会和国际劳动监察协会执行委员会会议和研讨会。派人出席于 2009 年 11 月上旬在德国召开的国际劳工组织 A + A 国际安全大会和国际劳动监察协会执行委员会会议和研讨会。在国际劳工组织 A + A 国际安全大会上就我国安全文化建设作了专题发言。

17. 中小企业职业安全与健康研讨会。7 月 9—10 日，国家安全监管总局与国际劳工组织合作在重庆共同举办中小企业职业安全与健康研讨会。

18. 组织召开国际职业健康专题交流会。8 月 11 日，在京召开了国际职业健康专题交流会。会上，中方简要介绍了中国职业健康的现状及对策措施。国际劳工组织 4 位官员和高级专家分别介绍了国际劳工组织涉及职业健康的有关机构和活动、世界职业健康问题现状、国际劳工组织职业健康公约、标准和建议书，以及发达国家和部分发展中国家在促进职业健康工作方面的具体经验和做法。最后，双方就政府如何推动企业做好职业健康监管监察工作、如何完善职业健康法规和标准以及体制、机制等问题进行了深入交流和探讨。交流会非常及时、有效，对全面了解国外职业健康监管监察的总体情况很有帮助，有新的启发，国外很多好的经验和做法值得学习和借鉴。

19. 成功申请科技部国家科技外事合作项目。组织安全生产科学研究院和青岛化学品登记中心向科技部提交了6个国际科技合作项目建议书。2009年初，中国安全生产科学研究院与美国罗克韦尔自动化有限公司申报的《危险品生产储存过程动态安全监控关键技术及装备研发》正式启动。目前，项目组已经顺利开展有关工作，研究了石油化工行业重大危险源辨识与评价方法，进行了危险源监控预警主机的原理图及样机设计。

二、积极开展引智培训工作

一是聘请7名分别来自日本、新加坡、英国、意大利、美国和加拿大的文教专家在华北科技学院任教。邀请5名日本安全专家在华长期协助工作。

二是根据总局对外合作项目年度计划，组织90多名来自日本、南非、英国、德国、美国、加拿大和澳大利亚等国家的矿山、危险化学品、职业健康和应急救援专家来华，在我国有关企业和机构举办27起专题培训班，共培训了约7000人次。

三是通过政府间双边合作项目和国家外专局渠道组织开展出国（境）培训。全年共派出21批，311人次，其中：中日煤矿安全技术培训项目赴日培训14批，84人次，国家资助培训3批，培训45人次，自费项目4批，培训182人次。

四是选派科研和管理骨干赴国际劳工组织进修。

三、进一步加强和规范外事管理工作

认真贯彻落实党中央、国务院和外交部有关外事方面的规定和总局党组要求，坚持“统一领导、归口管理、分级负责，协调配合”的原则，加强外事管理，严格出国审批，不搞公费出国旅游。2009年出国（境）人员在前3年平均数基础上下降了20%，出国经费也在前3年平均数基础上压缩了20%。我们在中央要求压缩20%的基础上，实际又分别压缩了约12%（批数）和31%（人次）。

四、成功举办了应急救援论坛等国际会议

1. 7月1—3日在京成功召开第二届中国安全生产国际应急管理和应急救援论坛暨中国国际安全生产应急救援技术与装备展览会，张德江副总理参观展览。

2. 与国际劳工组织共同举办“4·28”世界安全生产与健康日纪念活动，推动我国履行国际劳工组织155公约，宣传国际劳工组织体面劳动的理念和我国安全生产方针政策；

3. 召开了煤矿瓦斯防治技术国际研讨会，煤层气开发与利用研讨会，危险化学品安全管理研讨会，推动重点行业领域交流合作。

4. 协助中国职业安全健康协会举办第五届亚洲安全社区大会。

五、组织实施五个重要合作项目

一是中日安全生产科技能力建设项目。加强安全生产法律法规方面的研究合作，建成了呼吸防毒实验室，在浙江宁波和辽宁本溪开展日本著名的“零事故”管理模式。

二是与欧盟委员会就业、社会事务与机构等总司签署谅解备忘录。中欧双方将于本月中旬最终确定今后3年合作框架。

三是执行中日煤矿安全培训合作协议和计划，派遣84名学员赴日本培训。

四是落实中澳煤矿安全合作示范计划。完成了煤矿企业风险评估和技术研究，及选派示范企业管理和技术人员及成果推广区域煤矿监察员60多名赴澳培训，组织示范矿全员培训。

五是中德煤田灭火技术合作。顺利完成了新疆全疆火区的详细勘探工作，完成了煤田火区地理信息系统建设。

六、重要活动

1. 2009年3月17日，骆琳局长会见了美国杜邦公司董事长贺利得一行。

2. 2009年4月3日，骆琳局长会见了澳大利亚联邦资源、能源和旅游部部长福格森一行。

3. 2009年4月14日，骆琳局长会见了美国利宝互助保险集团执行副总裁雷明一行。

4. 2009年中国政府“友谊奖”。由国家安全监管总局推荐的英国采矿安全专家戴维·乔丹·菲克特先生荣获2009年中国政府“友谊奖”。“友谊

奖”是中国政府为表彰外国专家在中国经济建设和社会发展中所做出的突出成绩和奉献精神而专门设立的奖项。为庆祝中华人民共和国成立60周年，今年“友谊奖”获得者共有100人。“友谊奖”获得者将在国庆前夕出席授奖仪式、接受国家领导人的接见并参加国庆期间的相关庆祝活动。

第六部分

煤矿安全监察

安全监察工作

国家煤矿安全监察局安全监察司

按照国家安全监管总局党组和国家煤矿安监局领导班子的工作部署，2009年，安全监察司紧紧围绕"三项行动"、"三项建设"，深入推进监察执法、安全准入、整顿关闭工作，完成了各项任务，取得了一定成效，为全国煤矿安全生产形势持续稳定好转做出了积极贡献。

一、全面落实"三项行动"实施方案，积极组织并参与执法、治理和宣教行动

1. 积极配合研究编制行动方案

积极配合相关司局编制了《安全生产执法行动方案》和《安全生产治理行动方案》，选派2名司领导、2名处级干部参加执法行动、治理行动工作组，赴安徽、重庆、新疆、广西等地进行执法、治理行动的调研督导，并参与完成日常相关工作。

2. 以严厉打击非法生产建设行为为重点，深入开展了安全生产执法行动

一是组织各省级煤监机构开展了建设项目"三同时"专项监察，发现并严厉处罚了267个存在违法违规建设行为的建设单位，加大了打击力度。

二是会同发改委、能源局等部门通报了山西麻家梁煤矿"5·16"事故情况，组织召开了煤矿建设安全工作座谈会，印发《关于进一步加强煤矿建设项目安全工作的通知》，要求对建设项目进行清理，进一步加大对非法违法生产建设行为的处罚力度。

三是组织开展煤矿建设项目安全设施"三同时"监察执法工作交叉检查，开展内部监督检查，督促提高安全监察工作质量和效能。

四是贯彻全国安全生产电视电话会议精神，印发《关于开展国有重点煤矿安全生产执法检查的通知》，组织各级煤监机构开展对国有重点煤矿的执法检查。

3. 以深化煤矿整顿关闭工作为载体，深入开展安全生产治理行动

一是在报经国务院同意后，将煤矿整顿关闭工作部际联席会议组成单位由原有11个增加到14个，并组织召开了煤矿整顿关闭工作部际联席会议第四次会议，研究进一步深化煤矿整顿关闭工作政策措施，以14个部门名义联合印发了《关于深化煤矿整顿关闭工作的指导意见》，积极推进资源整合，鼓励支持大企业兼并重组小煤矿。

二是会同发改委、财政部、国土部等部门开展煤矿整顿关闭工作调研，配合财政部制定了《中央财政整顿关闭小煤矿专项资金管理办法》，审核并下拨了2008年关闭小煤矿"以奖代补"资金9.6亿元，支持各地加大整顿关闭工作力度。

三是组织召开了全国煤矿整顿关闭工作汇报会，听取各地煤矿整顿关闭工作进展情况汇报，对2009年整顿关闭工作提出了要求。据统计（2010

年3月)，2009年全国共关闭小煤矿1279处，淘汰落后产能约9356万吨/年。

四是积极联系有关部门，协商、指导各地简化资源整合矿井在资源审批、项目核准、设计审查、竣工验收、安全许可、生产许可等环节工作程序，对整合改造小煤矿的大型煤矿企业在安全改造、资源配置等方面给予政策扶持；以国务院安委会办公室名义转发《福建省经贸委等部门关于进一步加快推进煤炭资源整合工作通知》，推广好的工作经验和做法，积极加快资源整合审批进度。同时，针对整合、改扩建小煤矿事故多发的问题，印发了《关于进一步加强当前煤矿整顿关闭工作的通知》，要求有关部门切实加强监管监察。

4. 以配合新闻媒体重点曝光、召开新标准宣贯会、推广执法方式创新为抓手，积极推进安全生产宣传教育行动

一是配合中央电视台暗访曝光了广西来宾、南宁等地存在的非法开采问题，参与核查了中央人民广播电台曝光的"陕西横山被勒令关闭的煤矿仍在非法生产"情况，并配合政法司进行后续跟踪报道，督促有关地方政府采取措施予以打击，推动了打击非法生产活动的宣传工作。

二是参与国家安全监管总局和有关省安监局举办的煤矿安全监察培训班授课，召开有关标准宣传贯彻会，宣讲安全生产标准、制度，推广监察执法工作经验。

二、深入贯彻"三项建设"实施方案，组织开展了一系列的基础性工作

1. 修订完善煤矿安全监察规章制度，积极参与安全生产法制建设

一是参与国家安全监管总局24号令《安全监管监察执法责任界定及行政责任追究暂行规定》的起草工作，组织召开座谈会，研究解决煤矿安全监察执法责任界定和责任追究等问题，为充分调动和保护基层煤矿安全监察人员的工作积极性打下了坚实基础。

二是组织修订了《煤矿建设项目安全评价实施细则》、《煤矿初步设计安全专篇编制导则》等多项安全标准，健全完善了《煤矿企业安全生产许可证综合管理数据库》，印发了《煤矿建设项目安全设施设计审查与竣工验收报告书规范文本》，进一步规范了执法行为。

2. 落实"三定"方案，督促地方政府落实煤矿安全监管责任

起草印发了《关于切实加强对地方政府煤矿安全监督管理工作监督检查的意见》，指导各级煤监机构加强对地方政府煤矿安全监督管理工作的监督检查，督促各级地方政府落实煤矿安全监管职责。

3. 完善执法计划编制与考核制度，探索机制创新

一是修改完善了煤矿安全监察执法计划编制和考核制度。按照调整后"国家局只批复未设分局的省局执法计划、设置分局的省局执法计划只备案不审批"的工作制度，批复、备案了省级煤矿安全监察机构2009年执法计划，并组织听取了各省级煤矿安全监察机构安全监察工作述职汇报，印发了情况通报。

二是简化煤矿建设项目有关程序，取消煤矿建设项目安全评价报告评审、备案工作环节，进一步服务煤矿企业。

三是组织开展经验交流学习，开展煤矿安全监察执法方式创新工作典型经验调研，转发山东、安徽等局安全监察执法经验，总结提炼了集中式、解剖式、示范式、交叉式等创新型执法方式，积极引导执法方式创新。

4. 创建"五型"机关，落实廉政责任，加强自身建设

一是继续落实《安全监察司创建"五型"机关实施方案》，引导全体同志积极开展"五型"机关创建活动，努力提高工作能力、服务水平，加强队伍建设。

二是编制实施《安全监察司2009年反腐倡廉工作主要任务分工细化方案》，传达贯彻全国安全监管监察系统反腐倡廉工作会议精神，通过开展"廉政隐患排查"和"惩治和预防腐败体系建设自查"，不断进行警示教育，通过分解廉政任务、落实廉政责任，进一步加强廉政建设。

三是广泛征求群众意见，认真组织召开了2009年党员领导干部民主生活会，在认真开展批评和自我批评基础上，增强了党性、增进了团结，领导班子建设得到进一步加强。

三、严格安全准入，继续组织开展建设项目安全"三同时"工作和安全生产许可证颁发管理

工作

一是严格标准，组织对第九批、21 个煤矿建设项目进行了安全核准审查，有 19 个项目通过了安全核准，2 个项目没有通过安全核准；同时，完成了 2 个建设项目的安全核准复核工作。

二是严格准入，组织和委托有关省级煤监机构对 62 个大型煤矿建设项目安全设施进行了设计审查或竣工验收。

三是召开煤矿企业安全生产许可证颁证管理工作汇报会，听取各省级煤监机构工作汇报，印发情况《通报》，提出工作要求，完善工作制度；同时，组织召开中央企业颁证会，向神华集团等 14 家中央企业颁发了煤矿安全生产许可证。

四、贯彻领导批示，狠抓落实，圆满完成各项工作

一是落实温家宝总理、张德江副总理和邹家华同志关于借鉴南非煤矿安全管理经验的重要批示，承担工作组办公室职责，协调、配合有关单位开展了针对性地专题研究，并参与对南非的实地考察，总结了南非煤矿安全生产工作经验，研究提出了改进工作的政策建议，起草了上报国务院的贯彻落实情况报告。

二是落实贾庆林、张德江同志在政协《重要提案摘报》上的批示，经与有关部门协商，向国务院上报了关于煤矿整顿关闭工作进展情况、存在问题和下步措施的报告；同时，答复了 6 件“两会”建议和提案。

三是落实回良玉、张德江同志批示，针对“青海高泉煤矿整合时间长引发农垦老兵上访”的情况反映，会同国土资源部赴青海进行实地核查，并向国务院上报了有关情况、向青海省政府印发了督促整改函。

四是积极参加保障国庆节期间煤矿生产安全各项工作，派员参加了赴安徽、山东、江苏的安全生产督查调研；落实《关于加强国庆前后煤矿安全监察有关工作的通知》要求，赴河北、黑龙江两省开展督导工作。

五是按照国家安全监管总局领导批示要求，参与黑龙江“7·22”、“11·21”湖南郴州“9·22”等事故的抢险救灾工作；针对河北武安金铭煤矿“3·6”炸药爆炸事故，向河北省人民政府印发了《关于加强煤矿安全生产工作的建议函》，督促整改。

六是落实国家安全监管总局领导同志批示要求，配合做好信访工作。配合办公厅处理了黑龙江、辽宁等省部分关闭小煤矿业主信访事宜，组织有关单位核查了 37 件群众举报来信。

事故调查工作

国家煤矿安全监察局事故调查司

事故调查司负责事故调查、事故分析、事故跟踪、执法监督、职业健康、事故救援等工作，工作头绪多、任务繁重。2009 年以来，在国家安全监管总局党组和国家煤矿安监局的正确领导下，围绕“安全生产年”的目标任务，认真开展“三项行动”、积极推进“三项建设”，按照“依法依规、实事求是、注重实效”的要求和“四不放过”原则，以事故调查为主线，用事故教训推动煤矿安全生产工作为载体，以有效防范事故为目标。全司同志团结协作、埋头苦干、加班加点，采取创造性地措施和办法，促进了煤矿事故逐年下降和安全生产形势的稳定好转。特别是在事故调查过程中，为了获得第一手资料、查明事故原因，不畏艰险，迎难而上，及时深入井下事故现场，圆满完成任务。

一、依法严肃查处事故，促进了两个主体责任和事故防范措施的落实

1. 派 18 人次组织参与了 4 起特别重大事故的调查处理工作。分别是：山西焦煤屯兰矿“2·22”特别重大瓦斯爆炸事故、重庆松藻同华矿“5·30”特别重大煤与瓦斯突出事故、河南平顶山新华四矿

“9·8”特别重大瓦斯爆炸事故、黑龙江龙煤新兴矿“11·21”爆炸事故。

2. 组织召开了10多次事故汇报会、碰头会和调查组会议，协调完成了5起特别重大事故的结案工作。分别是：2008年的河北蔚县“7·14”矿难瞒报事故、广西百色“7·21”煤矿透水事故、黑龙江鹤岗“9·20”煤矿火灾事故和河南登封“9·21”煤与瓦斯突出事故，以及2007年的山西临汾“12·5”煤矿瓦斯爆炸事故。

3. 派2名同志专项就山西省大同市2002—2004年间发生的5起瞒报事故进行了深入核查。经过近一年时间，事故瞒报情况已基本核查清楚，并起草完成了会同监察部呈报国务院的核查报告。

4. 协调指导煤矿重大事故调查处理，完成了17起重大事故的批复结案工作。

2009年以来，已批复结案的重大事故中，移交司法机关追究刑事责任的194人、党政纪处分（含罚款）197人，经济处罚2800万元；特别重大事故中，移交司法机关追究刑事责任的120人、党政纪处分（含罚款）115人，经济处罚3.97亿元。着力加大对隐瞒事故的查处力度，如河北蔚县“7·14”矿难瞒报事故，对矿主追究刑事责任的同时，处于1.22亿元的罚款；对组织参与瞒报事故的原县委书记、县长分别判处13年和14年的有期徒刑。通过刑事处理、党政纪处分和经济的处罚手段，严肃查处事故，保持高压态势，在社会上产生了极大反响，起到了极大的震慑和警示作用，促使企业加大安全投人、规范安全行为、落实安全措施，促使政府有关部门强化安全监管、落实安全责任、严格安全执法。

二、严格落实“三项制度”，用事故教训推动了煤矿安全生产工作

1. 组织召开了多次约谈会，对典型事故进行约谈。如：山西焦煤屯兰矿“2·22”瓦斯爆炸事故、中煤平朔“3·25”透水事故、国投新集板集矿“4·18”透水事故、山西同煤浙能麻家梁矿“5·16”放炮中毒事故、重庆松藻同华矿“5·30”煤与瓦斯突出事故、吉林通化中和煤矿“11·27”透水事故等，对事故进行认真剖析，与事故单位研究防范事故的对策措施。

2. 召开事故现场分析会，剖析典型事故。在全国煤矿瓦斯“双百工程”建设会议、煤矿建设安全工作座谈会和全国瓦斯治理工作会上，分别对山西焦煤屯兰矿“2·22”瓦斯爆炸以及山西同煤浙能麻家梁矿“5·16”放炮中毒事故和重庆松藻同华矿“5·30”煤与瓦斯突出事故原因教训进行分析、通报，提出了加强国有重点煤矿和煤矿建设安全生产工作的措施建议。

3. 针对各类煤矿典型事故，下发了12个事故通报、7个“加强煤矿安全生产工作建议函”。提出了应急处置和事故防范的措施和要求，督促各地深刻吸取事故教训，举一反三，加强煤矿安全生产工作。

三、深入开展事故分析、跟踪典型事故，提高了事故防范的前瞻性和针对性

1. 完成定期分析。完成了月度、季度和年度事故分析报告；组织召开了煤矿事故调查分析会，交流经验，分析问题，有针对性地促进事故分析工作。

2. 开展专项分析。针对国有重点煤矿事故、煤与瓦斯突出事故、水害事故和建设项目安全事故等进行了专题分析，提出对策措施建议。

3. 强化特殊时段分析。在雨季之前，通过分析汛期水害、雨季“三防”的规律，及时下发了水害事故通报和防范水害事故的紧急通知，对各地防范洪水、暴雨灾害造成煤矿事故起到了重要指导作用。

4. 加强事故跟踪督办。坚持日跟踪、周汇总，对115起较大以上事故的救援、调查处理情况等进行了跟踪汇总分析，及时督促指导地方加大力度救援事故、加快进度调查事故、采取措施防范事故、吸取教训避免事故。

5. 积极协调指导事故救援。派26人次赶赴事故现场对17起较大以上典型事故（不包括特别重大事故）进行了指导协调救援和调查工作。

通过分析事故规律特点，提出预防性措施建议，促进规程标准的修改、防突措施的落实等。如通过分析山西焦煤“2·22”事故和重庆松藻煤电公司“5·30”事故，提出对局部通风机设置、瓦斯抽采指标、回风流瓦斯浓度、瓦斯专用排放巷道设置等更严格的要求；在新修改颁布的《防治煤与瓦斯突出规定》中，吸取教训，强调区域防突和局部防突，并提出两个“四位一体”的综合防突要求。分析河南平顶山“9·8”事故、黑龙江鹤岗“11·21”事故，提出研究加强瓦斯鉴定升级、应急处理能力的意见等。

四、加强煤矿防治水工作，水害事故有较大幅度下降

1. 召开防治水工作研讨会。组织召开了煤矿防治水工作和技术研讨会，分析了水害事故原因，提出了煤矿防治水工作建议。

2. 修订《煤矿防治水规定》。组织有关人员对《矿井水文地质规程》和《煤矿防治水工作条例》进行修订，形成了《煤矿防治水规定》（国家安全监管总局令第28号），起草下发了学习贯彻落实的通知，组织编写了《煤矿防治水规定释义》，其中答记者问材料在中国政府网上全文报道。

3. 下发水害事故通知、通报。针对防范水害事故，下发了2个通报和1个紧急通知。

通过落实责任、强化措施，今年以来，全国煤矿发生水害事故42起，死亡人数159人，同比分别下降20.4%和38.9%。

五、推进煤矿职业安全健康工作，促进了各地加强煤矿职业危害防治

1. 组织召开了全国煤矿职业安全健康工作座谈会。这次会议是煤矿安全监察系统成立以来规格最高、规模最大、范围最广的煤矿职业安全健康工作座谈会，对煤矿作业场所职业危害防治监察工作进行部署；起草下发了加强煤矿职业安全健康工作的通知答记者问材料。

2. 组织开展职业危害相关调研和监察。组织开展了对有关企业煤矿职业危害防治情况的调研工作以及全国煤矿作业场所职业危害和个体防护用品专项监察。

3. 组织编制了《煤矿作业场所职业危害申报管理办法》和《煤矿作业场所粉尘危害防治规定》。

通过对煤矿职业危害防治工作提出前瞻性的措施要求以及深入开展相关调研督查，有效促进了各地加强煤矿职业危害防治工作，最大限度地减少职业病的发生。

六、积极应对、妥善处理，加强煤矿安全执法监督工作，避免了行政争议

1. 开展了煤矿安全执法监督分析工作。对各省级煤矿安全监察机构执法监督工作报告进行了分析汇编，完成了《煤矿安全执法监督分析报告》。

2. 注重典型引路。对安徽、河北煤矿安监局有关执法监督的经验做法进行了转发，供各地学习借鉴。

通过加强有效预防和化解行政争议的工作，没有出现上升到国家局层面的行政复议和诉讼案件，保障了煤矿监察执法、整顿关闭等工作的顺利开展。

七、积极完成其他各项工作

派员参加国务院安委会组织的安全生产督查、调研督导等工作；积极办理全国人大代表和政协委员提案和建议的答复；办理领导批示的举报信件和有关单位转来的事故举报信息44件。

八、以科学发展观为指导，加强了队伍的作风建设和廉政建设

积极开展学习实践活动“回头看”和整改落实工作，通过强化学习教育和工作实践抓好队伍建设，全司同志政治立场坚定，讲党性、重品行、作表率，整个班子能够做到顾全大局、积极向上，司内工作也经常是分工不分家，大家心往一处想、劲往一处使、拧成一股绳，形成合力，相互支持和促进工作。同时积极加强党风廉政建设，坚持从严自律，严格执行“九条纪律”、“五条规定”等要求。通过全司同志的积极努力和优异表现，事故调查司2008年被中央国家机关工委评为“创建文明机关、争做人民满意公务员”活动先进单位，学习实践科学发展观调研论文被评为中央国家机关工委优秀调研成果，2009年又被直属机关党委评为“先进基层党组织”。

科技装备工作

国家煤矿安全监察局科技装备司

在国家安全监管总局党组和国家煤矿安监局的正确领导下，科技装备司紧紧围绕安全生产年“三项行动”、“三项建设”工作部署，以深化瓦斯治理，遏制重特大瓦斯事故为目标，以推进瓦斯治理“双百工程”、开展瓦斯专项整治、修订宣贯煤矿安全法规标准、推进煤矿安全技术进步工作为抓手，推动瓦斯防治工作体系建设。在全司同志共同努力下，完成了各项重点工作。

一、推进瓦斯防治“双百工程”建设，提升煤矿安全保障能力

一是按照2010年建设100个示范矿井和100个示范县的要求，组织各地编制了煤矿瓦斯治理和利用“十一五”后三年规划，明确了643个矿井和106个县（区）作为瓦斯治理“双百工程”建设对象；二是以安委会办公室文件对加强煤矿瓦斯治理工作体系示范工程建设提出了要求，要求各地加强领导、落实责任、增加投入、依靠科技、严格监管、强化监察，切实加强“双百工程”建设；三是组织召开全国煤矿瓦斯治理工作体系“双百工程”建设会议，全面启动和部署了加强瓦斯治理工作体系和“双百工程”建设工作；四是建立了“双百工程”建设通报制度，组织听取了各地“双百工程”建设进展情况，定期调度各地进展情况，督促各地加强工作措施的落实；五是调研、总结推广了江西、重庆、安徽、四川等地加强“双百工程”建设的经验；六是利用煤矿安全改造资金支持了湖南等6省（市）示范县安全监控区域服务中心建设；七是会同发展改革委在江西南昌召开了全国煤矿瓦斯治理工作会议，张德江副总理出席会议并作了重要讲话，为做好南昌会议的贯彻落实，会后及时研究提出了贯彻落实措施，以安委办文件对各地深化煤矿瓦斯防治工作进行了部署。目前，正在组织各地对2009年计划建成的示范矿井和示范县进行验收，预计到2009年底能够完成30个示范县和100个以上的示范矿井。

二、开展煤矿瓦斯专项整治，深化煤矿瓦斯治理

一是针对2008年重特大瓦斯事故全部发生在小煤矿的特点，会同国家能源局在年初组织开展了小煤矿瓦斯专项整治工作，针对小煤矿瓦斯治理的突出问题，明确了整治工作重点和工作要求，推进小煤矿通过企业自查自改、专家会诊、检查验收、专项监察等措施，建立瓦斯治理工作体系；二是山西屯兰煤矿“2·22”事故后，及时会同国家能源局组织开展了大中型煤矿瓦斯专项整治工作，推进大中型煤矿接受事故教训，以“查死角、堵漏洞、除隐患、严管理、强技术”为主题，深化瓦斯专项整治；三是组织开展煤矿瓦斯治理专项监察，对高瓦斯、煤与瓦斯突出矿井和资源整合技改矿井开展了重点监察，查处隐患42171条，其中重大隐患1184条；做出现场处理决定5024次；下达执法文书18268份；向地方政府及煤矿管理（监管）部门和矿务局（公司）下达监察建议（意见）书或通报2702份；对矿井做出行政处罚1454次，其中责令停产整顿矿井444处、罚款9631.75万元；四是会同有关部门起草了《关于坚决控制煤矿瓦斯重特大事故的紧急通知》，部署了推进瓦斯先抽后采，强化瓦斯治理的果断措施。1—10月，全国煤矿瓦斯抽采量为49亿立方米，预计到2009年底，全国煤矿瓦斯抽采量将超过58亿立方米，比2008年增加5亿立方米。

三、修订法规标准，推进煤矿依法依规生产

一是完成了《防治煤与瓦斯突出规定》制修订，以国家安全监管总局19号令发布实施；二是完成了《煤矿安全规程》供电安全条款的修订工作，已以国家安全监管总局18号令发布实施；三是吸取事故教训，对《煤矿安全规程》部分条款再次进行了修订，已通过国家煤矿安监局局长办公会审议，国家安全监管总局政法司已提请国家安全监管总局局长办公会审议；四是组织开展了煤炭行业标准制修订工作，编制了2009年标准制修订计划，对25项煤炭行业标准进行了审查，国家安全监管总局局长办公会已审议通过；五是组织开展了法规标准宣传贯彻工作，以答记者问、集中学习班、国家安全监管总局视频会等形式宣传了《规程》部分条款和《防突规定》，编印了《防治煤与瓦斯突出读本》，近期举办的5期防突规定集中学习班共培训煤矿安全监察、煤矿企业管理人员650人，会同国家能源局举办了4期瓦斯防治培训班，培训国有重点煤矿企业高级管理人员约400人；六是启动了《煤矿安全生产“十二五”规划》编制工作。

四、推进煤矿安全科技进步，强化企业技术基础工作

一是组织开展了煤矿安全科技进企业活动，组织煤科总院专家深入山西临汾市宣传了煤矿安全先进适用技术，对临汾市进行了专家会诊，近期又筹备了煤矿安全科技进川煤活动；二是总结推广了10个瓦斯治理示范工程和8项关键技术成果以及淮南矿业集团低透性煤层群无煤柱煤与瓦斯共采关键技术、煤科总院大直径反井钻机快速施工煤矿风井技术；三是组织召开了3次瓦斯抽采利用技术研讨会，交流了先进技术和经验；四是组织开展了《煤矿总工程师技术手册》的编写工作，基本完成了《煤矿总工程师技术手册》的编审工作；五是配合国家发展改革委下达了2009年煤矿安全改造项目投资计划，用30亿元国债资金带动地方政府和煤矿企业投入安全改造资金92亿元，开展了煤矿安全改造项目专项检查，开展了2010年重点投资方向调研和项目申报工作。

五、努力完成其他各项工作

一是积极参加安全生产执法、治理行动工作组和总局督查、调研督导、巡视工作；二是认真做好人大代表提案和全国人大代表重点处理建议追踪办理情况报告；三是落实国务院领导批示，办理了《关于山西焦煤集团屯兰矿“2·22”特别重大瓦斯爆炸事故调查进展和加强煤矿安全生产工作情况的报告》、《关于山西沁水煤田煤层气开采安全情况的报告》和《关于加强煤矿瓦斯先抽后采措施的报告》，已分别上报国务院办公厅；四是就《侵权责任法（草案）》等5项法律征求意见稿，向全国人大常委会法工委反馈了修改意见。

六、加强队伍建设，提高履职能力

一是按照国家安全监管总局党组和机关党委的安排，组织开展学习实践科学发展观活动的分析检查、民主评议、总结和回头看工作。二是认真学习第十七届中央纪委第三次会议、国务院第二次廉政会议和国家安全监管总局反腐倡廉工作会议领导重要讲话精神，制定了科技装备司反腐倡廉工作措施：三是认真学习党的十七届四中全会和中纪委第四次会议精神，研究了加强党建工作措施；四是进一步完善了本司工作规则及相关规定，召开了民主生活会。

在各地、各部门的共同努力下，煤矿瓦斯治理工作取得了一定的成效，但形势依然十分严峻。1—10月，煤矿瓦斯事故还呈较大幅度下降，发生瓦斯事故127起，死亡551人，同比减少34起，155人，下降21.1%和22%。但进入11月后，煤矿瓦斯事故多发，特别是发生了1起特别重大和2起重大瓦斯事故，事故起数144起，死亡人数达到716人，与去年同期相比减少29起、少死亡22人，分别下降16.8%和3.0%。发生较大瓦斯事故57起，死亡273人，同比减少2起、少死亡1人；发生重瓦斯事故5起，死亡59人，同比减少11起、少死亡238人。瓦斯防治形势严峻特别表现在：一是国有重点煤矿瓦斯事故多发，发生事故17起，死亡254人，同比增加5起、180人，分别上升41.7%和243.2%，4起特别重大瓦斯事故有3起发生在国有重点煤矿；二是特别重大瓦斯事故多发，发生4起特别重大瓦斯事故，死亡293人，同比增加3起，多死亡255人；三是煤与瓦斯突出事故比例较大，57起较大瓦斯事故中，煤与瓦斯突出事故16起，占28.1%，4起特大瓦斯事故，有2起是煤与瓦斯突出引发的。

行业安全基础管理指导工作

国家煤矿安全监察局行业安全基础管理指导司

2009年以来，按照国家安全监管总局党组工作部署，认真贯彻落实全国安全生产电视电话会议和工作会议精神，围绕国家安全监管总局、国家煤矿安监局工作要点和安全生产“三项行动”、“三项建设”的要求，结合职责，突出重点、完善措施、明确责任、狠抓落实，扎实推进煤矿安全基础管理各项工作。

一、建立煤矿安全质量标准化工作机制，推进基础建设

一是在认真总结以往开展煤矿安全质量标准化工作经验的基础上，结合新形势、新情况、新任务，组织制定印发了《关于深入持久开展煤矿安全质量标准化工作的指导意见》，明确了安全质量标准化工作的指导思想、工作目标、标准制定、考核评级、工作要求和保障措施，督促指导各地按照指导意见的要求制定考核标准和达标规划，并按照规划组织实施。二是研究制定印发了《国家级安全质量标准化煤矿考核办法》，组织各地开展安全质量标准化达标活动和监督检查。初步统计，2009年预计全国达到安全质量标准化标准的煤矿4656处，占煤矿总数的29.3%，比2008年提高10个百分点，其中一级979处，二级1469处，三级2208处。

二、以煤矿隐患排查治理为重点，推进治理行动

一是在总结近两年来各地煤矿企业开展隐患排查治理、挂牌督办经验的基础上，重点调研总结了冀中能源张矿集团三级隐患排查治理的经验，并组织召开了学习推广会议，据了解，会后先后有7省区21家煤炭企业共130多人次到张矿集团考察学习。二是督促指导各地按照治理行动方案确定的煤矿治理重点，结合本地实际细化治理具体内容，完善隐患排查治理相关制度，加大对已排查出的重大隐患治理、监控和督办力度。三是选派业务骨干参加治理行动工作组，派员参加国务院安委办、国家安全监管总局、国家煤矿安监局组织的三项行动、安全生产督查和国有重点煤矿执法检查。四是做好行管司负责联系指导的江西、河南两省煤矿安全生产工作，重点对节后复产验收、隐患排查治理、防止四季度事故反弹等各项措施落实情况，派员进行督导检查，及时掌握动态。

三、加大煤矿安全培训力度，推进宣教行动

一是会同全国总工会组织编写了《煤矿班组长培训教材》，向各地、各煤矿企业推荐使用《煤矿安全生产宣传教育系统》和《煤矿班组安全生产教育培训视频智能系统》。二是组织实施了“万名班组长培训工程”，全年预计，各地、各煤矿企业共培训班组长14.06万名。三是举办煤矿安全培训机构师资培训班和煤矿企业高管取证班，重点是宣贯近两年出台的煤矿安全标准和部门规章，共有120余名教师和230余名企业高管参加了培训。四是起草下发《关于做好省级机构改革期间煤矿安全培训工作的通知》，督促指导各地做好煤矿“三项岗位人员”培训、考核、发证工作的移交，确保移交过程中培训工作不间断。初步统计：今年全国各地预计培训、复训“三项岗位人员”78.3万人次，其中：主要负责人（含矿长）3.5万，安全管理人员10.1万，特种作业人员64.7万。五是按照标准制定计划，完成了《煤矿瓦斯抽放工安全技术培训大纲和考核标准》和《煤矿防突员（工）安全技术培训大纲和考核标准》的送审稿。六是推进煤矿安全警示教育基地建设，组织召开了10个警示教育基地建设工作座谈会，掌握基地建设进度，并为大同、鸡西两个基地举行了挂牌仪式，2009年年底重庆、铜川、新汶、平顶山、淮南5个基地也将建成。

四、以煤矿班组安全管理为抓手，强化基层基础管理

一是会同全国总工会制定印发了《关于进一步加强煤矿班组安全生产建设的指导意见》，对煤矿安全班组建设提出了具体要求。印发了《关于进一步加强煤矿班组长安全培训工作的通知》，会同全国总工会组织召开了全国煤矿班组建设座谈会暨万名班组长培训工作启动会，对班组建设和班组长培训工作提出要求、做出部署。二是认真落实中央领导同志关于加强班组建设的重要指示精神，组成联合调研组赴河南进行专题调研，对“白国周班组管理法”进行了系统的归纳提炼；并会同国资委、全国总工会、共青团中央联合印发了《关于学习推广“白国周班组管理法”进一步加强煤矿班组建设的通知》，向全国进行推广。三是将“白国周班组管理法”印制成通俗易懂的手册和音像片发放各有关单位和煤炭企业，广泛征集各地和煤炭企业在创新班组管理、强化安全基层基础建设方面的先进经验，筛选典型经验材料向全国宣传推广。四是由国家安全监管总局、全国总工会、国家煤监局联合召开了全国煤矿学习推广“白国周班组管理法”推进班组安全基础建设工作会议。

五、进一步强化中央企业煤矿安全监管

一是组织开展了中央企业煤矿安全生产情况的系统调研，掌握了中央企业从事煤炭开采、安全管理体制和工作机制、主要做法和经验、存在的主要问题等基本情况，提出了调研报告。二是组织召开了中央企业煤矿安全生产工作座谈会，总结交流经验、查找问题，提出加强中央企业煤矿安全监管的对策措施，研究建立中央企业煤矿安全生产统计报告制度。三是调研总结了神华集团开展本质安全和风险预控体系建设的做法和经验，拟在45个本质安全试点单位进行推广。

六、选树先进典型，促进安全管理上水平

一是组织调研总结广西百色、右江在小型煤矿推行机械化开采的经验，召开小型煤矿机械化开采推进会，引导小型煤矿改变办矿观念，提升办矿水平。据统计，推进会后，先后有云南、湖南、湖北、福建等省组织344人次到百色现场考察学习，湖南娄底市还派出工程技术人员到东怀煤矿跟班学习。二是公布表彰了截至2008年底实现安全生产1000天以上的875处煤矿。三是调研总结推广了鸡西矿业集团全员安全培训和开滦集团开展煤矿安全质量标准化建设的经验和做法，在全国进行推广，同时广泛征集、总结各地和煤炭企业在加强煤矿安全培训方面的经验做法，筛选出有代表性的经验材料40篇，编制成册，免费发放到各煤炭企业交流学习。

七、积极完成了其他各项重要工作

一是对人大代表4份主办、协办提案及时进行了回复。二是针对内蒙古一季度煤矿事故多发的情况，约谈了内蒙古煤炭局、神华集团，从煤矿安全基础管理和部门安全监管的角度分析事故发生的原因，制定落实防范措施。三是落实温家宝总理重要批示，会同发改委赴贵州核查六盘水市采煤塌陷区治理问题，调查结果联合向国务院领导同志呈报了报告。四是落实张德江副总理重要批示，对反映河北邯郸公司越界开采问题进行了现场核查，核查结果呈报国办。五是按照局领导批示，对山西省煤炭资源整合、调整产业结构进行了专题调研，提出调研报告。

八、落实党风廉政建设制度，做好实践活动整改工作

一是抓好国家安全监管总局2009年反腐倡廉工作任务分工的落实。二是结合工作职责，研究制定了“六不准”制度，进一步规范履职行为。三是按照机关党委的安排和要求，提出领导班子民主生活会工作方案，并广泛征求意见，为开好民主生活会打好基础。四是持续开展学习实践活动落实整改“回头看”工作，深入贯彻科学发展观，牢固树立安全发展理念，强化责任，狠抓整改落实，进一步提高行管司全体人员的工作效率和履职能力。

第七部分

安全生产应急管理

安全生产应急管理工作

国家安全生产应急救援指挥中心

2009年，在党中央、国务院坚强正确领导下，广大安全生产和应急管理战线的全体同志，认真贯彻落实党中央、国务院关于加强安全生产和应急管理工作的决策部署和重要指示精神，坚持以科学发展观为统领，紧紧围绕中央提出的保增长、保民生、保稳定的中心任务，加快推进“三项行动”、切实加强“三项建设”，在服务于安全生产工作大局中，以加强应急管理、完善应急体系、提高应急能力为主线，强化基础工作，健全体制机制，完善应急预案、应急平台和救援队伍体系，加强综合监管协调，经受住了国际金融危机影响、自然灾害影响和国庆安保任务的严峻考验，安全生产应急管理取得明显成效，在预防事故以及应对处置重特大事故灾难中发挥了重要作用。

一、安全生产应急救援队伍体系不断健全，应急管理项目建设取得突破

（一）应急救援基地项目建设取得进展

各地区、各部门和各单位认真贯彻落实温家宝总理、张德江副总理关于加强应急能力建设的重要批示精神，按照企业投入为主、政府支持为辅的原则，加强救援基地建设，努力提升救援能力。国家安全监管总局研究制定了《加强国家矿山救援能力建设方案》，进一步修改完善了《国家矿山应急救援基地建设项目建议书》和《国家危险化学品应急救援基地建设项目建议书》，制定了《矿山救援基地建设条件》、《危化救援基地建设条件》，不断加强与发展改革委、财政部等部委的沟通协调，推动国家级救援基地的立项和建设。2009年，国家陆地搜寻与救护平顶山基地建设项目通过了国家发展改革委审核，获批建设资金3700万元；国家安全生产应急救援指挥中心装备配备建设项目落实建设资金1200万元；国家安全监管总局与国家发展改革委就国家矿山救援基地建设项目达成共识，规划建设的21个国家级矿山救援基地，投资规模控制在9.5亿元。公安部协调国家发展改革委核定资金3.68亿元，依托公安消防部队建设6个国家陆地搜寻与救护基地。

（二）安全生产专业应急救援队伍规模不断壮大

在国家、地方和基地依托企业的共同努力下，2009年，21个国家级矿山救援基地、21个国家级危化救援基地、6个国家级油气田救援基地初步建成。各地区普遍编制了应急救援体系建设规划，并将救援体系建设列入本地“十一五”发展规划，加大了投入力度，加快了建设步伐，初步建成了264个救援骨干队伍（110个矿山救援骨干队伍、154个危化救援骨干队伍）。全国有380支矿山救护队取得四级以上资质。国家安全监管总局与卫生部就矿山救护医疗体系纳入国家应急医疗卫生救援体系的有关事宜达成共识，在整合资源、发挥专业优势的基础上，进一步加强了矿山医疗救护体系建设。2009年，全国共设立了18个省级矿山医疗救护分中心、24支矿山医疗救护骨干队伍，救护人员超过万人。公安消防部、铁道、海上搜救、民航、电力等专业应急救援队伍也有较大规模的增加。各级各类安全生产专业应急救援队伍严格按照要求，积极开展质量达标活动和准军事化建设工作，提高了专业应急救援队伍的基本素质。

（三）兼职应急救援队伍和志愿者队伍得到加强

各地区、各部门、各单位认真贯彻落实国办发［2009］59号文件精神，依托消防支队、大中型企业以不同形式建立专兼职应急救援队伍和志愿者救援队伍。公安部推进“中国消防志愿者行动”，成立3.2万个消防志愿者服务队，消防志愿者达170万余人。北京市全市各区县和企业共组建基层专兼职应急救援队伍115支。大连市采取在市安监局网络平台自愿报名的方法，招募有一技之长的社会志愿者参加专业应急志愿者队伍，形成一支有效地民间应急专业志愿者力量。国家电网公司拥有各类专兼职应急救援人员共计8万余人。

（四）各类应急救援队伍建设投入力度不断加大，装备水平明显提高

“十一五”以来各地区对应急救援体系的投入超过20亿元，并逐年增加。2009年，河南省共投入应急救援装备资金4683.7万元。广西壮族自治区协调区、市两级财政资金1200多万元，专项用于全区矿山、危险化学品应急救援队伍的设备添置。四川省各级政府及有关企业投入约5000万元，用来购置救援装备、修建办公和训练场所、设施。此外，还为地震灾区救援队伍争取到国家发展改革委灾后重建资金5500万元。

国有大型企业尤其是高危行业企业普遍加大了应急投入，加强了应急能力建设。“十一五”以来，仅矿山、危化企业在应急救援体系建设方面投入的资金就超过30亿元，技术装备水平有了很大提高。中央企业现有的152支专职矿山、危险化学品应急救援队伍，拥有各类救援车辆4300余辆、各类救援装备7300余台套、个人防护装备1.85万余套。

二、安全生产应急管理体制机制法制不断完善，应急管理机构建设取得突破

（一）安全生产应急管理机构建设取得进展，职责逐步落实

2009年，全国31个省（区、市）和新疆生产建设兵团都建立了安全生产应急管理机构。有204个市（地）、直辖市所属的41个区（县）和其他省（区）部分重点县（市、区）建立了安全生产应急管理机构。其中：河北、山西、内蒙古、吉林、黑龙江、广东、重庆、贵州8省（区、市）的市（地）级安全生产应急管理机构已经全部建立，还有9个省50%以上的市建立了市级安全生产应急管理机构。55家工矿商贸类中央企业，有54家企业建立了安全生产应急管理机构。

（二）安全生产应急管理工作机制不断完善

国家安全监管总局修改完善了《国家安全生产应急救援联络员会议制度》，进一步强化了与有关部门的应急管理和应急救援协调联动机制；与环保部、地震局签订了应急联动协议，进一步健全了自然灾害引发生产安全事故预警工作机制，完善了预警信息的发布程序、方法，明确了信息反馈等工作要求，提高了事故预警预报预防能力。2009年，国家安全监管总局针对强降温强降雨、台风、大范围降雪等极端天气及时发布预警信息，全年共发布预警信息45份，紧急预警信息2份，内部明电4份，指导受影响地区和有关中央企业做好防范工作。各级气象部门每天为62万名应急管理和决策指挥人员发送气象预警手机短信，为做好因极端天气引发事故灾难的预防和应对工作提供了有力支持。

各省（区、市）安全监管部门大都与当地相关部门建立了应急工作机制。同时，各地认真落实《生产安全事故报告和调查处理条例》，全部建立了24小时应急值守制度，严格执行事故接报、救援信息调度等工作规定，确保了及时接报、正确研判和第一时间的应急响应，提高了协同应对事故灾难的能力。2009年，华北、东北、西北、西南、中南、华中六大区相继建立了应急救援区域联动机制，并不断拓展区域救援工作的活动内容，有力地促进了应急救援工作的开展。

（三）安全生产应急管理法制建设得到加强

各地区、各部门、各单位认真贯彻实施《突发事件应对法》，积极研究制定与之相配套的法规规章和标准，依法推进安全生产应急管理工作。

2009年，安全监管总局公布实施了《生产安全事故应急预案管理办法》（国家安全监管总局令第17号）、《生产安全事故信息报告和处置办法》（国家安全监管总局令第21号）；加强与国务院法制办沟通，进一步修改完善了《安全生产应急管理条例》；研究制定了《重大危险源监督管理规定》、《安全生产应急演练指南》和《危险化学品救援队伍质量标准化规范》等规章、标准；出台了《关于加强安全生产应急管理宣传教育工作的意见》、《关于加强矿山危险化学品应急救援骨干队伍建设的指导意见》等规范性文件。住房城乡建设部制定了《住房城乡建设部事故灾难应对工作规程》。质检总局颁布实施了《特种设备事故报告和调查处理规定》。环保部下发了《关于加强环境应急管理工作的意见》。中国民用航空局下发了《中国民用航空应急管理规定》、《民航局关于加强应急管理体系建设的指导意见》。

各地区、有关企业也制定出台了一系列地方性相关法规规章和制度，从制度上保证了安全生产应急管理和应急救援工作的顺利开展。河南省制定出台了《河南省安全生产应急救援队伍管理办法（试行）》。黑龙江制定印发了《黑龙江省安全生产应急预案演练管理办法》、《应急救援指挥车辆管理办法》。河北制定了《河北省矿山应急救援队伍有偿服务费收取及管理暂行规定》、《河北省〈生产安全事故应急预案管理办法〉实施细则》、《关于预防自然灾害引发安全生产事故预报预警信息处置工作规定》。中煤能源集团公司制定了《安全生产应急管理办法》，所属企业根据企业实际建立健全应急管理工作规章制度。

三、安全生产应急管理信息化工作有了新进展，应急平台建设取得突破

（一）国家安全生产应急平台建设取得进展

国家安全监管总局制定印发了《国家安全生产应急平台体系建设指导意见》，规范了省、市安全生产应急平台建设。转发了国务院应急办关于平台建设的规范要求文件。《国家安全生产应急平台体系总体方案》完成了可行性研究报告，并落实建设资金4900万元。安全监管总局应急信息报送系统顺利建成，并与国务院应急平台开展了联调工作，初步实现了与国务院应急指挥厅、部分省级安全生产应急指挥中心、国家级救援基地召开视频会议、开展图像传输等功能。

（二）各地安全生产应急平台建设积极推进

全国各省（区、市）除西藏外均将安全生产应急平台体系建设工作纳入了地方安全生产“十一五”规划，北京、安徽、江西、山东、湖北、广东、广西、四川、贵州等9省（区、市）安全生产应急平台建成并投入运行，天津、河北、山西、辽宁、吉林、上海、江苏、浙江等8省（市）安全生产应急平台正在建设中，各省级安全生产应急平台工作人员已达100多人。各市（地）及部分县（市、区）安全生产应急平台建设工作业已展开，大连、沈阳、石家庄、南昌、贵阳、南宁、淄博、北京市房山区等市级安全生产应急平台建设完成。各级安全生产应急平台建设投资已超过5亿元。江西省投资1200万元完成了安全生产应急平台一期建设。沈阳市投资1000多万元的安全生产应急平台项目已开始招标。石家庄市建设了320平方米的应急指挥场所，并投资481.2万元完成了安全生产应急平台建设。特别是大连市投资2000多万元建设了具有国内先进水平的安全生产监管监察与应急救援系统，在应急管理工作中发挥了重要作用。

（三）负有安全生产监管职责的有关部门（单位）的应急平台建设取得成效

公安消防部门在240个市（地）级以上消防支、总队建立了消防通信指挥系统，15个总队配备了具有实时火场图像传输功能的通信指挥车，能够将现场图像传输到上级公安指挥中心。在接出警、调度指挥、现场通信、辅助决策等方面大量应用了卫星、集群、微波等高新技术，配备了现代化的通信指挥装备，有力地提升了消防部队灭火救援作战全过程的通信指挥水平。

铁道部门依托列车调度指挥系统建立了铁道部、各铁路局、车站三级铁路安全生产应急平台体系。交通运输部门充分利用和整合现有资源，重点加强了海上搜救应急信息平台的建设。民航、电力、核工业、旅游、特种设备、医疗救护等相关行业和领域安全生产应急平台体系建设也有较大进展。

（四）部分生产经营单位特别是工矿商贸企业，依托调度系统建立了安全生产应急平台

中央企业安全生产应急平台建设投入资金达3

亿元。2009年，中国石油集团、国家电网公司、中国海油集团、中国铝业集团等15家中央企业应急平台投入运行，葛洲坝集团等3家中央企业应急平台开始建设。中国海油集团建成了由9个应用系统构成的应急管理信息系统，并与国家有关部门应急平台互联互通，有效提高了企业应急管理水平和应对突发事件的能力。

四、安全生产应急管理“双基”建设得到加强，应急预案工作取得突破

（一）应急预案管理工作进一步规范

各地认真贯彻《生产安全事故应急预案管理办法》，结合本地工作实际，制定了本地区生产安全事故应急预案管理办法或实施细则，对预案备案管理工作进行了部署。北京市以市突发公共事件应急委员会的名义印发了《关于加强北京市生产经营单位应急预案管理工作的通知》，天津市以突发公共事件应急委员会办公室印发了《天津市生产安全事故应急预案管理实施办法》，湖北省以省人民政府办公厅名义印发了《关于加强全省安全生产应急预案报备有关工作的通知》等等，由于措施得力，应急预案备案管理工作全面展开，有力地推动了预案编制和修订工作，预案的针对性、可操作性、衔接性和实用性明显提高。

（二）应急演练广泛开展

国家安全监管总局在全国“安全生产月”活动期间，组织各地及有关中央企业开展了“应急预案演练周”活动；配合指导重庆市举办了“重庆市大面积停电应急演练”。交通运输部牵头在浙江宁波——舟山核心港区海域成功组织开展了国家海上搜救桌面演习暨东海搜救演习。北京市结合新中国成立60周年活动安保工作，全市举办各类安全生产应急演练达7424次。宝钢集团组织各单位开展各类应急演练873次，参演1.7万人次。据不完全统计，2009年，全国共组织开展各类安全生产应急演练达24.8万次，参演人员658.3万人次，直接投入达36亿元。全国矿山救援队伍参加演练5045次，参加人员19万人次；危险化学品救援队伍参加演练7.8万次，参加人员92.5万人次；中央企业共组织演练12.9万次，参加人员237.1万人次。

（三）应急管理宣传教育和培训工作得到加强

国家安全监管总局印发了《国家安全监管总局办公厅关于加强安全生产应急管理宣教工作的意见》，明确了应急管理宣传教育工作原则、目标、要求和任务；初步建立了安全生产应急宣传教育通讯员队伍，并组织开展了通讯工作业务培训；在《中国安全生产报》、《劳动保护》等报刊上和总局政府网站、应急指挥中心网站开设了安全生产应急管理专版专栏，广泛宣传应急管理工作，普及应急知识，及时发布工作动态；成功举办了第二届中国国际安全生产应急管理论坛暨应急技术与装备展览会，张德江副总理到会参观并给予高度评价。各地区、各有关企业利用报刊、网络、电视、广播等媒体，宣传普及应急知识。辽宁省开展了应急管理宣传周活动。河南省编印了《河南省安全生产应急救援手册》3000册，发给基层和有关单位，受到广泛欢迎。

各地区、各有关部门和单位按照要求，分层次组织开展了对安全生产应急管理人员的培训，全年共培训应急管理人员32.4万人，应急救援人员1.6万人。安全监管总局共举办各类安全生产应急管理培训班、复训班15期，培训1243人。住房城乡建设部组织开展在建地铁工程监理人员质量安全和应急管理培训，累计培训监理人员5000余名。铁道部分别在南昌、北京、成都、广州举办了全路专职应急管理干部培训班，对专职应急管理工作骨干进行了轮训。北京市及所辖18个区县组织了300余次培训活动，近4万人次接受了应急管理培训。中国国电集团开展各种形式的应急管理培训896班次，培训3.5万人。

五、各类安全生产应急救援队伍在事故防范、应对和处置工作中发挥了重要作用，做出了突出贡献

（一）事故救援成效显著

2009年，各类安全生产应急救援队伍在当地政府的统一领导下，积极处置各类突发事件，为抢救人民生命和财产做出了重大贡献。全国矿山救援队伍出动救援5261起，抢救遇险被困人员15109人；全国危险化学品应急救援队伍参与事故救援8991起，抢救疏散遇险被困人员37594人；全国公安消防部队共接警出动53.5万起，出动车辆84.5万辆次，官兵539.2万人次，营救遇险被困人员78712人，抢救和保护财产价值278亿元；全国海上（水上）应急救援队伍参与救援1964起，出动救助船舶7708艘次、飞机302架次，18397人脱离危险，1588艘船舶脱离险境，救助成功率96.2%。解放军和武警部队大力加强非战争军事行动能力建设，积极参与各类灾害和事故的抢险救援。解放军累计出动兵力62万人次、组织民兵预备役411万人次，动用车辆装备17.1万台次、船艇1588艘次、飞机92架次投入各类灾害事故的抢险救援工作，解救转移和救治群众31万余人、抢运物资6.8万吨。武警部队共出动兵力18万余人次、车辆2万余台次、舟艇1000余艘次，参加各类抢险救援行动1246次，共转移、解救群众6万余人、搬运物资6万余吨。

（二）各类安全生产应急救援队伍在事故防范方面发挥了作用

2009年，全国安全生产应急救援队伍共进行预防性安全检查26.4万队次，参与预防性安全检查117.1万人次。查出一般隐患80.2万项，重大隐患1.7万项。协助整改一般隐患77.3万项，重大隐患1.5万项，整改率96.27%。

（三）圆满完成国庆安保任务

国家安全监管总局围绕新中国成立60周年庆典活动应对突发事件提出了对策措施，开展了安全生产领域的反恐安保工作，对北京及周边五省市防控工作进行了部署，加强了应急值守。北京及各省区市安全生产监管监察部门及其应急机构，按照国家安全监管总局和当地党委政府的部署，抓安全、抓应急，为新中国成立60周年庆典活动创造了良好环境，做出了贡献。

第八部分

工会劳动保护

工会劳动保护工作

全国总工会劳动保护部

2009年，工会劳动保护工作深入贯彻党的十七届四中全会和工会十五大精神，积极应对全球金融危机给安全生产工作带来的冲击和挑战，坚持以“服务科学发展，服务职工安康”为指导原则，把劳动保护工作作为履行维护职工合法权益基本职责的重要内容，围绕国家职业安全卫生工作重点，进一步推动建立健全维护职工安全健康合法权益有效机制，突出工会劳动保护工作的“群防、群控、群治”特色，为推动安全生产形势的稳定好转、维护广大职工的职业安全健康权益做出了积极的贡献。一是强化源头参与，在《国家职业病防治规划》、《特种设备事故报告和调查处理规定》、《电力生产安全事故应急救援和调查处理条例》等文件和“国务院安全生产委员会工作规则”、“职业病防治监督管理工作协调机制”、“职业病防治部际联席会议制度”、“国务院特别重大生产安全事故调查组组成”等一系列工作规范制定中适时提出工会的主张，在充分表达广大职工意愿的同时，也为工会依法维权提供了法律和制度保障。二是加强工会劳动保护基层和基础性工作。深入开展对企业班组安全建设途径、内容等问题的调查研究，通过选树一线优秀班组典型，大力推进企业班组安全建设，强化广大职工参与企业劳动安全卫生工作管理和监督；加大工会参与职业病防治工作力度，指导各地和企业工会推广应用“工会参与职业病防治工作模式”，提升基层工会开展职业病防治工作的能力和水平。与国家煤矿安全监察局联合就我国煤矿企业职业病危害情况进行专题调研，对煤炭行业职业危害现状及其对职工健康的影响做出全面分析，从工会角度提出加强和改进煤炭行业职业病防治工作的对策建议。继续深入开展全国“安康杯”竞赛活动，进一步扩大竞赛范围，丰富竞赛内容、活跃竞赛方式，推动各级政府加强安全生产工作监管，促进企业增强安全生产自律意识，以在广大职工中广泛开展职业安全和职业健康知识教育培训为重点，开展了丰富多彩的职工安全卫生文化活动，帮助广大职工特别是农民工提高职业安全卫生意识和技术技能。三是强化工会对职业安全卫生工作的参与和监督，积极协助政府有关部门开展特别重大伤亡事故和严重职业危害事件的调查处理，发挥工会的独特作用，推动解决侵害职工安全健康权益的突出问题，全力维护职工及其家属的合法权益。四是积极配合国家有关部委深入开展安全生产“三项行动”、“粉尘与高毒物品危害治理专项行动”、“安全生产万里行”、“全国矿山救援技术竞赛”、“中国消防志愿者行动”、“职业病防治法宣传周”、“世界结核病防治日”等大型活动，扩大工会劳动保护工作的社会影响，推动全社会形成“关注生命，关爱健康”的氛围，努力促进安全生产和职业病防治形势的稳定好转。

一、继续发动职工深入开展对各类事故和职业危害隐患的排查治理活动

在2008年开展对各类事故和职业危害隐患排查治理活动取得成效的基础上，把进一步组织、发动职工深入开展对各类事故和职业危害隐患排查治理作为突出工会群众性特色的重要活动进行部署。在开展对各类事故和职业危害隐患的排查治理活动中，各级工会坚持发动企业和广大职工广泛参与，突出群众性特色，把开展这些活动的过程，与推进企业改善安全生产管理相结合，与提高职工的劳动安全卫生素质相结合，与推进企业的安全文化氛围相结合。加大了对矿山、冶金、化工、建材、加工制造等高危行业企业（尤其是中小型企业）的作业现场劳动安全卫生监督检查，对检查出的各类隐患以书面形式告知企业并督促治理。对不能立即治理的重大隐患，督促行政落实应急措施并制定消除隐患的规划，切实推动重大隐患整改责任、资金和监控措施落实到位。配合政府运用法律、行政、经济等手段，强化企业的安全生产和职业病防治主体责任，促进企业加强劳动安全卫生基础管理，解决危害职工职业安全健康的突出问题，持续改善职工的作业条件和生产环境。同时，积极引导职工参与企业劳动环境改善和职业危害因素治理，纠正违章行为，有效提升了广大职工防控事故和职业危害的意识和能力。

二、加大工会参与职业病防治工作力度

积极参与《国家职业病防治规划（2010—2015)》的制定，提出了完善“政府统一领导，部门协调配合，用人单位负责，行业规范管理，职工群众监督的职业病防治工作机制”、“建立协调职业卫生三方机制”和落实职业病防治责任、规范劳动用工管理等多项建议、措施。以全国总工会名义下发了《关于贯彻国家职业病防治规划（2009—2015年）的通知》，要求各级工会认真做好对广大职工的职业病防治工作。针对当前职业危害问题突出，对职工健康权益构成威胁的情况，在调查研究的基础上，起草了以全国总工会党组名义给中央的《关于我国职业危害现状和防治对策的报告》，提出了工会对加强职业危害防治工作的建议和主张。对各级工会推广应用“工会参与职业病防治工作模式”做出部署，指导各地和企业工会结合职业卫生工作实际，制定职业病防治规划，明确工作内容和具体措施。在工会配合政府有关部门广泛开展的事故隐患治理活动中，把排查职业危害隐患和跟踪治理作为工会参与职业病防治工作的重要内容，开展了丰富多彩的群众性“治理隐患、促进健康”活动，推动了大批职业卫生隐患的整治。许多企业工会将职业危害隐患排查治理列为职代会、厂务公开的重要内容，通过组织职工代表巡视等途径推动隐患排查治理工作的落实。贯彻落实全国总工会领导关于对患尘肺病全国劳模给予生活和医疗补助的指示精神，积极组织实施了对患有尘肺病的全国劳模的肺灌洗治疗、疗养工作。

三、推动企业班组安全建设工作再上新台阶

把推动企业加强班组安全管理作为重要的基础性工作来抓，年初，与国家煤矿安全监察局联合下发了《关于加强煤矿班组安全生产建设的指导意见》，提出了加强煤矿班组安全建设的指导思想、工作目标和具体措施。5月，与国家煤矿安全监察局联合召开了煤矿班组建设座谈会暨“万名班组长安全培训工程”启动会议，张鸣起副主席出席会议并讲话，就增强班组的劳动组织能力、岗位创新能力、抵制“三违”能力和应急处置能力，切实加强煤矿企业基础管理做出全面部署，并从加强制度建设，全面规范班组安全行为；促进能力建设，全面提高班组成员安全技能；突出群众特色，发挥工会在班组建设中的重要作用等方面对各级工会提出了明确要求。重视对新形势下加强企业生产班组安全建设问题的调查研究和班组安全建设先进典型的选树工作，推出了“白国周班组安全工作法”，为广泛开展安全生产先进班组创建活动提供导向和示范。王兆国主席、张德江副总理等中央领导对“白国周班组管理法有效防止煤矿安全事故”的事迹做出重要批示，王兆国主席要求“工会应当与有关部门一起抓好班组管理”。为贯彻落实中央领导同志关于加强煤矿安全生产班组建设，搞好安全生产的重要指示精神，进一步强化煤矿安全生产基层和基础工作，10月，与国家安全生产监督管理总局、国家煤矿安全监察局、国务院国有资产监督管理委员会、共青团中央等部门联合下发了《关于学习推广“白国周班组管理法”进一步加强煤矿班组建设的通知》，11月，与国家安全生产监督管理总局、国家煤矿安全监察局联合召开了“全国煤矿学习白国周班组管理法，推进班组安全基础建设会议”，张鸣起同志到会并讲话，要求各级工会组织要认真学习、深入贯彻中央领导同志的批示精神，通过学习推广“白国周班组管理法”，激发广大职工爱岗敬业的奉献精神，增强职工的主人翁责任感和使命感；切实强化基层工会组织维权意识，有效履行安全生产监督检查职责，督促、指导企业重视班组建设工作，提升班组的安全管理水平，为企业可持续发展提供强有力的支持。

四、继续深入开展全国“安康杯”竞赛活动

以“科学发展抓预防，预防为主重教育”为竞赛活动主题，继续扩大“安康杯”竞赛活动范围，推动“安康杯”竞赛活动向农民工聚集的煤矿、建筑行业、非公有制企业和乡镇、社区延伸。据统计，2009 年，全国“安康杯”参赛企业达到 26 万家，参赛职工 8000 万人。目前，越来越多的地方分管领导和企业一把手亲自统领“安康杯”竞赛活动，为安全生产和职业病防治工作的全面开展提供了有力保障。在“安康杯”竞赛中，各地工会通过推行“一法三卡”、“安全检查表”等，发动职工开展对事故隐患和职业危害的排查、治理。把班组安全建设作为“安康杯”竞赛活动的重要内容，强化班组安全建设目标管理，提升班组安全建设的整体水平。深入开展企业安全文化建设活动，在广大职工中大力开展职业安全卫生知识普及教育，举办全国职工安全卫生知识竞赛。各地和企业还广泛开展了一封家书、安全生产演讲、安全生产短信、安全生产警言警句征集等多种形式的竞赛活动，推动形成了全方位的职工安全文化普及教育格局。

五、在重特大伤亡事故和严重职业危害事件调查处理中充分发挥工会组织的维权作用

全国总工会先后派员参加了对中央电视台新址文化中心“2·9”特大火灾事故、重庆松藻煤电有限公司同华煤矿“5·30”煤与瓦斯突出事故等 5 起特别重大伤亡事故的调查处理，本着“四不放过”的原则，严查事故原因，分清事故责任，切实发挥工会的监督和维权作用。全总还先后拨款 200 多万元用于对遇难职工及其家属的慰问。黑龙江龙煤集团鹤岗分公司新兴煤矿“11·21”瓦斯爆炸事故发生后，全国总工会及时下发《关于落实中央领导同志指示精神进一步加强工会劳动保护检查工作预防安全生产事故的紧急通知》，对各级工会加强劳动保护工作、发动职工开展事故隐患排查治理、深入开展职工安全生产知识宣传教育、全力做好督促相关部门和单位落实各项安全生产措施等工作进行部署。积极参加对安徽芜为农民工尘肺病事件、安徽凤阳石英砂加工企业农民工尘肺病事件和境外网站披露的河南平顶山部分煤矿职工“患尘肺病”事件等多项重大职业危害群体事件的调查处理，并指导地方工会积极参与张海超“开胸验肺”等事件的处理工作，在维护职工的职业健康权益的同时，推动地方政府、企业改善职工的劳动条件和作业环境。积极参与云南富水县返乡农民工集体患职业病事件调查，协同卫生部、国家安全生产监督管理总局及人力资源和社会保障部，敦促当地妥善解决相关问题。

六、积极配合国家有关部门开展安全生产督察和职业危害治理活动

按照国务院安全生产委员会的统一部署，全总副主席、书记处书记张鸣起率领由国家安监总局、监察部等部委组成的国务院第十督查组，于 9 月 13—25 日对贵州、四川两省进行了安全生产工作督查，听取了两省政府及贵州省贵阳市、遵义市政府、毕节地区行署和四川省达州市、南充市贯彻落实全国安全生产电视电话会议精神、全面落实“安全生产年”各项工作任务、深入开展安全生产“三项行动”、切实加强安全生产“三项建设”等方面的工作汇报，实地检查了中铝贵州分公司、四川达竹煤电小河嘴煤矿等 18 家企业和单位。在听取汇报、查看资料和相关记录、实地督查、随机抽查等工作的基础上，督察组就两省政府及所属部分地市和企业开展安全生产工作取得的成绩、存在的主要问题与地方政府交换了意见，并从完善各级政府安全生产责任制、加强安全生产基层和基础工作、总结推广先进经验等方面提出了改进工作的建议。下半年，全国总工会还与国家安全生产监督管理总局、卫生部等有关部委联合开展了“全国粉尘与高毒物品危害治理专项行动”，各级工会把这项工作与发动职工开展事故隐患和职业危害排查治理紧密结合起来，加强与相关部门的协调与配合，明确工作重点，推动专项治理行动取得丰硕成果。

第九部分

相关行业或领域安全生产工作

道路交通运输安全工作

公安部交通管理局

2009年，全国公安交通管理部门认真贯彻落实党中央、国务院关于加强道路交通安全工作的一系列重要批示、指示精神，按照公安部党委的统一部署，在地方各级党委、政府的领导下，密切与相关部门协作，充分发挥联席会议作用，以创建“平安畅通县区”活动为载体，深入贯彻全国安全生产电视电话会议精神，进一步落实“五整顿”“三加强”工作措施，扎实开展“安全生产年”活动和“三项行动”，全力预防重特大道路交通事故，确保了道路交通安全形势总体平稳。

一、全国道路交通安全基本情况

2009年，全国共发生道路交通事故238351起，造成67759人死亡、275125人受伤，直接财产损失9.1亿元，分别比去年下降10.1%、7.8%、9.8%和10.7%。发生一次死亡10人以上特大道路交通事故24起，同比减少5起。全国万车死亡率为3.6。分析全年道路交通事故主要有以下特点：

（一）各类专项行动期间道路交通事故明显减少

2009年，全国组织开展了集中整治严重交通违法行为、预防交通事故“五个一”、公路客运交通安全集中整治、涉牌涉证交通违法集中整治、酒后驾驶专项整治、“迎国庆、保安全、促和谐”等专项工作，道路交通事故降幅明显。其中，6月20日至8月31日机动车涉牌涉证违法行为集中整治期间，因无证驾驶导致的交通事故起数、死亡人数同比分别下降18.3%、18.7%，一次死亡10人以上特大道路交通事故同比减少6起；7月4日至10月10日“迎国庆、保安全、促和谐”活动期间，全国道路交通事故起数、死亡人数同比分别下降11.3%和12.3%，一次死亡10人以上特大道路交通事故同比减少4起。8月15日开展严厉整治酒后驾驶违法行为专项行动以来，全国因酒后驾驶肇事导致人数同比下降39.6%，高于同期全部事故死亡人数平均降幅28.8个百分点。

（二）超速行驶、酒后驾驶、疲劳驾驶等严重违法行为导致的死亡人数降幅明显

2009年，全国因超速行驶、酒后驾驶、疲劳驾驶等严重交通违法行为肇事导致的死亡人数同比分别下降10.1%、13%和15.2%。其中，海南、重庆、天津3省（市）超速行驶导致的死亡人数同比降幅超过28%；陕西、河南、黑龙江3省酒后驾驶导致的死亡人数同比降幅超过30%；青海、河南、宁夏3省（区）疲劳驾驶导致的死亡人数同比降幅超过36%。

（三）国省道、高速公路事故同比下降

各地以高速公路和国省道为重点，科学调整勤务安排，加大巡逻密度，国省道和高速公路发生事故导致的死亡人数同比下降。其中，国省道下降

9.8%，高速公路下降0.7%，平均百公里死亡人数下降10%。

（四）恶劣天气条件下事故死亡人数同比增加

阴、雨、雪、雾等恶劣天气条件下发生道路交通事故共导致17491人死亡，同比增加427人，上升2.5%。其中，下半年发生事故导致的死亡人数同比上升13.3%。西北片区恶劣天气条件下事故导致的死亡人数同比增幅最大，上升22.9%，东北、华东和华北片区分别增加8.9%、8.2%和3.1%。

（五）摩托车肇事导致死亡人数波动上升

2009年，全国摩托车肇事共导致13145人死亡，占总数的19.4%，特别是3月份以来，摩托车肇事导致的死亡人数呈逐月波动上升趋势，12月份导致的死亡人数最多。无证驾驶、未按规定让行、超速行驶是摩托车肇事的主要原因，导致的死亡人数分别占摩托车肇事死亡人数的25.1%、11.7%和8.1%；国省道摩托车肇事导致的死亡人数所占比例同比增加0.7个百分点；摩托车碰撞事故多发，碰撞导致的死亡人数占总数的64.6%。

（六）营运车辆肇事导致一次死亡10人以上特大道路交通事故比例上升

2009年，一次死亡10人以上特大道路交通事故中，营运车辆肇事19起，占79.2%，同比增加3.3个百分点。其中，客运车辆肇事13起，货运车辆肇事6起。分析19起营运车辆事故有以下特点：一是驾驶人超速违法行为多，共8起，占42.1%。二是国省道事故多，共14起，占73.7%，同比增长7.7个百分点。三是中短途客运车辆肇事比重大，有8起事故肇事车辆营运距离小于400公里，占42.1%，同比增加3.2个百分点。营运车辆肇事比例居高不下，主要是个别运输企业对从业驾驶人员录用把关不严；少数运输企业违法挂靠经营，给明显不符合国家相关标准的营运车辆发放二级维护合格证；部分运输企业不履行对驾驶人的安全教育和管理职责；一些地方运输管理机构不对隐患整改不力的企业追究相关责任。

二、主要工作措施

（一）深入开展“三项行动”

根据《国务院办公厅关于进一步推进安全生产“三项行动”的通知》（国办发［2009］32号）要求，部署开展了道路交通安全隐患排查治理专项行动，明确目标、任务，每月进行通报督促。各地积极会同安全监管、交通运输等部门全面排查道路安全隐患，对危险路段和事故多发路段进行整治，并实行省、市、县三级督办。全年共排查出公路危险路段3.3万处，共治理完成2.3万处；排查出道路标志标线不全9.2万处，治理完成5.4万处。

（二）突出重点时期和地区，开展集中整治，解决突出问题

一是先后开展了“两会”交通安全保卫40天集中整治严重交通违法行为工作，预防道路交通事故“五个一”活动，“迎国庆、保安全、促和谐”活动，无牌无证机动车专项整治活动、高速公路整治交通秩序统一行动和公路客运交通安全集中整治统一行动等专项治理工作。通过上述集中整治，超速、客车超员、疲劳驾驶等严重交通违法行为导致的死亡人数同比下降了11.2%；二是大力开展整治酒后驾车专项行动。针对酒后驾车特别是醉酒驾车严重交通违法行为突出的问题，自8月15日起部署开展了酒后驾驶专项整治。整治期间，全国共查处酒后驾驶违法行为31.3万起，其中醉酒驾驶4.2万起，占查处总数的13.5%；罚款处罚31.3万人次，暂扣驾驶证28万本，行政拘留3.8万人次。三是将山西、内蒙古、黑龙江、浙江、安徽、福建、江西、山东、河南、湖南、四川、贵州、甘肃等地连续发生重特大道路交通事故、安全形势严峻的地区作为重点地区，自10月至12月底，开展了预防重特大道路交通事故专项整治。

（三）加强部门协作，推进事故预防工作长效机制建设

提请以国务院安委会办公室的名义下发了《关于进一步加强农村交通安全工作的通知》（安委办［2009］19号），提高各级人民政府对农村道路交通安全工作重要性的认识，对加强农村道路交通安全重点工作作了部署。以部际联席会议名义下发了《关于进一步加强道路交通安全工作的意见》，进一步明确了道路交通安全工作的指导思想、工作目标、具体措施以及各有关部门的工作任务。全面深化创建平安畅通县区活动。部际联席会议制定了《平安畅通县区评价指标体系（2008版）》及其考核评价标准和办法，对各地创建工作进行了抽查。截至2009年底，全国已建成平安畅通县区1826个，占全国县区总数的63.8%。

（四）加强分析研判，提高预防工作科学性和针对性

建立道路交通事故分析及形势研判机制。每月对事故发生特点进行综合分析和通报，并结合影响道路交通安全工作的季节、气候、经济运行、国家汽车产业政策等相关因素，对下一个月份面临的安全形势进行分析，确定预防重点，调整工作部署。建立特大交通事故案件剖析制度。逐案指导剖析对每起一次死亡10人以上的特大道路交通事故，分析原因，查摆问题，并多次召开预防特大道路交通事故座谈研讨会、汇报会或视频会，召集特大道路交通事故预防重点地区公安交通管理部门，对一次死亡10人以上特大道路交通事故进行专题分析，推动各地把握特大事故规律特点，开展针对性的预防工作。同时，对发生一次死亡10人以上事故的地区，在充分调查分析基础上，向国务院安委会办公室发建议函，提请督促有关省级人民政府进一步加强道路交通安全工作。

（五）加强交通应急管理，全力应对恶劣天气及突发交通事件

针对冬季全国连续出现的雾、雪等恶劣天气，加强工作部署、指挥协调和应急处置，全力确保主干高速公路和主要国省道的畅通。一是及时进行工作部署。加强与气象部门沟通，及时获取天气信息，提前发布恶劣天气预警通报，部署各地做好应急准备。二是迅速启动应急指挥机制。出现恶劣天气后，立即成立应急指挥部，调度各有关地区交警总队领导，派出局、处领导深入重灾区一线进行现场指挥协调。三是强化应急管控措施。按照国务院领导不封路、少封路的要求，督促各地原则上不得封闭道路并要求通过警车带道、间断放行、分段放行等措施，引导车辆有序通行。对于能见度低、路面结冰无法通行的，采取远端分流措施疏导车辆，防止道路滞留车辆。四是加强协调配合。整合治安、交通、刑侦、消防、派出所等力量，实行多警种联合作战，全力应对恶劣天气。协调气象、交通运输、医疗急救、清障施救等部门，联勤联动，快速处置恶劣天气带来的不利影响，取得良好效果，受灾地区没有出现长时间、长距离、大面积的堵车，没有发生因暴雪导致的特大道路交通事故和多车相撞事故。

（六）大力开展交通安全宣传教育工程，有效提高全民交通安全意识

会同宣传、司法行政、教育、安全监管等部门，大力推进“保护生命，平安出行”交通安全宣传教育工程，制作并播出了《酒酿的苦果》、《罪责难逃》、《不平静的乡村路》和《危在瞬间》等专题片，社会反响较好。积极协调新闻媒体，在电视台播放公益广告、游走字幕，利用交通广播在雨雪天等恶劣天气条件以及清明、端午、五一、十一等重点节假日期间，开展大规模交通安全出行提示。开展酒后驾驶专项整治宣传活动，大造声势，据不完全统计，仅8月15日开展酒后驾驶集中整治以来，中央电视台、中央人民广播电台、新华社、人民日报、法制日报等中央媒体就刊播相关报道800余篇（次）。

（七）强力开展督促检查，狠抓各项工作措施落实

采取派出督导检查组、集中督导检查、交叉检查等方式，先后组织260多个检查组、400多人次，对全国30个省（区、市）进行督导检查，重点督导春运交通安全保卫、“两会”交通安全保卫、国庆交通安全保卫等工作情况。其中，8月23日至29日，公安部警务督察和交通管理部门联合派出15个工作组，抽调基层骨干参加，共60多人次，赴15个省（区、市）对“迎国庆、保安全、促和谐”活动、整治酒后驾驶违法专项行动情况进行了暗访检查，有力推动了国庆交通安保工作和酒后驾驶整治专项行动的开展。

水上交通运输安全工作

交通运输部安全监督司

2009年，交通运输行业认真贯彻党中央、国务院有关安全生产工作的一系列部署和要求，以科学发展观为指导，牢固树立以人为本、安全发展的理念，全面落实“安全第一、预防为主、综合治理”的方针，以开展“安全生产年”活动和“三项行动”、“三项建设”为主线，进一步落实安全生产两个主体责任，继续加大隐患排查治理工作力度，重点解决交通运输安全生产存在的薄弱环节和突出问题，有效遏制和减少安全生产事故的发生，实现了交通运输安全形势持续稳定好转。

一、2009年安全生产总体情况

2009年共发生运输船舶水上交通事故358件，死亡336人，沉船199艘，直接经济损失3.47亿元，比上年分别上升4.7%、下降4.3%、6.6%和33.1%，交通运输安全生产形势总体趋向好转。

二、2009年安全生产重点工作

1. 组织开展交通运输系统“安全生产年”活动，印发《关于开展2009年交通运输安全生产年活动的实施意见》，制定了“三项行动”具体活动方案并下发执行，对交通运输系统安全生产年工作进行全面部署，编辑了6期“安全生产年”活动简报。

2. 组织开展了3次交通运输系统安全生产大检查。一是开展“安全生产月”活动大检查，部领导带队分三个组对河北、湖北、甘肃及西南部分省份的交通运输安全工作进行了检查；二是7月至8月初，在全行业集中开展了交通运输安全生产隐患排查治理和督促检查活动，并派四个督查组分赴黑龙江、吉林、广东、广西、天津、河北、江苏、上海、浙江等地，重点督查各地道路、水路运输、公路桥梁、隧道和交通运输基础设施建设的安全生产隐患排查和治理情况；三是结合国庆期间的安全维稳工作，开展了交通运输系统安全生产大检查，共派出了7个督查组分赴湖南、湖北、江苏、北京等10个省市进行了交通运输安全生产督查，国家邮政局也组织了5个检查组对北京、天津等省市进行了检查。

3. 结合不同季度、重点时段的安全生产特点，组织召开专题安全工作会议，研究部署安全生产与监督管理重点工作。一是召开了交通运输部交通运输安全生产会议，专题研究部署交通运输“安全生产月”活动；二是召开了三次交通运输部安委会会议、一次交通运输部安全生产专题会和交通建设施工安全生产座谈会，对当前和今后一段时期的交通运输安全工作进行部署，并结合交通运输部机构改革工作对交通运输部安委会成员进行重新调整，修订了交通运输部安委会工作规则，建立了安全工作新机制；三是组织召开了2009年全国大型交通运输企业安全工作会议，来自各行业主管部门和港航运输及物流企业界的代表160余人参会，这次会议总结了漳州会议以来的安全生产工作，分析了面临的安全生产形势，明确了今后一段时期交通运输安全工作思路，并重点部署了当前的安全工作；四是组织召开了“全国交通运输系统安全稳定工作电视电话会议”，明确要求交通运输系统要把安全稳定工作作为当前压倒一切的工作，全力以赴确保安全稳定，传达了关于做好新中国成立60周年安保、维稳及反恐工作有关会议精神，交通运输部机关各司局、交通运输部直属在京单位、有关交通运输行业央企负责人在交通运输部主会场参加了会议。全国共设有78个分会场，各地交通运输主管部门、部属单位、港航公安及部分交通运输行业央企负责人参加了会议。

4. 完善交通运输体系“一案三制”建设，起草了《交通运输突发事件信息报告和处理办法》（征求意见稿），已征求了各省市的意见，并到有关省市就行业安全监管工作和信息统计工作开展了调研。

5. 组织开展了防控甲型 H1N1 流感相关工作，下发了《关于进一步做好甲型流感疫情防控工作的通知》，组织召开了多次会议，全面部署和组织开展交通运输系统防控工作。

6. 继续深入开展危险化学品运输专项治理，向全国通报了长江三峡滚装运输连续发生的几起非法夹带危险化学品事件。

铁路交通运输安全工作

铁道部安全监察司

一、安全生产总体情况

2009 年，是中国铁路极不平凡的一年。全国铁路系统认真贯彻落实党中央、国务院的部署，深入学习实践科学发展观，充分发挥铁路在扩内需、保增长中的拉动作用，大力推进铁路建设、技术创新、运输经营、改革开放、维护稳定等重点工作，和谐铁路建设取得新的重大进展。一年来，面对运输安全工作的新形势、新任务，全路坚持以科学发展观指导运输安全工作实践，进一步树立以人为本、安全发展的理念，按照“高标准、讲科学、不懈怠”的要求，深入开展“安全生产年”活动，以确保高速和提速安全为重点，认真解决安全突出问题，扎实推进安全基础建设，运输安全工作取得明显成效，全年消灭了重大及以上铁路交通事故，铁路交通一般 A 类行车事故同比减少 47.6%，路外死亡人数同比减少 17.9%。主要标志：一是确保了高速和提速安全。时速 350 公里的京津城际铁路保持安全平稳运营，时速 200～250 公里的合武、石太、甬台温、温福等客运专线相继顺利投产并实现安全运营的良好开局，既有线提速安全实现持续稳定，特别是世界上里程最长、时速 350 公里的武广高速铁路开通运营，成为中国高速铁路发展的又一里程碑；二是安全专项整治力度不断加大。围绕施工安全、列车运行监控装置管理、设备质量、路外安全、治安防范等采取了一系列有效措施，尤其是深刻吸取“6·29”京广线旅客列车冲突较大事故教训，广泛开展行车设备大检查大整治活动，集中消除了一批安全隐患，强化了设备质量的源头控制；三是站段管理结构优化、自控型班组建设和主要行车工种队伍建设“三项工程”全面展开。深入研究在中国铁路快速发展的新形势下运输安全工作中遇到的新情况、新矛盾，从确保人民群众生命财产安全和铁路现代化顺利推进出发，全面实施“三项工程”，扎实推进，促进了安全基础建设的深化发展，全路安全管理水平得到不断提高；四是确保了春运、全国“两会”、庆祝新中国成立 60 周年等关键时段的铁路安全稳定，为确保经济社会发展大局作出了应有贡献。

二、安全生产重点工作

1. 高速提速安全持续稳定

2009 年是大规模铁路建设取得重要成果的一年，也是规范高速铁路运营安全管理的关键一年。铁道部有关部门和全路有关单位认真总结京津城际铁路和客运专线安全管理经验，注重研究和把握高速提速安全规律，铁道部相继制定了《铁路客运专线技术管理办法》（200～250 公里/小时部分）、《关于客运专线固定设施维修管理有关问题的指导意见》、《动车组检修运用工作指导意见》、《客运专线调度集中控制车站行车工作暂行办法》等一系列规章制度，有关铁路局结合实际，制定了细化的具体措施和办法，初步建立起高速铁路运输组织、调度指挥、设备维修、治安防范和应急处置体系。为确保合武、石太、甬台温、温福等客运专线开通运营，有关单位严格落实“十必须”要求，加大提前介入力度，加强设备质量的精细整修，精心组织系统功能测试和设备联调联试，严格进行安全评估，规范和健全了客运专线开通流程及工作标准。各单位认真落实固定设备天窗修和动车组检修一体化作业要求，采用首趟开行确认车、定期综合检测、检修质量评估等科学方法和手段，保持了高速铁路设备质量动态达标，各条客运专线运营以来始终保持了安全平稳，特别是汉丹、成遂渝线开行时速200公里动车组，西南地区铁路实现了从普速到高速的历史跨越。坚持把确保提速安全摆在突出位置，不断深化提速安全保障体系建设，三维精测网、动态检测车、列车运行监控系统、货车超偏载监控系统等安全检测监控技术作用日趋显著，集中修、专业修、检养修分开等先进的方法和手段广泛运用，积极推进提速线路养护维修的规范化、科学化,提速设备质量稳步提高,安全管理进一步规范。

2. 安全生产专项整治取得明显成效

按照国务院“安全生产年”工作部署，结合铁路实际，加强安全生产宣传教育，严厉打击危及行车安全的违法行为，大力开展安全生产专项整治。各单位不断强化营业线施工安全管理，集中清理和完善了营业线施工安全管理制度，进一步完善实施细则，严格落实“安全关键卡控责任表”制度，不断加大施工安全检查卡控力度，施工组织管理工作进一步加强。加强调度所安全基础管理，强化调度所的内部管理和外部监督，对各铁路局调度所进行了专业评估检查，调度员深入现场制度得到普遍落实，调度命令发布程序进一步规范。进一步提高对列车运行监控装置（LKJ）重要性的认识，铁路局主要领导带头开展LKJ数据管理工作的反思检查，认真查摆在规章制度、闭环管理、责任落实等方面存在的问题，重新组织修订《LKJ运用维护规则》，规章制度、数据管理、运用维护等工作得到全面加强。以加强机车乘务员队伍建设为重点，优化队伍结构，完善激励保障，加大监控力度，集中整治违章违纪行为，落实监控装置趟趟检索分析制度，全路15000多台机车全部安装了警惕装置。采用轨面熔覆等技术，整治轨道电路分路不良取得明显成效，截至2009年底，累计整治完成分路不良区段总量的49%。突出牵引供电设备关键部位的整治，全力围歼污闪、断线等设备故障，完成了100多台电力机车车顶互感器改造。全路实现了153台超偏载检测装置和346台动态轨道衡的联网，货运计量安全检测监控系统覆盖范围不断扩大，全路日均核实超偏载车同比下降了67.8%。进一步加强轨道车安全管理，整修轨道车和大型养路机械5618辆，审查轨道车司机资质1670名。针对安全生产中暴露出的突出问题，全路开展了调车安全百日专项整治活动，集中整治穿越正线、影响接发旅客列车进路的调车安全问题，遏制了严重调车作业事故。组织了为期50天的施工安全大检查，发现解决了大量安全问题，为确保全年施工安全打下了坚实基础。汛期来临前，各铁路局由主管副局长牵头成立防洪检查综合指导组，对防洪危险地点进行了再检查、再确认，进一步强化了防洪安全措施。围绕防列车火灾、防行车要害场所火灾等9项重点，及时开展了防火安全专项检查，消除了一大批火灾隐患，安全专项整治和安全大检查活动取得明显效果。

3. “三项工程”建设得到稳步推进

全路上下按照部党组的总体部署，全面启动了三个“三年工程”。部机关有关部门认真调查研究，广泛征求意见，制定了《关于实施优化站段管理结构三年工程的指导意见》、《加强自控型班组建设的指导意见》和《关于实施主要行车工种队伍建设三年工程的指导意见》，确立了指导原则，明确了目标任务，提出了总体要求。各铁路局结合实际，精心制定实施方案，稳步推进建设工作。结合新线开通和新图实施等变化，优化和调整了部分站段、车间、班组设置及范围。以整合机辆系统检修、运用资源为突破口，优化车间、班组设置，集中优良设备和优秀职工，使移动设备的检修效率和检修质量明显提高。以自控型班组建设为载体，加强班组长队伍建设，夯实班组基础管理，完善班组互控机制，大力开展创建活动，积极探索新形势下自控型班组建设的有效途径和办法，进一步增强了现场控制能力。分系统分专业对主要行车工种人员数量分布、结构素质进行摸底调查和分析，结合路网扩充、技术装备提升以及生产组织、劳动组织调整等情况，预测新线人员需求，优化人力资源配置，着手进行人员培训和储备等工作。严把主要行车工种队伍入口关，通过积极盘活人力资源，加强在岗人员培训和高技能人才队伍建设，主要行车工种队伍素质得到了提高。尤其是沈阳等铁路局坚持把“高标准、讲科学、不懈怠”贯穿于“三项工程”始终，从优化站段管理结构入手，实施大范围的生产资源整合，以此为契机进一步优化车间、班组设置，优化劳动组织方式，大力推进自控型班组和主要行车工种队伍建设，取得了明显成效。三个“三年工程”的确立和有序推进，开创了全路深化安全基础建设的新局面。

4. 专业安全管理进一步加强

面对进一步整合生产资源、优化劳动组织、确保高速提速安全等重大课题，各级专业部门深入探索，敢于改革，敢于突破，攻坚克难，树立安全工作新理念，创造安全工作新思路、新方法、新手段。为适应新线、新布局的要求和技术装备现代化的推进，不断建立健全规章制度，制定了不同客运专线的行车组织细则和专业技术规章，规范了设备运用维护、行车组织指挥等方面的制度办法。加强专业技术管理人员和生产一线职工培训教育，多次组织站段长和专业技术人员集中培训，举办了全路车务、客运系统职业技能比赛，组织开展了全路事故救援演练。积极创新运营管理模式，注重研究、总结和推广先进的运营管理方法及设备养护维修手段，不断深化设备修程修制改革，大力推进固定设备集中修，积极推行验收工作问责制，动车段、和谐型机车检修基地和基础设施维修基地建设取得了积极进展。

5. 确保了实施“4·1”新图的安全

针对“4·1”全国铁路新运行图增开列车多、涉及范围广、运输组织变化大、运输安全难度高的特点，全路上下高度重视，新图调整前，刘志军部长专门听取了汇报，亲自添乘检查京沪、胶济、沪昆、京广等主要干线，3月30日又对新图实施工作进行了全面部署。各单位主要领导主动上手，组织研究实施方案和安全措施，深入细致地做好技术资料审定、行车设备整修和新图学习培训等各项准备工作。过渡期间，铁道部和各单位认真执行带班盯岗、分口把关、合署办公、包保添乘和每日交班对话等制度，实时掌握工作动态，及时协调解决各种问题，实现了新旧图平稳交替和新图安全有序的目标，充分发挥了调图效应，扩大了铁路客货运能，获得了社会各界普遍好评。

6. 安全源头治理效果显著

各单位把严格事故和设备故障管理作为抓小防大、防微杜渐的有效抓手，集中组织开展了自查自纠活动，使大量安全隐患得到充分暴露。狠抓一般事故的调查分析和定性定责，查清了事故原因，提出了有效的整改措施，较大及以上事故大幅减少。为防止同类事故的重复发生，针对“6·29”京广线旅客列车冲突较大事故暴露出的问题，及时开展了以新造和大中修机车车辆为重点的设备大检查大整治活动，对8个机车车辆修造工厂进行了深入检查，促进了设备源头质量的提高。各运输站段以开展第二批深入学习实践科学发展观活动为契机，全面查找安全生产中存在的突出问题，制定整改措施，完善管理机制，为运输安全提供了有力保证。

7. 坚持把“高标准、讲科学、不懈怠”贯彻在运输安全工作中

在当前我国铁路运输生产力快速发展、生产关系正在发生重大变革的关键时期，全路站在科学发展、和谐发展、安全发展的战略高度，把落实“高标准、讲科学、不懈怠”作为践行科学发展观的重要内容。在运输安全工作目标上高标准，把确保人民群众生命财产安全作为铁路运输工作的根本要求，根据铁路快速发展带来的新变化，建立健全高速、提速和普速安全的各项技术标准、作业标准和管理标准，始终坚持安全第一不动摇，最大限度地延长安全周期，实现铁路运输安全的持续稳定，为铁路发展创造长期稳定和谐的环境。在抓运输安全工作方法上讲科学，以科学的态度对待运输安全，面对不断变化的社会环境、自然环境对铁路运输安全的影响，尤其是根据铁路快速发展对运输安全提出的新要求，深入研究新情况，把握新变化，加深对新形势下运输安全规律的认识，在技术手段、管理体制、工作方式、劳动组织等方面实现安全管理创新，特别是紧紧围绕高速和提速安全，树立“零误差、零缺陷、零故障”理念，积极探索把握安全规律，运用科学方法，不断完善设备质量和安全管理的标准体系，创新设备养护维修手段，优化劳动组织结构，健全安全管理机制，安全控制能力明显增强。在抓运输安全工作的作风上不懈怠，始终保持“如临深渊、如履薄冰、如坐针毡”的忧患意识，居安思危，永不自满，永不松懈，发扬求真务实的作风，狠抓安全实际问题的解决，咬定青山不放松，持之以恒，不达目的决不罢休。广大干部职工发扬吃苦奉献、敬业爱岗精神，认真履行安全职责，为确保运输安全持续稳定提供了坚强保证。实践证明，“高标准、讲科学、不懈怠”充分反映了运输安全工作的实际需要，标志着全路对新形势下铁路运输安全规律认识的深化，是铁路运输安全工作的重要创新，对做好当前和今后一个时期铁路运输安全工作具有重要指导意义。

民航交通运输安全工作

中国民航局航空安全办公室

2009年是民航安全发展面临重大挑战的一年，也是民航砥砺奋进、经受考验的一年。民航各单位各部门深入学习实践科学发展观，全面践行持续安全理念，认真落实安全工作部署，齐心协力，扎实工作，在应对挑战和考验中前进，实现了年初确定的安全目标和各项指标，保持了平稳的安全形势，有力促进了民航科学发展。

航空运输保持持续安全。民航实现运输飞行442.4万小时、214.9万架次，分别比上年增长12.4%和15%，没有发生运输飞行事故和空防事故。截至2009年底，航空运输已连续安全飞行61个月零10天、1825万小时。中国民航荣获飞行安全基金会颁发的2009年度“杰出贡献奖”。

安全运行品质稳步提升。2009年发生事故征候152起，其中人为原因事故征候22起，同比下降31.3%。发生通用航空事故4起，同比减少2起。东航获得飞行安全“三星”奖，民航飞行学院获得飞行训练安全“三星”奖。

圆满保障重大政治任务。以“零征候、零差错、零投诉”的成绩，出色完成国庆60周年航空运输安全保障任务。圆满完成博鳌亚洲论坛保障、紧急救灾物资运送、接返滞留旅客等重大航空运输任务。

一、持续安全理念凝心聚力

民航局通过编写青年读本、举办辩论赛和征文活动，大力宣传持续安全理念，掀起了学习实践持续安全理念热潮。民航西北、中南、东北管理局分别开展了“持续安全在西北”、“中南民航持续安全论坛”，以及东北民航“规范务实、和谐共生”等主题鲜明的持续安全理念宣贯活动，民航华北、华东、西南管理局突出“五抓一推进”、“两严两反”以及隐患治理“两手抓”等工作特点，把持续安全理念贯穿于安全工作始终，有力促进了辖区安全形势稳定。特别是新疆民航在“7·5”事件中，经受住有史以来最重大、最严峻、最艰巨的考验，用实际行动践行了持续安全理念。

二、安全监管工作多策并举

一是加强安全政策引导。民航局出台《民航安全监管若干政策意见》，明确包括监管绩效、信息管理、事件调查、责任追究和典型事件处理等重要政策。二是严格安全责任落实。民航局制定《民航安全监督管理局安全监管绩效考核办法》，试行安全监管绩效考核。进一步明确航空公司子公司安全主体责任，规范运行组织管理。依法实施行政约见制度，全年实施行政处罚73起。严肃查处违规违章行为，其中对120多起人为原因飞行不安全事件责任机组采取了暂停飞、降低型别等级处罚。三是加大重点单位管控。奥凯、东星、深圳等航空公司出现经营或其他问题后，民航局、地区管理局及时派出工作组，果断采取措施，有效控制势态，确保队伍稳定。四是继续实施安全审计。2009年，完成3家航空公司、37家机场和6家空管系统单位的安全审计，以及27个机场的保安审计和22个机场的后续保安审计工作。五是突出指导和服务作用。民航西北管理局针对辖区机场改扩建项目多，安全运行压力大的现状，举办不停航施工安全管理培训班。民航西南管理局督促航空公司、机场和空管部门加强高原特殊机场运行保障管理，多次召开高原机场运行研讨会。民航东北管理局在通航航季前，召集通航企业领导，查摆问题，组织开展整顿，保证了辖区通航安全形势平稳。

三、前移防范关口管控风险

民航全行业按照李家祥局长“九个安全防范关口前移”指示要求，加强安全运行形势分析，准确把握安全态势，积极抓好前瞻性安全管理。一是深入开展安全生产执法、治理和宣教“三项行动”，进一步夯实安全基础。实施行政检查15000余次，发出整改通知书2958份。民航全行业共排查出各类隐患11282项，其中重大隐患135项，完成整改10153项，整改率达到90%，未完成治理项目都分别采取了等效措施。机场标志标识、外来物（FOD）治理效果明显，建立了道面清洁和巡视等外来物防范的长效机制。空管系统深化设备运行保障治理，切实做好跑道安全工作，着重加强风险管理以及人为因素等方面培训，安全运行保障能力得到进一步提高。其中，民航华东空管局梳理完善各类程序、流程共计605个，新增225个。航空公司强化安全措施落实，狠抓队伍建设，巩固整改取得的成果。东航完善安全管理政策，出台了违章无后果事件处罚规定、主动报告减免处罚办法，在营造良好安全文化氛围的过程中，人员遵守规章和手册的自觉性明显提高。海航创新管理模式，建立准军事化管理、飞行员量化资格管理以及理论问询评估机制，有力地促进了飞行队伍整体综合素质提高。二是针对国外航空事故多发势态，及时通报情况，部署工作，增强工作主动性，防患于未然。特别是“11·28”津巴布韦货机事故发生后，民航局及时下发通知，要求民航各管理局开展针对性的安全大检查。三是积极开展安全风险评估分析，明确监管重点和防范项目，着力解决难点问题。南航强化安全运行措施，实施A320系列单机版手册，提出防空停、鸟击、危险接近、擦机尾等“七防”要求，细化64条具体措施，并在机务系统持续开展“五零”活动。民航云南监管局积极推动地方立法，治理机场鸟害，仅昆明机场清理禁养区639户19483羽鸽子。辽宁机场集团针对桃仙机场围界外五米内树木超高问题，多方协调、投入补偿资金，完成了303棵超高树木的砍伐工作。四是深入开展安全调研，解决突出安全问题。民航局、地区管理局多次派出工作组深入监管一线和企事业单位进行调研和检查，帮助解决安全生产和安全监管中存在的突出问题。

四、系统安全建设初见成效

一是完成《国家航空安全纲要》第一阶段编制工作，启动了民航中南地区安全绩效试点前期准备工作。二是安全管理体系建设稳步推进。民航局完成安全管理体系相关规章标准和指导手册的制定工作，并进行了广泛宣贯和培训。经过三年多的建设，南航、东航、海航、春秋等航空公司，西双版纳、舟山机场空管运行单位以及长沙黄花、南京禄口等机场SMS建设取得积极进展。国航投资2100万元开发完成“飞安系统”，基本实现了以安全信息为基础、以风险管理为核心的闭环控制。航空保安监管系统获得国际民航组织审计组的高度认可，被誉为是“开展第二轮航空保安审计以来运行最具成效的保安监管系统之一”。三是飞行标准监督管理系统（FSOP）进展顺利，完成FSOP总体规划、实施路线图以及审定监察工作流程的编制，启动了航空运输审定、运营人维修和维修单位审定及其子系统建设，为全面系统开发奠定了基础。

五、航空安全保卫严防布控

2009年对空防安全工作来说是一个特殊的年份。面对日益复杂严峻的反恐和空防形势，尤其是新疆“7·5”事件，更加剧了空防安全工作的压力。民航各单位各部门认真落实年初全国民航空防安全暨公安保卫工作会议精神，加强形势分析和情报研判，进一步规范监管方式、程序和手段，明确177项监察重点，系统梳理机场、航空公司航空保安职责，督促建立企业内部质量控制机制，狠抓系统性质量控制和监管协调。突出地面防范在空防安全工作中的重要地位，全面加强安全检查工作，采取分片包干、暗访和测试等办法，严格公共区域的治安管控和运行环节的监督控制，并开展拉网式督查，努力实现空防安全的动态科学管理。有效遏制了部分机场治安形势出现反复的势头，确保了空防安全的平稳态势，出色完成了国庆60周年民航安保任务。

六、夯实基础彰显科教支撑

一是不断完善规章标准。民航全年发布规章1部，完成修订6部，正在修订11部。空管方面的立法步伐加快。二是加强适航能力建设。推进和严格审定国产碳刹车PMA项目，关注并督促制造厂家改进航空器使用存在的持续适航重大工程。重点保障ARJ21飞机型号合格审定项目，与FAA签署航空技术合作协议备忘录，为推动FAA影子审定迈出关键性一步。三是积极开展安全教育培训、安全科研和对外交流与合作。2009年，民航院校和科研单位为安全工作做出了重要贡献，安全管理培训涵盖面广、人员层次高，全年共举办各类培训班188期，培训7672人次。安全风险监测、跑道安全以及事故征候预防等众多研究成果直接应用于安全管理。通过承办第62届国际航空安全研讨会，举办中美联合论坛、国际航空人为因素研讨会，为学习借鉴国际安全研究前沿成果搭建了平台。与ICAO协调在中国设立PBN飞行程序办公室。四是加快航行新技术应用。民航局发布《中国民航基于性能的导航实施路线图》，完成相关机型在拉萨、昌都、九黄、林芝、丽江、玉树、西宁等机场RNP运行合格审定。其中，A330在拉萨RNP运行批准，开创了全球宽体机RNP试飞先河。截至2009年底，已有10家机场和3家航空公司具有RNP运行能力。完成B737NG基于卫星导航（GNSS）的进近程序（RNPAPCH）试飞，为预防非精密进近中可控飞行撞地（CFIT）等风险奠定了安全基础。航行新技术的推广，不仅增强了安全裕度，而且提高了运行效益。据不完全统计，RNP技术的应用已为国航带来效益1.67亿元，为东航节省开支332万元。

建筑施工安全生产工作

住房和城乡建设部工程质量安全监管司

2009年是21世纪以来我国经济发展最为困难的一年，在党中央、国务院的正确领导下，我国取得了成功应对国际金融危机的重大成就，经济形势稳定好转。党中央、国务院高度重视安全生产工作，一年来，做出了一系列重大部署，胡锦涛总书记、温家宝总理多次做出重要指示，对加强安全生产工作提出新的更高的要求。

住房城乡建设部领导去年以来多次就建筑安全生产工作作出重要批示，要求要认真研究安全生产工作，加大安全监管力度，采取切实有效措施，遏制事故的发生。

全国各级住房城乡建设主管部门和建筑行业的广大干部职工认真贯彻落实党中央、国务院和住房城乡建设部的工作部署安排，加强隐患排查治理、打击违法违规行为，强化监管力度，推动了“安全生产年”建筑安全生产各项工作的持续加强和改进，主要表现在以下几个方面：

一、“安全生产年”活动取得明显成效

一是周密部署，全面开展“安全生产年”活动。按照国务院安委会“安全生产年”的工作部署，住房城乡建设部召开了全国建筑安全生产电视电话会议、全国建筑安全生产联络员会议及部安委会全体会议，结合住房城乡建设系统实际，及时对“安全生产年”活动进行了认真部署。下发了建筑安全生产“三项行动”和“三项建设”实施意见，对在住房城乡建设系统开展“三项行动”和“三项建设”活动明确了工作目标、内容和具体时间安排。

二是采取措施，切实强化建筑安全生产工作。为进一步加强安全生产工作，住房城乡建设部采取了多种措施，促进“安全生产年”各项工作的有效落实。2009年9月，根据国务院安委会统一安排，住房城乡建设部郭允冲副部长带队对吉林和黑龙江省的安全生产工作进行了督查。此外，还多次对一些事故多发及安全生产形势严峻的地区进行了约谈和检查，督促地方采取有效对策遏制事故多发的势头。

三是突出重点，狠抓建筑安全生产专项治理工作。住房城乡建设部在年初确立了将建筑起重机械和施工坍塌事故作为2009年专项治理的重点。在此基础上，各地根据本地不同时段安全生产的特点，确立了本地区专项治理的重点，加强检查，取得了一定的成效。如北京市针对冬季煤气中毒事故多发的特点，分别部署了预防煤气中毒的“温暖一号”及“温暖二号”行动，督促责任单位加强管理，从而有效遏制建筑工地煤气中毒事故。

经过全国住房城乡建设系统广大干部职工的共同努力，“安全生产年”活动取得了一定成效。据统计，2009年，住房城乡建设系统共开展安全执法行动21805起，涉及企业18万余家、在建工程74845个；共排查治理隐患109万余项；共组织宣传教育活动22432次，参与人数346万余人。“安全生产年”各项活动的开展，有力地推动了建筑安全生产管理水平的提高，促进了建筑安全生产形势的稳定好转。

二、切实推进安全生产制度及标准体系建设

一是加强制度建设，进一步规范安全监管工作。住房城乡建设部在以往工作基础上修订编制了《危险性较大的分部分项工程安全管理办法》，对危险性较大的分部分项工程的安全专项施工方案的编制、论证、实施等环节予以进一步规范。制定了《建设工程高大模板支撑系统施工安全监督管理导则》，对高支模工程专项施工方案的编制审核、脚手架的搭设验收和混凝土浇筑等工作均作出了明确规定和要求。

二是加强课题研究，加强建筑安全生产长效机制建设。为进一步健全完善建筑安全管理制度，住房城乡建设部结合行业特点和工程实际，进行了“加强在建项目建设安全生产管理能力”、“完善建筑安全生产监督管理机制”等课题研究。

三是加强标准编制工作，提高施工安全技术及管理水平。住房城乡建设部出台了《建筑施工土石方工程安全技术规范》、《建筑施工作业劳动防护用品配备及使用标准》、《液压升降整体脚手架安全技术规程》、《建筑施工塔式起重机安装、使用、拆卸安全技术规程》等行业标准规范，组织编制了《建筑施工企业安全生产管理规范》和《施工安全生产技术统一规范》两个国家标准。

三、建筑施工安全标准化工作取得阶段性成果

建筑施工安全标准化，有利于强化安全生产过程管理，是做好建筑安全生产工作的重要抓手。2009年通过采取各种措施，进一步推进了安全标准化工作的深入开展。

一是表彰先进，提高各地及企业开展安全标准化工作的积极性。2009年11月，住房城乡建设部在宁波组织召开了全国建筑施工安全质量标准化现场会，总结了几年来建筑施工安全标准化工作经验与做法，并与全国总工会联合表彰了一批建筑施工安全标准化工作先进集体、先进个人及示范工地，对建筑安全生产工作起到了积极的推动作用。自2005年以来，全国已累计创建省级施工安全标准化示范工地24000多个。通过表彰先进，起到了典型引路的作用，激励更多的企业积极加强建筑施工安全标准化工作。

二是创新理念，进一步提升安全标准化工作水平。各地多年来积极推行建筑施工安全标准化，彻底改变了施工现场“脏、乱、差”状况，生产安全事故得到有效控制，取得了很大成效。如上海市，安全标准化工作不仅融入重大危险源监控、隐患排查等新的工作要求，而且将施工现场、企业、安全监督管理机构工作一环扣一环，形成了闭环的管理链，进一步落实了各方的安全责任，建立了安全生产的长效机制。

三是建章立制，巩固安全标准化先进管理经验。各地认真总结前一阶段安全标准化工作的先进经验，将一些好的做法以标准的形式予以固化，并在工地上全面实施，提高了整体施工现场安全管理水平。许多地方和企业制定了安全标准化图集，对经常使用的一些安全防护设施定型化，如工具式电梯井安全防护门、可周转卸料平台、标准配电箱、具有企业特色的工地大门、标识标牌等。不仅美观大方、而且便于安装、便于管理，还可以重复使用，避免了材料的浪费。

四、加强对违法违规行为及事故的查处工作

一是严查违法违规行为，规范建筑市场秩序。各地区认真贯彻落实建筑安全生产相关法律法规，严厉查处建筑安全生产中存在的违法违规行为，规范了建筑市场各方主体的安全生产行为。如河南省组织开展了严厉查处打击建筑施工领域安全生产违法违规行为专项行动，查出未办理施工许可证和安全报监手续的579起，无安全生产许可证从事施工的21起，对安全隐患拒不整改的261起，无证上岗的215起，抗拒安全执法检查的25起，其他违法违规行为为85起。通过开展查处违法违规行动，进一步规范了建筑市场秩序。

二是严肃事故查处，起到了惩戒警示作用。2009年，住房城乡建设部按照职能权限，对6家发生事故的施工企业给予了停业整顿的处罚，对5名注册监理工程师及注册建造师给予了吊销执业资格证书的处罚，对2名注册监理工程师给予了停止执业的处罚。各地区认真贯彻落实建筑安全生产法律法规，严厉查处事故，全面加强了生产安全事故处理工作。

三是加强统计分析，为安全生产决策提供数据支持。住房城乡建设部对2008年房屋建筑和市政工程安全生产生产形势进行了统计分析，并以

"建设情况通报"的形式下发各地；另外对2008年全国房屋建筑和市政工程安全生产事故处罚处理情况进行了统计分析，并进行了全国通报。

五、安全教育培训考核工作取得一定成效

一是加强师资培训，提高了培训教师的业务素质。2009年，住房城乡建设部对建筑施工企业"三类人员"安全生产培训考核教材进行了修订，并编制了建筑施工特种作业人员的安全培训教材丛书。为将建筑安全生产知识和新近出台的建筑安全生产政策要求传达给全国各地，住房城乡建设部组织开展了建筑施工企业"三类人员"和特种作业人员安全生产考核师资培训班共三期，为各地培训师资人员680多人次，进一步提高了各地培训教师的业务知识和素质。

二是加强监管人员培训考核，提高了监管人员依法行政的意识。各地根据本地实际情况，通过专门开展对建设主管部门、安全监督机构的安全监管人员的安全知识培训考核，进一步提高了安全监管人员的安全知识水平和业务素质及依法行政的能力。安徽省制定了《安徽省建设行业安全生产目标管理考核办法和2009年度考核标准》、《安徽省建设工程监督机构和人员考核办法》，对建设主管部门及安全监督机构的安全监管人员实施安全考核。

三是加强从业人员培训。提高了建筑从业人员的安全生产意识和技能。各地高度重视对企业"三类人员"及施工作业人员的安全教育培训工作。通过各种方式和途径加强对从业人员的安全教育培训。如青海省，专门组织了发生过建筑生产安全事故单位的相关责任人的专题学习班，对发生生产安全事故的施工单位、监理单位、项目部负责人，监理单位负责人及项目总监进行建筑安全生产法律、法规及标准规范的强化培训和考试，收到良好效果。

全国住房城乡建设系统坚决贯彻落实党中央、国务院的决策部署，扎实工作，建筑安全生产工作也取得了很大成绩。据统计，2009年全国房屋建筑及市政工程生产安全事故起数和死亡人数同比分别减少88起和121人，分别下降11.27%和12.51%；其中，较大及以上生产安全事故起数和死亡人数同比分别减少19起和90人，分别下降45.24%和48.13%；全年没有发生重大及以上生产安全事故。在建设规模逐年扩大，建筑生产安全事故连续多年下降的情况下，去年全国建筑生产安全事故起数和死亡人数两个指标均低于控制数10%以上，取得这样的成绩实属不易。这是党中央、国务院高度重视和正确领导的结果，是全国住房城乡建设系统认真实践科学发展观，坚持安全发展理念，不懈努力的结果。

消防安全工作

公安部消防局

2009年，在公安部党委和地方党委、政府的领导下，全国公安消防部队认真学习贯彻胡锦涛总书记"三句话"总要求，以坚决预防和遏制重特大火灾为目标，深入宣传贯彻《中华人民共和国消防法》，着力抓好"三项建设"，努力提升消防监督执法、灭火救援能力和队伍正规化建设水平，圆满完成了各项工作任务，实现了火灾和队伍形势的基本稳定。全国火灾四项数据与去年相比，分别下降5.4%、18.7%、12.4%和10.9%。

一、深入贯彻实施《中华人民共和国消防法》，消防工作社会化明显加快

召开了全国消防工作会议，部署《中华人民共和国消防法》宣传贯彻工作，提出了当前和今后一个时期消防工作的目标任务。国务委员、公安部部长孟建柱和公安部副部长刘金国作了重要讲话和工作报告。各地迅速部署贯彻落实会议精神，强化领导，落实工作责任，加大投入。将会议确定的目标任务分解为六大方面72项重点工作，明确到处、责任到人，逐项抓好落实。及时修订发布《消防监督检查规定》等4个部门规章，组织全国消防监督人员、派出所民警共10.7万人集中培训，确保了新《中华人民共和国消防法》的顺利实施。起草《消防法实施条例》、《消防产品监督管理规定》，制修订50项国家及行业消防标准，国家“十一五”科技支撑计划“城市火灾防治关键技术研究及应用示范”项目和国家软科学重点攻关计划“城市消防安全评价指标体系”项目通过了验收。消防宣传工作得到加强，提请中央综治办建立成员单位消防宣传通气会制度，联合国家13个部委开展“消防志愿者普法行动”，实施“大宣传、大教育、大培训”工程，精心组织第18个“119消防日”宣传活动，提高了社会单位自防自救能力。

二、深入排查整治火灾隐患，社会消防安全环境明显改善

认真吸取福建长乐、央视新台址等重特大火灾教训，部署开展公众聚集场所和高层、地下建筑消防安全专项整治，会同文化部、工商总局、安监总局组织检查验收，建立了有关部委司局级消防工作联席会议制度，与建设部联合印发了《建筑外保温系统及外墙装饰防火暂行规定》。加大对社会福利机构、中小学校舍、文物单位、建筑工地以及“三合一”场所、消防控制室等重点单位和场所监督检查力度，强化重大火灾隐患政府挂牌督办，严厉打击假冒伪劣消防产品，消除了一大批火灾隐患。全力以赴开展为期3个月的“迎国庆、保安全、促和谐”专项行动，整改火灾隐患103万处，责令“三停”单位7.1万家，行政拘留1.9万人，查封危险部位5.7万处，实现了首都国庆活动核心区、警戒区消防安全万无一失的目标，为新中国成立60周年庆祝活动创造了良好的消防安全环境。圆满完成了春节、“五一”、全国“两会”及世界大学生冬季运动会、全国运动会等消防安保任务。专门部署开展冬季防火攻坚战，全力遏制重特大火灾，努力保持消防安全形势持续稳定。

三、深入开展打造消防铁军活动，灭火和应急救援能力不断提高

强化部队专业训练和灭火救援攻坚能力，召开了打造消防铁军暨灭火救援攻坚组建设现场会，部署通过3年时间把消防部队打造成攻无不克、战无不胜、英勇顽强的铁军。制定打造消防铁军三年规划及攻坚组装备配备标准，举办了灭火救援攻坚组师资培训班，推动各地组建灭火救援攻坚组2077个、专业队991个；推进6个国家陆地搜寻与救护基地和第三期特勤队伍、第二批50个战勤保障大队建设，依托10个储备库完善应急装备物资保障体系。召开了公安消防部队应急救援工作会议，对全面推进省市县三级综合应急救援队伍建设作了具体部署，提出了为期3年的目标任务。制定了加强公安消防应急救援工作和加强县级综合性应急救援队伍建设工作的两个指导意见。据统计，各地共投入打造铁军经费近20亿元，新增车辆1400余辆，器材装备51万件（套），模拟训练设施677套。2009年，全国公安消防部队共接警出动53.6万起，出动车辆84.7万辆次、官兵540.2万人次，营救遇险被困人员79086人，抢救和保护国家财产价值260多亿元，有效处置了一批重大火灾和特殊灾害事故。新疆总队参与处置乌鲁木齐“7·5”事件，受到各级领导的充分肯定。上海总队组建中国消防应急救援队首次走出国门，赴俄罗斯出色完成联合救灾演练任务，展示了中国消防部队良好形象和专业救援能力。

四、深入学习贯彻胡锦涛总书记“三句话”总要求，消防部队正规化水平明显提升

湖南消防总队邵阳支队洞口大队教导员宋文博同志在抗洪抢险中因劳累过度诱发脑溢血牺牲后，胡锦涛总书记作出重要批示，要求“大力宣传宋文博同志的感人事迹，努力建设‘忠诚可靠、服务人民、竭诚奉献’的消防队伍。”国务院、中央军委追授宋文博同志“爱民模范”荣誉称号，周永康同志亲切接见宋文博亲属和官兵代表，孟建柱同志出席命名大会并作重要讲话。公安部召开了深入贯彻胡锦涛总书记“三句话”总要求大力推进公安消防队伍建设电视电话会议，举办了宋文博同志先进事迹报告会。各级公安消防部队按照胡锦涛总书记“三句话”总要求，坚持政治建警、从严治警，切实履行抓班子、带队伍的职责，继续深化“三抓三树”实践活动，扎实开展学习实践科学发展观、“弘扬公安消防精神，忠诚履行职责使命”主题教育、“十大杰出消防卫士”评选、“安全双百日竞赛”等活动，全面推行士官制度改革，强化部队管理，开展联合督察，确保了部队安全稳定，进一步提高了部队的正规化建设水平。

当前，我国正处于经济转轨、社会转型、社会矛盾多发的特殊历史时期，特别是社会消防安全保障能力严重滞后于经济社会的发展，火灾等各类灾害事故还处于易发、多发期。2010 年，各级公安消防部队将以胡锦涛总书记“三句话”总要求为统领，深入贯彻落实《中华人民共和国消防法》，以确保火灾形势和队伍管理“两个稳定”为目标，实施构筑社会“防火墙”工程，推动落实消防安全责任；继续推进打造“消防铁军”和综合性应急救援队伍建设，大力提高灭火和应急救援攻坚能力，为服务经济社会发展、维护社会和谐稳定做出新的贡献。

工业和通信业安全生产工作

工业和信息化部安全生产司

2009 年是 21 世纪以来我国经济发展最为困难的一年，是我国有效应对国际金融危机并取得重大成就的一年，也是安全生产工作不断加强、持续改进的一年。工业和通信业认真贯彻落实国家关于加强安全生产工作的一系列方针政策，扎实推进“三定”方案赋予安全生产工作两个“指导”、一个“参与”职责的落实，积极深入开展“安全生产年”各项工作部署，努力加强安全生产“三项行动”和“三项建设”，安全生产形势保持了整体稳定，有力地保障了工业和通信业平稳较快发展和社会和谐稳定。

一、2009 年开展的主要工作

（一）构建工业安全生产管理工作体系

落实行业管理中安全生产工作的“指导”与“参与”职责，努力构建工作体系。通过积极开展调研，与 20 多个省（区、市）工业主管部门沟通和衔接，明确通过拟订行业管理的政策、规划、标准，推进安全技术改造等方式，履行“两个指导”、“一个参与”职责的工作思路，促进省级工业通信业管理部门落实指导工业行业安全生产的管理职能。

（二）建立工业通信业安全生产管理政策框架

拟定出台了《工业通信业加强安全生产管理实施意见》、《工业和通信业主管部门参与生产安全事故调查处理工作导意见》、《加强重点行业安全生产事故隐患排查治理工作指导意见》、《加强安全生产综合监测提高本质安全水平指导意见》、《高危行业安全技术改造指导意见》等法规性文件。分别从职能定位、事故调查、隐患排查、安全监测、技术改造等加强工业安全生产管理的主要方面提出了要求，初步建立了指导工业通信业安全生产管理的制度框架。

（三）加强工业安全生产标准化管理工作

1. 起草《工业和通信业安全生产行业标准制定管理实施办法》，从建立安全生产标准化工作机制、组织开展各行业安全生产标准体系顶层设计研究、加强标准制修订过程管理等方面提出了具体要求。

2. 印发安全生产标准化工作要点，开展标准化建设情况调查及相关工作。调查了 19 个行业安全生产标准化体系的建设情况，初步建立了工业和信息化部、行业协会（联合会）、标准化技术归口单位三级工作协调机制。

3. 开展安全生产标准的清理、复审和计划下达。共清理 19 个行业安全生产的标准 473 项，并对其中标龄 5 年以上的标准 235 项进行了复审，其中继续有效标准 12 项（含需要修改标准 2 项），需要修订标准 163 项，建议废止标准 54 项，正在复审标准 6 项（冶金行业）。根据复审结果，分别下达了第一、二批安全生产行业标准计划共 37 项。

4. 启动了化工行业和通信业安全标准研究工作。初步清理出化工行业安全生产标准 172 项，针对标龄 20 年以上的占 90%，标准严重缺失、滞后的状况，组织启动了化工行业安全生产法律法规和安全标准体系现状分析与研究工作。

组织通信业开展了《通信运营业安全生产标准体系研究》和《电信网络运行安全监督管理办法》、《电信运营事故分析报告》、《通信安全生产监管工作研究》和《通信安全生产形势分析和保障机制研究》等课题。

（四）开展工业重点行业安全生产政策研究等基础性工作

组织开展了石化化工、有色金属、钢铁、机械和通信业等第一批重点行业安全生产现状、问题和对策研究，梳理加强安全生产重点内容和当前急需，为下一步出台指导加强相关行业安全生产管理，进一步落实结构调整、技术改造项目的有关意见奠定基础。

（五）开展指导工业通信业安全生产日常管理

1. 印发了《工业和信息化部关于2009年安全生产工作要点》。根据2009年全国安全生产电视电话会议要求，提出了工业行业加强安全生产管理工作的主要内容和要求。

2. 按照国家“质量和安全年”统一部署，印发了《工业和信息化部关于贯彻落实质量和安全年要求 加强安全生产工作的指导意见》，对工业和通信业做好“安全年”的各项工作进行了部署。

3. 按照国务院加强行业安全生产应急管理工作的要求，印发了《加强安全生产应急管理工作的通知》，明确了地方行业管理部门参与事故应急管理的有关要求。

4. 落实国务院安委会部署的安全督查工作。对山东和江苏两省进行了安全生产督查。

5. 参与重点行业技术改造工作。在参与审核地方和中央企业技术改造项目审核中，对涉及安全生产技术改造内容的石化、有色、船舶、汽车、装备等92个项目提出了推荐意见，其中33个涉及安全改造项目获得通过，占最终审核通过的483个项目的6.8%。

6. 指导部属高校加强日常安全生产管理。印发了《关于开展部属高校安全管理检查的通知》，组织各高校认真开展自查自纠，对部分高校安全管理进行督查，下达整改通知书，提出整改和期限。同时对上一年度重大安全隐患整改落实情况进行了跟踪督查。

（六）开展危险化学品有关安全生产专项工作

制定工业和信息化部牵头的危险化学品安全生产监管部际联席会议两个议题的工作分工和方案，加强与有关部委的沟通，组织相关司启动了编制危险化学品行业发展专项规划、制定企业准入条件，统一石化化工行业工程建设标准工作。初步建立了与国家安全监管总局等有关部委的工作协调机制。

二、安全生产工作面临的形势

经过多年努力，我国工业安全生产工作取得明显成效，但是工业安全生产基础薄弱，安全生产形势依然严峻。我国处于工业化快速发展阶段，粗放式增长模式尚未转变，产业集中度低、企业数量庞大，重化工业增长迅速、高危行业比重增加，是安全生产的易发期。多年来，工业企业安全投入不足、欠账严重，尤其是一些老企业和中小企业，生产工艺技术落后，设备陈旧老化，安全隐患严重，本质安全水平低，生产事故频发，重特大事故未得到有效遏制，既严重威胁人民群众生命财产安全，也造成宝贵人力资源的损失。同时，由于多年来部分工业的行业管理职能弱化，导致行业安全生产指导的管理不足，行业准入门槛偏低、相关标准滞后、技改投入不足，行业安全生产的源头管理缺失、预防措施不够全面，工业管理部门在参与安全生产综合治理还没有完全到位，不能有效地与安全生产监管部门形成合力，迫切需要在行业管理中全面落实安全生产要求，严格行业准入管理、提高技术标准规范、加快产业结构调整，加大淘汰落后产能和技术改造支持力度。当前，各级工业管理部门安全生产指导管理责任不明确、体系不健全，成为阻碍工业管理部门更广泛、深入、全面地做好安全生产指导管理工作，阻碍行业强化安全生产的指导职能的突出问题，急需尽快解决。

农业安全生产工作

农业部安委会办公室

2009年，农业部按照党中央、国务院关于加强安全生产工作的一系列要求部署，深入贯彻落实科学发展观，紧紧围绕农业农村经济社会发展中心工作，全面落实“安全第一、预防为主、综合治理”方针，大力推进农业安全生产“三项行动”，切实加强“三项建设”，狠抓政策措施的落实，着力构建长效机制，农业安全生产工作取得了明显成效，保持了农业行业安全生产的和谐稳定局面。

一、2009年农业安全生产基本情况

2009年，全国农业安全生产形势总体平稳，重特大事故得到有效遏制。据统计，1—12月，农机、渔船行业事故起数和死亡人数同比下降明显。

2009年，全国累计发生等级公路以外的农机事故836起，死亡262人，受伤603人，直接经济损失732.46万元，与2008年相比，事故起数、死亡人数、受伤人数和直接经济损失分别下降44.08%、18.63%、42.9%和24.33%。累计发生渔业船舶水上事故327起，死亡（失踪）306人，与2008年相比，事故起数、死亡人数分别下降了26.7%和23.3%，其中，较大事故37起，死亡（失踪）190人，同比分别下降11.9%和13.6%；重大事故2起，死亡（失踪）20人，同比分别下降50%和58.3%。

二、2009年开展的主要工作

（一）坚决贯彻党中央国务院部署，切实加强安全生产工作的组织领导

农业部领导高度重视安全生产工作，多次作出批示。2009年，农业部安委会先后组织召开了三次扩大会议，及时传达贯彻党中央、国务院关于安全生产工作的重大部署，落实中央领导同志的重要批示，按照国务院安委会的统一要求，以农机、渔业等行业领域为重点，认真制定工作方案，采取有力措施，狠抓工作落实，积极组织开展了农业安全生产“三项行动”、“三项建设”和“安全生产月”活动，并针对重点领域和重要时段，组织开展了多次安全生产检查督查活动，农业安全生产各项工作不断得到加强和改进。

（二）坚持预防为主方针，严格排查治理安全隐患

各级农业部门狠抓落实，全面排查治理安全隐患，尤其是加大对重点地区、重点环节、重点时段的工作力度，切实做到排查不留死角，整改不留后患。渔业部门以渔船防碰撞工作为重点，深入开展隐患排查治理行动。4月15日，农业部联合交通运输部、安全监管总局等部门就治理沿海渔船与商船碰撞等事故多发问题，召开了海洋渔船安全管理紧急电话会议，督促沿海各地加强防范渔船与商船碰撞事故。沿海各省（区、市）及时提出贯彻落实意见，采取相关治理行动，累计排查出隐患15000多项，整改率达98%。农机部门组织各地农机安全监理人员结合当地农机作业特点，深入乡村、田间场院、维修网点等农机作业、维修场所，排查拖拉机和联合收割机登记、年度检验以及驾驶证申领的情况，对拖拉机和联合收割机无牌行驶作业、不按时参加安全检验的现象实行整治。为提高隐患排查治理成效，内蒙、江苏、浙江、安徽、云南、青海等地区的农机安全监理机构主动与公安、安监、交通等部门协作，联合开展农村道路交通安全检查，重点查处和纠正拖拉机违法载人、超速超载等违法行为，有效遏制了重特大农机事故的发生。据统计，全年累计排查出一般隐患80多万项，整改率96.67%；其中重大隐患5.4万项，整改率91.7%。畜牧、兽医、农垦等部门也结合行业实际开展了多次针对性、实效性强的隐患排查治理活动，有效防范了安全事故的发生。

（三）严厉打击非法行为，深入开展安全生产执法行动

按照国务院安委会和农业部的部署要求，各地

农业部门结合农业安全生产实际，认真制定了渔业、农机等安全生产执法行动实施方案，认真组织开展执法专项行动，依法查处各类违法违规行为。渔业部门以春夏雾季、休渔开捕前后、冬汛期间及重大节假日等时段为重点，切实加大对渔港水域、渔船锚地、航道密集区及涉外敏感水域等的监管力度，严格查处渔船超航区、超抗风等级航行作业，违章载客，不按规定实施法定检验、进出港签证、配备安全设施以及职务船员等行为，对严重违规的渔船在证件办理、补贴发放等方面采取相应惩戒措施；对发生较大以上安全责任事故的，严格按照“四不放过”的原则，依法追究事故相关单位和人员的责任，并及时公布处理结果。农机部门重点组织检查了各地执行安全生产法律、规章、规范性文件、安全技术标准等情况；重点查处了农机安全监理机构违法违规发放拖拉机联合收割机号牌、行驶证、驾驶证等行为；并对农机驾驶操作人员违法载客、超速超载、无证驾驶、酒后驾驶等违法行为开展了严厉打击。

（四）加大工作力度，积极开展安全生产宣传教育

农业部始终高度重视安全生产宣传教育活动，充分依托中央电视台七频道、《农民日报》、中国农业信息网等部属新闻媒体，积极营造有利于加强农业安全生产、促进安全发展的社会氛围。紧紧围绕“关爱生命、安全发展”主题，坚持形式多样、突出重点、注重实效的原则，积极开展“安全生产月”活动，农业各行业通过开展安全咨询日活动、赠送光盘图书活动等形式加强宣传，大力普及安全生产法律法规和安全知识。渔业部门完成了《安全生产，警钟长鸣——渔业安全宣传片》的制作发放工作，积极组织力量深入渔港、渔村、渔船，以召开座谈会、张贴标语、横幅、设立宣传栏、举办培训班等多种形式，让渔业安全生产管理的政策、法规和制度进村入户到船；在浙江启动了渔船船东船长安全管理培训活动，计划用两年时间对全国海洋捕捞渔船船东和船长进行轮训，切实提高船东、船长的安全生产责任意识和应急自救互救能力。农机部门印制了农机安全生产挂图、平安农机倡议信、农机安全知识手册和平安农机宣传片等宣传资料，通过组织举办“农机安全宣传咨询日”等活动等免费发放至各地农机手中，有效提高了广大农机驾驶操作人员和农机生产参与者的安全生产意识和操作技能。畜牧部门组织开展了草原防火知识竞赛，并举办了草原防火办负责人培训班。农垦部门以有奖征文、“安全伴我行”演讲比赛等形式开展了丰富多彩的安全宣传教育活动。农业部各直属单位也开展了形式多样的安全生产宣传教育活动，取得了很好的效果。

（五）突出工作重点，圆满完成国庆期间安全生产工作任务

2009 年是新中国成立 60 周年，国庆期间的安全任务非常繁重，农业部认真贯彻落实中央的部署，精心组织，周密安排，狠抓落实，圆满完成了部系统和农业各行业安全生产各项任务。各单位有针对性地强化了各类人防、物防、技防措施，深入细致排查各种安全隐患，特别加强了重点场所、重点设施、重要环节的安保工作力度；农业部安委会组织督导组深入重点省（区、市），采取听取汇报、随机走访、实地检查等形式，以法律法规贯彻实施、监管责任落实、隐患排查治理为重点，对各地安全生产工作进行了专项督导；农业部安委会办公室组织 7 个检查组对在京单位开展了为期 5 天的专项检查活动，农业部领导亲自带队，以应急值守、消防安全、危险化学品管理、出租房屋管理、门卫制度等 37 项检查为重点，对部机关大楼、北区 2 个集中办公场所和 21 个单位进行了重点检查。针对检查中发现的问题，各相关单位都及时进行了整改。

（六）切实加强“三项建设”，努力构建安全生产长效机制

为落实好国务院安委会关于加强安全生产法制体制机制、保障能力和监管监察队伍等“三项建设”的统一部署和要求，农业部系统各单位和各级农业部门一是狠抓安全生产责任落实，主要负责同志亲自抓，分管负责同志具体抓，明确工作目标和保障措施，形成了比较完善的安全生产责任体系。二是扎实推进法制建设。《农业机械安全监督管理条例》自 2009 年 11 月 1 日起施行，切实提高了农机安全监管工作的规范化、法制化水平；农业部安委会组织修订了《农业生产安全事故报告办法》，进一步规范了农业生产安全事故报告程序。三是及时启动“农机安全监理信息系统建设”和“农机安全检测装备建设”等项目，增强农机监理

机构的装备水平和监管手段；加大渔港建设力度，不断完善渔船渔港安全保障设施。四是继续加强一线渔业、农机安全监管等安全生产管理机构和队伍建设，推动了安全生产监管水平的提高。

水利安全生产工作

水利部安全监督司

2009年，水利部认真贯彻党中央、国务院关于加强安全生产工作的一系列决策部署和重要指示精神，按照“安全生产年”活动的各项工作要求，以“三项行动”和“三项建设”为主线，围绕水利行业安全生产薄弱环节和水利工作重点领域，加强组织领导，加大监督检查和隐患排查治理力度，加强安全生产基础工作，广泛开展安全宣传教育培训，通过各级水利部门的共同努力，有力推动了水利安全生产各项工作的落实。2009年水利行业没有发生重特大安全事故，保持了水利安全生产形势总体稳定的态势，水利安全生产工作取得了明显成效。

一、加强组织领导，全面贯彻落实国务院“安全生产年”决策部署和要求

水利部高度重视安全生产工作。为贯彻落实国务院“安全生产年”工作部署，陈雷部长和矫勇副部长分别主持召开全国水利安全生产视频会议和水利部安全生产领导小组全体会议，贯彻落实全国安全生产电视电话会议精神和有关文件精神，全面安排部署水利安全生产工作。结合水利实际，水利部及时制定了《水利部2009年水利安全生产工作方案》，印发了《关于贯彻落实全国安全生产电视电话会议精神切实做好水利安全生产工作的通知》以及《关于印发水利安全生产“三项行动”实施方案的通知》、《关于印发水利安全生产“三项建设”实施方案的通知》等文件，明确水利安全生产的主要任务、工作措施和工作步骤，落实水利“安全生产年”工作目标责任，采取有力措施部署、督促和落实“安全生产年”各项工作。对两会、元旦、春节和国庆等重要时段，水利部印发明电、下发通知，加强部署安排，确保安全生产。各级水利部门认真贯彻落实国务院和地方各级人民政府关于安全生产工作的一系列文件精神，紧紧围绕水利安全生产工作重点领域，切实履行职责，加强组织领导，采取有力措施，加大监管力度，推进了水利“安全生产年”各项工作的有效开展。

二、突出重点领域，积极开展水利安全生产“三项行动”

围绕水利安全生产薄弱环节和突出问题，水利部采取有效措施，在“三项行动”中迅速部署开展了安全隐患排查治理、打击治理违规违章行为、加大安全生产宣传教育培训等各项活动。

1. 开展水利安全生产执法行动，重点打击整治违法、违规违章行为。以在建水利工程施工、水库水电站大坝安全运行、违规小水电站清理整顿等为重点，及时下发《关于全面加快违规水电站清查整改工作的通知》（办水电［2009］88号）、《水利部关于开展汛前安全生产检查的通知》（水安监［2009］96号）和《水利部办公厅关于开展汛前安全生产督查的通知》（办安监［2009］133号）等，明确水利安全生产执法行动的重点内容，提出水利安全生产执法行动的主要工作措施和工作步骤，对违反安全生产市场准入条件从事水利工程建设、违反建设项目安全设施“三同时”规定、违规从事小水电建设、违反水利技术标准强制性条文规定建设、瞒报生产安全事故和无证上岗等行为，采取有力措施，坚决依法依规进行查处。全国共开展水利安全生产执法行动5694起，查处违反安全生产市场准入条件从事水利工程建设、违反建设项目“三同时”规定、违规从事小水电建设等违法违规活动221起。全国已有95%的违规水电站完成了整改任务，为2010年全面完成违规水电站清查整改任务打下了坚实的基础。

2. 开展水利安全生产治理行动，着力解决水利重点领域安全生产突出问题。制定了水利安全生产隐患排查治理工作方案，提出了水利行业集中开展安全生产隐患排查治理的具体要求。下发了《关于开展农村水电安全大检查的通知》（办水电［2009］119号）、《关于开展黄土高原淤地坝安全大检查专项行动的通知》（水保［2009］130号）和《关于加强2009年汛期水文安全生产工作的通知》（水文测［2009］55号）等文件，要求各地各单位按照国务院安委会和水利部统一部署，对水利工程建设和运行、病险水库除险加固、黄土高原淤地坝、水文测验等项目安全管理不到位、安全技术措施不落实，“三违”突出等问题，下大力气进行了认真治理整顿。水利部全年共组织了51个督查组对全国水利安全生产工作情况进行了监督检查，促进了各地隐患排查和整改落实工作。矫勇副部长和刘宁副部长还分别带队进行了国庆前水利安全生产大检查和黄土高原淤地坝安全大检查专项行动，深入水利建设生产一线，检查了水库、淤地坝安全工作。各地各级水行政主管部门周密部署，精心组织，迅速采取有力措施，制定排查治理方案，加大安全生产隐患排查治理和督促检查力度，狠抓工作落实。据统计，全国9250家水利企事业单位进行了安全生产隐患排查治理，共排查出一般隐患15566项，整改14876项，整改率95.6%，累计落实重大隐患治理资金1.7亿元。

3. 开展水利安全生产宣传教育行动，增强水利安全发展意识。水利部认真组织2009年水利安全生产月活动，下发了《关于开展“水系民生，安全发展”水利安全生产宣传教育活动的通知》（水安办［2009］2号）和《关于开展2009年水利系统安全生产月活动的通知》（办安监［2009］138号），就水利“安全生产月”活动做了统一部署，对重点工作提出具体要求。安全生产月主要围绕水利“安全生产年”活动，组织了“水系民生、安全发展”水利安全生产巡回演出、专题汇报演出、主题摄影图片比赛和工作图片展等活动，大力宣传党和国家有关安全生产方针政策、法律法规，普及安全知识，营造了“关爱生命、关注安全”的氛围，推进了水利安全文化建设。7月24日，水利部举办了“水系民生、安全发展”——“手拉手—珍惜生命”安全生产汇报演出和水利安全生产工作图片展，水利部在部京领导全体出席，把水利“安全生产月”活动不断引向深入，促进了各项安全生产工作措施的落实。水利部获得了国家安全监管总局、中华全国总工会主办的“安全伴我行”全国安全生产演讲比赛优秀组织奖，水利部安监司被中宣部、国家安全监管总局等6部委评为“2009年安全生产月优秀单位”。为加强安全生产教育，水利部举办多期水利施工安全技术标准宣贯培训班和水利安全生产监督管理培训班，宣贯水利水电工程施工安全生产技术标准，着力提高水利安全生产监管人员素质和监管水平。各地也开展了形式多样、内容丰富的宣教活动，促进了全员安全素质和安全意识的提高。全国共开展演讲、征文、知识竞赛等各类活动2586次，举办安全生产培训班、知识讲座1532次，培训116348人。

三、抓住关键环节，着力推进水利安全生产“三项建设”

1. 开展水利安全生产法制体制机制建设，推动责任制落实和长效监管。为进一步健全水利安全生产责任制，落实地方政府、主管部门和管理单位的水库大坝安全责任制以及病险水库除险加固责任制，落实政府安全生产监管职责和项目法人、勘测设计、施工、监理等单位安全生产主体责任等，水利部积极组织梳理水利安全生产法规规章和技术标准体系，研究建立水利安全生产目标责任制和目标考核体系。对部分地区小型水库安全管理现状和在建水利工程安全生产管理状况进行调研，研究制定《小型水库安全管理办法》、《水利工程建设安全监督管理规定》和《水利工程安全评价管理办法》等，印发了《关于完善水利行业生产安全事故统计快报和月报制度的通知》，进一步建立和完善水利安全生产法规制度标准。与国家工商总局、国家安全监管总局、国家电监会等部门联合印发了《关于加强小水电站安全监管工作的通知》等，明确小水电监管职责，进一步推进安全生产管理制度化、规范化，为建立长效监管提供了有力支撑。

2. 开展水利安全生产保障能力建设，强化水利安全生产工作基础。水利部加大对已排查出的安全隐患的治理投入力度，落实小型水库管理机构、看护人员和养护经费，进一步完善水库大坝安全监测、水雨情测报通信预警设施和各类水利安全生产事故尤其是水库可能发生的生产安全事故的预报、预警、预防和应急救援机制，制定应急管理的规章制度。为加强水利安全生产基础支撑，开展了水利工程建设安全监督机构现状调查，启动了水利安全监督信息管理系统建设，建立水利安全生产专家库。加强安全生产应急预案编制并组织应急预案演练。全国共进行水利安全生产应急预案演练531次，演练人员34403人。

3. 开展水利安全生产监管监察队伍建设，提高水利安全监督工作能力。水利部结合流域机构和地方政府机构改革，进一步建立健全水利安全生产监督管理机构，充实监管人员，积极开展水利行业安全资质（资格）管理体系和安全评价、评估体系研究，规范有关安全生产评价、检测机构和人员资质、资格管理，培育水利安全生产评价、检测等社会中介服务机构，逐步建立水利安全生产技术支撑和咨询服务体系。目前已有大部分省级水行政主管部门成立了安全生产监督专门机构，配备了专职人员。

四、加强督查指导，强化水利安全生产监管工作

2009年水利系统共发生死亡事故32起，死亡43人，其中较大事故3起，死亡13人。对2009年水利行业先后发生的海南省博冯水库、江西省上饶县大碑水电站、湖南省浏阳市杨家潭水电站和黄委水文局黄河水文勘察测绘局等安全事故，及时派出督导组，加强对事故的督查和指导。针对事故所暴露出的问题，水利部先后印发了《关于进一步加强在建水利水电工程隧洞施工安全管理的通知》、《进一步加强病险水库除险加固项目质量和安全管理的紧急通知》和《关于2009年上半年水利安全生产安全事故情况的通报》等40多个通知、通报，对事故情况进行了通报，起到了警示作用。为深刻吸取黑龙江省龙煤集团鹤岗分公司新兴煤矿“11·21”特别重大瓦斯爆炸事故教训，结合水利实际下发了《转发国务院安委会关于深刻吸取黑龙江省龙煤集团鹤岗分公司新兴煤矿“11·21”特别重大瓦斯爆炸事故教训切实加强安全生产工作的通知》，迅速对水利系统的安全生产工作进一步做出安排部署，提出了明确的要求，确保水利系统各单位认真吸取教训，严防事故发生，确保水利安全生产。

2009年水利安全生产工作取得很大成绩，但水利安全生产面临的形势依然十分严峻，存在的薄弱环节和暴露的突出问题依然严重。一是大规模水利工程建设任务重，水利工程管理任务艰巨，二是病险水库、小型水库和淤地坝安全隐患多，三是水利工程建设安全管理和监督有待加强，四是农村小水电站建设和运行安全监管薄弱，五是一些地方和单位对安全生产工作重视不够，安全生产责任、管理和监督以及各项安全保障措施不到位、不落实。各级水行政主管部门要在国务院安委会和水利部的统一领导下，以水利工程建设、水库水电站大坝、小水电站等重点领域和关键环节安全监管为重点，严格安全生产责任，做好事故超前防范，切实落实各项水利安全生产措施，提高水利安全生产管理水平，坚决杜绝重特大安全生产事故，控制较大和一般事故，继续保持水利安全生产总体稳定的态势，为水利又好又快发展提供坚实的安全保障。

林业安全生产工作

国家林业局全国木材行业管理办公室

2009年是新中国成立60周年。这一年，是我国应对国际金融危机关键之年，也是我国林业发展史上具有里程碑意义的一年。中央召开了建国以来首次中央林业工作会议，全国掀起了加快林业改革发展的新热潮。一年来，在党中央国务院的正确领导下，坚持以落实科学发展观统领全局，紧紧围绕“安全生产年”总体部署，林业行业全面落实“安全第一，预防为主，综合治理”的安全生产方针，狠抓安全生产日常监管，扎实开展安全生产宣传教育、安全生产执法、安全生产治理“三项行动”，切实加强安全生产法制体制机制、安全生产保障能力、安全监管监察队伍“三项建设”，建立安全生产长效机制，有力地推动了林区社会安全发展，有效地提高了林业职工的安全意识和安全素质，确保了全国林业安全生产形势的稳定。

一、强化行业监管，不断完善安全生产责任体系

国家林业局党组高度重视林业安全生产工作，就“三项行动”、“三项建设”、安全检查、隐患整改和“安全生产月”活动等多项重要安全生产管理工作进行了专题研究部署，制定了周密的工作方案，使每一项工作措施、要求真正落到实处，为确保林业安全生产管理工作目标顺利实现提供了有力保障。针对年初部分地区陆续出现的雨雪冰冻灾害，国家林业局迅速研究部署，下发了《关于切实做好雨雪冰冻及暴风雪防范应对工作的通知》（林发明电［2009］1 号），要求各地要高度重视强降温降雪天气防范应对工作，进一步加强监测预警和信息发布，强化交通运输和电力设施安全防范措施，切实保障林区生产生活正常秩序，严防次生灾害发生。针对中东部地区大范围的强降雨过程，下发了《国家林业局关于做好防范强降雨大风天气的紧急通知》（林发明电［2009］16 号），要求各地加强组织领导，认真落实安全措施，加强预报预警和监测防范，加强对堤防等重点部位的隐患排查，高度关注可能引发部分地区的洪涝和滑坡、泥石流等灾害，加强特别地区的灾害防范应对工作。龙煤集团特别重大瓦斯爆炸事故发生以后，国家林业局认真贯彻落实党中央、国务院领导同志的重要指示精神，深刻吸取事故经验教训，就切实加强林业安全生产工作，加强应急管理和处置能力在全行业做出部署。

林业各级主管部门能够充分认识安全生产工作的重要性、复杂性、长期性和严峻性，切实加强领导，牢固树立安全发展的理念，进一步增强政治意识、宗旨意识、大局意识、责任意识、忧患意识和做好林业安全生产的责任感、使命感和紧迫感，精心组织，把林业安全生产工作纳入日常工作和年度目标考核，层层落实安全生产责任，做到有计划、有部署、有检查、有落实、有总结，扎扎实实做好林业安全生产工作。

二、加强隐患排查，不断提高安全生产水平

根据国务院对安全生产工作的总体部署和要求，国家林业局下发了林业行业隐患排查治理专项行动的指导意见，并加强监督指导。针对林业生产特点和安全生产薄弱环节，按照“关口前移，重心下沉”的工作思路，国家林业局下发《关于集中开展安全生产隐患排查治理和督促检查的通知》（林发明电［2009］19 号），在林业行业开展了安全生产隐患排查治理和督促检查，加强对重点地区、重点单位、重要场所和重要环节的隐患排查和安全整治，强化对安全生产的源头监管。为进一步贯彻落实全国安全生产电视电话会议精神，迎接国庆 60 周年，推动“安全生产年”各项工作向纵深开展，下发《国家林业局关于开展林业安全生产大检查的通知》（林发明电［2009］24 号），全面深入检查《国家林业局办公室关于进一步推进林业安全生产“三项行动”的通知》（办行字［2009］72 号）和《国家林业局关于印发林业安全生产“三项建设”实施方案的通知》（林行发［2009］156 号）等文件下发后的贯彻落实情况，严厉打击安全生产领域非法违法生产、经营、建设行为，进一步推动隐患排查治理和重点领域专项整治，促进政府安全监管责任和企业安全生产主体责任的落实，保证党和国家安全生产决策部署的全面贯彻落实，确保“安全生产年”各项工作任务落到实处，确保全国安全生产形势的持续稳定好转。各地分别组织了安全生产专项检查组，深入林业生产第一线和所属企事业单位，开展检查和督查，认真排查存在的安全隐患，督促落实安全措施，拓宽安全生产投入渠道，改善安全生产和安全监管条件，对重大隐患实行跟踪督办、逐项整改，有效防范了重特大事故的发生。广东省林业局认真开展敏感时段安全生产检查，直属单位上半年整改安全隐患投入 400 多万元，为春节、“两会”、国庆等节假日创造了一个安全、和谐、稳定的林区环境；黑龙江省森工总局对其 32 个下属林业局进行了安全生产隐患排查，现场检查了高危行业企业、人员密集场所、木材加工厂、道路桥梁、水库塘坝等，发现隐患和问题 191 项，均已按要求整改；内蒙古森工集团对贮木场、油库、加油站、建筑工地等重点部位进行了安全检查，治理隐患 162 处，投入安全生产隐患整改资金 180 万元；吉林森工集团由集团主要领导带队对棚户区改造施工现场、木材生产现场、木材加工企业进行了重点检查，切实加强源头管理，强化依法监管，进一步夯实了林业安全工作基础。

三、完善安全标准体系，不断促进安全生产规范化

为加强林业安全标准化工作，促进林业生态建设和产业发展，根据《中华人民共和国标准化法》、《林业标准化管理办法》和国家标准化工作的有关规定，根据林业发展现状和林业安全生产实际情况，针对需要解决的关键问题和薄弱环节，从人身安全和环境安全出发，积极制定或修订有关林业安全方面的国家标准或行业标准。两年来获得批准的有关林业安全方面的国家标准和行业标准有15项：GB/T 5390—2008《林业机械　便携式动力机械噪声测定规范工程法（2级精度）》、GB/T 5395—2008《林业机械　便携式动力机械振动测定规范　手把振动》、GB/T 10280—2008《林业机械　便携式风力灭火机》、GB 10282—2008《林业机械　便携式风力灭火机　使用安全规程》、GB/T 10283—2008《林业机械　便携式风力灭火机　手传振动的测定》、GB/T 10284—2008《林业机械　便携式风力灭火机　耳旁噪声的测定》、GB 15606—2008《木工（材）车间安全生产通则》、GB/T 19726.1—2008《林业机械　便携式油锯　安全要求和试验　第1部分：林用油锯》、GB 10395.1—2009《农林机械安全　第1部分：总则》、GB 13960.10—2009《可移式电动工具的安全　第二部分：单轴立式木铣的专用要求》、GB 24383—2009《农林机械行间割草装置安全》、LY/T 1051—2008《园林机械　排气污染物测试方法》、LY 1201—2008《后步进式草坪割草机　使用安全规程》、LY/T 1289—2008《林业机械　车载式绞盘机　尺寸、性能和安全要求》、LY/T 1809—2008《林业机械　落物保护结构（FOPS）实验室试验和性能要求》。这些林业安全标准的制订实施，对促进和实现林业安全生产标准化，促进安全生产管理规范化，提高生产效率，改善林业职工生产条件，奠定了坚实的技术基础。有些企业还自行制订了企业标准，填补了国标与行标的空白。

四、推进安全宣传教育，不断强化林业安全生产意识

坚持从贯彻科学发展观、构建和谐社会高度，围绕安全发展主题，广泛开展宣传教育和培训，不断提高从业人员安全意识和技能。按照国务院安全生产电视电话会议和全国安全生产工作会议要求，全面推动“安全生产年”各项工作的落实，促进安全生产状况持续稳定好转，认真组织开展了以“关爱生命，安全发展”为主题的2009年“安全生产月”活动和“安康杯”竞赛活动。通过开展安全生产政策法规咨询、知识宣传、悬挂标语（横幅）、张贴宣传画、出黑板报、出动宣传车、举办知识竞赛、演讲比赛、进行文艺演出、开展消防灭火、危险化学品泄漏事故演练、播放安全生产警示教育片等多种形式和活动，持续开展安全生产宣传教育，加大宣传力度，营造了全行业“关注安全、关爱生命”的浓厚氛围。据统计，内蒙古森工集团在“安全生产月”活动期间，共悬挂、张贴大型条幅标语400余幅，安全旗、彩旗4300面，安全生产宣传挂图、宣传漫画4100余张，标语4000余条，制作永久性标志牌800余块，散发安全生产宣传单3万余份，报纸、杂志上刊登安全生产新闻、稿件50余篇，广播安全生产稿件90余篇，电视字幕滚动播出安全生产宣传口号3000余条（次），播放电视专题片300余场（次），举办安全生产知识竞赛30场和安全生产演讲竞赛80余场，出动宣传车60余辆次。咨询日设立咨询台30余个，展览安全生产板报1400余块。共组成各级安全生产检查组45个，检查基层单位200余个，共查出事故隐患200余处，整改率100%。参加国家和自治区“关爱生命，安全发展”百题问答答卷5万余份。广东省林业局开展形式多样、内容丰富的安全宣教活动，普及安全法律法规和安全知识，有效强化了广大干部职工和群众的安全责任意识，引导和启发干部职工重视人的生命价值，为促进安全林区、和谐林区提供强大的舆论支持、思想保证、精神动力和良好的文化条件。据不完全统计，在安全生产宣传活动中，各单位共张贴各类宣传标语1612条，出宣传板报40期，发放宣传单1207份，出动宣传车216辆次，悬挂大型宣传横额标语118条，招贴宣传挂图（画）160幅。通过广泛开展形式多样的安全生产宣传教育活动，使大家看清安全事故的危害，了解安全生产工作的本质、任务和目标，认识到搞好安全生产工作的重要性。

五、完善应急救援体系，不断提高突发事故抢险能力

应急救援体系建设，对提高突发事故处置快速反应能力，最大限度地减少人民群众生命威胁和财产损失至关重要。按照国家总体要求，林业行业加强了应急管理基础工作，推动应急救援体系建设，完善应急预案体系，注重预案的应急演练。为有效提高应对事故灾难的救援能力，确保相关单位在发生事故时，能迅速、有序、有效地开展应急救援工作，黑龙江省森工总局2009年在下属森工林业局和企业，结合不同企业特点和防范重点，共组织了木材加工企业粉尘爆炸事故、漂流安全、林区安全消防、非煤矿山应急救援等11个综合应急救援演练和专项应急救援演练，进一步检验了黑龙江森工系统安全生产应急救援机制，提高了相关部门应对突发事件能力，保证了应急救援工作协调、有序、高效启动和运转。同时强化了员工对突发事件的处理意识，熟悉处置重大生产安全事故的原则、方式、程序和信息通报流程、方法，有效杜绝和预防重大安全事故，为各单位提高协同配合和快速应对突发事件能力积累了宝贵经验。

2009年林业安全生产工作取得了很大成效，安全生产形势平稳，没有发生重特大事故。这主要得力于林业主管部门各级领导高度重视安全生产工作，措施得力，理念落实，促进了林业安全生产与经济建设同步协调发展。这一年里，林业安全生产责任制落到了实处，强化了行业安全生产监督管理职能，狠抓了重点领域专项整治和重点危险源隐患排查，不断完善重大危险源监控体系，形成安全生产长效机制，实现了本质安全。

在肯定成绩的同时，也要清醒地看到，目前的林业安全生产工作与党和国家的要求以及林业现代发展的要求还有差距，仍然存在着一些不容忽视的问题。随着社会主义市场经济体制的进一步完善和国有林业企业林权制度改革的不断深化，非公有制林业经济快速发展，多种经济成分参与林业经济建设，安全生产监管对象趋于多元化，监管难度加大，安全形势不容乐观。因此，林业安全生产工作任重道远，需全行业共同努力，建立健全完善的安全生产监督管理体系、安全标准体系、信息保障体系、培训体系、宣传教育体系和应急救援体系，遏制安全生产伤亡事故，降低事故发生率，使林业安全生产管理工作步上新的台阶，为林业的“四个地位”和“四大使命”，为全面完成发展现代林业、建设生态文明、推动科学发展这一光荣而伟大的历史使命而努力。

特种设备安全监察工作

国家质检总局特种设备安全监察局

一、2009年特种设备总体情况

（一）特种设备使用情况

2009年全国已办理使用登记的特种设备数量达到582.56万台，比2008年增加11.8%。另有气瓶1.32亿只，压力管道66.02万公里。全国现有持证的特种设备作业人员520.02万人，其中，2009年考核发证139.1万人。

（二）特种设备生产情况

我国现有特种设备生产（含设计、制造、安装、改造、维修、气瓶充装）单位49358家、持证50521张，发证数比2008年增加51.78%。其中，设计单位2550家、持证2583张，制造单位13331家、持证13570张，安装改造维修单位16272家、持证16943张，气瓶充装单位15412家、持证15412张。

（三）特种设备安全监察和检验检测情况

截至2009年底，全国质检系统共设置特种设备安全监察机构3049个，其中国家级安全监察机构1个，省级特种设备安全监察机构32个，市（地）级460个，县（市）级2556个。全国特种设备安全监察人员共9624人。

全国现有特种设备综合性检验机构518个，其中质检部门所属检验机构329个，行业及企业检验机构189个。检验机构人员共56372人，其中质检部门所属检验机构23478人。

2009年全国质检部门开展特种设备执法监督检查77.6万次，责令整改各类问题23.7万个。特种设备检验机构对445.46万台特种设备及元部件的制造过程进行了监督检验，发现并督促企业处理质量安全问题3.74万个；对56.96万台特种设备安装、改造、维修过程进行了监督检验，发现并督促企业处理质量安全问题18.44万个；对269.64万台在用特种设备进行了定期检验，发现并督促企业处理质量安全问题116.76万个。

（四）特种设备安全状况

1. 事故总体情况

2009年共发生特种设备事故380起，死亡315人，受伤402人，直接经济损失6181.16万元；其中，较大事故101起，未发生重大事故和特别重大事故。死亡人数控制在国务院安委会下达的特种设备事故死亡考核控制指标之内。与2008年同期相比，事故总起数增加24%，死亡人数减少1%，受伤人数减少13%，直接经济损失减少37%。

事故起数增加主要是因为新修改的《特种设备安全监察条例》将没有人员伤亡的锅炉、压力容器、压力管道爆炸、有毒介质泄露导致人员转移、客运索道、大型游乐设施高空滞留人员、电梯轿厢滞留人员、起重机械整体倾覆等情况定义为事故，扩大了事故范围和统计口径，导致事故起数较大幅度上升。若以事故死亡人数这一相同口径比较，事故状况仍继续保持平稳下降态势。

2. 事故特点

（1）起重机械、电梯、场（厂）内专用机动车辆事故呈高发态势。在380起事故中，起重机械事故69起，电梯事故45起，场（厂）内专用机动车辆事故42起，该3类设备事故占事故总数的41.1%；发生锅炉事故34起（其中蒸发量1吨以下的小锅炉事故22起），气瓶事故26起，压力容器事故21起，压力管道事故9起，游乐设施事故7起；另外，发生土锅炉事故16起，房屋建筑和市政工程工地起重机械事故32起，其他特种设备相关事故79起；客运索道未发生事故。

（2）场（厂）内专用机动车辆、大型游乐设施、压力管道、气瓶事故上升幅度较大。与2008年相比，场（厂）内专用机动车辆、大型游乐设施、压力管道、气瓶事故起数分别上升180%、133%、80%、73%，电梯、起重机械事故增长势头初步遏制，锅炉、压力容器事故保持平稳。

（3）事故主要发生在使用环节。发生在使用环节的事故有258起，占事故总起数的67.9%。另外，发生在气瓶充装运输存储环节的事故有15起，发生在安装（拆卸）环节事故有14起，发生在维修、调试、改造环节事故有10起，发生在检验环节的事故有3起，发生在气瓶报废环节的事故有1起。此外，其他79起特种设备相关事故也主要发生在使用环节。

（4）事故的行业分布状况。按照国家统计局行业分类标准，特种设备事故主要发生在制造业、建筑业和交通运输、仓储、邮政业，发生在该三个行业的特种设备事故起数分别占事故总数的39%、18%和10%。从设备分类看，锅炉事故主要发生在食品、饲料、服装、建材加工业以及宾馆、餐饮、洗浴等服务业，压力容器事故主要发生在燃气、化工、轻工业，压力管道事故主要发生在化工和食品加工业，电梯事故主要发生在商场、宾馆、医院、地铁等场所及居民住宅，起重机械事故主要发生在房屋建筑工地和冶金、机械、建材、造船业，场（厂）内专用机动车辆事故主要发生在矿山、建材、物流业，大型游乐设施事故主要发生在公园和景区。

（5）事故的地区分布状况。发生在东、中、西部地区的特种设备事故分别占事故总数的53%、30%、17%，与特种设备数量的地区分布状况基本一致。

3. 事故原因

根据对特种事故调查结果的统计分析，违规使用特别是违章作业仍是造成事故的主要原因，约占事故总起数的66%。具体表现为作业人员违章操作、操作不当甚至无证作业、维护缺失、管理不善、使用非法设备等，集中发生在场（厂）内专用机动车辆、起重机械、电梯、气瓶等特种设备中。

因设备制造、安装以及运行过程中产生的质量安全缺陷导致的事故约占事故总起数的15%。

从事故的具体技术原因来看，锅炉缺水、压力容器、压力管道危险化学品介质泄漏、氧气瓶内混有油脂、电梯维保过程中人员坠落、起重机存在机械隐患、场（厂）内专用机动车辆行驶中撞压等是造成事故的重要原因。

二、2009 年特种设备安全监察重点工作

2009 年全国特种设备安全战线以“保安全、抓节能、促发展”为主线，扎实开展“质量和安全年”活动、特种设备安全“三项行动”，全力保障国庆 60 周年特种设备安全，积极服务经济平稳较快发展，着力推进工作机制改革创新，切实加强基础工作和自身建设，各项工作取得明显成效。

（一）扎实开展特种设备安全“三项行动”

按照国务院和国家质检总局关于“质量和安全年”、“安全生产年”的统一部署，国家质检总局和各地各级安全监察机构有力、有序、有效地开展特种设备安全“三项行动”。一是开展执法行动。全系统共发出安全监察指令 5.3 万份，依法实施行政处罚 9825 件，严厉打击违法违规制造、使用、检验特种设备的行为。二是开展治理行动。组织开展起重机械和压力管道元件两个专项整治，加大隐患治理力度。探索建立与安监、铁道、交通等有关部门联动的长效机制，推动对工地起重机械的安全监察。全系统共出动监察人员 50.3 万人次，排查生产使用单位 26.1 万个，检查设备 70.2 万台，发现各类安全隐患 11 万个，已督促整改隐患 9.2 万个，其余隐患已经列入整改计划。三是开展宣传教育行动。采取现场宣传、进单位宣讲、张贴宣传海报、在网站开辟宣传专栏、举行知识竞答、印制科普教材和知识画册、制作专题电视节目等多种方式，大规模地开展特种设备安全“进校园、进企业、进社区”活动，新华社、人民日报、中央电视台等主流媒体对“三进”活动做了大量宣传报道。

（二）圆满完成国庆 60 周年特种设备安保任务

全系统把国庆 60 周年特种设备安保工作作为一项重要政治任务和全年工作的重中之重来抓。国家质检总局配合相关部门做好国庆彩车安装、焰火燃放等使用的起重机械、国庆游行彩车、“飞猫”摄像系统、北京市国庆游园活动相关的 682 台套特种设备及庆祝活动中气球充气用氦气钢瓶的安全保障工作。北京市质监部门重点保障庆祝活动所用 45 台特种设备、“核心区”349 台套、“外围区”8364 台套特种设备的安全使用，保障彩车村、60 年成就展、104 家公园及天安门地区、重点旅游娱乐场所的特种设备安全。北京周边地区质监部门强化对流动式特种设备的安全监管，全国其他地区质监部门结合本地实际集中开展特种设备隐患排查治理和监督检查工作。

（三）积极服务经济平稳较快发展

全系统紧密围绕“保增长、扩内需、调结构”、促进经济平稳较快发展的大局，努力提高特种设备安全与节能工作服务经济社会发展的有效性和贡献率。一是积极推进高耗能特种设备节能降耗。研究起草高耗能特种设备节能工作规划，制定节能监督管理办法，组织开展以锅炉使用环节为重点的节能工程，共有 6.7 万个锅炉房参加节能管理达标活动，7.4 万台 4 吨以上工业锅炉水处理达标、达标率 68.2%，8.1 万人参加了节能知识培训，推广节能技术 181 项，建立了锅炉节能示范点，公布了首批 24 家能效测试机构，积极推进锅炉设计文件节能审查、能效测试工作，组织开展节能技术研究，推动国际交流与合作。全年推动实现节约标准煤 1200 万吨。二是服务装备制造业和石化产业调整振兴。全面修订固定式压力容器等安全技术监察规程，在保障安全的前提下，通过降低安全系数，部分取消钢板复验、焊接试板等强制性规定，引入衍射时差法超声波检测（TOFD）技术，推广基于风险的检验（RBI）技术等措施，降低设备制造特别是大型成套石化装置安装、检修和运营成本。采取对企业合理分类分级、完善行政许可条件、探索在工业园区建立公共检测技术服务平台等措施，促进压力管道元件产业集群健康发展。三是服务重大工程和重大活动。组织做好西气东输二线、高速铁路公路等建设工程、神华煤直接液化和煤制烯烃等重大项目特种设备安全保障工作，积极围绕春节、“两会”、花博会、世博会、全运会、大冬会、亚运会、西博会、博鳌论坛等重大活动，做好相关特种设备的安全保障工作。

（四）着力推进工作机制改革创新

一是建立战略管理机制。研究制定了《特种设备安全发展战略纲要》，法规标准体系战略、“十二五”特种设备安全科技规划等的研究制定工作取得积极进展。二是深化行政许可改革。根据新条例的规定，下放许可权限，合理调整压力管道元件制造许可条件，延长作业人员证书复审期限，建立了全国特种设备公示查询网。三是探索检验工作改革。深入开展检验工作改革试点调研。创新西气东输二线长输管道监督检验模式，充分发挥社会力量作用，由质检系统和行业检验机构共同实施安装监督检验。推动电梯监督检验与定期检验改革试点，科学调整检验方式和项目，强化维保单位责任。对检验机构提出科技和公益宣传投入的指标要求，并与机构核准挂钩，建立科技投入和宣传教育保障机制。

（五）切实加强基础工作和自身建设

积极推进法规标准、动态监管、安全责任、风险管理、绩效评价和科技支撑6个工作体系建设，进一步夯实工作基础。特种设备安全法立法工作取得积极进展，完成了条例修改，制定了2个规章，制修订13个安全技术规范。开展“金质工程”（一期）特种设备业务系统应用试点，积极推动各地检验数据与“金质工程”的对接。组织专家开展安全责任体系研究工作，组织清理安全技术规范特别是检验规则中关于安全责任的规定，各地在落实地方政府责任、建立多部门联动和责任考评机制、企业安全管理标准化、安全责任保险等方面取得积极成效。积极推进基于风险的分类监管，一些省市建立了事故调查处理及应急管理的专门机构和队伍，事故调查处理多部门协调机制和事故数据库、预案库和专家库不断完善，组织开展了大量应急演练。进一步扩大安全监察机构绩效评价试点应用。全国特种设备科技协作平台正式成立，“十一五”国家科技支撑计划项目“生命线工程安全保障关键技术与工程示范”顺利通过项目验收，取得了一批创新性的科技成果，共有19个单位的26个科研项目获得2009年“科技兴检”奖。安全监察、检验技术机构建设和人才队伍、党风行风建设等自身建设取得新成效。

电力安全监管工作

国家电力监管委员会安全监管局

2009年，电监会按照国务院“安全生产年”活动的总体部署，进一步强化电力安全监督管理，扎实开展安全生产执法、治理、宣传教育“三项行动”，切实加强安全生产法制体制机制、保障能力、队伍“三项建设”，在电力负荷屡创新高、电力建设规模不断扩大、自然灾害频发情况下，全国电力安全生产形势保持了总体平稳态势。2009年，全国没有发生10人以上电力人身伤亡责任事故，没有发生重大及以上电网事故，没有发生特大设备事故，没有发生电力系统水电站大坝垮坝、漫坝以及对社会造成重大影响的事故，圆满地完成了新中国成立60周年、迎峰度夏、冬季大负荷、恶劣气候等特殊时期电力安全保障工作。

现将2009年电力安全监管工作情况简述如下。

一、贯彻落实国务院的统一部署，积极推进电力行业“安全生产年”活动

按照国务院全国安全生产电视电话会议精神和国务院通知要求，组织电力行业“安全生产年”活动，召开全国电力安全生产委员会第十次（扩大）会议，印发了《电力行业深入开展“安全生产年”活动　保证电力安全生产持续稳定的意见》（电监安全［2009］5号）和《关于进一步推进电力安全生产“三项行动”的通知》（电监安全［2009］12号）及《关于进一步加强电力安全生产“三项建设”的实施意见》（电监安全［2009］25号），对电力行业“三项行动”和“三项建设”进行部署，进一步强化安全生产基础管理，促进安全生产责任制落实，推进安全生产和应急技术创新和科技进步，提高从业人员安全意识和生产技能，构建电力安全生产长效机制。

二、以国庆保电工作为重点，扎实开展保电的各项准备工作

将做好保证新中国成立60周年庆祝活动电力安全作为2009年安全监管工作的重点，召开了全国电力安全生产委员会第十次会议，印发了保证庆祝新中国成立60周年活动电力安全工作方案，对保电工作做出了具体部署。同时加强指导协调和监督检查工作力度，8—9月份，对华北、华东、西北、南方等区域重要电力企业保电工作进行督查；9月初，对华北区域西电东送的500千伏输电线路涉及的重要电源点和变电站的保电工作进行督查；9月上旬，王旭东主席带队对华北电网公司、北京市电力公司及其调度机构、重要变电站保电工作进行督查；9月下旬，史玉波副主席带领国务院安委会第九督查组对福建、广东省安全生产情况进行联合督查。通过一系列的督查，完善并落实国庆保电的各项组织措施、技术措施，为国庆创建了安全、和谐的电力供应环境。

三、落实学习实践活动整改工作，不断完善电力安全监管法规和标准体系

按照电监会《深入学习实践科学发展观活动整改落实方案》要求，配合国务院法制办进行《电力安全事故应急救援和调查处理条例》编制调研和反馈意见修改工作，规范事故应急救援和调查处理程序；编制了《发电机组并网安全条件及评价》和《风电场并网安全条件及评价》，进一步规范机组并网安全评价行为，明确机组并网技术条件，保证机组运行安全及电网安全稳定运行；编制了《供电企业可靠性评价实施办法（试行）》，修订了《火力发电机组可靠性评价实施办法》，推动发电机组运行可靠性和用户供电可靠性监督管理工作的深入开展。通过法规和标准体系建设，为依法依规实施安全监管提供了重要依据。

四、结合各地区保电工作重点，组织开展电力安全生产监督检查

1月份，开展哈尔滨大冬会保电专项督查，确保大冬会供电保障万无一失。2月份，开展“两会”保电专项检查，确保各项保电措施落实到位。3—4月份，为落实国务院领导的批示精神，开展华北、南方区域部分电网企业电力二次系统安全防护工作检查，进一步提高电网企业二次系统安全防护水平。9月中旬，对山东省第十一届全运会保电情况进行督查。针对年初河北、山西等十多个省市旱情严重，汛期部分地区暴雨、泥石流等自然灾害多发以及入冬后安徽、河南等省强降雪引发农网受损等情况，赶赴受灾地区，指导和帮助电力企业供电抢修恢复工作。

五、加强电力应急管理规范化建设，促进电力应急工作深入开展

1. 加强电力应急体系建设。按照国务院应急办要求，开展《国家处置电网大面积停电事件应急预案》修订工作，为《电力安全事故应急救援和调查处理条例》颁布后及时印发奠定基础。起草了《关于加强电力应急体系建设的指导意见》，就电力应急体系建设的总体要求、建设原则和目标、建设任务和政策措施保障等方面提出明确要求，进一步加强电力应急管理，提高电力行业应对电力突发事件的能力。

2. 规范电力应急预案管理。制定了《电力企业应急预案管理办法》，印发了《电力企业综合应急预案编制导则》、《电力企业专项应急预案编制导则》、《电力企业现场处置方案编制导则》等文件，并指导有关单位完成了《省（市）处置电网大面积停电应急预案》编制和评审工作，增强应急预案内容的科学性、合理性和规范性，保证了各级各类预案的衔接，确保了预案的有效实施。

3. 推动电力应急演练工作。印发了《电力突发事件应急演练导则》，明确应急演练的规模、方式、频次、范围、内容、组织、评估和总结等内容，有效地指导电力企业更好地开展应急演练工作；积极推进了重庆、山西、内蒙等地处置电网大面积停电事件联合应急演练的顺利完成，提高了社会应对电网大面积停电的应急处置能力。

4. 推进电力应急平台体系建设。按照国家电力应急平台体系建设规划，通过大量的前期调研、论证和协调工作，完成了电监会综合应急指挥中心建设，实现了电力应急信息接报、应急响应、视频会议、应急指挥等多项功能，为下一步逐步完成和国家有关部门、地方政府、电力企业之间互通互连、信息共享奠定了基础。

六、加强对影响电网安全问题的调查和研究，提高电力系统稳定运行能力

深入分析当前电网安全稳定运行所面临的诸多风险，组织开展一系列的调查和研究工作。一是深入调研内蒙古、甘肃、新疆、江苏等四省（区）风电建设和运行情况，完成了《我国风电发展情况调研报告》，分析了当前风电建设和运行中存在的问题，并提出了加强风电规划、建设和运行管理等方面工作的意见和建议。二是开展电力系统安全风险和脆弱性评估研究工作，全面评估和分析电力系统安全风险，为电网安全监管工作提供技术依据；三是开展了“输电系统串联补偿设备与发电机组关联影响与应对”问题的研究和讨论，深入分析次同步谐振和次同步振荡的系统风险，研讨抑制和解决方案，消除潜在的电网安全隐患，提高电网输送能力和系统稳定运行能力。

七、开展电力建设施工领域调研和检查，探索电力建设安全监管的有效手段

1. 探索电力建设施工安全监管的有效手段。针对2009年下半年电力建设重大人身伤亡事故连续发生的严峻形势，分别在7月、11月对四川、云南、广东等地区的大型电源和500千伏变电站建设项目进行了调研和检查，给国务院上报了《关于进一步做好电力建设施工安全监管工作的报告》，对当前电力建设项目中存在的安全投入不足、压缩工期现象较为普遍、人员素质不能满足要求、业主安全责任有待进一步落实等突出问题进行深入分析，并提出了意见和建议。

2. 积极做好电监会工程建设领域突出问题专项治理工作。为加强对电监会建设领域突出问题专项治理工作的领导，成立了史玉波副主席为组长的领导小组，召开了专项治理工作领导小组第一次、第二次（扩大）会议，印发《电监会开展工程建设领域突出问题排查工作方案》和《电监会开展工程建设领域突出问题排查工作方案》，制定了《电监会专项治理工作领导小组职责和工作制度》。同时，加大宣传力度，充分利用电监会网站、电力报、电力信息网等媒体对专项治理工作进行宣传报道，营造良好专项治理工作氛围，有力地促进了专项治理工作的深入开展。

八、举办中国国际电力安全发展暨电力应急管理论坛，总结和交流电力安全生产和应急管理经验和成果

为深入开展电力安全生产宣传教育行动，10月份，在北京举办了“中国国际电力安全发展暨电力应急管理论坛”和“中国国际电力安全与应急技术装备展览会”。活动得到了国务院及相关政府部门的大力支持和国内外各界的高度关注，李克强副总理、张德江副总理和马凯国务委员分别为活动作出批示或发来贺信，国务院常务副秘书长尤权同志参观了展览会，来自10多个国家和地区的400多位政府部门、国际组织、大型企业和科研机构的代表和专家学者参加了会议。部分全国电力安全生产委员会成员，中国科学院、中国工程院院士，电力监管机构，基层企业以及来自美国能源部、日本电力系统利用协议会、英国贸易和投资总署的代表共50余位演讲嘉宾发表了专题演讲。在与论坛同期举办的展览上，18家电力企业和10余家国内外电力制造企业全面展示了安全和应急管理工作的开展情况以及电力安全和电力应急方面的装备、产品、技术的创新情况。论坛和展览的举办对强化我国电力安全生产和应急管理，推动国际交流与合作，促进电力安全生产和应急管理水平的持续改进和不断提高，实现安全和谐的电力发展起到了积极的促进作用。

九、扎实开展安全监管各项基础工作，不断提高电力安全监管工作水平

1. 发布2008年电力安全监管报告和电力可靠性指标。6月份，召开了2008年电力安全监管报告和电力可靠性指标发布会，公告过去一年来电力企业安全生产和电力可靠性指标情况，总结电力安全生产先进经验和好的做法，表彰全国火力发电可靠性金牌机组，分析电力安全生产风险和存在的问题，通报违规违章电力企业，提出改进安全生产工作的意见。

2. 继续做好电力二次系统安全防护工作。分别于4月、9月份组织有关部门和电力行业科研机构专家对电力监控系统和管理信息系统等信息安全情况进行了检查。这两次检查涉及了国网、南网及内蒙古电力集团公司所属网、省、市三级电网企业，覆盖了6个区域、13个省（直辖市）、34个地市共54家电网企业以及5家发电集团，查找电力二次系统安全防护方面存在的问题，督促制定切实可行的解决方案，确保电力二次系统安全。

3. 完成了电力系统水电站大坝注册、定检、信息化建设和培训等常规工作。按照年初工作计划，截至2009年底，在大坝中心进行注册的水电站大坝达205座，注册水电站大坝的水库库容2414亿立方米，占全国水库总库容的35%，装机容量6351万千瓦，占电力系统水电装机总容量的65%。第三轮水电站大坝定检工作开展顺利，截至发稿时，已开展了134座大坝定检，占定检规划的

92%。进一步推进大坝安全信息化建设，截至目前，已有100座大坝完成了网络报送接入，69座大坝完成了邮件报送。

4. 组织或参与事故调查。针对今年发生的重大以上事故和对社会有重大影响的事件，电力监管机构能够快速赶赴现场，及时、准确地掌握事故信息，组织或参与事故调查。同时，针对电力系统生产实际，有计划、有重点地下发了一系列通知和沟通、解决安全生产实际问题的函件，例如《关于防范山火影响电力系统安全稳定运行的通知》、《关于做好强降雪应对工作确保电力可靠供应的通知》等文件共186份，安全简报10期，对加强电力安全生产工作提出明确要求。

5. 举办了“关爱生命、安全发展”为主题的征文活动。为营造人人“关注安全、关爱生命”的良好氛围，6—9月，举办了以“关爱生命、安全发展”为主题的征文活动，征文活动得到了全国电力安全生产委员会成员单位和派出机构的高度重视，各单位结合电力生产实际，举办了一系列的专题讨论和交流活动，撰写征文8000余篇。经过各单位严格的内部评选和活动专家组评审，最终评选出获奖征文183篇。10月份，电监会召开了活动总结表彰会，对36家优秀组织奖单位和部分获奖征文作者进行了表彰和奖励。此次活动弘扬了电力企业“关爱生命、安全发展”的主旋律，为创建安全、和谐的电力供应环境起到了积极的促进作用。

6. 开展了电力安全培训工作。为进一步提高电力安全生产和监督管理人员的履职能力，结合当前电力安全生产实际，开展了电力二次系统安全防护、电力应急管理、电力建设施工安全管理培训工作，共培训电力监管人员和电力职工近千人，为建设高素质的电力安全生产和监督管理以及应急管理队伍奠定基础。

第十部分

各省、自治区、直辖市及计划单列市安全生产工作

北京市安全生产工作综述

2009年，是新中国成立60周年，是本市建设"人文北京、科技北京、绿色北京"起步之年。在市委、市政府的坚强领导下，在国家安全监管总局指导下，本市安全生产工作以新中国成立60周年庆祝活动安全生产保障为主线，深入扎实开展安全生产"三项行动"和"三项建设"，采取强有力措施，督促生产经营单位落实主体责任，为60周年庆祝活动创造了良好的安全生产环境，实现了安全生产形势持续稳定好转。2009年，全市共发生道路交通、生产安全、火灾、铁路交通死亡事故1049起，死亡1157人，与2008年相比减少11起22人，分别下降1%和1.9%。其中：道路交通事故死亡981人、生产安全事故死亡123人、火灾事故死亡32人、铁路交通死亡21人。发生一次死亡3人以上较大安全事故19起，死亡72人。其中：生产安全较大事故5起，道路交通较大事故13起，火灾较大事故1起。

一、圆满完成新中国成立60周年庆祝活动安全生产保障任务

各级领导高度重视新中国成立60周年庆祝活动安全生产保障工作，周密部署，狠抓落实。市安全生产委员会及时召开会议，研究部署安全生产保障任务，同时把每个星期五定为检查日，由市政府领导带队，深入到工厂、矿山、人员密集场所检查安全生产。市安全生产委员会办公室制定安全生产执法"护航"行动方案，各地区、各部门、各单位层层落实，各级领导靠前指挥，全面细致开展大检查。

在全市范围内组织开展了"新中国成立60周年安全生产执法'护航'行动"。一是开展"查百家"活动，力保社会面稳定。活动期间，全市共出动检查人员12.4万人次，检查各类生产经营单位7.99万家次，发现并消除各类安全隐患和问题8万余项，实施行政处罚571起，罚款313.23万元。二是组织开展"百家集团国庆平安行动"，力保城市运行领域安全。全市确定商业、餐饮、建筑、工业、危化、市政等100家大型企业集团，开展对所属分公司、分厂、门店等下属单位的自查自改。百家企业集团共组织自查2.28万次，落实隐患整改2.12万项。

采取强有力措施，做好国庆期间安全生产工作。一是建立台账，细化监管任务。组织对国庆活动沿线、重点公园周边200米范围内生产经营单位进行全面排查，建立2389家生产经营单位基础台账，落实属地责任，加强重点防控。二是实施特殊管控措施，降低事故发生风险。发布《关于加强部分化学品管理的通告》和《关于发布本市危险化学品、烟花爆竹和矿山有关安全生产管理措施的通告》，对121种制毒、制爆化学品实施严格管制，实时掌握管控化学品的销售和购买情况。动用3000余人次，在全市范围内开展了涉及使用危险化学品单位普查工作，建设了涉危单位安全管理信息平台。三是做好烟火安全监管工作。对烟花爆竹仓库进行升级改造，加强天安门广场网幕、"民族

柱”焰火安装储存及吊装设施的安全监管。四是强化庆祝活动临建设施安全监管。制定60周年庆祝活动临建设施安全管理工作意见，对LED大屏幕、彩车、发光树、60周年成就展等临建设施搭建现场进行全程监督检查。

二、不断健全完善安全生产监管监察法制体制机制

《北京市安全生产条例》修订工作有序推进。经过前期充分调研论证和积极沟通，《条例》修订列为市人大常委会2010年立法计划项目。根据既定的《条例》修订工作思路，初步确定了进一步完善监管工作格局、反映城市安全生产特点、细化从业人员权利义务、规范生产经营单位主体责任以及强化监督管理手段等10个方面需要立法解决的核心问题。

积极推动政府规章制定工作。配合《生产安全事故报告和调查处理条例》的实施，起草了《北京市生产安全事故报告和调查处理办法》，已经市政府常务会议审议通过。配合《北京市安全生产条例》的修订，积极做好配套政府规章的立法准备，安全生产培训教育、隐患排查治理、危险化学品安全监管等方面的立法思路越来越清楚，条件越来越成熟。

针对薄弱环节，强化监管措施。针对近年来生产安全事故发生的特点和趋势，高度关注城市运行领域的安全生产，进一步细化相关行业安全作业标准，落实相关政府部门安全监管职责，制定并出台了《高处悬吊作业安全生产规定》、《有限空间作业安全生产规范》、《楼宇内生产经营单位安全生产规范》、《家具制造业作业场所职业卫生管理规范》、《印刷行业职业卫生监督管理规范》和《关于在污水井等有限空间作业现场设置警示标志的通知》6个规范性文件，印发了推动各项规范实施的指导意见，强化了政府部门的监管职责，填补了监管空缺。

健全安全生产违法违规投诉举报制度。制定发布了《安全生产违法违规行为投诉举报办法》，初步形成了市局和区县局联动的投诉举报办理工作运行机制。本市率先开通了“12350”安全生产投诉举报特服电话，专门受理社会公众对安全生产领域违法违规行为的举报。

探索建立安全生产责任保险制度。结合本市安全生产特点，对责任保险制度进行认真研究论证，研究提出推行责任保险的范围、相关配套政策以及实施步骤，向市政府领导做了专题汇报。市政府领导对在本市建立安全生产责任保险制度的必要性给予认可，并要求进一步做好实施准备工作。

全力推进综合统计指标体系建设。研究建立了综合数据统计指标体系，涵盖了安全生产事故、事故隐患与重大危险源、行政执法、高危行业监管、应急救援、职业卫生等9个指标体系，200余项指标，为安全生产科学决策部署提供有力支持。

积极推动安全监管重心下移。为解决基层监管力量薄弱、监管手段不足的问题，以市政府办公厅名义制定并出台了《关于进一步加强乡镇街道安全生产监管工作的意见》，建立了委托乡镇、街道执法的工作格局。

积极推动安全生产隐患排查治理机制创新。明确了“政府组织领导、部门监督管理、属地推动落实、企业全面负责、社会广泛参与”的工作格局，建立了“动态分类排查、动态评审挂账、动态整改销账”的长效机制，并将重大事故隐患治理纳入市政府督查考核体系，实行动态评审挂账。

积极推动职业健康监督员岗位建设。为提高企业职业健康管理水平，选取4个区县和10个大型企业集团开展试点，初步建立了一支职业健康监督员队伍，推进了首都职业健康监督员职业化进程，积极探索了落实企业主体责任的有效途径。

开展对重点行业企业安全审计工作。为加强对机械、冶金、建材、电子等重点企业安全生产的监督管理，对兆维集团、京东方集团等部分企业安全生产情况进行了全面审计，并将审计情况在全行业通报，有力地推动了重点企业主体责任的落实。

开展对重点部位安全风险调查评估。组织有关科研机构和专家，研究评估方法和实现途径，对所有尾矿库安全管理现状进行定性定量分析评估，提出企业在尾矿库运行中应重点加强的安全管理措施。

深入开展安全生产标准化活动。完成《北京市机械冶金建材轻纺烟草等行业安全生产标准化活动指南》修订工作，指导督促企业建立持续改进提高的安全生产管理机制。细化和明确行业划分标准，进一步健全完善机械、冶金等行业企业安全生产基本情况台账。推进安全生产标准化工作机制创新，探索建立区县、乡镇级安全生产标准化工作考评机制。

三、改进安全生产委员会运行方式

在坚持安全生产委员会例行的传达精神、部署工作制度基础上，进一步扩展并强化其统筹协调、议事决策和监督考核功能。

一是制定规则，规范运行。制定了《市安全生产委员会议事规则》，健全完善了重要情况通报制度、重大事项协商制度、重点工作调度制度，规范了机构日常运行。

二是强化议事功能，打造工作平台。组织召开全体会议及专题会议20余次，研究制定安全生产综合考核办法，落实安全生产控制考核指标，调度市级挂账生产安全隐患治理，组织开展液化石油气专项整治，解决了诸多疑难和重点问题，较好地发挥了研究工作、解决问题的作用。

三是完善监督考核机制。制定了《北京市安全生产综合考核办法》以及《安全生产综合考核实施细则》，并经市政府常务会讨论通过，启动了对区县安全生产工作的考核。

四、积极尝试并不断丰富综合监管手段

一是整合完善综合监管制度。制定了《关于建立本市安全生产综合监管工作制度的指导意见》，整合综合监管工作行之有效的方法和手段，确立了形势分析预测、工作例会、联席会议、情况通报、联合发文、督查检查、约谈函告等10项安全生产综合监管工作制度。提出建立综合监管工作制度，并对各项制度进行集成，明确各项制度的功能和运行规则，是我们对综合监管工作认识的深化，初步完成了从感性到理性、从被动到主动、从模糊到清晰的过程。

二是开展重点行业领域安全生产状况调查评估工作。组织相关机构和专家，对地铁运营、地下空间经营场所、轨道交通建设工程安全生产管理工作进行调查评估，掌握了这3个行业（领域）的安全生产状况，对突出问题和形成原因作出评估分析，针对企业层面和监管层面，客观全面地提出了加强和改进工作的措施意见。调查评估结果在相关行政主管部门、相关企业中引起了很大的反响，所反映的问题和提出的建议被认可和采纳，特别是得到市政府领导的高度重视和充分肯定。

三是按照“属地为主，行业指导”、“谁主管、谁负责，谁监管、谁负责”的原则，会同市应急办组织实施全市生产经营单位应急预案备案工作，如期完成了矿山、危险化学品、建筑、人员密集场所等重点行业领域和国有企业应急预案的备案工作。

五、加强安全生产信息化工作

编制完成《北京市安全生产信息化总体规划（2009—2012年）》，制定了《北京市安全生产业务基础数据共享应用标准》等4项规范和标准，初步搭建了市、区县、街乡三级平台，形成全市“一盘棋”的信息化工作格局。建设了安全生产指标体系管理系统，全面梳理全市安全生产指标数据来源，实现了市和区县两级数据指标的统一出入口。建设了隐患排查治理管理系统，实现了一般隐患汇总上报和重大隐患全流程管理。初步完成了行政执法系统建设，对执法工作所涉及的各个环节进行了梳理，规范、细化了检查执法项。

六、不断创新安全生产宣传工作

及时对全市安全生产执法工作动态进行报道，宣传先进典型，披露违法行为。以《北京市有限空间作业安全生产规范》出台为契机，对有限空间作业安全进行集中宣传，强化宣传教育实效性。以阵地建设为基础，在《中国安全生产报》创建“首都安全”专刊，在《北京日报》开辟“首都安全视点”专栏，北京城市服务管理广播创办《安全新干线》栏目，并在北京电视台《大家说法》、中央教育电视台《职场中国》制作专题节目，宣传阵地不断巩固和扩大。以安全生产月活动为引领，承办全国宣传咨询日活动，举办本市活动开幕式、大型公开课、巡回演讲、影视宣传片集中展映、宣传教育志愿者、第三届北京安全文化论坛等活动，引导各区县、各企业围绕安全生产月活动主题，广泛开展宣传教育工作。

七、扩大安全生产培训考核的范围

以提高驾驭安全生产工作能力为重点，对市安全生产委员会委员，各区县政府分管城市建设工作的副区县长，部分市、区县人大、政协分管领导，乡镇副职领导干部和区县安全监管局副处级以上领导干部进行安全生产培训，参训人员近600人。以提高安全生产执法能力为重点，对全市400余名安全监管干部进行了培训，全市各乡镇、街道1400余人获得了安全生产检查员资格。以提高安全技术水平和实际操作技能为重点，加强对特种作业人员的培训和考核，对电工作业类、金属切割作业类、高处作业类共574名实操考官进行了有针对性的继续教育，培训考核特种作业人员近16万余人次。建立了矿山安全生产培训基地，建立了地铁电车司机安全作业培训基地。组建了轨道交通建设培训学校，举办了43期培训班，共培训4000余人。在每年3月首个星期六，设立安全生产培训日，不断扩大安全生产培训工作的影响。将高处悬吊外墙清洗作业和电力、通信登高作业纳入特种作业范畴。

八、抓好安全生产科技工作

组织开展了第一届北京市安全生产科技成果奖评审，评选出5个一等奖、10个二等奖和15个三等奖。重新修订了《北京市安全生产成果奖评审奖励办法》等3个管理办法。进一步规范了安全生产科研成果奖申报、评审工作。选择朝阳、顺义、房山区90个重大危险源部位，开展了安全监控试点工作，实现了企业利用信息化手段对重大危险源实时监控管理。开展安全生产科技需求调研工作，为研究制定2010—2011年安全生产科技行动计划和发布安全科技需求白皮书奠定了基础。

天津市安全生产工作综述

2009年以来，在市委、市政府的正确领导下，通过全市上下的共同努力和拼搏，安全生产工作取得了一定成效：全市建立了安全生产事故控制目标责任体系，不断推进安全生产“两个主体责任”的落实；以“三项建设”为抓手，颁布实施了一系列法规，安全生产法制化进程步伐不断加快；大力推进“三项行动”，开展了危险化学品、道路交通、建筑施工、烟花爆竹等专项整治，取得了明显成效；不断夯实安全生产基层基础工作，逐步建立市、区县、街镇三级监管网络，并继续向街镇延伸；同时，在全面调研的基础上，认真研究处理人大代表建议和提案，积极做好承办、答复工作，有效遏制了重特大安全事故发生。通过一系列的有力措施，天津市安全生产保持了基本稳定的态势，各项安全指标控制在国家下达的范围之内，生产安全、道路交通安全和消防安全均未发生特大安全事故。2009年全市共发生各类死亡事故890起，死亡1072人；同比事故起数减少340起、下降27.6%，死亡人数减少299人，下降21.8%。占控制考核指标的86.5%，比控制考核指标少168人。我市安全生产控制指标由年初在全国排名第4位降至第31位。在工作实践中，去年全市各级政府、各级安全监管部门重点抓了以下六项工作：

一、以“治大隐患、防大事故”为目标，抓准抓实安全生产专项整治重点难点

一是强化危险化学品的安全监管。重点加强了危险化学品生产、储存、经营、使用、道路运输等关键环节的安全监管，将危化企业分为ABC三类，分别由市、区县、街镇分级监管，对危险化学品生产、储存企业和其他化工企业重点围绕安全生产责任制不落实、“三违”现象、事故隐患、应急救援和调查处理、建设项目违法违规以及监控措施不力等问题进行专项治理。2008年，全市241家A类危化企业共安装安全联锁装置7240套，超温超压报警1660套，可燃气体泄漏报警4275套，有毒气体泄漏报警1123套。

二是做好人员密集场所火灾隐患治理。加大力度，整改人员密集场所、高层建筑、地下建筑、在建工程施工工地和“三合一”、“多合一”生产经营单位等重点场所的火灾隐患，建立及落实消防安全责任制、消防安全制度、消防安全操作规程，明确单位消防安全管理人。

三是加大道路交通安全治理力度。对道路运输企业进行安全大检查和专项治理，严厉查处超速、客车超员、疲劳驾驶、酒后驾驶等易导致群死群伤的交通违法行为，加大汽车行驶记录仪GPS安装使用和市区两级监控平台建设的力度，取得了积极的效果。

四是加强在建建筑施工单位安全管理。在全国率先成立了副局级质量安全执法监察总队，颁布了建筑施工领域21条禁令。同时，认真排查治理各类隐患，坚决纠正为压工期、抢进度、降造价而不重安全的行为，确保了项目施工安全、运营安全。全市各区县、各有关部门从各自监管领域对石油天然气开采、冶金及有色、电力、水利等重点企业，以及铁路、民航、农业机械、渔业船舶、特种设备、民爆器材等重点行业领域集中开展专项治理。

二、以打击“三非”、“三违”行为为主要内容，不断强化安全生产执法检查力度

全市各区县、各部门、各单位以打击“三非”、“三违”为重点，切实加强对安全生产执法工作的领导，建立健全安全生产联合执法机制，通过专项检查、联合执法、综合督查等手段，形成了全市上下联动，相互协作的良好执法氛围，安全生产执法行动取得阶段性成效。据统计，全市共组织开展执法行动4070起（次），打击无证或证照不全从事建设、生产、经营行为1157起，查处关闭取缔后擅自生产经营行为311起，打击不按规定进行安全培训或无证上岗行为108起，打击其他非法违法建设、生产、经营行为2494起。

三、以规范化建设为重点，进一步建立完善体制机制法制

一是针对突出问题强化法制建设。为进一步落实各级政府、政府有关部门和企业安全生产两个主体责任，起草拟定了《天津市安全生产责任制规定》及其配套文件《关于进一步明确和规范安全生产责任的意见》并提请市政府审议通过，这两个重要文件明确了市、区县、街镇和政府有关部门安全生产的责任，以及监督管理和行业管理的边界，并从政府规章的角度建立了7项制度，确保安全生产责任落到实处，使安全生产责任制的全面实施实现了有法可依。同时，组织开展了修订《天津市安全生产管理规定》的立法调研，组织制定了规范性文件《关于加强安全生产应急救援工作的意见》，获国家安全监管总局认可，向全国各省市转发。

二是完善安全生产长效机制。市政府进一步完善了安全生产例会制度、重大安全事故行政责任追究制度和重点工作督办制度，确立了安委会部署、安全监管部门监督、行业主管部门指导、企业落实责任的工作机制。同时，为规范安全生产行政执法工作，我市制定了《天津市安全生产执法监察工作的意见》等10个基本制度，从而使安全生产管理向着法制化、规范化的目标不断迈进。

三是完善安全生产信息系统建设。依托国家“金安”工程，配套实施了全市安全生产信息网络建设，建立了安全生产应急指挥系统基础支撑系统和综合应用系统，形成全市统一、反应快捷的信息化网络。

四、以“双基”工作为着力点，不断夯实安全生产基础

一是加快基层安全生产监管建设步伐。2009年5月15日市政府办公厅印发了《关于加强街道乡镇安全生产工作的意见》，要求全市各区县加强基层安全生产工作力量，明确职能，改善条件，充实人员，保障经费，要求企业集中的街道乡镇配备5~7名、较大街道乡镇配备3~5名、一般街道乡镇配备不少于2名安全生产监管人员，并要做到“六有”，即有牌子，有印章，有职能，有岗位，有固定的办公场所，有与工作任务相适应的交通、通讯、事故应急救援、安全监管等所必须的装备和设施。目前全市18个区县和新三区均独立设置了县处级安全监管部门，全市253个乡镇（街道）均设立了安全监管机构，全市形成了市、区县、乡镇三级安全生产监管网络，目前共有安全行政执法人员903名。同时，加强了村居安全生产监督网络建设，组建了5800余个村居安全生产监督员，并开展了平安社区建设，使安全监管的触角向最基层延伸。

二是积极推进安全质量标准化活动。在继续抓好危化、建筑、机械等行业安全质量标准化活动的同时，积极推进农业、轻工、电子等系统和各区县开展安全质量标准化工作，进一步增强企业标准意识，规范企业经营管理者和从业人员的生产安全行为。

五、以“安全生产月”为契机，掀起了安全生产宣传教育新高潮

一是强化安全发展科学理念的宣传。市安全监管局开设“安全发展大讲堂”，邀请国家安全监管总局有关领导和专家专题讲座安全发展的相关理论和政策；同时，与市总工会联合开展“安康杯”竞赛，与共青团市委开展“青年安全示范岗”活动，与有关区县、部门联合举办系列宣传活动；各区县、部门和单位，积极举办以安全发展为主题的研讨会、论坛、演讲会，推进安全发展理念进一步深入人心。

二是强化安全生产法治宣传教育。各区县、各部门、各单位结合“五五”普法，开展一系列以《安全生产法》为主体的安全生产法律法规普及和宣传活动，结合典型事故案例，采用有效形式，加强法律知识的学习普及。在全市组织100个安全生产法律法规宣传小组，深入基层和企业开展安全生产法律法规和安全知识的咨询服务活动。

三是全面开展培训教育工作。由市安全监管局组织学习班、专题讲座等形式，对各区县分管领导干部进行培训，并加强企业主要负责人、安全管理人员和特种作业人员培训，培训率达到100%，做到全部持证上岗。市安全监管局组织有丰富实践经验的一线专家，深入危化品等重点行业企业对从业人员开展安全技能培训，对从事危化品、建筑、冶金等高危行业要加强对农民工的安全技术培训工作。截至2009年11月底，我市共培训生产经营单位主要负责人3716人，安全生产（经营）管理人员8049人，特种作业人员4052人，专题培训740人。

六、以应急体系建设为抓手，切实提高安全生产保障能力

一是完善应急救援体系建设。加强组织协调，完善应急机构网络和应急救援预案体系，做好统筹规划和应急物资的储备。市、区（县）两级安全生产监管部门及其他负有安全生产监管职责的部门结合本地区、本部门的实际，制定或修订了本地区、本部门的综合及专项应急预案，明确各部门的职责、义务，定期组织拉动演练。

二是加强基层应急救援力量。市安全监管局组织了对全市的专业应急队伍进行调研，详细了解救援队伍的现状、装备、配置、应急器材、人员结构、资金保障、日常训练、应急救援等情况，按照应对专业初步确定了20支应急救援队伍，用于安全生产事故的应急救援工作。

三是加强危化企业应急救援工作。加强应急预案的编制、修订、评审、报备、颁布等工作，对全市5500余家危险化学品从业单位按照危险性大小进行了分类，建立市、区县和乡镇街道三个层次的分级督查工作责任机制，做到百分之百覆盖。

河北省安全生产工作综述

一、2009年全省安全生产基本情况

2009年是河北省安全生产工作攻坚克难、极不平凡的一年。面对有些地方在保增长的压力下、对安全生产有所放松的状况，面对上半年各类事故反弹、安全生产形势异常严峻的局面，面对遏制重特大事故、确保国庆六十周年庆祝活动等重大政治任务，全省各级各部门在省委、省政府的坚强领导下，负重前行、通力合作，深入开展安全生产“攻坚年”活动，强力启动“奋战六十天，安全迎国庆”安全生产执法检查特别行动，全力打好煤矿整合重组等四个攻坚战，不断强化基层基础，各项工作取得明显成效。石家庄市安监局等8个单位被评为全国安全生产监管监察先进单位，费连春等90名同志被评为全国安全生产监管监察先进个人。各地对安全生产越来越重视，工作力度越来越大，唐山和张家口高规格配备市安委会，政府一把手任安委会主任，各部门正职任安委会成员，并分别以市委、市政府名义出台了加强安全生产决定。邯郸市不仅出台了多项加强安全生产工作的重要措施，作为产煤大市，邯郸煤矿整合工作力度大、效果显著，率先提出煤矿整合关闭实行“党政同责”，党政一把手亲自挂帅抓部署、抓落实。

经过艰苦卓绝的努力，2009年实现了全省安全生产形势总体平稳、趋于好转的发展态势。全省共发生各类生产安全事故10195起，同比减少367起，下降3.5%；死亡3217人，同比减少232人，下降6.7%。工矿商贸、道路交通等行业安全生产形势稳定，较大以上事故明显减少。10个设区市死亡人数下降，石家庄、秦皇岛、邢台、保定、沧州和衡水等6个设区市事故起数和死亡人数双下降。秦皇岛已连续7年未发生重大以上生产安全事故，在2009年暑期和建国60周年大庆等重要时段，涉暑区域、重点部位和环节均未发生生产安全事故。煤矿、金属与非金属矿、危险化学品、烟花爆竹、道路交通、铁路交通、农业机械死亡人数以及较大事故、重大事故起数均在控制目标之内。特别是近几年我省通过深入开展安全生产承诺制等活动，基层基础工作不断增强，企业本质安全水平有了较大提高，2008 年是全省事故起数连续第 8 年下降，死亡人数连续第 7 年下降，成绩来之不易。

2009 年主要抓了八方面的安全生产工作：

一、安全生产执法工作成果显著

2009 年，我省共组织开展了 6 次集中执法检查行动，特别是为确保国庆六十周年安全稳定，组织开展了“奋战六十天，安全迎国庆”执法检查特别行动，省、市、县组织执法队 2000 余个，出动执法人员、专家 1.1 万人。特别行动不仅查处了大量违法违规行为，还将执法的触角延伸到了重点建设项目、水利、人员密集场所等行业和领域，许多执法的死角被消除，执法的难点被攻破。唐山市把打击非法作为执法工作的重点，一年中出动执法人员 1.5 万人次，拆除工棚 617 处、井架 1031 个，封堵井筒 871 眼，扣押没收大型设备 121 台。特别是遵化市、迁西县打非工作力度大、措施过硬，效果明显，目前，两地已分别抓捕盗采国家矿产资源的违法分子 12 名和 6 名；非法采矿现象得到有效遏制。衡水市由市长亲自挂帅，各部门协调联动、联合执法，开展了严厉打击非法生产经营烟花爆竹联合执法专项行动。邢台市执法力度大、质量高，事故隐患整改率、行政处罚到位率、企业满意率全部达到 100%。一年来，全省各级各部门查处安全生产违法生产行为 4.8 万起，避免了多起重特大事故，促进了全省安全生产形势的稳定。去年是执法工作继续深化的一年，也是有效拓展执法新领域的一年。

二、煤矿整合关闭和瓦斯治理工作取得突破性进展

按照国家要求，继续加大小煤矿关闭整合力度，坚决关闭不具备安全生产条件的小煤矿，依托国有优势企业兼并重组，淘汰落后生产能力，全面提升地方煤矿的安全生产水平。各产煤市都制定了煤矿整合重组方案，并已经省政府批准实施。在瓦斯治理方面，省瓦斯治理督导组继续驻矿对省属国有重点煤矿企业实施全过程督导，下井检查 730 矿次，检查工作面 1030 个（次），督促整改各种安全隐患和问题 2846 条。在瓦斯抽采和利用方面，加大了抽放系统建设力度，大部分矿井建立了永久性地面抽放系统。

三、高危行业安全生产专项整治进一步深化

在非煤矿山方面，关闭非法和不具备安全生产条件的露天矿山 34 家，地下矿山 117 家。在危险化学品方面，注销关闭不具备安全生产条件的生产企业 271 家，经营单位 651 家。在消防安全方面，开展了多次火灾隐患排查整改，整改重大火灾隐患 416 处。在道路交通方面，治理省级督办路段 34 处，查获使用伪造、变造机动车牌违法行为 1.5 万余起，其他涉牌涉证违法行为 5 万余起。在爆炸物品监管方面，查处涉爆违法犯罪案件 315 起，捣毁非法制贩爆炸物品窝点 89 处，打掉团伙 56 个。

四、隐患排查治理工作不断推进

18 万家生产经营单位开展了隐患排查治理工作，查出一般事故隐患 30.8 万条、重大隐患 1979 条。一般事故隐患整改率达到 96.6%，重大隐患整改率达到 98.5%。对尚未整改的重大隐患，都制订了整改计划，落实了治理责任、资金、措施、期限和应急预案。石家庄市集中开展了迎国庆安全生产隐患治理“百日会战”行动，对全市 235 家重点企业实施安全生产四级联包责任制；沧州市开展了“百日安全集中整治活动”，查出并整改安全隐患 20172 处；承德市建立实行了隐患定期抽查、上报备案、挂账督办等制度，收到较好效果。

五、尾矿库隐患得到有效治理

河北省有尾矿库 2888 座，最大库容 4000 多万立方米，是山西襄汾“9·8”溃坝事故下泄量的 150 倍，病库、险库、危库、头顶库大量存在，治理任务艰巨。一年来，全省累计投入治理资金 5 亿元，139 座危库、272 座险库、873 座病库全部治理完毕，230 座非法库全部关闭到位。治理任务最重的承德市，实行了尾矿库安全领导干部责任制，投入治理资金 2.71 亿元。由于措施有力，在今年汛期我省降水偏多的情况下，全省尾矿库未发生造成人员伤亡的溃坝决口事故。

六、安全距离不达标企业搬迁工作稳步推进

2009 年，6 家企业完成了搬迁或转产、停产，其他 17 家企业搬迁工作也已开始实施。省、市、县安监部门将搬迁企业列入重点监控名单，加大了监督检查力度和频率，所有拟搬迁企业没有发生严重事故。

七、应急救援体系逐步健全

完善了应急指挥机构，组建了29个省级专业救援基地和队伍，完成了省应急平台一期工程，14.6万家企业编制了应急预案，举办各类应急预案演练1397次。参与事故抢险救援160余次，抢救生还人员18人。

八、安全生产基层基础工作扎实推进

省政府出台了《河北省重大危险源监督管理规定》和多个规范性文件，突出加强对各类重大危险源的监管责任和措施。全省安监部门换发非煤矿山、危险化学品安全生产及经营许可证3491个，严格安全标准，严格准入条件；开展了“安全生产月”活动，举办了全省安全宣传咨询日、“安全生产燕赵行”等活动，使安全生产理念更加深入人心。全省培训从业人员120万人次，108家机械企业、53个煤矿矿井、107家危险化学品企业达到安全标准化要求。严格事故查处，全省发生的14起较大以上工矿商贸企业事故，已结案5起，9起正在调查处理中。在落实责任方面，张家口、保定和邢台市在实行安全生产“一岗双责”制度的基础上，还实行了“党政同责”制度，有力地推动了安全生产工作的开展。在基层建设方面，廊坊市全市96个乡镇、保定市全市354个乡镇街道全部建立了安全生产管理办公室，石家庄12个办事处开展创建国家级“安全社区”活动，全部达到了“全国安全社区”创建标准。

山西省安全生产工作综述

2009年，全省上下认真贯彻落实党中央、国务院和省委、省政府关于加强安全生产工作的一系列决策部署，深入开展“安全生产年”活动，多措并举抓安全，实现了全省安全生产形势的明显好转，各类事故起数和死亡人数大幅下降，完成了国家下达的目标任务。

一、安全生产总体情况

各级、各部门和各单位在省委、省政府的领导下，以专项整治为主线，以隐患排查治理为重点，以规章制度作保障，以目标责任制为抓手，扎实开展了安全生产“三项行动”和“三项建设”，通过狠抓七项工作，安全生产形势呈现“三降一低”的好成绩。

（一）各类事故起数和死亡人数大幅度下降

全省共发生各类生产安全事故11855起，死亡2723人，同比事故起数减少511起、死亡人数减少1018人，分别下降4.13%和27.21%。

（二）煤矿、非煤矿山、危险化学品等各重点行业（领域）事故起数和死亡人数大幅度下降

各类煤矿发生事故72起，死亡206人，同比事故起数下降40%，死亡人数下降32.01%。非煤矿山发生事故3起，死亡5人，同比事故起数下降57.14%，死亡人数下降98.56%。道路交通事故7051起，死亡2351人，同比事故起数下降10.52%，死亡人数下降19.35%。消防火灾事故4617起，死亡7人，同比死亡人数下降84.44%。

（三）重特大事故起数和死亡人数大幅度下降

全年发生一次死亡10人以上事故6起，死亡139人，同比事故起数减少6起、死亡人数减少368人，分别下降50%和72.58%。非煤矿山和化工企业均未发生一起10人以上事故。

（四）各类事故死亡人数低于国家下达的控制指标

全省各类事故死亡人数比国家下达年度控制指标少707人，低20.62个百分点，下降幅度排全国第二位。煤矿、道路交通等重点行业死亡人数都在国家下达年度控制指标之内。非煤矿山、化工企业比国家下达的控制指标分别少79人和2人。11个市的各类事故死亡人数都在省政府下达控制指标之内。

二、安全生产重点工作

2009年，紧紧围绕覆盖各行业各领域的安全生产专项整治这条主线，推动了各项工作的深入开展。

（一）通过专项整治，对“三类企业”实行了分类整治

按照省政府统一安排，各级安监部门组织并会同17个部门开展了为期一年的安全生产专项整治。全省共抽调1300余名工作人员、聘请720多名各类专家，组成了182个省、市、县三级联动检查整治工作组。按照“三个一律”的要求对“三类企业”开展了分类整治，实施了动态监控。纳入全省动态监控的企业共35万余个，其中，对33495个列为一类的企业，一律关闭，现已关闭33401个，关闭率达到99.72%；对43422个列为二类的企业，一律停产整顿，现整改合格25946个，整改合格率达到63.75%；对27万个证照齐全符合安全生产条件的企业，一律加强日常监管。在专项整治工作中，省政府安委办全程督办，采取通报情况、打分排队、领导约谈、考核评比等措施，有力地促进了专项整治的顺利开展。

（二）通过专项整治，促进了“两个主体责任”的落实

在企业安全生产主体责任的落实上，将安全机构设置、安全投入、安全培训和隐患排查治理等内容纳入企业目标管理，层层签订了安全生产目标责任书。在专项整治工作中，企业共自查隐患120多万条，投入治理整改资金16.8亿元；在政府安全监管主体责任的落实上，进一步完善了安全生产“一岗双责”体系，落实了各级政府主要负责人、分管负责人的责任。提请省政府将安委会成员由原来的部门副职调整为“一把手”。协助省政府为11个市和87个重点产煤和非煤矿山县（市、区）选派了118名市县长安全助理。把“三类企业”的监管责任落实到监管部门、分管领导和具体监管人员，“三落实”率达99.34%。各级、各部门层层签订安全生产目标责任书，年底进行了考核评比。

（三）通过专项整治，完善和落实了各项安全生产制度

各级、各部门认真贯彻落实省政府十项安全生产制度，制定了具体的实施细则。通过召开联席会议，采取联合执法等，及时解决了沁水煤层气无序开采、尖山铁矿尾矿库下游村民搬迁等一批热点、难点问题，消除了吕梁、繁峙、襄汾、闻喜等一批非法开采、选矿等重大安全隐患。2009年，共召开安委会会议248次、联席会议96次，事故约谈31次，联合执法315次，专项督查861次，受理举报案件237起，兑现举报奖励资金123万元。

（四）通过专项整治，推动了安全生产“三项行动”的扎实开展

组织指导全省各级、各部门、各单位把“三项行动”与专项整治紧密结合起来，同步安排、同步推进、同步考核。

一是推动了执法行动的扎实开展。各级、各部门严厉打击各种非法行为，取缔关闭非法和不具备安全生产条件的生产经营单位2.6万个。下达执法文书35万余份，查处各类事故隐患和问题46.5万余条。各级安监、监察部门查处各类事故1823起，追究责任人员1828人，其中建议追究刑事责任79人，党纪政纪处分328人。同时，加强事前责任追究力度，查处涉及安全生产的违法违纪案件75件，给予党纪处分86人，政纪处分43人。

二是推动了治理行动的扎实开展。全省各级、各部门认真落实重大隐患治理和重大危险源监控责任制，对重大隐患实行政府挂牌督办。2008年，省政府挂牌督办的45项重大隐患，已整改38项，其余7项军工企业外部距离不符合规定的隐患正在整改中。2009年，全省各级政府和企业落实资金25亿元，对排查出的46.5万条隐患和问题进行了治理，其中治理重大隐患1800多条。争取到省财政划拨的尾矿库闭库治理资金1亿元，带动市县和企业共投入4.57亿元，关闭尾矿库971座。

三是推动了宣传教育行动的扎实开展。会同宣传部门制定并落实了《关于加强全省安全发展新闻宣传工作的意见》、《安全生产专项整治新闻宣传工作方案》，组织开展了“三晋安全行”等一系列安全生产月活动，营造了良好的社会氛围。争取到省财政核准的三年培训经费509.7万元，与省委党校共同举办了两期领导干部安全培训班。加大培训机构建设，全省安全生产培训机构达到191个，比上年增长12.35%，培训各类人员48.32万人次，同比增长35.3%，有效地提高了从业人员的安全意识和技能。

（五）通过专项整治，全面推进了安全生产“三项建设”

督促各级、各部门建立健全机构，完善各项制度，加强基层基础工作。

一是推进了法制体制机制建设。代省委、省政

府制定并出台了《关于进一步加强安全生产工作推进安全发展的意见》，以省政府1号文件对2009年全省安全生产工作进行了安排部署；起草完成了《山西省尾矿库安全生产监督管理规定（草案）》；代省政府起草并下发了《山西省安全生产工作考核评价体系的通知》、《山西省人民政府办公厅关于进一步加强危险化学品安全生产工作的意见》等规范性文件。省安监局与山西煤监局分设独立运行，完成了省安监局内设机构调整工作。通过协调督促，省交通厅、建设厅等部门设立了安全监管工作处室，进一步强化了行业主管部门的安全监管职能。晋城、晋中、运城、阳泉等市乡镇、街道办事处全部建立了安监站。吕梁市将2006年统一招聘的600名煤矿“三委派”富余人员，全部充实到各县区和乡镇安监部门。

二是推进了安全生产保障能力建设。积极争取政府安全投入，2009年省、市两级财政安全投入8.52亿元，省财政下拨专项资金启动省安全生产信息网络系统建设，为省安监局一次性配备了8辆执法车辆。加强应急管理，修订了《山西省安全生产事故灾难应急预案》，下发了《2009年全省工矿企业安全生产突发事件趋势分析及主要对策》。各级、各部门和各企业共开展了126次应急救援演练。

三是推进了安监机构和队伍建设。全省1131个乡镇、街道组建了安监站，配备了监管人员，占全省乡镇总数的78.8%。晋城在乡镇安监机构推行了统一机构、统一名称、统一人员、统一工作机制、统一执法车辆、统一执法培训的“六统一”管理机制。

（六）通过专项整治，提高了产业集中度和安全生产水平

通过资源整合和专项整治，加快了非煤矿山、烟花爆竹、化工产业结构调整和淘汰落后的步伐。2008年3月底前，我省54户烟花爆竹生产企业彻底退出生产领域。非煤矿山企业从4257个减少到2980个，尾矿库从1735座减少到528座，化工企业从7886个减少到7066个。在此基础上，大力实施科技兴安战略，在太钢、中条山有色金属公司等重点企业建成了尾矿库安全在线监测系统，17家选矿企业采用了尾矿干排技术，300多家露天矿山实行了中深孔爆破技术，130家加油站推广使用了HAN阻隔防爆技术，进一步提升了安全技术水平。

（七）通过专项整治，转变了工作作风，提高了工作效能，为“三保”创造了良好条件

全省各级安监部门坚持围绕中心，服务大局，转变作风，提高效率，召开了省直有关部门、市安监局和重点企业工作座谈会，出台了服务“三保”意见。开展了转变机关作风建设，努力塑造“四新”机关形象。完善了省局内部工作机制，建立健全了领导干部“一岗双责”责任制，实行了局班子成员分片联系市制度。深化行政审批制度改革，取消了部分许可项目，下放了部分行业的审批权力，为企业提供了良好服务。

回顾总结一个时期以来的工作，我们感到有几点体会，需要在今后的工作中正确把握和自觉坚持。第一，必须坚持党委、政府的坚强领导，才能全面推进安全生产工作。第二，必须坚持依法治安，强化约束力和执行力，才能促进“两个主体责任”的落实。第三，必须坚持深化整治，有力打击非法违法行为，才能有效遏制重特大事故频发态势。第四，必须坚持优化产业结构，狠抓源头治理、推进科技进步，才能提升企业的本质安全度。第五，必须坚持完善机构，加强队伍建设，才能确保各项工作落到实处。

内蒙古自治区安全生产工作综述

一、2009年全区安全生产整体情况

截至2009年12月31日，全区共发生各类事故13880起，死亡1887人，同比事故起数上升4.94%，死亡人数下降9.06%。各类事故死亡人数占国家下达的年度控制指标的93.42%，在年度控制考核指标进度范围之内。

从各盟市控制情况看，12 个盟市中，除锡林郭勒盟同比死亡人数上升外，其他 11 个盟市均不同程度下降。其中，乌海市、呼伦贝尔市、兴安盟和阿拉善盟下降幅度较大，分别为 21.31%、20.73%、18.48%和 17.07%。锡林郭勒盟事故死亡人数上升，主要是在道路交通领域，与 2008 年相比，死亡人数增加 25 人。

从行业、领域控制情况看，在列入统计的七大行业（领域）中，水上交通和铁路运输死亡人数同比上升，工矿商贸、消防火灾、道路交通、民航飞行和农牧业机械等五个行业（领域）均不同程度下降。其中消防火灾和农牧业机械下降幅度较大，分别为 23.4%和 22.22%。

从事故等级分类看，一次死亡 3 人以下的一般事故同比死亡人数减少 283 人，下降 15.03%；一次死亡 3～9 人的较大事故上升幅度增大，事故死亡人数增加 95 人，上升 49.48%；全年没有发生一次死亡 10 人以上的重大事故。

总体讲，经过全区上下的共同努力，安全生产状况有了一定的好转。但随着危化领域投产项目的增多，停产半停产企业的逐步复产，今后一个阶段内安全生产形势依然十分严峻，必须引起各地区、各部门的高度重视。

二、主要工作及措施

一年来，自治区安监局认真学习和领会中央领导关于安全生产的一系列重要指示，按照国务院安委会和自治区政府的整体部署和要求，认真落实“安全生产年活动”各项规定动作和《2009 年全区安全生产工作安排》，重点在抓本质安全、建立安全生产长效机制上多下工夫，下大工夫。

（一）以标准化为抓手，夯实直接监管领域安全生产基础

（1）煤炭行业。针对春季大检查活动中发现的部分地区“安全监管麻痹松劲、企业主体责任落实不完全到位”等 8 个方面的问题，相应地制定了多项整改措施和工作要求，在全区范围内深入贯彻，这些措施得到了国家煤监局的充分肯定。我区煤炭行业深刻吸取山西屯兰“2·22”特大煤与瓦斯爆炸事故教训，2009 年 4 月，自治区在鄂尔多斯市召开全区煤矿瓦斯治理体系建设暨部署煤矿安全生产重点工作会议，对全区煤矿瓦斯治理和重点工作进行安排部署，要求各盟市政府和相关管理部门及煤炭生产企业切实吸取区内外煤矿事故的惨痛教训，警钟长鸣，防患于未然。

一是全力推动瓦斯治理体系建设。严格贯彻执行国家制定的煤矿瓦斯治理县 20 条标准和瓦斯治理矿 30 条标准，所有产煤旗县区和全部煤矿都要逐条落实达标工作，对已列入国家“双百工程”的 6 个示范旗县和 47 个示范煤矿要率先达标。

二是高度重视和强化煤矿瓦斯治理工作。各盟市、旗县政府和各煤矿企业特别是国有重点煤矿企业必须坚持矿井在瓦斯治理工作体系完善健全的前提下组织生产。目前，全区煤矿领域正在加紧落实《加快煤矿安全质量标准化建设管理办法》和《加强边角煤开采安全生产管理规程》两项规定，确保煤矿生产本质安全。为查大隐患防大事故，稳定全区煤矿安全生产形势，检查安全管理措施的落实情况，一年来，自治区有关部门先后 4 次组织监管、监察人员和专家，赴各地督查，现场抽查了 11 个产煤盟市共 111 处煤矿，查出各类隐患共 742 条，向盟市、旗县通报意见 35 份，向煤矿下达整改执法文书 111 份。同时，各盟行政公署、市人民政府及旗县人民政府按照自治区政府的要求，及时安排部署了“安全生产年”和“三项行动”；各级煤矿安全监管部门、煤监机构都按照相关部署开展了督促检查；各煤矿企业开展了自查自检。对查出的隐患绝大多数已整改落实。

（2）金属非金属矿山领域及相关行业。在严格生产企业复工验收的同时，重点狠抓全区尾矿库的专项整治，经过安监、发改、国土资源和环保四部门的共同努力，为期两年的尾矿库专项治理工作圆满结束。目前全区共有尾矿库 565 座，已取得安全生产许可证 451 座，正在履行“三同时”手续的在建库 112 座。对于乌兰察布市 2 座危库的治理问题，赵双连副主席组织召开主席办公会后，自治区安监局认真落实办公会纪要内容。2009 年 6 月份已将尾矿库直接威胁到的下游 147 户居民全部迁出库区，目前正在实施闭库施工，闭库资金 790 万元已全部到位。在强化标准化建设、推行安全生产技术方面，我们在全区范围内重点抓 4 个地采矿山较多的盟市、30 个重点旗县安全生产工作，实施典型示范、全面推进。针对进入 2009 年 6 月份以来，3～9 人较大事故多发、安全生产形势严峻的情况，自治区安监局又于 2009 年 10 月份在阿拉善盟召开全区非煤矿山生产安全事故分析座谈会，分析已发生几起事故的原因，落实责任追究，排除事故隐患，有效防止同类事故的重复发生。另外，2009年以来，加强了对冶金、有色、建材、石油天然气采输等行业的安全生产监管工作。严格了准入门槛，按照有关规定，严格履行安全设施、设备“三同时”手续，从源头上控制事故风险，确保了建设项目的安全生产。

（3）危险化学品行业。由于自治区重化工上马项目大幅度增多而监管力量不适应发展要求等诸多原因，危险化学品监管一直是各级监管部门的软肋。为加强危险化学品建设项目源头管理，提高企业本质安全，2009年6月5日，自治区召开全区危险化学品建设项目安全许可工作座谈会，对全区所有的建设项目逐一清理摸底。2009年7月20日，自治区政府办公厅下发《关于全区违规建设和试生产危险化学品建设项目限期进入合规建设试生产的通知》，进一步加强危险化学品建设项目安全管理。经过治理，经自治区项目管理部门核准、备案的危险化学品生产建设项目有232个，已开工建设的76个项目中，有40个项目均不同程度地存在违反安全生产规程现象。自治区要求各盟市立即采取果断措施，促使项目依规合法建设。对未经设立安全审查即已开工建设的8个建设项目和虽经设立安全审查但未经安全设施设计审查即已开工建设的25个建设项目，项目所在盟市安监局责令企业在2009年9月中旬前已进入国家安全监管总局《危险化学品建设项目安全许可实施办法》所规定的安全许可程序，并且实行进度月报告制度，促进项目依规合法进行建设。对未经设立安全审查或虽经设立安全审查和安全设施设计审查但未经试生产备案即进行违规试生产的10个建设项目，有3个经过整改已销号；有4个项目自治区安委会已责成所在盟市立即责令企业停止试生产。这些企业主要是小硅铁、小化肥和小硫酸，产品在市场上也不是很紧俏，因此要求他们先停下来补齐建设项目安全许可手续。另外3个项目，中海油天野化工30万吨甲醇项目甲醇生产储存区已符合要求；乌海化工已批准试生产方案备案；黄河铬盐已由两家甲级评价机构进行评价，我局已验收通过，正在办理安全许可手续。目前违规建设的还有14家，其中，10家通过设立审查，4家未履行任何“三同时”手续。对于不执行执法文书要求仍然继续试生产的，申请人民法院强制停止试生产，以避免伊泰煤制油“4·8”事故和中盐吉兰泰“3·1”事故等类似事故的再次发生。自治区安监局将危险化学品建设项目“三同时”监管作为全年安全生产工作的重中之重，违规建设项目实行月报告、违规试生产实行周报告，及时掌握和跟踪通报建设项目进度及安全许可情况，扎实有效地推动危险化学品建设项目按规定履行安全许可程序。落实自治区领导的指示，2009年10月份，在阿拉善盟召开了西部六盟、市氯碱化工生产企业生产安全事故技术分析会，内蒙古兰太实业股份有限公司、内蒙古临海化工股份有限公司、中盐吉兰泰盐化集团有限公司等7家企业结合本企业发生的事故情况，对事故原因、救援措施、经验教训、改进的措施等进行了全面认真的分析，所聘请的专家对企业的技术分析材料进行全面、细致的点评。会议收到了良好的效果。另外，在重点监控企业相对集中的鄂尔多斯、乌海和阿拉善等地区，组织聘请行业专家和技术人员成立巡查组，进行专项督查、重点督查和定期督查。现在看，效果也非常明显。

（4）烟花爆竹领域。按照“逐步引导规范，3至5年内退出烟花爆竹行业”的整体要求，今年以来，进一步加大了工作力度，采取关、停、转以及上等升级等多种措施，强化对烟花爆竹生产企业的安全监管。我区原有烟花爆竹生产企业99家，其中赤峰市占79家。因此，赤峰市是烟花爆竹整顿关闭的重点。自治区确定赤峰市2008年和2009年共关闭所有烟花爆竹企业的40%，其中，2008年关闭30%，2009年关闭10%，两年合计关闭32家，保留47家。赤峰以外的20户，已关闭8户，全区关闭40%的任务已完成。目前对确定的关闭企业正在实施拆除清理工作。对赤峰市烟花爆竹关闭转产和保留企业的整改，主要采取以下措施实施：一是利用延期换证的时机，严格把握复工程序、复工条件和复工验收关。凡不符合条件的，一律不准开工复产。二是开展打击“招户租线”和“三超一改”专项行为。一经发现存在“招户租线”行为，立即吊销安全生产许可证。三是做好关闭企业的“一拆除、两清理、两吊销”工作。即拆除工房，清理成品半成品、清理原材料和废弃物，吊销安全生产许可证、吊销工商营业执照。四是经过验收复工的企业全部实施视频监测监控。对生产过程实时监测监控，2009 年开工生产的 47 家企业全部实现视频监测监控。生产企业在 10 月 31 日全部结束生产活动。关闭企业的自治区 200 万补助资金也已到位，正在向企业逐一落实。

（二）充分发挥安委会办公室协调、指导作用，不断推进安全生产综合监管工作

2009 年，在明确各部门安全生产工作基础上，自治区安监局进一步加大了综合监管的工作力度。

一是针对 2009 年年初连续发生道路交通伤亡事故，自治区安委办在组织联合上路督查之后，对 2009 年 1 月份 15 天内连续发生的 3 起恶性交通事故发出通报，要求各地交通、公安、安监部门尽快按国务院、自治区政府的《通报》要求，认真部署防控措施，突出重点、强化责任，抓紧整改“人、车、路”方面存在的具体事故隐患，力保春运安全。2009 年年中，又针对高速公路上的道路施工维修伤亡事故，先后会同自治区交通厅、公安厅、建设厅制定下发了《关于进一步加强道路交通旅客运输企业安全生产工作的意见》和《关于进一步加强交通安全管理及道路维护安全监管工作的意见》等指导性文件。对公路施工维护占道作业，再次强调了安全监管事权及应负的责任，确立了道路维护审核制度，规范了施工路段警示标志及防护设置要求。结合事故的调查处理工作依法依规的实行责任追究，对交通运营企业及相关的安全监管部门均起到了警示告诫作用。消除了安全管理上的隐患。

二是针对个别行业部门安全监管不到位，工业建设项目安全管理混乱，责任事故多发等问题，自治区安监局以安委办名义多次召集有关地方政府和行业管理部门进行协调，明确各有关方面应承担的安全监管职责，要求采取强有力的措施加强安全生产监督管理。另外，对内蒙古交通海事部门承办的呼市托克托县黄河段“8·26”翻船事故的调查处理，也召开了工作督查会，依法依规的对其调查报告结果提出了纠正意见。

三是为遏制铁路路外事故高发势头，一季度末，在 2008 年对境内四个铁路主管部门调研的基础上，全面了解掌握了各家铁路部门改造治理无人管控道口的完成情况，并结合事故发生性质、地点及原因分析情况，制定下发了《关于做好铁路道口安全监管和继续降低路外事故专项治理工作的意见》，要求各地政府及安监部门积极主动的配合当地铁路部门，共同做好无人管控道口整治，区间线路的巡防封闭，新建铁路安全设施的“三同时”审验把关和全社会的宣传教育动员工作。从三季度实地抽查哈尔滨铁路局海拉尔办事处和沈阳局的赤峰车务段情况看，整治措施到位，效果明显。

另外，为了更进一步促使企业落实主体责任，切实加强安全生产隐患排查治理，预防和遏制危化、工程建设等领域较大以上事故的发生，2009 年以来，自治区安监局以安委办名义先后两次约谈企业主要负责人，要求切实加强安全生产工作。一次是 2009 年 4 月 11 日，就中盐吉盐化工安全生产暴露出的严重问题约谈该企业主要负责人；一次是 2009 年 11 月 5 日，就内蒙古冀东水泥 43 天内连续发生两次亡人事故正式约谈该企业主要负责人，同时警告提醒了大连万达和呼市中燃两家企业。现在看，效果还是非常明显的。

辽宁省安全生产工作综述

2009 年，辽宁省安全生产工作认真贯彻落实党的十七大精神，坚持科学发展观和安全发展理念，在省委、省政府的领导下，全省安全监管战线以及全省安全生产工作战线的同志们高度负责，严密监管，连续作战，攻坚克难，保持了“两节”、“两会”、“五一”、“十一”黄金周期间全省安全生产形势的稳定，全省安全生产形势总体平稳，趋于好转，杜绝了特别重大事故。

一是事故总量下降。全年共发生各类伤亡事故 11309 起，死亡 2764 人，同比事故起数减少 1772 起，下降 13.5%，死亡人数减少 240 人，下降 8.0%。

二是较大以上事故下降。全省发生较大以上事故31起，死亡126人。同比事故起数减少3起，下降8.8%；死亡人数减少68人，下降35.1%。

三是道路交通、消防火灾、铁路交通、农业机械等行业领域事故起数和死亡人数均呈下降趋势。

全省安全生产重点工作情况：

一、加强安全生产目标管理考核

一是全面落实安全生产责任。省政府向14个市政府和20个省中直有关部门下达了安全生产目标管理责任书。省国资委、省煤管局与25家直接监管的省属企业签订了安全生产目标责任状。各市及县区政府将安全生产目标进行分解，逐级签订责任状，层层落实责任。二是完善安全目标考核办法。省政府重新印发了《辽宁省市级政府安全生产目标管理考核办法》和《辽宁省县区政府安全生产目标管理考核办法》。三是认真做好2008年度安全生产工作目标管理考核工作。将安全生产目标管理作为政府领导和部门负责人的政绩和职务晋升的重要内容，与企业负责人的年薪挂钩并实行一票否决，兑现奖惩。

二、建立完善安全生产法规体系

一是完成《辽宁省建设项目安全设施监督管理办法》的立法工作。2009年3月2日召开的省政府常务会议审议通过，自2009年5月1日起实施。《辽宁省建设项目安全设施监督管理办法》出台后，我们认真组织学习宣传和贯彻实施，同时下发了《关于加强建设项目安全设施监督管理工作的通知》，进一步明确建设项目安全设施分级管理和审查、验收程序。二是修订了《辽宁省企业安全费用提取和使用管理暂行办法》(修订)。三是在高危行业推行安全生产责任保险。按照政府推动、政策支持、突出重点和市场运作相结合的原则，在非煤矿山、烟花爆竹批发经营等高危企业开展安全生产责任保险试点。

三、认真做好安全生产规划和科技工作

一是组织编制了《2009年度安全生产科技发展计划》。经专家评审，58项安全科技项目列入我省2009年度安全生产科技发展计划。启动尾矿库安全诊断关键技术及示范工程建设项目。二是强化了中介机构监管。组织专家完成7家甲级和15家乙级资质安全评价机构年度考核工作，完成了7家乙级资质安全评价机构延期复审换证工作。完成阜新信达安全工程有限责任公司和省安科院乙级检测检验资质的换证评审工作。三是加快安全生产信息化建设。编制了《辽宁省安全生产监管与应急救援平台建设方案》，完成我省应急救援指挥中心大屏幕和网络平台的建设工作。组织有关单位完成“金安”工程硬件设备、操作系统和数据库等基础软件的安装调试，并完成我省节点补充设备采购确认工作。四是组织安全生产专家参与安全生产大检查、安全科技周活动和安全评价报告评审，有效发挥专家在隐患排查和治理、安全生产决策、安全监管工作的技术支撑作用。

四、加强安全生产执法监察队伍建设

一是通过政府目标考核和组织开展安全生产执法监察达标创建活动，促进全省执法监察队伍建设。截至2009年底，全省14个市、100个县区都成立了执法监察队伍。全省共立案1803起，行政处罚罚款1813万元。二是加强制度建设。下发了《辽宁省安全生产执法监察人员管理办法》和《省市两级安全生产执法监察机构事权划分工作暂行规定》。组织编写《辽宁省典型伤亡事故案例》。三是开展劳动防护用品专项执法行动。检查企业4958家。有力打击非法使用、生产、销售劳动防护用品的行为。

五、组织全省深入开展安全生产“三项行动”

一是按照国务院办公厅通知要求，省政府下发了《辽宁省人民政府办公厅关于印发全省安全生产“三项行动”工作方案的通知》。同时抓好分管行业和领域的安全生产“三项行动”。制定了全省金属非金属矿山、尾矿库、冶金有色、危险化学品和烟花爆竹行业以及机械、轻工、纺织、烟草行业安全生产“三项行动”实施方案，组织上述行业和企业开展安全生产“三项行动”。

二是组织开展春节、“两会”、“五一”和“十一”期间全省安全生产督查行动。省政府和省安委办分别下发通知，全省安全监管系统开展了安全生产大检查，确保了重要时段生产安全。

三是全面推进尾矿库安全专项整治。明确尾矿库分级管理权限及有关部门、单位和企业的职责，在全国率先建立了尾矿库基础数据库和尾矿库安全综合监管信息平台，实现省、市、县、企业有关尾矿库综合监管信息的共享。加快尾矿库复产验收工作，对全省停产整改中的1059座尾矿库进行了复产验收审查，共关闭不具备安全生产条件的尾矿库152座。

四是继续深化非煤矿山、危险化学品、烟花爆竹安全生产专项整治。重点开展了金属非金属矿山排土场安全专项整治。对容量在1000立方米以上的排土场及废石场进行了集中整治。全省关闭不具备安全生产条件的非煤矿山315个。在危险化学品和烟花爆竹安全生产专项整治行动中，各地安全监管部门在当地政府的领导下，联合有关部门，严厉打击危险化学品和烟花爆竹非法生产经营活动。开展烟草行业安全生产专项检查，查出隐患64项，相关市局向企业下达了隐患整改指令。

五是集中力量解决全省7家关闭破产有色矿山尾矿库历史遗留问题。组织专家对瓦房店华铜矿业公司等6座尾矿库申办安全生产许可证条件进行现场审查。经审查认定为正常库，为其颁发了安全生产许可证，解决这几家尾矿库长时间无证生产的问题。积极争取中央财政下拨专项资金，解决原中央下放关闭破产有色矿山尾矿库重大隐患综合治理问题。财政部专题调研组来辽宁专门听取了我省原中央下放尾矿库安全隐患情况汇报。

六是合理规划化工安全发展规划，建立化工园区。全省72家需搬迁的化工企业，截至目前，69家已经完成搬迁，搬迁完成率为96%。已有12个市建立41个化工园区或化工集中区域。其中，国家级1个，省级6个，市级15个，县区级20个。全省园区总面积782平方公里，已入驻企业491个。积极组织推广应用HAN阻隔防爆技术。目前全省已有161家加油站完成了HAN阻隔防爆技术改造。

七是督促企业进行自动控制改造。全省共有197家企业的330套装置涉及危险工艺。2009年共有26家企业的30套装置完成了自控改造。全省已经达到自控要求的有95家企业的193套装置，分别占总数的49%和58%，其余装置需要进行自动化改造，完善安全控制系统。

八是加强防汛工作。重点对井工矿、尾矿库、采石场进行监督检查，汛前共检查尾矿库998座，发现隐患614项，治理549项，下达整改指令书312个，投入治理资金7375万元。同时，做好应急救援物资准备，并加强预案演练，防止淹井、垮塌、溃坝以及因自然灾害引发事故灾难。

六、深入开展隐患排查，督办重大隐患治理工作

一是开展隐患排查治理集中行动。在各地区开展全面大检查的基础上，省安全生产监管局、煤管局、交通厅等19个省中直部门共组成185个督查组，有743名干部和专业人员参加了专项督查。省安委办还组织了7个综合督查组，采取定点包片的方式，督促、指导各地开展隐患排查治理行动。共排查出一般隐患285775项，已完成治理278835项，整改率为97.6%；排查出重大隐患5070项，完成治理4751项，整改率达93.7%，确保了国庆节期间全省安全生产形势的平稳。二是重大隐患治理取得新进展。对省备案尚未完成治理的40项重大隐患，各地共投入隐患治理资金35809万元，完成治理14项，治理率为35%，正在进行治理的有14项，占40项隐患的35%。其余12项重大隐患，正在进行审批立项和筹措资金，已明确了由各市政府分管领导负责，省中直部门分管领导具体负责督办，做到了责任到人。

七、严格实施安全生产行政许可制度

做好危险化学品安全生产许可证、经营许可证和非煤矿山安全生产许可证延期换证和变更工作。累计发放危险化学品安全生产许可证1319个，累计注销413个，全省现有危险化学品生产企业安全生产许可证906个，数量减少31%，首轮发证企业延期换证工作按时圆满完成。我省现有14627家危险化学品经营单位，省局发证单位应换证269家，已换证259家。93家烟花爆竹经营企业经营许可证已经完成延期换证。非煤矿山新发安全生产许可证553个，变更安全生产许可证395个，办理延期换证3140个。注销了293家企业的安全生产许可证。共登记危险化学品生产企业139家，登记危险化学品1670种，其中剧毒化学品52种。

八、认真做好职业安全健康监管工作

全省建立了职业卫生监管体系，初步形成省、市对口的职业卫生监管体制。省安全生产监管局及时转发了国家安全监管总局《关于加强职业安全健康监管工作的通知》，对建立健全监管机构、开展监督检查、加强职业安全健康宣传教育等工作提出要求。省卫生厅组织开展了《职业病防治法》宣传周活动，目前，安全生产监管、卫生、劳动、工会等部门建立了职业卫生工作联席会议制度。参与筹备在大连召开的全国职业安全健康监管工作现场会。举办企业职业健康监督员培训班四期，培训721人。

九、积极推动企业安全生产标准化创建工作

省局及时召开会议总结交流创建工作，推广典型经验。将2009年74户机械制造企业安全生产标准化创建指标及60户核准指标分解落实到各市。组织全省金属非金属矿山企业和冶金企业开展安全标准化活动，印发了《关于在全省深入开展金属非金属矿山企业安全标准化考评工作的通知》和《辽宁省冶金企业安全标准化工作方案》，推进金属非金属矿山企业和冶金企业安全标准化工作的全面开展。在全省烟花爆竹经营企业中开展安全生产标准化活动。举办了安全标准化宣贯班，统一了考评标准。全省已有17家企业达到一级安全标准化企业，68家企业达到二级安全标准化企业，达标率为74%。

十、加强铁路道口安全管理

认真开展铁路道口安全专项整治，对道口设备进行全面检修，严格落实规章制度，保证全省铁路道口安全工作。开展了铁路道口安全专项大检查和年度铁路道口安全管理互检工作。治理了锦州义县沈铁李金煤炭装卸场危及高压线隐患，省道口办协调沈阳铁路局制定防护措施，并进行了跟踪落实，使隐患得到治理。

十一、做好安全生产宣传教育和培训工作

在全省组织开展了以“关爱生命、安全发展”为主题的“安全生产月”活动。陈海波副省长在动员大会上亲自进行部署，辽宁日报发表了陈海波副省长署名文章。辽宁电视台卫星频道播出安全公益广告。“安全生产月”中组织开展了宣传咨询日活动、应急救援演练周活动、职业安全健康知识竞赛活动、“安全伴我行”讲演比赛、安全生产文艺演出，通过一系列活动在全省营造了浓厚的“安全生产月”活动气氛。积极推进安全文化建设示范企业创建活动，命名表彰了66家获得省级安全文化建设示范企业。进一步推动安全社区建设。省安委会下发了《辽宁省安全社区建设实施方案》。沈阳市沈河区9个街道和大连市11个街道通过国家安全社区促进中心验收，获得“全国安全社区”命名，沈阳市沈河区、大连市沙河口区、中山区被命名为全城区“全国安全社区”。大连市5个街道获得“国际安全社区”称号。发挥信息网络宣传作用，全省安全生产监管系统政务信息报送在全国51个省级局考核排名中名列第2位。出版了5期《辽宁安全生产》杂志。组建了《中国安全生产报》驻辽宁记者站。

进一步加强安全生产教育培训工作。完成特种作业人员考核题库审查工作，共考核和复审高危行业主要负责人17354人、安全生产管理人员25680人，考核特种作业人员97990人。举办3期培训班，培训注册安全工程师374人。举办了全省县（市）区领导安全生产专题研讨班，共有35位县（市）区领导和市安监局领导参加了专题研讨。省总工会和安全生产监管局共同开展了全省职工安全生产知识普及培训工作。推广抚顺清原县和营口经济技术开发区两个试点的经验，举办师资骨干培训班12期，培训骨干2127人。举办非煤矿山、危险化学品安全监管专题研究班，分别培训81人和135人。开展了安全生产监管人员执法资格培训、继续教育培训等。

十二、做好安全生产综合监管工作

一是与省经信委、省煤管局、辽宁煤监局、电监会东北监管局和省电力公司联合召开高危客户供用电安全隐患专项整治总结表彰大会。二是强化建设项目安全设施“三同时”监管。将企业贯彻建设项目安全设施“三同时”制度纳入全省工程建设领域突出问题专项治理重点内容。组织全省安全监管系统开展工程建设领域突出安全问题专项治理。对67户发电企业的77个建设项目进行了“三同时”专项检查，责令限期整改17个。三是与省委宣传部、省公安厅联合，组织实施“保护生命、安全出行”交通安全宣教工程。与相关部门共同组织开展了“交通安全示范社区”、“交通安全示范学校”和“交通安全示范企业”建设。四是与省公安厅、文化厅、工商局联合开展了公众聚集场所易燃可燃装修材料消防安全专项整治。五是配合省教育厅全面实施中小学校舍安全工程。六是协助国务院安委办督查组在我省的督查和调研工作。

十三、加强安全生产应急救援体系建设

一是全省14个市完成了应急救援（指挥）机构组建工作。省安委会印发了《辽宁省生产安全事故应急预案管理办法》。二是组织开展应急救援演练、宣传活动。在“安全生产月”活动期间，省局参与并指导了部分市的应急演练和开展应急管理宣传周活动。配合省委宣传部、省政府应急办，开展了形式多样的主题宣传工作。并在辽宁广播电台民生栏目做了安全生产应急管理专访。三是加快省应急指挥平台建设工作，做好与国家安全监管总局和各市应急救援平台对接。四是整合资源，推进应急救援队伍建设。指导、协调鞍山、抚顺两市加快组建非煤矿山应急救援队伍，积极与辽宁煤监局沟通，借助部分产煤市专业煤矿救援队伍，为非煤矿山提供救援服务。五是组织开展应急管理培训，为各市、县区局及有关企业培训300余人。

十四、强化事故报告、调度、统计工作

下发了《辽宁省较大以上等级生产安全事故信息调度工作规范》和《关于进一步规范生产安全事故统计数据和对外公布的通知》，进一步规范事故信息调度工作。接报各市及省政府各部门事故报告366起，对全口径事故进行了108次跟踪调度，上报调度信息72次。重要时段直报省委、省政府领导信息专报102期。为省委、省政府及主要领导提供全省事故统计对比情况汇总表等信息48次。编印《安全生产简报》4期，下发《辽宁省非煤工矿商贸企业事故分析通报》4期。

吉林省安全生产工作综述

2009年，吉林省安全生产工作认真贯彻落实党中央、国务院和国家安全监管总局、省委、省政府关于安全生产工作的各项部署，坚持安全发展理念，紧紧围绕“保增长、保民生、保稳定”大局，以“安全生产年”活动为主线，深入开展安全生产执法行动、安全生产治理行动、安全生产宣传教育行动（简称“三项行动”），加强安全生产法制体制机制、安全生产保障能力、安全生产监管监察队伍建设（简称“三项建设”），把安全生产纳入全省经济社会发展的总体战略布局，同步规划，同步推进，同步落实，并采取一系列措施，以遏制重特大事故、隐患排查治理、专项整治、基层队伍建设、基础业务建设（简称“双基”建设）为重点，解放思想，创新思路，加强监管，实现了事故总量和事故死亡人数继续“双下降”，完成了全年确定的各项工作任务。全省工矿商贸、道路交通、火灾、铁路交通、农业机械5类事故共发生13929起，比2008年减少2588起，下降15.7%；共死亡1822人，比2008年减少死亡198人，下降9.8%，占全年控制指标的90.2%。

工矿商贸企业事故发生184起，比2008年减少12起，死亡241人，比2008年多死亡1人，分别下降6.1%和上升0.4%；道路交通事故发生5277起，比2008年减少3515起，死亡1483人，比2008年减少死亡182人，分别下降8.9%和10.9%；火灾事故发生8403起，比2008年减少2012起，死亡45人，比2008年多死亡20人，分别下降19.3%和上升80%；铁路交通事故发生64起，比2008年减少37起，死亡52人，比2008年减少死亡35人，分别下降36.6%和40.2%；农业机械事故发生1起，比2008年减少12起，死亡1人，比2008年减少死亡2人，分别下降92.3%和66.7%。

全省发生一次死亡3~9人较大事故44起，死亡176人，比2008年增加6起，多死亡36人，分别上升15.8%和25.7%。全省发生一次死亡10~29人重大事故2起，死亡27人，比2008年增加1起，多死亡10人，分别上升100.0%和58.8%。

2009年全省伤亡事故总量下降，实现了连续5年事故起数和死亡人数双下降，继2007年全省伤亡事故死亡人数下降至3000人以下后，又首次下降至2000人以下。

全省10个市（州、区）各类事故死亡人数占全年控制考核指标的90.2%。其中，8个市（州、区）较好地完成了全年控制考核指标。

反映安全生产状况明显改善的4项相对指标下降。全省亿元GDP生产安全事故死亡率0.25，比2008年减少0.06，下降19.4%；工矿商贸10万就业人员生产安全事故死亡率3.27，比2008年减少0.14，下降4.1%；煤矿百万吨死亡率1.69，比

2008 年减少 0.81，下降 32.4%；道路交通万车死亡率 4.61，比 2008 年减少 1.27，下降 21.6%。

2009 年全省安全生产重点工作情况：

一、全面加强安全生产工作，切实落实安全生产责任制

吉林省委、省政府非常重视安全生产工作，多次在重要会议上对安全生产工作进行部署，省委书记和省长多次对抓好安全生产工作作出重要指示和批示。省政府领导多次深入基层检查安全生产工作。全省建立健全安全生产五个责任体系：一是进一步完善省、市、县、乡四级政府和相关部门安全生产工作责任体系；二是完善安全生产控制指标责任体系；三是完善安全生产目标责任制考核体系；四是完善安全生产责任奖惩体系；五是建立责权利相统一的安全生产责任追究体系。全力抓好安全生产责任制的落实。

（一）进一步完善安全生产责任体系，推动企业、部门、政府落实责任

2009 年初，全省继续强化责任落实，以建立激励约束机制为重点，将安全生产目标责任制考核指标作为综合考核地方政府经济社会发展工作的重点内容，进一步强化了各级政府安全生产责任，突出了全年重点工作任务，将安全生产标准化建设和打击安全生产非法违法行为纳入考核内容，明确了隐患排查治理的责任和工作任务，并作为省政府绩效评估考核的内容，在市（州）政府向省政府递交安全生产目标责任状的基础上，进行考核和跟踪评估。组织 8 个安全监管任务较重的厅（局）首次向省政府递交安全生产目标责任状。坚持“管行业必须管安全”的原则，省编办及有关部门在机构改革中进一步明确了 17 个部门的安全监管职责。继续将安全生产纳入省政府“发展杯”竞赛考核项目。

省安全监管局代省政府起草了《落实安全生产监督管理职责暂行规定》，确定了各级政府 15 项安全生产职责，明确了有关政府组成部门、直属机构、特设机构，以及气象、煤矿安全监察、烟草专卖、铁路、通信、邮政、电力、民航等 41 个部门的安全监管（管理）职责。起草了《吉林省落实生产经营单位安全生产主体责任暂行规定》，按照国家法律法规和规章对生产经营单位安全生产主体责任的有关规定，在充分借鉴外省经验的基础上，结合吉林省实际，明确了生产经营单位安全生产主体责任的主要内容，即健全规章制度责任，机构设置和人员配备责任，宣传教育培训责任，资金投入和物质条件保障责任，安全生产管理责任，事故报告及应急救援责任和法律、法规、规章规定的其他安全生产责任，并对生产经营单位如何落实各项主体责任提出了明确要求。

（二）进一步加强和完善安全生产工作目标责任制考核，逐级建立健全严格的安全生产责任制

一是修改完善了《吉林省安全生产目标责任制考核办法》（修订），并由省政府办公厅转发全省。加大了奖励和惩罚力度，对发生重大以上安全责任事故，瞒报谎报或故意拖延迟报事故，发生事故后抢险救援行动迟缓造成损失扩大和恶劣影响，对重大安全隐患督办治理不利导致严重后果的市（州）实行一票否决。对安全生产工作目标责任制不落实，生产安全事故死亡人数突破年度控制考核指标，安全生产重点工作任务未完成的市（州）予以通报批评；对发生重大以上生产安全责任事故，年度考核综合评定为“不达标”的市（州）政府安全生产主要责任人实施行政问责，并严肃追究相关负责人的责任。

二是进一步完善了安全生产工作目标责任制考核细则，制定了《吉林省 2009 年对市（州）政府安全生产工作目标责任制考核实施细则》和《吉林省 2009 年对省政府有关部门安全生产工作目标责任制考核实施细则》，分解下达年度控制指标。将市（州）政府和省直有关部门安全生产监管责任的落实作为考核重点，对照责任状内容采用量化指标，细化分解各项工作措施的考核，把年终考核与日常工作考核结合起来。

三是按照“属地管理、分级负责”的原则，各市（州）政府组织各县（市）区政府、开发区管委会和重点企业与市政府签订安全生产工作目标责任状，下达年度控制指标，把安全生产工作纳入当地国民经济和社会发展总体规划，进一步落实各级政府安全监管责任和企业安全生产主体责任。吉林、辽源、白城、松原、延边等市（州）实行了安委会主任由政府主要领导担任，其他副职领导担任副主任。延边朝鲜族自治州建立了州级领导干部安全生产联系点制度。白山市对全市矿山及其他重点企业实行了市、县、乡三级领导干部包保责任制。

四是加强对各市（州）政府和有关部门和企业安全生产目标责任制落实情况的考核。组织对各市（州）政府上半年安全生产工作目标责任制落实情况、重点行业（领域）安全生产“三项行动”、“三项建设”开展情况及隐患排查治理工作情况进行了督查。省安全监管局、省交通运输厅、省住房和城乡建设厅、省水利厅领导分别带队，工信厅、商务厅、交警总队、消防总队、农机局等单位派有关人员参加的督查组共检查了6个市，12个县（市、区），抽查企业30户，发现安全隐患186条，全部责令企业立即整改，对2户问题严重的企业作出了停业整顿决定。年底，经省政府同意，成立了以王祖继副省长为组长，省安全监管局、省公安厅、财政厅、公务员局、监察厅的领导同志为副组长，省安全监管局和交通运输厅、住房和城乡建设厅、工信厅、水利厅、农委、质监局、公安交警总队、公安消防总队等部门主管领导为成员的考核领导小组，对各市（州）政府、有关部门、有关中省直企业进行了全面考核。经考核，长春市等6个市（州）考核评定为优秀，白山市、长白山管委会考核评定为良好。

五是依法严肃事故查处和责任追究。实施责任事故约谈制度，继续完善新闻发布会制度，建立黑名单制度。由省安委会组织并邀请省监察厅、省委组织部等部门负责人参加，对在安全生产工作中存在较大问题的企业，负有安全监管职责的部门和地方政府负责人进行约谈。建立由省安全监管局、省监察厅、省公安厅和法院、检察院等部门参加的事故协调联席会议制度。每次事故调查处理前，及时公布举报电话，建立事故处理备案和回访制度。实施安全生产工作目标责任制考核责任追究。对梅河口市“9·6”重大火灾事故9名责任人追究了刑事和行政责任，并责成梅河口市政府作出深刻书面检查。对2009年生产安全事故死亡人数突破年度控制考核指标的通化市、白城市政府予以通报批评，对发生两起重大生产安全责任事故的通化市政府给予行政问责。

二、全面推进“三项行动”，深入开展隐患排查治理

2009年，国务院办公厅下发《关于进一步推进安全生产“三项行动”的通知》后，全省突出重点行业和领域，抓住薄弱环节，开展隐患排查治理。按着省政府“治大隐患、防大事故”的目标要求，全面推进“安全生产年”和“工作落实年”各项工作落实。

一是加强组织领导，周密部署。省政府成立了以王祖继副省长为组长，安全监管、工业和信息化、教育、公安、监察、国土资源、住房和城乡建设、交通运输、水利、农委、商务、文化、工商、质监、广电、交警、消防、煤监等部门领导为成员的安全生产“三项行动”推进组。省政府办公厅制定下发了《关于深入开展安全生产“三项行动”的通知》，省安全监管局制定了《吉林省安全生产宣传教育行动实施方案》、《吉林省安全生产治理行动实施方案》、《吉林省安全生产执法行动实施方案》，结合我省实际，明确规定了“三项行动”的工作目标、工作范围、主要工作任务和实施步骤。各级政府和有关部门立即开展了“三项行动”，不断深化安全生产专项治理工作。

二是加强指导，层层推进。省安委会办公室按照省政府要求，分别制定下发了安全生产执法行动、治理行动和宣传教育行动工作方案，进一步加大了对各地、各有关部门开展“三项行动”的指导力度。各市（州）、县（市、区）政府以及省安全监管、交通、水利、建设等部门分别结合本地、本行业（领域）特点，组织制定并下发“三项行动”的具体实施方案，有针对性地在本地、本行业（领域）开展“三项行动”。

三是监督检查，加大力度。2009年元旦、春节期间，省安委会办公室组织由安全监管、公安、住房和城乡建设、交通运输、旅游等部门组成的63个督查组，深入各地进行节日安全督查。在全国“两会”期间，针对煤矿、非煤矿山、危险化学品、道路交通、人员密集场所等11个重点行业领域，全省共派出411个督查检查组，开展了为期40天的春季安全大检查，督查检查1.5万余个生产经营单位，整治和查处各类隐患4.7万余处。在2009年6~7月份汛期，组成了8个调研督导组，对各地、各行业和企业“三项行动”开展情况进行了督导调研。2009年7月28日，省政府召开了全省推进集中开展隐患排查治理工作电视电话会议，进一步进行了详细部署和落实。全省各地在隐患排查中迅速行动，措施得力，积极整改，消除企业的重大隐患。从2009年8月下旬开始，全省开展了为期一个多月的安全生产大检查，确保国庆活动安全。在4季度，针对冬季特点，吸取梅河口市“11·27”事故教训，在全省各行业（领域）组织开展了为期一个月的集中整顿。通过政府督查、部门检查、企业自查等措施，不断加大“三项行动”推进力度。2009年共排查企业33.2万户，排查隐患24.1万条，整改率99%。比2008年多排查10.9万户，多排查8.9万条隐患，整改率提高3.2个百分点。全省打击安全生产非法违法行为3.8万起。关闭了43处不符合煤炭产业政策及不具备安全生产基本条件的煤矿和183座不具备安全生产条件的金属非金属矿山。启动了粉尘与高毒物品危害专项治理行动，下达整改指令书292份，处罚90户企业。

（一）广泛开展安全生产宣传教育行动

2009年4月29日，省政府新闻办组织召开了安全生产执法、治理、宣传教育“三项行动”新闻发布会，吉林电视台、吉林日报、吉林广播电台等10余家省内媒体报道了省政府开展安全生产“三项行动”的具体部署。全省各地、各有关部门不断加大安全生产宣传工作力度，推动安全生产宣传教育行动深入开展。省安全监管局制定了《2009年安全生产宣传工作要点》，编辑了《安全宣传手册》。在安全生产信息网上设立了“安全生产三项行动”专栏，创立了“安全生产三项行动专刊”，及时发布进展情况。2009年5月31日，以“关爱生命、安全发展”为主题，王祖继副省长在吉林电视台发表启动“安全生产月”活动讲话。全省“安全生产月”活动期间组织了安全生产宣传咨询日、“安康杯”竞赛、组织媒体采访、安全生产论坛、文艺汇演等13项活动。全省集中开展宣传教育活动599次，500余万人次参加，组织新闻发布会30次，在国家和省主流媒体刊登稿件140篇，在《吉林日报》刊发专版2个，大力宣传安全生产法律法规。全省加强对重点人员的安全培训，培训生产经营单位负责人、安全管理人员和特种作业人员近4万人，省安全监管局在全国安全生产月活动经验交流会上介绍了经验，松原市、通化市安全监管局和中国一汽集团被评为2009年全国安全生产月活动优秀单位。

（二）大力推进安全生产执法行动

把容易出现非法违法行为的行业列为重点领域，把城乡结合、县区交接、边远偏僻等监管边缘部位列为重点地区，把无证或证照不齐、未经许可的生产、贮存、运输、经营、建设等行为列为重点内容，深入开展打击安全生产非法违法行为专项行动。组织开展了建设项目安全设施“三同时”工作专项检查。执法工作与许可证管理和推进企业安全生产诚信建设相结合，对严重违法企业，依法吊销其安全生产许可证和相关证照。对有严重违法行为企业列入黑名单。省政府还组成多个督查组，对各市（州）、县（市、区）及重点行业（领域）的“三项行动”进行督导。各地普遍建立健全了安全生产联合执法机制，采取市、县（区）联合执法，各职能部门协同执法等方式，重点突出、点面结合，部门联动、协调互动，展开了“打非治违”专项行动。2009年，打击非法建设、非法生产、非法经营行为3.9万起。

（三）扎实开展重点行业（领域）安全生产治理行动

以“治大隐患、防大事故”为目标，以解决安全生产主要矛盾和突出问题为突破口，按照“分级管理、分口把关”的原则，不断深化重点行业领域的治理行动。

一是开展煤矿安全治理。突出“一通三防”、防治水、机电运输、顶板管理等关键环节，重点加强煤矿的“雨季三防”、水害防治和瓦斯治理。全省高瓦斯、煤与瓦斯突出矿井监测监控系统装备率达到100%。全省组织开展了小煤矿斜井（巷）人车使用和管理专项整治行动。积极督促引导煤矿企业隐患排查治理工作，省属煤矿基本做到了规范化、制度化。煤矿相对集中的白山市、延边朝鲜族自治州、吉林市较好落实了煤矿隐患排查分级分类、重大隐患公告、跟踪监控、挂牌督办、治理消号等制度。积极推进煤矿整顿关闭和资源整合工作。对2008年公告关闭的矿井进行了专项督查，确保关闭矿井全部关闭到位。2009年，关闭了43处不符合煤炭产业政策和不具备安全生产基本条件的矿井。

二是非煤矿山安全治理。以金属非金属矿山坍塌、窒息、冒顶片帮等事故为重点，组织各地企业排查治理隐患。对全省露天采石场中深孔爆破技术使用和地下开采矿山机械通风系统建立情况进行了全面检查。在全省推广了长春市小型露天采石场现场管理的典型经验。组织专家对全省尾矿库安全工作进行专项检查，对停用、废弃的13座尾矿库的安全状况进行“会诊”，提出治理措施，逐库落实安全责任单位和部门。与省发展改革委、工信厅、国土资源厅、环保厅制定下发了《吉林省尾矿库隐患综合治理实施方案》，明确了15座存在安全隐患尾矿库的治理时限、责任和资金。会同国土、环保、公安、工商等部门，研究制定了《吉林省金属非金属矿山整顿和关闭工作方案》，明确了相关部门对整顿关闭工作的监督和指导职责，落实了各级政府整顿关闭任务，年底前关闭了不具备安全生产条件的金属非金属（尾矿库）183座。

三是危险化学品和烟花爆竹安全治理。以易燃易爆、高温高压及剧毒气体为重点，集中整治危险化学品生产、储存、运输、销售、使用等环节事故隐患。建立化工生产企业定期专家排查隐患制度，国庆节期间组织14名化工专家进行值班。开展了HAN和HFJ阻隔防爆技术的推广应用工作，督促危险化学品生产、经营、储存、使用企业、单位，应用阻隔防爆技术，从根本上解决易燃易爆气态、液态危险化学品储运容器和装置的本质安全。在高危险工艺化工企业开展了自动化控制及安全联锁技术改造。加强全省危险化学品登记工作，有197户企业完成登记。加强了烟花爆竹生产企业的全面排查，严格执行驻厂监查制度，重点治理企业“三超一改”和违规使用氯酸钾行为。开展了烟花爆竹企业安全生产大检查，解决了销售点设立不合理、库房不合乎安全规程、烟花货物存放违规等问题,全省累计投入资金1.16亿元,改造标准化库房80605平方米,安全生产条件有了比较明显的改善。

四是冶金机械等行业安全治理。印发了《关于切实加强冶金、有色、建材、机械、轻工、纺织等行业安全生产工作的通知》，进一步明确各地安全监管部门和工业行业主管部门的安全管理责任和工作任务。2009年再次组织专家对45户冶金有色企业进行检查，对474个隐患进行了整改，整改率达95.6%，对不具备安全生产条件的8户企业，责令停产整顿3户，依法关闭5户。加强了工商贸企业租赁厂房安全管理，把厂房结构安全情况、监控设施等作为排查治理重点，督促整改，跟踪落实。深入开展有限作业空间隐患排查治理和督促检查，严格防范有限空间作业场所有毒有害气体中毒事故的发生。组织开展了企业冷库安全生产专项检查。对全省321个冷库进行了排查，发现隐患744个，整改618个，整改率83%，其他隐患也做到了“五落实”。加强了外包工程安全管理工作，开展了为期2个月的大中型企业外包工程安全管理专项检查。督促检查各地开展建材、机械、轻工、纺织、烟草和商贸等行业隐患排查治理，全省共排查冶金机械等8个行业8860户企业，排查隐患15126条，整改14833条，整改率达98.8%。

五是全面启动了全省作业场所职业健康监管工作，进行了职业健康监督员岗位建设试点工作和职业危害申报工作，开展了《职业病防治法》宣传周活动和粉尘与高毒物品危害专项治理行动，下达整改指令书292份，处罚90户企业。组织了职业病事故调查，建立了作业场所职业危害申报与备案管理系统。

六是开展道路交通安全治理。在国省道、高速公路等主要公路、事故多发道路，加强对客运车辆、危险化学品运输车辆、校车、大型货车的管控，严厉查处超速、超员、疲劳驾驶、酒后驾驶、非法营业性运输、破坏公路安全设施等非法违法行为，进行了高速公路交通违法行为集中整治，开展了以旅游线路为重点的治理行动。交通运输和公安交警部门联合开展了营运车辆专项治理，出动人员5.6万人次，车辆1.5万台次，检查营运车辆13.8万辆，查处“黑车”0.45万辆。加强了对重点车辆的实时监控，9908台营运客车和1787台危险货物运输车辆安装了GPS监控系统。

七是开展消防安全治理。以解决建筑规划、建筑结构、消防设施方面存在的问题为重点，集中力量对公众聚集场所、高层和地下建筑进行消防安全专项治理。省公安厅主要领导亲自带队，深入基层和企业检查指导消防安全工作。公安、文化、工商、安全监管部门组成联合工作组，组织开展了公众聚集场所易燃可燃装修材料专项整治和检查验收。截止到目前，全省共排查公众聚集场所6731家，排查隐患3982处，责令停产停业262家；排查高层、地下建筑2926个，排查火灾隐患954处，下发限期改正通知书772份，关停26家。

八是开展建筑施工安全治理。全面开展施工现场的安全督查，重点对建筑施工现场脚手架搭设、临边洞口防护、施工用电及塔吊、施工电梯等施工机械进行检查，省建设厅共检查施工现场13个，整改各类隐患 83 项，停工整改工地 5 个，暂扣安全生产许可证施工企业 7 户，对全省 5822 台起重机械设备实行了登记备案。

九是开展特种设备等行业的安全治理。省质监部门突出抓好对特种设备重点监控单位、重大建设工程及起重机械和压力管道元件生产使用单位的安全执法检查；农机部门对 12.8 万台农用机械进行了安全排查，治理各类隐患 7.6 万余项；省工业和信息化厅对全省所有民爆器材生产企业和部分销售企业进行检查，治理各类安全隐患 76 项；铁路部门重点对线桥设备质量、机车车辆质量等基础设施设备进行排查整治，及时清查了铁路线路安全保护区内的违法行为；吉林民航监管局开展各类专项治理行动 32 次，整改各类隐患 41 项。教育、卫生、水利、旅游、电力等部门，结合实际，深入开展了安全生产专项治理行动，并取得了较好成效。

三、全面加强“三项建设”，切实推进基层基础建设工作

根据国务院安委会关于加强安全生产“三项建设”的总体部署，吉林省高度重视，采取积极措施贯彻落实。一是迅速行动，制定方案。省安委会制定了《关于进一步加强安全生产法制体制机制建设的实施方案》、《关于进一步加强安全生产保障能力建设的实施方案》、《关于进一步加强安全生产监管监察队伍建设的实施方案》，明确了“三项建设”的重点任务目标。二是全面推进，督促检查。2009 年省安委会第二次全体（扩大）会议上，对在全省全面加强安全生产“三项建设”进行部署，副省长王祖继对工作提出了明确要求。省安全监管局制定了《2009 年全省安全监管系统基层基础建设工作指导意见》。在全省各项安全生产检查督查活动中，都坚持把“三项建设”作为工作的一项内容，进行督促检查，不断推进各市（州）和县（市、区）“三项建设”工作的深入开展。三是典型引路，经验交流。在全面加强安全生产“三项建设”的基础上，全省进一步推进为期三年的安全监管基层基础建设工作。2009 年 7 月 24 日，在松原市召开全省安全监管系统基层基础建设工作现场会，由松原市、辽源市、九台市、柳河县安全监管局进行了经验交流，现场参观了松原市安全监管局“双基”建设情况。通过典型示范促进了各地工作的开展。2009 年国家安全监管总局领导王德学、赵铁锤、彭建勋，建设部领导郭允冲等率领督查组先后对我省进行督查指导，对我省安全生产“三项建设”工作给予肯定。

（一）结合全省执法队伍建设实际情况，重点推进乡镇（街道）基层执法机构建设

截至 2009 年底，省级成立了安全生产执法监察总队，9 个市（州）都成立了执法支队，68 个县（市、区、开发区）成立了执法大队，667 个重点乡（镇）全部成立了独立设置的安全监管站。长白山管委会所属 3 个经济区成立了独立的安全监管机构。全省基本形成了健全的省、市、县、乡四级安全监管网络，全省各级安全监管机构专兼职人员 2867 名，监管队伍能力、素质和装备水平有了显著提升。一些村屯和社区还成立了以主要负责人为组长的安全小组。2009 年调整充实了覆盖 9 个重点行业（领域）118 人的专家队伍，为安全生产提供技术支撑。省安全监管局通过定期举办视频讲座、委托省内大学开办脱产培训班等形式，加快了安全监管专业人才的培养。

（二）以完善省级保障装备建设，促进基层建设

省政府加大对安全生产的投入，省级安全监管装备水平有了明显改善。2009 年“双基建设”资金投入达 3928 万元，有 7 个市、38 个县（市、区、开发区）专项资金列入财政预算，各地配备监管监测装备 2000 多台套。省财政补贴全省县级安全监管部门配备监管用车 64 台，建设了连接省、市、县的信息化专网和视频会议系统。全省各地投入安全生产专项资金 1.65 亿元，配备各类监测仪器设备 2100 余台（套）。

（三）加强制度建设，规范执法行为

实施行政问责制度，出台了《安全生产事故约谈制度》和《吉林省生产安全事故处理备案制度》；实施责任惩戒制度，建立了《安全生产监督管理黑名单制度》；实施加强“三同时”监管制度，制定了《安全许可建设项目安全设施“三同时”监督规定》；实施规范监督检查制度，制定了《吉林省非煤矿山、危险化学品、烟花爆竹企业安全生产监督检查实施办法》；实施乡镇（街道）安全执法制度，制定了《吉林省安全生产委托乡镇（街道）安全监管机构行政执法指导意见》；加强执法监督，开展执法考评，印发了《关于开展安

全生产监管行政执法检查考评的通知》等。

四、全面推进企业标准化工作，提高企业安全基础管理水平

2009年，省政府对深入开展安全生产标准化工作高度重视，省政府办公厅转发了《省安监局关于开展非煤矿山、危险化学品和烟花爆竹企业安全生产标准化工作指导意见的通知》（吉政办明电[2009] 38号），明确了开展安全生产标准的指导思想、工作目标、工作内容、政策措施和工作要求。认真落实国家安全监管总局等七部委关于加强国有重点煤矿和小煤矿安全基础管理两个指导意见，着力推进安全质量标准化矿井建设。

（一）将标准化工作与目标责任制考核相结合

2009年，省政府已将安全标准化创建工作纳入对市（州）政府目标责任制考核内容。同时，将安全生产标准化达标作为企业及负责人评优、评先的必备条件，对未达标的企业实行否决。对实现安全生产、安全质量达标的小型煤矿，在煤炭生产许可证年检、延续时，省、市（州）煤炭管理部门免予现场核查；支持地方政府在实施区域性停产时，允许达标煤矿继续生产。对年内发生过死亡事故、安全质量标准化不达标的煤矿，加大检查频率，加大对安全违法行为的处罚力度。

（二）进一步健全规范企业标准化考评工作体系

省安全监管局印发了《关于开展冶金机械制造企业安全生产标准化创建活动的通知》、《吉林省危险化学品从业单位安全标准化考评办法》、《吉林省危险化学品从业单位安全生产标准化二级企业考评办法》、《吉林省金属非金属矿山安全标准化考评办法》、《吉林省金属非金属矿山安全标准化考评程序及细则》等规范性文件。研究起草了《危险化学品从业单位安全标准化咨询管理办法》、《危险化学品从业单位安全标准化考评员管理办法》、《危险化学品从业单位安全标准化一级考评检查评分细则》等。确认了省级金属非金属矿山安全标准化和危险化学品从业单位二级标准化考评机构，负责全省非煤矿山三、四级安全标准化和二级危险化学品从业单位的达标考评工作，对达标考评情况进行管理、统计和上报。全省非煤矿山企业五级标准化考评机构已经全部组建、认定完毕。

（三）加强试点企业全员标准化工作教育培训

督促试点企业加强安全管理工作系统化、规范化建设，对安全管理制度进行了全面梳理，按照标准化工作要求，对制度中存在的缺陷或不足进行了修订、补充和完善，使企业对各部门、各岗位和每个员工的安全工作有具体要求和判定标准。对存在的各类事故隐患，加大安全投入，进行了积极整改。吉煤集团公司在组织推进安全质量标准化工作中，在原标准的基础上，将每一个档次的标准都提高了5分，并且规定各系统得分都要达到本级最低标准以上。加强对非煤矿山各级安全监管人员、企业负责人、安全管理人员、考评机构工作人员进行标准化业务培训。共举办培训班7期，培训总人数1100多人。组织危险化学品各级安全监管人员和企业自评员参加国家总局组织的培训，共培训4期，培训98人；聘请国家安全监管总局专家到我省培训中心进行培训1期，培训120人。累计培训218人。

（四）以先进典型推动全省安全生产标准化建设

省安全监管局召开了全省推进非煤企业安全生产标准化工作会议，由一汽集团、中国黄金集团夹皮沟矿业有限公司等7个单位介绍了标准化建设经验，省安全生产协会介绍了非煤矿山安全生产标准化考评工作程序与方法，省安科院介绍了危险化学品安全生产标准化考评工作，促进了全省非煤矿山、危险化学品、烟花爆竹、冶金、机械等行业的安全生产标准化工作。

（五）企业安全生产标准化建设工作取得积极成果

各地以高危企业为重点，积极的探索，推进标准化建设。全省已有468户非煤矿山提出达标考评申请，占应达标企业总数的58.3%。其中，已有64户企业达标。全省各类煤矿有61个矿井达标，达标率为23.28%。其中，吉煤集团公司达标矿井23个，达标率为76.66%。在61个达标矿井中，达到一级的有19个矿井，达到二级的有15个矿井。120户危化企业提出试点申请，占应申请企业的49%。烟花爆竹企业抓住标准化库房改造的有利时机，大力推进标准化建设。全省3户生产企业和97户批发企业中，已有51户通过考评，达到标准化二级水平，累计投入标准化整改资金1.16亿元，改造库房80605平方米，消除了一大批安全隐患，使全行业的安全生产水平有了比较明显的改善。吉林、长春、延边、通化和辽源安全生产标准化达标企业接近100%。全省有33户机械企业获得国家机械行业一级标准化企业证书。

五、进一步强化安全生产综合监管职能

全省各级安委会和安委会办公室严格落实国务院、国家安全监管总局、省委、省政府各项工作部署，认真履职尽责，充分发挥综合协调作用，针对不同时期的安全生产形势，指导协调安全生产重点工作，研究分析解决安全生产工作中的重大问题。省人大、省政协先后对全省安全生产工作进行视察，对安全生产给予了极大关注和有力支持。2009年省安委会及安委会办公室加强协调机制建设，调动各有关部门加强行业安全管理工作的积极性，形成合力，齐抓共管。组织召开5次安委会全体会议，对“三项行动”、“三项建设”等重点工作进行安排部署，推进阶段性重点工作任务落实。各安委会成员单位加大了对本行业、本领域的安全生产工作的组织领导和部署落实力度，在各分管行业（领域）开展了隐患排查和专项整治等工作。

省安全监管和煤矿安监部门重点加强了煤矿企业“雨季三防”、水害防治、瓦斯治理以及小煤矿斜井（巷）人车使用和管理专项治理，全省高瓦斯、煤与瓦斯突出矿井监测监控系统装备率达到100%，对91处矿井进行了资源整合。在全省露天采石场、地下矿山分别推行了中深孔爆破技术和机械通风系统。组织专家对13座停用、废弃尾矿库落实了治理措施。督促危化企业实施了阻隔防爆技术改造。组织专家对冶金有色企业进行检查。省公安交警和交通部门对重点路段、重点车辆、重点违法行为和重点时段的治理整顿。加强对客运车辆、危险化学品运输车辆、校车、大型货车的管控，严厉查处超速、超员、疲劳驾驶、逆行、涉牌涉证、酒后驾驶等交通违法行为。20余次全省范围道路交通执法集中统一行动。省交通运输部门与20个厅直属部门签订了安全生产工作目标责任状，层层分解落实了工作目标和控制指标。检查营运车辆13.8万辆，查处“黑车”0.45万辆。交通事故四项指数稳中有降，同比少死亡182人。省公安消防部门将重大火灾隐患整治工作和农村消防工作纳入省政府《2009年消防工作责任书》之中，以解决建筑规划、建筑结构、消防设施方面存在的问题为重点，集中力量对公众聚集场所、高层和地下建筑、进行消防安全专项治理。

开展了国庆消防安保以及“吉安1号”、“吉安2号”消防安保专项行动。发现并督促整改了一大批火灾隐患和消防安全违法行为。省建设部门全面加强施工现场安全管理，重点对施工现场脚手架搭设、临边洞口防护、施工用电及施工机械等进行专项检查和集中治理。采取“暗访”方式，随机抽查建筑施工企业，停工整改工地5个，对发生死亡事故的7家施工企业暂扣了安全生产许可证。省农业部门组织乡镇企业和农业产业化龙头企业在安全生产专项整治的基础上，有针对性地对重点行业、重点领域的突出问题，集中治理。以采煤采矿、危险品和易燃易爆品生产型乡镇企业为重点，加强检查，集中治理。对存在隐患的企业，限期整改。省水利部门依法打击渔船非法载客，检验渔业船舶3000余艘。省质监部门加强了对锅炉、压力容器、压力管道、电梯、起重机械、客运索道、大型游乐设施等特种设备生产、使用环节的安全监管。对全省5100余户小酒厂、小洗浴、小豆腐房、小充装站加大了安全监察和执法力度，检查特种设备5800余台。省教育、体育、旅游、民航、铁路等部门，结合各自行业实际，深入开展了安全生产专项治理行动，并取得了较好成效。

六、进一步加强服务型机关和党风廉政建设

（一）继续深化行政审批制度改革，切实为企业服务

继续坚持把安全监管的各项工作措施落实到为基层、为企业服务之中。在吉林省政府机构改革中，原省煤炭工业局负责的煤炭安全生产监管职责、小煤矿整顿关闭职责和煤炭生产许可证、矿长资格证以及原由吉林煤矿安监局负责的煤矿特种作业人员操作资格证、矿长安全资格证的管理职责划入省安全监管局后，省安全监管局将审批事项全部进入政务大厅。积极为企业发展创造宽松环境，对地热、温泉、矿泉水、卤水、砖瓦用黏土资源开采的非煤矿山企业取消行政许可，惠及950户企业；危险化学品和非煤矿山安全生产许可证实际办理时限减少20个工作日。在省建设厅的支持下，采取6项措施，解决了206个非煤矿山项目因施工和监理资质问题不能按期投产的问题。先后对134个高危项目办理了安全“三同时”许可手续，对110

个项目进行了政策指导，全年行政审批办结2296件。对重点建设项目实行超前服务、跟踪服务和上门服务，指导企业做好安全设施“三同时”工作。针对尾矿库、烟花爆竹等企业技术力量短缺，安全管理基础薄弱等情况，组织专家对重点企业进行安全“会诊”，指导企业进行安全技术改造。落实了企业的安全生产技术保障措施。在组织建设项目设立安全审查、安全设施设计审查时，坚持对企业在项目建设中的重要环节，选用具有相应施工、监理、检测检验、安全评价资质的单位进行指导，以防止项目建设中出现重大失误。坚持放权不放责，进行了安全设施“三同时”和下放审批权限的执行情况的监督检查，抽查了9个县（市、区）、36个建设项目和40多个审批档案，召开了9次座谈会，对在建项目和审批档案中存在的问题提出了整改意见。

（二）加强党风廉政建设及政行风和软环境建设

坚持落实廉政建设“一岗双责”责任制，坚持“两手抓”，做到“四个融入”，实现“五个同步”。深刻吸取近年来安全监管系统违法违纪案件的教训，紧紧抓住安全许可、事故调查处理、行政执法和财务资金管理等易出现违法违纪和失职渎职问题的“四个环节”，强化措施、细化分解任务。制定了《2009年吉林省安全生产监督管理局党风廉政建设和反腐败重点工作及责任分解表》，将反腐倡廉建设细化为11项重点工作39项具体任务，分解落实到各处室。继续在全系统开展“体察民情、关爱生命”主题教育活动。坚持业务工作与反腐倡廉和软环境政行风建设同步推进。召开企业座谈会近20次，向服务对象发出征求意见公开信15000多封，向有关部门发出征求意见函282件，向社会各界公开聘请150多名政行风义务监督员。设立了政行风和软环境工作热线和生产安全事故举报电话，积极参加“走进直播间”活动，现场解答群众关心的热点、难点问题。

（三）切实加强领导班子和干部队伍建设

把领导班子和干部队伍建设作为安全监管工作的重要内容，严格执行《党组决策重大事项议事规则》；坚持理论中心组学习制度，发挥党组理论中心组的带动作用，深入开展“和谐班子”创建活动，坚持“团结干事、和谐共事、按章办事”的原则，切实加强领导班子思想政治建设，进一步营造心齐劲足、风清气正、谋事干事的良好环境。以深入学习科学发展观为契机，按照省委、省政府关于进一步开展“树新风正气、促和谐发展”教育活动的要求，继续在全系统组织开展“五讲、双安全”主题教育活动，切实加强干部队伍的思想和作风建设。制定了专业知识培训三年工作目标，开展短期强化培训。定期组织全省安全监管干部参加矿山、化工等专业基础知识讲座。选派60名左右45岁以下干部，进行为期两年的化工、矿山和安全工程专业学习。深化干部人事制度改革，完善竞争上岗制度，增强选拔任用干部的透明度，加大干部轮岗交流力度。

七、切实加强安全生产科技规划和应急管理工作

积极推动实施“科技兴安”战略，建立了以非煤矿山、尾矿库、危险化学品、应急救援、信息化建设等6大类别、184个项目的项目库，项目资金共计21.8亿元。认真组织“金安”一期工程建设，完成了视频系统建设。

充分发挥中介机构安全技术支持作用，全省12户安全评价机构，2009年共完成安全评价项目1643个。其中，安全预评价项目281个，安全验收评价项目201个，安全现状评价项目1161个。指出企业一般安全隐患2836项，指出重大安全隐患149项，提出整改措施建议3858条。各安全评价机构为企业提供技术服务714项，参加安全咨询和培训885人/次，完成检验检测报告1673个。

制定了《吉林省安全生产应急管理工作要点》，修订了《吉林省事故隐患排查治理实施办法》。进一步加大重大危险源和重大事故隐患管理登记建档和分级管理工作力度，登记建档率达到95%以上。强化应急预案管理，制定了应急演练、预案编制和备案调查表，加强了应急演练工作的指导，协调省消防总队，落实了《长吉高速公路危险化学品槽车泄漏及交通事故跨区域消防应急演练工作方案》，与一汽集团联合组织开展了应急演练。积极推动应急救援队伍建设，在全省开展了非煤矿山救护队资质认证试点准备工作，加强了白山市矿山救护大队的基础建设，并取得了国家矿山救护达标一级救援队伍资格，列入了全国非煤矿山应急救援基地。

黑龙江省安全生产工作综述

2009年是黑龙江省安全生产工作极不寻常的一年，全省各地、各部门、各单位认真开展安全生产“三项行动”和“三项建设”，不断推进安全执法、隐患排查和安全文化建设，不断强化安全生产法制体制机制、保障能力和监管队伍建设，全面加强各重点行业领域安全专项整治，推动了全省安全生产形势总体稳定。2009年，全省共发生各类事故6463起，死亡1903人，同比减少2099起、268人，分别下降24.5%和12.3%。下降幅度位于全国前列。全省各类事故死亡人数由2005年的3152人，首次下降到2000人以下，事故死亡总人数控制在国务院安委会下达的2140人考核指标以内。

一、省委省政府高度重视安全生产工作

省委、省政府对安全生产工作的领导力度不断加大，主要领导同志就加强安全生产工作做出重要批示115件（次），召开全省各类安全生产工作会议17次。省政府领导带队和派出厅级领导带队的督查组8次，深入各地进行督促检查。省政府安委办充分发挥指导协调作用，建立煤矿、道路交通、危险化学品等6项联席会议制度，研究解决煤矿、道路交通等影响和制约全省安全生产工作的重点难点问题。全年召开全省安全监管系统视频会议7次，及时贯彻落实省委、省政府和国家安全监管总局重大决策部署，确保了“两节”、“两会”、大冬会、建国60周年等重大政治敏感时期安全生产平稳运行。省政府重奖了2009年安全生产控制指标优秀地市和单位，对各类事故死亡人数未突破省政府下达的安全生产控制考核指标与上年相比下降20%以上的齐齐哈尔市、鹤岗市、七台河市、黑河市和大兴安岭行署给予30万元奖励，给予控制考核指标与上年相比下降10%以上的地市奖励10万元，对未发生一次死亡3人以上事故的龙煤集团鸡西分公司和七台河分公司各奖励200万元，对连续1000天未发生死亡事故的东风煤矿奖励100万元。

二、煤矿瓦斯治理和整顿关闭取得新成效

省政府投资2.73亿元，支持龙煤集团62项“一通三防”重点项目建设，积极推进龙煤集团鸡西分公司城山矿等20处示范矿井和双鸭山市宝清县等4个示范县区瓦斯治理建设。积极贯彻落实全国煤矿瓦斯防治工作会议精神，省政府投入煤矿瓦斯治理资金由去年的5000万提高到1亿元，不断完善瓦斯抽采系统，加大瓦斯抽采力度，龙煤集团瓦斯抽采量2.19亿立方米，抽采率达到42.1%。采取果断措施，严格安全标准，全年关闭小煤矿120处。

三、非煤矿山安全生产工作取得新进展

通过现场排查、严格检查，分两批公告关闭非煤矿山104个，注销其安全生产许可证。全年整合各类矿山91个，解决了一批难点和重点问题。鸡西密山市和省农垦总局通过兼并重组，解决了分属两个系统两个采石场安全距离不足的问题。

2009年7月，国家安全监管总局在大庆市召开全国非煤矿山安全基层基础工作现场会，总结推广了大庆油田有限责任公司和大庆市政府加强基层基础建设的经验。加强源头管理，严格准入标准，新建矿山严格执行安全设施“三同时”设计审批制度，凡达不到最低开采规模，矿址周边环境不符合安全条件规定的，一律不予批准建设。全年现场勘查、验收各类矿山29个，有3个矿山因不符合安全生产条件未被批准建设。严格执行非煤矿山安全许可制度，加强新证颁发和延期换证管理，制定下发了《全省非煤矿山安全生产许可证延期换证实施办法》，规范换证标准和换证程序。对资源枯竭不能继续生产、采矿许可证到期不能延续、影响大矿安全、采用淘汰落后工艺以及安全条件滑坡、达不到最低开采规模、不具备安全生产条件的矿山，一律不延期换证。加强采掘施工企业安全准入管理，严格执行采掘施工企业资质审查备案制度，对外省进入我省的采掘施工企业，不能提供相关资质证明、无建设部门颁发建筑业企业资质证书、无安全监管部门颁发安全生产许可证的，一律不准进入我省从事采掘施工作业。

强力推进中深孔爆破技术，全省中深孔爆破技术应用比例达到100%，完成了三年工作目标。全省18个在生产地下矿山全部实现机械通风，在建地下矿山全部按设计建立了机械通风系统。推动地下矿山配备井下有毒有害气体检测仪、测风仪和露天矿山推广机械铲装、液压锤二次破碎技术，全省576个矿山实现了机械化铲装，68个采石场使用了液压锤二次破碎。尾矿干排技术在5个尾矿库得到应用。

四、危险化学品和烟花爆竹安全监管工作不断强化

建立了危险化学品和烟花爆竹非法生产经营单位“黑名单”公告制度，对哈尔滨诺林经贸有限责任公司违规储存剧毒化学品等6起违法行为实施处罚，对3户违法经营含氯酸钾烟花爆竹企业进行了公告。加大了查处违法违规力度，全省累计检查烟花爆竹企业11648户次，收缴假冒伪劣烟花爆竹2553件，查处违法违规案件891起，吊扣经营许可证63个，取缔非法窝点193处，下达整改指令93份，刑事拘留1人。省安全监管局组织执法检查危险化学品经营单位114户，查处隐患和问题128项，责令停业整改6户，暂扣经营许可证5个。加强了危险化学品和烟花爆竹重大危险源监控和危险化学品登记工作，到11月底，完成了73处重大危险源远程视频监控，全年完成177户危险化学品生产企业登记。已有251户危险化学品生产企业、1842户经营企业，10户烟花爆竹生产企业、44户经营企业加入安全生产信息系统。强化了危险化学品和烟花爆竹企业市场准入，全年换发安全生产许可证129个、危险化学品经营许可证566个、烟花爆竹经营许可证（批发）131个。有96户危险化学品生产企业因不符合安全生产条件等原因未予以办理许可证延期。危险化学品生产企业由332户减少到251户，烟花爆竹生产企业由19户减少到10户。全面加强中小危险化学品生产企业监管工作，制定了《黑龙江省危险化学品中小生产企业规范化安全管理办法》和关于加强危险化学品生产企业复产开展安全检查工作等指导性文件。

五、道路交通安全综合监管工作深入开展

省政府安委办提出了道路交通“源头入手、部门联动、标本兼治、加强执法”的安全监管原则，与交通运管部门联合开展道路运输企业安全生产标准化达标升级活动，全省216户运输企业通过标准化考核评估。指导、配合省交通运管部门制定下发《黑龙江省道路运输车辆安装使用动态行驶记录仪工作实施方案》。在年度政府隐患整改专项资金中列支1000万元，用于GPS动态行驶记录仪安装。会同公安、交通、民政、法制、农垦、森工等部门，协调解决了我省14条路段道路交通安全执法权交叉问题。组织开展了“百日道路运输企业安全生产专项整治行动”，查处报废车辆460台次，私自改装车辆2135台次，道路运输安全管理水平显著提升。

六、重点行业领域安全整治工作不断加强

对哈尔滨地铁、哈尔滨松浦大桥等重点工程以及各地建筑施工单位多次开展安全检查，全年共检查在建工程400余项（包括复查工程），建筑面积730万平方米，下达执法建议书33份，下达整改指令书77份，消除了大量事故隐患。哈尔滨铁路局重点整治铁路道口交通安全、职工职场作业安全、非主业系统劳动安全等方面存在问题。新建监护道口219处，拆除道口39处，169处专用线道口由专用线所有人和铁路车站签订了安全协议。黑龙江海事局加强对渔船、农用（自用）船舶非法载人进行巡航检查，对航电枢纽、桥梁建设施工作业水域实施24小时现场监管。省教育厅联合建设厅、技术监督局、安监局等部门对中小学校舍安全工程检查工作进行部署安排，制定校舍安全工程3年规划并认真组织实施。省水利厅、省安监局联合下发文件，对省内小水电站开展联合安全检查。省旅游局、安监局共同对省内S级滑雪场开展安全检查。

七、加大了打击安全生产非法违法力度

建立由地方政府分管领导挂帅、公安机关牵头、相关部门参加的打击安全生产非法违法工作机制。全省共开展执法行动9939件（次）。其中，打击无证或证照不全从事建设、生产、经营的774起，纠正违反建设项目安全设施“三同时”规定291起。对非法违法生产经营行为实施行政处罚4781起，罚款3614.6万元，没收违法所得31.83万元。全省146625家企事业单位参加了隐患排查治理，共排查治理一般隐患266392项，整改259707项，整改率达到97.4%；排查出重大隐患

894 项，整改销号 789 项，整改率达 88.3%。启动省政府安全生产重大隐患治理资金补助项目，带动各级政府及企业投入配套资金 3.5 亿元。

八、广泛开展了企业安全生产标准化达标升级活动

在煤矿、非煤矿山、中小危化企业、烟花爆竹和机械、啤酒、乳品、纺织、商贸、木材及木制品加工企业等行业领域开展了达标升级活动，成立了由安全生产专家、中介机构等组成的标准化建设达标升级活动指导组、评价组，建立了达标升级与安全许可相挂钩、与诚信企业评比相结合、与复产开工相关联的激励约束机制，强力推动安全标准化创建工作。目前，全省已有 524 处地方煤矿达到安全质量标准化三级以上标准。全省 226 个非煤矿山开展了安全标准化创建工作，145 个矿山开展了自评，81 个完成了自评，其中 78 个由考评机构进行了考评，实现三年达标升级方案确定的目标，18 户地下非煤矿山开展了三级安全标准化创建。大庆油田有限责任公司 108 个处级单位全部执行了 HSE 管理体系，16 个单位通过了中石油体系认证，大庆市属 15 个油田服务企业执行了 HSE 管理体系。175 户中小危化企业达到二级标准，占 74.5%。135 户机械、纺织、商贸等 6 个行业企业通过国家、省、市标准化验收，达标率63%。

九、应急救援保障和技术支持能力有新提高

制定了《黑龙江省安全生产应急预案演练管理办法》，指导编制应急预案 370131 部。组织预案演练 3536 次，省安全监管局指导地市组织应急演练 47 次。省政府投入 230 万元，为省安全生产应急救援指挥中心购置了应急救援指挥车，提升了应急救援指挥能力。目前，全省有各类专兼职应急救援队伍 206 个。其中，矿山救援队伍 16 个，危险化学品救援队伍 19 个。大型救援车辆 900 台，主要装备 1.5 万件。加强了安全生产科技研究和推广工作，建设了非煤矿山安全和重大危险源监控实验室、职业危害检测与鉴定实验室。加强了对中介机构的监督管理，我省现有评价机构 17 家，评价人员 386 名，全省完成评价项目 1169 个。加强了对劳动防护用品监管工作。目前，全省共有申标和登记备案劳动防护用品生产经营企业 130 户。其中，特种劳动防护用品生产企业 30 户，一般劳动防护用品生产企业 27 户，经营企业 83 户。2009 年年初，省安全监管局、质监局、工商局、总工会、煤监局联合组织开展了劳动防护用品专项检查，全省共检查企业 2370 户，检查出问题 1510 项，下发整改指令 1340 份，对 87 户违法企业实施了行政处罚。

十、安全文化建设活动广泛开展

2009 年 6 月，组织召开全省安全生产宣传教育暨安全文化建设哈尔滨现场会，推广了哈尔滨电机厂、尚红社区等先进典型。制定了企业、社区、学校、乡村、家庭 5 个领域的安全文明公约，开展了安全文化进企业、进社区、进学校、进乡村、进家庭活动。省安全监管局、省总工会和团省委共同举办了“安全伴我行”演讲比赛等活动，举办了“关爱生命，安全发展”大型文艺晚会，邀请著名歌手孙悦和煤矿歌舞团团长瞿弦河现场演出，黑龙江电视台卫视频道进行了现场直播。加强了新闻宣传和信息工作，全年在各级新闻媒体累计发稿 8327 篇，编发《安全生产信息》313 期。会同省委宣传部共同制定了《关于做好安全生产事故信息发布工作的通知》，进一步规范事故发布程序，正确引导社会舆论。安全培训工作进一步规范和加强，全年培训企业负责人、安全管理人员和特种作业人员 81845 人。

十一、监管机构和队伍建设进一步加强

2009 年 7 月 2 日，省机构编制委员会印发了《黑龙江省安全生产监督管理局主要职责内设机构和人员编制规定的通知》（黑编［2009］94 号），增设了职业卫生处具体负责生产经营单位作业场所职业卫生监督管理工作，成立了由省安全监管局负责管理的省煤炭生产安全管理局，对省安全监管局职责进行了调整，将煤矿行业安全管理职责划给省煤炭生产安全管理局。同时，强化了对全省安全生产工作综合监督管理和指导协调职责，强化了对省直有关部门和地方政府安全生产工作监督检查职责。

2009 年 7 月 13 日，省机构编制委员会印发了《关于设立黑龙江省安全生产行政执法监察局的通知》（黑编［2009］107 号），受省安全监管局委托承担现场安全生产监察执法和行政处罚职能，强化了省安全监管局行政执法能力。继续在全省安全监管系统大力倡导安监精神、理念、作风，2009 年 7 月，省政府安委会印发了《关于进一步加强全省安全生产监管队伍建设的实施方案》，以提高行政执法能力为重点，强化基础、健全制度、创新机制、优化结构，增强活力，全力建设一支高素质的安全监管队伍。实施了全省安全监管系统年度绩效考核办法，注重日常监督考核。2009年12月，省安全监管局印发了《黑龙江省安全生产监督管理局行政许可审批管理办法的通知》，向市（地）安全监管局委托下放了非煤矿山安全生产许可证（采水、采土、采砂、露天采石场）、危险化学品经营许可证（不含剧毒品）、烟花爆竹（批发）经营许可证和第一类非药品类易制毒化学品经营许可证的行政审批权限，进一步加强了制度建设，强化了服务意识，规范了行政审批程序。省安全监管局制定了20项规范机关权力运行制度和7项配套制度，加强了用制度管人管事，促进了全省安全监管系统党风廉政建设。

上海市安全生产工作综述

2009年，在市委、市政府的正确领导下，在国家安全监管总局的指导下，上海市安全生产工作以邓小平理论和“三个代表”重要思想为指导，全面贯彻科学发展观，围绕本市加快推进“四个率先”、加快建设“四个中心”和现代化国际大都市的大局，坚持“安全第一、预防为主、综合治理”的方针，以安全生产被列入市政府年度重点工作为抓手，全力贯彻落实“安全生产年”各项措施，扎实开展安全生产宣传教育、安全生产执法、安全生产治理“三项行动”，切实加强安全生产法制体制机制、安全生产能力、安全生产监管队伍“三项建设”，创新工作思路，狠抓隐患整治，健全保障体系，强化工作落实，提升监管能力，全面提升本市安全生产监管水平。

2009年本市地域内企业发生生产安全（工矿商贸）事故576起，伤亡699人。其中发生死亡事故351起，死亡368人，同比分别下降3.57%、2.13%；外来务工人员死亡266人，同比下降10.14%。本市亿元国内生产总值生产安全事故死亡率由上年的0.114下降至0.1；工矿商贸企业从业人员10万人死亡率由上年的3.55下降至3.47，均控制在国务院安委会下达的指标范围内。

一、以迎世博保安全为核心，积极推进特殊监管举措

一是组织开展世博安保责任签约。根据市委与上海市安全监管局签订的《上海世博会安全保卫工作责任书》，积极推进落实迎世博600天安全生产行动计划，建立了“迎世博保安全”工作领导小组，制定下发了《关于印发〈“迎世博、保安全”危险化学品安全保障工作方案〉的通知》和具体工作方案，对本市重点区域危险化学品企业排摸整治等世博安保重点工作进行了具体部署。同时，在本市安全监管系统组织开展“迎世博、保安全”安全生产责任签约，确保动员部署、全面整治和严格防范3个阶段具体措施落实到位。

二是制定相关特殊管控措施。分别牵头或配合相关部门制定了《2010年上海世博会期间剧毒化学品安全管控方案》、《2010年上海世博会期间易制爆化学品安全管控方案》、《2010年上海世博会期间危险物品运输管控方案》、《2010年上海世博会期间危险物品运输口岸管控方案》等4个方案，对危险化学品六大环节确定了包括重点危险化学品限量生产、实名购买等14项严格管控的措施。

三是加强重点地区的安全监管。组织区县安全监管局对世博会场馆周边300米内区域、外环线以内中心城区、黄浦江上游水源保护区和市郊旅游热门区域生产、储存、零售经营和使用从事生产的危险化学品企业开展调查排摸，掌握安全现状，确定了重点监控企业名单。

四是组织开展专项检查。会同市反恐办、市公安局治安总队等部门，对本市危险化学品行业开展专项督导检查，重点落实易制爆、易制毒等单位严格落实视频监控、应急处置等防范措施，制定完善危险化学品安全保障专项预案和反恐预案，提高防范能力。

二、以完成市政府重点工作为要求，不断提升

城市安全本质度

明确安全生产重点项目，认真完成市政府年度第21项重点工作。

一是有序开展危险化学品企业布局调整工作。配合市经信委等部门，共同研究制定了《上海市危险化学品企业调整专项补助暂行办法》，并经市政府批准同意予以发布。已经完成外环线以内、黄浦江上游水资源保护区81家危险化学品企业的停产、搬迁，落实2.4亿元政府专项补贴资金，计划内另外1家危险化学品企业拟于年底停产。

二是积极推进危险化学品安全技防措施改造。对全市171套高危工艺化工装置进行梳理，对22套需要改造的高危工艺装置完成安全报警、联锁、紧急停车等自动化控制技术改造。督促企业对世博会场馆周边300米内和中心城区的120座重点加油（气）站实施HAN阻隔防爆技术改造。已完成重点加油（气）站实施HAN阻隔防爆技术改造89座，剩余31座已全部签订改造合同，2010年3月底完成改造。配合市环保局对外环以内205座加油（气）站进行油气回收技术改造。配合市水务局对外环以内6座自来水厂进行了次氯酸钠应用技术改造。

三是全面开展危险化学品安全责任保险试点。建立了危险化学品安全责任保险例会制度和月报制度，明确了“条块结合、点面结合、多方发动”的推进原则，形成了共同推进的良好势头经积极推进，目前全市投保企业近1700家，累计保费1400多万元，安全责任险投保完成“双千”阶段性目标。其中，危险化学品生产企业、储存企业和构成重大危险源的使用单位投保工作基本完成。

四是深化苏浙沪危险化学品道路运输安全联控机制建设。2009年1月5日在杭州召开了江浙沪二省一市联控机制推进会，建立了省际联席会议制度，讨论并审议了《苏浙沪危险化学品道路运输安全监管联控机制建设推进工作方案》，联控机制建设步入实质性推进阶段。同时制定印发了本市联控机制建设推进计划，建立本市联席会议制度。会同相关部门按照“减少进口、强化管控”的原则积极推进危险化学品环沪“护城河”建设，14个进沪指定道口调整为6个，并完成了进沪道口标志、标识设置。

五是加大重大工程的安全监管。以安全服务世博为指导，监管与服务并举，创新安全监管新模式。会同相关部门和区县政府建立安全生产联席会议制度，加强虹桥综合交通枢纽等重点项目的安全生产综合监管，并重点开展工程承发包安全管理专项整治工作，仔细排查摸底，狠抓清理整顿，健全完善制度，强化长效管理，规范工程承发包安全管理。

三、以危险化学品领域为重点，不断提升安全可控度

（一）以“坚持标准，严格审查”为工作原则，严格危险化学品安全许可

共完成152个危险化学品生产、储存项目设立审查，159个项目初步设计审查和115个项目竣工验收审查。新申请、换证及变更危险化学品安全生产许可证351张（累计776张，共计721家企业）；新申请、换证及变更危险化学品经营许可证1679张（累计6494张，其中剧毒品证1095张，加油气证867张，乙证4442张，其他成品油证90张），非药品类易制毒化学品生产备案证明4张、经营备案证明117张，危险化学品储存企业备案60家（累计135家）。在审查中做到以下几点：

一是逐家核查，坚决把住发证质量关。为做到对企业现场的安全生产条件心中有数，保障发证质量，与区县安全监管部门联手，坚持每次聘请3～5名专家进行逐家现场核查，并对审核内容逐项仔细核查。对存在安全隐患的企业，坚决要求整改。

二是多方把关、严格审查，形成合力。在安全生产许可证审查颁证过程中，对安全评价、隐患整改等每个环节都严格把关，规范评价报告的格式和内容，提出整改项目和要求，形成书面整改意见。组织现场核查时，对评价报告提出的需要整改的问题作为重点核查的内容，由专家再次检查确认，确保落实整改并符合要求。

三是狠抓整改、注重实效，从根本上消除安全隐患。针对部分企业缺少安全投入、安全基础条件薄弱的现状，坚持“隐患不整改、条件不符合”绝不发证，确保准入的条件。

四是严格坚持集体会审原则和重大事项集体讨论原则。每周定期召开会议，有关人员共同参与会审，对审查过程中存在的难点、疑点共同探讨，同时视情况相应增加处室集体会审的次数，做到及时审核，压缩审批时间。

五是及时对过期未办理延期的危险化学品经营许可证予以公告注销。为加强发证后的监督管理，防止非法经营危险化学品行为的出现，及时在报刊和市安全生产网上对1443家逾期未办理延期手续的危险化学品经营单位的许可证予以公告注销。

（二）强化危险化学品安全监督检查

一是制定了《关于进一步加强本市危险化学品安全生产工作的指导意见》（沪安委办［2009］15号），从“科学合理规划，推进布局调整；加强源头管理，提高本质安全；夯实监管基础，提高执法能力；加强组织领导，形成监管合力”4方面共20项提出了进一步加强危险化学品安全监管工作的总体思路和具体对策。

二是组织开展防范有毒有害危险作业场所中毒事故、易燃易爆危险作业场所检修事故、夏季高温危险化学品运输等各类安全专项整治。

三是积极组织开展市、区县危险化学品的安全检查，加强危险化学品企业的生产安全监督管理，督促企业（特别是加油（气）站、油库、储存企业、重大危险源企业）落实安全防范措施，加强安全防护，建立安全生产基础备查台账。

四是制定下发了《关于开展重大危险源登记备案评估工作的通知》，要求构成重大危险源的生产经营单位进入专门的网上登记系统进行备案，督促企业通过安全评估、备案建立和完善重大危险源实时监控和信息管理系统，进一步加强重大危险源安全监管。

五是组织开展危险化学品领域“迎国庆”安全生产大检查行动，对上海化工区、金山石化、高桥石化等13家重点单位组织开展安全检查，会同公安、交港、技监等部门开展剧毒化学品集中安全整治专项行动，并会同市节能协会制冷冷冻专业委员会召开制冷系统“防止氨泄露自动化联锁改造”现场会，对全市涉及液氨制冷的冷库推广安装防止氨泄露自动化联锁装置。

四、以安全生产“三项行动”和“三项建设”为契机，强化“两个主体”责任落实

（一）积极开展安全生产“三项行动”

根据国务院办公厅通知要求，以安委会办公室为平台，加强部署，明确任务，积极组织全市上下深入开展安全生产“三项行动”，国务院安委会第十二督查组来沪督查后给予充分肯定。

一是以执法行动为契机，积极开展专项整治。各区县、各部门重点对无证或证照不全从事建设、生产、经营，关闭取缔后又擅自建设、生产、经营，违反建设项目安全设施“三同时”规定，重大隐患隐瞒不报或不按规定期限予以整治，不按规定进行安全培训或无证上岗，拒不执行安全监管监察指令、抗拒安全执法，其他非法违法建设、生产、经营等7类安全生产违法行为进行了384449次执法检查。

二是以治理行动为抓手，全面治理重点领域安全隐患。全市共排查各类企业131964家，查出一般隐患181602项，已整改175943项，整改率96.9%；查出重大隐患445项，已整改436项，整改率97.9%；通过治理整顿关闭和取缔不符合安全生产条件的企业72家。

三是以宣传教育行动为载体，营造本市安全生产的良好氛围。充分利用电视、报纸、网络等新闻媒体，广泛宣传安全生产“三项行动”，不断深化安全生产“三项建设”。结合“安全生产月”活动，普及安全知识，弘扬安全文化，加强舆论监督和群众监督，有力地推进了宣传教育行动的深入开展。在教育培训方面，生产经营单位负责人、安全管理人员培训考核45075人，特种作业人员258429人，危险化学品生产经营单位负责人、安全管理人员7523人，危险化学品生产经营单位其他从业人员20200人。

（二）切实加强安全生产“三项建设”

在市政府的领导下，以市安委会为平台，制定下发了本市《关于进一步加强安全生产法制体制机制建设的实施方案》、《关于进一步加强安全生产保障能力建设的实施方案》、《关于进一步加强安全生产监管监察队伍建设的实施方案》等文件，并切实加强安全生产“三项建设”。

一是层层组织安全生产签约。由市政府领导与有关部门、各区县政府和集团（控股）公司签订责任书，分解下达本市工矿商贸、道路交通、火灾、铁路交通、农业机械等控制考核指标。同时，组织层层签约工作，把安全生产责任落实到各级政府、各个部门，落实到行业、企业，健全“一岗双责”安全生产责任体系。

二是进一步明确各区县政府和安委会委员单位安全生产监管职责。经过广泛征求意见和认真研究，修订了《上海市安全生产管理工作履职考核办法》、《上海市安全生产委员会委员单位安全生产工作职责规定》和《区县安委会及其办公室工作指导意见》，使安全生产主体责任、履职考核更加科学、合理，可操作性强。

三是强化企业法人主体责任。对全市行业系统、驻沪央企、各控股集团公司主要领导和分管领导举办了两期为期3天的安全生产主体责任专题研讨培训班，共有近200人参加培训，推动企业落实安全生产主体责任，得到了参加培训的企业领导的好评，取得良好社会反响。通过下发通报和召开通报会等形式，对各行业系统、市直接监察单位年度安全生产情况进行全面分析和讲评，督促企业落实安全措施。

四是组织制定安全生产相关法规规章。《上海市实施〈生产安全事故报告和调查处理条例〉的若干规定》正式出台，为进一步加强和规范本市生产安全事故的报告和调查处理工作提供了法律依据。完成《上海市安全生产条例》立法后评估工作，形成立法后评估报告，完成了《安全生产行政执法程序规定》、《安全生产行政执法法律文书》、《安全生产违法行为行政处罚细则》的修订工作，并对局内部直接监察单位一般事故案件审理批复工作建立工作规则。

五是组织开展安全生产标准制定。重点制定了《生产经营单位安全生产诚信评估导则》、《冶金企业作业现场安全检查通则》、《船舶企业作业现场安全检查通则》、《港口码头装卸作业现场安全检查通则》和《危险化学品生产、储存、运输一体化智能安全监控卡技术要求》5项AQ标准。

六是职业安全健康工作开始起步。在局增设职业安全健康监督管理处，增加7名公务员编制，上海化工职业病防治院增挂上海市职业安全健康研究院，并积极协调区县安全监管局落实职业安全健康监管人员编制。同时，与卫生局联合印发了《关于做好本市职业卫生监督管理职责分工工作的通知》，指导各区县安监和卫生部门推进职业安全健康监管工作。

五、以夯实“双基”为载体，推动安全监管重心不断下移

一是超额完成50万农民工安全培训的市政府实事项目。全年共计培训农民工517389人，超计划3.5%。农民工安全生产事故死亡人数在前两年连续下降2.8%、3.9%的基础上，今年又同比下降10.14%。

二是严格审核把关非煤矿企业换证工作。实发许可证83家，其中办理延期71家，办理变更12家，实施关闭的28家。

三是强化安全生产应急救援体系建设。制订了市安全生产应急救援指挥部及其办公室和各组成单位主要职责，积极推进生产安全事故应急预案管理工作。完成了建筑施工、危险化学品、生产加工、经营服务等四类小企业的应急预案范本编制工作，加强对17支市安全生产应急救援队的培训和演练。

四是按照“四不放过”原则，认真查处各类生产安全事故。全年因生产安全事故受到处理的相关责任人员有118名，其中75人受到党纪政纪处分，29人被追究刑事责任。重点查处了“6·27”闵行区莲花河畔景苑在建楼房倾倒事故，对6家单位进行处罚，8名相关责任人移交司法处理，5名公职人员被行政处分；同时，通过2次市政府新闻发布会，及时发布事故查处情况，成功、妥善应对了社会舆论。以近两年发生事故的小企业为重点组织检查，对发生较大以上事故单位组织“回头看”行动，确保整改措施落实。

五是推进安全社区建设工作。截至2009年底，全市共创建市级安全社区25个，国家级安全社区23个，国际安全社区7个，名列全国前茅。通过创建安全社区活动，提高了广大市民的安全意识。

六、以科学发展观为指导，切实加强安全监管系统队伍建设

一是深入开展学习实践科学发展观活动，全力做好市委巡视工作。以局党组贯彻落实科学发展观情况分析检查报告为依据，对7个方面、28项整改举措逐一整改。同时，以市委巡视组巡视反馈报告为要求，加强各级领导班子和领导干部建设。

二是以组织实施创新项目为载体，创新局重点工作机制。制定了《局工作创新实施办法》，并组织局机关和直属单位实施10个重点创新项目。

三是认真开展“重点评”，切实加强系统政风行风建设。制定下发《关于印发2009年上海市安全生产监管系统政风行风建设实施意见的通知》等文件，通过局系统政风行风建设动员大会、迎评大会、市监督员业务工作介绍会等途径，进行具体部署。同时结合开展学习实践科学发展观活动和市委巡视组的巡视工作积极开展自查自纠，落实整改措施。

四是加强培训，提高队伍业务素质。组织局机关第5批年轻干部基层挂职锻炼，制定《关于2009年度局机关干部培训工作的实施方案》，对系统185名公务员开展业务培训。

五是着力强化制度建设，全面落实党风廉政建设责任制。制定《局工作规则》、《局党组关于实施"三重一大"制度的若干规定》、《上海市安全生产监督管理系统政风行风建设领导小组会议制度》、《关于进一步完善安全生产监管部门行政执法政务公开的意见》等制度。同时，对2005年以来制定的局行政和党务工作各项制度进行认真梳理，对32项制度进行"立、改、废"。

江苏省安全生产工作综述

2009年，全省各地、各部门、各单位认真贯彻落实党中央、国务院和江苏省委、省政府关于安全生产工作的一系列决策部署，以"安全生产年"活动为主线，以有效防范和坚决遏制重特大事故为目标，以"三项行动"、"三项建设"为抓手，进一步加强和改进安全生产工作，较好地完成了全年目标任务。2009年全省共发生各类事故20225起，死亡5870人，同比分别下降12.24%和1.84%，连续八年实现"双下降"；亿元GDP死亡率、工矿商贸就业人员10万人生产安全事故死亡率、道路交通万车死亡率、煤矿百万吨死亡率四项相对指标全部控制在国家考核指标范围内；绝大多数重点行业领域安全生产形势稳定，未发生特大事故，确保了"两会"、"十一"等重要时段全省安全生产形势的平稳。主要表现在以下几个方面：

一、安全生产"三项行动"成效明显

一是加大安全生产执法力度，安全生产法制秩序进一步改善。全省共组织专项和联合执法行动13.6万余次，严厉打击非法违法生产经营行为，依法关闭取缔各类非法生产、建设、经营单位，严肃查处各类生产安全事故。

二是深化安全生产专项整治，安全隐患得到了进一步治理。全省共排查各类事故隐患12.77万条，整改率97.4%。坚决淘汰落后生产能力和不符合安全生产条件的企业，关闭了7家国有大中型煤矿的落后矿井和207家小化工生产企业。

三是加强安全生产宣传教育，全社会安全意识进一步增强。扎实开展"安全生产月"和"安康杯"竞赛等活动，加强安全生产培训，全省共培训安全生产监管人员和"三项岗位"人员45万余人。大力推动企业安全文化、安全诚信企业和安全乡镇（社区）建设，总结推广了淮安市"1+3"安全监控工作体系、徐州矿务集团安全诚信企业建设等经验和做法。

二、安全生产"三项建设"进展顺利

一是安全生产法制体制机制进一步完善。重新修订的《江苏省安全生产条例》经省人大常委会讨论通过后施行。13个省辖市都成立了安全生产监察支队，初步形成了省、市、县（市、区）、乡镇（街道）四级安全生产监督管理网络体系。

二是安全生产保障能力进一步提升。着力强化安全投入保障、安全知识保障、安全文化保障、监察执法保障和应急救援保障，努力提高企业本质安全度。全省安全生产应急救援体系建设取得重大进展，政府、部门和高危行业安全生产应急预案覆盖率达到100%；全省6座跨江大桥全部配备了消防车，化工集中区专职消防队伍建设已完成60%。

三是安全生产监管监察队伍建设进一步加强。坚持以提高履职能力和执行力、公信力为目标，全面推进安全监管监察队伍思想政治建设、组织建设、能力建设、作风建设和反腐倡廉建设，全省安监战线领导班子核心作用、干部队伍骨干作用和党员队伍先锋模范作用得到充分发挥。

三、安全生产"两个主体责任"全面落实

一是安全生产责任体系进一步健全。各级政府、部门和单位普遍推行"一岗双责"制，健全

各级领导班子全员安全生产责任制。省、市、县、乡镇逐级签订安全生产目标管理责任书，把安全生产控制指标层层分解到各地、各相关部门和单位。

二是安全责任考核办法进一步完善。制定了《江苏省安全生产目标责任考核办法》和《江苏省安全生产目标责任考核实施细则》，对13个省辖市全部采取千分制、省有关部门和单位采取百分制的办法，考核全年目标任务完成情况，并严格实行“一票否决”制。

三是事故责任追究力度进一步加大。坚持“四不放过”的原则，严肃查处各类生产安全事故，追究当事人和有关领导的责任。全年共查处生产安全事故358起，依法处理64人。

四、企业本质安全水平显著提升

一是安全生产管理得到进一步加强。以全面推进企业安全生产标准化工作为抓手，加强制度建设，完善重点行业（领域）安全生产质量标准，规范企业管理行为。在煤矿行业积极推广“白国周班组管理法”，较好地解决了煤矿安全生产现场管理薄弱的问题。

二是高危行业安全生产技术水平进一步提高。全省1592家涉及15种危险生产工艺的化工企业中，已有1061家企业按照规定程序完成了自动控制技术改造。

三是安全生产投入力度进一步加大。省政府投资7800万元建设的安全生产应急指挥中心投入运行。各市政府按照不低于财政收入增长幅度加大安全生产投入，同时制定了企业安全费用提取、伤亡事故经济赔偿、安全生产风险抵押金和安全生产责任保险等四项政策，发挥了经济手段对安全生产投入的导向作用。

浙江省安全生产工作综述

2009年在浙江省委、省政府的高度重视和正确领导下，在国家安全监管总局大力指导下，我省各地、各部门认真贯彻落实党中央、国务院关于加强安全生产的重要指示，紧紧围绕省委“创业富民、创新强省”总战略，加快建设“平安浙江”，以积极开展“安全生产年”和安全生产“三项行动”、“三项建设”为载体，进一步加大安全生产工作力度，通过建立健全安全生产法规体系、落实安全责任主体、深化安全专项整治、夯实安全生产基层基础、深入开展安全生产宣传教育等一系列工作，全省安全生产三项指标（事故起数、死亡人数和直接经济损失）在连续五年下降的基础上，2009年又实现了继续下降，完成了国务院安委会下达给我省的事故控制考核指标，实现了省政府提出的全省安全生产三项指标“零增长”目标，全省安全生产形势呈现总体稳定趋于好转的发展态势。2009年，全省共发生各类事故28455起、死亡6546人、受伤25589人、直接经济损失27771.4万元，同比分别下降10.1%、6.4%、11.7%和6.2%。

一、完善考核指标体系，进一步强化安全生产责任制落实

根据国务院安委会下达给我省的安全生产各项考核控制指标，省安委办研究制订了2009年度安全生产考核控制指标方案，经省政府领导审定后下达了相关考核指标。在年度全省安全生产工作会议上，省政府主要领导与各市政府、省级有关部门和省属企业主要负责人签订了2009年安全生产目标管理责任书，进一步明确和落实了安全生产责任制。各地、各部门结合各自的实际，按照分级管理和属地管理的原则，层层签订安全生产目标管理责任书，将安全生产责任制逐级延伸到乡镇、村级组织；各相关企业也将安全生产责任制落实到车间、班组、重点岗位和个人，全省一级抓一级、逐级抓落实的安全生产责任体系已逐步形成。

全省各地、各部门还进一步完善安全生产定期通报制度、警示制度和戒勉谈话制度，对事故高发、多发的地区采取红黄牌警告、上级领导约谈等措施，督促各级政府落实安全生产监管责任。各级安全监管部门通过行政执法、安全宣传、经济政策、评先评优等措施，督促引导企业规范安全生产自律行为，自觉遵守安全生产法律法规，落实安全生产各项工作措施；通过安全生产行政许可，督促企业建立安全生产公告公示制度，及时公开企业安全生产基本信息，保障企业内部员工及周边公众对企业安全生产有关情况的知情权。为严肃追究生产安全事故责任，根据《生产安全事故报告和调查处理条例》等相关规定，省安全监管局在媒体上公布了2008年度我省发生的13起较大以上生产安全事故责任企业名单和14家发生两次以上（含）死亡事故的责任单位名单，督促企业落实安全生产主体责任。

二、深入开展“安全生产年”活动，推进安全生产“三项行动”

根据国务院办公厅《关于进一步推进安全生产“三项行动”的通知》（国办发［2009］32号）要求，省政府办公厅、省安委会分别下发了《转发省安委办关于安全生产“三项行动”实施意见的通知》和《关于认真开展“安全生产年”活动的通知》，对我省“安全生产年”及其“三项行动”作了全面部署。全省各地和省级相关部门也相继制订了本地、本部门（行业）“三项行动”具体的实施方案，积极推进安全生产“三项行动”在全省范围内全面开展：

一是安全生产治理行动。根据国务院、省政府的工作部署，省安委会办公室布置开展了全省工矿商贸等行业深化隐患排查治理，确定排查治理重点，建立重大隐患档案，做到整改内容、整改标准、整改措施、整改进度和整改责任人“五落实”。省政府及省级有关部门先后公布了23家工矿企业重大隐患单位、14家重大消防隐患单位、100处临水临崖高落差危险路段、100个道路交通事故多发点（段），各地政府及其部门也公布了一批重点隐患，省安委会办公室督促各地和省级有关部门严格按照“检查—登记—整改—验收—销号”的程序，落实隐患排查整改各项工作，确保重大事故隐患整治工作取得实效。与此同时，省安全生产监管局与省公安厅、交通运输厅、建设厅等部门联合开展了以整治临水临崖高落差路段、“三合一”建筑、危险化学品生产经营等领域重大隐患为主要内容的“生命工程”专项治理行动，集中攻坚整治。据统计，2009年全省共排查生产经营单位73.33万余家，查处一般事故隐患84.27万余处，已整改78.85万余处，整改率为93.6%，投入整治资金3.0675亿元。其中重大事故隐患1024处，已完成整改896处，整改率为87.5%。对未完成整改的事故隐患，都落实了相应的措施（停产整顿、部分停产等）。

二是安全生产执法行动。全省各地进一步加大对非事故违法行为的处罚力度，强化执法监督在安全生产工作中的主导作用。对社会影响广、治理难度大的安全生产违法行为实行联合执法，增强执法合力。省安全监管、公安和工商等部门在春节期间联合执法共查处烟花爆竹违法、违规销售单位1547家，吊销经营许可证27家，责令停业整改22家，查扣非法烟花爆竹36590箱，有力打击了烟花爆竹非法经营行为；全省各级公安部门开展了交通安全“蓝盾09”系列行动，重点打击超速、超限、超载、酒后驾驶、无证驾驶等交通违法行为，整治中全省共出动执法警力49万余人次，处罚交通违法行为809万余起，其中超速行驶360万余起，酒后驾车7286起，无证驾驶15733起，吊销机动车驾驶证368本，拘留1796人次；建设部门严肃查处违章指挥、违规作业及违反劳动纪律的行为，进一步规范建筑施工企业安全生产管理；安全监管部门对无证或证照不全的非煤矿山、危险化学品、烟花爆竹等行业，以及违反“三同时”规定建设的项目、不按规定进行安全培训或无证上岗等非法违法行为，开展了重点执法检查。全省安全监管系统执法检查生产经营单位14.4万个，实施行政处罚4380次，经济处罚罚款10722.7万元，责令停产生产经营单位512家，提请关闭生产经营单位13家；同时按照“四不放过”的原则，查处各类生产安全事故，严肃追究相关责任人的责任。

三是安全生产宣传教育行动。2009年，全省以开展“安全生产宣传教育行动”为契机，把提升公众的“安全生产法制意识、责任意识、事故防范意识和自我保护意识”放在重要位置。通过采取多种形式，进一步丰富了社会安全生产宣传教育的内容。2009年6月份，省委宣传部、省安全生产监管局、省公安厅等六部门开展了以“关爱生命、安全发展”为主题的“安全生产月”活动，并积极配合中宣部、国家安全监管总局、国家广电总局等有关部委组织的“全国安全生产万里行浙江行”，由中央电视台、中央人民广播电台等30余家新闻媒体组成的采访团，在我省衢州、宁波市开展宣传采访活动；省安全生产监管局与《浙江日报》、《浙江工人日报》联合协作，分别举办了《安全发展专刊》和《周末专刊》，定期宣传党和国家安全生产工作的方针政策和法律法规，以及我省的贯彻落实情况；与浙江卫视合作，制作安全生产公益宣传广告，在黄金时段播出；与文化广电、公安消防、食品药品监管等部门联合制作公共安全宣教公益片，安排在农村电影放映前播放。同时做好安全生产日常宣传，坚持每星期向全省高危行业企业负责人、安全管理人员发送安全短信，做到常抓不懈、警钟长鸣。全省各级安全监管部门还积极开展安全生产知识培训教育活动，制定了全年的培训计划，抓好安全生产全员培训工作。全年全省共培训考核发证35.25万余人次，其中高危行业负责人2.86万人，安全生产管理人员3.66万人，特种作业人员15.4万人，培训农民工269.3万人次。

三、强化工作措施，进一步夯实安全生产基层基础

一是推进基层监管网络建设，提高执法水平。全省各级安全监管部门继续加大力度，认真推进基层安全监管机构队伍建设，许多乡镇（街道）建立了安监执法队伍，多数村配备了专兼职安全生产管理员，四级安全监管网络逐步形成。与此同时，更加注重提高基层队伍执法水平，2009年全省共举办各类培训班11期，接受培训1230人。通过培训使广大基层一线安监人员进一步提高了法律法规意识，增加了业务知识水平，促进了广大基层安监人员综合执法能力的提高。

二是进一步强化安全标准、规范化工作。根据近年来各地安全生产标准化工作开展情况，针对各地相关产业结构的特点，在危险化学品、烟花爆竹、矿山、建筑、机械制造、电力等重点行业大力推广安全标准化工作，在中小企业积极推广安全生产规范化管理，进一步促进和规范企业的安全基础管理。为进一步提高安全监管工作的针对性和有效性，省安全监管局制订《浙江省工商贸企业安全生产评估分级标准》，部署开展工商贸企业安全生产评估分级工作，根据企业的风险大小，实施ABCD分类管理：即提高A类，巩固B类，重点整治C类，淘汰、压缩D类。

三是推广先进、适用的安全技术应用。继续在全省矿山企业大力实施中深孔爆破技术和液压破碎技术，全省95%以上的露天矿山采用了中深孔爆破开采技术，矿山事故起数和死亡人数大幅度下降；在危险化学品生产企业大力推进自动化紧急停车系统和事故连锁自控系统的应用，进一步提高危险化学品生产企业本质安全水平。

四是进一步完善应急救援体系建设。积极采取政府与企业共建安全生产应急队伍的模式，推进省、市二级安全生产应急救援指挥中心平台建立。结合我省地下矿山和危化企业分布情况，开展了省级应急救援队伍的扩充布点工作，在加强指导长广集团、巨化集团两支专业应急救援队伍建设的同时，确定了海正药业为省级应急救援队伍。为进一步提高应急救援水平，省安全生产监管局与衢州市政府、巨化集团公司联合举行了“2009年浙江省重大化学事故应急救援演练”。各地也结合各自实际，举行了不同的应急演练。同时，启动了重大危险源监管信息系统建设，目前已通过重大危险源监控信息系统硬件采购方案专家论证和GIS系统电子地图采购技术需求确认。

四、坚持安全发展，相继出台了一批政府规章和规范性文件

2009年我省相继出台了《浙江省建设项目安全设施监督管理办法》（浙江省人民政府令第259号）、《浙江省烟花爆竹安全管理办法》（浙江省人民政府令第266号）、《关于切实加强危险化学品安全生产工作的意见》、《浙江省安全生产委员会成员单位安全生产工作职责规定》等法规和制度。在深入开展调研做好相关前期工作和广泛征求各地、各部门意见的基础上，2009年11月初，省委、省政府出台下发了《关于进一步加强安全生产工作的意见》（浙委［2009］88号），对全面加强我省安全生产工作提出了指导思想、工作目标和要求，这是今后及一段时期我省安全生产工作重要指导性文件，这必将有力推动我省安全生产各项工作上新台阶。同时，还出台了《危险场所电气安全检测规程》等地方性标准，规范了重点行业的安全生产管理工作。

五、积极采取防范措施，确保全省国庆期间安全生产形势稳定

根据《国务院安委会关于开展全国安全生产

大检查的通知》要求，省安委会及时对各地、省级有关部门和单位开展国庆安全生产大检查工作进行部署。各地、各有关部门和单位结合自身实际，开展了安全生产大检查和督查；省公安厅、建设厅等省级部门在各地开展检查的基础上，在本系统内开展专项督查。国庆前期，省安委会还召开省安委会全体成员专题会议，部署建国60周年庆典期间全省安全生产工作，要求各地、部门和单位要把组织、开展好安全生产大检查，作为当前安全生产工作重要任务来抓。为进一步督促各地、省级有关部门贯彻落实工作部署情况，省安委会办公室组织综合督查组对部分地市开展国庆安全生产大检查情况进行督查，推动了安全生产各项工作落实。由于各地安全工作措施落实的较好，国庆期间全省各类事故死亡人数同比下降21.4%，未发生较大以上事故。

六、强化服务，积极开展“百千万”企业安全服务专项行动

2009年，受国际金融危机的影响，我省工业经济下行趋势明显，众多企业困难加剧，经济遇到改革开放以来前所未有的困难和挑战。2009年年初，省安全生产监管局党组着眼大局，审时度势，主动为企业分忧解难，勇于创新，在全省安全监管系统组织开展了“百千万”企业安全服务专项行动，即组织百名安全监管局长进千家企业、千名安全监管员破万家企业难题的安全服务活动。全省各级安全监管部门紧紧围绕“安全生产年”的主题，以履行监管职能、优化安全服务企业为宗旨，寓监管于服务，以服务促监管，努力在服务企业、服务基层中走在前列，干在实处。2009年全省有4653名各级安全监管干部参与安全服务行动，走访联系企业5.28万家，服务企业5.46万家，蹲点调研1441次，组织专家指导组861个、协调服务组257个、政策咨询组338个、解困帮扶组576个，帮助企业安全技术改造490项，开展安全咨询活动1243场，免费举办各类培训辅导48.2万人，帮助企业解决实际问题5851个，服务企业投入专项资金1994.05万元，免费发放各类宣传教育资料133万余册，建立完善服务企业长效机制350个，帮助指导企业实施安全生产标准化2287家，帮助企业转型升级的安全保障措施881项，帮助指导企业排查和消除事故隐患15.01万个，帮助指导企业建立安全管理机构27.16万个，建立安全规章制度1.7万个，建立安全台账1.29万个；接受企业投诉374件，已解决问题364件。在得到众多企业肯定和好评的同时，全省工矿商贸企业安全生产形势也得到明显好转。

七、抓配合协调，进一步形成齐抓共管工作格局

全省各地各有关部门注重加强部门之间的协调配合，形成工作合力。省安委会办公室每季度定期召开安委会联络员会议，通报全省安全生产事故总体情况和有关重点工作进展情况，协调和沟通各成员单位在日常工作中遇到的安全生产方面的问题。全省各级安全监管、公安、消防、交通、建设、海洋渔业、质量技监、电力、水利等有关部门和单位在专项整治、隐患整改、行政执法、事故查处等方面，积极协调，相互配合，形成合力，齐抓共管。

安徽省安全生产工作综述

一、安徽省2009年安全生产工作概况

2009年是我省积极应对国际金融危机，抓住机遇，逆势而上，保增长、保民生、保稳定取得明显成效的一年。全省安全生产工作在省委、省政府的坚强领导下，锐意进取，迎难而上，扎实工作，紧紧围绕经济社会发展大局，寓监管于服务之中，安全生产形势总体保持了基本平稳的发展态势。

一是事故起数和死亡人数继续下降，全省发生各类安全生产事故14162起，同比减少626起，下降4.2%，死亡3484人，同比减少151人，下降4.2%。全年发生较大以上事故70起，其中，道路交通59起、建筑施工5起、煤矿2起、非煤矿山2起、其他2起。

二是工矿商贸、道路交通、火灾等重点行业和领域事故起数和死亡人数持续下降，事故起数分别下降6.3%、2.7%和6.6%，死亡人数分别下降5.6%、3.2%和36.2%。工矿商贸企业没有发生10人以上重大生产安全事故。

三是事故造成的直接经济损失下降27.4%。

四是安全生产总体水平有所提高，亿元GDP事故死亡率、工矿商贸10万就业人员事故死亡率、道路交通万车事故死亡率分别下降14.6%、9.05%、11.56%。

五是安全生产控制指标实施情况较好，各类事故死亡人数占全年控制指标的95.39%。

但是，安全生产形势依然十分严峻，较大事故多发，部分重点行业事故起数和死亡人数有所上升。主要原因：一是机动车辆超载、超速、驾驶员疲劳驾驶、农机上路占道、公路行政管理薄弱以及恶劣天气影响等。二是建筑施工现场安全管理主体责任不落实，市政建设安全监管薄弱，开发区安全监管缺位。三是企业主体责任不落实，隐患排查整改走过场，尤其是一些中小企业“三违”现象突出，甚至违法生产经营。四是从业人员安全意识薄弱，缺乏必要的安全防范和应急处置能力，盲目施救，造成同类事故反复发生。五是非法生产、运输、建设问题突出，“打非”机制不健全，“打非”力度不大。六是监管不到位，放松安全准入条件和相关程序。一些行业部门没有切实履行安全监管职责，放松安全生产源头管理和过程监控，责任不落实，措施不到位。基层安全监管人员不足，力量薄弱，存在监管死角、漏洞和盲区。

二、2009年重点开展以下6个方面的主要工作

（一）扎实开展安全生产“三项行动”

根据国家安全监管总局和省政府的统一部署，我们认真组织开展安全生产执法、治理和宣传教育“三项行动”。把严厉打击安全生产领域的非法违法生产经营行为、规范安全生产经营秩序作为安全生产执法行动的主要任务；把对重点地区、重点行业领域和单位的安全整顿、隐患排查与整治作为安全生产治理行动的主要内容；把安全生产宣传教育纳入宣传思想工作和精神文明建设整体规划，大力宣传安全发展科学理念，作为安全生产宣传教育行动的主要措施。通过深入开展安全生产“三项行动”，有力地推进了全省安全生产形势稳定好转。

2009年，全省开展安全生产执法检查总计2.9万多次，突出在煤矿、金属非金属矿山、道路交通、危险化学品、烟花爆竹、民爆物品、建筑施工等重点行业和领域，开展打击各类生产、经营、建设等非法违法行为1.3万多起，进一步落实县、乡两级政府的“打非”责任。共排查重点行业和领域10.6万多家单位，查出一般隐患16.2万多项，整改近15.6万项，整改率96%，其中，查出重大隐患509项，整改461项，整改率91%。以“关爱生命、安全发展”为主题，开展以“安全生产月”为主线的各种宣传教育活动5.6万多次，参与人数500多万人次。组织对“三项岗位”人员培训10万多人次，对农民工安全培训27万多人次。创建安全文化示范企业132家，诚信企业307家，安全社区223个。

（二）着力推进安全生产“三项建设”

与开展安全生产“三项行动”相结合，组织实施了安全生产法制体制机制、保障能力和监管队伍“三项建设”。着力推进安全生产法制机制建设。我们草拟了《安徽省生产安全事故报告和调查处理实施办法（送审稿）》，就修订《安徽省安全生产条例》、《安徽省实施〈矿山安全法〉办法》进行调研，开展了《安徽省职业危害监督管理办法》、《安全生产行政许可管理办法》、《建设项目安全设施“三同时”管理办法》立法前期调研和准备工作。制定了省安全监管局《生产安全事故举报奖励暂行办法》和安全生产约谈、安全监管工作联系点、公布安全生产责任事故企业名单、企业安全生产诚信4项加强监管工作制度，分别对事故多发的有关市和省属企业进行了“约谈”，在省主要新闻媒体和省安全监管局网站上，公布发生较大事故的工矿商贸企业的名单。

着力推进安全监管体制和队伍建设，安全监管机构和队伍得到了进一步加强。全省原来唯一没有独立安全监管机构的蚌埠市，目前也正式建立了独立机构；有9个市和53个县级安全监管部门设立了执法队伍；累计4000余名乡镇安全监管人员通过培训考试，获得安全生产行政执法资格，乡镇安全监管队伍得到了进一步加强。

着力推进安全生产保障能力建设。安全生产信息化建设进一步加快，“金安”工程省局节点、17个市局节点及部分县区局节点已建成，并与国家安监总局实现互联互通，17 个市局安全生产视频会议系统已开通，部分县区重大危险源监控图像已接入省局。安全生产技术改造步伐进一步加快，全年利用安全生产专项资金 1332 万元，支持和鼓励有关企业通过技术改造整治安全隐患，带动项目总投资 13.74 亿元，使 92 个重大安全事故隐患得到整治。利用安全生产专项资金支持基层安全监管机构，购置监管专用车辆累计达到 123 辆，为省应急救援指挥中心配置大型应急救援指挥车 1 辆，为 2 个救护大队配置指挥车各 1 辆、生命探测仪各 1 台，为省市县三级安全监管机构购置 11 台烟花爆竹探测仪。

（三）进一步加强重点行业和领域安全监管

（1）非煤矿山。以对重点矿区整治和提高矿山开采规模为抓手、对小型露天采石场和地下小型矿山整顿关闭为重点，进一步提升矿山安全生产水平，2009 年关闭金属非金属地下矿山 30 个、露天矿山 535 个、尾矿库 40 座。

（2）危险化学品。严格安全许可，督促有关企业严格履行危险化学品建设项目“三同时”程序；从严审批涉及剧毒化学品、易燃易爆化学品和采用“十五种危险化工工艺”的建设项目；开展以“反‘三违’、零隐患”为主要内容的企业安全整治活动，提高企业本质安全水平；推进地方政府制定化工行业安全发展规划。

（3）烟花爆竹。继续积极稳妥地推进烟花爆竹生产企业整顿关闭工作，2009 年关闭烟花爆竹生产企业 69 家，累计关闭 162 家。扎实做好烟花爆竹生产经营企业改造提升工作，使年生产能力由原来 358 家企业的 9.84 亿元，提高到现在 196 家企业的 31.36 亿元。严厉打击烟花爆竹非法生产经营行为，坚决遏制非法生产、储存烟花爆竹连续发生事故的严峻局面。

（4）职业卫生健康。开展以生产加工企业作业场所粉尘危害为主的专项联合执法检查，开展了职业危害场所调查摸底工作，职业卫生健康监管工作开始起步。

（5）安全生产综合监管。认真履行综合监管职责，协调、配合省直有关部门和单位切实加强煤矿、道路交通、水上交通、民用爆炸物品、人员密集场所、建筑、特种设备、水利、电力等重点行业和领域安全监管工作。在深化煤矿瓦斯治理和小煤矿关闭整顿、开展民用爆炸物品专项整顿、加强道路交通秩序管理和危险路段排查治理、开展营运客车安全管理检查、加强建筑施工现场安全监管、整治消除重点行业和领域重大事故隐患等方面做了大量的综合监管协调工作，取得明显成效。

（四）切实加大安全生产责任追究力度和行政执法处罚力度

2009 年以来，针对我省较大事故多发势头，按照省委、省政府领导的指示精神和省政府的部署，我们迅速采取果断措施，强化针对性的执法监管，加大责任追究力度。对发生较大责任事故的小煤矿、非煤矿山、烟花爆竹等企业，立即责令停产停业整顿，达不到安全生产条件的，由当地政府实施关闭。对发生一次死亡 4 人以上的较大事故，由省局直接组织调查。对发生的各类事故，按照行政责任追究和“一岗双责”的规定，追究有关地方政府、部门及其负责人的安全生产领导和监督管理责任。全省安全监管机构在对生产经营单位的监督检查中，使用各类行政执法文书合计 51063 份，实施行政处罚 1150 次、经济处罚 649 次，罚款 2006.82 万元；查处工矿商贸事故 344 起，结案 334 起，查处较大以上事故 69 起，结案 65 起；给予行政处分 417 人，给予党纪处分 35 人，移送司法机关追究刑事责任 60 人。

（五）不断夯实安全生产基础工作

进一步完善和规范安全生产目标管理考核工作，通过层层分解安全生产控制指标，签定安全生产目标管理责任书，将年度安全生产工作目标、任务和责任逐级落实到最基层，推动企业班组安全生产考核。一些地方相继开展了平安社区建设、在行政村设立安全员制度等。推进高危行业安全生产责任保险试点工作，巢湖、六安、阜阳三市试点顺利进行。建成应急管理和救援指挥机构省级 1 个、市级 9 个、县级 3 个，专业应急救援队伍 9 支。及时做好全省重大危险源登记建档管理工作，支持基层安全监管部门加强危险源监控设施建设。开展“十二五”安全生产规划编制调研。努力推进安全生产标准化创建工作。进一步加强安全生产专家组和评价机构建设。

（六）进一步强化效能建设和廉政建设

继续推行首席代表制，提高行政审批效率，省局政务中心窗口受理审批办件的办结率为

99.85%，为重点招商建设项目和重点企业设立绿色通道，企业较为满意。加强机关作风建设，健全完善机关管理制度，大力推行“首问负责制、服务承诺制、限时办结制”，树立安全监管部门良好形象。围绕“责”、“权”、“廉”三个方面，把廉政监督贯穿于安全监管工作的始终，重点围绕安全生产行政许可、安全生产执法、安全项目审批、安全生产贴息、事故调查、资格认证、中介管理等方面，加大监督检查力度，确保权力正确行使。

福建省安全生产工作综述

2009年，福建省各级各有关部门紧紧围绕保增长、保民生、保稳定的目标，围绕海西“两个先行区”建设中心任务，立足服务海西建设和维护改革发展稳定大局，认真贯彻落实党中央、国务院、国家安全监管总局和省委、省政府关于加强安全生产工作的一系列重要部署，深入贯彻落实科学发展观，牢固树立安全发展理念，坚持执法与服务并重，坚定信心，有效作为，以“安全生产年”和“责任落实年”活动为主线，认真开展“三项行动”，切实加强“三项建设”，扎实推进“一岗双责”和企业主体责任落实，全省安全生产形势持续保持稳定态势。

2009年，全省安全生产形势呈现以下特点：

一是各类事故四项指数全面下降。全省共发生各类事故17680起、死亡3413人、受伤16398人、直接经济损失18673万元，同分别下降11.5%、6.1%、13.6%和6.5%。

二是大部分地区安全生产状况平稳。9个设区市中8个事故起数下降，9个设区市死亡人数下降，2个设区市较大事故下降。

三是重点行业领域事故起数和死亡人数下降。工矿商贸分别下降5.0%和4.2%，其中煤矿下降27.8%和4.8%，非煤矿山下降35.9%和34.9%，道路交通分别下降13.0%和5.1%，火灾分别下降4.9%和26.7%，铁路交通分别下降26.5%和29.0%，渔业船舶分别下降17.4%和22.2%。

四是安全生产主要控制目标完成较好。全省工矿商贸、火灾、道路交通、铁路交通、农业机械五类事故死亡人数占国务院安委会下达我省年度控制考核指标的94.3%，亿元GDP生产安全事故死亡率0.29，工矿商贸企业从业人员十万人死亡率1.87，煤矿百万吨死亡率0.811，道路交通万车死亡率4.37，分别下降14.7%、11.0%、17.3%和14.5%。

2009年，国务院安委会、国务院安办先后5次派出调研督查组对我省“三项行动”、“三项建设”、“一岗双责”、企业主体责任、隐患排查治理、安全生产大检查等工作情况进行调研督查，均给予充分肯定。2009年，以下八个方面的工作取得了新的进展。

一、各级领导高度重视

2009年，省委、省政府多次召开省委常委会、省政府常务会和省长办公会，研究、部署安全生产工作，决定在全省全面建立安全生产“一岗双责”制度，省政府制定出台了《政府及有关部门安全生产监督管理职责暂行规定》，要求各级各部门各单位忠诚履责，尽心尽责，勇于负责，敢于问责。省委书记、省长多次亲自研究部署安全生产工作，反复强调认真落实安全生产“一岗双责”规定。省政府和有关部门的领导多次亲临事故现场，组织指导事故救援处置工作。各设区市主要领导经常亲自研究、分析、部署安全生产工作，亲自帮助解决安全生产具体问题、亲自参加安全生产检查。省直有关部门的领导按照“一岗双责”规定的要求，都采取不同方式，加强对安全生产工作的领导。

二、“一岗双责”得到强化

各级党委、政府及相关部门高度重视、认真落实“一岗双责”规定。省政府安办采取跟踪了解、调研督查、情况通报等方式，督促各级各有关部门制定具体办法措施，推动《政府及有关部门安全生产监督管理职责暂行规定》落实。省安监局牵头协调组织有关部门研究起草了《福建省道路交通安全监管职责暂行规定》，由省政府办公厅下发全省执行，推进道路交通“一岗双责”规定落实。各设区市采取制定配套规定、组织学习培训、抓好监督检查等措施推动“一岗双责”落实，晋江市委、市政府制定出台了《党委政府及有关部门安全生产监督管理职责及责任追究暂行规定》，将安全生产“一岗双责”延伸落实到党委系统。省直有关部门按照“一岗双责”的要求，重新明确主要领导、分管领导和相关业务处室的安全生产工作责任。“一岗双责”规定的实施，使各级政府和相关部门安全生产责任意识明显增强，监管举措更加有力，监管合力不断增强，监管水平有效提升。

三、企业主体责任初见成效

根据2008年12月省政府安委会在泉州召开的落实企业安全生产主体责任现场会精神和省政府安委会“指导意见”要求，全省各级各有关部门采取措施，积极推动落实企业安全生产主体责任活动开展。三明市向各县（市、区）、市直有关部门下达了落实企业安全生产主体责任三年行动目标责任书；南平市政府常务会议专题研究落实企业安全生产主体责任活动实施方案；泉州市政府分管领导多次召集有关部门研究推进措施，亲自带队组织检查；厦门市设立了“落实办公室”，配备3名专职人员，安排专项工作经费46万元。全省参与开展活动的企业13.4万家，完成安全级别评定复核确认企业12.22万家，先行的泉州市在45个行业开展落实企业主体责任活动，并组织交叉检查，搞好评级和分类整改工作，向银行发出函告单5000余份，责令企业停产停业整顿872家、关闭781家，对49家D级单位实施挂牌督办。落实企业主体责任活动的开展，使企业安全责任更加明确、制度更加规范、管理更加严格。国家安监总局先后两次派人来我省调研，认为开展落实企业安全生产主体责任活动，找到了安全生产“政府急，企业不急”的治本之策，并将其概括为“五子登科”，即：为企业查找安全生产工作差距提供了一面镜子，为政府考核企业安全状况提供了一把尺子，为企业提高安全生产管理水平提供了一架梯子，为安监部门联动搭建了一个台子，为加强安全生产基层、基础管理提供了一条路子。

四、执法治理更加严格

按照国务院、省政府办公厅的统一部署，全省各级各有关部门认真开展执法、治理行动，组织安全生产大检查，深化重点行业领域专项整治，依法严厉打击安全生产领域非法违法生产经营建设行为。省交通系统开展了“六个严查”活动，省安监、工商、文化和消防等部门联合开展公众聚集场所使用易燃可燃装修材料专项检查，省建设系统开展工程建设主体行为综合整治行动，省公安系统开展了机动车超速、超员、酒后驾驶、疲劳驾驶等严重道路交通违法行为集中整治行动等。全省开展安全生产执法行动115.24万次，查处无证或证照不全从事生产、经营、建设等违法违规行为2.97万起，整顿关闭和取缔不符合安全生产条件的企业2407个，排查一般隐患19.43万个、重大隐患1115个，整改率分别为95.4%和95.9%。列入治理计划的重大隐患39个，落实治理资金8531万元。

五、宣传教育不断深入

坚持新闻宣传、情况通报、信息快报和新闻发言人制度，深入宣传贯彻安全生产法律法规和方针政策。按照总局骆琳局长、黄小晶省长和李川副省长的批示精神，积极承办了全国“安全生产万里行”（福建段）活动，采访团对所到市、县安全生产工作进行了全方位的宣传报道，对我省强化综合监管、落实“一岗双责”和企业主体责任、加强安全生产宣传等做法及成效给予充分肯定，有力地推动了我省安全生产工作的开展。举办了海西20城市暨泛珠三角区域安全发展论坛，邀请泛珠三角区域9省（区）及香港、澳门、台湾和海西20个中心城市安监部门的代表与会，推进了区域安全合作。召开了全省安全生产宣教工作会议，省直9个部门联合发出《加强安全生产宣传教育工作倡议》，将安全生产宣传教育工作的成效纳入文明城市、文明行业、文明单位、文明村镇创建的基本内容，作为考评重要指标之一，推广了厦门翔安区群众化宣传教育和龙岩新罗区中小学生基地化宣传教育的经验做法。

2009年，全省开展安全生产宣传教育行动5万余次，近千万人次参加活动，评定安全文化示范企业1869家，诚信企业1452家，安全社区1094个，培训各级各类人员11万多人次。

六、专项整治持续深化

突出道路交通安全，在认真落实省政府出台的强化道路交通安全监督管理和农村道路交通安全等一系列政策措施的基础上，2009 年，省政府办公厅又下发了强化道路交通运输企业安全工作和道路交通“一岗双责”规定等，进一步明确各级各有关部门的责任，对道路交通安全实施综合治理；实施道路交通安全动态监控试点，严厉打击机动车超速、超员、酒后驾驶、疲劳驾驶等严重道路交通违法行为。

突出煤矿安全，加大整顿关闭力度，全年关闭小煤矿 19 处，推动 54 对矿井开展资源整合。以水害防治、顶板管理、整治超层越界和巷道密闭管理为重点，加强日常监管、重点监察，推进安全质量标准化，推动煤矿瓦斯治理工作体系示范县和示范矿井建设，全省建设安全质量标准化矿井 171 家。推动全省煤矿安装安全监控系统，省市两级财政投入 500 余万元，煤矿企业投入 5000 余万元，福建联通公司投入 3500 万元建设全省煤矿安全监控系统专网。

突出非煤矿山和危化品安全，关闭地采矿山 24 座、露天矿山 160 座、尾矿库 15 座，撤销、注销危化品许可证 136 家，关闭取缔 93 家，完成氯碱、合成氨等危化企业安全标准化建设 31 家。

建筑施工、渔业、消防、质监、旅游、学校等专项整治取得良好成效。

突出事故责任追究，全省共查处较大以上事故 86 起，198 人受到责任追究。特别是按照省委常委会、省政府常务会的要求，严肃查处了霞浦县“10·30”重大建筑施工事故和长乐市“1·31”重大火灾事故，79 名责任人受到责任追究，并通报全省，开展警示教育。

七、法制体制机制逐渐完善

按照加强法制体制机制建设的要求，进一步完善法规规章建设，不断创新体制机制。2009 年，省政府相继出台了《政府及有关部门安全生产监督管理职责暂行规定》、《福建省建设工程安全生产管理办法》、《福建省安全生产事故隐患排查治理和监督管理暂行规定》、《关于进一步强化我省道路交通运输安全生产监督管理工作的意见》等一系列政策措施，进一步规范了安全生产相关工作。省安监局由委管局升格为省政府直属机构，设立了党组，增加了内设处室和人员编制，拟设立纪检组、监察室。福州、漳州、龙岩等市安监局设立了党组、纪检组，其他市安监局借助新一轮机构改革，正在采取措施积极推动。三明市成立了煤炭管理局，落实了机关行政编制，解决了执法主体问题。进一步推进监管体制创新，强化安监部门的综合监管作用，强化行业部门的监管责任，强化相互间的配合协调，监管合力进一步增强，综合监管运行机制更加顺畅。

八、能力建设有效提升

高度重视队伍的培养和教育，组织部分分管市、县（区）长和安监局长参加国家安监总局组织的业务培训。采取专题辅导、视频讲座、集中学习等多种形式，组织安全监管监察人员培训教育，组织 1700 多名乡镇安全监管人员进行了行政执法培训。委托龙岩学院、省交通技术学院、永春职业中专招收培养煤矿安全专业人才 332 名。以开展深入学习实践科学发展观活动为契机，采取各种方式加强安全监管人员的思想、作风、能力和党风廉政建设，安全监管队伍素质进一步提高。继续加强安全生产应急救援体系建设，省应急救援中心人员陆续到位，工作逐步展开，省应急救援平台体系建设项目论证立项，9 个设区市和 20 多个县（市、区）已经批准建立应急救援中心。根据国务院安办关于安全监管装备配备标准的通知要求和黄小晶省长、李川副省长的批示，省安监局会商省财政厅，对安监系统装备配备问题进行了研究探讨，已达成省财政补贴、地方配套分步解决的方案。

江西省安全生产工作综述

2009年，是我省安全生产工作面临严峻挑战、不断加强改进的一年，也是安全生产监督管理继续发展前进、形势持续好转的一年。在省委、省政府和国家安全监管总局正确领导下，全省上下认真贯彻落实胡锦涛总书记在江西考察工作时的重要讲话精神，以科学发展观为指导，坚决贯彻落实省委、省政府关于加强安全生产工作的各项决策，全面落实“安全生产年”各项部署，深入开展“三项行动”，切实加强“三项建设”，严格监督管理，深化专项整治，克服了国际金融危机给安全生产带来的不利影响，克服了经济企稳回升过程给安全监管带来的巨大压力，保持了全省安全生产形势总体稳定，为全省保增长、保民生、保稳定作出了积极贡献。

2009年，全省共发生各类事故10577起，死亡2025人，同比减少2248起，少死亡149人，分别下降17.53%和6.85%；事故死亡人数为国务院安委会下达考核目标的93.66%。元旦、春节，全国、全省“两会”，“五一”假期和国庆60周年期间，全省生产安全、交通安全、防火安全都保持良好态势。

2009年主要工作情况：

一、坚持安全发展，不断创新安全生产监管工作

全省上下进一步加深对科学发展观的理解和认识，用科学发展观统领安全生产工作，主动围绕中心、服务大局，着力落实责任、加强“双基”，大力调整结构、深化整治，积极创新方法、改进服务。面对国际金融危机的深刻影响，贯彻变压力为动力、化危机为生机的部署，既支持发展、服务发展，又严格监管、不留隐患，做到了安全监管工作与招商引资、加快发展相衔接，安全生产“三同时”许可主动跟进项目建设，日常监管贯穿生产经营和改制重组全过程。坚持标本兼治、重在治本，推进长效机制建设，定期通报和预警、约谈，促进了责任落实；狠抓烟花爆竹安全整顿和小煤矿整顿关闭，促进了结构调整和源头治本；积极研究、协商、沟通和汇报，推进了“健全完善安全生产长效机制的意见”、“安全监管装备配备实施方案”和“加强危险化学品安全生产工作的意见”等文件的出台。

二、推进安全生产“三项建设”，长效机制建设迈出重大步伐

把贯彻落实省人民政府加强安全生产长效机制建设的部署与积极推进安全生产法制体制机制、保障能力和监管监察队伍建设有机结合起来，制订了具体工作方案，明确了目标任务，落实了措施办法。

一是健全完善安全生产目标管理。健全控制指标体系，修订了安全生产年度考核办法，在对目标进行考核的同时，把领导重视、业务工作一并纳入考核，进一步促进了安全生产责任制和目标管理的落实。

二是增加安全生产投入。省政府在安排1000万元专项资金的基础上，新增安排重特大事故应急救援资金1000万元。各级政府普遍建立了安全生产专项资金，特别是安全监管装备配备方案的出台与实施，市、县安监局装备投入有了保障。

三是科技兴安的重点工程进展加快。省安全生产应急救援指挥中心大楼和应急平台已经投入使用，安全监管信息系统（“金安”工程）一期省级节点完成建设，设区市节点和18个试点县节点完成设备采购，部分设区市安全生产应急平台建设已经启动或筹备。“非煤矿山细粒尾矿坝灾变机理及防治技术”等项目荣获总局科技成果奖。

四是安监队伍建设得到加强。省安全生产监察总队正式成立，省安监局新增设职业安全健康监管处。一些市、县安监局增加了人员编制，充实了监管力量，建立了应急指挥中心。

三、加大执法力度，依法严厉打击各种非法违法生产、经营和建设行为

按照“三项行动”实施方案和执法行动工作

方案的部署，根据不同时段的特点，各级安监部门会同相关部门针对性开展专项执法和联合执法，对煤矿非法开采，非煤矿山无证生产、违规排放，烟花爆竹非法生产经营，危险化学品项目违规建设以及道路交通超载超速超员与酒后驾驶，水上交通非客船载客，人员密集场所不执行消防安全法规等非法违法生产、经营、建设行为，进行了严厉打击和严肃查处。据统计，全省开展执法行动22283起。其中，工矿商贸5392起，人员密集场所1658起，道路交通13794起，水上交通464起。查处无证或证照不全从事建设、生产、经营行为7852起，不按规定进行安全培训或无证上岗的2211起。仅非煤矿山领域关闭小型露天采石场、地下矿山、尾矿库和小窿口共计670家。

严肃事故责任追究。省局会同有关方面对去年的3起重大道路交通事故进行了认真调查，2起已经省政府批复结案。全省查处结案的生产安全事故共166起，157名责任人员受到责任追究。其中，移送司法机关16人，党纪政纪处分105人，处级干部15人。

四、深化专项治理，深入开展重点行业领域安全生产整治

结合安全生产规律特点，突出重点企业、重点部位、重要设施、关键装备和关键岗位，统筹兼顾、突出重点，有计划、有步骤、有针对性开展了安全生产治理行动。针对汛期、“十一”等重要时段和关键节点，组织开展全省性安全生产督查检查，做到重点防范、严格整治。

煤炭行业狠抓整顿关闭和瓦斯治理工作，提前完成三年整顿规划，全国煤矿瓦斯治理工作会和“双百工程”建设现场会在我省召开。烟花爆竹行业安全整顿迈出坚实步伐，产区市、县分别确定了整改提升和整顿退出企业名单，已有141家企业经整改达标通过安全生产许可，362家企业整顿退出烟花爆竹行业。非煤矿山领域集中开展了井工矿山机械通风、采石场台阶开采、采掘施工队伍、地质勘探以及尾矿库等专项治理，机械通风率达到97.17%，台阶开采率达到76.42%、中深孔爆破率达到52.22%，分别比年初上升64.52个、31.91个和32.25个百分点。危险化学品领域重点抓了建设项目“三同时”、危险工艺技术改造和改制企业隐患挂牌督办。

此外，还开展了打击非法偷采、盗采矿产资源，非法采砂整治专项行动。省公安、交通、消防、建设、工商等部门，分别组织开展了各具特色、富有成效的专项整治。据统计，全省工矿商贸领域排查治理隐患企业26389家，排查一般隐患90591项，已整改85052项，整改率为94%，其中，重大隐患259项，已整改销号250项，整改率为97%。交通运输等行业领域排查治理隐患企业38685家，排查一般隐患60736项，已整改59926项，整改率为96%。其中，重大隐患266项，已整改销号231项，整改率为87%。

五、加强宣传教育，努力营造有利于安全发展的社会氛围

运用多种有效途径，加大对安全发展理念、安全生产方针政策和法律法规的宣传力度，充分利用广播、电视、报纸、互联网等媒体和生产经营单位墙报、广播站、横幅标语等宣传工具，大力宣传安全文化，宣传“三项行动”的目标、范围、重点和要求，引导各生产经营单位和广大职工增强做好安全生产工作的主动性和自觉性。以“关爱生命、安全发展”为主题，抓住“安全生产万里行”走进江西的契机，组织开展了宣传咨询日、井冈山安全发展论坛、发布重大研究课题、出版《寻根赣鄱安全文化》图书、创建本质安全型工业园区等具有江西地方特色的宣传教育活动，《平安江西》杂志创刊，编辑发行4期，免费赠送给各级领导和安监部门。南昌、赣州、上饶三市在“安全生产万里行”采访报道中，向中央和省、市主流媒体展现了工作特色和亮点，反响良好。据统计，全省共开展各类安全生产宣传教育活动5973次，200万人次参加，组织召开发布会245次，报道安全生产新闻7712篇。

六、突出工作重点，切实加强安全生产日常监督管理

一是认真组织开展机关效能年活动。按照省委、省政府的统一部署，清理规范行政审批、建立重大产业项目绿色通道、规范约束执法行为、推进政务公开常态化、开展内设机构测评，健全完善规章制度等，取得了良好成效。清理行政审批，精简3项、下放2项、委托9项安全生产许可事项，压缩了审批时限，对下放和委托许可事项作出严格规范，签订了委托协议。对综合监管、非煤矿山、危险化学品、烟花爆竹、安全生产中介服务、职业健康安全等6大方面53项行政处罚条款细化了自由裁量权。同时，建立了服务承诺8项制度，开展了清理与规范达标评比、行业协会及中介组织服务与收费行为等工作。

二是严格安全生产许可把关。完善了非煤矿山、烟花爆竹、危险化学品等三大行业安全生产许可联审制度，全年共受理换证或新办安全生产许可申请1398家，对其中1320家符合安全生产条件的企业颁发了许可证。

三是大力推进安全标准化工作。不少企业开展了安全标准化建设，经过组织评估，一批企业通过省级达标考评。非煤矿山、烟花爆竹、危险化学品以及机械、建筑施工等领域，企业安全标准化试点工作取得成功经验，为下一步扩大试点、全面推开奠定了基础。

四是启动了职业健康安全监管工作。职业危害申报企业7568家，开展了粉尘与高毒物品危害专项治理行动，进行了监管干部业务培训。

山东省安全生产工作综述

2009年，全省共发生各类事故22658起，死亡5033人，事故起数和死亡人数同比减少3497起、551人，分别下降14.8%和9.9%，连续8年实现“双下降”，没有发生一次死亡30人以上的特别重大事故，全省安全生产四项相对指标均好于全国平均水平。全省亿元GDP事故死亡人数为0.15（全国0.26），道路交通万车死亡率为2.78（全国3.63），百万吨煤死亡率为0.043（全国0.892），工矿商贸就业人员10万人死亡率为0.87（全国2.4），实现了全省安全生产形势总体稳定好转的目标。

一、“打非、治违、抓责任”活动和“三项行动”取得实效

为贯彻落实国务院确定的“安全生产年”，山东省深化为“安全生产责任落实年”，并细化为春、夏、秋、冬四个战役。2009年，全省共排查治理各类事故隐患60.2万多处，打击非法生产、经营、建设行为5.4万多处。为贯彻落实省委17号文件，省委办公厅、省政府办公厅下发了《关于印发〈贯彻实施鲁发［2008］17号文件工作任务分工方案〉的通知》，将省委17号文件细化分解为58项工作任务，逐一落实到党委、政府各个部门。各地以贯彻落实省委17号文件为主线，建立完善了本地区党委领导下的安全生产工作格局，促进了安全生产工作的深入开展。

二、安全生产法制和执法工作进一步加强和规范

一是省政府213号令的出台。《山东省工业生产建设项目安全设施监督管理办法》于2009年5月4日省政府第44次常务会议审议通过，标志着我省在建设项目安全生产监督管理的立法上取得突破，也使我省安全生产法律法规体系建设形成“一地方性法规、三规章、五规范性文件”的格局。

二是安全生产地方标准制定修订工作正式启动。成立了山东安全生产标准化技术委员会及下设的非煤矿山、烟花爆竹、化工等7个分技术委员会。

三是国家重要文件在我省的配套制定工作。按照省政府领导指示，对81个国家重要文件提出配套要求，省政府安委会专门下发了《关于进一步加强安全生产法制建设的通知》（鲁安发［2009］15号）。

四是进一步强化了安全生产执法监察工作。2009年全省各级执法监察队伍共检查生产经营单位81.1万家（次），实施行政处罚4.6万次。

五是开展了全省执法监察文书点评活动。对全省17个市、34个县区的102份执法文书进行了集中点评。

三、重点行业领域的安全监管和专项整治进一步深化

在非煤矿山领域，各地共检查矿山企业9301

家（次）、尾矿库293家，排查整改隐患2.23万处。2009年共发放安全生产许可证4800个，对不符合条件的延期换证1097家，注销1327家。2009年，全省共关闭非煤矿山431处。

在危险化学品领域，积极推进化工企业自动化控制及安全联锁技术改造工作，全省首批重点监管的755家危险化工工艺企业中已完成改造487家，改造完成率达到64.5%。出台了《山东省危险化学品建设项目安全审查要点》、《山东省化工装置安全试车工作规范（试行）》、《山东省化工装置安全试车十个严禁（试行）》。2009年，为1143家生产企业换发了安全生产许可证，为2086家经营单位颁发了安全经营许可证，为2542家企业发放了易制毒化学品管理和危险化学品登记证书。

在烟花爆竹领域，省政府办公厅下发了《关于贯彻国务院令第455号进一步加强烟花爆竹安全生产工作的通知》，为188家批发经营企业换发了许可证，为基层公安机关和安监部门配备了251台摩尔远距离炸药探测仪和460部车辆。2009年，全省共取缔非法生产经营业户156家，查处涉案人员457名，收缴烟花153万个、鞭炮2.1亿余头。

四、安全生产基层基础工作进一步加强

一是省政府安排4000万元安全生产专项资金，安排实施了137个项目，带动了地方政府和企业13亿元的配套和自筹资金。

二是安全生产责任保险试点工作全面展开。省政府办公厅印发了《关于推动全省安全生产责任保险试点工作的通知》（鲁政办发［2009］37号），确定在全省全面推行安全生产责任保险试点工作，建立了全省安全责任保险试点工作联席会议制度。

三是积极推进企业安全标准化建设。全省有4973家非煤矿山、危险化学品、烟花爆竹、冶金、电力、机械、轻工、建材等企业通过了安全标准化考核验收。

四是积极探索新途径。济南市槐荫区2009年10月份被命名为全国第一个整建制国际安全区。菏泽市牡丹区吴店镇创建了全国第一个农村“安全社区”。

五是应急救援保障能力得到了进一步提高。全省大部分市设立了安全生产应急救援指挥机构。逐步形成省、市、县（市、区）和重点企业“四级应急救援网络”。各地利用应急救援队伍开展预防性检查，2009年共检查企业4661次，发现隐患1万多处。加强了自然灾害预报预警预防工作，2009年省安监局共发布灾害性天气预警预防短信61次、12万多人次。

五、安全生产宣传教育工作进一步强化

认真开展“安全生产月”活动。举办了第二届全省安全文化书画展活动，本次书画展共收到作品510多件，94件作品获毛笔书法、硬笔书法（篆刻）和绘画（剪纸）一、二、三等奖，219件作品获优秀奖。举办了“山东省第三届特种作业人员安全技能大赛”，17个市代表队68名选手参加了比赛，对一等奖选手授予“富民兴鲁”劳动奖章和“山东省青年岗位能手”称号。组织开展了“百万职工安全科普知识答卷”活动，全省共有500多名万机关干部和企事业单位职工参加了答卷活动。在全省各大企业班组中开展了“青年安全生产示范岗”创建活动，共有67万青年职工踊跃参与。进一步加强安全培训教育工作，全省累计培训企业负责人和安全管理人员49万人、特种作业人员111万人。积极开展“安全文化建设示范企业”创建工作。省安监局会同省委宣传部、省总工会联合下发了《关于进一步加强安全文化示范企业建设的意见》，全省共有73家企业被命名为“安全文化建设示范企业”。

六、安监队伍和廉政建设明显加强

一是不断加强安监机构和队伍建设。在省政府机构调整中，省安监局强化和增加了综合监管和职业健康监管职能。2009年底，全省共有专职安全监管和执法人员14705人，比2008年增加了1800多人。省安监局举办了6期监管执法资格培训班，培训安监和执法人员1348人。淄博市、县（区）安监局全部配备相当于本级副职的总工程师，乡镇安监机构全部按副科级建制建设。

二是狠抓安监系统的廉政建设。召开了全省安监系统反腐倡廉工作会议，专门制定了《全省安监系统2009年党风廉政建设实施意见》，并在省安监局网站设立了“党风廉政建设”专栏。

三是狠抓行风建设。积极开展“阳光政务热线”工作，认真解决群众反映的热点难点问题。

河南省安全生产工作综述

2009年，是河南省进入新世纪以来经济发展最为困难的一年，是有效应对国际金融危机并取得重大成就的一年，也是安全生产工作不断加强、持续改进的一年。在战危机、保增长过程中，省委、省政府始终坚持以人为本，将人民群众生命财产安全放在至高无上的地位，认真贯彻落实国务院"安全生产年"部署，扎实推进"三项行动"和"三项建设"，各项工作取得阶段性成效，全省安全生产形势实现明显好转。

一、2009年全省安全生产总体情况

一是事故总量近年来减少最多、降幅最大。全年发生各类事故11592起，死亡2567人，比2008年减少4103起、881人，分别下降26.1%和25.6%，事故总量从2008年的全国第十位降到第十五位，是近年来死亡人数减少最多、降幅最大的一年。

二是安全生产指标控制率位居全国第一。各类事故死亡人数比国家控制指标3400人低24.5个百分点，事故指标控制率75.5%，在全国32个统计单位中位居第一。

三是较大以上事故明显下降。发生较大事故48起，死亡217人，同比减少8起、38人，下降14.3%和14.9%；发生重、特大事故2起，死亡89人，同比减少6起、60人，下降75%和40.3%。

四是重点行业领域事故明显下降。工矿商贸事故220起，死亡384人，下降21.7%和28.4%；道路交通事故8587起，死亡1997人，下降25.5%和26.6%；火灾事故2566起，死亡13人，下降29.9%和35%；水上交通连续三年实现零事故。

五是多数省辖市安全生产状况明显好转。鹤壁市工矿商贸实现了零死亡；濮阳、南阳两个省辖市没有发生较大以上事故；开封、焦作、新乡、许昌、漯河、商丘、周口等7个省辖市，工矿商贸没有发生较大以上事故。

六是多项指标好于全国平均水平，位居全国前列。亿元CDP死亡率0.13，比全国平均水平0.26低50%；煤炭百万吨死亡率0.76，比全国平均水平0.892低14.8%；工矿商贸十万就业人员死亡率1.63，比全国平均水平2.4低32.1%；道路交通万车死亡率1.15，比全国平均水平3.63低68.3%。我省的安全生产工作，受到国务院安委会和省委、省政府的充分肯定和表扬。

二、2009年全省安全生产重点工作

（一）党政领导更加重视，组织领导不断加强

省委、省政府坚持将安全发展作为践行科学发展观的重要内容，列入2009年"十大实事"，采取一系列强有力的措施，推动各项工作的开展。省委书记卢展工上任伊始，专门听取安全生产工作汇报，并主持召开省委常委会议，研究煤矿安全长效机制；郭庚茂省长多次召开省政府常务会议、省长议事会议和电视电话会议，专题研究部署安全生产工作；李克常务副省长、史济春副省长等领导同志，多次主持研究安全生产长效机制，对贯彻落实情况亲自督办。省政府领导分头带队深入基层明察暗访，并派出18个综合督导组和多个专项督查组，深入一线进行督查，推动了各项工作的落实。

各级党委、政府认真贯彻安全生产党政同责、一岗双责，强化措施，加强安全生产领导。洛阳、南阳等地将安全生产列为市委周报督办重点，把安全生产工作会议开到县、乡级，市四大班子主要领导出席，要求县（市、区）党委专职副书记联系安全生产工作，提倡由常务副县长分管安全生产，要求安全生产分管领导原则上进班子两年以上，分管领导不是常委的优先进常委。

（二）隐患排查治理深入开展，重大隐患整改成效明显

深入开展了隐患排查治理专项行动。全省141936家企业开展了全面自查，治理消除隐患267670条，整改率89.5%；排查重大隐患433项，治理消除296项，整改率68%，剩余137项重大隐患列入治理计划，实行挂牌督办和整改销号制度。省安委会确定的92项重大隐患，经13个成员

单位分包督办，已经治理销号 42 项。新乡、安阳等省辖市每年选择 10 项重大隐患，实行四大班子领导分包联系，党政领导亲自协调、现场办公，促进了隐患治理。济源等省辖市积极推进分类监管，将企业分成 A、B、C、D 四级，对 C、D 级企业严格排查监控，提高了监管效能。

狠抓公共隐患排查治理。省政府在财政十分紧张的情况下，拿出 3 亿元专项资金，市县政府和企业配套资金 15 亿元，对 681 座尾矿库进行除险加固。省、市、县安全监管部门强化分包联系、驻库督导。有治理任务的 11 个省辖市、40 个县（市、区）政府，抓紧落实配套资金，严格监督治理进度，确保了治理工程按期完成。省交通厅、公安厅对 514 处危险路段进行了改造治理，省水利厅对 400 座病险水库进行了除险加固。濮阳市和中原油田筹集 100 多万元资金，对皇觉寺实施搬迁，消除了存在多年的重大隐患。

（三）安全专项整治扎实推进，打击违法违规取得阶段性成效

两次对 30 万吨及以下小煤矿进行停产停工集中整顿，关闭退出矿井 34 处。产煤省辖市、县（市、区）和乡镇三级党委、政府，严格领导包矿和干部驻矿责任，强化停工停产矿井管控，严厉打击非法违法生产，有效遏制了事故发生。郑煤集团积极整合小煤矿，整合矿井安全条件极大提高。对井采矿山，重点整治机械通风系统和提升系统，95% 以上的矿井建立了独立的机械通风系统。对小型露天采石厂，重点推行深孔爆破技术和机械化铲装技术，深孔爆破技术推广率达到 90%，机械化铲装技术推广率达到 80%。油气田和输油气管道专项治理成效明显，西气东输管道河南段继续保持零占压。

对危险化学品生产企业，重点整治安全防护距离不达标和重大危险源监控，落实整改资金 8.37 亿元，消除隐患 2801 项。对生产烟花爆竹，严厉打击违规使用氯酸钾行为，暂扣生产经营许可证 11 家。对民爆器材，开展了“反三违、治四超”专项行动，重点整治了危险点、火工作业现场和炸药库。

重拳治理车辆超载超限、酒后驾驶、疲劳驾驶等违规违章行为，先后组织 8 次集中行动。强化沿黄、沿淮地区低质量船舶整顿，取缔撤销各类渡口 101 个，排查整治病险桥梁 750 处。集中开展“天网”和“平安中原”消防专项行动，检查整顿生产经营单位 32 万家次，查封 8710 家，关停场所 5412 处。对农垦企业 320 座冷库进行了专项整治。打击旅行社黑车营运和建筑施工整治等行动，也取得了阶段性成效。

（四）宣传教育培训继续加强，安全生产防范能力进一步提高

以“关爱生命、安全发展”为主题，开展了第 8 个“安全生产月”活动；以“关注消防安全、共建和谐家园”为主题，开展了“119 消防日”；组织开展了“安全伴我行”知识竞赛、“安全戏曲小品”大奖赛、安全专题讲座等活动。公安、交通、农机、工会、共青团、妇联等部门，组织开展了“平安畅通区县”、“平安农机”、“安全生产科技周”、“安康杯”竞赛、“青年安全示范岗”、“巾帼安全”等活动，安全生产社会氛围更加浓厚。

严格落实安全培训和持证上岗制度。全年培训考核企业负责人和安全管理人员 22735 人、煤矿“五职”矿长 1100 人、特种作业人员 142956 人。农业、人力资源和总工会等部门，将安全教育纳入“阳光工程”、“雨露计划”和农村劳动力转移就业技能培训课程，100 万农民同步接受了岗位安全教育。省烟草系统将防火、交通作为重点内容，培训职工 164589 人次。中平能化集团全面推广“白国周班组管理法”，全年煤炭百万吨死亡率降到 0.04，创历史最好水平。河南煤化、安钢、中石化和中石油河南分公司、中铝河南分公司和中州分公司、中原油田、河南油田等单位，从严强化公司、车间、班组“三级”安全教育和新技术、新工艺、新材料、新设备“四新”安全培训，全省 431 万职工参加了岗位安全培训。

（五）法制体制机制不断加强，安全生产支撑保障进一步强化

省委出台了《关于创新安全生产保障机制的意见》，省人大将《河南省安全生产条例》修订列入立法计划，完成了第一次审议。省政府法制办组织相关部门，制定了安全生产行政处罚裁量标准，细化规范了安全生产行政处罚行为。

安全监管监察队伍得到充实加强。全省 17 个省辖市批准成立了应急救援中心，18 个省辖市、

107个县批准成立了执法监察机构。多数县（市、区）安全监管部门成为政府工作部门。安阳县在机构改革中又增加23名执法监察编制，在矿山集中的5个重点乡镇设立安监站所。驻马店市依托骨干企业，建立了市级非煤矿山和危险化学品专业救护队。

激励约束机制进一步健全。省安委会办公室进一步完善了安全生产控制考核指标体系，定期向地方党政主要领导通报有关情况。各地普遍实施了安全生产“一岗双责”等制度，严格目标责任考核奖惩，推动了企业安全生产主体责任和地方政府安全监管责任的落实。

科技兴安支撑体系进一步完善。省、市两级安全监管部门选聘安全专家4865名、应急救援专家1253名，组织专家下基层为企业提供咨询服务，解决安全技术问题。煤矿瓦斯治理、水害防治和尾矿库监控等技术进一步推广，义煤集团实施强压注水防治瓦斯技术，全年没有发生瓦斯死亡事故；郑州市强化科技装备保障建设，县区新增配安全监察车24辆，防护装备67套，检测设备仪器18套。省安全科技研究中心主持研发的尾矿库实时监测监控技术，经安装试用效果良好。公安交通部门积极推进道路交通预警体系和动态监管系统建设，汽车行驶记录仪推广试点工作进展顺利。

（六）监管监察方式不断创新，企业主体责任进一步落实

一是创新安全生产监督机制。省人大将安全生产列入专项视察，常委会领导带队深入三门峡、濮阳、安阳、鹤壁检查，协调解决安全生产重大问题。省委统战部、省监察厅和省安全监管局，从民主党派和无党派人士中选聘392名特约监督员，对安全生产政风行风和依法行政实施全方位监督。

二是创新领导干部安全教育培训。省委组织部、省安委会办公室，分两期对县（市、区）政府分管领导进行培训，完成了省辖市、县（市、区）安全监管局长、副局长业务培训。

三是创新安全监管模式。以新乡市和新安县、漯河源汇区等为省级试点，启动安全河南创建试点工作，巩固和深化了安全乡村、安全社区、安全企业、安全校园等单项创建成果。新乡市安全创建成效明显，事故同比下降了55.8%。新安县和漯河源汇区等26个试点县（区），工矿商贸实现零死亡。

四是创新企业安全发展理念。中央驻豫和省管企业注重安全理念创新，规范员工作业管理，生产安全事故得到较好控制，多数企业实现零事故、零死亡。石油化工企业HSE管理、中铝集团零缺陷管理、河南煤化集团“从零开始、向零奋斗”管理全面落实，全年杜绝了较大及以上事故。

湖北省安全生产工作综述

一、安全生产工作概况

2009年，全省安全生产继续保持了稳中趋好的态势。

一是事故总量较大幅度下降。全省共发生各类事故18347起，死亡2576人，受伤8347人，直接经济损失16106.30万元，同比分别下降7.86%、6.19%、15.85%和9.05%。其中，各类事故死亡人数已连续6年保持下降，年均降幅达7.78%。

二是重点行业安全状况较好。工矿企业事故死亡人数同比下降11.11%，其中，煤矿下降31.68%，道路交通事故死亡人数同比下降3.75%，铁路交通事故死亡人数同比下降22.61%。

三是大多数市州安全生产形势平稳。全省17个市州各类事故死亡人数均同比下降或持平。其中，下降幅度在10%以上的有7个市州。

四是全省各类事故指标控制在进度范围之内。全省各类事故死亡人数比国家下达的控制指标减少死亡108人。各市州事故死亡人数均在省政府下达的控制目标进度以内。全省连续两年未发生一次死亡10人以上的重特大事故。

五是部分相对指标好于全国平均水平。全省亿

元 GDP 死亡率为 0.2，比全国平均水平 0.26 低 0.06；道路交通万车死亡率为 2.97，比全国平均水平 3.63 低 0.66。

二、安全生产执法行动

2009 年初，省局出台了《湖北省加强和改进安全生产监督检查执法计划工作的指导意见》，各市、县普遍编制和实施现场执法计划，并与相关部门密切配合，建立联合执法机制。全省共查处各类无证无照从事生产、建设、经营行为 2.9 万多起，其他违法违规行为 6.9 万多起，依法关闭不具备安全生产条件的工矿企业 546 家，对各种安全生产违法行为罚款 3400 多万元。全省严把安全生产源头准入关，对 2186 家申请换证企业进行严格审核，对新、改、扩建项目加强了安全生产“三同时”项目审查和竣工验收。各地普遍加强了事故查处工作，共查处各类生产安全事故 418 起，按期结案率 89.3%，追究党纪、政纪责任 33 人，移送司法机关追究刑事责任 4 人。继续坚持事故“说清楚”制度，发挥了警示教育和促进整改作用。

三、安全生产治理行动

全省广泛深入地开展了安全生产隐患排查整治，共排查各类隐患 191521 项，完成整改 188492 项，整改率达到 98.42%。针对重点行业存在的突出问题，深入开展了煤矿、非煤矿山、危险化学品、烟花爆竹、道路、水上、铁路交通、重点建设工程、民爆物品、人员密集场所消防等安全专项整治，均取得了新的进展。其中，落实关闭煤矿 56 处；关闭井工开采矿山 38 家、露天矿山 282 家、小尾矿库（池）83 座：关闭危险化学品从业单位 23 家，责令停产整顿 77 家；关闭烟花爆竹从业单位 22 家，责令停产整顿 35 家。首批列入搬迁计划的 33 家安全防护距离不足的化工企业，已有 17 家企业完成搬迁任务，其余 13 家正按搬迁工作计划推进。

四、安全生产宣传教育行动

在抓好经常性宣传教育的同时，集中开展了第八次“安全生产月”活动。组织了“安全文化”下乡、“安全在我心中”职工演讲比赛、安全生产文艺调演、安全生产先进管理办法推介、安全生产红旗单位和先进单位先进事迹宣传、发送安全短信等一系列活动。组织参加了全国演讲比赛和全国安全生产文艺汇演并获得多个奖项。全省各地也精心组织，采取多种形式，广泛宣传安全生产法律法规和方针政策，营造了浓厚的安全生产氛围，进一步促进了全员安全意识的提高。全省继续加大安全教育培训力度，共培训企业主要负责人、管理人员和特种作业人员 16.8 万多人。

五、安全生产法制体制机制建设

大力推动安全生产立法工作，提请省委、省政府办公厅印发了《省安委会成员单位的职责》；与省法制办联合印发了《湖北省委托乡镇（街道）安全生产监督管理机构行政执法暂行办法》；起草了《关于落实企业安全生产主体责任的若干规定》，正在提请省政府以省长令颁发实施；修订完善了《湖北省安监局行政执法责任追究办法》等一系列规范性文件。健全完善安全生产工作体制，大力争取各级党委、政府支持，在新一轮机构改革中，17 个市州安监部门全部列入政府工作部门。8 个市州设立了安监执法支队，77 个县市设立了执法大队，比上年增加 32 个。各地结合实际，出台了一些加强安全生产工作的政策措施，进一步健全安全监管工作机制，按照“三铁”要求，组织实施现场执法计划和委托乡镇执法，全省企业监督检查覆盖率同比提高 5.3 个百分点。

六、安全保障能力建设

继续深入开展了“四个一”创建活动，有效促进了一大批乡镇、社区和企业安全管理迈上新台阶，累计有 17499 家中小企业达到安全生产必备条件，有 3046 家建成各级安全标准化企业。广泛开展企业安全生产诚信承诺活动，出台了《关于开展企业安全生产诚信承诺活动指导意见》，全省已有 6675 家高危企业签订了安全生产诚信承诺书，进一步增强了企业抓好安全生产工作的主动性和自觉性。积极开展了安全生产责任险与安全生产风险抵押金配套改革试点工作，落实安全生产责任险保费 2700 多万元，承担安全风险 57 亿元。进一步加强了应急救援保障能力建设，完成了高危行业和规模以上企业应急预案网上报备工作。省安全生产应急指挥平台建设取得新的进展。在荆门市举办了全省危险化学品事故应急救援演练，全省共举办重点演练 4000 多次。大力争取相关部门支持，安排了 1800 万元为 73 个市县安监部门配备安全生产监测装备，改善了基层监管监察装备条件。

七、安监队伍建设

全省基层安监力量进一步加强，县级执法队伍已达256人，比上年增加81人。按照省委、省政府的部署，各级安监部门深入开展了学习实践科学发展观活动、“作风建设年”、“能力建设年”和政风行风评议活动，进一步加大了党风廉政建设力度，提高了依法行政、依法监管能力，为抓好安全生产工作付出了艰苦的努力，履行了应尽的职责。全省大力培育和宣传安监系统先进典型。2008年，周全意同志被评为省劳模，向日康同志被评为首届人民满意公务员，刘奇晓同志被评为“四创”先进个人。此外，各级安监部门加强自身目标责任管理，均取得了好成绩；开展了档案管理创特级活动，通过全省安监系统的共同努力，顺利通过省特级验收。

湖南省安全生产工作综述

一、安全生产工作概况

2009年，湖南深入开展安全生产宣传教育、执法和治理“三项行动”，大力推进法制体制机制、保障能力和监管队伍“三项建设”，全省事故总起数和死亡总人数同比分别下降11.5%和17.9%，安全生产形势总体稳定、进一步趋向好转。主要有以下五个特点：

（一）安全生产法制体制机制建设取得重大突破

省委、省政府下发了《关于进一步加强安全生产工作的决定》、《湖南省重大生产安全事故责任追究补充规定》和《湖南省安全生产监督管理职责暂行规定》等3个重要文件，省人大、省政府启动《湖南省安全生产条例》修订工作，就我省安全生产工作总体思路、工作目标、工作重点、政策措施和组织保证等方面作出了明确规定，系统提出了加强安全生产的政策措施。这一做法得到国务院安委办的充分肯定，并将我省的做法转发全国各地借鉴。各级各部门各单位从实际出发，配套制订了一系列操作性强的政策措施，有力地推动了安全生产长效机制建设。

（二）安全生产执法、治理、宣教三项行动扎实推进

省安监局与湖南煤监局实行机构分设，理顺安全监管职能职责。省政府统一部署，安监、公安、建设、国土、煤炭、煤监、国防工办等部门联合行动，重点对煤矿、非煤矿山、烟花爆竹、建筑施工、民爆物品等5大行业领域集中整治，排查治理了一大批事故隐患。省财政安排5000万元设立尾矿库专项治理资金，带动全省投入4.57亿元治理尾矿库。重点治理了34座省级、86座市级挂牌督办的尾矿库。煤炭、煤监、财政、安监部门认真落实煤矿整顿关闭和瓦斯治理两大攻坚战措施，瓦斯隐患治理取得成效。公安、建设、交通、国土、安监等部门强力推进打击酒后驾车、建设工程专项治理、火灾隐患排查、矿产资源开采秩序整顿、中小学校校舍安全和铁路道口、危险化学品和烟花爆竹安全等专项整治行动，规范了重点行业领域的安全生产秩序。认真组织开展安全生产宣传咨询日、“安全生产三湘行”、“安全伴我行”演讲比赛等活动，启动安全生产“三个第一课”教育，开通“12350”举报投诉热线，有效提高了全民安全意识。

（三）安全生产齐抓共管工作格局不断深化

年初，省政府与14个市州、32个省安委会成员单位和17个省属重点企业签订了安全生产责任状。省安委办加强跟踪督办，严格目标管理考核，报省委、省政府审定在省委经济工作会议上“一票否决”了永兴县等3个不合格单位，通报批评了郴州市北湖区、祁阳县等5个“黄牌警告”单位。按照“四不放过”的原则，严肃查处了483起事故，查处1403名责任人，党纪政纪处分725名干部，追究刑事责任147人，并及时将查处结果向社会公布，强化了安全生产责任制的落实。各级各部门充分发挥安委会平台作用，积极组织开展隐患排查治理、安全生产宣传教育、示范乡镇对口帮扶创建、汛期和国庆等特别防护期安全生产检查等集中行动，初步形成了“党委高度重视、政府依

法监管、企业全面负责、社会监督参与”的安全生产工作新格局。

（四）安全生产基层基础工作全面夯实

深入开展安全生产示范乡镇和示范县创建活动，在前三年完成100个创建目标的基础上，继续开展第二轮示范创建工作。省安监局率先在全省矿山、危险化学品、烟花爆竹三大高危行业推动建立了精细化安全监管制度。娄底市双峰县坚持开展安全生产示范县创建工作，长沙市积极实施安全生产责任险，常德市深化高危企业标准化建设、规范化管理，得到了国务院安委办的充分肯定。成立了湖南省应急救援总队，启动了七大区域性应急救援基地建设，着力推进行政许可改革，开展安全质量标准化创建工作，推动科技兴安创新工程。2009 年，全省投入安全技改资金 19.6 亿元，关闭落后涉危企业 897 家，一定程度提升了高危行业的本质安全水平。

（五）安全生产形势总体平稳、趋势向好

全省事故起数、死亡人数和较大事故同比大幅下降，绝大部分重点行业（领域）、大部分地区安全生产状况持续改善，全省安全生产控制指标较好。2009 年，全省累计发生各类生产安全事故 10886 起，死亡 3198 人，分别下降 11.5% 和 17.9%，比全国多下降 3.1 和 9.1 个百分点。其中危险化学品、烟花爆竹、道路交通、非煤矿山、建筑施工、铁路运输、农业机械和消防火灾均有较大幅度下降，9 个市州没有发生重大事故。

存在的主要问题：一是重大事故未能有效减少。全省发生了 6 起重大事故，其中煤矿重大事故 4 起。二是重大安全隐患仍然存在。煤矿瓦斯、水害和尾矿库隐患治理任务繁重，道路交通和建筑施工领域违规违章现象严重，少数地方烟花爆竹非法生产猖獗，随时有可能诱发重大事故。三是安全生产基础工作仍然脆弱。安全规章制度不落实、监管执法不严、保障能力不强、应急救援体系和监管队伍建设滞后等问题在一些企业和地方还比较突出。这些薄弱环节和突出问题，应当引起我们的高度重视和清醒认识。

二、安全生产目标管理控制考核

按照国务院安委办下达的控制指标，我省全年实施进度为 85.9%，低于控制指标 14.1 个百分点。考核的 18 项指标，我省有 15 项在控制范围内。其中，事故死亡总人数以及工矿商贸、烟花爆竹、工商贸其他、消防、道路交通、农业机械等行业事故死亡人数，均低于控制指标 10% 以上。各市州绝大多数控制指标在省安委办考核指标之内。事故总量、伤亡人数同比有较大幅度下降。全省共发生各类事故 10886 起，死亡 3198 人，同比减少 1421 起，少死亡 699 人，分别下降 11.5% 和 17.9%，亿元 GDP 事故死亡率为 0.25，同比下降 28.6%。具体有以下几个特点：

一是较大、重大、特别重大事故一定程度得到遏制。全省发生一次死亡 3～9 人的较大事故 74 起，死亡 311 人，同比减少 8 起，少死亡 34 人，分别下降 9.8% 和 9.9%。发生一次死亡 10～29 人的重大事故 6 起，与上年持平。没有发生一次死亡 30 人以上的特别重大事故。

二是工矿商贸企业安全生产状况持续改善。事故起数和死亡人数同比分别下降 21.5% 和 14.1%，就业人员十万人事故死亡率为 2.99，同比下降 16.2%。事故死亡人数与上年相比，非煤矿山下降 4.7%，建筑业下降 25.6%，危险化学品下降 25%，烟花爆竹下降 26.4%，工商贸其他下降 31.1%。

三是消防、道路交通等重点行业安全工作成效明显。火灾同比减少 818 起，少死亡 22 人，分别下降 24.1% 和 31.9%。道路交通事故同比减少 193 起，少死亡 401 人，分别下降 2.5% 和 15.7%。万车死亡率为 3.8，同比下降 34.8%。铁路运输路外事故同比减少 288 起，少死亡 174 人，分别下降 44.8% 和 37.5%。农业机械事故起数、死亡人数同比分别下降 11.3% 和 37.1%。

四是大部分市州安全生产状况好于上年。全省 14 个市州事故死亡人数同比全部下降，其中，下降 10% 以上的有长沙、株洲、湘潭、衡阳、邵阳、岳阳、常德、张家界、郴州、自治州。事故起数同比下降的有 8 个，其中，下降 10% 以上的有长沙、湘潭、邵阳、岳阳、常德、永州。

三、较大与重大事故

2009 年，全省发生一次死亡 3～9 人的各类较大事故 74 起，死亡 311 人，同比减少 8 起，少死亡 34 人，分别下降 9.8% 和 9.9%；发生一次死亡 10～29 人的各类重大事故 6 起，死亡 106 人，同比起数持平，多死亡 13 人，上升 14%。6 起重大事故分别是：2009 年 3 月 21 日，衡阳市常宁市三角塘镇企业办煤矿发生透水事故，13 人死亡；2009 年 4 月 17 日，郴州市永兴县樟树乡大岭煤矿青山臂矿井地面非法炸药库发生爆炸事故，20 人死亡；2009 年 8 月 28 日，郴州市北湖区鲁塘镇煤 12 区兴源煤矿积财矿井发生中毒窒息事故，15 人死亡；2009 年 10 月 2 日，永州市祁阳县大江林场地段发生客车坠落事故，17 人死亡；2009 年 10 月 8 日，锡矿山闪星锑业有限责任公司南矿 2 号竖井发生提升系统罐笼蹾罐事故，26 人死亡；2009 年 11 月 22 日，怀化市辰溪县田家湾镇郭家湾煤矿发生瓦斯爆炸事故，15 人死亡。2009 年全省没有发生一次死亡 30 人以上的特别重大事故。

四、事故调查和责任追究

受同级人民政府委托，全省安监部门和湖南煤监局牵头组成事故调查组，立案调查生产安全事故 483 起，其中一般事故 430 起，较大事故 47 起，重大事故 6 起。已经结案的案件中，共查处 1403 人，其中给予党纪政纪处分 725 人，追究刑事责任 147 人。被查处人员中，科级干部 288 人，处级干部 29 人。按照依法依规、实事求是、权责一致、科学有效的原则，认真总结多年来事故调查处理的经验教训，反复研究，省委、省政府两办下发《湖南省重大生产安全事故责任追究补充规定》，为安全生产责任追究提供了更加有效的制度保障。

五、安全生产应急管理

2009 年启动省级安全生产应急救援预案 8 次，启动市级安全生产应急救援预案 42 次。省级安全生产应急救援队伍参加事故应急救援 111 次，抢救遇险人员 129 人，抢救生还 42 人。安全事故尤其是重大事故和较大以上涉险事故发生后，省委、省政府主要领导、分管领导高度重视，及时作出重要批示，并亲临现场或居中协调指挥，迅速、有序、高效组织开展抢险救援，最大限度降低了事故危害程度，没有发生次生灾害。省安监局组织完善了省级安全生产应急预案，编制了《湖南省重大生产安全事故应急救援手册》，就突发事故应急救援中的职责分工、指挥协调、物资装备、人员调配、现场抢险、医疗急救、信息报送等事项作出明确规定。同时，指导市州政府、有关部门、重点企业完善了本地区、本部门、本单位的安全生产应急预案。国家安监总局批准建设湖南省应急救援指挥中心，有关筹建工作开始启动。常德等 4 个市级应急救援指挥中心开工建设或即将建成，37 个安全生产监管重点县（市区）设置了应急救援指挥机构。以公安消防部门为主体，成立了湖南省应急救援总队。以企业和专业部门为主体，启动了长沙、岳阳、常德、邵阳、娄底、郴州、自治州等七大区域性应急救援基地建设。应急预测、预警、预报工作和预警信息平台建设进一步加强。2009 年 12 月 26 日，全省开通了“12350”安全生产举报投诉、事故报告特服电话。

广东省安全生产工作综述

2009 年，在党中央、国务院和省委、省政府的正确领导下，在国家安全生产监管总局的指导下，我省各地、各部门、各单位认真贯彻落实党中央、国务院和省委、省政府关于加强安全生产工作的决策部署和重要指示精神，以深入学习实践科学发展观为动力，紧紧围绕《珠江三角洲地区改革发展规划纲要》的实施和省委提出的“三促进一保持”的中心任务，全面加强安全生产工作，以防范遏制重特大事故为目标，以开展“安全生产年”活动为主线，以扎实推进安全生产执法、治理和宣教“三项行动”，切实加强安全生产法制体制机制、安全保障能力和监管监察队伍“三项建设”，较好地完成了年初确定的各项目标任务，促进了全省安全生产形势的进一步稳定好转，为全省经济社会平稳较快发展创造了良好的安全生产环境。

一、2009 年全省安全生产状况

2009 年，是广东省深入贯彻落实科学发展观、全力应对国际金融危机、保持经济社会平稳较快发展取得显著成绩的一年，也是我省安全生产形势继续保持稳定好转的一年。一年来，全省各地、各有关部门和单位深入贯彻落实科学发展观，以防范重特大安全事故为中心，扎实开展“安全生产年”活动，取得了自2002年以来安全生产的最好成绩。

一是总体形势呈现稳定、趋向好转的发展态势。全年共发生各类事故37695起，死亡7252人，受伤38911人，直接经济损失33727.6万元，事故起数、死亡人数、受伤人数和经济损失四项指标在近年来大幅度下降的基础上同比分别下降16.4%、10.4%、18.0%和9.6%。

二是省委、省政府确定的生产安全事故“下降三个3%以上，实现三个压下来”的目标得以实现。全年全省共发生各类事故37695起，死亡7252人，受伤38911人，直接经济损失33727.6万元，事故起数、死亡人数、受伤人数和经济损失四项指标在近年来大幅度下降的基础上同比分别下降16.4%、10.4%、18.0%和9.6%。

三是安全生产控制考核指标落实情况总体较好。各类事故死亡7252人，比国家下达我省的控制指标少800多人，是自2002年以来安全生产形势最好的一年，连续七年完成国家下达的安全生产控制指标任务。其中，道路交通事故实际死亡人数比控制指标少死亡638人，保障了我省全年控制指标任务的顺利完成。亿元GDP死亡率再次低于全国平均水平，并从2002年的1.142下降到0.186，降幅达到83.7%。

四是工矿商贸企业安全生产状况持续改善，道路交通、消防等重点行业（领域）安全工作成效明显。2009年，全省工矿商贸企业发生事故219起，死亡464人，同比分别下降17.5%和12.6%；道路交通发生事故32455起、死亡6542人，同比分别下降17.6%和8.9%；火灾事故4548起、死亡106人，同比分别下降6.7%和51.8%；水上交通事故46起、死亡30人，少死亡5人、下降14.3%；铁路交通事故74起，死亡73人，同比分别下降17.8%和9.9%；渔业船舶事故54起、死亡37人，同比分别下降23.9%和14.0%。其中，火灾事故降幅最为明显，同比少死亡114人，下降51.8%，是自2003年以来降幅最大的一年。

五是较大以上事故得到有效遏制。2009年全省共发生较大事故108起，死亡377人，同比分别下降15.0%和20.6%。重大事故实现了年初提出的控制在2宗以内的目标，全年仅发生汕头“5·21”重大火灾事故（死亡13人）和河源“11·29”重大交通事故（死亡10人），共死亡23人，同比减少1起、48人，同比下降33.3%和67.6%。

总体分析，广东省2009年安全生产工作取得了显著成效。突出体现在五个方面：

（一）围绕中心、服务大局，安全监管力度大

各地、各部门、各单位自觉把思想和行动统一到国务院开展“安全生产年”活动和省委、省政府的决策部署上来，以实施《珠江三角洲地区改革发展规划纲要》为主轴，大力推进“三促进一保持”，正确处理保安全与稳增长、调结构、保稳定的关系。强化重点行业和领域的安全监管，加大对200项重点工程建设项目以及亚运会等工程项目的安全监管力度，促进重点项目建设顺利推进，还加强了对产业转移园等各类园区建设的指导服务和安全监管，为全年经济增长各项目标任务的顺利实现提供安全保障。

（二）加强检查，狠抓执法，“三项行动”成效突出

围绕确保建国60周年庆典安全稳定，在推进“安全生产月”及“南粤行”集中宣传教育活动的同时，全省开展了为期近4个月的隐患集中排查治理行动。各地、各部门、各单位主要领导亲自挂帅，分管领导具体负责，集中排查和治理了一批事故隐患，有效防范和遏制重特大事故的发生，全省国庆期间安全稳定，没有发生一起重特大生产安全事故。

（三）协调配合，齐抓共管，道路交通安全监管取得新进展

针对道路交通事故死亡人数占全省各类事故死亡人数近九成这一突出问题，在省安委办积极协调下，公安、交通、建设、教育、质监、安全监管、经信、法制办等8个部门密切配合，全力推进长途客运车辆、危险品运输车辆等七类重点车辆安装和使用卫星定位汽车行驶记录仪工作。目前，试点工作已全面启动，安装使用卫星定位汽车行驶记录仪列为重点车辆的年审条件，并作为《广东省道路交通安全管理条例》新增条款拟提交省人大审议。

（四）突出重点，健全体系，应急救援上新水平

以国家安全监管总局在广东省开展安全生产应

急管理综合试点为契机，大力推进市、县安全生产应急管理机构建设。目前，全省21个地级以上市全部成立了安全生产应急管理机构，114个县（市、区）成立了安全生产应急管理机构，达94%；省各负有安全生产监管职责的部门（单位）和省属、中央驻粤有关企业集团及矿山、危化、建筑施工等重点行业企业均成立安全生产应急管理机构，初步形成“统一管理、分级负责、条块结合、属地为主”的安全生产应急管理体制。同时，建成了覆盖重点行业领域的安全生产应急救援队伍和省、市两级及省专业部门互联互通的安全生产应急指挥平台，安全生产应急救援水平显著提高。

（五）积极探索，勇于创新，企业本质安全有新提升

制定了《关于进一步加强安全生产标准化建设的指导意见》，综合运用行政手段、经济手段等措施调动企业开展标准化工作的积极性，全省安全生产标准推广应用工作取得突破性进展，目前已有1492个企业完成了标准化达标建设。突出企业安全生产主体地位，积极在危险化学品、非煤矿山、机械制造、水泥等12个行业（领域）启动安全生产标准化工作，提升企业本质安全水平。

2009年，广东省安全生产工作尽管取得了一定成绩，但与党中央、国务院和省委、省政府的要求以及人民群众的期望相比，尚存在较大的差距，全省安全生产形势依然严峻。突出表现在事故总量依然高居全国首位，重特大事故尚未得到根本遏制。2009年，全面完成省下达的工矿商贸、道路交通、火灾、铁路路外事故死亡人数及较大以上事故起数等5项控制指标的地区只有10个市，不到总数一半，其他11个地市均有1～3项指标超标；铁路路外事故死亡73人，是全年控制指标的1.12倍；部分地区较大以上事故依然呈现多发态势。

二、2009年安全生产重点工作情况

2009年，广东省坚持以科学发展观为指导，深入扎实开展“安全生产年”活动，重点做了四个方面的工作。

一是强化政府和企业“两个主体”责任意识，安全生产治理行动成效大。政府方面，巩固和扩大深入实践科学发展观活动的成果，推动各级政府及有关部门牢固树立“安全发展”意识，自觉落实安全生产监管责任。一方面，完善安全生产责任制考核体系，细化考核评分标准，组织开展了2007—2008年度安全生产责任制考核，并邀请省人大代表、政协委员同步参加考核，促进了安全生产责任制的进一步落实。另一方面，围绕中心，服务大局，主动靠前抓好“双转移”园区和200项省重点建设项目的安全监管。积极做好化工园区的规划建设，带动珠三角地区危险化学品产业转移，促进了我省化工产业转移升级与安全生产协调发展。此外，为确保国庆60周年安全稳定，开展为期3个多月的安全生产大检查，强化隐患排查治理，排查治理了一批隐患，有效减少和预防了生产安全事故的发生。

全面开展危险化学品和烟花爆竹两大领域隐患排查治理行动，共对13435家危险化学品生产、经营单位进行监督检查，发现事故隐患17622项，完成整改16869项，整改率95.7%。开展了公众聚集场所、高层和地下建筑、30个火灾隐患重点地区和“三合一”场所消防安全整治等“四个专项整治”，共发现整改火灾隐患67390处，拆除易燃可燃装修装饰材料49.6万平方米，占全国拆除总数的23.95%，得到了国家四部门验收组的高度肯定。通过“抓大户、防特大”，加大交通事故多发路段排查治理力度，共排查公路危险路段389处。同时，开展了严厉整治酒后驾驶违法行为专项行动。共组织开展了18次全省统一行动，各地开展区域性整治行动520次，出动警力57180次，检查驾驶人147093次，有力打击了酒后驾车问题，取得了积极的效果。据统计，全省共组织对471896家企业和单位开展了隐患排查行动，排查隐患527973条，已整改513612条，整改率为97.28%；其中，重大隐患2883条，已整改2770条，整改率为96.08%，有效减少和防范事故的发生。

二是深入开展安全生产“打非治违”行为，安全生产执法行动成效大。按照国务院办公厅《关于进一步推进安全生产“三项行动”的通知》要求，印发了《广东省2009年开展安全生产“打非治违”专项行动工作方案》，加大对非煤矿山（含尾矿库）、道路交通、危险化学品、建筑施工、消防等重点行业和领域安全生产非法违法行为的打击力度。据统计，2009年全省共出动执法人员27万人次，查处无证或证照不全从事建设、生产、经营行为23735起，关闭取缔后又擅自建设、生产、

经营行为2308起，私采滥挖、超层越界开采、尾矿库违规排放95起，违反建设项目安全设施“三同时”规定的224起，整顿关闭和取缔不符合安全生产条件企业4812家，特别是提请地方政府依法关闭不符合安全生产条件的矿山企业471家，形成“打非治违”高压态势。

三是以提高全民安全素质为重点，安全生产宣传教育行动成效大。制定和印发了《广东省“安全生产年”活动宣传教育行动工作方案》、《广东省2009年安全生产宣传教育工作要点》，为“安全生产年”活动创造良好的社会氛围。集中开展“安全生产月”及“南粤行”、“安康杯”等集中宣传教育活动，加强重点行业法规知识宣传。抓好我省学生交通和溺水事故教育，开展以“关爱生命，防范交通和溺水事故”的主题活动，使全省近2千万学生接受教育，得到国家肯定。按照全国的统一部署，我省在“应急救援演练周”期间，各地结合实际，认真开展了各种应急救援演练活动。筹划安全培训学院，组织全省市、县非煤矿山、危险化学品监管人员及执法监察队伍开展业务培训，大力提高监管监察队伍整体素质。积极开展“安全文化示范企业创建活动”，使“安全文化建设示范企业”成为全省落实安全生产责任、完善安全管理体系、普及安全生产宣传教育、遵守安全生产法规的良好示范。据不完全统计，2009年我省采取多种形式和渠道，使4000多万人次得到安全生产法律知识和安全教育或活动信息。

四是安全生产法制体制机制、安全生产保障能力、安全生产监管队伍“三项建设”全面加强。进一步加大部门联合执法力度，联合执法机制日益成熟。印发了《广东省危险化学品安全监督管理部门职责》，进一步明确了安全监管、公安、工商等18个职能部门的监管职责，建立了危险化学品安全监管工作分工明确、工作协调、齐抓共管的工作格局。加强道路交通安全监管，印发了《关于强制推广应用带有卫星定位功能的汽车行驶记录仪的通知》，并建立联席会议制度，全力推进长途客运车辆、危险品运输车辆等6类重点车辆安装和使用卫星定位汽车行驶记录仪，合力强化道路交通安全监管。加大事故调查处理力度，省纪委、省法院、检察院，省公安厅、监察厅、司法厅和省安全监管局7个部门联合印发《关于进一步加强和规范较大生产安全事故调查处理和责任追究工作的通知》，进一步提高事故调查处理工作的质量和效率，落实了责任追究。2009年全省共处理相关事故责任人员149人，其中因死亡免于追究责任的24人，移送司法机关52人，给予党政纪处分36人次，其他处理40人次。全面推进委托乡镇（街道）安全生产行政执法，印发了《广东省委托乡镇（街道）安全生产行政执法暂行规定》，有效解决乡镇安全生产工作有责无权、权责不对等的问题。目前，全省1576个乡镇（街道）已有1295个乡镇（街道）开展安全生产委托执法工作，委托执法比例达到82.2%。

广西壮族自治区安全生产工作综述

2009年，广西各级各部门认真贯彻落实中央和自治区关于深入开展“安全生产年”活动和加强安全生产工作的一系列决策部署，扎实开展安全生产执法、安全生产治理和安全生产宣传教育“三项行动”，切实加强安全生产法制体制机制、安全生产保障能力和安全生产监管队伍“三项建设”，全区安全生产保持了“总体稳定，持续好转”的态势，呈现了六年来我区最好的安全生产形势。国务院安委会督查组认为广西安全生产走在全国的前列，为全国做出了榜样。

一、全区安全生产基本情况

四项主要统计指标在连年大幅度下降的基础上又实现了全面下降。安全生产事故起数、死亡人数、受伤人数、直接经济损失同比分别下降14.95%、11.34%、12.79%和24.18%。

全区各类事故死亡人数占国家下达全年控制指标的93.62%，连续第六年没有突破国家下达的控制进度指标。

各地级市安全生产形势持续稳定。全区有12个地级市事故死亡人数同比有所下降，有13个地级市完成了自治区政府下达的控制指标。

重点行业（领域）安全生产状况总体稳定，道路交通、火灾事故、水上交通、农机事故起数和死亡人数同比下降。金属非金属矿山死亡人数首次下降到100人以内。

重特大事故得到了有效遏制。除外省车辆（贵州、河北）在广西境内肇事发生一起死亡12人的道路交通事故外，全区没有发生重大和特别重大事故，彻底扭转了上年重特大事故多发的被动局面。

二、安全生产主要工作

（一）以贯彻“一岗双责”为主线，进一步落实安全生产责任制

2008年底，自治区政府出台实施《广西壮族自治区安全生产监督管理责任暂行办法》（简称“一岗双责”）后，各级各部门普遍以“一岗双责”的实施为契机，按照“谁管辖，谁负责；谁分管，谁负责；谁主管，谁负责；谁审批，谁发证，谁负责”的原则，切实落实安全生产行政责任。在2009年年初自治区政府召开的2009年全区安全生产工作会议上，杨道喜副主席代表自治区政府与14个地级市和8个中区直部门签订了安全生产责任书，分解下达安全生产控制指标，将安全生产纳入各级政府、部门政绩考核的重要内容，实行量化考核和“一票否决”。安委办加强了指标跟踪监控和预警预报，坚持月通报，季督查、半年考核制度。各地各部门层层分解控制指标，逐级签订责任状，落实安全生产责任，基本形成了“横向到部门、纵向到企业”的安全生产责任体系。通过“一岗双责”的实施，增强了各级各部门领导履行安全生产监管职责的责任感，扭转了一些地方和部门领导不重视、不想抓、不愿抓、不敢抓和个别地方出现的分管安全生产工作的领导末位化、非党化的状况，抓安全生产的积极性、主动性在全区各地都得到了进一步的提高。

（二）持续深入开展重点行业（领域）的专项整治

2009年，我们立足于治大隐患、防大事故，全面抓和重点抓相结合、经常抓和突击抓相结合，狠抓高危行业（领域）的安全隐患排查和专项整治。煤矿安全方面：以防瓦斯、防水害为重点，实行重点盯防、重点监控，推广应用先进的机械化开采、瓦斯监控、防治水技术；落实矿领导下井带班制度，推广“白国周班组管理法”，加强现场安全管理和班组管理，并大力推行安全生产标准化建设，夯实煤矿安全管理基础。非煤矿山方面：建立了“623”联系点制度，对病险库实行区、市、县三级挂牌督办治理和重点监控；全年各地共检查矿山企业3999家，查出一般隐患8091项，已整改7654项，整改率94.6%；查出重大隐患132项，已整改97项。危险化学品方面：跟踪督办7家重点企业重特大事故隐患治理和列入2009年自治区挂牌督办的2项重大危险化学品事故隐患的整改工作，其中6家重点危险化学品生产企业的34项隐患和2项自治区政府挂牌督办隐患均已完成整改。烟花爆竹方面：全区共排查出各类隐患3609项，整治隐患3498项，整改率96.92%；对企业“三超一改”等违规行为，共下达限期整改指令53份，责令停产停业整顿21起。道路交通方面：在全区范围开展了“八个平安”和平安道路隐患整治活动，全区市县级道路隐患390项，已完成整改162项。水上交通方面：开展了渡口渡船专项整治工作，全区达标渡口944道，渡口达标率为98.95%；达标渡船1681艘，渡船达标率为97%；达标渡工1850人，渡工达标率为97.06%。消防安全方面：全区排查各类场所8164家，发现火灾隐患及消防违法行为9069处，已整改7689处，处罚233家。建筑施工方面：全区建设系统排查建筑施工企业808家、工程项目1596个，排查出一般隐患3589项，已完成整改3458项，整改率97.01%；排查出生产隐患67项，完成整改65项，整改率96.35%。其他行业领域的隐患排查和整改工作也都取得了显著的成效。

（三）加强宣传工作，营造安全生产的良好氛围

为营造“安全生产人人有责，生产安全人人受益”的氛围，让安全意识深入人心，家喻户晓，我们大张旗鼓地开展了安全生产宣传工作。上半年，围绕“关爱生命、安全发展”主题，从政府和企业两个层面，精心组织，周密安排，把全区第八个“安全生产月”活动搞得生动活泼，有声有色。同时，还创新活动方式，联合自治区党委宣传

部、自治区记协共同开展了安全生产好新闻评选、安全生产文艺汇演、新闻媒体集中采访报道等活动，有力地促进了安全生产的宣传工作。

（四）严厉打击非法违法生产经营行为

针对个别地方非法开采煤矿、非煤矿山抢夺国家资源现象严重的问题，在自治区党委、政府统一部署下，多部门联合行动，在2009年6月底至8月中旬集中开展了打击非法采矿专项整治行动，取得了显著成效。特别是在贺州市钟山县调集了2400多干警对珊瑚矿区非法采矿活动、在来宾市出动3000多人（次）对非法小煤矿进行严厉打击，效果明显，震动很大。据不完全统计，在专项整治行动中，全区共查处证照不全矿山107个，无证越界非法采矿点32个，填封非法矿窿（井）2822个，收缴设备706台，查扣运煤车辆1120辆，拆除工棚100间，遣散人员4296人，追究涉嫌刑事责任12人、行政责任120人。

同时，打击“私炮”的专项行动也取得了明显的效果。据不完全统计，全区共出动执法人员9365人次，取缔非法生产窝点283个、非法经营摊点194个，收缴烟花爆竹产品11450箱（件）、半成品1051箱（件）、原材料3422公斤、引线2115万米、生产机械一批，处理非法生产嫌疑人员12人，有力地遏制了非法生产经营烟花爆竹行为蔓延的势头。

（五）大力加强安全生产保障能力建设

一是煤矿“三化”建设取得突破。2009年，煤矿“三化”建设力度进一步加大。右江矿务局、百色矿务局的“三化”建设效果显著。右江矿务局仅用短短的180天就把一个设计规模不足30万吨的小矿建成年产150万吨的现代化矿井，井下采煤工作面由过去的每班近200名工人减少到现在的17名，实现了机械化、信息化和安全质量标准化，矿井的生产效率和安全保障能力实现了质的飞跃，树立了一个落后变先进、小矿现代化的典范。2009年9月初，国家煤监局在右江矿务局召开了现场会，来自全国各地煤炭行业的专家、企业家和管理者数百人参会，反响十分热烈。会后陆续有外地安监部门和煤矿企业到百色参观取经。

二是推广了一批先进适用技术。2009年，我区引进了4套PROTEM瞬变电磁探测仪用于地采矿山水害隐患的探测，1191家露天矿山采用了中深孔爆破、2036家采用了机械铲装等适用技术，煤矿全面推广使用了安全监控系统，部分煤矿使用了井下人员跟踪定位、视频监控等先进技术装备。全区已有147座城区内加油站加装了HAN阻隔防爆材料，80%的道路运输车辆安装了GPS，20%安装了行驶记录仪，1070座大型易燃易爆罐区、作业场所加装了检测报警仪和高位报警装置，25家烟花爆竹生产企业共投入960万元（其中自治区专项资金500万元、地方财政补助210万元、企业自筹250万元）安装了重点部位监控报警系统。南宁市利用城市应急联动中心平台，建立全市重大危险源数据库，对重大危险源进行GPS定位监控。柳州市的重大危险源“五可”监控系统获得了2009年国家部级科技项目三等奖。

三是加强了安全监管和执法能力建设。2009年，自治区投入2000万元专项资金加强了安全监管和执法能力建设。为各县（市、区）安监局配置了一批执法车辆、电脑、照相机等办公装备，在重点烟花爆竹产区和非法生产问题突出的地区配备高科技“打非”仪器设备——MOLE远距离炸药检测仪，自治区级安全生产应急救援指挥平台建成并投入使用，全区的安全监管、执法和应急救援的能力得到了明显提高。

四是安全生产支撑体系建设取得了实质进展。为加强对中介机构的监管，从本质上规范安全生产技术服务行为，我区在全国率先建立并实施了安全生产中介机构人员照片签名核实制度，该项制度得到了国家安监总局的充分肯定，外省纷纷参照学习。建立了烟花爆竹药物实验室，国家安全生产技术支撑中心广西专业中心实验室的建设和自治区安全生产专家组筹建也取得了新的进展。

（六）大力加强安全生产监管队伍建设

一是安全生产监管队伍在一定程度上得到了加强。2009年，安全生产监管队伍建设在全区上下得到了进一步重视，河池市、来宾市、柳州市、桂林市和南丹、北流等部分县（市、区）成立了专门的安全执法队伍，2000人的全区三级安全生产执法监察队伍的建设稳步推进；区、市两级应急救援队伍达到58支，建立了应急救援组织的企业达到6120家，初步建立了包括自治区级区域骨干队伍、地方救援组织、生产经营单位救援力量的广西特色的阶梯式救援网络应急救援体系。

二是加强了监管人员的培训教育工作。2009年，全区在各行各业各领域都广泛地开展了安全生产教育培训工作，共举办各种各样的培训班和演练1000多期，数以万计的安全生产监管、执法、救援和企业的负责人、管理人员接受了安全生产培训。

（七）大力推进“依法治安”工作

一是法制工作取得新进展。2009年，颁布了《广西实施〈生产安全事故报告和调查处理条例〉办法》，使我区生产安全事故报告和调查处理走上了法制化、规范化的轨道。同时，制订了《关于规范危险化学品企业自动控制技术改造工作的意见》等三个指导意见，进一步规范了危险化学品从业单位隐患排查治理工作。

二是依法行政，严格执法。2009年，共受理安全生产行政许可7176件，涉及办理变更和制作证件32736个，按时办结率达100%，群众满意率99%，在自治区政务中心证件排第四位，效能建设排第五位。按照事故预防“六不放过”制度对发生事故或在安全检查发现存在重大事故隐患的7家生产经营单位和一个县级市政府分别进行了安全生产约见警示。全年全区安监系统共监督检查生产经营单位8530次，查处事故隐患13789个，下达安全生产执法文书28729份，实施行政处罚932.5万元。按照事故处理“四不放过”原则，依法严肃查处各类安全生产事故。全区2633起一般生产安全事故、2起生产安全重大事故已全部结案，结案率100%，86起较大生产安全事故已结案90%。

（八）扎实推进高危行业产业结构调整和企业安全标准化建设

我们把产业结构调整和企业安全标准化建设作为提升企业本质安全水平的重要举措，积极推动，认真抓好。

2009年，产业结构调整取得了实质进展。煤炭生产行业：2009年已关闭16对矿井，超额完成了2009年关闭15对矿井的工作任务。非煤矿山行业：2009年国家下达我区的任务是关闭不具备安全生产条件的矿山330座，实际已关闭702座。危险化学品领域：全年共淘汰落后生产工艺企业77家，吊销企业2家，注销到期未提出延期申请企业153家。烟花爆竹行业：通过实施许可制度，淘汰水平差、安全无保障的小规模生产企业，生产企业数量压减了20%。

目前，全区315个非煤矿矿山开展了安全标准化试点工作，已有130个矿山通过了五级以上安全标准化认定；建成煤矿现代化矿井5对，省级安全质量标准化矿井10对。155家危险化学品企业通过了安全质量标准化三级达标，占生产企业总数33.9%。全区6家大型机械企业已先后有5家通过国家一级标准化认定。

（九）全力以赴做好重大节庆活动的安保工作

2009年，我们把做好国庆节、我区“两会一节”和百色起义、龙州起义80周年等重大节庆期间的安全生产工作作为工作重点，重中之重，认真部署，加强检查，狠抓落实。一是认真组织开展全区安全生产大检查，力求做到不留盲区、不留死角；二是加大隐患整改和重大危险源监控力度，对重大危险源和未完成整改的重大安全隐患实行24小时全天候专人监控；三是强化对重点行业领域的安全监管，严密监控，严防死守；四是严厉打击各类安全生产非法行为，巩固专项整治成果，坚决防止非法、违法生产经营活动的死灰复燃：五是坚持“谁主办活动，谁负责安全”原则，落实重大活动场所安全防范措施；六是认真做好值班值守、信息报送和应急救援工作。

三、全区安全生产工作主要特点

（一）各级党委政府高度重视，安全发展理念得到进一步落实

自治区党委、政府坚持安全发展理念，高度重视安全生产工作，将安全生产列入重要议事议程，作为广西“十强县”、“十佳县”等评先评优和干部晋升提拔“一票否决”的指标。郭声琨书记、马飚主席等自治区领导对安全生产工作经常作出重要指示和批示，在全区的重要会议上反复强调安全生产工作事关人民群众生命财产安全、事关经济发展和社会稳定的大局，必须作为工作的重中之重来抓。据不完全统计，2009年自治区党政领导对全区安全生产工作共作出各种批示达76次之多，充分说明自治区领导对安全生产工作的重视已达到了空前的高度。

市、县、乡党委、政府和自治区有关部门认真贯彻落实自治区党委、政府的工作部署，普遍重视和加强安全生产工作，针对薄弱环节和突出问题，落实责任，采取措施，强化监管，做了大量富有成

效的工作。全区上下普遍形成了行政一把手负总责，主要领导亲自抓、分管领导具体抓、四大班子一起抓的安全生产工作新格局。

（二）各职能部门密切配合，齐抓共管的局面进一步巩固

2009 年是安全生产工作不平凡的一年，我们经历了新中国 60 周年华诞等一系列特殊时期的严峻考验，自治区安委会各成员单位以高度的政治责任感，恪尽职守，密切配合，共同出色地完成了各项安保任务。自治区党委宣传部牵头开展了安全生产好新闻评选活动，并组织了区内 8 家新闻媒体开展集中采访报道活动。自治区监察厅把突出抓好安全生产法律法规执行情况的监督检查作为执法监察工作“四个战役”之一，抓出了成效。公安厅牵头在全区范围组织开展了“平安客运”等“八个平安”创建活动，效果显著。全区消防部队共接警出动 6354 起，出警 56727 人次，出车 10247 台次，抢救 2580 人，抢救和保护财产价值约 20 亿元。财政厅安排了安全生产专项资金 2000 万元，为全区的安全生产监管和隐患治理提供了资金支持。编制办在本次政府机构改革中，将部门的安全生产工作职责融入“三定”方案中，推动了“一岗双责”的落实。人力资源社会保障厅把加强我区危险化学品企业专业技术人才队伍建设纳入我区实施国家“653”工程的项目中，专门联合举办了全区危险化学品企业隐患排查治理及防爆技术高级研修班。交通运输厅在全区范围内开展了对公路、水路运输安全生产隐患的大规模排查治理。国土资源厅在打击非法采矿方面下了很大的工夫，并取得实效。农机局将“平安农机”创建工作的重心放在乡村，积极推进“平安农机”创建。其他安委会成员单位也都充分发挥各自的部门职能，在共同创造良好的安全生产形势中做出了积极努力和重大贡献。

人民日报广西分社、新华社广西分社、广西日报、广西电视台、南国早报等媒体和新闻工作者加大了安全生产宣传力度，为广西安全生产形势持续好转做出了积极的贡献。

（三）各地结合实际狠抓落实，安全生产工作亮点频出

南宁市认真落实安全生产责任制，2009 年落实安全生产目标管理奖励金 287 万元，对成绩突出的县区政府、市直部门和重点企业进行奖励；同时，对在上年度目标管理考核中存在问题的 4 个县、3 个部门和 1 个开发区进行降级处理，在全市评优、评先中对 12 个单位和 20 名个人实施了“一票否决”。柳州市积极推进企业安全标准化工作，2009 年全市完成安全标准化创建企业 87 家、绩效评估 26 家、信用程度评估 779 家。桂林市政府李志刚市长亲自到市安监局现场办公，当场拍板解决落实 15 个编制，组建了市执法支队。梧州市积极开展教育培训工作，全年开展安全生产宣教等培训班 1104 期，培训近 29 万人次。北海市市长在政府常务会议上组织政府班子认真学习了《安全生产监督管理责任暂行办法》，明确细化了各位副市长的安全生产责任。防城港市坚持常规检查与重点检查、综合检查与专项检查、平时检查与年终考核和明察与暗访的“四个结合”全方位开展安全生产大检查，使安全生产检查做到了制度化、程序化。钦州市市长亲自检查每位副市长带队进行安全生产检查督查的记录，坚持隐患排查与专项整治相结合、与加强企业监管相结合、与加强应急管理相结合、与推动安全生产科技进步相结合、与安全生产许可证审核换发相结合等“五个结合”，认真开展隐患排查工作，并收到良好效果。贵港市一年内三次召开市委常委会、四次召开市政府常务会议听取安全生产汇报，研究安全生产工作。玉林市进一步健全和完善了“一岗双责”、“一票否决”等安全生产“十项制度”，为安全生产监管提供了有力的制度保障。百色市整合部门力量，对群众反映强烈的热点、重点矿区重点盯防、重点治理，开展经常性的联合执法行动。贺州市“打非”工作采取高压态势，有力扭转了非法采矿猖獗的严重态势。河池市市委书记、市长亲自主持培训班，对市、县四家班子及全市县处级领导干部进行“一岗双责”培训教育。来宾市重视应急救援能力建设，组织开展了矿山应急救援实战演习活动。崇左市市长亲自主持召开了四个季度的全市安全生产工作会议，研究和部署全市的安全生产各项工作。

海南省安全生产工作综述

2009年，在省委、省政府的正确领导和国家安全监管总局的具体指导下，海南省全面贯彻落实“安全生产年”的各项工作部署，深入开展安全生产“三项行动”，积极推进安全生产“三项建设”，促进了全省安全生产工作取得新的进展，推动了安全生产长效机制取得新的突破；以遏制重特大事故为目标，突出抓好琼州海峡水上交通、道路交通、建筑施工等重点行业领域隐患治理和专项整治，加大监督检查工作力度，严厉打击非法违法生产经营行为，实现了全省安全生产状况总体平稳，保持了连续8年全省陆域范围内没有发生一次死亡10人以上重特大事故的记录。亿元国内生产总值死亡率为0.37，同比下降5.1%。

一、2009年安全生产总体情况

2009年，海南省安全生产状况总体稳定，各类生产安全事故四项统计指标呈“两降两升”态势，即生产安全事故起数和受伤人数下降，死亡人数和直接经济损失上升。全省发生各类生产安全事故2430起，死亡（失踪）612人，受伤1901人，直接经济损失5243万元。与2008年同期相比，事故起数减少246起，下降9.19%；死亡人数增加25人，上升4.26%；受伤人数减少270人，下降12.44%；直接经济损失增加1768.21万元，上升50.89%。

（一）行业事故情况

道路交通事故发生1327起，死亡499人，同比事故起数减少133起，下降9.11%；死亡人数增加29人，上升6.17%。

工矿商贸行业事故发生77起，死亡85人，同比事故起数增加6起，上升8.45%；死亡人数增加6人，上升7.59%。

火灾事故发生1007起，死亡6人，同比事故起数减少115起，下降10.25%；死亡人数减少10人，下降62.5%。

渔业船舶发生事故10起，死亡（失踪）11人，同比事故起数减少6起，下降37.5%；死亡（失踪）人数减少5人，下降31.25%。

铁路交通事故发生6起，死亡5人，同比事故起数减少2起，下降50%；死亡人数增加1人，上升25%。

水上交通事故发生1起，死亡（失踪）4人，同比事故起数持平，死亡人数增加4人。

农业机械事故发生2起，死亡2人，同比事故起数和死亡人数均为持平。

民航继续保持全年安全飞行的记录。

（二）较大以上事故情况

全省未发生一次死亡10人以上的重大特大生产安全事故。全省发生一次死亡3～9人的较大生产安全事故16起，死亡62人，受伤28人，直接经济损失778.6万元，与2008年同期相比，事故起数增加4起，死亡增加22人，受伤增加20人，直接经济损失增加481.25万元。其中，道路交通事故12起，死亡46人，同比事故起数增加6起，死亡人数增加28人；建筑施工事故3起，死亡12人，同比事故起数增加2起，死亡人数增加9人；水上交通事故1起，死亡4人，同比事故起数增加1起，死亡人数增加4人。

（三）控制指标实施情况

2009年，海南省安全生产控制指标内的各类事故实际死亡人数为597人，超出国务院安委会下达的全年安全生产控制指标数37人。其中，道路交通499人，超出控制指标数52人；工矿商贸85人，与控制指标数持平；火灾6人，比控制指标数少10人；铁路交通5人，比控制指标数少5人；农业机械2人，与控制指标数持平。较大事故实际发生15起，超出控制指标数5起。

二、2009年安全生产工作主要特点

（一）安全生产责任制得到进一步落实

省政府制定出台了《海南省各级政府及有关部门安全生产职责规定》，修改完善了《海南省安全生产工作责任目标考核办法》，为安全生产责任制体系建设提供了制度保障。省政府继续与各市县

政府及洋浦经济开发区管理局签订了2009年度安全生产工作目标责任书，向各市县政府分解下达了安全生产控制指标，第一次与21个省直有关部门和单位、30家重点企业签订了安全生产工作责任书，进一步明确了市县政府、省有关部门和重点企业的安全生产工作目标。省安委会采取自查自评、述职报告与组织考核相结合的方式，对签订责任书的单位全面进行考核。在考核的基础上，省政府实行表彰激励机制，对2009年度安全生产工作中取得突出成绩的84个集体和57名个人予以了通报表彰。同时，各市县政府、省有关部门和单位也分别制定了相关制度，并与其下级部门及企业签订了安全生产工作目标责任书，逐级组织开展考核，使安全生产责任层层分解和落实。全省通过努力构建各级安委会成员单位工作联动机制，督促各级政府认真履行安全生产职责，基本形成了“一级抓一级，一级对一级负责”的责任体系，初步形成了“横向到边、纵向到底”的管理体系。促使安全生产“两个主体”责任进一步得到落实。

（二）安全生产制度建设得到进一步健全

海南省加大安全生产立法工作力度，将安全生产工作纳入规范化管理的轨道。《海南经济特区安全生产条例》已出台，是海南省安全生产第一部地方性法规，有力推动了安全生产法制化建设的步伐。《海南省烟花爆竹生产企业安全标准化规范》已通过省质量技术监督部门的批准，是全国烟花爆竹领域的第一部地方标准。针对2009年道路交通、基础设施建设事故多发以及较大事故频发的情况，省政府办公厅牵头公安、交通、建设、安监等相关部门，研究制定了《关于进一步加强道路交通安全综合治理工作的意见》（琼府［2009］73号）和《关于进一步加强基础设施建设安全管理工作的指导意见》（琼府［2009］75号），提出了解决突出问题的对策措施。省安委会办公室配套制定了事故通报、警示、约谈等工作制度，有效推进了安全生产综合监管工作。

（三）安全生产专项整治得到进一步深化

海南省建立了安委会各成员单位联动整治工作机制，2009年继续深入开展水上交通、道路交通、建筑施工、公众聚集场所、非煤矿山、危险化学品等重点行业领域的安全生产专项整治。

一是琼州海峡水上交通安全专项整治。2009年3月，分管安全生产工作的副省长主持召开会议，专题研究部署琼州海峡水上交通安全专项整治，担任琼州海峡专项整治活动领导小组组长，组织开展为期2个月的专项整治。海事、交通、安监等部门及当地政府集中排查治理了琼州海峡客滚船、港口码头、通航环境3个方面的事故隐患593项，完成整改556项，继续跟踪整改37项。这是海南建省以来第一次开展大规模的琼州海峡水上交通安全专项整治，抽调人员最多、跨越时间最长、检查范围最广、取得成效最好。

二是道路交通安全专项整治。省政府召开专题会议部署，公安、交通、安监等部门组织开展了全省道路交通安全整治，以及车辆超限超载专项治理、公路客运交通安全集中整治行动，重点加强对高速公路、国道省道干线公路路面的巡逻管控，查处道路交通违法行为4380起，超载超限车辆1134辆。

三是建筑施工安全专项整治。建设、交通、水务、安监等部门组织开展了专项督查，建设部门对建筑规模相对较大的三亚、文昌等11个市县落实安全措施费用情况进行抽查；水务部门对54个水利项目工程进行拉网式检查，建设、监察、公安、安监等部门联手开展工程建设领域安全生产突出问题专项治理工作，进一步规范建筑施工行业安全管理。

四是非煤矿山安全专项整治。国土环境资源、安监、公安、工商等部门联合开展了小型露天采石场整顿关闭工作，已关闭采石场23家。

五是危险化学品、烟花爆竹安全专项整治。开展液氨使用企业安全专项整治，整改隐患289处，关闭、停业整顿和限期整改企业9家；开展烟花爆竹氯酸钾和反“三违”、“四超”专项整治，治理隐患131处。

六是公众聚集场所消防安全专项整治。集中开展公众聚集场所易燃可燃装修材料消防安全、高层及地下建筑消防安全等专项整治，做好两节、两会、国庆、冬季防火等消防专项保卫，做到重点场所火灾排查100%，重大火灾隐患整改100%。

七是继续开展乡镇渡口渡船安全管理专项整治。全省已累计投入资金1500万元，改造渡口47个，新造渡船61艘，验收达标率为90.8%，成为全国通过审核验收的15个省份之一。

八是电网建设工程安全专项整治。建立供输电行业安全生产联席会议制度，组织开展全省电网建设工程安全大检查，电力线路违章建筑清理和线路走廊树障清理工作已初见成效。

九是孔明灯燃放安全管理专项整治。省政府发布了《关于在特定区域禁止燃放孔明灯的通告》，海口市、三亚市及民航、公安、安监等部门开展机场净空区域及易燃易爆场所的巡逻检查和联合执法，有效规范了孔明灯燃放行为。

（四）安全生产“三项行动”得到有效实施

按照国务院办公厅和国务院安委办的统一部署，省安委会制定了《海南省安全生产执法行动实施方案》、《海南省安全生产治理行动实施方案》和《海南省安全生产宣传教育行动实施方案》，全面部署在全省范围内开展安全生产“三项行动”。

一是深入开展安全生产执法行动。全省共组织开展安全生产执法行动22010次，查处无证或证照不全从事建设、生产、经营8849起，通过治理整顿关闭和取缔不符合安全生产条件企业218个。省交通厅、省公安厅、省旅游发展委员会联合开展了打击非法营运行为专项行动，开展联合执法22次，查处旅游“黑车”584辆。省公安厅交警总队开展了整治酒后驾驶专项行动，查处酒后驾驶违法行为707起，行政拘留149人，追究刑事责任6人。省质量技术监督局开展了打击气瓶违法充装和“土锅炉”执法行动，下达安全监察指令书18份，捣毁“土锅炉”6台。海南海事局先后开展打击琼州海峡客滚船超载和装载“三超”车辆专项行动、危险货物运输专项整治活动、旅游船艇专项整治活动。省国土环境资源厅加大对重点矿区的巡查，打击取缔非法采矿点17个。

二是深入开展安全生产治理行动。以落实《2009年海南省安全生产工作要点》中提出42项重点工作为主线，把安全生产隐患排查治理与重点行业领域专项整治工作结合起来，建立了生产经营单位隐患治理台账和重大隐患政府分级管理、挂牌督办制度，重点排查消除重大隐患。全省共检查生产经营单位18148家，查出各类事故隐患24026项，整改22472项，隐患整改率93.53%；其中，一般事故隐患23917项，整改22380项，整改率93.57%；重大事故隐患109项，整改92项，整改率84.4%。

三是深入开展安全生产宣传行动。以“关爱生命，安全发展”为主题，举办了主题咨询日、“安全伴我行”演讲比赛、危险化学品知识竞赛、公益广告等宣传活动，在全省范围内营造了浓厚的安全文化氛围；强化安全知识教育，举办了高危行业从业人员全员培训、农民工安全培训等各类培训和讲座，提高作业人员的安全技能。全省共开展宣传教育活动7333次，参与人数达81.2万人次。

（五）安全生产“三项建设”得到有效推进

按照国务院办公厅及国务院安委办的统一部署，省安委会出台了进一步加强法制体制机制建设、安全保障能力建设和安全监管队伍建设三个实施意见，在全省积极推进安全生产“三项建设”。

一是安全生产法制体制机制建设取得新的成绩。推动安全生产立法工作，出台《海南经济特区安全生产条例》。继续完善安全监管体制，五指山市、定安县由政府主要负责人担任安委会主任，政府副职领导全部作为安委会副主任，各自履行分管行业的安全生产监管职责；乐东县等8个市县安监局由挂牌机构单独设置为政府工作部门，全省安监系统行政编制增加到194人；澄迈县成立了全省第一支安全生产执法专业队伍。加强应急救援体系建设，增设了省级综合管理安全生产应急救援机构，为加快应急救援体系建设奠定基础。三亚市安监部门设立了应急救援科，五指山市、保亭县把预备役队伍纳入了应急救援力量，洋浦经济开发区一体化应急救援队伍已基本建立，昌江县依托海南矿业联合有限公司消防队伍组建了省级矿山救护队；海口市、澄迈县、东方市、三亚市依托企业力量组建了危险化学品应急救援队伍。三亚市政府成功实施“6·4”绕城高速公路迎宾隧道塌方事故救援，救出被困作业人员8人，未造成人员伤亡。海事部门组织处置海上险情61起，成功救助444人。海洋渔业部门搭建了CDMA移动通信系统，提高了渔船安全保障能力。

二是安全生产保障能力建设取得新的提升。全面开展普查登记，夯实重大危险源监管基础。完成了全省第二次重大危险源普查，共调查相关企业533家，确定重大危险源577个，基本建立了全省重大危险源数据库，为实现全省重大危险源监控预警实时管理迈出了重要的一步。大力推广企业安全标准化建设，提高本质安全水平。金属非金属矿山、危险化学品生产经营企业安全标准化试点工作已初见成效，有4家危险化学品企业取得二级安全标准化证书，1家金属非金属矿山通过三级安全标准化考评。督促企业采用安全生产先进实用技术，淘汰落后生产工艺。已有80家露天矿山采用中深孔爆破和机械铲装技术，9家烟花爆竹企业采用机械插引技术，井工矿山100%实现机械通风。加大安全生产投入，“十一五”规划重点项目建设进展顺利。洋浦经济开发区、东方工业园区、澄迈老城开发区已完成了区域性安全规划，将安全生产纳入了地方经济发展的总体规划。安全生产矿山、非矿山、职业健康等3个检测检验实验室基本建成即将投入使用，安全生产信息化“金安工程”将实施设备安装调试。各市县积极争取财政支持，安全生产工作经费和专项资金逐年有所增加。

三是安全生产队伍建设取得新的进展。按照省委的统一部署和要求，圆满完成了深入学习实践科学发展观活动各项任务。在全省安全监管系统组织开展了“五型”机关创建活动，进一步激发了全体安监工作人员的工作热情，巩固和发展学习实践活动成果。开展向昌江县安全监管局原局长谭扬亮同志学习活动，进一步改进了全体安监工作人员的工作作风，大力弘扬爱岗敬业、默默奉献的精神。实行党风廉政建设责任制，加强党风廉政建设和反腐败工作。全省安监系统没有发生违法违纪案件。强化安全监管业务培训，全年共有525人次参加了各级业务培训，进一步提高了基层安全监管工作人员的依法监管能力和执法水平。

（六）事故责任追究得到进一步强化

海南省建立了安全生产责任追究联席会议制度，坚持按照“四不放过”的原则和“实事求是、依法依规、注重实效”的要求，认真组织生产安全事故调查处理，严格实行事故责任追究。2009年，对发生的较大事故已完成事故调查处理及责任追究。东方市“4·30”华能东方电厂施工事故、万宁市“3·27”博冯水库溃坝事故、三亚市“6·4”隧道塌方事故等生产安全事故相关责任单位、责任人已得到处理。同时，按照《海南省道路交通安全问责与告诫暂行办法》的规定，省安委会办公室向儋州市、澄迈县政府下达了道路交通安全告诫通知书，督促市县政府积极采取措施，及时整改存在的突出问题，提高了安全管理水平。

（七）安全生产检查和重大活动（会议）安全保障工作得到进一步加强

在企业自查、市县政府检查的基础上，省安委会通过集中开展安全生产大检查和专项督查的措施，重点抓好了元旦春节、五一、全国“两会”、博鳌亚洲论坛2009年年会、国庆60周年庆典活动期间的安全保障工作，实现了“零事故、无差错”的目标。特别是按照省委、省政府关于做好国庆节前后安全生产工作的部署和要求，省安委会采取自查和督查相结合的方式，分两个阶段组织开展了专项督查。第一阶段是8月中旬至8月底，各市县及省各有关部门和单位对本区域、本行业的安全生产工作开展自查。第二阶段是9月上旬，省安委会组织开展督促检查。从24个部门抽调人员组成6个小组，分别由厅局领导带队，对18个市县和洋浦经济开发区进行全面督查，督促重点行业领域开展隐患排查治理，打击安全生产非法违法行为，为建国60周年国庆节期间营造了祥和安全的社会环境。

重庆市安全生产工作综述

2009年，全市安全生产工作在市委、市政府的坚强领导下，紧紧围绕建设平安重庆和安全保障型城市的总体目标，按照全国“安全生产年”提出的“三项行动”、“三项建设”（执法行动、治理行动、宣传教育行动和法制体制建设、保障能力建设、监管监察队伍建设）总体部署，扎实开展我市安全生产“基层基础强化年”工作，强力实施“335工程”（加强基层安全监管、企业安全管理、基层组织领导等“三个能力”建设；深化企业安全标准化、隐患排查治理、安全专项整治等“三项重点”工作；强化安全投入、安全科技、安全文化、监察执法、应急救援等“五大保障”措施），在强基础、查隐患、抓整治、打非法、压事故等方面做了大量艰苦细致的工作，全市安全生产工作取得新的进展。

一、2009 年全市安全生产形势

2009 年，全市安全生产立足早谋划、早部署、早落实，市政府 1 号、2 号文件对基层基础建设作出四年规划，市政府办公厅 45 号文件明确了今年工作重点和任务。市委、市政府相继作出建设平安重庆、安全保障型城市建设的决定，进一步健全了安全监管体系和“一岗双责”责任制，实施了安全生产百日督查落实和大排查大执法大整治专项行动等一系列标本兼治举措，确保了安全生产形势的持续稳定好转。

全年各类事故死亡 1928 人，同比减少死亡 54 人、下降 2.7%；较大事故 38 起，同比减少 22 起、下降 36.7%；重特大事故 2 起，同比持平。道路、煤矿、非煤矿山、危险化学品等重点行业领域安全事故持续下降，多数区县（自治县）安全形势平稳趋好，安全生产再创直辖以来最好成绩。

二、2009 年安全生产工作情况

（一）安全保障型城市建设全面启动

国发 3 号文件提出“支持重庆建设安全保障型城市示范区”，国家安全监管总局明确支持我市建设安全保障型城市示范区。市委、市政府相继做出了建设平安重庆和安全保障型城市系列决策部署。市委三届五次全委会审议通过了《关于坚持安全发展加强安全工作的决议》；市委、市政府出台了《关于进一步加强安全生产和地质灾害防治建设安全保障型城市的决定》，并将《建设安全保障型城市发展规划》列入了 12 个“十二五”重点专项规划之一，以“安全发展、安居乐业、统筹城乡、主动保障”为目标，对安全风险实行法制化、标准化、社会化管理，构建安全发展保障体系。平安重庆建设主要包括社会安全、生产安全、食品药品安全、居住安全、交通安全五个方面，这其中有四个方面涉及安全生产，安全保障的任务更重。2009 年 7 月 16 日，市委、市政府主要领导亲自组织召开全市安全工作会议，对全市安全工作作出重要决策部署，重视程度、领导力度、措施强度前所未有，有效推动全市安全生产形势稳步好转。

（二）安全生产基层基础建设扎实推进

始终坚持实施固本强基工程，坚持不懈地夯实基层和基础两个平台。

一是基层监管机构队伍建设有效加强。按照“巩固区县、强化乡镇、延伸村居”的要求，切实加强安监队伍建设。40 个区县（自治县）和北部新区全部建立了执法大队和应急指挥中心，区县（自治县）专职安全监管人员达 972 人，平均 23.7 人；1007 个乡镇（街道）全部成立了安监办，123 个乡镇（街道）成立了执法中队，乡镇专职安监人员达 5121 人，平均 5.1 人。九龙坡、开县还在村居设置了安全专职干部。

二是基层安全监管能力明显提升。建立健全乡镇（街道）“六位一体”，村居“七位一体”的安全监管机制，初步形成了四级安全监管网络。全市所有乡镇（街道）均建立完善安全监管 12 项基本制度和 12 本基础台账，各村居、工业园区也建立相应的制度和台账。

三是企业安全标准化建设稳步推进。按照“管理台账化、装备现代化、指令书面化、操作指令化、行为规范化”要求，进一步健全安全监管标准化体系，深入推进企业安全标准化建设，健全安全管理机构和制度，强化现场和班组安全管理，煤矿、非煤矿山、危险化学品、交通运输、建设施工等高危行业达标率达到了 50%。

四是安全生产投入力度进一步加大。市级安全专项资金投入达 3500 万元，并且逐年增加 500 万元，平安重庆建设资金安排 2 亿元专用于安全生产“双基”建设。各区县（自治县）政府均建立了每年不少于 200 万元的专项资金，并逐年增长 10% 以上。2009 年已投入 1.6 亿元，为所有区县安监局、35% 的乡镇（街道）安监办配备必需的安全监管交通工具（已配备车辆 588 台）、办公设备、执法装备、检测检验设备、应急救援装备。同时，督促企业加强安全费用提取和使用监督，全面推进安全责任保险和风险抵押金集中缴存盘活。开展 10 个区县、100 个乡镇、1000 个点（企业、村居）的“十百千”安全保障示范工程，以点带面推进安全保障型社会建设。

（三）安全生产体制机制不断健全完善

一是理顺了煤炭行业安全监管体制，成立煤炭工业管理局，集中央监察、地方监管、行业管理“三合一”，避免了煤矿安全的多头管理、多头指挥。

二是市政府出台了《关于进一步明确和强化安全生产管理职责的决定》和《重庆市安全生产行政责任追究暂行规定》，进一步理顺各级各部门监管职责和领导班子成员“一岗双责”责任制，在全国率先实施安全监管尽职免责，建立健全了良好的工作导向机制、约束机制和激励机制，体现了责任追究的人性化和实事求是原则。

三是部门协同配合机制进一步健全，煤矿、非煤矿山、危险化学品、烟花爆竹等8个跨多部门监管的行业，建立起114个部门参与的联席会议制度，组织开展部门联合执法、专项整治和督查工作，有效增强了安全监管合力。

四是积极探索建立安监人文关怀制度。针对安监人员因工作压力大、待遇低提出集体辞职现象，积极探索“从优待安”，酉阳、荣昌、石柱、綦江等12个区县（自治县）率先实施安监人文关怀制度，提高安全监管人员政治、经济待遇，切实解决安监队伍不稳定问题。

（四）安全生产事故防范能力有效加强

一是深化隐患排查治理工作。逐级建立并落实了主要负责人到每个员工的隐患排查治理、监控和分级管理制度，重大隐患实行市、区县（自治县）、乡镇（街道）三级挂牌督办，做到了内容、标准、措施、进度和责任“五落实”。

二是狠抓重点行业领域安全专项整治。

煤矿采取抓瓦斯整治促事故防范、抓整顿关闭促矿产资源整合、抓安全准入促源头管理、抓事故查处促责任到位、抓检查指导促进日常监管的“五抓五促”举措，完成1256个煤矿壁式开采，394个采煤面、521个掘进面金属支护，安装92套瓦斯抽采系统，完成129个煤矿一级质量标准建设。

道路交通深化了“五整顿、三加强”工作措施，客运企业安全标准化达标1562家，完成了1000公里防撞护栏安装，开展了“渝安”交通秩序整治、无牌无证摩托车专项治理、预防特大道路事故专项行动，查处各类违法行为62.8万起、罚款6003万元、行政拘留897人。建成全市水陆运输监控中心，对5583台“两客一危”车辆、2566艘船舶、8个客运站、62个化危码头安装了GPS终端和电子探测监控系统。

建设施工以理顺监管体制、落实监管责任为重点，开展了工程质量、建筑施工许可证、安全责任专项检查，市建委、市水利局、市市政委、民航重庆监管局等共检查建设工程602个、查出隐患1200个、督促整改1150个。

消防安全以排查治理高层建筑为重点，对全市5650栋高层建筑逐一进行拉网式安全隐患大排查，查出火灾隐患24038个，督促整改2745栋、责令“三停”390家、查封单位场所共66家。整治了菜园坝、朝天门重大安全隐患。

危险化学品成立了港航、运管、公安联合检查组，常驻码头开展危险品车辆检查，严防水上偷运，严禁库区污染。

工业园区以基层基础建设重点，43个市级特色工业园区成立安监办，1949户企业设置安监专职机构。

烟花爆竹、民爆器材、冶金、铁路、民航、水利、电力、农机等专项整治，做到逐矿、逐厂、逐岗、逐设施、逐项指标，盯上靠上，彻底整改。

三是深入开展安全生产检查督查行动。坚持企业自查、乡镇普查、区县复查、行业部门抽查、市政府督查“五查并举”，在全市部署开展了“安全生产百日督查落实专项行动”和为期五个月的“安全生产大排查大整治大执法专项行动”。全市共派出检查组2.7万个、12.8万人（次），检查单位23.2万个，查出安全隐患18.5万个、重大隐患691个。整治一般隐患17.9万个，整治率97%；整治重大隐患587个，整治率85%，其中挂牌整治104个；下达限期整改指令11221个，停产整顿企业1467家，责令关闭1192家，行政罚款3679万元。

四是积极搭建安全生产科技平台。组建了中国安全生产科学研重庆分院，启动了“国家安全工程技术实验与研发基地”和安全科技产业（应急）园建设，构建安全生产科技协作体系。抓紧推进安全生产信息化“金安”工程建设和“186”应急救援体系建设。

五是强力推进高危行业“四小”企业关闭。立足下大决心，动大手术，市级财政投入6亿元，拟关闭300个小煤矿、638个小非煤矿山、50家小危化生产企业、12家小烟花爆竹等1000家“四小”生产企业。2009年已关闭到位392家。其中，小煤矿105家，小非煤矿275家，小危化9家，小烟花3家。同时，严格市场准入，统筹解决财税利益、职工就业、社保、社会稳定等问题，实现公平、和谐、科学实施关闭。通过检查督查和严防死盯，有力确保了重点时段、重要活动、重点部位的安全稳定。

（五）安全生产宣传培训全面强化

一是以“关爱生命、安全发展”为主题，重点组织开展一场安全生产月咨询活动等“十个一”活动，全市共散发各类宣传资料、手册达300余万份，接受群众咨询100余万次，悬挂安全标语8万余条。举办生产经营单位主要负责人、安全管理人员培训共43期、1393人；举办特种作业人员安全技术培训初训、复训班共660期。

二是实施变招工为招生、变农民为产业工人培训工程。依托重庆安全工程学院、安全技术职业技术学院、安全技术考试考核中心，开展基础教育、高等教育、技术职业教育，为高危行业企业培养安全技能型人才，变招工为招生，实现农民工向产业工人的转变。

三是实施大规模干部培训工程。制定大规模培训安监干部实施规划，共举办区县分管领导、安全监管人员培训班11期、培训3644人。实施专业技术培训工程。全市举办企业负责人、安全管理员、特种作业人员培训班786期，培训人员67万人。

2009年，全市安全生产形势稳定好转，但形势依然严峻，问题依然突出。一是部分行业领域、部分区县事故多发。道路交通事故死亡人数占总量的62.7%，工矿商贸企业事故死亡人数占总量32.3%，两项之和分别占全市事故总量的95%。二是企业安全主体责任没有真正落实。一些小企业竞相压低成本，无序竞争严重，现场管理混乱，隐患治理不力。安全生产投入不足，安全责任不落实，职工三级教育流于形式，特别是农民工缺乏安全知识和技能的系统教育。三是个别区县和部门工作力度不到位。没有正确处理好安全与发展、安全与生产的关系，基层安全监管力量不足，队伍不稳，执法力度不够。交通工具、办公设备、执法装备严重不足，科技支撑和保障能力低下，基层安监人员仍是凭经验抓安全，体制机制、保障能力等安全生产深层次问题亟需解决。

四川省安全生产工作综述

一、2009年安全生产基本情况

2009年，在全省生产总值增长14.5%、灾后重建任务异常繁重的情况下，全省共发生各类伤亡事故22721起，死亡4073人，受伤人数20733人，直接经济损失36405万元。与去年同期相比，事故起数减少1178起，下降4.93%；死亡人数减少453人，下降10.01%；受伤人数减少1564人，下降7.01%；直接经济损失减少2439万元，下降6.28%。其中，发生较大事故85起、死亡337人，同比事故起数减少16起，下降15.84%，死亡人数减少22人、下降6.13%；发生重大事故1起，死亡10人，同比事故起数减少2起，少死亡28人、分别下降66.67%和73.68%；没有发生国务院认定的特别重大事故。全省纳入国家考核的四项相对指标均同比大幅下降，全年亿元国内生产总值生产安全事故死亡0.29人，下降19.44%；工矿商贸十万就业人员生产安全事故死亡3.24人，下降14.06%；道路交通万车死亡3.72人，下降26.63%；煤炭生产百万吨死亡4.334人，下降9.46%。全省21个市（州）事故死亡人数均控制在年度考核指标以内。

2009年，在国家安全监管总局和省委、省政府的正确领导下，全省各地、各部门、各企事业单位围绕“安全生产年”的主题，结合实际深入开展“三项行动”，扎实推进“三项建设”，注重源头治本，夯实基层基础，着力解决安全工作中存在的突出问题。全省安全生产形势继续稳步好转，呈现出“四个下降、一个稳定、一个较好”的良好态势。具体体现在：

一是全省生产安全事故总量明显下降。

二是一次死亡3人以上事故显著下降。

三是六大行业（领域）事故全面下降。2009

年，道路交通事故起数、死亡人数分别下降5.12%、8.61%；工矿商贸企业下降11.05%、12.06%；铁路交通下降18.84%、16.31%；火灾下降3.01%、38.67%；水上交通下降40.00%、77.78%；农业机械起数下降50.00%、死亡人数持平，六大行业（领域）事故全面下降。

四是工矿商贸企业细分行业（领域）事故下降。煤矿事故起数、死亡人数分别下降23.18%、21.25%；金属与非金属矿山下降14.94%、18.45%；危险化学品下降20.00%、16.70；烟花爆竹下降50.00%、30.00%；工矿商贸其他企业下降8.78%、5.88%。

五是大部分地区安全生产状况较为稳定。在全省21个市（州）及高速公路等22个考核单位中，成都、自贡、攀枝花、泸州、德阳、绵阳、广元、遂宁、内江、乐山、宜宾、南充、达州、巴中、眉山、资阳、甘孜、阿坝等18个市（州）及高速公路，同比事故死亡人数下降。

六是全省安全生产控制考核指标落实情况较好。国务院安全生产委员会下达的18项绝对控制考核指标中有16项均控制在年度考核指标之内；在省政府下达的道路交通、道路交通中的生产经营性事故、火灾、工矿商贸、煤矿、瓦斯死亡人数、铁路交通等7项分项指标中，成都、泸州、绵阳、广元、遂宁、乐山、宜宾、巴中和眉山等9个市（州）7项分项指标均控制在考核指标之内。

二、2009年安全生产工作

（一）加强领导，部门联动，落实责任

省委、省政府高度重视安全生产工作，主要领导一再强调安全生产必须"一把手"亲自抓，要牢牢扭住落实责任这个关键。省长多次通过电视、电话会议具体部署安全生产工作，并为确保国庆60周年大庆的安全稳定，于国庆前亲率省级有关部门负责人前往人员密集的公共场所检查指导安全工作。分管安全生产工作的副省长多次主持召开省安全工作会议，专题研究部署安全生产工作，并亲自带队对安全事故隐患存在较多地区督促检查，排查隐患，确保生产安全、社会安全。各级党委、政府特别是主要领导亲自抓，在落实安全生产"一岗双责"和企业安全生产主体责任上狠下功夫。各有关部门关口前移，重心下移，不断加强规律性研究和总结，各级安委会成员单位不断探索整合行政资源的有效方式，工作合力不断增强，综合监管联动机制得到进一步加强和完善，全省上下形成齐抓共管、众志成城的安全工作格局。

（二）预防为主，深入开展"三项行动"

按照国务院的部署，在全省开展了声势浩大的安全生产执法行动，以"抓执法、压事故、保安全"为主题，以严厉查处10种安全生产违法行为、遏制群死群伤重特大事故为重点，紧紧围绕重点行业、重点场所和关键企业、关键部门、关键岗位，严查安全生产违法违规行为、存在的突出问题和薄弱环节，共查处各类安全生产违法行为2920598起。分三个阶段开展安全生产治理行动，全年共排查隐患20.48万项，其中重大隐患1791项（省安委会在《四川日报》公告的第七批省级重大隐患65项），已治理销号1783项，重大隐患按期整改率99.56%。充分利用"全国安全生产月"和"百日安全生产"活动等契机，拓展安全生产宣传阵地，扎实推进安全生产宣教行动，努力营造全社会"关爱生命、关注安全"的舆论氛围，强化安全教育培训，不断增强了全社会的安全生产意识，全年组织培训"三项岗位人员"35.25万人次，培训其他从业人员65.06万人次，培训农民工36.49万人次。

（三）狠抓重点领域，突破薄弱环节

道路交通方面，集中开展高速公路、农村道路、危险化学品运输等安全专项治理，严厉打击酒后驾车行为，深入开展"安全带行动"，狠抓摩托车和7座以上客车两个关键点，强化源头治理，加大安保工程建设和隐患路段治理力度，在全省道路通车里程增至20余万公里、机动车保有量增至825万余辆的情况下，道路交通事故持续下降，其中较大事故下降22.78%。水上交通方面，坚持和深化"救生衣行动"，严格签单发航等管理制度。煤矿安全方面，大力推进整顿关闭、整合技改、管理强矿"三步走"战略，强力实施瓦斯抽采利用、监测监控和水患专项整治，加快安全高效矿井建设，特别是成都市对全市9家12对煤矿矿井全部实施了停产关闭。铁路运输方面，狠抓路外安全管理和无人看守道口安全整治，加强列车提速后的安全监管。消防安全方面，深入开展公众聚集场所、高层和地下建筑火灾隐患专项整治，牢牢盯住灾后集中安置区消防安全。在地震灾区，把灾后重建项

目施工安全责任落实到工地班组和居民村组，牢牢盯住震损水库、堰塞湖汛期安全和地质灾害点居民安全，为灾后重建提供了良好的安全环境。

（四）着力加强“三项建设”，积极解决深层次问题

进一步推进法制体制机制、安全保障能力、监管监察队伍建设，完善有关安全生产法规和规章制度，进一步强化综合监督和行业监管职责，充分发挥安委会的作用，在目标考核、安全监管、执法检查等方面建立了协调联动机制，在煤矿、化工、烟花爆竹等重点行业领域开展了安全生产标准化建设。继续推进应急能力建设，全省已完成各级各类安全生产应急预案146289个，全年共开展各类应急预案演练7628次，参与演练人员达193887人次，全省矿山救护队共处置各类事故169起，抢救遇险人员42名，遇难人员96名，为保护人民群众的生命财产安全作出了贡献。安全监管监察队伍建设进一步加强，安全监管能力和水平不断提高。将四川科技职工大学调整为省安监局归口管理，以此为基础筹建四川安全职业技术学院，培养安全人才。

（五）强基固本，夯实安全生产基层基础

我省始终把安全监管的工作重心放在基层基础环节，按照“重基层、打基础、强监管”的要求，进一步推进乡镇（街道）安全生产监管规范化建设工作，保障乡镇抓安全生产的人员和经费。进一步推进安全生产基层基础延伸，大力开展安全生产进社区、进村社、进学校、进企业、进家庭“五进”活动，群众安全意识普遍增强。加强安全生产微观制度体系建设，指导、督促基层和企业健全完善岗位责任制、安全操作规程、安全生产检查制度和培训制度，将安全生产责任制度落实到每个岗位、每道工序、每个员工，夯实了安全生产的制度基础。

（六）坚持科技兴安，提升本质安全水平

继续秉承“科技兴安”的战略方针，加大对安全生产科技的投入，加快推进安全生产科技研发、技术转化与推广、中介服务、检测检验与物证分析、技术标准、智力资源为主要内容的安全生产科技支撑体系。历时两年完成的《四川高突小煤矿低透气煤层瓦斯抽采试验研究》项目通过集成创新，解决了低透气性煤层瓦斯抽采技术难题，为小煤矿安全生产发挥了重要作用，达到了国内先进水平。该项目于2009年5月通过了四川省科技厅组织的专家组鉴定验收。历时三年研发完成的《智能起爆装置的研究及应用》项目实现了对传统起爆装置根本性的创新，为“三人连锁放炮”制度的执行和井下爆破作业的安全管理提供了技术支持，达到国内领先水平。该项目于2009年6月通过了由国家安监总局组织的鉴定和验收，已批量生产，面向全省推广运用。独立研发完成的“煤矿瓦斯远程传输技术研究及监控平台软件系统开发”在资中县进行了为期8个月的工业性试验后，成功通过省局组织的验收，并在雅安、宜宾、广元等地推广应用。

三、安全生产工作面临的问题和新挑战

全省安全生产工作虽然取得了阶段性成绩，但仍面临很多挑战和问题：一是事故总量仍然较大，个别行业事故上升。尽管事故总量纵比下降指标明确，但横比在全国排位仍然靠前，纳入国家统计和考核的4项相对指标与全国平均水平差距仍然较大。特别是煤矿事故可控度还比较低，建筑施工事故同比上升8.29%，建筑施工领域已连续3年发生重大事故。二是安全意识亟待提高。从业人员安全意识欠缺，安全管理水平不高，一些生产经营单位重经济效益、轻安全生产的问题没有得到根本解决，进一步加大了安全风险。三是国家有关安全生产的政策措施落实尚未完全落实到位，安全生产的长效机制有待进一步健全完善。特别是在经济持续快速发展的情况下，安全生产社会保障资源支撑不力的问题日益突出。四是一些新情况、新问题将带来新的挑战。2010年，灾后重建、扩大内需政策将继续实施，全省计划力争完成投资额1.2万亿元，与2009年的历史最高水平持平，给安全监管带来了更大的压力。

贵州省安全生产工作综述

2009年是国务院确定的“安全生产年”。通过积极应对全球性金融危机带来的不利影响，紧紧围绕国家和贵州省的各项工作部署，深入开展安全生产执法、治理和宣教“三项行动”、切实加强法制体制机制、保障能力和队伍“三项建设”，全省安全生产继续保持了总体平稳向好的态势，较好地完成了国家和省委、省政府下达各项目标任务。同时，全省亿元GDP死亡率、工矿商贸从业人员十万人安全生产事故死亡率、道路交通万车死亡率继2007年提前实现省“十一五”规划目标后又取得了新的进展，煤矿百万吨死亡率也提前一年实现省“十一五”规划（省“十一五”规划煤矿百万吨死亡率为3）的目标，为更好地完成“十一五”安全生产规划目标奠定了坚实的基础。

一、全省安全生产事故情况

（一）全省安全生产事故情况

2009年，全省共发生各类事故3440起，死亡2183人，同比减少430起、少死亡244人，分别下降11.1%和10.1%。其中，发生较大事故110起，死亡433人，同比增加20起、71人，分别上升22.2%和19.6%；发生重大事故6起，死亡68人，同比起数持平，少死亡44人，下降39.3%。2009年未发生特别重大事故。

工矿商贸事故604起，死亡776人，同比减少106起、87人，分别下降14.9%和10.1%。其中，煤矿事故312起，死亡434人，同比减少45起、19人，分别下降12.6%和4.2%；金属与非金属矿山事故70起，死亡84人，同比减少39起、52人，分别下降35.8%和38.2%；建筑业事故80起，死亡90人，同比减少7起、10人，分别下降8.0%和10.0%；危险化学品事故2起，死亡2人，同比起数持平，少死亡3人，下降60%；烟花爆竹事故2起，死亡13人，同比减少1起，下降33.3%，多死亡7人，上升116.7%；工商贸其他事故138起，死亡153人，同比减少14起、10人，分别下降9.2%和6.1%。

消防火灾事故869起，死亡77人，同比增加109起，上升14.3%，死亡人数持平。

道路交通事故1816起，死亡1210人，同比减少403起、138人，分别下降18.2%和10.2%。

水上交通事故5起，死亡15人，同比增加3起、13人，分别上升150%和650%。

铁路运输事故142起，死亡95人，同比减少31起、25人，分别下降17.9%和20.8%。

渔业船舶事故2起，死亡6人，同比减少1起、2人，分别下降33.3%和25.0%。

其他水上事故2起，死亡4人，同比增加1起，上升100%，少死亡4人，下降50%。

农业机械等行业截至2009年未发生事故。

（二）全省安全生产控制考核指标完成情况

全省各类事故共死亡2183人，比国家下达的控制考核指标少167人，比省政府的奋斗目标少13人。其中，较大事故110起，比控制考核指标进度多25起（其中煤矿较大事故20起，比控制考核指标多4起）。

道路交通死亡1210人，比控制考核指标少70人；火灾死亡77人，比控制考核指标少3人；铁路交通死亡95人，与控制考核指标持平；水上交通死亡15人，比控制考核指标多7人；渔业船舶死亡6人，比控制考核指标多1人；工矿商贸死亡776人，比控制考核指标少105人。其中，煤矿死亡434人，比控制考核指标少31人；金属与非金属矿死亡84人，比控制考核指标少46人；建筑业死亡90人，比控制考核指标少20人；危险化学品死亡2人，比控制考核指标少3人；烟花爆竹死亡13人，比控制考核指标多6人。

煤矿百万吨死亡率3.17，比控制考核指标低0.327，比省“十一五”规划指标高0.17。全省亿元GDP死亡率0.56（预计数），比省“十一五”规划指标低0.44。工矿商贸从业人员10万人安全生产事故死亡率7.65（预计数），比省“十一五”规划指标低2.35。道路交通万车死亡率5.36，比省"十一五"规划指标低6.64。

二、2009年安全生产重点工作

（一）强化目标管理，狠抓责任落实

一是围绕国家及省委、省政府的总体部署和要求，研究制定了2009年全省安全生产工作考核目标和奋斗目标。其中，考核指标为控制在2350人以内，奋斗目标为控制在2233人以下。

二是按照省政府提出的"三个三"（以"安全生产年"、"本质安全年"、"隐患排除年"三项要求作为2009年的安全生产工作主线，以"三项行动"为载体，以"三项建设"为基础）、"一个杜绝"（坚决杜绝特别重大事故）和"四个下降"（事故总量下降、重特大事故下降、死亡伤残人数下降、"十一五"规划四项相对指标下降）的要求，进一步细化措施，量化指标和责任，并由省政府与各市（州）政府、地区行署及省直有关部门签订了2009年安全生产工作目标责任书，责任书签订率100%。

三是省政府组织召开了7次直至乡级的全省安全生产电视电话会议，对工作进展情况进行检查，针对暴露出的问题和不足，分析研究对策措施，并责成24名事故多发、问题严重市（州、地）、县（区、市）及乡镇的地方分管领导到主会场向全省进行检讨。

四是各地政府认真落实煤矿安全生产包保责任制，建立了覆盖全省的煤矿安全生产工作责任"包保"网络，逐级包保，做到"横向到边、纵向到底"，有效保证了责任的落实。

五是省安委会印发了《2009年全省安全生产工作安排意见》，对全年安全生产工作作出了具体安排。省安全监管局、贵州煤监局制定了2009年安全生产工作要点，将其细化为七个方面共65项工作，并作为督查重点内容分解落实到局机关各处室、各煤监分局和局属各事业单位，督查情况纳入年终业绩考核，确保每项工作有人牵头抓、有人具体管、有人负责干。

（二）深入开展了安全生产"三项行动"和"三项建设"

深入开展安全生产执法、治理和宣教"三项行动"、扎实推进法制体制机制、保障能力和队伍"三项建设"是国务院2009年在深刻分析当前安全生产面临的严峻形势、存在的突出问题及其主要原因的基础上作出的重要决定，是推进安全生产形势进一步稳定好转的有力举措，是切实保障经济平稳较快增长的有效方式。为确保工作深入开展并取得实效，省政府制定了《贵州省推进安全生产"三项行动"具体实施方案》，明确了"三项行动"的工作目标、范围、内容、步骤和工作要求，成立了由副省长任组长的贵州省安全生产"三项行动"领导小组。

全省9个市、州、地和有关部门均成立了以政府分管领导为组长的"三项行动"工作领导小组，制订了实施方案和工作计划，召开动员大会进行了安排部署。省安全监管局、贵州煤监局印发了《关于对安全生产"三项行动"工作内容进行分解督查的通知》，将"三项行动"工作进行了细化分解和责任落实。从2009年6月以来，省安全生产"三项行动"领导小组4次组织省督查组对各地区开展"三项行动"的工作情况进行了督促检查，切实确保了"三项行动"取得了实效。同时，经省人民政府同意，省安委会研究制定了《贵州省关于进一步加强安全生产法制体制机制建设的实施方案》、《贵州省关于进一步加强安全生产保障能力建设的实施方案》和《贵州省关于加强安全生产监管监察队伍建设的实施意见》，并认真组织实施，把"三项建设"和"三项行动"有机地结合起来，相互促进，共同推动。

（三）切实加强法制体制和队伍建设

一年来，省政府及有关部门相继出台了《省人民政府办公厅关于印发贵州省各地人民政府和有关部门安全生产监督管理责任的规定的通知》、《省人民政府办公厅关于印发贵州省生产经营单位安全生产主体责任的规定的通知》、《贵州省井工矿山矿井井内生产安全事故死亡人员经济赔偿规定》、《贵州省重大安全生产隐患和事故瞒报谎报行为举报奖励办法》、《贵州省尾矿库安全管理办法》、《贵州省安全生产监管监察执法统计分析报告制度》、《贵州省煤矿安全监管监察闭合工作机制》和《贵州煤矿安全监察局行政执法监督管理办法》等一系列加强安全生产工作的规定制度，切实推进了我省安全生产的制度建设。

省政府批准并印发了贵州省安全生产监督管理局主要职责内设机构和人员编制规定，撤销安全生产协调处，增设了职业安全健康监督管理处和安监

四处；成立了贵州省安全生产执法监察总队（编制15人），对开展跨区域的安全生产执法工作提供了保障力量。同时，省委、省政府明确将各市（州、地）安全监管局转为政府工作部门。截至2009年12月31日，全省安全生产监管总编制2043人，乡镇（街道）安全监管人员3246人。经中编办和国家安全监管总局批准，在总编制和人员不增加的情况下，组建了贵州煤监局毕节监察分局，并进一步优化、合理地调整了全省煤矿安全监察格局和区域。现全省共有五个煤矿监察分局，编制90人，每个分局18人。其中，林东分局负责监察贵阳市、黔南州和黔东南州的煤矿安全生产，遵义分局负责监察遵义市和铜仁地区的煤矿安全生产，盘江分局负责监察安顺市和黔西南州的煤矿安全生产，水城分局负责监察六盘水市的煤矿安全生产，毕节分局负责监察毕节地区的煤矿安全生产。

（四）认真组织开展安全生产大检查

贵州省为扭转2009年1—2月份异常严峻的安全生产形势，为确保春节节后复产安全、汛期安全、确保“五一”黄金周、安全生产月、六十周年国庆期间的安全生产，以及确保全年安全生产目标任务完成、2010年“元旦”、“春节”和春运期间的安全生产，组织开展了11次全省性的安全生产大检查和专项督查，为推进实现全年安全生产形势的稳定好转奠定了基础。

同时，各级、各部门在安全生产执法行动中以“打非查违”为重点，采取集中执法、联合执法和专项执法等形式，针对煤矿、非煤矿山、道路交通、烟花爆竹等行业领域非法生产、经营和建设行为组织开展了一系列“打非”专项执法检查，并取得了阶段性成果。一年来，全省各级、各部门共打击非法和查处违法违规行为138657起（处），其中，道路交通85932起（处），煤矿16954起（处），非煤矿山7190起（处），尾矿库274起（处），化工1043起（处），烟花爆竹3597起（处），人员密集场所7511起（处），建筑施工4033起（处），其他行业和领域3657起（处）。

（五）继续深化隐患排查治理工作

以全面开展安全生产治理行动为主线，彻底地排查排除煤矿、道路交通等行业、领域的安全隐患。一年来，全省共有86402个企业开展隐患排查，查出隐患260024条，已整改248192条，整改率95.4%。同时，2007年以来省挂牌督办的184处重大事故隐患已完成整改157处，尚未完成整改的18处重大隐患，在贵州省安全生产信息网予以了公示，并督促相关地区、部门和企业，制定整改方案，落实整改资金，明确责任人，按期完成整改工作。

（六）深化了煤矿安全整治工作

煤矿瓦斯治理方面，按照国家发改委、国家能源局、国家安全监管总局、国家煤监局《关于组织开展小煤矿瓦斯专项整治的通知》和《关于组织开展大中型煤矿瓦斯专项整治的通知》，省政府成立了以省安全监管局、贵州煤监局局长蒲建江为组长的煤矿瓦斯专项整治工作领导小组，通过健全完善“通风可靠、抽采达标、监控有效、管理到位、隐患排除、综合利用”瓦斯治理工作体系，继续深化煤矿瓦斯防治工作。一是会同有关部门联合下发了《关于开展贵州省小煤矿瓦斯专项整治工作的通知》，编制了《贵州省小煤矿瓦斯专项整治工作方案》，扎实开展小煤矿瓦斯专项整治。国家总局南昌瓦斯会议后，省政府又出台了《关于进一步加强煤矿瓦斯防治工作的意见》，进一步巩固和推进了我省煤矿瓦斯防治工作。二是认真开展“双百工程”建设。2009年，完成了对水城矿业（集团）公司大湾煤矿示范工程的验收。同时，计划明确的中岭煤业有限公司中岭煤矿、六枝工矿（集团）公司比德煤矿、盘江矿业（集团）公司老屋基煤矿、贵州黔西能源开发有限公司青龙煤矿、贵州枣庄矿业集团公司站街煤矿、黔西南州兴仁县振兴煤矿和贵阳市乌当区富宏煤矿等7对示范矿井，以及黔西县、仁怀市2个示范县的建设取得了新的进展。三是扎实推进瓦斯抽采和利用工作。一年来，全省共抽采瓦斯76336万立方米，完成了全年抽采目标的119%；利用瓦斯9204万立方米，达到利用目标的102%，其中，发电6796万立方米，民用2377万立方米。

煤矿整顿关闭方面，一是出台了《省人民政府办公厅关于加快整合技改煤矿建设进度进一步做好安全生产工作的通知》、《贵州煤矿顶板安全管理意见》、《贵州省煤矿水害防治规定》、《贵州省煤矿安全质量标准化标准及考核办法》和《贵州省煤矿安全质量标准化达标规划》等一系列加强煤矿安全的文件；组织召开了全省小煤矿顶板管理工作会议、全省大中型煤矿安全生产工作座谈会等一系列煤矿专题工作会议，全面推进了煤矿安全专项整治。二是按照“十一五”后三年煤矿关闭工作要求，进一步加大了煤矿整顿关闭的力度，扎实推进关闭工作。2009年，我省分三次公告关闭了73个小煤矿。同时，整合技改矿井建设进度也明显加快。截至2009年底，共批复煤矿《安全专篇》1423个，其中，新建395个，技改437个，整合591个。省政府批复整合方案中的611对整合煤矿，现已批复《安全专篇》591个，其中8对矿井已通过验收并取得安全生产许可证。三是进一步推进了大中型煤炭企业兼并重组、托管、帮扶地方小煤矿工作。省属四大集团公司继续对口帮扶32个地方小煤矿，共帮助被帮扶煤矿查出安全隐患和提出整改建议721条。各大中型煤炭企业在收购、兼并重组、参股及控股、托管小煤矿方面也取得新的成效。

煤矿安全监察方面，贵州煤监局编制了《2009年煤矿安全监察执法工作计划》，明确了2009年全省“三项监察”的具体范围和对象，审核批复了各煤监分局上报的“三项监察”计划，组织开展了煤矿建设项目和“雨季三防”等专项监察。各煤监分局严格执行“三项监察”计划，积极推进监察工作取得实效，特别是毕节分局成立以来，各煤监分局积极克服因人员和区域调整而带来的困难和不便，注重保持监察工作的连贯性和实效性，有力地确保了辖区煤矿安全生产形势的稳定。一年来，全省实际监察煤矿1235矿（次），计划完成率123%；共制作行政执法文书6307份，其中现场处理决定书1189份，行政处罚决定书447份；查处事故隐患10257条，按期限应完成整改9793条，实际完成整改8379条，整改率95.7%，其中，查处重大事故隐患843条，按期限应完成整改813条，实际完成整改760条，整改率93.4%。

（七）扎实推进重点行业和领域专项整治

道路交通方面，以“迎国庆、保安全、促和谐”活动为抓手，扎实开展了一系列道路交通安全专项整治行动。一是机动车涉牌涉证违法行为集中整治，共查处使用伪造、变造机动车牌证199起，使用伪造、变造机动车号牌112起、行驶证41起、驾驶证50起；查处无牌无证机动车4859辆、报废机动车842辆、非法拼组装机动车36辆、盗抢嫌疑机动车8辆，查处无证驾驶机动车人员1826人次、驾驶无牌无证机动车驾驶人2647人；其中，行政拘留130人，移交刑侦部门10起，收缴非法车辆88辆，收缴非法牌证47副。二是集中整治酒后驾驶违法行为行动，共出动警力33700人次，出动警车12757辆次，设置检查点826处，开展全省集中统一行动8次，检查驾驶人94142人次；查获酒后驾驶违法行为500余起，暂扣驾驶证400余个，拘留近百人。三是对13条高等级公路开展了为期9天的高速公路交通秩序整治统一行动。四是继续深化危险路段的整治工作。几年来，先后投入4亿多元，对1000多处危险路段进行彻底整治。

非煤矿山和尾矿库方面，一是督促指导贵州水晶有机化工（集团）有限公司电石灰渣场和铜仁地区万山特区原贵州汞矿大水溪尾矿库对其存在的重大隐患进行了整改，并组织中介机构对12座尾矿库作了安全现状评价。二是大力推广先进适用技术。目前，我省露天矿山354家采用了中深孔爆破，4255家采用了机械铲装，井工矿山284家实行了机械通风，1家采用了井下定位系统，1座尾矿库采用了尾矿库在线监测技术，29家尾矿库实行了干式排放。三是开展了以采石场、排土场、大采空区、水患、尾矿库等隐患排查为重点的安全专项整治。一年来，各级各部门共排查非煤矿山和尾矿库行业隐患48626条，整改46217条，整改率95.4%。

危险化学品和烟花爆竹方面，一是实行分类分级管理制度，进一步提高了监管工作的实效性。二是加快了全省危险化学品登记工作进度，共有297家危险化学品从业单位完成网上登记。三是继续推进加油站HAN阻隔防爆技术、烟花爆竹氯酸钾替代药物的推广应用。贵阳市城区加油站已全部完成HAN阻隔防爆技术改造。四是继续深化烟花爆竹“三超一改”安全专项整治。投入90万元，补助18个重点县、区配备了MOLE远距离炸药检测仪；投入20万元委托贵州省化工研究院成功研制了氯酸盐（钾）快速检测试剂盒。一年来，全省各级各部门共排查危险化学品和烟花爆竹行业隐患20275条，整改19385条，整改率95.6%。

消防安全方面，全省以无大火之害、无群人之亡、无千万之灾的“三无”为目标，集中开展了以公众聚集场所、高层和地下建筑、“苗岭一号、二号”、“国庆安保百千万”、“黔安一号”等为重点的消防安全专项整治行动。同时，农村消防工作也取得了新的进展。一年来，各级政府及公安消防部门组织检查组4022个，检查单位46268个，发现火灾隐患28176处，整改火灾隐患24838处。各级政府挂牌督办重大火灾隐患单位已整改完毕134个，整改率为96.4%。

水上交通方面，制定了《贵州省大中型水库库区水域安全生产管理办法》和《贵州省通航安全评估报告评审工作程序》，组织对乌江、赤水河、清水江等通航水域上的6座桥梁进行通航安全评估，开展了农自用船、渔船以及网箱碍航整治工作。一年来，全省出动海事检查人员29201人次，出动海事执法车辆5175车次，出动海事巡航船艇9072艘次，检查船舶39687艘次，检查渡口码头8026道次，检查施工作业区303个，共查出非法行为1955次。共排查隐患1303条，整改1232条，整改率94.6%。

建筑施工方面，组织开展了以预防高处坠落为重点的隐患排查治理行动，排查在建项目1434个，查出安全隐患3811条，已整改3702条，整改率97.13%。

特种设备方面，全年查出安全隐患设备数1710余台，已整改完成1568台，整改率91.7%。粮食安全方面，深刻吸取仁怀“10·17”粮仓垮塌事故教训，开展了安全生产大检查、大抽查、大督查，共出动人员2600人次，检查库点1386个，发现隐患763处，对300处进行了整改。

民航方面，组织开展了专机保障、危险品运输、航空运输、空防安全、销售市场，通用航空、停机坪秩序等安全专项检查1445次，下发整改通知书45份，处理不安全事件331次。

铁路方面，开展了水红和威红铁路百日路外安全专项整治，以及“防洪、施工、路外”和“灭两违”安全专项检查和隐患排查治理，及时消除安全隐患。

旅游方面，加强对旅游车辆、旅游景区、旅游餐饮场所、大型游览游乐设施和高风险旅游项目等的安全检查和监管，有效防止了群死群伤恶性事故的发生。

电力方面，通过加大监管力度，确保了全省全年未发生较大以上人身伤亡事故、电网事故，未发生水电站垮坝事故。此外，农机、国土、教育、地矿等行业和领域，也有针对性地开展了安全生产治理行动，并取得了明显成效。

（八）加强安全生产应急救援管理和职业安全卫生监督管理工作

在全省安全监管部门建立了安全生产应急管理机构，形成了省、市、县三级应急组织体系。进一步加强了矿山救护队技术装备更新、煤矿救援物资储备中心（站、点）建立和应急指挥平台建设，投入400余万元为贵州开磷危化救援基地购置了设备，推进了贵州省矿山应急救援排水基地建设，有26支队伍取得矿山救护队资质，救援人员1800余名，救援能力得到了极大的提升。一年来，成功救援了19名被困人员，特别是黔西南州晴隆县中营镇新桥煤矿“6·17”重大透水事故中，3人经过25天共603个小时的艰苦不懈施救，被成功救援，创下了我省井下被困矿工成功救援的最长时间记录。此外，组织开展了全省第七届矿山救援技术大比武。

同时，在职业安全卫生监督管理方面也采取了一些措施，取得了一定成效。一是组织召开了全省职业安全健康监管工作会议和职业健康工作研讨会；制定了《贵州省职业健康技术服务机构登记备案管理制度》、《贵州省职业卫生监督管理工作协调制度》等一系列制度。二是组织开展了全省职业危害登记申报工作。截至2009年年底，已登记注册8394家生产经营单位，在岗职工总数486508人，接触职业病危害人数380156人，基本建立了我省以县（区）级安全监管局为单元的县（区）、市（州、地）、省三级职业病危害信息管理系统。三是出台了《贵州省开展粉尘与高毒物品危害治理专项行动实施方案》，成立了省专项行动领导小组，明确了专项行动的工作目标、重点范围和内容、实施步骤、工作要求。目前，专项行动各项工作正在有序开展。

（九）加强安全生产宣传和教育培训工作

组织开展了安全知识“五进”（进企业、进校园、进社区、进农村、进家庭）和以“关爱生命，安全发展”为主题的第八个“全国安全生产月”等一系列宣教活动。一年来，全省共开展安全生产宣传教育活动16228次，受教育培训人数达4380817人；开展安全标准化企业创建3457家，达标企业2291家；安装煤矿井下人员定位系统141套；创建安全文化示范企业524家、诚信企业705家、安全社区344个；安全生产新闻报道4258篇。

积极开展了企业“三项人员”培训、考核和发证工作。2009年，全省共培训、复训生产经营单位主要负责人10481人，安全管理人员20159人，培训和复训各类特种作业人员88654人，培训和复训安全教师资格268人；审核、复审煤矿三级培训机构12家，四级培训机构14家；审核、复审非煤矿三级培训机构9家，四级培训机构4家；协助国家安全监管总局复审非煤和煤矿二级培训机构各1家。举办各类培训班88期，共培训6228人次。此外，组织全省634个重点产煤乡镇长，分8期到安顺市乐平乡学习借鉴了该乡先进的安全监管经验。

（十）全面推进“科技兴安”战略

一是申请了安全专项技改项目82项，总投资3.7064亿元。组织申报了2009年度专项资金项目46个，获批准14个。组织收集了安全生产重大事故防治关键技术重点科技计划项目7项。

二是验收批复六枝、普定、林东等7个煤矿瓦斯监测监控系统远程联网项目，验收批复贵州煤矿矿用安全产品检测检验中心二期技改、省煤田地质局车载钻机等2个技术支撑项目。

三是“金安”工程中省安全监管局、贵州煤监局和煤监分局节点建设已全部建成并投入使用。全省9个地级、88个县级节点建设地方配套资金基本落实，申请总局拨付164万元基建资金，并研究制定了省级配套400万元资金分配方案。地县级节点建设集成方案已通过审查，各节点建设设备采购统计基本完成。目前，采购合同签订工作正在有序的进行中。

（十一）严格安全生产行政许可

2009年，省安全监管局、贵州煤监局受理行政许可申请1582件，颁发各类许可证书1515件，其中，煤矿受理104件，颁发102件，颁证率98%；非煤矿矿山受理145件，颁发141件，颁证率97%；危险化学品受理1024件，颁发997件，颁证率97%；烟花爆竹受理233件，颁发150件，颁证率65%；安全培训机构受理72件，颁发56件，颁证率78%；矿山救护队受理1件，颁发1件，颁证率100%；安全评价机构受理3件，颁发3件，颁证率100%。

（十二）严格事故查处和责任追究

各地、各部门认真贯彻落实《生产安全事故报告和调查处理条例》，按照“四不放过”原则和“依法依规、实事求是、注重实效”的要求，严格进行了事故查处和责任追究。2009年，全省发生的重大事故6起，其中，煤矿事故3起，到期应结案2起，均在办理结案过程中；其他行业领域重大事故3起，省政府已批复结案2起，另1起正按程序组织调查和办理结案过程中。截止12月底，煤矿事故（不含重大）到期应结案246起，实际结案253起（其中12起为2008年事故），到期结案率98%，共处理责任人795人，累计罚款7605.8万（其中对个人罚款779.1万）。此外，针对威宁县非法采煤窝点泛滥的问题，省委、省政府作出了责令该县县长引咎辞职的决定，并责成毕节地区行署严肃查处相关责任人。

（十三）强化安全生产社会监督

全年共收到省政府办公厅交办的建议、提案7件（省人大代表建议4件，省政协委员提案3件），全部按要求办理并回复完毕；共受理行政复议案件3件（一件终止、一件中止、一件提出答辩意见）；共接待群众来访177人次，受理来信130件（含上级交办件12件），经调查核实处理67件，经查不实44件，还有5件正在调查之中，结案率为96%（上级交办件结案率为100%），同比上升5%。实际发放举报奖励2人次，金额共3000元。

云南省安全生产工作综述

一、安全生产总体情况

2009年，我省各级各部门深入学习党中央、国务院关于安全发展和安全生产工作的一系列重要指示精神，认真贯彻落实党中央、国务院和省委、省政府关于加强安全生产工作的各项决策部署，上下同心、各方协力，经受了金融危机背景下出现的重重困难对安全生产的严峻考验，迎接了“保增长、保民生、保稳定”对安全生产带来的全新挑战，克服了安全监管体制机制不健全、执法力量不足、高危行业安全基础薄弱等诸多困难，落实责任、强力攻坚，深化整治、打击非法，开拓创新、加强监管，推动了以“治大隐患、防大事故”为目标，安全生产“三项行动”、“三项建设”为主线的“安全生产年”各项工作落实，全省安全生产状况总体稳定向好，为应对国际金融危机、促进全省经济平稳较快发展提供了安全保障。

（一）事故总量、死亡人数和较大事故起数下降

全省发生各类伤亡事故7566起、死亡2444人，同比减少415起、276人，分别下降5.2%和10.15%；较大事故发生82起、死亡312人，同比减少31起、107人，分别下降27.43%和25.54%。

（二）考核指标控制情况较好

死亡人数低于国务院安委会下达我省的控制考核指标306人。全省16个州、市中有14个事故死亡人数在控制考核指标以内。

（三）反映安全生产状况的“四项”相对指标明显下降

与上年相比，亿元GDP事故死亡率由0.48降到0.39，降幅18.75%；工矿商贸十万从业人员事故死亡率由5.74降到5.02，降幅12.54%；道路交通万车死亡率由3.93降到3.02，降幅23.16%；煤矿百万吨死亡率由1.975降到1.328，降幅32.8%。

（四）重点行业领域安全生产状况持续改善

工矿商贸（不含煤矿）伤亡事故308起、死亡364人，同比减少141起、减少16人，分别下降31.4%和4.21%；煤矿伤亡事故74起、死亡118人，同比减少29起、减少53人，分别下降28.16%和30.99%；道路交通事故死亡1888人，同比减少194人，死亡人数下降9.32%；火灾事故死亡48人，同比减少7人，死亡人数下降12.73%；铁路交通事故22起、死亡22人，同比减少62起、减少9人，分别下降73.8%和29.03%；水上交通、渔业船舶未发生伤亡事故；民航继续保持飞行安全记录。

二、安全生产重点工作

（一）依法监管、严厉追责，安全生产经营环境秩序进一步向好

我省在煤矿、非煤矿山、危险化学品、烟花爆竹、道路交通、消防、旅游景区、人员密集场所和建筑施工等重点行业（领域）开展安全执法行动6097起，查处私采滥挖、越层越界开采、尾矿库违规排放行为为216起，查处违反建设项目安全设施“三同时”规定166起，查处不按规定进行安全培训或无证上岗537起，处理拒不执行安全监管指令124起，查处其他违法违规行为179746起。查处3起重大道路交通事故和2起煤矿重大事故，对18名责任人分别给予行政处分、追究刑事责任，对9个责任单位予以行政处理。

（二）治大隐患、防大事故，重点行业领域隐患治理进一步深化

尾矿库专项整治被列为我省2009年度重点督查的20项重要工作之一，由省安全监管局、发改委、工信委、国土厅、环保厅五部门联合组织了为期1年的专项整治，召开了4次现场推进会，采取挂牌督办、分片包干等措施，摸清了全省693座库容在一万立方米以上尾矿库的基本情况，做到了库容、安全状况、管理运行情况、下游冲击危害范围“四清楚”。煤矿、非煤矿山、危险化学品、烟花爆竹隐患排查治理深入开展，共排查生产经营单位24866户，查出一般隐患55616项，已整改52972

项，整改率95.25%；查出重大隐患366项，已整改303项，整改率82.79%，投入治理资金1.99亿元。由省安全监管局联合多部门开展了易制毒化学品集中整治行动，危险化学品生产单位登记全面完成，相关信息已纳入国务院应急平台数据库，督促企业投入6000多万元对41条烟花爆竹生产线进行了改造和整体搬迁。建筑、交通、铁路、渔业船舶、学校、消防、农业机械等行业（领域）分别开展了隐患排查治理。集中开展了以“迎国庆、保平安”为主题和“四个百分之百”为主要内容的安全生产大检查，即对所有矿山、尾矿库的安全生产进行一次100%检查，对所有危险化学品企业、烟花爆竹生产经营单位的安全生产进行一次100%检查，对所有车站、码头、人员密集场所、旅游景区景点的防火防爆工作进行一次100%检查，对各级人民政府应急预案的制定、准备和落实情况进行一次100%检查。为国庆60周年创造了稳定的安全生产环境。

（三）注重宣传、强化培训，安全生产社会舆论氛围进一步拓展

省安全监管局与省委组织部共同举办了两期领导干部培训班，对分管安全生产工作的州（市）、县领导进行了培训；分三期对全省州（市）、县安全监管局长进行了业务培训。开展了以“安全生产千里行”为重点内容的六月“安全生产月”活动，组织了“云天化杯”、“安康杯”全省职工安全生产知识竞赛、安全生产警示教育，举办了由生产经营单位主要负责人、安全管理人员、特种作业人员参加的各类培训班665期，86000人取得了安全资格证。全省安全生产宣传教育活动累计72716次，参与人数582万；安全生产新闻报道7992篇；创建安全文化示范企业387家、安全诚信企业1087家、安全社区226个。

（四）健全制度、落实责任，安全生产法制体制机制进一步完善

以《云南省安全生产条例》、安全生产“一岗双责”、“两个主体责任”等为基础的安全生产法规制度框架初步形成。去年，又出台了《云南省生产安全事故报告和调查处理规定》和《云南省重特大安全事故应急处置办法》，建立了事故预警、救援、处置联动机制。以扎实推进“责任政府”四项制度、全面落实“阳光政府”四项制度为契机，进一步完善了安全生产工作责任追究制度、听证制度、公示制度等各项制度。总结推广了重大隐患挂牌督办、投诉举报、企业承诺、用事故教训推动工作、安全生产“黑名单”、强制培训、重大危险源监控、严格执法等八项制度。

（五）突出基层、夯实基础，安全生产基本保障能力进一步增强

省政府投资3923万元的云南省安全生产重大危险源在线监控与应急指挥平台建设正在加快推进；依托企业组建的8支省级安全生产应急救援队伍在多次事故救援中发挥了重要作用；第一批1472万元的危险化学品救援物资，全部配备到了7个储备点；建立了危险化学品救援物资生产企业的名录，掌握了分布情况，为提供应急处置快速反应能力奠定了基础。

（六）内强素质、外树形象，安全监管队伍履职能力进一步提高

紧紧抓住第一批深入学习实践科学发展观活动机遇，努力克服工作条件不够完善、监管力量严重不足、执法环境比较复杂等困难，加强现有队伍思想、作风、能力、廉政建设。云南省煤监局、云南省安全生产应急救援指挥中心已经挂牌运行。各级安全监管部门在当地党委、政府的关心支持下，加强了机构建设、充实了人员、增加了装备，安全监管条件进一步改善，曲靖、昭通、文山、红河、丽江、玉溪等6个州（市）成立了安全监管执法队伍。省安全监管局为加强基层安全监管部门的业务建设，制定了《云南省乡镇安全生产监督管理机构工作规则》和《云南省县级安全监督管理部门委托乡镇安全生产监督管理机构行政执法暂行办法》，进一步规范了现场检查、行政执法行为。

西藏自治区安全生产工作综述

一、2009年全区安全生产工作概况

2009年，是我区扩内需、保增长、保民生、保稳定的一年，也是安全生产工作攻坚克难、继续发展前进的一年。一年来，我局认真贯彻落实区党委、政府关于加强安全生产工作的决策部署和重要指示批示精神，各地各部门上下同心、各方协力，迎接了我区经济社会快速恢复发展，全年GDP增长12.1%，我们牢牢掌握反分裂斗争主动权，打好主动仗，下好先手棋，顺利地举行了国庆60周年、西藏民主改革50周年庆典，安全生产工作迎接了经济高速增长，人、才、物流增加带来的压力与挑战，克服了安全监管体制机制不健全、执法力量不足、高危行业安全基础薄弱等困难，扎实推进安全生产执法、治理和宣教“三项行动”，切实加强安全生产法制体制机制、安全保障能力和安监队伍“三项建设”，推动“安全生产年”各项工作取得积极进展，继续保持了全区安全生产状况总体基本稳定的发展态势。

（一）事故死亡人数进一步下降，较大事故减少

2009年全区各类事故共造成409人死亡，同比下降1%。比2005年减少181人，五年累计下降了30%。2009年一次死亡3～9人较大事故起数和死亡人数同比分别下降6%和15%。

（二）安全生产总体水平进一步提高

与上年相比，亿元GDP生产安全事故死亡率由1.05降到0.93，降幅11.4%；工矿商贸十万就业人员生产安全事故死亡率有一定幅度降低；道路交通万车死亡率由19.89降到16.56，降幅为16.7%。

（三）安全生产控制考核指标实施情况较好

全区各类事故死亡总数占国务院安委会下达给我区控制指标450人的91%，控制情况较好。全区9个统计单位中，昌都、山南、拉萨市、那曲和青藏公路唐北段、拉贡公路6个统计单位没有突破自治区安委会下达的年度事故死亡总数控制指标；阿里、林芝地区没有发生工矿商贸事故。

（四）部分地区安全生产形势比较稳定

山南、昌都、那曲各类事故死亡总数同比呈下降趋势，其中，山南地区下降幅度最大，同比下降达42%。日喀则、山南、昌都、那曲、阿里、青藏公路唐北段、拉贡公路没有发生一次死亡10人以上重大事故。

（五）道路交通等重点行业领域安全生产状况持续改善

与上年相比，道路交通事故死亡人数减少16人，下降4%；铁路、民航、水上交通、危险化学品、烟花爆竹、农业机械等领域未发生人员伤亡事故。

二、安全生产重点工作

在区党委、政府的坚强领导和国家安全监管总局的业务指导及各地、各部门和各单位的大力支持和配合下，2009年我们突出抓了以下工作：

（一）扎实开展安全生产“三项行动”

根据国务院办公厅和国务院安委会及其办公室的统一安排部署，区政府办公厅对全区安全生产“三项行动”进行了总体安排部署。区安委会办公室，制定下发了安全生产执法、治理、宣传教育三个具体实施方案，明确了工作目标、范围、内容及重点时段和实施步骤。据初步统计，在整个行动中全区共开展安全生产执法行动专项检查和督查3638起，查处无证或证照不全从事生产、建设、经营的389起，查处违反建设项目安全设施“三同时”规定的41起，不按规定进行安全培训或无证上岗的86起；累计排查各类隐患2553条，整改2138条，整改率达到84%，整个行动取得预期效果。

（二）稳步推进安全生产“三项建设”

法制体制机制建设方面，制定出台了《西藏自治区安全生产条例》和其他地方性规章制度，建立完善了安全生产控制指标“月通报、年考核”和安全生产预警通报制度；积极开展机构改革，规

范健全机构设置；建立健全自治区道路交通安全工作和建筑施工安全监管联席会议制度；调整充实了区安委会成员单位及组成人员。

保障能力建设方面，积极开展了矿山、危险化学品安全生产标准化试点工作，建立健全安全生产事故灾难应急预案，推动实施全区道路交通运输行业 GPS 监控系统建设，加快“金安”工程项目一期建设步伐，积极推进西藏自治区矿山、非矿山、职业危害预防与鉴定三个省级实验室建设。

队伍建设方面，进一步加强安全监管系统队伍思想、政治、纪律和业务建设，努力提高执法监管水平。

（三）大力开展安全生产宣传教育活动

积极开展了第八个“安全生产月”活动，举办了全区安全生产演讲比赛活动；组织由自治区负有安全生产监管职责的部门领导座客西藏广播电台，与听众进行互动，扩大社会宣传效果。强化了对危化、矿山、电工、公路、水运等行业（领域）企业负责人、安全管理人员、特种作业人员的安全培训工作，积极开展全区分管安全生产副县长、全区安全监管系统执法人员和高危行业全员培训工作。

（四）认真履行综合监管协调指导职能

一是认真组织开展安全生产专项督查和大检查活动。根据中办、国办和国务院安委会的要求，结合全区安全生产形势，区安委会办公室分别在 2009 年 8 月份和 9 月份组织协调相关部门开展了道路交通安全专项督查和全区安全生产大检查，并对全区安全生产“三项行动”开展情况进行抽查，强化了综合监管协调指导职能。同时，针对重大敏感节日，及时进行安排部署，加强了对重点场所、重点环节、重点企业的安全监管，确保了重大敏感节日期间无重大事故发生。

二是进一步加强了对道路交通、建筑施工、消防火灾的综合监管协调。根据全区道路交通安全形势，区安委会办公室及时组织召开专题协调会，制定相关工作措施，强化了对道路交通安全的综合监管。同时，制定下发了道路交通运输行业 GPS 监控系统建设实施方案和技术建设规范要求，加快推进全区道路交通运输行业 GPS 监控系统建设步伐，强化动态监控。建立健全了自治区道路交通安全和建筑施工安全监管联席会议制度，增强了综合协调议事职能。积极开展全区公众聚集场所易燃装饰材料专项整治和 2009 年度消防安全管理目标责任书考核工作。

（五）进一步强化了对工矿商贸企业的动态监管

矿山方面，强化了源头监管，严格安全许可，依法关闭不具备基本安全生产条件的企业，对排查出的隐患进行跟踪督办，限期整改。同时，积极开展矿山秩序整顿工作和尾矿库专项整治工作，严厉打击非法生产、非法建设、非法经营及以探代采。危险化学品方面，认真组织开展专项检查和隐患排查治理，严格安全许可，加强对重点危险化学品企业的日常监管，有效促进了危险化学品企业生产、运输、经营、储存环节的安全。烟花爆竹方面，重点强化对储存企业的安全监管，严格安全许可，合理布局网点，进一步规范批发、零售经营活动。

（六）依法查处事故，用事故教训推动工作

按照“四不放过”原则和“实事求是、依法依规、注重实效”三条基本要求，对瞒报事故行为和“1·6”、“9·16”重大道路交通事故进行了调查处理，对事故中负有责任的有关人员进行处理，对肇事单位按有关规定进行行政处罚，对发生重大伤亡事故的行业和地区进行全区通报。

总体上讲，过去的一年安全生产工作取得了明显成效。各地各部门以及全区安全监管系统在日益繁重的工作中，以贯彻落实区党委和政府安全生产方针政策、维护人民群众生命财产安全为己任，忠于职守、履行职责、脚踏实地，为推动我区经济社会的安全发展，付出了艰辛努力，做出了重大贡献。

虽然 2009 年全区安全生产继续保持了基本稳定的发展态势，但形势依然严峻。一是事故总量仍然较大，各类事故起数同比均呈上升趋势，“三项相对指标”均是全国平均水平的 2 倍左右；二是一些行业和地区重大事故尚未得到有效遏制，全年共发生了 2 起一次死亡 10 人以上的重大事故，损失严重；三是行业指标控制进度不平衡，道路交通事故死亡人数虽然下降 4%，但事故起数同比上升 13%，火灾、工矿商贸事故起数和死亡人数同比均大幅上升，特别是火灾事故死亡人数占国务院安委会下达年度控制指标的 150%；四是工作进展不平衡，地区、单位之间差距较大，一些地方和单位

“三项行动”、隐患排查治理、专项整治等工作不扎实，甚至流于形式、走过场。还有一些重大隐患和问题尚未得到有效治理和解决，非法违法现象在一些地方还相当严重。五是监控不力，检查流于形式，责任不落实，执法不严的问题仍然存在。

陕西省安全生产工作综述

2009 年是陕西省安全生产工作取得显著成效的一年。各级政府、各有关部门、各生产经营单位认真贯彻落实中央和省委、省政府的决策部署，大力组织开展安全生产“三项行动”和“三项建设”，安全生产工作不断得到加强和改进，全面完成了国家下达陕西省的各项安全生产任务。

一、2009 年安全生产工作成效显著

（一）事故总量进一步下降，死亡人数继续减少

2009 年全省共发生各类事故 10562 起，同比减少 1887 起，下降 15.16%；死亡 2377 人，同比减少 176 人，下降 6.89%。其中，发生一次死亡 3～9 人的较大事故 36 起，同比减少 19 起，下降 34.55%；死亡 132 人，同比减少 89 人，下降 40.27%；2009 年陕西省重大事故、较大事故下降幅度位居全国第一。全年未发生一次死亡 10 人以上的重特大事故，首次实现了全省无重大生产安全事故。

（二）圆满完成安全生产控制考核指标

2009 年，国务院安委会下达陕西省安全生产控制考核指标 2530 人，全省事故实际死亡 2377 人，相比减少 153 人。其中，工矿商贸企业事故减少 46 人，道路交通事故减少 86 人，火灾增加 5 人，铁路交通事故减少 26 人，农业机械事故持平。全省亿元国内生产总值生产安全事故死亡率 0.29，比国家下达陕西省的控制指标低 0.04；工矿商贸企业从业人员十万人死亡率 2.17，比控制指标低 0.37；道路交通万车死亡率 5.43，比控制指标低 0.17；煤矿百万吨死亡率 0.12，比控制指标低 0.522。全省 11 个市（区）政府均完成了省委、省政府下达的主要控制考核指标。

二、做好七项工作，深入开展“安全生产年”活动

（一）加强领导，落实责任，统筹协调做好全省安全生产工作

2009 年 1 月 21 日，陕西省安全生产工作会议上，省政府与 11 个市（区）政府和省级 13 个重点部门签订了 2009 年目标责任书，层层分解落实生产安全事故控制考核指标和主要目标任务，健全完善安全生产责任制，严格执行安全生产“一票否决”制度，有效杜绝了重特大事故的发生。同时，全省建立了督查制度、联席会议制度和工作通报制度，及时研究、协调解决工作中出现的问题，及时通报和交流好的做法和经验，为全面完成各类控制考核指标任务、实现安全生产状况明显好转奠定了坚实基础。

（二）突出重点，扎实开展安全生产“三项行动”

2009 年，陕西省各级政府、省级各有关部门、各直属机构突出重点，开展了以安全生产执法行动、治理行动、宣传教育行动为主要内容的安全生产“三项行动”。

一是大力开展安全生产执法行动。坚持把煤矿瓦斯治理工作作为重中之重，督导所有煤矿落实“先抽后采、监测监控、以风定产”的瓦斯治理方针，全面落实各项措施。加大交通运输安全专项整治和事故预防与控制力度，组织实施以事故多发路段治理为主要内容的“安保工程”，做好危桥险路改造工作。加强对金属和非金属矿山、尾矿库、危险化学品、烟花爆竹、建筑施工、人员密集场所、民爆物品、特种设备等行业领域的安全监管力度，严厉打击非法违法生产、经营、建设行为。据统计，全省重点行业 2009 年开展安全生产执法行动合计 32540 起（处），其中，打击无证或证照不全从事建设、生产、经营的 16636 起，打击关闭取缔后又擅自建设、生产、经营的 519 起（处），打击

私采滥挖、超层越界开采、尾矿库违规排放的103起（处），打击违反建设项目安全设施“三同时”规定的399起（处），处理谎报、瞒报事故的9起，处理重大隐患隐瞒不报或不按规定期限予以整治的1445起，处理不按规定进行安全培训或无证上岗的1791起，处理拒不执行安全监管监察指令、抗拒安全执法的179起，处理其他非法违法建设、生产、经营的11458起。

二是扎实推进安全生产隐患排查治理行动。陕西省2009年向瓦斯灾害严重的韩城、铜川（黄陵）、彬长矿区分别派驻瓦斯治理督导组，深入开展瓦斯治理工作。各相关市、县政府向所属煤矿派驻628名安全监督员，强化政府对煤矿安全生产的监管。加强对尾矿库隐患排查，特别是对100万立方米以上的尾矿库实施动态监控。同时，加强地质灾害防治工作，2009年成功预报地质灾害7起，避免208人伤亡，避免直接经济损失720万元，是“十一五”以来地质灾害成功预报起数最多的一年。针对近年来危险化学品运输车辆在铁路、公路涵洞、桥梁发生卡罐事故的教训，陕西省公安、交通、安监等部门联合开展专项治理，共检查桥梁、隧道、涵洞3400多处。全省各级公安、安监、交通、旅游等部门，加强公路长途客运和旅游景区道路交通安全源头监管及隐患治理。全省督办的170处公路危险路段已全部完成治理，全省摸排的351处城市道路安全隐患治理率达100%，陕西省道路交通安全隐患排查治理工作排全国第三名。2009年共治理全省隐患路段1000公里，整治危桥97座，查处超限车辆14.5万辆，平均超限超载率控制在2%以内。以治理挂靠车辆为重点，高速、干线客运经营公司化水平分别达到95.3%和79.6%。统计显示，全省2009年煤矿、金属非金属矿山等工矿企业参与安全生产隐患排查治理的企业单位计13290家，共排查一般隐患29614项，已整改27841项，整改率为94.01%；排查重大隐患172项，已整改销号166项，整改率为96.51%。交通运输等重点行业（领域）参与安全生产隐患排查治理的企业单位有54179家，共排查一般隐患68645项，已整改67787项，整改率为98.75%；排查重大隐患787项，已整改销号765项，整改率为97.20%。

三是积极开展安全生产宣传教育行动。组织开展了以“关爱生命，安全发展”为主题的第八个“安全生产月”活动，开展了安全生产“咨询日”活动和“安全伴我行”演讲比赛以及创建安全示范社区活动，狠抓安全监管和企业从业人员的业务培训。2009年，全省共创建安全文化示范企业375家、诚信企业617家、安全社区181个。开展安全生产宣传教育活动20870次，参与人数2896536人；举办各类安全生产培训班485期，培训省、市、县和非煤矿山、危险化学品、烟花爆竹企业信息网络管理人员2616人，培训生产经营单位主要负责人和安全管理人员22519人，培训特种作业人员57549人，培训农民工81055人。

（三）切实加强安全生产“三项建设”，为“安全生产年”各项工作提供坚实保障

按照2009年全国安全生产会议的总体部署，陕西省切实加强安全生产法制体制机制、安全生产能力、安全生产监管队伍“三项建设”，全力推进“安全生产年”各项活动。

一是加强安全生产行政执法监督，大力推进依法行政工作。进一步强化安全生产目标管理，完善安全生产控制考核指标体系，将安全生产目标管理考核纳入各级领导干部政绩考核评价体系。建立健全安全生产激励约束机制，严格月通报、季分析、年考核，促进政府安全监管责任和企业安全生产主体责任的落实。2009年，全省在50个非煤矿山和危险化学品生产经营单位推行了目标责任考核。其中，41个中、省属重点非煤矿山企业中有39个实现了零死亡的安全生产管理目标，9个中、省属大型危险化学品生产经营单位全部实现了零伤亡目标。

二是以抓好安全生产应急救援体系建设和信息化建设为重点，加强安全生产保障能力建设。全省基本实现100%预案覆盖率，同时建立重大危险源数据库，截至2009年底，录入企业2421家，录入重大危险源4246处，对2027处重大危险源完成地理信息定位标注工作，并组织开展了重大危险源远程实时监控试点工作。省安全生产应急平台和7支省级专业救援队伍建设项目已经省发改委组织专家评审通过。建立了由30人组成的安全生产应急管理专家组，为全省安全生产应急管理和抢险救援工作提供了技术支撑。2009年，共组织应急救援并成功处置了3起石油液化气和液化天然气槽罐车泄

漏事故。2009 年 6 月 17 日，全省安全生产应急管理工作座谈会在榆林召开。2009 年 6 月 18 日，举行了重大醋酸泄漏火灾事故应急救援演练活动，检验了各参战单位对事故的应急指挥、快速反应、现场处置和救援能力。

三是进一步加强安全监管队伍建设。把深入学习实践科学发展观集中教育活动变成经常性教育活动，不断提高安监队伍履职能力，严格规范执法行为，切实提高执法效能和监管水平。大力开展全省安全生产监管系统干部作风建设和政风行风建设，推进政务公开，规范办事程序，推行首问负责制、限时办结制和责任追究制，提高办事效率，促进了监管人员作风的进一步转变。积极开展党性党风党纪专题教育和警示教育，加强党风廉政建设。认真抓好安监干部廉洁自律各项规定的贯彻落实，强化监督制约，进一步增强全省安全生产领域拒腐防变的能力，为实现陕西省安全生产形势继续稳定好转提供了坚强的思想、政治和组织保障。

（四）部门协作，开展专项整治，认真履行安全监管监察职责

各级政府、各有关部门、各生产经营单位单位始终坚持把加强重点行业领域安全监管、重要时段检查督查作为履行职责，遏制重特大事故发生，推进安全生产形势稳定好转的重中之重，密切协作、积极支持配合相关行业领域安全生产专项整治工作。2009 年，全省围绕春节、“两会”、国庆等重大活动和重要时段，组织开展了 4 次全省性安全生产检查督查活动，确保了重大节日和重要活动期间全省安全稳定。为确保国庆 60 周年庆祝活动前后社会环境安全稳定，2009 年 8 月 31 日，陕西省召开全省安全生产大检查电视电话会议，安排部署国庆节前安全生产大检查工作。2009 年 9 月 24 日，省政府办公厅下发了《陕西省人民政府办公厅关于进一步加强安全生产大检查工作的紧急通知》，进一步明确检查督查的重点、方法和责任分工，提出了具体要求。建立了《陕西省国庆安全生产大检查情况专报》制度，共发专报 15 期，及时交流工作经验，传递信息。省级 17 个行业督查检查组深入基层、企业和生产一线进行检查督查，以查促改，切实增强检查督查实效。

（五）继续加强安全生产基层基础建设，不断提升企业本质安全水平

2009 年，陕西省进一步拓展安全生产基层基础工作的深度和广度，不断提升企业本质安全水平。

一是规范安全生产责任制。结合实际，突出监管特点和责任主体，在反复调研论证的基础上，着手起草了《陕西省生产经营单位安全生产主体责任规定》和《政府及其有关部门安全生产监督管理规定》，进一步规范了各级政府、各部门和企业的安全生产具体责任制。

二是深入推广应用新技术。持续抓好金属非金属矿山、石油天然气长输管道、危险化学品和烟花爆竹先进技术的推广应用，重点开展了陶瓷过滤器干式排放、全尾砂充填技术、尾矿蒸养砖工艺等新型尾矿处理技术，使废弃尾矿得到综合利用。在加油站、运油槽车安装 HAN 安全防爆新材料 14562 立方米，在全省 36 户危险化学品企业关键危险岗位安装自动控制系统和紧急停车系统，实施科技兴安战略，不断提升和改善企业的安全生产条件。

三是积极开展安全生产标准化工作。制定下发《陕西省非煤矿山安全标准化工作实施方案》，分解危险化学品及烟花爆竹企业安全标准化达标指标，同时煤矿、建筑、冶金、机械、军工等行业也积极开展安全标准化达标工作。据统计，全省 2009 年开展安全标准化创建企业 2372 家，已达标 1145 家。

四是严格执行《陕西省建设项目安全设施监督管理办法》，做好安全生产“三同时”制度落实。共完成建设项目安全设施设计审查 75 个，竣工验收 31 个。对未履行建设项目“三同时”手续的，责令限期补办，逾期不办的依法予以查处。

五是认真组织开展宣贯《作业场所职业健康监督管理暂行规定》工作，重点对全省矿山、有色金属、建材、石油化工、轻工、军工等行业和领域作业场所职业健康情况进行排查摸底，及时组织开展了企业申报工作，为职业卫生监管工作全面启动打下了坚实的基础。

（六）创新行政许可管理制度，加大安全生产源头管理力度

2009 年，陕西省安全监管局根据许可工作办理过程中出现的新情况、新问题和新特点，与时俱进，规范和完善安全生产行政许可制度。一是实行了安全生产行政许可事项办理流程单制度，规范行

政许可过程管理，缩短许可办结时间；二是实施了安全生产行政许可工作协调会议制度，全年共召开协调会议5次，加强交流沟通，提高行政许可办理效率；三是建立健全了安全生产行政许可统计通报制度，全年共发布安全生产行政许可公告47期、安全生产年行政许可受理情况公示28期，提高许可办理时效和质量；四是下发了《陕西省安全生产监督管理局安全生产行政许可信息公开暂行办法》，对安全生产行政许可信息公开的原则、内容、形式、程序以及实行信息公开责任制等做出了明确规定和要求；五是试行安全生产行政许可网上审批办理，建设安全生产行政许可工作协调运转“高速路”。通过努力，2009年陕西省安全生产行政许可办结平均用时小于20个工作日，依法颁发非煤矿山、危险化学品、烟花爆竹生产经营企业安全生产许可证共816家，变更120家，延期换证2020家。颁发高危行业生产经营单位主要负责人资质证书4450份，安全管理人员资质证书4748份，特种作业人员操作证书58741份。

（七）严肃查处生产安全事故，依法严格责任追究

认真贯彻落实《生产安全事故报告和调查处理条例》（国务院令第493号）和《陕西省人民政府关于重大安全事故行政责任追究的规定》（省政府令第74号）等法律法规，严格按照“四不放过”原则，除渭南“9·16”较大道路交通事故因复核外，其余35起较大安全事故已全部批复结案。其中，追究刑事责任和行政责任的事故22起，30人受到党纪、政纪处分，其中处级干部3人，科级干部8人，其他人员19人；10人受到警示训诫，其中处级干部2人，科级干部2人，其他人员6人；25人和14个单位被处罚款；15人被吊销资格证；2人被责令停止执业；31人被移送司法机关依法处理。

甘肃省安全生产工作综述

一、2009年安全生产总体情况

2009年，在省委、省政府的正确领导和国家安全监管总局的有力指导下，全省安监系统深入学习实践科学发展观，紧紧围绕省委、省政府中心工作，正确处理经济增长与安全发展的关系，以深入开展“安全生产年”活动为主线，以防范遏制重特大事故为目标，以安全生产专项整治行动为抓手，扎实推进“三项行动”和“三项建设”，较好地完成了省政府安全生产责任书确定的目标任务，促进了全省安全生产形势的进一步好转。主要表现在：

一是事故总量下降。全省各类事故起数、死亡人数、受伤人数和直接经济损失同比分别下降10.1%、2.2%、9.9%、10.4%，没有发生特大事故。

二是安全生产控制考核指标落实情况良好。今年国家下达我省生产安全事故死亡人数控制指标为1820人，实际死亡1758人，低于国家控制指标3.41个百分点。

三是重点行业领域安全生产形势比较稳定。与去年相比，工矿商贸企业、道路交通、消防、农业机械、水上交通等行业安全状况得到进一步改善；煤矿事故起数、死亡人数和百万吨死亡率分别下降45.16%、24.39%和17.58%，安全生产水平明显提高。

四是重要时段和节假日安全平稳。2009年元旦、春节，全国、全省“两会”，特别是建国60周年庆典活动期间，全省安全生产都保持了良好态势。

二、2009年安全生产重点工作

（一）领导高度重视，周密安排部署

省委、省政府高度重视安全生产工作，省委书记、省长多次作出重要批示，要求牢固树立“安全发展”理念，认真落实安全责任，确保全省安全生产形势长期稳定好转。副省长多次组织召开安全生产会议，分析形势、部署工作、协调力量、督促抓好工作落实。2009年年初，省委常委会议和省政府第一次全体会议对全省安全生产工作进行了

专题研究和安排部署。此后，省政府先后召开了2次电视电话会议、3次政府常务会议、4次安委会全体会议，专题研究部署安全生产工作。煤矿、非煤矿山、危险化学品、道路交通、消防安全等领域也多次召开专门会议，贯彻落实省上会议精神，安排部署相关工作。省政府还专门就小煤矿整顿关闭工作约谈有关市州党政领导，提出了抓好工作落实的具体要求。各市州、各部门、各单位按照省政府的要求，层层召开工作会议，制订工作方案，狠抓工作落实，为实现全省安全生产形势总体稳定提供了强有力的组织保证。

（二）落实工作责任，强化目标管理

2009年，以杜绝特大事故、遏制重大事故、控制较大事故、减少一般事故，实现“两个确保”（确保四项相对指标有所下降，确保事故死亡人数不突破国家下达的控制指标）为工作目标，省政府与各市、州政府签订了目标管理责任书，对各市州安全生产工作提出了具体目标和任务要求。各市州政府层层细化安全生产工作目标，分解事故控制指标，签订安全生产责任书，将安全生产各项工作目标、任务和责任，落实到了各级政府、各个部门和基层单位。

（三）抓住工作重点，强化落实效果

针对2009年全省安全生产形势和重点领域的突出问题，省安委会及时部署开展了安全生产专项整治行动、“安全生产年”活动和专项督查行动等重点工作。14个市州和公安、交通、建设、安监、国土、质监、水利、兰州铁路局、民航监管局、兰州电监办、农牧、教育、旅游等16个部门，结合地域和行业特点，因地制宜、突出重点、把握关键，扎实开展专项整治，强力推进“三项行动”，切实加强“三项建设”，迅速掀起了工作高潮。为了确保各项行动取得实效，省安委会办公室先后三次派出21个督查组，按照副省长提出的组织领导、责任落实、工作措施、规章制度和督查考核“五个到位”的要求，对14个市州和16个重点行业的专项整治工作进行了督促检查和分类指导，有力地推动了专项整治行动的顺利开展。

（四）采取有效措施，狠抓工作落实

一是扎实推进安全生产专项整治行动，深化对各重点行业（领域）的专项治理。在各级党委、政府的统一领导下，全省安监部门与公安、交通、消防、建设等部门紧密协作，有效联动，深入排查治理工矿商贸、危险化学品、烟花爆竹以及消防、交通等重点行业（领域）存在的安全隐患，并跟踪督办。全年共排查出一般隐患81181项，整改76865项，整改率为94.7%；排查出重大隐患403项，整改369项，整改率为91.6%。

二是扎实推进安全生产执法行动，依法严厉打击各类非法违法行为。以严厉打击六类非法违法生产经营行为为主要内容，对全省煤矿、非煤矿山、危险化学品、烟花爆竹、建筑施工、道路交通、人员聚集场所等重点领域进行了执法检查。共查处各类非法违法行为29317起，处罚无证或证照不全从事生产经营的单位18708个，依法关闭取缔各类非法生产、经营、建设、运输等单位78个，整顿关闭小煤矿28处。同时，按照“四不放过”原则，会同省监察厅对2008年以来发生的196起工矿商贸生产安全事故有关责任人进行了调查处理，共追究处理270余人。

三是扎实推进安全生产宣传教育行动，强化安全意识，提高安全技能。紧扣“关爱生命、安全发展”主题，组织开展了全省“安全生产月”和“安康杯”知识竞赛等系列活动5126次，121万人（次）参加了活动。其中，在全国“安全伴我行”演讲比赛中，我省代表队获得二等奖。继续加大安全培训力度，对企业负责人、安全管理人员和危险化学品从业单位、矿山企业、建筑施工单位及其他生产经营单位的特种作业人员、农民工进行了安全技能培训，累计培训10万余人（次）。

（五）创新工作机制，夯实安全基础

一是安全生产法制体制机制建设有了新突破。制定了《甘肃省政府安全生产监督管理责任规定》和《甘肃省生产经营单位安全生产主体责任规定》，修订完善了《甘肃省安全生产工作考核办法》和安全生产控制指标体系；建立了安全生产综合监管“五项制度”，下发了非煤矿山、危险化学品、烟花爆竹安全检查指南、纲要和综合监管行业《检查考核标准》等多个规范和标准，为全省安全生产工作步入正规化、法制化轨道奠定了基础。

二是安全生产保障能力建设有了新进展。通过探索和实践，将安全标准化工作推广到煤矿、非煤矿山、危险化学品、烟花爆竹、道路交通、建设、机械等行业。在全省生产经营单位推行精细化管理和安全生产标准化达标活动，提高了企业整体安全生产水平。按照“金安”工程建设要求和省政府电子政务建设标准，加快了全省安全生产信息网络系统建设进度。进一步完善了各类事故的预报、预警、预防和应急救援机制，提高了应急处置能力。

三是安全监管队伍建设有了新进步。按照省委的部署和要求，圆满完成了深入学习实践科学发展观活动各项任务。深入开展争先创优活动，进一步激发了广大安监人员干事创业热情。认真贯彻全省安监系统党风廉政建设工作会议精神，广泛开展正反两方面典型的示范和警示教育，反腐倡廉惩防体系建设和行业作风建设得到了进一步加强。坚持和完善监管目标责任制，严格监督考核、严格兑现奖惩，推进了廉洁执法、公正执法、严格执法。启动大规模培训干部计划，与省委组织部联合举办了全省安全生产专题研究班，对14个市州和30个省属企业分管安全生产工作的领导和市州安监局长进行了集中培训。积极参加总局专题视频讲座，深入开展安全生产政策法律法规宣贯活动，认真组织岗位培训，广大安监人员的依法监管能力和执法水平得到进一步提高。

（六）发挥职能优势，加强综合监管

按照省委、省政府的总体部署，安委会办公室定期分析安全生产形势，制订工作方案，研究解决突出问题，组织各项检查和督查行动，对各级政府和相关部门做好安全生产工作进行了综合协调、指导、督促，安委办的综合协调职能得到了充分发挥。通过认真落实安全生产综合监管联席会议制度、工作通报制度、监督检查制度、事故报告备案制度和综合分析制度，建立健全了安委会成员单位联合执法机制，形成了安全生产监管的整体合力。在专项行动、专项督查及具体任务落实中，各成员单位积极发挥职能作用，立足岗位、突出特色、牵头组织、强化督查，有效促进了各项工作的落实。

青海省安全生产工作综述

2009年，在省委、省政府的正确领导下，在国家安全监管总局的大力支持下，我们坚持以科学发展观为指导，紧紧围绕“安全生产年”的各项工作部署和2009年全省安全生产工作主要目标和任务，不断强化政府监管职责和企业主体责任，大力加强安全监管监察工作，在深化隐患排查治理，开展安全生产执法、治理、宣传教育“三项行动”和安全生产法制体制机制保障能力和监管队伍“三项建设”，遏制重特大事故等方面取得了一定成效。

一、安全生产总体情况

2009年，全省共发生各类事故589起，死亡677人，同比事故起数下降，死亡人数减少42人，下降5.84%。其中，工矿商贸领域发生生产安全事故64起，死亡77人，其中较大事故2起，死亡14人。同比事故起数减少5起，下降7.25%，死亡人数减少17人，下降18.09%，较大事故起数减少2起，死亡人数减少4人，下降22.22%。危险化学品和烟花爆竹领域继续保持了零死亡。全省各类事故死亡人数、道路交通、火灾、铁路交通、农业机械等领域生产安全事故死亡人数指标均控制在国务院安委会下达的控制考核指标以内，工矿商贸各项指标连续5年均控制在国务院安委会下达的控制指标之内，安全生产工作继续保持了总体稳定、趋于好转的发展态势。

二、安全生产重点工作

（一）周密安排，明确目标任务

为切实做好2009年全省安全生产工作，全面实施《青海省“十一五”安全生产发展规划》确定的各项工作任务，努力将各项安全生产考核指标控制在国务院安委会下达的范围之内，确保全省安全生产形势的持续稳定。适时召开安全生产工作会议和专题会议，分解下达安全生产指标，制定工作计划和方案，跟踪监督各项指标和工作任务的落实。

一是召开了省安委会全体会议暨全省安全生产

工作会议和全省安全生产电视电话会议，重点安排部署了2009年安全生产工作和阶段性工作。并针对道路交通较大事故和建筑施工事故频发、多发的实际，分别召开了相关专题会议，分析了重点行业领域安全生产工作面临的严峻形势，提山了扭转不利局面的具体措施，统一了思想，落实了责任，使年度各项指标和工作任务得到了有效控制和落实，工作目标和措施得到了及时调整，为做好全年安全生产工作、确保国庆60周年庆典期间安全生产形势平稳和安全生产工作的持续稳定健康发展奠定了基础。

二是将国务院安委会下达我省的2009年安全生产控制考核指标，分解下达到各州（地、市）政府和省级14个有关部门，并向15家中央驻青（外省）企业下达了安全生产工作管理考核目标，省政府与各地区政府签订了目标责任书，强化了各级政府和有关部门的安全监管主体责任以及企业的安全生产主体责任。在安全生产控制指标执行过程中，注重过程监督，进行动态管理，实行月统计分析、季通报、年考核，对指标执行进度超出控制进度的及时进行督查，对突破控制指标的地区、部门和单位实行问责制，保证了全省各项指标的有效控制。

三是为抓好分管领域的安全监管监察工作，在研究制定年度工作计划和量化工作目标同时，分专业制定了2009年煤矿、非煤矿山、危险化学品和烟花爆竹等相关行业的安全生产监管监察及“三项行动”、“三项建设”等工作方案，明确了责任，细化了措施，规定了进度，为各项工作任务和目标得到较好的落实奠定了基础。

（二）落实措施，深入开展“三项行动”

根据国务院、省政府和国家安全监管总局对开展“三项行动”工作的统一部署，结合我省实际，在去年开展安全生产专项整治和隐患排查治理工作的基础上，将“三项行动”与隐患排查治理、安全生产检查和维护社会稳定工作有机地结合起来，分别制定了全省安全生产执法、治理、宣传教育工作方案和煤矿、非煤矿山及相关行业、危险化学品和烟花爆竹等领域专项工作方案。同时，督促各地区、各有关部门加强领导、落实责任、制定方案，坚持“以块为主、条块结合，政府组织、部门落实，企业负责、群众参与”的原则，在全省范围内深入开展了“三项行动”，并对进展情况及时进行了通报，为全省经济社会更好更快发展提供了良好的安全生产环境。共排查各类隐患28514条，已整改27596条，整改率96.8%，对366起无证、证照不全等非法生产经营建设行为进行了依法查处。

煤矿方面，以加大煤矿瓦斯防治、强化隐患排查治理和安全监管监察为重点，以加强煤矿安全基础管理、提高煤矿安全保障水平、防范生产安全事故为目标，建立规范的安全生产法治秩序，开展煤矿安全生产“三项行动”，实施三项监察56矿次，查处安全隐患136条，责令停工整顿2矿次，隐患整改率达100%。同时，对全省煤矿瓦斯治理示范工程建设工作进行了全面部署，确定4个示范矿井和1个示范县，开展了瓦斯治理示范工程建设。

非煤矿山方面，以“安全生产治理”为主线，以地下矿山、露天采石场、尾矿库整治为重点，突出重点地区和重点时段，结合复工复产等实际，加强监督检查和隐患治理，共检查矿山企业235家，发现一般事故隐患452条，下达限期整改指令书130份，停产整顿指令书15份，整改率为93%。同时，对2008年度省安委会督办的5条重大安全隐患整改情况进行了跟踪督查、逐项验收和摘牌销号工作，目前已全部整改销号；配合国土资源等相关部门开展了矿产资源秩序整顿，关闭了不具备安全生产条件和降低安全生产标准的92家露天矿山和3家尾矿库。

危险化学品和烟花爆竹方面，以危险化学品、化工企业相对集中且发展较快、换证工作问题较多的地区为工作重点，与相关部门联合执法，对化工、危险化学品生产经营单位开展现场检查400余次，共排查各类隐患380余条，责令停业整顿4家。两节期间，对西宁、海东等重点地区烟花爆竹储存、销售网点进行了安全大检查，并对打非工作进行了专项督查，查出隐患80余条，查获非法经营的劣质烟花爆竹近800余箱，价值20余万元，取缔非法销售点20余家，非法储存窝点6个。

建筑施工方面，深刻汲取西宁市南商业巷施工工地“3·19”较大基坑坍塌事故教训，在全省范围内开展了以预防坍塌、高处坠落事故为重点的建筑施工安全专项整治和安全生产大检查。共检查工程项目1612个，建筑面积1644.85万平方米，查处隐患2595条，下发整改通知书496份、停工整改通知单167份，查处未办理施工证和安全监督手续的项目100项。

交通运输方面，针对今年以来道路交通事故多发的实际，深入开展“五整顿、三加强”工作，加强对重点时段、重点路段、重点车辆和“三超”违法行为的检查力度及交通运输企业、车站、码头等的源头管理，加大路查、路检和路面监控及重大危险源和事故隐患的排查、监控、整治力度，排查治理道路安全隐患415条。同时，投入1200万元对2条国道、6条省道增设了防撞护栏和交通标志等安全设施，对黑泉水库和湟倒一级公路日月山危险路段进行了治理。

特种设备方面，对公路、铁路、桥梁、电力、水利、通信以及石化、盐化工、冶金等各行业和领域在建重点建设项目的特种设备安全情况进行了全面督查，并对无证制造、安装、改造、维修和使用起重机械等违法违规行为进行了专项整治，共排查治理各类安全隐患174条。

消防方面，开展了公众聚集场所易燃可燃装修材料、高层建筑和地下建筑消防安全专项整治活动，重点对1462处高层建筑、影剧院、歌舞厅、网吧、宾馆、洗浴中心等场所存在的安全隐患进行了排查，查处各类火灾隐患3300条，停产（业）整顿7家。

铁路、民航、电力、水利、农机、旅游、教育、卫生等部门，也采取切实有效措施，全面深入开展了安全生产“三项行动”。

（三）严格准入，完善安全许可制度

一年来，继续严格安全生产许可证颁证工作，坚持把源头管理作为首要任务，严格受理申请、变更、延期等程序，确保了持证企业保持基本安全生产条件。全年共审核发放安全许可证480个，其中，煤矿安全生产许可证15处，注销3处；非煤矿山安全生产许可证150家，注销4家；危险化学品安全生产许可证23家，经营许可证277家，注销129家；烟花爆竹经营（零售）许可证15个。同时，对发证、延期、变更和关闭等情况及时进行了公示。

在加强安全许可证管理工作的基础上，督促指导各州（地、市）安全监管局强化了相关行业建设项目安全设施“三同时”的审查备案工作，对5处煤矿进行了项目安全设施设计审查和竣工验收；对116个非煤矿山项目、十几个化工建设项目进行了安全条件、安全设施设计、竣工验收审查和备案登记。同时，继续开展了危险化学品登记注册工作，完成了我省所有应登记注册危险化学品生产、储存企业的登记注册工作。

按照国家安全监管总局的要求和安排部署，在煤矿、金属非金属矿山和危险化学品等行业领域开展了安全生产标准化工作。一是召开专题会议，安排部署标准化工作。先后召开了全省煤矿安全质量标准化工作会议和金属非金属矿山企业安全标准化工作动员会议，对贯彻落实全国煤矿安全质量标准化现场会和全面开展矿山企业安全标准化工作进行了安排部署。二是制定工作方案，推动安全标准化工作。先后印发了《青海省煤矿安全质量标准化实施办法》及相关实施细则、《青海省金属非金属矿山企业安全标准化活动实施方案》、《青海省非煤矿山安全标准化实施办法》（试行）、《青海省非煤矿山安全标准化评分办法》（试行），重新修订了加气站、加油站、氯碱生产企业、油库、一般化学品生产企业安全标准化考核细则等标准化细则，明确了标准化建设责任、进度、考核标准、评分方法等，推动了标准化建设的深入开展。三是下达工作计划，开展监督检查，确保取得实效。先后下达了2009年度煤矿安全质量标准化达标计划和危险化学品从业单位安全生产标准化考核工作计划，确定了年度安全标准化考核任务和考核单位。同时，组织专家对重点地区、试点单位组织开展安全标准化情况进行了监督检查，并组织安全标准化外评机构到试点企业多次进行现场指导。目前，已有1家金属矿山达到矿山企业安全标准化三级标准、1家金属矿山完成企业内部自评工作，3家危险化学品生产企业、3家经营企业和2家化工生产企业、1家烟花爆竹批发企业达到了二级安全标准化要求。

（四）落实规划，加快重点项目建设

为全面落实《青海省“十一五”安全生产发展规划》，继续开展规划确定的重点项目建设，与省财政厅分别下达了青海省2009年度1500万元安全生产专项资金项目和资金计划，用于全省技术支撑体系专业中心建设、安全生产信息平台建设、应急救援队伍建设、应急预案演练和全省宣传培训工作，并对新建项目进行严格的前期调研和立项审查，目前所有项目均已完成目标建设进度。同时，积极组织开展安全生产先进适用科学技术研究，对甘河工业园区整体安全评价作了前期调研准备工作，针对西部铟业公司生产中存在的重大安全隐患，开展了《砷化氢气体无害化研究》的科研课题；向省科技厅推荐了“青海省公路事故多发点诊断与治理技术研究”和“青海省公路安全评价技术研究”两个安全生产科技项目，力争列入全省2009年度科技项目计划；向国家安全监管总局推荐了《多年冻土层井巷稳定性研究》、《急倾斜煤层露采转井采不留隔离煤柱的试验研究》和《厚层坚硬顶板采煤工作面围岩运动规律及顶板控制技术研究》等3个安全生产项目，力争纳入国家安全监管总局2010年度安全生产项目计划。通过开展项目建设、充分发挥中介机构技术服务和安全生产专家库的技术支持作用，为全省安全生产工作提供了技术保障，提升了我省安全生产工作水平。

（五）精心组织，推进宣教培训工作

按照国家安全监管总局的统一部署，在全省范围内深入开展了安全生产宣传教育行动。

一是开展了以“关爱生命、安全发展”为主题的“安全生产月”活动，面向基层、面向群众，广泛宣传安全生产方针政策、法律法规，普及安全知识，推进安全文化建设。全省各级安委会成员单位和企业有1400余家参加了咨询日活动，布置咨询台1400多个，悬挂横幅3000多条，展出各种宣传展板（图片）近9万块（幅），发放各种宣传资料20余万份，专家接待咨询群众1万多人次，发送安全生产短信、警句16万余条（次），20余万群众参与了安全月活动。

二是紧密结合“五五”普法工作，举办“庆祝建国60周年全省安全生产成就摄影展”，与省总工会、团省委等部门联合开展了“安康杯”竞赛、“青年安全示范岗”、“安全伴我行”全国演讲比赛青海赛区选拔赛等活动，集中反映我省安全生产工作取得的重大成就，广泛宣传安全发展理念，进一步激发了广大人民群众关爱生命、关注安全的热情。

三是引导和帮助中央驻青及省管大、中型企业积极创建企业安全文化，在《青海安全生产》和“青海安全生产宣传教育信息网上”开辟专栏，刊登企业安全文化建设好的经验和有效做法，推动了安全文化理论研究与实践同步发展。

四是结合新形势对安全生产工作提出的新要求，为基层提供免费安全生产培训。全年共组织州政府分管安全生产领导和市、县级安监局长参加国家安全监管总局专题研究班6人次，协调总局在我省举办了一期60多人参加的青海省基层安全监管人员执法能力提高班，并通过开展执法监督、现场指导、专家讲座等多种方式，指导和督促基层安全监管部门规范执法程序和执法文书，提高了基层执法人员依法监管的能力。

五是加强企业主要负责人、安全管理人员和特种作业人员培训，全省高危行业（企业）生产经营单位共有“三类人员”12200多人次参加安全培训考核并取得了安全资格证书。

六是针对农民工安全意识薄弱、安全技能不高、安全事故多发的实际，组织专家、培训教师深入农牧区和厂矿举办“农民工安全大讲堂”，近4万名农民工接受了安全生产法规、安全常识、安全技术、紧急避险、自救互救、法律维权等方面的培训，并赴农民工劳务输出比较集中的地区免费发放4000余册《农民工安全知识读本》，极大地提高了农民工的安全生产意识和技能。七是督促各培训机构加强硬件建设，积极改善办学条件，扩大培训规模，提高培训质量，配合国家安全监管总局对我省3家二级安全培训机构进行了资质复审检查工作，并先后对资质到期的16家三、四级安全培训机构进行了复审检查工作。

（六）完善机制，加强应急救援管理

为全面加强全省安全生产应急管理工作，从预案建设、队伍建设、装备建设和应急演练等方面进一步完善了应急管理工作制度和应急救援机制，强化了职能，明确了责任，提高了应急管理水平。

一是指导全省各地区、有关部门和行业领域及生产经营单位，进一步修订和完善事故灾难类安全生产应急预案，逐步规范了预案编制程序、内容，共编制修订事故灾难类安全生产应急预案3727份。

二是制定我省生产安全事故应急预案管理实施细则，进一步规范应急预案的编制、评审、备案、批准、发布、修订以及宣传、培训和演练等工作。

三是按照《青海省矿山、危险物品区域性事故灾难应急救援队伍建设方案》，建立了4支省级区域性矿山救援队伍、3支危险物品应急救援队伍和3支地方区域性矿山救援队伍，3年来累计投入安全生产专项资金4825万元（省财政投入2623万元、企业投入2202万元），用于应急救援队伍的救援装备配备及基础设施建设，提高了救援队伍的装备水平和救援能力。

四是督促和支持20多个地区、部门和生产经营单位组织开展了消防、电力、海事、燃气、城市管网、危险化学品、铁路交通等突发事件应急救援演练。2009年10月20—21日，还组织全省9支区域性应急救援队伍开展了技术竞赛暨演练展示会，得到了国家应急救援指挥中心的肯定。

（七）积极协调，强化安全综合监管

结合汛期和异常天气等特点，进一步加强对道路交通、消防、建设等行业和领域的安全综合指导协调工作，组织全省各地、各有关部门和单位多次开展安全生产大检查，加强督查督办，开展联合执法，落实安全责任，加大重大节庆赛事等重要时段和火灾、道路交通、建设工程施工等重点领域安全隐患的排查治理力度，重点做好六十周年大庆期间的安全生产工作，有效遏制了重特大事故的发生，确保了全省安全生产形势的稳定。

（八）加大力度，严格事故调查处理

按照"四不放过"和分级调查的原则，严格按照事故调查程序，督促、指导相关地区安全监管部门和建设行政主管部门对工矿商贸领域发生的2起较大事故和62起一般事故进行了调查处理，结案率达100%。对1名科级领导干部给予党内处分，2名事故责任人移交司法部门追究刑事责任，并督促、协调有关行业主管部门对发生的22起较大道路交通事故进行了调查处理。

宁夏回族自治区安全生产工作综述

一、安全生产总体情况

2009年，宁夏认真贯彻落实国务院关于"安全生产年"的各项部署，切实加强组织领导，强化责任，完善措施，狠抓落实，扎实开展安全生产执法、治理、宣传教育"三项行动"，切实加强安全生产法制体制机制、保障能力、监管队伍"三项建设"，确保了全区安全生产形势的持续稳定好转，为有效应对金融危机创造了良好的安全发展环境。全区共发生安全生产事故5929起，死亡591人，伤2279人，直接经济损失3871.13万元。同比除事故起数上升0.90%外，死亡人数、受伤人数和直接经济损失分别下降10.32%、6.41%、20.16%。亿元GDP死亡率0.44、道路交通万车死亡率4.15、工矿商贸从业人员10万人死亡率5.62分别下降26.67%、34.13%、15.11%，煤矿百万吨死亡率0.42、上升31.25%。

道路交通事故发生1856起，死亡461人，伤2192人，直接经济损失534.19万元，同比分别下降14.75%、12.19%、7.47%和34.73%。其中，高速公路发生事故98起，死亡62人、伤126人、直接经济损失139.71万元，同比事故起数、受伤人数和直接经济损失分别上升15.29%、12.50%、40.55%，死亡人数下降10.14%。

火灾事故发生3966起，死亡4人，直接经济损失327.20万元，同比事故起数上升10.32%，死亡人数和直接经济损失分别下降33.33%、39.08%，受伤人数净减少3人。

铁路交通事故发生19起，死亡14人，伤6人，直接经济损失17.0万元，同比事故起数持平、死亡人数下降12.50%、受伤人数和直接经济损失分别上升100.0%和52.33%。

农业机械事故发生2起，死亡1人，伤1人，直接经济损失3.0万元，同比事故起数上升100.0%，死亡人数持平，受伤人数和直接经济损失分别净增1人、3.0万元。

工矿商贸事故发生事故86起，死亡111人，伤80人，直接经济损失2989.74万元，同比事故起数和直接经济损失分别下降3.37%和14.14%，死亡人数持平，受伤人数上升33.33%。其中，煤矿事故14起，死亡24人，同比事故起数下降6.67%，死亡人数上升71.43%；建筑施工事故17起、死亡17人，同比上升21.43%和持平；危险化学品事故2起、死亡3人，同比分别上升100.0%和50.0%；金属与非金属矿事故2起、死亡2人，同比均下降50.0%；工商贸其他事故51起、死亡65人，同比分别下降7.27%和12.16%。

水上交通、民航飞行、烟花爆竹等行业和领域没有发生死亡事故，同比分别持平。

二、重点工作

（一）加强领导，周密部署，扎实推进安全生产年活动

根据国务院“安全生产年”工作方案，自治区主席明确要求：“安全生产一定要抓实抓细，按中央部署抓好‘三项行动’、‘三项建设’，不能超控制指标”，“要对安全生产实行一票否决制，宁夏决不要带血的GDP”。在具体工作中，“一要抓制度；二要抓苗头、隐患；三要抓漏洞。对全区安全生产制定管用的硬性规定，要实行严格的属地管理，实行一把手负责制和一票否决制，责任到人，用具体指标约束考核。要突出重点，对10万吨以下的小煤矿坚决关闭，对非法经营，违章操作的坚决打击”。自治区政府主管领导主持召开5次安委会（全体）扩大会议、4次安全生产电视电话会议，自治区安委会及其办公室先后制定了《全区“安全生产年”活动实施方案》、《2009年全区安全生产工作要点》、《全区安全生产执法行动方案》、《全区安全生产治理行动方案》、《全区安全生产宣传教育行动方案》等指导性文件。同时，结合自治区效能目标责任考核的整体安排，将全年安全生产主要指标细化分解到五市政府和自治区公安、建设、煤炭等有关部门，纳入责任目标考核体系。

（二）突出重点，强化执法，推进安全生产执法行动

严厉打击无证无照或证照不全从事生产、经营，建设和关闭取缔后又擅自生产、经营、建设等9种非法违法生产经营行为。2009年3月份自治区组织2个督查组，专题督查贯彻落实国务院和自治区安全生产工作部署情况；2009年6月份组织3个督查组，对各地各部门、单位和相关企业贯彻落实国务院安全生产工作电视电话会议以及安全生产工作会议精神、推进“三项行动”和“三项建设”等情况进行了专项督查；2009年7月下旬和9月中旬，专题督查了安全隐患治理工作进展情况。2009年12月初，为深刻汲取“11·10”惠农区福利厂沙巴台煤矿较大瓦斯爆炸等事故教训，再次对全区所有煤矿开展拉网式安全隐患大排查。2009年12月24日，我区开通“12350”安全生产举报投诉特服电话，全年累计打击各类违法行为94642起，依法对148名人员进行了经济处罚，罚金646.1万元。

（三）协调联动，各负其责，推进安全生产治理行动

开展了多层次、多领域隐患排查治理行动，排查企业27559家，共查出各类事故隐患77930条，整改73973条，整改率为94.92%。其中，排查重大事故隐患96条，整改93条，列入治理计划的3项，落实治理资金1658万元，关闭和取缔不符合安全生产条件的企业328家。

煤矿安全治理方面，以推进“双百工程”建设为重点，严格执行煤矿瓦斯治理“十二字”方针，加快地方小煤矿视频监控平台建设步伐，加强现场督查，杜绝煤矿超能力、超负荷组织生产。全年共检查煤矿801矿次，累计查处事故隐患1971条，督促整改1860条，整改率为97.7%；实施经济处罚320.53万元；抽放瓦斯14304万立方米，利用8343万立方米；安装煤矿井下人员定位系统18套，提取生产安全费用12.97亿元，有12对矿井通过了“双百”示范验收，关闭小煤矿5处。

非煤矿山安全治理方面，以规范“三证一照”为重点，督促企业认真履行安全设施“三同时”制度，大力推进非煤矿山安全标准化建设进程，强制推行井工矿机械通风、采石场中深孔爆破等安全适用技术，提升企业本质安全水平。全年共检查非煤矿山企业503家，查出安全隐患625处，治理601处，整改率96%；关闭非煤矿山企业22家。

危险化学品治理方面，制定了《关于进一步加强危险化学品安全生产工作的意见》等文件，就化工园区和化工行业的安全发展规划、危险化工工艺技术控制等提出明确要求，加快了危险化学品生产企业的安全标准化进程。全年共排查危险化学品生产经营企业978家，查处隐患1374项，整改1363项，整改率为99%；排查烟花爆竹生产企业2家，经营单位222家，销毁非法伪劣烟花爆竹3659件，价值61.6万余元。

道路交通专项治理方面，继续推行CPS监控系统建设、客运和危货运输企业安全评估工作，开展“平安农机示范县”创建活动，整治农村客运市场、道路交通事故黑点，强化以治理超载超限、无牌无证驾驶等违法违规行为为重点的路面监控。先后组织排查道路运输企业188家、公路养护施工企业22家、水上运输企业48家，排查隐患653项，治理615项，整改率为94.33%；投入1232万元，实施了省县乡公路安全保障工程和交通事故黑点治理，消除各类公路隐患1528处，治理公路隐患里程450公里；投资1369万元，改造危桥37座；复评核准99家客运和危货运输企业，并在4722辆客车、2760辆危货运输车辆、1584台农村客车上安装了GPS监控终端；发展农村公交，协调各部门投资212万元建成农村招呼站226个。

人员密集场所火灾治理方面，深入开展了公众聚集场所易燃可燃装修材料、全区高层、地下建筑和全区商贸物流场所消防安全专项整治等活动，共组织检查公众聚集场所2553家、高层和地下建筑企业900家，发现隐患2165项，督促整改2020项，行政处罚150起，罚款32.12万元，关停场所69家。

建筑施工安全治理方面，持续开展了全区农民工上岗培训教育活动和全区建筑施工标准化示范工地推广工作，共检查工程项目2835项、1435个工程单位、365家参建单位、165家监理单位，查处安全隐患4752项，整改治理4639项，整改率为97%。注销20家建筑施工企业、6家监理企业资质，吊销安全生产许可证20个、暂扣19个。

冶金、有色、建材等八大行业安全治理方面，积极推行安全生产标准化和建设项目安全设施“三同时”制度，加强冶金、有色、建材等行业安全监管，先后组织对全区125户冶金有色企业、76户机械电子企业、172户轻工（轻纺）企业、275户商贸企业、11户烟草企业开展摸底调查，查出各类安全隐患82项，现场整改34项，责令限期整改48项。学校安全治理方面，先后组织开展了2次以清理整顿学校及周边环境、加强校园及周边道路交通安全设施、学校内部管理为主要内容的治理行动，检查中小学和高校1361所，排查隐患1809项，治理1780项，整改率98.4%。

（四）完善体系，加大力度，推进安全生产宣传教育行动

在教育培训方面，从教师资格、学员档案、教学设施设备配置等方面严格二级、三级机构资质复审，努力拓宽安全生产教育培训的范围和领域，在继续抓好生产经营单位主要负责人、安全生产管理人员、特种作业人员培训的基础上，面向安监人员、乡镇街道专兼职安全生产管理人员和各市县安监局长，开展了职业安全与健康、应急救援、调度统计等业务培训，培训各种人员24000人次。在宣传工作方面，加强安全生产信息工作，坚持月度、季度、年度安全生产调度通报，编发安全生产事故信息和工作动态。还与中国安全生产报社紧密协作，成立了驻宁记者站；与华夏能源报社继续联办《宁夏安全生产》杂志，扩大发行范围；与宁夏广电总台、宁夏日报等主流媒体合作，开播《安全生产你我他》大型节目，大力宣传安全生产方针政策、法律法规和安全知识。在第8个全国“安全生产月”期间，组织开展了“宣传咨询日”、“安全伴我行演讲大赛”、“送安全文化到基层”和安全生产进社区、进农村、进学校、进家庭、进企业、进清真寺的“六进”活动。全年共组织开展各类宣教活动4693场次，新闻报道2008篇，专题采访44次，开展安全文化示范创建企业57家、诚信企业142家、安全社区136个。

（五）完善体系，规范监管，推进安全生产法制体制机制建设

在源头管理上，认真贯彻《国务院安全生产许可证条例》，以规范安全生产行政许可行为为突破口，进一步优化了行政许可审批工作流程，建立健全了责任明确、相互制衡、集体决策的审批权运行机制。安监、煤监、建设、国防科技等部门全年共发放、延期、变更各类安全生产许可证862份，其中，非煤矿山许可证257份，危险化学品许可证496份，烟花爆竹许可证2份，煤矿许可证20份，建筑许可证78份，民爆物品许可证9份；核发安全教育培训和乙级安全评价机构资质7家，对127家企业的新改扩建项目实施了安全生产“三同时”审查。在制度建设和政策制定方面，出台了《宁夏回族自治区企业安全生产费用提取和使用管理办法》、《宁夏回族自治区企业安全生产风险抵押金管理实施办法》和《宁夏回族自治区安全评价收费项目和标准》，修改完善了《全区安全生产目标任务考核办法》、《自治区安监局规范性文件制定

和备案规定》，建立健全了安全生产执法行动、治理行动、宣传教育行动等13个联席会议制度。

（六）突破难点、夯实基础，推进安全生产保障能力建设

一是强力推进企业安全标准化建设。以创建本质安全型企业为目标，加大投入、消除隐患，加强培训、提高素质，加强班组建设和现场管理，在全区危化、非煤矿山、机械、冶金、有色等行业294家企业开展安全标准化三年达标升级活动，达标企业25家。

二是强化预防为主的理念，严格执行新建、改建、扩建工程“三同时”制度，开展重大工程安全评价，把好安全准入关，督促和指导企业落实安全生产经济政策，加大技术改造力度，淘汰国家明令禁止使用、安全保障能力低的落后装置和设施，增强依靠科技保障安全的能力。

三是强化应急管理基础工作，建立了全区安全生产应急资源、救援装备设备和专家信息库，完善了应急预案；扎实开展安全生产应急演练，举行各类演练492余次，参加人数达25708人次；培训各级安监部门及自治区安委会成员单位应急管理人员、重点行业生产经营单位负责人和应急管理人员899人。

四是加大科技兴安工作力度，推广了中深孔爆破、HAN阻隔防爆技术、瓦斯监控和抽采利用、电石和铁合金炉冷却水管改造等一批先进实用技术；采取政企协作、多方投入的方式，组建了宁夏安全生产技术支撑中心，购置设备167台套，为安全生产监管从经验管理型向科技支撑型转变奠定了坚实基础。

（七）主动协调，凝聚共识，推进安全生产监管队伍建设

在机构改革中提升安监机构的地位，自治区安监局正式成为自治区政府直属机构，并增设了宁东安全生产监管直属分局、机关党委和纪检监察室，增加行政编制5名、副厅级领导职数1名；五市安监局全部升格为市政府的组成部门，21个县（市、区）中，有5个成立了独立安监部门，并培训新增执法人员114人，轮训和专题培训执法人员150多人次。通过深入开展学习实践科学发展观活动，实施监管和廉政风险点防范管理，规范执法程序、执法依据、执法权限和执法标准，稳步推进了行风政风建设，安全生产监管队伍的整体素质进一步提高。

新疆维吾尔自治区安全生产工作综述

2009年，是自治区经济社会发展进程中很不平凡的一年。在党中央、国务院的正确领导下，自治区党委、自治区人民政府团结带领全区各族人民，积极应对国际金融危机冲击，努力克服“7·5”事件造成的不利影响，攻坚克难，奋力拼搏，取得了经济社会事业的新成就。

在自治区党委、自治区人民政府的高度重视和正确领导下，一年来，全区各地、各部门和各单位以科学发展观为指导，坚持安全发展，坚持“安全第一，预防为主，综合治理”方针，以开展“安全生产年”、“三项行动”、“三项建设”活动为主线，认真落实自治区“九个加强、九个推动”工作部署，严格实行安全生产目标管理，全面排查治理事故隐患，严厉打击安全生产非法违法行为，全力开展重要时段、重大节日期间安全生产检查督查，完成了各项工作目标任务，取得了安全生产工作的新进展。

一是安全生产四项指标大幅度下降。全区共发生各类安全生产事故10561起、死亡2589人（含兵团），同比分别下降9.36%、6.70%，没有发生一次死亡10人以上重特大安全生产事故。

二是重点行业和领域事故起数和死亡人数较大幅度下降。全区金属与非金属矿山事故起数、死亡人数同比分别下降17.65%和22.67%；火灾事故同比下降9.78%和10.64%；道路交通事故同比下降9.89%和7.82%。

三是事故指标控制情况良好。全区各类安全生产事故死亡人数、较大事故起数占国家下达我区安

全生产控制考核指标的95.96%和77.94%，均在安全生产目标控制指标以内。

15个地州市各类事故死亡人数全部在自治区下达的控制目标范围内。

2009年，新疆安全生产工作在以下几方面取得了明显成效：

一、安全生产责任进一步落实

自治区党委、政府始终将安全生产列入重要议事议程，把安全生产工作和经济建设放在同等重要的位置，同时安排、同时部署、同时检查，始终把落实安全生产责任作为做好安全生产工作的关键来抓。自治区党委常委会和人民政府常务会议多次听取安全生产工作汇报，及时协调解决安全生产上的重大问题。每个季度组织召开全区安全生产电视电话会议或安委会会议，及时安排部署安全生产工作。自治区人民政府在“五一”、“国庆”期间组织开展了全区范围的安全生产督查检查，确保了重要时期的安全生产形势稳定。各地、各部门、各单位认真贯彻落实自治区党委、政府的工作部署，重视和加强安全生产工作，针对薄弱环节和突出问题，落实责任，采取措施，强化监管，做了大量扎实富有成效的工作，进一步强化了安全生产责任的落实。哈密地委领导与所属的县市委领导、部门党的一把手签订了安全生产目标责任书。石河子市主要领导与11个党委常委签订了安全生产“一岗双责”责任书，安全生产目标责任制从政府扩展到党委，形成了党政齐抓共管安全生产的局面。克拉玛依市进一步强化了社区的安全生产管理，将安全生产责任落实到了每个基层单位、每个家庭。中石油塔里木油田分公司、新疆油田公司等企业把安全生产作为企业生存和发展的第一要务，全员签订了安全生产合同，实现了安全和生产相互促进的良性循环。

二、安全生产执法行动协调开展

各级安全监管、公安、交通、煤炭、建设、农机、工商、文化等有关部门积极开展安全生产执法行动，重点对无证或证照不全从事生产、经营、建设，私采滥挖、超层越界开采，违反建设项目安全设施“三同时”规定等9种严重非法违法行为，进行了严厉打击。针对煤矿整顿关闭、危险化学品安全监管、道路交通安全、火灾隐患排查整治、烟花爆竹安全等领域的问题复杂、涉及面广、跨行业的非法违法行为，有关部门加强了沟通协调，定期召开联席会议，采取上下联动、多部门共同行动的措施，实施联合执法，有效解决了安全生产工作中的一些突出问题。据统计，全区共开展安全生产执法行动21062次，查处无证或证照不全从事建设、生产、经营行为11745起，查处关闭取缔后又擅自建设、生产、经营行为229起，查处私采滥挖、超层越界开采、尾矿库违规排放行为25起，查处违反建设项目安全设施“三同时”规定行为25起，关闭生产经营单位191家，停产停业整顿1017家；整顿关闭煤矿4家，停业整顿7家。

坚持“四不放过”原则，依法严格查处责任事故。自治区建立了纪检监察、检察院、安监等部门参与的生产安全事故责任追究沟通协调工作机制，建立了事故查处结案报备、评析倒查、事故约谈、事故通报等制度。各级监察、公安、安全监管、煤监等负有安全监管职责的有关部门认真履行事故查处职责，及时赶赴事故现场组织调查，提出防范措施，严肃追究责任，跟踪落实情况。据统计，2009年事故查处共移交司法机关追究刑事责任494人，拘留871人，行政处罚156人。2008年两起重大道路交通事故均已结案，移交司法追究刑事责任3人，处理县处级干部6人、科级以下干部8人。

三、安全生产治理行动取得实效

各地、各部门、各单位按照自治区安全生产治理行动方案的统一安排，结合重点行业领域安全生产专项整治，成立治理行动领导机构，精心制定实施方案，进行宣传发动，开展自查，组织督查检查，采取了一系列有针对性的措施，全面开展治理行动。全区重点行业领域91826个生产经营单位进行了自查和排查，排查出一般隐患186289条，整改183454条，整改率95.8%，其中，重大隐患296条，整改249条，整改率为84.1%，未完成整改项目列入治理计划资金约4.7亿元。对重大隐患，实施挂牌督办，自治区挂牌督办的24家重大隐患，已全部整改完毕，有效推进了隐患治理工作。

煤矿方面，继续关闭不具备安全生产条件的小煤矿，大力整合煤炭资源，促进煤炭产业结构优化升级、结构调整，扎实推进煤矿安全质量标准化建设工作。开展以“一通三防”、瓦斯治理为主要内容的专项整治，成立自治区瓦斯治理示范工程建设领导小组，制定瓦斯治理工作方案和标准，开展瓦斯治理示范活动。

道路交通方面，制定实施《全区道路交通监控系统建设三年规划》，一期工程建设进入招标程序。公安、交通部门先后开展了“春运交通安全工作保卫战”、“严重交通违法行为集中整治行动”、交通安全隐患排查治理、交通安全管理“三项行动”、整治酒后驾驶等一系列专项行动。投入1.4亿元对2008年确认的危险路段进行改造，实施安全保障工程项目23个。全区已安装GPS车辆20389辆，194个企业和4个地州市建立了GPS监控平台。

消防方面，开展以公众聚集场所、高层和地下建筑为整治重点的“天山霹雳”系列消防安全专项整治行动，全面推行建筑消防设施“三化”建设，实现全区设有自动消防设施“三化”建设单位98.73%达标；新建市政消火栓2543个、消防水鹤82个，完成20个公安现役消防站的筹建和16个县市、3个工业园区的消防规划编制审批工作，建成南北疆2个应急装备物资储备库、3个搜救犬分队、14支水难救援分队、68支灭火攻坚和处突护卫组，依托全区消防支队组建了15个应急救援支队、15个公路交通事故救援分队和15个地震灾害紧急救援分队。全区公共基础消防设施建设水平和全社会抗御火灾能力得到进一步增强。

非煤矿山方面，以许可证换发为契机，在井工矿山强制推行矿井机械通风，加强提升运输系统隐患治理，取缔载人箕斗，对存在环境安全和生产安全的尾矿库严格审查把关，关闭井下矿山15家、露天矿山159家，消除了一批事故隐患。

危化和烟花爆竹方面，加强了对有毒化学品和易燃易爆物品生产经营单位及大型储油罐区的安全隐患整治，督促企业建立和落实定期隐患排查治理工作制度和重大危险源分级监控制度，开展经常性反“三违”和反“三超一改”活动。推动涉及危险工艺化工企业进行自动控制系统改造。对重点危险化学品销售实行实名登记制度。严格落实液化天然气长途运输和危险废弃物处置各项安全管理措施。向社会公布烟花爆竹“打非”举报电话，依法查处取缔私产、私销、私藏、私运烟花爆竹行动。

建设方面，深入开展建筑施工坍塌、高处坠落、物体打击、起重伤害以及城市供水、供气、公共交通等安全隐患专项治理活动。对建筑施工特种设备、建材市场、建筑扣件租赁市场进行了专项整治。

水利、铁路、民航、教育、文化、旅游、电力、冶金、农机、特种设备等行业领域按照自治区的统一部署，加强领导，深入发动，采取多种形式扎实开展了安全生产治理行动，取得明显成效。

四、安全生产宣传教育培训工作扎实深入

充分发挥宣传媒体的作用，全区组织召开新闻通气会、专题采访32次，新闻报道4485篇。新疆电视台、新疆人民广播电台、新疆日报、新疆经济报等主流媒体开设了安全生产专题专栏。新疆人民广播电台、新疆电视台分别播出1380分钟和720分钟，共5个专题获全国安全生产好新闻奖。自治区评选出了安全生产好新闻28篇。

精心组织开展“安全生产月”活动。25万余名各族群众参加主题咨询日活动。“安全生产天山行”活动刊发新闻稿件90余篇，制作广播节目200余分钟，举办宣讲大会10场。1500余家企业的6200余名选手参加“安全伴我行”全区演讲比赛，75万余人次受到教育。通过移动、联通、电信等短信平台向全区用户发出安全生产温馨提示4000万余次。组织开展“安康杯”竞赛活动，参赛班组38610个，参赛职工96万人。组织开展职业健康、消防知识竞赛，共有40余万人参加。自治区安全监管局选送的《安监人之歌》、《安全为了生产》获全国安全文艺汇演铜奖，消防部门举办了“天山春雨”文艺巡演。

组织了第二期“自治区县市领导干部安全生产专题培训班”。强化了三类人员安全生产培训，企业负责人、安全管理人员和特种作业人员持证上岗率明显提高。巴州积极开展未就业大中专毕业生、下岗职工经过安全培训后到企业从事安全生产管理工作，为提高中小企业安全管理水平和扩大就业渠道做了有益探索。

五、安全生产法制机制建设积极推进

《自治区生产安全事故隐患排查治理条例》（草案）已提交自治区人大常委会，并通过了一审。出台了《关于进一步加强道路交通安全工作的决定》。自治区发改委制定了《预算内投资项目初步设计管理暂行办法》、《预算内投资项目竣工验收管理暂行办法》和《煤层气（煤矿瓦斯）抽采利用规模化建设方案》，对预算内投资项目安全设施“三同时”提出了明确要求。自治区安委会成员单位建立和完善了安全生产责任制度、安全检查制度、安全生产奖惩制度、隐患排查制度、应急管理制度、安全投入制度和责任追究制度等安全生产基本工作制度。各地、各相关部门建立了建设项目会审制度，把安全审查纳入建设项目立项审批，严格建设项目安全设施设计审查和竣工验收。积极倡导、培育企业安全诚信意识，推动企业法定代表人向政府、向职工、向社会做出安全生产承诺，促进企业和干部职工自觉履行安全生产法定义务。

六、安全生产监管机构和队伍建设取得新突破

为提高全区安全生产监管能力，自治区建立完善了安全监管机构。自治区安全监管局增设了职业安全健康监督管理处，成立了安全生产执法监察总队和安全生产应急救援指挥中心2个事业机构。各地安全监管部门新增执法机构30个。哈密、巴州、克拉玛依及富蕴县成立了安全生产应急管理机构。县市区安全监管机构向基层延伸，在一些乡镇、街道办事处设立了安全监管站。乌鲁木齐市政府制定了《街道乡镇社区村安全生产监管工作指导意见》，在全市85个街道、乡镇和自治区级工业园区设立了安监站，在663个社区（村）配备了1～2名安监员。各级煤矿安全监管机构领导班子都配有专业人员，监管队伍技术人员比例达到规定要求。各地加快消防队伍建设，新增34个县级公安消防大队，消除了消防监督机构空白点。水利厅增设了安全监管处。建设厅成立了应急办，在各地设立施工安全监督站74个，配备监管人员281人。自治区安全生产监管系统“三级机构、四级网络”初步形成。

七、安全生产保障能力得到进一步提高

安全生产投入继续加大。自治区安排安全生产专项资金1500万元，用于隐患排查治理、安全监管装备建设和安全生产项目建设。克拉玛依市、乌鲁木齐、巴州、哈密、石河子等地根据实际情况都安排落实了安全生产专项资金，一批安全生产重点工程项目启动实施。

安全生产技术改造积极推进。扶持国有重点煤矿对矿井通风系统、瓦斯抽采系统、安全监测监控系统、防尘灭火系统以及提升、运输、供电系统等进行安全生产技术改造。全区高瓦斯矿井全部布置了专用回风井，生产矿井全部实现了闭式开采。积极实施非煤矿山机械通风、防水、防火、防采空区地表塌陷专项技术改造。对尾矿库进行调查摸底，确定了危、险、病库，重点从尾矿水力输送系统、尾矿堆存系统、尾矿回水系统和尾矿水处理系统等方面进行技术改造，争取到国家治理资金3800万元。

安全生产科学技术研究取得新突破。《安全生产与新疆经济可持续发展》通过自治区组织的专家评审，《新疆工业发展对城市安全的影响与对策研究》等一批安全生产科技研究项目纳入了全区社会发展与基础研究的范畴。神华新疆公司“乌鲁木齐矿区安全高效开采技术研究与应用”等5个项目，被列入自治区2009年技术创新项目。巴里坤县明鑫煤炭公司“水平分段悬移顶梁液压支架放顶煤”采煤方法、托克逊县雨田煤业公司“坚硬顶板硬质特厚煤层综采放顶煤”科研实验，取得了阶段性成果。

安全生产先进适用技术积极推广。召开高精度管道漏磁在线安全检测技术、电力电器设备带电绝缘清洗安全技术现场推广会。加强重点车辆GPS安全监控体系建设，全区道路交通违法处理信息系统、剧毒危险化学品运输管理系统、铁路行车安全综合监控系统、乌鲁木齐机场二次雷达和空管自动化系统工程等一批安全设施、项目相继建成。大黄山豫新煤业公司煤矿瓦斯抽采利用项目填补了我区在瓦斯（煤层气）综合利用方面的空白。

安全监管装备建设积极推进。自治区为全区安全监管执法机构新增执法专用车辆编制45个，补助车辆购置资金500万元，购置执法车辆31部。各级公安消防部门共筹集资金购置各类消防车75辆，各类执勤消防装备器材26503件，完成了15个消防支队、68个消防大队、65个消防中队的视频监控系统建设工作。

八、安全生产基层基础工作全面加强

安全生产示范创建积极推进。各地结合“平安畅通县市区”、“交通安全社区”、“交通安全学校”、“平安农机”和“消防安全社区”等活动，深入开展安全生产示范县、乡、村创建活动，目前已有17个县、292个乡镇（街道）、2009个村

（社区）初评达标。乌鲁木齐、克拉玛依、石河子等市启动了安全社区创建试点活动。

积极推进安全标准化建设。自治区安全监管局牵头与有关部门制定了鼓励开展安全标准化工作的经济政策，积极推动安全标准化工作的开展。煤炭、金属与非金属矿山、危险化学品、消防、建筑施工、机械、冶金等行业领域的生产经营单位积极开展安全标准化创建活动，部分企业已经达到安全标准化创建标准。

完成了重大危险源普查。普查确认重大危险源2785个，开展了《重大危险源单元划分及实际应用研究》、《自治区重大危险源信息管理系统的开发及其应用》等5个普查成果研究，基本建成自治区重大危险源数据库。

安全生产技术支撑体系建设逐步推进。自治区矿山安全、非矿山安全、职业危害三个实验室建设取得积极进展。安全生产评价、检测、培训、咨询等中介服务机构安全技术支撑能力进一步提高，服务领域进一步扩展。自治区安全生产专家组在化工、机电、矿山、交通、消防等行业领域的作用得到进一步发挥。

应急救援体系建设步伐加快。制定了自治区安全生产应急救援体系建设规划。新疆矿山救援指挥中心项目和煤矿瓦斯远程联网工作建设加快。全区各单位共制定安全生产应急预案28386个，其中，高危企业应急预案覆盖率100%，重大危险源监控应急预案覆盖率100%，举行各类安全生产应急演练3000余次，参演人数20余万人（次）。

新疆生产建设兵团安全生产工作综述

2009年，兵团的安全生产工作在兵团党委和兵团的正确领导下、在国家安全生产监督管理总局的指导下，坚持“安全第一，预防为主，综合治理”的方针，以科学发展观统领全局，认真贯彻落实兵团安全生产暨消防安全工作会议精神，严格执行安全生产各项政策、法规，上下同心、各方协力。面对国际金融危机、“7·5”事件给安全生产工作带来的冲击及中华人民共和国建国60年大庆的安全保障给安全生产工作提出的新的挑战，认真学习胡锦涛总书记2009年8月25日在自治区干部大会上的重要讲话精神，进一步提高认识，统一思想，以对人民负责的精神，加大安全生产综合管理力度，认真履行安全生产的监督检查和管理职能，为兵团经济社会发展提供了稳定的安全生产环境。

一、2009年基本情况

2009年，兵团工矿商贸企业共发生职工死亡事故18起，死亡27人。与上年同期相比，死亡事故起数减少7起，下降28%，死亡人数增加1人，上升3.85%。死亡事故人数未超过国家下达的控制指标数。与去年同期相比，亿元国内生产总值死亡率下降10%，工矿商贸就业人员十万人死亡率上升2.5%。煤矿百万吨死亡率预计略有上升。

2009年，兵团独立核算运输企业共发生责任事故1.5起，责任死亡2人。与去年同期相比，事故责任率下降17%，责任死亡率下降35%，责任受伤率下降32%。

2009年，兵团共发生各类火灾事故123起，死亡5人。与去年同期相比，火灾起数下降22%，死亡人数下降62%。全年未发生群死群伤火灾事故。

2009年，兵团共发生各类农机安全事故10起，死亡4人。死亡人数与去年同期相比大幅度下降。

二、2009年的主要工作

（一）认真开展安全生产“三项行动”，落实“安全生产年”各项措施

一是对“三项行动”进行了认真的安排和部署。根据国家关于开展安全生产“三项行动”的要求，兵团制定印发了《贯彻落实国务院办公厅关于进一步推进安全生产“三项行动”通知的实施意见》（新兵办发［2009］47号）和《关于进一步落实开展“三项行动”各项工作的通知》（兵办发电［2009］119号），对兵团开展安全生产“三项行动”进行了全面安排部署；兵团安委会办

公室印发了《煤矿安全生产执法行动和治理行动方案》、《金属非金属矿山、尾矿库、危险化学品、烟花爆竹等行业（领域）安全生产执法行动和治理行动方案》、《道路交通、建筑施工等行业安全生产执法行动和治理行动实施方案》和《兵团安全生产宣传教育行动实施方案》4个指导方案，对开展“三项行动”进行了全面的安排部署，提出了开展“三项行动”的具体要求。14个师及兵团直属单位召开专题会议，认真研究，结合实际，制定了本单位的具体方案，做到周密细致，把责任落实到人员，使整个工作有计划、按步骤扎实推进。机关有关部门按照兵团“三项行动”的总体要求和职责划分，确定了本单位、本行业开展“三项行动”的具体工作。

二是开展了安全生产执法和治理行动。根据兵团的统一部署，兵团安委会组织开展了安全生产执法行动，着力建立规范的安全生产法治秩序。通过行政督查的手段，及时组织各类重点督查和专项督查，扎实推动打击非法违法安全生产执法行动。充分发挥了各级安委会的作用，协调各有关部门联合执法。2009年兵团各级共开展安全生产执法行动8400余起，其中，查处无证或证照不全从事建设、生产、经营的1491起，不按规定进行安全培训或无证上岗的305起，其他非法建设、生产、经营的1300余起。通过兵团抽查，各师排查、企业自查的方式，对煤矿、非煤矿山、危险化学品、烟花爆竹共1860家企业和单位累计查出一般隐患6500余项，已自改6300余项，整改率96.96%；重大隐患119项，已整改销号102项，整改率85.71%；累计投入治理资金871万元。对交通运输等重点行业（领域）2745家企业和单位累计查处一般隐患15237项，已自改14817项，整改率97.24%；重大隐患44项，已整改销号37项，整改率84.1%；累计投入治理资金716.7万元。通过开展安全标准化企业创建活动，有302家企业达标。安装煤矿井下人员定位系统17套，制定应急预案897个，通过治理整顿关闭和取缔不符合安全生产条件的企业25家。

三是广泛开展了安全生产宣传教育行动，着力增强全社会安全发展意识。通过宣传教育活动，大力开展了以“关爱生命、安全发展”为主题的2009年度的安全生产月活动，进一步营造了有利于加强安全生产、促进安全发展的社会氛围，提高广大干部职工群众的安全意识；建立规范了的安全生产信息发布制度，做到季公告，月通报，加快形成新闻媒体、社会公众广泛参与的安全生产舆论监督网络，坚持正确的舆论导向，维护人民群众安全生产知情权、参与权和监督权。2009年，兵团开展宣传教育活动1025次，参与人数25万余人；安全监管监察机构参加总局月度视频专家讲座157人次；组织召开新闻发布会（新闻通气会、专题采访）28次；创建安全文化示范企业93家、诚信企业51家、安全社区82个；发布安全生产新闻报道1800余篇。

（二）深化煤矿整顿关闭工作，重特大隐患得到有效治理

2009年，根据兵团治理行动的特点，兵团着重对煤矿清理整顿关闭工作进行了重点部署，兵团下发了由司令员亲自签发的《关于做好兵团煤矿清理整顿关闭工作的紧急通知》（兵发电［2009］1号），对兵团煤矿全面清理整顿关闭工作进行了安排。兵团办公厅下发了《关于封闭第一批煤矿矿井的通知》（新兵办发［2009］89号），对3处煤与瓦斯突出矿井进行了封闭，停止了一切采掘活动。根据兵团司令员办公会议精神，兵团六部门联合下发了《关于第二批清理整顿关闭矿井的通知》，对16处矿井的退出、移交及关闭时间进行了规定，全面开展了煤矿清理整顿关闭工作。为认真落实“三项行动”的部署，深入开展了煤矿行业打击非法违法生产专项行动，依法严厉打击煤矿非法开采、违法生产等行为，对存在重大隐患的煤矿，立即责令停止生产、停产整顿或罚款，并建议有关部门停止火工品供应。2009年，共作出行政处罚45次，停止采掘工作面和停产整顿32次，作出经济处罚19次，罚款244万元，保持了对煤矿违法违规生产的高压态势。为杜绝已关闭的小煤矿死灰复燃，实行个人重点盯防责任制，随时掌握盯防矿井的情况，确保万无一失。

（三）突出抓好煤矿安全监察，煤矿安全生产水平稳步提升

针对煤矿安全这个安全生产工作的重中之重，一是积极创新监察执法方式，大力推行解剖式、集中式、示范式监察，提出了“三项监察”与“三个监察”相结合的新思路，聘请、邀请有关专家

及其他企业的安全管理人员参与到“三个监察”活动中。2009年，兵团集中力量对近20对矿井进行了“三个监察”，提出了系统、全面的监察意见，有效地督促煤矿企业整改隐患，取得了较好的效果。二是扎实开展瓦斯治理专项监察。凡煤矿通风系统不完善、瓦斯检查制度执行不严格、安全监控不能正常运转、防治瓦斯的安全技术措施不到位的，一律停产整顿并暂扣安全生产许可证，今年开展瓦斯治理专项监察196矿次，查出隐患1687条，实施了挂牌督办措施，整改率达95%。三是强力推进煤矿安全生产监测监控联网系统建设，实现兵团、师、煤矿企业和矿井安全生产监测监控远程多级联网管理，运用高新技术加强煤矿安全监管监察，提高煤矿安全保障能力。2009年共安装煤矿安全生产监测监控无线预警系统联网44处，共投入资金726万元。四是强力推进煤矿安全质量标准化建设。兵团一直非常重视煤矿安全质量标准化建设和验收工作，2009年年初下发了《关于强力推进煤矿安全质量标准化建设的通知》，明确了兵团各师煤矿达标规划和考核验收要求。为了强力推进这项工作，兵团提出了“安全质量标准化不达标，安全设施竣工验收不予通过”的要求。五是强力推进煤矿安全基础管理工作。通过强化对煤矿安全基础管理的监督检查，督促煤矿企业进一步贯彻落实国家、兵团关于加强煤矿安全基础管理的一系列意见和通知要求，推动煤矿企业做到“系统可靠，装备先进，管理到位，素质提高”。引导鼓励煤矿走“科技兴安”之路，大力推广先进适用技术，坚决淘汰落后的采煤工艺，积极推进采煤方法和支护技术改革。督促煤矿企业建立职业健康工作体系，改善作业环境，防范和减少职业危害。

（四）加大重点行业的安全监管，工矿商贸企业安全生产形势持续稳定

有关部门加强了对重点行业的安全监管，针对行业特点，严格安全许可的标准，严把安全准入关，积极推进安全生产标准化建设，强化了重点时期、重点时段、重点师、重点企业的安全监管。严格条件，规范程序，认真审查，做好安全许可工作，清理完善了安全生产许可证管理台账，关闭了9家不具备基本安全生产条件的非煤矿山，提前完成了国家安全监管总局规定的6%目标。对19家因关闭、收购等各种原因未及时延期换证的危险化学品经营单位予以注销《危险化学品经营许可证》，对4家危险化学品经营企业未及时换证的进行了处理。按照国家的有关规定，组织专家，对多家兵团新、改、扩建非煤矿山、危险化学品建设项目进行安全审查，严把安全准入关。根据安全生产标准化的总体部署，确定重点企业，深入企业进行现场指导，推动企业开展安全生产标准化工作。在重点时期，加强了监督检查力度。节日期间，配合公安局打击、取缔了一批烟花爆竹非法经营窝点，收缴非法烟花爆竹300多箱。在“7·5”事件后，及时组织力量对加油站点、危险化学品生产经营单位、农药经销点加强了监控，兵团共有1200多人参与到加油站的安全值班值守。

（五）加大了重点工作检查力度，各项工作稳步推进

兵团今年召开了7次安全生产委员会会议，3次安全生产电视电话会议，安排部署兵团的安全生产工作，针对重点时期、重点阶段的安全生产工作进行研究部署，有效地促进了兵团的安全生产工作。在元旦、春节及全国“两会”期间，兵团对安全生产各项工作都进行了统一部署。为认真落实工作职责，在“三项行动”督促检查阶段，兵团加强督导工作，对各师存在的问题及时进行指导和改进。特别是在“7·5”事件、新中国成立六十周年等重要时期，兵团都及时安排部署，组织由各有关部门组成的督查组，到兵团重点师及国资委所属单位进行督查，对各单位开展“三项行动”及切实维护社会稳定做好安全生产工作情况进行重点检查。雪克来提·扎克尔副政委还亲自带领有关部门的领导深入兵团农八师及重点企业进行检查，启动了兵团安全生产检查督查工作，有力地推动了兵团安全生产工作和“三项行动”的深入开展。年底结合年终考核工作，兵团有关部门对重点单位进行了督查，督查组按照兵团安委会下发的督查内容，逐项对照检查，并及时向各师安委会通报了督查情况，反馈了督查意见，提出了整改措施。

（六）有步骤地推进了安全生产保障能力建设，安全生产基础得到加强

2009年，为加强安全生产保障能力建设，兵团认真督促企业提取安全生产费用，并严格用于安全生产技术改造。兵团本级财务安排安全生产技术措施经费1000万元，对煤矿瓦斯监控集中联网建

设、救援体系建设、安全标准化建设及非煤矿山、危险化学品、消防改造、建筑、交通进行了重点投入，并带动各企业对安全生产技术改造投入2.5亿元，重点解决了兵团规划内的矿山救援队伍建设、危险化学品应急救援队伍建设、煤矿瓦斯监测监控系统联网建设和安全生产标准化建设，确保了安全生产技术措施资金发挥作用。2009年，兵团煤矿建设投资达到6.8亿元，加快了兵团煤矿采煤方法改造工作，督促企业淘汰落后生产方式，提升了煤矿安全生产水平。

（七）加大培训力度，进一步提高了监管监察的能力

按照国家总局开展"三项行动"的通知要求和兵团关于开展"安全生产宣传教育行动"的实施方案，采用面向基层培训，到基层培训等多种培训方式，加大了兵团安全生产培训工作。组织了部分师安监局领导参加了国家安全监管总局举办的地市级及县级安监局长研讨班；组织兵团所属煤矿主要负责人和安全生产管理人员培训班，共18期，培训385人。加强了各师、各部门之间的培训工作，先后对团、连及企业分管安全生产负责人进行了培训，累积培训260余人。举办了22期特种作业人员操作技能培训班，累计培训特种作业人员2572人。各师共举办各类企业领导、安全管理人员和特种作业人员培训班250余期，培训人员26000多人。积极推动企业培训责任制，按照生产经营单位分布情况，分片集中，把培训工作放到基层单位，各培训班由企业统一组织，兵团统一考核发证，培训率达到95%以上，形成了培训工作齐抓共管的良好格局，提高了各级领导安全生产监管的能力，增强了广大干部职工的安全意识。

（八）严肃事故查处，严格责任追究

在事故查处工作中，严格按照"四不放过"的原则和兵团关于事故责任追究的规定，对2009年发生的企业职工死亡事故进行了科学、透明、公正的调查和处理，事故责任人依照有关法律法规受到了应有的处罚。年内发生的生产安全事故均已结案。

深圳市安全生产工作综述

一、全市安全生产基本情况

2009年，在省安委会和深圳市委、市政府的统一部署和正确领导下，深圳市安全生产战线全体干部职工紧紧围绕实现"减少一般事故，遏制较大事故，杜绝重特大事故"的目标，认真贯彻全国和省、市安全生产工作有关会议精神，认真开展"安全生产年"各项活动，居安思危，警钟长鸣，大力推进安全生产"三项行动"和"三项建设"，严厉打击各类安全生产非法、违法行为，深化专项治理，加强宣传教育，始终保持高压态势，保持了安全形势相对平稳，各类安全事故稳中有降，人员伤亡和财产损失得到有效控制。

据统计，2009年深圳市共发生各类安全事故2841起，死亡716人，受伤2137人，直接经济损失2169.85万元，同比分别下降23.32%、18.64%、31.33%、24.67%，没有发生重特大群死群伤事故。其中，道路交通、火灾、工矿商贸三大类安全事故分别死亡605人、12人和99人，均未突破省政府下达的事故控制指标，且与去年死亡的719人、60人和101人相比，分别减少死亡114人、48人和2人，合计减少死亡164人。

二、主要工作进展情况

2009年，市委、市政府高度重视安全生产工作，定期组织召开全市防范重特大安全事故工作会议和有关安全生产工作专题会议，对每个阶段的安全生产工作进行安排部署。元旦、春节、五一等重要节假日前后，市领导均亲自带队赴各区调研、检查、督查安全生产工作，听取各区、各部门安全生产管理工作汇报，分析全市安全生产形势，认真剖析深圳市安全生产存在的突出问题和原因，积极面对新形势新情况，把握当前深圳市安全生产的特点和任务，制定加强安全生产工作的对策措施，对消防安全、道路交通、工商贸企业、旅游安全、特种设备、建筑施工安全等重点领域的安全生产工作进

行专项督导，确保了全市安全生产形势的基本稳定。

（一）实施政府机构改革，建立安全监管新格局

深圳市在2009年政府机构改革中，切实加强安全生产体制机制建设，对安全生产监督管理职能作了重大调整。市政府专门组建了应急管理办公室，将应急指挥中心、民防办（地震局）的职责、安全管理委员会办公室的安全生产综合协调职责，整合划入应急管理办公室，由市政府办公厅归口联系。应急管理办公室挂安全管理委员会办公室、安全生产监督管理局、民防委员会办公室、地震局牌子。同时，为强化和落实“一岗双责”原则，使行业管理与安全生产紧密结合，促使行业政策、标准制定与安全生产监督执行形成合力，将工矿商贸企业以及危险化学品安全生产监管等职责划入了新组建的市科技工贸和信息化委员会。改革后，深圳市安全生产监管形成市应急办综合协调、各行业主管部门各司其职的新格局，总体力量得到加强，资源得到有效整合，安全生产综合协调能力、应急救援能力也得到有效提升。

（二）建立各级安全生产责任制，完善责任制考核体系

2009年初，市政府分别与各区和15个市政府职能部门签订了安全生产责任书，将年度安全生产工作目标和任务细化分解并固化到各区、各部门。区安委会给辖区街道办和负有安全管理职责的部门下达了指标，明确了相应的指标控制责任。通过层层签订责任书，形成了各负其责、一级抓一级的责任体系，建立了“横向到边、纵向到底、条块结合、齐抓共管”的政府安全监管体系。2009年10月，根据市政府机构改革后有关工作部门职能调整的实际，市安委会又与部分单位重新签订了《安全生产责任书》，进一步明确了各单位的安全生产监督管理职责。

（三）大力加强安全生产宣传教育

（1）广泛开展社会宣传。加强对“安全生产年”活动的宣传报道，建立和落实安全生产公益宣传制度，在报刊、电视台、电台等媒体定期刊登和播放安全生产公益广告，引导全社会关注安全、关爱生命，共开展宣教活动2902次，参与人数1714948人次。

（2）组织开展对企业法人和管理人员安全专项培训。在危险化学品、建筑施工、交通运输、公共娱乐场所和事故多发企业等重点行业、重点领域组织开展了安全生产全员培训，共培训30006人，发证21734人。继续加大对员工的安全生产宣传教育，积极推进企业安全文化建设，目前已有7个街道开展了安全社区创建活动，26家企业开展了安全文化示范企业创建活动。

（3）深入开展第八届“安全生产月”活动。活动期间，陆续开展了安全宣传咨询展览周、安全科技活动周、知识竞赛、基层行、文艺晚会、预案演练等一系列丰富多彩的宣教活动，累计投入宣传经费781万元，播放公益广告536次，组织各类竞赛、演出宣传活动179场，开展应急演练12次，发放安全生产明信片6.7万张，派发宣传资料24.8万份。

（4）编制和发放了《市民生活安全手册》、《企业员工安全手册》，向广大市民宣传安全知识。

（5）建设了深圳市现代安全实景模拟教育基地并于2009年底投入试运营。

（四）加大安全生产治理力度，强化隐患排查治理

2009年，深圳市政府集中力量在重大安全隐患、重点建设工程、消防等重点行业和领域开展安全生产整治行动，大力排查治理安全生产隐患。

（1）重点开展了涉及跨区域、跨部门、跨行业重大安全隐患的综合治理。政府投入经费4亿多元，全力整治龙岗和沙井街道火灾隐患（被省政府列入全省30个火灾隐患重点地区），按时高质量完成摘牌任务（分别以94.5分和93分的优秀成绩位列全省33个火灾隐患重点地区中的第一、二名）。省政府高度评价了我市整治工作，并将在全省范围内推广我市火灾隐患整治成功经验。

（2）开展消防安全隐患排查整治工作，不断加大消防监督执法力度，严厉查处火灾隐患。先后组织开展了公众聚集场所可燃材料消防安全专项整治、高层和地下建筑消防安全专项治理行动、临时违法搭建消防安全专项整治等行动，责令454家公共娱乐场所拆除可燃材料69383平方米，检查治理1917栋高层楼宇和地下建筑的消防安全，拆除违法搭建铁皮房30万平方米，完成整改298家消防隐患“黑名单”单位的整改和治理。

（3）高度重视对地铁、大运场馆、高速公路、水利工程等重点建设工程项目的安全监管，将其作为工程施工质量安全监管的重中之重，全面落实安全责任，加强施工关键环节质量安全控制，强化监督力度，确保工程建设顺利进行。

（4）强化对道路交通领域的安全生产监管。严厉打击、查处违章驾驶和违章运输经营行为，加强对全市事故多发易发路段、危险桥梁和航道的监控，加大对全市公交车、泥头车、非法营运车等重点车辆的管理力度。

（5）对全市燃气管网及燃气设施开展安全隐患整治专项行动，严厉打击非法占压、圈占和野蛮施工等危及管道设施安全的行为，共排查出安全隐患1658项，确保燃气管网运行安全。

（6）深入开展网吧专项整治行动。共出动118946人次，查处“黑网吧”5572家次，查扣电脑主机55619台、其他设备18510件。

（7）高度重视学校安全隐患排查整治工作。共排查学校安全隐患2395处，完成整改2316处，整改率98.5%。

（8）加强汛期安全监管，严密防范自然灾害引发生产安全事故，确保全市安全度汛。

（五）扎实推进安全生产“三项建设”，建立健全安全监管长效机制

（1）进一步加强安全生产制度建设。发生龙岗“9·20”特大火灾事故后，深圳市委、市政府对安全生产机制体制存在的39项缺失问题进行专项研究并提出了针对性的解决方法。建立和落实了安全生产综合协调、统筹指挥制度，建立了安全生产预警、约谈、通报制度以及危险化学品综合监管“四不放过”制度，全面实施油站阻隔防爆技术，安全生产托管制度；修订、出台了《深圳市安全管理条例》、《深圳市学校安全管理条例实施细则》、《深圳经济特区道路交通安全处罚条例》和《深圳市安全生产隐患与事故举报奖励暂行办法》等法规或规章。

（2）探索建立健全安全监管长效机制。深圳市继续贯彻执行隐患排查整治领导包干制度、网格化排查工作制度、安全隐患督办制度和隐患排查整治档案清单销号制度等管理措施，推广了宝安区的试点和创新经验，在建立长效监管机制方面进行了积极探索。

（3）继续推进安全生产标准化工作。结合深圳市产业结构特点，选择在珠宝、化工、机械等行业中，大力推进安全生产标准化、规范化工作。一是严格制定行业安全生产标准；二是积极推行标准，使标准化管理贯穿到企业生产各个环节，提升企业安全管理水平。同时，我市进一步加大科技投入，探讨实施安全生产信息化管理，对企业进行分类管理，切实提高监督检查和执法效率。

（4）加强安全生产应急救援机构、队伍建设。市应急办整合了原市应急指挥中心应急值守和应急指挥两个平台资源，并将安全生产应急救援直接纳入突发公共事件处置的范畴。在应急救援队伍建设方面，通过整合安监、应急和民防等各方面力量，建立健全公共安全突发事件应急救援指挥体系，进一步强化对各区、各单位应急救援队伍的培养，促进各类、各级应急救援队伍的专业化水平和现场救援效能的提升。

（六）严格责任追究，跟踪落实事故查处情况

深圳市高度重视责任事故的问责制，市委专门制定了《关于加强党政正职监督的暂行规定》和《深圳市党政领导干部问责暂行规定》，要求对安全生产领域一般以上事故实行重点监察，对造成3人以上死亡的事故实行全面监察和严格责任追究，实行“买单制”。目前，对2008年以来发生的9起较大以上生产安全事故（2008年6起，2009年3起），按规定调查处理完毕并已按程序结案8起，同时，加强对事故调查处理落实情况的跟踪督促，建立和规范事故调查处理的建档备案制度，真正落实对有关责任人的处理。

大连市安全生产工作综述

在市委、市政府的正确领导下，大连市安全生产工作坚持“安全第一、预防为主、综合治理”的方针，紧紧围绕“保增长、保民生、保稳定”工作大局，按照国家“安全生产年”的统一部署，深入开展安全生产“三项行动”，扎实推进安全生产“三项建设”，强化重点行业领域专项整治，全市安全生产“双基”工作更加牢固，长效机制基本建立，安全生产形势呈现逐年好转态势。

2009年全市发生各类事故1453起，死亡341人，同比下降14%。其中，工矿商贸企业生产事故死亡68人，下降6.8%；发生较大事故1起，与去年持平。道路交通事故死亡248人，下降9.5%；发生较大事故3起，比去年增加1起。消防火灾无死亡事故发生。铁路路外交通事故死亡6人，下降14.3%。农业机械事故死亡2人，与去年持平。海上捕养业生产安全事故死亡（失踪）17人，下降60.5%；发生较大事故3起，下降57%。海上运输业无死亡事故发生。全市发生较大事故4起（不含海上捕养事故）。各项事故死亡指标均控制在省政府下达的指标之内。

一、加强法制体制建设，促进安全监管和依法行政

近年来，我局一直致力于提高安全生产监督管理制度化、法制化建设水平，建立长效管理机制，不断完善安全生产法规体系。2009年，以市政府办公厅名义出台了《大连市政府及部门安全生产职责暂行规定》、《大连市职业健康监督管理规定》和《大连市重大建设工程项目安全管理规定》，以市安监局名义出台了《大连市乙类危险化学品经营许可准入条件》和《大连市劳务公司、外协队伍安全生产备案管理规定》等规范性文件，并按要求对建局以来的规范性文件进行了清理，为依法治安奠定了基础。另外，我局建局以来的第二个政府规章《大连市安全生产监督管理规定》已进入市政府常务会审议程序，拟于规定时间出台。

二、重视安监机构建设，提升安全生产监管能力

全市安全生产监管人员和执法队伍不断充实，截至2009年年底，全市15个区市县、先导区安全生产监管局也相继以政府组成部门或直属部门独立设置，12个区市县、先导区组建了安全生产监察大队，全市166个乡镇街道建立了独立设置的安监部门，“三级监管体系”的形成，为全市安全生产工作提供了强有力的组织保障。投资三百多万元购置了应急指挥车，安全生产应急救援能力得到提升。

三、安全生产“三项行动”深入开展

根据《国务院办公厅关于进一步推进安全生产“三项行动”的通知》精神，我市深入开展了安全生产执法、安全生产治理和安全生产宣传教育行动。在执法行动中，全市共开展安全生产执法检查31129起，查处各种违法建设、生产、经营等行为11564起。在治理行动中，全市共抽查检查企业14165家，排查出一般隐患22759项，已整改22681项，整改率99.7%；排查重大隐患12项，均已整改。在宣传教育行动中，全市共组织较大规模宣传教育活动1163次，成功组织了“安全生产月”、“应急周”、“119”宣传日等活动。

四、安全生产“三项建设”扎实推进

依据国家和省关于安全生产“三项建设”有关要求，我局制定了《大连市安全生产监督管理局安全生产“三项建设”实施方案》。在法制建设上，制定并实施了《大连市政府及有关部门安全生产职责暂行规定》，制定了《大连市安全生产监督管理规定》。在保障能力建设上，进一步完善了市级安全生产应急指挥平台，建立了10支安全生产应急救援队伍，14个区市县、8485个企业修订完善了应急救援预案；组织各类应急演练70余次，提高了各级政府、相关部门和企业的应急救援和事故处置能力。在安全生产监管队伍建设上，强化了乡镇街道安全生产执法力量，乡镇街道安监站行政执法委托率达到90%，基层监管监察能力进一步提高。

五、安全社区创建工作成果显著

全市14个区市县，107个乡镇、街道开展了安全社区创建工作，中山区6个街道、沙河口区5个街道、金州区1个街道已通过“全国安全社区”评审。目前，我市共有18个街道获得“全国安全社区”称号，中山、沙河口两个区已整区获得“全国安全社区”称号，沙河口区李家街道、兴工街道、星海湾街道、中山公园街道，中山区人民路街道5个单位获得“国际安全社区”称号。国家安全监管总局和中国职业安全健康协会对我市安全社区创建工作给予了充分肯定和高度评价。

六、工业企业安全生产诚信等级评定工作稳步推进

2009年，大连市人民政府下发了《大连市推进工业企业安全生产诚信体系建设指导意见》和《大连市工业企业安全生产诚信监督管理办法和评估标准》。2009年6月16日，市政府在国际会议厅召开全市工业企业安全生产诚信体系建设会议，正式启动了工业企业安全生产诚信体系建设。根据企业安全生产条件、状况和守法自律程度，组织对企业安全生产诚信程度进行分级和评估，并划分A、B、C、D四个级别，分别表示“好”、“一般”、“较差”、“不合格”。在发放安全生产许可证和安全质量标准化评定工作中，将安全生产诚信分级评估结果作为依据。此项工作按照先行试点、总结经验、全面推广的工作思路，市安监局在甘井子区选择3个乡镇、8个企业进行了试点评估，各区市县选择2个乡镇街道进行了试点评估，2009年，共完成工业企业等级评定213家。

七、重点行业领域安全生产专项整治进一步加强

在危险化学品、非煤矿山、烟花爆竹、道路交通、水上交通、消防等重点行业领域先后开展了“五大战役”专项整治行动、安全生产大检查行动和安全生产隐患排查治理行动，有效预防和减少了事故发生。加强了国庆节、服装节、“达沃斯”年会等重点时段安全生产工作，市安委会先后组织开展了5次安全生产检查督查，市安监局、公安局、建委、海洋渔业局、港口口岸局等安全主管部门认真履行安全生产监管职责，落实行业监管责任，确保了全市安全生产形势持续稳定好转。

八、安全生产源头治本不断强化

为加强全市生产经营性建设项目安全设施管理工作，我局制定了《大连市生产经营性建设项目安全设施管理规定》，强化了对重大建设项目的安全监管。全年共完成建设项目安全设施“三同时”审查验收68项；持续推进机械制造企业安全生产标准化创建工作，61家企业开展了创建工作，32家企业完成了核准工作。

九、职业安全健康监管工作逐步完善

建立健全了职业安全健康监管体系，完善了目标管理、奖惩考核、责任追究等监督管理机制。全市10个区市县完成了职业安全健康监管机构划转工作；稳步开展了作业场所职业病危害申报、登记、普查工作，827家用人单位进行了职业病危害网络申报；有序开展了职业安全健康监督管理工作，检查了72家硅石采掘加工和水泥制造企业，排查隐患239项，限期改正68家。2009年10月，大连成为全国首个职业卫生安全试点城市，在5个行业9家企业中开展了职业卫生安全许可审计试点工作。

十、安全生产培训工作成效明显

2009年，共举办企业负责人和安全管理人员培训班178期、培训14610人，举办各类特种作业人员安全培训班581期、培训45255人，举办农民工安全培训班803期、培训97280人。企业负责人、安全生产管理人员和特种作业人员持证上岗率100%，企业职工普及培训28.1万人。

青岛市安全生产工作综述

一、安全生产工作概况

2009 年，全市安全生产形势总体平稳，共发生各类生产安全事故 3386 起，死亡 462 人，伤 2950 人，直接经济损失 2695.01 万元。同比 2008 年（事故 3916 起，死亡 560 人，伤 3295 人，直接经济损失 3131.12 万元），四项指标全面下降，事故起数下降 13.53%，死亡人数下降 17.50%，受伤人数下降 10.47%，经济损失下降 13.93%。其中，发生一次死亡 3～9 人的较大生产安全事故 11 起，死亡 42 人，同比事故起数下降 15.38%，死亡人数下降 28.81%；未发生重特大事故。2009 年全市亿元 GDP 各类事故死亡率为 0.094，比 2008 年（0.13）下降 25.40%。

二、安全生产工作格局和责任体系

在对全市安全生产现状进行深入调研、客观分析和系统评估的基础上，确立了“四四六”（四个战略、四项工程、六大体系）的三年工作思路，市委书记和市委副书记、市长分别主持召开市委常委会和市长办公会，听取安全生产工作专题汇报，先后出台了《关于进一步加强安全生产工作的意见》（青发［2009］6 号）和《关于印发〈贯彻实施青发［2009］6 号文件加强安全生产工作分工方案〉的通知》（青厅字［2009］32 号），坚持“党委领导、政府监管、行业管理、企业负责、社会监督”的安全生产工作格局，对安全生产工作进行总体规划部署，积极探索实现源头管理、过程控制、应急处置和事故查处的有效路径，着力解决安全责任、安全文化、安全投入、基层队伍建设等重点问题。2009 年，在明确一名市委常委、副市长分管安全生产工作的同时，又增加一名副市长分管安全生产，所有的副市长实行安全生产“一岗双责”。市政府与区（市）长和重点监管企业签订了安全生产责任状，副市长与分管部门签订了安全生产承诺书，各区、市把安全生产摆到了更加重要的位置，按照省、市要求，制定了加强安全生产工作的具体意见和措施，有的区（市）实行党委、政府、人大、政协领导到街（镇）挂点等办法，形成了领导有力、职责分明的安全生产工作格局和责权利相对应的责任体系。

三、网格化监管模式

借鉴奥运模式全面推行安全生产网格化监管。制定下发《关于实施安全生产网格化监管的意见》和《贯彻落实青发［2009］6 号文件加强安全生产工作分工方案》，建立“一格三网九定”监管格局，逐级、逐环节落实安全责任，将负有安全监管职责的单位纳入网格化建设，形成监管合力。全市建成各级安全生产监管网格 1632 个，形成安全生产责任的全覆盖。在城阳区、市南区召开两次现场会，总结推广网格化监管实施和信息平台建设的经验。配套出台《基层安全生产风险管理实施细则》、《安全生产网格化监管检查考评标准》、《安全生产网格化监管信息平台建设方案》，建成安全生产信息网、监督网和管理网为主体的网格化监管信息平台，采集上万家企业信息，上百个重大危险源单元，实现了信息及时更新、监管资源共享、远程数据读取和动态监督督查等功能要求，强化了监管的针对性、时效性，安全生产监管步入精细化、规范化、信息化轨道，形成数字化监管模式。

四、落实生产经营单位主体责任专项行动

2009 年年内，配套网格化监管模式，启动了为期三年的生产经营单位安全生产主体责任专项行动，制定出台了《青岛市实施生产经营单位安全生产主体责任专项行动方案》、《青岛市生产经营单位安全生产主体责任专项行动试点工作实施意见》、《青岛市生产经营单位主体责任专项行动试点工作考核细则》和《关于进一步做好生产经营单位安全生产主体责任专项行动试点单位级别评定工作的通知》等指导性文件。按照“分层级、分行业、分级别”摸底的原则，对生产经营单位进行了全面普查摸底，确定了 610 家试点单位，并向社会公布。制定了非煤矿山、危险化学品、烟花爆竹、民爆器材、燃气等 11 个行业 18 项标准，通过

级别评定、分类整改等步骤，对企业实行ABCD差异化管理，强化监管终端的安全意识，提高企业自我约束、持续改进的安全生产自觉性。2009年已有413家企业完成评级工作，企业履行安全管理、物质保障、教育培训、事故报告和应急救援等主体责任的主动性、积极性进一步增强。

五、宣传教育、执法和治理“三项行动”

（一）安全生产宣传教育行动

开展“知识守护生命”主题教育活动。组织专家，集中力量对我市近年来发生的生产安全事故进行综合分析，分类梳理，编写《百例典型事故警示录》、《新市民安全常识手册》，免费发放给基层。举办了全国第八个“安全生产月”活动启动暨安全文化特色示范街授牌仪式，并组织了大规模的安全文化成果展示。在“行风在线”、“政务在线”开辟栏目，宣传市委市政府安全生产工作重大举措、宣讲安全知识、解答市民网民问题，接受群众监督。在青岛电视台黄金时段开设“区市长谈安全生产网格化监管”、“部门负责人谈行业管理”、“企业家谈企业主体责任”等大型访谈节目，开展政府、部门、企业主要负责人公开作出安全承诺活动，接受社会监督。启动全员素质培训工程，2009年培训特种作业人员29079人，培训生产经营单位主要负责人和管理人员人17326人。分别举办了3期镇、街领导干部安全生产知识培训班和全市安监系统行政执法人员培训班，全市350名镇、街领导干部和636名安监执法人员参加了培训。组织举办青岛市“安全伴我行”演讲比赛，我市选手被推荐参加全国、全省比赛，荣获全国优秀奖和全省二等奖。开展了安全文化示范企业创建活动，与市委宣传部、总工会联合转发了《关于进一步做好企业安全文化建设工作的意见》，积极培育省、市安全文化建设示范典型，9家企业被认定为“青岛市安全文化建设示范企业”，3家企业拟推荐为省级示范企业。

（二）安全生产执法专项行动

开展了事故整改情况“回头看”、生产经营单位落实事故隐患排查治理主体责任等专项执法行动。以两会、国庆60周年、全运会为重点时段，对非煤矿山、建筑施工、危险化学品等重点行业企业进行重点检查。积极探索定期审查、重点抽查、分级负责的执法监察工作模式，加大执法检查和行政处罚力度。组织全市安监队伍开展岗位练兵活动，通过法律法规理论考试、案卷评审、现场执法比武，提高执法队伍业务素质。开展“进百家企业、解安全难题”活动，为企业安全生产把脉会诊，邀请中国船舶重工集团公司所属的大连、渤海、武昌及新港等四个大型船舶造、修船厂的安全专家对青岛北船重工公司作业现场进行安全现状评估，对企业安全生产管理给予专业指导，促进了企业安全生产管理水平的提高。

（三）安全生产治理行动

按照省政府工作部署和要求，组织开展了“治隐患、保安全”，“打非、治违、抓责任”，“迎国庆、保全运”等专项行动，市委书记专门听取汇报，市长带队对消防、建设施工等重点单位进行检查。认真组织开展重点行业领域专项整治，对危化品企业进行风险评估，引导危化品企业在危险工艺加快安装自动控制和安全联锁报警装置。投资2000余万元对道路交通事故多发路段（204国道青岛段、滨海大道崂山段）推行智能交通监控系统和中间隔离设施建设。与事故单位主要负责人警示谈话，严厉查处事故，定期通报情况。强化隐患排查治理，共整治隐患65789项，打击非法行为1.3万起。实行重大隐患挂牌督办，责令2家烟花爆竹生产企业退出生产领域，对200家液氨使用单位、34座尾矿库、35座小型病险水库、市图书馆、液化气钢瓶等存在的重大安全隐患进行整治，有效防范了重大事故的发生。

六、法制体制、保障能力和监管队伍“三项建设”

（一）法制建设

加快立法步伐，实现了《青岛市安全生产条例》当年立项、当年审议、当年完成的目标。经省人大批准，2010年1月1日起正式实施。配套出台了应急管理、重大危险源监控等规章标准，优化了安全生产法治环境。

（二）资金保障和队伍建设

市政府在2008年设立2000万元安全生产专项资金的基础上，2009年投入2100万元，用于隐患整治、应急平台和重大危险源监控等建设，区市也分别设立100万~1000万元不等的专项资金，崂山区另安排2200万元用于隐患整改。基层监管队伍建设取得进展，178个镇（街道）全部设立3~

8人的安监机构，市北区还成立了社区安监站，将安全检查权向村居延伸。

（三）标准化和安全社区创建

进一步夯实安全生产基层基础。深入开展金属非金属矿山、化工等行业领域的安全生产标准化和安全社区创建工作，目前有一级标准化企业4个、二级标准化企业35个、三级标准化企业204个，国家级安全社区12个、市级安全社区256个、区（市）级安全社区376个。

七、向李适学习、创五型团队

选树了李适这一典型，《中国安全生产报》进行了连续长篇报道，在全国安监系统和全市各界引起了强烈反响，国家安全监管总局党组书记、局长骆琳和省委常委、市委书记阎启俊分别作出了向李适学习的批示。中共青岛市委下发了《关于开展向优秀共产党员李适同志学习活动的决定》，授予李适“青岛市优秀共产党员”称号，要求全市广大党员干部向李适同志学习。市安全监管局以学李适为载体，及时在全市安监系统开展了“向李适学习，创五型团队”的主题活动，邀请国家安全监管总局、省安监局有关领导出席了活动动员会，市委常委、副市长张惠亲自到会动员。为推动学习活动长效开展，制定下发了《关于开展“向李适学习、创五型团队”活动的实施方案》，出台了干部述学、评学、考学、奖学等制度，开展了联系基层挂点和拜师学艺、全市安监执法队伍岗位练兵等系列实践活动，编印了2000册《“向李适学习、创五型团队”学习材料汇编》下发到12个区市、178个街道，确保全市安监系统人手一册。组织了全市安监系统述学考评会，通过考评推出3名“学习状元”、10名“学习优胜者”、12个“学习型团队”、18篇“优秀调研报告”、9篇“优秀论文”、22项“优秀创新成果”、7个“事故调查报告撰写优胜奖”和10个“安全生产监管经典案例”，激励全市安监人员争做“人民生命财产安全的忠诚卫士”，努力打造“学习型、服务型、效能型、创新型、廉洁型”机关。

厦门市安全生产工作综述

2009年，在市委、市政府的正确指导下，全市各级、各部门、各单位认真贯彻落实中央和省关于安全生产工作的一系列决策部署，深入学习实践科学发展观，牢固树立安全发展理念，始终坚持“安全第一、预防为主、综合治理”方针，把安全生产工作融入建设海峡西岸经济区重要中心城市工作大局，围绕“安全生产年”和“责任落实年”的总目标，深入开展“三项行动”，全面加强“三项建设”，强化隐患排查治理，推进“一岗双责”和企业主体责任落实，各项工作取得积极进展，全市安全生产继续保持了总体稳定、各项指标呈现持续下降的良好态势。

一、突出重点，扎实推进，2009年安全生产工作取得成效

（一）较好完成年度安全生产控制指标

全市各类生产安全事故死亡219人，发生5起较大事故（1起较大安全生产责任事故，4起较大道路交通事故），未发生重大事故，其他各类指标均控制在省政府下达考核指标范围内。其中，事故总死亡人数实现“双下降”，比2008年下降8.75%，比省政府下达指标下降9.13%，实现2003年以来最低值；消防火灾事故控制取得突破性进展，第一次实现年度火灾事故零死亡；道路交通万车死亡率连续5年稳步下降；工矿商贸事故死亡32人，也实现了2003年以来最低值。全年亿元GDP生产安全事故死亡率为0.135，工矿商贸就业人员10万人生产安全事故死亡率为2.29，道路交通万车死亡率为2.7，与2008年比较，分别下降15.63%、21.31%和20.59%。

（二）安全生产基础工作取得新进展

2009年，我市在全省各设区市综治工作考评中安全生产工作方面取得满分，成为全省唯一的所有行政区都达到平安畅通县区二等管理水平的设区市，海沧和翔安两区达到部级平安畅通县区创建标准。建成全省首个数据功能完备的市级重大危险源监控中心、全省首个由民营企业投资的城市消防安全远程监控中心，成功举行全省首次超高层在建工程火灾应急救援演练。保障性住房建设工程（湖边花园B期A标）被评选为全国建筑施工安全质量标准化工作示范工地。翔安区成为全国县区唯一由国家安全监管总局授牌的安全生产宣传教育联系工作点。博坦仓储有限公司成为全省第一家通过安全标准化二级企业验收的危化品液体储存化工企业，全市危化品液体储存企业安全标准化工作全面展开，走在全省前头。成立厦门市安全生产应急救援指挥中心。全市村（居）兼职消防队、义务消防队、志愿消防队建队率达到50%。实现了重要节庆和海峡论坛、"9·8"投洽会、2009年国际马拉松赛等36场重大活动安全有序。

（三）安全生产管理工作上了新台阶

（1）落实安全生产目标责任制。市安委会通过部署、考核、检查和激励约束等手段，督促和指导各级各部门强化年度安全生产目标责任落实。层层分解责任指标。根据省政府下达的年度目标责任制要求，市政府在年初制定下发了《关于下达2009年安全生产目标责任的通知》（厦府［2009］46号），明确责任目标，并将责任目标完成情况纳入各级领导工作业绩考核体系。各级、各部门将安全生产责任指标和任务层层分解下达，层层抓落实。强化目标责任落实。各目标责任单位提高履职意识、安全责任意识，强化行政首长负责制，加强监督检查，狠抓安全生产各项工作任务落实，确保目标责任落实到位。督查考评落实情况。2009年7月28日至30日，市安委办对湖里区、集美区、同安区、翔安区政府上半年开展安全生产目标责任落实暨隐患排查治理情况进行了督查并及时进行了通报。省政府安全生产第二督查组对我市2009年上半年开展安全生产目标责任落实暨隐患排查治理情况给予了充分肯定。2010年元月4日起，市政府组成了4个考核组对全市38家责任单位进行2009全年安全生产目标责任制落实情况综合考核。3月4日，市政府对思明区政府等30个"2008—2009年度安全生产目标管理责任制考核先进单位"、厦门市教育局等50个"2008—2009年度安全生产先进单位"、166位"2008—2009年度安全生产先进个人"进行了表彰。

（2）落实安全生产监管"一岗双责"。市、区、镇（街）、村（居）四级机构和各级政府部门分别部署推动、督促检查安全生产工作，已经成为全市上下开展"保增长"工作的前提和基础。各级各部门明确了各自的安全监管责任。按照省政府出台的《政府及有关部门安全生产监督管理职责暂行规定》要求，明确了本级本部门以及主要负责人、分管安全生产工作负责人、其他负责人各自的安全生产职责范围、职责内容及相应责任。制定了落实办法和措施。全市建立了以目标责任为核心的制度体系、以控制指标为目标的考核体系、以履职情况为依据的奖惩体系。各级各部门结合各自实际情况，研究制定了促进"一岗双责"规定落实的办法措施。履行了安全监管责任。召开市级以上各类会议13场，由市政府、市政府办公室、市安委会印发文件36件，由市领导带队组织3个时段的全市性安全生产大检查，组织全市性年中和年末2次目标责任考核。通过工作分工、部署、检查、总结、评比等各环节，履行好"一岗双责"规定。

（3）开展企业安全生产主体责任活动。在重点行业领域开展落实企业安全生产主体责任活动，已经成为提高企业单位本质安全水平，夯实安全生产工作基础的有效途径。完成了阶段性任务。以主体合法、组织保障等"十个方面"责任为工作目标，分三步骤对重点企事业单位安全生产进行分级、分类管理。活动顺利迈出了第一步，全市11个行业、教育系统和人员密集场所确定的2258家参评单位，已经评定定级1382家。提升了安全监管水平。研发建立了能够采集基本信息情况及生产安全事故隐患的企业安全生产信息数据库，建立了紧密纵向联系和横向互动的联络员制度，组织了区、镇（街）和行业、部门230人参训，基层人员安全监管能力得到较大提高。推动相关行业领域普遍关注安全管理。印发1.5万本资料，培训了数千人，发挥了以家庭、班组、单位向相关行业领域宣传的辐射效应。排查出3000多条隐患，起到了向相关行业领域的指导和警示作用。开展三年一轮的长效性工作，取得了各类企事业单位持续改善安全生产环境的实际效果。

（4）落实安全生产综合监管职责。市安委办、市安监局落实安全综合监管职责，探讨安全综合监管科学方式和有效途径，抓部署，抓督查，抓奖惩，建立起上下联动、部门联合、群众参与、全社会支持的安全生产协助机制，安全监管综合协调能力不断提升。通过宣传教育、培训考核、督促检查、执法查处、行政许可等措施，逐步把道路交通、建筑施工、消防安全、旅游安全等监管转变为企业的自觉性行动，督促企业落实安全生产主体责任。充分发挥安委办的职能，积极指导、协调、督促各负有安全监管职责的部门履行职责，开展安全整治工作。强化节假日期间各区、各有关部门安全生产工作督查。在春节、“五一”、“十一”黄金周等重大节庆和重要活动期间，派出督查组，组织相关部门，对各区各部门安全生产工作情况进行督查。

（5）排查治理事故隐患。抓好各类事故隐患排查治理工作，已经成为防范事故发生，落实安全生产“预防为主”方针的重要措施。确保了敏感时期安全稳定。7月份集中开展隐患排查治理专项活动期间，全市整改重点行业领域事故隐患31681项，为推进海峡西岸“两个先行区”建设，庆祝建国60周年创造良好安全环境。遏制了重大事故发生。吸取事故教训，针对性开展重点行业领域隐患排查治理，已经成为安全专项整治工作内容的“应有之意”。全市重点行业领域排查治理隐患单位16019家，排查整改了重大隐患109项，累计落实治理资金70561.06万元。确保全年未发生重大事故，拓展了排治范围和内容。建立市这一层面的隐患排治理长效机制，实现隐患排查治理制度化、规范化和经常化。立足所有的行业领域、全年的重点时段，推进了排治工作全覆盖。全年排查治理排查隐患24140项，已整改23202项，整改率96.11%，通过治理整顿关闭和取缔不符合安全生产条件企业19家。

（6）强化非煤矿山安全综合整治。针对非煤矿山开采工作周期长、现场动态变化和隐患整改难度大等特点，强化监管主体责任，加大督促整改力度，突出抓好静态和动态“两项管理工作”。采取三项举措把好许可门槛，强化静态管理工作。第一项举措是严格延期换证，执行机构评价、专家评审、区局审查、市局审核、联合验收“五级把关制”，在全省首创村、镇、市“三级公示”和评价机构、专家、部门“三堂会审”制度。第二项举措是严格整顿关闭工作，协调、落实八类整顿范围和六种关闭取缔对象的整顿关闭。第三项举措是强化专项整治工作，及时研究、妥善处理我市沿福厦铁路沿线直径1000米范围内的非煤矿山的安全许可问题，督促39家非煤矿山进行关闭。全市非煤矿山数量从2006年的120家，减少至现有的28家，并全部持证开采。

通过四种形式抓好检查监控，严控动态管理工作。第一种形式是对隐患和事故的跟踪督查，督促落实每起事故整改措施，保证重大隐患整改到位。第二种形式是开展停工矿山的复工检查，保障重大节日、台风暴雨季节后矿山安全生产条件。第三种形式是开展区级季度安全巡查，加强动态监管力度，严格矿产界限、火工材料、特种设备、扬尘污染、安全管理和现场条件管控。第四种形式是组织市级一年两次的联合执法检查，在2009年5月底和11月底，由市安委办牵头，公安、国土等多个部门组成联合督查组，对所有非煤矿山企业进行全面督查。目前，全市推广新技术、新工艺，中深孔爆破技术运用及机械化作业水平位居全省前列。全年非煤矿山生产安全事故死亡1人，低于省下达指标66.66%。

（7）强化危险化学品安全综合整治。围绕综合整治这条主线，在建立全市危险化学品安全监管联席会议制度并全面展开联合整治的基础上，各级各相关部门突出抓好危险化学品行政许可、执法检查和基础建设“三项重点工作”。第一项重点工作是抓行政许可促企业发展。主要是通过依靠“二个支撑”、开展“三种检查”、采取“四项措施”、严格“五个层次”，来把好危险化学品行政许可的条件和程序两个关口。“二个支撑”就是指专家技术支撑和标准规范支撑；“三种检查”就是指申办材料核查、评价报告评查、现场条件检查；“四项措施”就是指对多次评价错误的安全评价机构进行约谈告诫，对严重评价错误的安全评价机构进行通报批评，对弄虚作假的申办许可企业予以退件，对擅自新、改、扩建的企业依法处理；“五个层次”就是指严格执行评价技术把关、受理初审把关、现场核查把关、集体讨论审批把关、发证后复查把关等五层把关制度。2009年，市、区安监部门共组织危险化学品生产、经营、储存及建设项目安全行政许可事项111家（次）。危化品生产企业从原有42家减少到现在的37家。第二项重点工作是抓好两种形式的执法检查促隐患排治。制定计划，明确频次，规定对象，常态化开展危险化学品从业单位执法检查。结合实际，突出重点，统一行动，专项开展危险化学品，从业单位执法检查。2009年，通过执法检查，落实关闭或转产危化品生产企业5家，清退危化品经营企业139家。第三项重点工作是抓基础建设促规范管理。主要是推进安全标准化工作和推进危险化学品集中储存、经营、配送体系建设。2009年3月18日，位于海沧的厦门博坦仓储有限公司成为全省第一家通过安全标准化二级企业验收的危化品液体储存化工企业。危化品仓储和集中经营问题实现突破，凤南临时仓库办理了危险化学品仓储经营许可证，新圩新仓库批准设立。同安区政府率先批准设立工业区周转仓库暨危险化学品经营（零售）集中市场。全市化工园区行业安全发展规划基本完成。全年未发生涉及危险化学品从业单位的生产安全事故。

（8）强化安全生产行政执法。规范行政权力运行，强化行政执法，紧紧围绕建章立制这个基础，重点开展监督检查、举报核查、行政处罚等三项执法活动，已经成为规范安全生产法治秩序的有力抓手。安全生产执法秩序逐步完善。建立了动态巡查、专项督查等一系列执法工作制度。落实了部门和市区的“横纵双向”联动、联席会议制度，开展了规范安全生产行政权力运行试点，安全生产执法运作逐步规范。开展监督检查执法活动，提高安全生产监督检查效率、效能。受理、核查并办结市级综合隐患209件，对全市第一起瞒报的非煤矿山生产安全事故实施行政处罚100万元。全年开展道路交通、人员密集场所、工矿商贸等重点行业领域执法行动693712次。

（9）健全安全生产长效机制。坚持标本兼治，建立和完善安全生产长效机制，已经成为促进企业安全发展的有力保障。开展安全标准化试点活动，企业安全行动得到规范。大力推行危险化学品、非煤矿山、建筑施工、机械行业安全标准化试点工作，解决企业技术装备落后、安全责任不落实、从业人员素质不高等问题。全市开展安全标准化创建企业1086家，达标775家。市路桥建材公司竹兰山采石场列入省级安全标准化试点企业。市保障性住房建设工程（湖边花园B期A标）评选为全国建筑施工安全质量标准化工作示范工地。博坦仓储有限公司成为全省第一家通过安全标准化二级企业验收的危化品液体储存化工企业。建立安全生产专家队伍，智力支持力度加大。全市共聘请包括大学教授、企业高工、行业技术权威等各类型市级安全生产专家100名，建立建设工程安全专项施工方案论证专家库，专家508名。企业申办安全生产许可、整改事故隐患、安全技术改造能力稳步提升。建立健全配套措施，企业安全意识逐步强化。建立事故单位法人代表约谈制度，组织对2009年以来发生死亡事故的17家道路交通事故单位、22家工矿商贸企业法人代表和安全管理人员约谈并进行教育培训。建立安全培训考核制度，严格企业新进人员岗前培训；组织特种作业人员培训，发证5311人；组织建筑安全培训班73期，培训14058人；200人取得高危行业负责人、管理员资格证。

（10）加强安全生产保障能力建设。着力强化安全生产基础工作，实施科技兴安战略，已经成为提升安全生产水平的强大推力。应急救援能力不断增强。市、区、重点单位和一般单位组成的四级安全生产应急救援体系不断健全。成立了市安全生产应急救援中心。重新修订了全市重特大安全生产事故应急预案。组织了隧道应急救援演练，举行全省首次超高层在建工程火灾救援演练。全年制订修订应急预案3753个，建立企业应急队伍571个，开展200余次的各类事故应急演练。重点企业实现联网监控。建成市重大危险源监测预警应急指挥系统并投入试运行，全市76个重大危险源企业纳入监控范围，企业、区级系统、市级系统逐步实现“三级联网”。建立城市消防安全远程监控中心，138家公众聚集场所联网接入。各类安全保障项目作用显现。升级改造智能道路交通系统，改造后的48个路口（路段）车辆通行能力提高10%～20%，车速提高15%～30%。

（11）强化安全生产宣传教育。强化安全生产宣传教育，树立安全理念，已经成为规范全社会安全活动，实现安全生产目标的精神动力。建立“三项机制”，推进宣传教育社会化。建立与新闻单位召开“新闻通气会”的沟通机制，相关部门召开座谈会的协调机制，6个区政府、36个安委会成员单位网站开设“安全生产专页”的联合机制。拓宽“三种渠道”，力争宣教范围全覆盖。继续依靠电视、电台、报纸等传统平台开展宣传教育，拓展模拟灾害现场的防灾教育馆、针对密集人群的宣传一条街、面向社会大众的手机短信的“点、线、面”三种宣传渠道。紧扣“三个重点”，掀起宣传教育高潮。开展第八个全国“安全生产月”活动，迎接全国“安全生产万里行”暨福建“海西安全发展行”采访团首次莅临我市采访检查。推动岗位技能竞赛。开展安全宣传“五进”活动，做到企业上岗课、学校开学和闭学课都是安全教育课。全年开展宣传教育活动15265次，参与人员达到4473237人次，组织召开新闻发布会（新闻通气会、专题采访）17次，创建安全文化示范企业366家、诚信企业354家、安全社区92个，安全生产新闻报道1529篇。以人为本，首先要以人的生命为本；科学发展，首先要安全发展；持续安全，才能实现安全发展；安全发展，才能实现可持续发展的理念正在深入人心。

（12）加强安全监管监察队伍建设。加强各级安全监管监察机构、队伍建设，提高安全执法能力，规范安全生产执法环境，已经成为构筑安全生产工作格局，联系、整合各方力量的坚强合力。安全监管网络体系基本建立。市、区安监机构和人员基本到位，镇（街）安监站均已挂牌成立，各行政村（社区、居委会）都配备了专（兼）职安全员，市、区、镇、村四级安全监管网络体系基本形成。安全监管队伍执法水平稳步提升。定期组织安全监管人员参加省法制和安监部门举办的行政执法培训班，先后组织两期区、镇（街）安全监管人员集中专业培训（500人次）。组织国家安监总局第24号令学习研讨会，提出2010年度安全生产执法工作计划。安全生产监督管理运行逐步顺畅，建立市、区安全生产分级执法模式，探索镇（街）安全监管模式。破解市、区工程建设监督机构业务联动难题。

（13）加快市级重大危险源监控体系建设。以规范重大危险源安全管理和应急管理为目标，强化制度建设，先后制定编印了重大危险源管理规定、报警处置、系统维护使用指导意见等多项制度。从危险辨识、数据库建设、监测预警应急指挥系统建设和企业端监控系统建设等“四个层次”开展了监控系统项目建设。通过辨识和调查摸底，最终确认重大危险源企业83个；2009年4月30日，监控系统数据库项目建设完成并通过验收；2009年10月8日，监测预警应急指挥系统建成并投入试运行；并督促重大危险源生产、使用、储存企业和加油站企业加快企业端监控系统建设，推动企业、区级系统、市级系统实现“三级联网”。

（14）做好事故调查和批复工作。全市各级各部门抓住安全生产工作的突破口，认真分析较大以上事故深层次的原因和性质，总结经验教训，通过抓事故查处，推动事故责任追究落实到位。在接到事故报告后，按照分级管理规定，严格上报时限，力保上下知晓，反应迅速，抢救及时，防止事故扩大。组织了五起较大事故的调查，形成调查报告，市政府进行了批复。通过现场勘查和证据收集，分析事故原因，判定事故性质，理清事故责任。各区对一般事故依法展开调查处理，对事故责任单位依法处罚。2009年，共处罚事故单位16家，罚款136.48万元。严格执行市政府对事故调查报告的批复精神，跟踪督促对事故责任单位和责任人的追究以及整改措施的落实。目前，五起较大事故，共移交司法机关处理9人，其中，已追究刑事责任7人，另2人正在依法审理中，移交监察机关处理1人，罚款20万元。交警等部门组织开展道路交通事故单位约谈，安监部门组织对2009年以来发生死亡事故单位法人代表和安全管理人员（22家企业44人）约谈并进行教育培训。通过约谈培训，分析事故原因、剖析事故教训、研究整改措施，达到较好的教育与警示效果。全市各类生产安全事故的调查处理均能做到定性准确，原因分析清楚，预防措施到位，责任者处罚恰当，职工群众受教育深刻，有效防范和减少了事故的发生。

在认真总结2009年全市安全生产工作以及取得成效的同时，也清醒地看到，当前全市安全生产形势仍然比较严峻，还存在一些问题：一是生产安全事故起数、受伤人数、经济损失不降反升。与2008年比较，全市各类生产安全事故起数、受伤人数、经济损失分别上升8.57%、64.74%、72.79%。二是非法违法生产经营、安全生产投入不足、安全管理不严不实等问题还不同程度存在。

宁波市安全生产工作综述

2009年，全市安全生产工作在市委、市政府的高度重视和正确领导下，深入贯彻落实科学发展观，按照党中央、国务院和省委、省政府的统一部署和总体要求，紧紧围绕市委、市政府提出的“保增促调”“保增促稳”中心工作，以“三个零增长”为总目标，以强化安全生产基层基础工作为着力点，深入开展“安全生产年”活动，深化隐患排查治理工作，突出重点，加强监管，求真务实、开拓创新，各项工作取得了积极成效，安全生产形势持续稳定好转。

全年全市累计发生安全生产事故4330起，同比下降8.7%；死亡905人，同比下降4.4%；受伤3964人，同比下降9.0%；直接经济损失3075.3万元，同比下降6.8%，安全生产四项控制指标已连续五年下降。反映安全生产总体水平的亿元GDP死亡率继续下降，除火灾较大事故（发生3起、死亡13人）外，其他各项控制指标均在省政府下达的控制指标内。

一、2009年主要工作

（一）“安全生产年”活动取得了积极成效

根据国务院办公厅和省政府办公厅关于进一步推进安全生产“三项行动”的部署，我市各级、各部门认真组织，精心安排，并狠抓落实，解决了一批安全生产领域存在的突出问题。为确保建国60周年大庆期间良好的安全环境，市政府于2008年9月份组织开展了“迎国庆安全生产隐患排查治理月”活动，集中排查治理隐患，市政府各位领导分别带队督查各分管领域，治理了一大批安全隐患，取得了积极效果。

（二）安全生产责任体系不断完善

2009年，强化了市级有关部门对重点工程和控制较大以上事故的监管责任，对绝对指标和相对指标考核比重进行了适当调整，进一步突出了对事故死亡人数、较大事故等控制指标的考核力度，取得了积极效果，目标管理的导向作用充分显现。

（三）重点领域安全监管和执法检查进一步加强

平安畅通县（市）区创建工作取得新突破，我市鄞州区、慈溪市达到部级创建标准，被公安部等六部委通报表彰（全省5个）。城市轻轨等重点建设工程积极探索安全监管新模式，加强监管制度建设，保证了开工以来的总体安全。海洋渔业开展“千船万人培训计划”，加强出航前监管，建设渔船动态管理系统平台，有效促进了海洋渔业生产安全。危化品领域进一步加强生产、储存、运输等环节全方位监管，积极推广新技术、新工艺，打击运输环节偷盗和监守自盗行为，消除了一大批安全隐患，交通、特种设备、农机、旅游、公共娱乐等其他重点行业领域也进一步加强监管和执法工作，保证了行业领域的总体安全。

（四）安全事故应急处置能力有了新的提升

近几年来，宁波市把事故应急处置能力作为安全生产的重要内容来抓，针对我市当前安全生产面临的形势，通过组织开展各类应急演练，努力提高应急处置能力。2009年6月16日和12月24日，我局协调参与或牵头组织了天然气管道泄漏事故应急救援演练和危化品道路运输事故应急演练，进一步锻炼了队伍，积累了经验。特别是2008年9月4日，我市配合国家交通运输部、省政府开展了2009年多部委联合海上搜救桌面演习暨东海联合搜救演习，取得了圆满成功，极大地提升了我市海上事故应急救援能力。

（五）安全生产基层基础工作不断创新

各地、各部门围绕机构队伍建设、企业安全标准化规范化建设、隐患排查治理长效机制、乡镇安全监管模式等强化基层基础工作，做了许多积极有益的探索，基层基础工作进一步加强。特别是余姚市、鄞州区、镇海区等乡镇（街道）大安全监管模式，为基层安全监管工作探索出了一条新路，受到了国务院和省政府安全生产督查组领导的充分肯定。

（六）安全生产宣传教育培训工作成效明显

2009年，宁波市先后开展了建设“平安宁波”五周年安全咨询、安全生产科技活动周、千场安全电影送下乡、《宁波晚报》每月开辟“安全365”宣传专版、“安全伴我行”演讲比赛等宣传教育活动，由于内容丰富，形式多样、覆盖面广，引起了社会民众的积极反响。2009年6月下旬，全国安全生产万里行活动在我市进行集中采访并举行活动结束仪式，我市认真积极组织，取得了圆满成功。安全培训工作以“规范、提质、扩面”为突破口，加快推进培训考核工作网络化、规范化。

二、存在的问题

虽然我市安全生产工作取得了初步成效，总体保持了持续稳定好转的态势，但我们始终清醒地认识到，我市安全生产工作中一些深层次的矛盾和问题仍较突出。

（一）重点建设工程安全监管压力陡增

随着国家拉动内需政策的实施，2009年我市新开工重点建设项目达171项，2010年还将有一大批重点建设项目陆续开工，其中大多数项目建设工期较长，安全监管技术力量严重不足，有的项目因涉及多个部门，安全监管责任尚不明确。如城市轨道交通工程、铁路枢纽工程等，安全监管的未知因素较多，安全监管难度较大。

（二）重点领域安全生产形势依然比较严峻

长期以来，宁波市各地、各部门对安全生产工作高度重视，采取了很多积极、有效的措施，取得了明显成效。但部分领域影响安全生产的新因素不断出现，形成安全生产事故发生的新的“增长点”。如工程运输车、集装箱运输车、超标电动自行车越来越成为影响全市道路交通安全的不稳定因素，量大面广的简易出租房和老旧民房火灾隐患多、治理难度大，危化品运输车辆驾驶、押运人员监守自盗行为造成重大安全隐患。

（三）安全生产长效机制建设任重道远

由于体制机制原因和目前安全生产绩效评价、激励处罚机制的缺陷，少数地区和部门领导对安全生产工作重视不够，缺乏长远谋划；安全生产奖励机制未建立，缺少调动积极性的手段；部分乡镇（街道）安监机构设置不到位、人员不稳定；安全隐患排查出的一大批危旧民房处置难度非常大，牵头处置的责任主体不明确、处置资金难落实。

第十一部分

主要产煤省(自治区、直辖市)煤矿安全监察工作

河北省煤矿安全生产工作综述

一、煤矿安全生产基本情况

2009年，在国家安全监管总局、国家煤矿安监局和河北省省委省政府的正确领导下，坚持以科学发展观为统领，紧紧围绕“安全生产年”和“安全生产攻坚年”的工作部署，深入开展“三项行动”，全面加强“三项建设”，认真履职，严格执法，为促进全省煤矿安全生产形势的稳定好转作出了不懈的努力。全省煤矿安全生产状况实现了稳定好转，杜绝了10人以上重大事故，事故伤亡人数创出了全省煤矿安全生产历史最好水平，全年共发生煤矿事故34起、死亡47人，同比增加11起、减少37人，死亡人数下降了44%，事故死亡人数控制在了国家下达的考核指标（84人）内。百万吨死亡率为0.56，低于全国平均水平。

二、认真落实执法计划，扎实开展三项监察

全系统按照年初工作会议的安排部署和监察执法计划，认真开展了监察执法工作。一是严格落实了执法计划。全年计划监察694矿次，实际监察837矿次，计划完成率为120.6%。按照执法计划，对列为重点监控对象的张家口市、唐山市和峰峰集团进行了重点监察，督促煤矿企业严格落实相关规定和要求。组织开展了煤矿“一通三防”、防治水、建设项目“三同时”等多次专项监察。在重大节日和重要会议期间，组织开展了定期监察，确保了特殊时期和敏感时段的煤矿安全生产。二是创新了监察执法方式。2009年的监察执法活动形式多样，效果明显。在积极推行集中监察、解剖监察、示范监察、异地监察的基础上，邯郸分局开展了闭合式监察，张家口分局实行了“一线工作法”，冀中分局推行了程序化监察，冀东分局坚持严细监察法，都收到了较好的成效。三是加强了执法考核。制定和修改完善了行政执法考核办法、行政执法监督办法、执法文书制作规范、优秀案卷检查评比办法和定期通报重大行政处罚案件等制度。通过定期进行执法分析、案件公开讲评、执法文书评比、量化考核等，加大了行政执法考核和监督力度，不断规范监察执法行为。2009年全系统使用各种执法文书4810份，查处安全隐患2398条，行政罚款1811.42万元（实际到账1564.52万元）。

三、依法行政，强化服务，严格落实安全许可制度

河北省煤监局进一步完善了行政许可各项配套制度，7项行政许可业务纳入了行政许可办理中心动态公开运行，实现了一个窗口对外，做到了统一、规范、廉洁、高效运行。

一是严把煤矿建设项目审查和验收关。对全省所有已经开工建设的新建、改扩建和资源整合煤矿进行了2次专项监察，重点监察是否存在违法违规建设施工和未经验收擅自进行生产等行为。特别是对资源整合矿井定期加强巡查和调度，对整合方案未经省政府批准、安全专篇未经审查同意的矿井全部下达了不准下井作业的监察指令，严防小煤矿在资源整合过程中发生事故。2009年坚持实行了专家审查和验收办法，全年共审查批复安全专篇13

份、验收安全设施3处。

二是严把安全许可准入关。按照《安全生产许可证条例》和有关政策规定，建立完善了煤矿安全生产许可证的调度统计、月度报告和公告制度。全年受理新办安全生产许可证4个，延期23个，证件变更52个。

三是严把“三项岗位人员”培训发证关。为努力提高煤矿企业“三项岗位人员”安全技术素质，重点对培训机考工作认真考核，严格把关，确保教学效果和培训质量。全年共培训煤矿主要负责人和安全管理人员2141人，特种作业人员16709人。

四、落实政策措施，全力推进瓦斯治理和整顿关闭攻坚战

按照国家安全监管总局和省政府的工作部署，全系统认真履行职责，依法督促煤矿企业深化瓦斯治理，积极配合地方政府打好整顿关闭攻坚战。在瓦斯治理上，督促煤炭企业贯彻落实“先抽后采，监测监控，以风定产”的瓦斯治理方针，积极构建“通风可靠，抽采达标，监控有效，管理到位”的工作体系。

一是加大了瓦斯治理工作的监察力度。3、4月份集中专业人员对全省6个突出矿井和1个高瓦斯矿井进行了为期40多天的监察，重点对通风系统、瓦斯防治、机电管理等进行了解剖式监察，查处安全隐患154条，下达现场处理决定书71份，罚款30万元。11月份，河北省煤矿安监局召开了全省国有煤矿瓦斯治理暨防治水座谈会，重点交流推广了瓦斯治理的先进技术和经验做法，贯彻落实《防治煤与瓦斯突出规定》，促进煤矿提高瓦斯综合治理水平。

二是加大瓦斯治理和抽采工作力度，督促煤与瓦斯突出和高瓦斯煤矿严格执行瓦斯抽采利用的政策规定，做到先抽后采。开滦集团与湖南科技大学合作，开发了采掘工作面瓦斯涌出性能化预报软件，实现了局部通风本质安全的“4321”技术。冀中能源峰峰集团、邯郸矿业集团与澳大利亚瓦斯治理公司加强合作，在完成国家下达的抽采计划的同时,加大了抽采量和利用量。2009年全省抽采瓦斯10456.41万立方米、利用4672.1万立方米(2009年国家下达指标为抽采瓦斯9300万立方米、利用4500万立方米),超额完成了国家下达的指标任务。

三是进一步提高了煤矿安全监测监控水平。在完成系统升级改造的同时，煤矿安全监测监控功能进一步扩展和延伸，基本实现了系统可靠、监控有效。

在整顿关闭上，按照国家《“十一五”后三年关闭计划》和省政府《关于进一步加强煤矿安全生产工作的意见》等要求，对法律法规和政策规定予以关闭的矿井，逐矿进行调查摸底，都及时按照职责要求提请地方政府予以关闭，督促其关实、关死。为进一步深化煤矿整顿关闭工作，河北省煤矿安监局密切配合地方政府，积极推进煤矿资源整合重组和兼并托管工作。按照省政府的要求，结合煤监机构的职责，对各地煤矿资源整合方案进行审查，及时对8个产煤市的煤矿资源整合方案提出了意见；严格执行煤矿建设项目“三同时”制度，起草下发了《关于做好煤炭资源整合项目安全设施设计审查与竣工验收工作的通知》；对资源整合期间偷着生产的煤矿坚决打击，对不符合整合条件、达不到安全生产条件的矿井，及时提请政府关闭。按照省政府的统一安排和部署，河北省煤矿安监局牵头对张家口市煤矿整合重组工作情况进行了督导，认真听取工作进展情况汇报，深入煤矿检查停产情况，提出了推动煤矿整合重组工作的指导意见。

五、积极开展“三项行动”，深化安全监察执法工作

按照全国安全生产工作会议的安排部署，结合工作实际，河北省煤矿安监局和分局都对“三项行动”进行了全面部署，制定了“三项行动”方案。

一是深入开展了煤矿安全生产宣传教育活动。深入煤矿企业开展安全月执法活动，积极参加了全省安全生产咨询日活动，张贴宣传挂图，制作宣传标语，大力营造了以“关爱生命、安全发展”为主题的活动氛围。河北省煤矿安监局组织的“安全月”宣教活动有声有色、效果明显，受到了国家安全监管总局的肯定和表彰。

二是认真组织煤矿安全生产执法行动。机关各执法处室和各分局对辖区煤矿持证及建设情况进行认真清理，做到心中有数，对查出的问题逐一登记建档。组织各分局开展交叉执法，重点对煤矿持证情况和建设项目“三同时”情况进行监察执法，严厉打击非法、违法生产和建设行为，对职责之外的非法、违法生产行为及时移交和通报有关部门处理。8—10月份，河北省煤矿安监局和各监察分局积极参与了省政府组织的“奋战60天，国庆保平安”安全执法检查特别行动，共深入4个市22处煤矿监察执法，查处安全隐患237条，实施行政处罚39.5万元。

三是扎实开展了安全生产治理行动。按照河北省煤矿安监局和分局制定的实施方案，对辖区煤矿安全状况进行详细摸底排查，对照2008年“隐患治理年”发现的问题，完善隐患治理档案，开展集中执法检查。5、6月份，河北省煤矿安监局组织开展了以“一通三防”和防治水为重点的集中监察执法活动，重点解决了国有重点煤矿存在的一些突出问题和重大隐患；针对汛期水害事故易发多发的情况，组织开展了防治水专项监察，确保各项防治水措施的落实。

六、严肃查处煤矿事故，严格事故责任追究

按照张德江副总理提出的“实事求是，依法依规，注重实效”的要求和《生产安全事故报告和调查处理条例》、《煤矿生产安全事故报告和调查处理规定》，认真开展事故调查处理工作。

一是逐步规范了事故调查工作程序，修订了举报案件核查办法、事故档案管理办法，使事故查处制度更加完善，提高了事故调查质量和结案率。

二是坚持“四不放过”原则，严肃查处煤矿事故，并制定了《事故信息报告工作规则》，重点加强了对举报事故的调查、核查，严厉打击瞒报、迟报事故现象。针对国有重点煤矿瞒报事故有所抬头的现象，8月25日，在张家口召开专题会议，组织部分重点煤矿主要负责人认真学习贯彻国家有关法律法规，阐明煤矿事故报告的重要性、隐瞒事故的严重后果以及危害性，及时敲响警钟，督促煤矿企业依法如实报告事故，有效遏制了瞒报事故苗头。

三是在事故查处中全面落实事故现场分析会、事故通报和事故后约谈三项制度，强化事故防范意识，坚持用事故教训推动煤矿安全生产工作。2009年生产安全事故报告期应结案32起，实际结案31起，按期结案率96.9%。在已结案的事故中，共有265名事故责任者受到处理，其中建议给予行政处分的196人（开除处分的22人、留用察看8人、撤职30人、降职1人、降级20人、记大过34人、记过49人、警告32人），给予党纪处分的22人，给予其他处理的2人，对事故单位罚款1245万元。

七、完善机制，细化措施，努力推进“三项建设”

（一）扎实推进煤矿安全生产法制，体制和机制建设

河北省煤矿安监局认真贯彻落实党和国家及上级关于煤矿安全生产的方针政策和法律法规，依法督促地方政府和煤矿企业落实主体责任，建立健全安全生产目标责任体系，加快煤矿安全生产法制化建设步伐。围绕完善煤矿安全监察体制，重点健全监管监察工作协调机制，加强工作沟通和交流，完善工作通报、信息交流和联席会议制度，广泛深入地开展了联合执法活动，定期向地方政府通报（报告）监察执法情况。2009年全系统共向地方政府送达工作通报（报告）和建议65份，组织联合执法活动40余次。为认真履行对地方政府煤矿安全监管工作监督检查职责，河北省煤矿安监局制定了《关于对地方政府煤矿安全监管工作监督检查的实施意见》，已经省政府办公厅办字［2010］8号文转发执行，从而使监督检查更具有权威性和操作性。此外，进一步健全理顺了监察执法、行政许可和责任考核等工作制度，完善了相关工作机制。

（二）加强煤矿安全生产保障能力建设，强化煤矿安全生产基础

一是通过监察执法促进煤矿企业积极开展安全质量标准化活动，推进煤矿企业安全文化建设。各煤矿企业对照2个《指导意见》深入开展了安全质量标准化活动，在创建本质安全型矿井上收到了成效。开滦集团建立起安全质量标准化与安全文化建设、规范操作、改善环境相结合的“四位一体”动态考核验收常态机制，促进了安全质量标准化总体水平的提升，他们的做法在全国煤炭系统进行了推广。国有煤矿企业安全文化建设成效也十分显著，开滦集团大力加强安全环境建设，在全企业导入了安全视觉识别系统，在生产矿井实施了井上下环境改造工程；峰峰集团全面推行了安全宣誓、手指口述、亲情关爱等安全教育活动，大大提高了职工的自主保安意识；邯郸矿业集团云驾岭煤矿经过不断探索和实践，建立了安全诚信管理制度和安全诚信评价标准及考核机制，形成了一套安全诚信管

理体系，荣获了河北省2009年度企业管理现代化创新成果一等奖，被中宣部等六部委确定为2009年全国安全生产月主题片的宣传典型。

二是进一步健全和完善了全省矿用安全产品检测检验体系，推行了检测检验设备挂牌制度，并把煤矿在用设备检测情况纳入监察执法范围，对违法违规行为及时查处，全面推动检测检验工作。全年共检测检验机电设备3019台（套），仪器仪表31176台（件），粉尘检测4.5万批次，自救器、钢丝绳等1.8万台（件）。

三是加强了应急救援体系建设，组织编制了煤矿事故应急救援预案，增强了应对重特大事故的能力。召开了全省煤矿应急救援工作座谈会，10月底在峰峰集团举办了全省煤矿救护救援队伍技术竞赛，推荐选拔了参加2010年全国竞赛的队伍。全年共出动各类矿山安全事故救援150队次、3156人次，搜救遇难、遇险人员165名。

四是加快推进科技兴安工作步伐。组织召开了全省煤矿安全科技推广会，加快科技成果转化，2009年共有11项实用技术得到推广和应用。冀中能源集团坚持走“科技强企、科技兴安”之路，全年累计提取使用安技措费用近9亿元用于矿井系统改造升级、推广先进装备和工艺。同时，坚持与科研院校加强合作攻克生产安全难题，宣东煤矿采用深孔爆破技术治理瓦斯，缓解了采掘接替紧张问题；康城煤矿成功地进行了下组煤底板承压水防治注浆堵水实验，为安全开采下组煤创造了条件。

（三）扎实开展学习实践科学发展观和干部作风建设年活动，切实加强煤矿安全监察队伍建设

一是扎实开展深入学习实践科学发展观和干部作风建设年活动。按照省委统一部署，对学习实践科学发展观活动进行了“回头看”，突出抓好整改方案落实，进一步明确责任，逐条落实整改措施。同时，对“干部作风建设年”活动进行了部署，制定了活动方案，通过深入开展作风问题查摆、落实领导联系基层和公开承诺制度、为企业解难题和为群众送服务、加强行政许可中心建设、强化机关效能建设等活动，广大干部队伍的纪律意识普遍增强，思想作风和工作作风明显提高。

二是加强党建和思想政治工作。坚持加强党建工作，健全了各级党组织，开展了党建业务培训。加强政治理论学习，不断提高全体党员的政治思想素质；认真分析队伍思想状况，有针对性地开展了思想政治工作。

三是大力推进党风廉政建设。按照国家安全监管总局党组的要求，继续深化“责任区”制度，河北省煤矿安监局党组与各分局、机关各处室和直属事业单位签定了党风廉政建设责任状。按照中央《建立健全惩治和预防腐败体系2008—2012年工作规划》和国家安全监管总局《实施意见》，制订了《实施办法》，对惩防体系建设作出了总体部署。针对系统内发生的违纪案件，安排了理想信念教育、权力观教育和岗位廉政教育，集中开展了“学准则、讲党性、反腐蚀、查隐患”主题教育。省纪委等部门下发《关于狠刹不良风气的规定》后，组织开展了集中学习讨论和自查自纠。落实廉政纪律要求，重点加大了对监察执法、行政许可、设备采购、工程招标和干部交流任用等重大事项的廉政监督力度，促进了行政权力公开透明运行。积极推进廉政隐患排查和廉政风险防范评估工作，并将廉政隐患排查和风险评估纳入了责任制考核范围。为迎接国家安全监管总局巡视和惩防体系建设检查工作，全局上下高度重视，全面认真查找工作差距和薄弱环节，逐项整改提高，促进了工作的规范化、制度化，国家安全监管总局巡视组对河北省煤矿安监局整体工作给予了较高评价。

四是加强队伍建设。为提高新形势下煤矿安全监察队伍的执行力和公信力，研究制订了《关于进一步加强队伍作风建设的实施意见》和《关于进一步加强监察队伍建设的实施方案》，通过开展思想教育、执法培训、岗位练兵、业务竞赛等活动，不断强化监察人员的忧患意识、实干意识、执行意识和自律意识，培养勤勉敬业、求真务实、雷厉风行、廉洁奉献的好作风。为推进干部队伍建设，共交流调整处级干部22名，优化了领导班子结构，激发了干部职工的工作热情和积极性。

山西省煤矿安全生产工作综述

2009年，在国家安全监管总局、国家煤矿安监局、山西省省委省政府的正确领导下，山西省煤矿安全监察机构坚持以科学发展观为指导，认真贯彻党中央、国务院关于安全生产工作的一系列重要指示和重大决策部署，坚决落实国家安全监管总局、国家煤矿安监局和省委、省政府关于煤矿安全生产的各项工作要求，以严格执法、热情服务为宗旨，突出重点、明确目标，强化责任、狠抓落实，扎实开展煤矿安全生产“三项行动”，全面加强煤矿安全生产“三项建设”，全力推进煤矿企业兼并重组整合，有效防范和坚决遏制重特大事故，促进了全省煤矿安全生产状况明显好转，实现了“三个减少，一个持续降低”。

2009年1—12月全省各类煤矿累计发生安全生产伤亡事故72起，死亡206人，占国务院安委会下达山西省全年煤矿总死亡人数控制指标的66.88%，比控制指标少102人；同比事故起数减少48起，下降40.00%，死亡人数减少97人，下降32.01%。发生一次死亡3~9人的较大事故7起，死亡24人，同比事故起数减少8起，下降53.33%，死亡人数减少48人，下降66.67%。发生一次死亡10~29人的重大事故3起，死亡37人，同比事故起数减少2起，下降40.00%，死亡人数减少45人，下降54.88%。全年煤炭生产百万吨死亡率持续降低为0.328。

2009年，山西省煤矿安监局主要做了以下几个方面的工作。

一是严格落实监察执法责任制，坚决按照法定权限和程序行使权力、履行职责。

二是认真开展煤矿安全“三项监察”，推动煤矿及时解决突出问题。全年共现场检查4321矿次，完成全年监察执法计划现场检查矿次的121%；制作下达执法文书12223份；责令停产整顿矿井60个，吊销安全生产许可证71个，上缴财政行政罚款8217万元。

三是深入开展煤矿安全生产“三项行动”，不断加大对煤矿隐患排查整改的监督检查力度。全年查处隐患15208条，促进整改率98%以上。

四是全面加强煤矿安全生产“三项建设”，制定了省政府安全生产十项制度的实施细则（意见），不断完善煤矿安全监察体制机制，提高监察执法能力，推动煤矿提高本质安全化程度。

五是严格快捷办理行政许可，积极推进煤矿企业兼并重组整合。

六是持续加大煤矿瓦斯治理监察力度，有效遏制重特大事故。

七是组织了对五个市为期一年煤矿安全生产专项整治的三级联动督查。

八是严肃查处煤矿伤亡事故，充分利用事故教训推动煤矿安全生产工作。全年共组织、参与查处煤矿事故78起（含重大涉险事故和瞒报事故6起），已结案64起，处理责任人751人，其中刑事处罚33人、行政处分422人、党纪处分69人（其中包括并处42人）、行政处罚354人。

辽宁省煤矿安全生产工作综述

2009年，辽宁省煤矿安监局认真贯彻落实国家安全监管总局和省委、省政府关于做好煤矿安全生产工作的一系列指示精神，坚持以科学发展观和安全发展原则指导监察工作，紧紧围绕“安全生产年”各项任务，扎实开展“三项行动”，着力加强“三项建设”，煤矿安全监察各项工作取得了新的进展。

一是煤矿生产安全事故大幅下降，连续4年创出辽宁省煤矿安全历史最好水平。全省煤矿共发生事故28起、死亡49人，比国家下达的控制指标减少76人，同比减少14起、少死亡76人，分别下降33.3%和60.8%，百万吨死亡率由2008年的1.86下降为0.88。

二是国有重点煤矿安全生产连续2年创出历史最好水平。发生死亡事故8起，死亡8人，同比减少3起，少死亡8人，百万吨死亡率为0.18，同比下降0.09，未发生较大以上事故。

三是监察执法力度进一步加大。全局实际监察煤矿2608矿次，共查出各类煤矿安全隐患8877条，依法下达各类执法文书3529份，暂扣安全生产许可证40矿次。

一、深入开展专项治理行动，完善隐患排查长效机制

按照“三项行动”的部署，全省煤矿围绕“治大隐患、防大事故”，深入开展了隐患排查治理工作。加强了对瓦斯、水害、火灾、冲击地压等方面的重点监察和专项监察，并对查出的隐患进行分级管理和监控。规范了煤矿企业隐患排查治理报告制度。对排查出来整改未到期的重大隐患，按照隐患排查时间进度表，逐个煤矿进行督办落实，确保煤矿隐患排查工作任务按期完成。

各分局将隐患排查治理与计划监察有机结合，在监察计划中突出隐患排查治理。辽西分局在辖区煤矿隐患排查治理方案中，将隐患排查治理的工作程序、企业和监管机构的职责、重大隐患的具体内容及治理措施等内容予以明确，并及时召开监察监管联席会议，通报隐患治理进度，督促煤矿企业和监管部门做好隐患排查治理工作。

通过实施专项监察，督促企业与监管部门加强和规范了隐患排查治理的基础工作，建立健全了隐患排查治理分级管理和重大危险源分级监控制度，实现了隐患登记、整改、销号全过程的管理。

二、深化瓦斯治理工作，推进瓦斯治理措施的有效落实

组织开展了瓦斯治理专项监察，推动瓦斯综合治理体系和“双百工程”开展。在监察中，突出了重点地区和重点矿井，对检查发现的问题，帮助分析原因，及时向企业通报，限期落实整改。加强了对通风系统的监察。重点监察国有重点煤矿新设计采区是否按照要求设置3条独立的巷道。加强了瓦斯抽采基础性工作，在对日常瓦斯管理工作进行监察的同时，加强了对煤矿瓦斯抽采工作的指导。2009年，全省煤矿瓦斯抽采量3.54亿立方米，同比增加7777.2万立方米，抽采率为59%；利用量为1.87亿立方米，利用率为52%。其中，阜新矿业集团抽采量同比增加6075万立方米，增幅达60%。

及时开展了“煤矿防突规定”宣传贯彻活动。国有重点煤矿对照规定认真找差距、自查隐患，落实整改措施；监管部门按照规定，加强防突监管。省局和分局在监察中，把“19号令”的贯彻执行情况，作为一项重要内容，督促煤矿企业和监管部门抓好落实。

2009年，全省国有重点煤矿杜绝了较大瓦斯事故，为确保全省煤矿完成安全控制目标、再创安全生产历史最好水平起到了至关重要的作用。

三、严格把住准入关口，推动煤矿办矿标准的不断提高

严把安全准入关。加强了对技改矿井的基础管理和指导工作。召开了由监管部门和技改矿井矿主参加的座谈会，宣传国家安全监管总局和省政府对小煤矿的政策，对煤矿监管部门如何加强技改矿井的监管和煤矿按期完成技改项目，提出了具体要求。

完善落实了建设项目工作制度。先后建立了审批例会、汇报、现场审查、联系沟通、内部联合审查、专项监察和统计报表制度，严格按相关标准进行安全设施设计审查验收工作。各分局制定了《辖区煤矿建设项目（井工）安全设施设计审查与竣工验收实施细则》，按照审查程序全部进入到现场，深入到井下，对井上下各系统全面审查，绝不放松标准、降低条件。开展了交叉检查，规范了建设项目审查验收程序。共检查15份设计审查与竣工验收文件，4个煤矿建设项目的现场监察档案及审查验收的全部档案材料，还对4家煤矿进行了现场解剖式监察。辽东分局在煤矿技改工作中提出了“十步工作法”，将技改矿井安全设施竣工验收从初审到形成批复文件的过程，细化分解为十步程序，严格按规定程序办事，保证了技改矿井安全设施竣工的验收质量。

强化了培训管理和监察。2009年，辽宁省煤矿安监局共培训煤矿企业主要负责人、安全生产管理人员4909人。在培训中坚持严把学员资格准入关，严格教考分离，确保培训质量。开展了全省煤矿安全培训专项监察，共监察煤矿67家、三级培训中心8家、四级培训中心34家，依法下达执法文书22份。

四、加强检查指导，推动两级联合执法机制的不断完善

2009年，辽宁省煤矿安监局将联合执法的重点放在事故查处、责任追究落实和专项督查上，与省监察厅等有关部门，对上年事故责任追究落实情况开展了专项监察，对责任没有落实到位的给予通报，并限时整改。同时，先后4次与省煤管局开展了敏感时段、特殊时期的联合执法。

加强了对地方监管工作检查指导。省局和分局分别组织开展了对全省产煤市、县监管机构及其工作的检查指导，及时向市、县政府通报检查情况，促进煤矿安全监管工作不断加强。辽东分局由班子主要成员带队深入到各县（区）检查指导工作。去年对各县（区）发出加强安全工作的意见、专项监察通报、检查指导通报等15份，提出整改建议51条。

五、加大事故查处力度，有力维护执法权威

严格按照“四不放过”的原则和省委、省政府的规定，依法对各类责任事故进行了严肃查处，加重了对瞒报行为的处罚。在已结案的28起事故中，共处理事故责任人218人，其中，建议追究刑事责任4人，党政纪处分63人，行政处罚159人、罚款206.1万元；累计对事故单位罚款720万元。

加大了对隐瞒事故的处罚力度。去年共接到群众举报案件36件，查实隐瞒事故3件、死亡4人。累计处理有关责任者25人，累计罚款305万元。其中，给予锦州黑山太和煤矿“1·12”窒息死亡事故处罚150万元、阜新矿业集团五龙煤矿“4·14”冲击地压死亡事故处罚100万元。

深刻剖析事故原因，用典型案例教育煤矿。结合第八个安全活动月召开了典型事故案例分析会，对2006年以来全省地方乡镇煤矿生产安全事故进行梳理和分析，查找事故原因、管理问题、监管不足及应吸取的教训，使参加会议的煤炭监管部门、人员和矿主受到了深刻的教育。

狠抓了应急救援工作。按照国家安全监管总局要求，组织开展应急队伍专题安全培训工作，去年组织培训211人。开展了救护比武和质量达标工作。组织开展了贯彻《突发事件应对法》的专项检查，推动了国有煤炭企业与监管部门应急管理机构、应急管理制度的建立和完善，丰富了应急预案，强化了应急演练，提高了应急处置能力。

六、积极探索和改进监察方式，推进监察执法质量的提高

辽宁省各安全监管分局在坚持改进监察方式、提高监察质量上，开展了积极有益的探索和实践。

辽东分局坚持监察执法计划公开、内容公开、处罚公开的“三公开”原则，努力做到执法公开、透明。将“十二必查、十二必看”和违法行为“六必罚”的规定在辖区广泛宣讲，让煤矿清楚检查内容、处罚依据和处罚标准。

辽南分局制定了《解剖式监察实施办法（试行）》，详细规定了解剖式监察的组织方式、工作程序、方案制定和操作方法，并配套制定了具体监察内容和标准，对辖区10处重点矿井进行解剖式监察，提高了监察执法质量。同时，在内部建立了隐患整改、事故防范监察执法工作闭合体系，形成从监察到监管、从发现到整改、从查处到责任落实的完整闭合。

辽西分局开展集中监察，定期整合分局力量对阜新矿业集团重点煤矿开展全面细致的集中式监察，既加大了监察执法力度，又提高了监察质量和效能。去年分局累计实施行政处罚34矿次、罚款491万元。

辽北分局对监察执法中发现的隐患和问题，全部责成县（区）级监管部门或国有重点煤矿企业的安监部门督促落实整改。按照分局制订的隐患整改反馈表，逐条逐项落实整改时间、整改措施、整改负责人，保证了监察执法到位和隐患整改的落实。

七、认真开展煤矿安全宣教行动，强化宣教工作，营造良好的安全舆论氛围

为推动“三项行动”的深入开展，省局党组把法制与政策宣传工作纳入重要日程，加大了宣传教育力度。召开了全省国有重点煤矿党委副书记、安监局局长和地方监管部门分管领导参加的全省煤矿安全生产宣教工作座谈会议，就做好煤矿安全生产宣教行动作了安排部署。开展了全局监察人员法律法规知识培训，提高了全体监察员的宣教能力。

各分局坚持执法和宣教工作两手抓，加强对安全生产宣传教育活动的组织和协调，坚持现场监察执法与宣传教育相结合，及时向煤矿宣传有关安全生产方针政策、法律法规和文件精神以及国家对"安全生产年"工作的要求。

省局与有关部门密切配合，围绕"治理隐患、防范事故"主题，认真组织了第八个煤矿安全月活动。特别是在"咨询日"当天，局领导分别带领相关部门与分局领导同志，深入煤矿企业和产煤市、县指导开展好煤矿安全生产宣传教育工作。

八、积极推进"三项建设"，加强监察队伍建设工作

按照国家安全监管总局和省委、省政府的部署，圆满地完成了学习实践科学发展观活动的各项任务，深入开展了创先争优活动，坚持和完善了全局工作目标责任制，和谐煤矿安监局建设又上新台阶。

加大了监察员交流力度，在对分局班子成员全部轮岗交流的基础上，2009年，对各分局监察室主任和部分监察员进行了轮岗交流，交流人数占全局监察员总数的40%。同时，围绕提高队伍整体素质，通过监察员法律法规等相关知识的专题培训和推荐到上级部门学习等办法，促进了监察员专业知识和法律法规知识的更新。

在廉政建设上，制定了《辽宁煤监局2009年反腐倡廉工作要点组织工作领导及工作责任》等项规定，开展了党性党风党纪主题教育活动和清理"小金库"专项治理工作，加强了对执法过程的动态监督，增强了各级领导干部和全体监察员廉洁自律的自觉性。

黑龙江省煤矿安全生产工作综述

2009年，黑龙江省煤炭工业战线以科学发展观为指导，认清形势，统一思想、振奋精神，明晰思路，努力完成国家安全监管总局提出的"继续开展安全生产年"的各项工作任务，有效应对国际金融危机，以优异成绩迎接新中国成立60周年。特别是煤矿安全监察机构，在国家安全监管总局、国家煤矿安监局和省委、省政府的正确领导下，按照国家安全监管总局提出的开展"安全生产年"活动的总体要求，迎接总体形势给煤矿安全生产带来的极大挑战，积极破解工作难题，紧紧围绕"三项行动"、抓好"三项建设"，认真履行职责，狠抓工作落实，为促进全省煤矿安全生产形势总体稳定，做了大量富有成效的工作。

一、结合实际，"三项监察"取得新成效

在认真执行2009年监察执法计划中，把"三项行动"与煤矿安全监察工作同步部署、同步实施、同步检查推进。在春节、"两会"、60年国庆等重要节假日和会议期间开展了重点监察和安全督导，确保了特殊时期的煤矿安全生产。开展了煤矿瓦斯治理、防灭火、防治水、矿井建设"三同时"、煤矿设备安全、从业人员持证上岗、煤矿职业危害等专项监察，督促煤矿企业落实安全防范措施，依法依规组织生产。有效开展了对地方政府煤矿安全监管工作的监督检查，推动健全煤矿安全监管机构、队伍，理顺工作关系，落实地方政府煤矿安全监管职责。会同辽宁省安全监管局对国有重点煤矿开展了安全生产执法检查活动，各监察分局（站）在节后复产高峰期、打击非法矿井、事故调查处理等方面，与地方政府相关部门开展了联合执法，共同推动全省煤矿安全生产形势持续稳定好转。2009年，两级煤监机构共监察矿井1598个矿次，监察计划完成率为145.6%。查处各类事故隐患7867条，制作各类执法文书4819份。

二、拓展思路，执法效果得到提升

一年来，坚持"查大系统、治大隐患、防大事故"的指导原则，延展了"严标准、依程序、重细节、求闭合"的监察工作方针，抓住国有重点煤矿和灾害严重地区这两个重点和防治瓦斯事故、治理水害、火灾这三个突出矛盾；注重防治煤尘、运输、机电、顶板事故这四个环节，积极推进监察工作系统化、监察程序规范化、监察内容标准化、监察方法多元化、监察手段数字化，定期进行执法分析和严格考核，深入探讨研究，进一步规范工作程序和执法行为，依法使用自由裁量权，使执法监察向严细、严密、严格的方向迈进。各监察分局（站）注重执法创新和方法探索。佳合分局注意摆正与地方政府、行管监管部门和煤矿企业的关系，将指导服务寓于严格执法之中，创造了较为和谐的执法环境。哈南分局强化煤矿重大隐患整改落实的监察力度。对辖区矿井查出的各类重大隐患，依法及时向地方政府及相关部门进行通报，按分管监察室登记建档，落实了专人督办责任，督促地方政府、相关部门和煤矿企业落实隐患治理和分级监管的工作责任，及时消除煤矿安全生产隐患。哈东分局抓住通风系统审查、瓦斯治理和安全投入三个关键环节，注重预防性监察，坚持每季对国有重点煤矿及15万吨/年以上规模的煤矿进行通风系统审查，查找安全管理是否到位，安全投入是否到位，系统是否完善可靠，把防大事故的思想意识传达给煤矿企业，按照“谁监察、谁落实”的原则，由主管监察室负责对重大隐患跟踪落实，努力杜绝隐患重复检查，重复出现的问题。鹤滨分局认真审视以往的监察工作，按照省局提出的“六个对照”和“六要六不要”的要求，召开国有重点煤矿主要安全管理人员工作会议，下达有针对性的监察意见，积极防范重特大事故的发生。西部监察站进行“示范式”监察，由监察站牵头，邀请地方政府相关部门、煤矿负责人、煤矿技术专家共同参与检查，召开座谈会进行交流，突出“示范”效应，达到“检查一个点、牵动一条线，警示一大片”的目的。

三、依法行政，安全行政许可制度得到完善

发挥“阳光大厅”作用，制订了许可证办理工作程序和工作纪律，规范了行政许可的全部环节，实行受理审批分开，及时研究审批，做到了严格审核、集体决策、依法颁证。体现了为企业服务的宗旨。强化动态管理，及时处理并进行通报和公告。全年共颁发、变更、延期、吊销、暂扣安全生产许可证777个/次。严格落实煤矿建设项目“三同时”制度，对上报、审批、施工、验收四环节实现闭合管理；组织了对国家有关部委下达的省内30个国有重点煤矿安全改造项目和小煤矿建设项目的“三同时”专项监察；对国有重点煤矿竣工验收中发现的安全隐患问题，且长期整改不到位的矿井进行了专项督导，责令限期达到要求；对65处煤矿分别进行了新建和改扩建项目、变更设计安全专篇审查和安全设施的竣工验收。加强了煤矿安全培训管理和专项监察，全年培训安全管理人员5638人、教师533人；对全省三、四级培训机构资质进行了复审，实施动态监管。新增审批四级培训机构5个，吊销三、四级培训机构6个，责令整改培训机构16个。目前，全省共有二、三、四级培训机构111家，基本形成了布局合理、功能完备、优势互补的安全培训网络。

四、多措并举，深化煤矿瓦斯治理

一是加大了对重大危险源的监控力度。盯住通风系统不健全、瓦斯抽采不达标、水文地质资料不清等重大隐患，实施分级管理、跟踪监察、动态监控。对百日督查和各分局（站）掌握的重大隐患问题的整改情况进行梳理，开展“回头看”监察，重点督办，直至问题整改。

二是督促政府和企业落实重大隐患分级挂牌督办制度和重大危险源分级监控制度，全面深入排查治理煤矿企业“一通三防”、技术装备、作业环境、防控手段等方面存在的隐患，与地方政府形成工作合力，向排查不留死角、整治不留后患的方向努力。

三是结合国务院安委会和省政府部署的安全生产大检查活动，开展专项检查和督查，坚持用系统审查带动瓦斯综合治理，提高瓦斯抽采率。特别是9月份开展了为期12天的以煤矿瓦斯治理为主要内容的专项监察活动，有效推动了治理行动的深入。推动落实年度国债资金运用，加快与煤矿瓦斯治理有关的重大安全技术改造；全省煤矿基本完成了监测监控系统升级改造，基本做到了系统可靠、监控有效。两级煤监机构加强了应急值守工作。各监察分局（站）在节假日期间均配备了充足的监察力量，开展了富有成效的监察执法，确保了重大节日期间全省煤矿安全生产形势的稳定。督促地方政府和煤矿企业严格落实国家安全监管总局新颁发的一系列“指导意见”和行业标准，推动开展创建本质安全型煤矿试点和瓦斯治理“示范矿井”、

"示范县区"建设工作，加强煤矿班组建设，实施"管理强矿"战略，构建煤矿安全生产长效机制，夯实了安全基础。

与此同时，为贯彻落实好全国煤矿瓦斯治理工作体系"双百工程"建设会议精神，黑龙江省政府采取八项措施推动瓦斯治理工作的深化。

（一）制定规划，建设长效机制

一是集中力量抓好龙煤集团等国有重点企业的规划工作，每个企业的每个煤矿都要制定规划；地市要制定以高瓦斯矿井为重点的到2010年的治理规划。黑龙江省煤管局将会同有关部门组织专家逐矿进行审查。

二是结合黑龙江省实际，研究制定瓦斯治理与利用的激励、奖惩机制，强化措施的落实，建立长效机制。

三是将瓦斯治理工作纳入省直部门和国资委考核产煤地市和国有重点企业的工作目标。

（二）加强领导，落实责任

一是落实企业的主体责任。要求龙煤集团等国有重点企业必须由一把手亲自抓，设立专职副职，配齐、配强瓦斯治理工作班子，明确任务，落实责任。地方小煤矿要建立以主要投资人为责任人的机构，完善规章制度，责任落实到人，由地方政府负责监督。

二是加强行业管理。以瓦斯鉴定为切入点，建立煤炭行业管理的瓦斯治理管理体系，由各级行管部门一把手负责，与有关部门一起共同推进瓦斯治理工作。

（三）筹措资金、补足欠账

一是帮助龙煤集团继续争取利用国债资金，确保已经列入国家2009年煤矿安全改造国债项目的瓦斯治理工程顺利实施。

二是省政府每年继续拿出1亿元资金，作为国家的配套资金和补贴煤矿瓦斯治理项目的资金。各级地方政府和企业也要安排配套资金，专项用于煤矿瓦斯治理与利用。

三是拓宽融资渠道，按照黑龙江省新出台的安全费用管理办法，提高安全费用提取比例，筹措资金，加快瓦斯治理和改造。

（四）运用先进适用技术，加快瓦斯治理

一是发挥省内大专院校作用，与中国矿业大学等国内外知名院校合作，组建瓦斯治理技术研究室，针对黑龙江省煤矿瓦斯赋存条件等特点，开展技术攻关。

二是根据不同煤矿的不同特点，聘请专家做一次会诊，逐矿提出根治瓦斯的解决方案。

三是选择一批瓦斯治理成熟技术和先进适用装备，加大推广应用力度，推进瓦斯治理由大型煤矿、高瓦斯矿井向中小煤矿和低瓦斯矿井延伸，扩大治理效果。选择瓦斯治理好的煤矿定期召开现场会，深入贯彻全国会议精神，推广好经验，促进抽采利用工作。

（五）加强日常监管监察

煤矿安全监管监察部门和行业管理部门要建立瓦斯治理检查制度，发挥瓦检员和驻矿专盯人员的作用，对瓦斯治理进行日常监管，建立管理监督机制。要严格检查煤矿企业专项制度和措施的落实情况，督促煤矿加强瓦检员队伍建设。对不按照规定进行瓦斯治理的，予以行政处罚；对不按规定上齐瓦斯抽放设备的地方煤矿，将予以关闭。

（六）加大瓦斯利用

认真组织贯彻落实国办《关于加快煤层气（煤矿瓦斯）抽采利用的若干意见》，研究制定黑龙江省的实施细则和优惠政策。鼓励企业或个人投资发展煤层气产业，扩大瓦斯利用领域。积极支持煤炭企业广泛开展国际合作与交流，引进国外大型企业参与黑龙江省煤矿瓦斯治理与利用项目建设。

（七）加大培训力度

煤矿培训工作是提高煤矿从业人员整体素质、提高煤矿安全程度、杜绝煤矿事故发生的关键环节。按照国家的有关要求，结合黑龙江省实际情况，进一步加大培训力度，建立煤矿从业人员培训制度，完善各级煤矿从业人员培训的教学、考试、颁证制度，提高煤矿从业人员技能，提高煤矿瓦斯治理等设备利用率，严格按操作规程施工，遏制煤矿瓦斯等事故发生。

（八）抓好示范工程建设

按照《国务院安委会办公室关于加强煤矿瓦斯治理工作体系示范工程建设的通知》要求，黑龙江省明确了工作目标，确立了瓦斯治理示范矿井和示范县（区）名单，按照"统筹规划、分步实施，典型示范、总体推进"的工作思路，以初步确定的20处示范矿井和5个示范县（区）为达标试点，逐步推进煤矿瓦斯治理工作体系示范工程建设，全面提升瓦斯综合治理水平。

2009年11月30日，省政府与中国石油大庆油田有限责任公司在哈尔滨签署协议，双方决定联手共同研究治理黑龙江省含煤盆地瓦斯，确保省辖各矿区煤炭安全生产长治久安。省长栗战书出席签字仪式。副省长王玉普与中国石油大庆油田公司总经理、大庆石油管理局局长王永春签署协议。

根据协议，大庆油田公司将充分利用技术优势，加快煤矿采掘区域瓦斯开采，超前进行含煤区域瓦斯研究利用，首先在鹤岗煤田区域开展瓦斯钻采施工，了解瓦斯发育情况及富集丰度，并进行抽采试验，最大限度降低矿区瓦斯含量。然后有计划地开展鸡西、勃利、虎林等其他含煤盆地瓦斯研究、勘探开发和综合利用，降低煤矿区域内瓦斯含量，为杜绝鹤岗、鸡西、七台河和双鸭山四大煤城煤矿瓦斯事故的发生奠定基础。同时，对省辖区内瓦斯、常规天然气进行综合勘探开发，构建新型产业方向，努力实现瓦斯的经济有效利用。

五、加强监督检查，推动主体责任落实

黑龙江煤矿安全监察局根据《国务院办公厅关于印发国家煤矿安全监察局主要职责内设机构和人员编制规定的通知》和《国家安全监管总局、国家煤矿安监局关于切实加强对地方政府煤矿安全监管工作监督检查的意见》，制定印发了实施意见。组织了2次对地方政府的监督检查，各监察分局均建立了与地方煤矿监管机构的联席会议制度、信息交流制度，对地方煤矿安全监管工作进行层级监督，督促尽快完善煤矿安全监管体系、制度和队伍，规范监管执法工作。全系统共向地方各级政府和煤炭企业集团发送加强安全管理建议和意见书162份，联合开展安全检查和安全督查活动30余次。督促政府和企业落实“两个主体责任”，推动煤矿整顿关闭工作，进一步淘汰落后生产能力；支持产煤市（地）执行国家产业政策，实现合理布局、安全开发；推动各级政府规范资源整合工作，将整合矿井纳入技改基建程序；加强对整合煤矿的监察，防止边施工边开采。配合地方政府，认真治理“三超”和“三违”；严厉打击非法开采和超层越界；各监察分局（站）配合地方政府依法取缔非法小煤矿20余处，确保煤矿依法依规生产。

六、坚持“四不放过”原则，严格事故责任追究

坚持“实事求是，依法依规，注重实效”和“四不放过”的原则，对煤矿责任事故进行严厉的责任追究，力争做到查处一起事故，解决一些问题，整改一批隐患，吸取事故教训，安全管理水平得到一次较大提高。2009年全省共发生55起事故，按结案期应结案51起，实际结案51起，结案率为100%。在已结案的事故中，共有272名事故责任者受到处理，其中追究刑事责任的19人，给予行政处分的253人，给予党纪处分的3人（含并处3人），其他处理3人。对事故单位罚款563.95万元，责令关闭矿井2处。对24件举报案件，及时进行梳理并积极开展核查工作，对国家安全监管总局转来的举报信息核查后及时进行反馈，没有出现积压、迟报的情况。加强了一般事故调查处理的检查指导，建立了事故批复台账，及时掌握各单位事故处理和结案情况；对备案的事故调查报告中存在的问题及时向分局反馈，提出整改意见，促进了事故调查处理整体水平的提高。

七、加强支撑体系建设，强化监察辅助力量

一是进一步完善了矿用安全产品检测检验体系，启动了矿山安全实验室建设工程，检测检验装备水平不断提高，检验手段日益规范化、科学化。

二是加强了应急救援体系建设，增强应对重特大事故的能力。组织了矿山救护队标准化达标活动，四个救护大队和五支救护独立中队全部达到国家二级以上标准；积极推进救护培训工作，组织32人参加国家救援中心培训；出台了《黑龙江省矿山救援队伍劳动保障工作暂行规定》，有效推动了矿山救护队的劳动保障的工作开展。

三是加强舆论引导。开展法律法规宣传教育，建设好门户网站，发挥阵地作用。认真开展了“安全生产月”和“安全咨询日”活动；与省总工会共同组织了“创建平安龙煤”活动。

四是推进科技兴安工作。组织召开煤矿安全科技装备工作座谈会，督促煤矿企业积极推广新技术、新装备、新工艺，加快改造、提升煤矿装备安全保障能力。强化对安全评价和检测检验等中介机构的监管，鼓励和支持中介机构发挥技术优势，拓展服务领域，发挥在煤矿安全生产中的力量补充作用。

八、加强队伍自身建设，增强履职责任能力

按照着力建设一支思想好、能力强、作风正的煤矿安全监察队伍的要求，抓好两级党组（党委）中心组专题学习培训，增强政治责任感和历史使命感。着重提高领导班子带队伍、抓落实、协调决策和拒腐防变的能力。加强党建工作，发挥党组织和党员的作用。全面落实党风廉政建设责任制，和党政一把手"一岗双责"，构建惩防体系。邀请省人民检察院反渎职侵权方面的专家，组织开展了预防煤矿事故涉及渎职犯罪专题巡回报告。着力打造"学习型"团队，各监察分局（站）开展灵活多样的法律法规和业务培训，不断提高监察员的综合素质，执法水平有了较大提升。组织了庆祝新中国成立60周年、煤矿安全监察体制建立10周年系列活动，参观了大庆"铁人"纪念馆，进行生动的弘扬"铁人"精神教育活动，唱响共产主义好、社会主义好、改革开放好、伟大祖国好、各族人民好的时代主旋律，鼓舞了斗志，振奋了精神，激发了工作热情。做好国家安全监管总局党组巡视组迎检工作，以大量认真、细致的基础工作，得到了巡视组的好评。对机关干部实行竞争上岗，对分局的班子进行了调整，把政治可靠、工作出色、作风过硬、群众信赖的同志选拔到各级领导岗位上来，为监察执法提供了组织保证。

九、认真总结事故教训，深刻查找事故原因

省委、省政府对煤矿安全生产历来十分重视，一直采取各项有力措施，使全省煤矿安全生产形势不断趋向好转。自2007年以来，到2009年10月份，全省煤矿安全状况保持了自1994年以来历史最好水平。

但是，由于一些地方和单位抓安全工作力度不大，存在这样或那样的问题，致使煤矿事故反弹。11月份更是发生了震惊全国的鹤岗分公司新兴煤矿特别重大瓦斯爆炸事故。2009年，全省共发生死亡事故55起，死亡210人。与去年同期相比，起数减少9次，下降14.1%；人数增加了43人，上升了25.7%。百万吨死亡率为1.9，上升了0.3。三人以上事故6起157人，与去年同期9起110人相比，起数减少3次，下降33.3%；人数增加了47人，上升了42.7%。

由此可见，黑龙江省煤矿在安全管理上，确实还存在诸多严重的问题。从煤矿安全监察机构执法监察中发现的问题看，全省各类煤矿在安全生产方面存在的问题主要有以下几个方面。

一是瓦斯专项治理措施未全部到位。有的国有重点煤矿，到目前为止，仍没有对采煤工作面瓦斯抽采率进行专门统计，不能针对采煤工作面瓦斯变化情况作动态分析；有的地面固定抽放系统抽放管路长、管径细，抽放阻力大；有的煤矿地面固定抽放泵站配电箱为非防爆设备。甚至有的煤矿未按规定建立地面瓦斯抽放系统。

二是"一通三防"方面工作仍存在薄弱环节。有的煤矿防突安全防护措施不健全，或者措施不可靠。如：按照国家安全监管总局令第19号《关于防治煤与瓦斯突出规定》第十一条规定，一些煤矿尚未按规定进行突出煤层鉴定工作，也未对待鉴定煤层按突出煤层管理。还有，矿井反风问题未得到重视。《煤矿安全规程》规定，矿井应每年进行一次反风演习。但有的矿已连续三年没有进行反风演练，有的矿也只是做了主扇反风或短路反风。有的煤矿未按规定设专职通风、地测副总工程师。有的煤矿更换新主扇，不进行主扇性能测定；有的煤矿采煤工作面使用风障处理上隅角瓦斯；有的煤矿井口入风井未安设一氧化碳、烟雾、温度传感器，采煤工作面未安设一氧化碳、温度传感器；还有的煤矿生产采区无专用回风巷；有的煤矿局扇"一机供二头"。

三是煤矿机电、运输设备使用与管理存在薄弱环节。仍在使用国家明令禁止使用的淘汰设备或无安标设备的矿井还很多，属于国家第二批淘汰的设备，仍在继续使用。

四是个别矿井存在未按设计施工、边建设边生产现象。有的煤矿矿井建设项目改变设计用途，没有补报安全设计，未经验收，擅自投入使用；有的煤矿建设工程未经竣工验收合格，擅自投入使用；有的煤矿边建设边生产。

五是矿井安全监控系统不完善、不健全。有的煤矿安全监控系统没有按照AQ6201标准进行改造，矿井温度、烟雾和一氧化碳传感器缺少或设置数量不足，没有按AQ1029—2007标准及时绘制监控布置图和断电控制图。有的煤矿地面没有建立监控系统，瓦斯抽放泵站输出管路中流量、温度、压力传感器、防回火安全装置的压差传感器没有按照《煤矿安全监控系统及检测使用管理规范》要求与监控系统连接。

六是重大隐患整改治理进展缓慢，整改期限过长。如2008年，国务院督查组对七台河市检查时提出的落雁湖对七台河分公司新立煤矿和胜利煤矿一采九井构成水患威胁的问题，新强煤矿六采区上方地表有河流、龙阳焦电泄水池和4个养鱼池等问题，长期没有整改结果。

七是防治水害工作滞后，重视程序不够。许多煤矿不同程度地存在没有严格执行超前钻探措施，没有配专门的水文地质技术员，没有制定水害隐患排查治理制度、水害技术等管理制度、水害防治责任制、重大水害隐患及时撤人制度等问题。同时，一些矿区由于历史上私挖滥采比重严重，地面小井比较多，虽然现已关闭，但是关闭井的相关资料不详细，导致井工煤矿相邻矿井和老窑情况不清。井工煤矿开采时容易采到采空区积水的影响，水灾隐患较为突出。

上述问题充分说明，当前黑龙江省煤矿安全生产形势十分严峻，整治任务艰巨繁重。为此，省政府已多次召开专题会议，研究治理措施，落实整治责任，加大监管监察力度，强调必须深刻吸取事故教训，切实加强安全生产工作，坚决遏制重特大事故发生。

十、加大关闭矿井安全监管力度，防止死灰复燃

2009年末，黑龙江省人民政府安全生产委员会发布公告，将各有关产煤市（地）政府（行署）上报和当地主流媒体公告关闭的2009年全省122处关闭煤矿名单予以公告。全省共关闭122处小煤矿。

其中鸡西31处、鹤岗15处、双鸭山25处、七台河35处、牡丹江10处、黑河4处和哈尔滨2处。

同时，黑龙江省政府安委会印发《关于加强公告关闭矿井安全监管工作的通知》（以下简称《通知》），要求各产煤地（市）政府认真贯彻省政府安委会关于2009年关闭矿井公告精神，进一步加强领导，落实责任，严格监管，确保122处关闭矿井关实、关死、关到位。省政府安委会《通知》要求，各产煤市（地）、县（区）政府要加强领导，落实责任，明确监管职责，落实关闭矿井监管责任人，认真做好关闭矿井后续监管工作。对公告关闭的122处矿井要立即责成有关部门建立关闭矿井档案，保存地质资料、相关图纸和已被吊销的证照，做到“一矿一档”，为相邻矿井提供开采技术资料。定期组织有关部门开展联合执法检查，加大巡查力度，确保关闭到位，严防死灰复燃。凡发现关闭矿井擅自生产的，要严厉追究相关责任人的责任。《通知》强调，各产煤地（市）要加强监管，确保关闭矿井按标准关闭到位。要对公告关闭矿井逐矿检查验收，不参与资源整合关闭的矿井，要按照《国务院关于预防煤矿生产安全事故的特别规定》提出的标准关闭到位；被整合的矿井，要先实施关闭，吊销证照、拆除井下设备、停止供电、封堵井筒，按照资源整合设计要求，不予利用的井筒要封闭、填实。

江苏省煤矿安全生产工作综述

2009年，在国家安全监管总局、国家煤矿安监局和江苏省委、省政府的正确领导下，江苏省煤矿安监局以党的十七大精神为指导，认真贯彻落实科学发展观，不折不扣地执行党和国家的安全生产方针，紧紧围绕“安全生产年”目标任务，扎实开展安全生产“三项行动”，大力加强“三项建设”，有力地促进了江苏省煤矿安全生产形势持续稳定好转。

2009年，全省煤矿累计生产原煤2408.53万吨，发生死亡事故7起，死亡8人，原煤百万吨死亡率为0.332，继续保持了江苏煤矿安全生产形势的持续稳定。

2009年，江苏省煤矿安监局主要开展了以下几项工作。

一、贯彻全国安全生产工作会议精神，做好全年煤矿安全监察工作的开局起步工作

一是编制和报批2009年全局“三项监察”计划，批复徐州分局监察执法计划。

二是明确2009年工作思路、奋斗目标和主要措施。

三是指导、协调全省煤炭企业安排好2009年安全生产重点工作。

四是组织召开全省煤矿安全座谈会，贯彻落实全国安全生产工作会议精神，总结回顾2008年工作，部署落实2009年工作。

二、深入开展“三项行动”，全面加强“三项建设”，扎实抓好“七个落实”

与省安委会办公室联合制定下发了江苏省煤矿安全生产执法行动方案、治理行动方案和宣传教育行动方案，细化了30项具体工作计划。着力抓好两个主体建设，在落实企业主体责任方面，以指导推动安全诚信企业建设为抓手，在落实煤矿安全监察机构方面，以提高监察执法效果为核心带动各项工作，有力地提升了全省煤矿安全生产软环境建设。同时认真抓好“三项建设”，制定了江苏省煤矿安全生产法制体制机制建设、干部队伍建设和保障能力建设的实施方案，并认真加以落实，取得了较好的效果。

三、认真开展大中型和小型煤矿瓦斯专项整治，加快瓦斯治理示范工程建设

按照国家发展改革委、国家能源局、国家安全监管总局、国家煤矿安监局《关于组织开展小煤矿瓦斯专项整治的通知》和《关于组织开展大中型煤矿瓦斯专项整治的通知》要求，江苏省煤矿安监局与省经贸委联合制定了《江苏省小煤矿瓦斯专项整治方案》、《江苏省大中型煤矿瓦斯专项整治工作方案》，提出了江苏煤矿瓦斯专项整治的目标、主要内容、进度安排和工作措施，各煤矿企业制定了本单位煤矿瓦斯专项整治方案，全省重点煤矿瓦斯治理工作总体较好。按照国务院安委会办公室《关于加强煤矿瓦斯治理工作体系示范工程建设的通知》要求，及时召开会议，扎实推进瓦斯治理工作体系和“双百工程”建设，经初步验收，首批列入瓦斯治理示范矿井的7对矿井已经基本达到要求。

四、认真履行执法程序，严格执法，规范服务

一是开展春节前安全生产大检查。1月5—20日，分四个小组对全省煤矿进行春节前拉网式安全生产大检查。重点检查煤矿企业冬季瓦斯治理、防尘、防灭火、防寒防冻、节日期间正常组织生产矿井的安全技术措施落实情况和停产检修矿井的停产、复产措施编制以及安全生产值班、领导干部带班情况等。此次检查共出动监察员126人次，监察矿井28矿次，查出问题和隐患107条。

二是加大执法力度，促进煤矿安全生产持续稳定好转。一季度针对华润天能公司事故集中、安全形势比较被动的局面，及时召开了安全生产紧急会议，传达落实罗志军省长、史和平副省长和徐郭平局长关于新庄煤矿“3·13”顶板事故的重要批示精神，并就落实罗志军省长提出的“要注意防止事故多发苗头出现，坚持抓早、抓实、抓出实效，把安全生产工作放在重要位置”的要求，制定具体落实措施。此外，从3月16日至27日，集中力量对天能公司及其马庄、柳泉、新庄3对矿井开展了“解剖式”监察，共发现问题132条，提出监察意见及建议14条，并向华润控股下达了监察意见书，同时针对马庄矿机电管理和柳泉矿未按规定排放瓦斯等问题进行了立案调查。

三是针对事故易在中、夜班出现这一特点，对夹河、权台等矿井实行中夜班动态跟班监察，对沛城等重点矿井开展了“蹲点”监察；对发生重大安全隐患的单位，实行24小时的不间断监察，如宏安集团唐庄煤矿井下涌水量异常增加后，立即安排监察员24小时在唐庄煤矿现场轮流跟班，帮助、指导企业抢险救灾；针对江苏煤矿近8年安全事故主要为顶板和机电事故的特点，分别开展以顶板管理和机电运输管理为重点的专项监察。

四是针对季节变化，适时开展防治水和“雨季三防”专项监察。

五、从严查处安全违法行为，防止重特大事故发生

一是把“一通三防”、防治水工作作为煤矿安全监察工作的重中之重来抓，强化源头控制，严防“三超”，从严查处安全违法行为。始终坚持从治理矿井生产系统的重大隐患着手，落实“治大隐患、防大事故”的要求，确保生产系统稳定可靠。把高瓦斯矿井、事故多发矿井、安全管理基础薄弱矿井和资源枯竭矿井作为年度重点监察的矿井，加大监察频率，对重点矿井一天一调度，一周一分析，一月一监察。对重大违法行为，发现一起，重处一起，如对宏安集团马庄煤矿井下管理混乱的重大违法行为开出了50万元的罚单。

二是加强安全培训工作，提高从业人员安全技能。持续抓好以班组长培训和职业安全健康培训为重点的全员安全培训，全省煤矿企业共培训煤矿主要负责人198人次，安全管理人员1925人次，特种作业人员8430人次，班组长2653人次，普通工种人员29769人次。本着少而精、实用、管用的原则，组织、协调省安培中心、徐矿集团等完成了《煤矿班组长题库》和《职业安全健康》教材的编写工作。10月26日至30日，对全省煤矿进行了安全培训专项监察，重点检查企业落实培训法律规定、年度计划执行、档案管理、理论和技能考核以及安全资格证件管理情况等，还通过对班组长和职业安全健康培训情况进行现场抽考、现场检查当班人员持证情况等，做实、做细、做好培训执法工作。

六、扎实推进宣传教育行动，唱响“安全发展”主题，构筑群防群治的安全防线

一是与《徐州矿工报》联合办好每周一期的《江苏煤矿安全》专刊和每季度一期的《江苏煤矿安全监察》特刊，倡导安全文化。

二是充分利用分局网站有的放矢开展宣传教育。

三是完成了全省煤矿企业副总以上主要负责人的安全知识考试工作，全省共有382名煤矿主要负责人参加了考试，借助媒体及时进行了报道，扩大影响。

四是在徐州电视台主办了“华润天能杯”、“安全伴我行”演讲比赛，参加全国“安全伴我行”演讲比赛，获得了第四名的好成绩。

五是与省经信委于9月28日在大屯煤电公司联合举行会议，发布江苏省煤矿安全生产宣传教育成果，命名表彰为实现江苏煤矿安全发展作出突出贡献的先进个人和优秀安全教育工作者，号召全省煤矿战线干部职工携起手来，构筑群防群治的安全防线。

七、严肃查处伤亡事故，严格落实“四不放过”原则，严厉打击违法行为

对伤亡事故的查处做到程序不简化、处理不手软、处罚不降低，严格按照“四不放过”原则认真查处；对不重视安全投入、不履行安全责任、不执行安全规程酿成事故的单位和责任人员处以重罚，并加大了对煤矿企业安全生产第一责任人的责任追究力度。

八、依靠科学手段，注重量化监察，用数据说话

为每位监察员配备了钢卷尺、风表、瓦斯鉴定器、一氧化碳与氧气多用仪等多种监察仪表。专项监察全部实现表格化。江苏省煤矿安监局已将瓦斯治理的“十二字”方针和“十六字”工作体系细化成83项日常监察内容；将防治水规定细化成59项内容，实现制度化。

九、加强对关闭矿井的监察，确保矿井顺利闭坑

经省政府批准，全省有6对矿井因资源枯竭列入2009年关闭计划。江苏省煤矿安监局及时督促煤矿行业主管部门和煤矿企业制定关闭具体方案和安全技术措施，加强矿井安全技术措施、回收现场、井口封堵施工、恢复地貌、闭坑验收等全过程监察。目前，6对矿井已经全部停产，人员已经分流，井下设备回收已接近尾声，矿区社会稳定，未发生任何伤亡事故和影响较大的群体性事件。

十、认真吸取山西屯兰煤矿“2·22”、黑龙江新兴煤矿“11·21”特别重大瓦斯爆炸事故教训，推动全省煤矿安全生产工作

一是认真汲取事故教训，落实应急措施。能够迅速落实国家安全监管总局事故通报及相关要求，及时开展专项监察，排查徐州矿区安全生产事故隐患。山西省屯兰煤矿“2·22”特大瓦斯爆炸事故及黑龙江省新兴煤矿“11·21”特大瓦斯爆炸事故发生后，省局召开紧急会议，制定针对性措施，落实“六个凡是”应急措施：凡是应抽采的矿井没有进行抽采的，凡是建立抽放系统的矿井但抽采未达到指标要求的，凡是监测监控系统不完善但井下传感器数量和设置位置不符合要求的，凡是应采取“四位一体”综合防突措施但未采取的，凡是存在“三超”组织生产的，凡是存在严重水患而未采取有效措施的，一律停止生产。

二是省政府于9月15日在徐州召开全省煤矿安全暨瓦斯防治工作会议后，于宗立副局长迅速组织省煤矿安监局相关处室和徐州监察分局全体同志召开会议，研究部署了近期重点工作，深入领会史和平副省长和王向明局长的讲话精神，明确四季度总体思路和工作重点。

十一、坚持高标准、严要求，抓好队伍建设

坚持以人为本，提高自身素质，促进各项工作科学发展。

一是深化“四学”活动，提高人员素质。

二是抓好“三项教育”，增强党员意识，努力培养和造就一支政治坚定、作风过硬、业务精通、纪律严明、充满活力的煤矿安全监察队伍。

三是创建“五型”监察队伍，履行监察职责。

安徽省煤矿安全生产工作综述

2009年，在国家安全生产监督管理总局、国家煤矿安全监察局和安徽省委、省政府的坚强领导下，地方各级人民政府及有关部门、安徽煤矿安全监察局及各监察分局、全省煤矿企业等，坚持以邓小平理论、“三个代表”重要思想为指导，深入学习实践科学发展观，认真贯彻落实国家关于安全生产工作的方针政策、法律法规和决策部署，坚持安全发展的理念和“安全第一、预防为主、综合治理”方针，强化“安全生产年”各项措施，积极开展安全生产“三项行动”，推进“三项建设”，进一步促进了全省煤矿安全生产形势的持续稳定好转。全年全省煤矿发生死亡事故51起、死亡60人，死亡人数比国务院安委会下达的安全控制指标减少18人、减幅23%；煤炭产量为12544万吨，同比增长6.5%，百万吨死亡率为0.478；未发生10人以上重大事故。

一、煤炭工业基本情况

安徽省境内煤炭资源储量丰富，是我国产煤大省之一。全省含煤面积1.8万平方公里，占全省总面积的12.9%，共有淮北、淮南、宣泾、巢湖、安庆、贵池6个煤田。现已探明-1000米水平以上煤炭资源481亿吨；预测-2000米水平以上煤炭资源总量为896亿吨，约占华东的50%，其中淮北、淮南两大煤田煤炭资源量878亿吨，占全省煤炭资源总量的98%，沿江及江南各煤田煤炭资源量18亿吨，占全省总量的2%。煤炭伴生资源丰富，-2000米以上煤层气资源量达9000多亿立方米，并有高岭土、天然焦等矿产资源。全省现有各类煤矿185对，总生产能力为1.64亿吨每年。其中，国有重点煤炭企业——淮南矿业集团、淮北矿业集团、皖北煤电集团、国投新集公司所属矿井55对，生产能力为1.52亿吨每年；地方煤矿130对，分布在8个地市、33个县（区），生产能力为1239万吨每年。

煤矿开采条件复杂，瓦斯、水、火、煤尘、地温、地压等灾害俱全，瓦斯和水害威胁尤为突出。全省现有煤与瓦斯突出矿井41对、高瓦斯矿井30对，其煤炭产量占全省的90%以上；瓦斯涌出量大（全省国有重点煤矿已超过2300立方米/分，且每年以15%的速度递增），瓦斯压力大，透气性差，煤层结构松软，瓦斯治理难度大；煤尘具有爆炸危险性；煤层自然发火期短。水文地质条件复杂，受水害威胁矿井31对，其中国有重点煤矿10对，地方煤矿21对。同时，随着开采深度的增加，地温、地压等灾害愈发突出。安全生产压力大，矛盾复杂。

随着国家关于煤炭基地建设的稳步实施，煤炭企业纷纷对矿区煤炭资源进行合理规划，编制矿区总体开发计划，不断扩大煤炭生产规模，煤炭产量逐年增加。以近三年为例，2007年全省煤炭产量为9370万吨，其中国有重点煤炭企业产煤8719万吨、占全省煤炭产量的93.05%，地方煤矿产煤651万吨、占全省煤炭产量的6.95%；2008年全省煤炭产量为11774万吨，首次突破亿吨大关，比2007年增加25.66%，其中国有重点煤炭企业产煤11157万吨、占全省的94.76%，地方煤矿产煤617万吨、占全省的5.24%；2009年全省煤炭产量为12544万吨，比2008年增加6.54%，其中国有重点煤炭企业产煤12177万吨、占全省的97.07%，地方煤矿产煤369万吨、占全省的2.93%。国有重点煤矿煤炭产量呈逐年上升趋势，地方煤矿煤炭产量呈逐年下降趋势。

二、健全完善规章制度

结合安徽煤矿安全生产实际，推动省政府出台了《安徽省地方煤与瓦斯突出煤矿安全管理若干规定（试行）》；与安徽省经济和信息化委员会联合印发了《安徽省执行〈防治煤与瓦斯突出规定〉部分条款的执行说明》、《安徽省小煤矿瓦斯专项整治工作实施方案》和《安徽省地方煤与瓦斯突出矿井瓦斯综合治理能力审查标准》。组织制定了《安徽煤矿安全监察机构对地方政府煤矿安全监管工作监督检查实施办法》、《安徽煤矿安全监察局行政执法监督办法》、《安徽煤矿安全监察局行政执法评议考核办法》、《安徽煤矿安全监察局主要职责和机关处室工作职责》、《安徽煤矿安全监察局机关处室人员岗位责任制》、《煤矿安全监察执法及事故统计分析会议有关问题的处理意见》、《煤矿安全监察执法文书使用管理规范》、《安徽煤矿安全监察局新闻宣传工作管理办法》等一系列规范性文件，进一步规范了煤矿安全监察执法和煤矿安全生产工作。其中，《安徽省地方煤与瓦斯突出煤矿安全管理若干规定（试行）》、《安徽省地方煤与瓦斯突出矿井瓦斯综合治理能力审查标准》等6个规范性文件为国家煤矿安监局在全国安全监管监察系统转发。

三、落实年度执法计划

严格制定年度监察执法计划并认真组织实施，均圆满完成年度目标和任务。全年计划总监察工作日13405个，实际完成14345个，完成计划的107%。计划检查指导地方煤矿安全监管工作日250个，实际完成319个，完成计划的127.6%；计划其他监察工作日7666个，实际完成8483个，完成计划的110.7%；计划三项监察工作日5489个，实际完成5543个，完成计划的101%。全年计划三项监察执法1049矿次，实际完成1201矿次，完成计划的114.5%，其中重点监察计划695矿次，实际完成803矿次，完成计划的115.5%；定期监察计划148矿次，实际完成150矿次，完成计划的101.4%；专项监察计划206矿次，实际完成248矿次，完成计划的120.4%。配合省政府安委会将2009年煤矿安全生产控制考核指标分解落实到8个产煤市政府和四大矿业集团，并签订了安全目标责任书。对2008年度煤矿安全控制指标完成较好的淮南矿业集团、国投新集公司和15对煤矿，以及10对瓦斯治理先进煤矿建议以省政府的名义进行了表彰。2009年煤矿死亡控制指标12个考核单位中，有10个单位控制在指标内或持平，其中安庆市煤矿实现安全生产。

四、推进瓦斯综合治理

拟定瓦斯综合治理规划，与安徽省经济和信息化委员会联合制定了《关于推进煤矿瓦斯治理工作体系示范矿井建设实施意见》和《安徽省小煤矿瓦斯专项整治工作实施方案》，明确了“十一五”后两年瓦斯治理目标。开展了瓦斯综合治理重点监察、专项监察和联合执法，督促煤炭企业认真执行瓦斯综合治理各项规定，坚持瓦斯防治“十二字”方针，积极构建“十六字”工作体系，加大区域治理、保护层开采、瓦斯抽采力度，真正做到先抽后采、不抽不采。对于应开采保护层而未开采保护层、抽采系统能力不足、抽采时间效果达不到要求等现象坚决责令整改或停止生产。举办了《防治煤与瓦斯突出规定》学习、研讨交流和专家讲座。开展了瓦斯综合治理知识学习竞赛活动。举办了6期防治煤与瓦斯突出工作专题培训班。对地方煤与瓦斯突出矿井实施托管，截至目前，已完成1对托管工作，1对已退出突出区域，1对已关闭，其他矿井正在实施之中。2009年四大矿业集团保护层开采面积351.5万平方米，同比增加17.36%；抽采瓦斯58101万平方米，利用瓦斯11819万平方米，同比分别增加24.6%和54.5%；瓦斯超限50次，同比减少62%。

五、严格安全源头把关

进一步落实煤矿安全许可、煤矿建设项目“三同时”制度，完善了地方煤矿准入和退出机制。全年共审查、颁发、延期、变更煤矿企业（矿井）安全生产许可证78个。制定了《安徽省煤矿建设项目安全管理规定》，进一步规范煤矿项目建设行为。依法依规审查了15对矿井安全专篇，验收了14个煤矿建设项目。按照国家“十一五”后三年整顿关闭规划，确定了2009年、2010年关闭名单，进一步明确了资源枯竭、不具备安全生产条件、发生一次死亡3人以上事故等关闭范围。督促地方政府进一步加大关闭矿井力度，全年9对地方煤矿关闭到位。同时，通过多种途径，建议省政府提高了办矿准入门槛，确定了不再新批建设30万吨每年以下煤矿；明确要求各级地方政府和相关部门不得将高瓦斯和有煤与瓦斯突出危险倾向的煤矿建设项目核准给无瓦斯治理技术和实践经验的单位或个人；不得核准现有地方煤与瓦斯突出煤矿提高生产能力；不得将高瓦斯、有煤与瓦斯突出危险倾向的煤炭资源出让给无瓦斯治理技术和实践经验的单位或个人开采；不得批准现有地方高瓦斯、煤与瓦斯突出煤矿扩大采矿权范围。

六、推动地方政府落实安全监管责任

加大对市、县人民政府煤矿安全监管工作的监督检查。依法履行对地方煤矿安全监管工作的监督检查职责。省局完成了对全省8个产煤市政府煤矿安全监管工作的监督检查，抽查了铜陵县、宁国市、濉溪县等8个县（市）政府及煤矿安全监管部门、37对煤矿，向各市政府依法下达监察建议书8份；各监察分局按计划完成对县（市、区）政府煤矿安全监管工作的监督检查。通过监督检查，进一步树立了国家监察的权威，取得了较好的效果。

一是地方政府对煤矿安全监管工作的重视程度进一步提高。各产煤市对监督检查提出的问题和建议，及时召开市、县长办公会议认真研究，制定整改计划，并反馈整改情况。

二是推动地方政府健全了煤矿安全监管机构，明确了职能，充实了力量。

三是完善了工作机制和监管措施。淮北市进一步完善了封闭墙管理、定期测量、图纸交换、驻矿监管员等煤矿安全监管工作制度。

四是加大了监管工作力度。淮南市加大了对煤矿违法违规行为行政处罚力度，全年罚款55万元；淮北市完成了北辰煤矿的托管工作，制定了瓦斯治理和防治水实施细则；宣城市加大关闭力度，关闭了4对地方煤矿。

七、积极开展三项行动和三项建设

制定了安徽省煤矿安全生产“三项行动”、“三项建设”实施方案并组织实施。加强安全投入监察，督促企业切实落实安全费用提取标准和使用、管理规定，2009年四大矿业集团提取安全费用51.9亿元。继续加强安全培训工作，完成了2个培训机构的升级、3个培训机构的复审和四级培训机构的验收工作，培训考核“三项岗位”人员27347人次；继续抓好煤矿瓦斯培训工作，共举办15期、培训1121人；12月份，举办“白国周班组管理法”培训班2期，培训100人。继续做好以“五五”普法教育为核心的安全生产宣传教育工作；完成了“金安”工程二期建设，开通了省局门户网站；配合省政府开展了第八个“安全生产月”活动。积极推广和使用安全生产新技术、新工艺、新装备；继续组织一些项目参加国家安全生产科技进步奖评选，2009年有2个项目获二等奖、4个项目获三等奖。开展了省内协作网矿山救护质量标准化互查和全省煤矿应急预案演练，2009年全省救护队共处理各类灾害事故73起，抢救遇险遇难人员34人，其中7人被成功营救。制定了《安徽省煤矿安全评价机构管理监督办法》，规范中介机构的行为。

八、持续加大执法力度

提升监察层次，先后6次听取矿业集团、产煤市政府煤矿安全工作汇报。积极开展联合执法活动，安徽省煤矿安全监察局与省安全监管局、经信委、国土资源厅、国资委等部门，各监察分局与各产煤市相关部门相继组建158个联合执法组，检查109个市、县，179个煤矿企业，下达执法文书399份。继续实行集中监察、交叉监察、驻矿监察、解剖监察、预防监察等行之有效的形式，提高了执法的质量和效能。完善了矿长安全责任记分考核办法并加大考核力度，全年有15名矿长给予警告、8名矿长暂扣安全资格证，其中5人被责令到省煤矿安监局进行复训；加大行政处罚力度，对超能力生产、违规建设、使用外委施工队伍等重大违法行为进行了处罚，责令4对矿井停止建设，并向全省通报，对3对超能力矿井给予单位主要负责人处罚3万元。全年共监察1469矿次，下达各类执法文书5376份，查处事故隐患8124条，责令45对矿井停产整顿、251个采掘工作面停止作业，经济处罚2279万元。严肃查处煤矿事故，结案事故52起，追究503名事故责任人的责任，其中，处级干部66人，政府公务员10人，移送司法机关追究刑事责任4人，事故按期结案率为100%。

九、切实加强煤矿安全监察队伍建设

加强政治理论学习和思想作风建设，干部队伍综合素质进一步提高。完成了新招录公务员培训上岗工作，监察力量进一步增强。加强学习培训，先后选送55名监察员参加各类业务培训，邀请专家开展5次专题讲座，继续开展“一月一法”学习活动，努力提高监察员业务水平和执法能力。加强反腐倡廉建设，开展了“学准则、讲党性、反腐蚀、查隐患”专题教育、“加强党性修养、弘扬优良作风、促进科学发展”主题教育活动和党课教育辅导活动；对59名处级干部开展了廉政谈话谈心；组织开展了参观警示教育基地和党性党纪政纪、作风建设等相关知识测试活动；开展了“小金库”专项治理，加强了对财务和资金的监督。严格执行国家安全监管总局党组“九条纪律”、“双五条规定”和省局党组“十条禁令”，未发现违规违纪行为。加强党建工作，完成了各党总支、机关支部换届选举工作，邀请专家开展了2次专题报告，举办了党务干部培训班，提高了党务干部工作能力和水平；深入开展作风建设活动，引导党员干部“内强素质、外树形象，争做安全发展的忠诚卫士”。深入推进效能建设，“创文明单位、做人民公仆”创建活动取得了成效。

福建省煤矿安全生产工作综述

2009年，福建省煤矿安监局按照国家安全监管总局、国家煤矿安监局和省委、省政府工作部署，以科学发展观为指导，围绕“安全生产年”、“责任落实年”和“科技兴安年”工作主线，深入开展“三项行动”，切实加强“三项建设”，认真履行煤矿安全国家监察职责，不断加强队伍建设和党风廉政建设，强化煤矿安全基础管理，扎实做好煤矿安全生产许可证延期换证工作，推进矿井整合技改和安全质量标准化建设，督促煤矿安全生产“两个主体”责任落实，狠抓隐患排查治理，严厉打击非法、违法生产行为，逐步提升煤矿安全生产基本条件和灾害预防能力，严格事故查处，有效减少煤矿事故，杜绝重特大事故，全省煤矿安全生产形势保持持续稳定好转。1—12月15日，全省累计发生煤矿事故12起，同比减少5起、下降29.41%；死亡19人，同比减少1人、下降5%；死亡人数占2009年控制指标（31人）的61.29%。2009年主要工作情况如下。

一、提高实践能力，坚决贯彻落实上级重大决策部署

一年来，福建省煤矿安监局党组始终坚持正确的政治方向，以深入开展学习实践科学发展观活动为契机，以科学理论武装头脑、指导实践、推动工作。

（一）深入开展学习实践科学发展观活动

福建省安全监管局、福建省煤矿安监局作为第一批参加学习实践科学发展观活动的单位，从2008年9月展开，到2009年2月底基本结束。两局紧紧围绕省委“科学发展、四求先行”和国家安全监管总局党组“坚持安全发展、构建安全生产长效机制”实践主题，以“海西应先行，安全要保障”为实践载体，认真抓好“回头看”，扎实推进各阶段工作落实，取得了明显成效。两局学习实践活动得到了上级机关的充分肯定，陈炎生局长代表两局在全国安全生产监管监察系统视频会议上就深入开展学习实践科学发展观活动作了典型发言。

（二）坚决贯彻落实上级的决策部署

国家安全监管总局和省委、省政府各个阶段的工作指示、部署和要求，福建省煤矿安监局都在第一时间组织传达学习，并结合福建实际，及时研究提出贯彻落实措施。年初，深入组织学习全国安全生产工作会议精神及张德江副总理、骆琳局长等领导同志重要讲话，研究制订了《福建省煤矿安监局2009年度工作要点》，确定2009年度为福建省全面推进煤矿安全发展的“安全生产年”、“责任落实年”和“科技兴安年”，围绕开展煤矿安全生产“三项行动”和加强煤矿安全生产“三项建设”的工作要求，明确了抓好煤矿安全生产许可证延期换证、推动煤矿安全专业技术人才培养等十项重点工作；提出立足省情矿情，坚持监察与服务并重，坚决杜绝重特大事故，进一步减少死亡事故，促进全省煤矿安全生产形势持续稳定好转的奋斗目标。先后召开了全省煤矿安全监控系统建设现场会、全省煤矿安全生产工作会议等6个阶段性重要会议，召开19次局长办公会、8次业务研讨会，分阶段、分步骤、有重点地推动各项工作的顺利开展。

（三）积极谋划服务海西发展举措

国务院关于支持海峡西岸经济区建设若干意见和国家煤矿安监局关于支持海西煤矿安全发展指导意见出台后，福建省煤矿安监局及时研究提出，要紧紧围绕海峡西岸经济区安全发展，深刻学习领会国务院出台的《意见》，按照省委、省政府的要求，切实做到“提升思路求作为、精心谋划求作为、突破重点求作为、艰苦奋斗求作为”。始终坚持立足省情矿情，认真研究煤矿安全生产工作规律特点，坚持不懈地强化关键部位和薄弱环节的监察执法，全力引导和推动全省煤矿走上一条健康安全的发展道路，实现煤矿安全生产状况的明显好转。

二、强化监察执法，深入开展“三项行动”、加强“三项建设”

紧紧围绕煤矿安全生产“三项行动”、“三项建设”的要求，认真履行国家煤矿安全监察职责，努力构建煤矿安全生产长效机制。

（一）加强组织领导，抓好工作部署

国务院办公厅《关于进一步推进安全生产“三项行动”的通知》下发后，福建省煤矿安监局及时召开局长办公会研究贯彻意见，联合省经贸委、省安全监管局制订下发了全省煤矿安全生产“三项行动”、“三项建设”实施方案。结合福建省实际，把煤矿安全生产“三项行动”细化为三大类36项具体工作，按照“组织计划、全面推进、巩固提高”三个阶段，有步骤、有针对性地进行部署推进。结合日常监察及“五一”、汛期等专项督查，先后派出3个督查组分赴全省各地，督促指导地方政府及煤炭行业管理部门开展好“三项行动”、“三项建设”。

（二）深化隐患治理，夯实煤矿安全基础

围绕煤矿安全生产许可证延期换证工作，重点整治已取得煤矿安全生产许可证但不能持续保持安全生产条件，以及无证或证照不全从事煤炭生产、安全生产许可证暂扣期间擅自组织生产、借技改之名偷着生产等违法行为。通过政府挂牌督办、公布企业“黑名单”等制度的落实，严格抓好安全生产隐患的排查治理和后期跟踪检查，确保隐患整改率为100%。针对福建省煤矿水文地质条件复杂等特点，把水害防治工作作为重中之重，将开展水害调查并形成水害防治报告列为延期换证的必备条件。夏季汛期前，提早部署，组织开展全省煤矿水害专项监察，督促、指导煤矿企业做好水害防治工作。根据福建省煤矿事故多为顶板事故的状况，坚持“对症下药”，督促煤矿企业推行井下支护改革和前探梁技术，加大安全培训力度，健全现场管理制度，落实管理人员、技术人员下井带班制度。为加强煤矿巷道封闭管理，与省经贸委、安全监管局联合制订了《福建省煤矿巷道封闭管理的指导意见》，要求各地进一步完善煤矿巷道封闭的日常监管，建立煤矿巷道封闭档案，严厉打击个别煤矿企业未经批准拆开密闭逃避安全监管和进入密闭内井巷超层越界开采等安全生产违法违规行为。3月份组织开展煤矿巷道封闭管理专项监察，通过明察暗访等形式，对三明市1家以假密闭、假栅栏形式隐瞒事故隐患的煤矿企业进行立案调查，责令停止一切生产活动并行政处罚16.5万元。以开展瓦斯综合治理工作体系示范“双百工程”建设为抓手，重点抓好矿井通风系统治理，保障矿井通风系统稳定和可靠。11月份，联合省经贸委开展全省煤矿安全生产综合检查和专项监察，派出3个督查组分赴龙岩、三明、泉州、南平4个重点产煤市开展矿用设备检验检测、职业健康防护用品管理等十个方面的综合检查，共抽查15个矿井，查出隐患105条，及时下达整改通知书等执法文书。

（三）突出工作重点，强化监察执法

坚持监察执法行动与日常监察、煤矿安全生产许可证延期换证现场审查相结合，先后组织开展了春节后煤矿复工复产、汛期防治水、煤矿建设项目安全管理、栅栏密闭管理等重点监察、专项监察和定期监察，在现场监察中做到“数据实测、设备实检、人员实问”。9月份，牵头省经贸委、国土资源厅在三明市联合召开全省煤矿安全生产工作会议，通报全省煤矿安全生产情况，分析安全生产形势；通报永定县老寮坑煤矿“7·8”透水事故情况，开展典型事故案例分析；就进一步深入贯彻省委、省政府领导重要批示、指示精神和全国煤矿瓦斯防治等工作会议精神，提出要认真落实“一岗双责”规定、全面落实整顿关闭任务、严厉打击超层越界开采行为等六项具体措施，全力推进福建省煤炭工业持续健康安全发展。深刻吸取永定县老寮坑煤矿“7·8”透水事故教训，将超层越界开采行为列为重大安全隐患，严厉打击以掘代采、超层越界开采、擅自打开密闭等非法违规行为，先后2次深入基层明察暗访，责令地方政府摧毁非法煤矿1处，坚决遏制重特大事故。进一步巩固福建省煤矿整顿关闭取得的阶段性成果，督促县、乡（镇）两级政府切实落实整顿关闭工作责任，建立健全整顿关闭工作长效机制，严格按照关闭矿井的六条标准，切实关死、关实、关到位，严防已关闭矿井“死灰复燃”。今年来，全局监察人员累计监察矿井97矿次，发现各类安全隐患705条，下达（制作）各类执法文书307份；立案调查15起，累计罚款80.12万元。

（四）强化教育培训，拓展安全文化建设

抓好煤矿“三项岗位人员”的安全培训，建立了“三项岗位人员”持证、培训情况数据库、考试试卷库，建立了数据化档案。加强一线职工安全技能培训，今年共组织并完成7期煤矿主要负责人和安全管理人员安全资格培（复）训，培（复）训3805人，发放“三项岗位”人员证书1296本，全省有近5万名一线矿工参加了节后岗前培训。全力配合“安全生产万里行”进福建和“海西安全发展行”相关活动，先后开展了“送安全文化进矿山”、“送安全科技知识进矿山”、“安全伴我行”巡回演讲、“安全宣传日咨询日”、煤矿安全系列电影片组合巡回展播等相关活动，还在永定县举办煤矿安全监控系统管理与使用维护讲座。通过认真总结经验，宣传典型，推广安全科技，努力营造全社会关注煤矿安全生产的氛围。今年共编报各类信息1500多篇，编印煤矿安全信息专刊20期，国家安全监管总局要情、国家安全监管总局网站采用300篇，总积分在全国煤监系统单列考核单位排名第一。

（五）注重工作实效，加强“三项建设”

深入开展煤矿安全监管监察队伍建设专题调研，总结队伍建设的基本做法和成功经验，分析存在的主要问题和薄弱环节，研究提出建设高素质煤矿安全监管监察队伍的工作措施。借助新一轮政府机构改革时机，积极推动基层煤炭行业管理部门和煤矿安全监管部门进一步理顺体制机制，明确职责划分，充实基层监管技术力量。以监察执法和事故调查处理为抓手，积极推动各级地方政府和部门煤矿安全监管“一岗双责”制度的落实，不断创新煤矿安全监管工作机制，加大监管力度，加强煤矿安全生产应急平台体系建设和监管网络信息化建设。针对福建省煤矿安监局没有设立监察分局的实际困难，坚持依靠地方煤炭行业管理部门力量，认真做好“传、帮、带”，注重提升基层煤炭行业管理部门和煤矿安全监管部门的业务水平，规范基层行政执法行为；在法律法规许可的前提下，将能够下放的行政审查事项委托各产煤设区市煤炭行业管理部门，充分调动基层的积极性和主动性。为强化服务基层、服务企业举措，落实党组民主生活会征求意见整改措施，将四级培训中心每三年一次的复审和煤矿安全评价机构年度考核工作分别委托设区市煤炭行业管理部门，福建省煤矿安监局采取抽查和日常监察的办法对其进行监督检查。进一步充实调整煤矿安全生产专家组，成员由原来的99名调整为118名；向省政府推荐煤矿安全生产专家17名，向省机电招标公司推荐评标专家13名。充分发挥省煤矿安全生产专家组专家的作用，组织专家深入矿井，围绕水害防治、顶板管理和“一通三防”等进行会诊，帮助煤矿企业解决技术难题。加快推进矿山实验室建设、“金安”工作和信息化建设，组织省矿山安全技术中心和省煤研所向省科技厅申报煤矿水害防治等研究课题，为建设本质安全型煤矿提供技术支撑。根据国家安全监管总局《关于在高危行业推进安全生产责任保险的指导意见》，福建省煤矿安监局加强组织领导，确定福建省人寿保险公司为承保单位，经过多次调研制定了实施方案，积极稳妥地推进实施。在制定《福建省煤矿企业安全生产许可证延期工作方案》、《福建省煤矿安全现状综合评价标准》、《福建省煤矿安全监控系统运行管理办法（暂行）》等规范性文件过程中，充分考虑省情、矿情，坚持实事求是，既保证依法依规、方便管理，又便于基层掌握、有效执行和服务基层。

三、夯实安全基础，不断提升煤矿安全基础管理水平

以打造海西煤矿安全发展新环境为总体目标，扎实推动全省煤矿走上健康安全的发展道路。

（一）有效提升煤矿安全基础管理水平

积极督促、引导煤矿企业落实安全生产主体责任，完善安全管理制度，加大安全投入，实施生产工艺改造，建立健全隐患排查治理长效机制。认真总结两年来矿井安全质量标准化工作的经验做法，推动地方政府出台奖励措施，在取得阶段性成效的基础上，促进各地煤矿安全质量标准化建设工作逐步规范化、制度化和日常化。目前，全省已建成安全质量标准化矿井171家，其中2家乡镇煤矿已达到一级标准，三级以上安全质量标准化矿井占全省煤矿的51.04%。计划到2010年，使全省80%以上煤矿达到三级以上标准，并建成一批骨干型矿井。积极推进瓦斯治理工作体系和示范县、示范矿井建设，建设8个示范县、10个示范矿井。督促推动全省已规划的54对矿井开展资源整合技改工作，目前，全省整合技改项目已全部进入施工阶段，即将组织竣工验收。将建设项目“三同时”列为监察工作重点之一，先后制定了《关于进一步规范煤矿建设项目“三同时”审查申请和备案工作的通知》、《关于开展煤矿建设项目安全专项检查监察的通知》等4份规范性文件，建立了建设项目进展情况调度制度，加强建设项目安全设施竣工验收备案工作，有力保障了煤矿建设项目各项工作顺利开展。

（二）推进实施“科技兴安、科技兴煤”战略

建立煤矿安全监控系统建设省级联席会议制度，推动全省煤矿强制安装安全监控系统装备联网，借助社会资金、技术和力量，引入省联通公司投资3500万元，建设全省煤矿安全监控系统专网。目前，全省已有106个矿井进行网络链路测试，实现与省级监控中心平台的联网，67个矿井网络运行正常，已延期换证的矿井安全监控系统安装率达100%；省级平台和三明分控中心基本建设完成，泉州、龙岩和福煤集团分控中心即将动工建设。针对福建省煤炭专业技术人才严重缺乏的情况，有效整合省内院校教学资源，按照“长期培养本科、中期培养专科、近期培养中专”总体规划和“行业、企业、院校共同参与”的模式，采取联合办学、委托培养等方式，牵头委托龙岩学院、交通学院和永春职专，招收本科学生35名、大专学生197名、中专学生100名。学生在校期间的培养经费从煤矿企业提取的安措费中先行支付。计划用3～5年时间，培养1500名左右的煤矿专业学生，基本解决福建省煤矿安全专业技术人才缺口问题，为海西煤炭工业提供人才保障和人才储备。继续推行煤矿“三条线”、“三推行”建设，推广采煤面单体液压支柱、以钢代木支护改革、正规采煤工作面等先进适用煤矿安全技术，淘汰落后技术装备和工艺。督促指导煤矿企业加大安全投入和整合技改步伐，改造淘汰板车运输等落后技术装备和生产工艺。严格按规定组织开展矿山实验室建设，通过公开招标方式采购设备，落实资金和场所，配备专业技术人员，年底前完成实验室硬件装备工作。配合“金安”工程办扎实做好工程的建设和软硬件设备安装工作，做好初次验收准备。

（三）抓实煤矿安全生产许可证延期换证工作

以煤矿安全生产许可证新一轮延期换证为契机，督促煤矿企业加大安全投入，加快技术改造，进一步提升矿井安全生产条件和安全管理水平。在延期换证工作中做到“四个结合”。

一是与监察执法相结合。把每一个监察矿井摸清摸透，给予一定期限进行整改，使其持续保持安全生产条件。

二是与整顿关闭工作相结合。对达不到安全生产条件的矿井，坚决提请地方政府予以关闭，确保今明两年35个矿井的关闭任务顺利完成。

三是与安全质量标准化建设相结合。严格按照安全质量标准化建设的标准对申请换证矿井进行现场审查，严把准入关口，确保每个换证矿井均达到三级以上安全质量标准化水平。

四是与重点灾害治理相结合。把矿井开展水害调查并形成水害调查报告、完成安全监控系统安装并实现与省级平台联网等列为延期换证的必备条件，有效促进防治水害、瓦斯治理、火灾预防等措施落实到位。及时在局政务网公布安全生产许可证延期、变更、暂扣等动态管理信息，接受各方面的监督。目前，全省327家煤矿中，已顺利延期128家，5家由地方政府予以关闭。

（四）规范煤矿安全事故调查处理

制定下发《关于进一步规范福建省煤矿事故报告和调查处理工作的意见》，先后建立了事故调查处理批复意见落实反馈、事故矿井监察和现场处理责任落实、事故调查跟踪指导责任人等制度，对全省煤矿事故报告、事故救援、事故调查处理、批复结案、责任处理、追踪落实反馈等环节进行了详细规定，基本形成了符合福建省实际情况的事故调查处理工作机制。按期依法查处煤矿事故12起，按期结案率为100%，办结的事故案件中没有一起出现行政复议。进一步健全完善信访工作机制，规

范完善信访接待、登记、审批、核查、处理、反馈等工作制度，做到举报信件件有落实，件件有反馈。全年共接到群众举报信件、举报电话73件，均及时组织专门调查组深入基层核查或责令相关部门进行核实。对确实存在非法开采、违法生产和违法违规行为的，及时采取措施坚决予以打击或依法查处，对举报人则按要求做好保护、奖励工作。

（五）规范煤矿中介服务机构管理

进一步加强对煤矿安全中介机构的监管，组织召开全省煤矿安全培训暨中介机构管理工作会议，总结回顾建局以来的煤矿安全培训和中介机构管理工作，研究分析安全培训和中介机构管理方面存在的问题，探讨加强安全培训和中介机构管理工作的方法途径，规范煤矿安全培训、安全评价、检测检验等中介服务行为。对省内4家持有乙级资质的煤矿安全评价机构进行年度考核，对1家煤矿安全评价机构的违规行为依法立案进行查处，实施行政处罚2.6万元；按照国家规定要求，对1家乙级资质到期的煤矿安全检测检验机构进行到期换证评审，及时予以换证。制定出台《三、四级煤矿安全培训机构认定标准》，坚持“依法、公正、公平、公开”原则，严把安全培训机构资质审核关，严格资质认定和证书颁发，今年新批准四级资质培训机构1家。同时，认真负责地做好跟踪服务和监管工作，加强对培训机构的教学设施、教学管理、教学培训质量和培训基地达标建设情况等方面的监管，发现问题及时责令整改。

四、抓班子带队伍，树立和弘扬良好作风

按照“高起点建立机构、高标准建设队伍、高效率运转工作、高质量监察执法”的“四高”目标，努力培养一支政治坚定、作风过硬、业务精通、纪律严明、清正廉洁、充满活力、干实事能干事的煤矿安全监察队伍。

（一）着力提高班子成员的思想政治素质

福建省煤矿安监局领导班子始终坚持把加强政治理论和业务学习，作为加强班子自身思想政治建设、提高领导水平、增强战斗力的第一需要来抓，认真学习实践科学发展观，使学习进入思想、进入工作。班子成员积极参加国家、省委组织的一系列集中、专题学习培训，坚持理论联系实际的学风，每年开展研究一个课题、解决一个难题、推动一项工作的专题调研，深入基层，问计于民，拓展了推动工作的思路，增强了班子决策和驾驭全局的能力。11月下旬组织召开局党组民主生活会，围绕“加强领导干部党性修养、树立和弘扬良好作风”主题，党组成员紧密联系加快推进海峡西岸两个先行区建设和福建省煤矿安监局实际，重点对照检查自身在加强党性修养和作风养成、贯彻落实党的十七大、十七届四中全会、中纪委三次全会等重要精神情况，深入开展批评与自我批评，进一步统一思想、增强共识，取得了积极成效。

（二）认真贯彻执行民主集中制

建立健全党组议事、决策规则和程序，凡事关干部任免、重要事项安排、财务收支、福利待遇等较大事项，均召开党组会或局长办公会，集体研究决定，不断提高集体决策能力和组织领导水平，在推进全省煤矿安全监察中充分发挥核心作用。一年来共召开党组会3次、局长办公会19次。局党组成立后，已经召开过5次党组民主生活会，广泛听取群众的意见和建议，为干部职工办实事、解难题。班子成员始终把团结摆在重要位置，自觉维护团结，认真落实党内生活制度，始终保持政治上坚定、思想上敏锐、行动上迅速，班子的凝聚力、向心力和战斗力显著增强。

（三）大力加强干部队伍作风建设

制定下发2009年局党组学习中心组和机关理论学习意见，制定了《关于进一步加强安全监管监察系统作风建设的意见》，组织全体党员干部学习邓小平理论、“三个代表”重要思想和科学发展观，不断提高全体党员和干部职工的思想政治理论水平，始终保持政治上的清醒与坚定。将胡锦涛总书记提出的八个方面的良好风气制版上墙，强化组织纪律观念和群众意识，弘扬艰苦奋斗、吃苦耐劳的创业精神，树立勤政为民、扎实工作、务求实效的思想。平常注重将日常监察工作与机关作风建设同部署、共促进，推进实施安全生产许可证办理服务窗口和首问责任制、服务承诺制、限时办结制、失职追究制等制度，为煤矿企业提供良好的服务。

（四）积极营造机关和谐文化

以迎接省直机关“争创党建和精神文明建设先进单位检查评比活动”为契机，认真开展建设“学习型、实效型、服务型、和谐型、廉洁型”机关活动，深入开展“迎国庆、讲奉献、促和谐”系列活动，积极培育“以尽责求和谐、以奉献求和谐、以诚信求和谐、以廉洁求和谐”的机关文化。在日常工作中，建立健全学习教育长效机制，积极推进大规范培训干部工作，把干部的教育培养纳入制度化、经常化轨道；建立健全监督管理长效机制，把机关党的建设与廉政建设、政风行风建设结合起来，营造了良好风气和积极向上的氛围。

五、加强制度建设，扎实推动党风廉政建设

紧密结合煤矿安全监察工作实际，以不断完善惩治和预防腐败体系为主线，以解决党员干部在党性党风党纪方面存在的突出问题为重点，以落实党风廉政建设责任制为总抓手，突出重点，加大教育、狠抓落实，强化监督，深入推进局机关反腐倡廉建设。

（一）加强党风廉政教育

今年累计开展全局性廉政教育活动9场次，各处室分别组织学习教育活动32场次，选编廉政专题教育材料汇编四期，共编印150多份学习材料下发每位党员干部学习。元旦、春节前，向每个干部职工家庭发出《筑反腐倡廉防线、建温馨和谐家园倡议书》，倡议每一个干部职工、每一个家庭常敲自律警示钟，把好家庭廉洁关。4月份开始，以“学准则、讲党性、反腐蚀、查隐患”为主题开展了廉政专题系列教育。7月份邀请全局家属参加理论学习集训，开展“贤内助、廉内助”座谈会、联欢会、文体比赛等活动，丰富了机关廉政文化，确保“后院不起火”。

（二）健全完善廉政建设

根据新建局特点，紧紧围绕“立规矩、建制度、抓落实、出成效”的工作思路，不断完善各项规章制度，逐步健全和落实党风廉政建设责任制，一级抓一级，层层抓落实。学习实践科学发展观活动期间，对建局以来制定的38项制度进行修订、完善，新出台《行政许可事项办理工作纪律》、《廉政监督卡制度》、《政务信息公开制度》等3项廉政制度，完善了监察执法人员“十个不准”，从推行政务公开、规范监察执法、规范行政许可和行政处罚等方面着手，确保机关各项权力运行规范。

（三）定期组织检查评比

积极推行政务公开，规范权力运行，落实廉政监督卡制度和廉政监督员制度，建立了对福建省煤矿安监局干部职工全方位、多渠道的监督网络。每半年组织一次“三拒绝、四算账、五提高”活动，组织党员干部联系工作状况和作风思想，亮思想、查问题、定措施、促转变，构筑反腐防线。截至目前，没有收到任何关于福建省煤矿安监局人员不廉洁的反映或举报。9月份，省政风行风评议小组深入龙岩市调研福建省煤矿安监局政风行风建设情况，对该局工作给予高度评价，认为该局“风正气顺人和、工作作风务实、服务基层到位、工作成效明显”。

江西省煤矿安全生产工作综述

2009年，江西省煤监系统干部职工紧密团结在省局党组周围，在国家安全监管总局、国家煤矿安监局和江西省委、省政府的正确领导下，围绕“三保一弘扬”工作大局，克服困难，应对挑战，以监察执法为抓手，以“安全生产年”为主线，以有效防范、坚决遏制重特大事故为目标，深入开展“三项行动”，全面加强“三项建设”，煤矿安全监察工作富有成效。

圆满完成集中学习实践科学发展观活动，突出问题的整改全部得到落实，特别是涉及职工切身利益的两件大事圆满完成：离退休干部津补贴执行地方的津补贴标准问题，在3月初全部到位；职工住房分配货币化工作，经过大量艰苦细致的前期工作和多方协调，确保了各监察分局和省局12月份全部同步发放到位，实际补发金额773万元。

2009年3月中旬和9月初，全国推进瓦斯治理“双百工程”建设会议和全国煤矿瓦斯防治工作会议相继在南昌召开。特别是张德江副总理深入曲江公司井下视察，充分肯定了江西的工作。

全省煤矿共发生生产安全事故34起，死亡68

人，比国家下达的控制目标少12人，百万吨死亡率为2.48，是1970年统一事故统计口径以来，第二次控制在百人以下的年份，是新世纪以来第四次实现消灭10人及以上重特大事故的年份，全省煤矿安全形势继续保持了稳定好转的态势。

一、安全治理行动扎实推进

1. 瓦斯治理工作体现江西特色

一是优化治理工作方案。在过去工作的基础上，突出重点，区别不同情况，分别制定印发了大矿和小矿的瓦斯专项整治工作方案。

二是以监察执法为手段，推动瓦斯治理工作。根据《关于江西煤矿瓦斯治理体系建设监察的意见》，重点督促检查，推动了瓦斯治理体系、瓦斯治理示范工程"双百工程"和新版《防治煤与瓦斯突出规定》有关要求的贯彻落实。

三是瓦斯治理工作初显成效。2009年，全省抽采瓦斯量达7734万立方米，抽采率为41.8%，利用量为3833.5万立方米，利用率为49.7%。

四是"瓦斯第一杀手"的危害得到控制，发生瓦斯事故5起，死亡12人，全年消灭了瓦斯重特大事故。

2. 隐患排查治理工作稳步推进

一是准确定位。依照国家安全监管总局第16号令规定，做好指导、推动、监督检查工作，不越俎代庖，不代替企业当安全员。

二是依法推动。修订印发了《江西省省属国有煤矿生产安全事故隐患排查治理实施细则》，出台了煤矿重大事故隐患信息登记建档规定、排查治理监督检查办法、事故隐患举报奖励办法等。

三是督促落实。组织开展了全省性煤矿安全生产隐患排查治理的督促检查工作，实行隐患排查治理回执制度，对有关地方政府及煤矿企业下达了《关于煤矿安全监管及隐患排查治理监督检查情况的通报》。

四是抓好水患防治不放松。组织开展防治水专项监察，督促水患煤矿进一步落实整改措施。针对丰城市原龙溪煤矿周边、上饶县和广丰县交界处这两个存在重大水害隐患的矿区，分两次专门组织进行了重点检查，并向有关县级政府发送加强和改善煤矿安全管理建议函，水害防治措施进一步落实，水患矿井监管进一步加强。

二、安全执法行动富有成效

2009年，全局执法计划完成率为100%。共监察矿井2004矿次，人均监察矿井30.36次，查处事故隐患7751条，实际完成整改隐患7321条，隐患整改率为94.45%，制作各类文书3929份，责令停产整顿矿井33处，停止作业面287个。

坚持"四不放过"原则，查处各类煤矿生产安全事故34起，结案28起，查处责任人120人，移送司法机关3人，查处事故力度进一步加大。组织对2008年以来较大事故处理防范措施落实情况进行检查，及时跟踪事故处理结果，督促事故责任追究落实。特别是严厉查处煤矿事故迟报、漏报、谎报、瞒报的行为，对铅山的枧山煤矿、莲花的西山村煤矿、袁州的新塘煤矿（2008年事故），均依法作出处罚，维护了国家法律的权威和尊严。

三、安全宣教行动丰富多彩

一是积极组织开展第八个"安全生产月"活动，在完成省安委会规定动作外，结合江西省煤矿安监局实际认真组织开展了煤矿安全科技周活动。

二是扩大宣传渠道。积极向国家安全监管总局"两报"、网站报送宣传报道稿件328篇、采用94篇；在《江西煤矿安全》周刊上开辟"深入开展安全生产年"活动专栏，举办煤矿安全宣传报道通讯员培训班；给煤矿业主和相关煤矿安全监管人员发送安全生产格言、汛期预警信息等手机短信共计7万余条。

三是结合推进"五五普法"教育和煤矿安全诚信教育，督促检查安全生产宣传教育行动实施情况。

四、煤矿安全监察工作机制进一步健全

1. 监督检查工作逐步推开

根据职责，出台了《江西煤矿安全监察局对地方政府煤矿安全监管工作监督检查实施办法》，依据实施办法，由局领导带队，分别对全省8个产煤市的煤矿安全监管工作进行了全面监督检查，省局检查指导工作取得实质性突破，充分调动了地方煤矿监管部门的工作积极性。各分局也在辖区内组织开展了监督检查。

2. 省属煤矿安全监管任务顺利完成

根据省属国有煤矿改革改制的特殊情况，及时跟进，研究下发了《关于加强省属国有煤矿改革改制期间安全生产工作的意见》，提出六条硬措施得到贯彻，保证了省属国有煤矿改革改制期间安全稳定。

3. 工作联系机制和激励约束机制进一步完善

继续贯彻联合执法、安全联席会议、工作通报和信息交流等工作制度，召开了全省地方煤矿安全工作调度座谈会，省局联合省煤炭集团公司、省煤业公司，赣东北分局、赣西南分局联合辖区设区市煤炭行业主管部门等组织进行安全生产大检查，均取得很好效果；继续完善煤矿安全生产控制考核体系，分解落实控制指标，健全激励约束机制。

五、煤矿安全保障能力进一步加强

1. 不断强化煤矿安全基础工作

狠抓安全生产许可证工作，提高煤矿准入标准，2009 年基本完成第一轮换证工作，共换发证 337 个，注销许可证 21 个，企业办矿标准进一步提升。加大煤矿建设项目安全执法力度，严格安全设施审查和竣工验收，组织对“三同时”矿井现场监察 44 矿次。抓好小煤矿安全示范矿井建设，召开了全省小煤矿安全示范矿井建设现场会，目前全省有 62 对矿井在进行安全示范矿井建设，其中 12 对已经通过验收。狠抓“三项岗位人员”培训，积极推动班组长安全培训工程，突出推广“白国周班组管理法”，2009 年度培训煤矿企业主要负责人 890 人次、安全生产管理人员 3058 人次、特种作业人员 8602 人次、班组长 5309 人次、农民工 56450 人次。积极推进煤矿职业健康安全工作，强力促进职业健康体系建设，推进煤炭行业施行安全生产责任保险，提高了煤矿抵御风险能力。进一步加强了矿山应急救援建设，开展了救护队达标检查，全省煤矿救护队共出动 56 次抢救事故，共救出矿工 44 名，救出遇难人员 39 名。

2. 完善煤矿安全技术保障体系建设

煤矿安全技术支撑服务体系不断完善，争取到为煤矿安全服务财政补助事业单位 4 个，经费自理事业单位 1 个，财政补助事业编制 47 名，经费自理事业编制 17 名。先后建立了 10 个煤矿瓦斯监控系统区域技术服务中心，出台了煤矿安全技术服务机构考核办法，全面启动了煤矿安全生产技术支撑体系专业中心项目（矿山安全实验室）建设工作。继续做强排水站，组织进行了应急演练，提高了救援业务水平。强化中介机构监管工作，组织进行了对煤矿安全技术服务中心及监控系统区域技术服务中心改造工作完成情况的检查，开展了三、四级煤矿安全培训机构复审检查工作。“金安工程”按期完成了工程进度，更新了监察员办公电脑，省局信息化办公条件进一步改善。

六、煤矿安全监察队伍建设进一步加强

1. 狠抓党建和思想政治工作

江西省煤矿安监局属各单位党组织经各种形式，认真组织学习十七届四中全会精神，学习“六个为什么”等中国特色社会主义理论创新成果；抓好党建基础工作，认真推行党务公开，进行了党费收缴管理专项检查，加强对基层党支部工作的检查指导，完成了局直属机关党委换届，组织开展了纪念建国六十周年系列活动；严把党员入口关，注重改善党员的年龄层次和知识结构，发展新党员 2 人，审批预备党员转正 6 人，确定为入党积极分子进行培养的 5 人，党员队伍不断壮大，党员先锋模范作用得到充分发挥。江西省煤矿安监局机关党建工作在国家安全监管总局召开的全国安全监管监察系统机关党委书记联席会议上介绍了经验。

2. 狠抓班子和干部队伍建设工作

一是狠抓队伍建设。出台《关于落实科学发展观进一步强化监察执法队伍建设的意见》，完善干部队伍建设长效机制；重新研究修订了《江西煤矿安全监察机构公务员年度考核办法（试行）》，规范考核工作；严格按照《党政领导干部选拔任用工作条例》选拔任用干部，充实加强各级领导力量；按程序招考了 8 名公务员，充实了监察一线力量；继续实施了干部轮岗交流，各监察分局科级及以下干部也普遍进行了内部轮岗交流；特别是赣东北分局强化和谐分局建设，创作了监察员之歌《生命的托付》，摄制了《为了生命的托付》影视片，分局面貌焕然一新。

二是强化监察员业务培训。结合年度监察员培训计划，积极参加国家安全监管总局视频讲座 7 场，组织自办专题讲座 5 场，选派 3 名监察员出国培训，组织 42 人次参加国家安全监管总局业务培训，切实提高了监察队伍的执法水平。各分局积极组织监察员赴外省煤矿安全监察系统学习考察，组织分局监察员开展业务讲座，赣西南分局还建立了监察员到煤矿企业锻炼的制度，有计划地组织监察员到煤矿企业锻炼，都取得了很好的效果。

3. 狠抓廉政建设，推进惩治和预防腐败体系建设一是深化廉政教育，把反腐倡廉理论学习纳入到局党组理论学习中心组、机关党支部、分局党总支理论学习计划中，组织进行了党纪政纪条规学习活动，构筑拒腐防变思想防线。

二是完善反腐倡廉工作机制和责任体系，落实领导干部党风廉政建设"责任区"制度，全年局领导开展廉政谈话、任前谈话、诫勉谈话共计26人次。特别是赣东北分局实施的家庭助廉、家庭廉政倡议和廉政反馈卡等制度，富有特色。

三是强化监督制约，开展了规范行政执法和行为活动以及规范行政处罚自由裁量权活动，组织进行了两次执法评议考核，进一步规范了监察执法行为；实施行政审批流程表，分解审批流程，适当分权限权；强化外部监督约束机制，召开特聘廉政建设监督员座谈会，实施政务公开，做好政府信息公开工作。

四是组织开展规范行业协会市场中介组织服务和收费行为专项治理工作，现职干部在协会、学会、司法鉴定中心兼职的均在规定时限内退出，加强财经纪律和财务收支的监督检查，严格执行"收支两条线"管理规定，组织进行了"小金库"专项整治。

4. 狠抓机关效能建设

印发了《关于加强改进机关作风建设的意见》，及时对各类制度进行了清理，废止29项，修订17项，保留20项，新增13项，形成制度汇编印发至每个干部职工，并按要求对8项行政许可均进行了流程再造和压缩审批时限，大大提高了机关效能。

七、各事业单位工作取得新进展

检测中心确定了以三个服务为主的指导方针，以矿山实验室建设为契机，挖掘潜力、延伸市场，圆满完成了经营目标；培训中心以"加强煤矿安全教育培训工作"为重心，强化内部管理，创新培训模式，加大培训力度，培训质量有明显提升；庐山疗养院积极应对国际经济危机考验，外抓市场，内强管理，取得了好于预期的经营成果；学会坚持"三服务一加强"，组织科技创新活动，学术交流、技术咨询、科普宣传稳步发展；协会立足自身优势，充分发挥了政府和企业纽带作用；排水站进一步强化自身建设，努力拓展市场，承接了北方矿山的排水工作，取得了一定的经济效益；机关服务中心全力做好公务用车、会务公务接待、住房货币化分配、大院住户供电改造等保障工作，承担了局综治办公室职责；统计中心在敏感重要时期确保了信息通畅。

另外，在扶贫济困、村建挂点帮扶、政务、信访、统计、密码和保密、档案、财务、劳动工资、社会治安综合治理、固定资产管理、离退休干部管理等方面也做了大量工作，都取得了成绩。

山东省煤矿安全生产工作综述

2009年，在国家安全监管总局、国家煤矿安监局和山东省委、省政府的正确领导下，山东煤矿安监局全体干部职工上下一心、众志成城，紧紧围绕"安全生产年"、"安全生产责任落实年"工作部署，内抓职责促落实、外严执法保安全，积极开展"三项行动"，全力推进"三项建设"，切实打好"春夏秋冬"四大战役，圆满完成了年初确定的各项目标任务，实现了山东省煤矿安全生产形势的持续稳定好转。

一、全省煤矿安全生产总体情况

2009年，全省煤矿共生产原煤1.4亿吨，发生死亡事故7起，死亡8人，其中原煤死亡事故5起，死亡6人，百万吨死亡率为0.043。与2008年相比，原煤事故起数减少5起，死亡人数减少6人，事故起数、死亡人数均下降50%，百万吨死亡率下降56%，安全状况再创历史新水平，保持了持续向好的好形势，基本达到世界发达产煤国家井工开采水平。

5起原煤事故中，有4起是单人事故，只有1起2人事故，2人事故起数和死亡人数，均为历史同期最少。自2007年6月份以来，已连续两年零7个月杜绝了3人以上较大事故发生。

实现了60周年国庆、十一届全运会期间的全省煤矿安全无事故，确保了重要时期社会形势的安全稳定和谐。

二、安全监察重点工作

2009年，山东省煤矿安全监察机构共监察各类矿井1080次，监察覆盖率为466%；制作笔录性文书996份，决定性文书1103份；停面137个；行政罚款923.5万元。主要做了以下工作。

（一）注重工作落实，牢牢把握工作主动权

始终把强化落实作为工作主线，超前部署、超前谋划，力求将各项工作做细、做实、做出成效。年初，上级关于“安全生产年”、“安全生产责任落实年”的工作部署一经确定，及时结合工作实际，迅速制定了《三项行动、三项建设实施意见》，相继出台了执法行动、治理行动和宣传教育行动实施方案，明确了26项重点工作，落实了具体的职能部门。年中，全国、全省阶段安全会议召开后，又及时组织专题会议或结合内部季度工作会，进行层层传达和部署，局党组成员根据工作分工进行具体安排，各监察分局、相关业务处室进行表态发言，及时制定针对性措施，确保会议精神的全面贯彻落实。同时，还制定出台了处室、分局“职责分解考核实施办法”，把工作目标和工作任务层层分解到相关部门和具体人员，职责划分更加清晰、责任要求更加明确、保障措施更加有力、奖惩考核更加严明，进一步促进和保障了工作落实。

（二）注重科学执法，不断提升安全监察绩效

面对全省煤矿安全生产的新形势，各监察分局、各处室都能紧密结合实际，积极主动地在创新监察上做文章、在科学执法上下工夫。积极实施技术基础性监察，通过提前参与开拓布局和生产接续的审查，强化对安全隐患的源头治理，力求实现源头治本；制定了安全监察“9W”工作法，形成了12类要素监察表，得到了国家煤矿安监局的认可和肯定，许多兄弟省市前来联系学习；经常性开展“不定时间、不定地点、不打招呼”的夜间监察、突击监察和应急监察，强化超前防范，及时处置各类非法违法行为，提高安全保障能力。全年两次开展4个分局互换辖区的异地监察，增进工作交流、促进监察绩效，相互推动、共同提高。机关各处室积极进行联合执法，在60周年国庆和全运会前期，组织了8个处室、28名同志，开展了为期一个月的联合执法大检查。此次集中活动，参加人数之多、专业之全、规模之大都是历来少有的，影响大、效果好，得到了地方政府、监管部门和煤矿企业的普遍好评。

（三）注重建章立制，努力促进工作的规范化

作为深化学习实践科学发展观活动的一项重要举措，我们积极推进体制创新和制度完善。

一是多次研究、反复修改，形成了涉及行政许可、行政处罚、廉政建设、队伍建设、事故处理等诸多重点环节的十项制度，着力规范了注意事项和工作纪律，进一步促进了严格执法、公正执法和廉洁执法。

二是集中时间、集中力量，对职能职责进行重新归纳和梳理，明确了许可事项和执法重点，确定了工作流程和办理程序，形成了国家安全监管总局24号令实施意见。

三是根据国家安全监管总局和国家煤矿安监局《关于切实加强对地方政府煤矿安全监管工作监督检查的意见》，在广泛座谈调研的基础上，制定出台了对地方监管工作进行监督检查的实施办法，为促进“国家监察、地方监管、企业负责”工作格局的尽快形成，起到了积极推动作用。

四是加大内部执法监督工作力度，经常性开展执法文书评比活动，定期对重大处罚备案情况进行专项督查，进一步规范执法行为，初步形成了促进科学执法的工作机制。

五是总结近几年安全文化建设的成功经验，与中国矿业大学合作，率先出台了《煤矿安全文化示范企业量化考评办法》，涵盖了11项重点工作，实行千分制考核，为推进全省煤矿安全文化建设深入开展，奠定基础。

（四）注重重点环节，坚决遏制较大以上事故

始终把瓦斯治理和水害防治作为安全监察的重中之重。在瓦斯治理方面，认真贯彻全国瓦斯治理“双百工程”建设会议精神，严格落实《十六字工作体系安全监察意见》。组织了5期专题培训班，聘请专家教授讲座，共培训总工程师、通风科（区）长400多人。明确了55处示范矿井和5个示范县的“双百工程”建设目标，加强督促指导。对64处申报“通防安全示范矿井”的煤矿企业进行了现场检查考核，有49处达到标准。在防治水方面，立足于早组织、早部署、早行动，提前落实

2578项“雨季三防”工程，其中重点工程156项，督促煤矿企业投入资金1亿多元，按期完成整改治理。公布了97处遇大雨停产撤人矿井名单，对270多处水闸墙进行了专项监察，督促所有生产矿井于6月20日前完成了应急撤人演练。进入雨季，充分利用短信平台，及时发送灾害性天气信息，严格落实大雨停产撤人制度，共计停产103矿次、撤出人员2万多人次，确保了矿井安全度汛。

（五）注重监督指导，不断提升矿井安全基础

坚持严格执法与正面引导相结合，积极督促煤矿企业夯实“双基”。

一是严格实施安全程度评估，坚持系统与局部、静态与动态、地面与井下、软件与硬件的“四结合”，实施全方位、解剖式监察，督促煤矿企业加大安全投入，及时淘汰国家明令禁止的设备设施，认真落实职业危害防治的相关规定，积极推广应用新技术、新工艺、新设备，不断提升安全基础。全年共评估矿井209处，其中A级矿井137处，B级矿井71处，C级矿井1处。到目前，全省共有3A矿井20处，4A矿井17处，5A矿井6处，6A矿井23处，7A矿井18处。

二是针对安全培训职能调整的新形势，及时转变工作思路，将“三项岗位人员”持证上岗情况作为日常监察的重要内容。同时，严把培训资质关，对1个一级、2个二级、26个三级、117个四级培训机构的资质进行重新审核，从源头上确保培训质量。

三是加快救援基地建设步伐，依法依规及时完成了对赵楼中队、新巨龙中队的资质认定和组建挂牌工作，为巨野矿区的安全生产提供了有力支撑。将过去一次性举办全省矿山救援技术竞赛，改为救护大队和救护中队分别组织，提高了独立中队自觉训练的积极性。

（六）注重队伍建设，进一步提升安全监察绩效

始终把队伍建设作为一项重要基础性工作，常抓在手、坚持不懈。

一是按照《干部选拔任用条例》的要求，经过民主推荐、组织考察等规定程序，选拔任用了4名正处级、15名副处级领导干部，配齐了6个分局室副主任职位，对21名工作人员进行了任职交流，进一步优化了队伍结构，调动了工作积极性。

二是由党组成员带队，组织相关处室参加，利用一个月的时间，通过问卷调查、组织座谈和个别谈话等多种形式，对队伍现状进行了深入调研。全面掌握队伍思想状况，详细了解监察人员实际困难，广泛征求大家的意见和建议。调研结束后，研究制定了《关于进一步加强队伍建设的实施意见》，确定了今后一个时期队伍建设的工作目标、具体措施和方法步骤。

三是全年两次召开党风廉政建设专题会议，认真贯彻上级一系列会议精神和文件要求；紧密结合自身实际，研究制定落实意见、出台实施办法；层层签订目标责任书；突出6个方面、42项重点工作，严格落实党风廉政建设工作分工。2009年，各部门、各单位通过积极开展读廉政书籍、学廉政事迹、发廉政短信、重温入党誓词、弘扬革命传统等形式多样的廉政教育活动，进一步筑牢了监察人员的廉政防线，取得了非常好的效果。

河南省煤矿安全生产工作综述

2009年，在国家安全监管总局、国家煤矿安监局和省委、省政府正确领导下，在全省上下的共同努力下，河南省煤矿事故总量、百万吨死亡率、较大事故、重大事故全面下降。全年发生煤矿事故52起、死亡149人，比上年分别下降18.8%和41.8%；百万吨死亡率为0.76，下降34.5%，比全国平均水平低14.8%；较大事故4起、21人，分别下降60%、59.6%；未发生重大事故，同比减少7起、112人。其中，豫东、豫北和郑州分局辖区百万吨死亡率分别为0.053、0.31和0.44，豫北、郑州、豫西、豫东分局辖区煤矿百万吨死亡率分别比上年下降73.4%、63.9%、58.9%和

51.8%。

2009年，河南省煤矿安监局认真落实上级各项工作部署，按照“安全生产年”工作要求，扎实推进“三项行动”，着力加强“三项建设”，认真履行国家监察职责，各项工作都取得了明显进展。

一、执法行动收到了新实效

以煤矿安全生产执法行动为主线，以提高执法效能为核心，组织开展重点监察、专项监察和定期监察，全系统共监察矿井584个、1671矿次，查处违法行为8910个，下达执法文书6991份，实施行政处罚680次。特别是国庆前，集中上百名监察人员开展了为期1个半月的监察执法集中行动，严厉打击了违法违规行为。各分局注重创新执法方式，豫东分局对重点煤矿逐矿、逐系统、逐面解剖检查；豫北分局对水大、瓦斯大的煤矿实施专家会诊，重点监察，跟踪问效；豫南、郑州、豫西分局对乡镇小型煤矿，在监察时邀请有关部门、乡镇政府和同类型煤矿参加，监察一处，带动一片，成效倍增。2009年是机构成立以来执法效果最好的一年。

二、监督检查工作打开了新局面

6月24日至7月3日，省局组织5个监督检查组，由5位局领导带队，首次对12个产煤省辖市政府煤矿安全监管工作进行了监督检查，检查结束后，分别向国家安全监管总局和省委、省政府进行了报告，并向各产煤省辖市政府进行了通报。赵铁锤同志对此批示：“工作很务实，也很有创新精神。”各分局分别对辖区县级政府进行了监督检查，豫南分局每季度召集辖区副县（市、区）长，乡镇长，煤炭局、安监局局长和矿长召开一次执法情况通报会。豫西分局全年提出监察建议130余条。通过对地方政府及有关部门的监督检查，真正树立起了国家监察权威，促进了“国家监察、地方监管、企业负责”煤矿安全工作格局的建立。

三、安全保障能力有了新提高

一是严格市场准入。审查验收“三同时”项目88个，颁发安全生产许可证160个，暂扣许可证123个，促使煤矿提高了安全条件。

二是指导实施了79个安全科技项目，推广了36项重大科技成果和先进适用技术。

三是推动国有重点煤矿安全技术改造项目的启动实施，为河南省争取资金17.2亿元。

四是强化支撑体系建设。新认定了8家培训机构，复审保留了90家机构，全年“三项岗位人员”考核发证12.8万个。开展了规范煤矿安全评价机构、检测检验机构服务和收费行为专项治理行动；加强了对中介机构的监管，查处了3起违规行为。加强矿山安全实验室项目建设的组织管理，完成项目投资212.56万元。

五是做好应急预案备案登记工作，并组织开展了应急演练周活动；指导、协调矿山救护队搞好培训，提高救护能力，2009年全省救护队共组织预防性检查2528队次、12885人次，抢险救灾61起，抢救遇险人员75人，生还64人。

四、事故调查处理发挥了新作用

完成了2008年6起重大以上煤矿事故和2009年52起伤亡事故的调查处理和结案工作，6起重大事故追究责任人145人，其中73人被移交司法机关，2009年4起较大事故也有9人被移送司法机关处理。依法从严查究瞒报事故行为，全年受理举报84件，结案65件，查实隐瞒事故14起，查实瞒报死亡人数23人。坚持用事故教训推动工作，及时通报事故，并将重特大煤矿事故案例汇编成书予以发放，扩大事故的受教育面；特别是河南省“9·8”以及黑龙江新兴煤矿“11·21”事故发生后，采取一系列措施，遏制住了重特大事故再次发生。

五、宣传教育行动呈现出新面貌

举办了4期法律讲座，开展了法律知识竞赛，提高了全系统的法律水平。召开了防治水规定、防突规定、“三同时”等法规标准宣贯会，免费向企业发放5000余本法律手册，促使企业依法搞好安全。召开了3次新闻发布会，组织开展了“安全生产月”和“科技活动周”活动；省局所有非密下行公文全部在网站公开，扩大了社会影响；总结推广了许昌市政府、河南煤化集团等一批先进经验，并在全国率先推广学习“白国周班组管理法”，促使各级政府和煤矿企业学有典型，干有样板，提高了安全生产工作水平。

六、机关工作运转形成了新机制

修订、出台了20项制度，将41项制度汇编成册，用制度管权、管物、管人。

一是建立完善了党组议事规则、工作规则、执行“三重一大”制度等规定，提高了科学决策、民主决策水平。

二是创造性地设置了执政力、执行力、公信力考核指标，出台了绩效考核办法及一系列配套文件，对机关各处室和各单位进行绩效考核，并进行了模拟运转，对改进机关作风、提高工作效率、改善队伍形象将起到不可估量的作用。

三是建立了执法工作考核、自由裁量、重大行政处罚集体讨论、行政许可、行政复议等制度，使执法工作有章可循。

四是修订完善了公文处理、保密、督办、驾驶员管理等制度，规范了办文、办事工作。

五是出台了《加强领导班子和领导干部监督管理办法（暂行）》，建立了资产管理、财务管理、政府投资项目管理等制度，为廉政建设提供了保障。各分局、各事业单位也出台了大量的内部管理制度。全系统初步形成了规范、有序、廉洁、高效的工作运行机制。

七、队伍建设激发了新活力

深入开展学习实践科学发展观和“讲党性修养、树良好作风、促科学发展”教育活动，大力弘扬焦裕禄精神，提高了执法为民的自觉性；坚持加强思想政治工作与加强人文关怀相结合，省局建立了活动室、阅览室，丰富了机关文化生活；坚持德才兼备、以德为先用人标准，深化干部人事制度改革，交流、调整处级干部46人，对5个监察分局领导班子进行了调整充实，对安培中心、检验中心副主任岗位实行了竞争上岗，提高了队伍的活力；完善惩治和预防腐败体系建设，认真落实党风廉政建设责任制，强化对主要领导和权力的监督，严肃查处各类违纪行为，提高了队伍的拒腐防变能力。全系统的凝聚力、战斗力进一步提高。

湖北省煤矿安全生产工作综述

2009年，是“十一五”关键的一年，也是湖北煤矿安全生产工作取得历史性突破的一年。湖北省煤矿安监局在国家安全监管总局、国家煤矿安监局的正确领导下，积极开展“三项行动”，扎实推进“三项建设”，保持了湖北煤矿安全生产总体平稳、稳中有降的发展态势。

——煤矿安全生产形势进一步好转。主要体现在五个方面：一是事故总量和死亡人数大幅下降。2009年，全省共发生各类煤矿事故59起，死亡69人，比2008年减少了22起，少死亡32人，分别下降了27.16%和31.68%，全年煤矿事故死亡人数首次降到百人以下，创历史最好水平。二是较大以上事故下降。2009年，全省共发生2起较大事故，死亡9人，比2008年减少了1起，少死亡5人，分别下降了33.33%和35.71%。三是瓦斯事故得到了有效遏制。2009年，共发生瓦斯事故2起，死亡3人，比2008年减少了8起，少死亡20人，事故起数和死亡人数分别下降了80.0%和87.0%。四是消灭了一次死亡10人以上的重特大事故。连续8年没有发生一次死亡10人以上的重特大煤矿事故。五是煤矿百万吨死亡率大幅下降。煤矿百万吨死亡率为6.66，比2008年的9.93下降了32.93%，比省政府下达的相对控制指标9.14多下降24.93%。

——监察执法效果进一步增强。全年计划监察矿井70处，实际监察矿井72处，为计划监察矿井的102.9%。全年共下达执法文书277份，查出各类隐患795条，实施监察罚款150万元，停产整顿矿井15处，暂扣安全生产许可证矿井7处。

——事故责任追究进一步规范。全年发生的59起煤矿事故，已结案55起，按期结案率为100%，共处理事故责任人86人，其中给予党纪、政纪处分12人，移送司法机关追究刑事责任5人，事故罚款638万元，暂扣安全生产许可证9个，吊销矿长安全资格证1个。

——企业安全条件进一步改善。各地建设了一批市、县级安全质量标准化矿井，湖北宝源集团广得公司、当阳市太阳包煤矿、咸丰县小场坡煤矿、建始县李家湾和孙家湾煤矿等一批矿井安全生产条件有了很大改善。

2009年，湖北煤监局认真开展“三项行动”，积极推进“三项建设”，重点做了以下六个方面的工作。

一、认真开展煤矿安全宣传教育行动

1. 认真贯彻落实党和国家关于煤矿安全生产的方针政策

年初，省委、省政府专题听取煤矿安全生产情况的汇报，省政府召开了全省安全生产工作会议，部署煤矿安全生产工作，并与湖北省安全监管局、湖北省煤矿安监局和各产煤市、州政府签订了煤矿安全生产责任书。省委、省政府主要领导多次对煤矿安全生产工作作出重要批示，分管副省长段轮一同志亲自听取煤矿安全生产工作汇报，亲自到黄石工矿集团下井检查煤矿安全生产，亲自主持全省煤矿安全生产工作座谈会并部署工作。省委、省政府领导的重视和支持，有力促进了党和国家关于煤矿安全生产工作的方针政策在全省的贯彻落实。

2. 积极宣传煤矿安全生产法律法规和安全知识

湖北省煤矿安全监管局充分利用各种资源宣传煤矿安全生产法律法规和安全知识，特别是大力开展安全生产月活动，营造了全社会高度重视和关注煤矿安全的氛围。

一是通过公文宣传。全年共印发公文260份，编发《湖北煤矿安全监察》简报15期，向国家安全监管总局报送信息35篇（采用14篇），在湖北煤矿安监局网站公布信息近百条。

二是通过会议宣传。全年组织召开了4次有各级安监局局长参加的各类会议，传达贯彻上级会议和文件精神，开展煤矿安全知识培训，总结推广工作经验。

三是通过印发知识读本宣传。汇编了《2008年煤矿安全监察执法分析》、《2008年煤矿安全状况分析》、《2008年煤矿事故案例汇编》、《煤矿自救器使用方法图解》，免费印发给各级煤矿安全监管部门和煤矿企业。

3. 加强对各类人员的培训

通过各种途径开展安全培训，提高了全员安全素质。

一是严格煤矿“三项岗位人员”安全培训考核。共举办“三项岗位人员”培训班68期，培训3292人，发证2904个，其中煤矿主要负责人432人，安全管理人员612人，特种作业人员2248人。

二是加强救护人员的培训。举办了3期矿山救护队员培训和复训班，培训救护队员132名，发证49个。

三是加强对事故煤矿矿长的培训。共培训事故煤矿矿长81名。

四是继续与河南理工大学联合办学，2009年选送了31名学员到该校学习煤矿专业技术知识。此外，各地也采取灵活多样的方式培训了煤矿从业人员，尤其是新工人和农民工。

二、认真开展煤矿安全监察执法行动

1. 认真开展“三项监察”

湖北省煤矿安监局严格执行国家安全监管总局批复的监察计划，认真开展“三项监察”。

一是实施重点监察。重点监察高瓦斯、煤与瓦斯突出和水害威胁严重矿井。黄石袁仓煤矿是湖北省最大的煤与瓦斯突出矿井，也是湖北省煤矿安监局监察工作的重中之重。湖北省煤矿安监局两次到该矿进行监察，对该矿给予了停产整顿和罚款的行政处罚，督促整改了一批隐患。

二是组织专项监察。开展了安全装备、职业危害、建设项目“三同时”和“三项岗位人员”持证情况的专项监察。

三是开展定期监察。重点加强了对节后复工、“五一”和国庆期间的检查督查。为了加强对煤矿节后复产工作的指导，建立了省、市、县、乡镇四级的周报调度制度，并组成4个督查组分别对4个市（州）12个产煤县的42个矿井进行了抽查。

2. 积极创新监察方式

湖北省煤矿安监局多次组织人员到外省考察学习监察执法经验，并请外省专家到湖北指导监察执法工作，充分利用外省的监察执法经验促进湖北省执法工作的提高。在对煤矿进行“三项监察”时，以集中监察为主，辅以解剖式、联合式、案例式、服务式等监察方式。集中时间、集中监察员和专家，邀请地方政府及安全监管部门和乡镇管理人员参加，在对恩施、宜昌、荆门等地组织的几次执法中，还要求辖区内的煤矿企业负责人一同下井检查，一起查隐患，通过菜单式检查和培训式执法，提高煤矿业主对安全生产工作重要性的认识，促进“两个责任主体”责任的落实，达到“监察一个点、指导一个面、影响一大片”的目的。

3. 及时通报监察情况

每次监察结束后，湖北省煤矿安监局及时向地方政府和全省通报情况。

一是会议通报。通过召开有地方政府及其相关部门、煤矿业主参加的情况通报会，以书面和PPT幻灯片的形式，向地方政府通报情况，交换意见。

二是文件通报。及时将监察情况以文件形式向地方安全监管部门进行通报，对当地煤矿的隐患进行汇总，并提出改进安全生产工作的建议。

三是简报通报。在煤矿复工期间，共编发了19期《煤矿复产简报》，并以此作为平台，对复产工作中好的经验和做法进行推广，做到了信息互通、资源共享。在认真核查各地上报的复工矿井情况的基础上，对不符合复工条件的34处矿井，在全省进行了通报，并责成地方安全监管部门责令其停止生产施工，达到条件后方可复工，有力地指导了全省煤矿复产工作。

通过这些措施，促进了各地举一反三，开展隐患排查，促进了地方安全监管部门提高业务技能，促进了企业及时消除隐患，防范事故发生。

三、认真开展煤矿隐患治理行动

1. 以事故调查促进隐患治理

湖北省煤矿安监局今年组织和参与了2起较大煤矿事故的调查和抢险工作，并结合事故案例，开展了隐患排查和治理。

一是组织了利川市石坝煤矿“8·9”较大运输事故的抢险救援和调查处理工作，并结合事故案例对来凤和咸丰两县开展了隐患排查，共检查8处矿井。

二是参与指导了赤壁市蒲圻矿业公司肖家村煤矿“2·27”透水事故的应急救援、事故调查及善后处理工作，并开展以水患为重点的隐患排查工作，共检查4处矿井。

三是结合长阳县顶板事故多发的情况，对长阳县开展了顶板管理为重点的隐患排查，共检查4处矿井。

2. 以行政许可促进隐患治理

一是严格申报程序。按照《关于颁发安全生产许可证有关问题的通知》规定的程序开展工作，由县、市安监局分别接受、审理、现场核查，整改验收合格后再呈报湖北省煤矿安监局审查发证。

二是规范内部审批。明确主审监察员，每个矿井的申报资料都安排2人负责审查。

三是实行预警制度。实行了安全生产许可证有效期预警制度，对30处安全生产许可证到期矿井下达了责令停止生产通知书，并及时在网上公告。

3. 以建设项目监察促进隐患治理

加强对基建、技改矿井的监察，对违法违规建设、存在重大安全隐患以及发生事故的项目依法实施行政处罚。共审查矿井安全设施设计94处，否决设计16处，竣工验收矿井16处。对57处超工期建设矿井和11处未按规定期限进入“三同时”程序的矿井进行了通报，提高了业主依法办矿的意识。全省89处资源整合矿井已有6处矿井通过竣工验收，73处整合项目完成安全专篇评审并进入施工阶段。

四、积极推进煤矿安全监察法制体制机制建设

1. 积极推进煤矿安全法制建设

湖北省委、省政府非常重视煤矿安全生产法制建设。在制定《湖北省安全生产条例》时，省人大专门到煤矿企业调研。煤矿整顿关闭工作开展以来，先后出台了省委办公厅、省政府办公厅《关于切实做好全省煤矿整顿关闭工作的意见》（鄂文办［2006］20号）、省人民政府《关于煤炭资源整合的实施意见》（鄂政发［2009］39号）和《湖北省人民政府办公厅关于推进煤矿关闭工作的通知》（鄂政办函［2009］35号）等三个重要文件，有力地指导了全省煤矿安全生产工作，保证了煤矿整顿关闭工作的顺利推进。各地也结合实际出台了相关的政策措施，推进煤矿安全生产工作。

2. 不断完善煤矿安全监管监察工作机制

国家没有在湖北设立监察分局，我们重点积极争取地方党委政府的大力支持。一方面，我们及时向省委、省政府领导汇报情况，争取省委、省政府的领导支持。另一方面，主动加强与省安监局、省发改委、省经委、省国土资源厅、省总工会等部门的沟通，得到了相关部门的支持，初步形成了联席会议制度和联合执法机制。

3. 切实加强对地方政府的监督检查

会同省安全监管局转发了国家安全监管总局《关于切实加强对地方政府煤矿安全监管工作监督检查的意见》（安监总煤监［2009］88号），并结合日常监察加强对地方政府煤矿安全监管工作的监督检查。在对市（州）、县煤矿专项监察执法过程中，都邀请市、县两级政府及安全监管、乡镇政府的同志一起参加执法，并由安全监管部门承担隐患的整改督促及复查验收工作，检查结束后都与地方政府交换意见。

五、积极推进煤矿安全保障能力建设

1. 积极配合相关部门加强煤矿基础建设

一是继续深入推进煤矿整顿关闭和煤炭资源整合。配合省安全监管局等部门，确定了 2009 年计划关闭的 56 处矿井名单；协商省财政厅落实漳河水库周边已关闭的 10 处煤矿的补偿资金。

二是继续加强煤矿瓦斯监控系统建设。全省生产矿井全部安装了瓦斯监控系统。大冶、远安、长阳、建始、巴东、南漳 6 个产煤县（市）建立了远程监控系统，黄石工矿集团、湖北宝源集团、松宜煤业公司实现了区域联网。

三是推进煤矿技术改造。协助省发改委完成了 15 处技改煤矿的方案审查，上报国家发改委争取了国债资金。

2. 积极推进科技兴安

督促各地按照《湖北省煤矿安全质量标准化标准及考核评级办法》，确定了矿井安全质量标准化的工作目标、方案和措施，各地建设了一批市、县级安全质量标准化矿井。引导各地科学制定企业人才配置方案，加大专业人才培养力度。总结推广湖北宝源集团科技兴安的经验，大力开展全省煤矿示范矿井建设。

3. 加强中介机构的管理

与中南财经政法大学签订了共建协议，加快了省矿山实验室建设的进度；完成了对 8 家煤矿安全评价机构的资质审查和换证工作，其中新增了一个评价机构；完成对 12 家煤矿安全培训机构的资质审查和现场核查，并换发了资质证书，其中新批准了 1 个培训机构。配合国家安全监管总局开展了对部分救护队的装备检查，全省各级政府共投入资金 952 万元，更新了救护队的装备、训练器材以及基地建设等，矿山救护队的装备水平、训练设施有了明显的提高和改善。

六、积极推进煤矿安全监察队伍建设

1. 加强队伍思想作风教育

以提高干部政治素质为目标，组织机关干部认真学习党的十七大和十七届四中全会精神，深入开展学习实践科学发展观活动。坚持中心组集中学习、支部生活制度和个人学习相结合的学习方法，加强理论学习，进一步增强了干部队伍的理论素质和责任意识，努力建设学习型机关。认真落实“一岗双责”制度，将反腐倡廉列入重要议事日程。积极参加省委、省政府组织开展的“能力建设年”、“作风建设年”和“廉政建设年”活动，机关同志严格遵守政治纪律、工作纪律、党风廉政建设规定及内业管理制度，切实做到为民、务实、清廉。

2. 加强干部执法业务培训

2009 年，先后有 10 名同志参加了各类学习和培训。其中，1 名同志参加国家安全监管总局组织的为期一年的煤矿专业知识学习；3 名同志赴黄石工矿集团袁仓煤矿实践锻炼半年；1 名同志参加国家安全监管总局为期 20 天的煤矿监察员执法培训；2 名档案管理人员参加国家安全监管总局组织的档案管理强化学习；3 名财务管理人员参加了财务管理培训班的系统学习。9—10 月份，分两组分别到广西、重庆和甘肃、青海等 4 个省市学习考察煤矿安全监察执法和队伍建设等方面的经验；11 月份，组织机关 4 名同志与湖南省煤矿安监局 2 名同志开展了为期 20 天的执法交流活动，并派 1 名同志参加了国家安全监管总局组织的交叉执法监察活动，邀请了湖南省的煤矿专家给全省高瓦斯和煤与瓦斯突出矿井的业主和煤矿安全监管人员授课。

3. 加强制度建设

汇编了《湖北煤矿安全监察局机关内部制度汇编》，共收集 86 项工作制度，进一步完善了机关工作规则、档案管理制度、内部学习制度，进一步规范了政务信息报送、信访、机关财务管理、机关公文运转、文书档案管理等工作程序。建立健全局务会议制度，加强局务会督办考核工作，对局务会上提出的工作安排进行细化分解，落实到部门和责任人。执行公文的签收、登记、传阅、办理、归档程序，公文运转无差错，未出现泄密现象。加强财务管理，接受国家六部委对津补贴实施情况的检查和前任局长任期经济责任审计工作，进一步完善资产登记报损手续，确保国有资产不流失。

4. 加强机关党建工作

全局按照省委要求，认真开展机关党的建设，6 月中旬，省委省直机关工委对湖北省煤矿安监局 2008 年度党建工作进行了考核，对省安全监管局党建工作给予了充分肯定。加强群众信访工作，认真落实省政府、局领导交办的各项事项，认真处理群众来信来访，全年共收到27份上级部门批转和群众举报的信访件，接待了10批次群众来访，均按要求进行了办理。

广西壮族自治区煤矿安全生产工作综述

2009年，广西煤矿安监局认真贯彻落实“安全第一、预防为主、综合治理”方针，坚持安全发展的指导原则，紧紧围绕“安全生产年”、“服务企业年”和“学习提高年”的工作部署，以防范遏制煤矿重特大事故为目标，扎实开展“三项行动”，全面加强“三项建设”，为促进广西煤矿安全形势的稳定好转做了大量的工作，取得了明显成效。

2009年，广西共发生各类煤矿伤亡事故25起，死亡29人，同比事故起数增加7起，上升38.9%，死亡人数减少41人，下降58.6%。其中：合法煤矿发生事故18起，死亡18人，同比事故起数增加2起，上升12.5%，死亡人数减少49人，下降73.13%；合法煤矿没有发生3人及以上的事故。广西煤矿安全生产形势总体保持稳定，趋于好转，对促进广西全区安全生产形势的好转作出了积极贡献。

2009年，广西煤矿安监局主要抓了如下重点工作。

一、以实现“一个目标”为主线，扎实开展“三项行动”

广西煤矿安监局按照国家安全监管总局和自治区党委政府的总体部署，结合广西煤矿安监局的实际，及时调整监察计划，以实现“防范遏制煤矿重特大事故”为目标，扎实开展“三项行动”。

（一）扎实开展煤矿安全生产执法行动，坚决打击违法违规行为

一是始终把防瓦斯事故、防水害事故作为监察的重点。在瓦斯防治监察方面，严格监察各煤矿企业确保矿井通风系统完善可靠，日常加强盲巷、扩散通风、残采工作面通风管理，防止瓦斯积聚，根据采掘布局和作业情况配足瓦斯检查员，并定点蹲守检查瓦斯，安全监控系统保持正常使用等情况。力求做到“瓦斯员盯守检查，监控系统全时覆盖监控”的通风瓦斯管理方法。2009年监察罗城、右江等高瓦斯矿区矿井29矿次，责令存在通风和瓦斯隐患的5对矿井停产整顿或限期整改，其中暂扣6对矿井的安全生产许可证，罚款11万元。

在水害防治监察方面，2009年，对各产煤市、县（区）煤矿安全监管部门及煤矿企业下发了《关于进一步加强煤矿重大水患整治工作的通知》，将合山煤业公司10对、竹仓煤矿6对、河池国恒矿业公司3对、扶绥县新东公司1对水文地质条件相对复杂或涌水量较大的矿井列为防治水害重点矿井，加以重点监察。矿井及周边水文地质情况是否查清，防治水措施是否落实等。若情况不明或措施不到位，则列为存在重大隐患进行整治。2009年，共监察水文地质条件复杂矿井14矿次，占重点水害防治矿井的70%。

二是积极开展对延证后煤矿安全生产专项监察。重点监察延证后煤矿是否持续符合安全生产条件，开展隐患排查治理后，矿井是否存在过重大安全隐患，整改后是否符合安全生产条件的相关规定等。责令3对矿井继续停产整顿（尚未通过地方复产复工验收），暂扣4对矿井的安全生产许可证。

三是认真开展国有重点煤矿安全生产执法监察。贯彻落实《国家煤矿安监局关于开展国有重点煤矿安全生产执法检查的通知》要求，成立了监察工作领导小组，由局领导带队会同自治区安全监管局相关人员分别对钦州、右江、百色矿务局开展国有煤矿安全生产执法检查。共监察矿井6处，下达执法文书6份。

四是加强了联合执法，督促地方政府严厉打击非法采矿行为。2009年，广西煤矿安监局与地方市、县（区）政府及监管行管部门开展煤矿安全联合监察执法10多次，与自治区安委会、自治区经委、自治区公安厅等部门组织的联合执法8次。会同自治区有关部门研究制定《广西小煤矿关闭补偿办法》等相关政策。向当地政府下达《加强和改善安全管理建议书》，提出打击非法采矿的监察意见，向自治区政府报告部分地区非法采矿活动猖獗的情况，提出打击非法采矿活动的相关建议。在国家安全监管总局、国家煤矿安监局的督促和自治区党委政府的重视下，各地先后开展了打击非法采矿专项行动，并取得了明显成效，非法采矿活动得到了有效的遏制。长期以来非法盗采的重灾区——来宾市兴宾区也得到了比较彻底的治理。

（二）扎实开展煤矿安全生产治理行动，把事故隐患消灭在萌芽状态

按照“三项行动”的工作方案，2009年，广西煤矿安监局先后三次由局领导带队分9个专项督查小组对全区各产煤市、县（区）地方政府及有关部门和煤矿企业开展煤矿安全隐患排查治理专项督查。并采取安全督查、联合检查、专项监察、“回头看”等各种形式，加强对隐患整改的跟踪督查工作。

邀请地方煤矿安全监管、行业管理部门一同参加隐患排查工作，对查出的煤矿安全隐患一起进行剖析，一起研究整改意见和相关措施。煤矿安全生产治理行动共排查隐患366条，其中重大安全隐患37条，在整改期内32条已全部整改完毕，消除了一大批事故隐患。确定了全区煤矿安全存在的瓦斯、水害、通风、人员配备、持证上岗、机电设备等六个方面重大隐患，并下达执法文书，致函当地政府和相关部门，引起各方重视，共同推进煤矿隐患排查治理工作。

（三）扎实开展煤矿安全生产宣传教育行动，提高企业依法办矿和职工安全生产意识

2009年，以“安全生产月”活动为契机，出台了《2009广西煤矿安全监察局“安全生产月”活动方案》，动员组织干部职工积极参与到煤矿安全生产宣传教育中去。组织人员在南宁市朝阳广场，以及主要产煤市、县（区）发放煤矿安全宣传资料3000多份，播放煤矿安全生产宣教录像；到河池、百色、来宾等市的部分煤矿企业开展煤矿安全生产知识法律法规的宣传、服务咨询活动。为在全区宣传推广煤矿企业安全文化建设，局领导带队深入百色矿务局、新东公司等企业进行煤矿企业安全文化建设工作调研，在全区宣传推广百色矿务局“坚持安全发展，创建和谐矿区”的经验和做法。同时，还积极发挥科技支撑体系作用，组织有关专家下基层、进煤矿及企业开展服务。多次组织广西煤矿安全协会、广西矿山实验室的科技人员赴百色、来宾、河池等重点产煤市，针对瓦斯治理、水害防治、采煤工艺等科技知识进行了宣讲、座谈和咨询服务。

二、以加强“两个建设”为重点，扎实开展“三项建设”

广西煤矿安监局按照国家安全监管总局和自治区党委政府的总体部署，结合该局的实际，及时调整监察计划，以加强“加强监察干部队伍自身建设和煤矿安全生产保障能力建设”为重点，扎实开展“三项建设”。

（一）坚持以“三项建设”统领机关队伍建设工作

2009年，广西煤矿安监局党组围绕“安全生产年”、“学习提高年”和“三项建设”活动，紧密结合该局的中心工作，注重加强干部队伍建设和机关党的思想和廉政建设，各项工作取得明显成效。

一是突出实践特色，学习实践科学发展观活动取得预期效果。广西煤矿安监局作为第一批开展学习实践科学发展观的单位，局党组高度重视，围绕“治大隐患、防大事故”的目标，通过认真系统的集中学习培训，针对影响制约我区煤矿科学发展的8个方面的突出问题，制定出33项整改落实措施。在落实整改措施的过程中，把学习实践科学发展观同树立和落实煤矿安全发展理念紧密结合起来，同解决煤矿安全监察工作突出问题结合起来，同抓好各项重点工作结合起来，用推动煤矿安全发展的实际行动贯彻落实好科学发展观。干部队伍的政治理论、业务知识的学习得到了进一步加强；工作作风得到了进一步的转变；思想认识、工作能力得到了进一步提高，学习实践科学发展观活动取得预期效果，达到了预期的目的。

二是多措并举，干部队伍的整体综合素质得到进一步提高。2009年，按照建设“政治坚定、作风过硬、业务精通、纪律严明、充满活力”的监察队伍的要求，局党组始终把抓好干部队伍的思想

教育，努力提高全局干部的整体素质放在思想政治工作的首位。根据“三项建设”的总体要求并结合广西煤矿安监局干部队伍的实际，组织开展“学习提高年”活动，着力提高监察干部整体综合素质。下发了《关于开展监察干部“学习提高年”活动的通知》，对全局干部全年的学习提高工作作出了详细的部署和要求。通过开展学习提高活动，起到了取长补短、相互提高、共同进步的作用，学习活动收到了良好的效果。

三是强化监督，党风廉政建设工作进一步加强。紧紧围绕贯彻落实好中共中央《建立健全惩治和预防腐败体系2008—2012年工作规划》（以下简称《工作规划》）、中纪委第三次全会、国务院第二次廉政工作会议和全国安全生产监管监察系统反腐倡廉工作会议精神，研究制定了广西煤矿安监局贯彻落实《工作规划》实施办法和《广西煤矿安全监察局反腐败倡廉工作任务分工意见》，进一步明确责任，强化责任追究。从领导班子到各处主要负责人，层层签订责任状，形成目标明确、分工负责、责任到人、齐抓共管的党风廉政建设和反腐败工作的机制。运用正反面典型开展教育，提高反腐倡廉的实际效果。严格执行“九条纪律”和广西煤矿安监局“30个不准”。进一步建立健全财务管理制度，加强对固定资产的管理，促进固定资产合理、有效使用。严格执行政府采购制度，公开招标采购；成立了监察业务用房等各项基础建设工作小组，坚持集体研究，严格按国家有关规定全部实行招投标。

（二）全力推进煤矿安全生产保障能力建设，煤矿机械化工作取得良好效果

认真贯彻落实张德江副总理提出的“争取利用三年的时间，小型煤矿机械化、半机械化程度达到40%以上”、骆琳局长同志提出的“以新技术、新装备的推广应用为重点，提升科学技术对安全生产的支撑保障能力”以及赵铁锤局长提出的“坚持安全发展、创建和谐矿区”的要求，扎实推进煤矿安全生产保障能力建设，努力实施科技兴安战略。

一是坚持不懈地推进科技兴安，小煤矿机械化开采取得新的重大突破。截至2009年底，全区共有5对矿井实现了综合机械化采煤，1对矿井正在进行综合机械化改造，9对矿井采用了综合机械化掘进，3对矿井采用了高档普采，2对矿井采用割煤机开采，2对矿井引进急倾斜煤层长壁柔性掩护支架采煤法取得成功。其中，百色矿务局3对煤矿全部实现了采掘综合机械化，率先建成了广西第一个机械化矿务局。相当部分乡镇煤矿采煤工作面由木支护改为单体液压支柱支护，掘进巷道支护改用锚杆支护。2009年9月，国家煤矿安全监察局在百色市召开了全国小型煤矿机械化开采推进会，对广西壮族自治区几年来推进小型煤矿机械化开采工作给予充分的肯定。

二是全力推进矿山实验室建设取得新进展。督促广西煤炭研究所加强对矿山实验室人员的培训，先后派出了20人参加有关部门和单位举办的岗前技术培训，目前已全部持证上岗。抓好硬环境建设，购置了矿山设备仪表检测检验仪器217台（套），完成了实验室装修1400平方米。国家安全监管总局补助的193万元、广西区科技厅拨款的130万元和广西煤炭研究所自筹的100万元等设备的采购，已按计划完成，全部设备到位。

三是矿用设备检验检测工作已步入正常化轨道。为确保实验室对煤矿矿用设备检测检验工作的顺利开展，广西煤矿安监局下发了《关于加强煤矿在用设备检测检验工作的通知》，为全力推进广西煤矿矿用设备检测检验工作提供了保障。2009年累计完成47对矿井的201台设备、42条钢丝绳的检测检验工作。其中排水泵149台、通风机26台、提升机/绞车24台；检定仪器仪表1212台，其中矿用风速表188台、光干涉式甲烷测定器389台、催化燃烧式甲烷检测报警仪632台、粉尘采样器3台。通过检测检验，促进企业淘汰了一批不符合煤矿安全要求的矿用设备，为煤矿安全监察工作提供了有力的技术支撑。

三、以“四个突出”为抓手，扎实推进日常监察执法

2009年，按照煤矿安全国家监察职能的要求，根据各产煤区域煤矿安全隐患的特点和难点，有针对性开展煤矿安全日常监察执法工作，对煤矿安全生产持续保持“高压态势”，严厉打击煤矿非法违法违规行为，把煤矿事故隐患扼杀在萌芽状态。

（一）监察执法突出“严”

一是严格实施“三项监察”。对在煤矿实施“三项监察”执法过程中，要求监察有员对查出有

重大安全隐患的矿井该限时整改的限时整改，该责令停产整顿的停产整顿，该行政处罚的行政处罚，该扣证的扣证。2009年，全局监察各类煤矿83矿次，共查出各类事故隐患366条，重大隐患37项，实施监察行政处罚14次，责令停产整顿矿井9处，暂扣安全生产许可证14本。通过严格实施“三项监察”，有力地促进了煤矿安全生产状况的逐步好转。

二是严肃查处煤矿事故。全年共查处25起煤矿事故，结案21起，按期结案率为95%。共处理事故责任人98人，其中县（处）级干部2人，科、股级干部13人，一般干部4人，移送司法机关追究法律责任17人。

三是严格行政许可，把好准入关。全年受理5对建设矿井安全设施竣工验收申请，2对通过了竣工验收，3对继续进行整改。受理并批准5对矿井的安全专篇，对不符合国家产业政策规定的1对矿井不予受理；退回1对要求重新修改设计后再申请审查。

四是严格“三项岗位”人员培训。全年共举办各类煤矿培训班31次，培训各类人员2329人。退回不合格17人员，取消考试资格79人，初次考试不合格150人，经考试考核不合格不予发证79人。对考试、考核合格的及时发放或复审其安全资格证书和特种作业人员操作证（IC卡）共2250张。

（二）监察执法突出“实”

在具体监察执法中，我要求监察干部从四个方面确保监察执法取得实效：

一是严格执行监察计划。结合广西煤矿实际，制定年度、月度监察计划，按照国家煤矿安监局批准的监察计划开展监察工作。

二是做好监察预案。下矿监察前，针对要监察的矿井实际情况制定监察预案，确保监察工作做到有的放矢、突出重点、抓住要害。

三是以点带面，实施解剖式监察。每次下矿监察结束时，召开片区煤矿主要负责人座谈会，通报监察发现的问题，要求各煤矿举一反三，对照自查，消除安全隐患。

四是跟踪落实。对每次监察发现的隐患，落实专人跟踪了解隐患的整改情况，做到有始有终。今年以来，跟踪期内应完成煤矿安全隐患整改357条，煤矿重大安全隐患期内应完成整改32项已全部完成整改。

（三）监察执法突出“准”

在监察执法工作中，要求监察干部做到法律条文不离身，业务知识不离心。做到查找隐患准确，行政处罚适中，处理措施具体有效，煤矿事故处理定性准确，理由充分，确保了行政行为的合法合规，树立了煤矿安全国家监察的权威性。

（四）煤矿监察执法突出“快”

一是贯彻落实中央、国家安全监管总局、国家煤矿安监局和自治区党委政府的决策部署快。针对不同时期、不同特点、不同要求及时调整监察计划，先重后轻，先急后缓，把国家和自治区对煤矿安全生产工作最新要求和部署及时贯彻落实下去。

二是应对突发事件快。煤矿发生死亡事故或涉险事件，我们均在第一时间派员赶到现场进行处置。

重庆市煤矿安全生产工作综述

2009年，重庆市煤矿生产原煤4279万吨，同比增长1.71%，发生死亡事故160起、死亡234人，与上年比减少57起、少死亡48人，分别下降26.27%、17.02%；煤炭百万吨死亡率为5.42，与上年比下降1.111，下降17.01%。全年事故死亡人数比国务院安委会下达的控制指标248人减少14人、下降5.64%；煤炭百万吨死亡率比控制指标5.0超0.422、上升8.44%。其中：

按经济类型分：市属国有煤矿生产原煤1289万吨，发生死亡事故30起、死亡65人（其中基建2起2人），与上年比起数减少1起、增加21人，分别下降3.23%、上升47.72%；煤炭百万吨死亡率为4.888，与上年比增加2.476，上升102.65%。区、县国有煤矿生产原煤34万吨，发生死亡事故3起、死亡4人，与上年比起数减少1起，下降25%，死亡人数持平；煤炭百万吨死亡率为11.765，与上年比增加6.209，上升111.75%。乡镇小煤矿生产原煤2956万吨，发生死亡事故127起、死亡165人，与上年比减少55起69人，分别下降30.22%和29.49%；煤炭百万吨死亡率为5.582，与上年比减少2.725，下降32.80%。

按事故级别分：发生一般事故151起、死亡171人，与上年比减少55起53人，分别下降26.7%和23.66%，其中，市属国有煤矿28起、死亡28人，区、县国有煤矿3起、死亡4人，乡镇小煤矿120起、死亡139人。发生较大事故8起、死亡33人，与上年比减少2起12人，分别下降20%和26.67%，其中，市属国有煤矿1起、死亡7人，乡镇小煤矿7起、死亡26人。无重大事故，上年1起、死亡13人。发生特别重大事故1起、死亡30人，上年无特大、特别重大事故。

按事故类型分：顶板事故89起、死亡102人，与上年比减少22起17人，分别下降19.82%和14.29%；瓦斯事故13起、死亡66人，与上年比起数减少2起，下降13.33%，人数增加14人，上升26.92%；机电事故6起、死亡6人，与上年比增加1起1人，分别上升20%；运输事故24起、死亡26人，与上年比减少24起29人，分别下降50%和52.73%；爆破事故2起、死亡2人，与上年比减少2起3人，分别下降50%和60%；水害事故3起、死亡5人，与上年比减少3起12人，分别下降50%和70.59%；其他事故23起、死亡27人，与上年比减少5起2人，分别下降17.86%和6.9%；无火灾事故。

2009年，重庆市委、市政府高度重视安全生产工作。市委三届五次全委会审议通过了《关于坚持安全发展加强安全工作的决议》，市委、市政府也作出了《关于平安重庆建设的决定》、《关于进一步加强安全生产和地质灾害防治建设安全保障型城市的决定》等有关安全生产的重大决策部署，健全煤炭管理体制，设立了市煤炭工业管理局，并与重庆煤矿安全监察局合署办公。市政府及各有关部门特别是煤炭行业管理、煤矿安全监管部门和重庆煤矿安全监察机构，认真落实党中央、国务院关于安全生产的一系列重要指示，全国安全生产电视电话会议和全国安全生产工作会议精神，紧扣全国“安全生产年”和全市安全生产“基层基础强化年”活动主题，采取一系列硬措施，强化煤矿安全工作和安全监察监管执法，深入开展煤矿安全生产宣传教育、安全生产执法、安全生产治理“三项行动”，积极推进煤矿安全生产法制体制机制、安全生产保障能力、安全监管监察队伍“三项建设”，全市煤矿安全工作取得阶段性成效。

一、以“百千万”宣教活动为平台，扎实开展安全生产宣传教育行动

开展为期3个月的安全生产“百千万”宣教活动，以煤矿安全生产基层基础工作和法律法规为主要内容，在31个产煤区县组织开展100场次以上专题讲座，使1000名以上煤矿安全监管人员和10000名以上煤矿企业管理人员、班组长受教育。4月1日在綦江县启动，宣讲149场，培训基层煤矿安全监管人员（含部分乡镇分管领导）1514人、煤矿企业管理人员及班组长17508人。6月份，开展第八个“全市煤矿安全生产月”活动，大力宣传安全生产法律法规、政策措施，营造“关注安全，关爱生命”的社会氛围和良好的安全文化、法制环境。

扎实推进煤矿“三项岗位”人员教育培训。全年矿长资格培训（复训）2191人、煤矿主要负责人安全资格培训（复训）707人、安全生产管理人员安全资格培训（复训）2034人、特种作业人员操作资格培训（复训）32997人，举办煤矿基层基础管理、安全监管执法、国际SOS应急响应管理等7个专项培训班14期，培训1319人；举办2期三、四级煤矿培训机构的教师培训班，培训241人。11月，重庆煤矿安全监察局与市总工会在永川区举行了全市“千名煤矿班组长安全培训工程”启动仪式。

二、以打击非法违法生产行为为重点，扎实开展安全生产执法行动

认真开展监察监管执法。突出事故多发地区、事故多发煤矿、灾害严重矿井和国有大矿，实施了有计划的重点监察、专项监察、定期监察和安全督查，查处了一批安全生产违法行为。全年监察矿井564个、927矿次，依法下达行政执法文书5512份，实施行政处罚774次，经济处罚316次，行政罚款2955万元（其中监察和监管罚款445万元），责令停产整顿矿井145个，提请关闭矿井1处，暂扣安全生产许可证131个、煤炭生产许可证3个，吊销安全生产许可证60个，吊销“三项岗位人员”资格证8个。

严格安全生产准入管理。全年审批煤矿建设项目236项新增生产规模457万吨每年；审查煤矿建设项目初步设计225项、安全设施设计21项，验收煤矿建设安全设施设计竣工项目29项；与煤矿安全专项整顿、煤矿生产能力核定、煤矿维简费和煤炭生产安全费用提取使用管理相结合，完成了2008年度煤炭生产许可证年检工作；新办煤炭生产许可证10个，变更、延期、补办12个；新办煤矿安全生产许可证33个，变更、延期213个。组织开展煤矿建设项目异地交叉执法专项行动。

严肃煤矿事故责任追究。对全年发生的160起事故中的149起（其中较大事故4起）进行了结案，结案率为93.13%。同时对2008年未结案的8起较大事故也作出了处理。结案的12起较大事故中，处理责任人75人（次），其中移送司法机关追究刑事责任19人、行政处分37人、党纪处分5人、责令17人写出书面检查。全年事故行政罚款2510万元。2009年接煤矿安全举报187件，较2008年上升14.72%，依法依职组织核查112件。

三、以解决薄弱环节和突出问题为着力点，深入开展安全生产治理行动

强化监管监察执法，不间断开展安全督查。以国有重点煤矿和灾害严重矿井为重点，重点开展了元旦、春节、全国“两会”、“五一”、“十一”期间安全大检查和国有煤矿“一通三防”专项督查。松藻煤电公司同华煤矿发生“5·30”特别重大煤与瓦斯突出事故后，重庆煤矿安全监察局、市经济和信息化委员会、市安全生产监督管理局联合成立七个督查组，对市属国有重点煤矿进行了地毯式、全覆盖安全督查。4月中旬开始，开展了全市煤矿百日安全专项整治行动，并对煤矿雨季“三防”工作实施了专项检查；7—10月，按照市委、市政府的部署，对全市煤矿开展了安全生产大排查、大整治、大执法专项行动的专项督查；9月中旬至10月底，与市能源投资集团组织四个督查组，对国有重点煤矿实施了驻矿监察。四季度，认真吸取黑龙江龙煤集团新兴煤矿“11·21”事故教训，开展了安全生产大排查、大整治、大执法“回头看”专项行动，对部分国有煤矿和区县煤矿实施了解剖式监察。2009年，组织中介机构对市属国有重点煤矿、12个区县部分煤矿“四大件”1398台设备进行检测检验，深入推进了安全生产隐患的排查和治理。同时，加强了煤矿作业场所职业危害防治工作的监督检查，积极推动煤矿工程防尘和个体防尘防护用品新技术的推广应用。2009年，就煤矿安全监察而言，全年查处事故隐患4750条（其中重大隐患34条），已整改4719条（其中重大隐患29条），隐患按期整改率为100%（其中重大隐患按期整改率为100%）。向地方人民政府提出加强和改善安全管理建议书19份，向地方煤矿安全监管部门及市属煤矿企业下达加强和改善安全管理监察意见书31份。据不完全统计，在全市开展煤矿安全生产大排查、大整治、大执法专项行动中，共排查各类隐患31147条，其中重大隐患55条；市、区县按照隐患排查治理有关规定，对排查的重大隐患进行了挂牌督办。全年，市级挂牌督办的5条重大隐患，均已整改、检查验收并销号。

着力瓦斯治理体系建设，深入推进煤矿瓦斯治理。重庆煤矿安全监察局、市经济和信息化委员会制定了煤矿瓦斯治理工作体系示范区县和示范矿井建设三年规划及2009年煤矿瓦斯治理工作实施意见，组织开展专家督导和专项督查。重庆煤矿安全监察局与万盛区和南川区、綦江县签订了《关于推进煤矿瓦斯综合治理工作体系建设的备忘录》。在市和区县、煤矿企业的共同努力下，全年建成了綦江、万盛、南川3个瓦斯治理示范区县和15个示范矿井。至2009年末，全市75个煤与瓦斯突出矿井全部按规定建立了瓦斯抽采系统；43个国有煤矿全部装备了安全监控系统，31个产煤区县933个小煤矿安装安全监控系统933套，安全监控系统联网矿井数达574个，安全监控系统联网监控面达61.5%。綦江等区县推广应用了井下人员定位跟踪系统和视频监控系统。全市煤矿抽采瓦斯4.143亿立方米、利用2.831亿立方米，利用率达68.35%，分别完成计划的109.03%、101.11%。

着力煤炭产业结构调整，深入推进煤矿整合关闭。《重庆市委、重庆市人民政府关于平安重庆建设的决定》和《关于进一步加强安全生产和地质灾害防治建设安全保障型城市的决定》，明确加大产业结构调整力度，淘汰落后生产力，用不到9个月的时间关闭1000个高危行业生产小企业（其中关闭小煤矿300个）。市政府出台《关于加快煤矿整合工作的通知》，深入推进煤矿企业资产、资源整合。按照市政府制定的重庆市小煤矿整顿关闭工作实施方案及11月6日市政府全市煤矿安全工作会议要求，向各产煤区县分解下达了小煤矿关闭指标和分阶段任务；市政府出台了小煤矿关闭奖励政策，对关闭工作进度缓慢的地区进行了重点督促检查，推动小煤矿关闭工作的有效开展，全年确定并公告了第一阶段关闭106个矿井名单。

四、加强法制体制机制建设，探索和创新安全监管监察工作机制

完善安全监管监察体制。市委、市政府决定调整完善重庆煤炭安全管理体制，设立重庆市煤炭工业管理局，实行与重庆煤矿安全监察局实行合署办公机制，12月8日重庆市煤炭工业管理局正式挂牌成立。重庆136地质队、重庆煤炭职业病医院、重庆市科能高级技工学校、重庆煤矿安全技术培训中心（重庆煤炭职工中等专业学校）四个涉煤事业单位划转了市煤炭工业管理局管理。

完善事故查处机制。重庆煤矿安全监察局制定和实施了煤矿生产安全事故内部联合调查、分局异地调查制度，事故现场分析会、事故后约谈、事故通报“三项制度”，对典型及较大以上事故矿井实施解剖式监察以及安全生产“黑名单”制度，进一步细化和规范了事故报告和调查处理规定。

完善督查指导机制。重庆煤矿安全监察局建立煤矿安全监察机构两级检查指导机制，从煤矿主体专业人员配备、安全监管制度健全完善、执法规范化建设、安全控制指标完成等方面，对区县煤矿安全监管工作进行年度量化考评，对先进予以奖励，对落后者进行集体约谈。

五、加强安全生产保障能力建设，大力推进煤矿安全基层基础工作

制定基层基础工作规划。市政府出台《关于加强安全生产基层基础工作的意见》，重庆煤矿安全监察局印发《推进2009—2012年全市煤矿安全生产基层基础工作的意见》，两个文件明确了2009年和未来3年加强和推进全市煤矿安全生产基层基础工作的目标、任务、工作重点和保障措施，分年度依次开展“强化年”、“突破年”、“攻坚年”、“巩固年”活动，从生产、监管和监察三个层面对基层基础工作进行了部署。

推进煤矿安全基层建设。重庆煤矿安全监察局、市经济和信息化委员会加强了区县煤矿安全监管工作的检查指导，从煤炭监管机构设置、人员编制、经费保障、工作装备、办公条件改善、落实监管人员编制和待遇等方面提出要求，推进部分地区煤矿安全监管部门存在的总工程师或技术负责人的配备不到位、煤矿主体专业监管人员缺乏、财政经费保障不足、监管装备设施紧缺、安全监管责任制不完善和落实等问题的解决，同时也组织了基层煤矿安全监管人员执法培训，进一步夯实了煤矿安全监管基层，增强了基层安全监管能力和水平。

推进煤矿安全基础建设。各地区、煤矿企业以安全质量标准化为抓手，坚持“管理、装备、培训”三并重，大力推进安全基础建设。2009年全市893个正常生产矿井中94个煤矿达到重庆市煤矿安全质量标准化标准一级标准。当然，在推进煤矿安全基础建设工作中，也重点包括了安全生产宣教行动中所做的各项工作。加强应急救援工作检查指导，在全市建立起了层次结构基本合理、覆盖所有煤矿的“1+1+3+3+5+12”矿山应急救援体系（1个市矿山应急救援指挥中心、1个国家级矿山救援天府基地、3个矿山应急救援培训基地、3个矿山防洪排水救援站、5个矿山医疗分中心、12个应急救援队伍）。

推进煤炭行业科技进步。组织鉴定并推广应用了“煤与瓦斯突出实时诊断系统”和“DW·X型柱塞悬浮式小型矿用单体液压支柱”项目科技成果。推进重庆市煤矿安全生产技术支撑体系矿山安全专业中心实验室和覆盖全市所有煤矿的区域煤矿安全监控系统技术服务机构建设。在各产煤区县推进建设重庆市煤炭综合信息管理系统。至2009年末，全市933个小煤矿1061个采煤工作面推行了壁式开采，394个采煤工作面、521个掘进工作面采用了金属支护，365个小煤矿实现了炮采和机械化开采；市属国有重点煤矿采煤机械化率达54%（其中采煤综合机械化率达35%），掘进装载机械化率达69%。

六、以“勤政廉政”为主题，加强安全监察监管队伍建设

以打造标准化监察分局为着力点，推进了执法规范化建设；突出党性党风党纪教育，推进了党风廉政建设；狠抓源头治本，推进了反腐倡廉制度建设。强化权力的监督和制约，严处违规违纪行为。积极推进政务公开，及时公开了安全生产事故信息、矿井停产整顿、“三同时”审查与验收、煤炭生产许可和安全生产许可证颁发、事故调查处理等事项。与纪检监察机关、检察院及时沟通信息，积极探索促进源头治理腐败预防机制，促进煤矿安全监管监察系统反腐倡廉工作。

重庆煤矿安全工作任重道远。煤矿数量多、规模小，基层基础薄弱，煤矿安全专业人才缺乏，从业人员素质偏低，制约和影响重庆煤矿安全发展、健康发展、可持续发展的矛盾突出。矿井安全质量标准化水平、安全技术装备水平和机械化程度低，开采工艺、支护方式较为落后，安全生产保障能力不强，煤矿安全两个主体责任没有认真落实到位，煤矿整顿关闭工作中还存在一些突出问题亟待解决，防治煤矿生产安全事故特别是顶板事故和瓦斯事故的任务依然十分艰巨。

四川省煤矿安全生产工作综述

一、煤矿安全生产基本情况

2009 年，在克服地震灾害和国际金融危机的严重影响以及全省有近 1/4 的煤矿在进行资源整合情况下，全省各类煤矿生产原煤 6758 万吨，基本保证了全省煤炭供应。至 2009 年底全省启动建设（包括新建、改建、扩建和资源整合）矿井 500 对，将新增能力 3126 万吨，为全省经济发展提供重要保障。

2009 年，全省共发生死亡事故 222 起，死亡 278 人，百万吨死亡率为 4.113。与 2008 年相比，原煤产量减少 617 万吨，下降 8.37%；事故起数减少 67 起，下降 23.18%；死亡人数减少 75 人，下降 21.25%；百万吨死亡率减少 0.674。在 222 起死亡事故中：一般事故 210 起、死亡 225 人，同比起数减少 72 起、死亡人数减少 75 人，分别下降 25.53% 和 25%；较大事故 12 起、死亡 53 人，同比起数增加 7 起、多死亡 28 人，分别上升 140% 和 112%；无重大事故发生，同比减少 2 起，少死亡 28 人，分别下降 100%。

按事故煤矿性质分：国有重点煤矿、国有地方煤矿、乡镇煤矿生产原煤分别为 1414.43 万吨、267.2 万吨、5076.84 万吨，分别占全省总产量的 20.93%、3.95% 和 75.12%。在发生的 222 起生产安全事故中，乡镇煤矿 195 起、国有重点煤矿 23 起、国有地方煤矿 4 起，分别占全省事故总起数的 87.84%、10.36% 和 1.80%；在事故中死亡的 278 人中，乡镇煤矿 244 人、国有重点煤矿 23 人、国有地方煤矿 11 人，分别占全省总死亡人数的 87.77%、8.27% 和 3.96%，国有重点煤矿、国有地方煤矿、乡镇煤矿的百万吨死亡率分别为 1.626、4.117、4.806。

按事故类别分：顶板事故 128 起，死亡 138 人，与 2008 年相比，事故起数减少 54 起，少死亡 54 人，分别下降 29.67%、28.13%；瓦斯事故 13 起，死亡 36 人，同比减少 1 起，少死亡 24 人，分别下降 7.14%、40%；运输事故 30 起，死亡 30 人，同比减少 22 起，少死亡 24 人，分别下降 42.31%、44.44%；爆破事故 10 起，死亡 16 人；机电事故 15 起，死亡 15 人；水灾事故 3 起，死亡 12 人；其他事故 23 起，死亡 31 人。全年无火灾事故发生。

按事故区域分：全省 16 个产煤市（州）死亡人数居前的 8 个市（州）分别是：宜宾、达州、攀枝花、泸州、内江、乐山、雅安、广安。这 8 个市共生产原煤 4131.32 万吨，发生事故 160 起，死亡 202 人，分别占全省煤炭总产量 64.4%、事故总起数的 72.07% 和死亡总人数的 72.66%。与 2008 年相比，自贡市和凉山州 2 个市（州）事故起数和死亡人数同比上升。在 16 个产煤市（州）及川煤集团、古叙集团等 18 个考核单位中，自贡、攀枝花、凉山、雅安的事故死亡人数突破年度控制指标，自贡、攀枝花、达州、巴中的瓦斯事故死亡人数突破年度控制指标。

在控制指标方面，全年煤矿事故死亡278人，占国务院安委会下达给我省343人的81.05%；其中瓦斯事故死亡36人，占年度指标59人的61.02%；全省煤矿无重大事故发生，节约年度指标2起；百万吨死亡率4.113，百万吨死亡率为4.334，较年度指标4.501减少0.388。

二、2009年煤矿安全生产工作

（一）以加强队伍建设为契机，不断完善煤矿安全生产体制机制建设

2009年，通过各级政府、监管监察部门的共同努力，全省安全生产监管监察机构进一步健全，队伍得到充实，职能更加完善。国家安全监管总局批准成立了川东分局，基本理顺了四川省监察体制不完善、监察区域不平衡的问题；各市（州）、县（区）结合实际，配备了技术负责人，充实了监管人员，补充完善驻矿安全员，建立完善了煤矿技术服务机构；全省灾后重建5个应急救援基地，目前正在抓紧建设，全省矿山专业救护队员已达1563人；煤矿监察直属机构编制落实，省矿山培训中心、省检测院、省安科院等逐步完善职能，充实专家队伍，拓展业务，为煤矿安全工作提供了强有力的技术支撑。

（二）以杜绝重特大通风瓦斯事故为重点，进一步强化煤矿瓦斯治理工作

省委、省政府主要领导高度重视煤矿瓦斯治理工作，蒋巨峰省长在省长办公会、全省安全生产电视电话会议等场合多次强调和部署煤矿瓦斯治理工作，成云副省长多次深入现场检查落实情况。“瓦斯治理和利用厅际协调领导小组”各成员单位积极配合，开展科研攻关，推动实施瓦斯治理项目。各级按照国家和省委、省政府关于煤矿瓦斯治理工作的总体部署和工作要求，加强瓦斯治理工作责任落实，强力推进瓦斯治理综合体系建设。

一是完善制度，强化措施，煤矿瓦斯治理工作责任得到进一步落实。各级政府、煤矿安全监管部门和煤矿企业认真落实安全生产“一岗双责”，坚持煤矿瓦斯治理“工作不断、机构不撤、人员不散、保障经费、强化措施、狠抓落实”。在认真总结近年瓦斯治理经验教训的基础上，从制定标准完善制度入手，围绕瓦斯抽采、监控系统完善、采掘关系调整、采煤方法改革、人员培训等方面，加大投入，落实责任，深化治理，有效促进了全省瓦斯治理工作的稳步推进。

二是以点带面，积极推进瓦斯治理示范工程建设。在古蔺召开了瓦斯治理现场工作会，全面部署全省煤矿瓦斯治理工作体系“双百工程”建设工作。同时，以省安委会办公室名义下发了《关于煤矿瓦斯治理工作体系示范工程建设的实施意见》（川安办［2009］32号），制定了示范县和示范矿井建设标准和检查验收办法，并明确了机关业务处室联系责任。各相关市县政府、煤矿安全监管部门和煤矿企业高度重视，成立了领导小组，明确工作责任，结合实际从制定规划、完善机构、健全制度、经费保障等方面，加强整改完善，有效推动了本单位煤矿瓦斯治理综合体系建设工作。截至2009年底，有10个县和66个煤矿开展瓦斯治理示范矿井建设工作，其中，筠连、江安、古蔺、宣汉4个县和达竹金刚煤矿、仁寿汪洋公司等23处矿井达到评估标准，完成建设达标。

三是强化瓦斯抽采利用与监测监控，瓦斯治理取得实效。始终把抽采瓦斯作为煤矿瓦斯灾害治理的根本途径予以强力推进，继续贯彻执行《四川省煤矿瓦斯抽采暂行规定》，充分用好省政府每年投入的1000万元煤矿瓦斯抽采利用系统建设启动和奖励资金，2007年以来带动了煤矿企业投入近8亿元资金用于瓦斯抽采利用系统建设。截至2009年底，全省共有200对矿井启动瓦斯抽采系统建设，已建成128个套；有12处煤矿建成了瓦斯发电厂，装机功率近5万千瓦，有近2万户居民使用瓦斯作为生活燃料。2009年完成抽采瓦斯纯量18659万立方米，利用瓦斯纯量8866万立方米，同比分别增加49.1%和88.9%。同时，各地各部门始终把煤矿监测监控作为防止通风瓦斯事故的有效手段之一予以强化，把监测监控系统作为重大隐患整治项目管理和督办，逐步建立和完善了煤矿数字化瓦斯远程监控系统平台，规范了单井监控系统管理。截至目前，已经建立川煤集团、达州市等5个市级平台和犍为县等48个县级平台，并与省煤矿安监局联网，有1173个煤矿进行了数据上传，联网单井系统上线率达到80%，有35户机构为煤矿安全监控系统提供技术服务，基本实现了对全省煤矿井下瓦斯、通风、瓦斯抽放、自然发火、主通风机开停、局部通风机开停等24小时连续监控。

（三）以安全质量标准化和安全高效矿井建设为切入点，夯实煤矿安全基础条件

一是狠抓煤矿安全质量标准化建设。各级把安全质量标准化作为四川省煤矿安全管理的重要途径扎实推进。结合四川实际编制了2009—2012年煤矿安全质量标准化达标规划，制定了《四川省煤矿安全管理标准（试行）》，采取典型引路、分类指导、强制推进等办法，开展了国有重点煤矿安全质量标准化恢复性建设工作。各产煤市（州）、县（市、区）成立安全质量标准化领导小组和专家组，负责规划、指导、验收。煤矿按"一矿一策"要求编制标准化工作方案，分专业组对照标准认真排查，落实资金、措施、人员和时间，按期整改达标。截至目前，全省466处煤矿达到了安全质量标准化三级以上标准。

二是有序推进安全高效矿井建设。为推进大矿安全高效矿井建设，我们在对全国安全高效矿井建设和四川省安全高效矿井建设工作总结分析基础上，通过监察例会、重点监察和协商研究等形式，积极尝试和推广现代化矿井建设、薄煤层机械化开采、机械化和信息化集成技术应用等安全高效模式，使重点煤矿在产能增加300万吨的情况下净减采煤工作面28个，综合机械化水平提高21%，9万吨每年以上煤矿机械化水平净增12%。龙滩煤矿完成单采区、单采煤面150万吨每年矿井建设，小宝鼎煤矿100万吨级采煤工作面试验成功，杉木树煤矿基本建成信息化矿井。同时，组织开展了"四川小煤矿安全高效模式"课题研究，印发《四川小煤矿安全高效矿井生产模式（试行）》和《四川小煤矿安全高效矿井建设考核评分办法（试行）》，积极推进小煤矿安全高效矿井建设。目前，全省小煤矿已有16对使用采煤机36台，92处煤矿使用截煤机146台，22处煤矿使用掘进机48台，78处煤矿使用装岩机217台。先进生产方式和先进技术得到较好推广应用，安全基础条件向好的方面快速转变。

（四）以安全培训教育为手段，提升煤矿全员安全意识

一是规范安全培训管理。建立了省安全培训考试中心，开发和建立了安全生产培训管理和考试系统，推进安全生产培训"教考分离"工作。截至目前，已有近5000人次的煤矿矿长、安全生产管理人员（负责人）和特种作业人员参加了机考。积极配合省物价局、省财政厅开展安全培训调研，出台了《关于规范安全生产培训及考试收费的通知》（川价发［2009］53号），明确了四川省安全生产培训的收费主体，规范了安全培训和考试收费工作，为安全生产培训质量提供了制度保障。

二是加大安全培训力度。2009年，全省安全生产监管监察人员业务能力培训1073人次，煤矿矿长1723人次，煤矿防突、通风及采掘技术、矿山救护等2022人次，煤矿特种作业人员3.36万人次。

三是围绕不同阶段的工作重点，采用多种形式，针对性地开展宣传培训教育活动。各级和各煤矿企业围绕"两会"、"建国60周年"等重要时段和"安全生产月"活动，积极开展"安全生产咨询日"、送安全文化到基层等宣传教育活动，收到良好效果。

（五）以事故查处为手段，强化煤矿安全监管监察

坚持按照事故调查"依法依规、实事求是、注重实效"三项基本要求和"四不放过"原则，加大事故查处和责任追究力度；积极与各级政府及监察、检察、公安和工会等部门沟通协调，提高了事故结案率；制定了《四川省煤矿事故异地调查工作制度》和《四川省安全生产监督管理局 四川煤矿安全监察局案件审理程序规定（试行）》，保证了对较大事故和事故性质恶劣、原因复杂、牵涉面较大的一般事故的责任追究到位。截至2010年2月，2009年发生的事故已全部结案，按期结案率为100%。共查处相关责任人员1231人，其中：追究刑事责任30人，处理行政监管人员113人，责令停产整顿87个煤矿，处罚款3413万元。尤其是对迟报事故、修改记录的达州市新荣煤矿处以228万元罚款，对伪造事故现场的达县金龙集团（寿田嘴煤矿）处以329万元罚款，达到了查处一家、震动一方、教育一片的目的，有效地促动了企业主体责任的进一步落实。

贵州省煤矿安全生产工作综述

2009年是国务院确定的“安全生产年”。通过积极应对全球性金融危机带来的不利影响，紧紧围绕国家和省的各项工作部署，深入开展安全生产执法、治理和宣教“三项行动”，切实加强法制体制机制、保障能力和队伍“三项建设”，全省煤矿安全生产状况继续保持了总体平稳、趋于好转的发展态势，较好地完成了国家下达的煤矿安全生产控制考核指标和省委、省政府提出的死亡人数控制“双降”目标。

一、贵州省煤矿安全生产情况

截至2009年底，贵州省现有各类煤矿1832对，其中，生产矿井530对，设计生产能力21685万吨；技改矿井257对，设计生产能力4463万吨；新建矿井441对，设计生产能力7922万吨；整合矿井604对，设计生产能力9300万吨。

按企业性质分：国有重点煤矿17对，设计生产能力1201万吨；国有地方煤矿和国有控股及股份制煤矿55对，设计生产能力2680万吨；乡镇煤矿1760对，设计生产能力24349万吨。

按矿井规模分：120万吨/年以上大型矿井20对，设计生产能力3640万吨；（30～120）万吨/年中型矿井53对，设计生产能力3315万吨；30万吨/年以下的小型矿井1759对，设计生产能力22175万吨。

2009年，全省共发生煤矿事故312起，死亡434人，同比减少45起、少死亡19人，分别下降12.6%和4.2%。其中，一般事故289起，死亡314人，同比减少48起、少死亡51人，分别下降14.2%和14.0%；较大事故20起，死亡87人，同比增加2起，多死亡22人，分别上升11.1%和33.8%；重大事故3起，死亡33人，同比增加1起，多死亡10人，分别上升50%和43.5%；全年未发生特别重大事故。

按事故类别分：顶板事故168起，死亡201人，同比减少30起、少死亡22人，分别下降15.2%和9.9%，分别占总事故的53.8%和46.3%；瓦斯事故35起，死亡102人，同比增加5起，多死亡34人，分别上升16.7%和50%，分别占总事故的11.2%和23.5%；水害事故10起，死亡29人，同比减少1起，少死亡7人，分别下降9.1%和19.4%，分别占总事故的3.2%和6.7%；运输事故56起，死亡58人，同比增加1起，多死亡1人，分别上升1.8%和1.8%，分别占总事故的17.9%和13.4%；机电事故16起，死亡16人，同比减少6起、少死亡6人，分别下降27.3%和27.3%，分别占总事故的5.1%和3.7%；爆破事故8起，死亡9人，同比增加4起，多死亡5人，分别上升100%和125%，分别占总事故的2.6%和2.1%；其他事故19起，死亡19人，同比减少18起、少死亡24人，分别下降48.6%和55.8%，分别占总事故的6.9%和4.8%。

2009年，全省煤矿事故起数和死亡人数连续第六年实现了“双下降”，煤矿事故死亡人数比国家下达的控制考核指标少31人，全省9个市（州、地）中有5个实现了事故起数和死亡人数“双下降”目标，有5个事故死亡人数在控制考核指标范围以内；全省全年实际原煤产量为1.37亿吨，煤矿百万吨死亡率为3.17，比控制考核指标低0.327，比省“十一五”规划指标高0.17，已基本实现省“十一五”规划3左右的目标。但全省煤矿安全生产形势依然十分严峻，与国家安全监管总局、国家煤矿安监局的要求仍然有较大差距，主要表现为以下几个方面。

一是顶板事故总量依然很大。全省全年发生顶板事故168起，死亡201人，虽与上年同比事故起数和死亡人数均有不同程度的下降，但总量依然很大，分别占煤矿事故总量的一半左右。

二是瓦斯治理工作仍需进一步加强。2009年，煤矿瓦斯事故反弹明显，未能保持上年的“双降”势头，事故起数和死亡人数与上年同比均呈“双上升”，且超控制考核指标5起、35人，死亡人数占煤矿事故死亡总人数的近1/4。

三是较大及以上事故仍未得到有效遏制。较大事故全年发生20起，死亡87人，事故起数和死亡人数与上年同比均呈两位数的上升，且事故起数比控制考核指标多4起。同时，重大事故起数和死亡人数与上年同比也呈现出“双升”势头。

四是非生产矿井事故依然高发。在313起煤矿事故中，非生产矿井发生的事故就有215起，死亡309人，分别占事故总起数和死亡总人数的68.7%和71.2%。其中：非法采煤窝点发生事故3起，死亡22人；技改矿井发生事故64起，死亡85人；新建矿井发生事故44起，死亡55人；资源整合矿井发生事故104起，死亡147人。

究其原因主要有以下几方面。

一是企业主体责任落实不到位。一些煤矿安全制度不健全、安全管理不严格、安全投入不到位、安全措施不落实，“三超”（超能力、超强度、超劳动定员）问题和“三违”（违章指挥、违章作业、违反劳动纪律）现象相当严重。一些新建、改扩建和整合矿井未严格执行建设项目“三同时”规定，不按批准的《安全设施设计》进行施工，安全设施严重滞后于主体工作，或擅自改变施工方案，安全保障能力大打折扣。

二是隐患排查治理不深入。对开展隐患排查整治工作的重要性认识不足，隐患排查不积极、不主动，治理不深入、不彻底，对一些投入大、整改时间长、需要停产的重大隐患视而不见，或怕影响经济不及时整改，特别是一些保留一套独立生产系统的煤矿矿主受利益驱动，重生产出煤，轻隐患整改，放松管理，降低投入，不顾独立生产系统的安全条件盲目组织生产、冒险蛮干，给当地安全生产形势的稳定带来严重威胁。

三是打击非法不彻底。一些地方对打击非法开采行为时紧时松，缺乏针对性、持久性的措施和办法，加之炸封不彻底，巡查监督制度不落实，致使非法开采、关闭矿井死灰复燃的现象仍然存在，屡禁不止，给地方乃至全省安全生产工作造成了极大的被动。一些不是整合技改煤矿保留的主体矿井，由于关闭不彻底，监管不到位，使其有机可乘，在经济利益的诱惑下，假借保留生产系统之名，擅自违法生产出煤。

四是煤矿安全生产基层基础不稳固。贵州省煤炭产业结构不合理，小煤矿比重仍然较大，全省30万吨以下矿井占到了总数的96%。小煤矿由于资金不足，技术人才、管理人才缺乏，加之从业人员多为农民工，素质低下，导致矿井抗灾防灾能力弱。一些地方基层煤矿安全监管专业人员配备不足，装备差，不能满足地方煤矿安全生产工作的实际需要。同时，新技术、新工艺、新设备、新材料以及先进管理理念的推广运用有待进一步加强，瓦斯治理、顶板管理、水害防治等工作进展缓慢、技术落后。一些煤矿虽然也配备或安设了新设备（如瓦斯抽放系统、矿井监控系统、探放水设备等），但不会用也不愿意用，长期闲置，配备安装新设备仅是为了应付验收和检查。

二、贵州省煤矿安全生产主要工作

（一）继续深化瓦斯集中整治工作

按照国家发改委、国家能源局、国家安全监管总局、国家煤矿安监局《关于组织开展小煤矿瓦斯专项整治的通知》和《关于组织开展大中型煤矿瓦斯专项整治的通知》，省政府成立了以省安全监管局、贵州煤矿安监局局长蒲建江为组长的煤矿瓦斯专项整治工作领导小组，通过健全完善“通风可靠、抽采达标、监控有效、管理到位、隐患排除、综合利用”瓦斯治理工作体系，继续深化煤矿瓦斯防治工作。

一是会同有关部门联合下发了《关于开展贵州省小煤矿瓦斯专项整治工作的通知》，编制了《贵州省小煤矿瓦斯专项整治工作方案》，扎实开展小煤矿瓦斯专项整治。国家安全监管总局南昌瓦斯会议后，省政府又出台了《关于进一步加强煤矿瓦斯防治工作的意见》，进一步巩固和推进了贵州省煤矿瓦斯防治工作。

二是认真开展“双百工程”建设。2009年，完成了对水城矿业（集团）公司大湾煤矿示范工程的验收。同时，计划明确的中岭煤业有限公司中岭煤矿、六枝工矿（集团）公司比德煤矿、盘江矿业（集团）公司老屋基煤矿、贵州黔西能源开发有限公司青龙煤矿、贵州枣庄矿业集团公司站街煤矿、黔西南州兴仁县振兴煤矿和贵阳市乌当区富宏煤矿等7对示范矿井，以及黔西县、仁怀市2个示范县的建设取得了新的进展。

三是扎实推进瓦斯抽采和利用工作。一年来，全省共抽采瓦斯76336万立方米，完成了全年抽采目标的119%；利用瓦斯9204万立方米，利用目标的102%，其中，发电6796万立方米，民用2377万立方米。

（二）扎实推进煤矿整顿关闭工作

一是出台了《省人民政府办公厅关于加快整合技改煤矿建设进度进一步做好安全生产工作的通知》、《贵州煤矿顶板安全管理意见》、《贵州省煤矿水害防治规定》、《贵州省煤矿安全质量标准化标准及考核办法》和《贵州省煤矿安全质量标准化达标规划》等一系列加强煤矿安全的文件；组织召开了全省小煤矿顶板管理工作会议、全省大中型煤矿安全生产工作座谈会等一系列煤矿专题工作会议，全面推进了煤矿安全专项整治。

二是按照“十一五”后三年煤矿关闭工作要求，进一步加大了煤矿整顿关闭的力度，扎实推进关闭工作。2009年，贵州省分三次公告关闭了73个小煤矿。同时，整合技改矿井建设进度也明显加快。截至2009年底，共批复煤矿《安全专篇》1423个，其中，新建395个矿井，技改437个矿井，整合591个矿井。省政府批复整合方案中的611对整合煤矿，现已批复《安全专篇》591个，其中8对矿井已通过验收并取得安全生产许可证。

三是进一步推进了大中型煤炭企业兼并重组、托管、帮扶地方小煤矿工作。省属四大集团公司继续对口帮扶32个地方小煤矿，共帮助被帮扶煤矿查出安全隐患和提出整改建议721条。各大中型煤炭企业在收购、兼并重组、参股及控股、托管小煤矿方面也取得新的成效。

（三）加大煤矿安全监管监察工作力度

贵州煤矿安监局编制了《2009年煤矿安全监察执法工作计划》，明确了2009年全省“三项监察”的具体范围和对象，审核批复了各煤矿监察分局上报的“三项监察”计划，组织开展了煤矿建设项目和“雨季三防”等专项监察。各煤矿监察分局严格执行“三项监察”计划，积极推进监察工作取得实效，特别是毕节监察分局成立以来，各煤矿监察分局积极克服因人员和区域调整而带来的困难和不便，注重保持监察工作的连贯性和实效性，有力地确保了辖区煤矿安全生产形势的稳定。一年来，全省实际监察煤矿1235矿（次），计划完成率为123%；共制作行政执法文书6307份，其中现场处理决定书1189份，行政处罚决定书447份；查处事故隐患10257条，按期限应完成整改9793条，实际完成整改8379条，整改率为95.7%，其中，查处重大事故隐患843条，按期限应完成整改813条，实际完成整改760条，整改率为93.4%。

（四）进一步优化、调整全省煤矿安全监察格局

经中编办和国家安全监管总局批准，在总编制和人员不增加的情况下，贵州煤矿安监局组建了毕节监察分局，并进一步优化、合理地调整了全省煤矿安全监察格局和区域。现全省共有五个煤矿监察分局，编制90人，每个分局18人。其中：林东分局负责监察贵阳市、黔南州和黔东南州的煤矿安全生产，遵义分局负责监察遵义市和铜仁地区的煤矿安全生产，盘江分局负责监察安顺市和黔西南州的煤矿安全生产，水城分局负责监察六盘水市的煤矿安全生产，毕节分局负责监察毕节地区的煤矿安全生产。

（五）认真开展煤矿安全生产许可工作

贵州煤矿安监局严格执行《贵州省煤矿企业安全生产许可证审查颁证工作制度》，按照规定的工作程序和要求，认真开展煤矿安全生产行政许可工作。截至2009年12月31日，全省共受理煤矿安全生产许可申请104件，实际颁发煤矿安全生产许可证102个，颁证率为98%。

（六）积极有效地推进煤矿安全培训工作

继续稳步推进煤矿主要负责人、安全管理人员、特种作业人员“三项岗位”人员的计算机考试工作。目前，全省7家二级煤矿培训机构全部实现煤矿主要负责人和安全管理人员进行计算机考试；全省三级煤矿培训机构也实现了煤矿特种作业人员计算机考试工作。一年来，全省共审核、复审煤矿三级培训机构12家、煤矿四级培训机构14家；协助国家安全监管总局复审煤矿二级培训机构1家；煤矿主要负责人安全资格培训930人、发证780人，复训1327人、发证1145人；煤矿安全管理人员安全资格培训1301人、发证1226人，复训2051人、发证1991人；煤矿特种作业人员培训25757人、取证23727人，复审13215人、取证12695人。同时，组织全省634个重点产煤乡镇长，分8期到安顺市乐平乡学习借鉴了该乡先进的安全监管经验。

（七）进一步推进“科技兴安”战略

一是申请了煤矿等方面的安全专项技改项目82项，总投资3.7064亿元。组织申报了2009年度专项资金项目46个，获批准14个。组织收集了安全生产重大事故防治关键技术重点科技计划项目7项。

二是验收批复六枝、普定、林东等7个煤矿瓦斯监测监控系统远程联网项目，验收批复贵州省煤矿矿用安全产品检测检验中心二期技改、省煤田地质局车载钻机等2个技术支撑项目。

三是“金安”工程中省安全监管局、煤矿安监局和煤矿监察分局节点建设已全部建成并投入使用。

(八) 严肃查处各类煤矿事故

贵州煤矿安监局认真贯彻落实《生产安全事故报告和调查处理条例》，按照“四不放过”原则和“依法依规、实事求是、注重实效”的要求，严格进行了事故查处和责任追究。截止到2009年12月底，煤矿事故（不含重大）到期应结案246起，实际结案253起（其中12起为2008年事故），到期结案率为98%，共处理责任人795人，累计罚款7605.8万（其中对个人罚款779.1万）。全年发生的3起煤矿重大事故，到期应结案2起，均在办理结案过程中。此外，针对威宁县非法采煤窝点泛滥的问题，省委、省政府作出了责令该县县长引咎辞职的决定，并责成毕节地区行署严肃查处相关责任人。

(九) 加强煤矿安全监管监察党风廉政建设

一是修订完善了《贵州省安全监管局　贵州煤矿安监局工作规则》、《贵州省安全监管局　贵州煤矿安监局党组工作规则》、《贵州省安全生产监督管理局　贵州煤矿安全监察局制定行政规范性文件程序规定》和《贵州省安全生产监督管理局　贵州煤矿安全监察局党组中心组学习制度》等。

二是进一步加强了反腐倡廉制度建设。一年来，制定实施了《惩治和预防腐败体系建设检查工作实施方案》、《严禁安全监管监察人员在安全评价和安全培训中领取薪酬的规定》、《局党组巡视工作实施办法（试行)》、《关于进一步加强固定资产和财务管理的规定》、《进一步加强安全生产监管监察队伍作风建设的实施意见》，修订完善了《回复组织函询制度》，为加强党风廉政建设提供了强有力的制度保障。

三是深入开展了反腐倡廉教育。编印6000册《安全生产警示录》，发送全省安监、煤监系统，做到以案为鉴、警钟长鸣。汇编了《反腐倡廉教育学习读本》，确保监管监察人员人手一册。通过开展形式多样的廉政教育，进一步增强了党员干部遵守廉洁从政规定的自觉性。全年全局执法人员共拒收礼金25人次，主动上缴无法拒收礼金5.5万元。

四是组织开展了“作风纪律整顿教育月”，并取得了“四个明显”的成效，即政治纪律和大局观念有明显增强，工作作风和工作方法有明显改进，执法和服务水平有明显提高，廉政勤政意识有明显加强。

五是制定实施了《关于贵州省安全监管监察系统领导干部定期接待群众来访及定期组织干部下访和排查化解矛盾纠纷工作制度化的实施意见》，认真处理群众来信来访。2009年，共收到贵州省政府办公厅交办的建议、提案7件（省人大代表建议4件，省政协委员提案3件)，全部按要求办理并回复完毕；共受理行政复议案件3件（一件终止、一件中止、一件提出答辩意见)；共接待群众来访177人次，受理来信130件（含上级交办件12件)，经调查核实处理67件，经查不实44件，还有5件正在调查之中，结案率为96%（上级交办件结案率为100%)，同比上升5%。实际发放举报奖励2人次，金额共3000元。

云南省煤矿安全生产工作综述

一、云南省煤矿安全生产总体情况

2009年，云南省共有煤矿矿井1350个，其中，露天开采55个，井工开采1295个；另有手续完备的煤矿新建项目32个。全省各类煤矿共生产原煤8921.02万吨，同比增加263.59万吨，增长3.04%，完成全年目标9000万吨的99.12%；生产洗精煤961.81万吨，同比减少66.59万吨，下降6.48%，完成全年目标900万吨的106.87%；生产焦炭1456.52万吨，同比增加64.92万吨，增长4.67%，完成全年控制目标1200万吨的121.38%。全省煤炭行业实现现价工业总产值336.82亿元，同比增加8.28亿元，增长2.52%；实现现价销售产值342.16亿元，同比增加18.27亿元，增长5.64%；完成工业增加值151.98亿元，同比增加3.01亿元，增长2.02%。

2009年，全省煤矿共发生死亡事故74起，死亡118人，与上年同期相比，事故起数减少29起，死亡人数减少53人，事故起数和死亡人数分别下降28.16%和30.99%。其中，发生3~9人较大事故7起，死亡24人，同比事故起数减少4起，死亡人数减少25人，事故起数和死亡人数分别下降36.36%和51.02%；发生10人以上（含10人）重大事故2起，死亡21人，同比事故起数持平，死亡人数减少3人，下降12.50%。74起煤矿生产安全事故中，顶板事故42起，死亡49人；瓦斯事故15起，死亡45人；运输事故7起，死亡7人；水害事故4起，死亡11人；机电事故1起，死亡1人；爆破事故2起，死亡2人；其他事故3起，死亡3人。与2008年同期相比，顶板事故减少15起，少死亡14人；瓦斯事故减少12起，少死亡31人；运输事故减少3起，少死亡3人；爆破事故起数持平，死亡人数持平；水害事故增加3起，多死亡8人；机电事故减少1起，少死亡3人；火灾事故减少1起，少死亡10人；其他事故起数持平，死亡人数持平。全省煤矿百万吨死亡率为1.323，历史性地首次降到了1.4以下，比上年同期的1.975下降0.652，下降33.01%。与国务院安委办和省政府下达的年度控制指标（死亡人数180人，百万吨死亡率2）相比，煤矿事故死亡人数少62人，百万吨死亡率少0.677，分别下降34.44%和33.85%。在全国26个统计单位中，云南省煤矿事故死亡人数降幅居第6位，在西南4省市中居第一位，连续三年创造了全省煤矿安全生产历史最好水平。

二、云南省煤矿安全监察重点工作

2009年以来，云南煤矿安全监察局认真贯彻落实党中央、国务院、国家安全监管总局、国家煤矿安监局和云南省委、省政府关于加强安全生产工作的一系列决策部署和重要指示精神，用科学发展观和安全发展理念统领全省煤矿安全监察工作，围绕中心，服务大局，以深入开展“安全生产年”活动为主线，扎实推进“三项行动”，切实加强“三项建设”，不断加大监察执法力度，促进全省煤矿安全生产保持了持续稳定、趋向好转的发展态势，为全省经济社会平稳较快发展，也为国庆60周年创造了良好的煤矿安全生产环境。

（一）煤矿安全生产“三项行动”深入开展

根据要求，云南煤矿安全监察局制订了“安全生产年”活动实施意见和“三项行动”工作方案，明确了工作目标、重点范围和工作步骤，并采取有效措施，积极开展煤矿安全生产“三项行动”。

一是突出工作重点，强化执法行动。以国有煤矿为重点，深入开展安全生产执法行动。省煤矿安监局先后组织了9次煤矿安全专项督查活动，共检查了13个州（市）、46个县（市、区）的163个煤矿，查出各类安全隐患1539条，下达执法文书361份，并对查出的安全隐患进行跟踪落实。

二是加强监督检查，强化治理行为。以矿井“一通三防”和雨季“三防”为重点，深入开展隐患排查治理行动。省煤矿安监局和分局累计查出各类煤矿安全隐患7766条，应督促完成隐患整改7387条，实际督促完成隐患整改7290条，隐患整改率为98.6%；查出重大隐患49条，应督促完成整改42条，实际完成整改42条，重大隐患按期整改率为100%。

三是加强宣传教育，推动安全生产。以“六月安全月”活动为契机，开展宣传咨询日活动；在省煤矿安监局网站建立了公职律师网上咨询热线，积极开展煤矿安全生产法律法规咨询服务活动；实行煤矿安全生产违法单位“黑名单”制度，接受社会和群众监督；与《云南日报》等主流媒体合办“煤炭发展与安全监察监管”专栏，组织新闻媒体记者开展了煤矿安全生产专题采访活动，制定了新闻宣传工作规定和突发煤矿生产安全事故舆论引导预案，煤矿安全新闻宣传工作得到加强。

（二）煤矿安全生产“三项建设”稳步推进

结合实际，制定了加强“三项建设”的实施

意见，明确了指导思想和工作措施。“三项建设”实施意见得到了国家安全监管总局和国家煤矿安监局的高度评价，国家安全监管总局办公厅转发了省煤矿安监局的“实施意见”，供各省级煤矿监察机构学习借鉴。

在煤矿安全生产法制体制机制建设方面，积极参与国家安全监管总局、国家煤矿安监局及有关部门组织开展的法律法规修订工作；深入开展煤矿安全生产法制宣传教育活动，进一步树立依法治安理念；完善了联合执法机制，杜绝重复执法和“一事两罚”，努力提高执法效率；健全了工作通报和信息交流制度，及时通报行政执法情况和有关资料；4 个分局建立联席会议制度，及时协商解决煤矿安全监察、监管工作中的重大问题；加强制度建设，先后制定了行政执法督查制度等 28 项制度和办法，促进了规范化建设。

在煤矿安全生产保障能力建设方面，督促指导构建全省煤矿应急救援指挥机构、应急救援队伍和应急救援保障三个体系，建成云南省煤矿数字化瓦斯远程监控系统省级中心，成功实现与曲靖市、昭通市、东源煤业集团煤矿瓦斯远程监控系统联网，目前已将 127 对矿井、6871 个传感器纳入监控范围；完成矿山应急救援煤矿部分的所有矿点的地理信息系统建设，积极推进金安工程系统建设和云南煤矿安全监察数据库建设；加强煤矿企业兼职矿山救护队建设与培训工作，组建煤矿兼职矿山救护小分队 1369 支，培训兼职救护队员 8531 人。

在煤矿安全监察队伍建设方面，积极组织广大党员干部加强政治理论学习，组织分局科级以上和机关副处级以上干部参加党组中心组理论学习，切实加强了队伍的思想建设；制订下发省煤矿安监局《领导班子和领导干部综合考核评价工作实施办法》，坚持和完善民主集中制，切实加强了领导班子建设；组织开展了煤矿安全监察执法和事故调查处理案卷评比活动，切实加强了业务建设；认真贯彻落实《建立健全惩治和预防腐败体系 2008—2012 年工作规划》，层层签订党风廉政建设责任状，深入开展了以“学准则、讲党性、反腐蚀、查隐患”为主题的专题教育活动和“创先争优”活动，认真组织开展了“小金库”自查自纠和重点检查工作，加大对违纪案件的查处力度，切实加强了党风廉政建设。

（三）煤矿安全监察执法工作不断强化

一是全面落实煤矿安全监察责任目标。2009 年初，省煤矿安监局与各监察分局和处室签订了 2009 年度安全监察目标责任状，将国务院安委办和省政府下达的煤矿安全控制指标进行层层分解。建立了省煤矿安监局领导和处室联系监察分局制度，帮助指导各分局落实监察责任，采取过硬措施，加大工作力度，防范煤矿事故。各分局狠抓工作落实，确保了监察责任目标的实现。

二是认真完成“三项监察”计划。认真实施监察执法工作计划，积极创新监察方式方法，不断加大监察执法力度。全年计划监察矿井 783 矿次，其中，重点监察 486 矿次，专项监察 203 矿次，定期监察 94 矿次；实际监察矿井 1148 矿次，其中，重点监察 638 矿次，专项监察 332 矿次，定期监察 173 矿次，监察计划完成率为 146%。

三是积极推进行政处罚工作。全年累计实施行政处罚 496 次，下达执法文书 5730 份，责令停产整顿矿井 113 处，暂扣安全生产许可证 165 个，吊销安全生产许可证 1 个。全年共实施经济处罚 324 次，罚款 3169. 15 万元，实际收缴 2703. 15 万元，罚款收缴率为 85. 29%。

四是严格进行事故调查处理。制定下发了煤矿事故约谈制度、事故通报制度、事故现场分析会议制度等 7 项工作制度，进一步完善了事故调查工作机制。全年由省煤矿安监局牵头调查处理重大事故 2 起，各监察分局牵头调查处理 72 起，应批复结案事故 73 起，实际结案 73 起，事故按期批复结案率为 100%。加大对相关责任人员的处理力度，建议给予党政处分 38 人，移送司法机关追究刑事责任 15 人。

五是加强对地方政府煤矿安全监管工作的监督检查。2009 年初，制定下发了《云南煤矿安全监察局对地方政府煤矿安全监督管理工作检查指导制度》，明确了省煤矿安监局检查、指导州（市）、分局检查、指导县（市、区）政府煤矿安全监管工作的原则、数量和主要内容，并列入监察责任目标考核范围。全年云南省煤矿安监局对 13 个州（市）、分局对 47 个县（市、区）政府煤矿安全监管工作进行了检查、指导，向有关政府及其相关部门提出了加强和改善安全生产管理的意见和建议，有力推动了地方政府煤矿安全监管主体责任的落实。

（四）行政许可工作不断完善

一是加强煤矿安全生产许可证颁发、管理和监督检查。严格执行相关规定和相关程序，及时组织审查办理了安全生产许可证的颁发、延续、变更、补办、换证等工作。开展了煤矿安全生产许可证持证条件专项监察，凡不具备煤矿安全生产许可证持证条件的矿井一律暂扣证照，责令停止生产，限期进行整改。通过采取以上措施，促进了煤矿进一步改善安全生产条件，提高安全管理水平。

二是加强煤矿建设工程安全设施的设计审查和竣工验收工作。组织编印了《云南省小型煤矿初步设计及安全专篇编制指导意见》，进一步规范了煤矿建设项目管理工作。认真办理开办煤矿企业准入、开工备案回执和组织煤矿建设项目设计审查，全年共办理开办煤矿企业准入5个，开工备案项目24个，组织煤矿建设项目初步设计审查29部，安全专篇审查26部，组织安全设施竣工验收17处。先后组织开展了2次煤矿建设项目“三同时”专项监察活动，向相关地方政府和煤矿安全监管部门通报了检查发现的安全生产隐患和违法违规煤矿建设项目，并在省煤矿安监局网站上公布了矿井名单。

（五）煤矿安全基础管理工作持续推进

一是协助相关部门打好瓦斯治理攻坚战。以两局名义制订下发了《云南省煤矿瓦斯治理工作体系示范工程建设的实施意见》、《示范县（市、区）建设标准及检查考核办法》和《示范矿井建设标准及检查考核暂行办法》，确定了云南省煤矿瓦斯治理工作体系“双百工程”2个示范县（区）和10对示范矿井。督促各级煤炭行业管理、煤矿安全监管部门和煤矿企业认真贯彻落实全国、全省煤矿瓦斯治理现场会精神，按照《云南省人民政府关于加强煤矿瓦斯治理的实施意见》规定提取瓦斯治理资金，改造矿井通风系统，更新设施设备，解决重大瓦斯事故隐患。继续推进煤矿安全监控系统安装和煤矿数字化远程监控系统联网工作，加强了煤矿安全监测监控系统操作管理人员的培训工作，全年培训操作人员3756人，为安全监测监控系统正常运行提供了技术支持。

二是督促抓好煤矿安全基础工作。针对云南省煤矿安全基础管理薄弱的实际，制定煤矿企业要达到的8项安全基础工作要求，并与各分局签订安全监察工作目标责任状，由分局督促地方煤矿安全监管部门和煤矿企业组织实施。督促相关部门和煤矿企业紧紧抓住国家实施扩大内需政策的有利时机，加大对煤矿安全生产的投入，加强矿区电网和矿井“双回路”供电系统改造，加强煤矿基础设施建设、支撑体系建设、应急救援体系建设。进一步深化安全质量标准化活动，2009年底，全省共有6个矿井达到国家一级标准，6个矿井达到国家二级标准，44个矿井达到三级标准，9个矿井达到专业三级标准。督促煤矿企业大力推广“白国周班组管理法”，不断强化现场管理。加强煤矿管理人员、特种作业人员和从业人员培训工作，不断提高全员素质。2009年，云南煤矿安全技术中心共培训、复训煤矿各类人员63696人，省煤矿安监局共审核办理各种证照25766件。

三是督促抓好煤矿安全技术支撑体系建设。组织开展了煤矿安全生产条件评价工作，推进了煤矿基本条件的改善和管理水平的提高；云南矿山安全实验室建设取得新进展，推动了煤矿安全检测仪器区域技术服务工作；制定下发了云南省煤矿企业兼职矿山救护队建设工作指导意见和管理办法，推动了矿山应急救援工作；组织编制了《云南省煤炭工业发展概要》，为云南省煤炭产业发展提供了基础资料；开展了煤炭建设工程质量监督工作，规范了建设项目工程质量监督和认证工作。

陕西省煤矿安全生产工作综述

2009年，是国家有效应对国际金融危机，以优异成绩迎接新中国成立60周年的一年，也是全省煤矿安全生产形势取得重大突破，煤矿安全监察工作取得新成效的一年。一年来，全系统深入贯彻落实科学发展观，以“安全生产年”活动为主线，以深入开展“三项行动”、切实加强“三项建设”为有效载体，以瓦斯治理和整合关闭为重点，强化隐患排查，落实治理责任，勤奋务实工作，有效到位监察，实现了事故总量、重特大事故、伤残人数三个“压下来”的工作目标，有力促进了全省煤矿安全生产形势的稳定好转。

一、陕西省煤矿安全生产情况

1. 事故总量下降幅度居全国第一。全年共发生各类事故31起，死亡34人，比国务院安委会下达的全年煤矿死亡122人的控制指标减少了88人，占控制指标的27.86%，下降幅度居全国第一，创陕西省1970年以后安全状况最好水平。与去年同期相比，起数减少18起，下降了36.7%，死亡人数减少79人，下降了69.9%。其中：国有重点煤矿发生9起事故、死亡10人，同比减少1起、减少9人；地方国有煤矿发生11起事故、死亡12人，同比减少9起、减少54人；乡镇煤矿发生11起事故、死亡12人，同比减少8起、减少16人。

2. 煤矿百万吨死亡率创新低。全省共生产原煤29050.29万吨，同比增加7801.16万吨，增长36.71%。煤矿百万吨死亡率为0.117，同比减少0.415，下降了78.01%，比国务院安委会下达的0.642的控制指标低81.3%，比全国水平低86.5%。其中：国有重点煤矿为0.1，同比下降了46.24%；地方国有煤矿为0.2，同比下降了90.40%；乡镇煤矿为0.092，同比下降了74.23%。

3. 杜绝了较大以上事故。全省煤矿没有发生3人以上较大事故，完成了陕西省安委会下达的较大事故起数控制在5起以内的考核指标。

4. 乡镇煤矿安全状况逐年好转，死亡人数大幅下降。2005年全省乡镇煤矿死亡163人，2006年死亡110人，2007年死亡79人，2008年死亡28人，2009年死亡12人，连续5年以30%以上幅度下降。治理整顿关闭小煤矿成果显著。

5. 未发生瓦斯和火灾死亡事故。

二、陕西省煤矿安全生产主要工作

（一）做实做细“三项监察”，着力推进煤矿安全生产执法行动

一是落实监察执法责任制。围绕年初省煤矿安监局工作会议确定的中心工作，本着统筹兼顾、体现辖区煤矿状况差异的原则，制订了《2009年度安全目标考核奖罚办法》，对国家下达的考核指标进行了分解，对监察工作实施量化考核。局长与各分局的主要负责人签订了目标责任书。各分局都按照省煤矿安监局的要求，与科室签订了目标责任书，层层建立了工作责任制，保证了各项工作责任到人、落实到位。

二是做实做细“三项监察”。认真编制了《2009年煤矿安全监察执法工作计划》。各分局按照有关规定和辖区实际情况，都认真编制了监察计划，经省局批复后实施。省局和各监察分局始终牢记“国家监察”的责任，保持高度警觉，深入市县乡镇、深入矿井上下，坚持查大系统、治大隐患、防大事故，扎实开展“三项监察”，超前防范煤矿生产安全事故。相继组织开展了高瓦斯和突出矿井“一通三防”、防治水、煤矿在用机电设备、建设项目、职业危害防治、整顿关闭矿井、挂牌督办的重大安全隐患整改等重点监察和专项监察，组织开展了春节后恢复生产及“两会”、“五一”、“十一”等关键时段的定期监察等。参加了省政府组织的多次联合执法活动。一年来，省煤矿安监局和各监察分局均超额完成了监察计划。全年监察生产经营单位661个，各类煤矿1617矿次。下达执法文书4338份，行政处罚481次，罚款2253.8万元，收交罚款1785.7万元，收交率为79.2%。重点监察完成651矿次，完成计划的125%；专项监察完成632矿次，完成计划的129%；定期监察完成627矿次，完成计划的122%。

三是积极创新监察方式，提高监察效果。6月，由省煤矿安监局领导带队，组成三个监察组，对存在重大瓦斯灾害和水患的国有重点煤矿开展了一次集中重点执法监察活动，期间还集中局机关和分局采、掘、机、运、通各专业业务骨干，对一个矿进行了一次解剖式监察，查清了问题的根结，并提出了指导性建议和治理措施，收到明显效果。10月，由省煤矿安监局牵头，抽调各分局监察员组成四个监察组，开展了异地交叉执法监察，着重解决煤矿“一通三防”和整顿关闭工作执法中的重点、难点问题。通过监察不同地区不同类型煤矿，交流学习，进一步开阔了视野，增长了才干。同时，各分局根据辖区特点，也积极探索创新，相继开展了专家监察、解剖监察、示范监察等方式，进一步提高了监察效能。

（二）以瓦斯治理和整合关闭为重点，扎实推进煤矿安全生产治理行动

一是根据省煤矿安监局《煤矿生产安全事故重大隐患排查治理监察办法》，进一步理顺了重大隐患排查治理挂牌督办制度。目前，从省煤矿安监局到各监察分局都明确了督办责任，每月都召开专题会议，研究煤矿重大安全隐患治理进展情况，有力地促进了煤矿重大隐患的及时有效整改。坚持选派业务骨干，积极参加铜川、韩城和彬长矿区的瓦斯督导工作，取得了较好的督导效果，促进了被督导企业的瓦斯治理工作。去年，省煤矿安监局及各监察分局共挂牌督办重大隐患65条，已完成整改46条，整改率为71%。

二是突出抓了瓦斯治理工作。重点抓了韩城局、铜川局北区、黄陵矿区、彬长矿区瓦斯抽采达标工作，所有高瓦斯、煤与瓦斯突出矿井都建立了地面或井下移动抽放系统，实现了先抽后采。国有煤矿瓦斯抽采率基本达标，全年抽采瓦斯1.6亿立方米。铜川局北区3个矿井平均瓦斯抽采率为60%，大佛寺、黄陵矿业公司一号井瓦斯抽采率为50%左右，均已达到国家抽采标准要求。韩城局3个矿井瓦斯抽采率也超过40%，基本达标。国有煤矿安全监控系统都能正常运行，国有重点煤矿监控系统均实现了省、局、矿联网。国有重点高突矿井实现了采区专用回风巷，掘进工作面局部通风机实现了“三专两闭锁”，双风机、双电源自动切换。根据国家四部委《关于组织开展小煤矿瓦斯专项整治的通知》精神，与省煤炭局制订了《陕西省小煤矿瓦斯专项整治实施方案》，明确了工作目标、时间安排、整治内容及整治要求，用一年半时间对年产30万吨以下的煤矿实施瓦斯专项整治。加强瓦斯治理示范矿井和示范县建设，确定了耀州区和韩城市2处瓦斯治理示范县和陈家山、白石崖、崔家沟煤矿3处瓦斯治理示范矿井。通过对重大瓦斯隐患重拳出击，有力地督促了有关监管部门、煤矿企业贯彻“十六字”工作体系，落实治理责任，加大排查治理力度的自觉性，各类煤矿特别是高瓦斯和煤与瓦斯突出矿井的瓦斯治理水平及安全装备水平有了较大提升，从而杜绝了瓦斯事故的发生。

三是突出抓了资源整合和关闭整顿工作。对资源整合矿井坚持先关闭后整合的原则，严格整合标准，达不到关闭要求的安全设施设计申请不予受理，并督促地方政府对每个资源整合矿井派驻安全督导员，防止边整合边生产。一年来，共批复资源整合建设项目安全设施设计170处。根据省政府文件，注销63处整合关闭矿井安全生产许可证。

（三）完善安全行政许可制度，不断加强煤矿安全保障能力建设

一是按照省煤矿安监局《行政许可事项办理工作规则》的要求，按照一个“窗口”进出的原则，局行政许可办公室坚持公正、公开、公平严格的受理，文明便民、廉洁高效的办理，扎实细致地开展了安全生产许可证延期申请资料的接收和发证工作。在资料审查和发证工作中，审核人员分工详细，各司其职，纪律严明，确保了办证工作的依法、有序和规范运作。一年来，共召开安全生产许可证领导小组会议11次，为246处煤矿和企业办理了许可证。

二是严格煤矿建设项目安全设施设计审查和竣工验收工作。对在建矿井涉及生产系统的变更，不分能力大小一律由各分局上报省局审批，加大了对批小建大、随意变更设计、扩大生产能力、边基建边生产等违规行为的执法力度。5月，开展了煤矿建设项目“三同时”专项监察，严厉打击非法违法生产。共查出违法违规施工的煤矿建设项目13处，对存在违法违规行为的5处煤矿处罚256万元，对4个施工单位处罚12万元，对26处煤矿责令停止施工，责令7处煤矿停止联合试运转。7月，对神木县、府谷县、榆阳区境内煤矿建设项目“三同时”情况进行专项监察，对违法建设、非法生产的柠条塔等5处矿井罚款205万元。针对一批未经核准、安全设施设计未经审批，擅自组织施工和生产的项目，下达了责令立即停止施工及生产的监察指令，并及时向其主管部门下达了加强和改善安全管理建议书。

三是对全省煤矿安全现状进行了等级评估分类，明确A+B级矿井220处，占76.9%，D+C级矿井66处，占生产矿井的23.1%，进一步增强了工作的针对性。

四是严格三、四级培训机构的资质审批工作，共审批煤矿安全培训三级机构11家，四级机构25家。

五是煤矿安全生产技术支撑体系取得新进展。

金安工程项目实施顺利，培训操作监察人员72名，省煤矿安监局机关和各监察分局办公条件进一步改善，为监察工作实现现代化、信息化、网络化迈出了重要一步。煤矿在用安全设备、设施安全检测检验工作立足于服务煤矿企业，赢得更大发展空间，共检测各种设备800余台（套），钢丝绳211根，煤样95个，以及29个煤矿的通风阻力。陕西省矿山安全实验室项目进展顺利，仪器设备的采购工作基本完成，场地改建工程进展顺利。

六是对全省煤矿作业场所职业危害和个体防护用品使用情况开展了专项督查，督查矿井42处，下达执法文书26份，罚款7.8万元。

七是加强应急救援工作协调和指导，明确了救护队资质认定工作，进一步强化了煤矿应急救援队伍建设。

八是推进科技兴安工作。组织召开“推广低透气性煤层群无煤柱煤与瓦斯共采关键技术座谈会”，宣贯了《防治煤与瓦斯突出规定》，提出了陕西省瓦斯治理的目标任务。在煤矿安全监察和安全设施设计审查中，坚持督促煤矿企业积极使用新技术、新装备、新工艺，改造提升煤矿装备安全保障能力。

（四）采取多种形式，开展安全生产宣传教育行动

一是积极宣传煤矿安全生产的法律法规和相关政策、文件精神，提高煤矿企业依法办矿、依法管矿和安全生产意识，增强煤矿监管部门和从业人员做好安全生产工作的主动性和自觉性。同时，充分运用简报、网站等传媒，利用宣传栏、文化橱窗等阵地，大力宣传“三项行动”、“三项建设”，营造良好舆论氛围。

二是积极开展专题宣传教育活动。下发了《关于开展2009年“安全生产月”活动的安排意见》参加了省安委会组织的以“关爱生命、安全发展”为主题的宣传咨询日活动，制作了6期庆祝新中国成立60周年宣传专栏，组织了全国职业安全健康知识竞赛和“关爱生命、安全发展”百题问答竞赛活动，组织有关媒体进行了为期一周的“陕北行”采访报道。开展了安全文化下基层服务活动，将煤矿工种安全操作规程手册等资料及时发放到主要大中型煤矿企业。

三是严肃查处煤矿事故，严格实行责任追究。坚持按照“三项基本要求”和“四不放过”的原则，依法查处各类安全生产事故31起，应结案21起，实际结案21起，结案率为100%。重视群众来信来访工作，严厉打击瞒报事故行为。今年收到群众举报43起，受理41件，实际查处37件，结案34件，到期办结率为100%。通过对事故单位和责任人的严肃处理，加大了事故特别是隐瞒事故的成本，打击了违法行为，起到了震慑和教育作用。

（五）强化监督检查，推动地方政府煤矿安全监管工作

一是制定了《关于加强对地方政府煤矿安全监管工作监督检查的实施办法》，对监督检查的主要内容、方式、工作制度以及协调机制提出了明确要求。

二是将检查指导地方政府煤矿安全监管工作的工作日、检查方法、检查次数等纳入监察计划进行实施并考核。

三是及时召开联席会议，开展联合执法，推动工作。如对“三项行动”、“三项建设”、“安全活动月”等重点工作与省煤炭局加强协作联动，联合发文进行安排部署。

四是省煤矿安监局和各监察分局坚持参加省、市召开的煤矿工作会议，及时向与会的各级政府、煤矿安全监管部门、煤矿企业通报煤矿安全监察工作情况，取得配合和支持。同时，及时召开辖区监管部门、煤矿企业座谈会，研究解决突出问题。如召开了全省煤矿建设项目安全工作座谈会，省煤炭局、有煤矿建设项目的市、县煤矿安全监管部门、煤矿企业、施工单位、监理单位参加，对煤矿建设存在的问题提出具体要求。为确保国庆节期间的煤矿安全工作，召开了有部分国有重点企业、各市、县煤矿安全监管部门主要负责人参加的煤矿安全生产座谈会等。

五是在监察中，及时向各级人民政府下达煤矿安全监察建议书、意见书。如省煤矿安监局分别就小煤矿开采瓦斯突出煤层、有突水危险煤层向地方政府下达要求组织专家进行论证的意见书，得到了政府的支持。

六是帮助地方监管部门完善煤矿监管制度，呼吁地方政府解决煤矿安全监管工作中人员、机构、装备等不足的问题。通过加强监督检查，推动了地

方政府主体责任的落实。

（六）加强党的建设和队伍建设，不断增强队伍的凝聚力和战斗力

一是圆满完成了深入学习实践科学发展观活动的各项任务。年初，按照陕西省委和国家安全监管总局党组的统一部署，局党组紧紧围绕“实施科学有效监察，促进煤矿安全发展”实践载体，查找解决突出问题、完善体制机制，自觉地把煤矿安全生产形势是否稳定好转作为衡量与检验学习实践活动成效的重要标志。在整改落实阶段，以《分析检查报告》为依据，认真制定《整改落实方案》。对群众反映的29个方面的问题，分门别类地进行了研究或解决。对能够立即解决的9个问题，都采取了相应措施；对暂时存在困难，还需进一步解决的11个问题，提出了整改要求，明确了分管领导、分管部门；对需要上级协调解决的9个问题，已提出了建议。通过测评，大家对局党组学习实践活动情况的满意率达到100%，陕西省委第十四指导组对全局的学习实践活动给予了充分肯定和高度评价。

二是进一步加强基层党组织建设。给3个监察分局和2个中心配备了专职书记，强化了党的政治核心作用的发挥。开展了“固本强基”工程，党支部的战斗堡垒作用得到加强。

三是切实加强党风廉政建设。坚持把反腐倡廉工作与行政工作年初一起布置、年末一起考核。及时召开了纪检监察工作会议，签订了《党风廉政责任书》，落实了“一岗双责”，督促各级领导班子和领导干部做到“两手抓、两手硬”。开展了“反腐倡廉教育月”活动，不断强化廉政教育，始终筑牢监察人员思想防线。注重治本，狠抓制度创新，相继健全和完善了《党组工作规则》、《局工作规则》、《领导干部“一岗双责”制度》、《煤矿安全监察廉洁执法制度》等二十余项廉政制度，做到用制度管权、管事、管人。同时，局党组注重监督检查，先后2次对监察人员遵守“九条纪律”情况进行了检查，并组织各分局之间交流经验，促进了监察人员廉洁自律意识的进一步提高。

四是注重干部队伍建设。强化学习培训，举办了2期煤矿安全监察法律法规学习班，采用专家讲解、监察员自学、现场问答和形势报告等方式，对监察人员进行全员培训，不断强化业务素质。认真组织局机关、分局监察员及监管部门按时参加国家安全监管总局煤矿安全知识专题视频讲座，积极组织监察员参加国家安全监管总局组织的各类培训40人次。积极探索开展集中监察和解剖示范式监察等，大力推行监察分局之间的交叉执法，有效解决了“人情执法”现象。积极开展行政处罚案卷评查活动，岗位练兵，评选出6份优秀行政处罚案卷，对15名文书制作者进行了表彰奖励。加强干部人事管理，严格落实干部选拔任用程序，对52名干部进行了调整充实。同时对17名处级干部进行了交流，4个监察分局党政主要领导干部已全部实现交流轮岗。招录6名公务员，为煤矿安全监察队伍注入了新生力量。开展了创建“五型机关”活动，制定了具体的实施方案，提出了工作目标和重点内容。10月组织职工开展了迎国庆爱国歌曲演唱会，组织了离退休职工书法绘画摄影展，较好地展现了全体干部职工的精神风貌。全系统涌现出一批先进集体和优秀个人，在全国安全生产工作会议上，2个监察分局和14个先进个人受到表彰。省煤矿安监局党组表彰28名“优秀公务员”和7名“优秀工作人员”，9名连续三年优秀的公务员荣获三等功。

甘肃省煤矿安全生产工作综述

一、全省煤矿安全生产总体情况

2009年，是我国有效应对国际金融危机并取得重大成就的一年，也是安全生产和煤矿安全生产工作不断加强、持续改进的一年。一年来，在国家安全监管总局、国家煤矿安监局和甘肃省委、省政府的正确领导下，全省煤炭系统深入贯彻落实科学发展观，认真执行党和国家有关安全生产和煤矿安全工作的指示指令，决策部署，紧紧围绕“保增

长、保民生、保稳定”的中心任务，正确处理经济增长与煤矿安全生产的关系，全面强化安全生产基础，积极开展煤矿“安全生产年”活动，不断深化“三项行动”，扎实推进“三项建设”，使煤矿安全取得了有史以来的最好成绩，呈现出“一个杜绝、三个大幅度下降、三个控制”的特点。

（1）一个杜绝：全省煤矿连续三年杜绝了重大以上事故。

（2）三个下降：一是全省煤矿事故总量大幅度下降，累计发生伤亡事故17起、死亡31人，比上年减少14起10人，分别下降了45.16%和24.39%；二是省管煤矿事故大幅度下降，发生伤亡事故5起、死亡5人，同比减少8起9人，分别下降了61.54%和64.29%；三是原煤生产百万吨死亡率大幅度下降。全年共生产原煤3975.96万吨，百万吨死亡率为0.75，同比下降17.58%，低于全国0.892的平均水平，创历史最好成绩；其中省管煤矿为0.13，同比下降了53.57%，再创历史最好水平。

（3）三个控制：百万吨死亡率、死亡人数和乡镇煤矿死亡人数均控制在国家下达的控制指标以内。百万吨死亡率与国家下达的控制指标1.325相比下降了43.4%，死亡人数与国家下达的控制指标53人相比减少了22人，乡镇煤矿死亡22人，控制在国家下达的24人以内。

二、煤矿安全生产重点工作

（一）注重工作落实，精密安排部署全年工作任务

2009年年初，结合全省煤矿安全生产和监察执法工作实际，研究制定了监察执法计划，提出了“把准一个定位、紧盯一套目标、做实做细10项重点工作”的总体目标要求，形成了2009年度煤矿安全监察工作要点，并将10项重点工作进一步细化为48项具体工作，以1号文件印发贯彻执行。组织召开了全省煤矿安全监察工作会议和反腐倡廉工作会议，与所属16个单位和部门分别签订了工作任务目标管理责任书和党风廉政建设责任书，全面分解了“安全生产年”的目标任务，靠实了责任，保证了全年工作高起点、高标准开局。7月份，又组织召开了煤矿安全监察执法座谈会，为进一步明确目标，强化责任，狠抓落实，继续深化“三项行动”，努力推进“三项建设”，全面完成“安全生产年”的各项任务奠定坚实的基础。

（二）注重打非治违，“三项行动”深入开展

一是发出了《甘肃煤矿安全监察局关于进一步推进煤矿安全生产“三项行动”的通知》，成立了领导小组，落实了“三项行动”具体分管领导和牵头部门，并分别制定印发了“三项行动”的3个具体方案，明确了“三项行动”的指导思想、任务目标、整治标准、时间进度和工作要求。

二是认真组织开展了煤矿安全生产执法行动，加大了打击非法、违法生产行为力度，对违法生产行为，不仅下达执法文书，更跟踪督查问效，整改不彻底、隐患不消除的，及时责令停产整顿；对群众举报和新闻媒体反映的非法生产行为，始终采取高压态势，发现一处，严厉打击一处。

三是认真组织开展煤矿安全生产治理行动，进一步健全完善了重大隐患分级管理和分级监控机制，对查处的重大隐患向全社会公告，挂牌督办，定期公布整改落实情况，督促企业健全完善隐患排查、治理和报告制度，同时加大安全投入，有效治理重大隐患。

四是认真组织开展宣教行动，组织开展了第八个“安全生产月”活动，广泛宣传开展“安全生产年”、“三项行动”、“三项建设”的重大意义和安排部署，把“安全第一、预防为主、综合治理”的方针真正落实到每个煤矿企业和职工中。

（三）注重建章立制，“三项建设”稳步推进

一是全面推进法制体制机制建设，结合学习实践科学发展观活动，对已有的制度进行了全面梳理和修订完善，加大了配套制度建设，新出台了《新闻发布制度》、《领导干部交流实施办法》等6项制度。同时加大制度的执行力度，增强制度的刚性和约束力，努力使各项工作做到有规可依，有章可循。

二是加强队伍建设，坚持把深入学习、提高能力贯穿始终，严格执行中心组、各支部学习制度，认真组织、积极选派人员参加各类党校教育、执法培训班、业务培训班等各种类型的培训，不断提高全体监察执法人员的思想政治素质和业务水平。

三是加强保障能力建设，加快煤矿安全科技支撑体系建设进度，认真做好省级矿山实验室招标、选项、项目场地建设和设备验收等方面的工作，保证了实验室工作顺利开展；加强了应急救援体系建

设，组织开展了第九届全省煤矿救援技术竞赛，全面检阅了煤矿应急救援队伍，推动了矿山救援技术的交流与发展。

（四）注重科学执法，监察执法工作不断加强

一是严格执行监察执法计划制度，及时报批并严格按计划监察，组织开展了“两节”、“两会”、“五一”、“十一”期间的重点监察和督查，加强节假日期间的应急值守工作，认真督促各地抓好煤矿停产检修和复产验收工作，组织开展了“一通三防”、“三同时”、机电运输、煤矿作业场所职业危害和个体防护用品等专项监察，确保了重要时期，重点时段的安全稳定。

二是积极探索创新监察方式，组织开展了“示范”监察、异地交叉执法和集中监察，收到了较好效果。加大了矿压显现剧烈的矿井监察力度，提高了矿压防治工作效果。积极开展精细化监察、预案式监察和表格式监察，建立了监察执法监督机制，有效促进了监察执法工作深入开展。

三是制定出台了《甘肃煤矿安全监察局对地方政府煤矿安全监管工作监督检查的实施办法》，组织开展了对各级地方政府煤矿安全监管工作的监督检查。全年共监察矿井352处，939矿次，监察覆盖率为100%；共下达执法文书1940份，实施行政处罚112次，责令停产整顿生产经营单位9个；查处一般事故隐患3851条，完成事故隐患整改3667条，隐患整改率为95.5%；查处重大事故隐患54条，已完成重大事故隐患整改38条，重大事故隐患整改率为70.3%，并对全省煤矿14处重大危险源全部实行了监控。

（五）注重攻坚克难，瓦斯治理和整顿关闭不断深化

一是按照省政府的要求，做好瓦斯治理督查工作，每个季度开展一次省级督查，督促各地、各企业落实瓦斯防治“十六字”工作体系，加强“一通三防”管理，有效遏制防范重特大事故。

二是加大了瓦斯治理监察力度，继续实行瓦斯重点监控责任制和监察专员监察区域分工制度，做到每月至少监察一次，局领导一季度督查一次。

三是以查代训、以查促学、以查推进落实，积极做好《防治煤与瓦斯突出规定》宣传贯彻工作，组织开展了对省管煤业公司防突工作的集中监察，督促突出矿井严格执行防突规定，认真贯彻落实两个“四位一体”的综合防突措施，有效推动了全省煤矿瓦斯治理工作的深入开展。

四是积极推进瓦斯抽放和利用工作，国有重点煤矿已建立瓦斯抽放系统9处，超额完成了国家下达的瓦斯抽放和利用指标。整顿关闭方面，根据省委、省政府的要求，有关部门积极配合，制定了全省煤矿安全整治方案，由领导带队对煤矿资源整合工作进行现场调研和核查，开展了小煤矿安全生产专项整治行动，全面完成了关闭任务，对公告关闭的矿井及时吊销相关证照、关实关死，共关闭小煤矿28处。

（六）注重责任追究，事故查处工作更加严格

一是依照“实事求是、依法依规、注重实效”三项基本要求和“四不放过”的原则，依法组织开展煤矿事故调查，切实加大事故责任追究力度。对全年发生的17起事故进行了严肃认真的调查处理，共处理事故责任人36人，其中追究刑事责任3人，受党纪处分1人，行政处分32人。

二是严格执行事故分析和汇报制度，及时听取地方和企业关于事故原因及防范措施汇报，认真分析研究，积极向地方政府提出加强煤矿安全生产工作建议，帮助地方和企业深刻汲取事故教训，落实防范措施。

三是加大了对瞒报事故行为的打击力度，及时受理新闻媒体披露和群众举报的瞒报事故，派出核查组认真进行核查落实。

（七）注重提高素质，内部建设不断完善

在安全形势稳定好转的同时，其他各项工作都取得了良好成绩。积极推进阳光政务，开办了政务大厅，将承担的7项行政审批事项纳入政务大厅受理，并将各项行政许可事项及其办事流程向全社会公开，实现了许可审批与受理相分离，简化和合并了有关审批环节，促进了行政审批事项的公正、公开、透明。加强保密工作，严格落实各项保密措施，组织所有涉密人员签订了保密承诺书，增强了全体干部职工的保密意识。组织开展了“小金库”自查自纠工作，进一步规范了财务收支行为。举办了建国60周年庆祝活动和演唱会，丰富业余文化娱乐生活。组织开展了国家安全生产信息系统应用的现场培训，完成了“金安一期”工程系统功能测试和初步验收工作，为监察执法工作提供了优质的网络技术支撑和基础服务。认真做好供水、供

电、供暖和消防、卫生、保卫等后勤服务工作，有效地保证了监察执法工作的需要。

青海省煤矿安全生产工作综述

2009年，在国家安全监管总局、国家煤矿安监局的正确领导下，青海省煤矿安全生产工作以“三个代表”重要思想为指导，认真贯彻落实全国、全省安全生产工作会议精神，以科学发展观统领全局，坚持安全发展，按照“安全生产年”的总体要求，紧紧围绕2009年青海省煤矿安全生产工作主要目标和主要任务，认真抓好地方政府和煤矿企业两个主体责任的落实，健全完善隐患排查治理制度，进一步深化煤矿瓦斯治理，强化煤矿安全基础管理，加大安全监察监管力度，坚决遏制煤矿重特大事故，努力减少煤矿事故总量，全省煤矿安全生产形势继续保持基本稳定。

一、安全生产总体情况

2009年，青海省共发生煤矿生产安全事故3起，死亡2人，同比事故起数减少3起，下降50%，死亡人数减少9人，下降81.82%，各项指标均控制在国务院安委会下达的控制指标范围之内，全省煤矿安全生产保持了稳定好转的态势。

二、安全生产主要工作

（一）组织制定监察计划，全面开展煤矿安全监察执法活动

结合落实国家安全监管总局、国家煤矿安监局和省委、省政府关于煤矿安全生产工作的部署，立足青海煤矿安全生产工作实际，组织研究制定了青海省煤矿安全执法监察计划，确定了2009年执法目标和要求。重点监察以全省基建矿井和高瓦斯矿井、基建煤矿违法违规建设、煤矿企业和有关部门落实瓦斯治理“监测监控，先抽后采，以风定产”十二字方针为主要内容；专项和定期监察以煤矿企业开展隐患排查治理工作为重点，在不同时段开展了不同内容的执法检查。全年共完成三项监察50矿次，完成全年计划的109%，其中，开展重点监察16矿次，完成全年计划的100%；开展专项监察19矿次，完成全年计划的118.8%；开展定期监察15矿次，完成全年计划的107%。

（二）深入开展“安全生产年”活动，全面促进煤矿安全生产

一是根据国家安全监管总局的统一部署，研究制定了煤矿“三项行动”工作方案，同时，督促各产煤地区加强领导、落实责任、制订方案，在全省范围内深入开展了煤矿安全生产执法治理和宣传教育行动。通过现场执法，依法下达执法文书25份，共查处安全隐患136条，隐患整改率达到100%，责令停工整顿2矿次。

二是开展瓦斯治理示范工程建设。根据全国煤矿瓦斯治理工作体系“双百工程”建设工作会议精神和国务院安委会办公室关于扎实推进“通风可靠、抽采达标、监控有效、管理到位”十六字煤矿瓦斯治理工作体系和瓦斯治理示范矿井、示范县建设的要求，结合全省各地区煤矿实际，制定了《青海省煤矿瓦斯治理和利用“十一五”后三年规划》，对全省煤矿瓦斯治理示范工程建设工作进行了全面部署，规划、确定了4个示范矿井和1个示范县，为青海省开展瓦斯治理“双百工程”建设、提升煤矿瓦斯治理水平奠定良好的基础。

三是积极推进煤矿整顿关闭工作。根据近两年小煤矿关闭进展情况，计划在2009年计划关闭6处，其中1处已实施关闭。另外5处均为资源整合矿井，均已停产。同时，做好已关闭煤矿的管理工作，依法注销了2处小煤矿安全生产许可证，并对2005年以来已实施关闭的所有煤矿，在网站上进行了公告。

四是督促各级煤矿安全监管等部门加大监管力度，防止关闭矿井死灰复燃。积极配合国土资源等部门对无证开采、以采代探和超层越界开采等非法、违法行为进行整治。2009年以来，各产煤地区有关部门联合打击取缔非法采煤点共计60多处。

（三）严格准入，把好安全生产源头关

一是重点抓好煤矿建设项目安全设施设计审查和竣工验收两个重要环节，按照国家有关规范、标

准和青海省煤矿安监局批准的安全设计，严格执行项目安全设施设计审查和竣工验收制度，不断规范煤矿基本建设程序。截止到年底，受理并组织审查4处，其中批复2处；受理并组织进行现场竣工验收1处。

二是对提出安全设施设计审查和竣工验收申请的建设项目，严格按照国家有关规定进行资料审查，做到资料不全不受理。对受理的建设项目，列入工作日程，并做好项目服务和指导，确保项目每个建设环节都符合国家规定。

三是根据办理煤矿安全生产许可证延期手续比较集中的实际，以审查延期安全生产许可证为契机，切实加强安全生产许可证颁发、管理工作。全年新颁发、延续、变更、注销安全生产许可证分别为2处、6处、3处、2处。

（四）深入开展安全质量标准化，夯实安全生产基础

在制订工作方案的基础上，通过赴主要产煤地区调查摸底、组织各产煤地区安全监管部门赴河南义马煤业集团公司进行考察学习、开展专家技术咨询服务，召开了全省煤矿安全质量标准化工作会议，制订并印发了《青海省煤矿安全质量标准化实施办法》和相关实施细则，下达了2009年度煤矿安全质量标准化达标计划，全省煤矿安全质量标准化工作全面启动。预计在2010年1月底前完成计划达标煤矿的考核验收、等级认定等工作。

（五）加强安全生产宣传教育培训工作，进一步提高从业人员安全素质

一是开展了2009年“安全生产月”活动和咨询日活动，面向社会广泛宣传了煤矿安全生产方针政策、法律法规，提高了煤矿安全生产工作的社会影响度。

二是进一步加强了对煤矿持证人员的监察，对煤矿企业主要负责人、安全管理人员和特种作业人员的持证上岗情况进行了多次检查，并抽查了煤矿全员培训情况。

三是加大安全教育培训力度，指导并监督具有二级资质的省宣教中心举办了两期培训班，对207名企业主要负责人和安全管理人员进行了培训，其中172名学员经考核合格取得了资格证书。培训人员达1830多人次，共举办三期煤矿特种作业人员培训班，300多名煤矿从业人员做到了持证上岗。

四是在全省范围内组织开展了“万名班组长”安全培训工作，共培训550人，并对考核合格的518名颁发了资格证书。

五是加强救护队伍管理工作。对符合三、四级资质的三级救护队进行了资质审查，颁发了资质证书。同时，配合省安全监管局开展了安全生产应急救援队伍技术竞赛暨演练展示会，得到了国家安全生产应急救援指挥中心的好评。

（六）严格责任追究，依法开展事故查处

依法对西海煤炭公司海塔尔矿“4·23”和青海煤业集团公司小煤矿“5·5”两起一般生产安全事故进行了结案批复，对事故责任人作出处理。同时，对几起群众举报事故案件进行了核实。

宁夏回族自治区煤矿安全生产工作综述

一、2009年宁夏煤矿安全生产概况

2009年，在国家安全生产监管总局、国家煤矿安监局和自治区党委、政府的正确领导下，宁夏煤矿安全监察局认真贯彻落实党中央、国务院关于煤矿安全工作的一系列决策部署，以“安全生产年”活动为主线，认真开展“三项行动”，扎实推进“三项建设”，认真履职，强化监察，各项工作取得了一定成效。

2009年宁夏全区煤矿生产原煤5669.34万吨，同比增长29.11%。发生各类事故14起，死亡24人，百万吨死亡率为0.42。同比事故起数增加4起，死亡人数增加10人，百万吨死亡率上升32.77%。全区煤矿死亡人数及百万吨死亡率均在控制指标以内。

二、宁夏煤矿安全生产重点工作

（一）传达贯彻会议精神，部署全年安全生产

工作

全国安全生产电视电话会议和全国安全生产工作会议后，宁夏煤矿安监局及时召开2009年工作会议，认真学习张德江副总理和骆琳局长的重要讲话，统一思想认识、明确工作目标。同时，对全年的工作任务进行安排部署，分解落实了煤矿安全生产控制指标。结合宁夏煤矿安全实际，省煤矿安监局与各监察分局分别制定了年度监察计划，把加强煤矿安全生产工作的各项目标任务落到实处。

（二）扎实开展煤矿安全监察执法行动，严厉打击违法、违规行为

一是统筹兼顾，严格“三项监察”。在认真梳理宁夏煤矿安全生产隐患和问题的基础上，确定了重点监控矿井。在计划执行过程中对重点监控矿井实施重点监察，分阶段开展专项监察，按计划组织定期监察。全年两级煤矿安全监察机构计划监察矿井460矿次，实际监察矿井888矿次，计划完成率为193%；其中重点监察矿井计划85矿次，实际完成246矿次，计划完成率为289.4%；专项监察矿井计划303矿次，实际完成475矿次，计划完成率为156.8%；定期监察矿井计划72矿次，实际完成167矿次，计划完成率为231.4%。

二是创新监察方式，注重监察实效。在做好“三项监察”的基础上，突出了异地监察、交叉监察、解剖式监察、预防性监察等。在节日前后、“两会”期间、建国60周年等重点时段、敏感时期组织安全大检查。针对辖区煤矿的突出问题，采取了突击监察等方式进行监督监察，力求取得实效。

三是认真组织“回头看”活动，巩固监察效果。对执法监察中查出的问题和隐患，进行梳理分类，对一般问题提出整改要求和整改期限，对查出的重大隐患，按照重大隐患治理方案，进行督办。适时组织“回头看”行动，确保煤矿安全执法指令得到有效落实，促进煤矿企业对违法行为及安全隐患按照“五落实”的要求及时整改。

（三）扎实推进安全生产治理行动，深化煤矿安全隐患专项整治

一是瓦斯治理体系建设取得初步成效。神华宁煤集团推行“一优三减两提高”，对乌兰煤矿、金能公司、石炭井焦煤公司、汝箕沟煤矿、白芨沟煤矿等瓦斯灾害严重矿井进行系统优化，简化通风系统，压缩产能，实施减头、减面、减人，形成汝箕沟、白芨沟矿一井一面，乌兰煤矿、金能公司、焦煤公司一井两面的生产格局。推广瓦斯抽采先进技术，提高瓦斯抽采效果。全年完成瓦斯抽放量15680.36万立方米，瓦斯利用量9131.95万立方米，瓦斯利用率达58.42%。有11对矿井通过了自治区组织的瓦斯治理“双百工程”示范矿井验收。

二是深化小煤矿整顿关闭，落实关闭计划。严格按照国务院82号文件确定关闭的十六种类型矿井，逐一对照检查，分类排队，配合有关部门，对符合关井要求的5处矿井上报自治区政府批准关闭。

三是加强煤矿建设项目建设过程的安全监察，进一步规范了程序和备案资料的管理，优化审批验收环节，严把安全设施设计审查、竣工验收关。督促神华宁煤集团加快建设项目各项手续的完备。全年对煤矿建设项目实施现场监察166矿次，监察覆盖率为100%，下达监察指令153份，停止作业5处，停止建设9处。

四是加强煤炭建设工程质量监督工作。规范了建设项目工程质量监督工作规则，新开工项目确保做到先勘察、后设计、再施工。全年组织对7个建设项目进行单项工程质量认证，编制了《宁夏煤炭工业优质工程评审办法》，规范了优质工程评选管理工作，并组织开展建设项目的质量大检查和优质工程、“太阳杯”工程的复查，强化了建设项目的质量监督。神华宁煤集团羊场湾煤矿建设项目荣获“鲁班奖”，这是西北地区煤炭建设项目和神华集团首次获得该奖项。

五是继续深化隐患排查治理。将隐患排查治理作为落实“安全生产年”工作的重要抓手，督促煤矿企业健全完善隐患排查治理制度，建立煤矿重大安全隐患挂牌督办销号制度，对煤矿重大隐患实施重点监督落实。全年两级煤矿安全监察机构查处安全隐患2110条，隐患整改率达98.8%，下达执法文书965份，行政罚款343.77万元。

（四）深入开展煤矿安全生产宣传教育行动，提高从业人员安全意识和防范能力

一是加大法律法规的宣传。制订2009年煤矿安全监察宣传教育工作方案，明确全年安全宣教工作内容、重点和工作方式。在矿区举办了多期《煤矿安全监察行政处罚自由裁量实施标准》、《煤

矿生产安全事故报告和调查处理规定》及安全生产法律知识培训班，广泛开展安全生产法律法规、方针政策和安全知识的宣传教育。

二是认真开展安全生产月活动。围绕着“关爱生命、安全发展”这一主题，开展扎实有效的宣传活动。在监察执法的过程中，一边监察执法，一边开展宣传，引导煤矿企业和从业人员进一步树立安全发展的理念，形成关注安全、关爱职工生命健康的舆论氛围。

三是开展事故教训分析，对已结案的事故处理决定予以公布，开展了事故教训分析、接受新闻媒体监督等工作，营造了全社会关注煤矿安全、支持煤矿安全监察的良好舆论氛围。

四是强化安全培训。明确“以监察促培训，以培训保安全”的工作思路，建立健全了制度，规范培训程序，狠抓培训管理，促进培训机构建设。全年两级培训机构举办106期培训班，完成“三项岗位人员”培训（复训）22368人次，其中：煤炭生产经营单位主要负责人146人次，安全管理人员1862人次，煤矿班组长1860人，特种作业人员18500人次，培训农民工7000余人。

（五）加强煤矿安全管理机制建设，促进两个主体责任的落实

一是认真学习国家安全监管总局、国家煤矿安监局《关于切实加强对地方政府煤矿安全监管工作监督检查的意见》，逐步完善联合执法、定期通报、督促检查整改等制度，依法履行国家煤矿安全监察职能，切实加强监督检查，促进地方政府煤矿安全监管主体责任的落实。

二是通过三项监察，督促煤矿落实整改存在的安全隐患和问题，督促煤矿认真开展安全质量标准化工作，查处违法违规行为，促进煤矿企业安全主体责任的落实。

三是坚持事故调查处理原则，用事故教训推动工作。按照《生产安全事故报告和调查处理条例》的规定，坚持“三项基本要求”和“四不放过”的原则，对全年发生的14起死亡事故进行了严肃查处。分析原因，查找漏洞，吸取教训，举一反三，坚持用事故教训推动监察工作。

（六）加强煤矿安全生产保障能力建设，推进应急救援和煤矿安全生产科技进步

一是坚持科技兴安，督促煤矿企业加大科技投入，神华宁煤集团启动14个重点科技创新项目，投入科技资金3200万元，在银北矿区完成了《汝箕沟煤矿综合防尘技术研究》等五个科技创新项目的立项，在银南矿区枣泉、红柳、清水营等煤矿推广大倾角复杂特厚易燃煤层大采高开采技术的应用，在宁东新建矿井推广应用松软岩层柔模快速支护技术，完成了所有生产矿井的瓦斯监测系统、人员定位系统，无线通信系统的建设，有效提升了矿井技术保安能力。

二是煤矿进一步加大安全投入，提高装备水平。神华宁煤集团全年安全投入14.87亿元，机械化程度由91.5%提升到94.5%。市县乡镇煤矿改革采煤方法，装备柔性掩护支架，改造瓦斯监控系统，提高了安全保障水平。

三是积极支持国家矿山救援宁煤基地建设，基地初步建成并进行了挂牌，成功举办了宁夏第三届矿山救护技术比武活动，举行了两次矿山应急救援演练，锻炼了队伍，提升了应急救援水平。

四是会同国家矿山救援宁煤基地、煤炭总医院在市县乡镇煤矿开展急救互救、事故应急救援、煤矿“五大”灾害辨识、自救器的使用、维护和管理等煤矿应急救援知识现场培训工作，共有87处煤矿5400余人参加了培训。

五是推进宁夏煤矿安全生产技术支撑体系专业中心建设工作，制订了宁夏矿山安全实验室设备采购实施方案，宁夏煤矿矿用安全产品检验中心作为依托单位落实了项目配套资金，按照批准的设备采购实施方案完成了设备采购招标程序，确定了中标供货单位，主要仪器设备的到货安装工作如期完成，并通过了宁夏煤矿安监局组织的宁夏矿山安全实验室建设项目验收。

三、宁夏煤矿安全生产面临的新形势和新问题

从宏观经济发展来看：

一是随着经济形势总体回升向好，各类生产经营活动日趋活跃，原材料需求增加，能源消耗特别是煤炭消耗上升，一些矿井可能会出现“三超”问题，安全生产的压力加大。

二是由于外部环境的影响，煤矿安全监察执法的难度越来越大，有些同志在思想上存在畏难厌战情绪，工作责任心退化，怕担责任、怕出问题，存在等、靠、观望应付工作的消极现象。

从煤矿企业生产现状看：

一是部分煤矿企业经营管理人员“安全第一”的思想树立得不牢固，对安全生产说得多，落实得少，安全生产工作严不起来、落实不下去的现象仍然存在。

二是宁夏煤矿安全隐患和问题仍然很多，重大危险源没有得到有效控制。

三是煤矿安全基础薄弱的状况仍然没有得到根本转变。尤其是市县乡镇煤矿，安全基础工作在短期内无法得到彻底的改观。

四是煤矿生产安全事故多发的状况没有得到彻底改变。全年事故起数、死亡人数和百万吨死亡率同比上升，并发生了一起死亡 9 人的瓦斯爆炸事故。特别是神华宁煤集团大峰露天矿“10·14”重大施工爆破事故，竟然在不到一年的时间里在同一煤矿再次发生同一类型的事故，充分说明煤矿生产安全工作的长期性、艰巨性、反复性、复杂性。

新疆维吾尔自治区煤矿安全生产工作综述

2009 年，在自治区党委、自治区人民政府、国家安全监管总局和国家煤矿安监局的坚强领导下，面对复杂的社会稳定形势和艰巨的煤矿安全监管、监察和行业管理任务，坚持以科学发展观为指导，统筹谋划全区煤炭工业发展大计。紧紧围绕“保增长、保民生、保稳定”的总体要求，大力实施优势资源转换战略和大企业大集团战略，积极应对金融危机和乌鲁木齐“7·5”事件的双重影响，坚持一手抓团结稳定、一手抓安全生产，确保煤矿安全生产和煤炭充足供应，为自治区及各地经济平稳较快发展作出了积极贡献。

一、安全生产的基本情况

全区各类煤矿发生生产安全事故 63 起，死亡 79 人。与上年度相比，事故起数和死亡人数分别减少 12 起、14 人，分别下降了 16% 和 15.1%；全年未发生一次死亡 10 人以上的重特大事故；煤炭百万吨死亡率为 0.98，首次降到 1 以下，实现历史性突破。全区煤炭工业呈现出安全、协调、健康发展的良好态势。

二、煤矿安全生产的主要工作

（一）扎实开展“安全生产年”活动，提高煤矿安全生产水平

一是加强组织领导。去年 4 月 22 日，按照自治区人民政府的决定，组织召开了自治区煤矿安全生产工作会议，全面部署了煤炭工业发展和煤矿安全生产各项工作，就全区开展“安全生产年”活动进行了总体部署与安排。各地认真贯彻会议精神，结合实际，及时制订煤矿安全生产“三项行动”、“三项建设”实施方案，明确了任务、目标和措施；各地党委、政府统一领导，积极组织实施方案，建立健全了“一岗双责”、重特大事故“一票否决”等制度；把煤矿安全生产控制考核指标层层分解、层层落实、严格考核，推动了各级煤矿安全监管责任和企业安全生产主体责任的落实，有力地推动了全区煤矿安全生产“三项行动”的有效开展。

二是扎实推进煤矿安全生产宣传教育行动。各地、各级煤炭管理部门认真履行煤矿安全监管职责，加大煤矿安全生产宣传教育工作力度，推进了《安全生产法》、《矿山安全法》、《煤炭法》、《煤矿安全监察条例》、《煤矿安全规程》等相关法律法规的宣传教育和贯彻落实。

三是扎实推进煤矿安全生产隐患治理行动。把隐患排查治理与安全质量标准化相结合，与制度化建设相结合，与产业优化升级相结合，与维护稳定工作相结合，在全区范围内集中开展了为期 3 个月的煤矿安全生产隐患排查治理和督促检查工作，发现和整改了一大批事故隐患，提高了煤矿安全生产保障能力。治理了大隐患、防范了大事故。塔城地区乌苏市强化监管，有效地开展了隐患排查治理行动，取得了生产原煤 300 万吨、生产事故零死亡的优异成绩。

四是扎实推进煤矿安全生产行政执法行动。进一步加大现场处理力度，对存在重大隐患的矿井，及时采取了停止作业、停止设备使用等强制措施，给予了限期整改、停产整顿、暂扣证照等行政处

罚。加大打击力度，有效遏制了非法、违法生产行为。坚持按照“依法依规、实事求是、注重实效”三项基本要求和“四不放过”原则，对63起煤矿生产安全事故依法进行了严肃查处；对群众举报案件及时进行了调查与核实，对隐瞒事故行为依法给予了严肃处理。

（二）加强保障能力建设，夯实煤矿安全生产基础

一是加强煤矿安全生产源头管理。严格落实行政许可制度，加强对安全生产许可、煤炭生产许可、矿长资格许可等行政许可事项的管理，严把安全准入、生产准入、建设准入和资格准入等关口。

二是加强矿山救援体系建设，提高应急保障能力。对全区15支煤矿救护队进行了质量标准化达标检查和资质认定工作。经国家应急救援指挥中心质量标准化等级考核，其中1支达到特级标准，2支达到一级标准，5支达到二级标准，3支达到三级标准，有力地推进了煤矿应急队伍的规范化建设。值得一提的是：乌鲁木齐市米东区众兴矿业公司主动投入，将矿井辅助救护队改建为区域联合救护中队，并取得了三级救护资质，成为全区首家民营救护队伍。

三是狠抓煤矿科技创新与应用。“新疆焦煤集团大倾角硬顶软底软煤走向长壁综放开采技术项目”和“新疆煤矿瓦斯数字化远程监控系统”科技项目分获自治区2008—2009年度科技进步一等奖和二等奖，为自治区大倾角煤层硬顶、软煤、软底综合机械化开采提供了技术支撑，积累了好的经验。针对厚度2～8米、倾角60°～90°的急倾斜煤层，在巴里坤明鑫公司井下进行了“水平分段悬移顶梁液压支架放顶煤”开采试验，取得了阶段性成果。高度重视先进技术与装备的引进。去年7月22日，成功举办了“7·5”事件后全区首个大型活动——第六届新疆国际煤炭工业博览会；随后全区首个大型煤机制造企业——郑煤机集团潞安新疆机械公司成立。随着煤机制造业实现新突破，将大幅提升全区各类矿井的整体装备水平。

四是强化煤炭行业人才培养培训。在全区范围内组织开展了煤炭专业人才需求情况调研，制定并经自治区人民政府转发了《自治区煤炭工业局等部门关于加强煤炭专业人才培养工作的意见》，印发了《自治区煤炭煤电煤化工人才发展规划（2009—2015）》，全面启动了全区煤炭人才培养工作。尤其是哈密地区，把“两大战略”的实施与保民生相结合，打造“一户一工人”工程。积极采取“政府埋单、学校接单、企业订单、农民选单”的方式，加强与相关院校和煤矿企业的沟通联系，通过“订单式”、“委托式”、“储备性”方式，培养煤炭专业技术工人3200余人，有效解决了企业所需，也扩大了农民就业。

（三）加大监督检查工作力度，提升监管监察工作水平

严格制订并落实年度监管监察计划，建立监管监察联席会议、联合执法、定期通报和信息交流等工作机制，有针对性地推广集中监管监察、解剖式监管监察、示范性监管监察等行之有效的行政执法方式，提高监管监察效能，“国家监察、地方监管、企业负责”的煤矿安全生产责任体系日趋完善。

一是加强事故多发期安全监管监察。组织开展了以“一通三防”、瓦斯专项治理、节后复产验收为主要内容的春季百日安全大检查，严把复产验收关口，严格落实安全措施，强化隐患排查治理，有效控制了生产旺季事故多发的局面。尤其在“全国两会”和新中国成立60周年庆典等关键时期，有效防范了各类事故，确保了煤矿安全生产和社会稳定。

二是强化对重点矿区和矿井的安全监管监察。继续加大对高瓦斯矿井、瓦斯相对涌出量超过6立方米/吨以上的矿井、发生过较大及以上事故、存在透水淹井危险和存在采空区大面积悬顶威胁等“五类矿井”的监察监管力度，切实做到“严查大系统，治理大隐患，防范大事故”。

三是加强对新建改扩建矿井的安全监管监察。监督检查基建矿井严格按照安全设施设计进行施工，不随意变更设计，不降低安全标准。加强煤矿建设项目“三同时”管理，严把煤矿建设项目设计、施工、验收、颁证等关口，确保建设项目开采技术条件满足安全专篇设计要求。煤矿建设项目“三同时”执法工作受到了国家煤矿安监局检查组的充分肯定。

四是突出了对国有重点煤矿的安全监察。认真吸取去年发生在国有重点煤矿的山西焦煤集团“2·22”、重庆能源投资集团“5·30”和黑龙江

龙煤集团“11·21”等三起特别重大瓦斯事故教训，加大对区内5个国有重点煤矿企业的13处生产矿井、5处基建矿井的安全监察工作力度。对上述矿井在瓦斯治理、通风系统、采掘接续等方面存在的重大隐患，召开了6次专题会议进行分析，指导企业采取措施予以整改，对遏制重特大事故发生发挥了积极作用。

五是加强煤矿职业安全健康专项监察。把煤矿职业危害防治作为煤矿安全生产隐患排查治理和督促检查工作的主要内容，就煤矿企业职业病危害防治管理机制、设施配备、监测评价、培训教育等落实情况进行了专项监察，有效防范了职业危害事故。

（四）健全完善工作体系，深化煤矿瓦斯治理

认真贯彻落实全国煤矿瓦斯治理工作体系示范工程建设“南昌会议”和“延吉会议”精神，强化煤矿瓦斯治理，积极推进“双百工程”建设。

一是突出重点环节，完善工作体系。加强对各类矿井采掘布置、通风系统、瓦斯抽采、安全监控、现场管理5个重点环节的监察监管，着力构建“通风可靠、抽采达标、监控有效、管理到位”的工作体系。2009年，抽放瓦斯6990万立方米，是目标任务的4.4倍，利用227万立方米，是目标任务的1.9倍，瓦斯抽放与利用工作取得了新进展；完成了昌吉、阿克苏、巴州、乌鲁木齐等4个地州市、13个监控中心节点建设和58处煤矿矿井安全监控系统的区域联网工作，国有重点煤矿集团公司已实现内部联网。通过提高瓦斯防控现场管理和技术装备水平，完善煤矿瓦斯治理工作体系，有效遏制了瓦斯事故。

二是强化监管监察，严格瓦斯管理。强化矿井瓦斯等级鉴定技术培训，提高矿井瓦斯等级及二氧化碳涌出量鉴定质量。依据矿井瓦斯等级鉴定结果，制定标准、分类管理。昌吉回族自治州阜康市积极创新监管方式，将高瓦斯矿井划为C类，相对涌出量超过6立方米/吨的矿井划为B类，相对涌出量低于6立方米/吨的矿井划为A类。按照“重点C类、覆盖B类、兼顾A类”的原则，有针对性地实施分类管理，实时监控，取得了良好的监管效果。各地把“一通三防”责任制落实和矿井瓦斯监控系统安装使用作为重要检查内容，确保各类矿井通风系统合理、通风设施完善可靠，杜绝了超通风能力生产行为。

三是采取有效措施，推进“双百工程”建设。按照国家、自治区确定的13个瓦斯治理示范矿井和阜康、拜城两个示范县（市）的建设任务要求，健全工作机制，完善组织机构，制订工作方案，编制达标标准，严格组织验收。先后在阿克苏拜城县召开瓦斯综合治理专题研讨会，部署了“双百工程”建设的方法、步骤与要求；在神华新疆能源公司小红沟煤矿召开全区煤矿瓦斯综合治理工作体系示范工程建设现场会，总结经验、查找不足。通过采取现场检查指导、强化教育培训、组织专家会诊、集中整改治理等有效措施，目标任务中7个瓦斯治理示范矿井达标，“双百工程”建设取得了实质性进展。

新疆生产建设兵团煤矿安全生产工作综述

在国家安全监管总局、国家煤矿安监局和新疆生产建设兵团党委、兵团的正确领导下，兵团煤矿安全监察分局以邓小平理论和“三个代表”重要思想为指导，贯彻落实科学发展观，坚持“安全第一，预防为主，综合治理”的方针，坚持监察、指导与服务相结合的原则，按照“安全生产年”的总体要求，紧紧围绕“三项行动”、“三项建设”，贯彻落实国家安全监管总局、国家煤矿安监局和兵团部署的各项重点工作，认真履行煤矿安全监察执法职责。

一、兵团煤矿安全生产状况

兵团现有矿井60处，均为国有地方煤矿，其中生产矿井37处，生产能力608万吨/年；新建、改扩建矿井23处，设计能力1047万吨/年。2009年，兵团煤矿预计全年生产原煤710万吨。

2009年，兵团煤矿共发生生产安全事故9起，

死亡 17 人，占国家下达的煤矿控制指标的121.43%，百万吨死亡率为 2.39。与去年同期相比，事故起数增加 6 起，上升 200%，死亡人数增加 14 人，上升 466.67%。发生较大事故 2 起，共造成 10 人死亡，兵团煤矿安全生产形势十分严峻。

二、兵团煤矿安全监察主要工作

（一）认真制定工作计划，及时进行分析总结，增强了工作的主动性

（1）认真编制年度监察执法工作计划。结合兵团煤矿安全生产现状、灾害特点和重大隐患挂牌、销号情况，按照科学分配、提高效能、统筹全局、突出重点的原则，编制了《2009 年兵团煤矿安全监察执法工作计划》，着力提高监察计划的针对性，增强工作的主动性，将高瓦斯、煤与瓦斯突出矿井和受火灾、水害威胁的矿井作为监察重点，对重点监察矿井加大监察频率，按照突出矿井每年每矿不少于 6 次，高瓦斯矿井不少于 4 次，受火灾、水害威胁的矿井不少于 3 次的要求列入监察计划。

（2）做好阶段性总结工作。对月度、季度、半年、全年工作进行了认真总结，深入分析工作中存在的不足，及时调整工作计划，在监察执法工作中加以改正，做到年有目标、季有安排、月有计划，为实现全年监察任务提供了保证。

（二）强化责任意识，履行监察职责，创新监察方式，努力做好煤矿安全监察工作

（1）落实监察片区责任制和个人重点盯防责任制。按照各监察室业务分工和兵团煤矿分布特点，将十个产煤师分成三个监察片区，每个监察室负责一个片区的监察执法工作，负责与片区内各级煤矿安全监管机构和煤矿企业进行工作联系、业务指导和信息沟通，反馈监察指令和意见，对重大隐患进行跟踪督办等。形成了“内业分项，监察分片，分工协作”的工作格局。继续实行个人重点盯防责任制，将 24 处重点监控矿井的盯防责任落实到每个监察人员头上，要求个人随时掌握盯防矿井的生产情况、存在的重大隐患及整改情况，经常督促盯防矿井加强安全管理工作。

（2）认真开展“三项监察”，按计划完成监察任务。分局以预防事故作为监察执法的出发点和落脚点，全体监察人员严格实行下井监察，只要煤矿具备下井条件，就坚持深入采掘作业现场，及时查找事故隐患，督促煤矿落实整改。在重点监察、专项监察和定期监察方面灵活应用、相互兼顾、突出重点。全年对 24 处重点监控矿井开展重点监察 98 矿次，开展瓦斯、机电等专项监察 85 矿次，定期监察 81 矿次，分别完成监察计划的 107.69%，111.84% 和 106.58%。

（3）结合“三项行动”，进一步加大执法力度。今年以来，分局认真贯彻落实国家安全监管总局、兵团对“三项行动”的安排部署，深入开展煤矿行业打击非法、违法生产专项行动，依法严厉打击煤矿非法开采、违法生产等行为，参加了煤矿安全生产大检查活动，依照煤矿安全生产法律法规，现场检查做到查实查细，不留死角，监察中发现的问题，逐条逐项进行梳理分解、限期整改，对存在的重大隐患，立即责令停止生产、停产整顿或罚款，并建议有关部门停止火工品供应。1—12 月份，共作出行政处罚 45 次，停止采掘工作面和停产整顿 32 次，作出经济处罚 19 次，罚款 244 万元，保持了对煤矿违法违规生产的高压态势。

（4）积极创新监察执法方式，大力推行解剖式、集中式、示范式监察。今年以来，分局在认真开展重点、定期、专项监察的基础上，积极探索全面排查事故隐患、促进煤矿企业整改的新方法，不断创新监察执法方式，提出了“三项监察”与“三个监察”（解剖式、集中式、示范式监察）相结合的新思路。积极与区内专家联系，建立了一套有采、掘、机、运、通等专业组成的专家库，在安全设施竣工验收、“三个监察”、事故技术鉴定等方面，注重发挥专家的专业技术优势。

（三）针对重点时期煤矿安全工作的特点，督促煤矿做好节日期间安全生产工作，抓好节前检查和节后复产验收工作

（1）在春节、“五一”、“十一”节假日前，分局都下发了通知，对节日期间煤矿安全生产工作进行了安排部署，督促各产煤师、煤矿企业安排好节日期间应急值守工作，保证通信畅通，加强对煤矿停产前和检修期间的安全检查。督促停产检修煤矿制定停送电、瓦斯排放和排水等安全措施，确保不停电、不停风、不停止排水、不停止安全监控系统的运行。督促正常生产的煤矿全面排查事故隐患，确保不留盲区和死角，合理安排组织生产，落实领导干部带班作业制度，加强现场管理。

（2）严格执行复产验收程序。督促各产煤师、煤矿企业落实复产验收责任制，制定复产验收工作方案，严格复产验收程序和标准。督促煤矿企业做好自查、各师安全监管局强化监督检查。恢复生产前，必须经各师安全监管局验收批准，严防节后抢任务、突击生产，严禁超能力、超强度、超定员生产。

（四）狠抓瓦斯治理，扎实推进清理整顿关闭工作

1. 立足于治大隐患、防大事故，进一步深化瓦斯、水害、火灾等方面的专项整治

一是扎实开展瓦斯治理专项监察，强力推进“通风可靠、抽采达标、监控有效、管理到位”的瓦斯治理工作体系。凡煤矿通风系统不完善、瓦斯检查制度执行不严格、安全监控系统不能正常运行、防治瓦斯的安全技术措施不到位的，一律立即停产整顿并暂扣安全生产许可证，建议有关部门停止火工品供应。今年以来，开展瓦斯治理专项监察196矿次，查出隐患1687条，其中重大隐患77条，重大隐患均落实了挂牌督办措施，整改率达95%。

二是各监察室将工作重心放在预防瓦斯事故上，牢固树立“瓦斯不治，矿无宁日”的思想，紧盯3处突出矿井、10处高瓦斯和按高瓦斯管理的矿井，突出瓦斯治理这个重中之重，在监察执法中重点检查矿井通风系统是否完善，监控系统运行是否正常，区域断电、远程断电等功能是否有效，瓦斯检查制度是否落实到位等。3处突出矿井进行封闭后，各监察室仍将其纳入监察范围，不间断地进行跟踪督查。

三是为贯彻落实全国煤矿瓦斯防治工作会议精神，认真吸取河南省“9·8”特别重大瓦斯爆炸事故教训，分局及时下发通知督促各产煤师继续落实瓦斯督导措施，成立瓦斯治理督导组，进驻所属高瓦斯矿井和曾经发生过瓦斯事故的矿井，加强对煤矿瓦斯防治工作的检查和督导。

四是强力推进煤矿安全生产监测监控无线预警报警系统的建设，实现兵团、师、煤矿企业和矿井安全生产监测监控远程多级联网管理，运用高新技术加强煤炭安全监管监察，提高煤矿安全保障能力。

五是进一步深化煤矿水害、火灾专项整治工作。继续落实《关于加强重点监控煤矿安全基础管理的紧急通知》的各项要求，凡是受水害、火灾威胁及发生过水灾、火灾事故的矿井，必须委托有相关资质的单位补做水文、采空火区地质工作，制定“以防为主”的防治水、防灭火安全技术防范措施，并认真执行。

2. 继续推进兵团煤矿清理整顿关闭工作

煤监系统认真贯彻落实《关于做好兵团煤矿清理整顿关闭工作的紧急通知》精神，各监察室积极督促片区产煤师上报清理整顿方案，并认真研究各师方案，向兵团煤矿清理整顿关闭领导小组办公室提交了片区审查意见，对煤炭资源进行了整合，3处突出矿井已按文件要求进行封闭。

（五）严把煤矿安全准入关，做好安全专项验收工作

（1）加大煤矿建设项目安全设施“三同时”的监察力度。对新建、改扩建煤矿开展监察执法时，各监察室注重“三查”，一查审批程序，二查施工资质，三查现场管理，特别突出对施工单位资质的审查，要求新建、改扩建矿井的施工单位将施工资质报分局备案。

（2）严格把关，提交片区监察意见。各监察室认真执行分局关于煤矿建设项目安全验收的要求，对于片区内资料审查合格的矿井，结合日常监察和近期监察情况，及时提交了验收意见。

（3）认真做好煤矿安全生产许可证发证和安全专项验收工作。今年以来，分局严格按照改扩建工程安全设施“三同时”的要求，高标准、严要求，组织对14处技改矿井进行了安全专项验收。对各师组织的预验收，程序不能少，标准不能降，达到要求后才能安排验收。在安全专项验收工作中，坚持把科学严谨的要求和严、细、实的工作作风贯彻始终，充分发挥专家作用，对每个矿都提出了六七十个问题，并下达现场处理决定书，要求立即进行整改，逐级验收合格后通过验收。

（六）狠抓“三个强力推进”，提升兵团煤矿安全生产整体水平

（1）强力推进煤矿隐患排查治理工作。煤矿隐患排查治理工作是分局多年来持之以恒、常抓不懈的重点工作。分局要求各煤矿企业对照标准定期组织开展隐患排查，并按季上报各监察室进行审查。进一步加大了工作力度，要求各监察室每月都

要对片区煤矿隐患排查治理工作进行统计，对各矿上报的和监察中发现的重大隐患都要登记公布，并指定挂牌督办的监察人员。通过这项措施，督促煤矿认真落实隐患排查治理的主体责任，及时消除各类事故隐患。

（2）强力推进煤矿安全质量标准化建设。安全质量标准化建设是煤矿安全生产的基础。分局一直非常重视煤矿安全质量标准化建设和验收工作，今年年初下发了《关于强力推进煤矿安全质量标准化建设的通知》，明确了兵团各师煤矿达标规划和考核验收要求。为了强力推进这项工作，分局提出了“安全质量标准化不达标，安全设施竣工验收不予通过”的要求。

（3）强力推进煤矿安全基础管理工作。通过强化对煤矿安全基础管理的监督检查，督促煤矿企业进一步贯彻落实国家、兵团关于加强煤矿安全基础管理的一系列意见和通知要求，推动煤矿企业做到“系统可靠，装备先进，管理到位，素质提高”。引导鼓励煤矿走“科技兴安”之路，大力推广先进适用技术，坚决淘汰落后的采煤工艺，积极推进采煤方法、支护技术改革。督促煤矿企业建立职业健康工作体系，改善作业环境，防范和减少职业危害。加强对煤矿安全教育培训考核工作及持证上岗情况的监督检查，有针对性地组织相关专题培训，提升煤矿从业人员整体素质。

（七）坚持监察、指导和服务相结合，不断加强对各师、矿业公司、煤矿监管工作的检查指导

（1）加强业务指导。年初分局向各产煤师下发了《关于做好2009年兵团煤矿安全生产工作的指导意见》，提出了对开展“三项行动”、“三项建设”，抓好十个方面重点工作落实的具体要求。

（2）及时向各产煤师通报煤矿监察情况，如实反映重大问题。在监察执法中发现的重大问题，利用《加强和改善安全管理监察建议书》，及时向各产煤师、矿业公司通报存在的问题，让各级安全监管部门了解煤矿安全生产现状，提出加强和改善煤矿安全管理的建议。

（3）建立联合执法机制。与各产煤师安全监管部门密切配合，经常性地开展联合执法活动，及时通报情况，交流信息，协商解决煤矿安全监察、监管工作中的重大问题。煤矿隐患整改完成不能及时复查的，委托各师安全监管部门进行检查验收，将验收情况报监察室备案，做到隐患排查—治理的闭环式管理。

（4）提高服务意识，帮助煤矿企业解决实际问题。每次监察活动结束后，通过与师安全监管局、煤矿企业、技改矿井的施工单位、监理单位等座谈的方式，及时向各方反馈检查情况，帮助他们查找梳理安全管理中的薄弱环节和重大隐患，提出整改建议和要求，促进煤矿加快整改。

（八）加强兵团矿山救援体系建设，不断提高应急保障能力

今年以来，分局加强矿山救援队伍建设，不断提高各救护中队防范事故和应急处理能力。

一是安排二师、六师、八师、十师四支矿山救护中队加强训练，积极备战自治区矿山救护比武。

二是继续组织矿山救护中队长和技术员参加国家安全监管总局举办的复训和培训。

三是针对国家组建兵团国家救护基地的政策，协调自治区矿山救援基地专家赴八师石河子南山救护基地，进行了前期预验收指导工作。6月中旬监察三室有关人员陪同国家安全监管总局矿山救援中心领导就拟建国家矿山救援兵团基地事宜对农八师南山救护基地进行考察。

四是强化各矿山救护队的预防性安全检查作业，做好兵团六个矿山救护中队每个月的救护工作统计和救护队日常管理工作。

第十二部分

重点中央企业安全生产工作

中国石油天然气集团公司安全生产工作

中国石油天然气集团公司安全环保部

2009年，是集团公司安全生产工作面对挑战、经受考验、攻坚克难的一年。公司进入了一个前所未有的快速发展阶段，金融危机对生产经营的冲击、海外业务反恐形势的严峻、严重自然灾害的侵袭等内外部因素交织影响，增加了安全生产工作的风险。在集团公司党组的正确领导下，在百万石油员工的共同努力下，杜绝了重大及以上井喷失控事故、火灾爆炸事故、工业生产亡人事故、职业病危害和放射卫生事故，主要安全控制指标继续好转，职业健康工作进一步加强，企业安全环保管理水平稳步提高，完成了年初确定的总体目标和各项重点工作任务，实现了安全生产形势持续稳定好转的目标。

一、坚持目标管理，严肃责任追究，监督约束机制初步形成

面对新形势、新情况，集团公司始终把落实安全环保责任作为各项工作的重中之重，健全组织体系，强化目标管理，严肃责任追究。分系统负责、分层次管理、一级抓一级、层层抓落实。

一是逐级签订《安全环保责任书》。在年初集团公司工作会议上，总经理蒋洁敏代表集团公司连续三年与企事业单位主要负责人签订了《安全环保责任书》，将安全生产指标与领导业绩、单位工资总额挂钩，严格“一票否决”。企业层层签订《安全环保责任书》，将安全生产考核指标逐级分解到基层、落实到岗位，严格考核和兑现奖惩。2009年，给予5名局级领导干部行政处分，起到了警示和教育作用，有效地促进了全员、全方位、全过程安全环保责任的落实。

二是认真安排部署全年的安全生产工作。年初，以集团公司1号文件印发了集团公司2009年健康安全环保工作要点。7月7日至9日，集团公司召开2009年安全环保工作会，公司副总经理、党组成员廖永远出席会议并讲话，要求用科学发展观统领安全环保工作，扎实推进HSE体系建设，全力做好安全环保工作。会议全面总结回顾了2006年以来安全工作取得的经验和成绩，进一步坚定了信心，明确了任务，落实了措施。9月份，针对新中国成立60周年，召开专题视频会议，组织开展专家巡视、专项检查，确保了特殊时段安全稳定。针对阶段性安全生产情况，2月份和9月份，先后两次召开视频会议；每季度召开工作例会，部署任务、提出要求。重大节日及重要活动期间都适时提出要求，保证了特殊时段安全生产形势的稳定。各企业结合实际，统一部署各项安全生产工作，突出重点、强化监管，确保生产经营活动安全平稳开展。

三是严格事故管理和责任追究。集团公司认真执行事故处理“三不放过”原则，凡发生生产亡人事故，总部都及时派人到现场，组织或参加事故调查，要求事故单位到总部做检查，并在全系统通报。通过把安全生产业绩与领导干部、员工的“帽子”、“位子”和“票子”结合在一起，奖罚分明，有力促进了安全生产责任落实。严格事故“四不放过”的同时，更加注重轻微事故和事件的管理，鼓励基层员工积极上报生产安全轻微事故和未遂事件，分享经验，防微杜渐。

二、坚持整体策划，抓好典型示范，HSE 体系推进工作取得新进展

按照集团公司《HSE 管理体系推进建设计划》总体部署，发布了 HSE 管理九项原则，组织总部机关部门、专业公司负责人以及新进企业领导班子成员开展 HSE 培训，增加了长城钻探、东方物探两家企业推进体系工作试点，编写完成了工艺危害分析等 34 项 HSE 试点制度。通过总部审核、外聘审核和交叉审核等方式，对 46 家企业 HSE 体系运行情况进行了审核。

一是推动安全理念继承发扬再创新。大庆精神、铁人精神是新时期企业 HSE 文化的灵魂。集团公司“诚信、创新、业绩、和谐、安全”的核心经营管理理念以及“环保优先、安全第一、质量至上、以人为本”的安全管理理念已经在全系统形成共识。结合新时期特点，今年又提出了“有感领导”、“直线责任”、“属地管理”的 HSE 理念，强化领导干部以身作则，明确职能部门管工作必须管安全，推动员工承诺“我的属地我负责”，促进了安全环保工作由“全员参与”向“全员负责”转变，由“被动执行”向“主动履职”转变。

二是实现安全管理手段借鉴消化再创新。在 2008 年发布《反违章禁令》（以下简称《禁令》）基础上，2009 年又发布了集团公司《HSE 管理原则》（以下简称《原则》）。《禁令》重在规范岗位员工的操作行为，《原则》重在指导各级领导的管理决策。通过在全系统大力宣贯《禁令》和《原则》，进一步提高了认识，促进了全员责任落实。积极开展安全生产形势分析和工作调研，强化全员培训，推动实现由单纯强调监管向监管与培训指导并重的转变。通过开展审核指导和专家巡视，逐步替代综合性安全生产大检查，提高了工作效率和效果。

三是落实安全管理方法引进吸收再创新。学习不照搬、合作不依赖，积极吸收国际先进 HSE 管理方法。推行了安全观察与沟通、个人安全行动计划、培训需求矩阵、HSE 考核过程指标等方法，为推动落实有感领导、直线责任，促进全员参与提供了有效的方法工具。进一步丰富完善“四有一卡”、“两书一表”，推行了作业许可、工作安全分析、上锁挂牌、安全目视化管理等基层生产作业风险管理方法工具，积极引导岗位员工开展作业风险识别，规范非常规作业活动管理流程，强化高风险作业能量隔离管理，有效提高了源头控制、过程管理水平。

三、坚持标本兼治，重在治本，工艺设备本质安全水平明显提升

集团公司从狠反“三违”、整改隐患入手，建立安全生产长效机制，提高本质安全水平，从根本上有效遏制各类事故的发生。

一是严格落实安全生产“三同时”制度。按照建设项目安全许可要求，及时进行建设项目设立备案，进行职业卫生和安全预评价，确保工艺技术安全和装备可靠、安全设施齐全有效、自动化控制水平满足安全生产需要。推广危害与可操作性分析（HAZOP）等方法，认真开展收购、并购、租赁项目安全生产条件论证，确保新项目、新材料、新工艺和新产品开发应用的安全。

二是科学组织各项生产经营活动。加强生产组织和资源调配协调平衡，科学合理编排生产作业计划，合理组织施工、生产，防止盲目抢工期和倒排工期。认真开展在役装置（设备）安全评估，按照核定生产能力组织生产，防止无条件超设计、超能力生产和设备“带病”运行。

三是狠反“三违”行为。以反“三违”为重点，引导广大职工牢固树立“违章就是事故”的观念，深刻认识“三违”危害。一些专业公司细化反违章禁令条款，开展反违章工作情况检查，推广企业反违章工作典型经验。各企业健全反违章工作联动机制，加强员工遵章守纪教育，广泛开展违章行为辨识，加大违章处罚和情况通报，反违章工作已经纳入企业安全生产工作重要内容，正在向纵深发展。

四是继续治理安全隐患。2009 年集团公司重点作好三年隐患治理效果验收和收尾工作。各专业公司积极利用挂牌督办和专项检查等方式，对 12

家企业的重点隐患项目治理效果进行了检查验收，审计部对37家企业的重点隐患进行了专项审计，规划计划部对已完成的隐患治理项目进行了后评价，总体上达到了预期效果。公司及时启动了矿区服务系统隐患治理工作，组织开展了重点企业防雷防静电设施、安全仪器仪表、特种设备等专项检查，深入开展事故隐患排查。

四、坚持突出重点，加强防范，对特殊时段、重大项目的监管取得了成效

集团公司不断健全完善安全生产监管体制机制，强化现场监督检查，以防范重特大事故的发生。

一是做好特殊敏感时期安全生产工作。春节和“两会”期间，集团公司组成10个检查组，对所属40家企业开展了安全环保质量大检查。特别是针对60周年国庆，公司召开专题视频会议，组织开展专家巡视、专项检查，确保了特殊时段安全稳定。针对阶段性安全生产情况，及时召开视频会议，部署任务、提出要求。开展了海上作业防台风、防风暴潮专项检查，开展了以“八防”为主要内容的冬季安全生产专项检查，组织企业开展“冬季百日安全生产无事故竞赛”活动。组织开展在建管道项目、在建炼化项目工作核查，对中亚天然气管线和西气东输二线西段进行了投运前安全检查，在部分油气田、管道施工企业开展了送健康到一线活动。开展《突发事件应对法》实施情况检查工作，听取51家企业的汇报，并现场检查了西南油气田分公司等13家企业的应急管理工作情况。

二是加强交通运输安全监管。集团公司制定下发了《2009年交通安全专项工作方案》，开展交通安全工作专题调研，总结推广专项整治活动成果，录制完成了驾驶员交通安全电视教育片，编制完成了《载货车辆安全驾驶指南》，组织开展了《驾驶员安全培训软件》应用培训，总结专业化车队HSE管理体系推进试点经验，为基层车队HSE风险管理提供模版指导。重点加大对危险化学品运输车辆的安全监管，通过采取安装行车记录仪、GPS等措施，确保运输过程安全受控。

三是加强职业健康监管。从积极预防和加强职业健康管理入手，突出员工职业健康监护和作业场所职业病危害的防控工作，认真组织开展“粉尘与高毒物品危害治理专项行动”活动，明确“专项行动”的工作重点，突出抓好职业健康工作制度和管理情况检查、职业危害排查与检测、危害整改与治理等三个环节，促进了企业职业健康管理。认真组织企业参加由国家安全生产监督管理总局、卫生部等联合组织开展的《职业病防治法》宣传周活动和全国职业安全健康知识竞赛活动，大力开展岗位职业健康知识常识教育和培训。积极推进职业健康监护和作业场所职业病危害检测，加强了对接触粉尘、毒物、放射性以及野外施工作业员工的职业健康体检，职业健康体检率保持在92%以上。在油田、物探、管道企业开展“送健康到一线”活动，进行健康服务和咨询。公司全年施工作业队伍未发生传染病疫情和食物中毒事件。

五、坚持预防为主，加强应急管理，应对突发事件能力进一步增强

在认真总结分析近年来的工作经验，深刻汲取事故教训的基础上，不断加强应急管理，使应急工作由非常态管理向非常态与常态管理相结合的方式转变。

一是完善组织机构建设，健全规章制度。集团公司成立了以总经理为组长的应急领导小组。组成了由副总经理为主任，总部机关职能部门、信息组、专家组、现场应急指挥部参加的领导小组办公室。明确了办公厅应急协调办、安全环保部应急管理处分别作为应急领导小组办公室的办事机构和工作机构。印发了《中国石油天然气集团公司2009年应急管理工作要点》，指导全年应急管理工作。结合国家对应急预案的管理要求，制定了中国石油《应急预案制修订工作指导意见》，并重新修订了中国石油《应急预案编制通则》，指导和推动企业开展应急预案制修订工作。

二是加强应急预案管理，开展培训演练。2009年1月，集团公司总经理蒋洁敏及各有关业务主管领导，分别签发了集团公司突发事件总体应急预案和各专项预案，编制了《集团公司应急工作手册》。组织开展应急预案备案审核，通过开展应急预案审核，进一步促进企业完善应急工作流程，落实相关部门和单位应急工作职责。加大应急业务培训工作力度，举办了6期应急业务培训班和4期应急预案审核员培训班，分别对企业安全部门应急管理人员、生产运行部门应急指挥人员和行政管理部门应急管理人员，以及应急预案审核员进行了培训。共培训各类应急人员1200余人，初步建立起集团公司应急管理骨干队伍。2009年10月27至28日，在北京和四川的油气田联合举行了“井喷事件专项应急预案演练”。国务院应急办公室、国家安全生产监督管理总局、四川省政府有关领导现场观摩了演练并给予了高度评价。

三是加强应急救援队伍建设，做好预警救援工作。2009年6月8日，依托“四川油气井灭火公司”成立了中国石油集团井控应急救援响应中心。该中心还被国家列为“国家油气田救援广汉基地”。10月28日，集团公司副总经理、党组成员廖永远和国家安全生产应急救援指挥中心副主任贺黎光为“国家油气田救援广汉基地”、“中国石油井控应急救援响应中心”揭牌。根据汛期生产安全事故多发、自然灾害集中等特点，印发了《关于2008年汛期事故与灾害情况通报及进一步加强汛期事故防范和减灾工作的通知》，指导企业做好2009年汛期防灾减灾工作。

2009年11月8日，山西省地质勘查局河东煤田ZK12－1井发生井喷事故。在接到救援请求后，中国石油天然气集团公司迅速开展应急救援工作，按照集团公司副总经理、党组成员廖永远的批示，立即组织研究压井救援相关事宜，第一时间向山西省地质勘查局就事故现场的安全、环保、防中毒等提出具体建议，避免发生次生事故，并就近调集井控专家和装备赶赴现场，开展抢险救援工作。经过6天20小时的紧张工作，终于成功控制了井喷事故。

六、坚持广泛宣传，层层开展培训，安全文化建设不断深化

在全国第八个“安全生产月”活动开始之际，蒋洁敏总经理发表了重要寄语，对搞好安全生产月活动和进一步做好安全生产工作提出了明确要求；《中国石油报》专门开辟安全生产大家谈栏目，副总经理廖永远发表署名文章，安全环保部负责人及各企业主要领导也结合实际发表了署名文章。广大干部员工积极参与，形成了良好的安全舆论氛围。开展了安全生产知识竞赛，150多万员工踊跃参加；积极组织员工参加国家安全生产监督管理总局、全国总工会联合主办的“安全伴我行”演讲比赛，我集团公司2名选手获得银奖，集团公司获得优秀组织奖；所属33家企业在“全国职业健康知识竞赛”中荣获优秀奖；组织了HSE论文评选活动，74家企业上报了1288篇HSE论文，经过评选233篇获奖。

在2008年对771名企业领导班子成员进行HSE培训的基础上，集团公司会同人事部，继续组织开展了对总部机关部门、专业公司负责人以及新进入企业领导班子成员共220人参加HSE培训。组织开展了对企业安全处长、安全监管人员、应急预案编制人员等的培训。组织专家分专业编写“两书一表”统一模版，积极开展“两书一表”模版、新编HSE制度标准、HSE信息系统应用等送教上门活动。员工还积极践行“我的区域我负责，我在属地您放心”的承诺，积极参加岗位工作安全分析、安全技能比武和安全经验分享活动，积极参与岗位操作规程编写，及时上报岗位轻微事故事件，安全意识明显提升。

中国石油化工集团公司安全生产工作

中国石化集团公司安全环保局

2009年，中国石油化工集团公司认真贯彻落实党中央、国务院关于加强安全生产工作的指示和要求，以科学发展观统领安全生产全局，始终坚持“安全第一、预防为主、综合治理”的安全生产方针，以扎实开展“我要安全”主题活动为主线，进一步细化并严格执行《安全生产禁令》，严格落实安全生产责任制，狠抓各项工作落实，继续保持了安全生产总体平稳态势。

2009年石化集团公司安全工作面临新的挑战，突出表现在：①高含硫油气田的大面积勘探开发，进一步增加了安全风险；②劣质原油加工比例的不断提高，加剧了装置腐蚀，加大了装置长周期运行的安全风险；③大批安全意识不强、业务技能不高的各类临时用工进入生产和施工作业现场，增加了新的安全隐患，加大了安全监管的难度；④随着我国部分地区城镇化速度的不断加快，使一些企业周边的缓冲隔离带被侵占，一些城镇社区逼近甚至形成包围企业之势，一旦发生危险化学品泄漏、火灾等事故，势必对周边社区造成较大影响。

面对严峻的安全生产形势，石化集团公司研究制定了2009年安全生产工作目标：以防范重特大安全事故为重点，最大限度地实现“五个避免”，即避免重大井喷失控事故、重大死亡事故、重大火灾爆炸事故、重大责任事故、重大环境污染事故。

为实现全年奋斗目标，2009年石化集团公司主要开展了以下工作：

一、认真开展“我要安全”主题活动，严格执行《安全生产禁令》及各项规章制度，层层落实安全生产责任制

2009年，为强化全体员工安全意识，最大限度地减少生产施工现场存在的不安全行为，石化集团公司在全系统组织开展了“我要安全”主题活动。总部及各企业都成立了活动领导小组，制定了活动实施方案。活动以“强化安全意识、规范作业行为、消除安全隐患、促进安全发展”为主要目标，开展了声势浩大的安全宣传教育活动。共举办主题演讲1227场次，知识竞赛1812场次，应急预案演练4.8万次，营造了“我要安全”的良好氛围。

在提高员工安全意识的同时，继续采用安全责任状、安全承诺书等形式，落实各级安全责任。总部与企业签订安全责任状，将安全指标纳入企业生产经营目标进行考核。各单位层层签订安全责任书，严格落实安全生产一岗一责，加大安全考核奖惩力度，将安全生产责任落实到每一个岗位，每一名员工。

二、持续开展隐患排查，加大隐患治理投入，不断提高系统的本质安全水平

石化集团公司始终高度重视安全隐患治理工作。总部及各企业在安排全年投资计划时，都把隐患治理项目放在首位。2009年，石化集团公司进一步完善隐患排查治理责任制，建立完善了隐患排查、控制与整改闭环管理制度。在隐患排查上，由基层单位收集、登记、筛选检查出的问题和隐患，并组织评估、整改。对确需立项的隐患逐级上报、立项，形成闭环管理，确保各类隐患及时得到治理。

继续实施隐患治理分级管理制度，将影响全局、影响严重的重大安全隐患，列入总部领导重点监管项目；对影响较大的安全隐患项目列入总部部门重点监管项目；其他在总部立项的项目，列入各企业“一把手”监管项目，在年终考核中将隐患项目治理情况作为一项主要内容进行考核，促进了重大隐患得到及时整改、消除。认真开展隐患治理后评估工作，对总部重点监管的隐患项目组织验收评估，对企业自管的隐患治理项目进行抽查，确保安全隐患彻底消除。

2009年的治理重点是：油田企业海上立管悬空、井控点火设施、防雷及防灾隐患、新区火工器材安全存储及井控维修中心配套、电气和大型油气站库消防隐患；炼化企业大型浮顶油罐防雷防静电隐患、消防气防隐患、职业卫生隐患；油品销售板块主要治理不符合油库建设标准要求的发油台，防溢油及静电联锁保护系统的配套，清净剂在线添加系统改造，油库半地下卸油泵房及真空卸油系统改造、铁路栈桥隐患，以及不符合新标准规范要求的石油库消防道路、消防水（泡沫）系统、消防泵房、消防水池、防火堤及设备设施等。

三、高度重视安全“三同时”，从源头上消除隐患

安全生产必须从源头抓起。石化集团公司严格执行生产性建设项目职业安全卫生监督管理有关规定，对所有新改扩建项目从可研评估、安全预评价、设计审查、总体开工方案审查、投料试车条件检查到竣工验收全过程实施“三同时”监督管理，聘请有资质的评价机构，对新建、改建、扩建项目进行安全、职业卫生预评价，实现源头控制。严格坚持“三同时”审查，确保安全、职业卫生等技术措施与主体工程同时设计、同时施工、同时投入使用，保证新建项目安全设施高起点，不缺项、不欠账。在重大项目投产前，由总部统一组织进行开工前安全条件确认，重点检查安全、环保、卫生预评价报告中各项措施落实情况，为项目安全投用提供了有力保证。

2009年，石化集团公司继续严格贯彻落实国家有关建设项目“三同时”监督管理的法律、法规和政策，进一步规范建设项目建审程序，落实相关方安全责任。对所有新改扩建项目的可研评估、设立安全审查、安全设施设计审查、总体开工方案备案、投料试车条件确认及竣工验收全过程实施严格的“三同时”监督管理，确保了天津乙烯项目等一批重点工程按期中交、安全投料试车。

四、按照“谁主管、谁负责”原则，不断强化对各级领导干部及安全管理人员的教育培训

安全生产是一项系统工程。只有各部门、各专业按照“谁主管、谁负责”原则，从本部门分管业务角度落实安全工作，才有可能真正将安全工作落实到位。为提高广大领导干部的安全意识，集团公司举办了2期直属企业主要负责人、分管负责人安全培训班，由集团公司党组领导和国内知名专家、学者授课，收到了较好效果。

此外，石化集团公司还充分依托青岛安全工程研究院、燕山教培中心、胜利油田培训中心等内部培训机构，以及上海华东理工大学、武警学院等院校，先后举办了多期安全处（科）长岗位资格培训班、安全工程师培训班、安全管理干部培训班、企业专职消防队指挥人员培训班、注册安全工程师再教育培训班等，1500余人接受了相应培训，专业人员的安全技能得到了提高，具备了上岗资格。各企业按照集团公司的教育培训计划，举办了各类安全干部、安全技术人员、职工、外来施工人员、特种作业人员的培训班，开展岗位安全资质、安全技能培训、事故预案演练、消防演练等，提高了广大干部职工的安全技能。

2009年6月，按照国家安全监管总局等有关部门的总体部署，石化集团公司认真开展了安全生产月活动。2009年安全生产月活动的主题是“关爱生命，安全发展”。集团公司专门下发了有关文件，集团公司党组成员，股份公司副董事长、总裁王天普在《中国石化报》发表书面讲话，对活动开展提出了明确要求。各企业按照总部统一部署，结合“我要安全”主题活动，充分利用广播、电视、报刊等媒体，采取办学习班、安全考试、安全咨询、专题讲座、讲演、展览等形式，开展了形式多样的安全宣传教育活动，营造了安全生产氛围，推动了安全生产工作。

五、坚持开展安全检查，督促企业提高现场管理水平

2009年，针对建国60周年庆典安保工作及公司安全生产实际情况，石化集团公司先后组织开展了重点建设项目安全督查、油田井控专项检查，以及治安防范专项抽查。在企业开展自查自改工作的基础上，总部集中组织了设备大检查及年度安全大检查。

8月下旬，石化集团公司组织了156名安全、设备、消防管理专家，分成13个组，利用20天的时间，对50家直属企业和3个重点建设工程项目进行了安全生产大检查。检查组按照国家有关法律法规、行业标准及公司规范、制度，采取闭卷考试、召开座谈会、查看资料、现场提问、现场检查、实战演习、夜间查岗等方式，深入井队、装置、油库、加油站等生产一线进行检查。共查出各类问题3133项，并及时进行了整改。针对检查出的问题，深究问题根源，从企业管理、制度修订、责任制考核等方面查找管理上的原因，指导企业落实整改措施，并跟踪落实，确保问题得到及时整改。此外，石化集团公司坚持每季度召开安全工作视频会议，通报企业安全监督管理中存在的问题，部署当前工作任务，传递安全压力，促进了现场管理水平的提高。

六、认真做好员工的职业健康保护工作

2009年，石化集团公司以贯彻落实《职业病防治法》为主线，认真抓好员工的职业健康保护工作。召开了全系统职业卫生工作会议，认真抓好职业卫生各项管理规定的贯彻落实。进一步规范了职业卫生技术和管理工作，全面开展中国石化职工健康状况、海外员工心理健康调查和员工接触职业危害情况调查工作，不断健全完善职业卫生档案、健康监护档案、培训档案和个人防护用品发放登记档案的管理，做好建设项目职业卫生“三同时”审查验收率、职业健康体检率、工作场所职业病危害因素检测率、监测合格率达标的工作。集团公司全年有毒有害岗位检测覆盖率达99.7%，监测点合格率为99.3%，职业健康体检率为98.3%，在岗职工职业病发病率控制在0.1‰以下，杜绝了一次3人以上急性职业中毒事故的发生，实现了职业卫生“三个目标”。

中国海洋石油总公司安全生产工作

中国海洋石油总公司健康安全环保部

2009年，尽管受到国际金融风暴的强烈冲击，中国海洋石油总公司（以下简称中国海油）依然取得了可喜的发展业绩。特别是在投资力度加大、生产规模扩张、作业活动攀升、员工队伍大增的情况下，中国海油总体上继续保持了良好的安全纪录，而持续改进的健康安全环保管理，为企业的健康发展切实起到了保驾护航的作用。

2009年中国海油深入贯彻全国安全生产工作会议精神，严格执行国家安全环保法律法规，认真落实国务院国资委和国家安监总局等部委加强安全生产和环境保护工作的总体要求，认真贯彻总公司党组的战略部署，高度重视HSE管理，继续加强安全制度和安全文化的建设，努力推动HSE管理体系的有效运行，坚持“安全第一、预防为主”的方针，按照“五想五不干”的要求，大力加强安全生产工作，取得了明显成效。2009年，中国海油的安全形势总体平稳，没有出现重大安全环保事故，较好地完成了健康安全环保年度工作目标，为建设5000万吨产能和国际一流能源公司奠定了基础。

一、2009年健康安全环保工作目标完成情况

2009年，总公司系统年度工作的具体目标为：

（1）推动健康安全环保管理体系有效运行。

（2）不发生重大伤亡责任事故。

（3）不发生直接经济损失超过100万元的责任事故。

（4）不发生小型以上溢油责任事故。

（5）不发生重大交通安全事故。

经过公司全体员工的共同努力，实现了上述目标。年初设定的重点工作目标，特别是公司领导关心的隐患及风险较大的事项也得以解决，比如，单壳油轮淘汰事项、挂牌督办制度的有效实施、应急信息系统的稳定运行、海上项目环评进程的协调、山东海化应急事项与总公司对接等取得实质性进展，这些措施的落实大大降低了总公司面临的风险。

但是，由于恶劣天气的影响，海上作业也发生了两次重大险情，一是2009年9月14日，受“巨爵”号台风的影响，在珠江口外的惠州油田“南海发现”号浮式生产储油装置的单点系泊锚缆被拉断，造成海底软管拉断，油田停产的事故；二是11月10日受强冷空气的影响，在渤海湾的渤中25－1油田系泊单点被拉倒，导致“海洋石油113”浮式生产储油装置漂移，油田停产的事故。由于处置及时，措施得当，两起事故均未造成人员伤亡和大的环境污染。

二、2009年健康安全环保主要工作内容

风险辨识及评估是开展健康安全环保工作的基础。2009年，中国海油坚持从风险辨识及评估入手，在此基础上制定了重点工作并形成工作计划，同时对于遗留的难点加大了跟踪整治力度，目的是从前瞻性及整改落实两方面共同提升健康安全环保绩效。对于健康安全环保方面存在的风险识别及评估，主要体现在以下几方面：

一是随着产业链延伸，人员迅速扩充，成熟管理摊薄，HSE管理幅度加大、难点增加，特别是对新能源和矿山等非油气传统产业的拓展，提出了新的管理内容；

二是随着全球气候异常导致超强台风等极端恶劣气象条件增多，给海上作业和陆地支援带来更大风险；

三是上中下游涉及的流程性的高危特征，对设备完整性提出了更高的要求，部分企业设施老化引发的诸多问题，增加了事故隐患；

四是海外作业使健康安全环保工作面临诸多新的法律环境，交通、通讯、保安、社会基础等条件的限制以及NGO、国际社会的关注等都增加了管理难度；

五是部分新进入企业设备设施和管理存在诸多问题，安全环保遗留隐患过多；

六是国内外环保要求越来越高，企业和员工关于健康及工作外安全需求的增加，对各级管理者提出了更高的素质要求。加之社会对公司整体期望度（如社会责任、可持续发展、应对气候变化行动等）不断提高，拓展了HSE管理的内容。

从2008年底开始，从总公司层面在风险辨识的基础上着手制定HSE工作计划，突出重点，对各环节最紧迫最需解决的事项进行重点安排。主要完成的工作包括：

（一）开展隐患治理，提升体系化管理水平，确保安全生产

1. 规章制度建设

2009年，中国海油在制定HSE规章制度方面，突出重要性、针对性，促进重大问题的解决，并起到了明显的效果。如：转发了《危险化学品建设项目安全许可和试生产（使用）方案备案管理方法（试行）》；发布《中国海洋石油总公司健康安全环保责任事故述职检查管理规定》；发布《中国海洋石油总公司环境监测实验室管理规定》和发布《总公司作业现场环保人员资质管理办法》；发布《办公场所安全管理要求》标准；发布了《加强常压储罐完整性管理 消除事故隐患的通知》；发布了一系列防控甲型H1N1流感的通知等规章制度。

2. 专项安全检查和体系审核

长期以来，中国海油充分认识到现场作业场所HSE工作的水平高低是评价总公司整体管理水平的重要依据。作业现场HSE管理工作是“三基工作”的重要内容，为此，中国海油通过加强专项检查及体系审核等手段，深入基层生产第一线，发现问题解决问题，通过贴近现场掌握第一手资料，不断提升总公司基层HSE管理水平。

2009年，总部对海工青岛分公司、海油发展油建分公司、山东海化、立沙油库、油服公司等共计38家单位进行HSE专项检查，基本覆盖所有危化品企业。

2009年，总部组织对中海壳牌、有限天津分公司、东南亚分公司、湛江分公司进行了HSE管理体系上级审核。2009年，海油分部对32个设施进行了发证检查。

2009年，提前在6月中旬开展了本年度的直升机安全审核检查。聘请了专业审核公司AMS，完成对北方片区（天津分公司、上海分公司、科麦奇）租用的9架直升机和4个直升机基地的安全技术审核；同时联合各作业机构完成了对南方地区（深圳分公司、湛江分公司）6个直升机基地的安全管理审核。

3. 安全生产相关的专项工作

一是储罐和管道完整性管理。管道、储罐设施设备的完好状态，直接关系着安全生产是否能够得到保证。管道、储罐及其他流程性设施设备的各类隐患已逐渐引起了公司的关注，公司从2009年将设备完整性管理纳入了重点工作内容，设立了重点单位和管理推动的试点单位，发布了总公司储罐安全管理政策。有限公司对海底管道建立了完整性管理系统，其他单位也在开展相应工作。2009年，健康安全环保部牵头成立科研项目组，与油气利用公司、石油大学开展方法研究；编制了《储罐完整性管理标准和实践》，并以总公司文件发布；组织对油气利用公司泸州沥青厂2#罐进行了完整性检测。

二是淘汰单壳油轮。根据国际海事组织及交通部海事局关于限制单壳油轮的要求，中国海油于2008年确定了淘汰单壳（单体）油轮的政策。总部推动相关单位制定单壳油轮淘汰计划并跟踪督促实施进展，到2009年11月4日全部完成了自有单壳油轮改造或出售工作，消除了发生溢油污染事故的重大隐患。

三是关注交通安全。多年来，中国海油将重视员工交通安全作为一项重要的HSE内容。2009年围绕交通安全管理方面的形势和任务，强调了交通安全是企业安全生产管理的重要组成部分，增大HSE考核中交通责任事故管理的比例，通过《私家车俱乐部指导意见》要求各单位特别关注员工长途出行的驾驶安全问题，对节假日期间员工驾车外出可能面临的风险给予安全提示。

（二）以培训为突破口，提高人员健康安全环保素质

随着中国海油产业链的不断延伸及产业规模的逐步扩大，易燃易爆、危险化学品等作业环节不断增加，员工人数也在上升。公司更加重视培训工作。

2009年，完成了两期安全监督培训班，约180人参加。目前，总公司系统已有约1200人接受过安全监督培训。对山东海化等四家新进入单位进行HSE宣贯培训班，约900人接受培训。

根据总公司HSE培训管理规定，2009年有5名公司领导参加了HSE培训。目前，共有57名直管干部接受了HSE培训。此外，所属单位的领导干部大约200人接受了HSE培训，干部管理学员有45人接受HSE培训。

2009年新增225名注册安全工程师，96人进行继续教育。现系统内有657名注册安全工程师。

2009年，还对机构总部人员进行了危机管理培训和交通安全培训，约100人参加。

2009年，中海油培训中心实施安全培训30982人次，技能培训9688人次。

安全文化建设方面，2009年，总公司印发6000份“五想五不干”宣传画，营造安全生产氛围。

（三）突出环境保护，根治污染隐患

1. 建立实施环保专项督查制度，全面掌控环保关键点

2009年年初，总公司发布了HSE重点项目的挂牌督办要求，各被挂牌单位每季度末应将整改进度情况汇报，完成整改后应及时提交整改报告，总公司组织专家组进行专项检查。从实施效果看，挂牌督办制度起到了良好的督促作用，各被挂牌企业积极实施整改。

2. 完善环保制度建设，落实污染物减排措施

制定、颁布总公司《健康安全环保责任事故述职检查管理规定》、《环境监测实验室管理规定》和《作业现场环保人员资质管理办法》三项制度，进一步落实健康安全环保责任，加强环保基础工作，深化环保管理，提升环保管理水平。

3. 积极推动清洁生产，体现循环经济发展模式

推动企业参加中华环境友好企业评选，以促进企业进一步加强环保管理。协助环保联合会对油气利用的现场调研，油气利用公司获得本年度“中华环境友好企业”称号。

4. 做好收并购企业的环保尽职调查工作，督促落实治理措施

严格收并购企业开展HSE尽职调查要求，对收并购企业HSE尽职调查报告进行审查批复。通过HSE尽职调查识别被收并购企业存在的HSE风险，杜绝存在重大HSE风险企业进入中国海油，同时通过识别并购企业HSE风险，推动被并购企业尽快整改。

5. 加强与政府主管部门的沟通，积极办理环保审批手续

中国海油2009年7月与国务院法制办、国家海洋局在银川召开了海洋石油勘探开发环境保护工作研讨会，会议就海洋石油环保管理方面的问题进行了探讨，就海洋石油勘探开发污染物排放在线监测、实时监控、油指纹库、溢油风险评估等问题达成了共识，并与国家海洋局约定建立长效沟通机制。

（四）重视职业健康，关爱员工

1. 加强海上医疗设备及人员配备

2009年，总公司要求各海上油田检查落实《海上作业设施医疗设备和人员配备管理规定》的执行情况，要求各单位采取行动完善海上医疗设备配置。目前，各类船舶和平台已按要求完成配置，除个别老油田因项目较早，尚未配置齐全外，其他基本完成配置。

2. 完善建设项目职业卫生管理

2009年共完成了7个海上新建项目的职业病危害预评价报告的专家审查，完成了4个项目的职业病危害控制效果评价和现场验收。公司继续积极推动下属医院申请职业卫生技术服务资质。总公司邀请审核专家共同赴湛江进行审核，湛江医院对发现的问题及时进行了整改。这些准备工作保证了该院顺利通过了卫生部的复审检查，9月，卫生部授予湛江南海西部职工医院职业病评价甲级资质。

3. 重视危机心理干预培训

为探索如何将危机心理干预纳入到危机和事故处置过程，2009年，总公司积极引入危机事件心理干预培训，并组织在京单位和天津分公司、海工等单位专职HSE人员参加心理危机干预培训，由心理专家对学员进行心理危机干预理论培训和情景模拟训练等。2009年，共组织3期心理危机干预培训。

4. 应对甲流专项工作

先后发布《疫情防控通知》、《在京单位回国人员居家观察实施方案》、《海上作业场所针对性

疫情防控措施通知》等6个公司文件。同时，紧密追踪疫情和政府防控政策，在NOTE上发布系列疫情通报和转发政府相关文件共61个。

（五）不断完善应急能力建设，确保高效有力的应急指挥系统正常运行

2009年公司组建了应急管理信息系统建设领导小组和项目工作组，确定中国海油的应急系统构成，明确实现应急系统建设的策略和要求，推动各单位管理层去关心和促进应急系统的建设和完善，进而实现建设具有中国海油特色的应急管理系统，实现应急状态下的互联互通、信息共享。2009年完成船舶动态跟踪管理系统、出海人员动态跟踪系统的推广运用；继续推动三维数字应急信息展示平台建设；开展数字视频监控系统与各级应急指挥中心的互联互通；完成生产信息系统（DCS）远程传输；推动危化品运输车辆监控系统的整合。

开展对二级单位的应急预案进行审查备案。根据国家安监总局17号令发布了《生产安全事故应急预案管理办法》要求，结合年度工作计划安排，2009年11月底完成对各二级单位的应急预案审核，建立应急预案的备案制度。

（六）重视中下游的重要性，HSE管理成为重要环节

1. 完善中下游HSE体系化管理

为了完善产业链，中国海油增加了收购中下游企业的力度。为了加强对新收并购企业的HSE管理，公司分别对新进入和新建的中下游企业进行HSE调研、检查。对于检查发现的问题，均要求对方及时整改，同时对相关单位的整改工作进行跟踪。

2009年，体系建设重点在于新进入海油的企业，主要工作是推动炼化销售分公司、化学公司大峪口公司、海油中捷石化公司建立、实施HSE管理体系，为海油发展天津化工研究院建立HSE管理体系提供技术支持。

2. 突出危险化学品安全管理

2009年，根据“关于贯彻《国务院安委会办公室关于加强危险化学品安全生产工作指导意见》的通知”的要求，总部从18个方面对51家危险化学品从业单位现状进行了较为详细的调查。根据调查结果，督促相关单位整改，促进安全管理水平提高，推动所属中下游单位开展设备完整性管理、HAZOP分析、化学品运输车辆监控（GPS）、安全标准化达标等工作的开展，要求各相关单位针对本单位的薄弱部分进行改进。

经各单位推荐，HSE部确认，有35名专家被确认为危险化学品安全专家，并将专家名单报化学品安全协会，为外部、内部危险化学品建设项目安全许可审查、内部HSE检查、危险化学品领域应急等建立了相应的技术支持队伍。

参与国家危险化学品建设项目安全审查，统计汇总完成总公司范围内《高污染、高环境风险产品》，为以后对高污染、高环境风险产品的监督管理打下了基础；统计汇总并确认《总公司首批重点监管的危险化工工艺生产装置统计表》，共有46套生产装置的生产工艺属于首批重点监管的危险化工工艺目录范围。

（七）积极探寻HSE科研、标准化及信息工作的有效途径

1. 建立完成“HSE知识库”信息系统。为了发挥总公司各级单位HSE专家的作用，分享知识及经验，于2009年启动了“HSE知识库”（简称“智慧树”）的信息系统的建设。该系统已于9月投入使用。

2. 及时翻译整理国内外良好的HSE经验并整理成册。2009年共整理印制6册国内外良好的HSE经验，内容覆盖设施完整性管理、危化品管理、可持续发展、油气行业人员健康指南等。留意国外最新的文献发布情况，及时翻译有用的外文材料推荐给相关人员借鉴，全年共翻译20多份外文材料。

3. 完成海上油气田勘探开发生产HSE法规标准和适用文件目录的整理。在总公司标准化委员会健康安全环保专标委对标准梳理工作成果的基础上，增补HSE法律法规、公司适用文件两部分内容，经反复征求各分公司及研究中心意见，修改完善后形成《海上油气田勘探开发生产健康安全环保法规标准和适用文件目录》，并以海油总安［2009］107号文件的形式下发各单位。

（八）稳步推进海外HSE管理

走向海外是公司发展的战略方向之一，为了配合公司的发展，2009年继续稳步推进海外业务的HSE管理。为解决公司在海外国家项目多、人员变化频繁、报表不易及时掌握问题，2009年进行

了海外人员动态网络建设，系统于11月正式启用。2009年7月，总部组织对印尼东南亚分公司进行HSE年度审核，促进了SES公司的健康安全环保工作。针对油服公司在海外作业项目较多，上半年与油服公司进行了两次沟通，开展油服海外作业项目HSE审核，11月，完成对油服公司利比亚项目的审核。

2009年上半年，针对非政府组织对中国海油缅甸项目的不实报道，公司组织相关部门共同赴缅甸就相关指控事项进行了现场调查。经查阅资料、实地查看及访谈相关人员、村长、村民等，判断指控中的属实和不符合实际情况的程度，制定相应对策和改善方案。为了减少缅甸公司受到的负面报道影响，组织出版了缅甸公司项目社会责任专刊。该专刊对于非政府组织的不实报道进行了澄清。

由于国外复杂的社会因素对海外业务发展的挑战，在拓展海外业务的同时，需谨慎应对挑战，督促相关单位不断加强自身形象建设，为公司在海外的发展营造出更好氛围。并利用海外实地调研和检查的机会，对公司的驻外人员进行了HSE培训。

（九）从健康安全环保入手，履行社会责任

2009年，中国海油在健康安全环保部设置“可持续发展及气候变化”职责，综合管理企业社会责任、气候变化等有关可持续发展的内容。

（1）完成了2008年度《总公司可持续发展报告》的编写；2009年，中国海油与中国远洋集团合作，启动可持续发展信息收集平台建设，该平台运行后，将有助于充实可持续发展报告的内容，更科学、更量化地反映公司可持续发展的情况。

（2）参与相关国际交流。努力在国际上展现海油主动承担责任和义务的形象，公司总经理傅成玉参加了2009年5月在哥本哈根召开的应对气候商业领导人峰会，进行了精彩的演讲，阐明了海油支持应对气候变化的立场和措施。

（3）参与联合国全球契约《冲突地区负责任投资指南》编写。2009年6月8日公司派人参加了《冲突地区负责任投资指南》第一次研讨会。目前，《指南》首稿已经编写完成。

（4）2009年10月，为了跟踪及宣传国内外气候变化的动向，公司健康安全环保部逐月编写“可持续发展与气候变化”月刊，并发送到总公司系统相关部门及单位。

（5）2009年10月，健康安全环保部与海油新能源公司的专家及管理人员专门召开了“气候变化与新能源”交流会。本次会议加强了双方的沟通并为将来的信息交流开通了良好的交流渠道。

中国核工业集团公司安全生产工作

中国核工业集团公司安全环保质量部

2009年，在上级部门的关心、指导和大力支持下，中国核工业集团公司认真贯彻科学发展观，密切结合集团公司实际，狠抓安全生产管理工作，组织开展了大量的安全活动，经全系统广大干部职工的共同努力，取得了较好的安全生产业绩，全系统安全生产处于平稳态势，保障了集团公司各项事业的顺利发展。

以下简要回顾中国核工业集团公司（下文简称中核集团）2009年安全生产工作，包括开展的重点工作和主要业绩。

一、2009年安全生产工作情况

（一）实行目标管理，再创安全生产新成绩

为了持续改进安全生产管理水平，中核集团根据国家对集团公司的安全生产考核目标，制定了集团公司2009年的安全生产管理目标。经全系统广大干部职工的共同努力，全面实现了这一目标。具体表现为：

一是“五个杜绝”（杜绝二级核事件、杜绝重大辐射事故、杜绝重大生产安全事故、杜绝职业病危害事故、杜绝铀尾矿库事故）全部实现；

二是“三个确保”（确保放射性废液贮存安全和放射源安全、确保重大事故风险点安全受控、确保新上建设项目“三同时”制度执行率为100%）全部实现；

三是“一个推进”（推进隐患排查治理，提高重大隐患整改率）取得显著成果；

四是生产安全事故防范得力：集团公司2009年全年实际发生一般生产安全事故4起，工亡3人，重伤1人，基本维持在集团公司历年最低水平。全系统无职业照射超剂量事件，全集团职业照射人均剂量水平维持在比较低的情况，远低于国家标准中的限值。

（二）2009年开展的安全生产重点工作

2009年是“全国安全生产年”，是集团公司成立10周年，是建国60周年，集团公司对于安全生产工作高度重视。集团公司按照“三项行动”和“三项建设”活动的要求，重点开展了以下8个方面的工作。

1. 弘扬安全文化，增强全员安全意识

在全系统组织开展了安全生产先进班组评选活动，对2008年的优胜班组进行了表彰和奖励。2009年4月6日，组织开展了以“防微杜渐、确保安全”为主题的“4·6”安全生产日活动，从全系统上千篇征文中评选出12篇优秀征文在《中国核工业报》上进行了刊登。6月，以“让每个职工在安全中工作”为主题，开展了2009年“安全生产月”活动，期间组织了职业安全健康知识竞赛，获全国优秀组织奖3项；组织“安全伴我行”演讲比赛，获全国优秀组织奖1项、个人奖2项。7月31日至11月7日，组织了“百日安全无事故活动”。

这些活动的开展进一步加强了全员安全意识，不断营造并增强了安全文化氛围，提高了全体员工的安全素养，现场的违章现象明显减少，事故总量得到了有效控制。

2. 巩固成果，继续开展隐患排查治理

集团公司开展了多层次的安全生产检查活动。其中集团公司领导带队检查25次，总部部门领导带队检查38次。各成员单位均由领导带队组织了各式各样的安全大检查。

集团公司继续深入开展隐患排查治理工作。2009年排查隐患约7400条，及时整改隐患约6800条，其中一般隐患及时整改率达到96%以上。增加了安全投入，利用安全生产费用支持成员单位的重大隐患治理项目，累计消除了13项重大隐患。

集团公司根据《中央企业安全生产监督管理暂行办法》的要求，修订了集团公司安全生产费用管理办法，扩大安全生产费用的提取范围，加大安全投入。在国防科工局的大力支持下，集团公司组织开展了三项尾矿库安全整治工程。

3. 及时掌握安全信息，加强重大事故风险点的监管

认真开展全系统的放射源定期盘存工作，监督持源单位按照国家规定对生产、贮存、使用的放射源进行定期盘存。以严格盘存促进严格的放射源安全管理，进而确保了全系统的放射源安全，全年未发生一起放射源丢失、被盗和失控事故以及人员过量照射事件。

根据集团公司2008年研究制定的集团级重大事故风险点判断准则，确定了集团公司重大事故风险点，在实施重点监控的同时，大力推进对其隐患的整治。

4. 严格执行“三同时”制度，推进本质安全建设

集团公司坚持“在治理历史遗留安全隐患的同时，新上设施不留安全问题”的原则，对于2009年新上建设项目，严格执行“三同时”制度，做到安全设施与主体工程同时设计、同时建设、同时投入使用。2009年，集团公司配合国家安监总局和卫生部组织对42个重大建设项目的职业安全和职业卫生进行了评审。

5. 安全管理体系建设取得新进展

根据《中央企业安全生产监督管理暂行办法》，集团公司修订了《中国核工业集团公司企事业单位领导人员年度安全环保目标考核办法》，使安全生产激励与约束机制进一步完善。

在体系认证试点的基础上，集团公司决定2009年在全部武器装备科研生产单位推行职业健康安全管理体系和环境管理体系的认证，以完善安全环保管理体系，逐步建立安全生产长效机制。组织成员单位及时修订、补充安全环保规章制度，以保持制度体系的完整性和有效性。

按照国家安监总局的统一要求，集团公司在2009年正式开展了铀矿冶安全标准化工作，成立了铀矿山安全标准化工作指导小组等工作机构，组织编制了《铀矿冶安全标准化规范》以及《铀矿

冶安全标准化评分办法》等规章制度。

6. 统筹规划，谋求安全生产长期稳定安全

以科研院所为依托，发动全系统安全生产管理和技术人员，集思广益，分析集团公司当前的安全生产形势，研究集团公司经济发展对安全生产的保障需求，组织起草了集团公司的安全生产“十二五”专题发展规划，在制度建设、队伍建设、科技兴安、能力建设、隐患治理、应急准备等方面统筹规划，谋求集团安全生产工作的长期稳定和持续改进。

7. 居安思危，不断提高应急响应能力

核应急是核安全管理的最后一道屏障。集团公司2009年组织各单位对应急预案进行修订，并通过应急演练对应急预案进行完善。各单位共开展应急演练233次，参演人数达7193人。通过这些演练，检验了应急预案的有效性，锻炼了队伍，进一步提高了集团公司的应急响应能力。

在国防科工局的支持下，集团公司加强了应急能力建设，有关项目已经批复。集团公司成立了辐射防护和核医学应急救援等应急后援中心，并成立了应急救援分队，扩大了应急救援力量。

中国核工业建设集团公司安全生产工作

中国核工业建设集团公司安全生产部

一、2009年安全生产情况

（一）建立安全管理组织机构、完善安全生产管理体系

2009年中国核工业建设集团公司及各单位紧紧围绕国务院安委办及有关部委在“安全生产年”部署的一系列文件精神，加强领导，统一部署，从完善组织体系，推动安全生产责任制落实入手，对全年的安全生产工作做出了总体部署，向各单位发出了《关于做好2009年安全生产工作指导意见的通知》（核建发［2009］1号），要求各成员单位建立和完善独立的安全生产组织机构，配备足额的安全监管人员，制定稳定安全监管队伍的体制机制。

各单位均设立了由企业负责人亲自挂帅的安全生产委员会，统一领导本单位的安全生产工作。集团公司2009年3月成立了安全生产部，并及时调整了安全生产委员会。各成员单位22、23、24、华兴、5公司也相继成立了独立的安全管理部门，有力地保障了企业安全生产的开展，为全集团安全生产提供了组织保证。

（二）精心筹划、扎实开展“三项行动”

根据国务院办公厅《关于进一步推进安全生产“三项行动”的通知》，集团公司下发了《2009年集团公司安全生产“三项行动”实施意见的通知》，组织全系统开展了安全生产“三项行动”和“安全生产月”活动，明确了开展安全生产三项行动的工作目标、范围、内容、重点时段、工作要求四个方面的内容。

各成员单位认真组织、精心筹划，确定行动方案，确保责任到位，工作到位，措施到位，努力营造出“全员关注，全员参与”的良好氛围，保证了此次活动持续有效的开展。

在深入推进安全生产隐患排查治理工作中，各单位按照“三项行动”实施方案，开展自查自纠，对所辖范围内的所有在建工程项目进行全面排查。检查是以安全生产法律法规为工作开展的前提，对现场施工活动进行指导和控制，并对执行情况进行日常监查，以确保开展各项施工活动的合法性。各单位都针对项目上存在高风险和易出现工伤事故的分部分项工程，在深基坑支护、机械设备组装、大型吊装、大模板支拆、脚手架搭设及特种设备使用、现场用电、预应力工程等进行了详细的检查。1—11月，集团公司所属各单位排查各类事故隐患26413起，整改26158起，整改率为99%。

（三）全面开展“安全生产月”活动

根据中共中央宣传部、国家安全生产监督管理

总局、公安部、国家广播电影电视总局、中华全国总工会、共青团中央《关于开展2009年“全国安全生产月”活动的通知》（安监总政法［2009］67号）文件精神，集团公司要求各单位开展以“关爱生命，安全发展”为主题的“安全生产月”活动。为确保活动的顺利开展，5月14日集团公司在北京召开了2009年安全生产工作会议，集团公司党组织成员、副总经理、安全生产委员会副主任时传清出席会议并对集团公司开展安全生产“三项行动”和“安全生产月”活动进行了工作部署。集团公司向各单位发出了《关于开展2009年“安全生产月”活动的通知》，要求各单位以弘扬安全文化，落实隐患治理的各项措施为重点，全面开展以“关爱生命，安全发展”为主题的“安全生产月”活动，为推进集团公司安全生产状况的持续稳定，提供强有力的思想文化和措施保证。

各单位从5月底相继召开了“安全生产月”动员大会，成立了以总经理为组长的“安全生产月”活动领导小组，制定了以安全质量标准化、劳务用工安全教育培训为重点，以广泛开展宣传教育活动、组织开展内容丰富形式多样的安全知识和环境保护培训、开展安全生产专项治理和检查活动为内容的活动方案。“安全生产月”期间，各单位开展了形式多样的宣传教育活动，组织员工开展安全生产签名活动、悬挂安全月主题宣传横幅、张贴宣传画、开办专栏、专题讲座、播放宣传片、发放宣传资料、组织安全知识竞赛、安全评比、安全培训。各单位通过内部刊物深入报道“安全生产月”活动内容，组织职工观看安全生产典型事故警示教育录像，结合本单位生产实际，总结经验教训，加强广大职工的安全预防意识。各单位根据集团公司通知要求，积极参加国家安监总局组织的“安全伴我行”演讲比赛。中原建设公司针对自己的特点，由公司总经理亲自挂帅，分区、分片进行组织动员，各区域公司和项目部精心组织演讲比赛，在初赛选手中选出优秀的选手，推荐到总部参加决赛。由总经理和党委书记亲自组成评委进行评选。他们充分利用这次活动广泛动员，使公司内部职工的安全理念和认识得到提高，营造出全员关注安全生产的氛围。

集团公司推选各单位获奖选手参加了全国比赛。这些来自生产一线的选手，围绕“珍惜生命，安全生产”的主题，列举忽视安全生产带来的教训，探讨规范安全管理的方法，倡导从细节做起，全面提高安全意识，体现了高度的安全责任感。

在安全生产“三项行动”和“安全生产月”活动期间，集团公司各单位组织宣传安全生产教育活动3397次，累计培训137354人。

（四）2009年安全生产事故情况

2009年集团公司安全生产形势保持了总体稳定的态势，全年死亡事故5起，死亡5人，重伤事故3起，重伤3人，未发生较大及以上安全事故。与同期相比死亡事故增加4起，重伤下降1起，安全生产形势依然严峻。

安全生产事故分布情况：

（1）核电工程：死亡2人，占死亡事故的40%。

（2）民用工程：死亡3人，占死亡事故的60%。

（3）用工性质：劳动派遣1人；劳动分包4人。

（4）责任划分：主要责任3起，占60%；次要责任2起，占40%。

二、安全生产事故分析

从2009年集团发生的安全生产事故来看，发生的原因主要表现在以下几个方面。

（1）违章指挥、违章作业、违反劳动纪律的“三违”是造成安全事故的直接原因，从发生的5起死亡事故上分析，违章作业占4起，违章指挥、违反劳动纪律占1起。

（2）职工安全生产意识不强，缺乏应有的自我防范、自我保护意识，从而形成较大的安全事故隐患，既是事故的受害者又是事故的制造者。

（3）安全生产管理和监管还不适应当前面临的经营规模快速扩张和经营模式转变给工程管理带来的新问题。

（4）安全培训教育工作不能满足当前用工制度的要求。

中国航天科工集团公司安全生产工作

中国航天科工集团公司科研生产部

一、概况

2009年是中国航天科工集团公司（以下简称集团公司）实现快速发展的一年。集团公司认真贯彻落实党中央、国务院领导关于加强安全生产工作一系列重要指示精神，在国家安全生产主管部门指导下，在集团公司党组正确领导下，深入贯彻落实科学发展观，紧紧围绕国家开展安全生产年活动和“三项行动”，“三项建设”的总体部署，牢固树立“零伤害”的理念，追求“零死亡”的工作目标，严格“零缺陷”的管理，坚持“科技兴安，本质安全”战略，进一步完善了集团公司安全生产组织体系、制度体系、责任体系、风险控制体系、教育培训体系、监督体系以及应急管理体系等七个体系的建设。集团公司2009年共发生1起安全生产重伤事故，重伤1人，全年实现了“零死亡”事故的工作目标，安全生产形势继续保持平稳，确保了广大干部职工安全、健康和全年科研生产经营任务顺利完成。

二、领导高度重视，狠抓安全责任落实

集团公司认真学习、贯彻落实国家安全监管总局、国资委和国防科工局等上级有关部门文件精神，认真落实“三项行动”和“三项建设”要求，组织召开2009年安全生产工作会议、2次安全生产委员会会议和3次安全生产专题视频会议，以及9次安全生产业务研讨会议，研究、布置、落实和检查安全生产工作。2009年初，集团公司总经理许达哲与26个二级单位主要负责人签订了《安全生产责任书》，并确定安全生产责任目标和考核奖惩办法，同时收缴安全生产风险抵押金。26个二级单位与所属各单位和部门签订了《安全生产责任书》，逐级落实安全生产责任和工作要求，加强了安全生产奖惩。据统计，全集团公司各单位2009年共兑现各种安全生产奖励金额2011.5万元、处罚金额94.7万元。

三、推进重点工作，狠抓基础建设

集团公司将安全传感器工程建设和安全生产标准化达标活动作为2009年两项安全生产重点工作，专门进行部署并印发了两项重点工作的计划，将其列入《安全生产责任书》中进行考核。经过各单位的不懈努力，安全传感器工程建设和运行管理取得新进展。20个三级单位的30个危险点通过了安全传感器工程验收，已累计完成50个危险点的建设工作；安全生产标准化达标复评工作取得新成果。有52家单位通过了集团公司安全生产标准化复评验收，累计已达94家，占集团公司主要科研生产企事业单位的69%；2009年各单位开展安全生产标准化达标工作共投入资金达6060万元，夯实了各单位安全生产工作基础。通过几年来的安全传感器工程和安全生产标准化达标工作，集团公司本质安全度显著提高。

四、发挥安全支撑机构作用，坚持科技兴安战略

集团公司充分发挥“三个中心，一个专家组”（集团公司固体推进剂安全技术研究中心、安全评价中心、安全培训中心，集团公司安全生产专家组）的安全生产技术支撑机构作用，为集团公司和各单位安全生产管理部门提供了有力的技术支持和保障。组织开展了火化工、型号总体、建筑施工、动力运行和民用产业等5个安全生产专题研讨；组织总体部和型号两总人员进行交流，探索立足从源头抓“本质安全”的途径；开展高能、高燃速固体推进剂配方研制和生产工艺安全技术的研究；推进“安全传感器工程”建设，加大对易燃易爆危险点的安全监控。

五、建立安全生产总监队伍，提高安全生产管理人员素质

按照国资委《中央企业安全生产监督管理暂行办法》（国资委第21号令）有关规定，集团公

司设立了安全生产总监，进一步加强了集团公司总部对安全生产工作的领导，集团公司总部、13 个二级单位和 24 个三级单位已设立安全生产总监，各级安全生产总监队伍已初步形成。

集团公司现有专兼职安全生产管理人员 466 人，较 2008 年同比增加 10.4%，具有国家注册安全工程师执业资格的有 383 人，占 82%，集团公司高度重视安全生产管理人员素质的提升，不断强化安全生产管理人员的安全生产监管知识和能力，打造了一支爱岗敬业、专业突出、敢抓敢管的安全生产管理队伍，成为中央企业的典范。

六、开展安全生产检查，加大隐患整改力度

为深入开展“三项行动”，集团公司组织开展了三次安全生产检查：一是 3 月至 5 月在全系统范围内组织开展了安全生产综合大检查活动，发现和整改隐患达 3400 余项；二是国庆节前组织开展了“迎国庆，保安全”安全生产专项检查活动；三是开展出租房屋和设备设施安全检查活动。集团公司总部筹集 200 万元支持各单位整改安全生产隐患，各单位全年投入隐患整改资金达 5215.1 万元，进一步改善了生产现场作业环境和劳动保障条件。

七、强化宣传教育，实现以“月”促年

2009 年安全生产月期间，集团公司组织各单位在主要公共场所、工作现场悬挂安全生产宣传标语，张贴安全生产挂图和彩旗，在《中国航天报》上开辟“安全在我身边”专栏，集中反映安全生产动态。集团公司还组织编写了《安全生产文化手册》，宣传集团公司“科技兴安，本质安全”战略和安全生产核心文化理念，充分发挥基层积极性，创新安全生产宣传教育工作。集团公司全员安全意识和安全知识水平普遍提高。

为了配合全国“安全伴我行”演讲比赛活动，集团公司开展了以“安全伴我行”为主题的安全生产演讲比赛活动。这次比赛进行了全系统视频直播，安全宣传教育效果显著，把集团公司“安全生产月”活动推向高潮。在全国“安全伴我行”演讲比赛活动中，二院六九九厂、三院动力站两名选手分别获得铜奖和优秀奖，集团公司获得优秀组织奖。

集团公司 2009 年共组织 6 期安全生产培训班，培训 515 人，型号“两总”培训率达到 60% 以上，厂所领导和专职安全生产管理人员累计培训率达到 100%。各院、基地、直属单位全年组织安全生产培训达 28000 余人次。

八、严格安全评审，强化试验安全监管

2009 年，集团公司各类大型试验任务十分繁重，但均实现了安全生产无事故。集团公司派出安全生产检查组对大型试验试验队进行了安全生产抽查，指出存在的问题和隐患。试验组织单位按照集团公司《大型试验技术安全管理规定》的要求，设置安全生产管理机构和配备专职安全生产管理人员，加强大型试验现场安全生产监管，与试验队签订安全生产责任书；开展大型试验进场前、进场后、转场前和发射前四个阶段的安全评审，严格易燃易爆品管理，加强应急预案的编制和演练，始终做到了“哪里有我们的同志们，哪里就有安全的防线；我们的阵地到达哪里，哪里就有我们的安全员”。

九、加强交流协作，积极参加国家安全监管总局的各项活动

作为中国安全生产协会“副会长单位”，集团公司积极参加国家安全监管总局和协会组织的各项活动。一是在年初由中国安全生产协会举办的“安全生产管理工作撰文”有奖征集评选活动中，全系统共上交论文 319 篇，其中 8 名同志分别获得了最佳奖、优秀奖和入围奖，集团公司获得了特殊贡献奖。二是集团公司携相关的应急救援装备和技术成果参加了国家安全监管总局举办的 2009 年第二届中国国际安全生产应急管理论坛暨应急技术与装备展览会，并在论坛上作了题为《充分发挥航天科技优势，切实履行企业社会责任》的主题演讲。三是参加中国安全生产协会牵头的《现代安全生产管理方法和实践》课题的研究。四是组织参加中国安全生产协会“安全 DV 影视文化作品大赛”，共推荐 11 部作品，最终二院二十三所作品获得二等奖，七院陕西航建和二院二〇八所作品分别获得三等奖，集团公司获得优秀组织奖。

十、做好应急管理，严肃事故调查处理

集团公司不断强化应急管理“一案三制”工作，不断完善预防为主、分级负责的应急管理体系，加强应急预案编制、备案、培训和演练，保障应急资金、应急物资投入，建立应急队伍。集团公司始终坚持以铁的纪律、铁的手腕、铁的心肠的“三铁”态度抓安全生产工作，通过安全生产监管、纪检监察、工会等多个部门联合督查有关工作，对安全生产事故的责任人进行严肃处理，坚持“四不放过”，坚持“铁腕抓安全”，切实教育广大干部和职工吸取事故教训。

中国航空工业集团公司安全生产工作

中国航空工业集团公司质量安全部

中国航空工业集团公司（以下简称集团公司）2009年在上级有关部门的领导和大力支持下，在集团公司党组高度重视和直接领导下，在科研生产任务异常繁重的情况下，经过全系统广大干部职工的共同努力和拼搏，全面圆满地完成了各项科研生产任务，杜绝了重、特大生产安全事故的发生，并且首次实现了全年生产安全事故零死亡，生产安全事故得到有效控制，安全生产工作取得了长足进步。

2009年，集团公司紧紧围绕科研生产任务这个核心，确立了建立一个平台、做好五个支撑、构建一个体系为安全生产工作的总体思路。即以完善6S管理标准为核心内容，构建集团公司基础管理的平台，将安全生产管理内容全面纳入到6S管理标准当中，以现场审核、年度考核带动各项工作的持续改进。树立五个支撑：即以责任制、激励制度为重点的制度和标准体系支撑；以上岗培训再教育全员教育为重点的培训教育体系支撑；以安全专项评估、重大危险源管理、危险点管理、隐患治理、作业现场标准化为主要内容的过程管理支撑；以应急预案制订、应急措施细化、应急演练为重点的应急体系支撑；以各种宣传展演、各类活动为重点的文化支撑。以此构建起中国航空工业集团公司安全生产管理体系。

依据这个构想，2009年集团公司重点开展了以下工作：

一、整章建制，完善各项安全生产制度和标准体系

根据集团公司新的管理架构，2009年初集中精力狠抓建章立制工作。先后完成了《中国航空工业集团公司生产安全事故报告和责任追究管理办法》等6项安全生产规章制度和《试飞场（站）安全性评价》等4项安全标准的编写和审定颁布工作，基本搭建起了集团公司安全生产规章制度体系架构。

直属单位在整章建制方面也做了大量工作。发动机公司根据自身实际制定了《安全生产制度文件目录》，明确了以统筹安排、逐步完善为原则制定并持续修订及完善规章制度体系。2009年制订下发了《中航发动机公司安全生产管理办法》等4项规章制度；系统公司完成了《中航系统有限责任公司安全生产管理暂行办法》等4项规章制度的制订，试飞院结合科研生产实际，修订完善了《环境职业健康管理手册》和32项程序文件；通飞公司、直升机公司也分别根据实际需要制订和完善了安全生产方面的规章制度。

二、以6S管理达标及复评验收为契机反复检查梳理，完善安全生产软硬件条件

2009年集团公司在充分调研的基础上，下大气力集中专业人员编制并下发了《集团公司6S管理评价标准考评细则（试行版）》，将评价标准细化为可执行、可量化考核的实施指南，为安全生产检查、6S管理推进工作提供了详细的标准。2009年通过对30家直属单位和成员单位的达标复评验收及6S管理的全面推进，使得安全生产软硬件条件得以迅速改善和提高。

三、组织安全生产专项检查，开展各项安全生产活动

2009年，集团公司根据国家统一要求和部署开展了安全生产“三项行动，三项建设”、“安全生产月”、“安全生产大检查”等多项活动。除重点突出各类事故隐患的排查治理、对国家安全生产法规制度的深入学习和安全生产专兼职队伍的建设等内容外，还根据国家有关部门的要求，部署开展了汛期安全生产检查和安全生产应急救援工作的专项检查活动。

2009年各直属单位、成员单位组织各类宣传教育活动1000余场，组织各类应急救援演练580余次，参加人数55000余人。其中飞机公司专门针对飞机喷漆起火特情组织了应急救援大型演练活动，有很强的针对性和实战性；同时飞机公司、防务公司、系统公司、通飞公司等均组织了由公司领导或部门领导带队的安全生产检查组，赴重点单位、重点地区进行安全生产检查，效果良好。

四、大力开展安全生产培训教育，提高全员安全生产意识

2009年集团公司共举办了5期安全生产培训班，培训取证上岗人员414名，复训人员84名，总计培训498人。各直属单位、成员单位共举办不同形式内容的安全生产培训1600余场，培训人员14万余人。

五、狠抓事故隐患治理，加大隐患整改投入力度

2009年，集团公司一方面在各种安全生产检查活动中将隐患治理作为重要内容来检查。2009年集团公司所属成员单位在各项检查中共排查隐患9870余项，重大隐患38项，投入隐患整改资金2.36亿元，极大地提高了科研生产现场的本质安全程度。另一方面集团公司相关部门紧密配合，充分利用国家政策，组织上报了中国航空工业集团公司安全生产及节能减排技改项目，目前项目正在由上级有关部门进行审核，部分项目已经完成项目建议书的评审进入可行性研究及初步设计阶段。

六、严格事故调查，落实事故责任追究

2009年，集团公司派出了事故调查组对连续发生生产安全事故的单位进行事故的调查处理。同时依据《中国航空工业集团公司生产安全事故报告和责任追究办法》（航空规［2009］34号），对自集团公司筹备组成立以来发生的生产安全事故情况进行了行政责任追究，对发生6起重伤生产安全事故单位的行政一把手给予行政处分，收到了良好效果。

总之，经过全年不懈的努力和扎实的工作，集团公司的安全生产工作取得了较好的成绩，但仍然有很多方面需要加强和改进。我们将不断总结经验，坚决贯彻“安全第一，预防为主，综合治理”的方针，深入落实安全生产责任制，研究、探索、实施安全生产的新思路、新模式和新方法，为集团公司的科研生产发展，创造一个良好的安全生产工作环境，为国防科技工业的安全生产工作做出更大的贡献。

中国船舶工业集团公司安全生产工作

中国船舶工业集团公司经济运行部

中国船舶工业集团公司（以下简称集团公司）2009年安全生产工作以深入学习实践科学发展观活动为动力，坚持以人为本，坚持安全发展，坚持“安全第一、预防为主、综合治理”的方针，以深入开展“安全生产年”活动为主线，全面贯彻落实安全生产“三项行动”建设，不断完善安全生产规章制度和标准体系，扎实开展安全生产教育培训，切实加强现场安全检查力度，努力推动集团公司安全生产形势的稳定和好转。在集团公司党组的领导下，2009年集团公司各项生产经营工作取得了显著成绩，全年造船总量实现完工1076万载重吨，比2008年增长26.6%，全年造船总量再创历史新高，在造船吨位大幅度提升的情况下，各项事故指标控制在上级主管部门指标之内。

2009年按照年初制定的安全生产工作要点，集团公司重点推进了以下几项工作。

一、落实各级安全生产责任，强化企业主体责任

根据国防科工局等上级安全主管部门对集团公司下达的生产安全事故控制指标，结合各地区公司的造船总量实际情况，集团公司将生产安全事故控制指标分解到各地区公司。为了确保各单位责任制的层层签约，实现安全生产责任的全覆盖，在日常安全检查中，集团公司将安全生产责任制的落实情况作为安全检查的重要内容之一，同时将各单位控股的二级子公司纳入企业安全生产管理范围，加强对控股子公司的安全生产监控，确保子公司的安全生产处于有序和受控状态。

在安全责任制的动态监管方面，加强了对主要企事业单位安全责任履约情况的监管，要求各单位安全第一责任人每半年要对安全生产责任制阶段性的履职情况向集团公司安委会进行书面报告，通过履约报告的形式，促使基层企业对安全生产责任制落实情况进行定期分析总结。

二、加强安全生产规章制度和技术标准体系建设，完善集团公司安全生产标准体系

集团公司2009年在安全生产规章制度和技术标准体系建设方面取得较大的进展。集团公司自筹经费投资200万元立项了《集团公司安全生产标准研究》项目，对造船新形势、新工艺条件下的安全生产标准进行研究，列出了集团公司近两年需建立的30项安全标准。通过各编撰单位的努力，已完成了首批送审稿的编撰工作。集团公司分别组织了两次专家评审会，对第一批新制订的15项安全标准进行审查，其中累计14项标准通过专家审核，经过修改形成报批稿。这对夯实集团公司安全生产管理基础，规范企事业单位安全管理和员工作业行为起到了积极作用。12月底，下发了《关于开展集团公司第二批安全生产标准编制工作的通知》，启动了第二批共15项安全生产标准的编制工作，明确了第二批安全生产标准的编制计划和承担单位。

在做好内部安全标准建设的同时，集团公司还承担了工业与信息化部船舶行业安全标准的复审和修订工作，对5个10年以上标龄的船舶行业安全标准进行了复审，其中修改标准1个，修订标准5个，新制定标准两个。

三、加强安全培训工作，提高全员安全意识

1. 集团公司以中国船舶工业安全生产培训中心（国家二级安全培训资质）为依托，积极开展企业负责人、生产管理人员的资质培训和船舶行业的特种作业人员如高空作业车、涂装作业、可燃气体测爆、船旁吊篮操作等培训。2009年共举办了79期各类安全培训班，共计培训5593人。其中特种作业人员3951人（高空作业车、无线遥控行车、吊篮、涂装操作工等），安全管理资格848人（分管安全负责人、专职安全员等），安全监督人员621人（涂装审批、测爆等），作业长和班组长173人。按国防科工局要求，2009年4月在广州和上海按国防科工局培训大纲分别举办了两期造修船厂的企事业单位安全生产资格培训班，共计82人参加培训并取得证书。

2. 在开展特种作业人员教育培训的同时，集团公司还组织人员制作船舶修造行业主体工种的安全操作视频教育片，作为各工种员工全员安全教育的材料，丰富了安全教育的资源。

3. 针对春节后大量外来劳务工返厂和新劳务工进厂现象，集团公司在2009年2月开展了以“珍爱生命，拒绝违章”为主题的安全生产教育周活动，对春节后返厂的外来劳务工进行专门教育，并强化了事故案例的教育，使外来劳务工尽快融入工厂的生产节奏之中，消除春节长假给安全生产带来的负面效应。

4. 集团公司于2009年5月在北京举办了一期注册安全工程师的继续教育培训，共计34人参加。通过继续教育，使注册安全工程师掌握了更新的专业知识。

5. 为弘扬安全文化，推进安全全员教育，集团公司组织“安全伴我行”演讲团，6月份在上海地区的沪东中华、外高桥、上海船厂、江南造船集团、长兴造船、长兴重工等单位举行了6场演讲；9月份在广州地区的黄埔船厂、龙穴基地、文冲船厂和广船国际等单位进行了4场专题演讲。演讲团共7名成员分别从亲身经历和对安全生产的深刻认识等方面，诠释了安全生产的重要性，普遍反映效果较好。

四、加大现场安全检查力度，提高安全检查的专业性和有效性

安全检查是消除现场各类事故隐患的有效手段。针对2009年复杂的生产环境，结合全国“安全生产年”和“三项行动”等专题活动的要求，集团公司加大了对基层企业现场安全检查力度。为提高安全检查的专业性，集团公司于一季度成立了安全生产专家组，聘请基层单位安全、设备、技术和管理等方面的专家作为专家组成员，根据不同专业组成专家小组，开展对基层企业的安全评审和检查，指导企业开展安全生产管理，参与协助企业对生产安全事故的调查，提出改进措施建议。专家组成立以来，以地区公司牵头的11个专家工作小组，共计开展了26次安全检查和咨询工作，取得了较好的效果。

除了开展常规的安全检查活动外，集团公司还对一些造船产能迅速释放的企业进行专项指导检查，以帮助这些单位提高在产能急速提升形势下的安全管理水平。如集团公司在2009年9月组织专家组对上海外高桥造船有限公司和上海江南长兴造船有限公司两单位进行了安全检查指导工作，查阅了安全管理规章制度、安全教育培训情况，检查了在建的船舶、车间内场、作业平台和重点动力站房等生产现场，并召开了有关人员的座谈会。通过对检查情况的分析，形成了书面检查报告，对促进企业提高安全管理水平起到了积极作用。

五、开展各种安全主题活动，营造良好安全氛围

1. 根据国家的统一部署，集团公司组织开展了“安全生产月”活动。活动期间，集团公司组织了安全生产专家组分别对上海、广州和九江三个地区公司的9家重点单位进行了安全调研和检查活动；同时开展了“我为安全献计献策”征文活动，对征文进行评选并汇编成册，作为安全学习材料发放到各企事业单位。

2. 结合船舶工业的生产特点，在7、8、9月开展了百日安全生产无事故活动。此次活动的重点是起重机械安全专项整治，制订了相应的《起重机械专项安全检查方案》，对起重机械的本质安全和起重作业规范操作等情况进行了一次较全面的检查和整治。活动取得了一定实效，保证了三季度在生产高负荷运行、高温天气多等不利因素下的安全生产形势稳定。

3. 为进一步落实“安全生产年”的各项活动，保持集团公司安全生产形势的持续稳定好转，根据上级主管部门有关安全生产“三项行动”的部署，集团公司制定下发了《中国船舶工业集团公司安全生产“三项行动”实施方案》，提出了集团公司安全生产“三项行动”的工作目标、主要内容和具体工作要求等。执法行动方面重点开展国家有关安全生产主管部门相关安全法律、法规和制度符合性的检查；专项治理行动方面重点开展起重机械等特种设备的检查治理；宣传教育行动方面重点结合船舶生产特点，推行全员安全教育，推进违章人员的纠错培训等。

4. 集团公司于2009年12月中旬召开了2009安全生产工作会议，总结了2009年安全生产工作，研究和布置了2010年安全生产工作重点，讨论了《集团公司安全生产“十二五”规划（提纲）》初稿；主要船舶造修单位作了安全管理经验交流；会议还就“6S”管理邀请了系统内外的单位进行了专题研讨交流。

六、建立职业健康安全管理网络，理顺职业健康安全管理职能

国家安全生产监督管理总局《作业场所职业健康监督管理暂行规定》（总局第23号令）于9月1日起实施，为做好该项规定的宣贯工作，集团公司下发了《关于做好〈作业场所职业健康监督管理暂行规定〉宣贯工作的通知》，在集团公司各单位进行条例的宣贯活动。要求各单位建立健全内部职业健康管理机构，理顺管理职能，把职业健康安全管理工作纳入企业管理正轨。集团公司通过对各企事业单位的梳理，建立了全覆盖的职业健康安全管理网络，同时开展了粉尘与高毒物品危害治理专项行动，对船舶修造作业各工艺流程涉及的职业危害因素进行了初步排查和统计。

七、推进职业健康安全管理体系，规范企业安全管理

通过集团公司近年来的积极引导，职业健康安全管理体系（OHSAS18001）认证工作取得了长足进展，2009年主要船舶造修企业共14家均通过了OHSAS18001体系的认证。其中包括新建投产的上海江南长兴重工有限公司、上海江南长兴造船有限公司等单位，广州中船龙穴造船有限公司等后续投产单位也在积极建立职业健康安全管理体系。在做好船舶造修企业体系认证工作的同时，集团公司也在积极推进配套企业建立职业健康安全管理体系，目前有1家配套企业通过了OHSAS18001体系的认证。

八、加强安全生产监管队伍和专家队伍建设，提升安全监管队伍整体水平

近几年，随着新建造船基地的建成投产，各单位产能迅速扩大，造船总量实现了跨越式发展，安全生产管理与造船总量的不协调现象也凸现出来，安全生产监管队伍的建设相对滞后。为适应新形势下安全生产工作的需要，确保安全生产形势的持续平稳发展，集团公司加强了安全监管队伍和专家队伍两方面建设力度。在专家队伍建设方面，集团公司于4月以集团安委会名义聘用了一批安全专家，制订了安全专家组的相关管理办法和工作程序；在专业队伍建设方面，集团公司于10月发布了《关于进一步加强安全生产监管队伍建设的若干意见》，对深化安全队伍用人机制、加强业务培训和提高安全专项投入等方面提出了具体要求，并明确了注册安全工程师的地位和作用，这对推进安全队伍建设有积极作用。

九、加强应急管理，提高应急反应能力

1. 建立了覆盖各企事业单位的应急指挥网络

通过集团公司的部署，初步建立了集团公司、各地区公司和各企事业单位的应急指挥网络，实现了应急指挥网络的全覆盖。上海船舶工业公司成立了以总经理为组长的应急领导小组，应急小组成员包括党政工团等领导；九江船舶公司各单位成立了以党委书记为组长，厂长、党委副书记为副组长的突发事件应急领导小组，各部门行政一把手和支部书记为成员；广州船舶工业公司成立了以总经理为总指挥，党委书记和企业安全直接责任人、工会主席、安保部长等为副总指挥，公司相关部门安全第一责任人为成员的应急指挥中心，并成立了应急指挥办公室、应急指挥部。一些企业还设立了应急管理专家组，负责应急管理和指挥协调处理等工作，明确了各级应急管理工作职责，为有效处置各类突发事件提供了有力的组织保障。

2. 完善了应急队伍的建设

集团公司坚持“立足现实、着眼长远、专兼结合、整体联动”的原则，抓好应急队伍建设。通过近几年的努力，应急队伍装备水平和人员素质有了较大提高，主要船舶造修单位建立了以专职消防队为主体的应急救援队伍，在日常应急救援工作中发挥了重要作用。其他没有专职消防队的单位，与属地消防队共建，建立了紧密的业务联系，并均成立了义务消防队或应对各类突发事件的专业抢险救援队，在应对生产安全事故救援、防台防汛等方面发挥着积极的作用。

3. 加强了应急队伍的应急预防性安全检查

各应急队伍在做好应急响应准备的同时，加强了应急队伍日常的预防性安全检查，以排除生产现场各类事故隐患。据不完全统计，2009年，集团所属各企事业单位组织预防性安全检查累计389次，参与预防性安全检查4319人次，查处各类隐患2714条，并对查出的隐患实现了整改率100%。

4. 强化了应急预案的演练，提高应急预案的有效性

各企事业单位结合生产特点，组织开展各类应急预案的演练。通过现场演练和桌面演练，使广大职工进一步熟悉应急预案的内容，了解发生事故时如何进行现场施救和报警，掌握怎样逃生和自救等知识，做到遇事不乱。以此检验了应急预案的有效性，提升了应急队伍的应急处置能力。2009年，各单位累计开展了83次的各类专项应急预案演练，其中现场演练72场次，桌面推演11次，收到了较好的演练效果。

中国船舶重工集团公司安全生产工作

中国船舶重工集团公司生产经营部

2009年是新中国成立60周年，也是中国船舶重工集团公司成立10周年。做好全年安全生产工作，对保障广大员工生产安全和职业健康，确保经济总量提前实现翻三番，意义重大。中国船舶重工集团公司（以下简称集团公司）认真贯彻落实科学发展观、坚持安全发展理念，坚持“安全第一、预防为主、综合治理”的方针，按照国务院及有关部门对安全生产工作的部署和要求，结合实际，

积极组织开展安全生产“三项行动”活动，认真落实《中央企业安全生产监督管理暂行办法》（即国资委21号令），发挥集团公司、成员单位两个积极性，上下共同努力，全系统安全生产管理工作取得进一步的进展，保障了军民品生产科研活动的正常进行，防止了较大以上事故的发生，保持了安全生产总体形势的基本稳定。

一、加强对安全生产工作的统一组织领导

集团公司安全生产委员会按照国务院及有关部门对2009年安全生产的工作部署和集团公司实现安全发展的实际需要，以集团公司1号文的形式印发《2009年安全生产工作要点》对全年安全生产工作进行安排；集团公司安委会坚持例会制度、定期召开会议，对组织开展“三项行动”等重大安全生产活动和工作进行专题研究、制定工作方案、系统布置，检查上季度工作进展落实情况，布置下季度重点工作。在集团公司统一组织领导下，全系统安全生产工作不断深化、持续发展。

根据集团公司总部2009年3月竞聘上岗后人员变动情况，经总经理办公会审议决定，调整了集团公司安全生产委员会及办公室部分人员组成，及时落实了总部部门的安全生产职责和责任人、完善了集团公司总部安全生产组织领导体系。

二、进一步完善和落实安全生产责任

集团公司按照不断完善、严格考核、奖罚并举的原则，进一步加大了落实成员单位安全生产主体责任的管理力度。按照国资委21号令的有关规定，对2009年安全生产责任状12项责任条款中的10项进行了充实完善，与86家成员单位行政一把手签订了2009年安全生产责任状；按照自评、考评、审议审定的工作程序和当年安全生产责任状对成员单位2008年安全生产业绩进行严格考核，并对2008年落实安全生产责任较好、安全生产业绩比较突出的10家企事业单位进行了表彰，激励先进，强化成员单位安全生产主体责任的落实。

三、结合实际，积极开展安全生产“三项行动”“三项建设”工作

按照国务院办公厅整体部署和国务院安委会、国资委、国防科工局的要求，集团公司结合实际、明确要求和重点，在全系统积极组织开展“三项行动”“三项建设”活动，各单位精心组织、周密部署，宣传发动，以开展“三项行动”“三项建设”活动为动力，不断深化各项安全生产工作。这次活动体现了贯彻法规与完善制度相结合、专项工作与基础工作同举、预防与应急管理相互促进、加强宣传教育与提高安全生产保障能力并重的特点。为做好开展“三项行动”“三项建设”活动的工作，各企事业单位纷纷加大了落实工作的力度，有的单位明确责任主体将相关工作内容列入责任制加大日常和年度考核力度，有的企业按照“三个百分百”的工作标准（即对现场排查整治覆盖面达到100%，对“三违”现象治理率达到100%，对落实不到位的单位和个人问责率达到100%）检验开展“三项行动”“三项建设”活动的工作过程和效果。

四、贯彻法规，推进安全生产制度建设

为了认真贯彻国家有关部门新发布的法规规范，集团公司加大了修订完善安全生产管理制度的力度。在原有制度基础上，依照国资委21号令的有关要求，修订了集团公司《安全生产责任制》；按照国资委21号令和国家安监总局发布的《生产安全事故信息报告和处置办法》（即安监总局21号令），修订了集团公司《安全生产信息管理办法》；依照安监总局《作业场所职业健康监督管理暂行规定》（即安监总局23号令），结合实际，制订了《作业场所职业健康监督管理暂行规定》。这些制度的完善和制订为国家法规在基层的落实发挥了重要的推动作用，促进了安全生产管理制度化、规范化水平的提高和长效机制的建立健全。

五、认真落实安全生产投入

各企事业单位按照集团公司的工作要求，结合自身持续发展的安全生产实际需要，编制使用计划，列出预算、专户核算，明确费用投入的项目内容、额度、完成期限，以改善现场条件和技术装备为重点加强安全生产硬件基础，落实责任部门和责任人，保证投入到位。2009年，各企事业单位用于安全生产的累计费用达34720.94万元。其中，七家船厂用于安全生产的费用为20063.6万元，占累计费用的57.8%；江淮重工有限责任公司按国家对高危企业的规定2009年计提、使用安全生产资金为270万元。

六、控制重大安全生产风险，落实重点时段安全防范工作

集团公司高度重视重点时段安全防范工作。按照《国务院办公厅关于进一步推进安全生产“三项行动”的通知》（国办发［2009］32号）提出的“为国庆60周年创造安全稳定环境”的总体要求，集团公司安委会对防控重大安全生产风险和安全防范工作做出了系统安排。

（一）认真开展重大安全生产风险防控

一是在5月至7月间组织开展了危险化学品专项安全清查工作，清查重点是剧毒品、火工和爆炸品、国家明令管控的强氧化剂（硝酸铵、氯酸钾），这次清查达到了更加严格执行“三有五双制”（即有措施，有检查，有记录；双人收发、双人记账、双人双锁、双人运输和双人使用）和加强“十防”工作（防燃爆、防毒、防雷、防潮、防压、防高温、防静电、防遗失、防泄漏、防盗）的预期。

二是8月份严格按照国家标准对系统内重大危险源进行了调查确认，核定7厂7所存在重大危险源22处，督促成员单位强化了对重大危险源的动态监控和应急管理，实现了重大危险源管理的经常化、制度化，确保受控。

三是加强安全生产领域危险物品和重要设施安全监管工作。各单位按照集团公司布置选派政治责任感强的安技、保卫、消防、物资、环保管理及有关专业技术人员，对危险物品、重要设施管理进行了专项检查，加强安防工作，保证安全。

四是突出重点，开展在建项目工程质量安全监督检查，这次检查内容分为5个方面15项要点，确定12个重点抽查项目，通过强化项目法人责任制的落实和加强安全措施，保障了在建项目施工有序进行。

五是紧密围绕重点型号严格生产试验现场安全管理，通过落实安全方案和安全措施，完善专项应急预案，加强重点型号试验、建造现场和水中兵器批产现场的安全管理，保证了现场人员设备和军工生产试验工作顺利进行。

（二）落实重要时段安全防范工作

按照国务院安委会、国资委、国防科工局对“春节”、“两会”、“十一”期间安全生产工作的部署，集团公司在认真布置和做好这期间安全防范工作的同时，按照集团公司总经理办公会决定，领导班子成员利用节前及节日期间走访企事业单位之际，多次检查生产科研一线安全工作。“春节”、“十一”前，按照成员单位自查、地区公司抽查、集团公司重点督查的方式开展安全生产大检查，集团公司对北京周边地区的重点和军工企事业单位举行了专项督查。检查进一步推动了隐患排查治理工作的深入和重要时段安全防范工作的落实，保证了集团公司重要时段特别是国庆60周年庆祝活动期间安全生产形势的稳定。

七、加强宣传教育和安技队伍建设

充分利用开展以“以人为本，安全发展”为主题的集团公司“安全生产月”活动和以“关爱生命、安全发展”为主题的全国“安全生产月”活动的时机，在集团公司全系统大力倡导安全发展理念，广泛开展群众性安全生产活动，进一步强化全员安全意识，并结合实际组织全员性“查‘三违’、防事故”拉网检查和开展“两强三提高”（强化安全意识，强化遵章守纪、按章办事意识，提高安全操作技术能力、提高辨识安全风险和隐患的技能，提高现场安全管理水平）专项现场宣教和治理工作，进一步加强了安全生产的群众性基础。各单位党政工团齐抓共管，落实经费，周密布置，广泛动员，扎实工作，狠抓成效，昆船公司被全国安全生产月活动组委会授予“2009年全国安全生产月活动优秀单位”荣誉称号，渤海船舶重工有限责任公司荣获了“全国职业安全健康知识竞赛”活动优秀奖。大力开展培训工作，举办了测爆技术、注册安全工程师考前辅导、厂所主要负责人安全生产管理人员3个培训班，104人取得测爆资格证书；139人取得国家一级培训资质机构颁发的培训证书，共243人实现持证上岗；进一步推动了以注册安全工程师为技术骨干的安技队伍建设，各企事业单位已有104人完成了安全工程师注册，人数较去年同期增加37%。

八、严防自然灾害引发生产安全事故

2009年，集团公司更加突出了自然灾害引发生产安全事故的应对工作，按照早接警、早布防的要求，及时布置安全生产领域雨雪冰冻灾害及暴风雪的防范工作，以防汛、防台、防潮、防雷为重点，组织开展和落实暑汛期安全防范工作；完善集团公司总部灾害预警信息的传送机制，渠道和工作流程，通过组织专兼职应急队伍开展汛期预防性安全检查工作，进一步加强了消除隐患、落实安防、做好预警和应急准备等重点环节的暑汛期安全防范工作，检查中发现涉及防汛，消防安全的一般性问题或隐患315处（项），全部及时整改完毕，实现了安全度汛。各单位更加重视自然灾害信息接警工作，新港船舶重工有限责任公司在和当地气象部门保持常年信息连通的基础上，与华北地区唯一的滨海海洋气象预警中心建立了海洋灾害信息通路，实现了局地性风暴潮、超警戒水位大海潮的提前接警，为防潮工作赢得了主动。

九、持续推进安全生产应急管理

集团公司按照预防为主、预防与应急相结合的原则，进一步加大安全生产和应急管理工作的协调推进力度。广泛宣贯《生产安全事故应急预案管理办法》（安监总局令17号）和《突发事件应急演练指南》（应急办［2009］62号）、《生产经营单位生产安全事故应急预案评审指南（试行）》（安监总厅应急［2009］73号）；按照新发布的法规规范，启动了自2001年以来的第3轮应急预案修订工作；积极组织各企事业单位开展应急预案的告知和演练，在全国“安全生产月”期间专门组织开展了应急预案演练周活动，全系统累计组织了707次应急演练，其中，综合演练163次，专项演练544次，参演3万人次以上。2009年演练工作中更加注重操作性、安全性，加强内外协同。七〇九所通过情景设定、方案拟制、分段练习、集成演练等阶段，成功进行了电子科研楼667人的消防疏散演练；渤海船舶重工有限责任公司在实施重大危险源应急演练时，根据演练情景事前采取可靠的安全措施并对参演人员进行培训。武汉重工铸锻有限责任公司在组织大型火焰切割机回火应急演练前，反复探讨研究潜在风险和应急措施，并向每个人进行应急和安全措施交底，保证了演练及人员安全。大连船舶重工集团公司在全国“安全生产月”活动中组织开展了多部门协同、多个外来生产单位参与的两次联合应急演练，武昌船舶重工有限责任公司、汉光机械厂分别与当地消防部门在厂区进行消防联合演练，协同应急的专项演练取得圆满成功，提升了地方、企业的联防联动应急水平。

十、加强职业健康管理

加强法规培训，将《作业场所职业健康监督管理暂行规定》（安监总局23号令）作为主要课程，在厂所主要负责人、安全生产管理人员培训班上请权威人士进行专题宣贯，并明确了集团公司加强职业健康管理的相关要求；按照国家安全生产监督管理总局、卫生部、人力资源社会保障部、全国总工会的统一部署和集团公司安委会安排，全系统开展粉尘与高毒物品危害治理专项行动的工作已经启动，将从落实职业危害防治责任、职业危害防治、改善工作场所作业环境、提高综合防治能力等多方面促进职业健康管理水平的提高。

十一、“5S”活动和体系建设取得新进展

2009年“5S”活动在系统内更加活跃开展，呈现了3个特点。一是形成地区性发展势头，重庆公司印发《5S管理考核验收标准》，明确目标和验收要求，在重庆地区14家企业全面开展“5S”活动；二是进一步向事业单位延伸，七一九所精心组织，在年内已实现了全所“5S”活动达标验收；三是不断提升水平，武汉船用机械有限责任公司修订《“5S”活动管理标准》，提高门槛，在新起点上启动新一轮“5S”活动；集团公司职业健康安全管理体系建设稳步推进，今年又有一厂一所通过体系现场审核认证，集团公司累计有18家企事业单位获得体系认证注册，先期认证的16家企事业单位体系运行有效，顺利通过年审。

2009年，全系统未发生较大以上生产安全事故，事故单位都按地方政府结案批复对相关责任人进行了责任追究，2名作业单位主要负责人受到行政记过处分，有4人受到警告处分，6人受到调离现岗位或通报批评的处理，所有责任人员都按单位规定受到了经济处罚。

中国兵器工业集团公司安全生产工作

中国兵器工业集团公司质量安全与社会责任部

2009年是全国“安全生产年”，中国兵器工业集团公司（以下简称集团公司）高度重视安全生产工作，在国家有关部门的关心和支持下，通过积极贯彻落实党的十七大和中央经济工作会议精神和集团公司2009年工作会议要求，坚持“安全第一、预防为主、综合治理”的方针，坚持以人为本，安全发展，严格落实安全责任，破解集团公司发展过程中的安全难题。深化隐患排查治理和安全质量标准化达标，着力提高成员单位安全管理持续改进内动力。建立健全安全生产长效机制，不断提高企业的本质安全度。认真做好建国60周年首都国庆阅兵技术保障安全工作，确保不发生重特大生产安全事故，为国家国防工业保驾护航，取得了比较显著的成效。

全年全系统共发生重伤及以上事故6起，其中死亡事故3起，重伤事故3起。事故造成4人死亡，4人重伤。与2008年相比，死亡人数持平，重伤人数下降43%，事故频率及事故严重程度均有所下降。全年未发生较大及以上生产安全事故，安全考核指标严格控制在国务院国资委和国家国防科技工业局下达的考核指标范围内，继续保持了近年来集团公司总体平稳的安全生产形势。

一、深入开展安全生产“三项行动”

根据《国务院办公厅关于进一步推进安全生产“三项行动”的通知》和《国防科工局关于认真贯彻国办通知精神切实抓好安全生产“三项行动”的通知》的精神，结合兵器工业具有高危险、高风险的行业特点和安全生产实际情况，制定下发了《中国兵器工业集团公司安全生产“三项行动”方案》，组织各成员单位扎实开展了安全生产执法行动、安全生产治理行动和安全生产宣传教育行动。

通过扎实开展安全生产“三项行动”，进一步加强了全系统安全生产宣传教育培训等安全生产基础工作，增强了各级领导干部和员工的安全意识，提高了全员安全防范能力和安全生产技能，加大了监督检查力度，狠抓违规违章行为和隐患排查治理，切实将反“三违”活动和隐患排查治理活动制度化、常态化。强化了集团公司安全生产标准、规范的落实，成员单位安全生产规程、制度和作业指导文件也真正落到了实处。一些安全生产薄弱环节和突出问题得到了切实解决，有效遏制了重特大生产安全事故的发生。

二、认真开展安全生产大检查，推动隐患排查和跟踪整改工作

为进一步加强成员单位隐患排查和治理工作，切实保障“元旦”、“春节”、“五一”、“十一”等重大节日期间的安全，集团公司分别于2009年1月中旬、4月下旬、9月在全系统开展了安全生产大检查活动。对成员单位安全生产“三项行动”开展情况、隐患排查与隐患整改落实情况、节日期间安全生产方案、火工产品安全生产专项整治活动开展情况、反“三违”活动开展情况、废旧弹药销毁安全生产管理情况、重大危险源监控和事故应急救援预案演练等方面的工作重点进行了检查，有力地促进了隐患排查治理和安全生产“三项行动”的进一步开展。

三、组织开展安全生产宣传教育，提高各级各类人员的整体安全意识和技能

组织全系统广泛开展了“安全生产月”活动，营造了有利于安全生产的舆论氛围，借助各种媒体平台，集中开展了内容丰富、形式多样的宣传教育活动，强化了各级各类人员的安全责任意识、参与意识与忧患意识。2009年全集团共有11万余人接受了不同形式的安全教育培训，10万余人参加了“全国职业安全健康知识竞赛”，20个成员单位获得优秀组织奖。举办了3期军工危险品企事业单位负责人、安全生产管理人员培训班，培训人员362

人。开展了安全生产教育培训下基层活动，举办了9场有针对性的教育培训，培训各类人员1010人。

四、深化安全质量标准化达标工作，加强人才队伍建设

集团公司深入贯彻国务院国资委《中央企业安全生产监督管理暂行办法》，制定印发了《中国兵器工业集团公司成员单位对异地全资子公司、控股子公司的安全管理指导意见》和《中国兵器工业集团公司成员单位对安全生产相关方的安全管理指导意见》，进一步强化了对成员单位异地全资子公司、控股子公司的安全管理。

对《集团公司工业企业安全质量标准化考评办法》进行了修订，对《集团公司科研试验安全标准化考评办法和考评标准》进行了补充完善，通过精心组织达标咨询和指定工作，强化安全质量标准化考核评级工作，全年共有21个成员单位完成安全质量标准化考核评级工作，5个成员单位完成了安全质量标准化复评工作，同时，对已达标单位的年度自评工作进行了抽查，从而有效地促进了达标单位安全管理工作走向程序化、规范化。

积极推动注册安全工程师队伍建设，进一步壮大了安全生产管理队伍，截至目前，在集团公司注册的注册安全工程师总数已达到534人。

五、进一步加强火工生产安全专项整治工作

一是以危险点分级管理为抓手强化了火工作业安全管理工作。在火工产品安全生产管理中，坚持以强化危险点分级管理为抓手，抓住一、二级危险点带动整个基础管理工作。在开展危险点分级管理现状调查的基础上，建立了三级危险点数据库，在安全监督检查中，把危险点巡回检查开展情况作为一项重要内容，重点检查总厂、分厂两级领导是否按巡回检查周期开展检查，能否及时安排整改已发现的问题。在安全质量标准化达标工作中，也把此项工作开展情况列为否决项，有力推动了成员单位危险点巡回检查工作，加强了火工产品安全生产专项整治工作。

二是循序渐进、安全稳妥地开展废旧弹药销毁工作。将2008年四季度集团公司隐患排查治理专项行动中清理出的大量废旧弹药等危险品的销毁处理工作，列为2009年安全工作重点，成立了废旧弹药销毁专项办公室，召开了废旧弹药销毁工作专题会议，确立了集团公司关于废旧弹药、火炸药、火工品等报废危险品处理的职责和原则。发布了《成员单位现存废旧弹药及报废危险化学品销毁处理指导原则》，对四大种类的废旧弹药和报废危险化学品，明确了相应的销毁处理原则、各有关部门的具体分工以及承担销毁任务的责任单位。组织召开了全系统销毁中心工作会议，就全系统废旧弹药库存情况、废旧弹药销毁费用的测算、销毁中心改造规划等问题进行了研究布置。

六、加强建设项目安全生产“三同时”的审查工作

按照国家关于新、改、扩建项目安全设施必须与主体工程同时设计、同时施工、同时投入生产和使用的安全生产“三同时”要求，根据有关成员单位高新工程、安改、技改、条件保障和扩产项目等建设进度，集团公司及时组织专家组对建设项目的安全生产“三同时”进行审查，完成了17个建设项目竣工验收前的安全性评审工作。在改善本质安全条件的同时，有效避免了建设项目带来新的安全隐患，从源头上严把了安全关。

七、做好阅兵装备技术保障工作

集团公司承担国庆60年阅兵装备技术保障任务，这是一项严肃的政治任务。安全工作意义重大、责任重大。在阅兵技术保障工作中，通过建立安全监督管理组织机构，成立安全保密管理委员会，建立健全以“三大规定、四项纪律、一个责任书”为主体的安全规章制度体系，实现了“安全保密零事故”的工作目标。主要采取的措施是：严格落实责任制，层层签订“安全保密责任书”；加强阅兵技术保障工作现场管理；加强驻地管理，实行了驻地封闭式管控和请销假制度；加强宿舍管理，严格宿舍安全用电和内务卫生管理；针对甲型H1N1流感疫情，积极开展卫生防疫；制定消防应急预案，开展防火防灾演练活动；加强防暴防突发事件，制定防爆防突发事件应急预案等。

八、加强事故管理工作

严格执行国家和上级政府部门的生产安全事故管理制度，检查督促各成员单位建立健全事故管理档案，规范事故管理，按事故报送规定及时如实报告事故情况。对发生的安全生产事故，按照“四不放过”的原则，积极配合相关部门展开事故调查，及时在全系统进行通报，使各单位能从中吸取教训，避免同类事故再次发生。对集团公司成立

10年来重伤及以上生产安全事故进行了统计、汇总和分析，组织开展了《集团公司事故资料汇编》的编订工作。

九、加强应急管理工作

进一步建立健全应急组织机构，完善应急救援体系，强化体制、机制、法制和应急预案建设，补充应急救援装备和物资。充分调动和发挥各部门、各子集团（子公司）、各成员单位的积极性和主动性，组织应急预案的培训和演练，锻炼应急救援队伍，增强事故应急救援能力，提高应急管理水平。逐步形成统一领导、分级负责、功能齐全、反应灵敏、运转高效的应急救援体系。同时加强与地方应急机构合作，提高共同应对突发事件的能力和水平。

十、积极推进职业卫生工作

集团公司根据国家的有关要求，制定发布了《中国兵器工业集团公司粉尘与高毒物品危害治理专项行动实施方案》，对全系统职业危害现状进行了普查。充分发挥集团公司工业卫生研究所的专业优势，加强对企业尘毒、高温、噪声等有害作业因素的检测、治埋情况的监督检查。开展成员单位职业卫生专业知识、国家政策法规及标准的培训和咨询，提高员工的自我保护意识。严把职业卫生准入关，对新建项目职业卫生“三同时”存在问题的不予通过验收评审。

一年来，在国家安全生产监督管理总局、国务院国资委和国家国防科技工业局等上级部门的指导和大力支持下，集团公司的安全生产工作取得了一定的成效，但也应该看到，工作中仍有许多亟待研究解决的问题：

一是本质安全程度不够高。本质安全程度的高低是安全生产形势能否保持平稳好转的决定性因素。近年来，集团公司利用技改、安改、条保等建设项目引入国家投资，同时保障安全投入足额提取，在一定程度上大幅度提高了集团公司的本质安全程度。但是，由于以前的投资少、底子薄、安全基础条件太差，因此企业安全生产条件不能完全满足企业日益提高的安全需求的情况在集团公司成员单位中仍普遍存在。

二是员工的综合素质有待进一步增强。深刻分析近些年集团公司发生的生产安全事故，由于“三违”引起的事故占据非常大的比重。究其原因，从业人员的综合素质不高是事故发生主要原因之一，企业的各项安全生产规章制度是基本健全的，但是由于部分员工安全意识和安全能力不强，不能有效落实本岗位的安全生产职责，对可能接触的危险因素和违章引起的后果的严重性认识不足，不懂、不会、无知者无畏，常常导致事故的发生或扩大。

三是安全生产长效机制尚需进一步健全。集团公司近年来一直致力于建立健全安全生产长效机制，应避免“一阵风”或“行动”式的安全生产工作，将安全质量标准化以及班组安全建设作为解决这一问题的有力抓手，结合实际，常抓不懈，使此项工作真正的深入人心。

四是尚存一些一时难以整改的隐患。近几年，集团公司在全系统广泛深入地开展了隐患排查治理工作，对排查出的隐患进行认真整改，但是仍有一些一时难以整改或靠企业自身无法整改的问题。诸如：内、外部安全距离不足，工库房耐火等级不够，火工产品生产制造工艺技术落后导致定员、定量等无法核减等。对于此类问题，集团公司将积极向有关国家机关和上级领导部门寻求帮助和支持，以尽快获得协调解决。

中国兵器装备集团公司安全生产工作

中国兵器装备集团公司改革与管理部

2009年，中国兵器装备集团公司（以下简称集团公司）党组坚持高度重视安全生产工作，认真贯彻落实国务院安委会、国家安监总局、国资委、国防科工局有关安全生产工作部署，积极开展

"安全生产年"活动，紧紧围绕"三项行动"及"三项建设"工作部署，有效落实安全生产责任制，牢固树立安全发展理念和"零事故"的目标追求，扎实推进各项重点工作，确保了集团公司总体安全生产形势的持续稳定。

集团公司在2009年共发生4起死亡事故，死亡4人，重伤事故为零，轻伤事故同比下降7.5%。

一、加强安全专项整治，排查并消除事故隐患

（1）针对军品科研试验靶场试验场中存在的安全隐患，开展了"军品科研试验安全专项整治行动"，编制发布了《中国兵器装备集团公司枪械、弹药科研试验安全管理规定》和《中国兵器装备集团公司火炮、弹药科研试验安全管理规定》。经过企业自查和专家组检查，整治靶场试验场隐患131项。

（2）针对部分企业设备设施存在的事故隐患，全面开展了"工艺及设备安全评估专项行动"，经过企业自查和检查组验收，累计排查了74900台套设备和3万余项工艺，整改设备4797台套，整改工艺101项，淘汰设备3310台套，集中消除了一批工艺及设备方面的事故隐患。

二、强化安全宣传和培训教育工作

（1）编制发布了《中国兵器装备集团公司创建安全生产标准化班组实施细则》，开展了"创建优秀安全班组，塑造本质型安全员工"为主题的安全月活动，33个班组被集团公司命名为"安全生产标准化先进班组"。通过安全月活动，营造了浓郁的安全文化氛围。

（2）集团公司组织46个单位111659人参加了全国职业安全健康知识竞赛活动，集团公司总部及所属15个企业荣获全国优秀组织奖，3人获得全国优秀个人奖。

（3）为提高企业安全管理技能，集团公司在2009年共举办职业健康安全管理体系建设、本质安全管理、弹药火工安全管理、特种设备安全管理等5期培训班，共计培训291人次，充实和提高了安全管理专家队伍。

三、全面推进职业健康安全管理体系建设工作

进一步加大对所属企业的第三方监管力度，继续推进"职业健康安全管理体系"建设。在2009年，集团公司所属绝大多数弹药火工、化工及冶金企业都通过了第三方认证，其他企业70%通过了第三方认证。

四、加大安全投入，提升本质安全水平

集团公司所属企业大都按规定提取了年度安改资金，积极投入整改安全隐患，提升了企业的本质安全程度。经统计，所属企业2009年在靶场专项整治及工艺及设备安全评估活动中共筹集资金3215万元进行安全技术改造，尤其是152厂投入的力度最大。

五、探索与创建适合集团公司的本质安全标准化管理与评价体系

通过学习实践科学发展观，为适应新形势下安全发展的需要，为实现"零事故"打下坚实基础，集团公司组织行业安全专家，通过对国内普遍采用的几种现代安全管理方法和神华集团等现代煤炭企业实践本质安全成果的研究，融合职业健康安全管理体系原理，总结集团公司安全评价经验，探索并着手建立适合集团公司的安全管理新模式即"本质安全标准化管理与评价体系"。

六、强化事故处理，加大事故问责

按照"四不放过"的原则，对2009年发生的4起死亡事故进行了认真调查处理。依据相关规定对4起事故的各级责任人进行了严肃查处，从企业领导到班组长及肇事者共计49人次受到撤职、除名、降级等处分或处罚，有的企业领导已引咎辞职。通过加强对死亡事故的严肃问责，对未遂事故的"四不放过"，起到较大惩戒作用。在对事故单位惩戒的同时，集团公司在2009年一季度，对2008年零事故的20家企业第一责任人给予了绩效奖励，起到很好的激励作用，做到了奖罚分明。

七、强化安全监督检查，企业安全现状不断改进

（1）充分发挥集团公司所划分的9个片区安全协作组的督查作用，坚持季度检查和检查情况通报制度，有效推动企业安全管理水平和作业环境安全条件的持续改进。

（2）坚持安全评价制度，严格按照原国防科工委颁发的安全评价标准对10家到期的企业进行安全评价验收工作。该10家企业通过验收，达到了安全级企业标准。

（3）加强了各专项整治活动的考核验收工作，及时通报验收整改情况，严格实施安全监督的闭环管理。

（4）积极接受国家和地方安全监管部门的外部安全检查，认真贯彻落实国家各级安全管理部门下达的工作要求。

（5）集团公司所属24家企业和2个研究所经过坚持不懈的努力，全年实现了“零事故”。

八、明确努力方向，坚持持续改善

对于2009年的安全生产局面，集团公司正视所属企业存在的安全生产问题，对发生的4起死亡事故进行了反思。集团公司所属少数企业领导干部的安全生产驾驭能力和执行力不强，管理的细节不到位，本质安全建设和发展也不够平衡，少数企业近几年安全投入不够，仍在使用比较陈旧老化的设备，这些都是导致事故的主要原因。集团公司已在2009年着手解决这些问题，如对发生死亡事故的企业主要负责人和主管厂级领导给予撤职、引咎辞职和警告处分等处罚，以及开展针对性、大规模安全专项整治行动，取得了比较明显的成效。

中国中煤能源集团公司安全生产工作

中国中煤能源集团有限公司

中国中煤能源集团有限公司（以下简称“中煤集团”）是国务院国资委管理的大型能源企业，主营业务包括煤炭生产及贸易、煤化工、坑口发电、煤矿建设、煤机制造、煤层气开发，以及相关工程技术服务。现有全资公司、控股和均股子公司41户，境外机构4户，参股企业11户，在册职工12.1万人。截至2009年12月31日，总资产1476亿元。

2009年是煤炭行业经受严峻挑战、市场供需波动较大、出口急剧萎缩的一年。一年来，中煤集团积极应对煤炭、焦炭等主要产品价格下降的不利形势，科学规划发展，加快战略调整，实施管理变革，强化自主创新，危机之年取得了较好的经营业绩。全年原煤产量增产超千万吨，达到1.25亿吨，同比增长9.6%，继续保持全国第二名；国内煤炭销量保持亿吨以上，同比增长13.5%。利润总额再超百亿元，达到103亿元，同口径相比利润总额创历史最好水平。

2009年，中煤集团认真贯彻落实全国安全生产工作会议精神，按照国家安监总局、国家煤矿安监局和行管司关于安全生产工作的部署要求，以安全质量标准化建设为主线，积极开展“安全质量标准化、隐患排查治理、安全监督监察”活动，安全工作取得新进展，各类轻伤、重伤事故同比分别下降27%和81%。煤炭生产百万吨死亡率降到0.016，井工煤矿实现了零死亡。

一、创新理念，培育以人为本的安全文化

中煤集团经过多年的总结提炼，形成了具有中煤特色的安全文化理念。秉承“安全为天、生命至尊”核心理念，大力弘扬“零死亡”、“无人则安”、“良好的作业环境加上规范的操作行为就等于安全”、“只有感悟不到的隐患，没有避免不了的事故”等一系列先进的安全理念。突出了安全生产技术进步的先导作用、管理行为的能动作用、员工素质的基础作用，揭示了安全生产要素的内在辩证关系，体现了在高危行业条件下对本质安全的价值追求，引导了安全生产的实践和创新。特别是“无人则安”的理念，体现了科技是第一生产力的意义，推动了信息化手段的应用，是对产业技术的重新审视和对管理思想的深刻反思。2009年集团公司不再对各二级企业下达安全控制指标，一律实行“零死亡”目标管理。“零死亡”目标体现了珍惜生命、以人为本的时代要求，用高目标统领安全生产，触动了煤矿安全管理长期以来的惯性思维，新的安全理念逐步引发了管理变革。

二、突出环境、素质、责任建设，打造本质安全企业

全面加强“环境、素质、责任”三位一体建设，努力构筑“系统可靠、装备精良、人员精干、方法科学”的硬件环境，构建“制度健全、奖惩有度、素质过硬、团队有力”的软件能力，培育以人为本的安全文化，实现软硬件的有机结合、良性互动、互为提升，打造本质安全型企业。

（一）创建安全可靠的作业环境

依靠科技进步，集成科技发展成果，努力构建安全可靠的系统环境。针对所属企业规模大小不一、现代化程度、安全生产技术管理水平不同的现状，对现有矿井进行技术改造，提高系统的保障能力；对新建矿井坚持“生产规模化、技术装备现代化、队伍专业化、管理手段信息化”方向，突破传统设计理念和建设思想，创新矿井设计模式和技术体系，建设安全高效矿井，从根本上提升安全生产保障和抗灾能力；对平朔公司基础较好的企业实现队伍专业化；全面推进 ERP 综合管理信息系统建设，把信息化纳入到企业安全生产工作中，提高安全管理水平。不断加大安全投入，2009 年投入安全费用 18.4 亿元，同比增长 70.4%，用于完善生产系统，对落后的采煤工艺进行了改造，淘汰了国家明令禁止使用的井下机电设备，有效提高了系统的安全保障能力，目前已建成 9 处安全高效矿井，其中有 6 处矿井达到特级。优化生产布局，简化生产系统，构建简捷、高效、流畅的生产系统，力求系统简单，设备可靠。定期对系统有效性进行评价，消除不安全因素和缺陷。积极学习借鉴国内外先进的管理经验和技术手段，不断运用国内外的新装备、新技术、新工艺全面提升矿井的技术与装备现代化水平。

（二）全面提升员工安全素质

树立“培训是一种奖励，培训是一种福利”的理念，按照“干什么、学什么，缺什么、补什么”的原则，分类组织开展培训。突出培训的针对性和实效性，狠抓区队班组长、关键工种和岗位职工培训，做到脱产与岗位结合，内外结合，上下结合，理论与实践结合，强化应知应会和岗位操作技能培训，确保“三项岗位人员”持证率、职工年度再教育培训率持续达到 100%。实行考教分离，设置安全培训红线，凡培训不合格的，连续两次下岗、三次必须辞退。2009 年共组织三项岗位人员安全培训 36771 人次，对 60 名生产一线采煤班组长进行了培训，对 151 名注册安全工程师进行了再教育培训。在矿建板块大力实施“职工素质工程”，举办 83 期现场培训班，对 1008 名班组长进行了培训；制定 178 个工种的岗位操作“安全提示语”，形成了朗朗上口的安全“谚语”，提高了培训效果。

（三）强化安全责任落实

全面构建“党委重视安全、行政主抓安全、技术部门保障安全、生产部门落实安全、监管部门监督安全”的管理格局，成立集团公司安委会，坚持日、旬、月安全生产调度会制度。所属企业严格执行安全例会制度，安全生产第一责任人每月必须主持召开一次安全例会。建立健全以安全生产责任制为核心的安全生产管理制度，把安全责任落实到企业决策、执行、监督、考核、奖惩等各个层面，实现安全管理制度化、流程化。落实安全生产主体责任，明确提出区队是煤矿企业安全生产的责任主体，项目部是建筑施工企业安全生产的责任主体，各级安全监管部门是安全责任落实的监督责任主体。集团公司确定 2009 年为“规范管理年”，年初以《关于加强安全生产工作的决定》形式印发了安全生产一号文件，与所属 26 家企业单独签订了安全生产责任书，层层分解指标，严格安全生产一票否决制，推动“一岗双责”落实。制定集团公司《企业负责人安全生产奖罚办法》和《生产安全事故责任追究办法》，创新激励约束机制，全面推行安全预奖，2009 年初对所属企业负责人安全预奖 826 万元，同比增加 268%。严肃责任追究，对各类事故“明码标价”，让各级领导清清楚楚地知道，发生事故后自己在经济上会受到什么样的处罚，损失有多大，行政处分是什么，对号入座，把干部的政治生命和经济收入与安全生产直接挂钩。

三、全面推进安全质量标准化建设，强化精细化管理

中煤集团把安全质量标准化工作作为 2009 年安全生产工作的主线，年初召开了集团公司安全质量标准化现场会，组织 145 名代表现场参观了大屯公司的安全质量标准化工作。会后，各企业纷纷前往大屯公司学习取经，召开安全质量标准化推进会，立即掀起安全质量标准化建设热潮，迅速形成“比学赶帮超”的良好氛围。煤矿企业内学大屯、外学神东，对标先进，标准化水平明显提升。全面制（修）订集团公司煤炭生产、矿建施工、建筑施工、煤化工、煤机装备行业安全质量标准化标准及考核细则，编制安全质量标准化规划和年度实施计划，加强对标检查，严格考核评级，树立先进典型，强化激励措施，强力推进标准化工作。2009年，经集团公司严格考核，大屯公司、进出口公司、五建公司达到特级安全质量标准化企业的标准；纳入集团公司2009年达标计划的19个生产煤矿全部达标，其中13个达到一级煤矿标准，占68%；10个矿建工程处达到A级工程处标准，占91%。为表彰先进，集团公司拿出400万元奖励安全质量标准化企业。

四、加强监督监察，促进安全工作落实

加强安全监管体系建设，坚持安监局长委派制，加大垂直管理力度；建立安监局长季度联系会、年度述职和考核制度，强化考核，提高安全监管控制力。加强安监队伍建设，努力建设一支责任心强、作风正、能力强、高素质的安监队伍。加强作风建设，安监人员必须业务过硬、作风过硬，工作中能发现问题、解决问题，让基层信服；敢于碰硬，处理问题不手软，树立安全监察的权威，增强安全监察的威慑力。组织安监人员与工人同上同下，及时发现现场动态。加强监督监察，突出抓好重点时段、重点单位、重点业务的专项督查和重点活动的开展。2009年集团公司组织开展了8次大型的安全督（检）查活动，突出春节、两会、国庆节等重点时段的安全督查，全面开展了安监系统履职检查、矿井“一通三防”和水害治理专项检查，以及半年和年度安全质量标准化检查评级活动，各企业围绕集团公司工作部署，成立安全检查组，全面开展自查自纠活动，并在节日期间成立安全监察小分队，不间断地进行现场巡回检查。同时深入开展了“安全生产月”活动和持续到年底的反“三违”专项治理活动。坚持隐患分级管理制度，将隐患按难易程度进行ABC分级管理，严格落实重大隐患登记、督办、整改和销号闭环管理制度。严格安全生产问责制，加大对“三违”行为、事故隐患和各类事故的责任追究力度，促进安全工作落实。

在取得成绩的同时，我们也清醒地认识到集团公司的整体安全生产水平与党中央、国务院的要求相比，与国内外先进企业相比，还有不小差距，安全基础尚不牢靠，系统保障水平不高，从业人员的安全素质亟待提高，本质安全建设仍任重道远。我们将继续深入贯彻落实科学发展观，坚持以人为本、安全发展，全面推进本质安全型企业建设，努力实现“零死亡”奋斗目标。

中国华能集团公司安全生产工作

近年来，华能集团公司坚持“电为核心、煤为基础、金融支持、科技引领、产业协同”的战略定位，综合实力不断得到加强。通过重组、兼并和自身建设，煤炭产业也得到了一定的发展。华能集团公司在煤炭产业的发展中，始终把安全生产放在首位，坚持“三级管理、条块结合”的工作思路和“产业化经营、专业化管理”发展模式，优化产业结构，理顺管理机制，逐步提高煤炭产业的基础支撑作用和战略保障地位，努力打造安全高效矿井，确保安全发展。

2009年，在国家安监总局、国家煤监局的正确指导下，认真贯彻党的十七届三中全会精神，深入学习和落实科学发展观，按照开展“安全生产年”以及安全生产“三项行动”、“三项建设”活动的要求，坚持“以人为本”和“安全发展”的思想，坚持“安全第一、预防为主、综合治理”的方针，落实安全责任，强化安全管理，保证安全投入，全面完成了年度各项任务。

一、安全生产基本情况

华能集团公司现有煤矿32个，分布在内蒙古、陕西、山西、河北、山东、甘肃6省（区），其中，生产矿19个（含试生产），核定生产能力4772万吨/年；新建矿8个，设计能力3030万吨/年；停产矿5个。煤矿安全质量标准化保持行业一级标准水平，7个矿井被评为国家级安全质量标准化煤矿。安全生产形势基本平稳，没发生较大及以上事故。2009年，共生产原煤4408万吨，发生2起原煤生产死亡事故，死亡2人，百万吨死亡率为0.045。

二、主要做法与经验

（一）进一步提高认识，树立正确的政绩观

“安全第一，预防为主，综合治理”是华能集团搞好安全生产工作的一贯方针，是集团公司作为国有骨干企业义不容辞的社会责任，是华能广大干部职工对党、国家和人民做出的庄严承诺。华能集团始终强调提高对搞好安全生产工作极端重要性的认识，各级领导同志能够从思想上高度重视安全管理工作，认清形势，不断增强搞好安全生产工作的责任感和使命感，以此促进各级人员的安全意识的提高，并通过制定和采取必要的措施，有效防范各类事故的发生，杜绝了较大及以上事故的发生，进而实现了安全生产的目标。

（二）加强对安全生产的领导，强化责任制的落实

各级领导同志以科学发展观统领各项工作，深刻领会安全发展是科学发展的必然要求，没有安全发展，就没有科学发展；牢固树立“安全责任重于泰山”的思想，坚持“以人为本”的原则，本着对职工、企业和国家高度负责的精神，切实抓好安全生产工作，确保安全生产。

（三）加强制度建设，强化安全管理

健全的规章制度是企业规范管理的重要手段和依据，制度是指导和规范人员行为的准则。国资委颁布了《中央企业安全生产监督管理暂行办法》，对中央企业安全生产制度建设、安全生产目标、事故调查与责任追究、安全绩效考核等做出了新的规定。为此，华能集团制订了相关配套的制度，进一步加强安全管理制度建设，不断更新和完善了各项安全管理规章制度，使安全生产工作在制度化、规范化、标准化和法制化管理上迈上一个新的台阶。

（四）加强过程控制，提高本质安全水平

本质安全水平的提高是安全管理过程控制的结果，加强项目规划、设计、建设期间的安全管理，确保配套安全设施的“三同时”工作。加大技术改造力度，保证安全投入，坚决淘汰对生产安全、节能减排和环境保护等产生不利影响的落后生产工艺、技术和设备，保证设备的安全稳定运行。进一步加强先进安全思想、理念的宣传工作，加大对从业人员安全生产知识和技术、技能的培训力度，不断增强广大职工的安全意识，凝练华能企业安全文化，促进本质安全水平的提高。

（五）扎实开展煤矿安全质量标准化工作，全面实现“三个转变”奋斗目标

煤矿安全质量标准化工作是夯实煤矿安全管理工作基础的有效手段。华能集团所属的煤矿企业通过坚定不移的开展安全质量标准化工作，加大安全质量标准化投入，严格达标考核验收，使安全质量标准化工作水平不断提高。严格执行国家和煤矿企业所在的省（区）制定的《煤矿安全质量标准化标准和考核评级办法》，集团公司每年组织一次检查，二、三级公司每月进行一次动态抽查，每季度进行一次静态检查。

为了实现煤矿安全质量标准化工作水平的本质提升，各生产矿根据集团公司的要求，制定了安全质量标准化年度计划和长远规划，制定了达标方案和措施，安排了专项达标资金，落实了达标机构和人员责任，有力地推动了集团公司煤矿安全质量标准化水平的进一步提高。2009年，实现了煤矿安全质量标准化由动态达标向持续达标、由形象达标向本质达标、由局部达标向全方位全过程达标的“三个转变”目标，实现煤矿安全质量标准化水平的本质提升。

（六）不断强化安全隐患排查治理工作，全面实现制度化、长效化

华能集团公司根据《关于进一步开展安全隐患排查治理工作的通知》、《安全生产事故隐患排查治理暂行规定》、《高危行业安全生产隐患排查治理监督管理规定》等文件精神，下发了《关于开展（煤矿）安全生产百日督查专项行动的通知》、《安全生产隐患排查治理工作实施方案》及《保证安全环保稳定工作方案》、《关于开展安全生产百日督查专项活动的通知》等一系列安全文件。贯彻执行了国家《关于进一步加强瓦斯治理工作的指导意见》和《关于进一步加强煤矿火工品安全管理工作的通知》等关于加强放顶煤开采、水害防治、顶板管理、机电运输设备管理、煤尘防治和煤矿防灭火工作的通知等六个文件，内容涵盖了煤矿安全生产的各个方面。要求各生产矿和在建矿安排专业人员对照文件逐一进行排查，与文件规定不符的要彻底进行整改，要不留任何死角和隐患。

对排查不到位的和不按时整改的要严肃追究相关人员的责任，以保证国家下发的文件不折不扣的贯彻执行。

（七）不断创新安全管理，大力推行“两票”工作制

“两票”（工作票和操作票）制度是电力企业安全保障体系中最基本的制度之一，是电力行业多年运行实践总结出来的经验，在电力行业安全生产中起着十分重要的作用。通过组织电力与煤炭企业安全生产管理专家研究讨论，认为电力生产安全管理中的“两票”制度是一种科学的非常成熟的安全管理运行机制，完全可以运用到煤炭行业，可有效促进华能煤矿安全生产。

为此，华能集团公司在扎煤公司尝试引进电力企业“两票”管理制度，并在煤矿企业安全管理工作中起到积极的作用。为加强对“两票”制度的规范和指导，二级公司根据安全生产工作实际，发布了《工作票管理办法》。要求对大型设备的计划性检修、维修、安装作业、危险性作业及涉电操作等都必须严格执行“两票”工作制度，认真落实好各项安全措施，做好安全防护和监护工作，确保作业人员安全。

“两票”工作制正在扎实推进。煤矿企业通过推行“两票”工作制度，进一步夯实了煤矿安全管理工作基础，规范了煤矿员工的安全操作行为，落实了安全工作措施和人员的安全责任，有效控制了各类安全事故的发生。

（八）深入开展煤矿安全性评价试点工作，为全面推行煤矿安全性评价积累经验

华能集团公司根据发电企业安全性评价的经验和安全生产所收到的良好效果，在扎煤公司的各煤矿进行开展煤矿安全性评价工作。通过安全性评价试点工作，找出与国家安全生产法律法规、规程和标准存在的差距，分析确定企业存在的安全生产隐患和问题，掌握企业安全生产基本情况，全面衡量和反映企业安全生产的整体水平。

（九）以实施班组“四化”为着力点，全面推动班组安全管理达标

全面推广“白国周班组管理法”，推进班组安全基础建设，把安全工作的着力点放在现场、区队和班组。切实加强班组建设，利用技术交流、技能竞赛、技术能手评选等手段，不断完善班组长的培养和选拔机制。进一步强化班组的危险点分析预控工作，严肃规章制度的执行，提高了广大职工的生产技能、安全意识和防护能力，促进了班组安全生产和管理水平的提升。

华能集团公司发布了《加强班组建设工作实施方案》，各二级公司、三级公司都制定了《关于加强班组建设的指导意见》，开展了“争创优秀班组，争做优秀职工”（简称“双争双优”）活动。成立了班组建设指导委员会及时制定了“双争双优”活动具体实施方案，确定了以安全生产精细化为基础，以提升班组管理水平、创新管理模式为出发点，以实现企业和员工共同进步为落脚点，突出了班组建设的特点，坚持以人为本，创建和谐、有特色的班组文化，加快推进以“精细化、学习化、准军事化、内部市场化”为主要内容的“四化”班组建设工作步伐，逐步提高班组建设整体水平的工作思路。

各三级公司为切实做好班组安全管理达标工作，根据企业实际情况，分别制定了段队和班组两级《安全管理和安全内业建设标准》，并下发各煤矿认真贯彻落实。同时，三级公司在安全监察和检查工作中，不断对各单位班组达标工作进行检查和指导，大力推动班组安全管理达标工作的有效开展。在班组建设管理的工作中，要求各单位要进一步提高认识，努力克服班组达标工作中遇到的困难，制定切实可行的班组达标工作方案，按部就班逐步推进，力争在较短的时间内达到工作标准，使班组安全管理工作再上新台阶。

（十）认真贯彻落实上级会议和文件精神，进一步加大贯彻执行力度

国务院安委会、国家安监总局先后多次召开了全国安全生产电视电话会议及全国安全生产工作会议，将2009年确定为“安全生产年”，张德江副总理多次做了重要讲话，就“安全生产年”的各项工作进行了部署。为深入贯彻落实全国安全生产工作会议精神，华能集团公司及时召开电视电话会议并印发张德江副总理、骆琳局长等领导人的讲话材料，要求各单位通过安全调度会、班前会等形式，传达贯彻到基层广大干部和员工，确保上级安全工作要求得到不折不扣的贯彻执行。

根据国务院办公厅《关于进一步推进安全生产“三项行动”的通知》，华能集团公司印发了

《"安全生产年"活动实施方案》，成立了以公司总经理为组长的活动组织机构，制定了活动指导思想和工作目标，确定了十项安全生产年活动重点工作，分安排部署、全面实施和总结提高三个阶段进行开展，确保活动取得实效。

国家安全生产监督管理总局出台《生产安全事故应急预案管理办法》和《生产安全事故信息报告和处置办法》后，为深入贯彻落实国家法规和上级文件精神，公司要求按照"逐一对照，逐步落实"的原则，对各矿井事故应急救援预案重新进行了修订和完善，统一印刷装订成册，并上报上级安全监管部门备案。对各类安全生产文件都毫无例外的认真进行传达贯彻；对事故通报类文件，要求必须传达贯彻到班组乃至每名员工；对会议精神类文件，要求各单位利用各种形式进行学习和宣传，确保领会精神实质。

集团公司利用国家安监总局宣教中心开发的煤矿安全生产宣传教育系统和煤矿班组安全生产教育培训视频智能系统进行宣传培训，宣传企业安全文化，强化职工安全意识、提高职工安全生产技能工作，营造了安全生产人人有责的氛围。

三、存在的问题

由于煤矿生产管理水平参差不齐，事故隐患依然存在。违规、违章行为未能杜绝，说明在安全管理方面还存在着漏洞，部分企业对反违章工作的艰巨性、长期性认识不足，没有建立反违章的长效机制以杜绝违章行为。部分职工劳动安全意识差，培训效果不理想，强化职工培训等工作开展不力。

四、应对措施

一是以煤矿安全质量标准化为主线来贯穿矿井生产活动的全过程，应用"安全性评价"和"两票"管理方法，将煤矿安全质量标准化与安全性评价有机结合起来，将煤矿"三大规程"和"两票"结合起来，加强煤矿安全管理的基础工作。二是抓好煤矿瓦斯、火、水、顶板等重大事故隐患排查治理工作，杜绝较大及以上事故。三是完善煤矿企业的事故应急救援预案，一旦发生事故，尽可能地降低事故的后果。四是把安全工作的着力点放在现场、区队和班组，加强班组建设和班前会工作。五是继续深入做好综合安全检查和专项整治工作。六是进一步加大安全教育培训力度，提高员工的安全技术知识和操作技能，增强员工安全意识，加强煤矿之间的交流，取长补短。

中远集团公司安全生产工作

2009年，中远集团以开展深入学习实践科学发展观活动为契机，以深入开展"安全生产年"活动为主线，紧紧围绕安全管理的总体目标，积极应对全球经济危机等诸多不利因素的影响，扎实推进安全生产"三项行动"，全面加强安全生产"三项建设"，着力构建安全生产长效机制，集团安全生产形势保持了总体稳定。主要有以下几点做法：

一、领导以身作则，切实把安全工作放在第一位

面对严峻的航运形势，集团领导认真落实《安全生产法》赋予的职责，高度重视集团安全生产工作。2009年2月16日和7月30日，集团两次召开党政联席会议，专门听取安委办汇报安全生产工作，总裁魏家福、书记张富生作出了重要指示、提出了明确要求。集团领导以身作则给各级领导做出了榜样，各二级单位形成了领导重视、组织完善、执行高效、齐抓共管的安全工作局面。

二、船岸齐心协力，突出抓好季节性安全工作

季节性安全工作是航运企业每年的重点工作，中远集团的季节性安全工作已经形成了有效的机制。2009年，集团跟踪大风浪航行船舶2424艘次，雾航1539艘次，进出港3755艘次，特殊情况1114艘次。全球生成的105个热带气旋使集团共计有342艘次受到影响，在全体船岸员工的努力下，没有大的险情发生。

三、全员积极行动，扎实开展"安全生产年"活动

根据国务院开展"安全生产年"活动的总体

部署，全系统积极深入地开展了安全生产“三项行动”、“三项建设”活动。从7月6日至10月15日，集团在全系统开展了“查隐患、促整改、保安全、迎国庆”为主题的百日隐患排查治理专项活动。共有871家单位及船舶开展了活动，查出一般性缺陷42343项，重大隐患75项，隐患基本得到整改。

四、加大督察力度，确保建国60周年大庆的安全稳定

2009年，是建国60周年大庆之年。集团领导多次对集团节前的安全提出具体要求。各级领导坚决贯彻落实集团领导指示精神和“六个不放松”的要求，通过落实安全生产责任制，强化安全措施，确保全系统度过了一个祥和、安全的节日。

五、加强制度建设，安全生产问责制得到进一步完善

根据《中远集团安全生产约谈、现场会和通报制度》的规定，2009年集团对发生重大事故单位依规进行了约谈。这种做法对事故单位吸取教训、持续整改起到了很好的促进作用。大部分单位按照集团的要求制定了适合本企业实际、更加细化的“安全约谈制度”和“安全约谈制实施要领”。

六、强化管理手段，不断提高机务管理水平

面对全球经济危机和航运市场的低迷，中远集团在机务管理上开动脑筋、科学管理，同时加强物料备件管理和集中采购工作，还加快了老旧船退役工作的步伐，逐步淘汰落后生产力，消除安全隐患。继续强化港口国检查工作，鉴于2008年度滞留率有所抬头的情况，各单位进一步完善措施，强化管理，使2009年的港口国检查工作保持了平稳态势。

七、落实防范措施，全力做好船舶防海盗工作

2009年以来，索马里海域海盗袭击极为频繁，更加有恃无恐。虽然集团员工严密防范，但还是有一艘船舶被劫持。面对海盗活动日益猖獗的严峻形势，各航运单位加强组织领导，周密安排，严密部署，狠抓落实，做了大量工作。特别是广大船员发扬了中远人大无畏的精神，面对训练有素、真枪实弹的专业海盗，他们没有畏惧、没有退缩，使用自制的防弹车、燃烧弹、电网等工具，拒海盗于船舷之外。尤其是“富强”、“雁荡海”、“瑞昌海”等轮能够及时发现海盗追击并奋勇抵抗、顽强坚持，他们英勇击退海盗袭击的行动，极大地激发了全体船员兄弟们的斗志，充分表现出中远船员的英雄壮举，为国人和世人所瞩目。

八、坚持安全发展，全面推进陆产安全管理标准化

2009年6月，集团在南通组织召开了“中远集团陆产安全管理标准化、规范化暨‘一目了然’项目现场会”。中远船务“一目了然”工程初步探索形成了一套具有中远特点的标准化管理模式，有效解决了现场管理薄弱问题，基本实现了全员、全过程、全方位的安全管理。通过对“一目了然”项目经验的推广，陆产企业的安全管理标准化建设有了很大推进。

第十三部分

安全生产协会、学会工作

中国安全生产协会安全生产工作综述

2009年是“安全生产年”，是深入开展“三项行动”、“三项建设”，推动全国安全生产状况向着2010年明显好转目标迈进的关键一年。年初，国家安全生产监督管理总局（以下简称总局）局长骆琳在中国安全生产协会的工作汇报上做了重要批示，肯定了协会成立一年来所做工作，要求中国安全生产协会在“安全生产年”活动全局中找准位置，发挥优势，履行好“三个服务”职责。一年来，中国安全生产协会（以下简称协会）认真贯彻落实骆琳局长的批示精神，在总局副局长孙华山的直接领导下，紧密围绕总局中心和重点工作，发挥协会优势，积极进取，为促进我国安全生产工作持续稳定好转努力工作。

一、发挥服务功能和桥梁纽带作用，积极为政府提供服务

1. 积极协助总局有关司局，推进安全生产标准化工作

（1）根据金属非金属矿山、危险化学品、机械、冶金等行业安全标准化工作开展情况，积极与有关司局沟通，组织起草了《安全生产标准化通用规范》，已征求了省级安监局、有关行业专家意见，正在进行修改完善，力争形成总局内各行业安全标准化等级、评审的一致性，完善安全生产标准化工作机制。

（2）协助总局监管三司，组织起草了《关于加强危险化学品从业单位安全生产标准化工作的指导意见》，并根据“指导意见”的要求，起草了《危险化学品从业单位安全标准化考评办法》、《危险化学品从业单位安全标准化评分标准》，以规范危化品从业单位安全生产标准化工作。

（3）对部分企业进行了安全标准化评审、复评工作。完成了马钢矿业公司所属3个金属非金属矿山及其尾矿库、武钢所属3个炼钢厂、柳钢所属2个炼钢厂的现场考评工作。协助监管四司制定了机械制造企业安全标准化一级企业复审工作方案，并完成了41家机械制造企业安全标准化一级企业的复审工作。

2. 选择安全生产重点课题，开展调查研究

（1）重点开展了“现代安全生产管理方法与实践研究”课题的研究工作。该课题通过分析我国安全生产管理的现状，将提出建立适合我国国情的安全生产管理先进方法的必要性；通过对比各种安全管理方法的内涵、特征、优势及缺陷等，分析比较我国目前所推行的各行业安全生产标准化情况，总结、归纳先进的内容和方法，找出存在的问题和不足，从而提出建立安全生产标准化通用规范，以统一、规范企业安全生产标准化创建工作；提出以预防事故为核心的现代安全管理方法，建立动态、反映事故隐患的安全趋势指标体系框架，完善安全生产统计、判断指标体系。目前，此项研究正在积极推进，总局相关司局给予了大力支持和帮助。

（2）与总局通信信息中心共同完成了由工业与信息化部信息化推进司委托的“信息化促进安

全生产的现状和政策措施研究”软科学研究课题工作。该课题从安全发展特别是控制和减少高危行业领域生产安全事故角度出发，选取重点行业领域，系统调查和总结了信息化促进我国安全生产发展的思路和政策措施。

3. 服务于安全生产宣教行动，开展了安全文化DV影视作品大赛活动

为贯彻国务院安委办《安全生产宣传教育行动实施方案》，协会组织开展了以“展示安全文化、推动安全发展”为主题的安全文化DV影视作品大赛活动。共有四川省安监局、江苏省总工会和37家企业所属的94家单位参加了本次活动，报送参赛作品256部。经公众网络投票和专家网络无记名投票，最终分类评选出65部获奖作品，收到了良好的社会效果。

4. 服务于安全生产治理行动和“安全生产月”活动，倡议发起了“珍惜生命、杜绝违章”活动

为贯彻国务院安委办《安全生产治理行动实施方案》，围绕第八个全国安全生产月“关爱生命、安全发展”的主题，协会向所有会员单位倡议发起了“珍惜生命、杜绝违章”活动，倡议开展职工遵章守纪演讲、违章案例分析与警示、安全知识竞赛、零违章班组评比、文艺演出、反违章互检等各种有利于杜绝违章的宣传教育活动，并刊登在协会网站、会刊《中国安全生产》、《中国安全生产报》上，国务院安委办《全国安全生产简报》也刊登了倡议书，促进了企业反违章教育活动。

5. 服务于安全生产机制建设，协助政法司开展了安全生产责任保险工作

（1）参与了安全生产责任保险指导意见的调研、起草以及专题座谈会议筹备，为出台《国家安全监管总局关于在高危行业推进安全生产责任保险的指导意见》（安监总政法［2009］137号）并在全国启动作了基础性的工作。

（2）组织起草了《安全生产责任保险承办基本条件》初稿，已召开研讨会，征求了保险公司、保险经纪公司意见。

（3）参加了《煤炭开采企业安全生产责任保险实施共保体试行办法》的起草和研究，参与组织煤矿开采企业安全生产责任保险工作座谈会，推进了煤炭行业安全生产责任保险工作。

（4）为应对安全生产巨灾风险，与政法司协商，启动了安全生产巨灾保险基金研究，拟通过调查研究，提出建立巨灾保险基金的法理基础、基金功能以及保障范围、资金来源、运作管理等建议方案。

6. 充分发挥协会分支机构作用，广泛开展服务工作

中国安全生产协会已成立的安全评价、教育培训、冶金、危险化学品等分支机构，紧密围绕总局中心工作，积极为政府服务。

（1）安全评价工作委员会：一是协助人事司起草了《安全评价师从业管理办法》、《关于加强安全评价从业人员管理的意见》。二是协助规划科技司开展了《安全评价机构管理规定》调研、修订和配套实施文件制订、宣贯工作；三是在协会网站开通了安全评价信息查询系统；四是建立了安全评价机构发挥技术支持作用情况统计报告制度，以及时了解掌握安全评价工作整体情况。

（2）教育培训工作委员会：一是协助人事司起草了《安全培训机构认定工作程序》，从2009年开始实施；按照“总体规划、合理布局、总量控制”指导思想，起草了《关于安全培训机构数量和分布控制的意见》。二是协助人事司完成了安全培训机构复审检查工作。建立了安全培训机构认定专家库；制订了《2009年一、二级安全培训机构复审工作方案》；组织专家，开展了一、二级安全培训机构复审检查工作；完成了机构公示、公告等工作。

（3）冶金安全专业委员会：一是协助监管四司针对冶金企业安全生产主要问题和薄弱环节，开展安全生产管理咨询服务与技术培训，举办了5期培训班，培训800余人；开展了《冶金企业安全生产监督管理规定》宣贯工作。二是参加了监管四司组织的冶金企业冶炼与煤气作业安全生产督查活动。三是完成了《铁合金安全规程》、《球团烧结安全规程》等8项标准的制（修）订工作。

（4）危险化学品安全专业委员会：一是协助监管三司完成了《危险化学品安全管理条例》修订工作，编写了部分条款的释义；起草了配套的《危险化学品经营许可实施办法》、《危险化学品使用许可实施办法》初稿。二是协助监管三司开展建设项目安全许可审查，完成了55个危险化学品建设项目审查、审核、验收的资料审查和会议会务

工作。三是参与了《首批重点监管的危险化工工艺安全控制要求、重点监控参数及推荐的控制方案》修改校对工作；编制了《关于组织讨论〈广维集团"8·26"爆炸事故调查处理结案情况的报告〉有关情况的汇报》。四是受监管三司委托，开展了化学品长输管道调研工作，将提出必要的限制条件和严格监管的工作建议。

二、创新交流模式，加强信息沟通，提高为企业、为社会服务的质量和水平

1. 组建信息联络员队伍，畅通联系渠道，建立协会与会员单位的信息沟通机制

组建了以中央企业为主、拥有116名信息联络员的通讯队伍；召开了协会信息联络员工作会议，进行了业务培训，印发了信息联络员证书；完善了会员单位管理信息库。

2. 丰富协会网站内容、增设英文版面，加大安全生产工作宣传力度

为加大对安全生产法律法规和国家安全监管总局、各地监管部门、会员单位安全生产工作动态的宣传报道力度，更加突出协会特色，对协会网站进行了增容改版，充实了"安全课堂"栏目，增设了英文版，使网站定位更加准确，栏目设置更为科学合理，内容更为充实。据统计，2009年协会网站点击总量达57.56万人次。

3. 编印会员通讯和会刊，发挥平面媒体作用，使安全生产工作信息深入基层

每月编辑一期《中国安全生产协会会员通讯》，设置协会动态、会员信息、协会简讯等栏目，全年向会员和安全监管监察部门免费发放12期13000多份；将安全生产信息院主办的《中国安全生产》杂志作为中国安全生产协会会刊，开辟了"协会直通车"栏目，作为协会及会员单位之间工作交流的园地，已出版8期，向会员免费发放5000册。《会员通讯》和会刊已经成为协会面向会员单位和社会公众的主要平面媒体，沟通了信息，宣传了典型，加强了交流。

4. 召开由会员单位代表参加的各类座谈会，加强交流与合作

协会会长孙华山两次主持召开副会长单位座谈会，传达总局党组的工作部署，征求企业对协会工作的意见。

为加强安全生产社团组织之间的合作和交流，中国安全生产协会牵头召开了30家省市级以上安全生产社团组织参加的座谈会，建立了安全生产社团组织联席会议制度。

组织召开了部分会员单位联系人座谈会，围绕"如何发挥协会在安全生产工作中的作用及对协会工作的需求"、"会员单位迫切需要协会协调解决的安全生产工作中遇到的困难和问题"等11个方面的问题进行了交流。对会员单位提出的7个方面的意见和建议认真进行了研究，并纳入2010年的工作计划。

5. 制订自律公约，规范会员行为，健全自律性管理约束机制

协会安全评价、教育培训、劳动防护三个分支机构都制订了会员自律公约，并由会员签署，对规范会员行为，加强行业自律，推动行业诚信建设，维护公平竞争的市场环境，起到了积极作用。

三、加强学习，规范管理，强化协会自身建设

1. 认真开展学习实践科学发展观活动

按照国家安全监管总局要求和部署，协会秘书处以"坚持安全发展，拓展工作思路，提高工作质量，服务安全生产大局"为活动主题，开展了学习实践科学发展观、整改落实"回头看"活动。

2. 加强学习培训，提高综合素质和服务水平

协会秘书处每月都组织政治理论和业务学习，传达党中央、国务院以及国家安全监管总局有关文件精神；组织参加总局举办的专题视频讲座，提高全体人员政治理论水平和业务工作能力。

3. 积极推进协会分支机构建设

根据国家安全监管总局及民政部有关规定和工作安排，新成立了劳动防护、冶金安全专业委员会两个分支机构；完成了安全评价、教育培训、危险化学品安全三个分支机构的登记和备案工作；正在筹备金属非金属矿山安全、机械安全专业委员会。

一年来，中国安全生产协会在总局党组的领导下，在国家安全监管总局各司局及协会会员单位的大力支持下，做了一些工作，取得了一定成绩。但距离国家安全监管总局党组的要求和广大会员单位的期望，还有不小的差距，业务建设、队伍建设等方面都还存在着一些问题，主要有：

一是协会虽然成功地组织会员开展了安全生产管理工作撰文、安全文化DV影视作品大赛等一系列活动，但活动的层次不够高，社会影响范围有

限，缺乏层次高、具有重大影响的全国性安全生产活动。

二是在为会员单位服务、反映企业诉求方面的工作比较薄弱，发挥协会的人才资源优势和专家作用不够，影响了协会服务工作的质量和桥梁纽带作用的发挥。

三是秘书处骨干力量不足，激励机制有待完善。这些问题和不足将认真研究加以改进。

第十四部分

重特大事故案例

矿山事故

山西焦煤西山煤电集团公司屯兰矿“2·22”特别重大瓦斯爆炸事故

2009年2月22日2时20分，山西焦煤西山煤电集团公司屯兰矿南四盘区12403工作面1号联络巷发生特别重大瓦斯爆炸事故，造成78人死亡，114人受伤（其中重伤5人），直接经济损失2386.94万元。

一、事故经过

2009年2月22日事故当班井下作业人员共有436人，其中事故区域南四盘区96人。2时20分，屯兰矿调度室发现井下瓦斯监控系统信号中断，随即查找原因。2时23分，调度员赵××接到梁庄风机房任××汇报：梁庄风机房的防爆门吹掉。赵××立即向矿主值班、矿党委书记常××和矿长尹××等汇报。矿长尹××在接到电话时指示立即切断南四盘区的动力电源，并下令撤出南四盘区所有工作人员到地面，积极组织自救。

二、事故原因分析

（一）直接原因

该矿南四盘区12403工作面1号联络巷微风，巷内煤壁涌出的瓦斯局部积聚达到爆炸界限；联络巷内的隔爆型电气开关内爆炸生成物冲出壳外，引爆壳外瓦斯；爆炸破坏瓦斯抽放管路，管路内瓦斯参与爆炸。

（二）间接原因

（1）事故发生单位执行国家有关煤矿安全生产法律法规不力，安全生产管理存在漏洞，隐患排查治理不到位，存在违章指挥、违章作业、违反作业规程的问题。

（2）山西煤炭工业局（现改为山西省煤炭工业厅）对山西焦煤集团“一通三防”工作监督管理不到位，对其开展安全生产隐患排查工作督促不力。

（3）山西煤矿安全监察局太原监察分局对西山煤电集团“一通三防”工作和安全生产隐患排查治理工作监察不到位；对屯兰矿存在的违章指挥、违章作业、违反作业规程问题失察。

三、事故处理结果

（1）对尹××等6人移送司法机关依法追究刑事责任。

（2）对刘××等35人给予党纪、行政处分。

（3）根据《生产安全事故报告和调查处理条例》的规定，依法对屯兰矿处以罚款400万元。

黑龙江天源煤炭股份有限公司鸡西金利煤矿“4·4”重大水害事故

2009年4月4日5时10分，黑龙江天源煤炭股份有限公司鸡西金利煤矿发生一起重大水害事故，死亡12人，直接经济损失307.6万元。

一、事故经过

2009年4月4日零点班入井23人（包括值班井长1人，瓦检员2人），分别到井下5处采掘地点开始作业，其中左八20号全煤上山掘进工作面6人，21号右八采煤工作面打木垛1人，八片后石门掘进工作面4人，九片后石门掘进工作面4人，二段22号右一平巷掘进工作面5人。4月4日5时10分左右，八片后石门掘进工作面作业的工人东××和贾××从工作面往外将装满矸石的矿车推到八片车场后，从车场往工作面推空车皮，当行至右八后石门和平巷交叉口处时，听见左八平巷里传来“轰隆”的一声，随即一股强大的水流将两人冲倒，贾××遇难，东××被八片车场矿车挡住后，奋力爬出水面，和共同被水冲出来的八片后石门掘进工作面工作其他的2人一同从主井逃生。另有4人事故发生时，从八片车场沿主井安全升井。

接到报告后，鸡西市委、市政府领导立即赶到事故现场，成立了以市长为总指挥的事故抢险救灾指挥部，迅速组织人员开展抢险救灾工作。经鸡西市煤炭局矿山救护队积极努力地搜救，于4月5日成功搜救出4名被困人员。截至4月9日1时10分，12名遇难矿工遗体全部被找到并升井，至此事故抢险救灾工作全部结束。在抢险救灾过程中，累计排水6000多立方米，清淤泥630多吨。

二、事故原因分析

（一）直接原因

20号层全煤上山掘进工作面接近报废多年的立井采空区，采空区存在大量积水，掘进工作面放炮时与采空区的一条采煤下巷尾部相透，采空区积水溃人，导致水害事故发生。

（二）间接原因

（1）煤矿超层盗采、违规生产。一是矿井制造隐蔽工程，逃避监管，超层开采20号煤层，盗采国家资源；二是矿井多头作业，违规私开两个掘进工作面；三是在与周边报废矿井关系不清、水文地质情况不清的条件下，未落实鸡西市政府规定的“逢掘必探”防治水措施。

（2）天源公司安全生产主体责任不落实。一是未经批准，擅自违规组织生产；二是对煤矿多头作业熟视无睹，对煤矿超层开采行为予以批准；三是安全管理体制机制不健全，日常管理、安全监督检查流于形式。煤矿无规程作业无人问津，安全管理责任不落实。

（3）火工品管理不到位。一是天源公司违规挪用火工品；二是鸡东县公安部门发现金利煤矿非法储存、使用火工品未向鸡西市公安部门及时报告情况，致使该矿违规使用火工品和私自开工生产现象未能得到有效制止；三是鸡西市公安部门对天源公司违规挪用火工品情况失察。

（4）行业管理不到位。鸡西市行业管理部门在矿井返证验收过程中，工作不细，未及时发现矿井违规生产和私开工作面；对煤矿水患排查和防治水措施落实情况检查指导不到位。

（5）安全监管不到位。鸡西市安全监管部门在日常监管过程中，对煤矿擅自违规开工生产情况监督检查不到位；对煤矿未按照规定配备驻矿安全专盯情况失察。

（6）市直煤矿企业监管体制不顺。对市直煤矿企业缺乏有效的政府监管，特别是该矿驻矿安全专盯员未落实。

此次事故的性质为责任事故。

三、事故处理结果

（一）对事故责任人的处理

（1）金利煤矿矿长，负责该矿全面工作，是矿安全生产第一责任者。弄虚作假，制造隐蔽工程，欺骗检查人员；违章指挥，超层盗采国家资源，对事故负有直接责任，移交司法机关处理。

(2) 金利煤矿生产副矿长，负责该矿生产管理工作。事故后逃逸，弄虚作假，制造隐蔽工程，欺骗检查人员；未经安全培训，无证上岗，对事故负有主要责任，移交司法机关处理。

(3) 金利煤矿技术副矿长，负责该矿技术管理工作。没有严格落实"逢掘必探"措施，无规程作业，技术管理不到位，对事故负有主要责任，移交司法机关处理。

(4) 金利煤矿安全副矿长，负责该矿安全管理工作。工作未尽职责，安全监督检查不到位，未经安全培训，无证上岗，对事故负有重要责任，解除聘用关系。

(5) 天源公司分管煤矿的总工程师，负责公司煤矿"一通三防"和技术管理工作，没有落实防治水措施，技术管理不到位，对事故负有主要责任，移交司法机关处理。

(6) 天源公司副总经理，负责公司行政管理工作，分管公司保卫科工作，违反规定批准挪用火工品，致使该矿擅自开工生产，导致事故，对事故负有主要领导责任，移交司法机关处理。

(7) 天源公司保卫科科长，负责公司安全保卫和火工品管理工作，没有坚持原则，违反规定发放火工品，对事故负有重要责任，解除聘用关系，并依据《生产安全事故报告和调查处理条例》第三十八条规定，罚款人民币1.2万元。

(8) 天源公司副总经理，负责矿井技改、矿井整合和重大开采方案技术管理工作，参与决定金利煤矿违规开工生产，对事故负有重要领导责任。解除聘用关系。

(9) 天源公司副总经理兼煤矿管理部经理，负责公司煤矿全面工作，是公司煤矿安全生产第一责任者，违规组织生产，没有落实矿井防治水措施，违规挪用火工品，对事故负有主要领导责任。解除聘用关系，并依据《生产安全事故报告和调查处理条例》第三十八条规定，罚款人民币2.7万元。

(10) 天源公司董事长、法定代表人，是公司安全生产第一责任者，对公司煤矿疏于安全管理，工作未尽职责。对事故负有领导责任。依据《安全生产法》第八十一条规定，罚款人民币5万元。

(11) 鸡西市煤炭局质量标准化科科员，负责采掘专业方面行管工作，在对金利煤矿返还证照现场验收时，未对两次验收工作面和工作量变化及隐蔽工程情况进行认真检查，工作未尽职责，对事故负有重要责任，给予降级处分。

(12) 鸡西市煤炭工业管理局质量标准化科科长，负责质量标准化科全面工作，带队对金利煤矿返还证照现场验收时，未对工作面和工作量变化及隐蔽工程情况认真核实和处理，工作未尽职责。对事故发生负有重要责任，给予撤职处分。

(13) 鸡西市煤炭工业局副局长兼总工程师，负责煤矿水患排查治理和指导工作。对矿井水害隐患排查指导不力。对事故负有领导责任，给予降级处分。

(14) 鸡西市安全生产监督管理局煤矿监管四科科长，负责对天源公司所属煤矿监督检查工作，对金利煤矿擅自生产行为监督检查不到位，工作未尽职责。对事故负有重要责任，给予撤职处分。

(15) 鸡西市安全生产监督管理局监察专员代总工程师，分管煤矿监管四科和天源公司所属煤矿监管工作，对监管四科工作人员不认真履行职责的行为失察，对天源公司落实驻矿安全员制度情况监督缺失。对事故负有领导责任，给予降级处分。

(16) 鸡东县公安局治安大队危管中队中队长，负责辖区火工品监督管理工作，在查处金利煤矿非法使用火工品的违法案件中，没有按规定向鸡西市公安局治安支队进行汇报，没有对该矿非法使用的爆炸物品进一步查实数量和来源。案件查处后，没有对该矿使用火工品的情况进行重点跟踪检查，致使该矿违法行为没有得到有效遏制，工作未尽职责。对事故负有重要责任，给予记过处分。

(17) 鸡西市公安局治安支队危管大队副队长，负责爆炸物品监督管理工作，对天源公司违规挪用火工品情况失察。对事故负有领导责任，给予警告处分。

(二) 对事故矿井的处罚

依据《生产安全事故报告和调查处理条例》第三十七条规定，对黑龙江天源煤炭股份有限公司处100万元罚款。

依据《黑龙江省安全生产条例》第三十七条规定，由证照颁发管理部门吊销该矿井相关证照，责成鸡西市政府对该矿井按照关闭矿井的五条标准予以关闭。

云南省昭通市镇雄县茶山煤矿有限责任公司茶山煤矿“5·15”重大瓦斯爆炸事故

2009年5月15日凌晨4时左右，云南省昭通市镇雄县茶山煤矿有限责任公司茶山煤矿发生一起重大瓦斯爆炸事故，造成10人死亡，6人受伤，直接经济损失555万元。

事故发生后，昭通市、镇雄县立即启动应急救援预案，成立事故抢险救援指挥部，积极组织开展事故抢险救援和善后处理工作。云南省矿山救援指挥中心、昭通市、镇雄县及东源集团公司镇雄分公司矿山救护队接到事故召请电话后，立即赶赴事故现场抢险救灾。

事故抢险救援结束后，依照有关法律法规的规定，成立了事故联合调查组，并邀请云南省及昭通市人民检察院派员参加，对此起事故进行调查。

一、事故经过

2009年5月14日23时30分，茶山煤矿共41人上夜班，分别在井下南翼采区6号、7号、8号联络巷掘进工作面、南冀采区1152残采工作面和北翼采区1251回采工作面作业。矿长主持召开夜班班前会，对上夜班的人员做了分工。其中，在南翼采区分四组、在北翼采区分两组组织采掘工作。开完班前会后，所有人员相继入井作业。工作到5月15日凌晨4时左右，南翼采区发生了瓦斯爆炸。

事故发生后，煤矿组织自救，并召请镇雄县、东源集团公司镇雄分公司矿山救护队进行事故抢险救援。5月15日17时40分，将井下10名遇难者全部运出矿井，抢险救援工作结束。

昭通市、镇雄县人民政府认真开展善后工作，抽调干部成立事故善后处理组，及时按照相关政策落实善后处理及赔偿工作，保持了社会稳定。

二、事故原因分析

事故的直接原因是：矿井南翼采区通风系统不稳定、不可靠、供风量不足，局部通风机产生循环风，造成瓦斯积聚；回风井井筒塌陷阻塞巷道，加剧了瓦斯积聚，并达到爆炸浓度界限；工人扒煤铁耙撞击铁溜槽产生火花，引起瓦斯爆炸。

三、事故处理结果

经事故联合调查组认定，此起事故是一起责任事故，8名事故责任人移送司法机关依法追究刑事责任，10名事故责任人受到党纪、政纪处分，2名责任人罚款10万元。责成昭通市人民政府向云南省人民政府做出深刻检查。对依法对镇雄县茶山煤矿有限责任公司茶山煤矿（包括被茶山煤矿启封开采的原方家坪煤矿）吊销有关证照，实施关闭。

山西同煤浙能麻家梁煤业有限公司建井项目（中煤一公司承建）“5·16”重大一氧化碳中毒事故

2009年5月16日8时59分，山西同煤浙能麻家梁煤业有限公司建井项目（中煤一公司承建）在进行主立井施工时发生一起一氧化碳中毒事故，造成11人死亡，1人受伤，直接经济损失311万元。

一、事故经过

2009年5月16日7时30分，中煤一建十处五队队长曹××、副队长李××在机电房院内召开了班前会，为出渣班23名工人安排了当班工作任务，强调了安全注意事项。8时18分，爆破班工人升井，8时24分爆破。随后，当班工人在主井口附近等待吹散炮烟，准备入井，约8时40分，曹××在副提绞车房给井口信号工梅××打电话，要求井口信号工立即打入井信号，随后梅××向副提绞车房打了入井信号。8时42分，当班第一桶开始入井，桶内乘坐12名出渣班工人。第一桶人员入井后一直未听到井下发信号，约8时50分王××在井口听到井下有一声吊桶的响声，然后要求梅××打了停车信号。又过了3～4分钟，井下无回音（平时入井工人到达目的地后均要向井口发信号或打电话，表示已平安到达），梅××往井下发信号、打电话，仍无回音，此时感觉情况不正常，王××与梅××商议立即提升吊桶。约8时55分开始提升，8时59分吊桶提出井口，发现桶内昏倒两个人（申××、张××），桶体内壁有血且吊桶吊钩已脱落，此时井下事故已发生了。王××和彭×立即召集人员救人，同时向队长曹××汇报，中煤十处项目部调度员王××在调度室监控屏看到出事后立即电话通知了中煤十处项目部经理瞿×。同时向朔州市人民医院打了急救电话。经抢救，申××脱离危险，张××死亡。

二、事故原因分析

（一）直接原因

爆破作业中一次起爆药量大，产生大量的有毒气体；风筒吊挂不到位，爆破工作面处于微风或无风状态，造成有害气体积聚；施工人员在有害气体未完全稀释的情况下提前入井，导致了此次中毒事故的发生。

（二）间接原因

（1）施工单位对制定的《作业规程》、安全措施等执行不严，现场管理混乱，职责分工不明，当班施工队领导违章指挥，工人违规作业；对职工安全教育培训不严不细，特种作业人员责任心不强。入井人员未佩带自救器。

（2）中煤第一建设公司贯彻落实国家安全生产有关法律法规不到位，对麻家梁项目部的监督检查和指导不够。

（3）山西省煤炭建设监理有限公司未能全面履行日常安全施工监理职责，未能及时发现该项目施工过程中存在的违章作业等重大安全隐患。

（4）同煤浙能麻家梁煤业有限公司，对建井项目施工单位贯彻落实安全生产的有关规定监管不力；对施工单位安全施工督查不够，未能及时发现施工中存在的安全隐患。

三、事故处理结果

（一）对瞿×移送司法机关依法追究刑事责任。

（二）对王××等26人给予党纪、行政处分。

（三）根据《生产安全事故报告和调查处理条例》的规定，依法对麻家梁煤业有限公司处以罚款200万元。

根据《建设工程安全生产管理条例》（国务院393号令）的规定，依法给予山西省煤炭建设监理有限公司行政处罚人民币10万元。

贵州省黔西南州晴隆县中营镇新桥煤矿“6·17”重大透水事故

2009年6月17日8时10分，晴隆县中营镇新桥煤矿发生透水事故，造成9人死亡4人失踪，直接经济损失1802.8万元。

一、事故经过

2009年6月17日八点班，王××、高××及卢××等人根据井下情况商量后，停止了C25号煤层运输上山的掘进，但在C25号煤层生产区域王××仍然安排了20名工人作业，其中：4人在一平巷掘进，5人在切眼反掘头掘进，5人清理水仓，运水泵及打杂人员6人。由于矿管理人员高××、王××2人也到C25号煤层生产区域检查，截至事故发生时，该区域共有22人。8时10分左右，运输上山掘进工作面左侧帮老窑水压碎煤壁，顺着运输上山巷冲下（透水量约3400立方米），在C25号煤层生产区域的高××、王××和14名工人（共16人）全部被困，透水事故发生。

二、事故原因分析

（一）直接原因

在已发现明显透水预兆的情况下，未采取有效措施处理，并违章安排工人在水害危险区域作业，老窑积水由运输上山180米处左帮透入井下导致的事故。

（二）间接原因

（1）煤矿拒不执行监管指令，违法生产。

（2）煤矿管理混乱，蓄意瞒报事故。

（3）中营镇政府对煤矿安全生产工作的重要性认识不足，工作不到位。

（4）晴隆县煤炭工业管理局工作制度不完善、执法不到位。

（5）晴隆县安全生产监督管理局履行职能不到位。

（6）晴隆县对煤矿安全生产的重要性认识不足，安全监管主体责任落实不到位。

三、事故性质

经事故调查组认定，晴隆县中营镇新桥煤矿"6·17"重大透水事故是一起责任事故。

四、处理结果

国家煤矿安监局对晴隆县中营镇新桥煤矿"6·17"重大透水事故的相关责任人和责任单位作出如下处理决定：

（1）卢××，新桥煤矿C25号煤层承包人。对事故的发生负有直接责任。移送司法机关依法追究其刑事责任。

（2）王××，新桥煤矿总工程师。对事故的发生负有主要责任。移送司法机关依法追究其刑事责任。

（3）杜××，新桥煤矿矿长。对事故的发生负有主要责任，且事故发生后隐瞒不报。移送司法机关依法追究其刑事责任，并吊销其矿长资格证和矿长安全资格证，自刑罚执行完毕之日起五年内不得担任任何煤矿的矿长。

（4）鲁××，新桥煤矿法定代表人。对事故的发生负有主要责任，且事故发生后隐瞒不报。移送司法机关依法追究其刑事责任，自刑罚执行完毕之日起五年内不得担任任何煤矿的法定代表人或矿长。

（5）李××，晴隆县煤炭工业管理局驻新桥煤矿驻矿督察员。对事故的发生负有主要责任。给予开除处分。

（6）吴×，中营片区安监站副站长（主持工作）。对事故的发生负有主要责任。给予撤职处分。

（7）刘××，中营镇人民政府镇长。对事故的发生负有重要领导责任。给予记过处分。

（8）施××，晴隆县煤炭工业管理局矿山管理站站长。对事故的发生负有主要领导责任。给予撤职处分。

（9）袁×，晴隆县煤炭工业管理局副局长。对事故的发生负有主要领导责任。给予撤职处分，并建议给予党内严重警告处分。

（10）许××，晴隆县煤炭工业管理局局长。对事故的发生负有重要领导责任。给以记大过处分，并建议给予党内警告处分。

（11）蒋××，安全生产监督管理局副局长。对事故的发生负有重要领导责任。给予记大过处分。

（12）李×，晴隆县安全生产监督管理局局长。对事故发生的负有重要领导责任。给予记过处分。

（13）李××，晴隆县人民政府副县长。对事故的发生负有重要领导责任。给予警告处分。

（14）责成晴隆县人民政府县长王×向黔西南州人民政府写出深刻的书面检查。

（15）建议由黔西南州委对晴隆县委书记曾××进行通报批评。

（16）对新桥煤矿，事故责任单位，依照《国务院关于预防煤矿生产安全事故的特别规定》（国务院令第446号）第五条、《生产安全事故报告和调查处理条例》第三十六条、第三十七条之规定，没收违法所得24万元，并处以罚款174万元的行政处罚。依照《国务院关于预防煤矿生产安全事故的特别规定》（国务院令第446号）第五条之规定，由国土资源部门依法吊销其采矿许可证，并提请省政府予以关闭。

黑龙江省鸡西市鑫永丰煤矿“7·22”重大水灾事故

2009年7月22日23时10分，鸡西市鑫永丰煤矿发生一起水灾事故，死亡23人，直接经济损失1201万元。

一、事故经过

鑫永丰煤矿位于黑龙江省鸡西市恒山区红旗乡薛家村境内，距鸡西市区15公里。2009年7月22日下午4点班矿井出勤24人，班前会后，23名工人在值班井长宋××的带领下，陆续入井。分别到井下4处地点进行作业，其中一段水仓清淤4人，一段右二上山掘进7人，一段右三恢复5人，三段联络巷拉底架棚5人，另外井底水仓上部1人，主副井联络巷岔口处1人。

6月底以来，鸡西地区连续降雨，特别是7月22日鸡西恒山地区发生强降雨。对此，恒山区煤炭安全生产监督管理局研究决定，对受水害威胁的黄泥河周围的12个煤矿进行停产撤人，并责成该局副总工程师李××逐矿通知。18时20分左右，李××来到鑫永丰煤矿，发现井下有人作业，便告知矿井地面值班人员肖××（更夫），责令井下作业人员立即升井。并让肖××在通知送达单上签字。

当晚23时左右，煤矿井下值班井长宋××和瓦检员李××一起蹬车升井，当矿车行至距井口190米处时，发现沿提升斜井井筒底板下泄深约200毫米涌水，并伴有泥沙，到距井口门约50米处时，发现井筒顶板出现泥浆喷涌，并将宋××的矿工帽打掉。矿车升井后，宋修钊发现瓦检员李××没有上来，他随后向井下打电话联系准备撤人，但电话无人接听。待返回井口门查看时，发现主井井口段铺设的轨道、管路和电缆全部随泥沙溃入井筒深部，井口被封堵无法进人，23人被困井下。

事故发生后，煤矿管理人员李××于23日1时20分左右向区监管局报告。接到报告后，鸡西市委、市政府和区委、区政府的主要领导先后赶到现场，立即成立事故抢险救灾指挥部，迅速组织人员开展抢险救灾工作。

23日4时50分，鸡西市煤炭工业局矿山救护队入井进行搜救。23日16时龙煤集团鸡西分公司救护大队到达该矿增援。

从7月23日开始，事故抢险救灾工作一直紧张有序、日夜不停进行，一直到8月14日在主井井下风桥处发现5名遇难矿工遗体并运至地面。9月3日，经黑龙江省煤炭工业协会专家组论证，被困人员无生还可能，继续清理、恢复巷道已无实际意义。鸡西市人民政府在做好遇难矿工家属稳定工作的前提下，经征得省有关部门同意，于9月19日决定停止事故抢险救灾工作。至此，仍有18名遇难矿工遗体没有找到。在整个事故抢险救灾过程中，累计排水38208立方米，清淤泥1744立方米，恢复巷道717米。

二、事故原因分析

（一）直接原因

本井田区域气象变异强降水，老窑旧巷和原有各类孔隙及裂隙为入渗雨水所充满，井筒围岩层及其上覆冲积层含水达超饱和状态；水体从裂隙渗流到井筒，破坏了井筒周围的岩土稳定性，使井筒现有支护形式和支护强度不能抵御上覆饱水冲积层压力和水沙冲击，井筒围岩与支护垮塌，上覆水泥沙溃入井下，导致水灾事故发生。

（二）间接原因

（1）矿主和煤矿管理人员法律意识、安全意识淡薄。没有认真执行市、区两级政府关于雨季“三防”工作的规定，在连续降雨的情况下，未按规定停止井下作业。

（2）该矿没有执行区级监管部门要求停产撤人的指令。区监管部门人员通知停产撤出人员指令下达后，没有贯彻执行，工人仍在井下照常作业，造成人员伤亡。

三、事故处理结果

经过事故调查组调查确认，这是一起以气象变异强降水为主要原因引发的自然事故。按照《煤矿安全监察条例》、《生产安全事故报告和调查处理条例》和《黑龙江省煤矿职工伤亡事故调查处理、批复程序》规定，依据事故调查组对有关责任人员提出的处理建议，经黑龙江煤矿安全监察局2010年1月5日局长办公会议研究决定，对事故责任者和事故单位作出严肃处理。

(1) 煤矿矿主、实际控制人，是煤矿安全生产第一责任者，对矿井疏于管理，未严格执行市、区雨季“三防”有关规定，没有按规定停止井下作业活动撤出人员，对事故负有主要责任，移交司法机关依法处理。

(2) 煤矿矿长。负责煤矿安全生产全面管理工作，未按规定在连续降雨的情况下及时停止井下作业，事故发生后不积极抢救且逃匿，对事故负有主要责任，移交司法机关依法处理。

(3) 对事故矿井的处理。鉴于鸡西市鑫永丰煤矿地质条件复杂，事故后地表又出现新的塌陷和裂隙，已不具备煤矿安全生产的基本条件，责成鸡西市政府对该矿井按照关闭矿井的五条标准予以关闭，有关部门吊销该矿井所有证照。

对上述责任人员的处理，依照法律程序履行相关手续并公之于众。

山西星光煤业有限责任公司“8·24”重大瓦斯爆炸事故

2009年8月24日11时10分，山西星光煤业有限责任公司新建回风立井发生一起重大瓦斯爆炸事故，事故造成14人死亡，直接经济损失760万元。

一、事故经过

8月24日8时，河北东盛矿业有限公司施工队13名工人，准备拆除回风立井风硐预留口的砖墙。到井口后10名工人在吊盘上进行拆砖作业，其余3人在井口接应吊桶倒渣。9时许，提升第二桶渣的时候，施工现场停电，风机停止运转。9时20分，电工来到工地，对供电总闸进行了检修，大约20分钟后修好并送电（电工离开现场）。10时10分，再次停电，10时20分复电。10时40分第三次断电，郭××（生还者）离开施工现场去找电工。11时许，霍××（生还者）也离开施工现场去宿舍拿手钳，途中看到3名工人抬着氧气瓶放到井架边，随后进入到吊盘准备作业。郭××在返回风井井口时，看到1名工人站在吊盘上用氧炔焊枪切割风硐预留口上的钢筋。11时10分许，发生了瓦斯爆炸。

二、事故原因分析

（一）直接原因

这起事故的直接原因是：由于新建回风立井局部通风机无计划停风造成瓦斯积聚且达到爆炸界限；工人违章使用氧炔焊枪切割风硐口井壁中的钢筋时产生的切割火焰引爆井筒中积聚的瓦斯，发生瓦斯爆炸事故。

（二）间接原因

(1) 施工单位安全管理制度不健全、安全措施不落实，违法将工程项目转包，无计划停电，未按规定检测瓦斯，工人违规作业，对职工安全教育培训不严不细。

(2) 建设单位在项目建设审批文件不全的情况下，擅自开工建设；监理单位未严格依法依规对该建设项目实施审核，监理不严。

(3) 和顺县煤炭管理部门及有关部门，没有严格履行监管职责，对该违规建设项目监管不到位。

(4) 和顺县、李阳镇两级人民政府贯彻落实党和国家的安全生产方针、政策不够。

三、事故处理结果

(1) 对周××等11人移送司法机关依法追究

刑事责任。

（2）对卢××等23人给予党纪、行政处分。

（3）依据《国务院关于预防煤矿生产安全事故的特别规定》（国务院令第446号）第八条、第十条规定，《生产安全事故报告和调查处理条例》（国务院令第493号）第三十七条规定：给予山西星光煤业有限责任公司行政处罚人民币300万元，并立即停止施工建设。

依据《建设工程安全生产管理条例》（国务院第393号令）第六十五条、第五十七条规定：给予河北东盛矿业有限公司（施工单位）行政处罚人民币30万元，吊销施工资质证书；给予中煤河北煤炭建设第四工程处行政处罚人民币30万元，施工资质降一级；给予山西宇通建设工程项目管理有限公司（监理单位）行政处罚人民币30万元，监理资质降一级。

河南省平顶山市新华区四矿“9·8”特别重大瓦斯爆炸事故

2009年9月8日0时55分，河南省平顶山市新华区四矿发生特别重大瓦斯爆炸事故，死亡76人、受伤14人，直接经济损失3986.4万元。经调查认定，这是一起责任事故。

一、事故煤矿基本情况

该矿始建于1993年4月。1996年1月，经原河南省煤炭工业厅批准，新成立平顶山市新华区四矿，属新华区全民所有制企业。2001年12月，经平顶山市煤炭工业局批复，该矿核定生产能力6万吨/年。2003年，新华区四矿通过整体转让方式改制为私营企业（证照未变更，仍为地方国有煤矿）。该矿持有采矿许可证、矿长资格证、矿长安全资格证以及企业法人营业执照。

该矿为立井开拓，共有三个立井，分别为主井、副井、风井。事故前该矿共有1个采煤工作面和6个掘进工作面。2007年6月，该矿曾发生过煤与瓦斯突出，实为煤与瓦斯突出矿井，但事故发生前该矿仍按低瓦斯矿井管理。

2008年11月15日，河南省人民政府要求全省范围内年产30万吨及以下矿井进行停工停产整顿。2009年3月，河南省安全生产领导小组明确新华区四矿为停工整顿煤矿。2009年4月23日，新华区人民政府批准新华区四矿进行整顿。但该矿却借“入井整改隐患”名义违法生产，新华区人民政府及其相关职能部门在多次检查中未予制止。

二、事故原因分析

（一）直接原因

新华区四矿违法违规开采己组煤层，其201机巷顶板冒落导致局部通风机停风后，造成201掘进工作面内积聚大量高浓度瓦斯；违章排放瓦斯过程中致使瓦斯浓度达到爆炸界限；巷道内破损的煤电钻电缆短路产生高温火源引起瓦斯爆炸。

（二）间接原因

（1）该矿违法组织施工和生产，超层越界盗采资源，不执行瓦斯检查制度，制作假报表、假图纸，弄虚作假、应付检查，安全生产管理混乱。

（2）河南省、平顶山市、新华区煤炭行业管理部门对该矿擅自变更技改设计方案、边技改边违法生产的行为制止不力，使该矿在不符合验收条件的情况下通过复产验收。

（3）河南省、平顶山市、新华区国土资源管理部门没有对该矿超层越界开采行为予以制止，未按规定对其开采活动进行实测和检查。

（4）平顶山市、新华区安全监管部门对该矿在停工停产整顿期间违法施工、违法生产的问题失察。

（5）平顶山市公安局新华分局在该矿停工停产整顿期间，违规批准供应火工品。

（6）平顶山市、新华区、焦店镇党委、政府对该矿在停工停产整顿期间违法施工、违法生产的问题监督检查不力。

（7）河南煤矿安全监察局豫南监察分局对该

矿在停工停产整顿期间违法施工和生产的问题失察。

（三）事故处理结果

1. 移送司法机关43人，主要有：

（1）张××，新华区四矿投资人。2009年11月1日因涉嫌重大责任事故罪被批准逮捕。

（2）李××，新华区四矿矿长。2009年10月15日因涉嫌强令他人违章冒险作业罪被批准逮捕。

（3）邓××，新华区四矿生产副矿长。2009年10月3日因涉嫌重大责任事故罪被批准逮捕。

（4）李××，新华区四矿调度室主任。2009年10月9日因涉嫌重大责任事故罪被批准逮捕（在逃）。

（5）温××，新华区煤炭工业局委派驻矿安监员。2009年11月24日因涉嫌玩忽职守罪被起诉，等待判决。

（6）康××，新华区煤炭工业局局长。2010年8月1日因犯玩忽职守罪被判处有期徒刑6年。

（7）柴××，新华区民政局局长（原区煤炭工业局局长）。2010年2月4日因涉嫌受贿罪被起诉，等待判决。

（8）齐××，新华区人民政府副区长。2010年8月4日因涉嫌玩忽职守罪被起诉，等待判决。

（9）黄××，中平能化集团天安公司地质测量处处长。2010年5月10日因涉嫌受贿罪起诉，等待判决。

（10）张××，新华区地质矿产局局长。2010年8月4日因涉嫌玩忽职守罪被起诉，等待判决。

（11）柳××，新华区区委书记。2010年8月7日因涉嫌受贿罪被起诉，等待判决。

（12）李××，平顶山市国土资源局党组书记。2010年6月7日因涉嫌受贿罪被刑事拘留。

此外，河南省国土资源厅副厅长张××因涉嫌重大违纪违法问题已于2009年11月被河南省纪委立案调查，目前已移送司法机关处理。

2. 给予党纪、行政处分21人。主要有：

（1）刘××，平顶山市煤炭工业局副局长、党组成员，撤职、撤销党内职务。

（2）张××，平顶山市煤炭工业局党组书记。党内严重警告。

（3）陈××，河南省工业和信息化厅副厅长兼煤管办主任。记过。

（4）田××，新华区地质矿产局副局长、党组成员。撤职、撤销党内职务。

（5）段××，平顶山市国土资源局副局长、党组成员。撤职、撤销党内职务。

（6）郭××，河南省国土资源厅副厅长。记大过。

（7）董××，新华区安全监管局局长、党组副书记。记大过。

（8）苗××，平顶山市安全监管局副局长、党组成员。记过。

（9）陈××，焦店镇人民政府镇长、党委副书记。撤职、撤销党内职务。

（10）王××，焦店镇党委书记。撤销党内职务处分。

（11）程××，新华区人民政府区长、区委副书记。撤职、撤销党内职务。

鉴于平顶山市市委书记赵××、市长李××、副市长李××、平顶山市安全监管局监管一科科长李××、河南煤矿安监局豫南监察分局局长王××等5人对河南省平顶山市卫东区兴东二矿“6·21”特别重大炸药燃烧事故也负有领导责任，在“6·21”特别重大事故中合并处理。

责成河南省人民政府向国务院作出深刻检查。

3. 行政处罚如下：

责成平顶山市人民政府依法关闭新华区四矿、依法没收该矿非法生产所得，河南省有关部门和河南煤矿安监局依法吊销该矿及有关责任人的所有证照。

河南省三门峡市灵宝市金源矿业公司“9·8”重大顶板坍塌事故

一、事故经过

2009年9月8日20时左右，河南省三门峡市灵宝市金源矿业公司五分公司王家峪矿区，1400生产系统1532安全通道二级斜井，在支护过程中，顶板坍塌造成输电线短路，引发坑木着火。当班下井12人，其中6人安全升井，6人被困。事故发生后，金源矿业公司两次组织8人下井施救，其中1人安全升井，7人被困井下。该事故共造成13人被困，经搜救，被困13人全部死亡。金源矿业有限责任公司成立于2004年5月，为灵宝市国有金矿，下辖4个黄金生产分公司和2个子公司，年处理矿石168万吨（其中金矿石100万吨）。

二、事故原因分析

直接原因：顶板坍塌造成输电线短路，引发坑木着火。

间接原因：安全监管停于形式，安全意识薄弱。

三、事故处理结果

三门峡市委、市政府决定，灵宝市委、市政府向三门峡市委、市政府作出检查；灵宝市政府主管安全生产的副市长李××和灵宝市金源矿业公司董事长方××二人停职检查；金源矿业公司总经理、主管安全生产的副总经理、安全部长、灵宝市黄金局主管副局长、灵宝市安监局主管副局长免职。由公安机关对施工企业项目经理依法刑拘。

贵州省毕节地区威宁县东风镇非法采煤窝点“10·7”重大窒息事故

2009年10月7日20时左右，毕节地区威宁县东风镇拱桥村六组一非法采煤窝点发生一起重大窒息事故，造成10人死亡（其中：1名妇女，1名未成年人）、4人受伤。直接经济损失227.45万元。

一、事故经过

2009年10月7日，东风镇政府组织对拱桥村孙家湾子片区非法采煤窝点进行炸填封。13—15时，利用挖掘机对该非法采煤窝点进行封填，15时，填封人员撤离现场。17时左右，蔡××安排蔡××和苏××找装载机将封填井口的泥土挖开，18时30分，组织21人入井生产（包括蔡××、蔡××和苏××），20时左右发生事故。事故发生后，非法开采组织者不积极组织抢救，也未向任何单位和部门报告，而是逃匿。23时30分，拱桥村支部书记顾××接群众举报后，向东风镇政府报告了事故。

二、事故原因分析

（一）直接原因

该非法采煤窝点不具备任何安全生产条件，无任何安全设施设备，井下无风作业，导致10名作业人员缺氧窒息死亡。

（二）间接原因

（1）非法开采组织者无视国家法律法规和他人生命安全。

（2）东风镇打击非法开采不力，致使非法采煤窝点泛滥。

（3）威宁县有关部门行政缺位、失位。

（4）威宁县没有真正树立科学发展观和安全发展理念。

三、事故性质

经事故调查组认定，威宁县东风镇非法采煤窝点“10·7”重大窒息事故是一起责任事故。

四、事故处理结果

国家煤矿安监局对威宁县东风镇非法采煤窝点“10·7”重大窒息事故的相关责任人和责任单位作出如下处理决定：

（1）蔡××，事故非法采煤窝点主要组织者。对事故的发生负有直接责任。鉴于其已在事故中死亡，不再追究责任。

（2）陈××，非法采煤窝点组织者之一。对事故的发生负有直接责任，且事故发生后逃匿。移送司法机关依法追究刑事责任。

（3）蔡××，非法采煤窝点组织者之一。对事故的发生负有直接责任，且事故发生后逃匿。移送司法机关依法追究刑事责任。

（4）苏××，非法采煤窝点组织者之一。对事故的发生负有直接责任，且事故发生后逃匿。移送司法机关依法追究刑事责任。

（5）陈××，非法采煤窝点组织者之一。对事故的发生负有直接责任，且事故发生后逃匿。移送司法机关依法追究刑事责任。

（6）祖××，中共党员，拱桥村村委会主任。对事故的发生负有主要责任。依法罢免其拱桥村村委会主任职务，并建议给予开除党籍处分。

（7）顾××，拱桥村党支部书记。对事故的发生负有主要责任。建议给予开除党籍处分。

（8）何××，东风镇国土资源所临时负责人，东风镇安全生产执法大队拱桥片区执法中队副队长。对事故的发生负有重要责任。给予降级处分。

（9）沈××，东风镇安监站站长，东风镇安全生产执法大队拱桥片区执法中队队长。对事故的发生负有重要责任。给予降级处分。

（10）江××，东风镇党委委员。对事故的发生负有主要领导责任。建议给予撤销党内职务处分。

（11）费××，东风镇党委副书记、镇人民政府镇长。对事故的发生负有主要领导责任。给予撤职处分，并建议给予撤销党内职务处分。

（12）戴××，中共东风镇党委书记。对事故的发生负有主要领导责任。建议给予党内严重警告处分。

（13）朱××，中共党员，威宁县国土资源局副局长。对事故的发生负有主要领导责任。给予降级处分，并建议给予党内警告处分。

（14）李××，威宁县国土资源局局长。对事故的发生负有主要领导责任。给予记大过处分。

（15）禄××，威宁县煤炭管理局党组书记、局长。对事故的发生负有主要领导责任。给予降级处分，并建议给予党内警告处分。

（16）李××，威宁县工商局局长。对事故的发生负有重要领导责任。给予警告处分。

（17）马××，威宁县公安局政委。对事故的发生负有重要领导责任。建议给予党内严重警告处分。

（18）陈××，威宁县人民政府代县长。对事故的发生负有重要领导责任。给予警告处分。

（19）王××，威宁县委书记。对事故的发生负有重要领导责任。建议给予党内警告处分。

（20）责成威宁县政府对事故非法采煤窝点予以关闭。该非法采煤窝点无任何证照，非法开采组织者组织非法开采，共盗采原煤393.53吨，依据《国务院关于预防煤矿生产安全事故的特别规定》第五条规定，没收违法所得86500元，并处86500元罚款。

交通运输事故

贵州省铜仁地区沿河县“1·5”重大道路交通事故

2009年1月5日6时34分，铜仁全通汽车运输有限责任公司沿河分公司贵DA0005号大型客车（核载44人，实载46人，含2名婴儿）在从广东深圳返回沿河县途中，途经沿河县540县道58公里+500米处（沿河县谯家镇凤凰山）时，翻下斜高112米的山坡，造成15人死亡（含2名驾驶员）、27人受伤，直接经济损失400余万元的重大道路交通事故。

一、事故经过

2009年1月4日9时，铜仁全通汽车运输有限责任公司沿河分公司贵DA0005号大型普通客车从广东省深圳市平湖车站出发（核载44人，实载46人，含2名婴儿），途经广深高速、京珠高速、上瑞高速，于1月5日凌晨零时9分到达贵州省玉屏县大龙镇，1时4分到达铜仁市，2时7分经过江口县，5时许经过印江县前往沿河县，在印江境内下车两人。6时34分，车行至540县道58公里+500米左转弯处（沿河县谯家镇凤凰山）时，因车速过快，加上路面凝冻，导致车辆向右侧滑，尾部右侧擦刮公路右侧的水泥防撞墙，继续向前行驶10余米后，翻下公路右侧斜高112米的山坡，造成15人死亡，27人受伤。

二、事故原因分析

（一）直接原因

贵DA0005号大型普通客车驾驶员在道路急弯和路面凝冻的情况下，超速行驶，导致车辆驶离路面，发生事故。

（二）间接原因

（1）肇事车驾驶员违反《贵州省道路交通安全条例》第三十二条“禁止大、中型营运性客运车辆在22时至次日6时通行三级以下道路。”之规定，驾驶车辆于凌晨1时许驶入铜仁至沿河的三级公路。

（2）铜仁全通汽运公司沿河分公司对驾驶员和车辆管理不到位，驾驶员安全教育学习走过场。

（3）铜仁全通汽运公司客运车辆GPS一级监控平台未能发挥有效监控作用，未建立健全GPS监控平台管理制度，导致无法监控车辆违法行为。

三、事故处理结果

（1）肇事车驾驶员，在道路急弯和路面凝冻的情况下，超速行驶，导致事故发生，对事故负有直接责任，鉴于其已在事故中死亡，不再追究责任。

（2）铜仁全通汽运公司沿河分公司安全科长，对驾驶员安全教育及对公司客运车辆管理不到位，由铜仁全通汽运公司沿河分公司撤消其安全科长职务。

（3）铜仁全通汽运公司沿河分公司经理助理，具体分管安全工作，对驾驶员安全教育及车辆管理不到位，由铜仁全通汽运公司沿河分公司撤消其经理助理职务。

（4）铜仁全通汽运司沿河分公司经理，分公司安全生产第一责任人，对分公司安全管理不到位，对存在的事故隐患未及时采取有效措施治理，由铜仁全通汽运司撤消其沿河分公司经理职务。

（5）铜仁全通汽运公司副总经理，分管安全生产工作，未建立健全公司GPS监控平台管理制度和值守制度，对公司安全生产管理不力，对存在的事故隐患未及时采取有效措施治理。按《安全生产违法行为行政处罚办法》第四十四条规定，给予罚款2000元人民币行政处罚。

（6）铜仁全通汽运公司常务副总经理，同意公司安全技术部经理将安全技术部车辆GPS卫星监控电脑带走，未及时配置新的GPS卫星监控电脑，对存在的事故隐患未及时采取有效措施治理。按《安全生产违法行为行政处罚办法》第四十四条规定，给予罚款3000元人民币行政处罚。

(7) 铜仁全通汽运公司董事长、总经理、法人代表，公司安全生产第一责任人，对事故负有领导责任，其在事故后已主动辞去公司职务，给予其行政警告处分，并按照《贵州省安全生产条例》第五十八条规定，给予罚款20000元人民币行政处罚。

(8) 铜仁全通汽运公司安全生产管理不到位，导致事故发生。一是按照《贵州省安全生产条例》第五十八条规定，处50万元人民币罚款。二是由省运管局取消贵DA0005号车经营班线，并按照《国务院安委会办公室关于进一步加强道路旅客运输企业安全生产管理工作的通知》(安委办［2008］21号）规定，铜仁全通汽运公司自事故发生之日起12个月内不得申请新增道路客运班线。三是责令铜仁全通汽运公司和下属分公司立即恢复GPS卫星监控平台，完善24小时值守制度，确保运行、监控正常。

(9) 责成沿河县人民政府向铜仁地区行政公署作深刻书面检查。

(10) 责成铜仁地区行政公署向省人民政府作出深刻书面检查。

贵州省黔东南州剑河县“3·3”重大水上交通沉船事故

2009年3月3日10时许，剑河县革东清水江旅游航运开发有限公司“贵黔东南客0181”号普通客船（核定载客18人，实际载客43人）在剑河县柳川镇九龙滩落砂坡脚航段因违章驾驶、严重超员，又因该处水域流速快、水流紊乱、船员操作不当，导致船舶沉没，造成船上43人全部落水，33人获救，10人死亡，直接经济损失70.98万元的重大水上交通沉船事故。

一、事故经过

2009年3月3日9时左右，肇事驾驶员驾驶贵黔东南客0181客船从乃寿村载客20余人一路下行，行至巫库溪口桥脚后又加载乘客20余名，并上行返向乃寿村。在乃寿村接上其爱人后，客船继续上行驶往柳川码头。此时，客船实载43人（含船员）。10时许，客船行至九龙滩沿右岸落砂坡，当行至滩头时，因水流太急未能通过，客船随后退至靠近航道左岸水域并继续上行，希望强行通过滩头。但是，当客船再次驶入滩头时，船头突然向左偏转，客船打横失控，激流迅速涌进船舱，客船随后向左倾斜并沉没，致使船上43人全部落水，造成10人死亡。

二、事故原因分析

（一）直接原因

(1) 驾驶员违章驾驶，冒险航行。船舶驾驶员未取得客船特殊培训证书，不具备驾驶客船适任资格。

(2) 船舶严重超员，该船核定载客18人，实际载客42人，既造成船舶吃水增加，阻力增大，又影响了船舶操纵性能。

(3) 在特殊复杂水域，驾驶操作不当，上行冲滩违章驾驶，使船舶与水流形成一定的夹角，船舶在水流压力下，造成向左侧偏转。横在滩头水域。在水流冲击和落差共同作用下，导致船舶进水沉没。

（二）间接原因

(1) 肇事水域滩头航道狭窄，水流湍急，并且存在一定的落差，增大了船舶航行的难度。

(2) 剑河县革东清水江旅游航运开发有限公司管理不力。肇事船舶实际由刘××经营管理，该公司主要负责办理船舶证书，对船舶没有实施安全监督管理，对船舶驾驶员未建立安全学习制度。

(3) 柳川镇人民政府抓责任落实和安全工作措施不力，未能尽到督促检查的职责，疏于安全生产管理，未能保证该镇水上交通安全管理员专职专用，安全责任不落实。对群众的乘船安全宣传教育工作不到位。

(4) 剑河县地方海事处对本辖区水上交通安全工作分析研究和督促指导不够，对船员相关资质证件的监督检查不力，对驾驶船员安全教育学习不落实，管理不严。

三、事故处理结果

(1) 贵黔东南客0181号客船驾驶员，未取得客船特殊培训合格证，违章驾驶、超载冒险航行，驾驶操作不当，导致事故的发生，是事故的直接责任人。其行为严重违反有关法律，导致发生重大伤亡事故，造成严重后果，涉嫌犯罪，移送司法机关追究其刑事责任。

(2) 剑河县革东清水江旅游航运开发有限公司副经理，负责日常工作和负责生产经营。未认真履行与其职务相应的责任，对公司安全管理不重视，不落实相应的安全管理制度，致使发生重大伤亡事故，造成严重后果，同时事故发生后，指使他人伪造资料，对事故负有不可推卸的管理责任，其行为违反有关法律，涉嫌犯罪，移送司法机关追究其刑事责任。

(3) 剑河县革东清水江旅游航运开发有限公司经理，法人代表，未落实相应的安全管理制度，没有认真履行与其职务相应的安全管理责任，公司内部管理混乱，违法聘用无客运资质的船员驾驶客船，致使发生重大伤亡事故，造成严重后果，其行为违反有关法律，涉嫌犯罪，移送司法机关追究其刑事责任。

(4) 剑河县地方海事处柳川海事所副所长(主持工作)，对辖区水上交通安全工作重点、难点分析研究不够，对船员相关资质证件的监督检查不到位，管理不力，在整体监管上存在疏漏，对事故负有监督管理责任，给予行政记大过处分。

(5) 柳川镇水上交通安全管理办公室主任，对水上交通安全督促检查不力，对水上交通的管理力度不够，对事故负有管理责任，给予行政记大过处分。

(6) 剑河县地方海事处处长，负责海事处全面工作，对辖区水上交通安全工作分析研究和督促指导不够，导致违章运营现象的存在。对事故负有领导责任，给予行政警告处分。

(7) 柳川镇副镇长，分管该镇安全生产工作。抓责任落实和安全工作措施不力，对事故负有领导责任，给予行政记大过处分。

(8) 柳川镇镇长，作为安全生产第一责任人，疏于安全生产管理的组织协调，未能保证该镇水上交通安全管理员专职专用，对事故负有领导责任，给予行政记过处分。

(9) 剑河县副县长，分管全县水上交通安全生产工作，对水上交通安全工作督促检查不够，对事故负有领导责任，责令对其进行诫勉谈话。

(10) 黔东南州海事局副局长，分管水上交通安全生产工作，对水上交通安全工作督促检查不够，对事故负有领导责任，责令对其进行诫勉谈话。

(11) 黔东南州海事局局长，全面负责水上交通安全生产工作，对水上交通安全工作督促检查不够全面，对事故负有领导责任，责令对其进行诫勉谈话。

(12) 剑河县革东清水江旅游航运开发有限公司作为事故责任单位，管理混乱，安全生产责任制不落实，没有制定有效的安全管理制度，聘用无客运资质的船员驾驶客船，严重违反了《中华人民共和国内河交通安全管理条例》、《中华人民共和国安全生产法》等法律法规的规定。按照《生产安全事故报告和调查处理条例》(中华人民共和国国务院令第493号)之规定，由剑河县工商局吊销其运输经营证照，由贵州省黔东南州安全生产监督管理局对其罚款50万元人民币。

(13) 责成剑河县政府向黔东南州政府作深刻书面检查。

(14) 责成黔东南州海事局向黔东南州政府作深刻书面检查。

(15) 责成黔东南州政府向省人民政府作深刻书面检查。

黑龙江省哈尔滨市同三公路方正段“3·19”重大道路交通事故

2009年3月19日17时许，由哈尔滨市道外客运站开往方正县天门乡的尚志市万通客运有限公司一辆大客车，行驶到同三公路方正段447公里680米处，与前方已肇事货车相撞，造成19人死亡、30人受伤，直接经济损失567.3万元的重大道路交通事故。

一、事故经过

2009年3月19日16时许，佳木斯市居民司××（现住北京市宣武区）驾驶京Y29102号本田轿车沿同三公路自西向东行驶至447公里680米处，因该路段处于弯坡道，路面结冰，加之采取措施不当，使车辆侧滑撞到行驶方向右侧护栏，并横在行车道上。事发后，一辆同方向驶来的桦川县季××驾驶黑D43708号欧曼牌大货车为躲避肇事车翻入行驶方向右侧沟下，随后佳木斯市张××驾驶黑D29033号福田牌大货车行到此处，因路滑撞在京Y29102号本田事故车上，三台车上人员在距事故地点236米内连续设置5块三角警告牌。17时许，王××驾驶的黑L49970号金龙牌营运客车沿同方向行驶，由于路面结冰、车速过快、采取措施不当，致使该车失控撞在黑D29033号大货车尾部，造成19人死亡、30人受伤的重大交通事故。

二、事故原因分析

经现场勘察，调查取证及对肇事车辆进行技术鉴定，认定这起事故的直接原因是驾驶人王××违法驾驶黑L49970号金龙牌客车超员载人，超速行驶，行经结冰路面时采取措施不当，致使车辆失控追撞到张××驾驶的黑D29033号福田牌重型牵引车牵引的黑D2696号挂车（该车实载76940公斤，核载31000公斤）尾部，造成重大道路交通事故。

三、事故处理结果

（1）王××，肇事车辆黑L49970号客车车主、驾驶人。伪造印章及相关落户手续，在不具备大型客车驾驶资质的情况下，违法驾驶客运车辆超员载客、超速行驶，在遇结冰路面时采取措施不当，与前方已肇事货车相撞，是这起重大道路交通事故的直接责任者。建议由道路运输管理部门收回王××经营的天门乡至哈尔滨市道外区的客运线路经营权，并移交司法机关处理。

（2）徐××，尚志市万通客运有限公司法人代表，执行董事，安全生产第一责任人。未依法履行安全生产管理职责，安全生产管理混乱。对这起事故的发生负有主要责任，建议由道路运输管理部门收回徐××经营的庆阳至哈尔滨市道外区的客运线路经营权，并移交司法机关处理。

（3）对方正县天门客运分站、方正县运管站、哈同高速公路管理处方正管理所、方正县公安交警大队、尚志市万通客运有限公司、尚志市运管站、尚志市交警大队、哈尔滨市道外客运站、哈尔滨市交警道外大队、哈尔滨市交警太平大队、哈尔滨市交警支队、哈尔滨市运管处、哈尔滨市交通局执法支队等单位33名责任人员追究了刑事和党纪政纪责任。

（4）建议按照《生产安全事故报告和调查处理条例》第三十七条规定，处以万通客运有限公司200万元罚款；建议由道路运输管理部门吊销其相关行政许可。

（5）建议哈尔滨市公安局和交通局向市政府作出深刻检查；建议哈尔滨市政府向省政府作出深刻检查。

江西省沪昆高速公路“3·27”重大道路交通事故

一、事故经过

2009年3月27日15时6分，安福县武功山旅游客运有限公司驾驶员敖××驾驶赣D61885号中型客车从南昌往新余方向行驶，途经沪昆高速公路757公里713米处（丰城市境内），在超车时碰撞前方因另一事故现场设置的交通标志牌后，向左冲断公路中央开口栅与对向车道驶来的鲁Q94293重型半挂牵引车相撞，造成22人死亡、15人受伤，三车受损的重大道路交通事故。

二、事故原因分析

根据事故调查组调查取证后认定，“3·27”事故是一起重大道路交通责任事故。

（一）直接原因

驾驶人敖××雨天驾驶机动车在高速公路上超速行驶，且违规超车，操作不当，冲过中央开口栅，驶入对向车道，是造成本次事故的直接原因。

（二）间接原因

（1）安福武功山旅游客运有限公司安全生产主体责任不落实，内部管理松散，车辆调度不科学，对所属车辆及驾驶员疏于管理，安全教育流于形式，隐患排查整改不到位。

（2）安福县运管所对辖区内客运企业监督管理不力。该所曾三次对安福县武功山旅游客运有限公司进行督查，在发现安全隐患后分别下达隐患整改通知书，但在客运公司未按要求进行整改到位的情况下，未进一步采取措施并作出处理，监督管理工作没有落实到位。

（3）新余市运管处对经营性道路客货运输驾驶员从业资格考试把关不严。经省公安厅物证鉴定中心鉴定，驾驶员敖××参加经营性客货运输从业资格考试试卷笔迹与其本人日常书写笔迹存在差异，存在代考现象。

三、事故处理结果

经省政府同意，对安福县武功山旅游客运有限公司驾驶员敖××等11名事故责任人员和4家事故责任单位作出了处理。其中：建议司法机关追究刑事责任1人，给予行政处分5人，给予行政处罚3人，其他2人要求有关单位作出相应处理。对4家事故责任单位作出停业整顿、责令改正等相应措施。

福建省长深高速公路南平段“3·27”重大道路交通事故

2009年3月27日16时25分许，仑峰（福建）交通运输有限公司（以下简称“仑峰公司”）驾驶员孙××驾驶的闽CY9537金旅牌大型普通客车（核载45人，实载25人）从江西省万年县开往福建省石狮市，途经长深高速公路南平段A道2898公里处（南平市延平区大横镇路段）发生侧翻坠入护坡底沟，造成18人死亡、7人受伤、车辆严重毁坏的重大道路交通事故。

一、事故经过

2009年3月27日9时30分，该肇事车辆从江西省万年县客运站发车，当时车上人员共计16人（其中成人乘客12人、4岁小孩1人、驾驶员2人、售票员1人），途中停靠4次，在江西省余干县上车4人（3名妇女、1名未满周岁的小孩），在铅山县上车2人，在其他地方上车3人，中途无人下车。高速公路监控资料显示：该肇事车辆

2009 年 3 月 27 日 15 时 21 分从武夷山市兴田高速入口进入高速公路，16 时 25 分，客车行至长深高速公路南平岩角隧道时，在隧道内发生侧滑，驶出隧道口时冲向路左，驾驶员急向右转向，车辆冲向路右，车尾左侧碰撞中央防护栏，冲破右侧防护栏后翻坠于护坡底沟，造成 18 人死亡、7 人受伤。

二、事故原因分析

（一）直接原因

阴雨天气，隧道内路面湿滑，路面附着系数降低，闽 CY9537 号大客车超速行驶，车辆在隧道内侧滑，驾驶员孙 × × 采取应急措施不当，造成事故。

（二）间接原因

（1）客运企业安全生产主体责任不落实。一是名为承包实为变相挂靠。二是企业主要负责人不重视安全生产。三是客运车辆的驾驶员教育管理不到位。四是客运车辆 GPS 使用和管理失控。五是企业安全隐患整改不落实。

（2）对客运车辆在高速公路超速行驶的监管不够到位。

（3）当地交通运管和公安交警部门未能严格落实“一岗双责”监管制度。

三、事故处理结果

事故共处理 7 名相关责任人，其中 5 名相关责任人受到党政纪处分，2 人行政告诫。

云南省昆楚高速公路“4 · 25”重大道路交通事故

一、事故简要概述

2009 年 4 月 25 日 6 时 54 分许，昆楚高速公路 126 公里 357 米处发生一起 21 人死亡、20 人受伤的重大道路交通责任事故。

二、事故经过

2009 年 4 月 23 日 23 时许，住贵州省天柱县白市镇的杨 × × 驾驶湘 N07347 号大货车载 4 人及 21895 千克西瓜（该车核载 9990 千克，超载 11905 千克，超过核定载质量 119%）从德宏州盈江县出发驶往贵州省天柱县。4 月 24 日凌晨由盈江往腾冲方向行驶了约 60 公里时，由车上住湖南省会同县炮团乡的吴 × × 对该车刹车进行调试并驾驶。凌晨 2 时 31 分许，行至德宏州梁河县沙坝超限运输检测站经过磅检测，该车车货总重量 32.21 吨，梁河县沙坝超限运输检测站对该车所超限吨位按实际行驶里程（60 公里）收取超限赔偿费 60 元后放行继续行驶。途中换为杨 × × 驾驶，5 时 47 分许行至保山路政支队腾冲洞山超限运输检测站经过磅检测，该车车货总重量 31.96 吨，腾冲洞山超限运输检测站因杨 × × 驾车超限罚款 100 元后放行。腾冲至大理途中杨 × × 和吴 × × 交替驾驶，4 月 25 日凌晨 3 时许，由杨 × × 驾车从大理驶往昆明方向，6 时 54 分许，当车行至昆楚高速公路 126 公里 357 米处（此路段系连续下坡，坡头至事故地点 3.15 公里，最大纵坡为 -6%，最小纵坡为 -2.6%）时，湘 N07347 号大货车失控后与前方同向行驶的由范 × × 驾驶的省旅游汽车公司所有的云 AL1117 号大客车左后尾部相撞，导致两车分别撞开道路右侧防护栏后冲出路外翻在山地中，造成 21 人死亡、20 人受伤（其中云 AL1117 号车上 18 人死亡、18 人受伤，湘 N07347 号车上 3 人死亡，2 人受伤），两车报废的重大道路交通事故。

三、事故原因分析

根据现场勘查、鉴定结论、证人证言等证据材料证实，“4 · 25”特大道路交通事故发生的直接原因是由于驾驶人杨 × × 驾驶严重超载的湘 N07347 号大货车在长下坡路段行驶过程中，采取制动措施时，制动器摩擦片与制动鼓之间摩擦作用产生高温，摩擦片中的树脂和橡胶分解，其摩擦系数骤然下降，导致制动系出现效能热衰退，车辆制动效能下降，湘 N07347 号大货车失控后碰撞云 AL1117 号车左后尾部，造成该事故。昆楚高速公路交巡警大队对《道路交通事故处理工作规范》相关规定落实不到位，相关人员未按有关规定认真履行职责：昆楚高速公路交巡警大队领导对处理高等级公路交通安全事故工作督促、检查、指导不力，工作不到位、不深入，未能及时检查发现高等级公路交通安全管理中存在的问题，对所属人员没有认真履行职责问题失察。昆明鸿雁旅行社、昆明风情国际旅行社、昆明康辉旅行社、云南广大海天旅行社、昆明华夏旅行社安全管理规章制度、动态监控措施不健全，安全生产责任制落实不到位。昆明鸿雁旅行社组织旅游行程安排不合理，存在赶景点、赶行程、赶时间等问题。

四、事故处理结果

事故直接责任人因在事故中死亡，免于追究刑事责任。车主依法移交司法机关追究刑事责任。7个责任单位和9名责任人受到行政处理。

山东省烟台市海阳市“8·1”重大道路交通事故

2009年8月1日22时50分左右，孙××驾驶斯太尔K29型重型自卸货车与对向行驶的鲁FA8237号中型普通客车在山东省烟台市海阳市东村街道五间屋村北处正面相撞，造成11人死亡。

一、事故经过

2009年8月1日22时50分左右，孙××驾驶斯太尔K29型重型自卸货车沿省道210线烟凤路在路中心双黄实线西第一车道由北向南行驶，行至烟凤路99公里300米时，即海阳市东村街道五间屋村北处，其左前轮胎突然爆裂撒气，方向失控，驶入对行车道，与沿烟凤路在路中心双黄实线东第一条车道由南向北正常行驶的胡××驾驶的鲁FA8237号中型普通客车正面相撞，导致两车损坏，5人当场死亡，6人送医院经抢救无效于8月2日先后死亡。

二、事故原因分析

事故调查组综合司法鉴定意见和各方面调查取证材料，认定该起事故是一起重大道路交通责任事故。

（一）直接原因

孙××驾驶未挂牌照、未定期维修保养、无营运资质的斯太尔自卸货车在行驶过程中，左前轮胎爆裂撒气，导致方向失控，驶入对行车道，与对向行驶的中巴车正面相撞。

（二）间接原因

（1）公安部门对机动车辆的监管不到位。对肇事车辆事发当日未悬挂号牌上路没能及时发现并查处；对肇事车辆在转卖到海阳5年多的时间里三易其主没有过户，未及时发现并监督办理过户手续。

（2）交通部门打击非法营运车辆的力度不够。没能发现并查处不具有营运资质的肇事车辆，致使其非法经营运输的违法行为存在5年之久。

三、事故处理结果

（1）孙××违法驾车肇事，承担主要责任。鉴于其在事故中死亡，不再追究其相关责任。

（2）对有关责任部门的处理建议。

① 海阳市公安局对辖区内的车辆管理不到位，负有监管责任。建议对其2009年度岗位目标考核予以“一票否决”，取消先进级次和奖励，并责成其向海阳市人民政府写出深刻书面检查。

② 海阳市交通局对辖区内的非法营运车辆打击不到位，负有监管责任。建议责成其向海阳市人民政府写出深刻书面检查。

③ 海阳市人民政府对辖区内道路交通安全工作管理不到位，负有监管责任。建议对其2009年度岗位目标考核予以“一票否决”，取消先进级次和奖励，并责成其向烟台市人民政府写出深刻书面检查。

④ 烟台市交警支队对全市的车辆管理监督指导不到位，负有监管责任。建议对其2009年度岗位目标予以“一票否决”，取消先进级次，并责成其向烟台市人民政府写出深刻书面检查。

⑤ 烟台市公安局对全市的车辆管理监督指导不到位。建议责成其向烟台市人民政府写出深刻书面检查。

⑥ 烟台市交通局对全市打击非法营运车辆监督指导不到位，负有监管责任。建议责成其向烟台市人民政府写出深刻书面检查。

（3）对公安部门有关责任人的处理建议。

对海阳市交通警察大队五中队中队长、海阳市交通警察大队副大队长兼三中队中队长，分别给予党内严重警告处分，和行政免职处理。

对海阳市交通警察大队大队长，给予党内严重警告处分。

对海阳市公安局副局长，给予党内警告处分。

海阳市副市长兼公安局局长，对此次事故负一定领导责任。建议其向烟台市人民政府写出深刻书面检查。

（4）对交通部门有关责任人的处理建议。

对海阳市交通稽查大队大队长、海阳市交通局副局长兼地方公路管理局局长，分别给予党内警告处分。

海阳市交通局局长，对此次事故负一定领导责任。建议其向海阳市人民政府写出深刻书面检查。

（5）对海阳市政府有关责任人的处理建议。

海阳市市长，对辖区内的安全工作全面负责，对此次事故负一定领导责任。建议其向烟台市人民政府写出深刻书面检查。

安徽省阜阳市太和县“8·16”重大道路交通事故

2009年8月16日，安徽省阜阳市太和县境内发生一起重大道路交通事故，造成11人死亡，3人受伤，直接财产损失48280元。

一、事故经过

2009年8月16日16时10分许，阜阳市某公司驾驶员李××驾驶一辆中型厢式货车，沿S308线自东向西行驶至太和县旧县镇路段（166公里79米处），与相对方向行驶的界首市驾驶员孙××所驾小型普通客车相撞，造成驾驶员孙××等11人当场死亡，驾驶员李××等3人受伤的重大道路交通事故。

二、事故原因分析

（一）直接原因

驾驶人孙××驾驶机动车载人超过核定载客人数（核载7人，实载13人）并越线行驶，且在遇有情况时未采取措施；驾驶人李××驾驶机动车在限速80公里/小时的道路上骑线并超速行驶（事故发生时行驶速度83公里/小时至86公里/小时），且在遇有情况时未采取措施，导致两车相撞。驾驶人孙××和李××的过错是造成该起事故的直接原因，对此事故负同等责任。

（二）间接原因

一是阜阳市某公司作为中型厢式货车的车辆所有人，未按照法律法规要求切实履行安全生产管理职责，对公司所属驾驶员管理力度不足，安全教育不够。二是太和县交警大队作为道路交通管理主管部门，对公路路面巡查力度和频次不够，未能及时发现和制止驾驶员越线行驶、超速行驶和客车超员等违法行为。三是界首市交警大队作为道路交通管理主管部门，对公路路面巡查力度和频次不够，未能及时发现和制止客车超员等违法行为。

三、事故处理结果

肇事驾驶员李××因涉嫌交通肇事罪，移交司法机关依法处理。7人受政纪处分。对肇事车辆所有者阜阳市某公司处50万元的罚款。

甘肃省陇南市徽县“10·30”重大道路交通事故

2009年10月30日，陇南市徽县银杏树乡刘河村国道316线2451公里900米处发生一起重大道路交通事故，造成10人死亡，13人受伤，两车损坏，事故直接经济损失197万元。

一、事故经过

10月30日11时15分，陇南市成县店村镇安沟村二社驾驶人刘××，驾驶甘K12609号重型半挂牵引车（牵引甘K0022挂重型仓栅式半挂车，准牵引总质量38吨），载水泥38吨（核载32.3吨），由陕西省宝鸡驶往甘肃省成县，行至国道316线2451公里加900米右转弯上坡路段处，与陇南市成县陈院镇梁楼村一社驾驶人王××驾驶的甘K09189号普通客车（核载25人，实载24人）会车时，牵引车前部与客车右侧相撞，造成大客车上乘员10人死亡，3人重伤，10人轻伤，两车损坏的重大道路交通事故。

二、事故原因分析

事故调查组通过取证及分析认为：这是一起因驾驶员违规操作，超速、占道行驶而发生的重大道路交通责任事故。

（一）直接原因

（1）甘K12609号重型半挂牵引车驾驶人刘××，驾驶机动车超速、未靠右行驶。

（2）甘K09189号客车驾驶人王××，驾驶带有安全隐患的机动车超速行驶。

（二）间接原因

甘肃南部运输集团有限公司企业安全基础管理工作有漏洞；隐患排查不彻底；安全培训教育落实不到位。

三、事故处理结果

（1）驾驶人刘××：违反《中华人民共和国道路交通安全法》和《中华人民共和国道路交通安全法实施条例》的有关规定，未靠右并超速行驶，对事故的发生负直接责任。依据《中华人民共和国道路交通安全法》第一百零一条规定，建议移交司法部门处理，由公安交通管理部门吊销机动车驾驶证。并依照《中华人民共和国道路运输条例》，按照《甘肃省道路运输行业安全生产管理办法》第四十六条的规定，建议由交通运输管理部门注销从业资格。

（2）驾驶人王××：违反《中华人民共和国道路交通安全法》和《中华人民共和国道路交通安全法实施条例》的有关规定，驾驶带有安全隐患的机动车超速行驶，对事故的发生负直接责任。依据《中华人民共和国道路交通安全法》第一百零一条规定，建议移交司法部门处理，由公安交通管理部门吊销机动车驾驶证。并依照《中华人民共和国道路运输条例》，按照《甘肃省道路运输行业安全生产管理办法》第四十六条的规定，建议由交通运输管理部门注销从业资格。

（3）甘K12609号重型半挂牵引车车主刘××，没有严格履行安全管理职责，对这起重大交通事故的发生负领导责任。依据《中华人民共和国安全生产法》第八十一条的规定，建议给予7万元的罚款。

（4）甘肃南部运输集团有限公司法人代表雷××：安全生产领导管理责任落实不到位，对这起重大交通事故的发生负领导责任。依据《中华人民共和国安全生产法》第八十一条的规定，建议给予5万元的罚款。

（5）甘肃南部运输集团有限公司马××：具体负责安全管理工作，抓安全教育培训工作不到位，对这起重大交通事故负管理责任。依据《中华人民共和国安全生产法》第八十一条的规定，建议给予2万元的罚款。

（6）甘肃南部运输集团有限公司对安全生产工作疏于管理，安全基础管理工作薄弱，忽视对驾驶人员的安全培训教育。依据《中华人民共和国安全生产法》第八十二条的规定，建议给予2万元的罚款。

（7）按照《中华人民共和国道路运输条例》，依据《甘肃省道路运输行业安全生产管理办法》

第四十七条的规定，建议由交通运输管理部门注销甘肃南部运输集团有限公司甘 K09189 号客车班线。

山西省阳泉市郊区“10·30”重大道路交通事故

2009 年 10 月 30 日 15 时 50 分许，山西省 207 国道 917 千米 950 米处（阳泉市郊区路段）发生一起重大道路交通事故，造成 14 人死亡，40 人受伤，直接经济损失 537.75 万元。

一、事故经过

2009 年 10 月下旬，柳××、吴××夫妇以回报老客户为名，组织筹备免费为中老年人到河北西柏坡参观旅游活动。出发前未通过旅行社、也未经过旅游客运公司，私自联系旅游客车 5 辆（含金佳通旅游汽车服务公司晋 A53772 号车和晋 A53773 号车），口头达成用车协议。10 月 29 日早 6 时 40 分许，5 辆客车共载有 225 人，其中中老年人 187 人、工作人员 33 人（包括司机 5 人），从太原出发走石太高速，于当天中午车辆陆续到达西柏坡，途中工作人员不时向中老年介绍某产品的情况。当天下午及 30 日上午，分别组织了参观、文艺活动和产品推介会，并签有少量订单。10 月 30 日上午 11 时 40 分许，柳××、吴××乘卧车先行离开西柏坡，于 15 时 40 分左右返回太原。5 辆旅游客车于中午 12 时 40 分许从河北西柏坡出发，佟××驾驶的晋 A53772 号车为头车，车上实载 54 人（含驾驶员）与随后的晋 A53773 号车原计划在河北平山入口上太旧高速返并（事先安排的线路），但佟××对该路况不熟，前两台车途中错过了平山上太旧高速的路口，故顺 207 国道向太原方向行驶，其余 3 辆客车按计划上了太旧高速。15 时 50 分许，途经 207 国道 917 公里 +950 米（阳泉郊区路段）处因山路下坡转弯、小雨湿滑，驾驶员以时速 57 ±5 公里超速行驶（限速 30 公里/小时），转弯处操作不当，造成客车侧翻坠入道路右侧 50 余米深（斜坡长 57.4 米）的沟内，造成 10 人当场死亡、4 人经送医院抢救无效死亡、40 人受伤、车辆报废的单方重大道路交通事故。

二、事故原因分析

驾驶员佟××雨天行经限速 30 公里/小时的山路下坡转弯路段，盲目超速行驶，在临近转弯未按操作规程减速慢行，是造成事故的直接原因。

车主岳××违规使用客运司机，对司机管理教育不严格，私自揽活营运；山西金佳通旅游汽车服务有限公司安全运营主体责任不落实，对挂靠车辆管理失控，规章制度形同虚设，是事故发生的主要原因。

某保健食品经销部、社区服务中心，为拓展营销客户，以免费“回报客户”为名，擅自组团出省旅游，违规租用客运车辆，组织管理松懈，主要组织者脱离团队，管理失职，这是事故发生的另一主要原因。

交通运管、民政、交警等行业主管及监管部门，日常监管工作不到位，对客运企业存在违规许可。这是事故发生的重要原因之一。

当地政府对省、市安全生产的方针政策及规章制度贯彻落实不到位，也是事故发生的重要原因之一。

调查认定，这是一起重大道路交通责任事故。

三、事故处理结果

根据调查事实，依据《中国共产党纪律处分条例》第 133 条、《行政机关公务员处分条例》第 20 条和《安全生产领域违法违纪行为政纪处分暂行规定》，对事故相关责任人员和单位作出如下处理：

（1）佟××、柳××、吴××、等 6 人移送司法机关依法处理。

（2）李××、杨××等 16 人名公职人员分别给予党内严重警告、撤职、降级、记大过、记过、警告等党纪政纪处分。

（3）事故单位责任：

① 对山西金佳通旅游汽车服务有限公司处以 50 万元罚款。责成省交通运输管理局依法吊销山

西金佳通旅游汽车服务公司《道路运输经营许可证》等相关证照。

② 对太原市某产品社区服务中心（太原市杏花岭区某保健食品经销部）处以50万元罚款。责成太原市民政局依法吊销太原市该社区服务中心相关证照；责成太原市工商局依法吊销太原市杏花岭区某保健食品经销部相关证照。

火灾爆炸事故

福建省福州长乐市“1·31”重大火灾事故

2009年1月31日23时56分许，福州长乐市城关一酒吧发生重大火灾事故，造成15人死亡，24人受伤，直接财产损失10.97万元。

一、事故经过

2009年1月31日晚，顾客李××等人在酒吧大厅举行生日聚会，并自购了一些烟花带入酒吧，23时50分许，李××等6人开始在桌面上燃放烟花，23时56分许，烟花焰火引燃大厅顶棚聚胺酯泡沫，火势迅速蔓延并伴有大量熔融滴落物。2月1日0时0分，长乐市消防大队接到市公安局110指挥中心指令后，立即赶赴现场全力扑救，0时20分许大火被扑灭。现场救出人员35名，其中15人死亡，20人受伤。

二、事故原因分析

（一）直接原因

事故直接原因是酒吧内顾客燃放烟花引燃大厅顶棚处的吸音棉引发火灾。

（二）间接原因

（1）该酒店负责人无视国家法律法规违法经营，经营场所存在严重安全隐患。未经消防审批和开业前消防安全检查非法投入使用；室内装修装饰违规采用聚胺酯泡沫等大量易燃有毒材料，自然排烟窗户进行隔音封闭，出口处违章搭盖，并在其顶棚下铺设易燃的聚苯乙烯泡沫；对顾客违法在室内燃放烟花的行为没有进行有效制止。

（2）长乐市相关监管部门没有认真履行监管职责，有关工作人员徇私枉法、玩忽职守。

（3）长乐市吴航街道办事处及航华社区居委会消防安全生产责任制不落实，火灾隐患排查治理和百日督查工作不深入，安全检查流于形式。吴航街道办事处未按国家和省有关要求组织力量对酒吧进行隐患排查治理，航华社区居委会虽与酒吧签订了安全生产责任书，但该责任书是由服务员邓莉莉代签。居委会主任程瑞兰及包片干部虽对该酒吧进行过多次安全检查，但未能发现存在的严重安全隐患。

（4）长乐市政府对有关部门、街道、村居依法履行消防安全监督管理职责情况督促检查不到位，致使酒吧存在重大消防安全隐患长期未能发现和及时整改。

（5）长乐市房地产公司擅自变更房屋用途，将原设计为车库及办公用房的建筑出租给李××经营咖啡厅、后经营火锅店，未与房屋租赁单位签订专门的安全管理协议；对承租人李××将经营场所转租给郑××经营歌舞表演未予以制止；在明知郑××违章装修搭盖时未制止，未履行安全管理责任。

（6）部分顾客法治意识、安全意识淡薄，违法在酒吧内燃放烟花；自防自救能力差，进入场所没能先了解场所疏散出口，火灾发生后没有及时逃生，在场内观望甚至仍进行娱乐，丧失了逃生的最佳时机；酒吧工作人员未及时组织现场人员疏散。

三、事故处理结果

事故共处理责任人34人，其中26名责任人移送司法机关依法追究刑事责任，8名有关责任人实施行政责任追究或行政处罚。并将事故处理情况通报全省。

北京中央电视台新址文化中心“2·9”特别重大火灾事故

一、基本情况

2009年2月9日20时15分，在建的中央电视台新址园区文化中心发生火灾事故，在救援过程中造成1名消防队员牺牲、8人受伤（其中包括6名消防队员、2名施工人员），建筑物过火过烟面积21333平方米（其中过火面积8490平方米），直接经济损失16383.93万元。

文化中心工程于2005年3月16日开始施工，2006年12月底主体结构封顶。截至火灾发生时，文化中心尚处于内部装修施工阶段，已投入建设资金14.95亿元。文化中心建筑面积103648平方米，主体为钢筋混凝土结构，外立面以钛锌板、玻璃、复合铝板等组成幕墙装饰，整体建筑由东西向的“〔”形（框形）主楼和两侧落地的裙楼组成。建筑设计高度159.68米，共32层，其中地上30层、地下2层。30层以上为装饰用的门式造型。文化中心顶部及东、西外立面为钛锌板幕墙；北外立面为玻璃幕墙；南外立面主要为玻璃幕墙，部分为复合铝板。门式造型顶部及东、西两侧是钛锌板幕墙且与文化中心东、西外立面连通，南、北两侧通透。东西两侧中间各留有一个150厘米×150厘米的擦窗机检修孔。其中在西侧检修孔的东面相距75厘米处，还留有一个42厘米×92厘米的上人孔。

二、事故原因

央视新址办违反烟花爆竹安全管理相关规定，未经有关部门许可，在施工工地内违法组织大型礼花焰火燃放活动，在安全距离明显不足的情况下，礼花弹爆炸后的高温星体落入文化中心主体建筑顶部擦窗机检修孔内，引燃检修通道内壁裸露的易燃材料引发火灾。

三、事故教训

一是央视新址办违法组织燃放烟花爆竹，对文化中心幕墙工程中使用不合格保温板问题监督管理不力。中央电视台对央视新址办工作管理松弛。二是有关施工单位违规配合建设单位违法燃放烟花爆竹，在文化中心幕墙工程中使用大量不合格保温板。三是有关监理单位对违法燃放烟花爆竹和违规采购、使用不合格保温板问题监理不力。四是有关材料生产厂家违规生产、销售不合格保温板。五是有关单位非法销售、运输、储存和燃放烟花爆竹。六是相关监管部门贯彻落实国家安全生产等法律法规不到位，对非法销售、运输、储存和燃放烟花爆竹，以及文化中心幕墙工程中使用不合格保温板问题监管不力。

四、事故处理结果

这是一起由于建设单位违反规定组织大型礼花焰火燃放活动，施工单位使用不合格建筑材料，监理单位监理不力，有关政府职能部门监管不力导致的责任事故，71名事故责任人受到责任追究。其中，中央电视台副总工程师、央视新址办主任等44人已被移送司法机关追究刑事责任；对新台址建设工程办公室罚款300万元。

山东省德州市庆云县“5·2”重大非法加工鞭炮爆炸事故

2009年5月2日13时37分，山东省德州市庆云县庆云镇杨庄子村村民杨××家发生重大鞭炮爆炸事故，造成13人死亡，2人受伤，5间房屋倒塌，周围41间房屋不同程度受损，经济损失近6万元。

一、事故经过

5月2日13时37分，德州市庆云县庆云镇杨庄子村发生重大鞭炮爆炸事故，造成13人死亡，2人受伤,5间房屋倒塌,周围41间房屋不同程度受损,经济损失近6万元。2009年2月下旬，杨庄子村村民杨××借用本村村民杨××的住房用于非法生产鞭炮，雇佣乐陵市朱集镇小孙寨村王××、任××夫妇为其管理、组织生产，并从乐陵市朱集镇孙寨村组织10余名村民进行非法生产。爆炸事故发生后，王××当场被炸死。目前死者已经全部火化，后事得到妥善处理；犯罪嫌疑人杨××、肖××等5人已全部归案，案件正在审理中。

二、事故原因分析

经认定，此次爆炸是一起因非法加工鞭炮造成的重大刑事案件和生产安全事故。经调查认定，发生这起非法加工鞭炮爆炸案件，庆云县、乡镇、村各级组织均存有领导不力的问题，有关部门负有监管不力的责任。

三、事故处理结果

除犯罪嫌疑人杨××、肖××等5人已移送司法机关依法追究刑事责任外，庆云县政府及有关部门分管领导和庆云镇党、政负责人等也分别受到了党纪、政纪处分。

广东省汕头市“5·21”重大火灾事故

2009年5月21日上午7时20分左右，汕头市潮阳区谷饶镇上堡社区五片张××无证无照非法家庭作坊发生重大火灾事故，导致13人死亡，16人受伤（其中1名重伤人员医治无效，于2009年7月20日死亡，其他伤员已全部治愈出院），直接经济损失达333.79万元。经查，起火建筑物为谷饶镇上堡社区五片村民张××自建的家庭住宅，坐北朝南，钢筋混凝土结构，4层半高，每层建筑面积为205平方米，总建筑面积约930平方米（火灾仅于首层过火，过火面积为202平方米）。该建筑2000年初开始建造，先盖3层，到2005年12月才全部建成。张××从2001年开始在家中从事文胸和文胸配件加工，后因亏损而停止文胸加工业务。2007年7月份开始，张××改为加工经营耳机护套（面料主要为聚胺酯海绵、布料、塑料薄膜等易燃可燃材料）。开始招收了1个工人，因生产规模不断扩大，至事故发生前，共招收了31名员工（7名男工，24名女工），并把住宅一楼作为堆放原料、裁培车间和男工宿舍，二楼作为生产车间，三楼为其本人一家四口的住所，四楼作为女员工宿舍和员工活动场所，第五层堆放杂物并有一天台，是典型的集生产经营、储存和住宿为一体的“三合一”场所和无证无照非法家庭作坊，属于重大火灾隐患。起火建筑物内部仅有一条楼梯直通五楼，位于建筑物东部，火灾发生时，该楼梯充斥着有毒浓烟且被火势封堵，各层窗户又加装了防盗网，尽管4楼通往5楼天台的门敞开着，但由于员工缺乏逃生自救知识，未能及时跑往5楼天台或通过窗户逃生。

一、事故经过

5月21日上午7时20分左右，张××的两个儿子准备上学，下楼时发现家中大门西南侧起火，即跑上楼叫其父亲，张××下楼后因火势过大并夹杂有毒浓烟，无法自行灭火，即跑回三楼堵住房门并报警。7时26分，汕头市公安局110指挥中心接到报警后，指令汕头市潮阳区公安消防大队赶赴现场参与灭火救援。经过消防官兵和周边群众奋力抢救，至9时50分左右火势得到控制，10时05分被完全扑灭，先后有28名被困人员被救出。此次火灾共造成13人死亡，16人受伤。13名死者全部为女性，经核对，其中有6名为童工，1名11岁，3名14岁，2名15岁。

事故发生后，在事故中受伤的16名人员被分别送往汕头市二医院和潮阳大峰医院治疗，截至6月21日，除3名病重伤员仍住院治疗外，其他13名伤员均已治愈出院（据汕头市安全监管局报告，留院治疗的最后1名重伤人员因医治无效，于7月20日死亡，其他伤员已全部治愈出院）。潮阳区委、区政府在火灾扑灭后迅速成立了事故处理领导小组，妥善做好事故善后处理工作。5月26日前，13名死者家属已全部与谷饶镇政府签订了理赔协议，每名死者由镇政府垫付赔偿款20万元，死者尸体也全部落实火化。

二、事故原因分析

依据国家和省有关法律法规，广东省政府成立了汕头市潮阳区“5·21”重大火灾事故调查组，由省安全监管局、监察厅、公安厅、总工会及汕头市人民政府派员组成，邀请省检察院参加。事故调查组通过现场勘察、专家鉴定、调查取证和综合分析，查明了事故发生的经过、直接原因和间接原因。事故的直接原因是：张××无证无照非法家庭作坊一层南墙西端上方穿线孔内电源线短路，引发电源侧距短路点70厘米至220厘米范围内电源线多处短路，产生的迸溅熔珠引燃下方可燃物起火所致。事故的间接原因是：张××擅自在家中无证无照非法从事加工经营，其家庭作坊存在严重火灾隐患；当地政府和相关职能部门在消防安全管理上监管不到位，未能及时发现并予以查处，导致事故发生。

三、事故处理结果

对事故负有主要责任的非法家庭作坊业主张××移交司法机关处理；汕头市潮阳区副区长、潮阳区谷饶镇镇长等13名事故责任人受到相应的党纪、政纪处分。汕头市人民政府、潮阳区人民政府、谷饶镇政府分别向上一级政府作书面检查；潮阳区消防大队、谷饶工商所、谷饶派出所、谷饶供电所、潮阳电力工业局、潮阳区劳动和社会保障局分别向其上级机关作出书面检查。事故调查处理结果已由汕头市政府及时向社会公布。

吉林省梅河口市中心农贸蔬菜批发市场“9·6”重大火灾事故

2009年9月6日上午9时许，吉林省梅河口市中心农贸蔬菜批发市场发生火灾事故，当场造成9人死亡，6人受伤，在送医抢救过程中，又有2名重伤员分别于9月6日晚和9月7日早死亡，这起事故死亡11人。直接经济损失630余万元。

一、事故经过

2009年9月6日9时许，梅河口市中心农贸蔬菜批发市场二号厅南门通道棚上起火，市场内外经营业户发现火情后，吴××、吴××、卢××等3人即通过市场内值班室附近铁丝网攀到棚上用棉被等物品去扑救，后有人向梅河口市119报警。9时07分，梅河口市消防大队发现火情和接到报警后，先后调集3个消防中队、1个企业专职消防队的10台消防车、70名指战员赶赴现场扑救。消防队到达现场后，整个市场上部浓烟不断向外涌出，火势已经突破窗口，市场内形成立体燃烧，2个出口的门洞内挤满了几十名要抢救财物的商户。消防队立即疏散人员，进入现场搜救人员。经过参战指战员 1 个多小时的奋力扑救，大火于 9 时 40 分得到控制，10 时 30 分被彻底扑灭，保护了毗邻的 3 栋住宅楼（183 户居民）、1 个城市换热站的安全。此次扑救火灾共出动消防车 10 台，消防官兵 70 名，救护车 4 台、其他车辆 20 余台，应急救援队伍 200 余人。

二、事故原因分析和事故性质

（一）直接原因

经事故调查组技术组调查走访和现场勘察认定这起火灾的原因为该市场南门通道棚上临时照明线路连接故障引燃周围防寒门帘、纸箱等可燃物，并最终引燃市场顶棚保温材料导致火势迅速蔓延成灾。电气线路混乱，随意堆放可燃物，是造成这次火灾的直接原因。因该市场顶棚喷涂的硬质聚胺酯保温材料为易燃材料，导致火势迅速蔓延。

（二）间接原因

（1）该单位消防安全管理混乱，没有落实消防安全责任制。

（2）该单位消防安全隐患排查治理工作不落实，致使市场内消防安全隐患长期得不到整改。

（3）该单位消防安全教育和培训不落实。

（4）消防安全监管存在明显疏漏。梅河口市中心农贸蔬菜批发市场位于该市人口密集的城区，是该市最大的农贸市场，日客流量可达万余人。对这样一个单位，梅河口市公安机关消防机构自 2002 年之后再未对其进行过消防安全检查，致使该单位消防安全隐患长期存在，得不到监督。

（5）行业管理部门安全管理不到位。梅河口市工商局虽然对安全生产和隐患排查工作进行了部署，但未能认真抓好工作落实，没有对梅河口市中心农贸蔬菜批发市场的隐患排查治理进行督促检查，致使该单位消防安全隐患长期存在而没有解决。

（三）事故性质

这起火灾事故是一起重大责任事故。

三、事故处理结果

（1）梅河口市中心农贸蔬菜批发市场二号大厅市场管理所所长，该大厅的安全生产第一责任人，现已被公安机关刑事拘留。建议移送司法机关依法追究其刑事责任。

（2）梅河口市市场实业有限公司董事长兼总经理。现已被公安机关刑事拘留。建议移送司法机关依法追究其刑事责任。

（3）对梅河口市消防大队防火检查参谋，和梅河口市消防大队大队长，建议由省消防总队按部队有关规定处理。

（4）对梅河口市公安局副局长，给予记过处分。

（5）对梅河口市工商局河南分局局长，给予记过处分。

（6）对梅河口市工商局副局长，给予记过处分。

（7）对梅河口市两分管副市长，建议给予行政警告处分。

（8）责成对此次事故负有领导责任的梅河口市政府向省政府作出深刻书面检查。

（9）这起事故是一起重大事故，建议依照《生产安全事故报告和调查处理条例》第三十七条第三款的规定，对本次事故负有责任的梅河口市市场实业有限公司给予罚款 70 万元人民币的经济处罚。

黑龙江省大庆市肇源县“11·28”客车重大火灾事故

2009 年 11 月 28 日，黑龙江省大庆市肇源县一辆由肇源镇开往三元窝棚屯方向的客车，行驶至肇源县和平乡敏字村敏字屯三岔路口途中发生火灾，造成 10 人死亡、1 人受伤，客车被烧毁，直接财产损失6.1万元。

一、事故经过

2009年11月28日14时41分，肇源县消防大队接到县“110”指挥中心指令，肇源大队出动3辆水罐消防车，15名消防官兵于15时2分到达火场。消防官兵到场时火势已处于下降阶段，车厢内无明火，浓烟很重，车体下方轮胎处还有残火。指挥员立即组织官兵实施救人与灭火。15时10分，明火被彻底扑灭，共在车厢内发现10具尸体。

二、事故原因及主要教训

经现场勘验、技术鉴定和调查走访，认定起火部位位于牌号为黑E67102的客车柴油发动机机舱内，起火原因系发动机烤燃填塞在发动机机舱内的聚胺酯泡沫、棉织物、纸壳等易燃、可燃保温材料。

主要教训：①车主违规改装车辆，在发动机周围和乘客座椅内填充可燃聚胺酯泡沫，致使发动机烘烤聚胺酮泡沫引发火灾，并迅速释放毒气，使车内人员中毒后失去逃生能力。②客车未按要求配备必要的应急逃生锤，在车门无法正常打开的情况下，绝大部分乘客无法破窗逃生。③乘客缺乏必要的安全逃生常识，死者全部集中在车厢后部，火灾发生时，未从开启的驾驶员门逃生。

三、处理结果

火灾责任人刘××、刘××、王××三人已于2009年11月29日被肇源县公安局刑事拘留。同日，被肇源县人民检察院以涉嫌过失损坏交通工具罪批准逮捕。

建筑施工事故

河北省廊坊市金博服装服饰有限公司“4·24”重大厂房坍塌事故

2009年4月24日，廊坊市金博服装服饰有限公司发生重大厂房坍塌事故，造成10人死亡、15人受伤，直接经济损失500万元。

经调查认定，这是一起由于厂房不符合国家建筑质量标准要求，屋架失稳坍塌造成的建筑质量安全重大责任事故。

在事故的责任追究中，给予党纪政纪处分1人，组织处理5人，行政处罚2人，对事故单位罚款50万元，事故发生地政府向上级政府作出检查，并通报批评。

四川省甘孜州德格县“6·22”重大边坡坍塌事故

2009年6月22日15时10分，甘孜州德格县在城区不稳定斜坡治理过程中发生一起重大边坡坍塌事故，造成10人死亡、1人受伤，直接经济损失350余万元。

一、事故经过

2009年6月22日15时10分，四川省地质矿产勘查开发局（以下简称“省地矿局”）九一五水文地质工程地质队（以下简称“915队”）在德格县城区色曲河左岸不稳定斜坡治理工程挡土墙施工过程中，内侧边坡突然发生坍塌，造成在基槽内施工的11人被掩埋，经州县政府组织当地军、警、民全力抢救，成功救出1人（受伤），其余10人死亡。

二、事故原因分析

（一）直接原因

（1）施工单位未经原设计单位同意，擅自对施工图设计方案进行了重大修改。修改后的挡土墙与县中队原有挡墙走向平行，并向山体内侧（县中队方向）移动3米左右，边坡开挖高度基本与原设计一致，但由于设计变更后施工条件限制，顶面保留3米宽道路，挡土墙靠开挖边坡侧坡比为1：0.1，实际开挖边坡坡比仅为1：0.215，未达到原施工图设计要求坡比1：0.39，降低了开挖边坡稳定性。

（2）施工单位未按规定编制施工方案。施工过程中边坡临时支护不到位。施工单位开挖边坡在未达到设计要求坡比情况下，临时支护部位不合理（边坡上部2～3米厚杂填土薄弱层未进行支护）、支护宽度不够（17.5米宽边坡仅支护了8米），违章进行挡土墙砌筑施工。

（二）间接原因

（1）据实地调查，该施工段地下水丰富，局部有地下水溢出，加之6月20日至6月21日先后有两次较大降雨过程，地表水渗入坡体，增加了坡体自重，降低了土体的抗剪强度，坡体局部稳定性降低。

（2）坍塌段边坡顶部原为一机耕道，边坡开挖后保留3米宽的通道，施工期间未实行交通管制，临时边坡形成后仍有行人及拖拉机通行，车辆通行产生的动荷载对边坡稳定性造成一定的不利影响。据调查，仅6月21日至事故发生前，共有47台次运送石料的拖拉机（每车约载石料1立方米，重3吨左右）通过该路段。

（3）边坡坍塌段是德格县城区色曲河左岸不稳定斜坡地质灾害的一部分，近年来，变形破坏迹象明显，是一处本身就极不稳定的斜坡危险体。开挖断面揭露的上部边坡物质结构为2.0～3.0米厚的杂填土，成分主要为生活及建筑垃圾，其结构松散，密实度低，工程地质力学性质差，极易产生滑塌。这次坍塌就是上部杂填土失稳且牵引带动下部粉质黏土层一同发生坍塌。

（4）德格项目部将挡土墙施工项目的劳务分包给既无资质又无施工人员的吴××（分管工程的副县长杨××的亲妹夫），吴××又将工程转包给自然人祝××，致使无治理地质灾害经验的人员在现场施工。

（5）915队德格项目部不重视安全生产工作，贯彻执行国家安全生产法律法规不力，未建立健全安全生产管理规章制度；擅自变更挡土墙施工图设计方案，将挡土墙工程分包给无资质施工队伍。915队眉山公司疏于管理，未采取有效措施督促德格项目部执行安全生产规章制度；对德格项目部擅自变更挡土墙施工图设计方案，将挡土墙工程分包给无资质施工队伍等问题失察；对德格项目部经理黄××无项目经理证上岗问题失察。915队重视安全生产程度不够，对眉山公司及德格项目部安全生产工作疏于管理，监督检查不到位。

（6）德格县规划和建设国土资源局作为城区地质灾害治理工程业主单位，未采取有效措施解决监理长期缺位问题；作为行政主管部门，未认真履行职责，对施工单位质量安全监管不到位，未督促施工单位按规定变更设计方案。德格县政府对安全生产重视程度不够，未有效督促相关行政部门认真履行安全生产监督管理职责。

（三）事故性质

甘孜州德格县“6·22”重大边坡坍塌事故是一起在恶劣自然条件下，施工单位在地质灾害治理过程中，擅自变更施工图设计方案，未按规定编制施工方案，边坡临时支护不到位，使用无资质施工队伍违章施工造成的重大生产安全责任事故。

三、事故处理结果

（一）对事故有关责任单位的责任划分及处理情况

（1）省地矿局915队，重视安全生产程度不够，对眉山公司及德格项目部安全生产工作疏于管理，监督检查不到位，对此次事故负有主要直接责任。依照《四川省生产安全事故报告和调查处理规定》第三十五条第二款第三项规定，对省地矿局915队罚款50万元。

（2）德格县规划和建设国土资源管理局，作为城区地质灾害治理工程业主单位和行政主管部门，未认真履行职责，对此次事故负有主要管理责任，责成其向德格县人民政府作出书面检查。

（3）德格县人民政府，对安全生产重视程度不够，未有效督促相关行政部门认真履行安全生产监督管理职责，对此次事故负有领导责任，责成其向甘孜州人民政府作出书面检查。

（4）甘孜州人民政府，对安全生产重视程度不够，未有效督促德格县人民政府及相关行政部门认真履行安全生产监督管理职责，对此次事故负有领导责任，责成其向省人民政府作出书面检查。

（5）省地矿局，对安全生产重视程度不够，未有效督促915队认真履行安全生产监督管理职责，对此次事故负有领导责任，责成其向省人民政府作出书面检查。

（二）对事故有关责任人员的责任划分及处理情况

（1）吴××，未经德格项目部同意以提取管理费为目的私下将劳务转包给没有施工资质及地质灾害治理经验的自然人；没有对开挖形成的边坡采取有效的安全支护措施。对事故发生负有直接责任，其行为涉嫌犯罪，已由司法机关立案侦查。

（2）黄××，省地矿局915队德格项目部项目经理，擅自变更挡土墙施工图设计方案；将挡土墙工程分包给无资质的施工队伍；未对挡土墙工程制订施工方案。对事故发生负有主要责任，其行为涉嫌犯罪，已由司法机关立案侦查。

（3）杨××，德格县人民政府副县长，分管县规划和建设国土资源管理局，其行为涉嫌犯罪（滥用职权），已由司法机关立案侦查。

（4）对省地矿局915队队长、分管副队长、眉山公司经理、常务副经理及项目施工管理人员分别给予行政记大过、记过和罚款处罚。

贵州省仁怀市“10·17”重大粮仓垮塌事故

一、事故经过

2009年10月17日14时，贵州遵义市仁怀县三合镇粮站粮仓发生垮塌事故，造成10人死亡，1人重伤，8人轻伤。发生事故的粮仓，系仁怀市粮油收储公司三合分公司7号仓库。该仓库建于20世纪70年代，为砖木结构，设计库容200吨。17日13时50分，该仓库一侧墙体爆裂发生垮塌，导致在二楼过磅间售粮的19位村民滑到仓库外一条两米左右的沟内，被垮塌下来的砖石、木料和高粱掩埋。

二、事故原因分析

（一）直接原因

该仓库收储的高粱超过设计容量，仓库老旧没有及时得到维护加固，以及在仓库二楼的22名村民和待过磅出售的约10吨高粱，加重了墙壁的载荷，是导致该起事故发生的直接原因。

（二）间接原因

粮食收储企业安全生产主体责任不落实，隐患排查不彻底；部分地方对粮食仓库的安全工作重视不够，监督管理还存在薄弱环节和漏洞等突出问题。

三、事故处理结果

事故发生后，仁怀市政府表示参照煤矿安全事故标准，对成年死者每人赔偿20万元，小孩赔偿10万元。同时，由政府派出干部，前往遇难者家中帮助料理后事，并对其生活、生产提供帮助。仁怀市粮油收储总公司及其所属的三合分公司的相关资料，已被封存待查。针对粮仓垮塌事故，检察机关已提前介入调查。

第十五部分

国务院办公厅和国务院安委会文件、有关部门和地方性规章及文件

国务院办公厅和国务院安委会文件(目录)

国务院办公厅关于调整国务院安全生产委员会组成人员的通知（国办发［2009］1号）

国务院办公厅关于进一步推进安全生产“三项行动”的通知（国办发［2009］32号）

国务院办公厅关于加强基层应急队伍建设的意见（国办发［2009］59号）

国务院办公厅关于调整全国道路交通安全工作部际联席会议成员单位及成员的函(国办函[2009]14号)

国务院办公厅关于调整煤矿整顿关闭工作部际联席会议成员单位及成员的函(国办函[2009]27号)

国务院办公厅关于调整危险化学品安全生产监管部际联席会议成员单位和成员的函（国办函［2009］53号）

国务院安委会关于印发《国务院安全生产委员会工作规则》的通知（安委［2009］1号）

国务院安委会关于下达2009年全国安全生产控制考核指标的通知（安委［2009］2号）

国务院安委会关于补充下达2009年全国安全生产控制考核指标的通知（安委［2009］3号）

国务院安委会关于印发安全生产“三项建设”实施方案的通知（安委［2009］4号）

国务院安委会关于集中开展安全生产隐患排查治理和督促检查的通知（安委明电［2009］1号）

国务院安委会关于开展全国安全生产大检查的通知（安委明电［2009］2号）

国务院安委会关于深刻吸取黑龙江省龙煤集团鹤岗分公司新兴煤“11·21”特别重大瓦斯爆炸事故教训切实加强安全生产工作的通知（安委明电［2009］3号）

国家安全生产监督管理总局、国家煤矿安全监察局规章及文件（目录）

1. 部门规章

生产安全事故应急预案管理办法（国家安全生产监督管理总局令　第17号）

关于修改《煤矿安全规程》第一百二十八条、第一百二十九条、第四百四十一条、第四百四十二条的决定（国家安全生产监督管理总局令　第18

号）

防治煤与瓦斯突出规定（国家安全生产监督管理总局令　第19号）

非煤矿矿山企业安全生产许可证实施办法（国家安全生产监督管理总局令　第20号）

生产安全事故信息报告和处置办法（国家安全生产监督管理总局令　第21号）

安全评价机构管理规定（国家安全生产监督管理总局令　第22号）

作业场所职业健康监督管理暂行规定（国家安全生产监督管理总局令　第23号）

安全生产监管监察职责和行政执法责任追究的暂行规定（国家安全生产监督管理总局令　第24号）

海洋石油安全管理细则（国家安全生产监督管理总局令　第25号）

冶金企业安全生产监督管理规定（国家安全生产监督管理总局令　第26号）

作业场所职业危害申报管理办法（国家安全生产监督管理总局令　第27号）

煤矿防治水规定（国家安全生产监督管理总局令　第28号）

社会消防安全教育培训规定（公安部　教育部　民政部　人力资源社会保障部　住房城乡建设部　文化部　广电总局　安全监管总局　旅游局令　第109号）

2. 综合监管

（1）综合协调

关于印发《中共国家安全生产监督管理总局党组工作规则》的通知（安监总党［2009］9号）

国家安全监管总局关于印发2009年工作要点的通知（安监总政法［2009］18号）

国家安全监管总局关于印发2009年安全生产宣传工作要点的通知（安监总政法［2009］37号）

国家安全监管总局关于印发《国家安全生产监督管理总局工作规则》的通知（安监总办［2009］86号）

国家安全监管总局关于印发《国家安全生产监督管理总局领导同志工作分工意见》的通知（安监总办［2009］108号）

国家安全监管总局关于进一步加强安全生产综合监管工作的指导意见（安监总管二［2009］125号）

国家安全监管总局关于开展2009年度全国安全监管监察系统先进单位和先进个人评选表彰工作的通知（安监总人事［2009］226号）

国家安全监管总局　国家煤矿安监局关于认真学习贯彻张德江副总理《大力推进煤矿瓦斯抽采利用》重要文章的通知（安监总政法［2009］249号）

国家安全监管总局办公厅关于总局非常设机构设置调整的通知（安监总厅［2009］106号）

（2）政策研究与执法监督

国家安全监管总局关于深入开展安全社区建设工作的指导意见（安监总政法［2009］11号）

国家安全监管总局关于做好2009年安全生产政策研究工作的意见（安监总政法［2009］74号）

国家安全监管总局关于在高危行业推进安全生产责任保险的指导意见（安监总政法［2009］137号）

国家安全监管总局　全国总工会关于推行江苏淮安安全监控工作体系的通知（安监总政法［2009］224号）

国务院安委会办公室关于开展安全生产督查的通知（安委办明电［2009］62号）

国家安全监管总局办公厅关于印发安全监管行政执法检查考评方案的通知（安监总厅政法［2009］29号）

（3）规划科技

国家安全监管总局关于安全生产技术支撑体系专业中心项目建设实施的指导意见（安监总规划［2009］5号）

国家安全监管总局关于表彰第四届安全生产科技成果奖获奖成果和优秀推广项目的决定（安监总科技［2009］35号）

国家安全监管总局关于印发政府投资建设项目竣工验收管理规定（试行）的通知（安监总规划［2009］120号）

国家安全监管总局关于贯彻落实《安全评价机构管理规定》工作的通知（安监总规划［2009］181号）

国家安全监管总局关于做好安全生产“十二五”规划编制工作的通知（安监总规划［2009］228号）

国家安全监管总局关于进一步加强安全生产技术支撑体系专业中心项目建设的通知（安监总规划

[2009] 242号)

国务院安委会办公室关于进一步做好安全监管装备配备工作的通知(安委办[2009]16号)

(4)应急管理与调度统计

国家安全监管总局关于切实做好安全生产领域雨雪冰冻灾害及暴风雪防范应对工作的通知(安监总应急[2009]2号)

国家安全监管总局关于进一步加强和完善自然灾害引发生产安全事故预警工作机制的通知(安监总应急[2009]105号)

国家安全监管总局关于加强矿山危险化学品应急救援骨干队伍建设的指导意见(安监总应急[2009]126号)

国家安全监管总局关于加强安全生产应急管理宣传教育工作的意见(安监总应急[2009]217号)

国家安全监管总局办公厅关于印发2009年全国安全生产应急管理工作要点的通知(安监总厅应急[2009]22号)

国家安全监管总局办公厅关于贯彻实施《生产安全事故应急预案管理办法》的通知(安监总厅应急[2009]84号)

国家安全监管总局办公厅关于印发总局机关生产安全较大以上事故和较大涉险事故信息处置办法的通知(安监总厅统计[2009]119号)

3. 安全生产监管

(1)工作部署

国家安全监管总局关于做好空气化工产品无人值守"现场供气"生产活动安全监督管理工作的通知(安监总管三[2009]16号)

国家安全监管总局关于进一步加强中央石油企业安全监管工作的意见(安监总管一[2009]22号)

国家安全监管总局关于进一步加强中小型金属非金属矿山(尾矿库)安全基础工作改善安全生产条件的指导意见(安监总管一[2009]44号)

国家安全监管总局关于加强冶金有色建材机械轻工纺织烟草商贸等行业安全生产工作的通知(安监总管四[2009]52号)

国家安全监管总局关于加强金属非金属矿山安全标准化建设的指导意见(安监总管一[2009]80号)

国家安全监管总局关于切实做好非煤矿山安全生产"三项行动"有关工作的通知(安监总管一[2009]92号)

国家安全监管总局关于印发全国尾矿库专项整治行动2008年工作总结和2009年重点工作安排意见的通知(安监总管一[2009]95号)

国家安全监管总局关于切实加强工商贸企业租赁厂房安全管理工作的通知(安监总管四[2009]106号)

国家安全生产监管总局　国家发展改革委　工业和信息化部　国土资源部　环境保护部关于印发尾矿库隐患综合治理方案的通知(安监总管一[2009]112号)

国家安全监管总局关于公布首批重点监管的危险化工工艺目录的通知(安监总管三[2009]116号)

国家安全监管总局关于进一步加强危险化学品企业安全生产标准化工作的指导意见(安监总管三[2009]124号)

国家安全监管总局关于认真贯彻落实国家职业病防治规划(2009—2015年)切实加强职业健康监管工作的通知(安监总安健[2009]140号)

国家安全监管总局　卫生部　人力资源社会保障部　全国总工会关于开展粉尘与高毒物品危害治理专项行动的通知(安监总安健[2009]148号)

国家安全监管总局关于进一步做好冶金有色建材机械轻工纺织烟草商贸等行业建设项目安全设施"三同时"工作的通知(安监总管四[2009]159号)

国家安全监管总局关于加强砖瓦黏土矿山安全生产工作的通知(安监总管一[2009]161号)

国家安全监管总局关于在非煤矿山推广使用安全生产先进适用技术和装备的指导意见(安监总管一[2009]177号)

国家安全监管总局关于贯彻落实《冶金企业安全生产监督管理规定》工作的通知(安监总管四[2009]201号)

国家安全监管总局关于加强非煤矿山安全监管支撑体系建设的意见(安监总管一[2009]204号)

国家安全监管总局关于印发危险化学品安全生产监管部际联席会议第二次会议纪要的通知(安监总管三[2009]209号)

国家安全监管总局关于贯彻落实《作业场所职业危害申报管理办法》加强职业危害申报工作

的通知（安监总安健［2009］210号）

国家安全监管总局关于印发《海洋石油建设项目生产设施设计审查与安全竣工验收实施细则》的通知（安监总海油［2009］213号）

国家安全监管总局关于开展工程建设领域安全生产突出问题排查工作的通知（安监总管二［2009］229号）

国家安全监管总局办公厅关于进一步加强金属非金属地下矿山提升系统安全管理工作的通知（安监总厅管一［2009］11号）

国家安全监管总局办公厅关于2009年危险化学品和烟花爆竹安全监管重点工作安排的通知（安监总厅管三［2009］17号）

国家安全监管总局办公厅关于烟花爆竹药物安全抽检结果的通报（安监总厅管三［2009］28号）

国家安全监管总局办公厅关于开展非煤矿山强基固本“五个一百”示范单位　创建活动的通知（安监总厅管一［2009］61号）

国家安全监管总局办公厅关于进一步加强尾矿库汛期安全生产工作的通知（安监总厅管一［2009］89号）

国家安全监管总局办公厅关于进一步加强工商贸企业有限空间作业安全生产工作的通知（安监总厅管四［2009］129号）

国家安全监管总局办公厅关于加强冶金企业制氧安全生产管理的通知（安监总厅管四［2009］134号）

国家安全监管总局办公厅关于加强石英砂生产企业职业健康工作的通知（安监总厅安健［2009］163号）

国家安全监管总局关于加强职业安全健康监管工作的通知（安监总安健［2009］29号）

国务院安委会办公室关于开展全国安全生产检查的通知（安委办［2009］3号）

国务院安委会办公室关于2008年安全生产隐患排查治理情况的通报（安委办［2009］4号）

国务院安委会办公室关于印发安全生产执法行动实施方案的通知（安委办［2009］6号）

国务院安委会办公室关于印发安全生产治理行动实施方案的通知（安委办［2009］7号）

国务院安委会办公室关于印发安全生产宣传教育行动实施方案的通知（安委办［2009］8号）

国务院安委会办公室关于加强汛期安全生产工作的通知（安委办［2009］10号）

国务院安委会办公室关于进一步做好金属非金属矿山整顿关闭工作的意见（安委办［2009］13号）

国务院安委会办公室关于进一步加强农村交通安全工作的通知（安委办［2009］19号）

国务院安委会办公室关于深刻吸取近期三起重大生产安全事故教训切实加强安全生产工作的通知（安委办明电［2009］28号）

国务院安委会办公室关于进一步加强2009年国庆节期间及节后安全生产工作的通知（安委办明电［2009］68号）

关于公众聚集场所易燃可燃装修材料消防安全专项整治情况的通报（公消［2009］352号）

关于印发《全国易制毒化学品集中宣传整治行动方案》的通知（禁毒办通［2009］79号）

财政部　国家安全监管总局关于印发《中央下放地方政策性关闭破产有色金属矿山企业尾矿库闭库治理安全工程项目和补助资金管理暂行办法》的通知（财企［2009］120号）

关于进一步推进矿产资源开发整合工作的通知（国土资发［2009］141号）

环境保护部　国家发展改革委　监察部　司法部　住房城乡建设部　国家工商总局国家安全监管总局　电监会关于2009年深入开展整治违法排污企业保障群众健康环保专项行动的通知（环发［2009］43号）

交通运输部　农业部　公安部　国家安全监管总局关于农药运输的通知（交水发［2009］62号）

农业部　国家安全监管总局关于深入开展“创建平安农机　促进新农村建设”活动的通知（农机发［2009］4号）

商务部办公厅　住房城乡建设部办公厅国家安全监管总局办公厅关于进一步加强境外投资合作项目安全生产工作的紧急通知（商办合函［2009］72号）

（2）事故通报

国家安全监管总局关于因施救不当造成伤亡扩大事故的通报（安监总应急［2009］45号）

国家安全监管总局关于河南洛染股份有限公司“7·15”爆炸事故情况的通报（安监总管三［2009］144号）

国家安全监管总局关于今年以来金属非金属矿山较大以上爆炸事故的通报（安监总管一［2009］152号）

国家安全监管总局关于近期两起冶金企业煤气中毒事故的通报（安监总管四［2009］182号）

国家安全监管总局关于河南灵宝市金源矿业公司“9·8”重大火灾事故的通报（安监总管一［2009］183号）

国家安全监管总局关于湖南省锡矿山闪星锑业有限责任公司“10·8”重大坠罐事故的通报（安监总管一［2009］202号）

国家安全监管总局关于贵州省遵义市仁怀市“10·17”重大粮仓垮塌事故的通报（安监总管四［2009］211号）

国家安全监管总局　铁道部关于湖南省芷江县“3·12”较大铁路交通事故的通报（安监总明电［2009］2号）

国务院安委会办公室关于近期非法生产经营烟花爆竹引发事故的通报（安委办［2009］1号）

国务院安委会办公室关于山东省德州市庆云县“5·2”非法生产烟花爆竹爆炸事故的通报（安委办［2009］12号）

国务院安委会办公室关于今年以来全国建筑施工生产安全事故情况的通报（安委办［2009］17号）

国务院安委会办公室关于近期重大道路交通事故情况的通报（安委办［2009］23号）

国务院安委会办公室关于广东河源“11·29”重大道路交通事故的通报（安委办［2009］24号）

国务院安委会办公室关于今年以来发生重大道路交通责任事故运输企业名单的通报（安委办［2009］25号）

国务院安委会办公室关于福建长乐拉丁酒吧“1·31”重大火灾事故的通报（安委办明电［2009］7号）

国务院安委会办公室关于江苏镇江丹阳市“3·11”房屋坍塌事故的通报（安委办明电［2009］16号）

国务院安委会办公室关于近期两起重大道路交通事故的通报（安委办明电［2009］21号）

国务院安委会办公室关于广东汕头“5·21”重大火灾事故的通报（安委办明电［2009］34号）

国务院安委会办公室关于黑龙江省铁力市西大桥“6·29”桥体垮塌事故情况的通报（安委办明电［2009］42号）

国务院安委会办公室关于山东省临沂市山东金兰现代物流发展有限公司“9·2”火灾事故情况的通报（安委办明电［2009］64号）

国务院安委会办公室关于江西吉安“9·19”重大道路交通事故的通报（安委办明电［2009］67号）

国务院安委会办公室关于湖南永州“10·2”重大道路交通事故的通报（安委办明电［2009］81号）

（3）事故处理

国家安全监管总局关于“4·28”胶济铁路特别重大交通事故结案的通知（安监总管二［2009］62号）

国家安全监管总局关于山西省襄汾县新塔矿业公司“9·8”特别重大尾矿库溃坝事故结案的通知（安监总管一［2009］68号）

国家安全监管总局关于四川省巴中市“9·13”特别重大道路交通事故结案的通知（安监总管二［2009］225号）

国家安全监管总局关于山西省娄烦尖山铁矿“8·1”特别重大排土场垮塌事故结案的通知（安监总管一［2009］240号）

4. 煤矿安全监察

（1）工作部署

国家安全监管总局　国家煤矿安监局关于进一步加强煤矿班组长安全培训工作的通知（安监总煤行［2009］87号）

国家安全监管总局　国家煤矿安监局关于切实加强对地方政府煤矿安全监管工作监督检查的意见（安监总煤监［2009］88号）

国家安全监管总局关于印发《煤矿整顿关闭工作部际联席会议第四次会议纪要》的通知（安监总煤监［2009］100号）

国家安全监管总局　国家煤矿安监局关于深入持久开展煤矿安全质量标准化工作的指导意见（安监总煤行［2009］117号）

国家安全监管总局　国家煤矿安监局关于推进煤矿企业安全生产诚信建设的指导意见（安监总煤办［2009］135号）

国家安全监管总局　国家煤矿安监局关于进一步加强煤矿职业健康工作的通知（安监总煤调［2009］142号）

国家安全监管总局　国家煤矿安监局　国家发展改革委　国家能源局关于进一步加强煤矿建设项目安全工作的通知（安监总煤监［2009］146号）

国家安全监管总局　国家煤矿安监局关于印发国家级安全质量标准化煤矿考核办法（试行）的通知（安监总煤行［2009］150号）

国家安全监管总局　国家煤矿安监局关于认真开展《防治煤与瓦斯突出规定》学习宣传贯彻活动的通知（安监总煤装［2009］155号）

关于深化煤矿整顿关闭工作的指导意见（安监总煤监［2009］157号）

国家安全监管总局　国家煤矿安监局关于煤矿瓦斯治理工作体系示范工程建设进展情况的通报（安监总煤装［2009］196号）

关于学习推广"白国周班组管理法"进一步加强煤矿班组建设的通知（安监总煤行[2009]212号）

国家安全监管总局　国家煤矿安监局关于学习贯彻落实《煤矿防治水规定》的通知（安监总煤调［2009］233号）

国务院安委会办公室关于加强煤矿瓦斯治理工作体系示范工程建设的通知（安委办［2009］2号）

国务院安委会办公室关于深入贯彻落实全国煤矿瓦斯防治工作会议精神的通知（安委办［2009］21号）

国务院安委会办公室关于防范煤矿水害事故的紧急通知（安委办明电［2009］43号）

国家发展改革委　国家能源局　国家安全监管总局　国家煤矿安监局关于组织开展大中型煤矿瓦斯专项整治的通知（发改能源［2009］1494号）

财政部　国家安全监管总局　国家煤矿安监局关于印发《中央财政整顿关闭小煤矿专项资金管理办法》的通知（财企［2009］175号）

国家发展改革委　国家能源局　国家安全监管总局　国家煤矿安监局关于进一步加强煤矿瓦斯防治工作坚决遏制重特大煤矿瓦斯事故的通知（发改能源［2009］3278号）

（2）事故通报

国家安全监管总局　国家煤矿安监局关于山西焦煤集团屯兰矿"2·22"特别重大瓦斯爆炸事故的通报（安监总煤调［2009］38号）

国家安全监管总局　国家煤矿安监局关于两起非法违法煤矿瓦斯事故的通报（安监总煤调［2009］103号）

国家安全监管总局　国家煤矿安监局关于1—5月份全国煤矿水害事故的通报（安监总煤调［2009］119号）

国家安全监管总局　国家煤矿安监局关于贵州省黔西南州晴隆县新桥煤矿"6·17"透水事故的通报（安监总煤调［2009］124号）

国家安全监管总局　国家煤矿安监局关于2009年8月份以来煤矿较大以上瓦斯事故的通报（安监总煤调［2009］179号）

国家安全监管总局　国家煤矿安监局关于贵州、辽宁两起煤矿重大事故的通报（安监总煤调［2009］203号）

国家安全监管总局　国家煤矿安监局关于神华宁煤集团大峰露天矿"10·14"重大炸药爆炸事故的通报（安监总煤调［2009］208号）

国家安全监管总局　国家煤矿安监局关于湖南贵州吉林三起重大煤矿事故的通报（安监总煤调［2009］232号）

国家安全监管总局　国家煤矿安监局关于河南省平顶山市新华区新华四矿"9·8"特别重大瓦斯爆炸事故的通报（安监总明电［2009］12号）

国家发展改革委　国家能源局　国家安全监管总局　国家煤矿安监局关于山西省同煤浙能麻家梁煤矿"5·16"重大炮烟中毒事故的通报（发改能源［2009］1325号）

（3）事故处理

国家安全监管总局关于黑龙江省鹤岗市兴山区富华矿业有限公司"9·20"特别重大火灾事故结案的通知（安监总煤调［2009］55号）

国家安全监管总局关于山西省临汾市洪洞县瑞之源煤业有限公司"12·5"特别重大瓦斯爆炸事故结案的通知（安监总煤调［2009］70号）

国家安全监管总局关于河南省郑州市登封市郑州广贤工贸有限公司新丰二矿"9·21"特别重大煤与瓦斯突出事故结案的通知（安监总煤调［2009］81号）

国家安全监管总局关于广西壮族自治区百色市右江矿务局那读煤矿“7·21”特别重大透水事故结案的通知（安监总煤调［2009］82号）

国家安全监管总局关于河北省蔚县李家洼煤矿新井“7·14”特别重大炸药燃烧瞒报事故结案的通知（安监总煤调［2009］227号）

5. 安全培训与宣传教育

国家安全监管总局关于进一步加强农民工安全生产工作的指导意见（安监总培训［2009］19号）

中共中央宣传部　国家安全监管总局　公安部　国家广电总局　全国总工会　共青团中央关于开展2009年全国“安全生产月”活动的通知（安监总政法［2009］67号）

国家安全监管总局关于2009—2012年大规模培训干部工作的实施意见（安监总培训［2009］78号）

国家安全监管总局　国家广电总局关于深入开展安全生产宣传教育工作的通知（安监总政法［2009］138号）

国家安全监管总局关于生产经营单位安全生产管理人员中注册安全工程师安全培训考核有关问题的通知（安监总培训［2009］239号）

6. 机构编制管理

国家安全监管总局关于印发国家安全生产监督管理总局内设机构主要职责处室设置和人员编制规定的通知（安监总办［2009］27号）

国家安全监管总局关于印发国家煤矿安全监察局内设机构主要职责处室设置和人员编制规定的通知（安监总办［2009］28号）

国家安全监管总局办公厅关于制定国家煤矿安全监察系统事业单位主要职责机构设置和人员编制规定有关工作的通知（安监总厅［2009］179号）

国务院有关部门规章及文件（目录）

公安部

消防监督检查规定（公安部令第106号，2009年4月30日发布，2009年5月1日起实施）

建筑工程消防监督管理规定（公安部令第107号，2009年4月30日发布，2009年5月1日起实施）

火灾事故调查规定（公安部令第108号，2009年4月30日发布，2009年5月1日起实施）

高层学校消防安全管理规定（教育部、公安部联合令第28号，2009年10月19日发布，2010年1月1日起实施）

社会消防安全教育培训规定（公安部令第109号，2009年6月1日起施行）

2009年道路交通事故预防工作措施（公交管［2009］37号，2009年2月27日发布）

交通管道服务群众十项措施（公交管［2009］91号，2009年5月15日发布，2009年7月1日起施行）

工业和信息化部

道路机动车辆产品检测工作监督管理规定（工产业［2009］第26号，2009年2月2日发布，2009年3月1日起施行）

民用爆炸物品建设项目验收管理办法（工信部安［2009］656号，2009年12月8日发布）

铁道部

铁路客运专线技术管理办法（200～250公里/小时部分）（2009年发布）

客运专线调度集中控制车站行车工作暂行办法（2009年发布）

交通运输部

中华人民共和国船舶安全检查规则（交通部令2009年第15号，2009年11月30日发布，2010年3月1日起施行）

老旧运输船舶管理规定（交通部令2009年第14号，2009年11月30日发布并实施）

港口经营管理规定（交通部令2009年第13号，2009年11月6日发布，2010年3月1日起施行）

中国民航局

民用航空安全信息管理规定（CCAR-396-R2，中国民用航空局令第194号，2009年11月23日发布，2010年1月1日施行）

住房和城乡建设部

建筑施工土石方工程安全技术规范（JGJ180—2009，2009年7月2日发布，2009年12月1日起实施）

建筑施工作业劳动防护用品配备及使用标准（JGJ184—2009，2009年11月16日发布，2010年6月1日起实施）

建筑施工塔式起重机安装、使用、拆卸安全技术规程（JGJ196—2010，2010年1月8日发布，2010年7月1日起实施）

液压升降整体脚手架安全技术规程（JGJ183—2009，2009年9月15日发布，2010年3月1日起实施）

注册土木工程师（岩土）执业及管理工作暂行规定（建市［2009］105号，2009年6月10日发布）

危险性较大的分部分项工程安全管理办法（建质［2009］87号，2009年5月13日发布）

农业部

农业生产安全事故报告办法（农办发［2009］18号，2009年12月3日发布并实施）

国家林业局

国家林业局关于做好防范强降雨大风天气的紧急通知（林发明电［2009］16号）

关于集中开展安全生产隐患排查治理和督促检查的通知（林发明电［2009］19号）

国家林业局关于开展林业安全生产大检查的通知（林发明电［2009］24号）

国家林业局关于进一步推进林业安全生产“三项行动”的通知（办行字［2009］72号）

国家林业局关于印发林业安全生产“三项建设”实施方案的通知（林行发［2009］156号）

国家质检总局特种设备局

关于发布《车用气瓶安全技术监察规程》等6个特种设备安全技术规范的公告（中华人民共和国国家质量监督检验检疫总局公告2009年第44号，2009年5月8日发布）

关于实施特种设备行政许可调整改革工作有关问题的通知（国质检特［2009］478号，2009年10月29日发布）

关于公布新增和变更的特种设备行政许可鉴定评审机构和型式试验机构相关内容的公告（中华人民共和国国家质量监督检验检疫总局公告2009年第99号，2009年10月30日发布）

关于公布特种设备安全技术规范《电梯监督检验和定期检验规则—曳引与强制驱动电梯》的公告（中华人民共和国国家质量监督检验检疫总局公告2009年第114号，2009年12月4日发布）

行业主管单位文件（目录）

中国航空工业集团公司

中国航空工业集团公司生产安全事故报告和责任追究办法（航空规［2009］34号，2009年发布）

省、自治区、直辖市有关安全生产的地方性法规、规章及文件（目录）

北京市

北京市安全生产培训机构资质管理办法（京安监发［2009］32号，2009年3月11日发布）

安全生产事故隐患和违法行为举报投诉管理暂行办法（试行）（京安监发［2009］49号，2009年3月27日发布）

《北京市特种作业实操考官管理办法（试行）》和《北京市特种作业实操考官工作规范》（京安监发［2009］110号，2009年7月10日发布）

北京市注册助理安全工程师资格考试实施办法（试行）（京人社发［2009］9号，2009年8月13日发布）

北京市生产安全事故报告和调查处理办法（2009年市政府令第217号，2009年12月11日发布，2010年3月1日起施行）

天津市

《天津市安全生产责任制规定》（天津市人民政府令第24号，2009年12月7日发布，2010年1月10日起施行）

河北省

河北省重大危险源监督管理规定（省政府令12号，2009年12月31日发布）

山西省

山西省2009年安全生产考核指标和考核办法（晋政办发［2009］29号，2009年2月18日发布）

山西煤矿安全生产检测检验管理办法（修订）（晋煤监技装字［2009］77号，2009年2月18日发布）

山西煤矿安全生产检测检验机构印制《安全检验合格证》规定（晋煤监技装［2009］85号，2009年2月18日发布）

山西省领导干部巡查尾矿库安全工作制度（晋安字［2009］8号，2009年8月26日发布并实施）

内蒙古

内蒙古自治区人民政府办公厅转发自治区安全生产监督管理局等部门关于进一步加强道路交通旅客运输企业安全生产工作意见的通知（内政办发［2009］9号，2009年2月9日发布）

辽宁省

辽宁省建设项目安全设施监督管理办法（辽宁省人民政府令第229号，2009年3月19日发布，2009年5月1日起实施）

2009年辽宁省市级政府安全生产工作目标管理考核标准（辽安考办［2009］13号，2009年4月29日发布）

国家安全监管总局安全生产技术支撑体系辽宁省专业中心实验室建设与运行管理实施细则（辽安监规划［2009］79号，2009年6月11日发布）

辽宁省2009年度市级政府安全生产工作目标管理考核实施意见（辽安考［2009］9号，2009年11月12日发布）

辽宁省特种劳动防护用品销售认证证书管理实施办法（辽安监规划［2009］132号，2009年10月14日发布）

吉林省

关于吉林省2009年非煤矿山安全监管工作的指导意见（吉安监管管一字［2009］6号）

关于印发《吉林省非煤矿山、危险化学品、烟花爆竹企业安全生产监督检查实施办法（试行）的通知》（吉安监管管一字［2009］8号）

关于2009年全省危险化学品和烟花爆竹安全监管工作的指导意见（吉安监管危化字［2009］4号）

关于开展化工企业自动化控制及安全联锁技术改造工作的意见（吉安监管危化字［2009］47号）

关于印发《吉林省实施安全许可建设项目安全设

施“三同时”监督规定》的通知（吉安监管审批字［2009］50号）

关于印发《2009年全省安全生产监管系统基层基础建设工作指导意见》的通知（吉安监管办字［2009］53号）

关于加强作业场所职业卫生监管工作的通知（吉安监管职卫字［2009］65号）

关于印发《吉林省安全生产监督管理局安全生产监督管理黑名单制度》的通知（吉安监管危化字［2009］91号）

关于印发《吉林省安全生产监督管理局新闻发布会制度》的通知（吉安监管法规字［2009］95号）

关于印发《吉林省金属非金属矿山安全标准化工作实施方案》《吉林省金属非金属矿山安全标准化考评办法》的通知（吉安监管非煤字［2009］107号）

关于印发《吉林省生产安全事故调查处理案卷备案办法》的通知（吉安监管法规字［2009］110号）

吉林省安全生产委员会关于加强省属煤矿企业安全生产监管工作的意见（吉安委字［2009］3号）

关于印发《吉林省生产安全责任事故约谈制度》的通知（吉安委办字［2009］42号）

吉林省人民政府办公厅关于转发省公务员局省安监局制定的吉林省安全生产工作目标责任制考核办法的通知（吉政办明电［2009］95号）

关于对地热等资源开采活动不实行安全生产许可证制度的通知（吉安监管审批字［2009］144号）

关于建立高危建设项目审批核准备案情况通报制度的通知（吉安监管审批字［2009］147号）

关于吉林省安全监管部门委托乡镇（街道）安全生产监督管理机构行政执法的指导意见（吉安监管法规字［2009］163号）

关于切实做好冶金有色建材机械轻工纺织烟草商贸等行业建设项目安全设施“三同时”工作的通知（吉安监管行管字［2009］177号）

关于非煤矿矿山建设项目安全许可有关问题的通知（吉安监管审批字［2009］205号）

关于吉林省高危行业小型企业安全生产风险抵押金联保存储使用的指导意见（吉安监管法规字［2009］212号）

关于加强全省石英砂生产和使用企业职业健康工作的通知（吉安监管职卫生字［2009］217号）

关于印发《吉林省危险化学品从业单位安全生产标准化二级企业考评办法（试用）》的通知（吉安监管危化字［2009］226号）

关于印发《吉林省安全生产事故隐患排查治理规定（试行）》的通知（吉安监管应急字［2009］235号）

关于印发《吉林省工程建设领域安全生产突出问题专项治理工作实施方案》的通知（吉安监管审批字［2009］241号）

关于加快推进全省安全生产责任保险工作的意见（吉安监管法规字［2009］257号）

关于对省内已建成非煤矿山建设项目安全设施进行验收有关问题的通知（吉安监管审批字［2009］258号）

黑龙江省

黑龙江省安全生产监督管理局主要职责内设机构和人员编制规定的通知（黑编［2009］94号，2009年7月2日发布）

关于设立黑龙江省安全生产行政执法监察局的通知（黑编［2009］107号，2009年7月13日发布）

黑龙江省安全生产监督管理局行政许可审批管理办法（黑安监发［2009］105号，2009年12月8日发布）

上海市

上海市安全生产“三项行动”实施方案（沪府办发［2009］10号，2009年4月29日发布）

上海市关于实行首问负责制的若干规定（沪安监管人［2009］85号，2009年5月25日发布）

上海市生产安全事故应急预案管理实施方案（沪安监管监二［2009］92号，2009年6月8日发布）

上海市区（县）安全生产教育培训考试中心管理办法（试行）（沪安监管法规［2009］99号，2009年6月30日发布2009年8月1日起实施）

上海市安全评价机构监督管理规定（沪安监管规科［2009］67号，2009年11月11日发布并实施）

上海市区县人民政府安全生产责任规定（沪安委会［2009］6号，2009年12月9日发布并实施）

江苏省

江苏省人民代表大会常务委员会关于修改《江苏省安全生产条例》的决定（江苏省第十一届人民

代表大会常务委员会公告第17号，2009年5月20日发布，2009年6月1日起施行）

江苏省重大危险源监管等级评估分级实施导则（苏安监［2009］144号，2009年7月7日发布）

江苏省安全生产行政处罚自由裁量权适用规则（试行）（苏安监［2009］165号，2009年8月28日发布并实施）

江苏省安全生产行政执法考核办法（试行）（苏安监［2009］165号，2009年8月28日发布）

浙江省

关于进一步加强安全生产工作的意见（浙委［2009］88号，2009年11月2日发布）

浙江省建设项目安全设施监督管理办法（省政府令第266号，2009年10月22日发布，2010年1月1日起实施）

浙江省建设项目安全设施监督管理办法（省政府令第259号，2009年4月10日发布，2009年6月1日起实施）

危险场所电气安全检测规程（DB33/T775－2009，2009年12月29日发布，2010年1月29日起实施）

安徽省

关于建立加强安全监管工作“四项制度”的通知（皖安监综［2009］40号，2009年4月13日发布并实施）

安徽省重大安全事故隐患整治技改贴息（补助）项目审查管理规定（皖完监规［2009］49号，2009年4月10日发布并实施）

安徽省矿山及尾矿库专家委员会现场复核工作规则（皖安监一［2009］61号，2009年5月6日发布并实施）

安徽省安全生产监督管理局信访工作暂行规定（皖安监办［2009］63号，2009年5月11日发布并实施）

安徽省安全生产监督管理局生产事故举报奖励暂行办法（皖安监统［2009］72号，2009年5月12日发布并实施）

关于贯彻《生产安全事故应急预案管理办法》的实施意见（皖安监办［2009］80号，2009年6月8日发布并实施）

安徽省安全监管局政府信息公开工作考核评议制度等“六项制度”（皖安监办［2009］85号，2009年4月29日发布并实施）

安徽省安全生产专家组管理办法（皖安监规［2009］118号，2009年8月17日发布并实施）

安徽省危险化学品从业单位安全标准化考评办法（皖安监化［2009］146号，2009年10月21日发布并实施）

安徽省安全生产责任保险试点工作指导意见（皖安监综［2009］158号，2009年11月10日发布并实施）

安徽省安全生产监督管理局网站管理暂行办法（皖安监规［2009］177号，2009年12月21日发布并实施）

福建省

政府及有关部门安全生产监督管理职责暂行规定（闽政文［2009］33号，2009年1月21日发布并实施）

福建省人民政府关于下达2009年安全生产目标责任的通知（闽政文［2009］59号，2009年2月27日发布并实施）

福建省“安全生产年”“责任落实年”监管监察工作行动方案（闽安委［2009］3号，2009年3月2日发布并实施）

福建省政府安委会关于印发安全生产执法行动实施方案的通知（闽安委［2009］5号，2009年4月22日发布并实施）

福建省政府安委会关于印发安全生产治理行动实施方案的通知（闽安委［2009］6号，2009年4月22日发布并实施）

福建省政府安委会关于印发安全生产宣传教育行动实施方案的通知（闽安委［2009］7号，2009年4月22日发布并实施）

福建省政府安委会关于印发安全生产“三项建设”实施意见（闽安委［2009］13号，2009年6月29日发布并实施）

福建省建设工程安全生产管理办法（省政府令106号，2009年6月29日发布，2009年8月1日起实施）

福建省2009年金属非金属矿山整顿关闭工作方案（闽安委［2009］23号，2009年10月20日发布并实施）

福建省2009年安全生产目标责任考评办法（闽安委［2009］24号，2009年10月25日发布并实施）

福建省安全生产事故隐患排查治理和监督管理暂行规定（闽政办［2009］149号，2009年9月21日发布并实施）

福建省人民政府办公厅关于进一步强化我省道路交通运输安全生产监督管理工作意见（闽政办［2009］200号，2009年12月14日发布并实施）

江西省

江西省安全生产监督管理局工作规则（赣安监管办字［2009］217号，2009年7月30日发布）

江西省安全生产监督管理局机关公文处理细则（赣安监管办字［2009］218号，2009年7月29日发布）

山东省

山东省工业生产建设项目安全设施监督管理办法（省政府令第213号，2009年6月17日发布，2009年8月1日起实施）

山东省人民政府办公厅关于印发开展打非治违抓责任活动推进安全生产三项行动工作方案的通知（鲁政办发［2009］27号，2009年4月21日发布并施行）

山东省人民政府办公厅关于推动全省安全生产责任保险试点工作的通知（鲁政办发［2009］37号，2009年5月11日发布并施行）

山东省人民政府办公厅关于贯彻国务院令第455号进一步加强烟花爆竹安全生产工作的通知（鲁政办发［2009］125号，2009年11月26日发布并施行）

河南省

关于印发《河南省安全生产重大行政处罚备案办法》（豫安监管政法［2009］423号，2009年12月4日发布）

关于印发《河南省安全生产行政处罚裁量标准适用规则》等制度的通知（豫安监管政法［2009］424号，2009年12月4日发布）

关于做好《河南省安全生产行政处罚裁量标准（试行）》学习贯彻的通知（豫安监管政法［2009］425号，2009年12月4日发布）

湖北省

湖北省安全生产委员会成员单位安全生产工作职责规定（鄂安办［2009］18号，2009年4月2日发布）

湖北省安委会关于《湖北省安全生产执法行动实施方案》、《湖北省安全生产治理行动实施方案》、《湖北省安全生产宣传教育行动实施方案》的通知（鄂安［2009］7号，2009年4月24日发布）

湖北省2009年安全生产工作目标考核细则（鄂安办［2009］93号，2009年10月11日发布）

湖南省

中共湖南省委 湖南省人民政府关于进一步加强安全生产工作的决定（湘发［2009］19号，2009年9月14日发布）

湖南省安全生产监督管理局工作规则（湘安监办［2009］185号，2009年8月18日发布）

湖南省安监局会议管理制度（湘安监办［2009］187号，2009年8月19日发布）

湖南省生产安全事故信息报告和处置实施办法（暂行）（湘安监信［2009］129号，2009年9月16日发布）

湖南省重大生产安全事故责任追究补充规定（湘办发［2009］21号，2009年9月14日发布）

湖南省安全生产监督管理职责暂行规定（湘政办发［2009］53号，2009年8月8日发布）

广东省

广东省金属非金属矿山安全标准化评定办法（试行）（粤安监［2009］205号，2009年6月10发布）

广东省安全生产监督管理局关于规范行政处罚自由裁量权的暂行规定（粤安监［2009］385号，2009年10月23日发布）

广西壮族自治区

广西壮族自治区安全生产监督管理责任暂行办法（2008年12月27日发布并实施）

广西壮族自治区烟花爆竹建设项目安全设施许可暂行规定（桂安监管烟爆［2009］16号，2009年6月16日发布）

海南省

海南省危险化学品企业安全生产标准化考评办法（琼安监管三［2009］199号，2009年11月19日发布）

海南省安全生产工作责任目标考核办法（琼府办［2009］50号，2009年4月8日发布并实施）

海南经济特区安全生产条例（海南省人民代表大会常

务委员会公告第33号，2009年11月30日发布2010年1月1日起实施）

重庆市

重庆市安全社区建设评定标准（渝安监［2009］123号，2009年5月27日发布）

重庆市安全生产行政责任追究暂行规定（重庆市人民政府令第225号，2009年7月14日发布，2009年9月1日发布）

重庆市安全生产工作联席会议制度（渝安委［2009］13号，2009年9月10日发布）

四川省

四川省安全生产行政执法人员再培训考试考核评议制度（试行）（川安监［2009］55号，2009年3月3日发布）

关于进一步加强四川省安全生产法制体制机制建设的实施方案（川安委［2009］21号，2009年12月7日发布）

贵州省

贵州省尾矿库安全管理办法（贵州省人民政府令第114号，2009年12月28日发布并实施）

中共贵州省委办法厅 省人民政府办公厅关于严厉打击非法开采矿产资源行为的通知（黔委厅字［2009］84号，2009年12月29日发布并实施）

省人民政府办公厅关于印发贵州省各地人民政府和有关部门安全生产监督管理责任的规定的通知（黔府办发［2009］30号，2009年4月1日发布并实施）

省人民政府办公厅关于印发贵州省生产经营单位安全生产主体责任的通知（黔府办发［2009］31号，2009年4月1日发布并实施）

省人民政府办公厅关于加快整合技改煤矿建设进度进一步做好安全生产工作的通知（黔府办发［2009］32号，2009年4月1日发布并实施）

省人民政府办公厅关于印发贵州省推进安全生产“三项行动”具体实施方案的通知（黔府办发［2009］39号，2009年4月17日发布并实施）

省人民政府办公厅关于印发贵州省井工矿山井内事故死亡人员经济赔偿的规定（黔府办发［2009］47号，2009年4月29日发布并实施）

省人民政府办公厅关于转发省安监局等部门贵州煤矿水害防治规定的通知（黔府办发［2009］64号，2009年6月25日发布并实施）

省人民政府办公厅关于转发省安监局贵州重大危险源安全监督管理规定的通知（黔府办发［2009］77号，2009年7月23日发布并实施）

省人民政府办公厅关于进一步加强煤矿瓦斯防治工作的意见（黔府办发［2009］86号，2009年9月14日发布并实施）

省人民政府办公厅关于印发贵州省大中型水库水域安全生产管理办法的通知（黔府办发［2009］87号，2009年9月14日发布并实施）

省人民政府办公厅关于印发贵州省尾矿库隐患治理实施方案的通知（黔府办发［2009］103号，2009年11月6日发布并实施）

省人民政府办公厅关于印发贵州省安全生产监督管理局主要职责内设机构和人员编制规定的通知（黔府办发［2009］110号，2009年11月16日发布并实施）

省人民政府办公厅关于印发贵州省安全生产隐患和事故瞒报谎报行为举报奖励办法的通知（黔府办发［2009］142号，2009年11月19日发布并实施）

印发贵州省关于进一步加强安全生产法制体制机制建设的实施方案的通知（黔安［2009］10号，2009年12月18日发布并实施）

印发贵州省关于进一步加强安全生产保障能力建设实施方案的通知（黔安［2009］11号，2009年12月30日发布并实施）

印发党组中心组学习制度的通知（黔安监管党字［2009］9号，2009年5月25日发布并实施）

印发全局党员干部深化拓展讲党性等活动办法的通知（黔安监管党字［2009］13号，2009年4月30日发布并实施）

印发中共贵州省安监局 贵州煤监局党组回复组织函询制度的通知（黔安监管党字［2009］15号，2009年4月30日发布并实施）

关于印发严禁安全监管监察人员在安全评价和安全培训中领取薪酬的规则的通知（黔安监管党字［2009］27号，2009年8月30日发布并实施）

印发贵州省安监局 贵州省煤监局党组工作原则的通知（黔安监管党字［2009］48号，2009年11月19日发布并实施）

加强我省安全生产档案工作的意见（黔安监管办字

［2009］50 号，2009 年 3 月 18 日发布并实施）

关于健全完善行政权力阳光运行配套工作制度的通知（黔安监管办字［2009］80 号，2009 年 5 月 6 日发布并实施）

关于印发制定行政规范性文件程序规定的通知（黔安监管办字［2009］108 号，2009 年 6 月 15 日发布并实施）

关于印发贵州安全监管监察执法统计分析报告制度的通知（黔安监管办字［2009］119 号，2009 年 6 月 30 日发布并实施）

关于印发《贵州省煤矿安全监管监察闭合工作机制（试行)》的通知（黔安监管办字［2009］130 号，2009 年 7 月 16 日发布并实施）

关于印发安全培训机构资格审查制度的通知（黔安监管办字［2009］131 号，2009 年 7 月 16 日发布并实施）

关于印发贵州省矿山救护队资质认定、审批、颁证工作制度的通知（黔安监管办字［2009］148 号，2009 年 7 月 7 日发布并实施）

关于印发贵州省安监局　贵州煤监局工作规则的通知（黔安监管办字［2009］217 号，2009 年 11 月 19 日发布并实施）

关于印发《贵州省小型煤矿顶板管理实施方案》的通知（黔安监管办字［2009］224 号，2009 年 12 月 1 日发布，2009 年 12 月 6 日实施）

关于印发 2009—2012 年大规模培训干部工作实施办法的通知（黔安监管人字［2009］73 号，2009 年 4 月 24 日发布并实施）

关于印发贵州省煤矿安全质量标准化标准及考核评级办法的通知（黔安监管煤矿字［2009］244 号，2009 年 12 月 25 日发布并实施）

关于印发煤矿安全事故调查处理工作制度的通知（黔煤安监调查字［2009］74 号，2009 年 7 月 13 日发布并实施）

关于印发《贵州煤矿安全监察局行政执法监督管理办法》的通知（黔煤安监执法字［2009］90 号，2009 年 8 月 31 日发布并实施）

甘肃省

甘肃省人民政府办公厅关于印发甘肃省安全生产年活动方案的通知（甘政办发［2009］47 号，2009 年 3 月 4 日发布）

甘肃省政府安全生产监督管理责任规定（甘肃省人民政府令第 60 号，2009 年 11 月 18 日发布，2010 年 1 月 1 日起实施）

甘肃省生产经营单位安全生产主体责任规定（甘肃省人民政府令第 61 号，2009 年 11 月 18 日发布，2010 年 1 月 1 日起实施）

关于进一步加强全省小水电站安全监管工作的意见（甘安监管二［2009］58 号，2009 年 4 月 24 日发布）

关于全面推进非煤矿山安全标准化建设的实施意见（甘安监管一［2009］57 号，2009 年 4 月 24 日发布）

青海

青海省安全生产监督管理局内设机构职责分工规定（青安监［2009］158 号，2009 年 11 月 4 日发布）

宁夏

2009 年全区安全生产工作要点（宁安办发［2009］11 号，2009 年 2 月 13 日发布）

全区安全生产宣传教育行动实施方案（宁安办发［2009］25 号，2009 年 4 月 1 日发布）

全区安全生产治理行动实施方案（宁安办发［2009］26 号，2009 年 4 月 1 日发布）

关于进一步加强煤矿瓦斯治理工作的实施意见（宁安委发［2009］6 号，2009 年 4 月 17 日发布）

新疆

新疆煤矿应急救援体系建设指导意见（新煤安监发［2009］100 号，2009 年 4 月 30 日发布）

新疆维吾尔自治区安监局 2009 年政策法规工作要点（新安监管办［2009］2 号，2009 年 2 月 26 日发布）

新疆维吾尔自治区煤矿安全生产“三项行动”实施方案（新煤监管发［2009］234 号，2009 年 5 月 18 日发布）

大连市

大连市人民政府关于印发大连市重大建设工程项目安全管理规定的通知（大政发［2009］24 号，2009 年 3 月 4 日发布并实施）

大连市人民政府关于印发大连市职业安全健康监督管理规定和作业场所职业安全健康工作指导意见的通知（大政办发［2009］66 号 103 号，2009 年 3 月 20 日发布，2009 年 5 月 1 日实施）

大连市人民政府办公厅关于印发大连市推进工业企

业安全生产诚信体系建设指导意见的通知（大政办发［2009］103号，2009年5月18日发布并实施）

大连市政府及有关部门安全生产职责暂行规定（大政办发［2009］134号，2009年10月6日发布并实施）

宁波市

宁波市培训机构管理办法（政府令163号，2009年7月1日发布）

厦门市

厦门市企业安全生产级别评定标准（厦安办［2009］9号，2009年2月27日发布）

青岛市

青岛市安全生产条例（2009年10月27日青岛市第十四届人民代表大会常务委员会第十三次会议通过，2009年11月28日山东省第十一届人民代表大会常务委员会第十四次会议通过，2010年1月1日起实施）

青岛市实施《生产安全事故应急预案管理办法》细则（青安监［2009］136号，2009年9月22日发布，2009年10月30日实施）

深圳市

深圳市安全管理条例（深圳市人民代表大会常务委员会公告105号，2009年5月31日发布，2009年8月1日起实施）

第十六部分

安全生产大事记

2009 年安全生产大事记

1 月

1 月 7 日　国土资源部召开新闻发布会，宣布《全国矿产资源规划（2008—2015 年）》经国务院正式批复同意并由国土资源部组织实施。

同日　沈鼓集团自主研制的百万吨乙烯装置用裂解气压缩机组试车成功，各项指标完全达到技术协议及国际标准要求，我国首台百万吨乙烯裂解气压缩机组问世。

1 月 9 日　由浙江大学和淮南矿业集团联合研究开发的国家“863”计划科技攻关项目——“循环流化床热电气焦油联产技术开发项目”在淮南通过验收，我国在延长煤的产业链上取得了重大进展。

1 月 15 日　国务院在北京召开全国安全生产电视电话会议。中共中央政治局委员、国务院副总理、国务院安全生产委员会主任张德江出席会议并讲话，他强调，2009 年要认真落实胡锦涛总书记、温家宝总理关于加强安全生产的一系列重要指示精神，把 2009 年作为“安全生产年”，深入开展“三项行动”（深入开展安全生产执法行动，严厉打击非法违法、违规违章生产行为；深入开展安全生产治理行动，突出抓好重点行业和领域的专项整治；深入开展安全生产宣传教育行动，提高安全生产意识和安全防范能力），切实加强“三项建设”（加强安全生产法制体制机制建设，促进政府安全监管责任和企业安全生产保障能力建设，推进应急救援和安全生产科技进步；加强安全生产监管队伍建设，坚持反腐倡廉，切实履行职责，提高监管能力和执法水平），促进安全生产形势稳定好转。国务院安全生产委员会办公室主任、国家安全监管总局局长骆琳通报 2008 年安全生产情况。

1 月 16—17 日　国家安全监管总局在京召开 2009 年全国安全生产工作会议。会议的主要任务是：深入学习贯彻党的十七大、十七届三中全会和中央经济工作会议精神，全面贯彻落实张德江副总理在国务院安委会全体会议和全国安全生产电视电话会议上的重要讲话精神，总结 2008 年工作，部署 2009 年任务。

1 月 17 日　国家“十一五”863 计划重点项目“煤矿井下采掘装备遥控关键技术”启动仪式在石家庄煤矿机械有限责任公司正式启动。项目由中国矿业大学、中国矿业大学（北京）、河北冀中能源集团、中煤装备集团、石家庄煤矿机械有限责任公司和西安煤矿机械有限责任公司共同承担。

同日　15 时 15 分，湖南省娄底涟源市伏口镇挂子岩煤矿 2152 回采工作面发生煤与瓦斯突出事故，造成 18 人死亡。

1 月 19 日　中共中央政治局委员、国务院副总理张德江视察淮南矿业集团公司顾桥煤矿。强调要标本兼治，狠抓落实，全面加强安全生产各项工作。安徽省委书记王金山、省长王三运、国家安全生产监督管理总局局长骆琳以及国务院有关部门负责人陪同视察。

1月24日　国务院发布《国务院关于修改〈特种设备安全监察条例〉的决定》，自2009年5月1日起施行。

1月25日　危险化学品安全生产监管部际联席会议第二次联络员会议在国家安全生产监管总局召开，会上交流了危险化学品监管工作在重点领域、重点问题、事故调查、监督检查等方面开展部际联合执法的经验。

1月31日　23时30分，福建省福州市长乐县拉丁酒吧10名左右青年在开生日聚会时，在桌面上燃放烟花，引燃天花板酿成火灾。现场救出35人，其中15人死亡，20人受伤（其中3人危重）。

本月　由中央地质勘查基金管理中心组织、中国国土资源经济研究院和财政部财政科学研究所共同承担完成的《矿产资源战略基地储备研究》课题项目通过专家组评审验收。这标志着我国矿产资源战略基地储备制度的前期研究工作已取得初步成果，作为我国矿产资源战略储备重要内容的矿产地储备工作开始启动。

2　月

2月1日　国务院安委会办公室发出《关于加强煤矿瓦斯治理工作体系示范工程建设的通知》（安委办［2009］2号），对示范工程建设目标和基本要求、工作思路和步骤、保障措施等做了说明。

2月3日　国家能源局成立以来的第一次全国能源工作会议在京召开。中央政治局常委、国务院副总理李克强出席并发表重要讲话。国家发展改革委副主任、国家能源局局长张国宝在会上指出，2009年能源工作要加快转变发展方式，大力优化能源结构，推进能源科技进步，加强能源合作，改进能源行业管理，以能源的可持续发展促进经济社会的可持续发展。2009年国家能源局要重点做好八项工作：一是加快电力工业结构调整，建设大型煤电基地；二是大力推进煤炭资源整合。煤炭工业必须大力推进发展方式转变，走可持续发展之路。加快大型煤炭基地建设，推进煤矿企业兼并重组，抓好安全生产，促进煤炭运输新通道建设；三是加强国际能源合作；四是积极发展可再生能源和新能源；五是推进节能和科技装备进步；六是加强能源法制建设和重大问题研究；七是加强和改进能源行业管理。建立能源信息系统，加强战略和规划，编制“十二五”能源规划，加快研究出台石油天然气、电力、可再生能源、煤层气等产业政策，加快制定和完善能源产品与技术标准；八是加强能源管理干部队伍建设。

2月5日　国家安全监管总局与国家地震局签订应急联动工作机制协议。在今后特别重大生产安全事故抢险救援和重大地震灾害抢险救援中，国家安全监管总局和国家地震局将可商请对方调集救援队伍参与救援。

2月10日　国家煤矿安全监察局印发《2009年煤矿安全工作要点》（煤安监综合［2009］5号）。

2月18日　公安部、文化部、国家工商行政管理总局、国家安全生产监督管理总局发出《开展公众聚集场所易燃可燃装修材料消防安全专项整治工作方案》的通知，决定从2月20日至4月20日，在全国范围组织开展为期60天的公众聚集场所易燃可燃装修消防安全专项整治。

同日　国家安监总局在京召开全国非煤矿山安全生产工作会议，总结2008年的经验，并对“安全生产年”非煤矿山各项工作进行了部署。

2月19日　国务院常务会议提出要控制总量，淘汰落后产能，停止审批单纯扩大产能的焦炭、电石等煤化工项目，坚决遏制煤化工盲目发展势头；要完善能源产品价格形成机制；推广资源综合利用和废弃物资源化技术，发展循环经济。

2月21日　中共中央政治局常委、国务院副总理李克强在江苏省委书记梁保华、省长罗志军等陪同下，看望慰问徐州矿业集团新河矿棚户区居民。

2月22日　2时20分，山西西山煤电集团屯兰煤矿南四盘区发生瓦斯爆炸事故，共造成78名矿工死亡、114人受伤，其中重伤5人。

2月22—23日　中共中央政治局委员、国务院副总理张德江赴山西焦煤集团屯兰矿指导山西焦煤集团屯兰矿“2·22”特别重大瓦斯爆炸事故处置工作。

2月25日　全国特种设备安全监察工作会议在京召开，会议总结了2008年全国特种设备安全监察工作情况，提出了2009年的工作思路。

3　月

3月3日　中华全国总工会、国家煤矿安全监察局联合发布《关于加强煤矿班组安全生产建设的指导意见》（总工发［2009］15号），要求持续、有效地加强和改进班组建设，提高防范事故、保证安全的能力。

3月5日　国土资源部发布《矿山地质环境保护规定》，自2009年5月1日起施行。

3月6日　国家安全监管总局副局长孙华山、日本驻华使馆公使波多野淳分别代表中日两方，在中国安全生产科学研究院举行了中日合作呼吸防护实验室揭牌仪式。

3月10日　卫生部、人力资源和社会保障部、国家安全监管总局，全国总工会发出《关于开展2009年〈职业病防治法〉宣传周活动的通知》，决定从4月24日至5月1日，在全国开展"《职业病防治法》宣传周"活动。

3月18—19日　全国煤矿瓦斯治理工作体系"双百工程"建设会议在江西省南昌市召开。国家安全监管总局副局长、国家煤矿安监局局长赵铁锤、国家煤矿安监局副局长兼总工程师王树鹤出席会议。

3月19日　16时左右，黑龙江哈尔滨市方正县境内一辆本田轿车，失控撞在右侧护栏。随后，一辆货车追尾撞到本田车尾部，货车随即停在道路中间，在车后500米处放置故障车标志牌。16时30分左右，一辆金龙大客车又撞到货车尾部，造成大客车上19人死亡，5人重伤，2人轻伤。

3月21日　17时湖南省衡阳市常宁市三角塘镇企业办煤矿（无证非法）发生透水事故，13人死亡。

3月26日　首批煤炭企业信用等级评价结果发布会在北京人民大会堂举行。会议由中国煤炭工业协会组织。中国煤炭工业协会会长王显政、国家安全生产监督管理总局副局长王德学、中国煤炭工业协会副会长濮洪九、国家煤矿安监局副局长黄毅出席发布会。

3月26—27日　全国职业安全健康监督管理工作现场会在辽宁省大连市召开。会议部署了全国职业安全卫生监管工作。

3月30日　国务院办公厅发出《关于进一步推进安全生产"三项工作"的通知》（国办发［2009］32号）。

本月　环境保护部网站发布公告，批准《规划环境影响评价技术导则　煤炭工业矿区总体规划》为国家环境保护标准。该标准规定了煤炭工业总体规划环境影响评价的一般原则、内容、方法和要求，自2009年7月1日起正式实施。

本月　国土资源部发出《关于继续暂停受理煤炭探矿权申请的通知》，决定除国务院批准的重点煤炭开发项目和使用中央地质勘查基金（周转金）或省级地质专项资金开展煤炭普查和必要详查的可以设置煤炭探矿权外，全国暂停受理新的煤炭探矿权申请，暂停时间到2011年3月31日止。

4　月

4月1日　国家安全监管总局发布《生产安全事故应急预案管理办法》（国家安全生产监督管理总局令第17号，2009年5月1日起施行）。

4月3日　国家安全监管总局局长骆琳在京会见了澳大利亚联邦资源、能源和旅游部部长福格森一行。骆琳回顾了中澳两国在煤矿安全领域的合作，并对双方进一步加强在安全生产领域的合作提出了建议。

同日　国务院安委会办公室发出《关于印发安全生产治理行动实施方案的通知》（安委办［2009］7号）。

同日　国务院安委会办公室发出《关于印发安全生产执法行动实施方案的通知》（安委办［2009］6号）。

同日　国务院安委会办公室发出《关于印发安全生产宣传教育行动实施方案的通知》（安委办［2009］8号）。

4月4日　5时30分黑龙江鸡西市鸡冠区天源公司金利煤矿（证照齐全）井下发生透水事故，12人死亡。

4月7日　国家煤矿安全监察局办公室发出《关于转发安徽煤矿安全监察局行政执法有关规章制度的通知》（煤安监司办［2009］7号），要求各省级煤矿安全监察机构借鉴学习安徽煤矿安全监察局研究制定的《安徽煤矿安全监察局行政执法监督办法》和《安徽煤矿安全监察局行政执法评议考核办法》。

4月8日　全国“安全生产月”和“安全生产万里行”组委会会议在京召开，审议通过了全国安全生产月和安全生产万里行活动方案。2009年的“安全生产月”和“安全生产万里行”活动的主题是“关爱生命、安全发展”。

同日　国家发展和改革委员会、国家能源局、国家安全监督管理总局、国家煤矿安全监察局发出《关于组织开展小煤矿瓦斯专项整治的通知》（发改能源［2009］889号），针对全国30万吨/年及以下的煤矿，计划用一年半左右时间组织开展小煤矿瓦斯专项整治。

4月9日　国家质检总局特种设备安全技术委员会换届大会在北京召开。会议总结了第3届安全技术委员会的工作并进行了换届，同时审议了新的委员会章程，讨论了第4届委员会的工作。

同日　卫生部发布《关于进一步落实责任切实做好职业病防治工作的通知》（卫监督发［2009］31号）。通知指出，近年来，群发性职业病危害事件时有发生，如安徽省无为县昆山乡小煤窑186名农民患尘肺病事件，广西壮族自治区河池市86人、梧州市131人患慢性铅中毒事件，以及云南省水富县返乡农民工30余人患硅肺病事件等。这些事件严重损害了劳动者健康，给国家造成重大损失，社会影响极其恶劣。为切实维护劳动者的健康及其相关权益，卫生部就进一步落实责任向各级卫生部门提出要求，以切实加强职业病防治工作。

4月10—11日　全国安全生产应急管理工作会议在四川省成都市召开。会议贯彻落实全国安全生产工作会议精神，安排部署了2009年安全生产应急管理工作。安监总局党组书记、局长骆琳出席会议并作重要讲话。

4月12日　中国安全生产协会劳动防护专业委员会第一次会员代表大会在京召开。大会通过了《劳动防护专业委员会工作条例（草案）》和《劳动防护专业委员会自律公约》，讨论了《2009年劳动防护专业委员会工作要点》。

4月15日　山西省人民政府发出《关于进一步加快推进煤矿企业兼并重组整合有关问题的通知》（晋政发［2009］10号），山西省迄今规模最大的一轮煤炭资源整合进入快车道。

4月15—17日　中国建筑业协会建筑安全分会2008年年会在云南省昆明市召开，首次发布了441个建设工程项目“AAA级安全文明标准化诚信工地”。

4月16日　中国职业安全健康协会五届一次常务理事会在昆明召开。会议审议了增补和调整理事议案、组建安全社区工作委员会议案、关于聘任副秘书长议案，就设立科学技术奖及有关办法作了说明。

4月17日　15时湖南郴州市永兴县樟树乡大岭煤矿发生炸药爆炸事故，造成19人死亡，1人下落不明。

4月20—21日　2009中国国际煤炭大会在北京召开。全国政协常委、中国煤炭工业协会会长、党委书记王显政出席大会开幕式并作了题为《中国煤炭工业的发展前景与挑战》的主题演讲。

4月23日　中共中央政治局常委、国务院副总理李克强到神华集团公司所属企业考察循环经济试点示范工作。

同日　国家安全生产监督管理总局、国家煤矿安全监察局发布《关于切实加强对地方政府煤矿安全监管工作监督检查的意见》（安监总煤监［2009］88号），加强煤矿安全监察机构与地方政府及其煤矿安全监管部门联合执法、情况通报等相关工作机制。

4月23—24日　全国冶金机械等行业安全监管工作会议暨安全生产标准化现场会在湖北省武汉市召开。这是今年国务院明确规定，在国家安全监管总局成立监管四司，监管冶金、机械、有色、建材、轻工、纺织、烟草、商贸等无主管行业安全生产工作以来召开的第一次会议。

4月26日　吉林省能源局在长春正式挂牌成立。吉林省能源局是全国第一个批准“三定”规定的省级能源管理机构，主要职责是：研究全省能源开发利用情况，提出能源发展战略和重大政策；拟订能源发展规划、计划；实施对原油、天然气、煤炭、电力等能源的管理，协调能源发展中的重大问题；研究提出能源节约、能源综合利用、发展新能源的政策措施，审核相关重大建设项目；推进全省能源体制改革。

4月27日　由国家安全监管总局、国际劳工组织和山东省政府共同主办的2009年“世界安全生产与健康日”主题报告会暨“全国安全社区”颁牌命名仪式等系列活动在山东菏泽举行。这次活动的主题是“工作中的健康与生活”，我国的主题为“推动社区安全文化建设”。

4月28日　庆祝“五一”国际劳动节暨保增长促发展劳动竞赛推进大会在北京人民大会堂举行。煤炭系统41人荣获今年的全国“五一”劳动奖章，18家集体荣获全国“五一”劳动奖状，49个基层单位获全国“工人先锋号”称号。

4月29日　国务院总理温家宝主持召开国务院常务会议，讨论并原则通过《关于2009年深化经济体制改革工作的意见》，决定调整固定资产投资项目资本金比例。会议决定，对现行固定资产投资项目资本金比例进行调整，降低城市轨道交通、煤炭等项目资本金比例，同时适当提高属于“两高一资”的电石、铁合金、焦炭等项目的资本金比例。

4月30日　公安部部长孟建柱签署第106号、第107号、第108号公安部令，发布实施《消防法》的配套规章《建设工程消防监督管理规定》，《消防监督检查规定》，《火灾事故调查规定》。3部规章于2009年5月1日起施行。

同日　由安徽淮南矿业集团与美国比塞洛斯国际公司合资组建的比塞洛斯（淮南）机械有限公司建设项目开工。

5　月

5月2日　13时30分左右，山东德州庆云县庆云镇杨庄子村发生一起非法加工鞭炮爆炸事故，造成13人死亡，2人受伤（其中1人重伤1人轻伤）。

5月6日　山西大同煤炭集团与大同市、中海油新能源公司共同签订了煤基清洁能源合作项目，就煤制天然气项目进行全方位合作。

5月8日　煤矿整顿关闭工作部际联席会议第四次会议在京召开。会议通报了一个时期以来煤矿整顿关闭工作进展情况，审议并原则通过了《深化煤矿整顿关闭工作指导意见》。联席会议召集人、国家安全生产监督管理总局局长骆琳主持会议并讲话，国家安全生产监督管理总局副局长、国家煤矿安全监察局局长赵铁锤通报了煤矿整顿关闭工作进展情况，国家煤矿安全监察局副局长付建华对提交会议讨论的《深化煤矿整顿关闭工作指导意见》稿作了说明。

同日　国土资源部印发《全国矿产资源潜力评价总体实施方案》和《全国矿业权实地核查总体实施方案》，要求加强矿产资源潜力评价阶段性工作成果的及时验收、总结、应用，为“十二五”矿产资源勘查工作规划部署提供服务。自2009年7月1日起，所有新设探矿权、采矿权必须按照本次矿业权实地核查工作要求，经过实地测量和埋桩设标后方可进行配号，以实现矿业权实地核查与矿业权统一配号工作的无缝连接。

5月12日　国务院发布《装备制造业调整和振兴规划》，规划期为2009—2011年。煤矿装备制造被列入振兴装备制造业十大领域重点工程。以平朔东、胜利东二号、白音华、朝阳等十个千万吨级大型露天煤矿，酸刺沟等十个深井煤矿，以及大型金属矿建设为依托，大力发展新型采掘、提升、洗选设备，重点实现电牵引采煤机、液压支架、大型矿用电动轮自卸车、大型露天矿用挖掘机等设备的国内制造。

5月13日　全国政协提案委员会召开提案办理协商会，就煤炭行业税费制度改革、切实减轻煤炭企业负担的相关提案沟通情况、交流意见，推动提案办理。

5月14日　国家安全生产监督管理总局发布《防治煤与瓦斯突出规定》，自2009年8月1日起施行，原煤炭工业部1995年1月25日发布的《防治煤与瓦斯突出细则》同时废止。

5月15日　5时50分云南昭通地区镇雄县五德镇干沟村茶山煤矿发生一起瓦斯爆炸事故，死亡10人。

5月16日　2时15分山西大同矿务局麻家梁煤矿主立井工程（基建矿井）施工至380米时发生炮烟窒息事故，11人死亡。

5月18日　中央决定，周福启同志任中央纪委驻国家安全生产监督管理总局纪检组组长，国家安全生产监督管理总局党组成员。

5月19日　国务院同意并转发了国家发展和改革委员会《关于2009年深化经济体制改革工作

的意见》。其中要求适时理顺煤电价格关系（发展改革委牵头）；完善煤炭成本构成，反映开采、经营过程中的资源、环境和安全成本（财政部牵头）。

5月19—20日　全国煤矿职业安全健康工作座谈会在宁夏银川召开。国家安全监督管理总局副局长、国家煤矿安全监察局局长赵铁锤出席会议并讲话，宁夏回族自治区政府副主席郝林海、中国职业安全健康协会理事长张宝明、中国煤矿尘肺病治疗基金会常务副理事长吴晓煜等到会并讲话。国家煤矿安全监察局副局长兼总工程师王树鹤主持会议。会议对《煤矿企业尘肺危害防治规定》（征求意见稿）进行说明并征求全国代表的意见。与会有关专家就煤矿职业病危害和防治状况进行分析，提出了对策。

5月24日　国务院办公厅下发《国家职业病防治规划（2009—2015年）》。

5月25日　国务院发出《国务院关于调整固定资产投资项目资本金比例的通知》（国发［2009］27号），规定煤炭、焦炭等项目，最低资本金比例为30%。经国务院批准，对个别情况特殊的国家重大建设项目，可以适当降低最低资本金比例要求。属于国家支持的中小企业自主创新、高新技术投资项目，最低资本金比例可以适当降低。外商投资项目按现行有关法规执行。

5月26日　国务院对5起特别重大生产安全事故的调查处理报告作出批复，认定5起特别重大生产安全事故均为责任事故，依照有关规定，对169名事故责任人作出严肃处理，分别给予党纪、政纪处分。131名涉嫌犯罪的责任人已被移送司法机关依法追究刑事责任。五起事故分别为：①2007年山西省临汾市洪洞县瑞之源煤业有限公司“12·5”特别重大瓦斯爆炸事故。②2008年“4·28”胶济铁路特别重大交通事故。③2008年山西省吕梁市孝义市安信煤业有限公司“6·13”特别重大炸药爆炸事故。④2008年山西省临汾市襄汾县新塔矿业有限公司“9·8”特别重大尾矿库溃坝事故。⑤2008年黑龙江省鹤岗市兴山区富华矿业有限公司“9·20”特别重大火灾事故。

同日　国家煤矿安全监察局办公室发出《关于调查中央企业煤矿安全生产情况的通知》（煤安监司函办［2009］9号），对央企煤矿基本情况、煤矿安全生产管理组织机构、收购、兼并、参股、入股中小煤矿的情况及煤矿安全管理工作的主要做法、经验和相关建议进行调查。

5月30日　10时55分重庆市松藻煤电有限公司同华煤矿观音桥三区安稳斜井掘进工作面发生煤与瓦斯突出事故，30人死亡。

6　月

6月1日　全国安全生产电视电话会议在京召开。中共中央政治局委员、国务院副总理、国务院安委会主任张德江要求深入分析当前安全生产形势，全面贯彻落实中央关于“质量和安全年”工作部署，深入开展“三项行动”，全面加强“三项建设”，明确任务，狠抓落实，坚决遏止重特大安全生产事故的发生，全力维护人民生命财产安全，有力促进经济平稳发展。

同日　公安部发布《社会消防安全教育培训规定》，自2009年6月1日起施行。

6月3日　首个由国务院批准建设的全国性煤炭交易平台中国（太原）煤炭交易中心项目开工仪式在太原举行。

6月5日　8时0分，四川成都市公交集团北星分公司一辆9路公交车行至三环路川陕立交桥处发生燃烧，造成127人死亡，72人受伤。

同日　重庆市武隆鸡尾山发生山体崩塌事故，崩塌的山体将山对面的三联采矿场和6户居民掩没。

6月6日　上午，2009年“安全生产万里行”出发仪式在福建省福州市五一广场举行。今年万里行活动的主题是“关爱生命、安全发展”。

同日　第四届“安全发展”高层论坛在北京人民大会堂举行。此次论坛的主题为“关爱生命，安全发展”。

6月7日　中国煤炭地质总局与印度尼西亚共和国巴布亚省政府、恒进国际投资有限公司在北京正式签署《印度尼西亚巴布亚省矿产资源勘探开发合作谅解备忘录》，三方组建合资公司，进行能源、矿业方面的合作。

6月8日　国家发展和改革委员会、国家能源局、国家安全生产监督管理总局、国家煤矿安全监察局联合发出《关于组织开展大中型煤矿瓦斯专项整治的通知》（发改能源［2009］1494号）。

6月8—9日　国家能源局在河南省焦作市组织召开全国煤矿瓦斯地质图编制工作启动暨培训会，动员部署全国煤矿瓦斯地质图编制工作，培训编图技术人员。

6月9日　华东地区最大的煤炭中转码头——浙江舟山煤炭中转码头正式开港，该码头也是全国最大的企业自备煤炭中转码头。

6月11日　财政部印发《企业会计准则解释第3号》，其中规定高危行业企业按照国家规定提取的安全生产费，应当计入相关产品的成本或当期损益，同时记入“4301专项储备”科目。企业使用提取的安全生产费时，属于费用性支出的，直接冲减专项储备。企业使用提取的安全生产费形成固定资产的，应当通过“在建工程”科目归集所发生的支出，待安全项目完工达到预定可使用状态时确认为固定资产；同时，按照形成固定资产的成本冲减专项储备，并确认相同金额的累计折旧。该固定资产在以后期间不再计提折旧。企业提取的维简费和其他具有类似性质的费用，比照上述规定处理。

同日　吉林省煤业集团有限公司在长春成立。吉林省委书记王珉、省长韩长赋为公司揭牌。

6月12日　国家安全生产监督管理总局　国家煤矿安全监察局发布《关于深入持久开展煤矿安全质量标准化工作的指导意见》（安监总煤行［2009］117号），加强煤矿安全生产规范化管理，夯实煤矿安全生产基础，有效防范和遏制重特大事故，推动安全生产状况的持续稳定好转，到2012年底，全国煤矿安全质量标准化达标率达到以下目标：大型煤矿（≥120万吨/年）95%以上；中型煤矿（120～30万吨/年）80%以上；小型煤矿（≤30万吨/年）60%以上。8月8日，国家安全生产监督管理总局、国家煤矿安全监察局印发《国家级安全质量标准化煤矿考核办法（试行）》（安监总煤行［2009］150号）。

6月14日　2009年全国安全生产月宣传咨询日活动在北京市天坛公园举行。全国人大常委会副委员长华建敏宣布2009年全国安全生产月宣传咨询日活动开始。国家安全监管总局局长骆琳致辞。

6月16日　国家安监总局发布《生产安全事故信息报告和处置办法》，自2009年7月1日起施行。

6月17日　8时17分左右贵州省黔西南州晴隆县中营镇新桥煤矿发生透水事故，造成13人死亡。

6月19日　中共中央政治局常委、国务院副总理李克强在河南省委书记徐光春陪同下考察郑州煤矿机械集团股份有限公司。

6月26日　河北冀中能源集团正式获准重组华北制药集团，冀中能源兼并重组华北制药是国内首次以国有大型煤炭企业为主兼并重组大型医药企业。

6月28日　第五届中国国际煤炭装备及矿山技术设备展览会在北京开幕。

6月30日　国家煤矿安全监察局办公室发出《关于推广低透气性煤层群无煤柱煤与瓦斯共采关键技术的通知》（煤安监司办［2009］15号），印发淮南矿业集团整理的《低透气性煤层群无煤柱煤与瓦斯共采关键技术》材料，推广应用这一煤矿瓦斯治理技术。

本月　国内首台矿用抢险探测机器人在河北唐山开诚电控设备集团研制成功。这使我国成为继美国之后第二个掌握该项技术的国家。

7　月

7月1日　国家安全监管总局发布《作业场所职业健康监督管理暂行规定》，自2009年9月1日起施行。

同日　国家安全监管总局发布《安全评价机构管理规定》，自2009年10月1日起施行，原国家安监局（国家煤监局）2004年10月20日发布的《安全评价机构管理规定》同时废止。

7月1—3日　由国家安全生产监督管理总局主办，国家安全生产应急救援指挥中心、国家安全生产监督管理总局国际交流合作中心承办的第二届中国国际安全生产应急管理论坛暨应急技术与装备展览会在北京国际会议中心举行。此次论坛的主题为“加强应急管理，提高应急能力，促进安全发展”。

7月3日　由河南郑州煤矿机械集团自主研发的“世界第一高”——神华ZY16800/32/70D型液

压支架样机接受了来自中国液压支架行业研发、设计、制造、使用等各方面专家组成的评议组检验。

同日　国家质量监督检验检疫总局发布并实施《特种设备事故报告和调查处理规定》。

7月5日　温家宝总理深入大同煤矿塔山矿井，到460多米深的矿井采掘区，看望正在作业面工作的矿工，并与他们一起用餐。温家宝总理说："在应对国际金融危机时，一定要把煤炭生产搞好。必须正确处理保增长与安全生产的关系，任何时候安全生产都是第一位的，在安全生产中实现经济平稳较快增长。"

同日　我国目前规模最大的煤层气液化项目——山西港华煤层气有限公司承担的煤层气液化一期工程投产剪彩暨二期工程动土仪式在晋城市沁水县举行。

7月6日　我国首座自主开发设计制造并建设的IGCC（整体煤气化联合循环发电系统）示范工程项目——华能天津IGCC示范电站在天津市临港工业区开工建设，标志着具有我国自主知识产权、代表世界清洁煤技术前沿水平的"绿色煤电"计划取得了实质性进展。

7月10日　科学技术部、国务院国资委、中华全国总工会联合发布《关于确定第三批创新型试点企业的通知》，确定了182家企业为第三批创新型试点企业，其中煤炭行业有6家企业：中国中煤能源集团公司、山西潞安矿业（集团）有限责任公司、山西晋城无烟煤矿业集团有限责任公司、兖矿集团有限公司、郑州煤矿机械集团股份有限公司、永城煤电控股集团有限公司。

7月15日　中国科技部、国家能源局和美国能源部在人民大会堂共同举行新闻发布会，宣布成立中美清洁能源联合研究中心。清洁煤纳入联合研究中心首批优先领域。

同日　中国华能集团公司控股的西安热工研究院与美国未来燃料公司正式签署了美国宾夕法尼亚州150兆瓦IGCC（整体煤气化联合循环发电系统）项目煤气化技术使用许可协议。这标志着我国自主开发的IGCC核心技术——大型干煤粉煤气化技术进入美国市场，也是我国大型干煤粉加压气化技术首次进入西方发达国家能源市场。

7月17日　国家安全生产监督管理总局、国家煤矿安全监察局发布《关于推进煤矿企业安全生产诚信建设的指导意见》（安监总煤办［2009］135号），对诚信建设的主要制度提出了建立煤矿企业安全生产诚信报告制度、建立煤矿企业安全生产承诺制度、建立煤矿安全生产诚信缺失企业"黑名单"制度、建立煤矿企业安全生产诚信档案制度、建立煤矿企业安全生产诚信评价制度、建立煤矿企业安全生产诚信度公告和通报预警制度、建立煤矿企业安全生产诚信考核奖惩制度、建立煤矿企业安全生产诚信监督制度等。

7月19日　国务院办公厅印发《2009年节能减排工作安排》（国办发［2009］48号）。要求加强目标责任考核、推动重点工程实施、严控高耗能、高排放行业盲目扩张、加快技术开发和推广、着力抓好重点领域节能减排、大力发展循环经济、完善相关经济政策、加快法规和标准建设、强化节能减排监管、加强监管能力建设、开展规划编制等重大问题研究、加大宣传教育工作力度。2009年，通过实施十大重点节能工程，形成7500万吨标准煤的节能能力。

7月21日　国务院安委会办公室发出《关于防范煤矿水害事故的紧急通知》（安委办明电［2009］43号）。要求认真落实雨季水害防治工作、严格雨季巡视和停产撤人制度、认真落实雨季各项防治水措施、严禁超层越界和盲目组织生产、建立健全预防暴雨洪水的应急救援体系、认真吸取事故教训。

7月22日　国家安全生产监督管理总局、国家煤矿安全监察局发出《关于进一步加强煤矿职业健康工作的通知》（安监总煤调［2009］142号）。

7月25日　国家安全监管总局发布《安全生产监管监察职责和行政执法责任追究的暂行规定》，自2009年10月1日起施行。

7月27日　国家安全生产监督管理总局、国家煤矿安全监察局、国家发展和改革委员会、国家能源局联合发出《关于进一步加强煤矿建设项目安全工作的通知》（安监总煤监［2009］146号），在建设环节上有效防范和坚决遏制重特大煤矿建设事故的发生。

7月28日　未来科技城暨北京低碳清洁能源研究所奠基典礼在北京昌平举行。该项目是神华集团等13家央企为落实中央引进海外高层次人才

"千人计划"集中建设的人才创新创业基地和研发机构集群。

7月30日　国家安全监管总局、国家煤矿安监局出台了《推进煤矿企业安全生产诚信建设的指导意见》，决定在煤矿企业广泛开展推进安全生产诚信建设活动，构建安全生产长效机制。

8　月

8月6日　国家煤矿安全监察局办公室发出《关于转发河北煤矿安全监察局行政执法四项制度的通知》（煤安监司办［2009］20号），对河北煤矿安全监察局研究制定的《行政执法监督办法》、《煤矿安全监察行政执法考核办法》、《行政执法优秀案卷评比检查办法》和《定期通报重大行政处罚案件制度》等四项制度在煤炭系统内进行推广。

8月8日　国务院办公厅在黑龙江省哈尔滨市召开推进城市和国有工矿棚户区改造工作座谈会，中共中央政治局常委、国务院副总理李克强在座谈会上强调要扎实推进棚户区改造，实施好重大民生工程。

同日　国家安全监管总局、国家煤矿安监局下发《国家级安全质量标准化煤矿考核办法（试行）》。

8月10日　公安部、商务部、海关总署、国家工商行政管理总局、国家安全监管总局、国家食品药品监督管理局6部门联合发出《关于进一步加强易制毒化学品管制工作的指导意见》。

8月14日　国家安全监管总局、卫生部、人力资源社会保障部和全国总工会4部门联合发出《关于开展粉尘与高毒物品危害治理专项行动的通知》，决定用一年半左右的时间，在全国范围内组织开展粉尘与高毒物品危害治理专项行动。

8月19日　国家安全生产监督管理总局、国家煤矿安全监察局、国家发展和改革委员会、公安部、监察部、财政部、人力资源和社会保障部、国土资源部、环境保护部、国务院国资委、工商总局、电监会、国家能源局、全国总工会等14部委联合发布《关于深化煤矿整顿关闭工作的指导意见》（安监总煤监［2009］157号）。要求通过深化煤矿整顿关闭工作，将现有小煤矿淘汰关闭一批、资源整合扩能改造一批、大集团兼并重组一批，力争到"十一五"期末把小煤矿数量控制在1万处以内。

8月20日　财政部、国家安全生产监督管理总局、国家煤矿安全监察局联合印发《中央财政整顿关闭小煤矿专项资金管理办法》（财企［2009］175号），明确小煤矿专项资金以实际关闭小煤矿数量为考核主体，兼顾生产能力、职工人数、地区差异状况等因素，遵循"突出重点、公开透明、严格管理、确保实效"的原则进行分配。

同日　卫生部发布《关于进一步加强职业病诊断与鉴定管理工作的通知》（卫监督发［2009］82号）。通知指出，近来新闻媒体报道了河南省新密市农民工张海超为证明自己患职业病，无奈"开胸验肺"的事件。事件发生的根本原因是张海超所在务工单位存在严重损害劳动者健康的违法行为。同时，也反映出一些地方卫生部门对职业病诊断与鉴定重视不够，领导不力；职业病诊断与鉴定机构法制意识、服务意识不强，技术水平有待提高问题。为贯彻实施《中华人民共和国职业病防治法》和《国家职业病防治规划（2009—2015年）》，该通知要求，切实维护劳动者的健康及其相关权益，进一步加强职业病诊断与鉴定管理工作。

8月24日　11时10分山西晋中和顺县山西星光煤业有限责任公司正在施工的新建井筒（回风立井）发生一起瓦斯爆炸事故，造成14人死亡。

8月26日　国务院总理温家宝主持召开国务院常务会议，研究部署抑制部分行业产能过剩和重复建设，引导产业健康发展，强调当前要重点加强对钢铁、煤化工等行业发展的指导。

8月29日　由美国环球合作有限公司、美国比克比能源系统公司与呼和浩特市蒙苑实业有限公司、内蒙古北方药都科技发展有限公司合作的总投资30亿元的煤制活性炭、天然气项目签约仪式在呼和浩特举行。

8月30日　中国煤炭行业首个循环经济园区——同煤集团塔山工业园区正式建成投运。

本月　内蒙古通辽霍林郭勒市建成直径120米、煤高33.5米、总储量20万吨的节能环保型储煤仓，也是霍林河露天煤矿坑口电厂外部输储煤系统主体工程。

本月　中央政治局委员、全国人大常委会副委员长、全国总工会主席王兆国，中央政治局委员、国务院副总理张德江分别在《国内动态清样》（第3202期）“白国周班组管理法有效防止煤矿安全事故”上做出重要批示。王兆国的批示是：“这是很好的班组管理典型”，“工会应当与有关部门一起抓好班组管理”。张德江的批示是：“煤矿安全生产，加强班组建设发挥班组作用十分重要，‘白国周班组管理法’是白国周同志在井下工作二十几年安全生产实践经验的总结和不断创新的成果。建议在煤矿系统推广‘白国周班组管理法’，把煤矿安全生产落实到班组。”

9 月

9月2—3日　由中国煤炭工业协会主办的“全国大型煤矿建设现场会暨推进煤炭生产规模化现代化发展论坛”在内蒙古鄂尔多斯市召开。中共中央政治局委员、国务院副总理张德江致信祝贺。中国煤炭工业协会会长王显政到会讲话。大会讨论通过了《中国煤炭工业协会关于加快推进大型现代化煤矿建设的指导意见》。神华集团上湾煤矿等292家单位被评为2008年度煤炭工业安全高效矿井（露天）。

9月3—4日　国家发展和改革委员会、国家能源局、科技部、国家安全生产监督管理总局、国家煤矿安全监察局在江西南昌召开全国煤矿瓦斯防治工作会议。中共中央政治局委员、国务院副总理张德江出席会议并作重要讲话。强调，搞好瓦斯抽采利用，是煤矿瓦斯防治的治本之策。要继续深化煤矿瓦斯综合治理，推进瓦斯防治工作体系建设，抓紧理顺体制机制，落实和完善国家瓦斯抽采利用的政策措施，确保完成“十一五”期间瓦斯抽采利用的目标任务，努力化害为利、变废为宝，消除煤矿瓦斯事故隐患。要进一步推进“三项行动”和“三项建设”，依法严厉打击非法违法生产行为，继续做好煤矿整顿关闭工作。要努力提高技术装备水平，增强安全生产科技保障能力。要切实加强班组建设，狠抓煤矿安全基础管理。要落实安全生产责任，进一步加强煤矿安全监管，有效防范和遏制煤矿重特大生产安全事故发生。发展改革委副主任、国家能源局局长张国宝做了工作报告，国家安全生产监督管理总局局长骆琳出席会议并讲话。

9月7日　国家安全监管总局发布《海洋石油安全管理细则》，自2009年12月1日起施行。

9月8日　国家发展和改革委员会办公厅发出《关于聘任全国煤炭生产监管咨询专家的通知》（发改办运行［2009］1910号），聘任成巨业等200人为全国煤炭生产监管咨询专家。

同日　凌晨1时许，河南省平顶山市新华区新华四矿发生特大瓦斯爆炸事故，67人遇难，9人失踪。

同日　国家安全监管总局下发《冶金企业安全生产监督管理规定》，自2009年11月1日起施行。

同日　国家安全监管总局下发《作业场所职业危害申报管理办法》，自2009年11月1日起施行。

9月9日　《国务院关于进一步实施东北地区等老工业基地振兴战略的若干意见》发布。推进内蒙古东部地区能源重化工基地、黑龙江东部煤电化工基地和辽西北煤化工基地建设，提高资源转化利用水平等进入扶持重点产业集聚区加快发展之列。

9月14日　“100位为新中国成立作出突出贡献的英雄模范人物和100位新中国成立以来感动中国人物”代表座谈会在北京人民大会堂举行。谢延信作为刚刚当选的“100位新中国成立以来感动中国人物”当代煤矿工人的唯一代表参加了座谈会。

9月17日　国务院发布《农业机械安全监督管理条例》，自2009年11月1日起施行。

9月20日　煤炭资源与安全开采国家重点实验室通过科技部验收。

同日　第二届全国道德模范评选表彰颁奖典礼——《道德的力量》在北京举行。曾在2007年获得“感动中国的矿工”殊荣的朱邦月被评为第二届全国道德模范孝老爱亲模范。

9月21日　国家安全监管总局下发《煤矿防治水规定》，自2009年12月1日起施行。

9月22日　由中华全国总工会举办的“时代领跑者——新中国成立以来最具影响的劳动模范”评选活动揭晓。开滦集团唐山矿业公司工会副主席赵国峰等60名全国劳模成为公众心中建国60年来最具影响的劳动模范，并出席了颁奖典礼。开滦集团已故全国著名劳模侯占友获得“时代领跑者——新中国成立以来最具影响的劳动模范”提名奖。

9月23日　国务院总理温家宝主持召开国务院常务会议，讨论并原则通过《促进中部地区崛起规划》。其中提出了要推进大型煤矿建设。

9月24日　长14米、高2.8米、重180吨的国内目前最大的采煤机在山西太重煤机·太矿工业园成功下线。以这套采煤机为代表的《千万吨级矿井高产高效工作面综采成套设备与关键技术攻关》科研项目通过了专家组的评议验收，达到了国际先进水平。

9月26日　国务院批转国家发展和改革委员会、工业和信息化部、监察部、财政部、国土资源部、环境保护部、人民银行、质检总局、银监会、证监会等10部门《关于抑制部分行业产能过剩和重复建设引导产业健康发展的若干意见》，其中要求煤炭行业要严格执行煤化工产业政策，遏制传统煤化工盲目发展，今后三年停止审批单纯扩大产能的焦炭项目，今后三年原则上不再安排新的现代煤化工试点项目。10月19日，国家发展和改革委员会、工业和信息化部、监察部、财政部、国土资源部、环境保护部、中国人民银行、质检总局、银监会和证监会，就抑制部分行业产能过剩和重复建设，引导产业健康发展召开部门联合信息发布会。为抑制部分行业产能过剩，国家发展和改革委员会等部门联手采取九项措施：严格市场准入、强化环境监管、依法依规供地用地、实行有保有控的金融政策、严格项目审批管理、做好企业兼并重组工作、建立信息发布制度、实行问责制、深化体制改革。

9月28日　国土资源部、国家发展和改革委员会、工业和信息化部、公安部、监察部、财政部、环境保护部、商务部、国家工商行政管理总局、国家安全生产监督管理总局、国家能源局、国家煤矿安全监察局联合发布《关于进一步推进矿产资源开发整合工作的通知》。对煤等重要矿种的资源整合时间进度做了设定。要求2010年3月底前，各省、自治区、直辖市按要求组织编制和审批整合实施方案，并报国土资源部备案。2010年年底前，按照经批准的进一步推进整合实施方案，全面完成整合工作任务，建立健全矿产资源管理有关制度，初步建立矿产资源开发利用长效机制。2011年起，整合工作转入常态化管理。凡未按整合实施方案完成整合工作任务的地区，自2011年1月1日起，不得新设矿业权。

9月30日　《国务院办公厅关于应对国际金融危机保持西部地区经济平稳较快发展的意见》（国办发［2009］55号）发布。推进宁东等大型煤电基地建设，引导资源富集区可持续发展，抓紧在青海柴达木、内蒙古鄂尔多斯、四川攀枝花、新疆准噶尔、贵州六盘水等资源富集区开展循环经济区试点，推进资源有序开发；加大矿产资源勘探力度，形成一批能源、矿产资源重要接替区；加快甘肃白银、宁夏石嘴山、云南个旧、陕西铜川、重庆万盛区等资源枯竭城市转型等意见在列。

同日　国家煤及煤化工产品质量监督检验中心（淮南）在安徽省淮南市开工建设。

9月底　煤炭行业的山西晋城无烟煤矿业集团寺河矿井、安徽国投新集股份公司刘庄煤矿、宁夏羊场湾矿井、山东兖州矿业集团国泰公司的年产20万吨醋酸和日处理1000吨煤新型气化炉及其配套工程等4项工程入选新中国成立60周年“百项经典建设工程”。

10　月

10月9日　23时15分辽宁阜新市海州区中兴煤矿有限公司（乡镇煤矿）东部井一区西翼运煤下山发生火灾事故，造成13人死亡。

10月12日　由神华集团神宝公司、神华国贸公司共同出资建设的国内首家褐煤提质工业示范项目一次性带负荷试车成功，产出型煤7吨，成球率达到80%以上，较原设计高出10%。

同日　俄罗斯副总理谢钦一行在国家发展和改革委员会副主任兼能源局局长张国宝、神华集团公司董事长张喜武、总经理张玉卓等陪同下，参观访问神华煤直接液化工程。

10月13日　国家质量监督检验检疫总局发布《机动车安全技术检验机构监督管理办法》，自2009年12月1日起施行。

10月14日　我国首个世行贷款煤层气开发利用项目——总投资13.5亿元（其中世行贷款为8000万美元）的山西能源煤层气投资控股有限公

司世行贷款煤层气开发利用示范项目煤层气液化工程在沁水县端氏镇东山村正式奠基开工。

同日　18时20分，神华宁夏煤业集团有限责任公司大峰矿羊齿采区基建工程A区段发生一起重大炸药爆炸事故，造成14人死亡、2人重伤、5人轻伤。

10月17—19日　中共中央政治局常委、全国政协主席贾庆林和全国政协副主席兼秘书长钱运录等在内蒙古自治区调研，到神华鄂尔多斯煤制油分公司等企业实地考察内蒙古自治区在推动煤炭资源清洁化利用、发展新能源产业等方面的思路和举措。

10月18日　国务院办公厅发布《关于加强基层应急队伍建设的意见》（国办发［2009］59号），分别就基本原则和建设目标、加强基层综合性应急救援队伍建设、完善基层专业应急救援队伍体系、完善基层应急队伍管理体制机制和保障制度等提出了要求。

同日　由国家文物局主办的全国博物馆十大精品陈列终评揭晓，河北省开滦博物馆荣获全国博物馆十大精品陈列最佳综合效益奖。该奖项为国内文博行业的最高政府大奖，每两年评选一届，代表了目前博物馆展陈方面的最高水平。

同日　中国煤炭博物馆与英国国家煤矿博物馆建立友好合作关系谅解备忘录签字仪式在太原举行。

同日　在中国矿业大学建校100周年之际，中共中央总书记、国家主席胡锦涛致信表示祝贺。日前，中共中央政治局常委、国务院总理温家宝在批示中勉励该校毕业生。同日，中国矿业大学举行庆祝大会。中共中央政治局委员、国务委员刘延东出席大会并讲话。

10月18—20日　全国安全社区工作会议暨第五届亚洲安全社区会议在北京召开，部署和动员全国范围内规范、有序开展安全社区建设。本次会议的主题是“安全、健康、和谐”。

10月23日　澳大利亚政府有条件批准中国兖州煤业股份有限公司收购澳大利亚费利克斯资源有限公司交易案。

10月26日　由中国煤炭工业协会主办的首届中国国际煤炭行业峰会在北京召开。大会以“金融危机下的煤炭工业可持续发展”为主题，围绕“金融危机下的世界煤炭工业发展趋势”，“低碳经济与世界煤炭工业可持续发展”，“世界煤炭工业与大型企业发展”等议题展开了广泛交流与讨论。与会代表从不同角度阐述了各国煤炭工业的相关政策及发展态势，并就煤炭工业的发展战略、应对金融危机所采取的措施、海外合作战略、低碳经济、环境保护等当前世界煤炭工业发展面临的关键性问题发表了各自的观点。来自中国、美国、日本、澳大利亚、英国、德国、俄罗斯、波兰、印度、印度尼西亚、韩国、南非、瑞士、乌克兰、津巴布韦和世界采矿大会、世界能源理事会、国际能源署、欧盟、联合国计划开发署等20个国家、国际组织的200多名官员和企业界高层代表和专家学者参加了大会。全国政协常委、中国煤炭工业协会会长、本届国际煤炭峰会组委会主席王显政与国家能源局副局长吴吟在大会上做了主题发言。

同日　谢延信获“当代中华最感人的十大慈孝人物”称号。

10月27日　由国家电力监管委员会主办的首届中国国际电力安全发展暨电力应急管理论坛在北京开幕。论坛以“加强安全管理，提高应急能力，实现电力安全发展”为主题。

同日　由中国煤炭工业协会主办的第十三届中国国际煤炭采矿技术交流及设备展览会在北京农业展览馆开幕。全国政协副主席张梅颖，国家安全生产监督管理总局副局长、国家煤矿安全监察局局长赵铁锤，中国煤炭工业协会会长王显政，中国煤炭工业协会副会长濮洪九，全国政协副秘书长卢昌华，国家能源局副局长吴吟等参加开幕式。本次展览会共有345家企业参展，其中中国公司191家，来自美国、加拿大、澳大利亚、英国、德国、法国等国家和地区的海外公司154家。展览会的展示内容涵盖煤炭采矿行业的多个领域，突出展示煤矿建设、安全生产、瓦斯抽采、综合利用等方面的技术、设备及解决方案的最新成果和发展趋势，设备成套化、大型化、重型化成为此次展会的亮点。

同日　国家安全生产监督管理总局、国家煤矿安全监察局、国务院国有资产监督管理委员会、中华全国总工会、共青团中央联合发出《关于学习推广“白国周班组管理法”进一步加强煤矿班组建设的通知》（安监总煤行［2009］212号）。

本月　煤炭行业有9项工法被评为2007—

2008 年度国家级工法。其中 4 项为国家一级工法、5 项为国家二级工法。

本月　以矿用特殊防爆蓄电池电源为动力源的煤矿井下无轨胶轮运输车，在中煤集团装备公司所属的石煤机公司研制成功。该运输车外形宽为 115 厘米，长 396 厘米，为目前国内体积最小的蓄电池胶轮运输车。

本月　中国中煤能源集团公司下属装备公司成功试制了 ZY17000/33/75D 型电液控大采高煤矿液压支架。支架立柱缸径为 500 毫米，工作阻力 17000 千牛、支护强度 1.46 兆帕、支护高度 7.5 米。

11　月

11 月 2 日　国家安全监管总局办公厅、卫生部办公厅、全国总工会办公厅颁布《关于公布全国职业安全健康知识竞赛获奖名单的通知》，据不完全统计，全国共有 10 万多家企业、近 4000 万人参加了此项活动，规模和人数均创历史新高，全国各地尤其在企业掀起了学习职业安全健康知识、开展控制职业危害和事故伤残活动的热潮，取得了良好的社会反响。

11 月 3 日　国家安全监管总局、国家煤矿安监局和全国总工会在全国煤矿推广学习“白国周班组管理法”，以推进班组安全基础建设。

同日　中共中央政治局常委、国务院总理温家宝在人民大会堂向首都科技界发表了题为《让科技引领中国可持续发展》的讲话。强调要高度重视新能源产业发展，创新发展可再生能源技术、节能减排技术、清洁煤技术及核能技术，大力推进节能环保和资源循环利用，加快构建以低碳排放为特征的工业、建筑、交通体系。

同日　由神华集团、美国陶氏化学公司与陕西榆林三方合资合作的煤化工项目——神华—陶氏榆林循环经济煤炭综合利用项目奠基。

11 月 3—4 日　国家安全生产监督管理总局、国家煤矿安全监察局和中华全国总工会联合在郑州召开全国煤矿学习推广“白国周班组管理法”推进班组安全基础建设工作会议。国务院安委会副主任，国家安全监管总局党组书记、局长骆琳，河南省委副书记、省长郭庚茂，中华全国总工会副主席、书记处书记张鸣起，国家安全监管总局副局长、国家煤矿安监局局长赵铁锤，河南省副省长史济春，国家煤矿安监局副局长王树鹤、彭建勋、黄毅等出席会议。

11 月 13 日　国家发展和改革委员会发出《关于积极应对恶劣天气影响抓紧做好煤电油气运及重要物资保障工作的紧急通知》（发改电［2009］303 号）。

11 月 16—17 日　全国职业病诊断与鉴定工作会议在京召开。

11 月 17 日　中美清洁能源合作签字仪式在人民大会堂举行。国务院副总理李克强、外交部副部长何亚非、国家发展和改革委员会副主任张晓强、商务部副部长马秀红和美国能源部部长朱棣文、商务部部长骆家辉等中美政府官员出席签字仪式，共同见证了中美政府和企业间 8 个合作协议及谅解备忘录的签字活动。神华集团与美国 GE 公司电力和水资源公司签署了《神华—GE 关于设立气化技术合资公司的谅解备忘录》。

11 月 21 日　凌晨 2 时 30 分左右，黑龙江省龙煤集团鹤岗分公司新兴煤矿发生特别重大瓦斯爆炸事故，当班入井 528 人，其中 420 人获救生还，108 人遇难。

11 月 22 日　10 时 0 分，湖南怀化市辰溪县郭家湾煤矿井下发生瓦斯爆炸事故，造成 15 人死亡，1 人重伤，3 人轻伤。

11 月 24 日　国务院安委会发出《关于深刻吸取黑龙江省龙煤集团鹤岗分公司新兴煤矿“11·21”特别重大瓦斯爆炸事故教训切实加强安全生产工作的通知》（安委明电［2009］3 号）。

11 月 27 日　国务院对《河北省蔚县李家洼煤矿新井“7·14”特别重大炸药燃烧瞒报事故调查报告》和《四川省巴中市“9·13”特别重大道路交通事故调查报告》作出批复，认定“7·14”事故是一起非法盗采国家资源、造成重大人员伤亡、恶意瞒报的责任事故；认定“9·13”事故是一起责任故事。依照有关规定，对 33 名事故责任人作出严肃处理，分别给予党纪、政纪处分。48 名涉嫌犯罪的责任人已被移送司法机关依法追究刑事责任。

同日　13 时 55 分，吉林通化市梅河口市综合煤矿发生一起透水事故，16 人遇难。

11月27—28日　“2009年度全国矿山医疗救护工会议”在北京召开。国家安全生产监督管理总局与卫生部作出决定，全国矿山医疗救护体系纳入国家应急医疗卫生救援体系，在矿难事件救援中，接受国家安全监管总局的统一指挥调度；在突发事件应急医疗卫生救援工作中，接受卫生部的统一调度。

本月　新疆地矿部门在吐鲁番地区沙尔湖煤田勘查区钻探出一处单层最大厚度为217.14米的煤层，刷新全国已勘探出的单煤层厚度纪录。

12　月

12月1日　重庆能源集团与香港中华煤气在香港签署了投资、建设和运行煤矿煤层气液化项目合资合同，对重庆能源集团下属全资子公司——松藻煤电公司的煤层气进行综合开发利用。

12月2日　中国工程院发布2009年度院士当选公告，中国矿业大学刘炯天为化工、冶金与材料工程学部院士，淮南矿业（集团）有限责任公司袁亮为能源与矿业工程学部院士，中国中煤能源集团王安为工程管理学部院士。

12月4日　兖州煤业斥资逾200亿元人民币收购澳大利亚菲利克斯资源（Felix Resources Limited）100%股权一事获得国家发展改革委同意。

12月7日　由中科院福建物构所联合江苏丹化集团和上海金煤化工公司开展技术攻关的20万吨煤制乙二醇工业示范项目试车成功并生产出合格的乙二醇产品，率先实现了煤制乙二醇成套技术产业化。

12月10日　“全国企事业知识产权工作会议暨全国专利运用与产业化会议”在海南召开。我国煤炭行业中兖矿集团被国家知识产权局命名为首批“全国企事业知识产权示范单位”（共57家）。

12月14日　国家发展和改革委员会发布《国家发展改革委关于完善煤炭产运需衔接工作的指导意见》（发改运行［2009］3178号），取消各种形式的全国煤炭产运需衔接会。要求充分发挥企业市场主体作用，自主衔接，协商订货，并鼓励双方企业签订长期合同，煤炭价格继续实行市场定价，进一步完善煤炭价格市场形成机制。政府不再行政干预企业签订合同，不再协调电煤价格。

12月16日　神华亿利黄玉川煤矿副立井提升系统重载试运转成功，开创了国内立井提升全无轨运输先例。

12月18日　国内首个煤炭储备配送基地山东龙口煤炭储备配送基地（山东龙海煤炭配送有限公司）投入运营。

同日　国家安全监管总局与环保部共同协商，决定建立应急联动工作机制，做好因生产安全事故引发的预警与应对工作。两部门正式签署《环境保护部国家安全生产监督管理总局关于建立应急联动工作机制的协议》。

12月19日　中国“煤层气产业技术创新战略联盟”在北京成立，旨在以产学研结合方式提升煤层气这一洁净能源在中国的开发开采能力。

12月中旬　中央政治局委员、国务院副总理张德江在2009年第24期《求是》杂志发表署名文章，呼吁大力推进煤矿瓦斯抽采利用。文章指出，搞好煤矿瓦斯抽采利用，可化害为利、变废为宝，意义十分重大，尤其可有效杜绝瓦斯事故发生，是保障煤矿安全生产的根本措施和关键环节。

12月20日　国家安全监管总局新闻发言人黄毅表示，央视大火事件调查已经结束，处理结果已经上报，待国务院批复后将于近期公布。央视大火发生后引起中央重视，国务院成立事故调查组对火灾进行深入的调查。3月13日，央视新址办原主任徐威等12人被批捕，涉嫌危险物品肇事罪。8月底，首批23名涉案人员被移送检方。10月底，23名嫌疑人通过第一次补充侦查，再次移送检方。11月初，15名央视大楼外墙装修施工人员被批捕。

12月22日　海关总署公布数据，2009年前11个月，中国煤炭累计进口总量达1.09亿吨，首度突破1亿吨大关；前11个月共出口煤炭2033万吨。

12月24日　住房和城乡建设部、国家发展和改革委员会、财政部、国土资源部、中国人民银行等五部门联合印发《关于推进城市和国有工矿棚户区改造工作的指导意见》（建保［2009］295号）。

12月30日　国家发展和改革委员会、工业和信息化部、国家能源局联合宣布，今后三年将不再审批新建焦炭、电石、甲醇等传统煤化工项目，不再安排煤制油和天然气试点。

本月　中国煤炭科工集团所属太原研究院自主研发的我国首台连续采煤机——EML340连续采煤机，经过一年多来在神东矿区二轮的工业性试验已完善定型，标志着我国煤矿井下短壁开采和煤巷快速掘进技术的发展提速。

是年　新疆准东煤田煤电煤化工产业带累计探明煤炭储量超2000亿吨，预测资源量为3900亿吨，目前已正式递交的地质报告称已探明量为2136亿吨，这一数字比新疆50年来探明煤炭资源量的总和还要多，使准东盆地成为中国最大的整装煤田。

是年　新疆第二大煤田火区——拜城县铁热克矿区灭火工程竣工，可有效保护6.5亿吨煤炭资源。

第十七部分

全国事故与职业病统计资料

2009年全国生产安全事故情况

2009年，全国事故总量、较大事故和重特大事故下降，重点行业（领域）和大部分地区安全生产状况稳定。但是，建筑施工事故总量上升，少数行业（领域）和地区重特大事故上升，煤矿发生百人以上的特别重大事故，全国安全生产形势依然严峻。

一、全国安全生产的主要特点

（一）全国事故总量、较大事故和重特大事故下降

全国各类事故发生379248起，死亡83200人，同比减少34923起、7977人，分别下降8.4%和8.8%。其中：较大事故发生1760起，死亡6903人，同比减少56起、240人，分别下降3.1%和3.4%；重特大事故发生67起，死亡1127人，同比减少29起、846人，分别下降30.2%和42.9%。

（二）重点行业（领域）事故下降

各重点行业（领域）事故起数和死亡人数与2008年相比，煤矿分别下降17.3%和18.2%，金属与非金属矿分别下降13.1%和25.5%，危险化学品分别下降9.8%和5.1%，烟花爆竹分别下降13.8%和2.1%，火灾分别下降4.5%和22.3%，道路交通分别下降10.1%和7.8%，水上交通死亡人数下降4.3%，铁路交通分别下降11.5%和20.0%，农业机械分别下降44.1%和18.6%，渔业船舶分别下降26.7%和23.3%。民航飞行继续保持了安全记录。

（三）大部分地区安全生产状况较为稳定

全国32个统计单位中，有29个单位的事故死亡人数同比下降，占90.6%。其中：内蒙、上海、湖北、海南、陕西、青海、新疆和新疆兵团8个单位未发生重特大事故。全国有17个单位的工矿商贸未发生重特大事故。

（四）全国安全生产控制指标落实情况较好

2009年，全国各类事故死亡人数占全年控制指标的92.5%，在控制指标以内。

全国除建筑施工外，煤矿、金属与非金属矿、危险化学品、烟花爆竹、特种设备、火灾、道路交通、水上交通、铁路交通、农业机械、渔业船舶等行业（领域）死亡人数均在控制指标以内。

在全国32个统计单位中，有31个单位各类事故死亡人数在控制指标以内，占96.9%。

在全国28个产煤统计单位中，有24个单位煤矿事故死亡人数在控制指标以内，占85.7%。

（五）安全生产总体水平明显提高

2009年，全国亿元GDP生产安全事故死亡率为0.248，同比减少0.064，下降20.5%；工矿商贸就业人员十万人事故死亡率为2.4，同比减少0.42，下降14.9%；道路交通万车死亡率为3.6，同比减少0.7，下降16.3%；煤矿百万吨死亡率为0.892，同比减少0.290，下降24.5%。

（六）煤矿瓦斯治理和整顿关闭工作取得明显成效

（1）煤矿瓦斯事故下降。全国煤矿瓦斯事故

发生157起，死亡755人，同比减少25起、23人，分别下降13.7%和3.0%。其中：较大瓦斯事故发生57起，死亡260人，同比减少6起、30人，分别下降9.5%和10.3%；重大瓦斯事故发生7起，死亡82起，同比减少10起、233人，分别下降58.8%和74.0%。

（2）乡镇煤矿事故大幅下降。全国乡镇煤矿发生各类事故1129起，死亡1757起，同比减少331起、603人，分别下降22.7%和25.6%。其中：较大事故发生80起，死亡351人，同比减少9起、43人，分别下降10.1%和10.9%；重特大事故发生13起，死亡244人，同比减少13起、232人，分别下降50.0%和48.7%。

（3）煤矿瓦斯抽采量和瓦斯利用量进一步提高。2009年，全国煤矿抽采瓦斯累计61.7亿立方米，瓦斯利用量累计17.7亿立方米，瓦斯利用率为28.6%。其中：国有重点煤矿抽采瓦斯累计43.14亿立方米，同比增加5.98亿立方米，增长16.1%；瓦斯利用量13.55亿立方米，同比增加1.59亿立方米，增长13.3%。

（七）安全生产执法行动取得明显成效

2009年，各部门、各地区认真贯彻落实国办《关于进一步推进安全生产“三项行动”的通知》精神，深入开展安全生产执法行动，打击安全生产领域非法违法建设、生产、经营活动取得了明显成效。据统计，2009年全国安全生产执法行动查处各类非法违法行为共计849万余起，依法关闭取缔各类非法建设、生产、经营、运输等单位和项目2.26万余个。因非法违法行为所造成的重特大事故比例由以往的80%以上降至目前的50%左右。2009年全国因非法违法建设、生产、经营造成的较大以上事故375起，死亡1986人，同比减少59起、334人，分别下降13.6%和15.0%。其中：车辆无牌行驶、司机酒后驾驶、超载（员）运输、货车非法载人等发生269起，死亡1306人，同比减少39起、215人，分别下降12.7%和14.1%；工矿商贸行业（领域）非法违法建设、生产、经营发生106起，死亡680人，同比减少20起、119人，分别下降15.8%和14.9%。

（八）安全生产治理行动取得明显成效

2009年，全国各地认真贯彻落实国办《关于进一步推进安全生产“三项行动”的通知》精神，深入开展安全生产治理行动，取得了明显成效。据统计，2009年全国共排查治理各类安全隐患755.5万项（其中排查治理重大隐患3.93万项，到年底已完成治理3.55万项），落实治理资金112亿。全国煤矿、非煤矿山、危险化学品和烟花爆竹、道路交通、水上交通、铁路交通、建筑施工、民爆物品和消防火灾等9个重点行业（领域）隐患排查治理都取得了明显成效。

二、存在的主要问题

2009年，建筑施工事故总量上升，少数行业（领域）和部分地区重特大事故上升，煤矿发生一起百人以上特别重大事故，安全生产形势仍然严峻。主要表现在以下八个方面：

（一）建筑施工事故总量上升

建筑施工发生各类事故2330起，死亡2760人，同比增加64起、58人，分别上升2.8%和2.1%。特别是发生较大以上坍塌坠落事故78起，死亡344人，分别占建筑施工较大以上事故的76.5%和77.8%。

（二）少数行业（领域）重大事故上升

金属与非金属矿发生重大事故4起，死亡70人，同比增加3起、51人，分别上升300%和268.4%；烟花爆竹发生重大事故2起，死亡26人，同比增加1起、9人，分别上升100%和52.9%；重大火灾事故发生4起，死亡49人，同比增加1起、12人，分别上升33.3%和32.4%。

（三）部分地区重特大事故上升

全国32个统计单位中，有11个单位重特大事故同比上升，分别是：安徽（增加1起、22人）、江西（增加1起、19人）、天津（增加1起、12人）、吉林（增加1起、10人）、甘肃（增加1起、10人）、西藏（增加1起、4人）、北京（增加1起、经济损失增加1.6亿元）、重庆（起数持平，死亡人数增加18人）、湖南（起数持平，死亡人数增加15人）、福建（起数持平，死亡人数增加8人）、黑龙江（起数减少2起，死亡人数增加57人）。

（四）煤矿发生百人以上特别重大事故

11月21日，黑龙江龙煤集团鹤岗分公司新兴煤矿，井下发生特别重大瓦斯爆炸事故，当班入井528人，其中420人获救生还，造成108人死亡，65人受伤。

（五）人员密集场所较大以上火灾事故时有发生

2009年，较大以上火灾事故发生54起，造成228人死亡（其中人员密集场所较大以上火灾事故造成198人死亡，占较大以上火灾事故的86.1%）。在人员密集场所较大以上火灾事故中：商贸市场较大以上火灾事故死亡86人，居民住宅较大以上火灾事故死亡54人，宾馆饭店较大以上火灾事故死亡28人，娱乐场所较大以上火灾事故死亡27人，分别占人员密集场所较大以上火灾事故死亡人数的43.4%、27.3%、14.1%和13.6%。

（六）道路交通运营车辆重大事故时有发生

2009年，道路交通发生重大事故24起，死亡328人（其中营运车辆发生18起，死亡258人，分别占道路交通重大事故的75.0%和78.7%）。较为典型的是：10月2日，湖南一辆大客车严重超员（核载30人，实载71人），行至永州市祁阳县大江林场黄沙村地段时，车辆冲出路面，坠入沟底，造成17人死亡，54人受伤（其中7人重伤）。11月5日，河北唐山市滦县一辆解放牌重型自卸货车严重超载（核载16吨，实载84.8吨铁精粉），在滦县杨柳庄镇长下坡路段，与同向一辆农用车追尾相撞，导致大货车侧翻并闯入路边殡葬人群，造成19人死亡，13人受伤（其中1人重伤）。

（七）因施救不当造成的重大、较大事故时有发生

2009年，因盲目施救造成死亡人员增加的较大以上事故36起，造成150人死亡。这36起事故，当时只有65人涉险，因施救不当造成事故扩大。特别是9月8日，河南三门峡市灵宝县金源矿业公司五分公司王家峪金矿发生火灾事故，当时有6人被困，该公司盲目组织8人两次下井救援，共造成13人死亡。

（八）较大涉险事故时有发生

全国共发生较大涉险事故41起，涉及煤矿、金属与非金属矿、尾矿库、油气井田、石油管路、建筑施工、化工企业、危险化学品储存、运输和废弃物处置、消防、铁路交通、水上交通等行业（领域），涉险和疏散5000余人，150余人受伤和住院治疗，部分农田、道路和河流受到不同程度污染。

2009年全国安全生产控制指标实施情况表

安全生产事关人民群众的生命财产安全，事关改革发展和社会稳定大局。党中央、国务院高度重视并采取了一系列重大举措加强安全生产工作。2004年，国务院《关于进一步加强安全生产工作的决定》明确提出了“建立安全生产控制指标体系”。这项制度实施六年来，对建立体现科学发展观要求的安全生产激励约束机制，促进安全生产形势稳定好转，起到积极作用。一是控制指标的公开发布，引起了各级党委、政府的高度重视，进一步确立安全发展理念，加强领导，强化监管，有效推动了安全生产状况的好转。二是通过安全生产控制指标的层层分解，进一步把安全生产责任落实到基层、落实到企业。三是通过定期公开发布安全生产控制指标实施进展情况和发生重特大事故的责任单位名单，让广大人民群众及时了解安全生产形势和企业安全生产状况，接受社会监督，营造“关爱生命、关注安全”的舆论氛围。

实施安全生产控制指标体系，建立完善激励约束机制，是加强安全生产工作，推进安全生产状况持续稳定好转的重要措施和手段。要进一步完善控制指标的考核，实施月通报、季发布、年考核制度，鼓励先进，鞭策落后，形成有效的激励约束机制，促进各级领导干部树立正确的政绩观、业绩观，自觉落实安全防范措施，推进安全生产形势持续稳定好转。

	各类事故死亡人数（各地区为工矿商贸、道路交通、火灾、铁路交通、农业机械五项合计）		工矿商贸事故死亡人数		煤矿事故死亡人数		道路交通事故死亡人数		生产经营性道路交通事故死亡人数		火灾事故死亡人数	
	全年实际	占全年控制指标/%	全年实际	占全年控制指标/%	全年实际	占全年控制指标/%	全年实际	占全年控制指标/%	全年实际	占全年控制指标/%	全年实际	占全年控制指标/%
全　国	83196	92.5	11532	91.5	2631	83.5	67759	93.3	30014	99.4	1076	76.9
北　京	1158	87.1	123	74.5	3	23.1	981	90.2	309	128.2	32	110.3
天　津	1072	86.5	89	100.0			945	86.5	327	88.1	14	56.0
河　北	3211	93.6	322	86.3	68	81.0	2766	94.4	1237	113.6	29	103.6
山　西	3140	91.5	337	61.5	206	66.9	2773	99.0	1477	105.7	6	12.0
内蒙古	1852	91.7	301	96.8	33	66.0	1440	91.2	645	108.8	35	76.1
辽　宁	2783	93.4	470	84.8	66	52.8	2156	96.5	970	115.3	13	31.7
吉　林	1825	90.3	241	98.0	70	73.7	1483	89.4	558	98.4	40	173.9
黑龙江	1891	88.4	362	109.4	210	127.3	1419	84.6	609	101.7	24	85.7
上　海	1479	97.9	368	99.2			1042	95.8	450	97.8	59	131.1
江　苏	5743	98.7	429	99.8	8	100.0	5202	99.0	2131	108.6	63	108.6
浙　江	6507	98.0	720	99.3			5689	98.3	2353	103.4	76	89.4
安　徽	3463	95.7	437	93.4	60	76.9	2931	97.1	1537	101.1	41	58.6
福　建	3307	94.2	280	90.6	20	64.5	2911	95.4	1240	106.3	51	65.4
江　西	2010	93.1	277	108.2	68	85.0	1644	93.0	922	113.8	19	82.6
山　东	4995	91.1	359	100.0	8	22.9	4518	90.5	1882	104.7	24	109.1
河　南	2588	76.1	384	81.0	149	94.9	2018	74.1	1027	81.1	13	50.0
湖　北	2608	97.3	519	98.7	70	97.2	1952	98.8	1054	117.1	33	110.0
湖　南	3137	85.5	672	89.7	280	116.7	2154	84.6	1003	51.1	47	58.0
广　东	7263	90.1	583	98.5			6542	91.1	2563	100.9	103	46.2
广　西	2985	91.8	419	90.9	29	72.5	2437	92.7	994	96.0	30	93.8
海　南	601	107.3	85	100.0			499	111.6	171	125.7	6	37.5
四　川	4055	90.3	831	86.7	278	81.0	3057	92.6	1336	96.1	43	58.1
贵　州	2158	91.8	776	88.1	434	93.3	1210	94.5	558	96.4	77	96.3
云　南	2450	89.1	484	83.9	118	65.6	1888	90.9	855	102.4	47	82.5
西　藏	422	93.8	43	134.4			369	91.1	33	22.1	10	166.7
重　庆	1742	97.3	605	93.9	234	94.4	1031	98.8	474	100.0	49	122.5
陕　西	2377	94.0	252	84.6	34	27.9	2034	95.9	1042	102.2	30	120.0
甘　肃	1810	99.5	208	84.9	31	58.5	1553	102.8	846	113.4	7	100.0
青　海	692	100.0	82	96.5	8	72.7	578	99.7	303	110.2	9	225.0
宁　夏	593	91.2	117	110.4	38	126.7	457	86.7	198	98.0	4	66.7
新　疆	2510	94.0	330	99.4	91	91.0	2080	93.3	910	90.6	42	100.0
新疆兵团	27	90.0	27	90.0	17	121.4						

（续表）

	铁路交通事故死亡人数		农业机械事故死亡人数		较大事故起数（各地区为工矿商贸、道路交通、火灾、铁路交通、农业机械五项合计）		煤矿较大事故起数		重大事故起数		煤矿重大事故起数	
	全年实际	占全年控制指标/%	全年实际	占全年控制指标/%	全年实际	占全年控制指标/%	全年实际	占全年控制指标/%	全年实际	占全年控制指标/%	全年实际	占全年控制指标/%
全　国	1825	81.5	262	81.9	1760	99.9	106	93.0	62	77.5	16	51.6
北　京	22	45.8			19	100.0						
天　津	19	76.0	5	62.5	28	121.7			1			
河　北	90	98.9	4	50.0	43	95.6	2	66.7	3	100.0		
山　西	23	82.1	1	25.0	71	85.5	7	46.7	5	62.5	3	75.0
内蒙古	62	93.9	14	77.8	69	138.0	3					
辽　宁	101	73.2	43	358.3	28	107.7	2	50.0	2	40.0	1	33.3
吉　林	60	67.4	1	33.3	44	115.8	1	50.0	2	200.0	1	100.0
黑龙江	84	84.0	2	66.7	49	104.3	3	75.0	4	80.0	2	50.0
上　海	9	180.0	1	100.0	15	150.0						
江　苏	10	29.4	39	95.1	57	116.3			2	100.0		
浙　江	9	90.0	13	43.3	61	84.7			2	40.0		
安　徽	47	78.3	7	140.0	69	113.1	2	200.0	2	200.0		
福　建	49	98.0	16	72.7	78	144.4	1		2	100.0		
江　西	60	75.0	10	30.3	66	122.2	8	200.0	3	150.0		
山　东	91	87.5	3	150.0	82	122.4			7	140.0		
河　南	166	97.6	7	100.0	49	87.5	4	40.0	1	14.3		
湖　北	92	71.9	12	57.1	56	112.0	2	66.7				
湖　南	259	90.9	5	62.5	74	91.4	12	109.1	6	120.0	3	150.0
广　东	35	53.8			104	87.4			2	100.0		
广　西	95	84.1	4	26.7	94	108.0	1	33.3	1	50.0		
海　南	9	90.0	2	100.0	15	150.0						
四　川	121	79.6	3	100.0	82	84.5	12	240.0	1	33.3		
贵　州	95	88.0			108	127.1	20	125.0	6	120.0	3	150.0
云　南	27	67.5	4		83	73.5	7	63.6	5	100.0	2	100.0
西　藏					19	118.8			2	200.0		
重　庆	56	91.8	1	50.0	32	68.1	8	80.0	1	50.0		
陕　西	59	69.4	2	100.0	36	67.9						
甘　肃	33	73.3	9	69.2	66	103.1	3	300.0	1			
青　海	12	120.0	11	100.0	24	114.3	1	100.0				
宁　夏	14	140.0	1	100.0	18	100.0	1	100.0	1	100.0	1	100.0
新　疆	16	69.6	42	95.5	53	77.9	4	100.0				
新疆兵团					2		2					

注：1. 各省（区、市）各类事故死亡人数中不含水上交通、民航飞行、渔业船舶和其他事故死亡人数，全年为742人；较大事故起数中不含水上交通、民航飞行、渔业船舶和其他事故起数，全年为86起。

2. 金属与非金属矿事故死亡1542人，占全年控制指标76.3%；建筑施工事故死亡2760人，占全年控制指标104.2%；房屋建筑及市政工程事故死亡846人，占全年控制指标87.2%；危险化学品事故死亡149人，占全年控制指标96.8%；烟花爆竹事故死亡188人，占全年控制指标98.9%；特种设备事故死亡315人，占全年控制指标100.0%；水上交通事故死亡336人，占全年控制指标96.0%；渔业船舶事故死亡306人，占全年控制指标76.5%。

2009年全国火灾事故情况

2009年全国火灾形势持续稳定，火灾死亡人数、受伤人数、直接财产损失同比均呈下降态势。公安部消防局有关负责人表示，这主要得益于多项消防安全强制措施的落实。

来自公安部消防局的数据显示，2009年，全国共发生火灾12.7万起，死亡1076人，受伤580人，直接财产损失13.2亿元（央视新址园区火灾损失仍在核定之中，未统计入内），同比分别下降4.5%、22.3%、15.7%和23.4%。春节、全国两会、“五一”等期间全国火灾形势总体平稳，特别是国庆期间全国社会面火灾稳中有降，各项重大活动期间未发生群死群伤火灾，自2006年以来，未发生一起死亡16人以上的群死群伤火灾。

2009年，全国公安消防部队围绕深入贯彻实施消防法、开展打造消防铁军活动，深入抓好“三项建设”和冬季防火攻坚战等；2月至8月，在全国部署开展了公众聚集场所和高层、地下建筑消防安全“两个专项整治”；会同文化部、国家工商总局、安全监管总局检查验收，建立了有关部委司局级消防工作联席会议制度；加大对社会福利机构、中小学校舍、文物单位、建筑工地以及“三合一”场所、消防控制室等重点单位和场所监督检查力度；开展为期3个月的“迎国庆、保安全、促和谐”消防安全专项行动，指导加强世界大学生冬季运动会、全国运动会等重大赛事的消防安全保卫；10月至12月，在全国开展消防控制室专项检查和消防控制室值班操作人员大培训。入冬以来，公安部消防局和警务督察局联合开展了冬季防火专项督察行动，明察暗访全国各地冬季防火情况。

（资料来源：公安部网站）

2009年全国道路交通事故情况

2009年，全国共发生道路交通事故238351起，造成67759人死亡、275125人受伤，直接财产损失9.1亿元，与去年同期相比，分别下降10.1%、7.8%、9.8%和10.7%。其中，发生一次死亡10人以上特大道路交通事故24起，同比减少5起。全国万车死亡率为3.6，同比减少0.7。

分析2009年全国道路交通事故情况，主要有以下特点：一是超速行驶、酒后驾驶、疲劳驾驶等严重交通违法行为导致的死亡人数降幅明显，同比分别下降10.1%、13%和15.2%。8月15日开展严厉整治酒后驾驶违法行为专项行动以来，全国因酒后驾驶肇事导致的死亡人数同比下降39.6%。二是国省道发生事故导致的死亡人数同比下降9.8%，高速公路平均百公里发生事故导致的死亡人数下降10%，三是恶劣天气导致的事故死亡人数同比增加，特别是下半年全国雨、雪、雾等恶劣天气条件下发生道路交通事故导致的死亡人数同比上升13.3%。从全国各片区情况看，西北片区恶劣天气发生事故导致的死亡人数同比增幅最大，上升22.9%，东北、华东和华北片区分别增加8.9%、8.2%和3.1%。四是摩托车肇事导致死亡人数波动上升。自3月份以来，摩托车肇事导致的死亡人数呈逐月波动上升，无证驾驶、未按规定让行、超速行驶是摩托车肇事的主要原因，导致的死亡人数分别占摩托车肇事死亡人数的25.1%、11.7%和8.1%。五是营运车辆肇事导致一次死亡10人以上特大道路交通事故比例上升。共19起，占同类事故总量的79.2%，同比增加3.3个百分点。营运车辆肇事导致一次死亡10人以上特大道路交通事故中，8起为驾驶人超速行驶导致，占42.1%；14起发生在国省道，占73.7%，同比增长7.7个百分点；8起事故中肇事客运车辆的营运距离小于400公里，占42.1%，同比增加3.2个百分点。营运车辆肇事比例居高不下，主要是个别运输企业对从业驾驶人员录用把关不严；少数运输企业违法挂靠经营，给明显未达到国家相关标准安全要求的营运车辆发放二级维护合格证；部分运输企业不履行对驾驶人员的安全教育和管理职责；一些地方运输管理机构对隐患整改不力的企业未追究相关责任。

2010年是实施“十一五”规划的最后一年，在国家相关产业政策的拉动下，机动车数量、驾驶员数量和公路通车里程将继续保持迅猛增长势头，全国还将迎来上海世博会、广州亚运会，国省干线公路、高速公路的客货运量及周转量仍将持续增长，道路交通事故预防工作任务艰巨繁重，各级公安交通管理部门将继续以预防特大道路交通事故为重点，推进完善政府统一领导、有关部门各司其职、齐抓共管、综合治理、标本兼治的道路交通安全工作格局，发挥各级道路交通安全工作联席会议成员单位职能作用，加强营运车辆源头管理，督促运输企业落实交通安全主体责任，深化平安畅通县区创建活动，进一步加大对超速行驶、酒后驾驶等交通违法行为的专项整治，全力保障道路交通安全畅通。

（资料来源：交通部交通管理局）

2009年全国特种设备事故统计对比表

对比 / 种类	合计											
	事故起数			死亡人数			受伤人数			直接经济损失/万元		
	2009年	2008年	增减/%	2009年	2008年	增减/%	2009年	2008年	增减/%	2009年	2008年	增减/%
锅炉	36	33	9.09	23	24	-4.17	64	60	6.67	566.35	515.23	9.92
压力容器	41	22	86.36	36	17	111.76	72	42	71.43	1356.80	592.39	129.04
气瓶	41	15	173.33	35	14	150.00	73	69	5.80	552.15	210.80	161.93
压力管道	13	5	160.00	3	1	200.00	48	18	166.67	171.50	65.40	162.23
电梯	60	38	57.89	43	32	34.38	23	14	64.29	761.03	202.00	276.75
起重机械	87	54	61.11	85	74	14.86	42	31	35.48	1786.68	7085.87	-74.79
场(厂)内机动车辆	43	15	186.67	34	17	100.00	12	0	1200.00	729.40	343.00	112.65
客运索道	1	0	100.00	0	0	0.00	0	0	0.00	0.20	0.00	2.00
大型游乐设施	10	3	233.33	3	1	200.00	7	2	250.00	95.05	1.50	6236.67
小计	332	185	79.46	262	180	45.56	341	236	44.49	6019.16	9016.19	-33.24
土锅炉	16	15	6.67	13	5	160.00	29	14	107.14	19.00	29.70	-36.03
房屋起重机械	32	26	23.08	40	71	-43.66	32	45	-28.89	143.00	492.00	-70.93
相关事故	0	81	-100.00	0	61	-100.00	0	166	-100.00	0.00	251.60	-100.00
小计	48	122	-60.66	53	137	-61.31	61	225	-72.89	162.00	773.30	-79.05
总对比	380	307	23.78	315	317	-0.63	402	461	-12.80	6181.16	9789.49	-36.86

(续表)

对比 种类	特别重大事故											
	事故起数			死亡人数			受伤人数			直接经济损失/万元		
	2009年	2008年	增减/%	2009年	2008年	增减/%	2009年	2008年	增减/%	2009年	2008年	增减/%
锅炉												
压力容器												
气瓶												
压力管道												
电梯												
起重机械												
场(厂)内机动车辆												
客运索道												
大型游乐设施												
小计	0	0	100	0	0	100	0	0	100	0.00	0.00	100
土锅炉												
房屋起重机械												
相关事故												
小计	0	0	100	0	0	100	0	0	100	0.00	0.00	100
总对比	0	0	100	0	0	100	0	0	100	0.00	0.00	100

对比 种类	重大事故											
	事故起数			死亡人数			受伤人数			直接经济损失/万元		
	2009年	2008年	增减/%	2009年	2008年	增减/%	2009年	2008年	增减/%	2009年	2008年	增减/%
锅炉												
压力容器												
气瓶												
压力管道												
电梯												
起重机械	0	1	-100	0	11	-100	0	12	-100	0	0	0
场(厂)内机动车辆												
客运索道												
大型游乐设施												
小计	0	1		0	11		0	12		0.00	0.00	100
土锅炉												
房屋起重机械	0	2	-100	0	30	-100	0	1	-100	0.00	240.00	-100
相关事故												
小计	0	2	-100	0	30	-100	0	1	-100	0.00	240.00	100
总对比	0	3	-100	0	41	-100	0	13	-100	0.00	240.00	100

（续表）

对比 种类	较大事故											
	事故起数			死亡人数			受伤人数			直接经济损失/万元		
	2009年	2008年	增减/%	2009年	2008年	增减/%	2009年	2008年	增减/%	2009年	2008年	增减/%
锅炉	31	27	15	22	21	5	50	47	6	506.35	495.15	2
压力容器	29	17	71	32	13	146	43	39	10	319.35	453.19	-30
气瓶	26	15	73	32	14	129	46	69	-33	525.70	210.80	149
压力管道	3	1	200	0	0	0	40	0	0	100.00	50.00	100
电梯												
起重机械	6	5	20	16	17	-6	9	6	50	199.60	4610.00	-96
场（厂）内机动车辆												
客运索道												
大型游乐设施												
小计	95	65	46	102	65	57	188	161	17	1651.00	5819.14	-72
土锅炉	16	0	0	13	0	0	29	0	0	19.00	0.00	0
房屋起重机械	3	8	-63	15	30	-50	2	18	-89	0.00	40.00	-100
相关事故	0	1	0	0	6	0	0	28	0	0.00	0.00	0.00
小计	19	9	111	28	36	-22	31	46	-33	19.00	40.00	-53
总对比	114	74	54	130	101	29	219	207	6	1670.00	5859.14	-71

对比 种类	一般事故											
	事故起数			死亡人数			受伤人数			直接经济损失/万元		
	2009年	2008年	增减/%	2009年	2008年	增减/%	2009年	2008年	增减/%	2009年	2008年	增减/%
锅炉	5	6	-17	1	3	-67	14	13	8	60.00	20.08	199
压力容器	12	5	140	4	4	0	29	3	867	1037.4526	139.20	645
气瓶	15	0	0	3	0	0	27	0	0	26.45	0.00	0
压力管道	10	4	150	3	1	200	8	18	-56	71.50	15.40	364
电梯	60	38	58	43	32	34	23	14	64	761.03	202.00	277
起重机械	81	48	69	69	46	50	33	13	154	1587.08	2475.87	-36
场（厂）内机动车辆	43	15	187	34	17	100	12	0	0	729.40	343.00	113
客运索道	1			0			0			0.2		
大型游乐设施	10	3	233	3	1	200	7	2	250	95.05	1.50	0
小计	237	119	99	160	104	54	153	63	143	4368.16	3197.05	37
土锅炉	0	15	-100	0	5	-100	0	14	-100	0.00	29.70	-100
房屋起重机械	29	16	81	25	11	127	30	26	15	143.00	212.00	-33
相关事故	0	80	0	0	55	0	0	138	0	0.0000	251.60	0.00
小计	29	111	-74	25	71	-65	30	178	-83	143.0000	493.30	-71
总对比	266	230	16	185	175	6	183	241	-24	4511.16	3690.35	22

2009 年全国职业病防治工作情况

根据30个省、自治区、直辖市（不包括西藏自治区）和新疆生产建设兵团职业病报告，2009年新发各类职业病18128例。新中国成立以来至2009年底，累计报告职业病722730例。

2009年职业病病例数列前3位的行业依次为煤炭、有色金属和冶金，分别占总病例数的41.38%、9.33%和6.99%。

一、尘肺病

2009年共报告尘肺病新病例14495例，死亡病例748例。在14495例尘肺病新病例中，煤工尘肺和硅肺占91.89%。目前尘肺病仍是我国最严重的职业病，2009年，报告尘肺病例数占职业病报告总例数的79.96%；尘肺病发病工龄缩短，群发性尘肺病时有发生；中、小型企业尘肺病发病形势严峻，超过半数的尘肺病分布在中、小型企业。

二、职业中毒

（一）急性职业中毒

2009年共报告各类急性职业中毒272起，中毒552例，死亡21例，病死率为3.80%。其中包括重大职业中毒18起，中毒188例，死亡21例，病死率为11.17%。引起急性职业中毒的化学物质近50种，引起中毒例数最多的物质为一氧化碳，主要分布在冶金、煤炭、建设和建材行业。66.74%的急性职业中毒病例发生在小型企业。

（二）慢性职业中毒

2009年共报告慢性职业中毒1912例。引起慢性职业中毒的化学物质排在前3位的分别是铅及其化合物、苯、砷及其化合物，分别为1082例（占56.59%）、208例（占10.88%）和165例（占8.63%），主要分布在冶金、有色金属和机械行业。

三、职业性肿瘤

2009年共报告职业性肿瘤63例。其中苯所致白血病22例，焦炉工人肺癌19例，石棉所致肺癌、间皮瘤11例，联苯胺所致膀胱癌11例。

四、其他职业性疾病

2009年共报告其他职业性疾病1106例。其中：

（1）职业性耳鼻喉口腔疾病424例（噪声聋居多，达348例）。

（2）生物因素所致职业病192例（布氏杆菌病190例，森林脑炎2例）。

（3）职业性皮肤病176例。

（4）职业性眼病161例。

（5）物理因素所致职业病111例。

（6）其他职业病42例。

2009年，卫生部门进一步加强职业病防治工作，保护劳动者健康。

一是认真贯彻落实《职业病防治法》和《国家职业病防治规划（2009—2015年）》。2009年7月，卫生部印发《关于贯彻落实〈国家职业病防治规划（2009—2015年）〉的通知》（卫监督发［2009］69号）。河北、上海、江苏、山东、陕西、宁夏等省（区、市）相继出台了当地的职业病防治规划和实施方案。2009年，国家加大职业病防治投入，拿出专项经费，用于加强中西部地区22个省（区、市）和新疆生产建设兵团职业病防治工作。

二是进一步加强建设和管理，规范职业健康监护、职业病诊断与鉴定工作。2009年，卫生部先后印发《卫生部关于进一步加强职业病诊断与鉴定管理工作的通知》（卫监督发［2009］82号）等文件，召开了全国职业病诊断与鉴定工作会议，组织国家职业病诊断与鉴定技术指导委员会有关专家对江西、四川等省职业健康检查、职业病诊断与鉴定工作情况进行了抽查。

三是开展《职业病防治法》系列宣传活动。2009年3月，卫生部会同人力资源社会保障部、安全监管总局和全国总工会以“保护农民工健康是全社会的共同责任”为主题，联合开展《职业病防治法》宣传周活动，召开保护农民工健康高层论坛。

四是推进基本职业卫生服务试点工作。2009年4月，卫生部组织开展基本职业卫生服务试点工作中期评估。试点地区积极探索，完善基层职业卫生服务网络，提高职业卫生服务能力，取得了明显成效。2010年初，经各地推荐，卫生部在全国19个省（区、市），46个县（区）扩大基本职业卫生服务试点工作，积极探索将基本职业卫生服务与深化医药卫生体制改革中基本公共卫生服务均等化相结合的经验和做法，逐步提高全国基本职业卫生服务覆盖率。至此，全国29个省（区、市）65个县（区）开展了基本职业卫生服务试点工作。

五是组织开展2009年职业卫生重点监督检查，做好大案要案查处工作。按照《卫生部办公厅印发国家公共卫生重点监督检查计划》（卫办监督发［2009］40号）要求，各地卫生部门积极开展职业卫生重点监督检查工作。根据各地上报数据统计，2009年共检查用人单位125231家，检查职业病危害评价建设项目10704项，依法查处用人单位10481家，其中，给予警告处罚9701家，给予罚款处罚871家、罚款金额1275.9万元，责令停业34家，提请关闭122家。2009年，在卫生部和有关部门督办、指导下，有关地方调查处理了安徽省凤阳县农民工患尘肺病事件、河南省农民工张海超尘肺病事件等多起重大职业病危害事件，严肃查处用人单位的违法行为，依法依规对有关单位和人员的责任进行了追究，维护患病农民工合法权益。

六是加强职业卫生技术机构监督管理工作。2009年，卫生部继续完善制度建设，加强监督管理，组织开展建设项目职业病危害评价甲级机构实验室间比对。同时，各地卫生部门按照属地化管理原则，加强对各级各类职业卫生技术机构的监督管理，共检查职业卫生技术机构2710家，其中建设项目职业病危害评价甲级机构35家、建设项目职业病危害评价乙级机构404家、化学品毒性鉴定机构13家、职业健康检查机构1511家、职业病诊断机构331家、单独取得职业病危害因素检测与评价资质的机构416家。依法查处职业卫生技术机构140家，其中给予警告处罚123家，给予罚款处罚11家、停业3家，取消资质3家。

2010年，卫生部门将继续贯彻落实《职业病防治法》和《国家职业病防治规划（2009—2015年）》，根据部门职责分工，做好职业病防治有关工作。一是进一步完善职业病防治法律法规，积极配合有关部门修订完善《职业病防治法》；二是加强部门协调配合，建立职业病防治长效机制；三是突出重点，加强职业卫生监督检查；四是加强能力建设，提高职业病防治技术和监管水平；五是加强职业卫生培训和宣传教育，营造全社会关爱劳动者健康的氛围。

（资料来源：卫生部网站）

图书在版编目（CIP）数据

中国安全生产年鉴．2009/国家安全生产监督管理总局组织编写．－－北京：煤炭工业出版社，2010

ISBN 978－7－5020－3729－1

Ⅰ．①中… Ⅱ．①国… Ⅲ．①安全生产－中国－2009－年鉴 Ⅳ．①X93－54

中国版本图书馆 CIP 数据核字(2010)第 190936 号

煤炭工业出版社 出版

（北京市朝阳区芍药居 35 号 100029）

网址：www. cciph. com. cn

煤炭工业出版社印刷厂 印刷

新华书店北京发行所 发行

*

开本 889mm×1194mm $^{1}/_{16}$ 印张 28$^{1}/_{2}$ 插页 64

字数 854 千字 印数 1—1 200

2010 年 11 月第 1 版 2010 年 11 月第 1 次印刷

社内编号 6539 定价 168. 00 元

第十七届海峡两岸及香港、澳门地区
职业安全健康学术研讨会开幕式暨
中钢集团武汉安全环保研究院
建院50周年庆典
立足钢铁行业，服务安全生产
——中钢集团武汉安全环保研究院

山西焦煤汾西矿业集团公司

SHANXI COKING COAL FENXI MINING INDUSTRY GROUP CO.,LTD.

董事长、党委书记　翟红

总经理、副董事长　李贵生

山西焦煤汾西矿业集团公司前身是汾西矿务局，成立于1956年1月，2000年8月改制为汾西矿业集团公司，2001年10月加入山西焦煤集团公司。2005年底，由山西焦煤集团、中国信达资产管理公司、中国华融资产管理公司、中国建设银行股份有限公司共同出资重组。汾西矿业集团公司属国家大型企业，国家重点煤炭生产企业和山西省优势企业，曾获“中国煤炭工业优秀企业”等百余项荣誉称号。如今，汾西矿业集团公司已从一个成立之初年产百万吨的小企业发展成为横跨霍西、河东、西山、沁水四大煤田，资产总额153亿元，从业职工45000人，以煤炭开采及加工为主的综合发展的多元化大型煤炭企业。

汾西矿业集团公司是国家重要的主焦煤生产基地,现有贺西、双柳等11个生产矿井，2009年原煤产量2269万吨，精煤产量1361万；有大型洗煤厂十座，主要煤炭品种有焦煤、肥煤、瘦煤、贫煤等,具有热值高、低灰、低硫、易于洗选加工、结焦性好等特点,是冶金、炼焦、制气、化工、电力、建材等行业理想的原料和燃料。开发注册的“晋柳王”系列煤炭产品享誉全球。新产业的发展也有了长足的进步，非煤产品有十三大系列共计200多个品种，生产总值占全公司的1/3。2009年，按照山西省资源整合

董事长、党委书记翟红在井下现场办公

总经理、副董事长李贵生在井下检查指导工作

山西焦煤汾西矿业集团公司

SHANXI COKING COAL FENXI MINING INDUSTRY GROUP CO.,LTD.

政策，先后在晋中、吕梁、忻州等地区共兼并整合矿井27个，新增产能3260万吨。

汾西矿业集团公司认真落实全面、协调、可持续发展的科学发展观，坚持走新型工业化道路，按照山西焦煤“32255”发展思路和工作总体部署，围绕“瓦斯治理、安全示范矿井建设、干部作风转变”三件大事，努力打造“优质炼焦煤生产加工示范基地”，着力构建“煤—电—焦—贸”主导产业，为实现“双三千万吨”目标，为圆满完成“十一五”规划做出新的更大的贡献！

汾西矿业文体中心

现代化的综采设备

汾矿集团环境优美的办公区

抗击风雪　电煤突运

高产高效的现代化矿井

中平能化集团

中平能化集团是以煤炭采选业为主的能源化工企业，是我国品种齐全的炼焦煤、动力煤生产基地和我国大型的尼龙化工产品、焦炭、糖精钠、碳化硅精细微粉、超高功率石墨电极生产基地，拥有世界上完整的尼龙化工产业链。集团坚持“以煤为主，相关多元”的发展战略，依托平顶山地区的区位优势和丰富的煤、盐、水等资源优势，形成了煤炭采选、尼龙化工、煤焦化工、煤盐化工4大核心产业和高新技术、电力、建工建材、装备制造、物流贸易5个辅助产业的“4+5”产业格局，确立了“加快实现千亿跨越、奋力挺进世界500强、建成具有国际竞争力的新型能源化工集团”的三步走战略目标。2009年，集团原煤产量完成4581万吨，实现营业收入801亿元。截至2010年3月末，企业资产总额达741.5亿元。在2009中国企业500强中排名第80位，中国企业效益200佳中排名第92位，煤炭采掘及采选业排名第5位。

2009年，在企业规模不断扩大，煤矿、煤化工等高危行业日益增多，矿井瓦斯、水害和深部冲击地压等灾害威胁严重，受国际金融危机不利影响的形势下，中平能化集团认真落实科学发展观，坚持把安全发展放在首要位置，科学谋划安全管理，持续构建完善安全管理长效机制，安全基础工作进一步加强，安全管理水平进一步提高。持续稳定的安全生产形势，为企业实现又好又快发展提供了坚强保障。

① 有关领导视察中平能化集团公司安全工作

② 有关领导慰问中平能化集团抗震救灾归来的勇士

③ 中平能化集团瓦斯抽放站

④ 中平能化集团六矿自动化综采工作面

⑤ 中平能化集团四矿瓦斯发电站

霍州煤电集团有限责任公司

HUOZHOU COAL ELECTRICITY GROUP CO.,LTD.

霍州煤电集团有限责任公司前身霍县矿务局始建于1958年，2000年改制为霍州煤电集团有限责任公司，2001年加入山西焦煤集团公司并成为其子公司。公司位于晋中煤炭基地内，现有霍州（生产矿区）、离柳（生产基建矿区）、岚县（基建矿区）、霍东（准备矿区）和乡宁（后备矿区）等5个矿区，分布在临汾、吕梁、忻州、长治和运城5市所辖11个县（市、区），目前拥有矿权总面积988.9平方公里，地质储量达84.86亿吨，主要赋存有肥煤、1/3焦煤、焦煤和贫瘦煤等煤种，主导产品为冶炼精煤、电煤、焦炭共20多个品种级别，市场覆盖国内20个省（市），并出口日本、韩国、印度等国家。

霍州煤电集团公司是一个以煤为主，多业并举，煤—电—材、煤—焦—化两条主产业链综合发展的大型企业，下辖分公司、控股子公司18个，参股公司7个，资产总额190亿元，员工3.8万人。2004年煤炭产量突破1000万吨；2008年，煤炭产量突破2000万吨。

煤炭产业现有7对生产矿井（曹村、辛置、白龙、李雅庄、团柏、三交河、店坪）、3对基建矿井（干河、木瓜、庞庞塔）、1对改扩建矿井（回坡底），煤炭产能达2240万吨/年；6座洗煤厂，入洗能力达1680万吨/年。兼并重组整合矿井25个板块，产能达1806万吨/年。

非煤产业由电力、焦化、机制、建筑建材、多种经营5个板块组成。现有3座坑口电厂，装机容量为170兆瓦。控股1座焦化厂，设计年产焦炭60万吨；控股1座柠檬酸厂，年产能为4万吨；参股建设一座化肥厂，设计年产合成氨18万吨、尿素30万吨、甲醇2万吨。机械修造产值为2亿元/年；建筑产值为4亿元/年；水泥产能为30万吨/年；粉煤灰制品年可生产6000万块标砖和15万立方米混凝土砌块。多经综合销售收入达10亿元/年。

基于对企业内外部环境、形势分析和优、劣势匹配的考虑，确定霍州煤电集团公司的战略是：突出煤电主业，安全、高效、发展，到“十二五”末建成5000万吨级现代化煤电联合企业。

战略的核心是：安全、高效、发展。

职能层战略是：把握三个关键。

执行层战略是：抓住五个工作着力点。

把握三个关键

一是弘扬优良企业文化。将集50年之大成的“忠诚、自尊、进取”优良企业文化与“安全、高效、发展”战略有机统一起来，与“居者有其屋，劳者有其工，才者有其用，人人有梦想”的“梦工程”有机结合起来，凝聚全员共同的价值观和行为规范，形成企业发展的源头活水，形成强大的向心力和推动力。

二是依法规范管理。按照“统一领导，集体决策，分工负责，分级管理”总体思路，改革体制、机制和制度。组织架构朝着减少层级、集约高效和扁平化方向发展。决策程序符合现代企业制度规范要求，用正确的程序保证正确的结果。确保责任制健全，并坚决做到责权利相结合。准确界定集团公司、子分公司、矿（厂）权责范围，实行分级管理，在全面强化集团公司、各独立安全生产经营单元“二元”管理和推行“矿井自主管理，机关管理转型”上迈开新的实质性步伐。

三是建好班子、管好干部、带好队伍。下大功夫、花大力气整顿集团各级“一把手”队伍、“六长”队伍（矿长、生产矿长、机电矿长、安全处长、总工程师、“一通三防”区队长兼矿长助理）、后备干部队伍，班子、干部队伍的考核日常化、动态化、公开化、绩效化，畅通干部合理流动渠道，坚持“竞争”、“赛马”原则，在实践中选拔使用干部，真正把干部队伍建设成政治可靠，品行端正，情操高尚，作风正派，办事公道，忠诚于霍州煤电的事业，忠诚于全体员工的一支特别能战斗的生力军。

抓住五个工作着力点

——从抓“基础”切入抓安全，重走长征路。以“整章建制、完善标准、落实责任，从严规范安全管理行为、业务保安行为、员工操作行为”为手段，突出“瓦斯治理和重大灾害防范、安全示范矿井建设、干部员工队伍建设”三大内涵，确保完成阶段性工作，实现阶段性目标，三年建成本质安全型矿井、安全高效矿井。

——从规范流程和市场化切入抓运营管理。全面推行内部市场化、精细化管理，逐步开放内部市场，与外部市场对接，着力培育新的经济增长点，只做加法，不做减法，实现集团效益最大化。

——从“资源”和“项目”入手抓发展。高标准推进庞庞塔、中峪、谭坪等项目建设，“十二五”期间占领资源逾百亿，开创5000万吨级霍州煤电的百年发展基业。

——从“源头”和“培训”切入突破人才瓶颈。广开方便之门，实现真正意义上的变招工为招生，加大在职员工培训力度，调整员工队伍结构，提高员工队伍整体素质，切实贯彻以人为本的治企方略。

——以“诚信”和“共赢”为纲领，坚决打胜兼并重组整合地方煤矿这场硬仗。把兼并重组整合地方煤矿做为实现集团公司产能翻番、跨越式发展的战略机遇，做为中国煤炭工业发展和振兴地方经济的历史责任，当仁不让，勇挑重担，尽心尽责，不辱使命。

中铁二局集团有限公司

中铁二局集团有限公司成立于1950年6月12日，是世界500强企业、世界品牌500强——中国中铁股份有限公司所属的特大型国有企业，总资产400余亿元，年综合生产能力达600亿元以上，各类专业技术人员1.2万名。拥有全资及控股子公司16个，其中控股的中铁二局股份有限公司是中国铁路建筑行业早批上市公司。

60年来，中铁二局逢山开路，遇水架桥，修通成渝，建成了新中国早批铁路；凿通宝成铁路，从此蜀道不再难；突破“地质禁区”，钢铁动脉连接成昆；参建衡广，开创了铁路建设史全段创优的佳绩；树誉南昆、青藏、京津，修铁路100余条，共计15000余公里。当前，承揽哈大、京沪、沪宁、兰渝、成绵乐、广珠、石武、贵广、兰新二线新疆段等近30个重点铁路及国内外500余项重点建设项目。

中铁二局具备铁路和房建总承包双特级资质、公路和市政总承包一级资质的建筑企业，在铁路、公路、城市轨道交通、市政、机场、港口、工业与民用建筑、水工建筑、装饰装修等建筑工程领域具有强大优势，被誉为中国建筑业“开路先锋”。

中铁二局在施工建设中，荣获国家及省部级优质工程奖184项，其中17项“中国建筑工程鲁班奖”、17项“国家优质工程奖”、7项“詹天佑土木工程大奖”、5项“国家市政工程金杯”，参建的成昆、大秦、青藏、京津、乌鞘岭铁路5项工程入选“新中国成立60周年百项经典暨精品工程”。依托重难点工程，获得了国家及省部级科技进步奖55项，国家及省部级工法91项，国家专利与软件著作权50项，中国企业新纪录19项，跻身掌握高难精尖技术的创新型企业。

一座座精典工程，一项项自主创新，承载了几代中铁二局人建设祖国的战斗激情，见证了中国产业工人无私奉献的豪情壮志。

中铁二局所处建筑施工企业属高风险行业，公司高度重视施工安全管理工作，长期坚持“安全第一、预防为主和综合治理”的安全方针，严格执行国家安全法律、法规和政策，认真履行企业安全生产主体责任，切实贯彻“以人为本、安全发展”的经营理念，安全生产工作长期有序可控制，多次获得地方政府和上级主管部门的表彰，连续多年获评四川省安全生产管理先进单位，上海轨道交通9号线二期2标段、北川中学灾后重建工程、青岛胶州湾海底隧道工程第2施工合同段工程、中国花水湾大酒店工程项目等多个施工项目获评国家AAA安全文明标准化工地称号。中铁二局于2003年通过职业健康安全管理体系认证，通过安全体系的有效运行和持续改进，公司安全生产管理工作做到了规范化、标准化、制度化。

2009年，中铁二局在施工产值突破历史新高达到300多亿元的同时，安全生产达到上级和四川省下达的安全目标，杜绝了安全生产较大和重特大事故，安全生产成绩喜人，分别获四川省“2009年度中央在川和省属重点企业安全生产工作先进单位”、“四川省2009年度安全生产月宣传工作先进单位”、“全国职业安全健康知识竞赛”优秀奖。

2009年，公司认真学习贯彻党的十七届四中全会精神，针对施工生产任务繁重、高风险项目多、安全生产管理压力大的形势，紧紧围绕公司工作会提出的要求和制定的安全工作目标要点，坚持以科学发展观统揽全局，进一步强化基础管理，狠抓过程监控。在层层签订安全质量责任书的基础上，通过质量、环境、职业健康安全管理体系的有效运行，认真开展安全生产事故隐患排查专项治理、“安全生产月”、“全国质量月”和安全质量大检查以及召开安全生产例会等一系列活动，修订了公司《安全质量事故责任追究办法》、《劳动安全管理办法》和《安全生产责任制》，切实将安全工作纳入到日常生产管理工作之中，坚持做到“一岗双责、岗岗有责”，进一步明确了公司领导人员及各职能部门的安全生产职责，强化各级领导和广大员工的安全生产法制意识，落实安全生产责任制，改善安全生产条件和施工环境，及时识别和评价职业安全风险，加强施工安全过程控制和劳务协作队伍的安全质量管理，从而实现了全年安全生产。

山西焦煤霍州煤电集团团柏煤矿位于山西省霍州市城南5公里处的汾河西岸，铁路专用线与南同蒲线相接，矿区公路与霍侯一级路相连，交通便利，地理位置优越。井田南北长9.5公里，东西宽约3.8公里，面积达33.8372平方公里。现有可采煤层2层，分别是10号、11号煤层。10号煤为低灰、富硫、特低磷、高发热量、强黏结性肥煤，11号煤为1/3焦肥煤。截至2009年9月底，矿井10号煤剩余地质储量为4489.1万吨，11号煤剩余地质储量为7568.9万吨，共计1.2058亿吨。

团柏煤矿外景

矿井始建于1973年12月，1980年12月正式投产。经过近年来装备升级和生产系统改造，矿井实现了综采化和综掘化，生产核定能力达到210万吨，服务年限预计为57.4年。矿井目前未建设洗煤厂，原煤主要采用汽车销售运输方式。

矿井先后荣获省、部、国家质量标准化矿井、“全国企业文化建设工作先进单位”、“安全质量标准化国标一级矿井”和“省属企业文明单位标兵”、“文明和谐单位标兵”、“全国文明煤矿”、“全国煤炭系统文明煤矿”、“省级生态示范矿”、全国煤炭环境保护“优秀企业”、中国煤矿康居建设“小康矿”、“全国煤炭工业双十佳煤矿”、行业级安全高效矿井、安全高效一级矿井等荣誉称号。

办公楼外景

2010年是团柏煤矿全面完成“十一五”规划，顺利开启“十二五”发展的重要一年，是全面实施“安全、高效、发展”战略的安全生产主题年，也是我矿建设本质安全型、安全高效型矿井的关键一年。目标宏伟，责任重大，我矿将按照两级集团公司、矿安全工作会和“三会”工作部署，紧紧围绕“安全、高效、发展”的整体思路，突出示范矿井建设和资源整合工作两项重点，紧抓采掘衔接准备，创新内部市

崛起园外景

电集团团柏煤矿

调度广场外景

场化运作管理，积极推进民生工程和企业文化建设，倾力打造平安高效、绿色环保、数字矿山三张名片，为实现山西焦煤“零百千亿”目标、建成霍州煤电现代化优势矿井而努力奋斗。

作为带压开采矿井，团柏煤矿牢固树立“以水为天、以人为本”、“只认水、不认人”的理念；一是从抓“基础”切入抓安全，重走长征路；二是从规范流程和市场化切入抓运营管理；三是从“源头”和“培训”切入，突破人才瓶颈；四是以“诚信”和“共赢”为纲领，稳步推进兼并重组整合工作。采取多种行之有效的措施，保证矿井安全生产健康发展：抓关键，从严规范安全管理；抓要害，着力推动影响制约矿井安全发展的五项治水工程（工作）建设；抓重点，六确保，为实现“三会”目标创条件、打基础；抓运营，确保内部市场化科学规范运行；抓基础，不断加强班组建设和员工素质培训；抓民生，全力推动四项工程建设；抓平稳，确保乡宁资源整合工作高效、有序向前推进。

圪塔条风井外景

综采机

下组煤中央变电所

圣佛棚户区

中国水电建设集团四川电力开发有限公司

公司董事长：刘明江　　　　公司总经理：荣其富

中国水电建设集团四川电力开发有限公司成立于2006年10月，主要业务是水电项目投资开发和电力生产运营。四年来，在中国水利水电建设股份有限公司的大力支持下，四川电力开发有限公司克服了进入水电投资市场较晚、电源点开发成本较高、电力生产运营管理经验不足、企业创建和团队整合等多重挑战，克服了雨雪冰冻灾害、藏独骚乱、汶川特大地震、移民干扰和宏观调控、金融危机等一系列前所未有的困难，坚忍不拔地推进战略目标和管理目标。截至目前，控股9家、参股3家水电开发公司，拥有1家全资子公司和2个筹建处，注册资本金从成立时的15亿元增加至20亿元，总资产从成立时的3亿元增长至目前的155.88亿元，取得水电资源开发权550万千瓦，投资建设水电站25个，已投产发电装机容量达到110万千瓦。公司投资开发、电力收益两轮驱动的良性发展局面逐步形成，公司的发展基础更加稳固，呈现出良好的成长性和发展态势。

5·12特大地震后，四川省自然灾害频繁，安全生产工作形势严峻，四川电力开发有限公司通过健全机构、充实人员、加大安全投入和加强监督检查力度等措施抓好安全生产工作，确保形势总体受控。公司本部专门成立了安全生产监督管理部，各子公司配备专（兼）职安全管理人员，聘任了安全总监。通过对安全管理制度进行整合、修订和补充，编写并发布了26个安全管理企业标准，基本建立了电力生产安全管理标准体系。

公司董事长刘明江在现场指导工作

建设中的毛尔盖水电站大坝枢纽工程

公司地址：成都市玉沙路161号

邮政编码：610017

联系电话：028-86918107

沙湾水电站大坝全景

山西焦煤霍州煤电集团公司李雅庄煤矿

矿长 杨增越

党委书记 梁孟伟

山西焦煤霍州煤电集团公司李雅庄煤矿位于山西省临汾市北端，距霍州市区3公里，毗邻同蒲铁路、108国道、大运高速公路，交通便捷、地理位置优越。

李雅庄煤矿由设计生产能力150万吨/年的矿井、入洗185万吨/年的洗煤厂组成。李雅庄矿井田面积30.4 平方公里，设计服务年限64年，可采煤层为1号、2号、10号、11号煤层，现开采355水平、山西组2号煤层。煤炭产品为低灰、低硫、低磷、发热量高、胶质层厚度大的主焦煤，产品质量在国内同行业中居领先地位，是冶金、煤炭化工企业理想的优质炼焦煤。

李雅庄煤矿多年来始终坚持以科学发展观统领全局，坚定不移地贯彻“安全第一，瓦斯为天”的安全生产理念。突出“一通三防”等重大灾害的防治，狠抓瓦斯抽采、通防管理工作；突出数字化矿井建设，狠抓自动化、集控化改造；突出员工行为养成，狠抓“手指口述”、班组建设工作。企业安全管理水平稳步提升，安全生产形势平稳发展。2009年完成原煤生产139万吨，精煤产销142万吨，创历史较好水平。同时，在经营管理、后勤服务、和谐建设等方面，都取得了令人瞩目的成绩，企业综合实力进一步提升，职工生活质量进一步提高。

李雅庄煤矿作为一个新建矿井，投资规模巨大，矿产资源丰富，煤炭产品优良，技术装备先进，具有强大的综合实力和广阔的发展前景。展望未来，李雅庄煤矿将在山西焦煤的旗帜下，按照霍州煤电集团公司发展的宏伟蓝图，突出安全管理示范矿井建设、瓦斯治理示范矿井建设和数字化矿井建设，全力推进安全高效发展战略，全力构建和谐繁荣矿区，争创更加灿烂辉煌的明天！

安全、高效、发展；忠诚、自尊、进取；
安全第一，瓦斯为天；以人为本，依法治企。

霍州煤电董事长、党委书记曹耀丰（右一）检查指导工作

霍州煤电总经理杨新华（右三）检查指导工作

现代化矿井工业区

现代化洗煤厂工业区

和谐文明生活小区

事故演练提升应急能力

手指口述促进行为养成

安全文化建设蓬勃发展

广东建工集团

广东建工集团党委书记、董事长丘小广同志在集团生产管理工作会议上部署安全生产工作

在充满机遇和挑战的2009年，广东建工集团新一届领导坚持以科学发展观统领全局，确立了“从传统建筑产业向现代建筑产业转变、从单一的建筑施工经营向多元化资产经营转变、将实体经济与虚拟经济相结合”三个战略定位，朝着“做大、做强、做实、做活、做好、做长”的发展目标全力奋进。

2009年，集团承接了一大批国家、省、市重点项目和标志性、综合性大型工程项目，涵盖了房屋建筑、水利水电、市政公用、建筑智能化、城市轨道交通、公路、桥梁、隧道、装饰装修、机电安装、钢结构、地基与基础、爆破与拆除、机场与跑道等多个专业领域，充分彰显了广东建工的综合实力。集团先后荣获了“中国企业500强”、“全国建筑业先进企业”、“全国工程建设质量管理优秀企业”、“全国建筑业AAA级信用企业”、“全国施工企业设备管理优秀单位”、“广东省2009年重点项目建设工作先进集体”、“广东大型企业竞争力50强”、“广东省国有企业‘四好’领导班子创建活动先进单位”、“广东省重合同守信用”等一大批荣誉和奖项。

多年来，广东建工集团高度重视安全生产工作，始终坚持把安全生产管理作为企业管理的重中之重，建章立制、完善机构、落实措施、强化管理，有效保持集团安全生产形势的持续平稳。集团荣获了“广东省企业安全生产工作先进单位”等称号，并连续6年被评为“全国‘安康杯’竞赛活动优胜企业”。2009年，广东建工集团更加注重应急救援管理，修编了《广东建工集团施工生产综合应急预案》，整合扩充了应急救援队伍，进一步完善突发事件应急救援体系，增强了集团应急救援能力，集团应急救援管理工作受到了省安监部门的表扬。2010年4月，国家安全生产应急管理工作会议暨安全生产应急管理综合试点（广东）现场会在广州召开，会议安排了安全生产应急救援队伍队列演练和应急抢险装备展示。受有关部门的委托，广东建工集团组建了代表广东省市政和房屋建设系统的应急救援队接受来自国家各有关部委、各省（直辖市、自治区）安监部门和部分中央企业负责同志及全体参会代表的检阅。集团安全生产应急救援队伍的精神风貌，赢得了现场领导和嘉宾的高度评价，被授予“全国安全生产应急管理现场会队列展示优秀队列奖”。

广东建工集团总经理、党委副书记何一平同志在全国安全生产应急救援队伍展示前夕亲临现场作指示

广东建工集团副总经理赵资钦同志在中国（广东）安全生产应急救援技术装备专题展览期间亲临集团派出的抗洪抢险设备“抢险虹吸泵”展位指导工作

中国南方航空股份有限公司

2009年，南方航空股份有限公司（简称南航）在国资、民航和安监部门的正确领导下，坚持以邓小平理论和"三个代表"的重要思想为指导，全面贯彻党的十七大会议精神，践行科学发展观，始终坚持"安全第一，预防为主，综合治理"的工作方针不动摇，将"安全生产年"活动贯穿于全年的安全工作，圆满地完成了各项安全生产任务，确保了飞行安全，实现了航空安全年，继续保持国内航空运输公司安全记录领先地位，安全工作再上新台阶。

2009年，南航杜绝了飞行等级事故、航空器维修等级事故、劫机和炸机事件、重大航空地面事故，安全飞行101.5万小时，同比增加7.3万小时，截至2009年12月31日，累计安全飞行653万小时，122个月。取得上述安全业绩，主要得益于安全管理、运行标准、飞行训练、机务工程等四个方面的工作，现综述如下：

第一部分：安全管理篇

一、全面落实安全生产责任制

为确保实现全年安全目标，南航与33家单位签订航空安全责任书，强化安全责任的落实，抓了三个方面的工作。

一是强化安全决策。公司领导坚持季度安委会制度，实施首讲安全制度，实时掌握安全态势，有效指导和督办，确保重点工作有效落实。在传统会议的基础上，新增安全视频讲评会，点评安全形势，剖析典型案例，通报安全考核结果，使各单位及时了解安全形势，果断决策，着力解决突出问题。

二是提高安全标准。为了适应安全发展的需要，满足中国民航管理部门和国际航协对安全管理体系的要求，公司全面修订了《航空安全管理手册》，补充和完善了日报、周分析、月报和隐患排查治理等信息报告制度，下发了《关于调整和规范安全信息的通告》，有效规范了安全信息的分析和应用。

三是严格责任追究。严肃处理等级事件的责任单位和个人，共计通报142人次，给予行政处理34人次，并对相关人员作出薪酬扣减处理。同时奖惩并举，对于保证安全突出的个人进行奖励，受奖达354人次。此外，严格落实安全信息报告制度，对未按规定上报的两家单位进行了通报批评，取消了年度综合评先资格。

二、全力提升运行安全品质

公司积极开展运行安全监察工作，全力确保年度安全态势趋向平稳，主要做了三个方面的工作：

一是事件调查整改。全年启动272起不安全事件调查，实现了100%关闭。面对突发的不安全事件，敏感度高、行动迅速，深挖事件根源，注重致因分析，强化整改落实，措施具体有效，监督及时到位。三月份事故征候频发，公司开展了"防松懈、反违章"安全整顿和预防空停专项整治，统一标准、实地验收、限期整改、固化措施。

二是运行安全监察。公司结合不同阶段安全工作的特点，加大监察力度、扩大监察范围、提高监察频次，共实施6次公司级的运行安全监察，查找出各类安全问题569项，全部整改关闭，均形成专题运行监察报告。

三是安全审计工作。严格按照《南航安全审计手册》对17家单位实施为期共58天的内部安全审计督导，共计查找出安全问题617项，均制定了整改落实计划，确保了审计质量。2009年5月启动了IOSA复审项目，制定了系统、完整、可控的工作计划，并按计划逐一完成了各项准备工作。

三、全速构建安全管理体系

国家民航管理部门要求各航空公司在2011年1月1日前通过安全管理体系补充运行合格审定，南航加快了推进步伐，把2009年作为系统推进年，重点抓了三个阶段的工作。

一是深入研究阶段。实施差异性调研，评估下阶段的困难，抽调骨干力量，实施专题研讨。5月27日，召开了安全管理体系推进会，制定了推进路线图，明确了建设原则和方法，下发了《南航全面加快推进安全管理体系建设方案》。

二是充分验证阶段。组建了建设团队，重新评估了7本实施指南草案，在广西实施了为期44个工作日的现场验证，按时保质完成了867个流程的构建、分析和质控，形成与流程对应的风险控制方案，下发了7个系统的实施指南标准版。

三是全面验收阶段。编写了12组培训教参，组织了2期培训，对33家单位223名管理干部实施了培训，并赴9家单位进行了督导。自11月起，按照统一的验收办法，以不低于20%的抽检率，实施现场验收，截至12月25日，23家单位已基本完成文件框架与体系策划工作。

四、全员参与安全教育活动

公司积极开展“安康杯”、“安全生产月”等安全教育活动，狠抓了三个方面的文化建设。

一是加强安全教育。年初，公司下发了典型案例汇编、安全文化故事会，编发了《2009年飞行典型不安全事件汇编》，要求飞行员放置在飞行箱内，并对学习和保存情况进行了检查和通报，促进了飞行人员的作风养成。

二是加强安全研讨。举办“货物运输和航食系统地面安全研讨会议”，针对货物漏装、漏卸，刮碰飞机，控制区内车辆违章行驶等问题，点评分析，介绍经验，并汇编成册。开展了“安全管理论坛”，从9个专业、33家单位收集论文264篇。经过专业初审、专家复审和现场终审，精选出10篇优秀论文，12月1日在广州举办了决赛。

三是加强安全交流。9月份，承办了2009年度天合联盟安全商务会。与东航、海航进行了飞行安全和客舱安全的交流。召开了分子公司和驻场单位的安全工作座谈会，并与16家分子公司所在地的民航监管部门进行了座谈，进一步掌握各单位安全状况，共商安全管理措施。

第二部分：机务工程篇

一、持续提升安全管理水平

（一）扭转安全滑坡态势。针对年初安全形势滑坡，召开机务系统安全工作会议、紧急安全视频会议，颁布加强发动机监控和维修管理十项要求以及飞机油液渗漏预防性维修方案，约见部分公司机务副总经理，派遣检查组进行现场验证等措施，扭转了不利的安全态势，安全态势回稳向好。

（二）突出安全工作重点。针对连续发生多起空中停车事件，总部统一对所有孔探人员实施技能考核和岗位授权，各单位严格落实发动机性能监控的二次把关制度，在发动机控制中心的统筹安排下广泛开展孔探互检活动，确保对发动机异常状况的及时掌握和正确处理。

（三）完善质量保证体系。进一步加强质量审核工作，全年组织对协议维修单位、航材制造厂家和分销商实施符合性质量审核55次、航站审核37次，共计发现各类问题432项次；开展了全系统的安全交叉检查，发现各种缺陷和问题共157项，通过对这些缺陷和问题的整改和复查；进一步完善适航指令和服务通告的管理，对南航所有共有机型EO历史执行记录进行整理和更新，加强对适航指令管理重要环节的监督，及时发现并督促解决存在问题约200项。

二、扎实推进维修管理建设

（一）MCC建设取得成效。全年MCC共组织排故约1500余次、派遣跟机放行17000余架次，处理飞机突发故障2300余条、MEL/CDL/限制项目4000余项，协调19家南航维修单位和近160个航站维修现场运作，AOG调运航材100余件次。

（二）加快维修能力建设。组织完成了郑州、武汉、长沙三地B737和A320机型小C检上项工作，调动东北地区各单位维修资源，共实现分流维修32架次，有效缓解了GAMECO生产线压力，提高了系统的安全保障水平。

（三）合理安排维修计划。完成了8种机型MTOP版本修订和B777货机MTOP文件初始版本编制工作，确保了维修项目的可靠控制；共组建和发布各级别维修工作包近3000个，控制八种机型工程指令1000余份；协助完成7架退租飞机生产准备工作。科学调整维修计划，削减三季度C检停场10余架次，保障旺季飞机可用率达98%以上。

三、深入开展“五零”竞赛

公司制定了“零事故征候、零维修差错、零恶性延误、零AOG停场、零有效投诉”的工作目标，自7月份，在机务系统开展“五零”劳动竞赛，并通过“每月公布排名＋阶段性讲评”的做法，对每个单位的主要工作进行明确而直观的考评和指导。“五零”竞赛，一方面有效传导了压力，使各维修单位看清了差距，从而采取更加积极的工作态度，思考更为有效的工作方法；另一方面也使总部洞察系统现状和瓶颈，有利于更好地把握工作重点和前进方向。通过竞赛，机务系统安全方面取得了显著业绩，确保安全形势平稳，等级以上事件大幅降低：7－12月，全系统等级以上不安全事件（事故征候和维修差错）同比减少5起，降低36％；事故征候万时率和维修差错万时率同比分别下降了55％和40％。

四、稳步推进机务信息系统建设

（一）完成了东北和新疆地区的M&E系统实施以及湖北、湖南维修厂定检现场管理功能实施工作，修订飞机构型近2200项，系统造飞机81架，移植航材库存22000余项，制定了8项现场管理的操作流程，完成C检现场管理12架次。

（二）新增了多项发料、工卡工时、TDMS接口、非例行工卡编写、工卡收发、在位人员管理、培训管理、人员资格与授权管理等10余项新功能。目前，M&E系统在南航机务系统得到全面应用，功能的集成度和数据的移植性显著提高。

五、全力提升航材保障能力

（一）完成A320系列、B737NG、B777、A330　、EMB145、B737CL和B757共7个机型的NO GO项目航材库存监控清单，设立了最低库存预警信息，相关器材信息在M&E系统共享并由各单位实施共同监控和动态管理。此项措施实行后，南航主力机队的NO GO项目航材得到有效控制，NO GO项目航材保障率从年初的平均90％上升并稳定至目前的95％；全年MEL/CDL日均开启数量稳定在26.5项/日。

（二）正式建成北京航材快速支援中心，将重要和常用器材从广州、深圳、长沙、武汉等地调配至北京，合计181项周转件和490项消耗件，价值2700余万元人民币，充分发挥北京枢纽的航材辐射保障作用。签订全面航材互援协议，实现了与业内大型航空公司之间从松散型互助式航材支援向紧密型伙伴式航材合作模式的演进。

（三）推进大件航材统一管理。对共有机型的APU、起落架、反推、进气道等大件器材实施统一计划、采购、调配、送修和付款，集中管控的优势明显。

“安全永无止境、每天从零开始”，南航正是秉持着这样的安全理念，以安全管理为核心，以运行标准为基础，以飞行训练为驱动、以机务工程为保障，着力增强确保大机队安全运营的能力，逐步建立起优于竞争对手的安全管理优势，确保运行安全水平处于业内较高的水平，形成较为平稳的持续安全模式，朝着安全永续的目标不断坚定前行。

保利能源控股有限公司

以人为本

保利能源控股有限公司是中国保利集团公司旗下专业从事煤炭资源投资开发的能源企业。能源公司成立于2006年8月，注册资本25亿元人民币，业务范围包括采煤、洗煤、焦化、铁路发运等，项目分布于我国煤炭资源丰富的山西、新疆、内蒙古等地区。拥有9家煤矿企业，控制煤炭地质储量8.51亿吨，原煤年生产能力达到795万吨/年，焦炭年生产能力60万吨/年，洗煤年生产能力225万吨/年，铁路年发运能力425万吨/年。

公司注重发挥中央企业优势，致力于建设效益优良、管理先进、本质安全、和谐发展的精品煤矿，通过并购整合快速获取资源和提升产能，实现超常规跨越式发展，力争5年内把保利能源打造成为保利集团的第四大主业，成为国内有影响力的综合性能源上市企业。

公司全体员工秉承“团结、务实、创新、高效”的保利企业精神，恪守“诚实、敬业、严谨、专业”的员工准则，奉行“以人为本，安全第一”的安全理念，团结一心，不辱使命，为国家经济发展和社会和谐做出贡献。

合作签约仪式

保利能源新疆别斯库都克煤矿开工奠基仪式

发展目标

到“十二五”期末，实现原煤年产量2000万吨，其中焦煤年产量1000万吨，动力煤年产量1000万吨，控制资源量20亿吨以上。总资产260亿元以上，年营业收入79亿元，年利润总额 30亿元，力争2013年前实现上市。

“保利能源之夜”交响音乐会——新疆乌鲁木齐

安全生产工作情况

（一）领导重视，制度健全

公司各级领导对安全工作非常重视，专门成立

安全第一

了安全监察部，配齐了专业管理人员，具体负责公司安全管理工作。修订完善了安全生产管理制度、安全生产责任制。在安全管理上基本达到了机构健全，制度完善，为搞好安全管理工作打下了良好基础。

（二）不断加大安全监督检查工作力度

公司所属煤矿均为原地方小煤矿整合而来，生产系统不十分完善，尽管进行了技改工作，但仍然存在不少安全问题及隐患。为此，公司安全管理部门人员深入生产一线，坚持每月对各单位进行不定期的安全检查。针对检查中发现的问题，在现场办公会上向单位领导进行通报，提出整改要求和建议，并对整改情况进行跟踪调度。

（三）隐患排查工作有序开展

按照公司《事故隐患排查与整改制度》的规定，各子公司每月进行一次由技术负责人牵头的隐患排查工作，并报公司安全管理部门。公司每季度对矿井进行一次隐患排查，并形成会议纪要。排查出的问题按A、B、C分为三类，进行公司、子公司、区队分级管理，制定措施，做到“项目、措施、资金、责任人、时间”五落实，并对A级隐患的治理实行了目标管理。

（四）全面推行安全质量标准化工作

公司编制并下发了《安全质量标准化考核标准及评分办法》，对各生产矿井进行安全质量标准化检查验收评比。规定在采煤、掘进、机电、运输、通防、地测防治水、安全管理等专业评比中取得显著成绩的给予奖励，达到了不断提高安全管理水平的目的，为实现矿井安全生产打下了良好基础。

（五）积极开展“一通三防”、“防治水”等专项治理活动

各单位以“一通三防”和“地测防治水”为重点，对井下各采掘工作面、机电硐室、通风设施、运输供电线路、排水及防尘管线进行拉网式检查。对检查出现的问题落实整改措施、落实责任人、落实整改时间、落实验收负责人。

沙峪公司综采启动仪式

铁新公司安全知识竞赛现场

水峪煤矿安全知识竞赛现场

（六）特殊季节重点对待，确保万无一失

雨季是煤矿安全生产工作的重要时期，极易发生溃水、透水、淹井及边坡坍塌等事故。能源公司专门下发了“关于切实做好煤矿雨季三防工作的通知”，各单位高度重视，立足于防大汛、抗大灾，早谋划，早准备，提前部署安排雨季“三防”工作，严格落实防汛、防洪、防透水措施，防止水害事故的发生。立足于大雨不淹井，洪灾不伤人，确保煤矿安全度汛。

岗前培训

冬季是各类事故的高发期，针对冬季安全生产的特点，公司专门下发了以切实抓好防寒、防冻、防火、防中毒为主要内容的“冬季四防”工作通知。各煤矿、厂积极开展自查自纠活动，消除各类事故隐患。公司安全部门人员在安全检查时都进行了重点排查，督促隐患治理整改，且一抓到底。

（七）定期进行事故应急预案演练

不断修订、完善重特大安全生产事故应急救援预案，使应急预案更加系统、完善、有针对性与可操作性。并通过应急预案演练，提高矿井应对重特大事故的能力。全年各矿共进行瓦斯、顶板、防水等各类预案演练及反风演习9场次。能源公司安全监察部对各矿预案演练活动实施情况进行了全程跟踪和指导，取得了良好效果，达到了预期目标。

（八）建立健全激励机制，全面推行安全风险抵押金制度

公司在年初对各子公司领导班子实行了安全风险抵押金制度，并按季度考核兑现。各子公司还分别实行了全员安全风险抵押金制度。按照岗位和责任大小进行风险抵押。严格兑现奖惩，实现利益责任对等，动力压力共存。为进一步抓好安全工作起到了积极的促进作用。

（九）强化宣传教育培训，建立全员安全准入机制

加强职工安全教育及培训工作，提高职工安全技能及自身综合素质。在宣传教育方面，安全监察部坚持每月出版一期《安全简报》，及时将公司所属各单位安全情况、国内煤矿安全形势、有关煤矿安全知识等信息通过简报形式反映出来，供领导和员工参考，起到了宣传窗口的作用。各矿也积极行动，以征文、板报、简报、宣传标语(画)、安全知识竞赛、演讲比赛等形式多样的宣传活动，营造安全、文明、和谐氛围。各矿充分利用班前会、集体会议等时间对本单位员工进行安全知识教育和培训，一年来，共进行全员安全培训120场次，参培人员达2778人次。同时，各单位积极组织有关人员分批分期参加专门煤矿培训机构组织的各类培训活动。参培矿级领导22人次，安全生产管理人员96人次，特殊工种人员

保利能源控股有限公司

安全第一

410人次，目前各矿安全生产管理人员全部取得安全生产资格，特殊工种人员全部通过培训，基本符合规定要求。

下一步安全工作重点

（一）强力推进安全质量标准化建设，进一步夯实安全工作基础

质量标准化建设是安全工作的基础和保障，二者互相促进,相辅相成。目前保利能源公司各煤矿单位质量标准化建设很不均衡，离标准还有一定的差距，我们要正视现实，积极应对，强力推进，一贯坚持。首先要严，就是做到工作高标准、质量严要求，对于各项工作有安排、有落实、有检查、有考核；二是细，实行精细化管理，注重抓细节；三是实，实实在在，不搞花架子；四是新，有新意，多创新。

（二）系列实施职工综合素质提升工程

随着新技术、新设备、新工艺的广泛普及应用，企业生产逐步向机械化、信息化、数字化、智能化迈进，我们面临着职工队伍素质与煤炭行业的发展对人力资源配置要求很不相适应的严峻挑战。因此，要采取有效手段，积极开展职工安全、质量和技能等培训工作，快速提升职工综合素质。全面学习推广“白国周班组管理法”，倡导实施“人员保班组、班组保区队、区队保矿井”的安全保障体系，层层分解安全质量控制指标，切实把安全质量目标及管理压力传递到班组、岗位和个人。大力开展班组建设和每天班前会安全教育活动，保证区队长每周一次、科部长每月一次、分管矿长每季一次给职工上大课。

定期组织开展各级各类技能比赛和岗位练兵活动，大力推行技术进步和技术升级。

（三）按照国家规定要求，逐步完善六大系统

要立足于源头防范，逐步推行本质安全型矿井建设。目前，公司各矿安全装备水平还比较落后、信息化程度较低，因此要在强力推行质量标准化建设的同时，按照智能化本安化要求更新安全装备，迅速完善监测监控、人员定位、躲避硐室、压风、供水和通讯六大安全防护系统，使各生产场所的隐患、个体违章行为等不安全因素时刻受到监测和控制，形成“人机制约、人机互补”的安全保护链，确保各大安全防护系统的完善、有效、可靠，进一步提高矿井防灾抗灾和人员应急避险的能力。

（四）进一步抓好“一通三防”管理

进一步建立健全瓦斯治理、通防管理制度，突出通防安全管理重点。配足配齐瓦检员，每班每个工作面都有瓦检员盯头、跟面进行检查，杜绝空班、漏检现象。从优化通风系统调整、加强通防设备管理、降低巷道通风阻力、强化监测监控力度、增强通防人员业务素质等方面着手，保证通风系统安全可靠，监测监控灵敏有效，确保矿井通防安全。

（五）采取新举措，全面提升安全管理水平

拟逐步推广实施《矿井安全程度评估细则》、《领导干部安全履职能力考核标准》、《隐患排查分级分类和治理执行标准》，不断提升安全管理水平，使保利能源公司安全管理工作一步一个脚印，不断跃上新台阶。

（六）实施科技兴企战略，依靠科技保障安全

广泛推广新技术、新装备、新材料、新工艺、新方法，建设创新力强、技术先进、安全可靠的本质安全系统。打造平安矿山，创建和谐企业。

陕西煤业化工集团有限责任公司

Shanxi Coal and Chemical Industry Group Co.,ltd.

陕西煤业化工集团有限责任公司是陕西省有关部门从落实西部大开发战略，充分发挥煤炭资源优势和行业整体优势，从培育壮大以煤炭开采、煤炭转化为主的能源化工支柱产业出发，按照现代企业制度的要求，在铜川矿务局、渭河煤化工公司等省内国有重点煤炭、化工企业基础上重组成立的特大型能源化工企业。集团公司成立以来，通过投资新建、收购兼并、内部重组等各种途径，使集团的全资、控股、参股企业发展到50个，主要经济指标实现了两年翻一番，形成了煤炭开发和煤化工两个主业和燃煤发电、建筑施工、机械制造、金融服务多元发展的产业格局。截至2009年底，资产总额达1039亿元，职工94674人。2009年在全国500强企业中排名第243位，煤炭产量居百强煤炭企业第5位。

陕西煤业化工集团集中了陕西省煤炭生产和煤化工的优势企业，拥有相当规模的优良资产，具有较强的科技力量和先进的生产设备，锻造了一支特别能战斗的产业队伍。集团公司成立以来，在陕西省有关部门的正确领导下，抢抓西部大开发实施战略机遇，乘势而上，壮大了规模，促进了产业升级，拓宽了产业范围，发展了循环经济，延长了产业链，经济规模跃上了新的台阶，各项业绩显著攀升，为助推西部经济发展起到了积极的作用。近两年集团公司步入快速发展轨道，销售收入由2006年的112亿元增加到了2008年的235亿元，实现了每两年翻一番。在2009年度“中国企业500强”排名中跻身第243位，比上年度跃升66位，成为陕西省增长较快企业。2009年，面对国际金融危机和国内工业经济下滑的困难与挑战，集团公司以学习实践科学发展观活动为动力，积极主动地应对内外经营环境的变化，坚定信心，锐意进取，狠抓落实，多项指标在逆境中取得新成绩，各项经济指标依然创历史较好水平。全年生产煤炭7100万吨，实现销售收入321亿元，实现利润26.6亿元，安全生产创历史较好水平，实现了既定的增长目标，又实现了又好又快发展，为全省经济社会发展做出了突出贡献。

有关领导视察生产现场

2010年1月31日，陕西煤业化工集团公司董事长、党委书记华炜(右二)荣获“陕西2009年度经济人物”称号

2007年11月20日，陕西煤业化工集团有限责任公司与中国科学院大连化学物理研究所联合组建陕西煤化工工程中心和甲醇制烯烃工程实验室，并在陕西宾馆举行签约仪式

与金融企业签订战略合作协议

陕西煤业化工集团公司领导班子

在企业发展的同时，集团公司近年来不断提高职工收入，加快推进矿区沉陷治理、棚户区改造步伐，改善职工生产、生活条件。职工平均收入从2006年的2.1万元，增长到2009年的4.1万元。启动“百亿民生”工程，开始了大规模的棚户区改造工程，计划用3年时间完成500万平方米棚户区改造工程，确保让每个职工都能住上功能齐全、配套完善、环境优美的住房。在企业不断发展的同时积极履行社会责任，近两年来累计为社会捐款7000余万元，并在抗击冰冻灾害、支援地震灾区建设、社会扶贫等方面发挥国有企业应有的作用，树立了企业良好形象。

在新的征程中，锐意进取、追求卓越的陕西煤化人，将继续秉承 “一切为了发展、一切为了职工”的宗旨，审时度势，与时俱进，全面完成“十一五”末实现销售收入500亿元的目标，并向2012年销售收入突破1000亿元、2015年突破2000亿元、跻身世界500强、将陕西煤业化工集团打造成为中国先进安全节能环保型能源化工企业目标奋进。

地址:陕西省西安市太乙路182号　　邮编:710054　　网址:http://www.shxcoal.com

电话:029-82260778　　传真:029-82260786

中钢吉林炭素股份有限公司

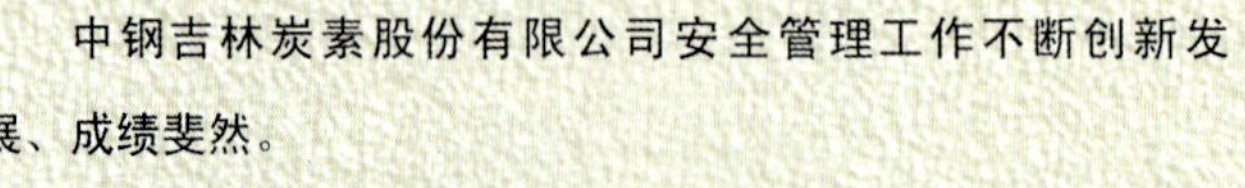

中钢吉林炭素股份有限公司安全管理工作不断创新发展、成绩斐然。

中钢集团吉林炭素股份有限公司隶属于中国中钢集团公司，作为中国钢铁工业生产服务的配套性企业，中钢吉炭是目前国内大型的炭素制品生产厂，行业早批上市公司。是集生产、经营、研发于一体的国际化大型炭素企业，国际炭素四强企业。

中钢吉炭安全生产特点是：高温、高压、多粉尘、易中毒、劳动强度大及起重伤害频率高。为了有效控制各类伤害事故，企业安全管理在创新中求发展，保持和实现了安全生产的良好局面。

中钢吉炭有健全的安全管理体制、管理制度和安全文化氛围。创造性提出并实施了，适应本企业特点的安全管理01234模式；已全面通过《职业健康安全管理体系》认证审核。还曾接受国家安全生产部门督察组的现场检查和考核，受到了较好评价。中钢吉炭多年来被吉林省有关部门和吉林市有关部门授予安全生产先进单位和标兵单位。

西安重工装备制造集团有限公司

西安重工装备制造集团有限公司是陕西煤业化工集团有限责任公司按照陕西省有关部门发展壮大装备制造业规划，整合现有装备制造资源，经陕西省国有资产管理部门批准，2009年11月17日挂牌成立的以煤矿成套装备、工程机械和LED光伏产业为主导的大型装备制造集团。公司注册资本金10亿元，下辖西安煤矿机械有限公司、陕西建设机械有限公司等十家大中型企业和一个专业化产品研究院。公司研发实力雄厚，产品技术先进，具有强大的发展潜力。经营范围涉及采煤机、掘进机、液压支架、刮板输送机、胶带输送机等煤矿专用设备与路面摊铺机、铣刨机等工程机械以及钢结构的设计、制造，同时发展新兴朝阳产业环保设备和LED光伏产业的设计与生产制造。预计2010年，实现销售收入20亿元，2012年销售收入35亿元，“十二五”末销售收入达到60亿元、利税总额6亿元。西安重工装备制造集团有限公司按照高标准、高起点、高质量的要求，着力打造“技术领先化，质量品牌化，市场国际化，服务高效化”的大型先进装备制造集团，成为振兴陕西省装备制造业，促进陕西经济和谐稳定快速发展和实现陕西煤业化工集团发展战略的骨干企业集团。

有关领导视察西安煤矿机械有限公司

陕西煤业化工集团有限责任公司董事长、党委书记华炜（左一）与西安重装集团董事长、党委书记王增强（左二）在第九届西部国际煤炭及采矿业博览会上亲切交谈

陕西煤业化工集团有限责任公司总经理高迎才（前左二）在西安重装集团董事长王增强（前左三）陪同下指导工作

西安重装生产的大型摊铺机

西安重装生产的大型掘进机

西安重装生产的采煤机

通讯地址：西安市互助路66号（西部电力商务中心17层） 邮 编：710048

电 话：029—83279199 传 真：029—83279300

E—mail：xazgzb@163.com

冀中能源峰峰

峰峰煤矿是我国早批开发利用的矿区之一，至今已有130多年开采历史。1949年9月成立峰峰矿务局。1998年8月由原煤炭管理部门所属企业划拨到河北省管理。2003年7月通过债转股改制为峰峰集团有限公司。2008年6月，与河北金能集团联合重组成立冀中能源集团有限责任公司，是其子公司。峰峰集团现已发展成为集煤炭开采、洗选加工、煤化工、电力、机械制造、基建施工、建材、现代物流等以煤为基础，多产业综合发展的特大型煤炭企业，是全国煤炭工业和河北省百强企业之一。峰峰集团目前拥有45个分（子）公司，在册员工4.5万人，企业资产总额150亿元，年产原煤1800万吨，焦炭150万吨，年营业收入500亿元。

冀中能源峰峰集团董事长、党委书记　郭周克

冀中能源峰峰集团煤炭品种齐全，主要有焦煤、肥煤、贫煤、瘦煤、无烟煤等煤种。品质优良，主产品为焦精煤、肥精煤、烧结煤、喷吹煤、发电动力和建材化工用煤等。特别是主导产品冶炼焦精煤为国家保护性稀缺煤种，具有低灰、低硫、低磷、挥发分适中、黏结性强的特点，被焦化、冶金企业誉为“工业精粉”。

在今后发展中，坚持“强基固本，引联外扩，以人为本，科学发展”的战略发展思路，着力调整经济结构，核心煤炭产业，实施内挖外扩，做精做强，2015年争取达到3000万吨以上规模，机械化程度达到100%，实现集约化生产，产业水平得到大幅提升。煤焦化产业，2015年焦炭产量达到300万吨以上，配套化工副产品全部达产，煤—焦—化产业链实现高效运转。电力产业，积极推进合资合作，4×660兆瓦锡盟电厂。物流产业，以现鼎峰物流公司为依托，扩大业务区域，“十二五”期间营业收入达到800亿元以上。建设重型矿山采掘成套装备制造及大型铸锻件生产基地，做强做大装备制造业。推动自主创新，大力发展循环经济，推动资源循环式利用，壮大循环经济产业集群，建设文明生态、富裕和谐的经济工业园区。

有关领导到峰峰集团公司调研

有关领导到小屯煤矿视察调研

有关领导到黄沙煤矿调研

集团有限公司

2009年，冀中能源峰峰集团有限公司坚持“安全第一、预防为主、综合治理”的方针，紧紧围绕“安全生产年”总体部署，按照“十个必须，十个坚持”的思路，强化以严治企理念，加大安全管理力度，不断夯实安全基础，取得了比较好的成绩。

一、周密安排，精心组织，广泛深入开展“安全生产年”活动

围绕国家和省“安全生产年”、“安全生产攻坚年”和“作风建设年”活动，从上到下积极谋划思路，制定措施。公司领导带头转变作风深入井下抓安全，副总经理以上领导坚持每月带班进行夜查；各部门结合专业强化业务保安管理；各单位认真履行年初与董事长签订的安全生产目标管理责任书，结合实际开展“三项行动”和“三项建设”，动员和组织干部职工积极投入安全生产当中，保证了各项安全工作的顺利进行。

二、完善制度体系，不断夯实安全基础工作

一是不断完善制度，建立制度持续改进机制。修订完善了《安全责任行政追究、经济处罚规定》《安全质量黄牌警告管理办法》等六项安全管理和强化责任追究的制度，进一步规范了安全办公会议制度，明确了安全办公会议的内容和程序；明确了安全生产委员会的职责、机构和活动方式。同时制定下发了《瓦斯超限分级追查处理制度》等13项“一通三防”管理制度，使安全管理工作进一步制度化、规范化、程序化；二是加强安全质量标准化和精品工程创建。年初对安全质量标准化“精品工程”创建工作做了整体安排，对验收考核、动态管理、“精品工程”申报和验收，以及奖惩等做出了明确具体的规定，使其具备可操作性。质量标准化由结果标准化向过程标准化、操作标准化转变，正常生产矿井由头面精品向区域精品拓展。三是继续深化安全培训教育，提升员工素质。推广应用“多媒体教学培训系统”，开展现场培训和实物教学培训，分层次对各级各类人员进行针对性培训。组织开展职工技术练兵比武竞赛、管理人员法律法规知识竞赛和全员安全质量标准化知识竞赛，员工素质得到进一步提升。全年培训区科长1462人，班组长2149人，特种作业人员8415人，一般工种28700人，全部做到了持证上岗。

三、以理念创新为先导，大力实施管理创新

积极推进“六定管理”防控体系建设。在对所有生产作业地区进行风险辨识的基础上，定重点防控地区、定重点防控内容、定防控次数、定防控密度、定防控人员、定防控时间，制定了考核标准，严格考核，兑现奖惩。各矿每月摸排重点地区，制定防控表，随作业计划一起下达，每一位领导按照防控表进行“六定管理”，实现了对安全重点地区和重点部位的可控管理。关口前移，落实业务保安责任制，全方位加强业务保安管理。各部门结合专业实际，将管理关口前移，在生产过程中进行隐患排查，落实整改责任，初步实现了由单纯事故责任追究向事故责任追究和隐患责任追究并重的转变。完善责任制度体系，规范地面安全管理。针对地面单位行业多，管理难度大的特点，强化对地面单位和矿井地面的安全管控。坚持每季度对地面单位和矿井地面进行安全考核，考核结果与单位领导的安全奖励挂钩，促进了问题整改和管理水平提高。

同时，加强应急救援管理，与市政府共同组织了大型矿山火灾应急救援现场实战演练，各矿组织了井下火灾、水灾的避灾演习，通过演练进一步完善预案，应急管理工作得到加强。

四、实施科技兴安战略，提升矿井安全保障能力

加大安全投入力度，完善矿井“五大系统”，更换主要通风机、启用新风井和扩整巷道，万年煤矿、黄沙煤矿、小屯煤矿、羊渠河煤矿有效解决了通风能力紧张问题。加大瓦斯抽采力度，积极推行区域消突措施，变防突为消突；大淑村煤矿、薛村煤矿、羊渠河煤矿建成低浓度瓦斯抽采系统，实现了瓦斯“分源抽采”。瓦斯监测监控系统和矿井火灾监测系统进一步完善。提升安全技术和装备水平，大综采、大综掘、充填采煤、极薄煤层开采、沿空留巷、锚注、顶板离层监测、无极绳运输等新技术、新工艺、新装备得到积极推广和应用。矿井电网监控系统在薛村煤矿、大淑村煤矿、羊渠河煤矿等单位安装并正常使用；斜巷人车改架空乘人装置在薛村煤矿、羊渠河煤矿、万年煤矿成功安装使用。推广斜坡常闭式连锁罐挡和电气开关停电闭锁装置等安全实用技术，改善了安全环境，减少了现场作业人员数量，矿井安全保障能力明显提升。

五、坚持党政工团齐抓共管，广泛开展安全活动

党政工团的各级组织，都把安全生产作为天字号的大事来抓，结合实际开展了安全季、安全月等活动，分别制定了活动方案和工作措施，进一步明确各级领导和党政工团各级组织的责任，推进了“一岗双责”和“党政同责”制度的落实。针对不同时期的实际做出阶段性安排，做到了主题鲜明，重点突出，注重实效。在安全季活动中，首季突出了春节和“两会”期间安全重点，开展了“三防”活动；二季度突出安全生产月活动，参加邯郸市安全月咨询日活动，受到市领导好评，组织了安全牌板展、安全法律法规知识竞赛；三季度突出了高温雨季和9月份新中国成立60周年、建企60周年大庆和扩能技改试生产的特点；四季度突出了年终冲刺、冬季“三防”和反麻痹、防松劲的特点，出台了特殊奖惩政策。还扎实有效地组织开展了“安康杯”竞赛活动。通过各单位广泛发动群众，狠抓各项活动措施的落实，实现了安全生产的健康发展。

冀中能源股份有限公司邢东矿

冀中能源股份有限公司邢东矿始终围绕“安全至高无上”这一安全管理的核心理念，把坚持“五个到位”作为推进本质安全型矿井建设的有效载体和方法，在安全管理上坚持培训到位、制度到位、检查到位、整改到位和管理到位，从而使职工的安全意识得到了增强，安全管理的措施更具规范，安全监督的网络更具严密，隐患整改的速度明显加快，矿井质量标准化水平大大提高， 有效地促进了矿井的科学发展、安全发展、和谐发展。2005年、2006年，连续荣获“全国煤炭工业一级安全高效矿井”、2007年、2008年，2009年，连续三年荣获“全国煤炭工业特级安全高效矿井”。

坚持培训到位，进一步增强职工的安全意识和业务技能

思想决定行动，意识决定成败。要保证职工安全生产，邢东矿首先在加强职工培训教育方面下功夫，在提升职工安全意识方面做文章。每年都要组织全员职工脱产培训，根据职工工作性质，分岗位编制培训大纲，明确培训内容，由各职能部室骨干技术人员任教，从各区队部室抽调人员分期、分批接受培训，每期培训时间不少于3天，对不能及时接受培训或考试不过关的职工，实行再培训制度，直至培训考试过关才能上岗。以2009年为例，共培训职工4636人次，其中新工434人次，特殊工种616人次，管理人员177人次，组织基层单位各种培训3409人次。目前，矿井安全管理人员39人，特殊工种1086人，都做到了持证上岗。职工的应知应会和业务知识得到了明显提高。

开展丰富多样的安全教育活动，是提升职工安全意识的又一重要形式。为促进安全管理，邢东矿做到了党、政、工、团齐抓共管，组织开展的同唱《安全歌》、“安全千里百户访谈”、“夫妻同唱安全歌”、“丈夫无三违，妻子来抽奖”、 组织矿嫂下井参观、制作母子传情卡等系列安全教育活动，充分发挥了“二道防线”的作用，建立了“个人——家庭——企业”的安全生产三级联保防线，实现了“以亲情唤安全”的目的。另外，矿党委还在全矿掀起了全员学习《弟子规》的热潮，通过将传统文化与安全文化的融合，提高了职工抓好安全为家庭、抓好安全为矿山的责任意识。据统计，职工“三违”率同比降低26.8%，营造了以“和谐”杜绝“三违”、以“和谐”保证安全的良好局面。

在提高作业人员应急反应和预警控制能力方面，该矿针对不同的工作头面都明确规定了应急救援预案、应急演练和应急救援物资等事项，每季度的前10天内组织一次救灾撤人演练。同时，要求区队在更换作业地点后，10日内必须进行一次救灾撤人演练。演练范围和内容，还包含了火灾和水灾的避灾路线演练。通过演练，井下职工应急能力明显增强。

坚持制度到位，进一步规范安全管理的各项措施和要求

严密的制度和措施是实现安全生产的基础和前提，是安全生产的重要关口。结合矿井实际，邢东矿制定完善了一整套严密细致的安全生产管理制度，将安全生产管理目标及责任层层分解落实，层层签订责任状，实行量化考核，突出强调管理人员的职责在一线体现，作用在一线发挥，所有管理人员全部参与跟班下井，与职工同上同下，而且保证能够班班见到矿领导，并将安全作为各区队党政正职的重要考核指标，实行一票否决。根据矿井不同时期的生产特点，不断完善“三项制度”，实行了“三三三一”结构工资考核办法，即：每月对生产区队工资进行核算时，按照安全状况占工资总额30%，安全质量标准化占工资总额30%，生产经营指标（生产任务完成情况、材料消耗和机电设备管理）占工资总额30%，职工培训占工资总额10%的比例进行考核。通过考核，提高了生产区队抓安全的主动性，调动了全员的安全意识。

以“安全放心区队”建设为目标，建立了独具特色的“四平安”考核机制，即：“平安个人、平安班组、平安区队、平安邢东”的考核机制。将事故、“三违”、隐患、质量、资料管理、制度执行等情况全部纳入了考核内容，平安区队由安全部根据日常有关单位对各区队的检查情况进行考核，平安班组由区队长进行自查，“班评估”执行情况和有关检查部门检查情况进行考核，平安个人由班组长根据职工工作质量，“三违”情况和平时表现

进行考核，区队得分在90分以上，给予单位8000元奖励，得分在80分以下，扣除单位10%的风险抵押兑现金；班组得分与班组应得风险抵押兑现金挂勾，实现风险抵押兑现金在班组之间的重新分配，同样个人得分也与个人风险抵押兑现金挂勾，充分达到了奖优罚劣的目的。通过考核切实把安全目标、安全责任、安全压力层层分解，做到了事事有着落，条条有回音，项项有记录，形成了闭环管理体系。实行以来，效果明显，工程质量、现场文明生产以及质量标准化都有了明显提高。

建立了安全生产许可制度，做到不安全不生产。采、掘、开工作面开工前，必须经安全部组织，有关职能部室参加，验收合格方可开工。对施工过程中存在的无安全技术措施、措施没有贯彻、现场管理混乱、质量低劣、安全设施严重缺失和安全隐患不及时整改等重要问题的工作面，坚决摘掉安全生产许可牌板，停下来进行整顿，被停产工作面在验收合格后方可复工。另外，对被停产整顿的单位，处以不低于1万元的罚款，责任单位的党政正职以及跟班人员各承担职工罚款的130%，班长承担职工罚款的120%。

坚持检查到位，进一步健全完善现场安全监管网络体系

加强监督检查是贯彻“安全第一、预防为主、综合治理”方针的重要手段，是落实安全措施、强化现场管理、搞好隐患整改的重要举措。邢东矿在认真落实安全例会、全员安全风险金、“班评估”和隐患排查等安全管理制度的同时，深入开展了点检工作，将主井提升机、压风机和防治水等重点部位和区域作为点检项目，定期点检，发现问题，及时整改。坚持月度隐患排查会，对各级人员排查出的隐患，由安全部负责按照级别安排责任，责任单位限期整改。强调跟班人员巡检制度的落实，明确职能部室业务保安的职责。

开展了《学标准、促提升、查隐患、保安全》专项安全活动，制定奖罚办法，明确安全职责，促进了安全生产。针对各类事故，严格按照“四不放过”原则，认真分析，查找原因和责任人，落实处罚条例，深刻吸取教训。

在重大事故防范管理方面，针对邢东矿埋藏深、地压大的情况下，突出抓好防治水工作。严格按照“逢掘必探”的原则进行施工，坚持物探、钻探相结合，每天深入现场进行观测，认真分析水文地质情况，建立矿井水文观测网，制定应急预案，定期演练。2009年，完成了矿井防排水扩能改造工程，

相关领导到邢东矿视察指导工作

矿领导研究矿井标准化建设工作

安全生产誓师大会上矿长杜丙申为基层单位授旗

矿长杜丙申(右)，矿党委书记达义更(左)在井下研究工作

冀中能源股份有限公司邢东矿

排水能力由1250立方米/小时提高到了2500立方米/小时。加强了“一通三防”管理。建立了防灭火注浆系统和束管监测系统，实现了对采空区的高效注浆和实时监测。采用双向长钻孔实施了静压煤层注水；综采工作面安装了架间喷雾、各转载点喷雾，采掘巷道都安装了全断面喷雾系统，实现了运煤自动喷雾。所有局部通风的头面，实现了“双风机、双电源”和风机自动换向。在掘进工作面使用了除尘风机和除尘喷浆机，工作环境得到了有效改善。认真抓好了斜坡运输安全管理。针对运输是事故多发、易发的薄弱环节，不断完善各种安全设施，加大日常检查力度，加强运输措施和责任制的落实，同时，在全矿推广使用了卡轨车，在副暗斜井等主要运输斜坡安装了人防系统，提高了运输安全系数。加强了工作面拆除、安装期间的安全管理。工作面的拆除、安装，动的都是大型设备，也是事故易发、多发的环节。为了保证安全，每次工作面的拆除、安装，都成立领导小组，明确安全责任和任务，认真贯彻施工措施，安排安检员和调度员班班专人盯岗，现场指导安全管理工作，严格落实规程措施，不仅保证了安全，而且提高了安装效率，实现了动态达标。

按照国家安全费用提取的管理规定，每年足额提取安全费用，全部用于矿井安全生产上装备、建系统、抓教育等，仅2009年，就投入安全资金7399万元。目前，矿井共建有瓦斯监测、皮带监控、人员定位和防灭火束管监测等20多项在线监测监控系统。

坚持整改到位，进一步降低隐患风险指数实现闭合管理

隐患是引发事故的根源，只有最大限度地处理和整改各类隐患，并将其消灭于萌芽状态，消灭于初始阶段，才能更有效地保证安全生产的顺利进行。

为有效消除隐患，邢东矿首先是健全完善了安全监管网络体系，在坚持每周安全大检查、日常检查、专业小分队检查等，做到了小分队活动不断线。在每周一次安全大检查的同时，矿工会和团委也组织了职工代表小分队、群安网员小分队、青年岗员小分队，每周定期深入现场检查，并将检查结果进行汇总，在安全办公会上进行通报，按照定措施、定标准、定期限、定责任人的“四定”要求进行整改，实现了隐患排查闭合管理机制。

为督促隐患整改，他们将各小分队查出的隐患以通知单的形式发给各单位，然后就要按照规定的时间，由安全部或各小分队跟踪复查，凡是在规定的时间内完成整改任务的，不予追究责任，凡是没按要求进行整改或整改不彻底的，要对区主要负责人、跟班人员和班组长给予责任追究和处罚。从而使隐患的整改率始终保持在97%以上。

坚持管理到位，进一步提升现场质量标准化建设水平

为确保安全生产法律法规和规程措施的有效执行，提高监管力度，邢东矿设立了专职的安全管理部门，共有34人，其中本科及以上学历人员7人，研究生1人，高级工程师2人，配有岗员和网员等兼职安全管理人员200余名。每项工程都有专门的施工措施，并通过主管矿领导、安全部和相关部室会审，批复贯彻后，才能进行施工，施工现场由安检员和调度员进行监督指导，保证了各项措施落实到位。

邢东矿各级领导始终以如履薄冰的心态，注重安全管理，强化逐级责任，严格执行跟班带班制度，深入井下和现场解决实际问题，搞好当班生产指挥和协调，监督检查安全措施的落实，并与工人同上同下。矿领导的跟班次数始终居冀中股份公司各单位之榜首，次次通报，次次得到公司领导的好评。区队干部注重加强现场走动巡查，熟悉掌握情况，恪尽职守，靠前指挥。切实发挥班组安全生产第一道防线的作用，抓班组建设、抓班组长培训、抓安全培训，深入推广“白国周班组管理法”，全面提升班组长和职工的安全素质、业务技能。实施了全员准军事化管理，推行并严格执行了“手指口述”安全确认法，使职工的安全意识和技能得到了全面提升。

强化安全质量标准化建设、创建精品工程是邢东矿抓好安全生产的重要方法和手段，月月组织安全质量标准化竞赛，召开现场经验交流会，各生产区队的标准化水平明显增强。坚持动态管理和月度考核，加大验收频率，每旬一验收，每旬一通报，每月一兑现，每月一奖罚，奖罚基数从原来的1000元提高到了3000元，充分发挥了基层区队在质量标准化建设、创建精品工程中的主导作用，质量标准化建设水平大大提高。2009年，共创建精品工程33项。在2010年上半年两级公司的质量标准化达标竞赛中，邢东矿两次总分均创全公司较高水平，有力地促进了安全生产。

安全副矿长郭卫勇同志在一线检查指导安全生产工作

井下矸石充填头面现场

山东省思威化学品安全评价中心

山东省思威化学品安全评价中心（以下简称中心）成立于2002年11月，是由山东省化工研究院出资组建的国有企业，注册资金6899539元。国家安全生产监督管理部门于2006年5月12日授予甲级安全评价资质；2010年8月，顺利完成延期换证，证书编号：APJ-（国）-133，有效期至2013年8月31日。

中心设主任一名，技术负责人、过程控制负责人各一名。下设综合办公室、市场部、质控部、评价一室、评价二室等部门。

中心现有员工36人，现有专职安全评价人员28人，其他工作人员9人，其中15人取得注册安全工程师资格。现有专职安全评价人员中有研究员7名，高级工程师13名，工程师6名。

2010年，中心有4名同志被山东省安全生产管理部门聘为省安全生产专家组成员。中心聘有15名技术专家，所聘专家均为山东省安全生产专家组成员，有着较高的理论素养和丰富的实战经验。

灵宝黄金股份有限公司

公司领导在吉尔吉斯斯坦进行矿山实地考察

公司在吉尔吉斯斯坦启动矿山开采工作

公司举办安全咨询日活动

公司矿山救护大队人员进行日常训练

灵宝黄金股份有限公司成立于2002年9月27日。2006年1月12日，在香港主板成功上市（股票名称：灵宝黄金；股票代码：3330），首期募集资金9.899亿港元，成为“十一五”开局之年我国率先在境外上市的公司。被国家有关部门确定为国内五大黄金公司之一，中国黄金协会“明星企业”和“AAA级诚信企业”，河南省政府“百强企业”。

公司坚持“稳健、勤勉、创新、高效”的经营理念，严格按照“统一管理，授权经营；统一核算，单独考核”的经营管理模式，实施“三抓”（抓资源扩张、抓管理创新、抓资本运营）战略，落实“六化”（决策科学化、运作规范化、执行程序化、作业标准化、管理制度化、反馈信息化）战术。经过不懈努力，公司由小到大，由弱到强，经历了“区内整合——香港上市——海外发展”三个阶段，实现了“从股份改制到企业上市；由国内拓展到海外发展；从国内知名到国际有名；由以金为主到兼顾有色”的跨越式发展。目前，下辖3个分公司、控股21个子公司，员工5000余人。

“灵金牌”国标金锭

公司拥有探、采矿权59个，面积达2487.9平方公里，保有黄金储量为145.6吨。产品有“灵金”牌国标2号金锭、白银、电解铜、硫酸、铜箔等。形成了日采选矿石5000吨、日处理金精矿1000吨、年产黄金约16吨、白银40吨、电解铜近1万吨、硫酸15万吨、铜箔3000吨的生产规模。

近年来，公司牢固树立“安全第一、预防为主、综合治理”的发展观念，深刻吸取事故教训，深入查找隐患根源，认真落实安全主体责任，“五管齐下”夯实安全基础，构建安全、生产和技术　“三位一体”保障体系，保证了安全和生产平稳运行。

铜　箔

国标银锭

电 解 铜

浇灌安全文化绿洲　筑牢安全发展长堤

——同煤集团四台矿安全文化建设蓬勃发展

来到同煤集团四台矿，你就会置身于一种浓浓的安全文化氛围中，安全标语、宣传排版、灯箱、LED电子屏，一个接一个进入眼帘，使人受到感染。

近年来，该矿围绕创建全国先进质量标准化矿井、本质安全型矿井的目标，把安全文化建设作为企业文化建设的核心内容和重中之重，坚持用安全文化提升安全素质，安全文化建设和安全管理实现了双向渗透和深度融合，为矿井实现“文化四台、魅力四台、和谐四台、永恒四台”奠定了坚实基础。该矿先后获得了全煤系统“双十佳”矿井、行业级“双高”矿井、安全质量标准化国标一级矿井、全国文明煤矿、全煤系统企业文化建设示范矿等荣誉。

渗透理念　铸魂塑人

该矿从安全文化理念的提炼、宣传、灌输入手，培植具有四台特色的安全目标和理念体系，形成了一整套涉及矿井安全管理方方面面的安全文化理念体系。为了让员工把安全理念入心、入脑、入心、入行，该矿把“人人都是通风员”等一系列安全理念进行系统整理，下发到全矿基层班组，要求员工人人熟记；通过广播、电视、局域网、LED电子屏、“安全文化基地”等宣传阵地，大力开展安全宣传咨询、理念研讨演讲、安全警示教育、事故反思教育等活动，强势宣贯安全应知应会知识和安全先进人物事迹；在井口兴建了集安全知识、安全理念、事故案例、安全教育等内容构成的“安全文化基地”，既增长了安全生产知识，又激发了保安全、促安全的热情，提高了员工的安全素质。从“安全文化基地”出来，进入井口候罐大厅、井底车场至各采掘工作面，一个个鲜亮的灯箱、一条条温馨情调的祝福提示标语、一组组通俗易懂的安全漫画，让每一个入井员工都能领略到安全文化信息。同时，该矿在生产一、二线换班室张贴每位员工的“全家福”照片前进行安全宣誓、诵安全理念等活动，以提高员工在生产作业现场的安全意识。此外，该矿还结合本矿安全管理实情，推出思想性、自动性、趣味性融于其中的安全文艺汇演、合理化建议、安全评议征集、安全知识竞赛、安全演讲、安全漫画展、安全漫画扑克、为一线员工送平安祝福卡等安全文化活动，使员工在浓郁的亲情和人文环境中受到教育，提高了整体安全素质。

创新管理　提升水平

该矿不断创新安全管理制度，推行五精管理体系，逐步实现了安全管理“六化”：即管理制度精细化——从安全目标管理、安全投入保障、安全培训工作、以及群防群治等22个方面规范了安全管理制度，初步构建起安全4E精细管理制度体系；走动管理系统化——在调度室和井口设立了走动式管理网络牌板图示，每次走动的情况都要在网络牌板上标示，并及时填报走动管理信息卡，明确走动区域、频次、地点，做到了走动巡查有标准、发现问题有记录、解决问题有落实；看板管理一体化——把安全理念、生产完成情况、安全管理情况、人和物存在的不安全因素、隐患处理情况等需要在牌板中体现的内容进行统一设计，使员工一目了然，易于接受，便于记忆；就近管理区域化——在井下各单位以岗位区域职责为核心，突出区域环境控制的就近管理，让井下每一个岗位都成为相对管理的主体，实现了管理由监督层向操作层的延伸，由被动管理向自我主动管理转变；设备管理数字化——充分利用全矿计算机网络优势，率先在大型机电设备管理系统推行了编码管理。建立了与之相配套的各种编码号牌、账簿卡片、电子档案，实现了准确、便捷、科学的管理；安全考核体系化——建立了质量标准化、职业健康安全管理、矿井安全生产管理、“六员一防”群防群治管理四大安全管理考核体系，制定了《基层建设实施办法》，坚持进行现场检查和考核，并将考核结果纳入安全绩效工资。

系统培训　全面覆盖

全矿以员工培训基地为主要培训阵地，以“人人都是通风员”为核心的安全体系为培训重点，扎实开展人人过关的安全培训。一是抓好特种作业人员和安全管理人员培训，确保持证上岗。二是抓好新招员工岗前安全培训，做到关口前移。坚持“先培训后就业，先培训后上岗”的原则，严格管理，开展岗前安全技术培训。三是抓好全员安全培训，提高了员工安全素质。该矿对全矿一、二线员工分别进行为期一周的全脱产、封闭式、军事化管理安全培训，统一食宿，统一作息，统一服装，聘请部队军官任教训练，学习军人的意志作风，培养员工严明的纪律，有效地训练了员工，历练了团队。通过安全培训教育，员工的安全意识进一步增强，安全基础知识更加扎实，井下操作更加规范，违章现象明显减少，员工进一步掌握了灾害预防及急救措施，在全矿形成了群防群治的合力，有力地促进了安全生产。

依靠科技　夯实基础

该矿始终把保证安全投入作为提高矿井安全生产水平的一项重要工作来抓，坚持为安全生产提供充足的资金保障，井下安全基础条件得到显著改善，安全装备科技水平不断提高，矿井防灾抗灾能力得到加强。近年来，一大批技术含量高、安全性能好的装备陆续在矿上“安家”。安全装备检修制度落实到位。在安全装备的使用中，该矿严格执行机电设备“四检制”和订单检修制度，将“订单式”检修由综采和机掘单位推广至全矿井上下各设备使用单位，做好大型机电设备和井下电气设备的安全监控运行管理，确保了全矿井安全装备的可靠运行。该矿始终坚持“以人为本”的思想，按照劳动防护用品发放标准，在规定期限内及时为员工发放劳动保护用品。使该矿井下作业人员的个人安全防护装备基本能够满足井下安全生产所需，保证井下从业人员的安全。此外，该矿还注重“软件”装备的投入，成立了计算中心，运用电脑设计，采用先进的绘图机进行作业规程图的绘制，为各生产区队作业提供了更加科学化、规范化、标准化的作业规程图。同时，该矿大力开展矿井安全质量标准化建设，先后打造了以402盘区、412盘区为代表的精品盘区、精品工作面、精品硐室、精品岗位，有力地夯实了安全基础。

海南金昌金矿有限公司

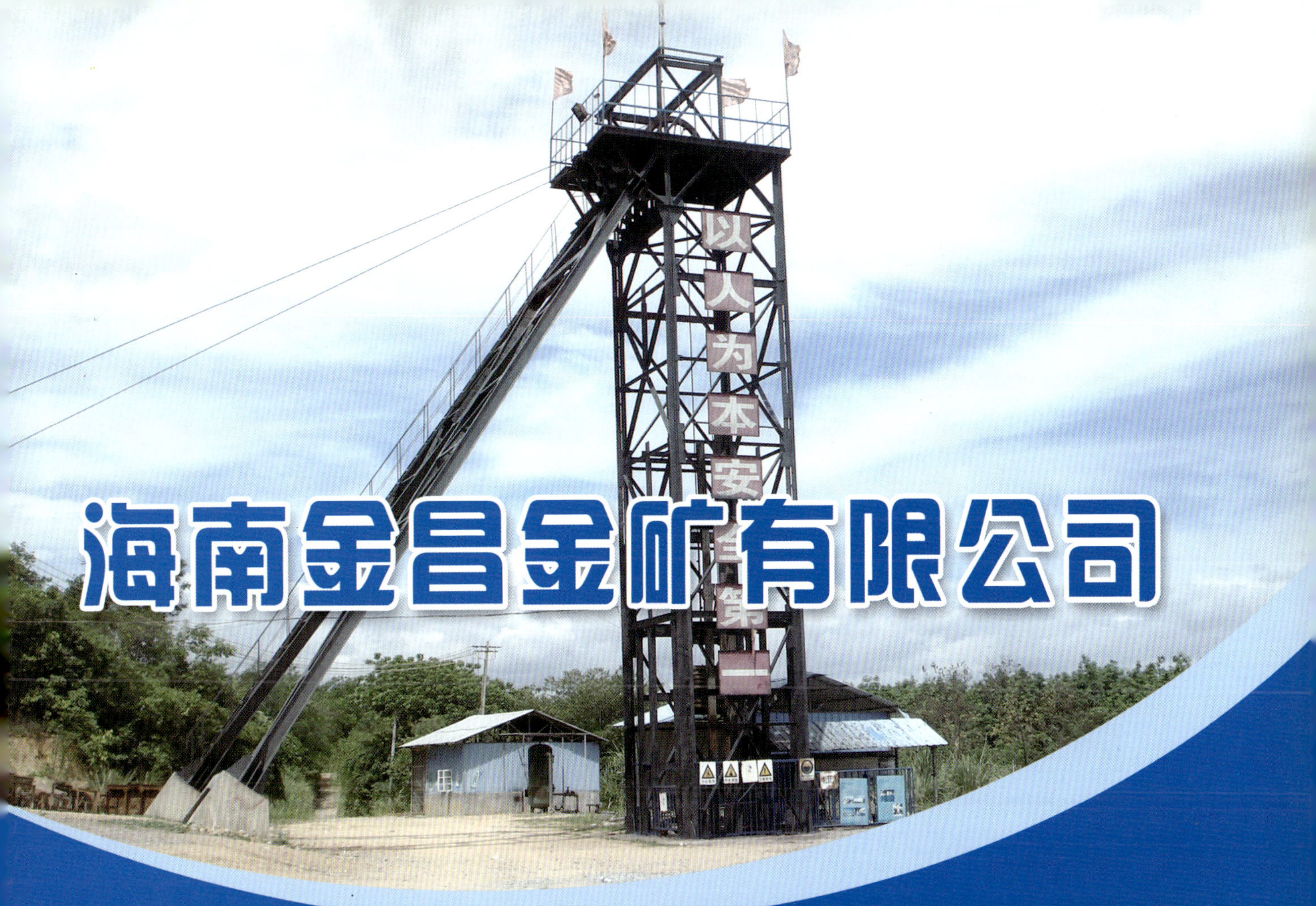

公司简介

海南金昌金矿有限公司位于海南省昌江黎族自治县，成立于1994年3月，1997年投产，是一座具有探矿、勘察、采矿、选矿、冶炼综合生产能力的黄金矿山企业。矿山生产规模200吨/日。地下竖井开拓，选矿工艺为全金泥氰化—锌粉置换。

有关领导视察

海南金昌金矿——3号探矿竖井

海南金昌金矿——矿区全貌

海南金昌金矿——矿区办公室

山西潞安矿业（集团）有限责任公司

潞安集团董事长　任润厚

潞安集团党委书记　王安民

山西潞安矿业（集团）有限责任公司是一个以煤为基础，煤电化、煤焦化、煤油化综合发展的新型能源和煤化工企业集团。在中国企业500强中排名第127位，全省工业企业30强第3位。

潞安集团公司突出战略管理，依靠战略致胜。通过实施战略管理，企业快速做大做强，实现了又好又快发展。2009年，潞安集团实现煤炭产量达5509万吨，销售收入达498.6亿元，利润总额达38亿元，员工工资达66049元，分别是2000年的4.8倍、34倍、120倍和4.5倍。

安全生产持续健康稳定发展。集团公司成立10年来，杜绝了重特大事故，百万吨死亡率为0.033，达到国际先进水平，其中5个年度实现事故为零，而且没有新增一例矽肺病，成为全煤系统荣获全国“安康杯”竞赛十一连冠企业，全省“全国安康杯竞赛示范企业”，被特颁了“全国五一劳动奖状”。

集约高效水平不断提升。通过矿井自动化、数字化、信息化建设，将提升装备与减人提效相结合。潞安集团公司构建了以自动化矿井为主体、绿色开采为内涵、本质安全为保障的安全和谐、绿色新型的节约高效生产配套技术体系，相继在国内率先建成了大采高自动化综放工作面、数字化掘进工作面和数字化矿井，创造了全国日产、月产新纪录。集团全员效率、回采工效、掘进工效、采区回收率分别达到15.023吨/工、115.29吨/工、0.36米/工、83.2%，继续保持全国领先水平。

能化集团建设取得重要进展。继2008年12月潞安煤基合成油示范厂率先在国内生产出钴基合成油；2009年7月，铁基浆态床一次投料试车成功，产出合格油品，并连续稳定运行。潞安成为了世界上同时利用铁基和钴基两种催化剂进行煤制油的

2009年4月13日，潞安集团与中石油华北油田公司合作协议签字仪式

2010年3月14日，山西潞安百万吨级煤基合成油产业化项目专家咨询会在上海举行

2010年5月19日，全国煤矿坚决遏制重特大事故推广井下救生舱等避险设施现场会在潞安召开

山西潞安矿业（集团）有限责任公司

潞安集团总经理　李晋平

企业。发挥周边石英砂资源丰富及潞安富余电量优势，初步构建了煤矸石综合利用电厂——工业硅——聚氯乙烯——高纯度多晶硅——太阳能电池垂直一体化的硅产业链条，1吉瓦/年的光伏太阳能项目一期工程已经产品下线，同时开工建设二期工程；硅产业链其他项目也将于近期投产。目前，潞安集团电、油、化、硅产业发展势头强劲，煤电、电化、焦化、煤油循环经济园区基本建成，被列为国家循环经济试点企业。

煤炭资源整合全面推进，成效显著。按照山西省的决策部署，潞安集团在临汾、晋中、忻州、吕梁、长治等地整合矿井101座，整合产能3120万吨/年，整合资源30亿吨，集中力量、集中投资，采用融资租赁等方式对整合矿井进行现代化改造。计划用两年时间，将整合矿井一次性建成产能90万吨/年以上的规模化、集约化、数字化、信息化的新型矿井。潞安集团的“集约化整合”、“以主力矿带整合矿”、“以煤补农”等做法，都得到山西省的充分肯定，形成“潞安经验”在全省推广。潞安集团已形成潞安本部、武夏、忻州、临汾、晋中、潞安新疆六大矿区，全面构建起本部核心区、省内扩张区、省外战略区的三区发展布局，拥有煤炭储量435.6亿吨，按亿吨规模可稳定开采200年以上，为建设亿吨级煤炭集团和“百年潞安”奠定了坚实基础。

与此同时，“六渠道一公司”的融资格局不断完善，战略发展的人才体系逐步充实，潞安集团公司实现了资金链、人才链、产业链的良性对接。

全省领导干部大会之后，潞安集团进一步解放思想，放胆争先，对潞安“十二五”规划作了进一步的调适和完善。“十二五”时期，潞安集团的总体目标概括为“亿吨煤炭，立体能源，总量翻番，国际潞安”。即：投资2000亿元，资产总额达到3000亿元，销售收入达到2000亿元，实现利润200亿元，跨入中国企业100强，跻身世界500强。

2010年7月6日，潞安集团荣获全国“安康杯”竞赛活动全国五一劳动奖状

2010年10月30日，潞安集团在人民大会堂召开“十二五”发展会

2010年9月20日，潞安集团1吉瓦/年太阳能垂直一体化项目一期投产剪彩仪式

矿领导与相关人员研究安全整改方案

广西德保铜矿

广西德保铜矿建于1966年6月，是广西壮族自治区早批发展的矿冶工业企业之一，属国有中型企业，是广西大型的铜矿生产基地。设计采选处理原矿能力为26.4万吨/年、铜精矿年生产能力为15000吨，铁精矿为25000吨，生产的主要产品有铜精矿、铁精矿，附产品有金、银、硫等，矿石中还含有锗、镓、铟等稀有金属。

企业占地面积12.33平方公里，拥有雄厚的采选技术力量，先后完成了采场挤压大爆破、浮选流程、采运、放矿自动化作业线、PH值微机控制、八号矿段接替工程、日采选800吨扩建等技改工程，与安微铜陵铜业有限公司等四方组建了产值超十亿元的百色融达铜业有限责任公司。企业已发展成集采、选、冶一条龙的广西具有竞争力和发展潜力的铜矿生产企业。

多年来，广西德保铜矿先后荣获“自治区安全生产先进企业”、“广西经济效益百强企业”、“重合同守信用单位”、“百色市优秀企业”、“广西优秀企业”、“广西民族团结先进单位”、“全国安康杯竞赛‘优胜单位’”等称号。

2010年3月，广西德保铜矿危机矿山找矿预测项目被评为国家优秀项目。目前，正抓紧做好该项目的各项工作，根据资料预测，铜金属储量约20万吨左右，企业发展前景十分广阔。

全体干部职工在团结、高效而富有创新精神的矿领导班子带领下，发扬“团结奋进、快速发展”的企业精神，以“抓管理创效益,抓项目促发展,抓民生保稳定”为发展思路，以铜作为核心产业，发挥技术优势，实施跨行业、跨区域发展，努力把广西德保铜矿建设成为产品多样化、模式集团化、市场国际化、管理科学化的现代化企业。

投入大量资金的尾矿库

2010年安全生产责任状签订仪式会现场　　贯彻落实国发［2010］23号文件　　矿领导班子及相关人员在井下进行安全检查

有色金属的明珠
——广西华锡集团铜坑矿

广西华锡集团铜坑矿，是中国有色金属大型地下矿山，是世界罕见的锡、锌、铅、锑、铟、银、砷等多金属群生富矿区，被誉为“矿物学家的天堂”。

铜坑矿位于广西南丹县大厂镇境内，始建于20世纪70年代，1978年成立，现有员工1984人，主要承担广西华锡集团矿山开采任务。经过30年的发展，铜坑矿年产矿量已经突破200万吨，年实现产品销售收入超过7亿元人民币（原矿销售内部价格），崛起成为中国有色金属行业一颗璀璨的明珠。

铜坑矿坚持“人才强矿、科技兴矿”战略，坚持走可持续发展道路，加强对矿产资源的科学利用、合理开发和有效保护，积极推进项目建设和自主创新，自“九五”以来，取得了多项科研成果，其中20项获省部级以上科技进步奖，技术水平均达到国内领先水平，部分项目达到国际先进水平，为规模生产提供了强大的科技支撑，有力推动了生产经营的迅猛发展。

铜坑矿注重企业文化建设，强力推进企业文化发展，使矿山的文明程度不断提高，企业形象大幅度提升。先后荣获中国有色金属行业先进单位、华锡集团“资源节约型、环境友好型”先进单位、南丹县文明单位等。

站在新的发展起点上，铜坑人高举科学发展旗帜，积极发挥资源优势，秉承“立志铜坑，追求卓越”的铜坑矿精神，树立“热爱铜坑、发展矿业”的理念，倾力打造“平安铜坑”、“科技铜坑”、“发展铜坑”、“绿色铜坑”、“和谐铜坑”，努力朝着建设“技术先进、装备领先、管理优良、效益良好、环境宜人”的现代化文明矿山激昂迈进。

井下安全生产现场分析检查

职工家属井下安全体验教育

矿领导深入生产一线单位研究井下采矿安全问题

5.33公里的空中运矿索道

安全一封家书颁奖晚会

安全文化长廊

井下透水事故应急救援演习

潞安集团常村煤矿

常村煤矿是我国利用世行贷款建设的特大型、现代化煤矿。煤种为中灰、特低硫磷、特高发热量的优质高效、绿色环保煤炭，是适合发电、冶金、化工行业的用煤。连续多年被评为行业特级高产高效和全国安全质量标准化一级矿井。2009年常村矿生产煤炭700多万吨，销售收入39亿元，实现利润9.4亿元，现有职工6400人。

常村煤矿始终重视安全工作，创新性地提出并全面推行"抓好'十个强化'，推进安全发展"的思路。实现了由安全生产向安全发展的跨越。

2009年，常村矿始终坚持"安全第一，预防为主，综合治理"的指导方针，认真贯彻"装备、管理、培训"并重原则，不断创新安全管理方式、方法，逐步形成了源头预防（Prevention）、过程控制（Control）、安全防护（Protection）、应急救援（Rescue）的"PCPR"安全生产管理体系，有力推动了本质安全型矿井建设。

有关领导视察常村煤矿

主要做法：

一、强化源头治理，消灭事故隐患

常村煤矿坚持安全第一、安全制胜的理念，始终把安全放在首要位置，注重超前防范，消灭事故于萌芽状态。

(一) 坚持狠抓安全素养技能提升，不断创新安全教育培训方式和途径，坚持狠抓干部员工安全意识，促进人的本质安全。

(二) 加大安全投入，全面加快自动化矿井建设，促进机电装备的本质安全。

(三) 加大隐患超前治理力度，促进作业环境的本质安全。

一是坚持狠抓瓦斯的综合治理、强化通风管理、强化瓦斯抽采、强化监测监控、强化瓦斯监管。通过以上措施，全矿瓦斯超限由原来的每年数百次降低到2009年的1次、2010年1—4月的零超限，消灭了瓦斯事故隐患。

二是坚持狠抓水灾的综合防治，建立、完善了三维地震勘探、瞬变电磁勘探、超前物探、超前钻探"四道防线"，实现了承压奥灰水水位、水压实时自动监控。

三是坚持狠抓煤尘的综合治理，防尘管理水平稳步提高，使得全矿井粉尘得到了有效控制，检测合格率达到了90%以上。

四是坚持依靠科技进步，狠抓顶板管理工作，提升了矿井顶板管理水平。

五是狠抓精品矿井建设，提升了安全质量标准化水平，采、掘、开、安工程合格率始终保持100%，精品率在90%以上，在潞安集团公司多次名列综合排名前列。

通过狠抓源头治理，常村矿消灭了事故隐患，杜绝了重大事故，取得了连续1580天无事故的成绩，保证了又好又快发展。

常村煤矿大门

办公大楼外景

二、强化过程控制，实现有效监管

全面推行超前化、精细化、规范化、市场化管理，着力推进微观工艺控制和正规循环作业，坚持狠抓岗位标准化作业，不断规范员工作业行为，有力促进了本质安全型矿井建设。

(一) 不断创新安全监管机制，促进管理过程的本质安全

一是坚持认真落实各级安全责任制。把安全责任层层分解、落实到科队、班组和岗位。实行严格管理、严格考核、严格追究，严格执行各级安全负责制、问责制，强化了安全管理力度。

二是对全矿采掘衔接、采区接替、水平接替，瓦斯抽采衔接、机电设备衔接，全矿安全生产作业计划、停产检修计划，全面实行大超前管理、网络化运行、精准化控制。

三是把内部市场化机制延伸到安全管理中，从分配机制源头体现"安全就是效益，安全就是收入"。

四是积极推行、完善矿、科、队、班组"四级"巡查机制，提高了作业现场的安全管理水平。

矿区全貌

潞安集团常村煤矿

五是坚持推行红线管理机制，前移安全管理关口，全面推进各级干部“每日必做”的安全管理，实现了安全管理的闭合运行、持续提升。

六是坚持狠抓大安全格局建设，把整合煤矿、基本建设、地面生产、后勤服务、大成公司、常村社区纳入全矿安全管理范畴，加强矿区后勤保障、交通治安、综合治理、疫情防控，提升了整体安全管理水平。

(二) 坚持狠抓行为规范，促进作业行为的本质安全

一是狠抓员工安全技能培训，使全矿首席技师、优秀技师及初、中、高级工占到员工总数的70%以上，员工持证上岗合格率达100%。

二是积极推进微观工艺控制和正规循环作业，实现标准作业、规范施工、有序生产。

三是狠抓行为控制，规范作业行为。坚持开展查思想、查现场、查行为、查措施、查执行和反麻痹松懈，根治了各种“三违”。

四是狠抓临时工程、变化环节的安全管理，超前预控、动态掌控、应急受控，做到正规作业标准化管理、非正规作业规范化管理。

通过强化过程控制，全矿安全管理水平得到稳步提升，员工作业行为更加规范，从2009年以来实现了无轻伤以上事故。

三、强化系统提升，增强防护能力

建立、完善由监测监控系统、人员定位系统、紧急避险系统、压风自救系统、供水施救系统和通信联络系统组成的井下安全防护“六大系统”，全面增强了矿井的安全防护能力。

(一) 建立完善、可靠的监测监控系统。采用KJ95N煤矿综合监控系统，做到监测准确、传输可靠、监控有效。该系统还具有短信报警功能，在第一时间以最快速度将各种报警信息自动发送到相关领导、责任人手机上，便于应急处理。

(二) 建立了先进可靠的人员定位系统。采用重庆煤科院的KJ251井下人员考勤定位系统，下井人员在安全帽上固定数据识别卡，该系统覆盖所有巷道和采掘工作面。通过该系统地面安全指挥中心可以实时掌握井下各作业区域人员的分布情况。

(三) 建立了先进实用的紧急避险系统。完成了移动救生舱的引进安装、调试投运和永久安全硐室的设计建设、安装调试，为员工提供了安全生存空间。

(四) 建立了完善可靠的压风系统，覆盖所有巷道、所有采掘地点，每50米安设一个三通。

(五) 建立了完善可靠的静压供水系统，覆盖所有巷道、所有采掘地点，每50米安设一个三通。

(六) 建立了完善的通信联络系统。目前常村矿井下有三套通讯系统，分别为安全生产调度电话通讯系统、无线小灵通通讯系统和应急救援紧急喊话通讯系统，保证了作业现场人员在灾难发生后的第一时间与地面救灾指挥中心联系，有效组织施救。

四、强化应急救援，实现快速施救

按照“加强应急救援建设，把牢最后一道防线”思路，常村煤矿健全完善了由矿井灾变计划和突发事件预案体系、组织保障、培训演练、快速响应、决策指挥、物资保障和急救保障组成的应急救援快速响应机制，全矿快速施救能力明显增强。

(一) 矿井灾变计划和突发事件预案体系。根据矿井采掘生产实际，认真编制矿井灾变计划；同时对各种重大事件、群体事件，制定了完善的安全保障制度，明确规定了必须通知人员、应急响应程序、各种注意事项，而且完备成册、定置管理，大大提高了应急救援管理水平。

(二) 应急救援组织保障体系。成立了事故应急救援组织机构，根据事故类型、性质由各级党政负责人担任组长，实现统一决策、统一指挥，做到了指挥有力、协调到位、施救有效，提高了应对灾害事故的速度。成立了兼职矿山救护队，做到了配置专业化、管理军事化、组织标准化、技能正规化，增强了矿井应急救援的力量。

(三) 应急救援培训演练体系。坚持狠抓矿井灾变计划、应急预案的培训演练，做到培训强制化、规范化、日常化，演练实战化、标准化；坚持狠抓员工的基本防护知识、自救与互救基本常识，提高员工的自救、互救技能。

(四) 应急救援快速响应体系。通过健全完善矿井监测监控系统、通信指挥系统、安全信息预警预报与汇报机制，做到了第一时间准确及时掌握灾害情况；通过健全完善矿井灾变计划、突发事件应急响应预案，做到了科学决策、快速行动。

(五) 应急救援决策指挥体系。与有关科研院校合作，成功开发矿井灾害破坏性分析与应急救援指挥专家系统，该系统可以准确判断事故性质及危害状况，真正做到科学、高效决策，提高了矿井应急救援决策指挥的科学性、正确性。

(六) 应急救援物资保障体系。成功研制矿山移动抢险车辆，集发电、变电、压风、移动通信、监测监控等功能为一体，移动方便、先进实用，实现了应急救援的机动化、集成化、一体化。

(七) 应急救援急救保障体系。除了在井口、井底车场设立急救站、配置专职的医护人员以外，常村煤矿在所有采掘工作面配备了应急医疗器械、急救药品，全部按照制度定期检查更换，保证了器械完好、药品有效。前移了应急救援的关口。

2009年，常村矿安全生产实现了新突破，消灭了轻伤以上事故，井下所有采掘工作面杜绝了瓦斯超限，全矿瓦斯超限次数控制在1次以下，安全生产周期超过1500天。

井下移动救生舱

永久避险硐室

中国铝业广西分公司

中国铝业广西分公司(以下简称“公司”)为中国铝业股份有限公司的成员单位之一，是集矿山开采和氧化铝、电解铝生产于一体的国有控股大型铝冶炼联合企业。公司位于广西百色市平果县城西郊右江之滨，南宁至百色高速公路、二级公路和南昆铁路从厂区旁经过，分别与南宁、百色各相距约100公里。

公司总经理：武建强

中国铝业广西分公司的前身是成立于1987年的平果铝业公司。2002年中国铝业境外上市时，将平果铝业公司的主体生产单位分出来组建成中国铝业广西分公司。2008年7月根据两公司的发展，再次合并，组成新的中国铝业广西分公司。公司设有13个部室、11个二级单位，共有员工6000多人,其中50%以上为壮族等少数民族员工。

中国铝业广西分公司是国家“八五”期间投资建设的重点项目，1995年底一期工程全面建成投产，两年内达产达标。为了扩大生产规模和提高产能，公司进行了一系列挖潜和技术改造实施消除瓶颈技术改造工程。1999年5月20日，320kA大型电解槽率先在国内建成投产。氧化铝三期工程于2005年12月18日开工建设，2008年12月建成投产。目前，公司已形成了年产铝土矿450万吨、氧化铝200万吨、电解铝15万吨的生产能力。

公司党委书记刘永刚在电解铝生产工区指导工作

公司开采的平果铝土矿，属岩溶堆积型铝土矿种，有那豆、太平、教美、新安、果化五个矿区，距冶炼生产厂区5～20公里，已探明铝土矿储量为2亿吨，可开采储量1.53亿吨。矿石平均氧化铝含量为57.1%，铝硅比平均为10.37。针对现有的铝土矿资源和生产规模，公司已经做出了一个38年长远开采规划。

公司一期工程引进了法国、德国、美国、瑞典、丹麦、荷兰等工业发达国家的先进技术和设备，并集国内铝工业科研成果之大成，氧化铝生产采用纯拜尔法工艺，整体工艺技术装备达到20世纪90年代国际先进水平。氧化铝二期、三期继续采用纯拜尔法氧化铝生产工艺，不仅消化吸收了一期工程中成熟的先进技术。而且引进了国内外近期开发的新工艺、新技术、新设备以及注入了本企业的最新科研成果，整体技术装备水平和自动化控制水平比一期工程有了很大的提升，达到了当代世界先进水平。

公司总经理（中）现场检查

中国铝业广西分公司氧化铝三期矿山工程投料仪式

2009年应急演练现场

公司铝锭库

公司注重加强管理，先后建立了ISO 9002质量体系、ISO 10012计量检测体系和ISO 14001环境管理体系、职业健康安全管理体系，并通过认证；通过了企业信息化系统验收，被命名为“国家863计划CIMS应用示范企业”。在借鉴国内外先进管理理念、积极总结自身经验的基础上，自主创立了平果铝生产业务管理体系(PBS)、ERP、404先后上线，作为中国铝业公司“标准量化”生产线试点单位之一，公司提出了落实“标准量化”的“三预(预测、预防、预案)”创新性管理模式，大力推进“标准量化”管理。

在实现生产又好又快发展的同时，公司还积极承担社会责任。一是率先开展矿山采空区复垦。公司的复垦工作入榜“中国企业新纪录”。二是大力开展“节水减排”、“清洁生产”和循环经济。自2007年11月起，实现了全部工业废水零的排放。2007年11月，热电厂1～3号锅炉脱硫除尘系统改造项目正式投入运行，并通过了广西环保等部门组成的专家组的验收。公司实现年减排二氧化硫7467.372吨。2007年，被自治区有关部门、环保部门命名为全区第八个“清洁生产企业”和“四星级绿色环保企业”。三是积极开展《赤泥堆场子坝边坡植被产业化》课题研究，实施了《赤泥堆场生态恢复技术研究与示范应用工程》，积极推进赤泥堆场边坡治理，成为“南宁—百色”高速公路上一道亮丽的风景线。

公司2003～2009年连续7年成为“全国安康杯竞赛优胜企业”，2005～2007年连续3年成为“广西十佳企业”，先后被授予“全国五一劳动奖状”、“中央企业先进集体”、“全国环境保护先进企业”、“全国职业卫生示范企业”、“全国绿化先进单位”、“全国思想政治工作优秀企业”、“全国企业文化建设优秀单位”、“广西文明单位”等荣誉称号。

云浮广业硫铁矿集团有限公司

广东云浮硫铁矿是我国"六五"计划重点建设项目之一，于1979年开始大规模兴建，1988年1月建成投产，是我国大型的硫铁矿生产基地，素有"东方硫都"之美誉。2010年3月，经广东省国有资产管理部门同意，整体改制为国有法人独资有限责任公司——云浮广业硫铁矿集团有限公司，是广东省广业资产经营有限公司旗下一级企业。

云硫矿区探明硫铁矿储量2.08亿吨，居世界前列，平均含硫31.04%，品质优良，是生产硫酸的优质化工原料。多年来，云硫集团坚持走"矿化结合，硫铁并举，综合开发，综合利用"的循环经济发展战略，利用资源优势，依靠科技进步，积极延伸产业链，是国家较早的循环经济试点单位。目前已形成年产原矿300万吨、硫酸60万吨、磷肥20万吨、精制硫酸3万吨的生产规模。"云硫"商标为广东省著名商标，"云硫牌"硫铁矿、过磷酸钙、无机酸制造产品为广东省名牌产品。

云硫集团确定了打造"百年云硫"，建设"百亿云硫"的发展目标。"十二五"期间，以化学矿、有色金属、黑色金属资源开采为基础，以资源后加工为主线，通过纵向一体化发展和归核多元化发展，形成集多矿种原矿开采，黑色金属系列产品、有色金属系列产品、硫化工及精细化工产品、磷化工及精细化工产品、建材系列产品的多矿种开采加工产业链和产品链，实现资源的综合利用，发展循环经济。同时，利用硫铁矿采选为核心的矿业优质资产，通过借壳上市和IPO上市，集聚社会资源，拓宽融资渠道，实现产权多元化。打造一个资源价值链完整，产品链延伸，集科、工、贸一体，产品生产与资本运营相结合，"十二五"末总资产规模超100亿元、年利润总额6亿元以上的综合性大型矿业集团。

云硫集团一直以来十分重视安全生产管理工作，坚持"安全第一，预防为主，综合管理"的安全生产方针，认真贯彻落实《中华人民共和国安全生产法》、《中华人民共和国矿山安全法》等国家有关安全生产的法律法规、标准规程，积极推行"以人为本"的安全管理理念，认真落实好企业安全生产主体责任。按照国家安全生产监管总局的要求，积极组织开展安全标准化创建工作，不断完善安全基础管理工作。

云硫集团有健全的安全管理机构，有一支较强的安全管理队伍，云硫集团已有30多人取得广东省注册安全主任资格，有20多人取得全国注册安全工程师资格。云硫集团重视科技兴安战略，不断加大安全生产投入，积极推广应用先进的安全科技，完善作业现场安全生产条件，提高安全技术水平。集团公司已建立了尾矿库坝体失稳自动监测系统，目前正在逐步完善采场GPS调度系统、采场边坡稳定性监测系统等。

法人代表：黄文
公司地址：广东省云浮市星岩四路51号
邮　　编：527300
网　　址：www.yunliu.com.cn
程控区号：0766　传真电话：8828210
销售热线：8723700　8723646　8723005（矿石产品）
8725532（化工产品）
8723869　8725488（进出口业务）

潞安集团王庄煤矿

矿长　肖亚宁

党委书记　贾双春

一、矿井基本情况

潞安集团王庄煤矿是一座闻名全国的特级高产高效现代化矿井。矿井建成投产于1966年12月，原设计能力为90万吨，经过两次改扩建和持续环节系统改造，目前，核定生产能力达到710万吨，拥有两支高效综采队、两支高效综掘队。先后荣获“全国企业管理金马奖”、“全国五一劳动奖状”、“全国职工职业道德十佳单位”、“全国双十佳煤矿”、“全国环境保护先进企业”、“全国质量诚信示范企业”、“全国安康杯竞赛优胜企业”等130多项国家和省部级荣誉，被誉为“中国煤炭战线的一盏明灯”、“矿井现代化建设的排头兵”、“中国煤矿全面发展的典范”和“中国煤炭工业品牌矿”。曾经受到国家和山西省有关领导的高度评价，成为潞安的骄傲、山西煤炭工业的骄傲。

王庄煤矿产品主要有14级混煤和11级洗精块，均为“全国质量信得过产品”、“全国质量稳定合格产品”、“全国质量服务信誉双保障产品”，其中，14级混煤荣获山西省首批“标志性名牌产品”。产品远销湖南、湖北、福建、上海等十多个省市，并出口到十多个国家和地区，受到国内外用户的高度赞誉。

团结奋进的矿领导班子队伍

二、建矿四十多年来的发展成就

建矿40多年来，王庄煤矿始终坚持科学发展观，依靠科技进步，突出以人为本，与时俱进、开拓创新，各项工作始终保持了健康稳定的发展势头，主要取得了十大历史性成就：

成就之一：矿井产量大翻番。1966年12月建成投产之时，矿井设计能力为90万吨，1974—1978年，开始实施矿井改扩建，矿井设计能力提升到了120万吨；1981—1987年，再次实施了改扩建，矿井设计能力提升到了360万吨。其后，伴随着科技兴矿的步伐，我矿又持续实施了环节系统改造，疏通了一系列制约矿井高产高效的“瓶颈”环节。到“十五”期末的2005年，矿井产量达到了710万吨；2009年，矿井产量突破800万吨，创造建矿历史较好水平，继续保持在全公司前茅。40多年来，累计为国家生产煤炭1.3亿吨。

成就之二：经营质效大攀升。建矿40多年来，在煤炭产量大幅度增加的同时，经营质效也得到了迅猛增长。无论是在计划经济时代，还是在企业走向市场经济以来，我矿始终坚持开源节流的经营之道，不断培植新的经济增长点，经营质效在全国同类矿井中始终保持领先水平。2009年，销售收入达到37亿元，创造建矿历史较好水平，继续保持在全公司前茅；实现利润突破12亿元，创造建矿历史较好水平，继续保持全公司前茅。

成就之三：安全水平大提高。安全是煤矿永恒的主题，也是煤矿的第一形象、改革发展的第一前提。建矿40多年来，我矿始终坚持“依靠科技抓安全、落实责任抓安全、创新管理抓安全、带着感情抓安全”的安全发展理念，先后推行了“六大体系抓安全”、“金字塔安全系统管理法”、“五环安全系统管理法”、“安全人性化管理”等一系列卓有成效的安全管理方法，构建了独具特色的安全长效机制，在建设本质安全型矿井方面迈出了坚实的步伐。“十五”期间，矿井百万吨死亡率降低到了0.06。进入“十一五”以来，我矿大力实施安全人性化管理，安全生产始终续保持了持续健康稳定的发展态势，安全管理在全国始终保持领先水平。

成就之四：科技创新大丰收。科技是第一生产力，也是我矿的立矿之本、兴矿之源、强矿之道。40多年来，我矿以自主创新采煤主导工艺——综采放顶煤为龙头，产学研相结合，带动了相关技术群的大发展，科技创新一路枝繁叶茂，结出了累累硕果。先后有200多项科技成果荣获国家、省科技进步奖，获奖比例在全国同类矿井中处领先水平。与此同时，我矿将先进的科技成果成功运用到了生产实践中，先后完成了多项环节技术改造，科技贡献率达到66%，产生了巨大的经济效益和社会效益，有力地推动了矿井安全生产和可持续发展。率先在全国建成了大采高自动化综放工作面、数字化掘进工作面，岩巷快速掘进自动纠偏和煤岩识别技术取得了重大突破，率先在全国建成了煤矿数字化安全调度和通风调度，投运了全国先进的数字化矿灯房，采掘主导技术实现了高起点上的重大突破。

成就之五：资源整合大丰收。2009年以来，王庄煤矿积极响应山西省上级领导部门资源整合的政策，先后在长治沁源、临汾蒲县成功兼并重组整合13座煤矿，初步构建了“一矿三区”跨区域发展新格局，按照集团公司“以矿带矿”、“以队带队”、“分区治理”等要求，实施了矿领导周六周日现场办公和“以队带队”管理办法，整合矿井复工

潞安集团王庄煤矿

复产工作取得了实质性进展。现在，伊田、黑龙、黑龙关各矿井全部复工复产。针对矿井资源锐减、生产条件复杂多变的实际情况，王庄煤矿加快后备区540水平延深工程的进度，目前已有两支综掘队、一支炮掘队进驻后备区。2010年7月1日，地面综合楼投入运行，标志着540水平职工工作、生活步入了正规状态，为尽快形成生产系统、综放工作面投运奠定了坚实的基础；同时按照山西省“关井不关资源”的政策，盘活了王庄煤矿井田内的资源。将相邻王庄煤矿井田的峪里煤矿、景家庄煤矿、东古煤矿这三个已关闭矿井的资源进行整合，不仅使我矿的可采年限延长了3～5年，而且协调了地方政府和企业的关系。

成就之六：多经形成大格局。我矿始终把多种经营作为矿山可持续发展的战略工程来抓。建矿40多年来，特别是近年来，坚持立足煤、延伸煤、超越煤，走出了一条战略驱动、产业升级、规模扩张、跨越发展的新路子。多种经营经历了从小到大，从弱到强的发展历程。如今，多种经营蓬勃兴起、全面开花。2009年7月1日，华亿公司 PE管、乳化液、润滑油、掘进除尘风机、综采除尘水罩等项目投产和高压胶管技术改造竣工，为多经发展拓宽了道路，华亿公司全年销售收入达到11.6亿元，不仅拥有煤焦化、煤炭深加工、整合地方煤矿等煤基多联产，而且华亿公司也形成了矿山支护配件、橡胶化工、铸造机加工、物业管理等非煤板块，各类经营实体达20个，产品达10大系列200多个品种，从业人员达3000余人。多种经营成了非常具有发展潜力的“前景工程”和“后劲工程”。

成就之七：企业文化大发展。40多年的孜孜以求，我矿的企业文化不断得以丰富、发展和完善。从“敢为天下先”的无畏勇气，到“博采众长、开拓创新”的科学提炼，从“三个领先、八大追求”、“更高、更大、更强、更富、更美”的价值取向，到“一种形象、两种精神、三种意识”的高远追求，风雷激荡，一脉相承。企业理念文化不断丰富、完善和提升。与此同时，6S管理、定置管理、安全文化长廊、视觉识别系统推广、员工的画与话、全国著名书画家笔会、威风锣鼓队、军乐队、篮球队、军事化管理……企业文化风生水起、气势如虹，演绎出具有大矿风范的“明灯气象”，成为滋养企业蓬勃发展的重要源泉，对内提高了凝聚力、战斗力，对外增强了辐射力、影响力。

成就之八：职工生活大改善。40多年来，随着矿井产量和经济效益的不断增长，职工的收入也像芝麻开花——节节高。2009年，主业职工人均收入达到7.38万元，多种经营职工人均收入达到 万元。职工收入的增加，带动了吃、穿、住、行、医疗、教育、卫生、通讯、文化生活等的脱胎换骨式的变化。如今，到市区安家落户、购买私家车、上网、出国旅游、健康健美等成了矿工们的新时尚，职工的生活率先实现了都市化、小康化。

成就之九：企业形象大变样。经过几代人的不懈努力，如今，我矿的企业形象发生了翻天覆地的变化。永乐文化广场的水韵欢歌、矿山公园的湖光山色、文体活动中心的激情交响、精品工库房的劳动乐章、世纪春天的诗意栖居、职工公寓的闲情雅致、幸福大道的宽阔通畅、新调度室的……漫步矿区，一道道自然和人文景观交相辉映，让人心旷神怡，流连忘返，一个盎然蓬勃的新型生态工业园区时时展现在人们面前。

成就之十：三个文明大和谐。经过40多年的拼搏进取，我矿实现了物质文明、精神文明和政治文明的“三丰收”，三种文明交相辉映、协调发展，演奏出一曲人景相和、人企相和、人人相和的和谐交响曲。和谐产生凝聚力，和谐打造战斗力，和谐提升辐射力。在和谐理念的引导下，40多年来，企业先后荣获130多项省部级以上荣誉称号，奖项之多、荣誉之高，在全国同类矿井中遥遥领先。

600万吨模块化选煤厂竣工剪彩仪式

先进的数字化掘进工作面

现代化的高效皮带集中控制系统

井下人车

国内先进的数字化生产调度指挥中心

人景相宜、人景相和的和谐社区

矿山室内游泳池里碧波荡漾

休闲娱乐的矿山游乐园

浙江正和造船有限公司

浙江正和造船有限公司成立于2004年11月，2007年9月投产，公司位于浙江省舟山市册子岛，占地26万平方米。岸线长1000米，拥有9万吨级、7万吨级、5万吨级船台各一座，舾装码头两座，以及两座原材料码头。船台现配有400吨龙门吊一座、300吨龙门吊两座、150吨龙门吊两座、100吨门座机一台。公司拥有门类齐全的生产车间，其中包括一座具备两喷两涂的涂装车间。分段制造车间内配有钢材预处理线、7台等离子、高精度及火焰切割机，1000吨油压机，三芯辊床等先进设备。

公司现有员工约5000人，其中生产管理及工程技术人员300余人。公司以现代造船企业的管理理念开展经营活动，以中间产品为导向，逐步实现两个一体化管理，以人为本，重视安全，追求效率和质量，使正和造船逐步跨入世界先进造船企业的行列。

经过三年的努力，正和造船的船舶建造质量、建造速度取得了质的飞跃，获得国内外船东的一致认可并树立了良好的行业口碑。2010年全年交船12艘，载重吨60万吨。2011年将计划交船18艘，载重吨达110万吨。

浙江正和造船有限公司员工安全学校

有关领导视察生产现场

浙江正和造船有限公司建厂以来，坚持“安全第一、预防为主、综合治理”的安全生产方针，建立健全了安全生产管理组织机构和安全生产主体责任网络、安全生产监督管理网络，配备专职安全员67名。公司根据实际，确立了“预防、规范、创新”为公司的安全生产方针，在生产作业过程中推行“两个确认、一个交底、一个检查、一个整改”的安全基本工作法，即：班前对作业环境、使用的工具设备、劳保穿戴等进行检查确认；班后对作业场所、电源、气源、火源等进行检查确认；班前向作业人员进行作业任务、安全注意事项的交底；班组长班中坚持经常性的检查；对发现的事故隐患立即整改。积极开展危险源辨识和风险告知，坚持以人为本，外工本工化管理，强化安全技能培训教育，扎实开展事故隐患排查治理，实施安全达标工程，企业本质安全化不断提高，公司的综合安全生产水平得到了长足的发展。

正和造船厂区总图

吉化集团吉林市锦江油化厂

企业简介

吉化集团吉林市锦江油化厂是1972年从吉化炼油厂脱胎而生的集体企业。现隶属于吉化集团北方化工总公司。该厂与中国石油吉林石化炼油厂、乙烯厂毗邻。装置区内设有专用铁路线、专用化工产品装卸站台、大吨位地秤等配套设施，公铁运输便利，具有得天独厚的从事化工生产的区位优势。经过近40年的发展壮大，固定资产已达到1.8亿元，现有职工1082名，拥有聚丙烯、异丁烯、添加剂、瓦斯回收、MTBE等7套化工生产装置。

吉林石化“千万吨炼油、百万吨乙烯”项目的建成投产，给该厂带来了前所未有的发展机遇。他们紧紧依托石化公司的原料资源和发展环境，牢固树立科学发展观，坚持资源“高效利用、循环利用”原则，走“资源优化、集约配套发展”之路，逐步形成与吉林石化相配套的产业链和产业集群，目前相关项目建设正在积极进行中，工厂的发展前景良好。

多年来，该厂认真落实、深入开展“安全生产无事故”活动及“安全隐患集中排查整治”活动，根据企业自身实际，有针对性地组织开展活动，把安全生产执法、环保治理和宣传教育“三项行动”的要求化作企业的自觉行为，形成了“理念、责任、制度、监管、培训”五位一体的安全管理模式，工厂的安全管理水平持续提升。目前，该厂已连续22年荣获吉林市、吉化集团公司及吉化集团北方化工总公司安全生产先进单位称号；2005年6月，吉林省“安全生产质量标准化”现场会在该厂召开；2009年12月，该厂代表吉林市危化企业接受吉林省政府对吉林市的检查考核，受到吉林省、吉林市领导及安全生产管理部门的高度评价。2010年5月，该厂代表吉林省、吉林市危化企业接受了国家有关部门安全督查组的检查考核，再次受到了督查组领导的一致好评。

2010年5月25日，在吉化集团吉林市锦江油化厂添加剂装置操作室，该厂领导向有关领导详细介绍了装置生产情况

2010年5月25日，有关领导深入到吉化集团吉林市锦江油化厂添加剂装置区内仔细查看了装置生产情况

2010年5月25日，在吉化集团吉林市锦江油化厂添加剂车间会议室，有关领导认真听取了该厂安全生产工作汇报

2009年12月15日，吉林省有关领导来到吉化集团吉林市锦江油化厂检查指导工作，并对该厂的安全生产工作给予了高度评价

黄骅港 强化安全

黄骅港是中国年轻的能源输出大港，凭借不断提升的核心竞争力，成为了国内通过NOSA四星级评审的港口企业。黄骅港的安全工作按照管理无疏漏、安全无隐患、质量无事故、环境无污染的要求，保证了港口的经济安全、政治安全，推进了神华大安全体系建设，提高了企业抗风险能力。

创新安全管理理念　推进综合性大港建设

开港运营以来，黄骅港从无到有，从小到大，各项生产指标一路飙升，吞吐量连年实现千万吨跨越增长，实现了安全生产无重伤及以上人身伤亡事故、无一般火灾事故、无重大机损责任事故、无重大交通事故、无重大货运质量事故、无重大施工安全事故、无重大环境污染事故、无职业病发生等“八个无”的安健环生产目标。连续6年荣获神华集团“安康杯”先进单位和安全生产先进单位称号；连续5年荣获全国“安康杯”竞赛优胜企业称号。连续4年荣获河北省港航系统安全生产先进单位。然而，黄骅港人却居安思危，安全工作常抓不懈，持之以恒地贯彻以人为本的核心理念，在安全管理理念的转变上实现了两大飞跃。一是根据神华集团安全工作“两个理念”，在“煤矿的标准这么高，我们应该怎么办”大讨论的基础上，进一步加以深化和引申，高标准地提出：煤矿可以做到不死人，港口可以做到不伤人；煤矿瓦斯超限就是事故，港口出现隐患和违章就是事故。在具体实施中，强化管理，实现了“三个消灭”，即消灭了人身事故、消灭了机损事故、消灭了其他一切责任事故。二是为实现港口的安全生产，公司上下始终坚持“安全第一”的管理理念，全力打造“本质安全型港口”。认真学习借鉴国内外先进港口安全管理经验，并引入到黄骅港的安全管理全过程，通过开展与国内外著名港口对标活动，进一步明确了黄骅港的安全管理思路，提高了安全管理水平，促进了综合性大港的建设。

维护国民经济安全　确保航道安全畅通

黄骅港安全工作的重中之重就是确保航道的安全畅通。抓安全，首先必须保证航道的安全。公司领导从讲政治和维护国民经济安全的高度出发，为打造安全畅通的航道进行了不懈努力。全面启动了航道拓宽和浚深工程，实现了黄骅港42公里长的航道由原来的140米宽全程拓宽到270米，水深始终保持在−14米以上，满足7万吨级以上大型船舶满载出港。黄骅港结束了因航道影响大型船舶出入的历史，制约港口生产和发展的瓶颈从根本上得到了解决，具备了建设3亿吨具有国际先进水平的现代化综合性大港的必要条件，为建设“国内领先、国际先进”综合大港奠定了重要和坚实基础。加大科技投入，广泛开展技术改造，努力提高设备的利用率和完好率。完成了装船机震动、干式除尘系统、翻车机推车机、定位车制动器电路板等数百项技术项目的改造。并增设了杂货码头门机作业视频监护系统。加强了设备防风装置、皮带沿线清扫器、跑偏开关等保护设施的维护保养，确保设备完好，充分发挥其安全防护作用，把设备

管理创新 打造本质安全型企业

隐患消灭在萌芽状态。重点抓好海上保安工作，投资40多万元对原有导航设备进行技术改造，增加了4套DGPS卫星导航定位系统，做到引航员人手一套，保证了特殊气候情况下的安全引航。与海事部门强化海上联防共同维护航道，实现了船舶出入有序，按规定通行。有效的防止了船舶的碰撞、碍航物坠入航道、船舶搁浅和大风骤淤。实现了航道无搁浅，创造了中国引航史上的辉煌。

加强五型企业建设　创造先进安全管理体系

黄骅港把创造先进的安全管理体系作为加强“五型企业”建设的重要环节，着力打造现代企业安全管理体系。安全质量标准化建设发生了质的提升，努力与国际先进的安全管理体系相接轨。积极开展了质量、环境和职业健康三体系贯标认证工作，把贯标认证与安全质量标准化工作有机整合，实现优势互补，提高了工作效率，形成了具有黄骅港特色、具有完善体系文件支持、具有较强可操作性的质量安健环管理体系。生产各个环节全部被纳入了动态监测范畴。深入开展“安康杯”竞赛和“反三违，杜绝各类事故”、“安全月”等一系列群众性安全活动，营造了人人抓安全、人人保安全的良好氛围。建立了各种安全预案，定期组织大规模的抢险救灾演习，提高队伍处理紧急事件的能力。充分发挥NOSA对人行为的规范作用，为安全生产提供了保证，为职工提供了安全健康可靠的生产、生活条件。按照“以人为本、关爱员工生命和健康、实现企业可持续发展”的要求，设置了明显的安全标志，在生产现场设置禁止、警告、指令和指示类标志、标牌共2000余面，在道路、堆场、码头等设置警示线15万延米，港区道路拐弯部位设置凸面镜13面，消防井、阀门井、污水井盖板粉刷标识及编号1129个。

加强教育培训　构建港口特色安全文化

黄骅港从提升职工安全素质入手，不断深化安全生产的理念，提高职工安全生产的本领。认真贯彻“三级安全教育培训”、特种作业培训和员工继续教育制度。开展了全员包括临时工、外委劳务人员在内的各级培训。各部门根据实际需要，对本部门员工全部进行了继续教育，使员工持续不断学习安全知识、提高安全意识、掌握安全技能，安全素质得到明显提高。同时，积极营造党政工团齐抓共管的安全文化建设新局面。强化了安全工作制度，使安全宣传教育从上到下做到了月有安排、周有活动；建立了港务公司安全生产信息网，定期发表安全通报、评论，交流安全工作心得、体会；各生产一线工会组织员工积极开展做一天安全员、读书竞赛等寓教于乐、生动活泼的活动，与开发区公安交警、海警、海事等部门举办“打造文明航道，创建和谐港口”共建活动，营造出了浓厚的安全文化氛围。

吉林省腾翼安全环境技术服务有限公司

吉林省腾翼安全环境技术服务有限公司经吉林省工商管理部门核准、松原市工商管理部门批准、于2007年10月30日登记注册，2008年6月3日经吉林省安全生产监督管理部门核发资质，2010年6月顺利通过吉林省安全生产管理部门资质延期换证验收，成为《评价机构管理规定》（国家安全生产监督管理总局令第22号）执行后，省内早批重新取得资质的评价机构。

公司业务范围为：第一类：4a（石油加工业）、b（化学原料、化学品及医药制造业）、c（燃气生产及供应业）、d（炼焦业）；第二类：7（房屋和土木工程建筑业）；9（仓储业）；14a（黑色、有色金属冶炼及压延加工业）、b（金属制品业）、c（非金属矿物制品业）；18a（机械设备制造业）、b（电器制造业）；19a（轻工业）、b（纺织业）、c（烟草加工制造业）。

公司下设行政部（财务资产、人力资源）、市场开发部、安全评价部和标准化咨询部，现有员工55人，安全评价师24人（其中一级评价师4人，二级评价师13人，三级评价师7人），高级技术职称11人，注册安全工程师18人。危险化学品从业单位安全标准化考评员10人，并且聘请10名相关专业高级工程师为技术专家。

公司拥有火灾、爆炸、扩散定量风险计算分析软件、测温仪、测厚仪、便携式有毒有害、可燃气体检测报警仪器、钳形接地电阻仪、微电脑粉尘仪及通用设备、交通工具等设备80余台套。法律、法规、行业标准、国家标准、规范等工具书130余册，专业的人员、先进的设备，为科学、准确地做好安全评价、提高安全评价质量奠定了基础，提供了可靠依据。我们致力于建设一支技术水平高、标准规范掌握准确、恪守职业道德的专业的安全评价队伍。

全体员工正以崭新的精神面貌，积极地开展安全评价工作，及时发现、治理安全隐患，帮助企业建立、健全风险管理机制，最终实现本质安全。为吉林省的安全生产工作尽我们的一份力量。我们坚信：安全是天，平安是福。我们要与安全同行，为生命喝彩。

地　　址：吉林省松原市宁江区乌兰大街2188号　　**传　　真：0438-2645222**

联系电话：0438-2645111 15304385989 13204385989　　**联 系 人：窦景新**

湖北宝源集团

湖北宝源集团是湖北省荆门市重点企业，由湖北宝源集团有限公司、湖北宝源木业公司、湖北宝源矿业公司、湖北宝源广得资源有限公司、荆门市金锅煤炭有限公司5个公司组成。现有资产总额6亿元，职工2780人，涉及人造板、煤炭两大行业，主要产品及规模为年生产原煤40万吨、高中密度纤维板20万立方米、强化木地板200万平方米、石膏15万吨，年创产值6亿元，利税1亿元。

集团以"奉献社会，协调发展"为经营宗旨，以"诚实守信，争创领先"为企业精神，坚持"安全和谐"的发展理念，全心全意依靠职工办企业，深化体制改革，强化内部管理，利用区位优势和资源优势，着力调整产业结构，公司迈入了健康、快速发展的快车道。企业管理创新、体制创新和技术创新所取得的成果，得到上级有关部门的充分肯定。

集团公司在调整产业结构中，坚持走创新发展之路，从2002年至2005年，共投资3.31亿元建成两条中（高）密度纤维板生产线，生产规模达20万立方米。其中2004年投资2.65亿元兴建的15万立方米/年中（高）密度纤维板生产线的主要设备热磨机系统、连续平压系统、热能工厂、砂光等系统分别从奥地利、德国、美国和意大利等国引进。引进的这些先进设备均集自动化、信息化的安全监控系统于一体，为安全生产夯下了坚实的基础。

宝源木业公司坚持安全发展理念，引进美国GTS热能工厂为中高度密度纤维板生产线提供热能。从炉膛燃烧温度、炉膛负压到蒸汽压力及流量，油温、烟气温度，水位情况等一切都处于安全监控之中

公司以安全发展为前提、科学发展为要务，着力做大做强森工龙头企业，2008年6月开始又投资5.3亿元着力打造宝源森工产业园，其中投资4.6亿元引进一条年产22万立方米OSB进口生产线，填补国内连续压机生产OSB的空白。同时将安全设施的配套放在第一位，力求以安全促发展，力争到2011年园区内实现产值12亿元、销售收入10亿元、利税2亿元的预期目标。

集团自1996年成立以来，公司实现了经济效益跨越式的发展，曾先后被授予全国煤炭优秀企业、全国重合同守信用单位、全国模范劳动关系和谐企业、湖北省优秀企业、湖北省五一劳动奖状等荣誉称号。

宝源集团安全监控中心

湖北宝源集团大力开展"科技兴安"活动，以加大安全投入，加强安全监控力度为抓手，保障煤矿井下安全生产。图为井下通风、瓦斯、排水、运输监控系统

宝源森工产业园建设中，严格执行建筑安装安全生产管理规范，强化施工过程中安全防范措施的监管，图为国内引进的OSB（定向结构刨花板）生产线施工现场

宝源木业公司以强化班组建设为基础，着力生产现场的安全巡检工作，实行定岗、定责。通过细致的隐患排查，确保安全生产

深入开展第九个全国安全生产月活动

安全发展 预防为主

全国安全生产月组委会办公室

国家安全生产监督管理总局宣传教育中心

杭州科洛生物技术有限公司

龙煤集团七台河分子公司

龙煤股份公司七台河分公司
总经理　王洪木

龙煤集团七台河分子公司
党委书记　杨京全

龙煤集团七台河分子公司

龙煤控股集团七台河子公司
总经理 孙成坤

七台河矿区煤田面积1115平方公里，远景储量40亿吨，保有储量11亿吨。其中，七煤（集团）公司开采范围内的井田远景储量为29.5亿吨。煤层平均厚度为0.86米，是全国薄煤层矿区之一。主要煤种为焦煤、1/3焦煤、贫煤、瘦煤、肥煤，煤质低硫、低磷、中灰分、高发热量。1987年矿区煤田被国家有关部门联合确定为“全国三大稀有保护性开采煤田”之一，产品主要供应东北三省的冶金、电力、化工、建材等行业，并打入上海宝钢、上海焦化、江苏国电、广西柳钢等南方市场，洗选精煤还远销到巴西、阿根廷、日本、韩国等国家。

黑龙江省龙煤集团七台河分子公司前身为七台河矿务局，1958年建企，1998年改制，2004年末纳入龙煤集团，2009年9月份按照“五分开”的原则成立龙煤股份分公司，与存续企业（七煤集团公司）分立运营。

七台河分公司现有资产总额69.4亿元，在册职工53891人， 离退休职工14054人，二级单位21个，其中

龙煤集团七台河分子公司

生产煤矿7个，洗煤厂6座，年原煤生产能力1000万吨、洗选加工能力1100万吨。

七煤（集团）公司为黑龙江矿业控股集团有限责任公司子公司，公司机关本部设四部一办，下辖29个二级单位，其中：煤炭生产单位5个，生产辅助和非煤经济单位9个，服务和社会职能等单位15个，初步形成了煤炭开采、矿井建设、煤焦化工、水电通讯、医疗卫生、农林业等多元产业发展格局。截至2009年末，企业资产总额为32.3亿元，在岗职工20127余人。现有煤炭生产单位5个，年核定生产能力270万吨；焦化厂1座，年焦炭生产能力30万吨，煤气供应能力5000万立方米；此外，公司还拥有建设大型矿井、房屋建筑的资质和队伍，占地方区域近一半市场的供水、供热、通讯和医疗产业规模，基础坚实的主流媒体以及5.6万亩的肥沃耕地、6.8万亩的优质林地资源。

2009年，七台河分子公司原煤产量达1248万吨，同比增产122万吨。总进尺完成33.8万米，同比增加4.8万米。开拓进尺完成6.3万米，同比增加0.6万米。单产完成1.5万吨，同比增加0.8万吨。单进完成93.3米，同比增加22.9米。全年入洗原煤1176.1万吨，生产精煤475.8万吨，精煤产率完成40.5%。销售商品煤985.8万吨。职工年人均收入26508元。公司营业收入87.7亿元，利润3.4亿元，上缴税金13.1亿元。全年没有发生2人以上死亡事故。

企业安全文化建设

七台河分子公司把建设充满人文关怀的安全文化作为七煤特色文化建设的龙头，坚持把“以人为本、安全发展”的理念贯穿于安全文化建设全过程，企业安全保障力明显提升，有力地促进了企业安全高效发展。

一、构建充满人文关怀的安全文化体系

搭建起以“安全决定命运”的安全主导理念为统领的安全文化体系。没有安全的企业是没有前途的企业。安全事关员工生命、家庭幸福和企业全员的人生价值，它不仅决定着员工与管理者的命运，更决定着企业的前途命运。确定了“对安全负责，就是对命运负责”、“100-1=0”和“99+1=0”的安全理念，辩证地阐述安全与命运、安全与人生价值、安全与企业发展之间的关系，并总结出“得之于众，失之于一”的安全哲理，用“平安和谐”的安全愿景，引导企业员工树立“安全是最大的光荣”的安全荣辱观。把安全观定位于“财富可贵，生命无价；质量为本，安全至上”，引导企业员工不断提高自我保安意识，引领企业管理者努力构建本质安全型企业。

二、建立充满人文关怀的教育培训机制

在安全教育培训中实现了“三化”。一是安全培训规范化。投资6000多万元，建立7个准军事化安全教育培训基地，长年开展三、四、五级安全轮训。二是政策激励真情化。每

年出资3700多万元为企业员工建立安全奖励基金账户，每季度召开一次奖罚兑现大会兑现奖罚政策。三是阵线联盟亲情化。大力开展安全文化进社区、进家庭活动，与街道签订安全教育联保合同、与家属签订安全嘱托责任状，调动员工亲友结成“安全联盟阵线”。

三、完善充满人文关怀的安全管理流程

1. 在健全和完善安全管理制度上体现人文关怀。突出强调建设安全文化对于企业文化建设的重要性，要求各基层单位依靠管理的执行力，提高制度的约束力，把充满人文关怀的安全文化理念融入到安全管理制度之中，推动安全文化建设向管理环节、管理流程、管理现场和管理岗位渗透。

2. 在学习创新上体现人文关怀。积极引入和推广山东安全体制改革经验，施行“全员安全风险抵押政策”，实行安全生产监管分离、责权分立，推行全员安全风险抵押，实行干部员工联责联保，出台了《加强安全基础管理，建立安全生产长效机制实施方案》，长期开展专项治理整顿和“千天安全生产无事故”活动。

3. 在提升员工安全行为上体现人文关怀。各矿在“必知必会必学，必懂必做必禁”教育培训中，针对不同工种和岗位，制作了“必知必会”卡片，按照“必懂必做必禁”的要求，必须熟知熟会，矿、厂、井、段、车间各级领导干部深入一线必须要完成考问指标，给员工们配考问卡，月底累计，优秀得奖，差者受罚。

4. 在生产过程中体现人文关怀。平均每年投入1.8亿元资金，重点引进推广新工艺、新技术、新装备，大力发展综采、综掘，大幅提升矿井机械化水平和连续化通风能力。针对煤与瓦斯突出、冲击地压大、大倾角中厚煤层采煤等课题，进行科研攻关，解决安全管理技术难题，提升了矿井安全保障能力。

四、开展充满人文关怀的安全文化活动

积极引导各基层矿、厂大力开展丰富多彩的安全文化活动，寓安全文化理念于活动之中，从而激发广大员工参与安全文化建设的热情。各矿、厂段队、车间长年坚持开展班前礼仪活动，充分利用班前十分钟，诵读安全理念，背诵安全行为规范，分析安全案例，进行安全讲评，举行入井前安全宣誓等，使安全文化建设与班组、个人的安全生产实际紧密结合，增强了广大员工的安全意识。政工部门坚持不定期的开展岗位安全标兵评选、群安岗巡查、安全技能比武、安全知识有奖竞赛、安全图片展览、安全教育演讲、自编安全文艺节目汇演等活动，既丰富了广大员工业余文化生活，又促进了员工安全意识的提高，使安全文化创建生机勃勃，充满活力。

铁法煤业(集团)有限责任公司

董事长、党委书记、总经理　韩有波

铁煤集团公司大楼

安全监控系统

现场安全检查

理念宣灌

铁法煤业（集团）有限责任公司位于辽宁省北部调兵山市境内，是一个以煤炭生产为主，集煤层气开发利用、建筑安装、机械制造加工、建材、电力等为一体，多元发展的大型煤炭企业集团。

铁煤集团成立于1999年10月，2002年实施了债转股，其前身铁法矿务局始建于1958年，已经有50余年开发建设历史。矿区本部由铁法、康平、康北三个煤田组成，累计探明工业储量22.97亿吨，截至2009年末，剩余工业储量17.33亿吨。在内蒙古和山西控制煤炭资源地质储量30多亿吨，使集团的煤炭资源量达到了50亿吨以上，为做强做久煤炭主业奠定了坚实基础。

多年来，铁煤集团认真贯彻落实科学发展观，始终坚持科技兴企、人才强企战略，以发展为主题、安全为中心、效益为重点，全面加强企业管理，坚持走依托煤、延伸煤、超越煤的发展之路，加快建设平安铁煤、富裕铁煤、和谐铁煤、绿色铁煤和长久铁煤。煤炭主业不断做强，非煤产业蓬勃发展，域外新资源开发成效显著，企业文化建设强势推进，企业综合实力日益增强。目前，集团公司下设48个分（子）公司，其中生产矿井9个，本部8个矿核定生产能力为2175万吨；内蒙古自治区1个，年生产能力达到300万吨以上。2005年以来，集团公司年实际煤炭产量均超过了2100万吨。2009年，原煤产量完成2410万吨，其中矿区本部完成2080万吨，内蒙古东辰公司完成330万吨；企业销售收入达到128.8亿元；实现利润8.7亿元；上缴税金15.7亿元。至2009年末，共有全员劳动合同制员工4.4万人，另有集体职工1.8万人。

展望明天，铁煤集团将以科学发展观为统领，坚持安全发展、可持续发展、和谐发展、绿色发展。努力打造本质安全型企业，建设“平安铁煤，幸福家园”。依托煤炭主业、发展非煤产业，实现煤炭主业和非煤产业的协调发展，打造百年铁煤。不断增强企业的感召力、亲和力、凝聚力和向心力，促进“人企合一、矿区和谐”。大力推行节约资源、保护环境的清洁生产方式，加快建立资源节约型、环境友好型企业，为实现跨越式发展、全面振兴的新辽宁再做新贡献！

徐州矿务集团有限公司

2009年，面对困难多变的经营环境和较为复杂的生产条件，集团公司上下认真贯彻党和国家一系列安全生产方针政策，创新方法，突出重点，加压奋力，扎实推进本质安全型企业创建，杜绝了重大事故发生，安全形势保持总体稳定，营造了有利于创业发展和转型振兴的安全环境。全年全集团共生产原煤1940万吨，原煤百万吨死亡率为0.36，有10个矿井实现了安全生产。

一是安全自主管理和诚信建设取得新成效。围绕“安全生产年”各项目标，坚持本质安全型企业创建主线，积极创新管理理念和工作模式，前移安全管理关口，落实安全主体责任，杜绝了重特大事故发生。集团公司安全自主管理和诚信建设工作得到国家安监管理部门、国家煤监管理部门的充分肯定，并作为先进经验在全国推广，有效提升了企业社会形象和行业影响力。

二是不安全行为和不履职行为治理不断加强。始终把“三违”治理作为安全工作的重要抓手，突出加强管理干部不履职行为治理，全年治理各类不安全行为16546人次、不安全履职行为959人次，增强了干部职工安全遵章守纪意识。鼓励申报安全质量免检单位，广泛开展无“三违”区队和班组创建，全年基层区队自查自纠11044人次，占治理总数的70%。

三是重大自然灾害预防和治理取得积极成果。突出“一通三防”重中之重，加强专业力量配备，不断优化通风、监测监控、人员定位系统，加强瓦斯治理和抽采综合利用，积极推进“无尘化”管理，集团公司连续23年实现了通防安全。高度重视防治水工作，杜绝了各水害事故。采取综合措施加强地温热害治理，现场作业环境有了一定程度改善。

四是基层基础建设有了新的提升。认真学习推广“白国周班组管理法”，全面加强班组管理和班组长队伍建设。以提高动态达标水平为目标，严格标准狠抓质量标准化建设，先后3次召开专题会议部署安排和交流观摩，起到了较好的推动效应，异地矿井和项目部达标水平与本部差距逐步缩小，部分单位在当地创出了质量标准化品牌。全年评选质量标准化创新项目32个，组织推广7个。

五是安全宣传教育培训工作持续深化。充分发挥舆论导向作用，以岗位行为规范建设为重点，加强本质安全理念、诚信文化和安全形势任务宣传，创造性开展“四查一促”和日常安全教育活动，营造了良好安全工作氛围。适应企业转型发展需要，认真实施技能振兴计划，建立远程教育系统，有针对性地强化全员安全技能培训和高技能人才培养，着力提高综合素质，全年各类培训57597人次，其中干部培训31143人次、工人培训26454人次，各类工种人员上岗持证率达100%。

六是科研攻关和新技术推广为安全生产发挥了积极作用。围绕安全生产重点难点问题，大力开展科研攻关和自主创新，“深井大断面岩巷底板锚注”、“煤矿岩石巷道施工中湿喷”、“掘进工作面超前临时支护”等课题研究成果，丰富了深部开采支护技术体系。加强徐州煤矿深部开采重大瓦斯安全事故控制关键技术研究，掌握了区域范围内瓦斯赋存及涌出规律，实现了矿井通防系统的消缺。积极推广应用适宜的“四新”技术，综采工作面远距离供电供液、运输设备IC卡控制、往复式架空乘人装置、采区变电所监测监控系统等技术创新项目和新型加固材料应用效果明显。全年完成科研成果68项，推广应用“四新”技术18项。

七是非煤和地面安全生产形势保持基本稳定。地面非煤单位以防火、防触电、防机械伤人、防房屋倒塌、防锅炉压力容器爆炸、防食物中毒、防医疗责任事故“七防”为重点，落实责任，严格管理，规范操作，加强检查，稳步推进本质安全型企业创建，杜绝了危及公共安全和职工健康的突发性事件，地面生产企业实现了安全生产。

现代化的安全生产调度指挥系统

综采放顶煤工作面

锚网梁、锚索联合支护

山西亚美大宁能源有限公司作为中外合作企业，也是晋城市大型的地方煤矿，承载着业界的厚望。刚刚过去的2009年，在中外员工共同努力下，围绕晋城市“保增长、保安全、保稳定”总要求，有效克服金融危机冲击、煤炭市场多变、瓦斯超限和地质条件复杂、甲型H1N1防控等种种困难，实现全矿井连续安全生产2163天，实现利税18.16亿元，上交各类税费5.83亿元，取得经济效益和安全生产双丰收，迈出了安全高效矿井建设的重要一步，树立了合作企业的崭新形象。

科学管理　打牢安全基石

大宁煤矿致力领导健康与安全改革潮流，积极推行安全文化建设，强调人在日常安全行为中的主动性和重要性，提出了“以满腔热情开始每一天的工作”、“以百倍警惕进入工作区，不为同事留下任何安全隐患”等安全行为准则，利用文化宣传中的攻势、安全活动中的气势、隐患排查中的阵势、日常管理中的强势，保证人的感官、灵魂、视觉的深层触动，维持了各季度和各个月相对平稳的安全态势。相继投资490余万元完成矿区信息发布系统、井上下安全文化走廊建设，弘扬了以关爱生命为主题的安全文化。通过“安全生产月”、“一通三防”百日大会战、“夏季三防”、国庆60年大庆、“两节”、“两会”、安全宣誓、安全签名、安全知识竞赛、安全文艺汇演、安全生产2000天庆祝等活动，营造安全文化氛围，置身其中，气势感人。以安全工程账户、月度安全奖和风险抵押金为经济杠杆，把安全责任落实、不间断的隐患排查治理工作贯穿其中，实现了动态控制和全员、全过程监督管理，“三违”人次逐年下降，2009年同比下降了52%。

为了提高员工队伍素质，2009年投入培训经费293万元，培训特种作业人员、“一通三防”专业、机电专业、各工种操作司机等3725人次。针对春节后晋城市分配的企业分流人员70人、复转军人100人来矿就业，给井下安全管理带来较大压力的实际，通过操作技能实践、签订新老员工帮教协议等办法，短时间内完成了新入井人员对井下工作的适应性过度。

安全质量标准化是煤矿企业的基础工程，一开始就受到中外管理者的重视和关注。经过三年质量标准化建设和“两型三化”矿井建设不懈努力，改善了安全生产基本条件，保障了员工生命安全健康。2007年和2008年，连续两年被授予行业特级安全高效矿井称号，并通过行业一级质量标准化矿井验收。

探索创新　效益节节攀升

大宁煤矿作为中外合作井工开采企业，在承担更多安全责任的同时，也承载了三方股东的殷殷期望。大宁煤矿积极实施科技兴矿战略，仅2009年一年，就投入1亿元用于设备更新改造、“一通三防”、新技术新材料研究试验。科技创新换来了经济效益大幅增长，利润指标同比增长53个百分点。

针对井下地质构造复杂、瓦斯涌出量大等因素，与重庆煤科院、太原理工大等多家科研院所合作，实施了矿

井承压开采、新支护材料、瓦斯和煤层突出等方面研究试验，先后采用煤层注浆技术和墩柱支护新工艺，攻克了长壁面大面积冒顶、煤体压力大造成支护困难等难题。

针对生产过程瓦斯超限制约和影响，认真查找超限原因，总结规律、探索对策，从加大抽放管路负压、加强瓦斯仪器仪表管理、局部通风设施管理、控制割煤速度等方面采取措施，实施通风系统优化调整18次，抽放负压根据区域不同提高了5000～10000帕，保证了瓦斯超限次数逐月下降，解决了瓦斯对生产的影响。

保护生态　实现永续发展

大宁煤矿合作双方始终坚持开发资源与保护环境并重的方针，提取上交水资源补偿费、环境恢复治理保证金等费用1.38亿元，为煤炭工业可持续发展尽绵薄之力，诠释了人与自然和谐相处、永续发展的发展观。

煤泥、煤矸石、瓦斯气属于煤炭开采中的副产品和伴生物，实现其有效利用和加工转化，一方面可减少对土地、水资源、大气的污染，另一方面也是发展循环经济、增加企业收益的渠道。投产以来，先后为煤炭加工企业提供煤泥和煤矸石60余万吨，实现了煤炭副产品的二次使用。投资4410万元与兰花集团共同开发建设的大发电项目，有效解决了瓦斯气利用率不高的问题。2009年实际完成工业和民用瓦斯气利用0.624亿立方米。

为搞好环境治理，投入348万元，编制完成生态环境综合治理和绿色矿山建设方案，实施采煤沉陷区观察，完成2万平方米矸石山植树绿化，完成八芹路町店至大宁段5公里宽林带绿化工程。

为支持新农村建设，落实资金500余万元，实施了104采面村庄搬迁，改善了群众生产生活环境。

以人为本　处处呈现祥和

大宁煤矿管理者坚持以人为本的发展方针，把员工利益与股东利益同规划、同部署、同建设，在为员工提供优越的住宿和就餐条件基础上，结合学习实践科学发展观活动，落实解决医疗条件简陋、无自助银行取现不方便、矿务公开等职工关注和关心的问题。职工薪资水平在2008年同比升幅10%的基础上，2009年同比升幅达7%，人均年收入为6.8万元，确保了职工工资随股东收益增加而增长的发展规划。

为降低工作面粉尘浓度，投资120万元在3个综掘队和1个连采队安装了喷雾降尘装置，有效改善了职工的职业卫生状况，保护了职工的身体健康。

为发挥工会组织作用，增强企业凝聚力，组织开展了“五一”、“五四”体育运动会、消夏文化活动、欢庆祖国60岁华诞文艺汇演及安全文化趣味性、知识性传播等系列活动，极大地丰富了员工的精神世界，增强了员工的认同感和归属感，企业处处呈现生机勃勃、一派祥和的发展景象。

新的一年里，大宁煤矿合作双方将一如继往地贯彻科学发展观，不断汲取中西文化之精髓，搞好管理创新和技术创新，加快“两型三化”矿井建设步伐，积极探索具有中西文化特色的煤炭企业可持续发展之路。

跨越发展中的淮北矿业集团

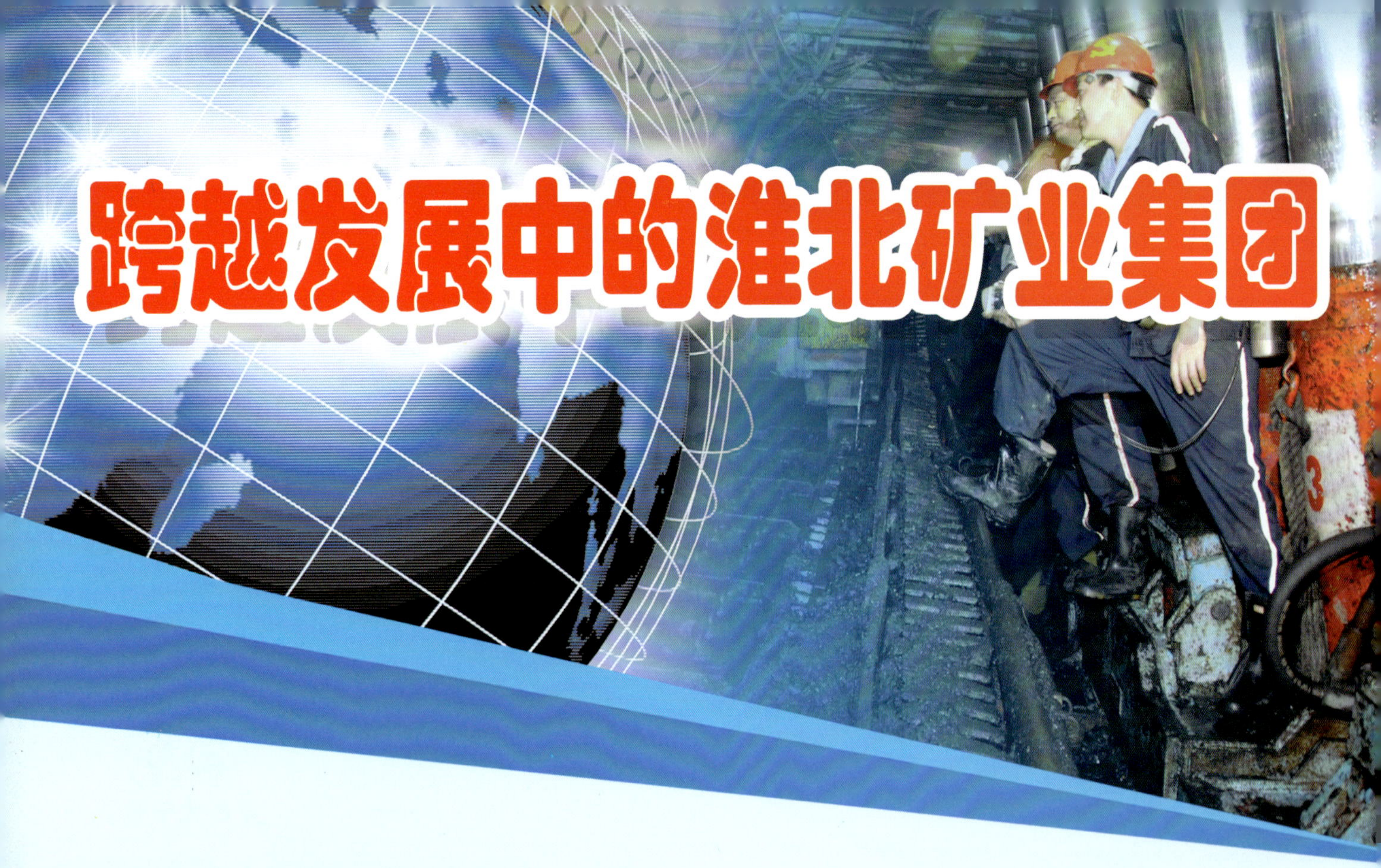

淮北矿业集团是以生产煤炭和煤化工产品为主、多种经营、综合发展的大型企业集团。前身为淮北矿务局，始建于1958年5月，1998年3月改制为淮北矿业(集团)有限责任公司。目前已经形成组织结构合理、投资主体多元、经营机制灵活、内部运作规范、管理手段科学的母子公司管理格局。公司现拥有资产400亿元，员工8万多人；生产矿井18对，在建和筹建矿井4对，核定年生产能力为3419万吨；有精煤洗选厂6座，年入洗能力为2000多万吨，是华东地区大型的冶炼精煤生产基地；动力煤选煤厂4座，年入选能力为630万吨。

50多年来，淮北矿业集团累计生产原煤6.3亿吨，创利税210多亿元，创汇近6亿美元。2009年在中国企业500强中排名第246位，稳居全国煤炭行业20强。

淮北矿区踞苏鲁豫皖四省接连之要冲，卧黄淮海之腹地，北接齐鲁，南连江淮，横跨安徽三个地市，京沪、京九、陇海铁路穿境而过，连霍、京福高速交会于此，水运通江达海，400多公里自营铁路纵横百里矿区。

淮北矿区拥有煤炭资源储量85亿吨，有焦煤、1/3焦煤、气煤、肥煤、贫煤、瘦煤、无烟煤和天然焦等八大主要煤种，属低硫、低灰、特低磷的“绿色环保型”煤炭，是华东地区煤种齐全的矿区。还拥有3000多亿立方米煤层气及4.8亿吨优质高岭土、3.9亿吨天然焦等矿产资源。

淮北矿业集团坚持走依托煤炭、延伸煤炭、超越煤炭的科学发展之路，确立了“66641”发展目标，即，全公司煤炭生产规模达到6000万吨；销售收入达到600亿元以上；职工人均年收入超过6万元；建成临涣、定远、南坪、涡北等四大循环工业园区；着力打造包含优秀队伍、优秀管理、优秀文化、优秀业绩在内的现代优秀企业，把集团公司建设成为更具生机活力的大型能源化工集团。

北票煤业有限责任公司

董事长、总经理、党委书记　王力

北票煤业有限责任公司组建于2001年，现有员工8000人，其中工程技术人员560人，是一家集煤炭生产、机械加工、耐火材料和油母页岩露天开采、炼油、及铁矿采选多种产业并举的综合型企业。公司下设冠山煤矿、三宝煤矿、台吉四井、台吉竖井、九道岭煤矿、选煤厂、铁路运输部、机电总厂、精密铸造厂、耐火材料厂、北塔油页岩公司等多家生产经营单位。公司以煤炭采选、油页岩采炼、机械制造加工为主，年原煤生产能力为240万吨，页岩油生产能力为3万吨。2009年，公司实现总收入7.82亿元，上缴税金1.5亿元，员工年人均收入同比增加4000元，位列全国煤炭企业百强社会贡献率第七位，连续三年跨入全国煤炭百强行列，连续四年被授予朝阳市"功勋企业"。2010年，公司提出"三大产业、三足鼎立、十亿规模"的三年发展目标，竭力再创新的伟业。

地址：辽宁省北票市双桥街124号
电话：0421-5822878
传真：0421-5823578
E-mail：cybm2004@126.com

双鸭山北方升平矿业有限责任公司

董事长、党委书记　王连武

总经理　刘德忠

双鸭山北方升平矿业有限责任公司始建于1970年，位于集贤县境内，拥有年设计生产能力60万吨的矿井一对，年入洗原煤90万吨的洗煤厂一座。工业广场布局合理，各种配套工程及设施齐备，自用铁路专用线与国铁相接，自行修建的水泥路与“同三”公路相连，交通运输十分便利。

公司始终坚持“一切为了员工，一切为了发展”的企业宗旨，全力打造“与时俱进，和谐发展，优势创新，人才为本”的核心理念，不断发扬“自强发展，团结务实，诚信敬业”的企业精神，努力实现持续、稳定、健康、和谐发展。公司领导高度重视企业的安全生产工作，不断加强企业文化建设，依靠强有力的安全文化引领煤矿的安全生产。在“安全求生存、管理求效益、学习求素质、优势求创新、稳定求发展、和谐求团结、责任求落实”的“七求理念”中，把“安全求生存”放在了首位，充分体现了“安全高于一切，安全重于一切”的思想，让“安全求生存，幸福每一天”的安全文化理念深入到每个员工的心中。自行编写的“升平煤矿安全三字经”，被编成快板书在职工中广泛流传。“以安全为荣，以三违为耻”为主要内容的“升平煤矿八荣八耻”，让员工树立了正确的人生观。“三心组合”——“普通员工的责任心，中层干部的上进心，高管领导的事业心”的提出，大大提高了全体员工的安全责任意识和强烈的责任心，从而，真正实现了从“要我安全”向“我要安全”的根本性转变。全体员工共同努力，不断朝着“零违章，零事故，零伤害”的“三零愿景”目标迈进。

安全管理工作不断上台阶，极大地推动了企业经济效益和社会效益的显著提高，公司先后被授予“部级标准化矿井”、“全国依法生产先进煤矿”、黑龙江省“百强名优”企业、黑龙江省“双十佳煤矿”、集贤县“纳税大户”等荣誉称号。

“福地洞天，方兴未艾”，双鸭山北方升平矿业有限责任公司正以一个崭新的姿态，快速向前发展。

工业生产区

选煤公司主控室

主提升机房

矿区面貌

机关办公楼

40周年矿庆演出

庆祝建党88周年演出

追求卓越谱辉煌

——龙煤股份公司双鸭山分公司新安煤矿

曾经连续六年被评为集团公司“文明矿标兵”；

多次被中共双鸭山市有关部门、龙煤控股集团公司、双鸭山分公司授予优秀党委、先进企业党组织；

被评为2007年度龙煤集团质量标准化明星矿；

2008年被中国煤炭职工思想政治工作研究会授予全国煤炭系统文明煤矿；被中华全国总工会授予为全民健身优秀活动站点；被省委、省政府授予省级文明单位标兵。

——这就是被人们誉为金三角上璀璨明珠的新安煤矿

近年来，新安煤矿以深入践行科学发展、安全发展、和谐发展为目标，创新思维、突出重点，使各项工作齐头并进。2009年完成原煤生产240.7万吨，超规划指标50.7万吨；掘进进尺完成32006米，超进6006米；实现减亏3915万元；在不断追求卓越的道路上续写企业辉煌！

严细管理突出精细化

精细化管理是推动企业不断向前发展的动力源泉。该矿在实践中重点推进契约化管理和闭环式管理，形成了包括物资管理、成本管理、工资管理、安全隐患管理等在内的管理运行流程。生产方面加大科技投入，合理布置采面、抓实掘进工作面光控爆管理，抓实生产循环进度，保证单产单进不断创出新水平。严格落实井下三小班评估制度，认真搞好交接评估，促进了矿井安全质量的不断提升。

思想引领同行发展路

大力加强思想道德建设，对全面构建和谐矿区有着十分重要的意义。新安煤矿把加强思想道德建设作为重要内容和中心环节，注重在内容、途径、方法上的实践创新，全力加强队伍素质建设。

在加强思想政治引导上，通过形势任务教育、党员先进性教育、创建学习型党组织等活动，调动了广大员工为企业发展献力献策的积极性，党支部战斗堡垒和党员先锋模范作用得到了充分发挥。2005年以来，受到公司、矿表彰的优秀党员228名，先进党支部54个。

在加强民主管理上，坚持走群众路线，完善了以职代会为基本形式的企业民主管理制度，全面落实员工的知情权、参与权和监督权。四年来，共组织员工代表维权检查安全生产27次、劳动保护16次、生活福利32次、企务公开48次。

围绕爱国主义、集体主义、社会主义“荣辱观”理想信念教育和“诚信为企、公正为民”的企业道德教育，几年来，该矿员工出勤率始终保持在95%以上，文明区科达标率为95%，文明班组达标率达90%，文明员工合格率达98%以上。受到矿表彰的文明员工标兵40人，公司表彰的文明员工108人，黑龙江省表彰的劳动模范2人。坚持开展创建平安矿区活动，及时化解各种不稳定因素，矿区社会治安、综合治理和生产生活秩序井然。此外，星级员工评比、员工风采展示、班前礼仪竞赛、全员准军事化训练等等主题实践活动，大力倡导“讲文明话、办文明事、做文明人”的三个文明教育；深化社会公德、职业道德、家庭美德的“三德”教育；开展创造优美环境、建立优良秩序、提供优质服务的“三优”教育；通过学习先进管理理念，强化全员岗位“必知必会”培训；狠抓井上下质量达标等多措并举，为企业加快发展步伐坚实了基础。

关注民生谱和谐

新安煤矿以全面落实科学发展观为宗旨，把“群众满意不满意”作为工作的标准和目标，时时刻刻维护员工的利益，实实在在为员工办实事、办好事，营造了浓厚的人企和谐氛围。

为了充分体现组织的温暖与关爱，新安煤矿关心员工生活，改善生活条件，丰富文化生活，千方百计为员工办实事。一是改善了员工班中餐，为过生日的员工发放祝福蛋糕，无偿供应鲜豆浆，让员工真正享受到了企业大家庭的温暖。二是投资537万元改善员工就浴条件。三是投资15万元修建了文化广场，投资25万元装修了员工俱乐部，丰富了员工业余文化生活，陶冶了情操，振奋了精神。四是为了让矿区群众喝上健康的饮用水，投入资金230万元，改善了矿区供水管路，使群众吃上了经过水厂净化的地下水。五是关心贫困员工的生活疾苦。为了使贫困员工早日脱贫，扩大研石山煤点扶贫基地建设，从方方面面尽显企业人本关怀。

围绕环境建设，新安煤矿狠抓了室内环境卫生，粉刷墙壁、平整场地，使井上工作环境焕然一新，涌现出了绿树成荫、环境优美、文明整洁的花园式单位机电厂；全公司地面达标先进单位物资管理科木场；讲究文明礼貌用语、热情周到为员工服务的机电厂充电车间等一个个样板。

在企业发展的道路上，新安人追求永无止境，不断谱写着新的辉煌！2007年以来，掘进进尺连续两年突破31000米；安全生产百万吨指标创建矿历史新水平；财务指标两年累计减亏6178万元；员工收入两年提高8378元；截至2009年，累计生产原煤4100.1万吨，超规划指标551.6万吨；总进尺完成63.32万米，超进8.07万米，实现利润62504万元，为双鸭山的建设发展做出了巨大的贡献。

矿长赵维国（左一）、党委书记苏剑平（左三）陪同中国能源化学部门有关领导在保健食品厂检查工作

赵矿长在掘进工作面

矿领导正在为两队开球

新安煤矿迎庆
建党88周年颁奖晚会现场

国家安全生产太原矿用设备检测检验中心
国家煤矿掘进机械质量监督检验中心

国家安全生产太原矿用设备检测检验中心、国家煤矿掘进机械质量监督检验中心是国家安全生产监督管理部门认可授权的安全生产检测检验甲级机构之一，也是国家质量监督检验检疫部门授权的国家产品质量监督检验机构。

中心成立于二十世纪八十年代，为国家大型综合性检测检验机构。在国内外享有很高的声誉，曾多次对美国JOY、德国DBT等国际知名企业的矿用产品进行了检验，为保证我国矿山安全生产与质量监督做出了积极贡献。中心下设综合办公室、计量室、第一检验室、第二检验室和技术室，主要承担着煤矿输送机械、掘进机械、乳化液泵站、液压软管等整机及元部件产品的质量监督抽查检验、安全标志检验、发证检验、仲裁检验、科技成果检测鉴定检验、进出口商品检验和委托检验等工作。中心目前拥有国家质量监督检验检疫部门授权的计量标准器组5个，山西省质量技术监督部门授权的计量标准器组4个，可以开展长度、温度、压力、电参量、扭矩等计量器具的计量检定工作。此外，本中心还承担着检验技术研究与咨询、检验设备研制与开发、标准制修订及专业检验技术培训等工作。

中心具有很强的技术力量，先后承担了国家与山西省及煤炭科学研究总院多个科学研究项目和设备升级改造项目，同时利用中心的技术优势为国内多个企业进行了试验系统的设计和技术改造；中心是经国家相关部门认可的国家实验室，具有完善的质量保证体系；中心的检验测试设备先进，拥有1000千牛、2500千牛液压脉动材料试验机、2000千牛电液伺服万能材料试验机、250~660千瓦电力测功机、乳化液泵站试验系统、液压胶管试验台、三相异步电动机试验系统等大型试验仪器设备。中心以“客户至上”为服务宗旨，坚持“科学公正，廉洁高效”的工作方针，做到对所检产品及时做出公正、科学、权威的评价，提供令客户满意的技术服务。本中心郑重承诺“向社会提供优质服务，对客户知识产权保密，对检验工作质量负责”。为国家煤矿安全生产提供可靠的技术支持和服务。

地址：山西省太原市并州南路108号　　**邮编：030006**
电话：0351-7685030　　**传真：0351-768502**
E-mail：bgs123@sohu.com

西山安全培训中心

西山安全培训中心是西山煤电集团公司直属单位，是国家二级安全培训机构。现有教职工89人，其中，专职教师24人。

安培中心1983年经原煤炭部门批准投资建设，1986年5月建成办班。占地面积18000平方米，建筑面积为7356.6平方米，设计规模为同期在校500人。配备有相应的食堂、学员住宿楼及电教室、实验室、实习场地。

培训范围规定为煤与非煤、非煤矿山安管人员、特种作业人员。目前主要负责培训山西省范围之内的A类安全生产管理人员和西山煤电B、C类安管人员、六工种特种作业人员。B类非煤安管人员。地面特工没有开展培训（有资质公司没有安排计划）。2009年12月18日山西省煤炭工业部门、山西省教育部门晋煤培发[2009]337号文确定为全省关键岗位从业人员中等职业教育办学单位，负责西山煤电集团关键岗位从业人员中等职业教育四个专业办班工作。

安全培训

一、开展实操培训效果良好。同时，山西省有关部门批准我中心为煤矿关键岗位从业人员中专教育办学单位，开始了招生工作。

二、严格按规定按程序办班。考核结果真实可靠，经上级主管部门确认后及时制证，没有证件积压现象。各项管理工作有序、及时、准确、到位。

三、后勤工作，不断改进，改进作风，为学员服务热情、周到、耐心、细致。

四、开展“安全全面反思”，积极整改存在问题。针对矿山事故，广泛开展“安全全面反思”活动，从安全培训班角度进行全面反思，查找存在的问题、漏洞和不足。

五、建设特工实训场地，实行实操培训、考核。按上级要求，通过组织出外考察，从实际出发，制订实操方案和制订考核制度标准，加强实操场地建设和师资培训，实行实操考核等措施，提高了培训学员实操技能，收到了很好的效果。

制度建设

2009年，按照西山煤电集团公司绩效考核要求，制订《安培中心绩效考核办法》。重新制订教师管理制度、学员管理制度、后勤管理制度、安全培训中心章程等29个规章制度，确保安全培训中心安全质量标准化工作的有效推进。

教学管理

一、每月召开一次教学会。按照全国统一教学大纲，编制各培训班教学计划，按照教学计划组织教学工作。

二、提高师资队伍素质。派出3名教师参加山西省安监部门组织的教师资格培训，取得资格证书。有9名教师代表机关参加山西焦煤组织的教师讲课比赛，2人获得一等奖，3人获得二等奖，4人获得三等奖。中心负责编写的《乳化液泵站工》、《电机车司机》、《测风测尘工》三本教材由中国矿大出版社出版发行，《轨道工》、《自救器维修工》两本教材由煤炭工业出版社出版发行。

三、开展讲评活动。坚持召开学员座谈会、听课评课会，及时了解教学中存在的问题，改进教学方法。对授课教师每期进行两次综合考核和学员测评，把学员成绩和代课费紧密挂钩，增强了教师的责任感。

改善教学条件

在集团公司给予资金保证的基础上，教学环境更优良，使中心软硬件设施有新的提高。

学员管理

按照安全培训中心制订的学员考核管理办法，在班主任管理、学员管理、考试、阅卷、资格证书发放等方面严格要求，坚持从学员入学开始，严把报到、考勤、建档、考核、办证、发证关，利用网站加强和基层单位的信息沟通，确保培训质量。

冀中能源技师学院
JI ZHONG NENG YUAN JI SHI XUE YUAN

冀中能源技师学院位于邯郸地区。近几年来，学院以超常规、跨越式发展的强大动力，逐步形成了学校、用人单位、学生三方受益，学业、就业、创业、产业四业贯通的良好局面。学院占地面积为67667平方米，建筑面积50000平方米，固定资产5000余万元，教学仪器设备2000余台套，在校生3000余人，现有高级讲师64人，讲师39人，中级及以上实习指导教师30余人。市级以上学科带头人及名师7名，省市级名专业7个，2007年被评为市级名校。学院注重学生综合素质和实践能力的培养，将培养目标定位于面向一线生产服务的中、高级技能人才。学生经过理论知识的学习和实践能力的训练，毕业后可取得相应的毕业证书和职业资格证书。学院形成了与有关企业采取订单培养、定向就业的招生就业机制，多年来深受用人单位好评。

学院坚持“质量立校、特色兴校、追求卓越、打造精品”的办学理念。以培养有创新能力的技术应用型人才为根本，不断推进教学改革，全面推行《国家重点技工学校质量管理标准》ISO 9000质量管理体系认证工作，形成了“勤奋、严谨、团结、创新”的优良校风和基础厚实、管理严格、注重实践、强调素质的办学特色。

近几年，学院投入大量教育资金购进了先进的车、钳、电、焊等专业的实训设备，建起了机加工实习车间、数控加工车间、铆焊车间等。现有8个微机房300百台微机，建有全数字控制语音设备的语音室，10个实验室及多媒体教室等。有满足需要的校外实习工厂和实训基地。安静、优雅的花园式校园环境，宽敞明亮的现代化学生公寓，丰富多彩的课外活动，开放向上的校园文化，是学生茁壮成长的理想摇篮。

学院多次获得省“职业教育先进单位”、“先进技工学校”、“花园式单位”，建有职业技能鉴定所，现有国家二级煤炭安全资格培训基地，河北省煤矿安全技术培训基地。

地址：河北邯郸市峰峰矿区通山路3号　　**电话：0310-7713626　7713701**

霍州煤电集团吕梁山煤电有限公司店坪煤矿

店坪煤矿隶属于霍州煤电集团吕梁山煤电有限公司，原属于吕梁行署方山县县营煤矿，2002年11月20日被霍州煤电集团收购。

店坪煤矿位于山西省吕梁市方山县大武镇王家庄村和水源村之间，北临下庄煤矿，南接木瓜井田，西起F7断层，东至煤层露头处。交通十分便利，店梁公路（简易公路）从矿区中间穿过，与209国道相接通。地质储量为1.4亿吨，可采储量为0.8亿吨，井田面积为13.53平方公里。

店坪煤矿原设计能力为30万吨/年，自2002年霍州煤电集团接收以来，经过生产恢复以及技术改造，设计能力达到150万吨/年；现有职工980余人，其中专业技术人员42人，管理科室16个，车间队组8个。

店坪煤矿坚持"以人为本，科技兴企"的企业精神，对矿井的核心装备进行升级，实现了回采综合机械化程度达100%，煤巷掘进综合机械化达100%。提高了矿井的抗灾能力，提高了矿井的单产单进能力，减轻了职工的劳动强度，为职工创造了良好的生产环境。同时也对地面生活环境进行了改造，相继投用了综合楼、职工食堂和单身公寓，并投资500余万元对地面进行了绿化、美化，为职工创造了舒适的生活环境。

团结奋进的领导团队

店坪煤矿党委进一步以科学发展观为统领，以培植管理机制、创新机制、运行机制为载体，将具有店矿特色的文化建设不断引向深入，为打造"安全、高效、和谐"型矿井发挥了积极作用。现将10年安全文化建设工作汇报如下：

一、严实干部的安全责任，构建自上而下、逐级落实的安全责任保障体系

一是解决了干部下井和值班秩序方面的问题。在干部下井方面，进一步严格了三班下井时间，执行电脑考勤、调度室考勤、井口信息站考勤三方对接考勤管理，明确有一方出现对接不上不算下井，每天的干部下井情况由安全科在早班前进行通报。政工科建立了干部下井检查制度，用查考勤对接记录、打电话是否接听等形式监督干部下井情况，杜绝了部分人钻考夜班勤的空子。在小分队活动方面，杜绝自由组合和个别入井，严格执行统一集合，集体入井，分组活动，到目前为止，矿科队级干部下井次数达标、班次合理、时间达到要求。在值班方面，执行早晚签到制度和值班期间不得擅自离矿制度以及确保24小时开机制度。解决了干部"两下两抓"质量不均衡的问题。严格执行不抓"三违"不算入井、没有培训抽考内容不算入井、干部联点包队不解决实际问题不算下基层三项制度。为了把三项制度落到实处，针对性地开展了干部"双带"活动，即生产口干部必须带宣教任务下基层，非生产口干部必须带培训任务下井，为"两下两抓"质量均衡提高，增强安全预控能力起到了积极的促进作用。

二是围绕安全，抓干部作风建设。出台了干部年度考评、月度测评制度、干部作风纪律的有关规定、队级干部月度群众满意度测评、技术员月度考核等制度，适度监控，定期形成分析，以进一步规范干部行为，提高服务水平，增强干部的服务意识，在用好的制度抓出好的作风的同时，为干部选、育、用、留工作提供严细保证。

二、全力打造以安全文化为核心的企业文化

（1）建立持续反思机制。把安全文化与科学发展观本质在解放思想、调查研究、发现问题、解决问题的要求相结合，成立了安全研讨协会组织，制定了章程，以分散调研、集中调研、形成研究报告为协会的主要运行方式，定期反思、分析、研究安全工作方面的问题。要求每季度科队级干部写一篇调研文章，共收集调研文章52篇，其中生产科薛定亮等同志撰写的《对5—2101工作面片帮情况分析和解决办法》等一批与矿井安全生产紧密结合的文章，成为了作业现场规程措施中的重要部分，为指导实际、解决问题起到了积极作用。

（2）推动班组文化建设。建立了职工脱产培训、业余培训和班前20分钟培训机制。开展"六个一"活动，即一月一考试、一人一学习笔记本、一日一题、一月一座谈、一月一人一小结、一人一季一建议。抓职工周一、周三学习日学习的质量，开展支部书记、技术员备课评比活动。以培训工作为切入点创新培训机制，推行了"班前一道题，现场五分钟"培训法，以班组长作为安全培训和现场操作的第一执行者，促进职工安全行为规范。

（3）抓职工行为规范。在全矿干部职工中推行军事化管理，开展了为期一个月的军事集训活动，通过采取半脱产集中训练的方式，按照"讲述分解步骤，演示动作标准，及时实施纠偏，个人单兵教练，集体会操展示"的训练步骤，严格依据军事化标准，进行出操、标准队列、三大步骤及日常行走、坐、立训练。着力引导员工养成"一举一动有规、一招一式有序"的思维和自觉服从的习惯。同时成立了文明礼仪"女子纠察队"，全天候在矿区内进行巡逻执勤，检查职工行为规范的自行情况，对发现衣冠不整、言语不文明等不良行为进行及时纠正，从而促进职工文明素质的养成。

（4）以"整章建制、完善标准、落实责任、从严规范三种行为"为抓手，建立了职工脱产培训、业余培训、特殊工种培训制度和干部下现场抽考培训制度。以"师代徒"活动和每月各系统组织的专业技能比武活动为载体，全面开展岗位练兵。机电、通风系统还创新形式，开展了井上模拟操作练兵活动。工会、培训科定期组织规程、标准等相关内容的知识竞赛活动，并配套执行了"万元奖励机制"，激发了职工学技术、学业务的自觉性和积极性。还制度化地开展员工岗位描述、"手指口述"活动，把学习与职工工资挂钩，严格考核，为现场质量达标、操作达标提供保障。通过各类培训教育，职工操作作业水平逐步与现代化装备缩小差距，大多数职工掌握了"应知应会"，职工实现了由"要我安全"到"我要安全"向"我会安全"的转变。

三、着力构建安全宣教长效机制，为矿井安全发展提供可靠支持

一是优化设计并全方位完善安全视听觉系统，打造给职工以"温馨提示、法规启示、案例警示"为特色的安全文化环境。在主井口，设置了两块38平米的安全温馨提示牌板、六个低音音响、两块led屏和女工爱心井口接待站，在三班入井时间用低音音响播放轻音乐，让职工以轻松、平和、愉悦的情绪投入到工作当中。用led屏上滚动显示温馨提示和安全知识、规定等内容提高职工安全防范意识和能力。

二是制度化地坚持开展班前二十分钟学习，在进行特殊工种培训、岗网员培训、各系统职工技能比武等培训的同时，结合生产实践，进一步在培训质量上严格要求，建立了科队长讲一课和各队组周一学习备课记录的奖罚机制，要求培课记录不得打印和下载，必须为本人手写。各队组也结合本单位的实际情况，建立和完善了职工学习考核办法，把学习情况与工资挂钩。并创造性地开展了如通风队职工讲一课、综掘一队班前知识竞赛等各具特色的安全知识培训活动。通过强化安全培训，为打造"不伤己、不伤人、不被伤"为特色的人本安全基础工程提供了有力的支持和保障。

三是开展职工案例教育，用职工身边的人和事教育职工；发挥老职工具有的经验和经历优势，开展安全故事收集，编制了《祁志保讲故事》一书，发放给每位职工阅读，使职工对安全文化产生亲切感和认同感。

山西忻州神达能源集团有限公司

集团公司董事长兼总经理　何保国

山西忻州神达能源集团有限公司是经忻州市有关部门批准成立的地方国有大型煤炭企业，主要从事煤炭开采、运销、加工、转化。公司实施以集团公司、分公司、煤业公司三级责任主体为基础的集团化管理体制和运行模式。其下设4个县级分公司，15个煤业公司。总资产31.6亿元，员工2000多人，资源储量近14亿吨，核定年产能1650万吨。

公司确立的总体发展思路是立足于建立循环经济，“实施煤—电、煤—焦—化、煤—运—销于一体化战略”，即以科学发展观统领公司各项工作，做实做强15个煤业公司，大力进行资本运作，借助资本市场的价值发现功能和放大效应，使公司得到转型跨越式发展。

公司近期目标是：全力推进煤矿技术改造，建设质量标准化、本质安全型现代化矿井。实现1581（即建成1个年产300万吨的矿井，5个年产120万吨的矿井，8个年产90万吨的矿井，1个年产30万吨的矿井）和282（即年产量2000万吨，销售收入80亿元，上缴利税20亿元）的目标。

公司中长期规划是：拉长产业链，实施112244工程（即建设1个煤化工工业园区，1个120万吨焦化厂，2个电厂，2条铁路专用线；4个洗煤厂，4个煤炭集运站），形成煤焦、煤电、煤化、运销的产业布局，实现经济循环发展。使集团公司成为全市的龙头企业和山西省大型地方煤炭企业，跨入全国煤炭百强企业前列。

公司资源得天独厚，交通便利，人文环境优越，管理扎实严细。目前正在抢抓机遇，攻坚克难，开疆拓土，谋好求强，强力打造安全神达、和谐神达、发展神达、高效神达。与此同时，公司还吸收忻州市煤炭设计院，忻州市煤炭地质勘探队加盟神达集团，为集团做大做强奠定了发展的基石和科研创新的基础。

公司秉承“科学发展、和谐共赢”的理念，追求员工、企业、社会、自然的和谐共荣，用更好更快的发展成果报效国家，奉献社会。

科学发展
和谐共赢

亚邦化工集团

亚邦化工集团是经国家工商行政管理部门核准的，以亚邦化工集团有限公司为核心企业组建的集团，是一家从事染料、涂料、颜料、医药、兽药、农药、物流、房地产等产业的大型综合性现代企业集团。 现有员工8000余人。在江苏、安徽、福建和天津等地建有生产基地。2009年实现销售收入121亿元，创利税8亿元。“亚邦”商标和“光辉”商标被国家工商行政管理部门认定为“中国驰名商标”（1186061）。

亚邦化工集团主要生产蒽醌系列分散染料、还原染料、酞菁类系列有机颜料、油漆、涂料、不饱和聚酯树脂、顺酐、苯乙烯、农药、化学原料药、药品制剂、中成药等产品。大部分产品产销量均居国内领先，部分产品产销量居世界前茅。亚邦集团拥有长三角地区大型的医药物流中心和综合性物流基地。

2009年，针对企业单位多、分布广、发展快的实际情况，公司主管领导提出了“建模式创品牌”的安全管理思想，在梳理集团公司以往安全管理经验的基础上，积极倡导新的安全管理思路，初步形成了统一的“四个三”安全管理模式，确定了“强化组织（决策—管理—执行三个层面）、务实基础（管理—操作—程序三个规范）、全面管理（全员- 全过程—全方位三全管理）、持续改进（长效—系统—平衡三个调节）”的管理模式要素， 以江苏亚邦染料股份有限公司为试点单位，总结经验教训，以点带面，逐步推广，形成亚邦特有的安全管理文化模式，使庞大的亚邦化工集团“形散而神不散”。

多年来，亚邦化工集团在安全管理上的强硬抓手为：(一)坚持不断地抓安全培训教育。一是运用江苏省安全生产监督管理部门批准的亚邦四级职工安全教育培训中心平台，组织10名注册安全工程师担任 专（兼）职教员授课；二是自办《今日亚邦》月刊和《安全365》月报，发放到分子

亚邦化工集团

公司直至生产班组，全面提升了职工的安全意识和职业素质。（二）坚持狠抓现场管理。一是对重点工程项目、重大危险源和剧毒品使用从人防、物防、技防三个方面进行监控；二是严格执行动火、进入受限空间、登高等八大特殊作业规程；三是设置“资质审查关、智体取舍关、培训考试关、安全合同关、现场管理关”五个关口严格管理外来施工作业，确保作业全过程受控，堵绝重特大事故发生。（三）坚持加大安全生产投入，不断进行隐患排查治理，将安全管理重心前移，提倡事前管理。近3年来，仅牛塘生产基地，用于安全教育、隐患整改、劳动防护、检验检测、改善环境、应急救援等方面的费用，累计近千万元。

化工行业是高危行业，防火、防爆、防中毒尤其重要。亚邦化工集团建立并不断完善应急救援体系，牛塘生产基地设有专职消防队一个，专业队员21人，配备东风5吨水、泡两用消防车一辆，苯库区储存水成膜泡沫10吨，正压式空气呼吸器三套以及担架、氧气瓶、滤毒罐、葡萄糖等应急设施和救援物品。每年六月（安全生产月）和十一月（119消防日），公司消防、安全、环保、总务等部门和各成员单位组织针对性的专项应急救援演练，增强员工的应急处置能力和逃生意识，锤炼了应急救援队伍，大大提升了公司的总体应急响应能力。

亚邦化工集团始终坚持“人才为本、科技为先、品质为上、信义为重”的经营理念，始终坚持“安全第一，预防为主，综合治理 ”的安全生产方针，始终围绕“以人为本，安全发展”展开安全生产管理工作；认真贯彻执行党和国家的安全生产方针政策和法律法规，持续围绕“安全生产年”主题，进行安全生产长效管理活动，自觉接受地方各级政府的监督指导。

在企业发展壮大的同时，亚邦集团热情回报社会，积极为地方经济发展做贡献，为社会公益、慈善事业、教育事业累计捐赠近亿元。

人才为本 科技为先

品质为上 信义为重

中国煤矿机械装备有限责

中国煤矿机械装备有限责任公司平朔矿区维修中心（以下简称中心）是中国煤矿机械装备有限责任公司的下属企业，同时也肩负着中煤装备公司驻平朔办事处的职能。中心成立于2005年11月，位于朔州市经济开发区，能够承接普采、综采工作面，包括液压支架、刮板输送机、采煤机、转载机、破碎机等三机配套设备的维修服务和技术改造。

中心成立以来，按照“服务、保障、配合”的工作方针和准确定位，不断创新内部管理机制和运行程序，全面服从服务于中煤集团“亿吨级”煤炭基地建设，同时积极开发朔州地方煤机维修市场；维修质量达到国家标准，所修设备各项性能完全达到或接近原出厂标准，有力地保证了综机设备的正常、高效运转。

中心技术改造项目于2008年9月15日开工建设，2010年3月15日竣工验收。项目总投资12966万元，建筑总面积达23788.02平方米，其中:主车间面积为20763.96平方米，办公楼面积为3024.06平方米，新增各类设备共计34台（套），项目整体规划为“一轴三区”，分别为厂房区、景观区和办公区，设置总装车间、液压车间、传动车间、采掘车间、电机车间及综合库房，技改后将实现13台套综采设备及相关采煤机械的维修能力，项目建成后将是晋北地区规模较大、现代化程度较高的煤机设备维修基地。

中心成立以来，狠抓安全质量标准化建设，制定了《平朔矿区维修中心安全质量标准化》和相

任公司平朔矿区维修中心

应的组织机构和实施计划，力争在年内取得二级企业安全质量标准化认证证书；健全标准化考核体系和实施办法，并制定年度实施计划，严格目标考核激励，全面提升标准化水平；健全安全管理和技术保障体系，加强安全监管、层层落实责任，把“零死亡”等安全理念落实到生产、管理、监督各个环节，推进“环境、素质、责任”建设，构建本质安全的软硬件环境。

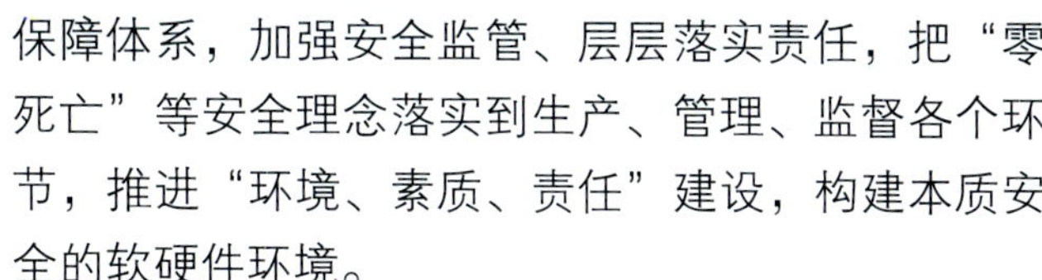

中心2007年被朔州市经济开发区管理部门授予“税收贡献奖”，2008年被山西省国税管理部门、地税管理部门联合授予“纳税信用A级单位”,2008年、2009年被装备公司党委授予“先进党总支”。中心以中煤集团科学发展新思路为指针，解放思想，真抓实干，把具体行动落实到 “1458”工作思路和 “22255”发展目标上，尽快建成“国内先进、世界领先”的煤机维修企业，为实现集团公司的五年规划和发展目标做出新的更大的贡献！

中国石化集团北京燕

相关领导视察燕山石化

燕山石化公司隶属于中国石化集团，始建于1967年，成立于1970年，是我国建厂较早、规模较大的石油化工联合企业之一。目前有员工16000人，生产装置63套，公用工程装置68套，原油加工能力为1000万吨/年，乙烯生产能力为80万吨/年，可生产94个品种、431个牌号的石油化工产品，是我国大型的合成橡胶、苯酚丙酮、高品质成品油生产基地和我国大型的合成树脂生产基地之一，是北京清洁油品的主要供应商。公司成立40年来，累计加工原油2.5亿吨，生产石化产品2.4亿吨，生产乙烯1443万吨，实现销售收入6600亿元，利税717亿元，为国家建设和国民经济发展做出了应有贡献。

作为一家石油化工企业，且地处首都北京，燕山石化深知安全工作的重要性。多年来，在中国石化和北京市的领导下，燕山石化始终以安全生产为根本，认真贯彻法律法规和中国石化安全管理制度，完善岗位安全责任体系，建立QHSE管理体系，加强安全教育培训，排查治理安全隐患，保证了安全稳定生产。在此过程中，燕山石化公司的安全生产先后经历了“平安奥运”、“平安国庆”等严峻考验，为确保北京清洁油品供应和维护首都稳定贡献了力量。

王永健董事长在生产一线检查工作

山石油化工有限公司

国际金融危机发生后，面对不利的外部环境，燕山石化开拓思路，锐意进取，秉承“精心工作，止于至善”的理念，一方面加强内部管理，在2009年实行专业化重组，生产经营各项工作实现专业化管理，提高了管理效率，降低了管理成本。另一方面加快技术改造步伐，淘汰落后装置，消除影响安全生产工作的瓶颈和隐患，整合炼化资源，调整产品结构，生产更多的高附加值产品，实现炼化一体效益极大化，燕山石化总体竞争力也迈上了一个新的台阶。目前，燕山石化正按中国石化要求开展“我要安全”主题活动，力争创造国际先进的QHSE绩效，以先进的QHSE绩效为燕山石化实现成为具有国际竞争力石油化工企业的发展目标奠定坚实的基础。

“员工与企业共同成长，企业与社会和谐发展”是燕山石化的核心价值观，“安全体面的工作，健康舒适的生活”是燕山石化和员工的共同追求！燕山石化公司将继续以良好的QHSE业绩和更高质量的产品回报社会！为北京世界城市建设，为人文北京、科技北京、绿色北京“加油”！

管控一体化办公

消防演习

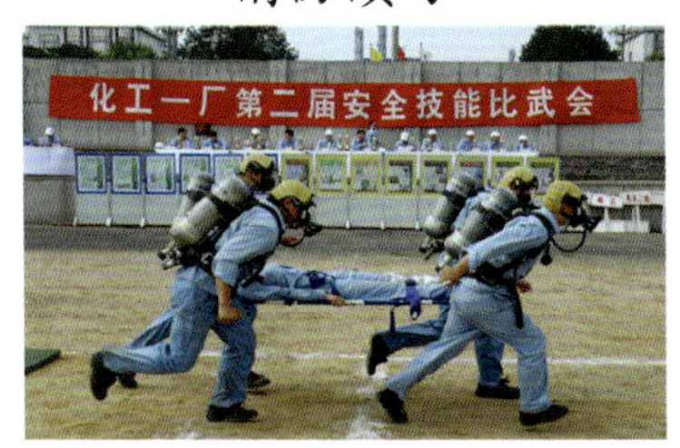

安全技能比武

公司部分装置

上海外高桥造船有限公司

3000米深水半潜式钻井平台

上海外高桥造船公司成立于1999年，是中国船舶工业集团公司旗下上市公司“中国船舶”的全资子公司。2009年，外高桥造船公司面对国际金融危机，依靠自身的综合实力，沉着应战，逆势而上，继续保持高速增长态势，全年造船总量突破600万载重吨大关，达到605万载重吨，同比增长32%，占中国造船总量的15%，率先成为中国年造船总量突破600万载重吨大关的船厂，并跻身世界三强。

2009年4月20日，外高桥造船公司承建的世界第六代3000米深水半潜式钻井平台顺利下坞。该钻井平台是我国实施深水海洋石油开发战略的重点配套项目，并作为拥有自主知识产权的重大装备项目纳入国家重大科技专项，将填补我国在大型深水钻井平台项目上的空白。

上海外高桥造船有限公司在临港建设专用海洋工程制造基地——上海外高桥造船海洋工程有限公司，规划总用地面积约103万平方米，于2010年4月投入试生产，将对上海推进发展先进制造业、推动高新技术产业化、提升我国海洋工程装备总承包能力起到积极的促进作用。

2009年10月15日，外高桥造船公司与国际知名航运公司签订了20.6万吨超好望角型散货船建造合同。该新型船舶由外高桥造船公司自主研发，是全面满足国际新规范、适应国际航运需要以及船东需求的超大型船舶，标志着外高桥造船公司在产品结构调整上又迈出了重要一步。

未来，公司将把加快转变发展方式作为中心工作和重要任务，大力推进实施海洋工程战略，不断强化企业管理，提升发展质量，增强核心竞争力，努力实现新的跨越。

11万吨级阿芙拉型原油/成品油轮

30万吨级超大型原油轮

向着“中国领先，世界先进

上海外高桥造船有限公司

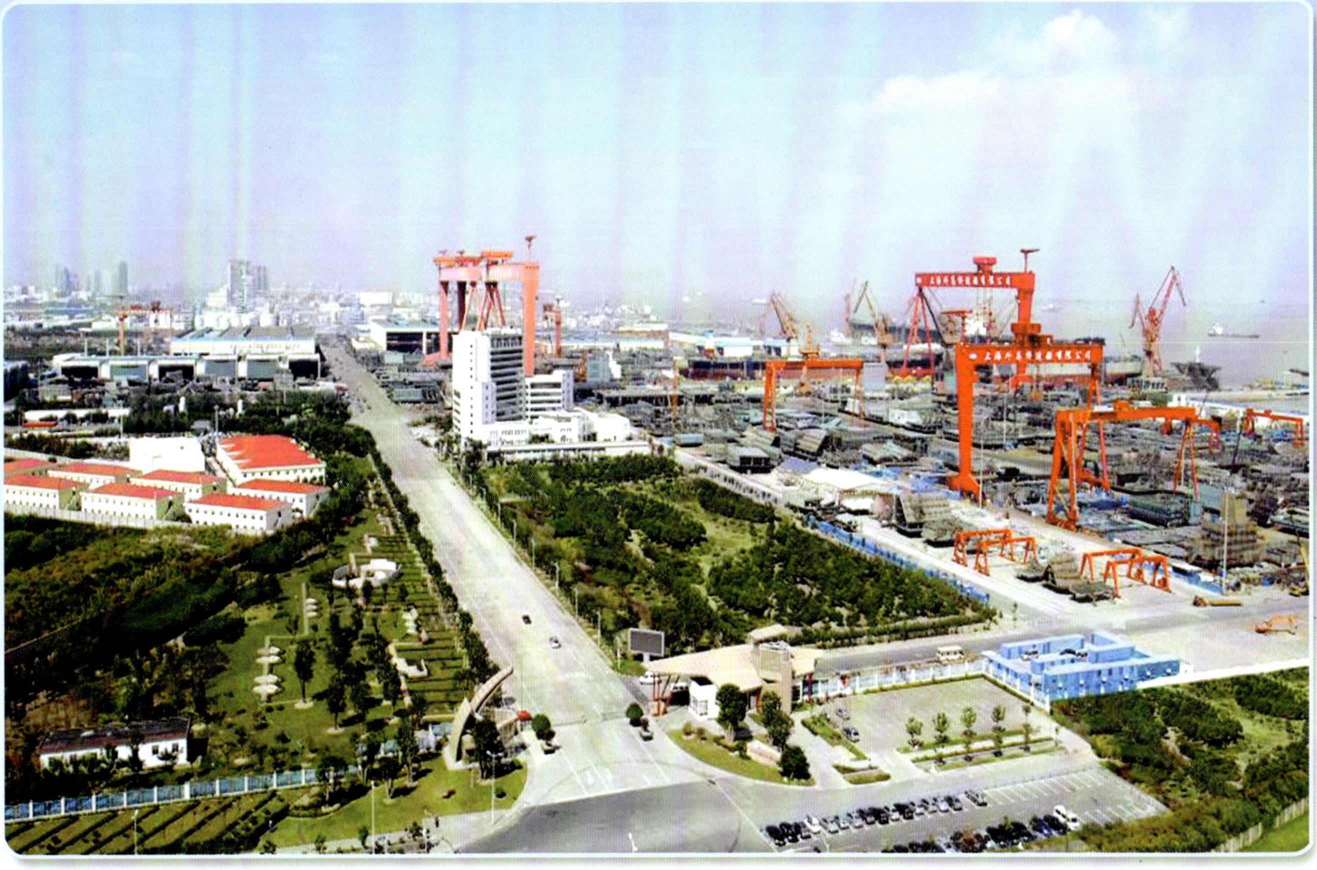

厂区全貌

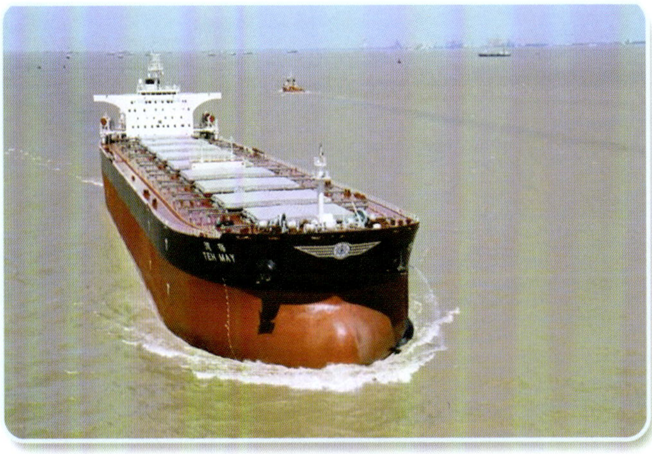

17万吨级好望角型散货船

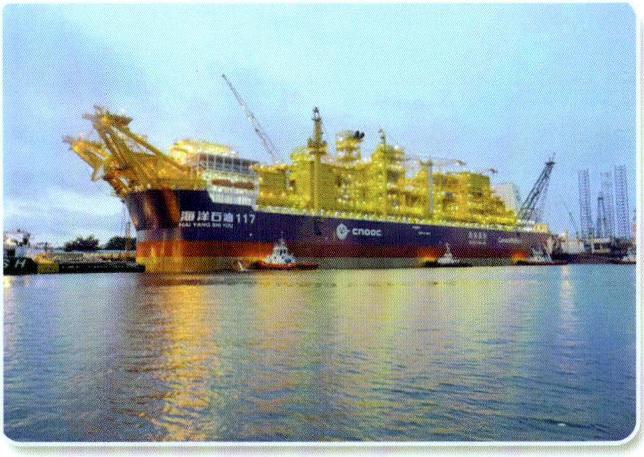

30万吨海上浮式生产储油轮

造船企业” 稳步迈进

上海市化工职业病防治院
上海市职业安全健康研究院

上海市化工职业病防治院创建于1969年5月，1970年6月正式对外服务，2006年本院由上海华谊（集团）公司整建制划归上海市安全生产监督管理部门管理，成为上海市安全生产监督管理部门下属的专业从事职业安全与健康服务的公益型事业单位。2009年9月24日，根据市编委《关于同意上海市化工职业病防治院调整机构级别及增挂牌子的批复》（沪编[2009]210号）的精神，上海市化工职业病防治院增挂“上海市职业安全健康研究院”牌子，以适应职业安全健康监管工作由卫生部门划转到安监部门的新形势，有利于发挥我院在职业安全与职业健康工作方面的业务优势，不断提高各项业务工作水平。同时，将进一步推动安监系统有效资源的快速整合，提高职业健康服务水平，这对于促进整个上海的职业健康监管工作是十分有利的。

上海市化工职业病防治院、上海市职业安全健康研究院是专业从事职业安全健康服务的差额拨款事业单位。现具有上海市职业病诊断机构资质；上海市职业性化学物质、物理因素及粉尘作业健康检查（甲级）资质；上海市职业卫生技术服务资质；安全评价机构（甲级）资质；上海市危险化学品生产经营单位负责人、安全生产管理人员及其从业人员的安全培训资质等。现有主要职责：

- 职业中毒、物理因素所致职业病、职业性皮肤病、职业性眼病、职业性肿瘤、尘肺等职业病的诊断、治疗和康复。
- 接触职业病危害作业人员的职业健康检查。包括上岗前、在岗期间、离岗时职业健康检查和离岗后的医学随访。
- 建设项目职业病危害预评价和控制效果评价；职业病危害因素的识别、检测和劳动条件分级评价。
- 为用人单位提供建设项目（工程）安全预评价、安全验收评价、安全现状评价和安全生产技术咨询服务。
- 为用人单位提供健康监护评价书、分析常见病、多发病及职业病的原因。为用人单位编制职业安全卫生计划和提供职业安全卫生知识培训。
- 对本市生产经营单位负责人、安全生产管理人员及危险化学品从业人员进行安全培训和考核。
- 为危险化学品相关单位提供医学咨询、化学事故应急救援咨询及危险性鉴定与分类技术指导。
- 为社会提供化学事故24小时应急医学咨询热线服务。
- 主办《职业卫生与应急救援》杂志，宣传党和政府有关职业卫生工作的方针、政策，普及职业卫生与健康知识。
- 根据上海市安全生产监督管理部门《组建上海市安全生产应急救援队的决定》，参与安全生产事故的现场医学救护。接受市内外各医院急、慢性化学中毒的会诊。
- 根据《关于全面开展危险化学品登记的通知》的有关规定，受上海市安全生产监督管理部门的委托，承办本市危险化学品从业单位登记工作。
- 配合上海市有关部门开展职业卫生监管工作，协助上海市有关部门组织、指导全市职业安全健康培训工作,指导职业危害申报工作。做好职业危害因素监督性监测工作，职业危害事故监测、调查工作。并配合上海市有关部门开展职业安全健康日常监管工作。

安徽省矿山安全培训基地

会议培训中心位于祁门牯牛降国家生态旅游区竹溪谷低碳旅游区，依山就势，沿谷地建设，其中会议培训中心占地面积20亩，3～4层，内设一个大型会议室，可容纳300人，还建有一个可容纳200人的会议室，2个可容纳50人的小型会议室，可满足不同规模会议需求。会议培训中心配备有相关文化娱乐场所，如娱乐中心、健身中心、茶馆、咖啡厅、阅览室、棋牌室等。

配套住宿区围绕会议培训中心，建立配套的别墅式客房群，建筑色调以青灰白相间为主，与周围山势相近，占地约80亩，共有单体建筑100座，设有客房300间。

祁门牯牛降　深生态家园

（华东大型的国家自然保护区、国家地质公园、4A旅游风景区）

牯牛降自然保护区观音堂景区位于黄山市祁门县境内，总面积达6700多公顷，属亚热带湿润季风气候。景区内是一片净土，主峰海拔1728米。这里不仅保存着有“绿色自然博物馆”之称的自然生态系统，而且自然景观古朴原始，集“雄、险、奇、幽、奥、野”于一身，“佛光”堪称牯牛降一绝。

1988年5月经国家批准，牯牛降率先成为安徽省以森林生态类型为主的综合性国家自然保护区，2004年2月被国土资源管理部门录入国家地质公园。景区内蕴藏着极其丰富的动、植物资源，森林覆盖率达到了97%以上，被科学家誉为“华东物种基因库”和天然的“森林浴场”，是华东地区规模巨大的国家自然保护区。另外，牯牛降属皖南徽州文化，景区内有丰富的人文旅游资源，如善庆禅院遗址、法云大禅师墓、新四军遗址等。

黄山市牯牛降旅游发展公司于2002年开始投资牯牛降观音堂景区，开展森林生态旅游。同时利用景区内得天独厚的自然条件，开展垂钓、跳水、溜索、攀岩、森林天然浴、野外探险等户外有氧运动。在这里能使人忘却大城市的喧嚣与浮躁，陶冶您的性情，使您的身心得到充分的放松，尽情地融入到大自然的怀抱当中。

港华燃气集团

安全供气，专业可靠

企业使命

为客户供应安全可靠的燃气，并提供亲切、专业和高效率的服务，同时致力保护及改善环境。

安全供气，专业可靠

作为清洁能源供应商，港华燃气集团秉承母公司香港中华煤气近150年丰富的燃气专业管理经验，一直尽力保障客户、员工和公众的安全，集团业务运作均符合严格的安全标准。集团旗下80多家合（独）资公司的电子化调度中心和地理信息系统，可保障为客户提供可靠的天然气供应服务，并能在发生应急情况下具有较强的供气保障手段和能力。使燃气供应得到先进专业的技术支持。公司每年还定期为客户提供燃气设施安全检查，并配合各种形式的安全知识教育，使得集团在安全可靠供气方面一直保持着良好纪录。同时，也拥有强大的紧急抢险、抢修能力，以应对各种可能发生的事故。

集团制定及发布了《安全及风险管理体系文件范本》、《国内合资公司企业风险管理指引》及《密闭空间安全作业指南》，并在港华燃气合资公司所在的四川、东北、山东等地区成立区域安全委员会，通过定期召开会议，进行发布和交流的形式协助各港华燃气公司建立及执行安全及风险管理体系。此外，集团除了推行“合（独）资公司月度总经理安全检查制度”，每月由各公司总经理身体力行到其公司进行安全方面的检查外，集团还定期委派安全专员到各公司进行“全方位安全及风险管理审核”，以确保业务运作合乎标准运作，及严格要求。

定期安全检查

为确保客户家居安全，港华燃气推行“定期安全检查”计划，安排合格的燃气专业人员定期到访客户家中，检查燃气炉具和管道，以确保燃气设施安全。

燃气设施定期安全检查可减低用户燃气系统的潜在风险，提高燃气使用的安全性，确保燃气供应安全可靠。

紧急应变演练

集团向所有合资公司发出《企业风险管理指引》后，会定期举行紧急应变训练，使员工了解应变技巧，熟悉应变程序。在演习中，模拟不同的情境，如怀疑气体泄漏、遇上恶劣天气、城市燃气供应突然短缺、第三者损坏设施出现大型气体泄漏及爆炸事故等，考验参加者是否能保障公众安全和有效地与内部及外界如传媒沟通。传媒及区内邻近的合资公司也获邀派代表观摩演习。

推广安全文化

在努力做好各项燃气安全及客户服务工作的同时，港华燃气集团还积极通过不同类型的社区活动，提高广大群众安全用气意识。凭借在推广社区安全宣传方面的突出贡献，港华燃气集团在2010年中国家庭教育知识传播表彰论坛上，获得大会颁发的“致力燃气安全教育，望重业界气贯中华”荣誉奖牌。集团还积极推动香港与内地就安全文化进行交流，譬如邀请持份者参与集团的安全文化交流活动。2008年3月，集团于苏州的合资公司接待了由香港消防处、中国香港消防协会，以及消防工程师学会香港分会与马来西亚分会组成的代表团。集团致力加强安全，成绩卓越，历年来屡获奖项，集团2009年荣获“全国职业安全健康知识竞赛优秀奖”。

长治市安全生产工作

2009年，长治市各级各部门在市上级管理部门的坚强领导下，认真贯彻落实党和国家以及山西省关于安全生产的一系列重要指示和决策部署，以“创建本质安全型城市”和“安全生产专项整治”为总抓手，全面加强安全生产工作，取得新的成绩。在山西省2009年安全生产目标责任制考核中，长治市名列全省前茅，被命名为全省的安全生产模范标兵市。主要成绩体现在以下方面：

（一）主要控制指标全面下降，安全生产形势进一步好转。

（二）全面开展安全生产专项整治，安全生产基础进一步夯实。

（三）创建本质安全型城市工作开局良好，取得阶段性成果。

（四）安全生产体制机制进一步完善，自身建设得到加强。

在肯定一年来工作成绩的同时，我们也清醒地看到工作中的问题和差距，主要是：干部群众安全第一的意识还不牢固；安全生产的基础还不稳固；安全生产的体制和机制还有待创新；距离本质安全还有很大差距。这些问题，我们要在今后的工作中认真加以解决。

2010年是我市创建本质安全型城市的第二个年头，安全生产各项工作任务十分繁重。我们一定要在市委的领导下，进一步解放思想，攻坚克难，扎实工作，锐意进取，扎实推进本质安全型城市创建工作，推动全市安全生产形势继续稳定好转，为推进“四位一体”战略、建设富裕文明和谐新长治做出新的贡献！

中国东方航空公司

2009年是东航发展过程中极不平凡的一年。在集团公司和董事会的领导下，全体干部员工团结一致，迎难而上，奋力拼搏，以战略眼光谋发展，以改革思路促转变，内建机制，外树形象，通过一系列行动，在安全生产、经营效益、品牌建设、企业形象等方面取得了显著成绩，员工信心明显提升，社会评价正向趋好，公司逐渐步入良性的发展轨道。

一、安全总体情况

全年安全飞行81.6万小时，同比增加12%，发生安全不正常事件5起。

公司开展了航班延误整治工作，全年正点率为83.41%，连续两年保持全民航前茅。另外，出色地完成了“春运”、“两会”代表的接送、新中国成立六十年大庆以及各项专包机任务，确保了飞行、地面和空防安全。

二、采取的主要安全举措

(一) 加强组织领导，把握工作全局

1. 根据党和国家及民航管理部门对安全工作的重要批示，牢牢把握安全根本，围绕“四抓四促”的思路制定工作计划，定期召开安全视频会，分析研究安全形势，及时通报各类不安全事件，紧扣倾向性、趋势性问题，提出安全工作要求，实施动态管理。

2. 根据国家《深入开展安全生产“三项行动”方案》，公司制定了19项活动内容，分3个阶段提出具体要求，并加大了隐患排查和专项治理的工作力度，共排查出安全隐患1866条，整改率达99%。

(二) 坚持两个结合，狠抓工作落实

针对安全工作的新形势、新特点，公司坚持法规管理和行政管理相结合，科学管理和经验管理相结合，继承和发扬安全工作中好的经验和做法，不断探索持续安全的管理机制和手段。

1. 积极推进安全管理体系（SMS）建设。根据需要，组建了安全运行管理部，以优化资源配置，提高工作效率。

2. 坚持“二严三防一落实”，强调全体干部员工要认真履行岗位职责，严谨工作作风，严格按章办事，减少人为差错，运行品质有所提升。

3. 完善规章标准，调整安全政策。公司先后修订和出台了一系列规章、标准，进一步完善了激励和约束机制，加强了风险防范、注重了人员素质的提高。

4. 积极开展安全生产月活动。从2009年3月底开始就积极筹备各项活动，公司陆续组织了东航飞行精英大赛、“安全伴我行”演讲比赛、应急预案演练、机动车驾驶员岗位技能比武、安全警示教育片播放等活动，增强了员工的安全意识，营造了良好的安全文化氛围。

5. 认真组织规章手册的学习和考试。公司制定了学习和考试计划，下发了700多套复习题，并在4、7、10三个月组织了学习考试。

6. 把握安全态势，加强安全工作的主动性。针对上年国外民航多次发生的重大安全问题，及时通报事件信息，举一反三，吸取教训。同时，眼睛向内，认真查找安全工作中存在的问题和隐患，落实防范措施。

7. 针对季节特点，公司完善了复杂天气和复杂机场运行管理规定，聘请气象专家进行专题授课，并进一步细化标准操作程序，规范员工的操作行为，提高了应对复杂天气运行的能力。

(三) 强化教育培训，增强人员素质

1. 加强对安全管理人员的培训。公司组织了多期“SMS培训班”、中层管理干部培训班、安全监察员培训班等，邀请民航管理部门、上海市安监部门领导和民航大学的专家进行授课，培训形式新颖，内容丰富，受到大家的好评。

2. 重点加强对飞行、机务、签派的培训。公司在培训上投入了大量的人力、物力，全年完成飞行人员的复训、熟练检查7934场次，组织了5期飞行检查员培训班，举办各类机务培训班1320个，培训人数达6万7千多人次，2月和4月份还组织了651名签派人员进行业务培训和考试。

3. 成立机组资源管理工作小组，从人、机、环三个层面研究人为因素问题，从中找出规律，优化运行程序，密切机组配合，减少人为差错。

4. 定期组织安全技术研讨，分析典型案例，邀请资深机长、教员和波音空客专家授课，重点对运行中典型、多发的问题开展研讨。

(四) 坚持飞飞整整，强化监督检查

针对安全形势的波动状况，公司开展了多次安全整顿，还把整顿工作和“三项行动”、隐患排查等活动有机结合起来，并针对新机长、新教员、新副驾驶发生问题多的特点，开展技术普查，严格放飞标准。

按照年度计划，认真开展安全检查和审计。检查组改变了传统的检查模式，加强了与领导班子和中层干部的交流，直接对飞行人员进行程序和标准的培训。对检查发现问题的整改情况，定期组织复查，形成闭环管理。公司还积极开展运行质量审计工作，并组织相关职能部门开展了国际航协地面运行的安全审计。

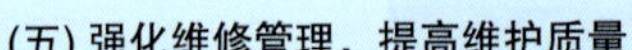

(五) 强化维修管理，提高维护质量

1. 加强对生产现场的组织领导，认真落实工作单卡，严格交叉检查和工作复核制度，同时建立疑难故障处理的管理规定和流程，明确各级责任。

2. 针对下半年空停事件多发的情况，召开专题会议，制定“防空停细化措施”，要求维修人员每个航班进行签署确认，质量管理部门定期进行监督检查。

3. 抓好老旧机型的维护工作。加强对老旧飞机重点系统、重点部位的检查频度和力度，对多发性和疑难性故障，抽调技术骨干进行攻关，确保飞机的适航性。

4. 建立空地协调会制度，及时协调解决生产运行中存在的问题。

(六) 落实安全责任，加大问责力度

层层签订安全责任书，把责任和指标逐级分解，将安全压力向下传递到各个层面和环节。认真落实一把手以主要精力抓安全，分管领导全力以赴抓安全的工作机制，并定期进行考核，严格安全生产问责制，加大了责任追究力度。

(七) 加强文化建设，确保队伍稳定

1. 安全文化是安全工作的动力和源泉。公司以开展职业道德和安全教育为契机，大力培养严、精、细、实的工作作风，增强全员的责任意识和法规意识，逐步形成了具有东航特色的安全文化体系。

2. 坚持“以人为本”，做好队伍的稳定工作。公司高度重视专业人员队伍的稳定工作，加强正面宣传和政策引导，提高员工对公司政策的理解和认同，积极为员工解决生活上的困难和后顾之忧，不断增强员工的归属感、向心力和凝聚力，保持了队伍稳定。

笑迎八方来客　共创美好未来

湖南安全技术职业学院

湖南安全技术职业学院是湖南省与国家安全生产监督管理部门共同建设、为全社会特别是安全生产行业培养各类应用型专门人才的公办全日制普通高等学校。

学院坐落在长沙市东北郊，左眺星沙明珠，右瞰世界之窗。校园绿野流翠，静院溢香，教学、生活设施完善，是读书、治学的理想园地。

学院为联合国国际劳工组织与中华人民共和国合作项目，系国家双一级安全生产培训基地。20多年来，共培养培训了中国、亚洲、非洲各国安全技术人员近20000名。为充分利用学校自法国、德国、日本进口的先进实验设备和全国知名的专家、教授等教育资源，2005年，在长沙安全技术培训中心的基础上正式成立湖南安全技术职业学院。2006年6月，湖南省和国家安全生产监督管理部门签署了共同建设湖南安全技术职业学院的协议书，明确学院为全国一所培养安全专业人才的高职院校和全国烟花爆竹人才培养的基地。

校门

科技大楼

学院始终坚持“以人为本，全面发展”的理念，走多元化办学之路，逐步形成了学历教育与安全培训互为依托、协调发展的办学格局，并得到了长足发展,学院逐步形成了明显优势。一是独特的行业优势。学院系湖南省安全生产监督管理部门管理，已经纳入省“十一五”安全发展规划。二是畅通的就业优势。学院与省内外多家知名企业签订了对口培养协议，毕业生一次性就业率一直保持在90%以上，安全生产技术岗位都是虚位以待。三是突出的实验实训优势。学院现有专门的实验大楼，教学仪器设备总值3000余万元，与教学相适应的实验室40余个，实训基地近20家，同时建有国家级的安全生产技术支撑中心。四是教学设施完善。学院校舍面积10万余平方米，图书馆藏书36万余册。五是有一支数量充足、结构优化、整体水平高的师资队伍。学院专职教师近300人，副高以上职称的教师80人。六是广泛的国际交流。利用培训中心的良好平台，学院与国际劳工组织以及有关国家共同开发科研项目。七是开发潜力的发展优势。学院设有8个教学系部，25个专业，涵盖理、工、文、管等学科，在校学生已近5000人。八是培训教育一枝独秀。学院是国家安全生产两个双一级培训中心之一，每年培训在5000人次以上。

为适应新的形势，学院将继续坚持走产、学、研相结合的办学路子，以培养应用型、复合型人才为目标，以培养学生的创新精神和实践能力为重点，强调能力本位，突出实践性教学，全面推进素质教育，实行学历证书、等级证书和职业资格证书等多证制，为国家经济、社会发展，为国家安全生产培养更多的合格人才。

国家兴盛，人才为本；人才培养，教育为本。我们将立足安全、面向全国，为创建平安湖南、和谐社会做出积极贡献。

上海赛科石油化工有限责任公司

上海赛科石油化工有限责任公司是由中国石油化工股份有限公司、中国石化上海石油化工股份有限公司和BP华东投资有限公司分别按30%、20%、50%的比例出资组建的，总投资额约27亿美元，是目前国内大型的中外合资石化项目。

上海赛科建有8套主要生产装置，具有世界级上下游一体化的特点，体现了规模经济效应。其中，设计能力109万吨／年的乙烯装置单线产能目前居世界前茅，其余的7套装置也均达到世界规模，分别为：60万吨／年聚乙烯装置、65万吨／年苯乙烯装置、50万吨／年芳烃抽提装置，30万吨／年聚苯乙烯装置、26万吨／年丙烯腈装置、25万吨／年聚丙烯装置和9万吨／年丁二烯装置。

赛科采用世界上先进的工艺技术，生产乙烯、丙烯、聚乙烯、聚丙烯、苯乙烯、聚苯乙烯、丙烯腈、丁二烯、苯、甲苯及副产品等，每年可向市场提供国内紧缺的高质量、多规格、宽覆盖面的石化产品超过320万吨。赛科建立完善的QA／QC体系，提供相关的售后服务及技术咨询，从事聚合物应用开发。

赛科是结合了中外双方的先进管理理念和技术优势的强强联合企业。赛科提倡客户导向的企业文化，致力于提供优质的客户服务，及时的物流配送和专业的技术支持。赛科目标是既在竞争中取胜，亦成为社会进步的动力。赛科高度重视HSSE(健康／安全／保安／环保)，保护我们的员工和产品使用者，重视社会公众的安全和健康，关注环保是我们的承诺。

赛科建立在上海化学工业区内，占地约200公顷。赛科可以充分依托上海发达的制造、加工、商贸、金融、物流和其他服务行业，利用快捷便利的公路、铁路、水运等运输网，立足长江三角洲．面向国内和国际市场。

赛科HSSE方针

我们坚信所有的事故都是可以避免的，也坚信健康、安全、保卫和环境的优良业绩，对于我们业务的成功至关重要。每一位为我们或与我们一起工作的人员都有责任达到我们的HSSE目标。

目标：**无事故、无人身伤害、无环境损害**

赛科HSSE承诺

- 用我们的不懈努力来避免伤害，这是我们每一个员工应尽的责任。
- 减少废弃物、减少放空和排放，有效地利用能源，不断降低运营中对环境和健康的影响。
- 遵守国家和当地政府适用的HSSE法律、法规。
- 公开地征求、倾听员工、承包商、客户、邻居以及公共利益团体的意见，并坦诚地给予反馈。
- 与相关方通力合作——即我们的合作伙伴，供应商，竞争对手以及监管部门，努力提高我们行业的HSSE标准

赛科六个价值观

赛科立志在中国国内和国际上创造优异的HSSE业绩、成为期望与之合作的商业伙伴及优秀的雇主，并力求在业务的各个领域中成为具有持续竞争力的世界级的企业。

1. HSSE 健康、安全、保安和环保 每一位为赛科工作的人员都有责任创造优秀的HSSE业绩。我们将致力于做到：无事故、无人员伤害、无环境损害。

2. 信任 我们相信建立与员工、客户、供应商、社区和股东的信任，是赛科成功的基石。

3. 诚信 我们将在所有的商业运作中严格遵守商业运作的最高道德标准和职业规范。

4. 责任 我们对个人、文化、社会、环境和财务负有责任。每个团队的领导有责任确保完成团队目标，同时团队成员有责任履行他们的承诺。

5. 授权 我们将在规定的工作范围内，授予员工相应职权和灵活性，使他们能够取得期望的最佳业绩。

6. 持续改进 我们将不断地学习，积极地提高我们各方面的业务水平，以确立持续的竞争优势。

赛科在IIF（无事故、无伤害）文化的熏陶和HSSE管理体系不断完善和落实下，从公司项目建设到运行的8年中取得了无死亡、无重大事故、无可报告环境事件的出色HSSE业绩。我们相信通过公司员工1200双眼睛和承包商员工800双眼睛的时时关注HSSE，我们一定能创造更加辉煌的HSSE业绩。

沪东中华造船(集团)有限公司

有关领导来我公司指导工作

沪东中华造船（集团）有限公司于2001年4月由原沪东造船集团和原中华造船厂联合重组成立，是中国船舶工业集团公司旗下的既造民用船舶、军用船舶，又造海洋工程防大型钢结构的特大型企业集团。公司总部位于上海浦东新区，主要生产区域分布在黄浦江两岸，占地面积约170万平方米，码头岸线2800米；系泊码头11座，VLCC级干船坞1座，5万吨级至17.5万吨级浮船坞3座，12万吨级和8万吨级船台各1座，2万吨级以下船台2座，700吨龙门式起重机2台等一批先进设备。目前，公司拥有职工约6000名，总资产128亿人民币。

公司具有雄厚的船舶开发、设计和建造实力，具有80多年的丰富造船经验，先后为国内外船东建造过各类大中型集装箱船、液化天然气（LNG）船、化学品船、滚装船、浮式储油船、成品油船、原油船、散货船、军舰和军辅船等民用、军用船舶共计3000多艘。产品除满足国内用户需要外，还远销亚洲、欧洲、非洲、大洋洲、南美洲和北美洲等40多个国家和地区，广受国内外船东和各界的好评。国内LNG船的建造，填补了国家空白，提高了我国造船工业的水平和国际地位，标志着公司的生产技术和能力达到国际先进水平。

公司拥有先进的国家标准企业技术中心，博士后工作站，科研开发力量强大。信息化管理手段先进；公司以“关爱生命，安全发展，环境优先，持续改进”的安全环保理念，全面推进HSE（职业健康安全环境）管理，通过了英国劳氏质量认证公司的ISO 14001环境管理体系、OHSAS 18001职业健康安全管理体系的审核认证。

公司坚持以人为本思想，在“团结拼搏、争创先进”的企业精神基础上，创建“和谐、向上”的企业文化，注重企业全面、持续的发展。公司新建崇明基地和长兴造船基地，并相继投入生产，进一步扩大了生产能力，为公司未来的发展奠定了基础。

龙煤矿业集团双鸭山分公司铁路运输部

部主任、党委副书记　纪殿武

部党委书记、副主任　李兴国

双鸭山分公司铁路运输部属于龙煤矿业集团股份有限公司双鸭山分公司的一个铁路运输部门，始建于1956年12月，主要担负双鸭山分公司煤炭和生产建设物资运输，辅以双鸭山市地区部分生产生活物资运输，以及矿区员工通勤和市民的输送任务。现有在册员工3176人，下属28个基层单位和15个职能部门。该部共有铁道线路269.944公里，牵引动力21台内燃机车，自备车辆373辆，160吨救援吊车1台，营运范围除贯穿公司的八大主力煤矿外，纵横跨越地方三县四区四个国营农场，是目前全国线路长、覆盖面广的矿区铁路。年货物运输量近2600万吨，年输送旅客达380万人次。

多年来，铁路运输部始终坚持以“特别能吃苦、特别能攻坚、特别讲奉献”的豪情壮志和准军事化作风，推进百里矿铁一路延伸、煤炭运输事业突飞猛进。特别是进入21世纪以来，矿铁人紧紧抓住时机阔步前进，打造强势企业文化，创建学习型企业，构建和谐矿铁，改善员工生活，建设“花园式”车站。2002年5月，矿铁运输动力实现了第二次更型，具有46年运营史的蒸汽机车全部更型为内燃机车，领先同行业进入了矿铁内燃机车时代。近年来，铁路运输部以党的十七大精神为指导，深入开展学习实践科学发展观，大上线路提速、站场改造、解决民生等强基固本工程，并创造了运输总量、运营效益、员工收入持续增长和安全质量标准化工作稳步提升的“三个增长、一个提升”的喜人佳绩。充分发挥了煤炭生产先行官和地方经济大动脉的作用，为矿区煤炭事业和地方经济腾飞做出了突出贡献。曾先后获得公司双文明先进单位、市先进党组织、全省五一劳动奖状、全国煤炭行业五星级单位等多项荣誉称号。

龙煤集团双鸭山分公司东荣二矿

矿长　郑树权

党委书记　赵向明

东荣二矿坐落于黑龙江省集贤县境内，位于三江平原腹地，隶属于黑龙江龙煤矿业集团股份有限公司双鸭山分公司。全矿现有26个基层单位，14个机关科室，在册职工3729人。

矿井于1991年12月开工建设，1995年12月15日正式移交投产。井田面积达45平方公里，共有18个可采煤层，可采储量达1.2139亿吨。煤炭品种为气煤和长焰煤，具有低灰、特低硫、低磷、特低磷、高发热量的特点，是优质的炼焦、动力、化工、造气、水煤浆用煤。矿井采用立井多水平开拓方式，采用中央并列与分列混合通风方式。建井初期设计能力为150万吨/年，经过近几年改造，矿井核定能力增至260万吨/年，2009年实现了年产248万吨历史新高。矿井按安全高效模式设计，生产区、生活区分离，实行两级管理。矿井投产至2009年末，累计生产原煤2308.6万吨，掘进进尺达262,317米。先后获得“全国煤炭工业双十佳煤矿”、“中国煤炭工业科技创新示范矿”、“高产高效全国百强矿井”、“中华环境友好单位”、“全国文明煤矿”等荣誉称号。

我们相信，在上级部门的高度重视、关怀和鼎力支持下，在双鸭山分公司的正确领导下，东荣二矿必将成为“科技更加领先、安全更加可靠、效益更加可观、矿区更加和谐”的现代化矿井。但我们也深知，我们的工作离上级的要求还有差距。我们将进一步加快安全高效现代化矿井建设进程，进一步抓好安全生产，为黑龙江煤炭行业的安全发展、效益发展、科学发展和健康发展闯出一条新路!

IPH 煤炭工业出版社

煤炭工业出版社是有良好声誉的中央级科技出版社。自1951年成立以来，始终坚持为人民服务、为社会主义服务、为党和国家的工作大局服务的方向，坚持实事求是、精益求精的学风，坚持正确的办社宗旨。迄今，煤炭工业出版社已经出版了上万种科技图书，印数达到数亿册；读者遍及全国各地各行业，有些图书远渡重洋，在异国他乡发挥作用。几十年来，曾有上万名专家学者与煤炭工业出版社精诚合作，编著、翻译和出版了大量价值很高的科技著作，为煤炭工业科技进步，为伟大祖国的繁荣昌盛，为提高中华民族的科学素质发挥了巨大作用。

煤炭工业出版社历来以严谨朴实、勤奋稳健、不尚虚华而著称，一贯注重社会效益，注重图书质量，遵纪守法，像爱护眼睛一样爱惜自己的声誉，连续多次被国家新闻出版总署评为良好出版社。煤炭工业出版社出版的图书多次获得国家图书奖、中国图书奖、科技进步奖等重大奖项，赢得了广大读者的信赖和好评。

在日益激烈的出版市场竞争中，煤炭工业出版社不断加大内部改革力度，提升核心竞争力，注重发挥自身优势，突出专业特色，增加品种、扩大规模，拓展图书市场，获得了社会效益和经济效益双丰收。

煤炭工业出版社下设总编室、编辑室、发行部，并另有一座现代化印刷厂。全社拥有高、中级专业技术人员80余人，可编辑出版安全生产、地测、矿建、采煤、机电、煤化工、煤炭加工利用、环境保护、企业管理等专业的理论专著、生产技术用书、工具书、规程规范、教材教辅、史志年鉴、科普读物等各类中外文图书。编辑部门的优势在于安全生产专业和采煤及其各相关专业；印务部门具有专业化的设计、校对、制图及印制能力；发行部门设有数十个从事零售、批发业务的销售网站，网络覆盖全国，并具备网上售书能力。

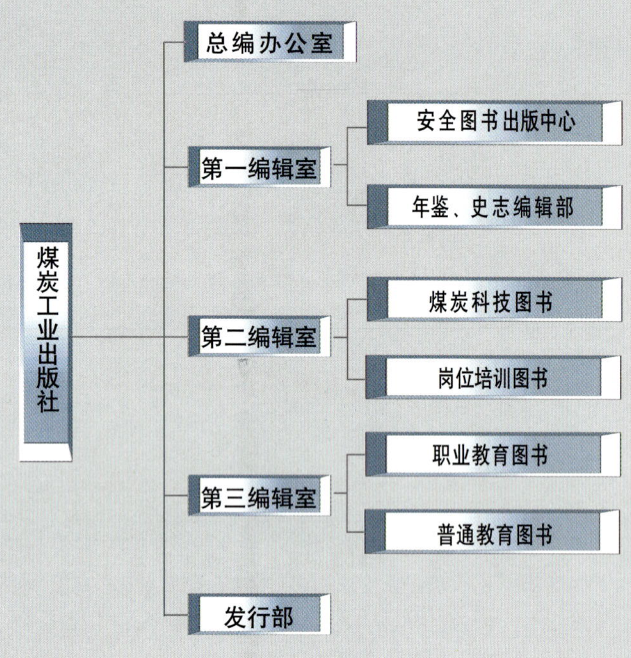

煤炭工业出版社愿与社会各行业、各专业的有为之士广交朋友，衷心希望能有机会与朋友们广泛合作，互惠双赢，为读者奉献越来越多的图书精品，竭诚为我国科技进步事业服务，为繁荣我国科技出版事业作出更大的贡献。

煤炭工业出版社

地址：北京市朝阳区芍药居35号　邮编：100029
网址：WWW.CCIPH.COM.CN
电话：(010) 84657898　传真：(010) 84657830

煤炭工业出版社发行部

地址：北京市东城区东四六条69号　邮编：100007
电话：(010) 84028708　传真：(010) 64062894